2011 中共山西年鉴

中共山西省委 主办

中央文献出版社

《中共山西年鉴》编审委员会

张　璞　中共晋中市委书记
张茂才　中共晋城市委书记
陈永奇　山西省政府秘书长
陈跃钢　中共山西省委组织部副部长、省老干部局局长
郑建国　山西省财政厅厅长
赵燕峰　共青团山西省委副书记
粟金凤　女，中共山西省委党史办公室副主任
贾毓杰　中共山西省纪律检查委员会常委、秘书长
高卫东　中共运城市委书记
高凤平　山西省总工会常务副主席
阎沁生　政协山西省委员会秘书长
董洪运　中共忻州市委书记
谢　海　中共临汾市委书记
廉毅敏　中共太原市委副书记、市长

《中共山西年鉴》编辑委员会

总　　编　张铁锁　张瑞鹏
副 总 编　粟金凤　牛崇辉　杨玉堂
执行总编　范小平
执行副总编　郭秀翔　徐海鸿
编　　委　(按姓氏笔画为序)
马生怀　王帅红　王成禹
王明星　王建廷　王润平
王家进　王雷平　巨文辉
巩　成　任灵杰　杨　坤
杨士彪　宋燕卫　范玲巧
苗长青　钟启元　霍春英

各市篇编委

《中共山西年鉴》编辑部

2010年3月10日，中共中央政治局常委、全国人大常委会委员长吴邦国与参加十一届全国人大三次会议的山西代表亲切交谈。

2010年9月3日，中共中央政治局常委、全国政协主席贾庆林来到国家大剧院，观看大型山西说唱剧《解放》的演出。

2010年11月20日，中共中央政治局委员、中央政法委副书记、中央综治委副主任王乐泉在山西焦煤集团棚户区改造工程莆萄苑小区考察。

2010年7月31日，中共中央政治局委员、中央书记处书记、中央宣传部部长刘云山在朔州文化艺术中心考察。

2010年1月30日，中共中央政治局委员、国务委员刘延东在长治市第十五中学考察。

2010年1月24日，中共中央政治局委员、中央书记处书记、中央组织部部长李源潮在太原市迎泽区考察。

2010年3月29日，中共中央政治局委员、国务院副总理张德江在王家岭矿事故现场指导抢险救援工作。

2010年5月15日，国务委员、公安部部长孟建柱在太原市公安局指挥中心考察。

2010年6月23日，中共山西省委书记袁纯清在新绛县横桥乡调研。

2010年6月21日，中共山西省委副书记、省长王君在寿阳县城关镇就造林绿化工作进行调研。

2010年9月27日，中共山西省委副书记、省纪委书记金道铭在交口县调研。

2010年7月7日，中共山西省委常委、省人大常委会副主任申联彬在平遥县调研。

2010年11月4日，中共山西省委常委、政法委书记、省人大常委会副主任杜玉林在长治市调研。

2010年7月6日，中共山西省委常委、常务副省长李小鹏在山西大医院建设工地调研。

2010年7月6日，中共山西省委常委、宣传部部长胡苏平在黄河新闻网调研。

2010年7月15日，中共山西省委常委、省军区司令员方文平在朔州市调研。

2010年3月9日，中共山西省委常委、秘书长高建民在省委党史办公室调研。

2010年9月13日，中共山西省委常委、统战部部长李政文在阳曲县调研。

2010年6月22日，中共山西省委常委、组织部部长汤涛就基层党建工作在长治县调研。

2010年10月8日，中共山西省委常委、副省长、太原市委书记陈川平在阳曲县调研。

2010年11月28日至30日，中共山西省委九届十一次全体会议在太原举行。会议审议通过了《中共山西省委关于制定国民经济和社会发展第十二个五年规划的建议》。

编 辑 说 明

《中共山西年鉴》是中共山西省委主办的一部大型党史工具书，按年度连续出版，全面记录中共山西省委一年来召开的重要会议、发布的重要文件、举行的重大活动、开展的重要工作，系统反映全省各部门、各市县党的建设和其他各方面工作情况。

《中共山西年鉴》2011版记录的时限范围是2010年1月1日至2010年12月31日。所收资料采用分类编排法，共设置10个栏目。在保留传统栏目的基础上，特别设立了《转型跨越发展》栏目。本书资料主要由省委办公厅和各市县、各部门党委办公室提供，还有少部分转载自《山西日报》、《前进》杂志和《山西工作》杂志等。《附录》部分由省市统计部门和省委组织部供稿。在组稿、编辑、印刷、出版过程中，得到了全省各有关部门的大力支持和协助，在此，表示诚挚的谢意。

由于《中共山西年鉴》2011版内容浩繁，涉及面广，编纂难度较大，加之编辑水平所限、部分单位未能按要求提供稿件，因此，所收资料疏漏之处难以避免，恳请广大读者批评指正，以便在今后的编辑工作中加以改进。

目 录

重 要 文 献

省委工作部门工作概况

省人大常委会党组工作概况

省政府党组工作概况

省政协党组工作概况

省纪委（监察厅）工作概况

省高级人民法院党组工作概况

省人民检察院党组工作概况

省政府各厅局党组（委）工作概况

省直属事业单位党组（委）工作概况

群团组织党组工作概况

省管国有企业党委工作概况

中央部属单位党组（委）工作概况

驻晋部队党委工作概况

高等院校党委工作概况

市、县（市、区）委工作概况

转型跨越发展

领导与专家论坛

人事变动

人　　物

大事记要

附　　录

中央领导关注山西

加快发展方式转变
大力培育非煤产业

——吴邦国和山西代表一起审议政府工作报告

气势恢宏的人民大会堂，庄严肃穆的山西厅。全国“两会”期间，山西代表团重要的审议活动就在这里举行。3月10日上午，68名代表再次聚首山西厅，代表3400万三晋儿女行使职权。中共中央政治局常委、全国人大常委会委员长吴邦国和我省代表一起审议政府工作报告和人大常委会工作报告，倾听代表们对报告的意见和建议。

山西厅位于人民大会堂二层，整体设计的立意定于“栋梁”，寓意山西的能源支柱产业是中国之栋梁；喻示着山西人文精神自古就有艰苦奋斗、坚韧不拔之风骨。

9时，吴邦国委员长满面笑容地走来。大厅里顿时响起热烈的掌声，委员长亲切地和代表们握手致意。

审议开始。主持会议的代表团团长、省委书记、省人大常委会主任张宝顺宣布：今天，中共中央政治局常委、全国人大常委会委员长吴邦国前来我团参加审议。来我团参加审议和听取意见的还有，全国人大常委会副委员长兼秘书长李建国、国务委员兼国务院秘书长马凯以及山西代表团的全国人大常委会委员。让我们对各位同志的到来表示欢迎！

“委员长非常关心山西的发展，在山西遇到困难时，总是给予有力的指导和帮助”

团长张宝顺首先发言。他说，吴邦国委员长对山西人民怀有深厚感情，非常关心山西各项事业，多次对我省工作作出重要指示，在事关山西改革发展的重大问题上，在山西发展的关键时期，在我们工作中遇到困难的时候，都给我们有力的指导和帮助，使我们深为感动。特别是对我省应对国际金融危机冲击、调整产业结构、推进煤炭企业兼并重组整合等工作给予大力支持。我们清楚地记得，在煤炭产业较为困难的2000年和2003年，吴邦国委员长带着国家部委负责同志到山西考察指导，深入同煤集团现场办公，面对面帮助解决问题。近10年来，委员长每年都要写信对同煤集团的工作和广大职工给予鼓励。山西近年来取得的成绩，与委员长的关心和支持是分不开的。我代表全团代表和全省人民，对吴邦国委员长表示衷心的感谢！

接着，张宝顺就几天来山西代表团审议政府工作报告、人大常委会工作报告、计划报告和预算报告以及选举法修正案草案情况作了汇报。他说，代表们认为政府工作报告和常委会工作报告总结去年工作实事求是，部署今年工作措施有力，完全赞同两个报告。代表们认为，选举法修正案草案作出实行城乡按相同人口比例选举人大代表等重要修改，是中国特色社会主义民主政治建设的历史性进步，是坚持和完善人民代表大会制度的重要举措，大家表示完全赞同。

最后，张宝顺对山西近几年的工作分四个方面作了汇报。

副团长、省长王君在发言时说，今天，吴邦国委员长在百忙中亲临山西代表团看望代表，并参加审议，充分体现了党中央和委员长对山西的关心和支持。长期以来，委员长一直对山西的改革发展高度关注，曾多次深入山西考察指导工作，对我们的工作给予了很大的帮助和支持。特别是在去年我省推进煤炭资源整合、煤矿兼并重组的困难时期、关键时刻，委员长批示指出：山西煤炭行业资源整合、重组方向是正确的，工作也是有成效的，是结构调整的重大举措，为全国带了个好头，意义重大。委员长的批示，对我们的工作给予充分肯定，给我们巨大鼓舞和鞭策，进一步增强了我们搞好这项工作的信心和决心，目前这项工作已取得重大阶段性成果。王君用翔实的资料从四个方面汇报了去年山西的工作：一是经济在克服困难中实现稳定增长；二是产业结构调整迈出新步伐；三是社会事业全面推进，民生得到改善；四是“三农”工作取得新成效。

王君还就做好今年的工作谈了思路。

申联彬、郭凤莲、吴永平、田喜荣、李晓波等代表先后发言。

“今天来主要是听取大家的意见和建议。人大代表要关注民生，倾听群众的愿望和要求”

吴邦国委员长认真听取代表们的发言，不时就相关问题进行交流。当王君省长介绍山西的煤炭企业兼并重组整合的工作时，委员长笑着插话说，我注意到你在回答记者关于“国进民退”的提问时说，煤炭企业兼并重组整合不是“国进民退”，而是股份制占大头，是优胜劣汰。当来自同煤集团、太钢和大寨的基层代表发言时，委员长关切地问：“大寨村民人均收入多少？”“不锈钢的价格涨了还是跌了？”“炼钢的原料来自哪里？”“二次能源回采率是多少？”代表们一一作答。听了郭凤莲介绍大寨近年来的发展情况，委员长说，有机会到大寨看看。郭凤莲高兴地说：“非常欢迎委员长。”

听了代表们的发言，吴邦国说，很高兴到山西代表团来，我和山西有渊源，山西有许多老朋友，看到大家很亲切。今天来主要是听取大家的意见和建议。面对人大代表，吴邦国谈了自己到人大工作的体会以及做好人大工作需要把握的原则。他语重心长地对代表说，作为人大代表，要时刻关注民生，倾听人民群众的愿望和要求。人大要对人民负责，对选民负责。

“这几年是山西发展的最好时期，煤炭企业兼并重组整合符合国务院的要求，对山西的长远发展大有好处”

谈到近年来山西的工作，吴邦国说，这几年是山西发展的最好时期，山西在最困难的时候我去过。10年前我到大同，那时煤矿工人非常苦，企业提出“人人二百三，共同渡难关”。这些年山西得到了长足发展，2002年到2009年，国内生产总值从2325亿到7365亿，年均增长11.8%，6年连续两位数增长，应该说是高速发展的阶段。一般性财政预算的收入从150亿到805亿，增长4.34倍。过去山西发展后劲受限制，比如，交通不便，大量的晋煤运不出去；第二是输变电也不发达。现在无论是铁路、输变电、机场都有很大改善，为经济发展提供了后劲。

吴邦国说，去年山西结构调整力度很大，尤其是煤炭企业兼并重组整合下了大力气。山西是煤炭大省，过去山西煤炭的生产是粗放型的，煤矿遍地开花，资源回采率很低，安全生产压力大，不知道哪天煤矿会出事故。山西下大决心进行煤炭企业兼并重组整合，全省矿井由2600座减少到1053座，办矿主体由2200多个减少到130个。通过调整，现在70%的矿规模达到90万吨/年以上，而且全部实现机械化规模开采，30万吨以下都关掉了，资源回采率从46%提高到75%，百万吨死亡率下降到0.328。煤炭企业兼并重组整合很不容易，涉及到利益的调整，还涉及到不正之风。山西的调整符合国务院的要求，通过重组，对山西的长远发展大有好处。

“我还高兴地听说，这几年山西的民生得到改善。像煤矿棚户区改造，是德政工程。”

“不能在煤炭一棵树上吊死，要未雨绸缪，培育非煤产业，大力发展文化旅游业”

谈到今后的工作，吴邦国指出：一、要在转变经济发展方式上下工夫，结合山西实际创造性地开展工作。为此，要把思想统一到中央的精神上来。国际金融危机给我们敲响了警钟，不改变不行，市场无情，不调整、不转变经济发展方式，就没有发展的空间，不主动调整就会失去机会。山西要做好煤炭这篇大文章，山西成也在煤，败也在煤。全国离不开山西的煤，中国70%的能源是煤，这是国情。但是，发展要有新思路，要搞清洁生产、循环经济；煤炭要走深加工之路，扩大非煤产业。总之，要把贯彻中央的精神和山西实际结合起来，加快发展方式转变。二、不能在煤炭一棵树上吊死，要未雨绸缪，培育非煤产业，大力发展文化旅游业。山西的旅游资源十分丰富，有五台山佛教圣地、云冈石窟、平遥古城、应县木塔、晋祠宋代彩塑等，旅游潜力巨大。三、要更加关注民生。加大对教育、医疗的投入，千方百计促进就业，继续做好棚户区改造工作，多做“雪中送炭”的事。

代表团副团长杜玉林、李小鹏、胡苏平、杨安和、谢克昌参加了审议。

（孟银凤　田建平）

筑牢社会和谐稳定之基

——王乐泉在山西考察

初冬的三晋大地，阳光明媚，到处是一派繁忙的建设景象。

在全省上下深入贯彻落实党的十七届五中全会精神，谋划和部署“十二五”发展，加快推进转型跨越发展的关键时刻，中共中央政治局委员、中央政法委副书记、中央社会治安综合治理委员会副主任王乐泉，带着党中央对山西人民的关怀踏上三晋大地，就政法和综治工作特别是深入推进社会矛盾化解、社会管理创新、公正廉洁执法三项重点工作进行考察调研。

11月18日至20日，王乐泉不辞辛劳，冒着寒冷，深入太原和太谷、祁县、平遥等地的乡村、社区、企业和基层政法单位，慰问干警，看望群众，了解经济社会发展情况。他强调，要认真贯彻党的十七届五中全会精神，高度重视做好新形势下矛盾纠纷的化解工作，扎实推进公正廉洁执法，下大力气狠抓政法队伍建设，努力创造和谐稳定的社会环境。

要把调解作为化解社会矛盾的主渠道

化解社会矛盾是消除不和谐不稳定因素的源头性、根本性、基础性工作，也是王乐泉此行考察调研的重点内容。18日下午，王乐泉来到太原市小店区小店街道综治工作中心。作为太原市政法综治部门构建“大综治”工作格局的有益探索，中心整合综治、司法、信访、派出所、法庭等资源，发挥联动优势，通过矛盾纠纷联防联调，基本实现了矛盾隐患排查得早、发现得了、控制得住、解决得好。听到工作中心成立两年多，调处各类矛盾纠纷101起，调处率达到96%，王乐泉满意地点点头。他嘱咐中心工作人员，要高度重视做好矛盾纠纷的防范、排查和化解工作，对老矛盾要有新思路，对新矛盾要有新机制，尽可能减少增量，防止矛盾累积叠加。

在太原市并州南路西一社区，王乐泉详细了解社区治保员、调解员、义务巡逻员、稳定信息员的职责和工作情况。听到这个社区联防联调成效明显，多年来保持良好的治安秩序，王乐泉对他们的做法给予高度评价。他还走进社区老年活动中心，与正在活动的社区群众一一握手交谈。

太谷县胡村镇司法所深入开展人民调解活动，平遥县公安局交警大队引入人民调解机制处理道路交通事故纠纷，都给王乐泉留下深刻印象，他指出："调解是化解社会矛盾的主渠道，基层部门更要贯彻实施《人民调解法》，把人民调解、行政调解、司法调解衔接起来，打好组合拳，这样才能把大量的矛盾纠纷解决在基层、解决在萌芽状态。"

我们的队伍过得硬，执法才会有公信力

公正廉洁执法，事关政法部门的形象和人民群众的利益。如何加强政法队伍建设，如何提高执法公信力，是萦绕在王乐泉心头的一件大事。

"王书记好！"当王乐泉来到太原市公安局情报信息研判中心时，民警们纷纷起立鼓掌，王乐泉与民警一一握手，致以问候，向太原市公安局广大民警表示慰问。他听取了太原市公安局狠抓队伍建设，推行公安运行机制改革，探索公安信息化建设的情况汇报。王乐泉说："太原市公安局很大精力用在队伍建设和制度建设上，我认为这是对的。明年直至今后一个时期，政法队伍建设要进一步加大力度。这些年我们的队伍建设取得了很大成效，但说实在话，队伍里仍然不断出一些这样那样的问题，一些部门和干警的执法公信力还不高，人民群众还有不够满意的地方。要改变这种状况，就需要从领导到民警严格要求，真正做好表率。只要我们工作做得好，只要我们队伍过得硬，我相信公信力一定会不断提高。"

祁县人民法院是最高人民法院命名的"全国优秀法院"。19日上午，王乐泉一行参观了法院的立案庭、审判庭、荣誉室等。当问起涉法涉诉信访情况时，回答是"零"上访。这个结果让王乐泉颇感意外，"涉法涉诉案件，在一些法院为数不少，你们怎么能做到'零'上访，有何高招？"

"我们主要是注重民意沟通，信息反馈及时，法官判前要辨法析理，判后要释法答疑，尽可能让双方当事人服判息讼。"法院院长介绍。

这时，陪同考察的省委书记袁纯清说："要让当事人信服，法官公正是前提，其次是做过细工作。"

工作中的难题只要下功夫解决就不难，关键是看有没有诚心和决心。王乐泉希望该院继续争创一流，取得更大的成绩。

坚持改革创新，不断提高依法办事的自觉性和水平

创建于1951年的太原市第一监狱是司法部授予的队伍建设先进集体。20日上午，王乐泉一行来到这里，了解监狱教育改造的情况。监狱引入中国国学文化和三晋文化教育挽救服刑人员，王乐泉饶有兴致地翻阅服刑人员学习《弟子规》后写下的感悟。他高度赞扬这一做法，"只要我们细致做工作，服刑人员一定可以改造好。"他对默默无闻工作在监狱系统的干警表示感谢。

办案场所规范化建设是今年省检察院重点推进的一项工作。19日，王乐泉一行来到平遥县人民检察院，感受了刚刚核准使用的检察机关办案工作区。以往因为办案场所不符合要求，给工作带来了许多不便和困难，如今按照规定对讯问室等办案场所进行了全面改造。省检察院检察长王建明介绍，截至目前，全省有77个检察院的办案场所通过验收。王乐泉对这一举措给予充分肯定，他说这样办案才能更加公开透明规范，真正做到依法办案、文明办案。

在平遥县公安交警大队，王乐泉走进综合办公服务平台，得知交警大队为方便群众，将车管业务、违法处理、违法查询、危化品运输审批等相关业务集中在服务平台，开放式办公，统一接待办理。王乐泉评价这是促进公正廉洁执法的一个好办法，叮嘱一定要落实好各项便民利民服务措施，最大限度地方便老百姓。

让广大群众从改革发展中得到更多实惠

太谷县胡村镇朝阳村，是晋中市委、市政府命名的"亿元小康村"。王乐泉来到这里时，村委会对面装着大屏幕的戏台正播放山西梆子，王乐泉走到戏台前驻足观看，笑着说，这是现代化的听戏看戏。王乐泉询问村民收入情况，每人有多少地，村里办幼儿园吗？听说村民收入除了种地主要依靠企业，去年人均年收入达到8800元时，他欣慰地连连点头。

王乐泉十分关心山西的经济发展。在晋期间，他先后参观了智奇铁路设备有限公司、罗克佳华工业有限公司、山西焦煤集团杜儿坪矿等。成立于2007年的智奇铁路设备有限公司是目前中国唯一一家高速动车组轮对生产和检修基地。王乐泉仔细察看生产情况。他说，我们国家现在有许多条高速铁路即将投入运行，这个项目很有发展前景，要提高安全生产水平，提升高科技含量。

在山西焦煤集团，王乐泉看望了全国道德模范"好矿嫂"党素珍并送上慰问金。"能在平凡的岗位上坚持义务为矿工服务50年，真不容易！"他拉着老党的手，祝福她健康长寿。在西山煤电棚户区改造工程的葡萄苑住宅小区，王乐泉走进矿工张文正在装修的新房，关切地问到："当矿工多少年了？每月工资能收入多少？"听到张文说每年能收入五六万元时，王乐泉笑着说很不错。陪同考察的省长王君补充道："现在矿工收入都有了明显提高，这大概是一个平均数，有的更高一些。"

三晋大地展现出蓬勃向上的生机和活力

20日下午，王乐泉与山西省委、省政府以及政法部门负责同志座谈，听取了工作情况汇报。王乐泉指出，近年来，在党中央、国务院的正确领导下，在历届省委、省政府工作的基础上，以袁纯清同志为班长的新一届领导班子团结带领广大干部群众，认真贯彻落实科学发展观，紧紧抓住国家实施中部地区崛起战略等重要历史机遇，大力推进工业新型化、农业现代化、市域城镇化、城乡生态化，努力打造国家新型能源和工业基地、全国重要的现代制造业基地、中西部现代物流中心、生产性服务业大省，加快转变经济发展方式，以产业升级和项目带动为重点，全力推动转型发展、跨越发展，呈现出经济持续增长、民生不断改善、社会和谐稳定的良好局面。总的感觉，山西省的经济发展完全符合中央关于加快转变发展方式的要求，结构调整和产业升级步伐较快，煤炭资源整合和煤矿企业兼并重组扎实推进，环境保护和生态建设水平不断提高，安全生产形势明显好转，广大群众从改革发展中得到了实惠，全省上下干事创业劲头足，三晋大地展现出蓬勃向上的生机与活力。通过这次调研，还感到近年来山西各级党委、政府和政法机关围绕建设"平安三晋"的目标，锐意进取，开拓创新，推动政法综治工作迈上了新台阶。他希望山西要深入贯彻党的十七届五中全会精神，研究谋划好"十二五"时期的政法工作，努力化解老矛盾、预防新矛盾，全面建立、落实社会稳定风险评估机制，对可能出现的矛盾要提前预防、提前化解，实现保发展与保稳定的统一。坚持把群众利益放在首位，从源头上预防矛盾的产生。要扎实推进公正廉洁执法，坚持不懈地抓好政法队伍建设，提高执法公信力。

袁纯清表示，王乐泉同志亲临我省考察，带来了党中央对山西人民的亲切关怀，对我省各项工作是有力的促进。王乐泉同志的重要讲话科学深刻地分析了当前形势，对我省工作给予充分肯定，提出了明确的工作要求，具有很强的针对性和指导性，使我们深受教育和鼓舞。我们要认真学习贯彻王乐泉同志重要讲话精神，从政治高度加强对政法和综治工作的领导，正确处理抓发展这个硬道理和抓稳定这个硬任务的关系，越是推动大发展越是要维护稳定，严格落实党政主要领导维护稳定的责任，结合制定"十二五"规划，把社会事业、社会管理和政法、综治工作中的一些重点项目列入规划，努力做到矛盾能减少、管理有创新，社会更和谐、人民更安全；全面落实社会治安综合治理各项措施，把化解社会矛盾摆在更加突出的位置，把严防和严打、治标和治本结合起来，把不稳定因素解决在基层和萌芽状态，牢牢掌握维稳工作的主动权；努力打造一支公正廉洁高效的政法队伍，大力推行"阳光执法"，加强各级政法部门班子建设，不断提高执法规范化、科学化水平，为全省转型跨越发展创造良好环境。

中央综治委副主任、中央政法委副秘书长、中央综治办主任陈冀平陪同考察调研。省领导袁纯清、王君、金道铭、杜玉林、陈川平、张建欣，省法院院长左世忠、省检察院检察长王建明等陪同考察调研或参加座谈会。

（左燕东）

雁影塞边　情深意长

——刘云山在山西考察

仲夏的晋北大地，万木葱茏，生发着活力，生长着希望。

7月29日至31日，中共中央政治局委员、中央书记处书记、中宣部部长刘云山来到我省，就深入贯彻胡锦涛总书记在中央政治局第22次集体学习时的重要讲话精神，以高度的文化自觉推动文化繁荣发展进行调研考察。

两天多时间，他顶酷暑、冒高温，深入大同、朔州的社区、农村和宣传文化单位，俯身听民意，问政家常中，给奋进在转型发展、跨越发展征途上的全省人民鼓劲加油。

这是刘云山五年里三度来山西考察，一样的赤子情怀，一样的亲切笑容，一样的务实作风，一样的殷切期望，带来党中央的深切关怀，极大地鼓舞和激励了全省人民。

以新的视角、新的理念来看待文化，最大限度发挥文化引导社会、教育人民、推动发展的功能

调研中，刘云山反复强调，文化建设是落实科学发展观的必然要求。山西是文化富集区，文化资源是最大的发展优势，深入挖掘优秀历史文化、革命传统文化和民族民间文化资源，完全能够做一篇文化建设的大文章。

大同市区，塔吊林立，一场恢复古城历史风貌的大会战正在进行中。

刘云山考察了华严寺广场建设工程、善化寺建设工程、东城墙修复工程、云冈石窟景区开发整治工程工地，对当地用文化铸造城市灵魂、提升旅游品位、推动经济发展和民生改善的做法予以肯定。

在新建成的华严寺广场，刘云山与一位杨姓老木艺师亲切交谈。

"您今年多大了？""63岁。"

"哪里人呢？""代县。"

"做斗拱这门手艺是学的还是祖传的？""祖传的。"

"好。这手艺挺吃香的，一定要有传人。"

登上东城墙，刘云山在听了介绍后问："这样大的工程老百姓反映如何？"

当地一位负责同志答道："这个工程不单纯是修复古城墙，也是对棚户区集中改造，群众的居住条件因此将得到极大改善，他们很高兴。"

刘云山说："那就好，改善了老百姓的生活环境，群众看到了希望。要一鼓作气，坚定不移，不干则已，要干就要把它干成。"

整治云冈石窟周边环境，是为了再现北魏著名地理学家郦道元《水经注》所述"山堂水殿，烟寺相望，林渊锦镜，缀目新眺"的佛教胜境和北魏皇家园林的恢宏景象，打造世界一流旅游品牌。

穿过千佛柱长廊，置身山堂水殿的美景中，刘云山十分欣然。

他一再叮嘱，对历史文化要倍加珍视，对文物古迹要保护第一，做到保护和开发并重。当发现一段古道车辙时，刘云山说，这是历史的见证，要保护起来，成为一景。

刘云山还兴致勃勃地考察了大同市城市规划展览馆，详细了解大同的历史演变、文化保护、远景规划等。他侃侃而谈，赞叹山西历史文物的丰富和宝贵，希望加大宣传力度，让更多的人关注山西，到山西观光旅游，了解五千年灿烂的华夏文明。

在大同，刘云山还考察了御都新区路网工程和南环路保障性住房建设工程，当了解到由于实行了层级价格、制定了补贴政策、完善了配套设施时，刘云山说，这样好，要保证群众有房子住，住得起房。

右玉的经验值得总结，这是一种精神，是一条道路，是一个启示

7月30日下午，刘云山一行进入右玉境内。车行林海中，恍若到江南，不愧是“夏天的绿翡翠”。

在南山森林公园，刘云山望着滚滚碧涛，迎着习习凉风，由衷地赞叹：60年来，右玉历届县委、县政府带领右玉人民坚持不懈植树造林，把右玉这样一个高寒干旱地区建设成了今天的一块绿洲，确实是人间奇迹。

他伫立右玉绿化纪念碑前，一字一句地抚读《右玉绿化赋》，一个名字一个名字地了解右玉绿化功臣，礼赞右玉绿化精神的伟大。在考察绿化纪念馆时，当看到一幅造林群众烧土豆当干粮的老照片时，不禁感叹道：“人民真伟大！”

临上车，刘云山饱含深情地对当地负责同志说：

“虽然来了只有一天，但终生难忘。你们一任接着一任干，一张蓝图绘到底，干出这番造福人民的伟业，谢谢你们！”

刘云山认为，右玉的经验值得认真总结。这是一种精神，就是持之以恒、艰苦奋斗、愚公移山、久久为功；这是一条道路，就是建设生态文明、科学发展的道路。还有一个是启示，就是坚持什么样的政绩观，要持之以恒地为民谋利，而不是急功近利地搞什么形象工程。右玉的经验不仅山西值得借鉴，而且全国都值得借鉴。中央新闻媒体要深入右玉，挖掘和宣传报道右玉精神。

右玉既以造林驰誉，也以杀虎口闻名。这个历史上写下“走西口”辉煌篇章的雄关漫道，今天得益于凉爽气候、绿色氧吧，旅游产业已成气候，呈现一派繁荣景象。

刘云山十分高兴，与游客亲切交谈，听他们谈在右玉的感受，对右玉的看法。他说，文化具有强大的力量，是经济的翅膀，随着服务设施的改善，山西的旅游环境必将越来越好。

加强公共文化服务体系建设，保障人民文化权益

右玉县右卫镇综合文化站设施完备，管理科学，仿古文化大院十分开阔，极大地丰富了群众文化体育生活。

刘云山走进图书馆、文化活动室，了解文化共享工程建设情况。

刘云山一边翻看书架上的书籍，一边与管理员亲切攀谈，详细了解借阅情况。他语重心长地说，我们把书屋建到村上，就是要解决农民看书难的问题，直接服务基层、服务农民，这个图书馆办得很好，要继续努力。

今年是朔州建市25周年。这座洋溢着青春活力的城市，建设了一大批公益性文化设施，如文化艺术中心、图书馆、博物馆，以及即将竣工的新闻中心等，既是标志性建筑，也是群众文化活动的重要场所。刘云山来到充满现代气息的文化艺术中心，参观了展厅、剧场、影视厅等，对这一集展演、健身、休闲为一体的高档次文化场所给予积极评价。

考察中，刘云山还瞻仰了塞北革命纪念馆，并向塞北人民英雄纪念碑敬献了花篮。

在斑驳的老照片和烈士遗物前，在遇害同胞名录前，刘云山久久伫立，仔细察看，深深沉浸在对革命烈士的无尽哀思中。他说，山西是革命老区，要倍加珍惜党领导人民创造的革命文化，建好管好用好爱国主义教育和革命传统教育基地，扩大宣传教育覆盖面，坚定马克思主义文化信念和文化追求。

山西干部群众的“精气神”令人很受鼓舞，干部群众的文化意识、文化情怀和文化自觉让人很受启发

7月31日下午，刘云山就宣传思想文化工作与干部群众座谈。他指出，山西不光要挖煤，还要挖文化，要把文化建设放在经济社会发展的突出位置，在几年后将文化产业变成一个支柱产业。他希望山西的文化建设要勇于创新，努力走在前列。同时强调，推动文化大发展、大繁荣，重点在基层、关键在基层，任务落实在基层，要加快推进基层文化建设，保障基层文化权益，增强宣传文化工作的亲和力、影响力、针对性和有效性，真心关怀、真心爱护基层宣传文化工作者，营造宣传思想文化工作的良好氛围。

袁纯清在座谈会上说，刘云山同志的重要讲话，深入分析了宣传思想文化工作面临的形势和任务，对我省今后的发展特别是加强宣传思想文化工作、繁荣文化事业和发展文化产业，提出了明确要求和殷切希望，具有很强的思想性、针对性和指导性。他对山西工作的高度评价和充分肯定，对我们是巨大鼓舞和有力促进。我们要认真学习贯彻刘云山同志的重要讲话精神，对宣传思想文化工作特别是基层宣传思想文化工作，高度重视，狠抓落实，做到文化惠民与经济惠民齐抓并举。要抓住重点难点深入推进文化体制改革，采取灵活办法推进广播电视有线网络的整合，深化国有文化院团的改革，抓好非时事类报刊的转体改制。要把我省的历史文化优势作为最大的资源来开发，以大片大作大戏表现，以大集团运作，以大景点支撑，以大服务引领，以大会展集聚，加快做大做强文化事业和文化产业。

省领导王君、胡苏平、高建民、张平等参加座谈或陪同考察调研。

（徐补生）

把创新作为转变发展方式的中心环节

——刘延东在山西考察

1月的三晋大地，处处升腾着融融暖意。

1月29日至30日，中共中央政治局委员、国务委员刘延东深入太原、长治等地考察调研。她访学校、进企业、下矿井，亲切看望广大教育科研工作者、文艺工作者、一线工人和学生，详细了解企业生产经营、自主创新、科研成果转化等情况，广泛听取干部群众的意见和建议，充分肯定山西作为我国重要的能源和工业基地，抓住中部崛起的战略机遇，团结拼搏，经济社会各项事业蓬勃发展，教科文体工作取得可喜成绩。刘延东强调，要把自主创新作为调整经济结构、转变发展方式的中心环节，突破核心关键技术，促进产学研用结合，培育战略性新兴产业，切实提高经济发展质量和效益。

声声嘱托，殷殷期望，给走在科学发展之路上的山西，带来了党中央、国务院的深切关怀，使奋力推进转型发展、安全发展、和谐发展的我省广大干部群众备受鼓舞。

高水平大学是一个地区综合实力和科学水平的重要标志，也是核心竞争力和软实力的重要支撑

刘延东十分关心山西教育事业发展。1月29日下午，她不顾旅途劳顿，一下飞机就直接换乘中巴前往山西大学。

山西大学创建于1902年5月8日，与京师大学堂、北洋大学堂共同开创了中国近代高等教育的新纪元。在100多年的办学历程中，山西大学形成了“中西会通、求真至善、登崇俊良、自强报国”的文化传统和“勤奋严谨、信实创新”的优良校风。

在山西大学校史展览馆，从“学堂初创”到“成长壮大”，从“改革前进”到“全面发展”，刘延东一边认真浏览每一块展板，一边向学校负责人询问学科建设、人才培养等方面的情况。她说，山西大学作为百年名校，历史悠久、底蕴深厚、名师辈出，在人才培养、科学研究、社会服务等方面都为国家做出了贡献。

刘延东指出，十七大提出要把教育放在优先发展的战略地位，把提高高等教育质量作为发展教育的主要任务之一。希望山西大学抓住这一重大历史机遇，全面贯彻落实科学发展观，深入实施科教兴国和人才强国战略，认真总结百年办学经验，努力寻找差距和不足，进一步解放思想，改革创新，推动学校整体水平迈上一个新台阶。

她勉励山西大学，实现经济社会又好又快发展，归根结底靠创新、靠知识、靠人才。山西大学要切实承担起人才培养、科学研究和社会服务的重要职责，将自身发展同国家的发展、中部的发展、山西的发展紧密结合起来，制定战略规划，突出优势特色，努力把山西大学建设成为一所有特色、高水平的高等学府。

随后，刘延东又来到该校量子光学与光量子器件国家重点实验室。在量子光学基础和应用研究室、非经典光场产生和应用研究室，她仔细观看最新研究成果，并不时点头赞许。当听到彭堃墀院士介绍说，他们目前正在开展量子网络和量子计算的研究，这项技术处于世界领先水平时，刘延东露出了欣慰的笑容。她说：“你们在量子光学方面瞄准国际发展前沿，做了卓有成效的工作，取得了非常杰出的成绩，是我国在该领域的‘领头羊’，为国家做出了巨大贡献，我代表国务院向彭院士和全体实验室的同志们表示感谢。今天是腊月十五，还有15天就过春节了，给大家拜个早年，祝同志们新春愉快。”

她勉励年轻人一定要把老一代科技工作者的学识、精神和品德继承下来，把实验室办出新的更高的水平。同时希望他们把基础研究与应用研究和技术开发紧密结合起来，加快科研成果转化，更好地为国家现代化建设服务。

长治市第十五中学始建于1958年，是全省示范高中，其独到的特长生培养模式和丰硕的素质教育成果受到广泛赞誉。在该校美术教室，刘延东饶有兴致地欣赏孩子们的素描画作，和正在上选修课的学生共话未来。

“将来想做什么？”

“想当画家。”

听了一位高二男生的回答，刘延东会心一笑：“希望你的梦想会实现。”她动情地说：“中国的未来要靠创新才能实现跨越式发展，创新要靠人才，人才要靠教育。教育是民族振兴和国家发展的基础，只有高素质、全面发展的人才，才能肩负起国家未来发展的使命。同学们还处在中学阶段，正是人生成长的关键时期。希望大家珍惜青春年华，努力掌握知识和本领，多了解社会，多接触社会，提高自己的实践能力，培养自己为国家、为人民、为社会服务的精神。”

在轻松愉悦的氛围中，欢快的笑声和浓浓的温情溢满了整个教室。

离开时，刘延东特意叮嘱学校负责人要创新人才培养模式，加强师资队伍建设，按照育人为本、以德为先、全面发展的目标来培养孩子，大力倡导广大中学生参加志愿者活动，增强学生综合素质，为国家培养合格建设者和可靠接班人。

保持经济平稳较快增长，关键还是要转变发展方式，突出科技支撑，加快自主创新

关注的脚步一刻都不曾停歇，欣慰的笑容始终挂在脸上。带着对企业创新发展的殷切期望，刘延东又马不停蹄地来到太原钢铁集团有限公司。

太钢是我国特大型钢铁联合企业，拥有国际领先水平的全流程不锈钢生产线，具有年产300万吨不锈钢的生产能力，是目前全球最大、工艺技术装备最先进的不锈钢企业，是首批认定的国家高新技术企业和循环经济试点单位，近年来通过自主研发，在科技创新方面取得了显著成绩。

在乘车绕厂区参观后，刘延东走进了脱硫氰主控室，与工作人员一一握手，并听取企业负责人的介绍。太钢7.63m焦炉是国内首座容积最大、工艺自动化技术最先进的焦炉。为了实现清洁生产，太钢自主开发了焦炉煤气脱硫制酸一体化技术。当听到这个项目实施后，脱硫效率达到99%以上，脱除H_2S的水平由原来的4～6g/Nm^{3}改进到50mg/Nm^{3}以下时，刘延东称赞他们走出了一条自主创新、绿色发展的成功之路。她语重心长地说："中国要实现从大国向强国迈进，保持经济平稳较快增长，关键是要转变发展方式。希望你们继续在转变发展方式上下工夫，在自主创新上下工夫，发挥自己在品种、环保、质量方面的优势，把企业发展与信息化结合起来，与循环经济结合起来，不断增强企业的可持续发展能力，真正实现企业做强做大。"

太钢在国内冷轧不锈钢行业始终占据着龙头地位，通过系统的技术研发，近年来他们共开发了70多个不锈钢冷轧产品。在冷轧不锈钢生产车间，刘延东认真观看生产流程，细细察看一件件精致的不锈钢产品，并向企业负责人仔细了解生产经营、产品研发等情况。她说，国际金融危机再次让我们看到，谁在科技上占领了制高点、谁掌握了关键技术、谁具有自主知识产权、谁的高端产品多，谁就能在市场竞争中占有优势，保持领先地位和持续竞争力。她希望企业看到自己身上的责任和使命，坚持产学研用相结合的做法，广泛吸收国内外先进适用技术，全面提升企业创新能力，特别是在制约行业发展的核心技术方面能够取得新的突破，为行业起到引领和示范作用。她还要求企业苦练内功，提高产品质量、提升运行效益，不断增强抵御风险的能力。

山西地下有煤炭，地上有文化，把这两个资源都用好了，山西的未来一定会更美好

入夜的并州华灯璀璨，格外迷人。

1月29日晚，刘延东来到山西演艺中心，与太原的干部群众一起观看大型话剧《立秋》。

话剧《立秋》是一部演绎"诚信"的故事：山西丰德票号马洪翰家族在民国初年时局动荡时，面临生死考验，依然坚持自强不息、诚信为本的精神操守，散尽万贯家财，挽留信誉。这部话剧自2004年4月27日在太原首演至今，已经演出500余场，几乎囊括了所有国家级重大奖项，其行程之长、连续演出场次之多、受众面之大、覆盖地域面之广，堪称近年来精品工程剧目话剧类演出之最，创造了话剧界的奇迹。

演出结束后，刘延东走上舞台，与山西话剧团的艺术家们亲切握手，祝贺演出成功。她说："这是我特别请求山西省委安排今天晚上看你们的演出，这是一部打动人心、令人震撼的话剧。山西不愧是文化大省，我们的艺术家们在改革开放的年代，没有虚度年华，没有辜负党、国家和人民的期望，感谢你们用精湛的艺术造诣为国家、为人民创造了一部可以流传后世的艺术精品。《立秋》这部话剧，不仅给人艺术享受，更重要的是深受启迪，让我们看到了一种自强不息的民族精神和敬业诚信的商业精神。这是中华民族核心价值观的思想精髓，是优秀传统文化留给后代的宝贵精神财富。"

她勉励广大文艺工作者说，十七大报告中提出要推动社会主义文化大发展大繁荣，兴起社会主义文化建设新高潮。所以文化战线的同志们肩负着重大的责任和使命，通过你们的艺术创作，为人民群众提供更丰富的精神食粮，也让世界更加了解中国，不断提升中国的软实力。要深化文化体制改革，完善公共文化服务体系，努力打造地域特色明显、具有广泛影响、深受人民喜爱的精品力作，切实把文化产业做大做强。希望同志们继续努力，创造出更多更好的传世之作、艺术精品，无愧于我们的时代。

刘延东说："山西地下有煤，地上有文化，地上地下都具有得天独厚的优势，我相信只要把这两个资源都用好了，山西的未来一定会更加美好。借此机会，我代表党中央、国务院向话剧团的同志们，也向全省的文化工作者拜个早年，祝大家新春吉祥、事业成功。"

山西话剧团的艺术家们纷纷表示，一定会继续努力，创作出更多更好的艺术精品，决不辜负国家和人民的期望。

推动高碳能源低碳使用，实现高碳经济向低碳经济转型，对山西来说，显得尤为重要和迫切

提升技术创新能力，发展低碳经济、循环经济是煤炭企业实现可持续发展的最佳路径和选择，也是刘延东始终牵挂的大事。

1月30日上午，刘延东来到潞安集团煤—油循环经济园区。该园区充分发挥煤化工多联产优势，把煤炭开采、洗选加工、高硫煤开发利用、瓦斯抽采、焦炉煤气利用、矸石发电、煤基合成油、废气联产化肥和IGCC发电、氮气干熄焦、硫磺回收等融为一体，实现了低碳排放、循环利用。2008年12月22日，国内第一个具有自主知识产权的煤基合成油示范项目在该园区成功出油，标志着继德国、南非之后，我国成为世界上第三个能够生产煤基合成油的国家。

刘延东兴致勃勃地观看了园区全景沙盘和专题片，仔细听取企业负责人的介绍。在园区总控室里，她详细了解煤基合成油的具体生产流程，并不时询问。"一吨煤能出多少油？""高硫煤的硫含量有多少？"当看到高品质柴油、高级石蜡、石脑油、尿素等系列产品整齐陈列，听到示范项目产出的柴油产品高动力、无污染、尾气排放达到欧V标准时，刘延东高兴地说："你们做了非常有益的工作，取得很了不起的成绩。煤基合成油项目通过自主创新，实现了产业的转型升级，同时发展了循环经济，基本上做到吃干榨尽。这是在政府主导支持下，科研人员和企业合作，产学研用紧密结合形成的一个成功范例。在此，我向大家表示祝贺和问候。希望大家再接再厉，在实现产业化、降低成本上下工夫，再创佳绩。"

刘延东指出，发展低碳经济是应对气候变化、实现可持续发展的重要途径，要注重发挥科学技术的支撑和引领作用。要加快先进低碳技术在工业、建筑、交通等领域的发展和应用，大力开发煤液化、煤气化、煤化工等高效清洁利用技术，探索高碳能源低碳使用的有效途径，要遵循产业发展规律，培育太阳能光伏、风电、半导体照明、新材料等战略性新兴产业，推动节能与新能源汽车等低碳产业的发展，形成新的经济增长点。要加快节能减排、生态环保、资源综合利用技术的推广应用，延伸循环经济产业链，促进经济发展模式向高能效、低能耗、低排放的方向转型，要加强体制机制创新，引导各类创新要素向企业聚集，提升企业技术创新水平，增强我国经济持续发展能力和国际竞争力。

对于潞安集团今后的发展，刘延东寄予厚望："长治市已经成为可持续发展试验区，希望潞安集团煤基合成油项目也能成为高碳能源低碳使用的一个示范。"

王庄煤矿是潞安集团下属的产量最高、规模最大、效益最好的一座闻名全国的特级高产高效现代化矿井。该矿主要采用综采放顶煤技术，2007年建成全国第一个大采高自动化综放工作面，2008年建成全国第一个自动化、数字化掘进工作面，2009年进行了煤巷自动化快速掘进自动纠偏与煤岩识别技术研究和实践，矿井采煤主导技术和自主创新能力有了新的提升。

下午2时许，在宽敞明亮的现代化调度室里，刘延东通过视频对话系统，和正在井下作业的矿工李师傅亲切交谈。她说："煤炭工业是我国国民经济的基础产业。广大矿工多年来辛勤努力，默默奉献，为国家的煤炭工业增产和现代化建设做出很大贡献，党和人民不会忘记大家。在新春佳节来临之际，我向全矿广大职工和工作在一线的矿工同志表示亲切的问候和崇高的敬意。"

随后，刘延东来到井下，在巷道里和采煤工人热情握手，合影留念。她仔细查看井下医务室，了解工人的劳动保护情况和现场工作环境，并一再叮咛大家注意安全。她说："党中央、国务院非常重视安全生产和民生问题，把保障安全作为企业生产的第一任务，把改善民生作为经济发展的重中之重。我们要给矿工提供更好的劳动环境，给予更好的待遇，让大家共享改革发展成果，过上更加幸福的生活。"

对刘延东一番情真意切的话语，大伙儿报以热烈的掌声："感谢党中央、国务院对煤矿工人的关心，我们一定努力工作，回报社会。"

科技部党组书记、副部长李学勇，教育部副部长陈希，国研室副主任江小涓，中科院副院长江绵恒、李静海陪同考察。省领导张宝顺、王君、申维辰、胡苏平、牛仁亮、陈川平、张平等分别陪同考察。

（郇帅莉　杨　珏）

走出有山西特点的科学发展之路

——李源潮在山西考察

数九隆冬时节，寒风中已听到春的脚步。

1月23日至24日，中共中央政治局委员、中央书记处书记、中央组织部部长李源潮冒着严寒，深入太原、吕梁等地考察调研，走访慰问老党员和困难群众，详细了解我省经济社会发展情况，检查指导学习实践科学发展观活动，鼓励全省干部群众以学习实践科学发展观为动力，夺取应对国际金融危机新胜利、开创新基地新山西建设新局面。

带着党中央对山西人民的深切关怀，李源潮访农户、下社区、进企业，与党员干部群众一起，共话科学发展、社会和谐大计，共谋加强党的建设、深化学习实践活动良策。他一路走来，询问得是那样仔细，思虑得是那样深远，他的思绪和感情融入了这片黄土地，他求真务实、心系人民、平易近人的作风深深感染了基层干部群众……

祝愿你们的日子越过越好

1月23日7：16，K601次列车缓缓驶进刚刚苏醒的并州城，李源潮不顾一夜的旅途劳顿，在省委书记张宝顺等省领导的陪同下，直接换乘中巴车前往娄烦县。

山峦如聚，残雪如花。天池店乡兑集沟村，冬日的阳光洒满冰封的河道。

"快过节了，我来看看大家！"李源潮为村民们送上新春的祝福，为贫困户送去慰问品和慰问金。在村民闫白脸家，他翻开炕褥一角，体察炕头热不热，随后与主人促膝交谈，嘘寒问暖，拉起家常。

"火炕烧煤还是烧柴？"

"烧的是煤。"

"在哪里做饭呢？"

"这个是锅连炕，既能取暖，也是灶台。"

"去年全家的收入有多少呀？"

"家里有8亩果园、5亩玉米地，再加上儿子外出打工的收入，一年能挣一万五六千元。"

"您觉得村党支部书记怎么样？"

"好着咧！村里为果园修通了路，以前我们的粮食和水果只能靠人拉肩扛，现在装上汽车就能拉走，销路也不错。明年要多种大白菜，把经济林修整好，收入会更多。"

随后，李源潮又走进了梁乃清家。梁乃清的老伴患有糖尿病，祖孙三代5口人，主要经济来源是4亩果园和杂粮种植。李源潮拉着梁乃清的手，逐屋察看他的居住状况，了解窑洞的修建情况。他捧起老两口的医保本，关切地询问新型农村合作医疗的开展情况。当听说县里已为全县10万农民代交了每人30元的参合费用，农民看病一年最多可报销4万元医药费，通过完善农村卫生室实现了"小病不出村"时，李源潮频频称许。

2009年9月，83岁的汾河水库移民、老党员赵三脸，从山梁上简陋的危房搬进了县城内宽敞明亮的新楼房。这得益于总投资2.4亿元、从2005年开始的库区移民安置工程。由于政府为每个移民拨付了9000元的补助款，赵三脸家85平方米新房，只掏了1万多元。同时，还在移民新区的商业街租了一套门面房，经营很受农民欢迎的新品磁砖，生意红火，每年纯收入可达6万元。移民们都说，这真是做梦也想不到的好事情。

李源潮高兴地走入赵三脸整洁舒适的新居，屋里那幅

“河深海深不如党的恩情深，千好万好不如社会主义好”的中堂格外醒目。当听到赵三脸在解放战争中荣立二等功，解放后长期担任村党支部书记时，他深情地说：“您过去参加解放战争，为缔造新中国作出了贡献；后来为修水库主动移民搬迁，又为国家的建设作出了贡献。为国家作出贡献的人，党和政府应该让你们的日子过得好一些。”

伙食怎么样？住的习惯吗？看病方便吗？在娄烦县中心敬老院，李源潮与正在下棋和排演节目的老人们亲切交谈，当看到敬老院设施完善、功能齐全，医务室、活动室、宿舍区分布合理，休闲活动开展得有声有色，又了解到全县1001名五保老人全部实现了集中供养时，他非常欣慰。李源潮对老人们说：“快要过年了，我代表党中央来看望大家。我们就是要让每个社会成员都能幸福生活，共享改革发展成果。祝愿大家生活安定、互帮互助、健康长寿，与我们的社会一起前行，在新的一年里过得更加愉快！”

学习实践科学发展观活动的关键是让群众满意

全面完成学习实践科学发展观活动各项任务，确保实现“党员干部受教育、科学发展上水平、人民群众得实惠”的目标，是李源潮此次考察调研的重点。每到一个地方，他都认真向党组织和党员了解开展学习实践活动情况，细心体察学习实践活动给基层带来的新变化。

经过两个多小时的路程，李源潮来到孝义市梧桐镇西王屯村。近年来，村党总支以科学发展观为指导，按照工业反哺农业、以煤补农的要求，累计投资6000多万元，实施占地11.72万平方米的新村工程，全村238户村民喜迁新居，趟出了“村企一体、兴村富民”的路子。

李源潮来到西王屯村党员活动室，听取他们通过开展学习实践活动，进一步打开发展思路、增强发展信心的经验介绍。他饶有兴趣地拿起遥控面板，逐项察看中组部党员干部远程教育网络，要求党组织充分利用现代化手段，进一步丰富党员教育内容，增强学习实践活动的效果。

村民任守旺的新居是一幢面积为280平方米的独体别墅楼，宽敞明亮，装修考究，各种功能设施一应俱全。在江苏省工作多年的李源潮诙谐地说：“你这房子比华西村的房子还漂亮啊！”

李源潮走到村中心广场，热情的村民们纷纷围拢过来。他大声说：“以工业反哺农业，以企业发展带动新农村建设，你们这条路子很好！看到大家工作有收入，居住有保障，我很高兴，党和政府会努力把城市、农村、企业进一步建设好。西王屯的谐音就是‘希望屯’，我衷心希望西王屯的明天更好、老百姓的日子更好、发展得更好！”

一阵热烈的掌声响彻西王屯村上空。

太原市迎泽区桃园南路第二社区是文化部、民政部等五部门命名的“全国创学习型家庭示范社区”。在社区办公室，社区党支部书记兼主任尤玉梅向李源潮介绍了开展学习实践活动，加强环境治理、完善社区服务、建立志愿者队伍、与驻地单位共建共创等情况。李源潮认真听取，并不时询问社区党员在学习实践活动中参加组织生活、听取辅导报告等情况。

“你们社区开展学习实践活动，参加的是哪个批次？分析检查搞得怎么样，主要解决了哪些突出问题？”

“我们社区作为全省第三批学习实践活动试点单位，参加了第二批学习实践活动，办了一些群众关心的实事。比如，针对一些居民提出的改善治安环境问题，我们成立了护楼护院巡逻队伍，增强了群众的安全感。”

李源潮十分关心社区干部“一定三有”激励保障机制落实情况，当听说社区干部的生活补贴已由2003年的400元/月增加到现在的800多元/月，他露出了欣慰的笑容。

随后，李源潮走进社区警务室和自办的读书俱乐部。当听到社区里的未成年人寒暑假或放学以后可以来这里读书看报，外来务工人员也可凭身份证免费阅读，他十分高兴地说，社区活动场所，虽然占地小，但用处多，作用大。社区管理关乎民生民利，社区服务造福千家万户。你们把社区工作当成社会事业来办，很好！希望你们再接再厉，为居民服务得更好。各级党委、政府要高度重视社区建设，从经费保障、人员配备等方面进一步加大支持力度，把每一个社区都办得更好。

在调整经济结构的同时加快城市化进程

高铁动车组“追风”靠一双“隐形的翅膀”——轮对（车轮、车轴），企业“追风”不仅需要引进国际领先的技术，还要有先进的理念、超前的眼光。

1月24日，李源潮来到位于太原经济技术开发区的智奇交通运输设备公司。宽阔明亮的车间，一组组轮对码放整齐，像一排排即将出征的战士。

作为国内唯一一家动车组轮对生产和检修基地，该企业填补了国内动车设备制造的空白，已达到年产2.5万对轮对的生产和组装能力，这是支撑动车组的九大核心技术之一。

李源潮沿着生产线，与正在组装轮对的工人们亲切交谈，认真察看轮对结构、电机功效、齿轮箱等工艺流程，同企业负责人算起了细账，研究进一步提高技术水平和经营效益的办法。

这么高精尖的产品，居然由我省一家煤炭企业投资经营。李源潮非常赞许。他说，煤炭企业利用资源优势和市场优势，积极调整和优化产业格局，发展先进装备制造业，对山西工业结构调整很有启示意义。

“下一步，关键是要降低进口成本，努力提高本土化、规模化水平。中国的装备制造业迟早是要走向世界的，你们有一流的理念和设备，要再接再厉，创造一流的技术和产品，将来让全世界的动车组都转上我们中国生产的轮子！”

城市规划是指导城市建设发展的总体依据，同时也是一个城市未来发展的灵魂。在紧张的行程中，李源潮先后考察了吕梁市北川河综合整治工程和太原市城市建设和规划。

在吕梁市城市建设规划模型前，在北川河综合整治工程现场，李源潮提出：“搞好城市建设，关键在于规划。规划是根本，是一个城市的基本定位，是一个城市的基本政策和基本路径。规划得怎样，决定了一个城市是越建越好，还是越建越差、越建矛盾越多。”李源潮说，在新一轮城市规划中，首先要做好控制性地区的测算，尽量不要给后代增加拆迁量和拆迁成本；其次要以城市服务业为支柱来划分功能区。吕梁这个城市有山、有水，将来绿化环境搞好了会很美的。

在太原市城市规划展示大厅，李源潮兴致勃勃地观看了图表、模型和展示片，全面了解太原的城市发展历史。他说，从一些城市规划的经验教训来看，改造老城、建设新城，效果一般不好；建设新城、保护老城，效果往往很好。自上世纪50年代以来，太原市的历次总体规划能够把新城区与老城区分开来，把城市属性与环境保护结合起来，并给城市未来发展预留了空间，为太原当前的发展奠定了良好的基础。

考察中，李源潮指出，各级领导干部要学习和研究城市发展和建设规律，做合格的城市领导人。规划是政府的第一责任，要坚持先规划，后建设，提高城市建设水平，多给后人留下赞叹，少给子孙留下遗憾。他还说，支持太原率先发展、加快区域中心城市建设很重要。一个省一定要有一个能够承载各种先进生产力和先进文化的城市，让人民群众称道的城市，代表着全省形象的城市。同时要加快资源型城市改造提升步伐，完善功能，改善环境，发展服务业，增强城市发展的活力和内生动力，让人民群众有一个宜居的环境，过上幸福的生活。

在新的起点上实现山西又好又快发展

1月24日下午，李源潮主持召开座谈会，听取省委、省政府工作汇报和基层代表发言。他对河津市发生地震表示慰问，要求做好各方面工作，确保社会秩序稳定，安排好人民生活。李源潮指出，山西正处于历史发展的最好时期之一，正酝酿着新的科学发展的飞跃，山西干部群众精神状态很好，干部干事创业的劲头很足，干群之间的关系比较和谐。山西省委、省政府以开展学习实践活动为动力和机遇，全力保增长、保民生、保稳定，推进转型发展、安全发展、和谐发展，取得突出成绩，在6个方面留下深刻印象：一是化危为机、破解难题，实现了经济由严重下滑向较快恢复增长的重大转变，回升向好的趋势不断巩固；二是坚决贯彻中央决策部署，在能源保障方面为全国大局作出了贡献；三是大力推动经济结构调整，煤炭企业兼并重组整合取得重大突破，新兴产业发展加快；四是安全生产形势明显好转，去年各类安全生产事故的死亡人数同比下降27%，煤炭事故下降40%，这是多年来想得到而很难得到的，非常来之不易；五是高度重视改善民生，全年用于社会事业和改善民生的投入比上年增长20%；六是党的建设和组织工作不断加强，加强领导班子和干部队伍建设以及人才队伍建设，加强村级干部队伍建设，整治重点村、难点村、矛盾突出村以及选聘大学生到农村和社区工作等方面取得了很好成绩。他指出，对山西开展学习实践活动近两年来发生的变化和进步中央是充分肯定的，山西的干部群众包括历届老领导也是充分肯定的，以宝顺同志为书记、王君同志为省长的山西党政领导班子，是一个政治坚定、顾全大局、干事创业、团结和谐，有凝聚力、有战斗力的领导班子。他希望，山西要善始善终地搞好第三批学习实践活动，扎实抓好长效机制建设；要按照“五个更加注重”的要求，加大经济结构调整力度，走出有山西特点的科学发展之路；要科学规划，加快推进城市化进程，形成推动山西科学发展的新动力；要加大生态环境保护、修复和建设的力度，实现绿色崛起；要进一步加强领导班子和干部队伍建设，为山西科学发展提供坚强的组织保证。

张宝顺重点汇报了我省开展学习实践科学发展观活动的情况，推进“三个发展”、加快经济结构调整和加强党的建设方面的情况。张宝顺指出，在总结学习实践科学发展观活动、研究建立推动科学发展长效机制的关键时刻，在贯彻中央经济工作会议、开好“两会”、谋划今年发展的关键时刻，在总结经验、解放思想、谋划“十二五”发展、抓住机遇在中部崛起中实现又好又快发展的关键时刻，李源潮同志亲临山西考察指导工作，对全省干部群众是巨大鼓舞，对全省各项工作是有力促进，具有非常重要的意义。李源潮同志的重要讲话对我们是一次非常生动的思想解放，是对科学发展观的一次精彩阐释，是对转变发展方式、调整产业结构和推进城市化进程的一次深刻论述，具有很强的全局性、战略性、指导性。全省上下要认真学习贯彻李源潮同志考察山西的重要讲话，善始善终地完成学习实践活动的各项任务，抓好总结提高，坚定不移地推进经济发展方式转变和经济结构调整，更加自觉地推进城市化进程，进一步加强领导班子和干部队伍建设，开创各项事业发展新局面，以实际行动回报党中央对我省的关怀和期望。

中央组织部副部长、中央学习实践活动领导小组办公室主任欧阳淞陪同考察。省领导张宝顺、王君、薛延忠、申联彬、申维辰、杜玉林、金道铭、李小鹏、胡苏平、方文平、高建民、李政文、汤涛、杨安和、牛仁亮、陈川平、张平、刘维佳、张建欣等分别陪同考察或出席座谈会。（田建平）

张德江赴“3·28”透水事故现场指导工作

3月28日13时40分，位于乡宁县境内的王家岭矿中煤第一建设公司63处项目部在井下施工过程中发生透水事故。王家岭煤矿属于在建矿井，当时井下建设员工有261人，事故发生后有108人安全升井，有153人被困井下。

接到事故报告后，党中央、国务院高度重视，胡锦涛总书记、温家宝总理作出重要指示。

中共中央政治局委员、国务院副总理张德江在第一时间赶赴现场指导救援工作。国务院副秘书长肖亚庆、国家安全监管总局局长骆琳和国家安全监管总局副局长、国家煤矿安监局局长赵铁锤在现场组织研究，要求全力组织抢救，科学制定救援方案，严防发生次生事故，并进一步查清人数，查明事故原因，吸取教训，依法依规严肃追究责任。

张德江副总理指出，党中央、国务院对这起事故高度重视，要认真落实好中央领导的重要指示，全力抽水救人，尽最大努力调集抽水设备，以最快速度安装抽水设备，尽最大能力排水。要全力通风救人，千方百计送风，为被困人员提供生命支持。要实施科学救人，建立抢险专家组，以最快的速度，最有效的办法救人，并注意施工安全，防止次生灾害发生。要成立以副省长陈川平为总指挥的抢险救援指挥部，下设抢险、救护、医疗、后勤、保卫、新闻、善后等工作小组，迅速展开工作。要成立由国家安全监管总局牵头的事故调查组，开始着手事故调查。

3月29日上午，张德江冒雨再次来到王家岭透水事故救援指挥部，查看事故现场，指导救援工作，并看望慰问现场抢险救援人员。张德江指出，在抢险救援工作中，要抓住两个关键，首要任务是救人，关键措施是排水。救人、排水依然是现场救援工作的核心，要想尽一切办法，力争创造奇迹。

张德江指出，事故发生后，抢险救援指挥部迅速行动起来，成立了救援小组，全面开展工作，抽排水等各项工作都积极主动，值得肯定。现在的首要任务是救人，核心措施是抽水，要围绕救人调动一切可能调动的人力和设备。在听取了救援指挥部总指挥、副省长陈川平和有关负责人的汇报后，张德江指出，第一要继续加大排水力度，科学布置、合理利用空间；第二要在大巷南侧进行钻孔，开辟新的导水通道；第三要尽快组织力量分析透水成因；第四要科学组织施救，合理排班，保证一线工作人员精力充沛；第五要确保救援安全，防止发生次生灾害。张德江最后强调，要全力落实好胡锦涛总书记和温家宝总理的重要指示，千方百计抢救井下被困人员。

（李宏伟　李宁波　齐作权）

当好人民群众的守卫者

——孟建柱在山西考察

5月的三晋大地，鲜花盛开，绿树成荫。

5月13日至15日，国务委员、公安部部长孟建柱深入我省阳泉、晋中、太原等地，看望慰问基层群众和一线民警，就维护稳定工作和公安队伍建设进行调研，并实地检查中小学、幼儿园安全保卫工作。省委书记、省人大常委会主任张宝顺，省委副书记、省长王君先后陪同调研。

每到一处，孟建柱与基层群众、师生和民警亲切交谈，详细询问工作和生活情况。孟建柱强调，各级公安机关一定要以高度的责任感和使命感，全力做好维护社会和谐稳定的各项工作，当好人民群众的守卫者。

“孩子是我们的希望，一定要尽全力保护好，要给他们创造一个良好的环境！”

当前，校园安全已成为全社会关注的热点，更牵挂着孟建柱部长的心。5月13日上午，他乘坐的动车还未进站，就叮嘱身边工作人员，一定先到中小学、幼儿园去看看，特别是那些偏远地区的校园。在晋两天半的时间里，他先后检查了3所村办小学、2所村办幼儿园。校园门卫情况落实得怎样？老师、学生是否知道应该怎样防范？相关部门都采取了哪些措施？这些问题反复被提起。

5月14日一早，孟建柱来到平遥县康宁小学。这是一所位于城乡接合部的乡镇小学。他径直走到两名当日值班的保安人员面前，和他们一一握手。当他听说两位年轻人都是当兵退伍的战士，经过县保安公司培训后，近期开始负责学校门卫工作，孟建柱对选用退伍战士当保安十分认同。他说：“退伍战士有基本的技能，身体结实，更胜任这项工作。”他同时叮嘱公安机关不仅要对他们加强业务技能培训，更要加强敬业精神教育。

他还询问一名保安，每个月工资多少？得知基本由财政解决，每人每月800元，孟建柱放心地点点头。

除了保安人员，校园门口还站着三名学生家长。他们都戴着写有“家长志愿者”的黄袖标。为了弥补警力不足，平遥县公安机关与学校商议后，向学生家长发出自愿护校的号召，得到了学生家长的热烈响应，很多家长都主动报名，要求到学校站岗。现在每天有三名家长轮流在上下学期间配合保安人员护校。

孟建柱对这一创新做法非常肯定，他走到一位志愿者家长跟前，握着他的手问道：“你的孩子几年级了，你本人做什么工作，来这里站岗会不会影响工作？”家长表示：“我们家长轮着站岗，每人一天，为了孩子们的安全，我们愿意干。”听了家长的回答，孟建柱十分高兴，他对周围人说：“依靠群众，调动社会各方力量保护校园，群防群治，这个经验很好。”

遇到坏人怎么办？每到一所校园，孟建柱都会走进教室，与孩子们交流。在大寨小学六年级教室里，小姑娘赵玥清脆地回答：“遇到坏人要远离他。”孟建柱笑着对大家说：“好，她头脑很清楚。”在平遥县康宁小学，一名二年级男生则说：“拿起土迷他的眼睛。”孩子天真可爱的回答，让孟建柱和在场人员开怀大笑。“好，男孩子就是勇敢！还有吗？”后排的一名男孩大声说：“要到人多的地方找警察叔叔！”“好，这个办法好！”孟建柱嘱咐老师，一定要把具体的、实在的方法教给孩子们，让他们知道怎么保护自己。

幼儿园多数都是女老师，孩子又小，他们的安全更让人牵挂。5月13日、14日，孟建柱先后检查了大寨和平遥的两所幼儿园。两所幼儿园都配备了专门的保安，并配有警棍、辣椒水等警用装备。

走进平遥县康宁幼儿园的宝宝班时，20多个孩子正在上音乐课。孩子们在老师的带领下齐声高歌：“今天天气真好，早上起来了，小鸟对我喳喳叫……”孩子们年龄只有2岁多，粉嘟嘟的小脸，圆圆的小手，让人心疼又喜爱。离开校园时，孟建柱再三叮嘱公安民警：“孩子是我们的希望，一定要尽全力保护好，要给他们创造一个良好的环境！”

“要从言行举止、方式方法上规范民警执法行为，进一步提高公安机关执法公信力。”

孟建柱在调研中强调，一定要从基层民警日常执法最容易发生问题的环节入手，健全执法制度，细化执法标准，最大限度地减少和杜绝执法随意性。

在昔阳县大寨派出所，晋中市公安局编辑成册的《晋中公安警务通令》受到孟建柱的高度肯定，局长雷党辰介绍说，这套29册的警务通令，将每个警种每项执法的操作过程细化，明确了每个执法环节的具体标准，目的就是靠制度规范基层民警的执法行为。

“要善于用群众语言、用群众易于接受的方式来管理、来执法”，孟建柱提出的“平和执法”“人性执法”正在公安交管系统内规范着一线交通民警的行动。省交管局局长边智慧介绍说，山西去年的交通违法行为整治，交通违法处罚量减少34%，教育处罚的比例增加28%，罚款总量减少10.6%，高标准完成了公安部提出的“两降一升”工作目标。听到这组数据，孟建柱十分赞赏：“交警部门和老百姓打交道很多，你们做得好，对于提升公安形象有很大作用。”

在平遥县交警大队，交管部门处理交通事故引入人民调解制度的办法引起了孟建柱部长的注意。他说，依靠调解的理念解决纠纷，这个经验很好，完全符合中央的精神。他希望各级公安交管部门一定要理性、平和、文明、规范执法，要设身处地考虑到当事人的切身感受，讲究方法，努力实现法律效果、社会效果和政治效果的有机统一。

牢记宗旨使命，无私奉献、锐意进取，努力建设一流公安队伍，创造一流业绩

太行山脉绿树葱茏，虎头山上的大寨发生了巨变；平遥古城，商铺栉比、游客如织，县域经济和城镇建设快速发展；汾河岸边，高楼林立，城市景观日新月异。这些都给孟建柱留下深刻印象。

5月15日上午，孟建柱与山西部分党政领导干部、政法公安干警进行座谈。在听取王君代表省委、省政府就我省经济社会发展情况汇报后，孟建柱说：“十年前我来过山西，十年后山西发生了翻天覆地的变化。山西是个好地方。近年来，省委、省政府团结带领全省人民，深入贯彻落实科学发展观，从山西实际出发，锐意创新，扎实工作，经济社会发展取得了长足进步，印象非常深刻。经济发展迅速，今年一季度规模以上工业增加值增长了39.8%，GDP增长19.4%，很不容易。产业结构调整力度大，特别是去年山西抓住金融危机蕴含的机遇，推进煤炭资源整合煤矿企业兼并重组，是富有远见的战略举措。现在山西发展后劲很足，科学发展迈开大步，进入发展历史上最好时期。”

在谈到近年来山西政法公安工作时，孟建柱说：“这几年，山西社会大局稳定，得益于省委、省政府的正确领导，得益于有一个好的领导班子，得益于各级公安机关及早抓、抓苗头，及时化解社会矛盾。特别是民爆物品管理整治工作扎实有效，涉爆案件、事故大幅下降，在山西这样一个煤炭大省，取得这样的成绩很不容易。”

孟建柱最后指出，希望山西省的公安工作要适应山西经济社会发展的大局，走在中西部地区的前列，争取一些指标走在全国前列。希望山西公安战线的同志们继承和发扬自力更生、艰苦奋斗的光荣传统，牢记宗旨使命，无私奉献、锐意进取，努力建设一流队伍，创造一流业绩。

张宝顺在座谈会上要求我省各级党委政府要继续加强对公安工作的领导和指导；各级公安机关要加强自身建设，夯实基层基础工作，为全省经济社会发展创造和谐稳定的环境。

在晋期间，孟建柱还深入太钢集团公司等地参观考察。省领导薛延忠、申维辰、杜玉林、高建民和省高院院长左世忠，省检察院检察长王建明，武警山西总队总队长仲轩、政委刘建华等参加座谈会或陪同调研。

（左燕东）

太原市汾河公园

中共山西省委工作概况

省委书记　袁纯清

2010年，在党中央的正确领导下，中共山西省委团结带领广大干部群众，深入贯彻落实科学发展观，全面贯彻党的十七大和十七届三中、四中、五中全会精神，以科学发展为主题，以转变经济发展方式为主线，解放思想，振奋精神，奋发进取，着力推动转型发展、跨越发展，全面推进经济建设、政治建设、文化建设、社会建设以及生态文明建设和党的建设，各项工作取得新进展、新成效。

一、认真贯彻落实中央决策部署，实现经济平稳较快发展

面对国际金融危机的严峻考验，我们认真贯彻落实中央决策部署，在经济实现恢复性增长的基础上，继续调结构、扩内需、练内功、保民生，两年投资6500亿元、带动全社会投资1万亿元的重大举措取得显著成效，经济步入稳定较快增长区间。基础设施、民生工程和技术改造投资分别增长35%、30%和20%，一批重点铁路、公路、机场建成并投入使用，引黄北干工程加快推进，35项应急水源工程中有27项相继完工，省城十大建筑已建成或完成主体工程9座，保障性住房建设和生态环境治理分别完成投资280亿元和270亿元。全面落实国家"家电下乡"、"农机下乡"等政策，出台12项扩大消费的政策，全面推进"万村千乡市场工程"、"双三十"农产品市场工程、鲜活农产品"农超对接"工程。稳定和拓展外需，全年进出口总额同比增长42%。继续实施企业税费减免缓缴政策，积极促进民营企业发展，千方百计保障企业正常生产经营，全省工业企业利税超过1600亿元，增长50%以上。2010年，全省地区生产总值完成9088亿元，增长13.9%；财政总收入完成1810.7亿元，增长17.8%；一般预算收入完成969.7亿元，增长20.3%；全社会固定资产投资完成6352.6亿元，增长26.2%；城乡居民收入分别为15648元、4736元，分别增长11.8%、11.6%。同时，生产煤炭7.4亿吨，外运煤炭5.1亿吨，增长15%；外输电667亿千瓦时，增长11%。

二、完善发展思路，掀起干事创业热潮

2010年5月31日，省委主要领导调整并顺利交接。新的省委班子深入分析国内外发展形势，深化了对我省发展阶段性特征的认识，完善了发展思路，加大了工作推进力度。一是提出以转型发展、跨越发展为核心的发展思路。在广泛深入调查研究的基础上，着眼于"十二五"又好又快发展，提出今后一个时期山西经济社会发展的目标、任务和路径，主要是以解放思想为先导，以转型发展为主线，以赶超发展为战略，以跨越发展为目标，以工业新型化、农业现代化、市域城镇化、城乡生态化为重点，以加强干部能力作风建设为保证，以煤为基、多元发展，在建设国家新型能源和工业基地的基础上，努力建设全国重要的现代制造业基地、中西部现代物流中心和生产性服务业大省，早日建成中部地区经济强省和文化强省，再造一个新山西。7月29日，召开全省领导干部大会，11月、12月先后召开省委九届十一次全会、全省经济工作会议，对这一思路进行了阐述和部署，并体现到省委关于"十二五"规划的《建议》中。二是继续推动思想解放。引导干部群众更新观念，进一步从煤炭依赖中解放出来，从政府依赖中解放出来，从内陆经济思维定势中解放出来，从计划经济模式中解放出来，从守成求稳的心态中解放出来，增强进取意识和发展信心，强化逆水行舟、不进则退、慢进也退的忧患意识，以更大胆气和魄力真抓实干、争先发展。干部群众认识到全面转型是山西的必由之路，加快跨越是山西的必然选择，对转型跨越发展形成了普遍共识，并正在内化为自觉行动。三是以项目建设为重点推动工作落实。省委、省政府主要领导带领各市和部分省直部门负责同志，赴天津、河北、内蒙古、山东进行考察，学习兄弟省区市推动大开放、大投资，建设大项目、大园区的做法和经验。选取事关全省发展全局的19个课题，由省委常委和副省长领题调研，深入基层，问

计于民，请专家学者把脉问诊，形成一批有情况、有分析、有对策的调研报告，并集中进行交流研讨，为制定一个好的“十二五”规划打下了坚实基础。组织省领导和各市各有关部门负责同志，对重点工作和项目建设逐市进行观摩检查，全面了解产业升级、生态建设、民生工程等进展情况，实地察看了近140项重点项目和工程。通过上述举措，激发了全省人民的创业热情，在全省掀起了科学发展、项目建设、干事创业、竞相赶超的热潮。

三、加快转变经济发展方式，转型发展迈出重要步伐

一是我省被确立为国家资源型经济转型综合配套改革试验区，给山西带来了难得的历史机遇。2010年12月1日，国务院正式批准我省为国家资源型经济转型综合配套改革试验区，这也是全国第一个全省域、全方位、系统性的综合配套改革试验区，是国家区域发展战略的重要组成部分，是我省推进产业结构调整，全面解决资源、环境、生态制约的根本举措，是加快转变经济发展方式的重要抓手，标志着我省转型发展上升到国家战略层面。这项工作得到了胡锦涛总书记、温家宝总理、习近平副主席、李克强副总理等中央领导同志的高度重视，得到国家有关部门的大力支持，体现了中央对山西人民的关怀。目前我们正在继续完善试验方案，细化政策措施，相关工作正在扎实推进。

二是加快提升传统产业，发展壮大新兴产业。立足山西是煤炭大省，也是历史文化大省的省情，坚持煤与非煤并重，开发地下资源与开发地上资源并举，坚持以煤为基、以煤兴产、以煤兴业、多元发展，实施十大产业调整振兴规划。坚持全循环、抓高端、多联产理念，加快提升传统产业水平，煤炭、焦炭、冶金、电力四大主导产业保持稳步增长，质量效益明显改善，产业内部结构逐步优化，特别是煤炭产业中非煤产业比重进一步提高，省属五大煤炭集团非煤收入突破1800亿元，占总收入的比重达到55.4%，比上年提高6.1个百分点。同时，加快发展新兴产业，先进装备制造业、现代煤化工、新型材料、特色食品工业四大产业销售收入平均增长30%以上，特别是装备制造业增幅高达46%。大力发展以文化旅游业和现代物流业为重点的现代服务业，旅游总收入突破1000亿元。

三是深入推进煤炭资源整合和企业兼并重组，煤炭产业整体水平明显提高。关闭小煤矿、对保留矿井进行技术改造和建设现代化矿井等工作积极稳妥推进。全省关闭矿井1212座，占到应关闭矿井的80%；保留矿井升级改造完成投资470亿元，占应投资总额的30%以上；现代化矿井建设步伐加快，煤矿管理水平明显提高。全年原煤产量达到7.2亿吨，比2009年净增1亿吨，形成4个亿吨级、3个5000万吨级的大型煤炭企业集团。经过这轮整合重组，我省煤炭工业发生了质的变化，进入了一个全新的发展阶段。产业水平显著提高，安全生产状况明显改善，能源基地的地位进一步巩固，为更好地服务和支持国家建设、促进全省经济又好又快发展奠定了坚实基础。

四是加快农业现代化和市域城镇化进程，大力推进城乡统筹发展。把农业现代化作为做好“三农”工作、缩小城乡差距的主要途径，全面落实各项强农惠农政策，在继续实施“五项农业补贴”的基础上，新出台设施农业补贴等“八项惠农政策”，实施了盐碱地改造等“七大强农工程”。继续加大对“三农”的投入，仅省级财政投入就高达136亿元。加强农业基础设施建设，完成中低产田改造200万亩，农业实灌面积达到1700万亩，积极发展旱作农业和节水农业，农业综合生产能力稳步提高。加快推进运城、晋中、大同三大现代农业示范区建设，大力实施农产品加工龙头企业“513”工程。加强农村公共服务体系建设，进一步深化农村改革，扎实推进扶贫工作和新农村建设，20多万贫困人口实现脱贫，2000个新农村重点推进村建设任务完成。把城镇化作为转变经济发展方式的重要抓手，抓住新一轮城市总体规划修编的契机，提出了以太原都市区为核心、区域性中心城市为节点、大县城和中心镇为基础，构建以太原都市区、太原都市圈、晋北中部、晋南中部、晋东南中部城镇群为标志的“一核一圈三群”城镇体系框架，支持太原率先发展，区域中心城市及城镇群发展步伐加快。生态园林城市建设取得新进展，11个设区市新增绿地面积549.25公顷，建成区绿化覆盖率达到37.71%。太原市和4个县级市县被授予国家园林城市（县城）称号。完善城市基础设施，市政公用设施建设投资300亿元，新建成28座污水处理厂，实现污水处理厂县级全覆盖。

五是加强节能减排和环境保护力度，生态环境持续改善。坚持走绿色、清洁、可持续的发展路子，严格执行国家下达的节能减排目标任务，大力淘汰落后产能，全年共关停小火电机组163万千瓦，淘汰落后产能钢铁1008万吨、水泥832万吨、焦炭532万吨、电石23万吨、电解铝4.2万吨。全面启动生态省建设，深入实施“蓝天碧水工程”、造林绿化工程、生态环境治理修复工程。严格实行节能减排目标责任制，重点加强对高能耗行业和企业的节能监管，综合实施结构、工程、技术和管理节能减排措施。化学需氧量、二氧化硫排放量比2005年末分别削减16.3%、13.5%，万元GDP综合能耗下降22%以上，全部完成或超额完成国家下达的“十一五”节能减排目标任务。全省11个重点城市空气质量优良天数平均达到343天，优良天数比例达到95.3%。全年完成营造林424万亩，森林覆盖率达到18%。

六是继续深化改革、扩大开放，发展的动力和活力进一步增强。深化国有企业改革，启动实施阳煤与太化集团，潞安集团与天脊集团，能源交通投资公司与物产集团、汽运集团等省属国有企业的重组工作。扎实推进事业单位分类改革和内部人事、用工、分配制度改革。全面推进集体林权制度改革，完成确权面积4831万亩，累计完成确权任务的71%。“省直管县”财政改革试点由35个县扩大到60个县。深入推进医药卫生体制改革，完成医改五项重点改革任务。进一步加大招商引资力度，成功举办第三届中国（太原）国际能源产业博览会、中国（山西）装备制造业博览会等招商引资活动，全

年实际引进资金1462亿元。

四、加强民主政治建设，提高依法治省水平

一是坚持和完善人民代表大会制度，人大工作水平进一步提高。支持人大及其常委会依法履行职能。组织人大代表围绕制定"十二五"规划进行深入调研，提出意见建议。突出立法重点，提高立法质量，清理修订不适应不符合科学发展的地方法规，制定、修改、废止28件，对2009年底前现行有效的167件法规进行了清理。加强法律监督和工作监督。加强和改进代表工作，组织人大代表开展专题视察，高质量办理代表议案和建议。加强人大常委会自身建设，充分发挥专门委员会的作用。召开省十一届人大第四次会议，实现了省人大常委会主任的交替。

二是坚持和完善中国共产党领导的多党合作和政治协商制度，统一战线进一步巩固。组织政协委员就经济社会发展中的重大问题特别是制定"十二五"规划协商讨论、建言献策。完善同民主党派合作共事机制。深入推进"凝聚力工程"，"新晋商万企联万户感恩行动" 列入全国统一战线十大行动之一。召开全省第五次民族团结进步表彰大会，全面贯彻党的宗教政策，坚决抵制境外利用宗教进行渗透破坏的活动。召开了全省民营经济转型发展大会。加强和改进新形势下工商联工作。做好党外知识分子和港澳台海外统战工作。

三是扎实推进法治山西建设，基层民主法治建设进一步加强。法治政府建设成效明显，司法体制和工作机制改革稳步推进。法律服务和法律援助不断加强。健全基层群众自治机制，完善基层民主管理制度。强化城乡社区建设，推进厂务公开，完善政务公开、村务公开和公共企事业单位办事公开等制度。全面推广"四议两公开"等经验和做法。充分发挥工会、共青团、妇联等人民团体联系群众、服务群众、教育群众、维护群众权益的作用。

支持国防和驻晋部队现代化建设，提高国防动员能力，抓好民兵预备役工作，加强人民防空建设，党政军联合组织指挥、军警民联合遂行任务能力有了明显提高。军民融合式发展成效显著，军地"双服务"取得新成绩。

五、加强宣传思想文化工作，努力建设文化强省

一是增强思想理论工作实效。结合山西转型跨越发展的实际，坚持用马克思主义理论创新成果武装广大干部群众，加强和改进意识形态工作。深入宣传贯彻党的十七届五中全会精神，组织省委宣讲团深入基层宣讲，组织社科理论工作者开展专题研究，促进了干部群众思想的解放，推动了经济发展方式的转变。大力推进学习型党组织建设，推进党委（党组）中心组理论学习经常化、制度化。省委中心组就转变经济发展方式、贯彻《廉政准则》、推进城镇化建设、发展物联网、加快人才发展等内容进行了8次专题学习。学习中，既请省内外的知名专家讲，又请高新技术企业的负责人讲，增强了针对性和实效性，完善了相关工作的政策措施。繁荣发展哲学社会科学，表彰山西省第六批社会科学研究优秀成果256项。组织编纂的《与农村党员谈心——说一说农村学习实践科学发展观》入选全国十种优秀通俗理论读物后，又获得第三届中华优秀出版物奖。

二是加强舆论引导工作。围绕重要会议、重大决策和回顾"十一五"、展望"十二五"等开展主题突出的舆论宣传活动，营造良好社会氛围，在全社会唱响科学发展和转型跨越的主旋律。健全舆论引导和管理的各项制度，完善省、市、县三级网络发言人、网络媒体评论员、舆情信息员队伍，加强舆情信息的跟踪、分析、上报，加强对社会热点问题的引导，做好突发公共事件新闻报道。建立党委新闻发言人制度，省、市两级党委、政府及职能部门共设立新闻发言人96名。组织有关部门向社会发布重要政务新闻，全年共发布180余场。加强互联网等新兴媒体的建设、运用和管理，加大了重点新闻网站的建设力度。加大对外宣传力度，加强与中央、港澳重点媒体的合作，充分利用世博会、亚运会等机遇，宣传展示山西良好形象。

三是深入开展思想道德建设和精神文明创建工作。大力宣传弘扬"太行精神"、"右玉精神"，组织各级干部到右玉参观学习。深化群众性文明和谐创建活动，推动文明和谐单位与新农村建设重点推进村结对共创。开展社会主义道德实践活动，表彰奖励第三届山西省道德模范。加强大学生和未成年人思想政治教育和思想道德建设，社会文化环境净化、校园周边环境治理等工作扎实推进。加强和改进农村、企业思想政治工作。在大力推进社会主义核心价值体系建设的同时，开展以"我们的节日"为主题的各类民俗文化活动与群众性节庆文化活动，平遥国际摄影大展、五台山国际旅游文化节、黄河壶口文化艺术节等活动的影响日益扩大，山西的文化影响力日益增强。

四是大力发展文化事业和文化产业。实施大作品展现、大集团运作、大景点支撑、大服务引领、大会展集聚"五大战略"，全面建设文化强省。深入推进文化体制改革，省级广播电视局台分离，市、县文化、广电、新闻出版三局合一，省市县三级电影放映发行单位、新闻机构经营性单位、电影制片单位、部分国有文艺演出院团完成了转企改制，县级文艺演出院团改制加快推进。加强公共文化服务设施、基层文化阵地和文化队伍建设，全面推进文化惠民工程。完成7100个农家书屋，新建700个乡镇综合文化站，30余个县新建改扩建了文化馆、图书馆。繁荣文艺创作，打造了一批精品，电视连续剧《西口长歌》、《天地民心》，大型说唱剧《解放》，绛州鼓乐《杨门女将》等受到广泛好评。文物和非物质文化遗产保护进一步加强。实施文化产业发展规划和重大项目带动战略，启动山西影视集团、演艺集团、广电网络集团等五大产业集团组建工作。加强文化产业龙头项目和示范县建设，构建特色文化产业区。上海世博会期间成功举办山西宣传周等活动。山西馆接待观众730多万人次，向世界生动展现了晋人、晋韵、晋文化的风采。

六、着力改善民生，加强社会建设和社会管理，维护社会和谐稳定

一是农村“五个全覆盖工程”全面完成。两年投资300多亿元，全面完成了具备条件的建制村通水泥（油）路全覆盖、中小学校舍安全改造全覆盖、县乡村三级卫生服务体系特别是村级卫生室全覆盖、村通广播电视全覆盖和农村安全饮水全覆盖。村通水泥（油）路里程2万多公里，改造中小学校舍9483所，建成6971个村级卫生室，并配备了基本的医疗设备，完成9193个村通广播电视任务，建成各类饮水工程1.2万处。农村“五个全覆盖”工程是近年来我省影响范围最大、受益人数最多的民生工程，全省农村面貌和农民生活质量有了明显改观。

二是就业和社会保障工作得到加强。完善省到社区五级公共就业服务平台，加强职业技能培训，开发公益性岗位，着力解决高校毕业生、农民工和城镇就业困难人员等重点群体就业问题，农民工转移就业38万人，大学生就业率达到80%以上。扩大社会保障覆盖范围，提高保障标准，城镇职工养老、医疗、失业等各项社会保险综合覆盖率达到87%，新型农村合作医疗参保率达到94.3%，新型农村养老保险扩大到43%的农业县，219万城乡低保对象实现应保尽保，14.2万农村五保对象集中供养水平进一步提高，社会福利事业、残疾人事业、老龄事业和慈善事业加快发展。保障性住房新开工29万套，超额完成国家下达的任务。出台促进房地产市场健康发展的意见，积极推进廉租住房建设、经济适用房建设、棚户区改造和农村困难群众危房改造。

三是社会事业统筹推进。推动各类教育均衡发展，招聘2611名特岗教师充实扶贫开发工作重点县教师队伍，提高义务教育教师绩效工资。加强职业教育，对农村家庭贫困学生免除学费。推动高等教育提质扩容，启动建设占地9900亩的高校教育园区，为高校增加3000名教师编制。加快实施基本药物制度，公立医院改革试点扎实推进。做好人口和计划生育工作。成功举办第十三届省运会。

四是坚持不懈狠抓安全生产工作。严格落实企业安全生产和政府安全监管主体责任，出台12个行业118条安全生产具体规定，深入开展安全生产专项整治，抓好重点行业和领域的安全生产，有效防范和坚决遏制重特大事故，成功实施中煤王家岭特大事故救援工作，安全生产形势持续明显好转。2010年，全省各类安全生产事故死亡人数在2009年同比减少1018人的基础上又减少505人，原煤生产百万吨死亡率由五年前的0.905下降到0.187，创历史最好水平。

五是千方百计稳定物价。认真贯彻国家稳定物价政策措施，及时制定实施了12条具体措施；大力发展生产，增加市场供应，强化价格监管，畅通鲜活农产品运输“绿色通道”；建立救助保障标准和物价上涨挂钩联动机制，投入5亿多元，对大中专院校学生、城乡低保对象发放临时价格补贴，有效稳定了物价水平，保障了困难群众和特殊群体的基本生活。

六是扎实做好维护稳定工作。严格落实维护稳定责任制，深入推进社会矛盾化解、社会管理创新、公正廉洁执法三项重点工作。加强社会治安综合治理，加强对流动人口、重点人群、重点地区的管理和服务，全面落实校园安全保卫工作。严厉打击各种违法犯罪活动和黑恶势力，群众安全感进一步增强。加强基层基础工作，完善社情民意调查机制，健全应急工作机制。全面加强信访工作，开展涉法涉诉信访积案攻坚大会战，连续两年实现信访总量、个体访、集体访、进京非正常访明显下降，信访秩序稳步好转。关心困难群众生活，深入开展“送温暖、献爱心”活动。当好首都“护城河”，积极做好上海世博会、广州亚运会有关安保工作。

七是扎实开展援建四川茂县工作。3批10大类226个项目全部开工，其中竣工204个，完工率达到90%。截至2010年10月，累计向茂县财政专户划拨援建资金192110.5万元，完成投资18.8亿元，基本上实现了三年重建两年完成的目标。深入贯彻落实中央新疆工作座谈会精神，组织省党政代表团赴疆进行调研考察，成立了援疆工作领导机构，制定了具体工作方案和综合规划，选派128名优秀干部赴疆开展工作，各投资1500万元的甘河子镇工矿棚户区改造项目和200座温室大棚及冷棚项目已经全部竣工，援疆工作取得阶段性成果。

七、加强和改进党的建设，为转型跨越发展提供坚强保证

一是圆满完成深入学习实践科学发展观活动，深入开展创先争优活动。对学习实践活动进行了全面总结，建立健全了长效机制。按照中央要求，从2010年6月11日开始，在全省开展了以深入学习实践科学发展观、“创先争优我承诺，转型跨越促发展”为主题的创先争优活动。全省108780个基层党组织全部开展活动，212.74万名党员参加活动，活动率达到96.7%。省委常委会和各级党组织加强组织领导，建立领导干部联系点制度，分行业分领域实施指导，省市县三级建立7785个联系点，各级领导干部进行专题调研22798次。各级党组织以提高活动满意度为目标，认真组织开展公开承诺、领导点评、群众评议、选树典型等工作。重视先进典型的总结和宣传，组织先进事迹报告团52场次。各级党组织和广大党员干部为群众办实事、办好事55.4万件。近期，省委进一步要求各级党组织和广大党员干部坚定目标抓转型、坚持经常抓机制、强化载体抓岗位、兑现承诺抓评议、检验效果抓惠民，努力创转型跨越之先，争强省惠民之优，确保创先争优活动取得明显成效。以创先争优活动为契机，全面加强基层党组织建设，成立非公有制经济组织党工委。创新党员教育管理服务，建立一批党员教育培训示范基地，村级组织活动场所实现全覆盖。建立健全大学生村（社区）干部工作长效机制。

二是以改革创新精神加强领导班子和干部队伍建设。我们把提高本领、转变作风，坚强有力、奋发有为作为领导班子和干部队伍建设的重点和目标，增强了针对性和有效性。加大干部教育培训力度，自主选学取得初步成效。出台《年度目标责任考核试行办法》，对各市各部门完成目标责任情况进

行百分制考核，向社会公布考核结果，将考核结果与干部升降、奖惩挂钩，进一步明确了科学发展导向，完善了干部政绩考核的体制机制。出台推进干部选拔任用工作的“6条意见”，一是树立和坚持正确用人导向，紧紧围绕转型跨越发展选干部、配班子、聚人才；二是通过集中调整，着力优化领导班子年龄、知识、专业和工作经历结构，增强班子整体功能；三是重点加强对市、县党政正职和省直厅局主要领导干部的选拔和管理，既要严格选拔、严格管理，也要关心爱护，支持他们干事创业；四是切实加大干部交流力度，积极推动市、县党政领导干部和省直部门（单位）领导干部交流，特别要加大双向交流力度；五是大力推进竞争性选拔干部工作；六是加强干部宏观管理，完善干部选拔任用机制。推出“7个一批”的具体改革措施：一是面向省内外公开选拔一批副厅级领导干部和国有企业领导人员；二是从省直部门（单位）选择一批优秀年轻干部到各市担任常委副市长；三是选拔一批优秀县（市、区）委书记担任副市厅级领导职务；四是从省直部门（单位）和省管企事业单位选拔一批优秀年轻正处级领导干部担任县（市、区）长；五是调整交流一批市（厅）、县级领导干部；六是统筹集中一定的职位资源，打破部门限制，从省直党政机关（包括参公单位）选拔配备一批巡视员和副巡视员；七是协调联系一批中央和国家机关、重点科研院所的局、处两级干部以及央企领导人员来晋挂职锻炼，选派一批优秀年轻干部到中央和国家机关、重点科研院所、中央企业挂职锻炼，选派一批市级党政领导、县（市、区）党政正职、省直职能部门负责人到沿海发达地区挂职锻炼。这些政策措施正在分步骤实施。同时，省委出台深化干部人事制度改革的《实施意见》，常委会票决制覆盖所有县（市、区），扎实推进干部提名制度改革。健全党政领导干部选拔任用工作责任追究制度，深入整治选人用人上的不正之风。出台《山西省中长期人才发展规划纲要（2010—2020年）》，确定10个海外高层次人才创新创业基地，已引进39名海外高层次人才。

三是着力加强作风建设。对兴起学习弘扬“右玉精神”新高潮作出部署，把学习弘扬“右玉精神”作为建设学习型党组织和创先争优活动的具体内容，抓住这一生动典型加强对各级领导干部的政绩观教育，全省各市县和125个省直单位的24387名党员干部赴右玉县进行了考察学习。同时，以优化发展环境、加强效能建设为重点，开展纪律作风整顿，规范干部从政行为，提出严格工作纪律的“四条禁令”，狠刹“闲话风、吃喝风、玩乐风”，对违反工作纪律和利用职权吃拿卡要的不良风气进行集中整治，对违反工作纪律的516名国家公职人员分别给予组织纪律处分，对19起典型案件进行公开曝光，全省人民和社会舆论普遍给予积极评价。

四是全面加强反腐倡廉建设。加强中央和省委、省政府重大决策部署落实情况的监督检查，开展了4轮扩大内需促进经济增长政策措施落实及重点工程推进情况的监督检查，检查项目7213个，发现整改问题3654个，全省前四批中央新增投资项目地方配套资金到位率99.8%，开工率100%。推进工程建设项目信息公开和诚信体系建设试点工作。煤焦领域反腐败专项斗争深入推进，累计收缴各类违法违规资金322亿元。加大源头治理力度，出台对煤炭资源整合责任主体加强监督的“十严格”规定，健全资源审批等制度。健全农村组织监督机制，农村全部配备了纪检委员，设置了纪检小组，矛盾突出村明显减少。推进国有企业和高校党风廉政建设。加强领导干部廉洁自律，落实报告个人重大事项制度，健全主要领导干部监督等制度。推进部门权力运行风险控制和监督体系建设，形成反腐倡廉制度1500余项。加大腐败惩处力度，全年共受理群众举报26952件，立案8020件，结案8020件，处分违纪党员干部9211人，其中市厅级干部11人，县处级干部348人，为国家挽回经济损失4.5亿元。严格执行党风廉政建设责任制，省委常委带队对各市党风廉政建设情况进行检查。积极配合中央巡视组开展工作，针对中央巡视组反馈的意见及时制定整改措施，进行责任分解，认真抓好整改落实。对部分市县、省属国有企业和高校组织开展了巡视。

2010年7月，全省领导干部大会在太原召开。

附：中共山西省第九届委员会组成人员名单
(2010.1.1—2010.12.31)

书　记：袁纯清(5月任职)　张宝顺(5月离职)

副书记：王　君　金道铭(满族，9月任职)　薛延忠(9月离职)

常　委：申联彬　申维辰(8月离职)　杜玉林　李小鹏　胡苏平(女)　方文平(10月离职)　高建民　李政文　汤　涛　陈川平(9月任职)　张少华(10月任职)

委　员：(按姓氏笔划为序)

马景龙　丰立祥　王大高　王凤祥　王守祯　王国正　王清宪　王淑珍(女)　王雅安　牛仁亮　左世忠　田喜荣　白　云(女)　令政策　朱先奇　刘　巩　刘银才　刘维佳　安焕晓(女)　杜创业　杜善学　李天太　李东福　李永宏　李旺明　李高山　李悦娥(女)　李雁红　李潭生　杨　波　宋广义　张　健　张九萍(女)　张兵生　张茂才　张建民(3月离职)　张建欣(女)　张崇慧　郑建国　郝志远　洪发科　袁升德　耿怀英　聂春玉　高卫东　高彦斌　郭良孝　郭贵春　郭海亮　梁志祥　董洪运　谢　海　靳善忠　潘军峰　薛延忠

候补委员：(按得票多少为序)

王茂林　毛金明　张高宏　王树新　侯晋川　李良森　韩和平　廉毅敏　张义平　李平社　孟原生

重要会议

全省组织部长会议 1月8日，全省组织部长会议在太原召开。省委书记、省人大常委会主任张宝顺作重要讲话，省委常委、组织部长汤涛主持会议并讲话。会议对近年来组织工作服务“三个发展”的十大创新项目进行了推介。

张宝顺在讲话中指出，刚刚过去的一年，是山西发展极不平凡的一年，是全省干部群众经受严峻考验、取得突出成绩、积累宝贵经验的一年。2010年是完成“十一五”、启动“十二五”的承前启后之年，是全面落实党的十七届四中全会精神的第一年。要深刻领会中央对加强和改进新形势下党的建设提出的一系列创新性思路和举措，把学习实践科学发展观，增强贯彻落实科学发展观的自觉性、坚定性、有效性作为长期任务，着眼于提高党的建设科学化水平，以改革创新精神开创全省组织工作新局面，为经济社会又好又快发展提供坚强的组织保证。

张宝顺就加强干部队伍建设重点强调了5点意见。一是坚持德才兼备、以德为先的标准，着力解决好用人导向问题。用什么样的人、用什么标准选人，是干部工作的旗帜和方向。要坚持五湖四海、任人唯贤，用政治上靠得住的干部，用敢于负责、勇于担当的干部，用干事创业、勇于创新的干部，用践行宗旨、脚踏实地的干部，用严于律己、群众公认的干部。特别关注基层和生产一线，特别关注环境艰苦、工作困难、矛盾复杂、长期默默奉献的岗位，特别关注那些心系群众、埋头苦干、不拉关系、不走门子的老实人和正派人，使选出来的干部组织放心、群众满意。二是深化干部人事制度改革，着力解决好选人用人公信度问题。这是保持干部队伍生机活力的根本途径，一定要有清醒认识和战略思维。要通过抓好规范干部任用提名制度，完善民主推荐、民主测评和公开选拔、竞争上岗等办法，完善干部选拔任用决策机制，加大干部工作的信息公开程度等重点环节，不断改革和完善干部选拔任用的制度和机制，做到程序科学规范，实现好中选优。三是加强教育培训和实践锻炼，着力解决好干部队伍能力素质问题。实现“三个发展”，必须要有善于推动“三个发展”的干部。要按照建设学习型党组织和学习型领导班子的要求，不断深化对中国特色社会主义理论体系特别是科学发展观的学习和实践。以开阔的视野抓好年轻干部的培养选拔工作，加强对领导班子建设的整体设计和长远规划，促进各级领导班子优化功能、增强合力。要着眼于建设创新型省份，进一步加强人才工作。四是落实从严管理干部的要求，着力解决好干部作风建设问题。对干部要严格要求、严格教育、严格管理、严格监督，以党性修养和作风养成为主线，把思想教育放在首位，把按照中央要求完善制度作为治本之策，把领导带头作为关键环节，把组织措施作为重要保障，把从严管理贯穿到干部工作全过程。五是完善促进科学发展的考核评价体系，着力解决好干部的政绩观问题。我省初步建立了符合科学发展观要求的经济发展、和谐社会建设、领导干部实绩三大考核评价体系。对领导干部实绩的考核，是其他两个考核的重要保证，要进一步增强考核内容的科学性、考核工作的客观性、考核体系的系统性、考核结果的权威性，做到对优秀者重用、对有潜力者培养、对落后者鞭策，在推进“三个发展”的实践中锻炼、培养、识别和选拔干部。

张宝顺同时要求，要善始善终抓好深入学习实践科学发展观活动，让学习实践活动的成果在基层落地生根，在改革发展稳定中见到实效；切实加强基层组织建设，在大学生村（社区）干部“全覆盖”的基础上抓好村级组织活动场所建设，创新基层党组织设置方式和活动方式，建立健全城乡统筹的基层党建工作一体化新格局；坚持和健全民主集中制，提高决策科学化、民主化水平，努力实现推进党内民主、促进党内和谐与维护党的纪律、增进党的团结的有机统一。

张宝顺强调，改革发展稳定的任务越艰巨，组织工作的任务也越重。各级党委特别是主要负责同志要常怀忧党之心，恪尽兴党之责，认真落实党建工作责任制，始终把党的建设和组织工作抓在手上，及时研究解决党的建设和组织工作中的重大问题。组织部门和组工干部要强化政治意识、大局意识、责任意识和忧患意识，增强把握运用组织工作发展规律的能力，在思想观念、素质能力、工作作风和工作方法上不断有新转变、新进步、新提高，以好的品德选用品德好的人，以好的作风选用作风好的人，不断提高人民群众对组织部门、组工干部的满意度和对干部工作的公信度。

汤涛在讲话中指出，2009年，按照中央及中央组织部的部署和要求，在省委的正确领导下，全省各级组织人事部门围绕中心，服务大局，推动组织工作取得了新的进展。在新的一年里，我们要认真贯彻落实中央和省委要求，深入贯彻落实科学发展观，以推进干部人事制度改革、加强领导班子能力和作风建设、整治用人上不正之风、夯实基层组织基础为重点，着力抓好10个方面的工作，一是巩固深化学习实践科学发展观活动，确保学习实践活动取得扎实成效；二是全面落实干部人事制度改革《规划纲要》，实现干部人事制度改革新突破；三是以提高执政能力和领导水平为重点，大力加强领导班子建设；四是健全干部宏观管理机制，把从严管理贯穿干部工作全过程；五是以最坚决的态度整治用人上的不正之风，不断提高选人用人公信度；六是以推进自主选学为突破口，进一步增强干部教育培训的针对性和实效性；七是贯彻落实中长期人才发展《规划纲要》，为“三个发展”提供有力的人才支持；八是大力推进基层党组织工作创新，进一步夯实服务科学发展的组织基础；九是加强党员队伍建设，充分发挥先锋模范作用；十是以充分发挥大学生村干部在新农村建设中的作用为重点，全面加强大学生村干部管理工作。汤涛强调，要切实加强组织部门自身建设，全力以赴实施、推进、落实好中央和省委提出的目标要求，用做好组织工作的实际行动为实现“三个发展”作出新的更大贡献。

省委常委会研究部署农业农村、宣传思想文化、统一战线和高校党建工作 1月8日，省委常委会召开会议，认真学习贯彻中央农村工作会议、全国宣传部长会议、全国统战部长会议和第十八次全国高等学校党的建设工作会议精神，研究我省贯彻落实意见。省委书记张宝顺主持会议。

会议对2009年全省农业农村工作、宣传思想文化工作、统战工作和高校党建工作取得的成效和经验给予充分肯定。会议强调，2010年是实施“十一五”规划的最后一年，是夺取应对国际金融危机冲击全面胜利，为启动实施“十二五”规划奠定基础的关键一年。要把思想和行动统一到中央的决策部署上来，紧密结合山西实际，研究新情况，总结新经验，探索新途径，扎实做好农业农村、宣传思想文化、统一战线和高校党建工作，努力取得明显进展和突破，促进经济平稳较快发展，为加快推进“三个发展”夯实基础、提供保证。

会议指出，要按照稳粮保供给、增收惠民生、改革促统筹、强基增后劲的基本思路，加大统筹城乡发展力度，把发展特色现代农业作为基本方向，把促进农民收入快速增长作为主攻目标，把加强农村公共事业发展作为重点任务，千方百计完成粮食生产和农民增收目标。健全强农惠农政策体系，加大对“三农”的投入和支持力度，强化农业基础设施和服务体系建设，深入推进农村改革和农业结构调整，不断增强农村发展活力。全面完成“五个全覆盖”工程，加快推进农村公共事业发展，改善农民群众生产生活条件。加强农村基层组织建设，巩固和扩大第三批深入学习实践科学发展观活动成果，维护农村和谐稳定。加强和改进对“三农”工作的领导，把粮食生产、农民增收、“三农”投入、耕地保护等纳入市县党政领导班子绩效考核，下更大的决心、用更大的气力、采取更有力的措施，开创全省农业农村工作新局面。

会议指出，要按照高举旗帜、围绕大局、服务人民、改革创新的总要求，以建设学习型党组织为抓手，以改革创新为动力，以满足人民群众精神文化需求为目的，以建设文化强省为目标，进一步加强宣传思想文化工作，为推进“三个发展”提供强大的精神动力、思想保证和舆论支持。加大对“三个发展”和重点工作的宣传力度，强化中国特色社会主义理论体系的学习宣传研究，大力推进社会主义核心价值体系建设，深化文化体制改革，积极推进公共文化服务体系建设，强化对外宣传和文化交流，促进文化大发展大繁荣，增强文化产品在国内外市场的竞争力，提升山西形象和文化软实力。要加强网上舆论引导能力建设，充分发挥新型媒体凝聚力量、推动工作的作用。要加强领导，发挥优势，整合资源，出台新措施，探索新路子，大力推动文化产业快速发展，带动全省产业结构的优化。

会议指出，要以“凝聚力工程”为载体，重点在巩固统一战线共同思想基础上下工夫，在服务经济平稳较快发展上下工夫，在加强党外代表人士队伍建设上下工夫，在促进政党、民族、宗教、阶层和海内外同胞五大关系和谐上下工夫，在提高统战工作科学化水平上下工夫，进一步开创全省统战工作新局面。要充分发挥统一战线的独特优势，围绕“三个发展”建言献策，更好地凝聚人心、汇聚力量。要加强党外干部的培养和选拔，健全多党合作机制，为民主党派、无党派人士发挥作用创造条件，高度重视民族宗教工作，加强新的社会阶层人士工作和党外知识分子工作，做好港澳台海外统战工作。

会议指出，加强和改进新形势下高校党的建设，是促进高校改革发展、培养社会主义合格建设者和可靠接班人的根本政治保证。要以提升高校党建工作科学化水平为目标，进一步加强高校领导班子建设，优化班子结构，建立健全符合科学发展观要求的高校领导班子和领导干部考核评价体系，加强高校基层党组织建设，采取有力举措加强政治辅导员队伍建设，在深入调查研究的基础上加强民办高校党的工作，增强高校基层党组织的创造力、凝聚力、战斗力。要进一步优化发展环境，建设校园文化，加强大学生思想政治教育工作，树立先进典型，弘扬新风正气，确保高校和谐稳定和健康快速发展。

省委常委会研究召开全省“两会”有关事宜 1月15日，省委常委会召开会议，讨论省政府拟提请十一届人大三次会议审议的《政府工作报告》稿，研究召开省十一届人大三次会议、省政协十届三次会议有关事宜，学习贯彻十七届中央纪委五次全会特别是胡锦涛总书记重要讲话精神，研究省委常委会2010年工作要点。省委书记张宝顺主持会议。

会议指出，2009年，面对国际金融危机冲击带来的严重困难，全省上下立足当前、着眼长远，科学谋划、有效应对，在困难中逆势而为，在转型中破解难题，全省经济扭转下滑局面实现较快增长，各项事业取得新进展新突破，人民生活得到改善，社会保持和谐稳定。这些成绩，标志着我们在推进转型发展、安全发展、和谐发展上取得重要进展，积累了宝贵经验，极大增强了全省人民战胜前进道路上各种挑战、夺取新基地新山西建设新胜利的信心和决心。成绩来之不易，是党中央、国务院坚强领导、关怀支持的结果，是省四套班子团结一致、奋发有为的结果，是全省干部群众同心同德、顽强拼搏的结果。省政府和各级政府认真履行职责，积极开拓进取，勇于攻坚克难，做了大量卓有成效的工作。2009年是贯彻落实党的十七大和十七届四中全会精神，夺取应对国际金融危机冲击新胜利，巩固经济企稳回升势头的关键一年，是全面完成“十一五”规划、谋划布局“十二五”经济社会发展的重要一年，改革发展稳定的任务十分繁重。各级党委、政府要全面贯彻党的十七大和十七届三中、四中全会精神，以邓小平理论和“三个代表”重要思想为指导，深入贯彻落实科学发展观，紧紧围绕转型发展、安全发展、和谐发展目标，从战略高度推进经济结构调整和发展方式转变，着力保持经济平稳较快增长，着力提高发展质量和效益，着力统筹城乡发展，着力推进改革开放和自主创新，着力改善民生和促进社会和谐，推动经济建设、政治建设、文化建设、社会建设以及生态文明建设迈出新步伐，推动新形势下党的建设开创新局面，在建设新基地新山西的征程上取得新成绩。

会议指出，开好十一届人大三次会议和省政协十届三次会议是全省人民政治生活中的一件大事。要增强大局意识、责任意识和服务意识，切实做好“两会”的筹备工作，为代表、委员搞好服务，营造良好社会氛围，确保把“两会”开成民主团结、求实鼓劲的大会，进一步激发全省人民推进“三个发展”的热情和干劲。

会议指出，2009年全省各级党委、政府把反腐倡廉建设放在更加突出的位置，坚持标本兼治、综合治理、惩防并举、注重预防的方针，严格执行党风廉政建设责任制，以改革创新精神全面推进反腐倡廉建设，以煤焦领域反腐败专项斗争为切入点构建具有山西特点的惩治和预防腐败体系，全省党风廉政建设和反腐败工作取得了新进展新成效。各级纪检监察机关围绕中心、服务大局，认真履行职责，着力开拓创新，工作成效突出，为推动全省各项事业提供了重要保证。

省委常委会认真学习讨论了十七届中央纪委五次全会特别是胡锦涛总书记重要讲话精神。张宝顺对贯彻落实胡锦涛总书记重要讲话精神和中央纪委五次全会精神提出具体要求。张宝顺强调，胡锦涛总书记在十七届中央纪委五次全会上的重要讲话，高屋建瓴、论述深刻、富于创新，从党和国家事业发展全局和战略的高度，全面科学分析了当前的反腐倡廉形势，明确提出了2010年党风廉政建设和反腐败工作的总体要求与主要任务，深刻阐述了加强反腐倡廉制度建设这一具有全局性、战略性、根本性、长期性的重大问题，抓住了反腐倡廉建设的要害和关键，彰显了居安思危的忧患意识，展示了落实党要管党、从严治党要求的坚强决心，体现了提高党的建设科学化水平的战略思维，具有重大而深远的意义，是指导当前和今后一个时期反腐倡廉建设的纲领性文献。贺国强同志作的工作报告，回顾总结了过去一年的工作，对2010年反腐倡廉建设作出全面部署。贯彻落实胡锦涛总书记重要讲话精神和中央纪委五次全会精神，是摆在各级党委、政府和纪检监察机关面前的一项重要任务。

张宝顺指出，贯彻落实胡锦涛总书记重要讲话精神和中央纪委五次全会精神，要着重做好四个方面工作：一要提高思想认识，增强推进党风廉政建设和反腐败斗争的责任感和紧迫感。在面临执政考验、改革开放考验、市场经济考验、外部环境考验和经济体制深刻变革、社会结构深刻变动、利益格局深刻调整、思想观念深刻变化的形势下，反腐倡廉建设面临许多新情况新问题，必须清醒认识党风廉政建设和反腐败斗争面临的新形势，全面把握2010年党风廉政建设和反腐败斗争的总体要求与主要任务，深刻认识加强反腐倡廉制度建设的重要性、紧迫性和基本要求，把思想和行动统一到胡锦涛总书记重要讲话和中央纪委五次全会精神上来，从完善体制机制、加强宣传教育、强化监督检查、领导身体力行、加大查处力度等方面做好工作，建立健全惩治和预防腐败体系，以更加坚定的信心、更加坚决的态度、更加有力的措施、更加扎实的工作，坚定不移地把反腐倡廉建设推向前进。二要狠抓工作落实，在解决突出问题上下工夫，确保全省反腐倡廉建设取得明显成效。着眼于保持经济平稳较快发展和推进“三个发展”，加强对中央和省委、省政府重大决策部署执行情况的监督检查，尤其是要加强对重点工程建设、调整经济结构、推进“三农”工作、保障改善民生等政策措施落实情况的监督检查，及时发现问题，有效督促整改，巩固和发展经济回升向好势头；着力抓好教育、制度、监督、改革、纠风、惩治等各项工作，引深煤焦领域反腐败专项斗争，加快构建具有山西特点的惩治和预防腐败体系；认真解决损害群众利益和群众反映强烈的突出问题，纠正行业不正之风，加大查办案件力度，坚决惩处腐败分子和整治消极腐败现象；以党性党风党纪教育为重点，加强干部作风建设，推进廉政文化建设，教育引导广大干部特别是领导干部践行宗旨，廉洁从政，大兴“四种风气”，带头讲党性、重品行、作表率，以优良的党风带政风促民风，以良好的形象聚民心促发展。三要加快制度建设，提高反腐倡廉制度化、规范化水平。强化制度意识，坚持更加注重治本、更加注重预防、更加注重制度建设的理念，在推进反腐倡廉建设中更多地从制度层面思考问题，切实堵塞制度上存在的漏洞，养成严格执行制度的习惯，把制度转化为党员、干部的行为准则和自觉行动。抓好制度建设，按照中央要求，结合我省实际，针对反腐倡廉建设面临的突出问题建立健全制度体系，需要细化的尽快制定实施细则，需要配套的抓紧制定配套措施，特别要在建立健全教育制度、监督制度、预防制度和惩治制度上下工夫，形成科学严密完备管用的制度体系，努力做到防范在先、制度在先。严格制度落实，不断提高制度执行力，已经制定的要抓好落实，违反规定的要坚决查处。各级领导干部要带头学习制度、严格执行制度、自觉维护制度，做遵章守法的表率，切实增强制度的权威性和落实制度的有效性。四要强化组织领导，各级党委和政府要自觉承担起推进反腐倡廉建设的政治责任和领导责任。坚持把反腐倡廉建设放在全省工作大局中加以谋划和推进，加强组织领导，协调各方力量，健全工作机构，形成工作合力，及时研究解决工作中遇到的重大问题，严格执行党风廉政建设责任制，加大督促、落实、考核、问责力度。加强对纪检监察工作的指导，支持纪检监察机关履行职责、开展工作。各级纪检监察机关要不断加强自身建设，进一步提高思想政治素质和业务能力，牢固树立政治意识、表率意识、法治意识、创新意识、宗旨意识，忠诚于党和人民事业，坚持党性原则，忠实履行职责。各部门要紧密结合业务工作，认真抓好各自的党风廉政建设，落实好所承担的牵头与配合任务。总之，我们要把胡锦涛总书记重要讲话和中央纪委五次全会精神学习好、贯彻好、落实好，以奋发进取精神和求真务实作风抓好反腐倡廉建设，为推进“三个发展”和新基地新山西建设提供有力保证。

省委农村工作会议 1月20日，省委农村工作会议在太原召开。会议认真贯彻中央关于加强“三农”工作的一系列决策部署，按照省委九届十次全会和全省经济工作会议精神，总结2009年农业农村工作，分析当前农业农村形势，研究进一步加大统筹城乡发展力度，夯实农业农村发展基础的政策措施，部署2010年农业农村工作。省委书记、省人大常委会主任张宝顺出席会议，并为在“三农”工作中取得显著成绩的先进集体颁奖，省委副书记、省长王君出席会议并作重要讲话，省委副书记、省政协主席薛延忠主持会议，副省长刘维佳作会议总结。省人大常委会副主任郭海亮、省政协副主席李雁红等出席会议。

会议认为，刚刚过去的2009年，全省上下面对国际金融危机的严重冲击、经济结构深层次矛盾的重重困扰和保增长保民生保稳定的繁重任务，知难而进，迎难而上，攻坚克难，砥砺奋进，努力推动转型发展、安全发展、和谐发展，全省经济社会发展和各项工作都取得了新的进展。在这一年里，“三农”工作也取得了新的成绩：一是各项强农惠农政策得到全面落实，农民得到更多实惠。去年省级财政对“三农”的投入达到135亿元，增长29.8%。二是战胜自然灾害和金融危机的冲击，农业经济保持平稳较快发展，粮食总产达到94.2亿公斤，保持中等年景水平，预计第一产业全年增长4.5%以上。三是大力推进农业产业化，特色现代农业取得新进展。四是农业基础设施建设进一步加强，农田水利基本建设和植树造林都迈出新步伐。五是“五个全覆盖”工程稳步推进，农村基础设施和社会事业发生新变化。六是农村改革稳步推进，农村社会呈现和谐稳定新气象。这些成绩，为应对国际金融危机、促进全省经济发展提供了基础支撑，为保障和改善民生、促进社会和谐稳定做出了重要贡献。

会议提出，2010年全省农业农村工作的总体要求是：认真贯彻党的十七大、十七届三中、四中全会和中央经济工作会议、中央农村工作会议精神，以邓小平理论和“三个代表”重要思想为指导，深入贯彻落实科学发展观，把统筹城乡发展作为根本要求，把发展特色现代农业作为重大任务，把促进农民收入快速增长作为主攻目标，把夯实农业农村发展基础作为重要内容，把深化农村改革作为根本动力，按照稳粮食、抓增收、强基础、惠民生的基本思路，扎实有效地抓好“三农”工作，努力实现农村经济社会又好又快发展。全省上下要切实增强事业心和责任感，站在统筹城乡发展的高度谋划“三农”工作，进一步振奋精神，坚定信心，再接再厉，再鼓干劲，着力夯实农业农村发展基础，在统筹城乡发展上迈出更加有力、更加坚实的步伐，取得更大成绩。

会议指出，做好2010年农业农村工作对于夺取应对国际金融危机冲击全面胜利、保持经济平稳较快发展具有重要的意义。中央农村工作会议和2010年的“中央一号文件”深入分析当前农业农村形势，全面部署2010年“三农”工作，围绕加大统筹城乡发展力度、进一步夯实农业和农村发展基础的主题，研究提出一系列政策措施，各级各有关部门要把思想统一到中央和省委、省政府的决策部署上来，科学把握统筹城乡发展的思想内涵和根本要求，毫不松懈地抓好“三农”工作，继续为改革发展稳定大局做出新的贡献。要坚持把“三农”置于各级党委和政府全部工作重中之重的地位，把农业稳定发展和农民持续增收作为农业和农村发展的基本任务，把以工补农、特别是以煤补农作为推动资源要素向农村配置的重要方面，把协调推进城镇化与社会主义新农村建设作为重要战略，努力加快经济增长方式转变，开创城乡一体化发展的新局面。

会议强调，2010年要重点扎扎实实抓好几方面工作：一是健全强农惠农政策体系，推动资源要素向农村配置。要加大对农业的投入，完善农业补贴政策，进一步加强农村金融服务。二是不断夯实农业发展基础，大力发展特色现代农业。要以农田水利基本建设为重点，大力建设高标准农田，以三大现代农业示范区为引领，加快建设特色优势农产品基地，以“513”工程为龙头，不断提高农业产业化水平，以完善农业社会化服务体系为支撑，保障农业农村经济健康发展。三是加快农村劳动力转移，有效提高农民收入水平。要大力发展县域经济，促进农民就地就近就业，加快城镇化步伐，拓展农民就业空间，强化农民就业培训和服务，提高农民就业能力。四是全面完成“五个全覆盖”，加快推进新农村建设。要着力改善农村水、电、路、气、房等基础设施，大力发展农村社会事业、加强农村社会保障，努力建设富有浓郁乡村文化特色的新农村，同时继续抓好扶贫开发工作。五是不断深化农村改革，增强农业农村发展活力。要稳步推进农村土地经营制度改革，全力推进集体林权制度改革，进一步深化供销社改革，积极推进农村综合改革。

会议要求，各地各有关部门要进一步加强对“三农”工作的领导，狠抓各项工作的落实，努力完成全年农业农村发展的目标任务。要加强组织领导，形成工作合力，加强基层建设，夯实工作基础，加强宣传教育，营造社会氛围，加强矛盾化解，维护农村稳定。要以奋发有为、锐意进取的精神状态，以求真务实、真抓实干的工作作风，不断开创我省农村改革发展稳定的新局面，为加快推进转型发展、安全发展、和谐发展，建设新基地新山西做出更大贡献。

会议表彰了2009年度增加农民收入、粮食生产、新农村建设、扶贫开发和农机化工作先进集体。各市委书记或市长，各市委、市政府分管“三农”工作的负责人，农口综合部门负责人，省直有关部门负责人，各县(市、区)委书记等参加会议。

全省宣传部长会议 1月21日，全省宣传部长会议在太原召开。会议认真学习贯彻李长春、刘云山同志在全国宣传部长会议上的重要讲话精神，对2009年全省宣传思想文化工作进行全面总结，分析了当前宣传思想文化战线面临的新形势、新挑战、新使命，研究为夺取应对国际金融危机冲击新胜利，为扎实推进转型发展、安全发展、和谐发展提供强大的精神动力、思想保证和舆论支持，推动宣传思想文化工作再上新台阶的新思路，部署2010年宣传思想文化工作。省委书记、省人大常委会主任张宝顺出席会议作重要讲话，并为文化体制改革和宣传文化工作作出突出贡献的单位颁奖。省委常委、宣传部长胡苏平主持会议。省人大常委会常务副主任杨安和、副省长张平出席会议。

张宝顺讲话指出，2009年，山西走过了不平凡的发展历程。面对国际金融危机冲击和自身结构性矛盾的双重制约，全省干部群众坚定信心、不畏困难，齐心协力、逆势而为，扭转了经济下滑局面，深化了经济结构调整，推进了发展方式转变，许多工作实现了新的突破，特别是在攻坚克难中锻炼了队伍、积累了经验，拓宽了思路、坚定了信心。

张宝顺对2009年全省宣传工作予以高度评价，对宣传思想文化战线寄予殷切厚望。他指出，2009年，全省宣传思想文化战线按照高举旗帜、围绕大局、服务人民、改革创新的总要求，始终保持昂扬向上的精神状态，对内凝聚力量，对外提升形象，牢牢把握正确的思想舆论导向，特别是以开展深入学习实践科学发展观为契机，扎实推进理论武装工作；围绕落实“三保”措施和推进“三个发展”，加大宣传力度，在关键时刻提振了士气，凝聚了力量；及时平稳适度引导热点问题和突发事件舆论，营造了良好氛围，维护了山西整体形象；精心组织庆祝新中国成立60周年系列活动，唱响时代主旋律，激发了全省人民的爱国热情；推动文化体制改革取得突破性进展，推出一批文化精品，丰富了人民群众精神文化生活。实践证明，我省宣传思想文化工作队伍是政治坚定、战斗力强、能打硬仗的队伍，是勇于创新、无私奉献、作风优良的队伍。

张宝顺对2010年宣传思想文化工作提出新要求。一、深刻把握面临的新形势新挑战，进一步增强做好宣传思想文化工作的紧迫感、责任感和使命感。要清醒认识到，夺取应对国际金融危机冲击新胜利、推进“三个发展”，需要营造良好氛围；要清醒认识到，在大发展大变革大调整时期，需要不断巩固共同团结奋斗的思想基础；要清醒认识到，信息快速发展，需要不断加强对新兴媒体的管理运用；要清醒认识到，实施文化强省战略，需要在深度开发中把人文资源优势转化为经济优势；要清醒认识到，在人民群众精神文化需求日益增长的形势下，需要进一步加快发展基层文化事业。二、增强工作主动性和创造性，开创宣传思想文化工作新局面。坚持围绕中心、服务大局，强化对经济社会又好又快发展的推动力；深化理论武装工作，增强全省干部群众团结奋进的凝聚力；继续深化文化体制改革，进一步解放和发展文化生产力；落实党管媒体原则，提高对社会舆论的引导力；加强基层文化建设，增强对人民群众文化权益的保障力；搞好对外宣传和文化交流，提升三晋文化影响力。三、要切实加强组织领导，进一步提高宣传思想文化工作的科学化水平。要增强大局意识、责任意识、使命意识，落实意识形态工作一把手责任制；体现时代性、把握规律性、富于创造性，把宣传思想文化工作做得更加有效；要善待媒体、善用媒体、善管媒体，提高与媒体打交道的能力；要通过抓班子、抓思想、抓机制，加强宣传思想文化战线队伍建设。

胡苏平对2010年全省宣传思想文化工作进行部署。她要求2010年我省宣传工作要在8个方面见成效：紧紧围绕经济建设这个中心，在服务“三个发展”方面见成效；强化中国特色社会主义理论体系的学习宣传研究，在建设学习型党组织方面见成效；牢牢把握正确的舆论导向，在提升舆论引导能力方面见成效；大力推进社会主义核心价值体系建设，在提升精神文化创建水平方面见成效；继续深化文化体制改革，在做大做强文化产业方面见成效；大力繁荣文化事业，在保障人民群众基本文化权益上见成效；加大对外宣传力度，在提升我省形象方面见成效；加强宣传文化队伍建设，在提高宣传文化工作的科学水平方面见成效。

会上，山西出版传媒集团有限责任公司党委书记、总经理齐峰，山西省广播电影电视局副局长刘英魁，太原市委常委、宣传部长张春根，晋城市委常委、宣传部长康吉仁分别介绍了文化体制改革的成功经验。山西日报报业集团总编辑王建武介绍了山西日报报业集团围绕中心，尽心竭力提供舆论支持，服务大局，千方百计提高引导水平的经验和做法。

会议表彰了太原市、晋城市等4个全省文化体制改革示范市；表彰了长治市、忻州市等7个全省文化体制改革先进市；表彰了山西出版传媒集团有限责任公司、山西电影制片厂(有限公司)等11个全省文化体制改革示范单位；表彰了山西闻兴印务有限责任公司、山西省歌舞剧院有限责任公司等11个全省文化体制改革先进单位；表彰了山西日报报业集团、山西戏剧职业学院《解放》剧组等10个2009年度为我省宣传文化工作作出突出贡献的单位；表彰了长治市等7个文明和谐城市；表彰了太原市委宣传部等9个精神文明建设“五个一工程”组织工作奖。

省委常委会研究部署工会、共青团和妇联工作 1月22日，省委常委会召开会议，听取全省工会、共青团、妇联工作汇报，对进一步做好2010年工作进行研究部署。省委书记张宝顺主持会议。

会议认为，2009年以来，我省各级工会、共青团和妇联组织在各级党组织的领导下，紧紧围绕应对国际金融危机、落实“三保”措施、推进“三个发展”这一中心任务，团结带领所联系的广大群众，坚持求真务实，发挥自身优势，积极主动工作，克服种种困难，开展了一系列有特色、有创新、有实效的活动，特别是在促进就业创业、服务重点工程和企业转型、帮扶困难群众、维护群众权益等方面做了大量富有成效的工作，为促进经济平稳较快发展、维护全省改革发展稳定大局作出了重要贡献。各级工青妇组织在工作中积累了宝贵经验，始终保持了良好精神风貌。

会议指出，2010年是夺取应对国际金融危机冲击新胜利，圆满完成“十一五”规划、为启动实施“十二五”规划奠定良好基础的重要一年，各项工作任务十分繁重。各级工会、共青团和妇联组织要坚持围绕中心、服务大局，动员组织全省职工、团员青年和妇女深入贯彻落实科学发展观，全面贯彻党的十七大和十七届四中全会精神，认真履行职责，扎实做好工作，特别是要紧紧围绕“三个发展”谋划和推进工作，在促进“三个发展”中创造新的业绩。工会组织要引领广大职工积极参与重点项目建设，下功夫推动发展方式转变和产业结构调整，推动企业安全生产，协助解决好企业转型发展过程中遇到的困难和问题，构建和谐劳动关系。共青团组织要适应青年在思想观念、行动方式等方面的新变化新特点，创新工作方法，加强分类引导，增强思想政治教育的针对性和实效性，加强理想信念教育和思想道德建设，积极推动青年就业创业，在培养中国特色社会主义事业合格建设者和可靠接班人上探索积累新的经验。妇联组织要加强妇女教育培训，着力提升妇女整体素质，推进巾帼建功活动，引领各行各业妇女立足本职建功立业，不断提高组织妇女、引导妇女、服务妇女和维护妇女儿童合法权益的能力，发挥好妇女在建设和谐家庭、构建和谐社会中不可替代的作用。

会议指出，各级工会、共青团和妇联组织要坚持以人为本，强化组织、引领和服务功能，积极为群众办实事、做好事，在服务、维权中团结群众、教育群众、凝聚群众。特别要加大对大学生、农民工、下岗失业人员等群体就业创业的帮扶力度，解决好他们的实际困难。基层工作是我们党全部工作和战斗力的基础。要切实加强工青妇基层基础工作，健全组织网络，完善机构设置，强化投入保障，不断增强吸引力、凝聚力和感召力。各级工会、共青团和妇联组织要适应新形势新任务的要求，坚持改革创新，拓宽工作思路，体现时代特色，用改革的办法解决工作中遇到的新情况新问题，特别是要科学整合社会资源，动员各方面的积极性，大力开展有特色、有质量、有影响的主题实践活动，提高广大职工、青年、妇女适应形势、应对挑战、发展事业的能力，建立健全维护职工、青年、妇女儿童合法权益的长效机制，确保工青妇工作更好地适应时代的要求和群众的期盼。

会议强调，工会、共青团和妇联组织是党和政府联系群众的重要桥梁和纽带。各级党委要进一步加强对工青妇工作的领导，支持他们依照法律和各自章程创造性地开展工作。各级政府和有关部门要重视发挥工会、共青团、妇联组织的作用，为他们开展工作创造良好条件。要把工青妇工作摆上重要议事日程，及时研究解决工作中面临的问题，选好配强各级工青妇领导班子，重视工青妇干部的培养和使用，促进干部年轻化，形成关心支持工青妇工作的社会氛围。会议决定，组织专门力量，针对工青妇基层基础工作中面临的突出问题进行深入调查研究，在摸清实际情况的基础上，针对性地提出对策和措施，推动工青妇工作迈上新的台阶。

全省党风廉政建设干部大会暨省纪委五次全会 1月31日至2月2日，全省党风廉政建设干部大会暨省纪委五次全会在太原召开。省委书记、省人大常委会主任张宝顺出席会议并讲话，省委副书记、省长王君主持会议，省委副书记、省政协主席薛延忠等出席会议。省委常委、省纪委书记金道铭代表省纪委常委会作了题为《求真务实、重点突破，进一步开创党风廉政建设和反腐败斗争新局面》的工作报告。

张宝顺指出，2009年是全省干部群众经受考验、攻坚克难、砥砺奋进的一年，是转型发展、安全发展、和谐发展迈出重要步伐的一年，也是党风廉政建设和反腐败斗争取得显著成绩的一年。全省反腐倡廉建设得到全面加强，呈现出围绕中心有亮点、服务大局有成效、改革创新有突破的良好态势。张宝顺代表省委、省政府向全省纪检监察战线的同志们表示亲切问候和衷心感谢。

今后如何加强我省反腐倡廉建设，张宝顺提出六点要求：第一，要把加强对“三保”和“三个发展”决策部署的监督检查作为重要政治任务，为推动经济社会又好又快发展提供坚强保证。要着眼保持经济平稳较快增长，加强对在建和即将上马的重点项目的监督检查，确保资金安全、项目安全、干部安全；要着眼保障和改善民生，加强对“五大惠民工程”和农村“五个全覆盖”进展情况的监督检查，推动各项涉及群众切身利益的政策措施和民生工程落到实处、见到实效；要着眼发展方式转变和经济结构调整，通过富有实效的监督检查，促进各项有关政策措施的落实。第二，要把反腐倡廉制度建设摆在突出位置，提高反腐倡廉建设科学化水平。要增强制度建设的系统性、针对性、创新性和权威性，最大限度减少体制障碍和制度漏洞，查处违反制度的行为，切实做到用制度管权、管事、管人。第三，要抓住廉政准则等党内法规出台的契机，加强对领导干部的教育监督。要以增强党性党风党纪观念为根本，狠抓理想信念教育和廉洁从政教育，始终保持共产党人的先进性和政治本色；要以建立决策权、执行权、监督权相互制约又相互协调的权力结构和运行机制为重点，进一步加强巡视工作，推进权力运行程序化和公开透明；要切实做到关口前移、防范在先，通过举办理论学习和历史文化讲座等方式，提高领导干部的思想道德境界和文化修养，同时，建立完善及时发现问题的机制，对领导干部的苗头性问题要早发现、早提醒、早教育、早纠正。第四，要下决心解决群众反映强烈的突出问题，保持党和政府同人民群众的血肉联系。要带着浓厚感情认真解决涉及群众切身利益的问题，切实加强政风行风建设，健全党和政府主导的维护群众利益协调机制、诉求表达机制、矛盾调处机制、权益保障机制。第五，要深入推进煤焦领域反腐败专项斗争，构建符合山西实际的惩治和预防腐败体系。要巩固和扩大专项斗争已取得的成果，特别是结合煤焦产业兼并重组整合，针对暴露出来的问题，建立煤焦领域反腐倡廉建设长效机制。更为重要的是，要努力把煤焦领域反腐败专项斗争的好做法、好经验，延伸到其他领域、部门和环节，加快构建切合山西实际的惩治和预防腐败体系。第六，要严格落实党风廉政建设责任制，加强对反腐倡廉建设的组织领导。从党委、政府层面讲，要坚持把反腐倡廉建设摆在更加突出的位置，纳入经济社会发展和党的建设总体布局，寓于改革发展稳定各项工作中，真正做到一起部署、一起检查、一起落实；从领导干部层面讲，党政“一把手”要切实担负起第一责任人的职责，领导班子其他成员要切实抓好分管领域的反腐倡廉建设；从纪检监察机关层面讲，要认真履行党章赋予的职责，坚持围绕中心、服务大局，探索新形势下反腐倡廉建设的新途径、新方法；从纪检监察干部队伍层面讲，要增强政治意识、表率意识、法治意识、创新意识、宗旨意识，永远做党的忠诚卫士、当群众的贴心人。

金道铭在工作报告中回顾总结了我省2009年党风廉政建设和反腐败工作情况，并对今年全省反腐倡廉建设工作提出了总体要求，指出要重点做好十方面工作：一是充分发挥监督检查职能，切实保证中央和省委重大决策部署的贯彻落实；二是抓紧解决反腐倡廉建设中人民群众反映强烈的突出问题，以党风廉政建设的新成效取信于民；三是切实加强领导机关和领导干部作风建设，以优良的党风保政风带民风；四是坚持不懈地推进煤焦领域反腐败专项斗争，创造煤焦行业健康发展的良好环境；五是以深入推进农村党风廉政建设为重点，切实加强基层反腐倡廉建设；六是深入开展工程建设领域突出问题专项治理，努力遏制腐败现象易发多发的势头；七是坚决查处违纪违法案件，严厉惩治消极腐败现象；八是以贯彻《中国共产党党员领导干部廉洁从政若干准则》为契机，促进党员领导干部廉洁从政，强化反腐倡廉教育和权力运行制约监督；九是着力加强制度建设，扎实做好深化改革、治本抓源头工作；十是切实加强纪检监察机关自身建设，不断提高在复杂形势下推进反腐倡廉建设的能力和水平。

出席会议的还有，省委常委，省人大党员负责同志，副省长，省政协党员负责同志，省法院院长，省检察院检察长，各市的市委书记、市长等。中央纪委也专门派员参会。

省委省政府传达贯彻刘延东、李源潮考察山西重要讲话精神会议 1月31日，省委、省政府召开会议，传达贯彻中共中央政治局委员、国务委员刘延东，中共中央政治局委员、中央书记处书记、中央组织部部长李源潮同志考察山西重要讲话精神。省委书记、省人大常委会主任张宝顺主持会议并提出贯彻意见。省委副书记、省长王君传达。省领导薛延忠、申联彬、申维辰、杜玉林、李小鹏、方文平、高建民、李政文、汤涛等出席会议。

1月下旬，刘延东、李源潮同志先后对我省进行考察，深入农村、社区、企业、学校，看望慰问干部群众，了解经济社会发展情况，并发表了重要讲话，对我省工作给予充分肯定，对山西今后发展寄予殷切期望，提出重要指导性意见。

张宝顺指出，正当全省上下认真贯彻落实十七届四中全会和中央经济工作会议精神、保持经济平稳较快发展的关键时刻，刘延东、李源潮同志先后亲临我省考察指导，带来了党中央、国务院对山西人民的深切关怀，给全省干部群众以鞭策和鼓励。刘延东、李源潮同志对引深学习实践活动、转变经济发展方式、推进城市化进程、发展科技教育事业等作了深刻阐述，具有很强的思想性、前瞻性和针对性，对于我们拓宽视野、提高认识，完善思路、强化措施，推动全省各项事业迈上新台阶具有重要意义。

张宝顺就贯彻落实中央领导同志重要讲话精神提出5点意见：一、善始善终抓好深入学习实践科学发展观活动，向党中央和人民群众交一份满意答卷。结合基层特点组织好广大党员的学习实践，确保活动全覆盖，特别是抓住外出务工党员回家过年的时机，进一步把学习实践活动引向深入。对整改落实方案提出的措施和向群众作出的承诺，明确职责，狠抓落实，深入开展“救灾、帮困、送温暖”活动，为群众办一批实事好事，让广大群众过一个欢乐祥和的春节。认真做好第三批以及整个学习实践活动的总结工作，实事求是评价成绩，不遮不掩查找不足，科学系统探求规律，不断提高做好党建工作的能力和本领。把实践中探索创造的好做法制度化，把实践证明可行、管用的制度长效化，真正使各项制度和规定在基层扎根，在工作中见到成效。二、着眼于走出有山西特点的科学发展之路，下工夫推进经济发展方式转变。要把绿色转型作为战略任务，加强调查研究和科学论证，结合“十二五”规划的制定，按照科学发展理念和节能减排低碳要求，科学制定推动发展方式转变的指导思想、工作原则、具体措施。要在优化提升产业结构上狠下工夫，推动全省实现全面转型，加快建设新型多元清洁能源基地，整合提升焦炭、冶金、电力等产业，大力发展以文化旅游为龙头的服务业，建立科学发展的新优势。要大力发展园区经济和循环经济，推进企业向园区集中，促进资源循环利用，鼓励企业循环生产，推动产业循环组合。要扎实推进低碳经济，积极推动生态兴省，建立健全资源节约和有效利用的体制机制，建立低碳能源体系、技术体系、产业体系和消费体系，大力发展可再生能源和新型能源，使经济社会发展建立在低能耗、低污染、低排放的基础之上，努力推进高碳产业在低碳经济时代赢得更大发展空间。三、以强有力举措推进特色城镇化，形成推动科学发展的新动力。发挥好城市规划的龙头引领作用，把城市规划提升到战略高度来抓，作为“一把手”工程实施，学习借鉴国内外先进城市的经验，优化城镇布局，完善城镇体系，努力做到城镇建设有特色、有亮点、有内涵、有品位。发挥好城市建设对经济社会发展的拉动作用，加大城市基础设施建设力度，加快保障性住房建设，完善公共服务设施，全面提升城市承载功能，创造更多的投资需求和消费需求。发挥好城市经济对人力资源和消费群体的集聚作用，大中城市要加快以服务业为主的产业体系建设，工矿型城市要大力发展生产性服务业，小城镇要培育各具特色的优势产业，扩大就业容量，吸纳更多的农民工融入城市生活。发挥好城市文明对山西形象的塑造作用，以现代思维和先进理念管理城市，提升城市的知名度和影响力，把历史文化优势通过城镇化转化为经济优势和竞争优势。四、加快创新型省份建设，推动经济发展由资源依赖型向创新驱动型转变。要把科技教育事业摆在引领位置，牢固树立科学技术是第一生产力、人才资源是第一资源、自主创新是第一竞争力的观念，围绕“三个发展”提升科技教育发展水平，加快建立以企业为主体、市场为导向、产学研相结合的技术创新体系，高度重视人才在科技创新和教育发展中的核心作用，统筹发展各级各类教育，完善促进科技教育事业发展的支撑保障体系，积极引导社会资本、民营资本投向科技教育，形成多元化、多渠道投入体系。五、加强党的建设和组织工作，不断提升党的建设科学化水平。坚持教育培训与实践锻炼两手抓，促进理论武装和思维创新、知识创新、工作创新相统一，大力建设学习型领导班子和干部队伍，促进领导干部提高协调推动新型工业化、特色城镇化、农业现代化的能力，提高运用现代技术、推进改革创新的能力，提高驾驭复杂局面、处理复杂问题、化风险为机遇的能力；坚持德才兼备、以德为先的标准，注重使用贯彻落实科学发展观态度坚决、能力突出、成绩显著的领导干部，加大培养选拔优秀年轻干部力度，深化干部人事制度改革，坚决反对和纠正选人用人上的不正之风，提高干部工作的公信力和群众满意度。深化农村固本强基“五项工程”，建设高素质农村带头人队伍，建立健全大学生村（社区）干部工作长效机制，完成村级组织活动场所新建改建工程，构建城乡统筹的基层党建工作格局，扩大非公有制经济组织和新社会组织党组织覆盖面，加强国有企业和高校等事业单位党组织建设。对干部要严格要求、严格教育、严格管理、严格监督，着力解决干部管理中存在的失之于软、失之于宽的问题，同时要以加强党性修养和作风建设为抓手，弘扬注重调查研究、锐意开拓创新、致力亲民爱民的工作作风，大力宣传先进典型，引导广大干部用好的作风确保转型发展取得明显成效，确保发展方式加快转变，确保群众生活明显改善。

纪念姬鹏飞诞辰100周年座谈会 2月5日，山西省纪念姬鹏飞同志诞辰100周年座谈会在太原隆重举行。省委副书记、省政协主席薛延忠出席并讲话，省委常委、副省长李小鹏主持，省委常委、秘书长高建民，省人大常委会副主任杨安和，省政协副主席韩儒英，省军区副政委谢玉久，原省委书记李立功等出席座谈会。

姬鹏飞同志是山西省临猗县人，是久经考验的忠诚的共产主义战士、无产阶级革命家、我国外交战线的杰出领导人。曾任全国人大常委会副委员长兼秘书长、国务院副总理、国务委员、外交部部长、国务院港澳事务办公室主任、中共中央顾问委员会常委等重要职务。2000年2月10日在北京逝世，享年91岁。薛延忠在讲话中，全面回顾了姬鹏飞同志在70多年革命生涯中，为民族解放和新中国外交事业、香港澳门回归建立的不朽功勋。他说，姬鹏飞同志为国家、为民族、为人民不懈奋斗的革命精神，胸怀天下心系百姓的崇高品质，值得我们永远追思和学习。我们纪念和缅怀姬鹏飞同志，就是要学习他对理想信念坚定不移、对党和人民忠贞不渝的坚强意志；学习他光明磊落、襟怀坦白、立场坚定的革命情操；学习他刻苦钻研、实事求是、脚踏实地的优良作风；学习他关注民生、情系百姓、平易近人的公仆情怀。我们要深入贯彻落实科学发展观，求真务实，锐意进取，积极推动“三个发展”，建设国家新型能源和工业基地，努力构建充满活力、富裕文明、和谐稳定、山川秀美的新山西，为加快社会主义现代化建设进程，实现中华民族伟大复兴的宏伟目标而奋勇前进。

省委党史办公室主任张铁锁、临猗县县长史凯、姬鹏飞同志的女儿姬巧玲等先后在大会上发言。省直有关单位负责人、姬鹏飞同志家乡代表、姬鹏飞同志的亲属代表等共150余人出席座谈会。

省委中心组专题学习会 2月22日，省委中心组召开专题学习会，认真学习胡锦涛总书记、温家宝总理和习近平、李克强同志在中央省部级主要领导干部深入贯彻落实科学发展观、加快经济发展方式转变专题研讨班上的重要讲话精神，研究我省加快经济发展方式转变的思路和措施。省委书记张宝顺主持会议，省领导王君、薛延忠、申联彬、申维辰、杜玉林、金道铭、李小鹏、胡苏平、方文平、高建民、李政文、汤涛、杨安和、牛仁亮、陈川平、张平、刘维佳、张建欣等参加学习。

会议认为，在应对国际金融危机冲击取得重大成效的重要时刻，党中央向全党提出深入贯彻落实科学发展观、加快经济发展方式转变的战略任务，体现了宽广敏锐的世界眼光、高瞻远瞩的战略思维和居安思危的忧患意识。中央领导同志特别是胡锦涛总书记的重要讲话，思想深刻，举措有力，富于创新，既是深入贯彻落实科学发展观的具体体现，又是对科学发展观的深化和拓展，是运用马克思主义立场、观点、方法分析发展大势、把握发展规律的重要文献，为我们谋划发展、改进工作指明了方向。

会议指出，加快经济发展方式转变，既是顺应世界大发展大调整大变革新趋势的战略选择，又是开创科学发展新局面的必由之路；既是提高经济发展质量和效益的重要环节，又是增进人民福祉的重要途径；既是经济社会领域的深刻变革，又是对干部队伍的现实考验；既要突出战略重点、明确重要任务，又要切实在“加快”上下工夫、见实效。

张宝顺深入分析了全省加快经济发展方式转变所面临的挑战和机遇，深刻阐述了加快经济发展方式转变与实现“三个发展”的内在关系。他强调，省委提出的“三个发展”，符合山西省情和全省人民愿望，符合科学发展观，符合加快经济发展方式转变的要求。在加快经济发展方式转变的过程中，我们要坚定不移、一以贯之、持之以恒地推动“三个发展”，并不断赋予“三个发展”以新的内涵和新的要求，在加快经济发展方式转变中开创“三个发展”新局面。

张宝顺从七个方面提出了加快经济发展方式转变的思路和要求：第一，能源基地和支柱产业的转型是基础，要积极探索高碳产业低碳发展的有效途径。按照信息化、生态化、集约化方向，下工夫改造提升传统支柱产业，提高煤炭就地转化率，建设低碳绿色新型能源基地；扩大煤炭企业兼并重组整合的成果，巩固提升煤炭工业可持续发展政策措施试点；抓紧研发碳的捕捉、封存、转化等先进技术，鼓励企业使用新技术、新工艺、新材料、新设备，提升传统支柱产业的核心竞争力和抵御市场风险能力；大力发展园区经济、循环经济，推动企业循环生产、产业循环耦合，最大限度地提高资源利用率。第二，产业结构的优化是关键，要大力发展战略性新兴产业。全面落实产业调整振兴规划，努力培育一些千亿元以上产值的产业，大力发展环保产业、节能产业，加快发展物流、金融等现代服务业，特别是坚持政府引导与民间投入有机结合，大力发展文化旅游产业。第三，提高自主创新能力是根本，要加快科技创新步伐。加快建立地区创新体系，加强重点行业领域工程中心和工程实验室建设，建设特色高新技术产业基地，大力发展低碳技术、清洁能源技术、精深加工技术，培育具有自主知识产权的创新品牌，加快建设创新型科技人才队伍，不断提高科技对经济增长的贡献率。第四，强化低碳理念、发展低碳经济、建设低碳生活是重点，要加快实施生态兴省战略。强化节能减排、环境保护目标责任制，推进节能节水节材节地，建立低碳能源体系、技术体系、产业体系；大力淘汰落后产能，坚决制止高耗能行业低水平扩张，加强重点行业和重点能源品种节能管理，加强污染整治；在全社会倡导低碳生活，建立低碳消费体系。第五，推进特色城镇化和建设新农村是重要抓手，要进一步做好统筹城乡发展这篇大文章。完善“以煤补农”长效机制，促进城乡产业有机联系、协调发展；在城市建设上努力取得重大突破，切实发挥城市建设对经济社会发展的拉动作用、城市经济对人力资源和消费群体的集聚作用、城市文明对山西形象的塑造作用；加快推动农业发展方式转变，发展特色现代农业，加快发展农村基础设施和社会事业，加大扶贫开发力度。第六，改善民生是出发点和落脚点，要让人民群众共享改革发展成果。围绕“三个发展”统筹发展各级各类教育，扎实做好就业工作，推进全民创业，规范收入分配秩序，逐步提高居民收入在国民收入分配中的比重、劳动报酬在初次分配中的比重，完善社会保障体系，深化医药卫生改革，加大保障性住房建设力度。加快依法治省进程，推进平安三晋建设，毫不松懈地抓好安全生产。第七，改革开放是动力，要增强市场经济主体活力、提升外向型经济水平。坚持用改革开放的办法解决经济社会发展中存在的体制性、结构性矛盾和问题，深化行政审批制度改革，深化国有企业改革，引导鼓励支持非公有制经济和中小企业快速发展，扎实推进财政省直管县改革、集体林权制度改革、事业单位改革，推动资源型经济转型发展综合配套改革，加大招商引资和招才引智力度。

会议强调，加快经济发展方式转变要坚持观念先行、思想先转、思维先变，谋划发展始终坚持以科学发展观为根本指针，推动发展切实做到以自主创新为第一动力，审视发展自觉体现生态文明建设的各项要求。要强化政策导向，推动经济增长走依靠科技进步、劳动者素质提高、管理创新的轨道，形成促进企业自主创新、节能降耗、保护环境的激励和约束机制。要提高队伍素质，着力提高各级领导干部推动科学发展的能力和本领，在加快经济发展方式转变、推动“三个发展”的实践中识别、培养、选拔、使用干部；建立抓落实责任制，加强对推动科学发展重大决策部署执行情况的监督检查；艰苦奋斗、厉行节约，深入基层、体恤民情，以坚强党性和优良作风加快经济发展方式转变。要完善考核体系，把深入学习实践科学发展观活动形成的认识成果、实践成果、制度成果运用转化到各项工作中，完善我省“三位一体”的考核评价体系，增加经济发展方式转变的考核比重，全面评价工作和成绩、“显绩”和“潜绩”，引导各地各部门和领导干部把精力真正投入到优化经济结构上、提高自主创新能力上、加强社会建设上、改善生态环境上、增强可持续发展能力上。

会议决定，要在认真学习、深入调研的基础上制定我省加快经济发展方式转变的意见和政策措施。

省委议军会 2月23日，省委在省军区召开议军会，传达学习中央军委、北京军区党委扩大会议精神，对省军区提请的问题进行审议，讨论通过我省《关于推进军民融合式发展的意见》。省委书记、省人大常委会主任张宝顺主持会议并讲话。省委副书记、省长王君讲话。省党政军领导薛延忠、方文平、张少华、申联彬、申维辰、李小鹏、高建民、杨安和、郭良孝、何永才、谢玉久、姬亚夫、黄献军、谢新宁等出席会议。

会议高度评价了省军区2009年工作。2009年，省军区各项工作取得新进展、新突破，受到总部、北京军区充分肯定；驻晋部队和民兵预备役人员全力支援地方建设，赢得了各级党委、政府充分肯定和广大群众高度赞誉。2010年，省军区工作指导思想是：按照军委总部、北京军区的决策部署，围绕我省转型发展、安全发展、和谐发展总目标和保增长、促转变、惠民生总要求，着眼忠实履行我军历史使命，以加强部队党的建设为主线，以思想政治建设、军事斗争准备、党委班子和干部队伍建设、基层全面建设和部队安全稳定为重点，以深化军民融合式发展为抓手，继续重心下移、巩固基础、固强补弱、整体推进，确保部队坚决听从党中央、中央军委的指挥，确保部队高度稳定和集中统一，确保年度各项任务圆满完成。

张宝顺在讲话中指出，推进军民融合式发展，军地各级要在思想认识上达到新高度，要增强机遇意识、忧患意识和使命意识，深刻认识军民融合式发展的科学性和必然性，把握融合的内涵、要求和途径，自觉把国防和军队现代化建设与我省经济社会发展结合起来，军地合力，主动作为，务实进取，努力使具有山西特点的军民融合式发展路子越走越宽广；推进军民融合式发展，要在军事斗争准备上达到新水平。各级党委、政府特别是军事机关要始终坚持把国家安全和发展放在首位，坚持军事斗争准备龙头地位不动摇，确保重视程度不下降，工作力度不减弱，保障水平不降低，推动军队更好地履行所肩负的历史使命。

张宝顺强调，推进军民融合式发展，要在军地互动、互促双赢上取得新成效。要站在实现富晋和强军相统一的高度，紧紧围绕“三个发展”，自觉把推动国防动员和后备力量建设放在经济社会发展大局中思考筹划，以出台《意见》为契机，从思想观念、目标规划、政策法规、建设任务、体制机制等各个层次，落实融合措施，提升融合效益。要正确处理全局与局部、当前与长远、需要与可能、平时与战时、互动与双赢的关系，完善体制机制，综合运用行政、市场、法律等手段，促进国防和民用领域科技、人才、资金、信息等要素的交流融合，形成国民经济对国防建设的强大支撑力、国防建设对经济发展的强大牵引力。要深化融合内容，拓展融合领域，在推进产业结构优化升级中，提高国民经济军民兼容水平；在加强城市建设和管理中，完善国防动员基础设施；在实施重大科技和技术创新工程中，提升国防动员准备的科技含量；在推动和谐山西建设中，强化军政军民团结，进一步形成党政军齐心协力谋融合、抓融合、促融合的良好局面。

王君在讲话中高度评价了省军区2009年工作，并就促进我省军民融合式发展强调了三点意见。他指出，第一，要进一步增强推进军民融合式发展的责任感和紧迫感。各级各有关部门要深入贯彻落实党中央、中央军委的各项决策部署，按照《意见》要求，进一步加强军地协作，融合军地资源，扎实开展好国防动员、联合训练、国防教育、军民两用技术、军地人才培训、基础设施兼容、拓展国防建设资金渠道、构建军队后勤社会化保障体系、支援地方经济建设、维护社会安全稳定等方面工作，积极探索走出一条切合山西实际的军民融合发展路子。第二，要进一步解决好国防动员和后备力量建设中的实际问题。各级各有关部门要进一步加强对我省国防后备力量建设的支持力度，认真贯彻落实国家有关政策和法规，积极研究和解决军民融合式发展中的新情况、新问题。第三，要进一步形成加快军民融合式发展、推动国防动员和后备力量建设的工作合力。各级各有关部门要以对国防和军队建设高度负责的精神，下大气力抓好各项工作的落实，大力提升核心军事能力和非战争军事行动能力。通过全省上下的共同努力，形成党委政府主导抓、职能部门具体管、军地双方合力办的工作格局和强大力量。

省委常委、省军区司令员方文平传达了中央军委扩大会议、北京军区党委扩大会议精神，汇报了省军区2009年工作完成情况，提出审议议题建议；省军区政委张少华就贯彻落实《关于推进军民融合式发展的意见》，走出具有山西特色军民融合式发展路子提出意见建议。

省委贯彻落实中央贯彻实施《廉政准则》会议精神电视电话会议 2月23日，省委召开贯彻落实中央贯彻实施《中国共产党党员领导干部廉洁从政若干准则》会议精神电视电话会议。省委书记张宝顺作讲话，省委副书记、省长王君主持会议，省领导金道铭、胡苏平、高建民、汤涛出席会议。

张宝顺指出，《廉政准则》是规范党员领导干部从政行为的重要基础性党内法规。贺国强同志对贯彻实施《廉政准则》的重大意义以及《廉政准则》的基本精神、主要内容和切实解决的突出问题进行了深刻阐述，提出了明确要求，各级党员领导干部要认真贯彻落实。

张宝顺对贯彻落实中央贯彻实施《廉政准则》会议精神提出三点要求：一是要深刻学习领会贺国强同志重要讲话精神，从政治和全局的高度把《廉政准则》学习好、贯彻好、落实好。《廉政准则》是运用党的创新理论指导党风廉政建设和反腐败斗争的制度创新成果，适应了新时期党的建设特别是反腐倡廉建设不断深入发展的需要。贯彻实施好《廉政准则》，对于落实党要管党、从严治党方针，提高反腐倡廉建设制度化、规范化、科学化水平，具有十分重要的意义。各级党组织和广大党员领导干部要把学习贯彻《廉政准则》作为一项重要政治任务，高标准、严要求、负责任地抓好，更加自觉地坚定理想信念、加强党性修养，真正做到为民、务实、清廉，为开创“三个发展”的新局面提供坚强保证。二是要切实抓好《廉政准则》的贯彻实施，进一步规范党员领导干部的从政行为。要坚持不懈抓好学习教育，把《廉政准则》作为党委中心组和机关理论学习的重要内容，纳入党课教育和干部培训计划，把廉洁从政教育与理想信念教育统一起来，渗透到任前教育、职业教育、岗位教育之中，运用多种载体和方法，增强宣传教育的实效性，教育引导广大党员领导干部学廉政法规、倡廉洁新风、树清廉形象。促进领导干部率先垂范，带头学习准则、严格执行准则、自觉维护准则，自觉接受组织和群众监督，做到标准高于一般干部、行动先于一般干部、要求严于一般干部，切实管好亲属及身边工作人员，坚持原则、敢抓敢管，坚决维护《廉政准则》的严肃性和权威性。要切实加强监督检查，把集中检查与日常监督结合起来，严格执行领导干部述职述廉、诫勉谈话等制度，发挥民主生活会、重要情况通报和报告、报告个人有关事项以及干部考察考核等党内监督制度的作用，及时发现和纠正存在的问题；突出监督重点，加强对主要领导干部的监督，加强对煤焦领域以及其他公共资源配置、公共资产交易、公共产品生产领域的监督，增强监督的权威性和有效性；拓宽监督渠道，坚持党内监督与党外监督、专门机关监督与群众监督相结合，注重发挥人大、政协和人民群众、新闻媒体等方面的监督作用。要注重完善配套制度，针对干部群众反映强烈的问题，针对煤焦领域反腐倡廉建设等具有山西特点的问题，把《廉政准则》细化、具体化，制定符合实际、易于操作、科学管用的具体规定。注重总结实践经验，把行之有效的好做法好经验上升为法规制度，加快形成用制度规范从政行为、按制度办事、靠制度管人的有效机制。要始终坚持严格执纪，对违反《廉政准则》的党员领导干部，要依纪依法进行处理。三是要切实加强组织领导，形成贯彻实施《廉政准则》的合力。各级党委（党组）要把《廉政准则》的贯彻实施放在重要位置，出实招，抓落实，求实效。党政主要领导同志要担负起第一责任人的责任，既要以身作则、模范遵守，又要加强领导、推动落实；领导班子其他成员要认真抓好分管范围内的贯彻实施工作。要把组织实施和执行《廉政准则》的情况列入党员领导干部考核的重要内容，作为干部任免、奖惩的重要依据。各级纪检监察机关要协助党委（党组）抓好《廉政准则》的落实，严格对党员领导干部的教育、管理和监督。各职能部门要加强对要害岗位和环节的规范制约。新闻媒体要深入宣传，加强引导，营造学习贯彻《廉政准则》的良好氛围。

王君在主持会议时强调，各级各部门要深入学习领会、认真贯彻落实中央和省委的要求，提高思想认识，增强学习贯彻《廉政准则》的责任感和自觉性，加大工作力度，加强组织领导，抓好《廉政准则》的学习宣传和贯彻实施，推动我省领导干部廉洁自律工作和干部队伍建设迈上新台阶，把我省党风廉政建设和反腐败斗争提高到一个新水平，为加快转型发展、安全发展、和谐发展，建设新基地新山西提供有力保障。

省委深入学习实践科学发展观活动总结电视电话会议 2月24日，省委召开全省深入学习实践科学发展观活动总结电视电话会议。省委书记、省委学习实践活动领导小组组长张宝顺作了重要讲话，省领导、省委学习实践活动领导小组副组长王君、申联彬、胡苏平、高建民、汤涛出席会议，薛延忠主持会议。中央巡回检查组组长虞云耀出席并作重要讲话，中央巡回检查组副组长高俊良及其他成员出席会议。

2008年10月以来，我省开展了历时一年半的深入学习实践科学发展观活动。在党中央的坚强领导下，全省各级党组织和广大党员着眼于“党员干部受教育、科学发展上水平、人民群众得实惠”的目标要求，紧紧围绕“转型发展、安全发展、和谐发展”这一主题和载体，扎实推进各个阶段各个环节的工作，组织领导做到了坚强有力、一以贯之，学习教育做到了联系实际、逐步引深，注重实践做到了围绕中心、突出重点，依靠群众做到了途径多样、方法灵活，解决问题做到了一抓到底、注重实效，分类指导做到了因地制宜、鼓励创新，宣传引导做到了有声有色、氛围浓厚，统筹兼顾做到了科学安排、协调运作。学习实践活动取得了重要的认识成果、实践成果和制度成果，有效促进了全省经济、政治、文化、社会建设和生态文明建设，全面加强了党的建设，特别是为应对国际金融危机冲击提供了坚强保证，为加强和改进新形势下党的建设积累了宝贵经验，达到了中央提出的预期目标。通过学习实践活动，提升了科学发展理念，凝聚了“三个发展”共识；增强了应对挑战、共克时艰的信心，促进了经济平稳较快发展；破解了经济社会发展中面临的一些矛盾和难题；密切了党群干群关系、促进了社会和谐稳定；推动了“三个发展”长效机制的建设；全面加强了党的建设特别是基层组织建设；形成了政通人和、团结奋进、人心思上的良好局面。全省党员干部群众推动科学发展的意识、信心和能力明显增强，在新世纪以来发展最为困难的时期，扭转了安全事故频发的被动局面，推动经济步入较快增长区间，初步实现了经济发展、安全好转、社会和谐的良性循环，党员干部群众焕发出良好精神风貌，各项事业呈现出新的局面，学习实践活动在山西发展的关键时刻发挥了关键作用。实践充分证明，中央关于在全党开展学习实践活动的决策是完全正确的、非常适时的，学习实践活动是马克思主义中国化最新成果在全党的一次大普及，是新形势下按照科学发展观要求推进中国特色社会主义伟大事业和党的建设新的伟大工程的又一次成功实践，必将对加快全面建设小康社会进程产生重大而深远的影响。

张宝顺指出，胡锦涛总书记等中央领导同志在省部级主要领导干部专题研讨班的重要讲话，全面总结了我国应对国际金融危机冲击的科学判断、总体思路、重大举措、主要成效和基本经验，全面分析了当前国际国内形势，深刻阐述了加快经济发展方式转变的重要性、紧迫性和战略布局、具体要求，具有十分重要的意义，我们要深刻学习领会、认真贯彻落实。“三个发展”是全省上下艰辛探索的结晶，符合科学发展观要求，符合加快经济发展方式转变的内涵。要把加快经济发展方式转变作为深入贯彻落实科学发展观的重要目标和战略举措，在进一步推进“三个发展”上下工夫，不断赋予“三个发展”新的内涵和新的要求，在加快经济发展方式转变中开创“三个发展”新局面。

第一，更加坚定、更加富有成效地抓好理论武装，不断增强贯彻落实科学发展观的自觉性和坚定性。深化学习的内容和要求，系统掌握中国特色社会主义理论体系，深刻理解科学发展观对各项工作提出的新要求，加强对转变经济发展方式相关知识的学习和运用；创新学习的方法和途径，加强对学习的组织、指导和监督、服务；找准学习的致用之道，深入探索在经济欠发达和资源型产业主导的背景下如何实现科学发展等重大课题。领导干部要作真学、真懂、真信、真用的表率。

第二，更加坚定、更加富有成效地建设长效机制，为深入贯彻落实科学发展观提供有力保障。建立健全深入学习实践机制，把有效做法制度化、管用经验长效化；建立健全推动科学发展机制，不断破除束缚科学发展、阻碍经济发展方式转变的陈旧观念、思维定式和行为习惯；建立健全考核评价机制，增强考核评价内容的科学性、考核评价工作的客观性、考核评价结果的权威性。

第三，更加坚定、更加富有成效地加快经济发展方式转变，努力使具有山西特点的科学发展之路越走越宽广。要夯实能源基地和支柱产业转型这个基础，积极探索高碳产业低碳发展的有效途径。按照信息化、生态化、集约化方向改造提升传统产业，扩大煤炭企业兼并重组整合的成果，大力发展循环经济，淘汰落后产能，强化节能减排、环境保护目标责任制，加快实施生态兴省战略，建设低碳绿色新型能源基地。要抓好优化产业结构这个关键，大力发展战略性新兴产业。全面落实产业调整振兴规划，创新我省产业形态。要强化自主创新这个根本，加快科技创新步伐。加快建立地区创新体系，提高科技对经济增长的贡献率。要把握特色城镇化和建设新农村这个重要抓手，进一步做好统筹城乡发展这篇大文章。加快太原经济圈建设，加快区域性中心城市建设，提高工矿型城镇和小城镇宜居指数，推动农业发展方式转变，努力在破解城乡二元结构上迈出新的步伐。要增强改革开放这个动力，增强市场经济主体活力、提升外向型经济水平。配合国家有关部门做好“资源型经济转型发展综合配套改革试验区”

工作。

第四,更加坚定、更加富有成效地发展社会事业和改善民生,不断取得和谐山西建设的新进步。坚持社会事业的公益性特征,全力保障人民群众基本公共服务需求;坚持共建共享的原则,让人民群众共享改革发展成果;坚持安全发展的理念,严格安全责任落实,有效防范和坚决遏制重特大安全生产事故,推动安全生产形势由明显好转向稳定好转和根本好转迈进;加强"法治山西"和"平安三晋"建设,加大信访工作力度,努力营造团结和谐的社会环境,继续发挥好首都"护城河"作用。

第五,更加坚定、更加富有成效地落实党要管党、从严治党方针,切实提高党的建设科学化水平。着眼于为贯彻落实科学发展观提供干部和人才保证,选好干部、配强班子、聚集人才、建设队伍;着眼于为贯彻落实科学发展观夯实组织基础,抓好党的基层组织建设和党员队伍建设;着眼于为贯彻落实科学发展观营造团结向上、风清气正的发展环境,以求真务实、狠抓落实为切入点抓好党的作风建设。

虞云耀指出,在党中央的坚强领导下,山西省委及各级党组织把学习实践活动与本地、本单位实际紧密结合,突出"转型发展、安全发展、和谐发展"的主题,切实加强领导,精心组织实施,扎实有力推进,取得了实实在在的成效。广大党员干部学习贯彻科学发展观的自觉性和坚定性大为增强;影响和制约科学发展的突出问题得到有效解决;产业结构调整稳步推进,转型发展实现重要突破;煤矿兼并重组整合取得重大阶段性成果,安全发展形势明显好转;上学难、就医难、出行难、吃水难等民生问题得到很大改善,促进了社会和谐稳定;抓基层打基础工作扎实有效,重点村、难点村整顿成效明显,基层组织建设得到进一步加强和改进。尤其可贵的是,"三个发展"已经深入人心,成为全省上下的共识和自觉行动。山西的学习实践活动取得了丰硕的认识成果、实践成果和制度成果。要巩固、扩大、深化这次学习实践活动的成果,在新的起点上不断取得科学发展的新成绩。一要坚持善始善终,下大力气继续做好学习实践活动后续工作。二要继续深化认识,进一步增强贯彻落实科学发展观的自觉性和坚定性。三要着眼长远发展,进一步建立和完善保障科学发展的长效机制。四要突出重中之重,把贯彻落实科学发展观的重点放在加快经济发展方式转变上。

薛延忠在主持会议时强调,各地各部门要认真贯彻落实张宝顺同志和虞云耀同志的重要讲话精神,把思想认识统一到中央精神和省委部署上来,把认真总结学习实践活动与在新的起点上推进科学发展结合起来,真抓实干,扎实进取,着力巩固和发展学习实践活动成果,着力深入贯彻落实科学发展观,着力加快经济发展方式转变,着力推动"三个发展",为加快全面建设小康社会进程作出新的贡献。

全省重点工程建设总结表彰暨动员大会 3月26日,全省重点工程建设总结表彰暨动员大会在太原召开。会议总结了2009年重点工程建设工作,安排部署了2010年的工作,对2009年度重点工程建设先进单位和个人进行了表彰。王君出席大会并讲话,省委常委、省纪委书记金道铭出席,省委常委、副省长李小鹏主持会议,省人大常委会副主任、省总工会主席郭海亮,副省长牛仁亮,省政协副主席韩儒英等出席。

张宝顺首先代表省委、省政府向受表彰的同志表示祝贺,向辛勤奋战在重点工程第一线的劳动者表示亲切慰问。他指出,2009年,全省上下认真落实中央和省委、省政府的决策部署,全面落实"三保"措施,克服重重困难,推动经济增长实现V型反转,推动转型发展、安全发展、和谐发展取得新成效。特别是全省重点工程建设实现了历史性突破,累计完成投资4041亿元,创近15年来最好水平,为下一步发展夯实了基础,积累了后劲。

张宝顺强调,2010年是巩固经济回升向好势头、全面完成"十一五"规划的关键一年,是加快经济发展方式转变、全面提高经济发展质量和效益的重要一年。重点工程建设要在去年的基础上,继续保持足够的投资力度,优化投资结构,加快建设步伐,争取更多的工程尽快竣工投产,发挥更好的综合效益。一要把抓投资、保增长与调结构、促转型、惠民生结合起来,进一步增加投资总量,大力优化投资结构,引导更多资金投向能够带动消费、改善民生、促进可持续发展的项目,投向节能环保、自主创新、"三农"和民生等领域;二要在保证质量的前提下加快建设进度,全力抓好在建续建项目建设,特别要加强重点项目建设,抓住施工的黄金季节,组织更多高效精干的施工队伍快速投入,倒排工期、科学衔接,及时解决施工中遇到的困难和问题;三要下工夫建设更多的精品工程,高起点规划、高水平作业、高标准验收,把工程建设和工程监管结合起来,确保所建设的工程经得起人民的检验和时间的检验,为人民、为国家创造更多的财富;四要确保把每一项工程都建成廉政工程、阳光工程,认真落实现代工程管理要求,加强对资金运作的介入监督和全过程监督,确保每一笔资金都花得堂堂正正,确保每一个工程都让老百姓信得过。希望各级党委、政府增强大局意识、服务意识和责任意识,保持和营造社会各方面共同支持重点工程建设的良好局面,确保重点工程建设顺利推进,以更多的和谐工程促进全省经济社会又好又快发展。

会议指出,2009年,在极其困难的情况下,省委、省政府团结带领全省广大干部群众,知难而进、迎难而上、攻坚克难、砥砺奋进,努力推动转型发展、安全发展、和谐发展,经济社会发展和各项工作都取得了新的进展。其中,投资在拉动经济中发挥了重要作用,特别是重点工程起到了"火车头"的作用。全年全社会固定资产投资增长38.5%,省、市两级重点工程累计完成投资4041亿元,一大批重大基础设施、重要民生工程和重点产业结构调整项目开工建设,工作力度之大、工程推进速度之快、取得效果之好都是前所未有的,不仅有效地拉动了当年的经济增长,而且为长远发展打下了坚实的基础。在工作中,我们还积累了许多好的经验,一是见事早、行动快,抢抓机遇、果断决策,迅速推出以重点工程为主的两年投资6500亿元、带动全社会投资1万亿元的投资盘子；二是谋全局、抓关键，充分论证、科学决策，把重点工程作为保持经济平稳较快发展的重要抓手；三是议大事、解难事，强化领导、创新机制，为重点工程建设的顺利推进提供了坚强保证；四是鼓实劲、求实效，紧紧依靠广大干部群众，充分调动各方积极性，形成了加快推进重点工程建设的强大合力。今后，我们要继续坚持并不断发扬光大这些行之有效的好做法、好经验，努力创造重点工程建设新业绩。

会议强调，保持经济平稳较快发展，全面完成"十一五"规划目标任务，为"十二五"发展奠定良好基础，必须继续扩大投资，优化投资结构，全力抓好以重点工程为主的各项工程建设，主要做好以下几方面工作。

一是在投资总量上，要继续保持稳定增长，确保今年全社会固定资产投资达到6000亿元以上。要认真贯彻落实国家宏观经济政策和决策部署，立足扩大内需，在积极扩大消费的同时，继续发挥好投资的拉动作用，尤其是要发挥好重点工程的"火车头"作用。

二是在资金投向上，要不断优化结构，确保国家宏观经济政策和省委、省政府工作部署的贯彻落实。要继续围绕国家鼓励支持的六大领域，加大投资力度，重点投向加快经济发展方式转变和经济结构调整的工程和项目；投向重大基础设施建设的工程和项目；投向发展社会事业和改善民生的工程和项目；投向自主创新、节能减排、环境保护等经济社会发展的薄弱环节。所有项目都要符合国家产业政策，坚决杜绝"两高一资"和低水平重复建设项目上马。

三是在工作安排中，要统筹兼顾、突出重点，首先要确保在建、续建项目早日竣工投产、早日发挥效益。要全面推进141个在建、续建项目，抓好一批重大民生工程和社会事业发展项目、重大技术改造和产业升级项目以及新的产业发展项目。

四是在工程建设中，要解放思想、勇于创新，创造条件，确保重点工程建设顺利推进。对所有重点工程项目，都要实行动态调整，确保重点项目既要有数量、又要有质量和效益。在资金方面，要多渠道筹集建设资金，确保重点工程建设的资金需求。在土地方面，要积极争取国家的支持，努力盘活土地存量，切实保障重点工程项目建设用地。

会议要求，各级各部门要牢固树立大局意识、机遇意识、发展意识和责任意识，进一步加强组织领导，加强协作配合，加强监督管理，加强奖惩考核，坚定信心、抢抓机遇、求真务实、真抓实干，把重点工程建成优质、高效、节约、廉洁的精品工程，建成经得起实践、人民和历史检验的德政工程和民心工程。

会上，太原市、省交通运输厅、省住房和城乡建设厅、太原铁路局分别作了表态发言，省政府向11个市颁发了2010年重点工程建设目标责任状。

省直各部门负责人，各市市长、分管重点工程建设的副市长，有关中央驻晋单位和省属重点企业负责人，各市重点办、省重点工程项目负责人等参加会议。

省委传达贯彻全国"两会"精神会议 3月18日，省委召开传达贯彻十一届全国人大三次会议和全国政协十一届三次会议精神大会。省委书记、省人大常委会主任张宝顺主持并讲话，省委副书记、省长王君传达中共中央政治局常委、全国人大常委会委员长吴邦国，国务委员兼国务院秘书长马凯在山西代表团的重要讲话，省委副书记、省政协主席薛延忠传达全国政协十一届三次会议精神，省委常委、省人大常委会副主任申联彬传达十一届全国人大三次会议精神。省领导申维辰、金道铭、李小鹏、胡苏平、方文平、高建民、李政文、汤涛等出席会议。

张宝顺指出，2010年的全国"两会"，是在继续应对国际金融危机、保持经济平稳较快发展、加快经济发展方式转变的关键时刻召开的。温家宝总理作的政府工作报告，总结过去实事求是，谋划发展高瞻远瞩，部署工作思路清晰，贯穿了科学发展的理念和为民惠民的宗旨，是一个立意高远、举措有力、催人奋进的报告。全国人大常委会工作报告、全国政协常委会工作报告、"两高"报告等，提出了坚持和完善人民代表大会制度、中国共产党领导的多党合作和政治协商制度以及加强法制建设的新部署新要求。选举法的修改对更好地坚持党的领导、人民当家作主、依法治国有机统一具有重要意义。会议期间，胡锦涛总书记等中央领导同志在审议和讲话中，围绕加快转变经济发展方式、保持经济平稳较快发展等重大问题作了深刻阐述，使我们深化了对国内外形势和中央大政方针的认识与理解，进一步增强了在后国际金融危机时期把握发展主动权、抢占竞争制高点的信心。吴邦国同志、李建国同志、马凯同志参加山西团审议和讨论。特别是吴邦国同志发表了重要讲话，对我省的发展思路、工作成绩给予充分肯定，对做好今后工作作出重要指示，具有很强的针对性、指导性。

张宝顺强调，要认真学习、深刻领会全国"两会"精神，切实把思想统一到中央要求上来。2010年的发展环境总体上会好于2009年，但是面临的形势仍然很复杂，必须全面、正确判断形势，决不能把经济回升向好的趋势等同于经济运行根本好转，要增强忧患意识，充分利用有利条件和积极因素，更加周密地做好应对各种风险和挑战的准备，牢牢把握工作的主动权。尤其要清醒认识到，国际金融危机对我国经济的冲击，实质上是对经济发展方式和经济结构的冲击。加快经济发展方式转变是中央作出的战略决策，也是贯穿全国"两会"的重要精神。我们既要保持足够的政策力度、投资力度，努力扩大居民消费需求，处理好经济发展、调整结构和管理通胀预期的关系，巩固经济回升向好的势头，又要加快经济结构调整，推动经济发展方式转变取得实质性进展。从我省实际出发，加快转变经济发展方式，核心是推动经济发展由资源依赖型向创新驱动、内生增长转变，关键是观念先行、思想先转、思维先变，树立绿色、低碳、循环经济理念，坚持"好"字为先、"绿"字为要、"民"字为本，主要任务是更加深入、更加有效地推动"三个发展"，目标是加快建设低碳绿色新型能源基地、文化旅游强省、新型材料和装备制造业基地，争取早日启动资源型经济转型发展综合配套改革试验区，努力建设产业多元、低碳发展、社会和谐、城乡宜居、山川秀美的美好家园。

张宝顺强调要重点抓好以下工作:一是以不懈努力保持经济平稳较快发展,防止出现大起大落。保持投资增长的强劲态势,进一步优化投资结构,引导更多资金投向能够带动消费、改善民生、促进可持续发展的项目,投向节能环保、自主创新、"三农"、民生等领域。加强重点项目建设,切实为企业搞好服务,有效解决中小企业融资难问题。积极扩大居民消费需求,加强城乡消费设施和服务体系建设,形成多力并举、协调拉动经济增长的局面。二是以科学理念深化经济结构调整,切实加快经济发展方式转变。按照信息化、生态化、集约化方向改造提升传统产业,推动高碳产业低碳发展,善始善终抓好煤炭企业兼并重组整合,打造一批"旗舰"企业和产业集群。加大对战略性新兴产业的投入和政策支持,把发展服务业作为经济结构调整的突破口,大力淘汰落后产能,重点规划和建设一批新兴产业园区,为全省发展腾出更多环境容量、土地资源和市场空间。大力实施生态兴省战略,加快建立具有山西特点的资源节约型、环境友好型的生产体系和消费体系。大力发展低碳技术、清洁能源技术、精深加工技术,不断提高科技创新对经济结构升级的推动力和对转变发展方式的贡献率。三是以统筹方法推动特色城镇化和新农村建设,在破解城乡二元结构上实现新突破。统筹城乡建设规划,推进区域性中心城市、县城、小城镇基础设施的共建共享,加快工矿型城镇的转型改造,加快旧城改造、新区建设和城中村、棚户区改造步伐。统筹城乡经济发展,加强城乡产业的对接、合作、转移,发展县域经济,加强农业基础设施建设,多渠道挖掘农民增收潜力。统筹城乡社会事业,加快农村教育、文化、卫生、体育等社会事业发展,促进公共资源在城乡之间均衡配置、生产要素在城乡之间自由流动。统筹城乡公共管理,以中小城市和县为重点启动户籍制度改革,深化配套制度改革。四是以更加宽广的视野深化改革开放,为经济社会发展增添活力和动力。推进国有经济布局和结构的战略性调整,完善促进非公有制经济和中小企业发展的服务体系和政策措施。围绕资源型地区转型发展制定完善相关政策措施,推进资源性产品价格和环保收费改革,完善资源开发补偿机制,统筹解决"四矿"问题。推进财税、金融、投资等体制改革,深化行政体制改革。大力发展外向型经济,加大招商引资引智力度,支持优势企业"走出去",提高跨国经营能力。五是以得力举措保障和改善民生,让人民群众共享改革发展成果。既要从全局和整体上深入推进"五大惠民工程"和农村"五个全覆盖",惠及广大人民群众,又要切实解决少数群众的具体困难,既要努力做大"蛋糕",又要切实分好"蛋糕",既要抓紧抓好安全生产等事关群众生命安全的大事,又要努力化解各种矛盾纠纷,确保人民安居乐业、社会和谐稳定。

张宝顺强调,要切实加强组织领导,圆满完成全年各项工作任务。组织和动员广大党员干部以更加奋发有为、务实进取的精神状态,促转型、调结构、保稳定、惠民生,确保中央和省委、省政府的各项部署落到实处。加强对经济社会建设的组织领导,创造性地开展工作。坚持统筹兼顾,在促进经济社会又好又快发展的同时,进一步加强人大工作和政协工作,抓好基层政权和组织建设。要巩固和拓展深入学习实践科学发展观活动取得的成果,以良好作风推动工作落实,进一步提高领导干部的思想素质、能力素质、作风素质,强化责任意识、机遇意识、忧患意识,加强对重点工作和重点工程进展情况的督促检查,形成求真务实、干事创业的浓厚氛围和良好环境,确保把心思和精力用在促转变上,用在抓落实上,用在惠民生上。

省委、省人大、省政府、省政协负责同志,省法、检两长,原省级领导,省直各部门和中央驻晋单位主要负责同志,在并的省人大、省政协常委,驻并本科院校、省管国有骨干企业主要负责同志出席会议。

省委常委会研究部署当前重点工作 4月12日,省委常委会召开会议,学习贯彻胡锦涛总书记在全党深入学习实践科学发展观活动总结大会上的重要讲话精神,对深入贯彻落实科学发展观作出部署;根据中央精神,研究部署我省对口支援新疆阜康市和兵团农六师五家渠市工作,研究部署在全省党的基层组织和党员中深入开展创先争优活动;听取"3·28"透水事故抢险救援工作情况通报,对做好下一步工作作出安排。省委书记张宝顺主持会议。

会议指出,胡锦涛总书记站在时代发展和战略全局的高度,全面总结了学习实践活动的鲜明特点和丰硕成果,深刻阐述了学习实践活动积累的宝贵经验和重要启示,对以改革创新精神加强党的建设、为深入贯彻落实科学发展观提供坚强保证作出重要部署。讲话立意高远,思想深刻,内容丰富,是推动党的建设新的伟大工程和中国特色社会主义伟大事业的纲领性文献,具有重大现实意义和深远历史意义。我们要深刻领会、全面落实胡锦涛总书记重要讲话精神,结合实际进一步推动科学发展观的贯彻落实,在认识上有新高度,在工作上有新加强,特别是要以学习贯彻讲话精神为动力和契机,进一步增强贯彻落实科学发展观的自觉性和坚定性,着力推进经济社会又好又快发展,不断提高党的建设科学化水平,扎实做好学习实践活动后续工作,努力开创"三个发展"新局面。

3月29日至30日,中央召开全国对口支援新疆工作会议,决定我省对口支援新疆阜康市和兵团农六师五家渠市。会议指出,进一步加强和推进对口支援新疆工作,是新形势下中央新疆工作总体部署的重要组成部分,是加快新疆发展、维护新疆稳定的重要举措,具有重大战略意义。中央决定把山西作为对口援疆的省份之一,充分体现了对山西的信任,是中央交给我们的一项重要政治任务,也是对山西工作的考验、对山西干部的考验。我们要增强大局意识、责任意识、奉献意识,把思想统一到中央的决策部署上来,全面把握对口援疆工作的目标要求、基本原则和主要任务,增强工作的针对性、科学性、系统性,抓紧做好各项前期准备,尽快启动、有效实施援疆工作,加强组织领导,动员全省力量,形成对口援疆的工作合力,不折不扣地完成对口援疆的各项任务，为促进新疆的改革发展稳定做出应有贡献，促进晋疆两省区的交流合作，向中央交一份满意的答卷。

会议听取了“3·28”透水事故抢险救援工作情况通报。会议指出，华晋焦煤公司王家岭矿“3·28”透水事故发生后，胡锦涛总书记、温家宝总理立即作出重要指示，张德江副总理第一时间赶赴现场组织救援，后又通过视频会议、电话等方式多次提出重要的指导性意见。在党中央、国务院的高度重视、统一部署、亲切关怀下，在国家安监总局和国家煤监局的具体指导下，在全国人民的关注、关心、关爱下，省委、省政府坚强领导，抢险救援指挥部科学组织，有关部门全力以赴，驻晋部队、武警官兵、民兵预备役人员大力支持，国家部委和兄弟省份热情帮助，调动一切力量和资源开展了规模宏大、组织严密、科学有序的抢险救援行动。救援人员不怕疲劳、连续作战，井下被困人员顽强坚持，在经过8天8夜的奋战后，使115名被困人员获救生还，取得了抢险救援的重大胜利，谱写了感人肺腑的生命礼赞，在国内外引起强烈反响，充分体现了我们党以人为本、执政为民的理念，再次彰显了在党的领导下、社会主义制度能够集中力量办大事的优越性，大力弘扬了中华民族一方有难、八方支援的传统美德。目前，搜救工作即将结束。这次事故已导致35人遇难，还有3人正在搜救，造成重大损失，教训极为深刻。我们要认真贯彻落实胡锦涛总书记、温家宝总理的重要指示和张德江副总理的重要讲话精神，与国家安监总局、国家煤监局和中煤公司密切配合，善始善终、周密谨慎地处理好这起事故。一要继续抓紧搜救井下被困人员。二要精心做好获救人员的治疗康复工作，使他们尽早康复、全面康复。三要积极妥善、耐心细致地做好各项善后工作。四要积极协助事故调查组做好调查工作。五要举一反三，记取血的教训，特别是在全省扎实开展安全生产大检查，加强对各类企业的安全监管，无论是在建矿还是生产矿都要坚持进度服从质量、服从安全，努力实现安全生产形势稳定好转和根本好转。六要深入挖掘和大力弘扬王家岭抢险救援精神。

会议指出，在党的基层组织和党员中深入开展创先争优活动是学习实践活动的延展和深入，是推动基层党组织和党员立足本职发挥先进模范作用的经常性工作，对于抓好学习实践活动整改落实，加强基层党组织建设，调动和激发广大党员积极性和创造性，组织基层党组织和广大党员在推动科学发展、促进社会和谐、服务人民群众、加强基层组织的实践中建功立业，具有重要意义。全省各级各部门各单位要以深入学习实践科学发展观为主题，借鉴学习实践活动经验，按照创建先进基层党组织努力做到“五个好”、争做优秀共产党员努力做到“五带头”的要求，围绕中心工作，坚持分类指导，加强舆论宣传，吸引群众参与，努力在全社会形成学习先进、崇尚先进、争当先进的良好风气。要加强组织领导，制定好《实施意见》及专项工作方案、行业指导方案，抓住县(市、区)这个关键环节，深入扎实有效地开展创先争优活动，为各项事业发展提供新的动力，以优异成绩迎接建党90周年。

省委常委会研究部署经济工作 4月20日，省委常委会召开会议，听取省政府关于第一季度全省经济工作情况汇报，分析当前经济形势，安排部署下阶段经济工作。省委书记张宝顺主持会议，中央巡视组组长周声涛出席会议。

会议认为，2010年第一季度经济运行开局良好，增长强劲，回升向好势头不断巩固，整体上向着预期方向发展。经济总量保持较快增长势头，投资、消费、出口全面增长；经济发展的质量和效益进一步提升，以改建和技术改造为主的内涵效益投资比重明显增加；农业生产形势保持平稳，连续十年扩大播种面积；安全生产形势总体良好；改善民生工作力度加大，社会总体保持和谐稳定。这些成绩是在去年工作的坚实基础上取得的，充分说明中央关于保持经济平稳较快发展的一系列决策部署是正确的，省委、省政府贯彻中央决策部署的政策措施是有力的，各级各部门和广大干部群众工作积极努力、富有成效。同时也要看到全省经济较快增长是在去年同期较低基数上的恢复性增长，宏观经济形势不确定、不稳定因素还有很多，我省自身结构性矛盾仍很突出，发展的质量和效益有待提高，决不能盲目乐观，必须保持清醒头脑，防止工作松劲，正确把握形势，增强发展信心，增强忧患意识，把握机遇、再接再厉、继续努力，推动经济形势向更好方向发展。

会议指出，要保持工作力度、抓好重点工作，巩固和发展经济平稳较快发展的良好势头。一是搞好协调服务工作，加快重点工程建设。总结发扬2009年以来在重点工程建设中形成的好做法，抓住二三季度重点工程施工的黄金期，强化服务意识，强化领导责任，加大组织、协调、调度的力度，及时解决重点工程建设中的困难和问题，强化资金、质量、安全等方面的监督管理，在征地拆迁过程中要维护群众切身利益，营造关心、支持重点工程建设的良好氛围，使之继续有效拉动经济增长。二是加大经济结构调整力度，加快经济发展方式转变。要把加快经济发展方式转变的要求体现在当前各项工作中，体现在“十二五”规划的制定中。大力实施产业调整振兴规划，加大淘汰落后产能力度，坚持用先进适用技术改造提升传统产业，加快培育战略性新兴产业，培育更多新的增长点，减少同构竞争，强化节能减排。坚持把统筹推进特色城镇化作为扩大内需、拉动增长、转变发展方式的重要抓手，提高城市建设水平，不断扩大发展的空间。三是加大投入力度，切实加强“三农”工作。巩固和发展当前农业生产的好形势，加大以城带乡、以煤补农的工作力度，加快农业产业化龙头企业发展，加大对生猪养殖的扶持力度，通过发展经济林、规模养殖等方式千方百计增加农民收入，加快发展农村社会事业，加快新农村建设步伐。四是切实提高安全生产水平，努力维护和谐稳定。把人民群众生命安全放在第一位，建立健全安全发展工作机制，各级各类企业都要落实安全生产责任，政府要加大监管力度，煤炭企业要结合兼并重组整合的推进，深入开展“质量提升年、安全建设年”活动，认真汲取“3·28”透水事故教训，高度重视和有效排除矿井建设中的安全隐患，坚持速度服从安全、进度服从安全、成本服从安全，对私挖滥采要坚持露头就打，有效避免重特大事故发生，着力推动安全生产形势稳定好转、根本好转。同时,要确保世博会期间社会和谐稳定,搞好舆论引导工作,妥善应对突发事件、敏感问题,特别是各级领导班子和各级干部在关键时刻要敢于担当、勇负责任,增强政治敏锐性,负起抓班子、带队伍、正风气、严法纪的责任,坚决防止因工作失误给党和人民事业造成损失和不良影响;要高度重视和认真解决群众反映的问题,努力把矛盾化解在萌芽状态;要预防在先,工作在先,积极应对突发事件,对于各类突发事件要认真调查,是什么问题就解决什么问题,切实保护群众利益和社会大局稳定,建立健全新闻发布会制度等长效机制,提高舆论引导能力,为经济社会发展创造良好的舆论环境、法制环境、社会环境。五是要坚持改善民生,不断提升群众生活水平。深入实施"五大惠民工程"和农村"五个全覆盖",积极推进就业工作,出台提高城乡居民收入水平的政策措施,进一步提高低收入群体保障水平,不断扩大社会保险覆盖面,加大支农扶贫力度,搞好中小学校舍加固改造,增强防灾减灾意识,提高抗灾抢险物资装备储备水平,做到有投入、有制度、有检查,确保在关键时候拉得出、用得上,最大限度减少灾害、事故造成的损失。

会议要求,各级党委、政府和领导干部要加强对经济工作的组织领导,加强经济形势的监测分析和信息发布,强化督查、狠抓落实,搞好协调、解决问题,转变作风、优化环境,特别是要着力抓关键部位、难点问题和薄弱环节,切实推动各项工作落实。要加快与国家有关部委的对接,争取早日启动资源型经济转型发展综合配套改革试验区,使我省在区域发展战略和布局中赢得主动。

全省高校工作座谈会 4月24日,省委召开全省高校工作座谈会,深入分析我省高等教育改革发展的形势和任务,研究探讨以高等教育跨越发展推动经济社会又好又快发展的新思路新举措。省委书记、省人大常委会主任张宝顺出席并作重要讲话,省委常委、组织部长汤涛主持会议,省政协副主席周然及有关方面负责同志参加会议。

座谈会上,部分高校负责同志作了发言,从不同侧面回顾了近年来我省高等教育的发展历程,分析了高校工作面临的挑战和机遇,对全面提升高等教育发展水平提出了意见和建议。在听取大家发言后,张宝顺指出,近年来,全省高等教育在过去基础上取得长足发展,为经济社会发展提供了重要的人才和智力支持,较好地满足了广大人民群众接受高等教育、培育后代的愿望和需要。需要提出的是,许多成绩都是在条件比较困难的情况下取得的,是在省委、省政府领导下,由高等教育战线的广大师生员工共同努力取得的,应该充分肯定。同时,我们也应看到,我省高等教育事业总体发展水平还相对滞后,与推进"三个发展"的要求,与全国范围高等教育竞相发展的格局和态势,与人民群众日益增长的接受更好教育的需要都是不很适应的。张宝顺指出,我省正处于转型发展的转折关口,要巩固经济回升向好的势头,要加快实现发展方式由资源依赖型向创新驱动型、内生增长型转变,要在"十二五"实现跨越式发展,从根本上讲要靠科技创新、靠人才创造、靠教育创优,必须全面提升高等教育发展水平。

张宝顺对推动我省高等教育的跨越式发展提出五点要求。一是从全局和战略高度重视和加强高等教育,办好让人民满意的大学。坚持优先发展教育,把发展高等教育放在更加突出位置,多渠道增加投入,进一步加大工作力度。要把加强高等教育的思想和要求,很好地体现在"十二五"规划中,研究提出切实可行的发展目标和政策措施。要着眼于后国际金融危机时期发展面临的机遇和挑战,用超常规的举措强力推动高等教育的改革和发展。二是牢牢把握培养中国特色社会主义事业合格建设者和可靠接班人这个根本任务,坚持正确办学方向。要坚持党的办学宗旨,全面贯彻党的教育方针,确保高校是坚持和弘扬马克思主义的阵地,是坚持和弘扬中国特色社会主义理论体系的阵地,是坚持和弘扬社会主义核心价值体系的阵地,同时也是继承和弘扬中华民族优良传统和优秀文化的阵地。要引导学生坚定理想信念、塑造美好心灵和健康人格,自觉承担对国家、对民族、对社会的责任,注意培养和发现学生和教职工中的模范人物和先进事迹,树立新风,弘扬正气。要放眼世界,立足省情,建设坚持正确方向、具有比较优势、富于创新能力、积淀文化底蕴的特色大学。三是树立人才资源是第一资源的治校思想,用人才培养人才。树立科学的人才观,求贤若渴、视才如宝、育才为责,培养造就一支梯次合理、素质优良、新老衔接、数量充足,能够满足高校发展需要的高素质教师队伍。要深化高校改革,完善与人才贡献挂钩的分配激励机制,用多种形式引进高层次教学人才。要以师德建设为龙头,加强教师队伍建设,引导高校广大教师做兼具学识魅力与人格魅力的优秀教师。四是改革教育教学模式,用创新激发活力。推广先进的教育理念、教育模式和教学内容,把德育放在首位,把学生作为学习的主体,把传授知识、培养能力、提高素质结合起来,倡导因材施教,鼓励自主学习,提高学生的创新精神和创新思维,实践能力和创业能力。特别是着眼发展方式转变和经济结构调整这一主线,加快新兴学科体系建设,着眼"产学研"相结合,组织高校参与重大科技攻关,着眼思想库、智囊团的建设方向,搞好哲学社会科学研究,增强服务经济社会发展的功能。要健全社会化的评估体系,加强对高校毕业生综合素质和实践能力的评估。同时要加强校园文化建设,构建和谐校园。五是加强领导班子、干部队伍和基层组织建设,用党建提供保证。要坚持和完善党委领导下的校长负责制,把提高思想政治素质与增强办学治校能力结合好,把坚持民主集中制与走群众路线结合好,把夯实基层组织与强化理论武装结合好,以党的建设科学化水平的提高保证高校科学发展能力和办学治校水平的提高。

张宝顺指出,前一段,省委对部分高校领导班子作了调整,为推动高校工作增添了力量。他要求高校领导干部特别是主要领导干部,要按照中央要求,努力成为社会主义政治家、教育家。一是要拓宽视野,提高用战略思维、辩证思维和创新思维研究指导高校发展的能力,成为具有世界眼光、能够开拓创新、善于驾驭全局的现代型领导者。二是要德厚品高，自觉端正思想作风、学风和工作作风、领导作风和生活作风，以模范行为带教风、促学风，真正成为青年的导师、师者的楷模、社会的标杆。三是要把握规律，努力掌握和运用高等教育发展规律和人才成长规律，善于学习借鉴国内外名牌大学的办学理念和成功经验，推动高校建设全面创新，做到懂政治、懂教育、懂管理、懂学生。四是要和衷共济，领导班子成员要经常沟通思想，坚持分工合作，补台不拆台，聚力不散力，主要领导要有容人容事的雅量，注意从全局的高度处理问题，通过加强个人修养，增强班子的凝聚力、亲和力、战斗力，调动方方面面的积极性，共同开创高校各项工作的新局面。

省委常委会传达学习全国宣传部长座谈会精神 4月26日，省委常委会召开会议，传达学习全国宣传部长座谈会精神，结合我省实际提出贯彻落实意见。省委书记张宝顺主持会议。中央巡视组巡视员赵树斌列席会议。

会议认为，中央对深化文化体制改革、推进文化事业文化产业发展和建设学习型党组织高度重视，作出全面部署。这次全国宣传部长座谈会对做好当前宣传思想文化工作，加快推进文化体制改革、促进文化事业文化产业发展作出新的部署，对扎实推进学习型党组织建设提出新的要求，具有重要意义。

会议指出，要从中国特色社会主义事业"四位一体"总体布局的战略高度，积极稳妥推进文化体制改革，以有力举措加快文化强省建设步伐。一是要学习精神，深化认识。各级党委、政府和宣传思想文化系统要深入学习贯彻中央推进文化大发展大繁荣的战略部署，把文化建设摆在更加突出的位置，在转变经济发展方式、调整经济结构中，把文化产业作为工作重点和战略性新兴产业加以推进。二是要巩固成果，深化改革。巩固和发展我省文化体制改革取得的成果，对改革中的政策要认真研究，既要符合中央精神，又要切合山西实际，还要有利于今后的长远发展。省有关部门对文化体制改革要大力支持。三是要整合资源，促进发展。发展文化旅游产业，需要挖掘和整合人才、政策、体制等方面的资源，其中人才是第一位的，体制是重要保证。要发现、吸引、整合人才资源，挖掘省内人才，引进外来人才，高度重视创新性人才。要出台切实可行的政策，推动由文化资源大省向文化旅游强省的跨越。四是要深入调研，搞好规划。在深入调查研究的基础上，制定"十二五"文化发展规划，纳入全省经济社会发展"十二五"规划中。在文化产业发展上要坚持总体规划，有序推进，重点扶持，既要有重点又要打总体仗，既要有积极进取精神，又要在政策上、战略上加以把握，在资源整合、集聚力量中积极打造精品。

会议指出，建设学习型党组织是党的十七届四中全会提出的重大战略任务，是新形势下加强党的思想政治建设、保持和发展党的先进性、提高党的执政能力的重大举措。要按照中央的部署和要求，思想上高度重视，建立领导机构，制定实施意见，扎扎实实推进学习型党组织建设。要围绕中心工作，紧密联系改革发展实际和党员干部思想实际，突出抓好各级党委中心组学习，抓好领导干部、领导班子这个关键。要通过学习提高理论素养、提高党性修养、提高工作水平。要加强对新知识的学习，把握国内外发展大势，培养战略思维、创新思维、辩证思维能力，增强推动科学发展、促进社会和谐的能力，增强驾驭复杂局面和做好群众工作的能力。要健全学习型党组织建设的长效机制，建立科学规范的学习制度，探索生动有效的学习方式，增强学习型党组织建设的针对性和有效性。

省委中心组贯彻落实《廉政准则》学习报告会 4月29日，省委中心组举行学习报告会，邀请中央纪委案件审理室主任耿文清同志，就贯彻落实《中国共产党党员领导干部廉洁从政若干准则》作专题报告。省委书记张宝顺主持并讲话。省领导王君、薛延忠、申联彬、杜玉林、金道铭、李小鹏、胡苏平、高建民、李政文、汤涛等出席。

耿文清同志长期从事纪检监察法规制度建设工作，对党的反腐倡廉理论、实践和法规制度建设有深入的研究。耿文清同志在2个小时的报告中，系统阐述了《廉政准则》的出台背景、地位作用、立法思路和主要内容，并对贯彻落实《廉政准则》提出了要求，既有理论阐述又有案例分析，既有宏观把握又有具体指导，对于我省进一步加强领导干部廉洁自律工作，有效推进反腐倡廉建设，具有重要指导意义，是一堂联系党风廉政建设实际的生动党课。

张宝顺在主持学习报告会时强调指出，执政党的党风关系党的生死存亡。共产党人的先进性是以纯洁性为前提和标志的。我们党要提高执政能力，首先必须提高拒腐防变能力。全省上下正在着力推动经济平稳较快发展，加快转变经济发展方式，全面建设低碳绿色新型能源基地。实现我们的奋斗目标，要求党员领导干部必须以坚强党性和优良作风团结带领全省人民扎实努力，要求我们必须以党的建设和反腐倡廉建设的实际成效为各项工作提供政治保证和纪律保证。

张宝顺指出，要从四个方面抓好《廉政准则》的贯彻落实：一要在深化思想认识上下功夫。《廉政准则》是规范党员领导干部从政行为的约束性制度和基础性法规，是运用党的创新理论指导党风廉政建设和反腐败斗争的制度创新成果。各级党组织和广大党员领导干部要把学习贯彻《廉政准则》作为一项重要而紧迫的政治任务，高标准、严要求、负责任地抓好贯彻落实，特别是各级党员领导干部要充分发挥模范带头作用，做自觉学习的表率，带头执行的表率，接受监督的表率，廉洁从政的表率。二要在引深学习教育上下功夫。把学习《廉政准则》与学习党的十七届四中全会精神和胡锦涛总书记在中央纪委五次全会上的重要讲话精神结合起来，与学习党章和《党内监督条例》等法规制度结合起来，与学习中国特色社会主义理论体系特别是科学发展观结合起来，与建设学习型党组织结合起来，教育引导党员干部准确把握《廉政准则》的指导思想、基本精神和各项规定，自觉扫除思想灰尘、提升从政理念、做到廉洁自律。三要在解决突出问题上下功夫。对照《廉政准则》规定的"8个方面52个不准"，严格对照检查，克服侥幸心理，认真查找、分析和解决本地区本部门党员领导干部廉洁从政方面存在的突出问题。对违反《廉政准则》规定的党员领导干部要严肃查处。同时，注意发现总结正反两方面典型，积极开展示范教育和警示教育。四要在强化组织领导上下功夫。各级党委、政府要认真落实党风廉政建设责任制，把贯彻落实《廉政准则》作为反腐倡廉建设的重要内容。各级纪检监察机关要积极协助党委、政府抓好《廉政准则》的贯彻实施工作。贯彻落实《廉政准则》要与推进"三个发展"紧密结合，与煤焦领域反腐败专项斗争紧密结合，与工程建设领域专项治理紧密结合，与深入开展党风廉政建设"制度建设年"活动紧密结合，细化和完善配套制度，建立长效机制。要拓宽监督渠道、强化责任追究、严格执行纪律，加强对党员领导干部执行《廉政准则》的监督管理和考核考评。省委将成立专项检查组，对各地各部门贯彻落实《廉政准则》开展集中检查，发现问题，总结经验，推动《廉政准则》更好地落到实处。

山西省劳动模范表彰大会 4月29日，山西省劳动模范表彰大会在太原隆重举行。省委书记、省人大常委会主任张宝顺作重要讲话，省委副书记、省长王君主持会议。省领导薛延忠、申联彬、杜玉林、金道铭、李小鹏、胡苏平、方文平、高建民、李政文、汤涛、郭海亮、陈川平、李雁红及原省级领导孙祥炎等出席会议。

2007年全省劳动模范表彰大会以来，各行各业涌现出一大批在加快建设新基地新山西进程、全面建设小康社会伟大实践中取得显著业绩的模范集体和先进个人，省委、省政府决定授予295个单位（集体）山西省劳动模范单位（集体）荣誉称号、授予100人山西省特级劳动模范荣誉称号、授予820人山西省劳动模范荣誉称号。山西太钢不锈钢股份有限公司不锈冷轧厂轧制一作业区班长牛国栋代表模范单位（集体）和劳动模范宣读了倡议书。来自全省各行各业的1215个省模范单位（集体）代表和劳动模范出席表彰大会。

张宝顺在讲话中指出，2007年全省劳动模范表彰大会以来，全省上下高举中国特色社会主义伟大旗帜，全面贯彻党的十七大精神，以开展深入学习实践科学发展观活动为契机和动力，着力推动转型发展、安全发展、和谐发展，积极应对国际金融危机冲击，全力保持经济平稳较快发展，全省综合实力、发展质量、人民生活迈上新的台阶，各项事业取得新的成就，呈现出人心思上、和衷共济、共谋发展的良好局面。与此同时，三晋儿女在国家最需要的时候，作出了应有贡献、奉献了赤子之心。这些成绩的取得，是在党中央正确领导下，全省人民开拓进取、奋力拼搏的结果。在这不平凡的奋斗历程中，涌现出一大批品德高尚、贡献突出的先进模范人物和先进集体，今天受到表彰的就是他们当中的杰出代表。广大劳动模范和先进工作者不仅在各条战线上创造了无愧于时代的光辉业绩，而且集中展现了当代中国工人阶级和广大劳动者的精神风貌，集中展现了山西人民昂扬向上的精神状态，全社会都应该向他们学习！

张宝顺指出，当前，山西正处于巩固和发展经济回升向好势头的关键时期，正处于完成"十一五"、启动"十二五"的关键时期，正处于在后国际金融危机时期创造新优势、打赢主动仗的关键时期。我们要认真学习、深刻领会胡锦涛总书记在全国劳动模范和先进工作者表彰大会上的重要讲话精神，进一步激发、凝聚包括劳动模范和先进工作者在内的全省广大劳动群众的智慧和力量，努力建设产业多元、绿色发展、社会和谐、城乡宜居、山川秀美的美好家园。

一是要着眼发展大局，充分发挥广大劳动群众在推进"三个发展"中的主体作用。"三个发展"是山西实现科学发展的必由之路，是全省劳动群众建功立业的主战场。广大劳动群众要进一步增强强晋富民的历史使命感和责任感，坚持把转型发展作为基础，把安全发展作为前提，把和谐发展作为根本，在全省调结构、保安全、促和谐的进程中立足本职、勇挑重担，埋头苦干、勇于奉献，敢为人先、争创一流，加快推动经济发展由资源依赖型向内生增长型、创新驱动型转变，加快推进新型工业化、特色城镇化和农业现代化。要把广大劳动群众的劳动激情、创造智慧、伟大力量激发出来、凝聚起来，引导到加快建设低碳绿色新型能源基地、建设文化旅游强省、建设新型材料和装备制造业基地的伟大实践中。二是要积极创先争优，把劳模精神转化为建设新基地新山西的强大动力。榜样蕴藏无穷力量，劳模彰显奋斗精神。要把弘扬劳模精神与正在开展的基层党组织"创先争优"活动结合起来，广泛宣传劳动模范和先进工作者的先进事迹和优秀品质，进一步形成尊重劳模、学习劳模、关心劳模的浓厚氛围。广大劳动群众要以劳模为榜样，开展比学赶超、创造一流业绩，争做继续解放思想、锐意改革创新的时代先锋，争当推动科学发展、促进社会和谐的先进模范。广大劳动模范和先进工作者要珍惜荣誉、谦虚谨慎，发扬成绩、再接再厉，为经济社会又好又快发展再立新功。三是要坚持与时俱进，落实好提升劳动者素质的战略任务。大力实施科教兴省和人才强省战略，加强职业道德和职业技能培训，加快建设创新型科技人才队伍，大力引进海外高层次人才，鼓励自主创业，最大限度地激发全社会的创造活力。广大劳动群众要强化发展意识、创新意识、竞争意识，树立自觉学习、终身学习的理念，努力学习新知识、掌握新技能、提高新本领，不断提高创造能力、创新能力和创业能力，深入开展技术革新和发明创造活动，努力使自己成为知识型、技术型、创新型的高素质劳动者。四是要带着深厚感情，切实抓好维护劳动者合法权益这项重要工作。各级领导干部要心系劳动群众，关爱劳动群众，想问题、定规划、作决策充分考虑广大群众的利益和承受能力，实现好、维护好、发展好广大群众的政治、经济、文化权益。要以负责精神、细致工作，把对劳动者的深厚感情转化为普惠劳动者的具体举措，特别是努力解决广大劳动者在劳动就业、收入分配、社会保障、医疗卫生、劳动安全等方面遇到的困难，不断增加劳动者特别是一线劳动者的报酬。要进一步关心劳动模范和先进工作者的工作、学习、生活和健康，落实各项政治待遇和生活待遇，认真听取他们的意见和建议，为先进模范人物充分发挥作用创造更好条件。

张宝顺最后强调，各级党委、政府要从巩固党的阶级基础、执政基础和群众基础的高度，加强对工会组织的领导，支持工会依照法律和章程创造性地开展工作、履行职责。各级工会组织要围绕中心、服务大局，按照“组织起来、切实维权”的工作方针，协调劳动关系、维护职工合法权益，不断开创工作新局面。

王君在主持会议时指出，张宝顺同志的重要讲话，充分肯定了劳动模范和先进工作者在全省经济社会发展中做出的突出贡献，高度评价了在劳动模范身上集中体现出的时代精神和高尚情操，勉励劳动模范要珍惜荣誉、发扬成绩、再接再厉、再立新功，号召全省干部群众向先进模范人物学习，积极投身改革开放和现代化建设的伟大实践，我们要认真贯彻落实。让我们更加紧密地团结在以胡锦涛同志为总书记的党中央周围，深入贯彻落实科学发展观，按照省委、省政府的决策部署，大力弘扬新时期劳模精神，锐意进取、扎实工作，为加快“三个发展”、建设新基地新山西而努力奋斗！

省委常委会传达学习中央新疆工作座谈会精神 5月21日，省委常委会召开会议，传达学习中央新疆工作座谈会精神，安排部署我省援疆工作，对深化干部人事制度改革和贯彻实施干部选拔任用四项监督制度、进一步提高选人用人公信度进行研究部署，听取全省科协工作情况汇报并作出部署，审议通过了关于贯彻落实《2010—2020年深化干部人事制度改革规划纲要》的实施意见和关于进一步加强新时期科协工作的意见。省委书记张宝顺主持会议。

会议认真学习了胡锦涛总书记、温家宝总理、周永康同志在中央新疆工作座谈会上的重要讲话精神。会议指出，中央新疆工作座谈会从战略和全局的高度对当前和今后一个时期的新疆工作作出部署，是一次非常重要的会议。做好新形势下新疆工作，加快新疆经济社会发展，关系新疆跨越式发展、长治久安和新疆人民富裕安康，关系国家西部大开发战略的实施，关系祖国统一、民族团结、国家安全，关系中华民族的伟大复兴，具有重大战略意义。我省作为援疆省份之一，要肩负起中央交付的责任，把对口援疆工作作为重要政治任务，摆在突出位置，发挥能源基地优势，加强组织领导，动员全省力量，圆满完成各项任务，使援疆工作走在前列，为新疆跨越式发展和长治久安作出贡献。要认真贯彻落实中央提出的新形势下新疆工作的指导思想、目标任务和工作要求，抓紧研究编制对口援疆总体规划和专项规划，科学确定援建任务、推进步骤和重点项目，搞好沟通衔接，加快组织实施。要按照科学发展观的要求，发挥我省产业优势，以先进技术与当地资源优势对接，加快煤炭资源开发利用和转化加工，高标准建设项目和园区，培育有竞争力的支柱产业，创造最佳经济效益。要搭建合作平台，以市场为纽带深化产业合作，引导和鼓励更多企业和资本到新疆投资兴业。要把提高人民生活水平作为援疆工作的根本出发点和落脚点，把援助资金重点用于改善各族群众生产生活条件，使援建成果更多惠及民生，把各族干部群众团结凝聚起来，维护改革发展稳定大局。要在经济援疆的同时，推进干部、人才、教育、科技全面援疆，密切两省区经济文化交流和联系。会议决定成立省对口援疆领导小组，设立前方指挥部，完善对口援疆工作机制，加强各部门的协调配合，确保援疆工作富有成效地进行，向党中央、国务院和新疆各族干部群众，向全省人民交一份满意的答卷。

会议指出，中央出台的《2010—2020年深化干部人事制度改革规划纲要》和党政领导干部选拔任用工作四项监督制度，是深化干部人事制度改革、加强干部管理、提高干部选拔任用质量的重要制度创新，对于加强干部队伍建设，提高选人用人公信度，确保党的事业兴旺发达，具有重要意义。要认真贯彻中央要求，结合我省实际，总结借鉴成功经验，以坚定的决心、有力的举措，积极稳妥地推进干部人事制度改革，抓好近期改革措施的落实，明确中长期的改革任务，使干部人事制度改革更好地服务于事业发展需要，服务于干部队伍建设需要，为贯彻党的路线方针政策，为加快“三个发展”、建设新基地新山西提供坚强组织保证。要以严肃态度认真贯彻落实四项监督制度，加强干部选拔任用工作全过程监督，规范干部选拔任用工作，防止用人失察失误。

各级领导班子、领导干部特别是党政一把手，要认真学习、带头贯彻、严格执行四项监督制度，严防干部“带病提拔”“带病上岗”。要深入整治干部选拔任用工作中的不正之风，对拉票贿选、买官卖官等行为做到实报必查、查实必究、失职追责，查处一起、通报一起、教育一片，使干部队伍更加纯洁，使干部的工作意志、能力素质、作风形象更加符合党的事业要求。

会议指出，近年来，全省科技工作积极、主动、有效。各级科协组织充分发挥党和政府团结联系科技工作者的桥梁纽带作用，围绕“三个发展”做了大量工作，特别是围绕结构调整、转型发展积极献计出力，“科普惠农计划”、青少年科普等工作有特色、有创新，为全省经济社会又好又快发展作出了贡献。面对新形势新任务，全省科协组织要团结带领广大科技工作者，认真贯彻中央的部署和要求，结合我省发展实际，围绕中心、服务大局、发挥优势，着眼于推动“三个发展”和转变经济发展方式，进一步完善工作思路，找准切入点，通过科技创新为推进产业结构优化升级、为绿色转型和低碳循环发展贡献力量。工作中要勇于创新，体现特色，通过新的活动载体使科协工作更有成效。要加强创新人才培养，从青少年抓起扎实推进科普工作，提高全民科技素质。要加强队伍和阵地建设，以开放的思维，与有关方面密切配合，统筹用好各方面资源，为科技工作者施展才华搞好服务，促进科技人才成长、科技成果转化，真正当好“科技工作者之家”。各级党委、政府要把科协工作列入重要议事日程，配强科协领导班子，从政策、投入等方面加大支持力度，加强基层科协组织建设，加强科普场馆建设，不断开创科协工作新局面。

省委省政府传达贯彻中央新疆工作座谈会精神会议 5月24日，省委、省政府召开传达贯彻中央新疆工作座谈会精神会议。传达学习了胡锦涛总书记、温家宝总理、周永康同志重要讲话精神，强调要切实把思想统一到中央的决策部署上来，深刻认识做好新形势下新疆工作在党和国家事业发展全局中的特殊重要性，增强做好新疆工作的自觉性、紧迫性和主动性，把支援新疆建设、促进新疆发展稳定当成自己的事情全力办好，向党中央、国务院和新疆各族干部群众，向全省人民交一份满意的答卷。省委书记张宝顺主持会议并讲话。省领导王君、李小鹏、高建民分别传达，薛延忠、申联彬、申维辰、金道铭、胡苏平、李政文、汤涛等出席会议。

张宝顺指出，中央新疆工作座谈会是党中央、国务院在我国全面建设小康社会进入关键时期、新疆发展和稳定面临重大机遇和挑战的新形势下召开的一次十分重要的会议。会议从战略和全局高度对当前和今后一个时期的新疆工作作出全面部署，不仅在新疆工作历史上具有里程碑意义，而且对党和国家工作具有全局性意义。中央领导同志的重要讲话，站得高、看得远，谋划深、部署实，全面总结了新中国成立以来特别是改革开放以来新疆发展和稳定工作取得的成绩和经验，科学分析了当前新疆工作面临的形势和任务，提出了推进新疆跨越式发展和长治久安的目标、步骤和举措，是做好新形势下新疆工作的行动指南。

张宝顺强调，要深刻认识到，没有新疆的全面小康就没有全国的全面小康，没有新疆的稳定就没有全国的稳定，没有新疆的跨越式发展就没有全国区域协调发展的新格局。做好新形势下新疆工作，加快新疆经济社会发展，关系新疆跨越式发展、长治久安和新疆人民富裕安康，关系国家西部大开发战略的实施，关系祖国统一、民族团结、国家安全，关系中华民族伟大复兴。要切实把思想统一到中央的决策部署上来，深刻认识做好新形势下新疆工作在党和国家事业发展全局中的特殊重要性，增强做好新疆工作的自觉性、紧迫性和主动性。要牢固树立全国一盘棋思想，增强大局意识、责任意识、奉献意识，着眼国家利益、饱含民族感情，动员全省力量、组织精兵强将，发挥自身优势、加强组织领导，不折不扣、高标准高质量地完成对口援疆各项任务，在总体工作上要创一流，在工程建设上要出精品，把支援新疆建设、促进新疆发展稳定当成自己的事情全力办好，向党中央、国务院和新疆各族干部群众，向全省人民交一份满意的答卷。

张宝顺指出，开展援疆工作，要高举中国特色社会主义伟大旗帜，以邓小平理论和“三个代表”重要思想为指导，深入贯彻落实科学发展观，从维护祖国统一、促进民族团结、实现中华民族伟大复兴的高度出发，认真贯彻落实中央关于援疆工作的决策部署，坚持规划为先，坚持民生为本，坚持发展为要，坚持稳定为基，坚持友谊为重，发挥能源基地优势，动员全省力量，实行经济、干部、人才、教育、科技的全面支援，高标准高质量做好对口援疆工作，切实增强受援地区自我发展能力，为新疆跨越式发展和长治久安作出应有贡献。要科学规划、有序推进，确保一年一变样，五年见成效，十年大变样。当前和今后一个时期，要抓紧抓好以下工作：一要按照“立足当前、着眼长远、因地制宜、保持特色、确保质量”的原则和中央提出的分阶段目标，结合国家和受援方经济社会发展规划，制定科学的援建规划，确定援建工作的目标任务、推进步骤和重点项目，确保援建工作有序推进。二要重点实施一批民生项目，推进新农村和新城镇建设，大力发展社会事业，积极促进就业，着力改善当地群众的基本生活条件，使援建成果更多惠及民生。三要按照科学发展观的要求，以先进理念引领跨越式发展，以先进技术对接资源优势，以市场为纽带深化产业合作，以产业合作带动支柱产业培育，支持和引导我省的企业和资本到新疆投资兴业，以晋商工业园和山西企业园为依托，高标准建设一批项目和园区，发挥我省煤、焦、冶、电包括机械制造等产业优势，推动循环经济和低碳发展，坚决制止落后产能向受援地区转移，不断开拓新的发展空间，努力创造最佳经济效益。四要在经济援疆的同时，统筹推进干部援疆、人才援疆、教育援疆、科技援疆，加强干部人才培养和教育发展工作，切实提高全面援疆水平。五要统筹把握促进发展和维护稳定两大任务，贯彻落实党的民族宗教政策，主动做好促进民族团结工作，大力开展“手拉手”等民族团结进步创建活动，有力维护民族团结和社会稳定。六要推进晋疆之间的交流合作，特别要加强现代农业、产业、能源、科技等领域的战略合作，促进文化旅游等产业的联动发展，增进人员往来，深化传统友谊，开创互利共赢、共同发展的新局面。

张宝顺指出，能否做好对口援疆工作，事关全国发展大局，事关新疆人民福祉，也事关山西整体形象，必须加强领导，精心组织，狠抓落实。一要把支持新疆发展稳定作为重要政治任务，当做自己的事情，纳入整体规划来部署和推进，做到上下齐心协力、各方面密切配合、前后方步调一致。二要以完善的体制机制促进援疆工作规范、高效推进，加强联系、加强协调、加强衔接，确保我省支援工作与中央要求步调一致，与受援方工作同频共振。三要突出重点，抓紧落实，工作要早部署，资金要早拨付，物资要早保证，人员要早到位。四要严格管理、严格要求，实现阳光援建、廉洁援建，确保资金安全、工程安全、干部安全。五要把援疆工作作为考验、锻炼、鉴别、选拔干部的重要平台，把高素质、有潜力、作风硬的干部选派到援疆工作第一线，在关键时刻、困难条件、复杂环境中经得起考验的干部要提拔重用，同时要关心援疆干部的工作和生活。援疆干部要保持只争朝夕的拼搏劲头和踏实进取的工作作风，作热爱边疆、建设边疆的表率，把山西的深厚情谊带给新疆各族群众，把山西干部的良好形象留在新疆各族群众心中。六要加强宣传报道，营造良好的社会舆论环境，凝聚方方面面的智慧和力量，共同把新疆建设好、发展好。

省委省政府传达贯彻孟建柱同志考察山西重要讲话精神会议 5月25日，省委、省政府召开会议，传达贯彻国务委员、公安部部长孟建柱考察山西重要讲话精神。省委书记张宝顺主持会议并提出贯彻意见，省委副书记、省长王君传达，省领导薛延忠、申联彬、申维辰、杜玉林、金道铭、李小鹏、胡苏平、高建民、李政文等出席。

5月13日至15日，国务委员、公安部部长孟建柱在我省考察，深入农村、企业、学校和公安工作一线，看望慰问基层群众和公安民警，检查指导维护稳定特别是校园安保工作，主持召开座谈会并发表重要讲话，对做好新形势下公安和维稳工作提出要求。

张宝顺指出，孟建柱同志亲临我省考察指导，体现了对山西工作的大力支持，是对全省干部群众和广大公安民警的鼓舞。要认真贯彻落实孟建柱同志重要讲话精神，努力开创全省公安工作和“法治山西”“平安三晋”建设新局面，为建设新基地新山西提供法治保障和良好环境，确保人民群众安居乐业，当好首都“护城河”。一是要把维护社会稳定摆在更加突出的位置，始终掌握维护社会治安的主动权。坚持一手抓改革发展，一手抓维护稳定，做到严打、严防、严管、严治。就是要始终保持“严打”斗争的高压态势，依法严厉打击各类严重刑事犯罪，坚决铲除各种黑恶势力；加强对影响社会稳定因素的研判和化解，提高应急预警和处置能力，对各类治安问题要预知预防；引深平安创建活动，健全社会治安防控体系，加强社会治安综合治理，加强对社会面的控制；对群众反映强烈的突出治安问题、刑事案件高发地区及时进行集中整治，确保社会治安稳定好转，人民群众的安全感不断增强。要加强学校、幼儿园安全保卫工作，扎实开展“平安校园”创建活动，使广大师生拥有一个安全和谐的学习生活环境。二是要推动社会管理创新，不断提高社会和谐度。健全和落实社会稳定风险评估机制，对将要出台的政策措施，进行合法性、合理性、可行性、可控性评估，从源头上预防和减少社会矛盾的发生；健全和落实党和政府主导的维护群众权益机制，深入开展“大接访”“大调解”活动，健全公安机关行政调解与司法调解、人民调解紧密衔接、良性互动的矛盾纠纷调处机制，解决好人民群众反映强烈的突出问题，维护社会公平正义；健全和落实流动人口服务管理机制，稳妥推进户籍制度改革，加强对各类复杂场所的管控；健全和落实心理疏导和人文关怀机制，把维护稳定与建设和谐文化、倡导和谐理念、培育和谐精神、构建和谐心态结合起来。三是要狠抓基层基础工作，提升公安工作科学化水平。在完善社区和农村警务战略上下工夫，在构建和谐警民关系上下工夫，在提高科技化、信息化水平上下工夫，在加强执法规范化建设上下工夫，推动警务前移、警力下沉，增进同人民群众的感情，提高公安队伍战斗力，把严格、公开、文明和理性、平和、规范的执法要求落实到每一个执法环节，树立公安队伍良好形象。四是要加强对公安工作的领导，筑牢和谐稳定的第一道防线。各级党委、政府要把公安工作摆上重要议事日程，把做好公安工作与政权建设、阵地建设和开展创先争优活动结合起来，把从严治警与从优待警结合起来，深入研究解决制约公安工作发展的体制性障碍、机制性约束和保障性困扰，不断加强各级公安机关领导班子建设，深化警务改革，建立科学的考评和用人机制，为公安机关开展工作提供良好条件，努力建设一支政治坚定、执法公正、纪律严明、作风优良，为党和人民所信赖的公安队伍。

张宝顺指出，经过全省上下的艰苦努力，我省经济实现“V”型反转，呈现出主要指标回升、有利条件增加、发展潜力显现的良好态势。但是，越是形势好越需要保持清醒头脑，尤其是我省调整产业结构、转变发展方式任务艰巨，安全生产、节能减排等重点工作丝毫不能放松。要以贯彻落实孟建柱同志考察山西重要讲话精神为契机和动力，围绕“三个发展”做好以下工作：抓住施工黄金季节，全力以赴加快重点工程建设；深化结构调整，把改造提升传统产业、发展战略性新兴产业和推进特色城镇化结合起来，不断取得转型发展的新成效；加大“三农”工作力度，大力发展现代农业，促进农业增效、农民增收；乘上海世博会的东风，努力扩大对内对外开放，深入贯彻国家鼓励和引导民间投资健康发展的若干意见，增强经济发展活力；强化安全生产监管，确保在经济形势好转的情况下安全生产水平有新提高；深入推进“五大惠民工程”和农村“五个全覆盖”，使人民群众的幸福指数得到提升，社会稳定的基石更加巩固，加快建设低碳绿色新型能源基地。

全省领导干部大会 5月31日，山西省委召开全省领导干部大会。中央组织部副部长张纪南受中央委派，在会上宣布了中央关于山西省委主要负责同志职务调整的决定。中央决定：袁纯清同志任山西省委委员、常委、书记，张宝顺同志不再担任山西省委书记、常委、委员职务。张纪南、袁纯清、张宝顺作了讲话。省委副书记、省长王君主持会议。省委副书记、省政协主席薛延忠等省领导，中央巡视组副组长张秀明出席会议。

张纪南在讲话中指出，宝顺同志来山西工作近9年，担任省长、省委书记6年时间。这期间正是山西经济社会发展的关键时期，宝顺同志与大家一道，抓住国家促进中部地区崛起的战略机遇，围绕建设充满活力、富裕文明、和谐稳定、山川秀美的新山西，积极进取，奋力开拓，扎实工作，为山西的改革、发展和稳定倾注了大量心血，做出了重要贡献。中央对张宝顺同志是充分肯定的。

张纪南说，中央认为袁纯清同志担任山西省委书记是合适的。袁纯清同志是湖南汉寿人，1952年3月生，曾在中央国家机关工作过，1997年9月后历任中央纪委常委、秘书长，陕西省委副书记兼西安市委书记，陕西省代省长、省长等职务，是十六届中央候补委员、十七届中央委员。

张纪南强调，这次山西省委主要领导的调整变动，是中央从全局出发，根据工作需要和干部交流精神，通盘考虑、慎重研究决定的。各级领导干部要把思想和行动统一到中央精神上来，带头讲政治、顾大局、守纪律，恪尽职守，团结协作，以实际行动确保省委主要领导的顺利交接和工作的平稳过渡，保持全省经济社会发展的良好势头，让中央放心，让全省人民满意。

袁纯清指出，中央决定由我任山西省委书记，我衷心感谢党中央的信任，同时深感责任重大。今天，我成为山西的一员，将尽心尽力、尽职尽责地为山西谋发展，为山西人民谋利益。山西历史悠久，人文荟萃，群英辈出，是中华文明的重要发祥地，是抗日战争的主战场。山西矿产资源丰富，是中国的“煤都”，旅游资源丰富，山河表里雄浑壮观，工业门类齐全，地理位置优越，具备了更大发展的广阔空间。山西人民是富于勤劳智慧的，山西的党员干部是勇于争先向上的，只要我们上下同心,提振精神,扬长避短,攻坚克难,山西发展大有可为,山西发展大有希望。我对此满怀信心,愿和山西广大干部群众一同奋斗,一同开创更加美好的未来。一是勤政为民。勤政是党员干部尤其是领导干部应具备的基本精神状态,为民是我党执政的根本价值取向。要勤思勤为不懈怠,脚踏实地不漂浮,立说立行争朝夕,始终保持埋头苦干的劲头,始终保持求真务实的作风,经常深入基层,深入群众,问政于民,问计于民。通过实实在在的工作,推动实实在在的发展,使老百姓获得实实在在的好处。二是公道为政。就是对人对事要以公为先,这是为政者的职业操守和政治品格。要公道公正公心,在干部问题上坚持以德才识人,以群众公认选人,以实绩实效用人。坚持民主集中制,民主决策、科学决策,调动班子成员和各个方面的积极性,形成奋发有为的政风、和谐信任的正气,不断增强各级班子的凝聚力、感召力和战斗力。三是廉洁为官。坚持权为民所用,情为民所系,利为民所谋,把廉洁作为自己的基本信守,干干净净做人,清清白白做事,堂堂正正做官,筑牢思想防线,守好精神家园。按照中央关于领导干部廉洁从政的规定,严格要求自己。个人力量是有限的,集体力量是无穷的。他说,我将虚心向大家学习,向群众学习,向实践学习,紧密团结省委一班人,充分发挥省人大、省政府、省政协及省军区的力量,紧紧依靠老领导、老同志的支持,要以解放思想为先导,以改革创新为动力,以创先争优为抓手,以基层组织建设为重点,不断巩固和扩大深入学习实践科学发展观活动成果,着力提高各级领导班子和领导干部科学执政、民主执政、依法执政的本领。他指出,今年的时间将要过半,各级领导班子和领导干部要按照已经确定的目标任务,不松懈,不观望,不折腾,确保实现时间过半、任务过半的目标,为完成全年任务打下好的基础。

袁纯清强调,当前,山西正处在发展的关键阶段,如何实现一个能源资源大省的发展转型,是我们最现实最紧迫的课题;如何实现绿色发展、清洁发展、安全发展,是社会的关切和群众的期盼。我们要在以胡锦涛同志为总书记的党中央领导下,以邓小平理论和"三个代表"重要思想为指导,深入贯彻落实科学发展观,按照胡锦涛总书记提出的"三个下工夫"的要求,坚定不移地推进发展方式的转变,始终坚持把发展作为第一要务,把安全作为第一责任,把关注民生作为第一要义,狠抓项目,强调结构,创新产业,扩大开放,确保民生,为开创发展充满活力、社会和谐稳定、人民富裕安康的新局面而努力奋斗。

张宝顺在讲话中指出,我完全拥护中央的决定。在山西这块黄土地上工作生活的这9年,我有幸与全省干部群众并肩奋战,投身建设新基地新山西的生动实践,度过了一段十分难忘的时光。回顾这9年,全省改革发展稳定取得的进展和成就,令我欣慰自豪;中央对我们这个革命老区、能源基地和老工业基地的倾心关怀,令我深为感动;全省干部群众迎难而上、负重赶超,坚忍不拔、昂扬向上的精神风貌,令我深受教益;全省干部群众对我的关心、帮助和支持,令我难以忘怀。9年来,我与同志们朝夕相处、坦诚相待,与全省人民心心相印、同甘共苦,结下了深厚情谊。我的工作是顺利的,心情是舒畅的,精神是充实的。特别是从全省干部群众身上学到的高尚品质,成为我最可宝贵的精神财富,增强了我做好今后工作的信心和力量。我相信,在以胡锦涛同志为总书记的党中央坚强领导下,以袁纯清同志为班长的省委一班人,一定会团结带领全省干部群众,不断开创改革开放和现代化建设事业的新局面,山西巨大的发展活力、后发优势和美好前景必将充分展现,这块华夏文明的重要发祥地必将放射新的光彩,这个共和国的能源基地和老工业基地必将焕发新的生机,这方孕育"太行精神"的革命老区必将创造新的辉煌。今后,无论我走到哪里,太行吕梁、汾水桑干永远是我牵挂的地方,山西人民永远是我可亲可敬的父老乡亲,煤炭"但愿苍生俱饱暖"的可贵品格永远是我修身敬业的追求。在新的工作岗位上,我会一如既往地勤奋工作,决不辜负党和人民的重托。

王君在主持会议时指出,中央决定,袁纯清同志到山西工作,充分体现了中央对山西工作的高度重视,对山西人民的亲切关怀,是对山西领导班子的进一步加强。我们坚决拥护中央的决定,对袁纯清同志来山西工作表示热烈的欢迎。中央决定,张宝顺同志调安徽工作,这是中央对张宝顺同志的充分肯定,也是对山西工作的充分肯定。当前,山西正处于全面建设小康社会的重要时期,处于加快经济发展方式转变和经济结构调整,推动科学发展、促进社会和谐的关键时期,改革发展稳定的任务十分繁重。全省广大党员干部特别是领导干部要认真学习贯彻中央的决定,用中央的决定统一思想和行动,带头讲政治、顾大局、讲团结、守纪律;要以实际行动支持袁纯清同志的工作,确保省委主要领导的顺利交接和工作的平稳过渡;要扎实有效地做好当前的各项工作,保持全省经济社会发展的良好势头,维护全省团结和谐稳定的大好局面;要以科学发展观为统领,全面贯彻落实中央的决策部署,推动全省经济社会又好又快发展。让我们紧密地团结在以胡锦涛同志为总书记的党中央周围,在以袁纯清同志为班长的省委的领导下,求真务实,真抓实干,努力开创各项工作的新局面,谱写经济社会发展的新篇章,让党中央放心,让全省人民满意。

省委、省人大、省政府、省政协、省军区负责同志,省法院院长、省检察院检察长、省武警总队主要负责同志,省级老领导,省级各民主党派、省工商联主要负责同志,省直各部门主要负责同志,各市市委书记、市长,省人大、省政协专门委员会、工作委员会主要负责同志,中央驻晋单位主要负责同志,省管本科院校、国有骨干企业主要负责同志出席了会议。

省委创先争优活动暨建设学习型党组织动员部署会 6月11日,省委召开会议,对在基层党组织和党员中深入开展创先争优活动以及在全省开展学习型党组织建设进行动员部署。

会议由省委副书记、省政协主席薛延忠主持。省委常委、宣传部长、省委建设学习型党组织领导组常务副组长胡苏平,省委常委、组织部长、省委创先争优活动领导小组组长、省委建设学习型党组织领导组副组长汤涛分别代表省委对这两项工作作了部署。

薛延忠就贯彻落实好这次会议精神，强调了三点意见。一要统一思想，充分认识搞好这两项活动的重大意义，切实把思想和行动统一到中央和省委的安排部署上来，统一到省委书记袁纯清对省委组织部、省委宣传部搞好这两项活动的具体要求上来，扎扎实实地把活动引向深入。二要加强领导。省委已成立了相应的领导机构，各级各部门各单位要在会议之后尽快建立领导机构和工作机构，切实加强对这两项活动的组织领导和工作协调。三要增强实效，在求实效、见成效上下工夫，掀起学习新知识、新本领的热潮。

胡苏平说，前不久，我省出台了《关于推进学习型党组织建设的实施意见》。近日，省委书记袁纯清明确要求，认真扎实抓好学习型党组织建设，努力将学习制度化、规范化、经常化，着力培养广大干部的世界眼光、战略思维，增强学习的针对性、超前性、实用性，加强对学习的考核，切实在全省上下营造浓厚的学习氛围。

胡苏平对深入持久地在全省推进学习型党组织建设，提出了三点要求。一要提高认识，明确任务，切实增强建设学习型党组织的紧迫性和自觉性。二要联系实际，突出重点，着力破解包括解放思想、经济转型、改善民生、深化改革、干部作风建设等在内的山西改革发展稳定中的难题。三要改革创新，狠抓落实，不断提高建设学习型党组织的科学化水平。当前，要重点抓好以下几方面的工作：树立科学发展观所要求的先进的学习理念；抓好各级党员领导干部这一重点学习对象；形成制度保障机制、督导检查机制等有效的学习机制；营造良好的学习氛围。

汤涛指出，要准确把握开展创先争优活动的四个重点，推动创先争优活动有序开展。一要准确把握创先争优的总体要求，保证创先争优活动的正确方向。创先争优活动以深入学习实践科学发展观为主题，以“推动科学发展、促进社会和谐、服务人民群众、加强基层组织”为目标。二要准确把握创先争优活动的主要内容，坚持以创建“五个好”党组织和争做“五带头”党员为基本标准。“五个好”，即：领导班子好、党员队伍好、工作机制好、工作业绩好、群众反映好；“五带头”，即：带头学习提高、带头争创佳绩、带头服务群众、带头遵纪守法、带头弘扬正气。三要准确把握创先争优活动的基本原则，把这项活动抓实抓好。四要准确把握创先争优活动的方法步骤，认真完成各个阶段的工作任务。第一阶段从现在开始到2011年“七一”前夕，着重围绕迎接建党90周年开展活动；第二阶段从2011年7月开始到党的十八大召开前后，着重围绕迎接党的十八大开展活动。

汤涛强调，要建立健全机构，落实领导责任；坚持统筹兼顾，推进工作创新；强化督促检查，推动工作落实；加强宣传引导，营造良好氛围；抓好关键层次，扎实开展活动。

大会以视频会议形式召开，主会场设在省委会议厅，各市、县（市、区）设分会场。

省委常委会传达学习全国人才工作会议精神 6月12日，省委常委会召开会议，传达学习全国人才工作会议精神，研究我省贯彻落实意见。会议提出，要在更高层次上大力实施、加速推进人才强省战略，为推动经济社会又好又快发展和跨越发展提供坚强人才支撑。会议还对省委、省政府领导围绕加快山西转型发展开展调研和加快重点工程建设作出部署。省委书记袁纯清主持会议。

会议认为，全国人才工作会议是一次具有里程碑意义的重要会议。胡锦涛总书记、温家宝总理、习近平同志等中央领导同志的重要讲话，从全局和战略高度，深刻阐述了加快建设人才强国的重大意义，对贯彻国家中长期人才发展规划纲要、落实加快建设人才强国战略任务进行了全面部署，进一步明确了人才工作的总体要求、基本思路、重点任务和重大政策措施，全省上下要认真贯彻落实。

会议指出，面对日益激烈的经济、科技竞争和人才竞争，面对山西转型发展的繁重而艰巨的任务，全省各级各部门要切实增强做好人才工作的危机感、紧迫感、责任感。一要大力实施、加速推进人才强省战略。着重解决人才总量不足的问题、领军人才缺乏的问题、人才支撑作用不够强的问题，围绕我省主导产业，加大人才引进力度，加大人才培养力度，不拘一格发现和使用人才，通过重点高校重点学科和重点企业工程技术研究中心这两个平台，加速引进和培养人才，建设具有山西特点、适应转型发展的人才群。二要按照管用的原则，紧紧围绕山西经济社会发展的需要加强人才工作。着眼结构转型特别是资源型经济转型发展，着眼我省优势、特色、主导产业及城镇化建设，大力引进和培养煤炭循环发展、煤化工、新材料、煤机装备制造、文化旅游和现代服务业等方面的领军人才，统筹抓好各类人才队伍建设，为经济社会发展提供强有力的人才支撑。三要抓住关键环节，实现人才工作的重大突破。要深入开展调查研究，摸清底数，摸清需求，明确人才工作的具体路径，制定目标任务和责任制，完善政策措施，制定科学的人才规划。要加大人才工作投入力度，营造人才发展良好环境，激发各类人才创造活力。要加强和改进对人才工作的领导，党政主要领导要亲自抓人才工作，各部门要高度重视人才工作，形成工作合力，通过人才工作的新突破，推动全省经济社会又好又快发展。

会议决定，为了深入贯彻落实科学发展观，加快推进转型发展，由省委、省政府领导班子成员牵头，组成若干调研小组，用两个月左右时间，围绕山西带有全局性、战略性的重大问题开展调研。调研工作要着眼于“十二五”规划的制定，结合正在进行的资源型经济转型发展综合配套改革实验区建设，突出前瞻性，体现操作性，有效推进事关全省发展重大问题的解决。

会议决定，为了进一步加快重点工程建设，省委、省政府领导班子成员各自联系一个重点工程，进行具体督促指导。

省委深化干部人事制度改革电视电话会议 6月18日，省委召开深化干部人事制度改革电视电话会议，就贯彻落实中央2010—2020年深化干部人事制度改革《规划纲要》和我省《实施意见》作出部署。省委书记袁纯清强调，要以高度的政治责任感深入推进干部人事制度改革，建设坚强有力、奋发有为的领导班子和高素质干部队伍，激发广大干部干事创业的激情，推动我省经济社会更好更快发展。省委副书记、省长王君主持会议，省领导申联彬、申维辰、金道铭、李小鹏、胡苏平、高建民、李政文出席会议，省委常委、组织部长汤涛就落实我省《实施意见》作了说明和安排。

袁纯清指出，近年来特别是党的十七大以来，全省干部人事制度改革在探索中推进、在实践中创新，积累了宝贵经验，促进了事业发展。进一步深化干部人事制度改革，是事关党的建设和经济社会发展的大事，是加快山西转型发展的需要，是建设坚强有力、奋发有为的领导班子和干部队伍的需要，是解决干部人事工作中突出问题的需要。要认真学习贯彻胡锦涛总书记等中央领导同志关于深化干部人事制度改革的重要指示精神，落实好《规划纲要》和我省《实施意见》，以干部人事制度改革的新突破推动各项事业的新发展。

袁纯清指出，要抓住重点环节推进干部人事制度改革，提高干部人事工作的科学化、民主化、制度化水平。着眼建设一支谋发展、善发展，能干事、干成事的高素质干部队伍，突出抓好以下四点：一是坚持以德才标准识人，树立正确的干部导向。在改革目标的设定上要体现德才标准，把政治上靠得住、工作上有本事、作风上过得硬、人民群众信得过的干部选拔上来；改革的全过程要贯穿德才标准，切实把德才标准体现到干部教育培养、管理监督、激励约束的各个方面；改革的结果要把德才标准的干部选出来，尤其是要在大是大非问题上看干部，在干事创业中看干部，在复杂局面和急难险重任务中看干部，在个人利益得不到满足时看干部，激活干部重德、养德和重学、长才的内在动力。二是坚持以科学机制选人，提高选人用人的公信力。要靠一整套科学的干部选拔任用机制来保证公开、公道、公正地选人，把握好多元提名与民主推荐、集体研究的关系，把握好尊重民意与防止以票取人的关系，把握好酝酿讨论与票决制的关系，把握好“赛场选优”与注重实绩的关系，把握好深化改革与抵制不正之风的关系，加大整治买官卖官、拉票贿选、违规用人等问题的力度，匡正选人用人风气。三是坚持以实绩实效用人，建立科学的干部考核评价体系。科学设置考核内容，把经济社会发展和党的建设的若干指标量化成百分制，进行年度目标责任考核；科学制定考核办法，赋予考核指标不同的权重，实施分类考核评价；科学运用考核结果，将考核的结果和干部的奖罚、升降挂钩，作为选拔任用的重要依据，让谋发展、干发展、能发展的干部有舞台，让在困难和挑战面前有办法、有主意、有对策的干部有奔头。四是坚持以学习实践育人，建设本领强、作风硬的干部队伍。要完善和落实党员干部教育培训规划，建立管用有效的述学、促学、考学制度，抓好科学发展观的学习实践，抓好新知识、新本领的学习；引导党员干部到基层去，到艰苦地区去，到矛盾多困难大任务重的地方去，到产业发展、项目建设一线去，经历练、长才干，提高解决实际问题的能力。同时，要加大干部交流轮换的力度，把干部放在最需要的岗位上。选派干部到沿海发达地区挂职锻炼，抓好年轻干部的培养选拔。要教育引导领导干部脚踏实地，敢为人先，清正廉洁，大力弘扬太行精神，不怕困难，艰苦奋斗，敢于胜利，全身心干事创业。

袁纯清指出，要加强组织领导，确保干部人事制度改革顺利健康推进。认真落实党管干部的原则，把干部人事制度改革摆上重要议事日程，党委“一把手”要切实负起第一责任，推进干部人事制度改革要积极主动，有气度、有魄力、有办法，提升干部工作的整体水平。要加强宏观指导，把长远目标和近期工作结合起来，把握基本要求，加强分类指导，及时研究和解决改革推进过程中遇到的新情况新问题。要积极探索新途径、新路子、新方法，推进选人用人的观念创新、制度创新和工作创新。要把握正确的舆论导向，营造支持改革、推动改革的良好环境和舆论氛围。

王君在主持会议时指出，袁纯清同志的重要讲话，从全局和战略的高度深刻阐述了推进干部人事制度改革的重要性和紧迫性，结合实际对我省今后一个时期深化干部人事制度改革工作提出了明确要求，具有很强的指导性和针对性，各地各部门要认真学习、深刻领会，切实抓好落实。他强调，要传达学习好会议精神，把思想和行动统一到中央和我省关于深化干部人事制度改革的决策部署上来。要贯彻落实好会议精神，不断深化我省干部人事制度改革工作。要加强领导和指导，确保干部人事制度改革健康顺利推进。全省上下要紧密地团结在以胡锦涛同志为总书记的党中央周围，坚持以邓小平理论和“三个代表”重要思想为指导，深入贯彻落实科学发展观，解放思想，开拓创新，扎实推进干部人事制度改革工作，不断开创我省干部人事工作的新局面，为全省经济社会又好又快发展提供坚强的组织人才保障。

临汾市委、右玉县委、太原理工大学党委主要负责同志在会上作了交流发言。

省委中心组关于新型城镇化建设学习报告会

6月25日，省委中心组举行学习报告会，邀请中央纪委委员、住房和城乡建设部副部长仇保兴同志，就“新型城镇化对山西意味着什么”作专题报告。省委书记袁纯清主持并讲话。省领导申联彬、申维辰、杜玉林、金道铭、李小鹏、胡苏平、高建民、李政文、汤涛等出席。

仇保兴同志在报告中，把握世界城镇化发展趋势，结合国情和山西省情，论述了新型城镇化的机遇和挑战、内涵和要求，提出新型城镇化要实现七个方面的转型，就是由城市优先发展向城乡互补协调发展转型，高能耗的城镇化向低能耗的城镇化转型，数量增长型向质量提高型转型，高环境冲击型向低环境冲击型转型，放任式机动化向集约式机动化转型，不设防城镇向安全抗震城镇转型，少数人先富的城镇化向社会和谐的城镇化转型。报告有理论、有实践、有案例，贯穿了节约、绿色、清洁的理念和统筹、协调的观点，使与会同志思想上深受启发，方法上多有借鉴，对我省在推进城镇化中更新知识、开阔眼界、把握规律具有积极意义。

袁纯清在主持学习报告会时强调，要统一思想，提高认识，按照科学发展的理念和跨越发展的要求，用心谋划，精心组织,扎实推进城镇化建设。一要坚持城乡互补协调发展。遵循城镇化与新农村建设的各自规律,实施差异化发展和错位发展战略。新农村建设绝不是大拆大建,不是搞"一刀切",要尊重自然规律,尊重历史传承,尊重群众意愿,走生态化、循环化、特色化的路子,与城镇化建设协调推进。二要精心谋划和科学布局全省城镇化建设。综合考虑自然特点、经济发展、人文历史等因素,优化城镇空间布局,从太原城市圈,到地级和县级区域性中心城市、县城、重点镇,构架大中小城镇协调发展、互促互动的城镇体系。围绕改善人居环境、发展环境、社会环境完善城镇功能,提供便捷高效的公共服务,健全要素市场体系,大力发展社会事业,满足居民生产生活需要。高起点规划、高水准建设,着力提升城镇品位。把历史感、生态性、文化味有机结合起来,坚持环境艺术与特色建设兼收并蓄、历史传统与现代风貌相得益彰、自然风光与人工塑造珠联璧合,让建筑有内涵、城市有灵魂,建设若干亮点片区和一批适宜人居、富有活力、充满魅力的现代城镇,把山西历史文化底蕴充分体现在城镇建设中。三要下工夫提高城镇建设的质量和水平。太原城市圈是重中之重,要以扩容提质为重点,改旧城、保古建、建新区、创精品,提升市区的建设水平、管理层次和文明程度,大力推进太榆区域经济一体化,构建高速公路"一小时通达"城市圈;区域性中心城市是重要节点,要发挥优势,建设辐射带动作用强的大中城市,形成若干个有活力的城镇群;县城是重要支点,要把全县人口更多地向县城集中,把新兴产业更多地向县城布局,把各类生产要素更多地向县城聚积,使县城具有比较充分的城市功能;中心镇是坚实基础,要形成各自的产业特色、文化特色、景观特色,成为县域经济新的增长点和城镇化建设的亮点。要解决好工矿型城镇这个难点,把城镇建设和经济转型结合起来,增强综合服务能力。积极探索利用工业废弃地和盐碱地建设生态新城。四要加强对城镇化建设的组织领导。注重学习城镇化新知识,借鉴国内外城镇化的经验,加强政策研究,完善相关制度。树立"规划第一"的思想,加强城镇化特别是县域城镇化建设规划编制工作。创新体制机制,加大市场化运作力度,吸纳更多民间资本、社会资本到城镇化当中来。以县城为重点深化户籍制度改革,引导农村富余劳动力向城镇有序转移,重视解决新一代农民工进城的问题。

省委常委会传达学习全国社会治安综合治理工作会议精神 7月9日,省委常委会召开会议,传达学习全国社会治安综合治理工作会议精神,研究我省贯彻落实意见。会议提出,要从战略和全局高度加强社会治安综合治理,抓好社会建设和社会管理,研究新情况、解决新问题,为转型发展和跨越发展提供良好社会环境。省委书记袁纯清主持会议。

会议指出,社会建设是党的十七大提出的一项新课题和战略任务,社会管理是社会建设中的关键环节。社会治安综合治理说到底是对社会矛盾的综合治理,是社会建设和社会管理的重要内容。近年来,我省各级党委、政府全面加强社会治安综合治理,加强社会建设和管理,社会大局保持稳定,人民群众的安全感不断增强。但要清醒地看到,随着经济社会的快速发展,社会管理滞后的问题越来越突出。各级各部门要提高认识,把抓好社会管理作为实现社会和谐、维护社会稳定必须要解决的关键性问题,切实增强责任感和紧迫感,更加积极主动地做好各项工作。要抓好当前,认真解决影响社会稳定的突出问题,对不稳定的因素、苗头和事件,要保持高度的敏感性,抓早、抓小,解决在萌芽状态,防止酿成群体事件、突发事件和社会热点问题,牢牢掌握工作的主动权。要着眼长远,把社会建设列入"十二五"规划,摆到与经济建设同等重要的位置,健全社会稳定风险评估、服务管理、应急处置、激励约束、考核奖惩等长效机制。各级党委、政府要高度重视社会治安综合治理工作,党政一把手要负起维护稳定的第一责任,负总责、亲自抓,各级各部门要形成共识、加强协作,共同维护和谐稳定的社会环境。要抓好关键领域和薄弱环节,抓好重点人群服务管理,引导新兴媒体健康发展,强化对"两新"组织的管理和服务,加强舆情研判。要把加强基层基础作为重中之重,加强乡村、社区、企业基层组织建设,各种资源和投入要向基层倾斜。要以乡镇改革为契机,健全基层维稳综治机构,加强群防群治队伍建设,为维护社会稳定奠定坚实基础。

省委常委会讨论研究当前经济形势和经济工作 7月23日,省委常委会召开会议,认真学习7月22日中央政治局会议精神,听取省政府关于上半年经济形势的汇报,分析当前经济形势,研究下一步经济工作。省委书记袁纯清主持会议。

会议认为,2010年以来,在党中央、国务院的正确领导下,全省上下认真贯彻落实省委、省政府的一系列决策部署,经济工作抓得紧、抓得实、抓得好,实现时间过半、任务过半,绝大部分指标已恢复或超过国际金融危机前的水平,经济回升向好态势不断巩固和发展,进入较快增长区间。同时要看到,经济发展面临的国内外环境仍然错综复杂,制约经济发展的深层次矛盾、问题和因素还有不少,保持经济又好又快发展任务十分艰巨。

会议指出,全省上下要充分认识当前经济工作面临的复杂性和不确定性,统一思想,提振信心,狠抓落实,以转型发展为主线,把握和落实好中央宏观经济政策,关注重点领域,抓好关键环节,采取积极有效的应对措施,保持全省经济持续较快稳定增长的良好势头,确保全年各项目标任务的完成。

会议强调,做好下半年经济工作,在继续抓好已确定的各项工作外,要突出抓好以下三点。一要狠抓薄弱环节,着力解决发展中面临的突出问题。重视工业经济增速减缓、储备和新上项目不足、节能减排压力加大等问题,增强紧迫感和责任感,完善政策措施,发挥大企业的带动作用,加大招商引资和项目策划、落地工作,加大固定资产投资力度,强化节能减排工作。同时要大力度推进重点工程建设,加快经济结构调整,扎实做好"三农"工作,大力推进城镇化,高度重视切实抓好安全生产,千方百计保障和改善民生,深化改革开放,推进科技创新。二要狠抓事关发展全局的大事。科学谋划制订“十二五”规划，省委、省政府领导要带头开展调查研究，完善发展思路，明确奋斗目标，策划重大项目，拿出过硬举措。认真落实山西省循环经济发展总体规划中确定的重点项目，以这些项目为抓手，促进结构调整、转型发展。着手启动和布局明年重大项目，争取有更多的大项目强项目落地，确保“十二五”开好局、起好步。抓紧抓好“国家资源型经济转型综合配套改革试验区”工作，争取这项对我省具有战略意义的重大政策尽快获批实施。三要转变作风、狠抓落实。各级各部门和领导干部都要围绕转型发展、跨越发展这个中心，扭住项目建设这个关键，在加大工作力度、加大服务力度上下工夫、办实事，提高工作效能，少说不能办、多说怎么办，动脑筋、想办法，用足、用好、用活国家政策和资源要素，确保工作顺利推进，项目顺利实施。坚持谁发展得快就支持谁的原则，对项目多、发展快的地区给予支持和鼓励，加大政策倾斜力度。对经济增长乏力的市，由有关省领导带队，深入下去进行现场办公，加强督促和服务，重点解决工业经济、固定资产投资、财政收入等方面面临的问题，促进经济社会平稳较快发展。

全省领导干部大会 7月29日，省委在太原召开全省领导干部大会。会议以科学发展观为指导，着眼“十二五”时期又好又快发展，深刻把握国内外发展大势，从山西省情实际出发，进一步明确发展方向、完善发展思路、突出发展重点，动员全省人民，解放思想，凝聚共识，增强信心，埋头苦干，以转型发展为主线，以赶超发展为战略，以跨越发展为目标，以建设国家新型能源和工业基地为基础，为建设全国重要的现代制造业基地、中西部现代物流中心和生产性服务业大省、中部地区经济强省和文化强省，开创富民强省新局面而努力奋斗。省委书记、省人大常委会主任袁纯清作重要讲话，省委副书记、省长王君主持会议，省委副书记、省政协主席薛延忠，省委常委申联彬、申维辰、杜玉林、金道铭、李小鹏、方文平、高建民、李政文、汤涛等出席会议。

袁纯清指出，近年来，在党中央、国务院的正确领导下，全省干部群众团结奋进，务实创新，经济社会发展取得新的成就。省委、省政府提出走出“四条路子”、实现“三个跨越”，把转型发展、安全发展、和谐发展作为战略重点，符合科学发展观的要求，切合山西实际。今年上半年，大部分经济指标恢复或超过国际金融危机前的水平，步入稳定较快增长区间。同时要清醒地看到，山西欠发达的省情没有改变，转型发展的任务十分艰巨，发展的速度和质量与全省人民期盼相比还有不小差距。面临的最大问题是发展不足，最突出问题是新产业发展和新项目储备不足，最紧要问题是干部队伍对大发展思想准备不足。党中央、国务院对山西的发展寄予殷切希望，胡锦涛总书记在山西视察时明确指出要在“三个方面下工夫”。山西有着厚重的历史文化底蕴，有着丰富的资源、壮美的山川，有着光荣革命传统并孕育了伟大的“太行精神”，有着敢为天下先的晋商文化，有着共和国重要能源基地的承载，更有着3400万勤劳智慧的三晋儿女。面对工业化、信息化、城镇化、市场化、国际化加快推进的历史趋势，面对工业化跃升期、城镇化加速期、节能环保攻坚期、新技术革命成长期、基础设施建设加大期的时代特征，全面转型是山西的必由之路，加快跨越是山西的必然选择。

袁纯清指出，要顺应转型发展的时代潮流，登高望远谋划未来发展。人类社会的每一次跨越进步，都伴随着经济社会的大转型。转型发展是我国实现可持续发展的战略之举，是山西的根本出路，是更好更快的发展。转型发展就是要推动发展由主要依靠资源开采、初步加工向资源深度开发、深度加工转变，由外延扩张向内涵提升转变，由传统产业一枝独大向多元发展转变，由粗放、高耗、低效、单一线性发展向集约、低碳、高效、多元循环发展转变，最终实现绿色发展、清洁发展、安全发展。我们要把转型发展作为全省工作的主题和主线，在发展中促转型，在转型中谋跨越，努力抢占未来发展制高点。总的定位是，以建设国家新型能源和工业基地为基础，努力建设全国重要的现代制造业基地、中西部现代物流中心和生产性服务业大省，早日建成中部地区经济强省和文化强省。“十二五”时期主要经济指标努力实现翻番。

袁纯清指出，工业新型化、农业现代化、市域城镇化、城乡生态化是转型发展的根本举措，是跨越发展的主要依托。一要实现工业新型化。山西的优势在煤，山西的潜力和希望也在煤。我们不仅要挖好煤，更要用好煤；不仅要做好煤炭本身的文章，更要做好煤炭延伸发展的文章；不仅要开发好地下资源，更要开发好地上资源。要以煤为基，以煤兴产，以煤兴业，多元发展。在实现煤炭产业高效绿色安全发展的基础上，加快提升焦炭、冶金、电力、建材等传统产业，加快壮大现代煤化工、装备制造、新型材料、文化旅游、物流会展、特色食品等优势产业，加快发展节能环保、生物医药、信息网络、研发设计、新能源等新兴产业，实现由煤炭大省向以煤为基的现代产业大省的跨越，实现由单一煤电“基地”向立体能源“中心”的转变，做一篇面向全国、面向世界市场的大文章。具体路径，一是围绕传统产业实行循环化，实现高碳产业低碳发展。坚持全循环、抓高端，构建具有山西特色的循环经济发展模式，在不断加工转化中实现发展效益最大化。二是围绕煤炭装备制造业高端化，实现由采掘文明向制造文明转变，建设以太原为中心的世界煤机产业基地。三是围绕煤炭运销形成的巨大运力发展现代物流业。建设环渤海、黄河中游地区现代物流中心，在畅通人流、物流、信息流、资金流和商流中提升山西发展活力和竞争力。四是围绕煤焦冶电等高耗能产业的清洁生产发展节能环保产业，实现环境压力向发展动力转化。五是围绕能源资源优势做大新能源新材料产业，把一个优势变成两个乃至多个优势。六是围绕煤炭及关联产业发展高新技术产业，力争在高科技领域占有一席之地，鼓励资源型企业利用资本优势引进高端人才和技术。七是围绕发挥传统产业优势加快文化旅游产业转型发展步伐，坚持大片大作大戏表现、大集团运作、大景点支撑、大服务引领、大会展集聚，培育新的经济支撑点。走好以上路径，必须创新思想观念、思维方式和工作手段，打好“资源为王、成本优势”这张牌，更多地掌握市场交换话语权、市场竞争主动权、市场开发优先权；坚持资源跟着高端产业走，在与高端产业的融合中实现最大值；实现“材料加工”向“加工材料”转变，拉长产业链条，提高产品附加值；突出创新引领、标准为上，敢于在优势领域创制技术路线、生产模式和技术标准，实现资源驱动向创新驱动转变；实行板块化发展、园区化承载、集群化推进；树立“资源有限、创造无限”理念，既“有中生有”，用资源换资本、换技术、换市场、换项目，又“无中生有”，在创意中开创新的产业大天地。二要实现农业现代化。坚持农业产业化这个主题，全力推进现代农业示范区建设，把政策和要素集聚到“一村一品”“一县一业”上来，走上规模、质量、品牌、效益的良性循环。突出县域工业化这个核心，因地制宜发展煤炭配套工业和服务业，发展特色高效农业，以县级工业园区为承载，实现产业集聚发展。夯实农业社会化服务体系这个基础，发展农民专业合作社，鼓励农业科技人员与农民形成利益共享机制，建设农村信息化平台。

抓住农民增收这个关键，落实各项惠农政策，鼓励农民就近就地创业，加快扶贫开发。三要实现市域城镇化。形成以“一核一圈三群”为主体的城镇空间布局，实现中心城市、城镇群、经济圈的互促互动。“一核”即太原都市区；“一圈”即以太原都市区为核心的大都市圈；“三群”，即大同、朔州城镇群，长治、晋城城镇群，临汾、运城城镇群。太原都市圈是全省城镇化战略的重中之重，要加大力度，全面提速，确保“十二五”期间城镇化率、经济增长速度明显高于全省和其他城镇群，经济总量占全省的比重明显提升。要强化规划的引领力和建设的创新性，充分体现城镇的历史感、生态性、文化味。要加强基础设施建设，增强城镇的通达性、功能性、安全性，建设智能化城市。要创新加快城镇化进程的体制机制，让更多的人进得来、住得下、发展好。要着力改善民生，加快发展社会事业，让人民群众生活得更有质量、更有保障、更有尊严。四要实现城乡生态化。建设绿化山西，牢固树立栽树就是栽历史、就是栽人文、就是栽政绩的理念，坚持“生态建设产业化、产业发展生态化”的有效做法，深入推进集体林权制度改革，实现大地增绿、林业增效、环境增色、农民增收。建设气化山西，充分利用我省丰富的煤层气、焦炉煤气、煤制天然气和过境天然气等能源，满足人民群众生产生活所需，降低温室气体排放。建设净化山西，要在“节”字上下工夫，强力推进重点行业和重点领域节能工作；在“减”字上下工夫，坚决关闭淘汰落后产能；在“治”字上下工夫，推进重点地区环境综合整治，加强自然保护区建设和矿山生态修复；在“创”字上下工夫，深入开展环境保护模范城市、环境优美乡镇、生态文明村创建活动。建设健康山西，城市管理、生态环境、水源地保护、卫生服务、医疗保健、社会保障等方面都要以人的健康为中心，保障人民群众健康地生活和工作。

袁纯清强调，思想的大门打不开，发展的大门也打不开。在山西转型发展、跨越发展的关键时期，必须再次吹响解放思想的冲锋号，冲破一切影响和制约我们发展的思想心结和体制障碍，在转型和跨越的大道上劲跑。要从煤炭依赖中解放出来，重新认识煤、科学定位煤、深度利用煤；要从政府依赖中解放出来，强化企业主体地位，政府要主动为企业搞好服务，涌现出更多新晋商；要从内陆经济思维定势中解放出来，破除小富即安、不富亦安的小农意识，破除肥水不流外人田的狭隘观念，在共生共赢中把握发展先机；要从计划经济模式中解放出来，建立现代企业制度，实现产业资本与金融资本、国有资本与民间资本有机融合；要从守成求稳的心态中解放出来，不停歇地解放思想，强化直接入轨、后来居上、三步并作两步走的紧迫感，以人一之我十之、人十之我百之的精神，敢于背水一战、跨越发展。

袁纯清强调，实现发展转型，关键是干部要转型。领导干部一要有世界的眼光，用别人的眼光来开阔自己的视野，用别人的创新来丰富自己的路径，用别人的经验来提高自己的本领。二要有战略的思维，善于在复杂局面中谋篇布局，在严峻挑战中抓到机遇，在激烈竞争中争取主动，在战略把握上高人一筹。三要有“结合”的本领，在用好政策与破解难题的结合上长本领，在项目策划、布局与项目推进的结合上长本领，在改革发展与安全稳定的结合上长本领。四要有敢闯的勇气，在关键环节和重要领域大胆探索，迎难而上、知难而进、勇于争先，市县工作要按照山西一流来定位，全省性工作要按照中部一流来考虑，一些地区、企业和领域要争取全国一流、世界一流。五要有学习的自觉。坚持学习工作化、工作学习化，掀起一场学习的新高潮，建设学习型党组织，实现全省干部队伍素质提升上的新跨越。六要有高尚的操守。要有公仆本色、赤子情怀、担当意识，把职务当作事业来做，不漂浮、不浮躁、不虚度；要珍惜荣誉、珍惜职位、珍惜人生，干干净净做人、清清白白作事、堂堂正正做官；要直面艰苦、忍耐清苦、乐于吃苦，肯奉献、能舍弃、耐寂寞，始终保持向上的精神状态。

袁纯清指出，要义无反顾地推进体制机制创新，全方位地实施开放引进战略，让劳动、知识、资本、管理的活力竞相迸发，让创造社会财富的源泉充分涌流。一是要大力实施开放引进战略。山西发展得好不好、快不快，关键在于我们走出去的频率、走出去的远近、走出去的力度、走出去的效果。树立“发现即发展、开放即发展、招商即发展”的观念，对于环渤海要主动融入，对于长三角、珠三角要加强互动，对于中部地区尤其中原地区要积极联手，进一步拓展发展半径。抓住世界及我国东部地区产业转移的机遇，进行定点式、跟进式、持续式的精细化招商引资，掀起策划、引进、建设项目的高潮。大力改善投资环境，形成外商进得来、留得住、发展得好的软硬环境。在相当长一段时期要把招商引资作为考核一个地方一个班子的重要参数。二是要加快政府职能转变。建设阳光政府、法治政府、服务政府、责任政府，少说不能办、多说怎么办，落实首办负责制和限期办结制，发挥政府资金的引导作用。三是要发挥好国有企业的骨干力量。国有企业要以资产资本化、资本股权化、股权多元化为重点，实施跨地域、跨行业、跨所有制的兼并重组，实现低成本扩张、高端化发展。省属大企业要作转型发展的先锋队、跨越发展的排头兵。太钢要建设国内一流、世界著名的大型企业集团。十大资源型企业要围绕转型发展实施“双千亿工程”(“十二五”期间新增投资和销售收入各1000亿元以上,翻一番以上)。四是要激发民营经济的活力。落实对民营经济的各类政策,帮助民营企业拓宽融资渠道,建立和完善民营经济服务体系。五是要深入推进综合配套改革。加快建立资源型经济转型综合配套改革试验区,加大扩权强县工作力度,加快乡镇机构改革,激发基层政权活力。六是要深化干部人事制度改革。提高选人用人公信力,做到群众欢迎、干部服气;端正干部队伍风气,在全省形成干事创业光荣、碌碌无为可耻的导向;健全考核评价机制,做到能者用、好者上、庸者下,让吃苦的人吃香,让有为的人有位。

袁纯清强调,推动转型发展、跨越发展,必须进一步加强党的领导。各级党委、政府要把抓转型、谋跨越作为主要任务,党政一把手要当好第一责任人,建设奋发有为、坚强有力,在转型发展、跨越发展上有大作为、有大建树的领导班子。要结合开展创先争优活动,切实把广大基层党员干部的积极性、创造力凝聚到转型、跨越的生动实践中来。要形成一级抓一级、层层抓落实的工作机制,做到人人有责任、有担子、有追求。上一级党委、政府要切实关心支持下一级工作,为基层和企业搞好服务。要形成转型发展的强大合力,在全社会形成齐心协力谋跨越、促转型的浓厚氛围。

袁纯清最后说,山西转型发展正当其时,山西跨越发展前景灿烂。让我们更加紧密地团结在以胡锦涛同志为总书记的党中央周围,坚持以邓小平理论和“三个代表”重要思想为指导,深入贯彻落实科学发展观,抢抓机遇促转型,上下同心谋跨越,在全面建设小康社会征程上创造无愧于时代的新业绩!

王君在主持会议时指出,这次会议是在我省改革发展的关键时刻召开的一次重要的会议,必将对我省的改革发展和各项工作产生积极的推动作用。各级各部门要切实把思想和行动统一到会议精神上来,统一到纯清同志的重要讲话精神上来。

王君要求,要学习宣传好纯清同志的重要讲话精神,在事关山西改革发展的重大问题上进一步形成共识。一是要在充分肯定成绩、看到成绩的同时,清醒地认识到我们工作中存在的差距、问题、不足及产生的原因。二是要深刻理解转型发展、跨越发展的目的意义及其重要性和必要性。三是要准确把握转型发展、跨越发展的目标定位、主要任务和重要抓手。四是要准确把握推进工业新型化的基本思路和具体路径。五是要准确把握农业现代化的特点和工作重点。六是要准确把握市域城镇化在促进经济社会发展方面的重要作用和推进市域城镇化的主要内容、具体抓手。七是要准确把握推进城乡生态化的重大意义以及城乡生态化与提高人民生活水平的关系和建设“四个山西”的任务。八是要充分认识解放思想、转变作风、深化改革、扩大开放和加强干部队伍建设对转型发展、跨越发展的重要意义。各级各部门要围绕以上几个方面组织广大干部认真学习,新闻媒体要加强宣传,通过学习、宣传,进一步统一思想,提高认识,凝聚力量,推动全省各项工作又好又快发展。要贯彻落实好这次会议的精神,贯彻落实好纯清同志的重要讲话精神,扎扎实实把各项工作落到实处。当前,我省改革发展任务十分繁重、非常艰巨。在工作中,要统筹兼顾,突出重点,狠抓落实,注重实效,要紧紧围绕推进工业新型化、农业现代化、市域城镇化、城乡生态化,谋划工作、推动工作、落实工作,务求各项工作取得新的成绩,具体要抓好以下几项工作。一是认真贯彻落实近日省委常委会和省政府全体(扩大)会精神,扎扎实实地做好下半年工作,确保全年目标任务的圆满完成。二是加快经济发展方式的转变和经济结构的调整,坚持以煤为基、多元发展的思路,按照“七条路径”推进工业新型化进程,在重点抓好煤炭资源整合煤矿兼并重组工作的同时,要大力推动焦化、冶金等行业重组工作,要加快对新兴产业的培育发展。三是高度重视保障和改善民生,切实解决好群众最关心的就业、住房、社会保障等问题,圆满完成农村“五个全覆盖工程”和年初确定的“十件实事”,不断提高人民群众生活质量和水平。四是认真做好“三农”工作,全面落实“农业五项补贴”“八项惠农政策”,实施“七大强农工程”,坚持农业产业化,突出县域工业化,强化县域经济发展,夯实农业社会化服务体系,促进农业增产增效、农民增收。五是大力推进城镇化进程。要突出“三规”的引领作用、“三区”的支撑作用、“三改”的推动作用,按照“一核一圈三群”的城镇布局,加快城镇化步伐,培育新的经济增长级。六是狠抓节能减排和环境保护工作,确保完成国家下达的“十一五”时期目标任务,把建设绿化山西、气化山西、净化山西、健康山西的各项工作落到实处。七是坚持不懈地抓好安全生产工作,严格落实安全生产责任制和安全生产各项规定,促进安全生产形势由明显好转向稳定好转的转变。八是切实加强社会管理创新,完善利益调整机制,保持社会和谐稳定。九是深化改革、扩大开放,大力实施开放引进战略,大力发展民营经济,进一步激发经济社会发展的动力和活力。十是精心编制好“十二五”经济社会发展规划,积极争取资源型经济转型综合配套改革试验区政策。各地各部门要对纯清同志的讲话中的新思想、新观点、新举措,认真研究破题、全力推动落实,力争各项工作有新的突破、各项事业有新的发展。

王君强调,全省上下要进一步解放思想、转变作风、求真务实、真抓实干,在三晋大地形成一种干事创业、加快转型发展跨越发展的强大合力和浓厚氛围,努力开创我省转型发展的新局面,谱写跨越发展的新篇章!

参加会议的有,省委、省人大、省政府、省政协、省军区负责同志,省法院院长、省检察院检察长,省武警总队主要负责同志,省级老同志,省级各民主党派、工商联主要负责同志,各市、县(市、区)党政主要负责同志,各市人大、政协主要负责同志,开发区党政主要负责同志,省直各部门主要负责同志,中央驻晋单位主要负责同志,大专院校和省管国有骨干企业主要负责同志,省人大代表和省政协委员中非公有制经济人士代表,“千人计划”入选人员,不是上述人员的省委委员、候补委员。

省十一届人大四次会议 7月29日，省十一届人大四次会议在南宫会场分别召开第一次和第二次全体会议，听取省十一届人大常委会主任候选人名单草案的情况说明，补选省十一届人大常委会主任。通过全体代表选举，省委书记袁纯清当选为山西省第十一届人民代表大会常务委员会主任。

大会执行主席袁纯清、王君、申联彬、杜玉林、杨安和、靳善忠、谢克昌、安焕晓、郭海亮、王雅安、朱明出席了第一次和第二次全体会议并在主席台前排就座。大会执行主席、主席团常务主席申联彬主持了第一次、第二次全体会议。

在上午召开的第一次全体会议上，代表们听取省委常委、组织部长汤涛所作的关于省十一届人大常委会主任候选人名单草案的情况说明。

下午3时，第二次全体会议隆重召开。本次会议应出席代表545人，实际出席代表529人，出席会议人数符合法定人数。

会议首先表决通过了本次会议选举办法，表决通过了总监票人、监票人、总计票人名单。根据有关法律规定，大会以无记名投票的方式进行选举，袁纯清当选为山西省第十一届人民代表大会常务委员会主任。

袁纯清在讲话中指出，省十一届人大四次会议，选举我担任省人大常委会主任，这是各位代表和全省人民对我的信任，我深感责任重大。省十一届人大换届两年多来，省人大及其常委会围绕中心、服务大局，各项工作取得突出成绩。张宝顺同志担任省人大常委会主任期间，为山西发展和人大工作倾注了大量心血，作出了重要贡献。对此，省人大常委会和全体代表不会忘记，全省人民不会忘记！从今天起，我就是省人大常委会的一员了，我将以对党和人民事业高度负责的精神，在省委的领导下，与各位副主任一道，团结常委会组成人员，紧紧依靠广大代表，尽职尽责、尽心尽力，科学决策、民主决策、依法决策，为加快山西发展、造福山西人民不懈奋斗。我将坚守勤政为民、公道为政、廉洁为官的信念，牢记党的宗旨，永葆公仆本色，对工作立说立行、只争朝夕，对同志以诚相待、团结合作，对代表虚心学习、努力服务，奋力开创人大工作新局面，不辜负中央的重托，不辜负全省人民的期望。

袁纯清指出，面向大局、放眼未来，山西正处于改革发展、转型跨越的重大历史关头。要以解放思想为先导，以转型发展为主线，以跨越发展为目标，以开放引进为突破口，以改善民生为根本，不断提升发展的胆气和魄力，为发展注入源泉活力和持久动力，努力抢占未来发展制高点，在全面建设小康社会征程上创造美好新生活。

袁纯清指出，人民代表大会制度是我国的根本政治制度。坚持党的领导、人民当家作主、依法治国有机统一，是做好人大工作的根本保证。要把党的领导贯穿于人大依法履职的整个过程和各个方面。各级党委要更加重视人大作用的发挥，为各级人大及其常委会依法行使职权、开展工作创造良好条件。要加强人大常委会自身建设，加强各专门委员会和基层人大组织建设，建设一支过硬的人大工作队伍，提高人大工作的制度化、规范化水平。

出席此次大会的省领导还有薛延忠、申维辰、金道铭、李小鹏、胡苏平、方文平、高建民、李政文、汤涛、牛仁亮、陈川平、张平、刘维佳、张建欣、郭良孝、李雁红。

省委省政府学习考察津冀蒙鲁活动总结会议 8月17日，省委、省政府召开赴津冀蒙鲁学习考察活动总结会议，围绕运用好学习考察成果，结合贯彻落实全省领导干部大会精神和制定“十二五”规划，狠抓当前、着力长远，就加快转型发展、跨越发展进行深入讨论。省委书记袁纯清主持会议，省长王君出席会议，并分别作重要讲话。省领导申维辰、李小鹏、高建民、李政文、牛仁亮、陈川平、刘维佳出席会议。

近日，袁纯清、王君分别率领山西省党政代表团，赴内蒙古自治区、天津市和山东省、河北省进行学习考察，重点考察了企业园区、城市建设、生态建设等情况，并与当地领导干部进行了座谈。这次学习考察，是贯彻落实全省领导干部大会精神，“跳出山西看山西”的重要步骤，是一次学习思考之旅、比较借鉴之旅、交流合作之旅，开阔了眼界，宣传了山西，扩大了交流，深化了合作，取得了丰硕成果，达到了预期目的。

会议认为，兄弟省区市经济社会发展取得的巨大成就，浓厚的干事创业氛围，创新的思路和办法，勇创一流、敢于跨越的气概，争分夺秒的拼搏精神给我们留下深刻印象。特别是解放思想、放胆开放、创新方法、真抓实干的经验值得我们认真学习借鉴。通过学习考察，进一步加深了对全省领导干部大会精神的理解，进一步加深了对转型发展、跨越发展必要性、重要性和紧迫性的认识，看到了差距，感到了压力，激发了热情，促进了思考，增强了信心。我们要学习借鉴兄弟省区市大发展的经验，把学习考察成果转化为转型跨越的具体思路、扎实举措和自觉行动，一心一意谋发展、干发展、快发展，把智慧和力量凝聚到再造一个新山西上来。

会议指出，要深入贯彻落实全省领导干部大会精神，理解和消化好会议精神，明确和细化目标任务，制定过硬工作措施，省直各部门要充分发挥职能作用，确保把会议精神落到实处。学习考察，关键是要借鉴别人，发展自己，关键是要学出信心来、学出干劲来、学出激情来，学出山西又好又快发展的新路径来。放眼全局，山西在发展上机会尤存，追赶当时，跨越可期，必须树立必胜的信念，变压力为动力，狠抓当前，着力长远，巩固应对国际金融危机成果，确保经济平稳较快发展，认真谋划“十二五”时期经济社会发展。要围绕“快”这个核心，紧紧抓住国内外的发展机遇，选好工作着重点，把转型的落脚点放到跨越发展上。要利用工业新型化、市域城镇化推进过程中产生的巨大投资和消费需求，加快传统产业改造提升，大力发展新能源、新材料、新环保和服务业、物流业，完善基础设施，加快城镇化步伐。要搞好路径选择，积极引进中央大企业，发挥好省内国有和民营大企业的作用，使其成为生产、引资、融资、创新的平台，成为发展新兴产业的平台，以企引企、以企引资，形成集中性高强度的投入，上一批对转型、跨越具有关键性、决定性作用的大项目；要发挥好现有工业园区的作用，使之成为招商引资的抓手、产业转移的承载、项目落地的平台，成为带动全省发展的重要力量，对业绩不佳的园区要采取鞭策约束措施。要用足用活用好政策，把政策制定、资源配置和领导力量倾斜结合起来，加强对大企业、大项目的组织协调服务力度，全力优化“软环境”，依托煤炭资源引进战略投资者，用资源换项目、换产业、换技术、换市场。要提供相关保障条件，开展互看互比互学活动，健全考核评价机制，健全组织推进机制，加大监督考核力度，将考核结果与干部奖惩升降挂钩，确保各项工作有效推进。要大力学习弘扬右玉精神，切实整顿机关作风，形成一级抓一级、层层抓落实的工作格局，营造真抓实干、干事创业的浓厚氛围。

会议指出，要抓好年初部署的重点工作，确保全年目标任务圆满完成，为明年乃至“十二五”的发展奠定基础。要加快推进煤炭资源整合和煤炭企业兼并重组，确保目标任务按期完成；毫不放松地抓好安全生产工作，巩固安全生产明显好转的势头；加强节能减排工作，确保完成“十一五”节能减排目标任务；密切关注经济运行情况，及时解决遇到的问题，保持全省经济良好发展势头；加大投资和组织力度，确保重点工程顺利推进；积极争取资源型经济转型综合配套改革试验区尽快批准实施；抓紧制定“十二五”规划，把新思路、新目标、新任务、新举措体现到规划中，变成凝聚全省人民思想和行动的美好蓝图；做好“五个全覆盖”等民生工程，使改革发展成果更好地惠及人民群众。

省委常委会传达学习中央有关会议精神 8月20日，省委常委会召开会议，传达学习胡锦涛总书记在中央政治局第二十二次集体学习时的重要讲话、刘云山同志来晋考察重要讲话精神，传达学习全国文化体制改革工作会议、教育工作会议、党史工作会议精神，研究我省贯彻落实措施，并对全省年度目标责任考核、深入学习“右玉精神”作出部署。省委书记袁纯清主持会议。

会议认为，胡锦涛总书记在中央政治局第22次集体学习时的重要讲话，深刻阐述了文化建设的重要地位和作用，明确提出了文化体制改革的重点任务，为当前和今后一个时期文化建设指明了前进方向，为深化文化体制改革、推动社会主义文化大发展大繁荣提供了强大动力。要认真贯彻胡锦涛总书记和李长春同志、刘云山同志的重要讲话和批示精神，深入推进文化体制改革。会议指出，文化是一种精神力量，也是一种生产力，是一个国家和地区综合实力的重要体现。文化建设是中国特色社会主义事业的重要内容。加快转型发展、跨越发展，建设中部地区经济强省和文化强省，对深化文化体制改革提出了新要求。促进山西文化大发展大繁荣，关键是要通过改革激发文化活力，发挥文化事业和文化产业对经济社会发展的支撑作用。要把推进文化体制改革，促进文化事业和文化产业发展作为党政“一把手”工程，科学谋划、统筹推进。把文化事业发展的着重点放在基层，加强基层宣传文化队伍建设，做到基层文化事业有人抓、有钱做、有设施承载，特别是要加大社会化力度，整合社会资源发展文化事业。充分发挥我省文化资源优势，通过多种方式和手段宣传、张扬三晋文化的深厚底蕴和独特魅力，提升山西形象。要加大工作力度，加快推进省直文化产业集团组建工作，扎实推进市县级文化体制改革。坚持政府主导、市场化运作，搭建投融资平台，吸纳民间资本，形成文化产业多元投资格局。在深入调研的基础上，加快编制我省文化体制改革和发展“十二五”规划，使之与全省“十二五”经济社会发展规划相衔接。

会议指出，教育发展是最大的发展，教育公平是最大的公平，教育投入是应最先保证的投入。要认真贯彻胡锦涛总书记、温家宝总理、李克强同志、刘延东同志等中央领导在全国教育工作会议上的重要讲话精神，把教育优先发展作为重要责任，统筹部署，加大投入，加快发展，办好人民满意的教育。结合实际加快制定我省教育改革发展规划，并把规划落实到具体项目上。围绕全省发展大局谋划和发展教育事业，集中财力、突出重点、解决急需、狠抓薄弱环节，为转型发展、跨越发展提供人才和智力支撑。合理配置教育资源，重视优化教育结构，促进教育全面协调发展。特别是高等教育要突出重点学科、重点专业建设，在扩大办学规模的基础上提高办学质量；大力发展职业教育，推动职业教育全覆盖，为加快工业新型化提供技术人才；狠抓学前教育，解决好群众反映强烈的“入园难”问题。要解放思想，改革创新，深化教育体制改革，拓宽选人用人视野，创新办学和管理体制，加强高校领导班子和重点学科带头人建设，抓好教师队伍建设。

会议指出，要认真学习贯彻习近平同志在全国党史工作会议上的重要讲话精神，发挥山西党史资源大省优势，加强对党史工作的组织领导，搞好党史资料征集，保护好党史遗产遗址，丰富党史研究成果，扩大党史宣传教育，为开展党史工作提供必要条件。

会议原则通过《山西省年度目标责任考核试行办法》。指出，加强年度目标责任考核，是对目标管理的创新，是推动转型跨越发展、加强领导班子和干部队伍建设的重要保证措施。要在认真总结我省有效做法，借鉴兄弟省份先进经验的基础上，形成科学合理、管用有效、具有山西特色的领导班子和领导干部考核评价体系。要使干部的政绩有考核、有评价、有反馈、有激励，做到能者用、好者上、庸者下，促进全省干部奋发有为，干事创业。

会议指出，“右玉精神”是贯彻落实科学发展观、践行正确政绩观的生动体现，是全省人民的精神财富，也是宝贵的政治资源。要采取一系列过硬措施，掀起学习弘扬“右玉精神”的新高潮，开展作风整顿，加强效能建设，促进干部勤政廉政。

省委关于宏观经济形势和山西发展战略思考报告会 8月25日，省委举办报告会，邀请著名经济学家、北京大学光华管理学院名誉院长、全国政协经济委员会副主任厉以宁，就当前宏观经济形势和山西发展战略思考作报告。省委书记、省人大常委会主任袁纯清出席报告会并会见厉以宁一行。省委副书记、省长王君出席报告会，省委副书记、省政协主席薛延忠主持报告会。省领导申维辰、李小鹏、胡苏平、方文平、高建民、汤涛、杨安和、靳善忠、王雅安、陈川平、张平、刘维佳、张建欣、周然、李潭生，省法院院长左世忠、省检察院检察长王建明等出席报告会。

报告会上，厉以宁以开阔的视野、战略的眼光、多维的角度、诙谐的语言，深刻阐述了当前宏观经济形势和需要重点把握的问题，并结合资源型经济转型实际，对山西未来发展提出了建设性意见。与会同志听取报告后，普遍认为报告很精彩，具有很强的思想性、理论性、哲理性、针对性和指导性，对于我们在新的历史起点上谋划好“十二五”发展，以坚定的信念、科学的方法、统筹的思路推进转型发展、跨越发展具有重要的启发作用。

厉以宁十分关注山西发展。18日至25日，围绕城乡统筹、经济发展方式转变等专题，先后深入忻州、吕梁、太原部分县市进行了考察调研。18日下午，袁纯清会见了调研组，他对厉以宁长期以来对山西的关心和支持表示感谢，并介绍了山西以工业新型化、农业现代化、市域城镇化、城乡生态化为战略重点，推进转型发展、跨越发展的情况，希望厉以宁教授继续关注山西，对山西发展给予更多指导和帮助。

参加报告会的还有，省直各部门负责同志，省人大、省政协各工作机构和专门委员会负责同志，中央驻晋主要单位负责同志，驻并本科院校、省属国有企业负责同志。

纪念抗日战争胜利65周年座谈会暨朱德与山西抗战学术研讨会 8月26日，中共中央文献研究室、中共山西省委、中国中共文献研究会在并举行纪念抗日战争胜利65周年座谈会暨朱德与山西抗战学术研讨会，回顾抗日战争的光辉历程，缅怀朱德等老一辈革命家的丰功伟绩，激励全省人民继承革命传统，坚定理想信念，弘扬民族精神，以更大的勇气和信心推进转型发展、跨越发展。省委书记、省人大常委会主任袁纯清，中央文献研究室主任、中国中共文献研究会会长冷溶出席会议并讲话。省委副书记、省政协主席薛延忠主持会议。中央文献研究室副主任、朱德思想生平研究分会会长李捷，省委常委、省军区司令员方文平，省委常委、秘书长高建民，军事科学院战争理论和战略研究部副部长徐淮宝，空军指挥学院副院长朱和平，解放军装备指挥技术学院副院长刘建，原省级领导李立功、张广有等出席会议。10位参加过抗日战争的老八路在会场前排就坐。

冷溶在讲话中指出，抗日战争是近代以来中华民族反抗外敌入侵第一次取得完全胜利的民族解放战争。在这场气壮山河、波澜壮阔的全民族抗战中，中国共产党积极倡导、促成、维护抗日民族统一战线，成为凝聚各阶层力量的坚强组织者和团结全民族一致抗日的坚强核心，充分发挥了中流砥柱作用；中国人民极大地觉醒起来，空前团结起来，通过不屈不挠的抗争，最终迎来抗战胜利这个民族复兴的伟大历史转折。中国人民同世界所有爱好和平与正义的国家和人民站在一起，顽强抗击日本军国主义，为世界反法西斯战争的胜利、维护世界和平的伟大事业作出了不可磨灭的贡献。抗日战争的胜利，永远值得中华民族纪念；为之而流血牺牲的英雄先烈，永远值得缅怀；抗战中形成的伟大爱国主义精神，需要大力继承和弘扬；抗战带给我们的深刻启示，需要深入研究和总结；英雄的山西人民为抗战胜利所作出的巨大牺牲和历史贡献，将永远铭记；抗战中培育和造就的太行精神，将光耀千秋。他强调，在纪念抗战胜利65周年之际，重温朱德当年在山西指挥八路军将士英勇抗日的辉煌历史，学习朱德同志的重要军事思想，弘扬朱德同志的崇高风范，对于深入开展革命传统教育，推动中国特色社会主义事业的发展，具有十分重要的意义。

袁纯清在讲话中指出，山西既有悠久的文明史，又有光荣的革命史。八年抗战中，山西是华北敌后抗日根据地的中心和八路军总部及三大主力师所在地，是我党领导全国人民英勇抗日的主战场之一。英雄的八路军和太行儿女在中国共产党的领导下，同日本侵略者进行了艰苦卓绝的英勇斗争，铸就了“不怕牺牲、不畏艰险，百折不挠、艰苦奋斗，万众一心、敢于胜利，英勇奋斗、无私奉献”的太行精神。他指出，朱德总司令从1937年9月到1940年春伫马太行近三个年头，所建立的卓著功勋、所展现的崇高品格和领袖风范，永远是激励我们奋勇向前的强大精神力量。他强调，我们纪念抗日战争的伟大胜利，就是要大力弘扬太行精神，以转型发展为主线，以赶超发展为战略，以跨越发展为目标，加快把山西建设成为中部地区经济强省和文化强省。要着力建设社会主义核心价值体系，把我们党的优良传统、把山西这个老区的革命精神、把革命先烈的崇高品格一代代传承下去。要扎实推进工业新型化、农业现代化、市域城镇化、城乡生态化，以煤为基、多元发展，走出具有山西特色的科学发展之路。要坚持求真务实的作风，教育引导各级领导干部树立正确的政绩观，始终保持与人民群众的血肉联系。要深入开展创先争优活动，组织广大党员立足本职岗位创先进、争优秀，同时不断加强党的思想、组织、作风、制度建设和反腐倡廉建设，为转型发展和跨越发展提供强大动力和可靠组织保证。

座谈会上，原省委书记李立功作为一名抗日战争的亲历者发言，回顾了浴血奋战的历程，追忆了艰苦卓绝的斗争，表达了铭记历史、珍惜现在、开创未来的谆谆期望。中共山西省委党史办公室主任、朱德思想生平研究分会副会长张铁锁，八路军太行纪念馆馆长魏国英，省军区通信站班长王卉芬分别发言，表达了立足本职岗位、做好山西抗战的研究宣传、弘扬太行精神、传承朱德风范的决心。

参加座谈会的还有，朱德同志亲属和将帅子女代表，解放军总政治部、中央文献研究室、中央党史研究室的有关同志，来自全国各地的专家学者，省直有关部门负责同志，山西部分高校负责同志，太原、晋中、长治市委负责同志和省军区指战员代表等。

座谈会后，“太行丰碑——朱德与山西抗战书画展”在彭真生平暨太原支部旧址纪念馆举行，李捷、高建民、朱德同志亲属及省城各界人士参观了书画展。

全省兴起学习弘扬右玉精神新高潮大会 8月28日，省委召开兴起学习弘扬右玉精神新高潮大会，要求大力学习弘扬右玉精神，激励和动员广大党员干部，转变作风，顽强拼搏，创先争优，把全省领导干部大会的部署落到实处，加快转型发展、跨越发展步伐。省委书记、省人大常委会主任袁纯清作重要讲话。省委副书记、省长王君主持会议。省委副书记、省政协主席薛延忠，省委常委申维辰、杜玉林、金道铭、李小鹏、胡苏平、方文平、高建民、李政文、汤涛等出席会议。

袁纯清指出，新中国成立以来，右玉县历任党政领导班子团结带领全县党员干部群众真干大干实干苦干，把一个风沙肆虐的“不毛之地”变成生态良好的“塞上绿洲”，创造了令人惊叹的发展奇迹，孕育了弥足珍贵的右玉精神。右玉精神的核心理念是以人为本，为民利民，忠实践行党的宗旨；本质内涵是艰苦奋斗，不怕困难，凭信念、凭精神、凭勤奋干事创业；基本要素是坚持不懈，百折不挠，不达目的誓不罢休；珍贵本色是真抓实干，奋力拼搏，在干事创业中锤炼自己、改变山河面貌。右玉精神是落实科学发展观和践行正确政绩观的思想实践成果，是民族精神和党的政治优势、优良传统的生动体现，是太行精神、吕梁精神在新形势下的发扬光大，是建设社会主义核心价值体系的生动教材，是党的建设特别是作风建设的一面旗帜，是山西人民的宝贵精神财富和政治资源。实现全省领导干部大会提出的以转型发展、跨越发展为主题，建设中部地区经济强省和文化强省，再造一个新山西的宏伟目标，是一个艰苦拼搏的过程，也是一个长期奋进的过程，要通过大力学习弘扬右玉精神，为战胜各种困难和挑战，实现转型发展、跨越发展提供强大动力。

袁纯清强调，要坚定信念，牢固树立强省富民的政绩观。信念立，干劲增；信念坚，事业成。要在全省领导干部中强化强省富民的信念，并内化为我们的政绩观，藉以焕发出新的精神风貌和强烈责任心。转型发展、跨越发展就是山西最大的强省富民。要围绕转型、跨越这件大事进一步坚定信念，把各种力量凝聚到这件大事上来，把各种资源集聚到这件大事上来，不观望、不犹豫、不动摇，动员全省人民认准目标，全力以赴，勇往直前；要围绕转型、跨越这件大事进一步增强发展信心，像右玉人那样敢于干常人不敢干的事，敢于走别人没走过的路，充分看到有利条件，十分珍惜面临的机遇，大力激发蕴藏在全省人民中的强大力量，以必胜信心实现奋斗目标；要围绕转型、跨越这件大事制定工作举措，只要是有利于转型发展、跨越发展的事情就下决心去做，千方百计地去做好。总之，要办好群众最需要解决的实事，办好涉及群众根本利益的大事，办好有利于改革发展的难事，办好打基础、利长远的好事。

袁纯清指出，要激浊扬清，旗帜鲜明地反对不良风气。干部作风关系发展全局，关系百姓祸福。全省干部队伍整体上是好的，但是在作风上还存在不少问题，特别是“闲话风、吃喝风、玩乐风”在一些干部中比较突出，必须引起我们足够的警惕和重视，必须旗帜鲜明地予以反对。党政“一把手”要对本地区、本部门、本单位的作风建设负总责，既要以身作则、率先垂范，又要敢抓敢管、令行禁止。要出台过硬措施，对作风好的要褒扬，对苗头性、倾向性问题要早提醒，对屡教不改的要执行纪律、采取组织措施。近期各级党组织都要过一次学习弘扬右玉精神、加强作风建设专题组织生活会，开展批评和自我批评，把问题找出来、找准确，针对性地寻根源、作剖析，定措施、搞整改。党员干部和政府工作人员，要严守行为规范和工作纪律，纪检监察和组织部门要加大对不良行为的检查和查处力度，以整肃风气，形成良好的工作秩序。

袁纯清指出，要求真务实，努力形成真抓实干的良好氛围。实干兴邦，空谈误国。树是一棵一棵栽出来的，房子是一砖一砖砌起来的，发展是一个项目一个项目干上来的。我们与发达地区相比，不仅有思想解放程度的差距，更有在干事的热情、激情、干劲、力度上的差距。实干还是虚干，真干还是假干，大干还是小干，反映的是一个干部的思想境界和党性观念。真抓实干，关键在抓。要注重抓关键，围绕推进工业新型化、农业现代化、市域城镇化、城乡生态化，明确重点任务，研究突出问题，制定落实措施，特别是要抓住牵一发而动全身的牛鼻子工程，以重点突破打开工作局面；要善于抓项目，创新思路、拓宽视野，积极探索资源换项目、资源换产业的具体思路和办法，千方百计策划、创意、引进项目，形成项目建设的热潮；要致力抓氛围，把干部队伍的精力引导到发展上，大力倡导全民创业，使干事创业成为强劲的主旋律。真抓实干，核心在干。凡定下来的事情，当天的事当天办，当月的工作当月做，当年的任务当年毕，既要讲速度、讲进度、讲力度，又要求质量、求精细、求最佳，不能等待观望、听天由命、怨天尤人，更不能束手无策、推诿扯皮、贻误时机。

袁纯清强调，要赏罚分明，建立严格的考核评价机制。以实绩和成效论英雄，让用心谋事、踏实干事的人有舞台，让得过且过混日子的人没市场。一是加强对工作落实情况的督促检查。对全面工作和重点专项工作，进行定期不定期的检查、抽查和复查。实行建账、查账、交账制度，正在进行的查进度，已经完成的查效果，没有完成的查原因，盯住要落实的事，追究不落实的人，彻底改变重部署轻检查、有责任无追究的状况。二是实行年度目标责任考核。将主要目标任务量化成百分制，一年一考核，并打分排队公布，接受社会监督。考核结果与领导班子和领导干部的奖惩使用挂钩，引入末位淘汰制。三是对重点工作进行观摩检查。听取落实全省领导干部大会精神的实际举措，一个市一个市地看重大项目和重点民生工程，集中进行点评。对好的给予鼓励，对差的施以帮促，促进互比互学、争先发展。观摩检查要形成制度，每年组织一次。

袁纯清指出，各级领导干部要带头学习弘扬右玉精神，把学习弘扬右玉精神作为干部教育培训的重要内容，作为学习型党组织建设和创先争优活动的实际行动，及时总结、大力宣传学习弘扬右玉精神，抓转型、谋跨越的先进典型，让右玉精神在三晋大地生根开花结果，让创先争优、创新务实成为每个党员干部的实际行动，以新作风、新作为取得转型发展、跨越发展的新成就。

王君在主持会议时指出，袁纯清同志的讲话精辟地概括了右玉精神的深刻内涵，全面地阐述了进一步学习弘扬右玉精神的重要意义，明确地提出了学习弘扬右玉精神的具体要求，对全省干部进一步转变作风、牢固树立正确的政绩观、全面落实科学发展观是一次很好的思想动员。

他强调，各级各部门特别是各级领导干部要充分认识深入开展学习弘扬右玉精神活动的重要性，在全省上下再掀学习弘扬右玉精神的新高潮。通过学习活动，不仅要学出信心、学出士气、学出干劲，而且要学出新办法、学出新举措、学出新作为，切实营造求真务实、真抓实干的干事创业的浓厚氛围，形成你追我赶、奋勇争先推动转型发展、跨越发展的生动局面。各级各部门要深刻领会、准确把握右玉精神的深刻内涵和精神实质，引导广大干部牢固树立立党为公、执政为民的理念，牢固树立正确的事业观、工作观、政绩观，切实把智慧用在谋发展上，把精力放在促转型上，把工夫下到抓落实上，以科学发展的先进理念，以敢为人先的胆气魄力，以奋发有为的精神状态，以真抓实干的工作作风，推动转型发展、跨越发展，干出一番无愧于时代要求、无愧于党和人民要求的新业绩。各级各部门要大力弘扬、认真践行右玉精神，把学习活动的成效转化为推动工作的强大动力。要紧密结合本地实际，切实抓好当前的各项工作，特别是要抓好重点工程建设、煤炭资源整合煤矿兼并重组、节能减排、安全生产、农村“五个全覆盖”、城镇化、城市建设、招商引资等重点工作，圆满完成年初确定的工作任务和“十一五”规划的目标任务，为“十二五”经济社会发展奠定坚实的基础；要精心编制好“十二五”经济社会发展规划，紧紧围绕工业新型化、农业现代化、市域城镇化、城乡生态化，谋划工作、推动工作、落实工作，推动各项工作再上一个新的台阶，开创转型发展、跨越发展的新局面。

会议进行了交流发言，右玉县委书记陈小洪，右玉县原政协主席刘义，省交通厅厅长段建国，太钢集团党委书记杨海贵，武乡县委书记周涛，阳高县大白登镇党委书记高飞等先后发言，介绍了学习弘扬右玉精神的情况和成效。

在主会场参加会议的有，省委、省人大、省政府、省政协、省军区的负责同志，省法检两长，省武警总队主要负责同志，省直各部门各单位、中央驻晋单位负责同志，省属高校国有企业负责同志。在市县分会场参加会议的有，各市、县、乡党政主要负责同志和其他有关人员。

全省农村“五个全覆盖”工程检查推进会 8月31日，我省召开农村“五个全覆盖”工程检查推进会，总结工作、交流经验、寻找差距，对这项重大民生工程进行再部署、再动员，以确保年底全面完成“五个全覆盖”工程的目标任务。省委书记、省人大常委会主任袁纯清主持会议并讲话，省委副书记、省长王君出席会议并讲话。省委副书记、省政协主席薛延忠，省委常委、常务副省长李小鹏，省委常委、秘书长高建民，省委常委、组织部长汤涛，副省长牛仁亮、陈川平、张平、刘维佳、张建欣等参加会议，各市及省有关部门负责同志做了大会发言。会前，省领导分别带队深入全省11个市实地检查工程进展情况。

会议指出，用两年时间在全省实现具备条件的建制村通水泥(油)路、中小学校舍安全改造、村级卫生室、村通广播电视、农村安全饮水等“五个全覆盖”，是尽快改变农村落后面貌、推进新农村建设的有力抓手，是改善民生、让广大农民共享改革发展成果的重要举措，是扩大内需、实现经济又好又快发展的重要内容，是缩小城乡差距、统筹城乡发展的有效途径。目前，这项工程建设已经取得显著成绩，其中村通水泥(油)路建设完成投资48.8亿元，通车里程18333公里，完成率达到92.8%。中小学校舍安全改造工程完成投资116亿元，开工2068万平方米，竣工1269万平方米，竣工率达到61.3%。村级卫生室建设投入3.4亿元，在6971个卫生室“空白村”实现全覆盖，提前近1年全面完成目标任务。村通广播电视共投资1.2亿元，累计完成9638个村的通广播电视任务，提前7个月超额完成建设任务。农村安全饮水工程完成投资25.9亿元，建成安全饮水工程10014处，解决了495.2万人的饮水安全问题，完成任务的87.2%。

袁纯清指出，“五个全覆盖”工程实施一年多来，省里牵头抓总，各级各部门分头负责，投资力度大，工作抓得紧，推进速度快，工程质量高，受到群众的普遍好评。他要求，在全面完成“五个全覆盖”的基础上，认真总结建设中的宝贵经验，从新的起点和新的高度推动新的民生工程建设。

袁纯清指出，转型发展、跨越发展的出发点和落脚点就是改善民生。转型发展、跨越发展是山西发展的主题和主线，是山西最大的民生工程。工业新型化、农业现代化、市域城镇化、城乡生态化，都是事关山西发展和人民生活质量的大事、实事。只有有效推进转型发展、跨越发展，才能为改善民生提供坚实的经济基础和财政支撑。要科学认识强省与富民的辩证关系，把转型跨越与富民利民有机统一起来，按照群众的愿望谋划发展，围绕群众的利益布局项目，让全省人民在转型发展、跨越发展中得到实实在在的好处，努力形成党和政府心系人民、发展惠及人民、人民大干发展的生动局面。

袁纯清要求，进一步推进民生工程，一要靠制度化来保障。在制定“十二五”规划中，要把加快转型发展和跨越发展与提高人民生活水平有机结合起来，把保障和改善民生纳入经济社会发展的部署和项目中，在加快发展步伐中提高人民群众收入水平，在转变经济发展方式中提高人民群众生活质量，同时要直接安排一些重大民生工程；在财政预算安排中要体现对民生工程的倾斜，建立和创新财政保障机制，编制“民生预算”，整合各级各类资金，打包式、集成式投入民生工程，使各项民生工程有资金来源作保障；要将民生工程作为考核领导班子和领导干部的重要内容，每项工程都要有明确的目标和责任人，对进度要进行督促，对质量要进行验收，工作搞得好的要奖励和重用，工作任务完不成的要启动问责机制。二要用项目化手段、社会化运作推进。每个民生工程，都要以项目的理念策划、项目的手段推进、项目的标准验收。要强化政策引导，按照“谁投资，谁受益”原则，鼓励和引导社会、企业、个人资金以及金融资本投入民生工程；重视民生工程的使用和管理，进行社会化运作，使民生工程进入良性发展轨道。三要不断提高工程建设的质量和水平。“十二五”期间，在继续改善基本生产生活条件的基础上，民生工程要重点围绕提高人的素质和人的健康水平、人的幸福指数来推进和提升。比如,实施农村剩余劳动力转移培训工程,实现职业教育与培训的"全覆盖",推进全民健康工程。总之,要通过转型发展、跨越发展,推动山西经济的大发展,推动山西社会事业的大发展,推动山西人民生活质量和整体素质的大提升。

袁纯清最后强调,要抓紧剩余的几个月时间,加强领导,细化任务,倒排进度,强力推进,主要领导要亲自负责、亲自督查,务必兑现好省委、省政府的庄严承诺。

王君强调,现在距离完成"五个全覆盖"工程的最后期限只有4个月时间,工程已进入攻坚阶段,建设任务十分繁重。从检查的情况看,还存在着各地各部门之间工作进展不平衡等问题。各级各部门要再接再厉、再鼓干劲,进一步加强领导,认真查找不足,加大力度推进,按时保质保量完成任务,确保年内全面实现"五个全覆盖"目标,兑现省委、省政府向全省人民作出的郑重承诺。一要确保完成任务,如期兑现承诺。各级各部门思想不能松懈、工作不能松劲,特别是主要领导要亲自上手、现场办公,协调解决问题,保证领导到位、资金到位、工作到位。二要建立长效机制,提高服务水平。工作中既要重视硬件建设,更要注重软件配套,既要重视工程项目的建设,更要注重工程项目的使用、管理和维护,要探索建立长效机制,确保工程建成后能够长期稳定发挥作用。三要强化监督检查,确保质量安全。要强化管理和监督,确保工程质量和安全。坚决杜绝工程建设中的腐败问题,使"五个全覆盖"工程建成经得起实践、人民、历史检验的安全优质工程、德政廉洁工程。四要全面落实各项强农惠农政策,大力加强农业基础设施建设,深入推进农业结构调整,加快推进农业产业化、现代化,进一步深化农村改革,强化科技支撑,推进社会化服务体系建设,促进全省"三农"工作再上新台阶。

王君要求,各地要在实现"五个全覆盖"的基础上,乘势而上,再谋新发展,进一步研究做好"三农"工作,彻底改变农村落后面貌、让广大农民兄弟共享改革开放成果。在农村产业发展方面,要紧紧围绕农民增收这个关键,大力发展县域经济,扎实推进三大现代农业示范区建设和"一村一品""一县一业",深入推进农业发展方式转变和农村经济结构调整,在培育壮大农产品加工龙头企业、发展农产品深加工上下工夫,不断提高农村产业发展水平。在农村基础建设方面,要在继续推进和提高"五个全覆盖"水平的基础上,重点解决农村环境脏、乱、差等问题。在农村公共服务方面,要进一步巩固和提高义务教育水平,大力发展农村职业教育,进一步配备好农村医护人员,落实好乡村医生补助政策,并逐步提高补助标准。同时大力发展农村文化事业,满足农村群众的精神文化需求。在农村社会保障方面,要进一步完善新型农村养老保险制度,提高新型农村合作医疗保障水平和农村最低生活保障标准。在新型农民培育方面,要采取多种形式,努力造就适应时代要求和农村经济社会发展需要,有文化、懂技术、会经营的新型农民,不断开创新农村建设和"三农"工作的新局面,推动全省转型发展、跨越发展。

省委省政府关于重点调研课题研讨会 9月2日至6日,省委、省政府召开重点调研课题研讨会,在前一段集中调研的基础上,就事关山西经济社会发展全局的19个课题进行研究讨论。通过深入讨论,集思广益,进一步深化了认识,统一了思想,明确了思路,研究了对策,为加快转型跨越发展奠定了重要基础,为编制好"十二五"规划提供了重要依据。省委书记袁纯清、省长王君分别主持会议,袁纯清在会议结束时作了重要讲话。省委副书记薛延忠,省领导申联彬、申维辰、杜玉林、金道铭、李小鹏、胡苏平、方文平、高建民、李政文、汤涛、杨安和、牛仁亮、陈川平、刘维佳、张建欣、韩儒英、令政策及省高级人民法院院长左世忠、省人民检察院检察长王建明出席会议。

在6月12日召开的省委常委会上,省委决定由省委、省政府领导同志牵头,对19个重大课题进行调查研究。袁纯清领题调研山西推进城镇化战略课题,王君领题调研山西发展装备制造业课题,薛延忠领题调研发展以"三农"为重点的县域经济课题,其他领导同志都分别领题调研。领导同志对这次调研高度重视,亲自拟定提纲,亲自深入基层走访调研,亲自听取专家学者意见,多次召开会议进行研讨论证,有的还到省外进行了考察,为搞好调研倾注了大量心血,形成19个有情况、有分析、有对策的调研报告和百余个分报告及专题报告。

研讨会上,省委、省政府领导同志运用丰富的资料和现代多媒体手段,亲自介绍所领课题的调研成果,围绕山西城镇化推进战略、发展装备制造业、发展以"三农"为重点的县域经济、完善社会保障机制、加快太原都市圈发展、健全安全管理机制、改善投资环境扩大对外开放、构建现代交通体系、文化旅游产业发展、军民融合式发展、特色人才战略、发挥民间投资在经济社会发展中的作用、建立目标责任考核长效机制、生态建设环境保护与以物流业为重点的服务业发展、发展煤化工及新能源新材料产业、强化科技对支柱产业支撑作用、解决水资源瓶颈制约、推进煤炭产业循环发展等课题进行了认真发言。每位同志发言后,大家围绕课题进行讨论评议,深入交流观点,充分发表意见,提出许多好的意见和建议,使调研成果得到拓展和升华,始终保持团结、务实、进取、创新的氛围。通过对19个课题的调研和讨论,大家进一步明确了山西在经济全球化和我国改革开放大背景下所处的方位,深化了对加快转型发展、跨越发展必要性、重要性和紧迫性的认识,在事关山西经济社会发展的一系列重大问题上打开了视野,凝聚了共识,形成了新的认知和思路。大家认为,山西发展的优势很多,空间很大,干部群众热情高涨,转型发展的道路很宽广,只要我们认准目标,努力拼搏,特别是一个一个地破解发展中面临的难题,"十二五"时期经济总量翻一番、再造一个新山西的目标就一定会实现。大家认为,19个课题的调研是对全省领导干部大会精神的深化、解读和落实,是对工业新型化、农业现代化、市域城镇化、城乡生态化具体对策路径的有益探索,具有较强的针对性、指导性和可操作性。

通过这次集中调研和研讨,不仅学到了许多东西,深化了思想认识，而且促进了领导方式的创新。

袁纯清在会议结束时指出，省委、省政府组织的这次调研活动，是推进转型跨越发展的重大举措，是推进全年工作的重要一环，也是科学制定“十二五”规划的重要步骤，调研工作是成功的、富有成果的。一是课题选得好。各个课题紧紧围绕转型跨越发展这个主题，涉及到经济、政治、文化、社会和生态建设各个方面，涵盖了党政军民学，包含了山西经济社会发展的若干重大问题，既有发展的着力点、立足点、目标点，也有我省发展过程中面临的难点，做的是山西如何实现科学发展的一篇大文章。二是调查研究实。每个同志都深入到基层和群众中，既注重对一般情况的把握，又注重对个案的剖析，既注重省内，又面向省外，既着眼国内，又放眼国际，既对过去进行总结，又对现在进行分析，对未来趋势进行预测，集中了方方面面的智慧，是一个民主决策、科学决策的过程，是一个深入群众、集中民意的过程。对省级班子来说，也是转变作风和加强学习型组织建设的具体行动。三是调研成果多。调研报告是对省情的再认识，是对科学发展观认识的再升华，是对转型跨越发展的新展开。通过调研，既看到了我省在发展中的优势和长处，也看到了差距和不足，进一步明确了前进方向，起到了开阔眼界、增长见识、提振信心、明确思路的作用。

袁纯清强调，要进一步完善、运用好调研成果，发挥对实际工作的指导作用。一是要充分吸纳研讨会上大家提出的意见，对报告进行再修改、再完善。二是课题牵头人要以调研报告为基础，向有关市县和部门负责人进行宣讲，使调研成果变成更多人的认知。三是要将调研报告作为制定“十二五”规划的重要参考依据，有的课题要在进一步完善的基础上通过发文或开会作出部署。四要对报告中提出的政策性和体制机制性问题进行深入研究，最终变为省委、省政府的决策意见。

省直有关部门负责同志、中央驻晋新闻单位负责人和课题组成员参加会议。

省委深入开展创先争优活动座谈会 9月17日，省委召开深入开展创先争优活动座谈会。省委书记袁纯清出席会议并作重要讲话，他强调，要总结经验、强化措施，创造性地把创先争优活动开展下去，把基层党组织和广大党员的积极性和主动性调动起来，为群众办实事、办好事，在转型发展、跨越发展的主战场建功立业、创先争优。省委常委、组织部长汤涛主持会议。

会议认为，我省创先争优活动开展以来，工作摆位高、联系实际紧、分类指导细、推进措施实，贴近基层，贴近党员，贴近发展，取得了明显成效。一个“创先进、争优秀”的热潮正在全省形成，广大党员在创先争优活动中激发出的热情和干劲，正在转化为转型发展、跨越发展的强大动力。

座谈会上，晋中市委、省直工委、同煤集团党委、太原理工大学党委、屯留县委、河曲县委、阳高县龙泉镇党委、太原市迎泽区老军营街道党工委的负责同志作了交流发言，汇报了结合实际扎实开展创先争优活动，以活动为动力推进转型发展、跨越发展的做法和体会。

在认真听取大家的发言后，袁纯清作了重要讲话。他指出，先进性是我们党的本质属性，是党组织和广大党员的应有追求。创先争优活动是学习实践科学发展观活动的继续和深化，是党的先进性建设的有力抓手。要按照中央的部署和要求，加强组织领导，推广好的经验，在抓落实上下工夫，把创先争优活动不断引向深入。一要把创先争优活动落实到转型发展、跨越发展上。转型发展、跨越发展是全省工作的主题和主线，是时代赋予各级党组织和广大党员的神圣使命，也为开展创先争优活动提供了广阔舞台。要结合活动的开展，找准本地区、本单位、本岗位服务转型发展、跨越发展的着力点，围绕加快推进工业新型化、农业现代化、市域城镇化、城乡生态化，围绕以煤为基、以煤兴产、以煤兴业、多元发展，围绕大气魄开放引进，围绕依托资源优势发展战略性新兴产业，探求转型的新思路新办法，拿出跨越的真招硬招实招，力争在转型跨越上走在前头、做得最好，把党的组织资源转化为发展资源，把党的政治优势转化为发展优势。二要把创先争优活动落实到服务人民群众、促进社会和谐上。积极推广“党员与群众结对帮扶”“党员承诺制”“党员责任区”“无职党员设岗定责”等做法，群众有什么需要党员就要有什么承诺，作出什么承诺就要兑现什么承诺，调动党员服务群众的积极性和责任感，创新群众工作方法，了解群众所思所盼，让帮助群众排忧解难成为党员的一种自觉和经常性工作。要在完善基本公共服务的基础上，把民生工程的重点转向提高人的素质和人的健康水平、幸福指数上来。要弘扬和谐文化，促进社会公平正义，把不稳定、不和谐因素消解在基层和萌芽状态。三要把创先争优活动落实到加强基层组织、夯实执政基础上。面对经济社会转型的大背景，基层党组织建设要加快转型。进一步创新党组织的设置方式和活动方式，不断扩大基层党组织的覆盖面，确保每一个党员都有明确的组织关系和正常的组织生活，把创先争优作为基层党建的经常性要求，加强薄弱环节，增强组织功能，组织流动党员参加创先争优活动，构建城乡统筹的基层党建新格局。深入挖掘创先争优的先进典型，用身边事教育身边人，形成比学习、比工作、比奉献和学先进、赶先进、当先进的浓厚氛围，使创先争优成为全社会的价值取向，使基层党组织和广大党员成为全社会的行动标杆。四要把创先争优活动落实到增强本领、改进作风上。共产党人的先进性，既体现在政治上、信念上，又体现在知识上、本领上、发展上。要建设学习型党组织，充分利用各种平台和途径，组织基层党员干部进行政治理论、文化知识和致富技能方面的学习和培训，着力提高推动科学发展和谋转型、促跨越的本领。结合学习弘扬右玉精神，在作风建设上出台一些管用的硬措施，教育引导广大党员干部践行正确政绩观，坚定强省富民信念，旗帜鲜明地反对歪风邪气，真正做到求真务实、真抓实干。五要把创先争优活动落实到完善制度、健全机制上。要加强对党建规律的研究，延伸、拓展学习实践科学发展观活动的好做法好经验，尊重基层首创精神，健全基层党建工作制度，以党建工作带动群团工作，努力在抓党建促发展、促转型、促和谐上形成一套长效机制，提高党建工作科学化水平。

袁纯清强调，各级党组织要按照中央和省委的统一部署和要求，加强对创先争优活动的组织领导，各级党组织"一把手"要切实履行第一责任人的职责，坚持书记抓、抓书记。党员领导干部要下工夫抓好联系点的创先争优工作。组织部门要负起组织领导和开展活动的双重职责。要加强分类指导，强化监督检查，及时解决活动中遇到的困难和问题，确保活动健康有序有效推进，用群众的满意度检验活动成效。

省委常委会审议我省中长期人才发展规划纲要 9月21日，省委常委会召开会议，审议《山西省中长期人才发展规划纲要(2010—2020年)》，对中央巡视组反馈意见整改工作进行研究部署。会议强调，要把人才战略放在优先发展的突出位置，完善政策、健全机制，加强领导、创优环境，加大优秀人才选拔、培养、引进力度，尽快形成我省人才竞争比较优势，为转型发展、跨越发展提供人才保证和智力支撑。要根据中央巡视组反馈意见，从讲政治的高度制定好整改方案，着力解决突出问题，开创工作新局面。省委书记袁纯清主持会议。

会议指出，未来5到10年，是山西转型发展、跨越发展的关键时期。加快工业新型化、农业现代化、市域城镇化、城乡生态化步伐，在建设国家新型能源和工业基地的基础上，把山西建设成为全国重要的现代制造业基地、中西部现代物流中心和生产性服务业大省，建设成为中部地区经济强省和文化强省，特别需要各类人才去引领、去支撑、去奋斗。转型发展、跨越发展，是优秀人才发挥作用的主战场，是引进高层次人才的大舞台。要紧密结合转型跨越发展的实际，制定和实施好《山西省中长期人才发展规划纲要(2010-2020年)》。要大力实施人才强省战略，坚持党管人才、优先发展、统筹协调、改革创新的原则，以服务转型跨越发展为目标，以人才能力建设为核心，以体制机制创新为动力，以创新型、创业型高层次人才和高技能人才为重点，统筹推进党政人才队伍、企业经营管理人才队伍、专业技术人才队伍、高技能人才队伍、农村实用人才队伍、社会工作人才队伍建设，确保全省人才总量快速增长、人才素质明显提高、人才结构和布局趋于合理、人才使用效能明显提高，培养和造就与我省转型跨越发展要求相适应，数量充足、结构优化、布局合理、素质优良的人才队伍，形成人才竞争比较优势。要着眼资源型经济转型、发展方式转变的重点领域和薄弱环节，围绕现代煤化工、装备制造、新能源新材料、文化旅游、现代物流等新兴产业，突出抓好高层次创新型科技人才、新兴产业创业型领军人才、重点领域急需紧缺人才的开发。要加快推进人才工作领导体制和工作机制创新，营造人才充分发挥作用的政策环境，形成不拘一格选拔人才、鼓励人才脱颖而出、有利于干事创业的人才发展体制机制。在全省实施高端创新型人才引进和培养、海外高层次人才引进、新兴产业领军人才培养和引进、优秀企业家培育、名师名家培育、全民健康卫生人才保障、人才继续教育培训、高技能人才开发、现代农业人才开发、贫困地区革命老区人才支持等重点工程。各级党委、政府要负起抓好人才第一资源的第一责任，各地各部门要结合实际制定人才发展规划和实施意见。搞好规划纲要与"十二五"规划的衔接，强化监督考核和监控评估，确保规划纲要各项任务落到实处。

会议指出，要从讲政治的高度，以严肃认真的态度，紧紧围绕中央巡视组反馈意见指出的问题和提出的意见建议，结合我省工作实际，按照体现科学性、突出针对性、注重实效性的要求，抓紧制定整改措施。从省委常委、副省长做起，各级各部门领导班子要把整改作为从严治党、端正党风、改进工作的过程，把落实整改措施与推动转型跨越发展结合起来，与制定"十二五"规划结合起来，与加强干部队伍建设结合起来，切实在转变经济发展方式、保障和改善民生、加强领导班子和干部队伍建设、加强反腐倡廉建设等方面取得明显成效，使干部群众关注的一些突出问题尽快得到解决，使重点工作尽快取得新的突破。要加强对整改工作的组织领导，通过积极、认真、有效的整改，把中央巡视组提出的要求落到实处，让广大干部群众看到实实在在的效果，向中央交一份满意的答卷，为推动转型发展、跨越发展提供坚强保证。

全省人才工作电视电话会议 10月9日，省委、省政府召开全省人才工作电视电话会议。省委书记袁纯清作重要讲话，强调要深入贯彻全国人才工作会议精神，围绕转型发展、跨越发展，推动我省中长期人才发展《规划纲要》的实施，更好地发挥人才在经济社会发展中的保证和支持作用。省委副书记、省长王君主持会议，省政协主席薛延忠，省委副书记、省纪委书记金道铭，省领导申联彬、杜玉林、李小鹏、高建民、李政文、汤涛、陈川平、牛仁亮、刘维佳、左世忠等出席会议。

袁纯清指出，近年来我省人才工作全面加强，人才投入不断加大，人才队伍不断壮大，人才结构不断优化，重才爱才用才的环境逐步形成。但必须清醒地看到，我省总体上属于"人才资源小省"，人才不足不强是基本省情，也是发展的最大制约因素。知识经济时代，人才资源是第一资源，统领着物质资源的开发和利用；人才是最活跃的生产要素，决定着社会生产的广度和深度。硬实力、软实力、巧实力，归根到底人才是第一实力。靠资源竞争、靠资本竞争、靠技术竞争，归根到底是人才的竞争。谁能在人才竞争中占得先机，谁就能在提升传统产业、发展新产业、开发新项目上走在前列。山西转型发展的实质是推动发展由主要依靠增加物质资源消耗，向主要依靠科技进步、劳动者素质提高、管理创新转变，进而实现由黑色资源到绿色发展的转变、采掘文明到制造文明和"智"造文明的转变。山西在"十二五"期间，要以转型发展为主线，实现主要经济指标翻一番，再造一个新山西，需要有更多的人才去引领和奋斗。

袁纯清指出，要充分认识我省人才工作存在的问题和面临的挑战，增强做好人才工作的紧迫感，坚持人才资源优先开发、人才结构优先调整、人才投资优先保证、人才制度优先创新，走有山西特色的人才发展之路。第一，培养是基础，要通过多种途径培养人才，增加人才总量，提升人才素质。建立健全以转型跨越发展需求为导向，以提高创新能力为核心，人才结构与产业结构优化升级相适应的多元人才培养机制，加快发展高等教育，努力实现免费中等职业教育全覆盖，充分发挥企业和科研院所培养人才的作用，积极主动与外地科研院所合作培养人才。第二，引进是关键，要以项目为载体和途径加快引进紧缺人才、高端人才。遵循人才随着项目走的规律，策划和包装一批具有吸引力的项目和课题，以项目为载体突出针对性、灵活性、延伸性，以资源吸引人才、以人才带进项目、以项目对接人才、以项目拓展项目，定向地发现人、吸引人、延揽人，让更多的人才把干事创业的舞台放在山西，把项目建设的目的地选在山西。第三，使用是根本，要使人才各得其所、各展所长。坚持不拘一格的理念，摈弃求全责备的思想，不唯学历、不唯资历、不唯身份，只要有利于转型发展、强省富民，就放胆使用。坚持遵循人才发展规律，把人才素质能力与岗位要求结合起来，使各类优秀人才在黄金时期充分施展才干，做到因才适用，用当其时。对中青年人才尤其要大力扶持。坚持优劳优酬，加快建立一整套以业绩为核心、以贡献为标尺、以体现人才价值为根本、以维护人才权益为基础的分配激励制度，实现精神奖励与物质奖励相结合，“一流人才一流待遇、一流贡献一流地位”。

袁纯清指出，机制活、环境优；环境优，人才出。要以改革精神创新人才工作体制机制，营造尊重人才、见贤思齐，鼓励创新、宽容失败，待遇优良、服务周到，公开平等、竞争择优的良好环境。一要完善人才评价发现机制，以岗位职责为基础，以品德、能力、业绩为导向，制定人才分类分层考核评价指标体系，科学化、社会化评价发现人才。二要完善人才流动配置机制，健全政府部门宏观调控、市场主体公平竞争、中介组织提供服务、人才自主择业的人才流动机制，促进各类人才在“体制内”与“体制外”合理流动。三要完善人才投资优先保证机制，健全政府、社会、用人单位和个人多元化人才发展投入体系，完善知识产权、技术等作为资本参股的措施，制定科技人员创办科技型企业的激励保障办法。四要完善人才公共服务机制，清理现行人才工作政策和审批事项，支持人才服务功能和服务产品的开发，建立山西籍海外省外高层次人才信息库。五要完善党管人才机制，优化党委统一领导，组织部门牵头抓总，有关部门各司其职、密切配合，社会力量广泛参与的人才工作格局，统筹做好人才培养、引进、使用工作。把人才投入、人才引进、人才培养、人才效能、人才环境作为考核各级党政班子的重要内容，严格监督考核。各级领导干部都要从战略高度抓好人才工作，抓好中长期人才发展《规划纲要》的落实，以宽广胸怀、民主作风、科学方法发现人才、培养人才、团结人才、用好人才、服务人才，让三晋大地成为各类人才奋斗、创业和成功的乐土，成为一切劳动、智慧、技术和资本竞相汇聚发展的热土，开创转型发展、跨越发展的新局面。

王君在主持会议时对学习贯彻全国和全省人才工作会议精神，贯彻落实袁纯清书记的重要讲话精神和实施我省中长期人才发展《规划纲要》提出明确要求。他强调，要大力实施人才加速发展战略，千方百计培养引进人才，不拘一格选拔使用人才，为推动我省转型发展、跨越发展提供强有力的人才保证和智力支撑。一要进一步提高对人才和人才工作重要性的认识。做好人才工作，是推动我省经济社会又好又快发展、全面实现建设小康社会奋斗目标的重要保证，是增创新优势、增强核心竞争力的战略选择，是坚持以人为本、促进人的全面发展的重要途径，是提高党的执政能力、保持和发展党的先进性的重要支撑，也是推动转型发展、跨越发展的迫切需要，是各级党委和政府的重要使命。各级各部门要充分认识人才和人才工作的重要性，进一步增强做好人才工作的紧迫感和责任感，全力实施人才发展战略，全面落实人才发展规划，切实做到人才资源优先开发、人才结构优先调整、人才投资优先保证、人才制度优先创新，为推动经济社会又好又快发展提供强有力的人才支撑。二要切实提高人才工作的科学化水平。要坚持以科学发展观为统领，坚持党管人才的原则，遵循社会主义市场经济规律和人才成长规律，自觉用科学理论指导人才工作、用科学制度保障人才工作、用科学方法推进人才工作。各级党委政府尤其各级人才工作部门要把人才队伍建设作为重中之重，统筹各类人才队伍建设，着力打造一支规模宏大、素质优良的人才队伍；统筹各个层次的人才培养和开发，努力形成梯次合理、结构优化的人才队伍；统筹人才的培养和引进工作，开发利用好省内省外两种人才资源；统筹发挥好政府和市场在人才资源配置中的作用，建立健全政府宏观管理、市场有效配置、单位自主用人、人才自主择业的人才管理体制。三要进一步创优人才环境。各级党委和政府要切实加强领导，改善服务，努力为各类人才创造尊重人才、见贤思齐的社会环境，形成人人渴望成才、人人努力成才、人人有条件成才的良好社会风尚，使各类人才创业有机会、干事有舞台、发展有空间；创造鼓励创新、宽容失败的工作环境，使各类人才在轻松愉悦的氛围中尽情发挥聪明才智，进而激发全社会的创新活力和创造智慧；创造保障有力、后顾无忧的生活环境，千方百计为各类人才排忧解难，使他们能够专心致志地干事创业；创造公开平等、竞争择优的制度环境，形成人才培养开发、选拔任用、考核评价、激励保障的新机制，促进各类人才脱颖而出，做到人尽其才、才尽其用。全省各级各部门要进一步加大工作力度，细化工作措施，狠抓工作落实，努力开创我省人才工作的新局面。

省委常委扩大会议传达贯彻党的十七届五中全会精神 10月19日，省委召开常委扩大会议，传达学习胡锦涛总书记在十七届五中全会第一次全体会议和第二次全体会议上的重要讲话、温家宝总理关于中央《建议》稿的说明等重要文件，并就贯彻落实全会精神作出部署。省委书记袁纯清主持会议。

会议认为，十七届五中全会是一次十分重要的会议。一年来，党中央着眼于应对后国际金融危机时期的复杂性，科学把握宏观调控政策，巩固和发展了经济回升向好势头；着眼于增强发展的可持续性，加快转变经济发展方式，推动经济步入内生增长、创新驱动轨道；着眼于提高发展环境的安全性，妥善应对各种摩擦和纠纷，维护国家利益、促进和平发展；着眼于保持和发展党的先进性，部署开展创先争优活动，不断提高党的建设科学化水平。党中央不愧是中国特色社会主义事业的坚强领导核心，不愧是全党全军全国各族人民衷心爱戴的主心骨。全会通过的《建议》，集中了全党智慧，体现了全球视野，突出了科学发展的主题和加快转变经济发展方式的主线，明确了“十二五”发展的指导思想、目标任务和重大举措，做到了战略性、指导性和前瞻性的有机结合。《建议》对统一全党思想，激发全国人民的积极性和创造性，科学制定“十二五”规划，开创经济社会发展新局面，必将起到巨大的引领和推动作用。胡锦涛总书记的重要讲话，从全局和战略高度，对贯彻落实全会精神、把握重要战略机遇期、推动“十二五”又好又快发展、做好当前工作提出明确要求，为我们搞好工作进一步指明了方向。温家宝总理对《建议》稿作了一个很好的说明。全会决定增补习近平同志为中央军事委员会副主席，我们坚决拥护中央决定。

会议指出，学习好贯彻好落实好十七届五中全会精神，是当前的首要政治任务。全省各级党组织和领导干部要认真学习、深刻领会全会精神，牢牢把握“十二五”发展的主题和主线，明确奋斗目标和主要任务，认真贯彻重大政策举措，切实把思想和行动统一到中央的部署和要求上来。

会议强调，“十二五”时期是山西转型发展、跨越发展的关键时期，必须有一个好的规划来引领。制定“十二五”规划，要以科学发展为主题，围绕转型跨越目标，体现工业新型化、农业现代化、市域城镇化、城乡生态化的思路以及“七条路径”，体现绿化山西、气化山西、净化山西、健康山西的要求，体现建设“中部地区经济强省和文化强省”和再造一个新山西等目标。要处理好转型与跨越的关系，既要落实翻番要求，又要在结构调整上有大的突破，切实把重点放在发展循环经济和发展新兴产业上，把跨越发展建立在转型发展的基础上；处理好强省与富民的关系，统筹解决发展不足与保障改善民生的问题，既要推动产业升级、财政增收，又要努力增加群众收入，营造全民创业氛围，更好地落实发展为了人民、发展依靠人民、发展成果由人民共享的要求；处理好思路与项目的关系，在明确发展思路和规划的基础上，布局一些重大项目，用项目支撑转型跨越，做到虚实结合，增强可操作性。

会议要求，扎实做好当前各项工作，进一步加大落实力度，确保全面完成2010年的各项任务；大抓项目，千方百计地策划、引进、新上一批大项目好项目，确保“十二五”开好局、起好步；抓紧资源型经济转型综合配套改革试验区的有关工作；抓紧推进煤炭资源整合和煤炭企业兼并重组，加强安全生产工作，巩固和发展安全生产的好形势；做好群众工作，维护群众利益，理顺群众情绪，特别是要关心困难群众生活，组织好送温暖活动，把党和政府的关怀送到千家万户；深入开展创先争优活动，学习弘扬右玉精神，进一步改进干部作风，狠抓各项工作的落实。

会议决定，近期召开省委九届十一次全会，全面贯彻落实十七届五中全会精神，提出制定我省“十二五”规划的建议。

全省观摩检查总结座谈会　11月5日，省委、省政府召开全省观摩检查总结座谈会，对观摩检查活动进行总结，对下一段工作进行安排部署。省委书记、省人大常委会主任袁纯清主持会议并讲话，省委副书记、省长王君讲话，省政协主席薛延忠，省委副书记、省纪委书记金道铭，省领导申联彬、杜玉林、李小鹏、高建民、李政文、汤涛、陈川平、张少华、张建欣出席会议。

这次对各市重点工作和项目建设情况的观摩检查，深入11个市的52个县，实地考察了136个工程和项目。在座谈会上，省有关领导和各市市委书记或市长、省直有关部门负责同志先后发言。大家认为，这次观摩检查是贯彻落实十七届五中全会精神和全省领导干部大会精神的重要举措，是最直接、最现实、最具体的一次思想再解放、一次工作大推动。总的看，检查是务实的，指导是具体的，点评是到位的，交流是充分的，组织是严密的。通过观摩检查，交流了情况，提振了信心，推动了工作，促进了作风转变，开创了一个推动工作落实的新范式，取得了良好的思想效果和工作效果。大家表示要把取得的成果转化应用于今后的工作中，真抓实干，奋力拼搏，全面加快转型发展跨越发展，为再造一个新山西努力奋斗。

袁纯清指出，全省领导干部大会召开以来，各地以实际举措抓思想转型、抓工作推进、抓作风建设，行动快、起点高，力度大、抓得实，掀起了思想解放的热潮，项目建设的热潮，竞相赶超的热潮，干事创业的热潮。各地制定了宏伟的发展蓝图，提出了令人振奋的发展目标，谋划“十二五”发展有气概，招商引资、服务项目力度大、效果好，领导班子和广大干部有激情、有干劲，知难而进、迎难而上，呈现出良好的工作状态和精神面貌，展现出一种不甘落后、奋力赶超的劲头，转型发展跨越发展已经成为全省上下的广泛共识和积极实践。

袁纯清指出，在肯定成绩的同时，要清醒地看到存在的差距和不足，主要是，循环经济深度不够、抓高端少，投资仍然不足、与跨越发展的要求相比还有差距，发展新兴产业力度不大、结构性问题依然突出，对城镇化研究不够、在与“一核一圈三群”的对接上还有差距，民生工程谋划布局不够、项目相对较少。要着眼于全局和长远发展，进一步增强紧迫感，更加全面切实地推动转型发展跨越发展。一是要把握好转型和跨越的关系。转型、跨越是科学发展观在山西的具体体现，转型强调加快转变发展方式，跨越强调快速发展、实现翻番，转型是“好”，跨越是“快”，转型跨越就是又好又快，两者统一于再造一个新山西的伟大实践。跨越也包括质的提升，包含着转型，不转型无所谓跨越。因此，转型要以跨越为目标，跨越要以转型为基础。要在用好煤上做文章，下功夫挖掘煤的潜在价值。要推进资源的资本化运作，用资源换资本、换技术、换市场、换项目、换新兴产业，实现资源价值最大化。二是要把握好投资和消费的关系。在相当一个时期内，投资仍然是拉动我省经济增长的主要动力。投资结构就是未来的经济结构，对重大项目、城镇化的投资是一个消费与投资的共生过程。要通过投资扩大增量、优化增量，激活存量、提升存量。经过这一轮大投资，不仅我省的经济社会发展面貌会有一个质的飞跃，消费对经济的拉动力也会随之增强。三是要把握好传统产业和新兴产业的关系。传统产业潜力在循环、出路在循环，这是一个对传统产业再投资、再产出的过程。要在严格控制传统产业总量的基础上，把循环经济作为基本的市场准入标准、技术原则和生产方案，依靠技术进步从低端产业链迈向高端产业链，构建具有山西特色的循环经济发展模式。要用发展的眼光、创意的思维发展新兴产业，从政策、项目、资金等方面对新兴产业予以倾斜，加快建立新兴产业支撑体系，把新兴产业发展状况作为考核一个地方转型发展成效的主要内容。四是要把握好内生性增长和招商引资的关系。在加大对本土企业培植和扶持力度的同时，充分发挥我省比较优势，从工作上加大力度，从政策上加以保证，大力度引资、引才、引智，在扩大开放上取得新突破。五是要把握好整体推进和重点突破的关系。转型、跨越是系统工程，是山西"十二五"发展的总方略，是对各种资源和要素的重新整合和提升，要动员各地各部门和广大干部群众不遗余力地加以推进。同时要在一些方面重点突破，着力做大做强一批国有企业、民营企业、县(市、区)、园区和城镇群，使之成为全省转型发展跨越发展的排头兵和先行区，形成重点带动力量和突破力量。

袁纯清指出，要继续解放思想、转变作风、真抓实干，为转型发展跨越发展提供坚强保证。着眼于明年及"十二五"发展，各级领导干部要有更广的视野，向外部看、向高处看、向未来看，跳出小圈子，放开胸怀，多做横向比较，决不能做井底之蛙；要有更高的标准，发展上、工作上要争一流，不能满足于一般地抓，不能满足于小打小闹，不能满足于守成求稳；要有更优的环境，进一步转变政府职能，关键是增强服务意识，根本是建立起相关的政策、机制、体制保障；要有更大的干劲，始终保持干事创业的激情、奋发有为的状态，实干、真干，连续干、可持续地干；要有更实的作风，讲实话、办实事、求实效，决不搞花架子工程。

袁纯清强调，我们的力量建立在群众的积极性、创造性上。在转型、跨越压力大、难度大、任务重的情况下，要坚持一切为了群众、一切服务群众，坚持相信群众、深入群众，关心群众、依靠群众，经常问计于民，汲取群众的经验和智慧，使决策更符合群众的要求；要做过细的群众工作，解决好发展中面临的困难和矛盾，形成发展的强大合力；要关心群众的疾苦，增强党和政府的向心力、凝聚力，最大限度地焕发人民群众干事创业的热情。

王君指出，2010 年以来，全省上下认真贯彻落实中央的决策部署，按照省委、省政府的工作要求特别是全省领导干部大会精神，以转变经济发展方式为主线，不断加大经济结构调整力度，努力保持经济平稳较快发展，进一步巩固和发展了全省经济回升向好的势头，各项工作都取得了新的发展。全省上下贯彻落实全省领导干部大会精神行动快，三晋大地到处呈现出聚精会神促转型、一心一意谋跨越的动人景象；保增长、促发展办法多，主要经济指标超过了国际金融危机前的水平，经济发展步入了稳定较快增长区间；结构调整效果好，"上大项目、上好项目、上强项目"势头强劲，特别是煤炭资源整合、煤矿兼并重组，在 2009 年取得了重大阶段性成果的基础上，2010 年又有了新的实质进展；重点工程建设力度大，不仅有力地拉动了投资快速增长，而且增强了长远发展后劲；安全生产工作抓得紧，安全生产形势明显好转的局面进一步巩固；社会事业发展和民生改善措施实，"五个全覆盖"等重点工作任务进展顺利，广大人民群众得到了实实在在的好处；不断加大改革开放力度，经济发展的动力和活力进一步增强。

王君要求，全省各级各部门要以科学发展观为统领，认真贯彻落实党的十七届五中全会精神，按照全省领导干部大会的部署，以科学发展为主题，以转变经济发展方式为主线，全面推进经济社会各项工作。一要以项目为抓手，进一步加大重点工程建设和推进力度，充分发挥投资拉动转型跨越发展的火车头作用；二要以加快转变经济发展方式为主线，大力推进经济结构调整，改造提升传统产业，培育壮大新兴产业和高新技术产业，大力发展服务业，构建具有山西特色的现代产业体系，特别是要继续深入推进煤炭资源整合、煤矿兼并重组，把这项打基础、利长远、事关全省大局的大事办好办实；三要以增加农民收入为核心，切实抓好"三农"工作，大力推进农业现代化；四要以"一核一圈三群"为重点，坚持"三规"引领、"三区"支撑、"三改"推动，全面推进市域城镇化进程；五要以建设资源节约型、环境友好型社会为着力点，不断加大节能减排和生态建设力度，加快建设"绿化山西、气化山西、净化山西、健康山西"；六要以保障和改善民生为出发点和落脚点，加大社会事业发展和民生改善力度，促进经济社会协调发展；七要以深化改革开放为突破口，创新体制机制，创优发展环境，加大招商引资力度，进一步增强转型跨越发展的动力和活力。

王君指出，各级各部门在全面谋划 2011 年工作的同时，还要着眼长远、科学编制好"十二五"规划，描绘好全省转型跨越发展的蓝图。要处理好转型发展与跨越发展的关系；处理好开创性与连续性的关系；处理好一般与重点的关系；处理好激发内力与开放引进的关系；处理好强省与富民的关系。要突出重点工作，抓住薄弱环节，全力以赴地推进节能减排、重点工程、煤炭资源整合和煤矿兼并重组、"五个全覆盖工程"、安全生产等重点工作，圆满完成 2010 年和"十一五"各项目标任务。年终岁末，各级各部门要深入细致地做好群众工作、安全和稳定工作，关心群众疾苦，特别是带着感情认真做好城乡困难家庭、弱势群体的生活保障工作。

省委常委会研究讨论"十二五"规划建议 11 月 14 日，省委常委会召开会议，研究讨论省委关于制定国民经济和社会发展第十二个五年规划的《建议》稿，听取关于山西省民营经济转型跨越发展大会筹备情况的汇报，就有关工作作出部署。省委书记袁纯清主持会议。

会议原则通过《中共山西省委关于制定国民经济和社会发展第十二个五年规划的建议》稿，认为《建议》稿是在深入调查研究的基础上形成的，全面贯彻了党的十七届五中全会精神，体现了我省实际，总体上是一个比较成熟的稿子，进一步征求意见和修改后，提交省委九届十一次全会审议。

会议指出，"十二五"时期，是全面建设小康社会的关键时期，是深化改革开放、加快转变经济发展方式的攻坚时期，也是我省实现转型发展跨越发展的重要时期。制定"十二五"规划，要高举中国特色社会主义伟大旗帜，以邓小平理论和"三个代表"重要思想为指导，深入贯彻落实科学发展观，全面贯彻党的十七届五中全会精神，以科学发展为主题，以加快转变经济发展方式为主线，坚持把经济结构战略性调整作为主攻方向，坚持把科技进步和创新作为重要支撑，坚持把保障和改善民生作为根本出发点和落脚点，坚持把建设资源节约型、环境友好型社会作为重要着力点，坚持把改革开放作为强大动力。要从我省实际出发，按照全省领导干部大会的部署，以解放思想为先导，以转型发展为主线，以赶超发展为战略，以跨越发展为目标，以推进国家资源型经济转型综合配套改革试验区建设为重要抓手，大力推进工业新型化、农业现代化、市域城镇化、城乡生态化，在建设国家新型能源和工业基地的基础上，建设全国重要的现代制造业基地、中西部现代物流中心和生产性服务业大省、中部地区经济强省和文化强省，再造一个新山西。

会议指出，我省发展既面临难得的机遇，又面临多方面的挑战，国内外环境总体上有利于我省转型跨越发展。全省党员干部和人民群众，要增强机遇意识和忧患意识，准确判断形势变化，科学把握发展规律，着力破解发展难题，实现经济快速健康发展，经济结构调整取得重大进展，城乡居民收入普遍较快增加，社会建设明显加强，改革开放不断深化，为全面建成小康社会打下具有决定性意义的基础。

会议听取了省委统战部、省工商联的汇报，决定近日召开山西省民营经济转型跨越发展大会，表彰先进，完善政策，强化措施，进一步在全省形成民营企业关心山西、热爱山西、投资山西、发展山西的新热潮。

全省民营经济转型跨越发展大会 11月19日，省委、省政府召开全省民营经济转型跨越发展大会，全面贯彻十七届五中全会精神和全省领导干部大会精神，部署加快我省民营经济发展的思路和措施，表彰优秀民营企业和企业家。省委书记、省人大常委会主任袁纯清在讲话中强调，全省上下要解放思想、大胆创新，完善政策体系，优化发展环境，进一步形成民营企业关心山西、热爱山西、投资山西、发展山西，全社会关心支持民营企业的良好氛围，为转型跨越发展、再造一个新山西注入强大活力和动力。省委常委、常务副省长李小鹏主持会议并作总结讲话。省委常委、统战部长李政文宣读表彰决定。省领导薛延忠、金道铭、申联彬、高建民、靳善忠、郭良孝、韩儒英等出席会议。

袁纯清指出，民营经济是社会主义市场经济的重要组成部分，非公有制经济人士是建设中国特色社会主义的重要力量。改革开放以来，我省民营经济从"草根经济"到"丛林经济"，如今已占全省经济的"半壁江山"。广大民营企业家勇立时代潮头，致力发展、回馈社会，为全省经济社会发展作出重大贡献。同时也要清醒地看到，我省民营经济与全国民营经济蓬勃发展的态势相比，与转型跨越的要求相比，还存在投资乏力、份额不大、规模较小、结构趋同等问题，民营经济发展环境也有待改善。后国际金融危机时期，新一轮民营经济发展浪潮正在到来，民营企业既面临重大机遇，也面临严峻考验，时不我待，不进则退。

袁纯清指出，民营经济是就业经济、富民经济，也是强省经济。从一定意义上讲，民营经济活则全局活，民营经济转则全局转，民营经济兴则全局兴。民营企业要增强责任感，发挥好资本实力雄厚、产业潜力巨大、体制机制灵活、商会人脉联系广泛等优势，坚持正确路子，力求有新思路、大作为，在全省转型跨越发展的伟大事业中大显身手。在发展路径上要破除资源依赖过度，走绿色、循环、高端发展之路，以先人一步的观念、高人一筹的胆略看发展、谋发展、干发展，实现黑色资源绿色利用，地上资源创意发展，人力资源优先开发，在产业形态上实行全循环，在价值链条上要着力抓高端，加快加工材料向材料加工、材料制造的转变。在发展重点上要跳出传统产业束缚，加快向新兴产业迈进，善于把资源变成资本，把传统产业作为转型平台，大力引进人才、引进技术、引进项目，加速进入新兴产业领域，积极投入公共服务领域，形成多元发展格局。在发展模式上要扩大数量、提高质量、提升层次，既要"铺天盖地"，形成全民创业高潮，又要"顶天立地"，着力发展大企业、大集团，实现集群发展、抱团转型。在发展动力上要减少物质消耗，加大科技投入，积极参与产学研合作，主动参与科技项目和关键领域技术攻关，实施技术改造，加快科技成果产业化，实施品牌战略，实现资源驱动向创新驱动转变。

袁纯清对民营经济人士寄予殷切希望，勉励他们秉承晋商传统，争做适应时代要求的现代企业家。要正确对待自己，更加注重"走出去"，更加注重学习，不断提升能力素质，拓宽眼界，开启思路，不断增强企业的创新能力、综合实力和可持续发展能力。要正确对待企业，按照现代企业制度的要求，建立以公司制为主要形式的法人治理结构，改善企业资本结构，加强内部风险管理和精细化管理。要正确对待社会，把回馈社会、造福人民作为自己的使命，有所担当、自觉奉献。承担起对企业员工的责任，重视人文关怀，规范用工行为，改善劳动条件，提高待遇水平，确保安全生产，保护职工合法权益，构建和谐劳动关系。承担起对社会以及子孙后代的责任，致富思源、富而思进，热心公益事业，同时致力于绿色生产、清洁生产，真正成为创造财富、促进文明、维护和谐的重要力量。要正确对待晋商精神，弘扬践行晋商精神，坚持"爱国、敬业、诚信、守法、贡献"的宗旨，树立敢为人先、诚实守信、勤奋敬业、开放大度的形象，诚实经营、守法经营、科学经营，在转型发展的主战场发挥聪明才智、展现新的作为。

袁纯清要求，各级各部门要站在强省富民的战略高度，树立抓民营经济就是抓转型、抓跨越，就是抓就业、抓增收，就是抓民生、抓和谐的理念，为民营经济发展营造良好环境、提供有力保障，在全社会形成支持民营经济大发展的良好局面。一要大力推动，把发展民营经济摆上各级党委、政府的重要议事日程，关心民营企业家，切实为民营企业发展提供支持，健全领导促进机构，筛选和布局一批民营企业重大项目，把民营经济发展纳入领导任期目标责任制。二要积极支持，强化政策导向和要素投入，加大政策、资金、土地、人才等支持力度，全面清理限制民营企业进入的歧视性政策，只要国家没有明令限制，各领域、各行业都应当允许民间资本进入，都应当允许民营企业经营。三要热情服务，积极探索服务民营企业的新方式，加强服务平台建设，大力转变作风，规范行政行为，想方设法为民营企业排忧解难，打造亲商安商富商的环境。四要真情关怀，加强民营企业思想政治工作，对优秀民营企业家要大张旗鼓地表彰奖励，营造干事创业、全民创业的浓厚氛围。抓好非公有制经济组织党的建设，深入开展创先争优活动，发挥好党组织的作用。

李小鹏在总结讲话中要求各级各部门认真学习领会大会精神，牢牢把握"两个毫不动摇"的方针，大力支持民营经济加快发展；紧紧围绕"再造一个新山西"的目标，积极引导民营经济为全省转型跨越发展作出新贡献；牢固树立"亲商、安商、富商"的理念，为民营经济快速健康发展创造良好环境和条件。广大民营企业要以这次会议为契机，以奋发有为的精神、雷厉风行的作风、务实高效的措施，推动我省民营经济在新起点上实现新跨越。

大会还对100个优秀民营企业进行了表彰。会前，袁纯清、薛延忠、金道铭、申联彬、李小鹏、高建民、李政文、靳善忠、郭良孝、韩儒英等观看了民营经济转型跨越发展成果展览。

省委依法治省领导组会议 11月23日，省委依法治省领导组召开会议，听取一年来"法治山西"建设情况汇报，研究部署明年和今后一个时期的工作。省委书记、省委依法治省领导组组长袁纯清主持会议并讲话。省领导王君、金道铭、申联彬、杜玉林、胡苏平、汤涛、王雅安、张建欣、李雁红和省法院院长左世忠、省检察院检察长王建明等出席会议。

会议认为，一年来，各级各部门围绕省委、省政府工作大局，着眼于推动转型跨越发展，认真落实《"法治山西"建设实施纲要》，扎实推进地方立法、依法行政、公正司法、法律监督、普法教育、依法治理等各项工作，全省干部群众的法律素养和法治理念有了新提升，社会管理的法治化水平迈上新台阶，全社会法治氛围越来越浓厚，为经济社会又好又快发展提供了有力保障。

会议指出，法治进步是社会文明的重要标志，法制健全是社会长治久安的根本保障。要紧紧围绕转型跨越发展的大局，增强推进"法治山西"建设的使命感，把依法治省、加快"法治山西"建设各项工作融入转型跨越发展的总体部署来思考、来谋划、来推进，从法治层面破解体制机制制约，解决民主法治建设中不适应、不符合的突出问题，为转型跨越发展营造民主团结的政治环境、公平竞争的经济环境、安全稳定的社会环境。

会议要求，坚持改革创新，抓好重点工作，着力提高"法治山西"建设的整体水平。地方性法规建设要体现山西特色，坚持立法决策与改革、发展、稳定的重大决策相结合，及时清理滞后于经济社会发展、不适应现实需要、不符合上位法规的法规规章，加快制定和完善结构调整、节能减排、城乡统筹、循环经济、社会事业等方面的地方性法规，使我省地方法规体系更科学、更合理、更完善；建设法治政府要重在优化投资发展环境，全面推进依法行政，认真贯彻行政许可法，加快改革行政审批制度，加快推进政府职能转变，提高运用法律手段和必要的行政手段、经济手段管理社会的能力，健全突发公共事件预警和应急机制，切实提高依法行政的水平；推进司法公正要在深化改革、加强队伍建设上下工夫，建立健全公正、高效、权威的司法制度，创新法律服务，加大对弱势群体的司法救助力度，加强司法队伍建设，推广"阳光执法"；开展普法教育，要下工夫培育社会主义法治文化，加强各级领导干部、公务员、青少年的学法用法工作，充分发挥新闻媒体在法制宣传教育中的作用，提高全社会法律素质；社会管理要把重点放在基层，加强基层民主自治管理，加强综治、信访、维稳的基层基础工作，加强重点行业部门的专项治理，推进社会管理创新，切实维护社会和谐稳定；加强监督，要完善监督体系、形成监督合力，重点加强对"一府两院"依法行政、公正司法的监督，加强对国有资产管理、重大建设项目等重点领域的监督，确保权力的行使符合宪法和法律的规定。

会议强调，各级各部门对依法治省工作要高度重视、加强领导，把依法治省和"法治山西"建设纳入"十二五"规划，与经济社会发展紧密结合起来，整合方方面面的力量扎实加以推进，确保把各项工作落到实处、取得实效。

省委常委会研究部署深化干部人事制度改革 11月25日，省委常委会召开会议，研究部署深化干部人事制度改革、推进干部选拔任用工作。会议强调，加强干部选拔任用工作，是建设坚强有力、奋发有为的领导班子和干部队伍，推动我省转型跨越发展的关键。要着眼于树立正确用人导向、优化各级领导班子结构、增强干部队伍活力，大力加强领导班子选配，加大干部交流力度，选拔使用一批干事创业、实绩突出、群众公认的优秀干部，为全省各项事业发展提供坚强的组织保证。省委书记袁纯清主持会议。

会议指出，要坚持围绕转型跨越发展选干部、配班子、聚人才。坚持德才兼备、以德为先，注重选拔那些党性坚强、政治坚定，与党中央保持高度一致的干部，努力为转型跨越发展选好人、用好人；要坚持注重实绩、崇尚实干，注重选拔那些在基层一线推动转型跨越发展有思路、有激情、有能力、有贡献的干部，以工作实绩论干部，以发展成效评干部，以目标责任考干部；要坚持解放思想、改革创新，注重把那些在推进转型跨越发展中敢闯敢干、敢于负责、不怕得罪人、能够担当重任的干部选出来、用起来；要坚持组织原则，强化责任意识，既注重群众公认，又不简单以票取人；要坚持扩大选人视野，加大竞争性选拔工作力度，勇于跳出条条框框选干部、用人才，注重选拔一批适应转型跨越发展需要的优秀干部和紧缺人才。对那些敢谋大发展、敢干大发展、会干大发展的干部进行宣传报道，树立一批先进典型。同时要认真开展深入整治用人上不正之风工作，对违纪违法干部要严肃处理，对拉票贿选等行为要坚决查处，切实提高选人用人公信度，进一步营造风清气正的用人环境。

会议指出，要着力优化领导班子结构，不断增强各级领导班子和干部队伍的生机与活力。要重点加强"一把手"选拔和管理，把优秀的干部用在关键的岗位上，切实为转型跨越发展造就高素质骨干队伍。要切实加大干部交流力度，大力推进竞争性选拔干部工作，加强干部宏观管理，完善干部选拔任用机制，推进干部选拔任用工作科学化、民主化和制度化。要大力培养选拔优秀年轻干部，把基层和工作一线作为培养年轻干部的主阵地，形成有利于优秀年轻干部脱颖而出的选拔机制。要全面落实年度目标责任考核制度，切实加强平时考核、重点考核及定期考核，尤其要加强对领导班子和领导干部在推进转型跨越发展中完成重要项目、重点工程、重大任务实际成效的考核，把考核结果作为领导班子调整配备和领导干部选拔任用的重要依据。

省委中心组关于迈向世界人才强国若干重大问题学习报告会 11月26日，省委中心组举行迈向世界人才强国若干重大问题学习报告会。省委书记袁纯清主持并讲话，省委副书记、省长王君，省政协主席薛延忠，省领导申联彬、李小鹏、高建民、李政文、汤涛、陈川平、张少华、杨安和、靳善忠、郭海亮、张平、张建欣、郭良孝、李雁红、李潭生、令政策以及省法院院长左世忠、省检察院检察长王建明出席。

我国著名人才专家，上海公共行政与人力资源研究所名誉所长、研究员，《国家中长期人才发展规划纲要》起草组专家沈荣华就"迈向世界人才强国的若干重大问题"作了报告，深刻阐述了国家关于人才工作的一系列新观点、新理念、新政策、新举措，分析了《国家中长期人才发展规划纲要（2010—2020年）》确定的指导方针、战略目标和总体部署，并结合我省实际提出了意见和建议。

袁纯清在主持学习报告会时指出，当今时代，国与国、地区与地区之间的竞争越来越表现为人才的竞争。在"十二五"的发展中，人才将会发挥更大的作用。没有人才支撑，转型跨越的目标不可能实现；没有人才的集聚，山西的资源优势不可能变成更大的发展优势；没有人才的活力，就没有山西发展的活力。我们要切实增强做好人才工作的紧迫感、危机感和责任感，以更大的决心和魄力、更好的思路和办法吸引人才、延揽人才、使用人才。要科学培养人才，发挥高等院校、科研院所和企业研发中心等载体的作用，建立与产业发展相适应的多元人才培养机制，重点培养循环经济、新能源、新材料、装备制造、旅游文化、现代服务等领域急需的人才。要广泛聚集人才，打破身份、所有制、地域等壁垒，以项目为载体，制定更加灵活、更加优惠的人才引进政策，吸引国内外人才来晋发展创业，特别是要引进掌握关键技术、带动新兴科学和产业发展的领军人物以及其他紧缺人才，大幅提升我省高端人才实际存量。要用好用活人才，摈弃求全责备的思想，坚持因才适用、用当其时，力争使每一个优秀人才岗位有保证、作用能发挥、价值能实现。

袁纯清指出，要适应人才的环境选择性特征，扎实推进体制机制创新，营造有利于人才发展的良好环境。要健全以任期目标为依据、发展业绩为核心的人才评价发现办法，注重在建设重大项目和完成急难重任务中评价发现人才，形成能进能出、能上能下的人才良性循环机制，使人才队伍始终如源头活水。要调整和完善人才公共服务政策，取消不必要的审批项目和程序，健全人才工作公共服务平台，加强人才市场建设，形成公共服务和市场服务相互补充的人才服务网络体系。要建立健全与工作业绩紧密联系、充分体现人才价值、有利于激发人才活力和维护人才权益的激励保障机制，探索提高科技、知识等要素在分配中权重的办法，鼓励企业和社会组织建立人才发展专项资金，围绕重大产业项目设立专项创业奖励资金，激励各类人才攻坚克难。要放手支持人才干事创业，及时把优秀人才放到重要岗位上培养锻炼，在他们工作遇到困难时要多鼓励，多帮助，增强人才的自豪感和成就感。

袁纯清强调，各级党委、政府特别是主要领导要始终把人才工作摆到突出位置，把人才资源作为优先开发的战略资源，以我省中长期人才发展规划纲要为基本遵循，结合实际编制本地区、本行业、本系统以及重点领域的人才发展规划。要建立健全人才工作目标责任制，把人才工作纳入经济社会发展综合考核体系，促进人才工作各项任务的落实。要加强人才工作机构和队伍建设，真正做到人才工作有机构管事、有职能理事、有人员做事、有资金办事。各相关部门要加强沟通联系，搞好协调配合，共同开创全省人才工作的新局面，为转型跨越发展提供有力的人才支撑。

省委九届十一次全体会议 11月28日至30日，中共山西省委九届十一次全体会议在太原举行。全会由省委常委会主持。全会听取和讨论了省委书记袁纯清受省委常委会委托作的工作报告，审议通过了《中共山西省委关于制定国民经济和社会发展第十二个五年规划的建议》。袁纯清在全会结束时作了重要讲话。省委副书记、省长王君就《建议（草案）》向全会作了说明。

出席会议的省委委员64人，候补委员10人。有关方面负责同志和基层党员代表列席会议。

全会充分肯定省委常委会一年来的工作。指出，省委九届十次全会以来，在党中央的正确领导下，省委常委会高举中国特色社会主义伟大旗帜，坚持以邓小平理论和"三个代表"重要思想为指导，深入贯彻落实科学发展观，紧紧依靠全委会的同志，团结带领全省干部群众，解放思想、锐意创新，振奋精神、埋头苦干，努力克服国际金融危机带来的冲击，全力推动转型发展、跨越发展，着力保障改善民生，切实加强党的建设,各项工作取得新进展新成效。

全会高度评价"十一五"时期我省经济社会发展取得的新成就,深入分析了"十二五"时期我省经济社会发展面临的形势。全会指出,制定"十二五"规划,必须全面贯彻党的十七届五中全会精神,高举中国特色社会主义伟大旗帜,以邓小平理论和"三个代表"重要思想为指导,深入贯彻落实科学发展观,以科学发展为主题,以加快转变经济发展方式为主线,坚持把经济结构战略性调整作为加快转变经济发展方式的主攻方向,坚持把科技进步和创新作为加快转变经济发展方式的重要支撑,坚持把保障和改善民生作为加快转变经济发展方式的根本出发点和落脚点,坚持把建设资源节约型、环境友好型社会作为加快转变经济发展方式的重要着力点,坚持把改革开放作为加快转变经济发展方式的强大动力;以解放思想为先导,以转型跨越发展为目标,以推进国家资源型经济转型综合配套改革试验区建设为重要抓手,以安全生产为重要保障,大力推进工业新型化、农业现代化、市域城镇化、城乡生态化,在建设国家新型能源和工业基地的基础上,建设全国重要的现代制造业基地、中西部现代物流中心和生产性服务业大省、中部地区经济强省和文化强省,再造一个新山西。

全会综合考虑未来发展趋势和条件,提出了今后五年经济社会发展的主要目标:经济快速健康发展,主要经济指标翻番,经济结构调整取得重大进展,城乡居民收入普遍较快增加,社会建设明显加强,改革开放不断深化。这个目标,体现了中央要求与山西实际的结合,体现了长期目标与短期目标的衔接,体现了转型发展与跨越发展的统一,体现了经济发展与社会事业发展、民生改善的协调,体现了人与自然的和谐,是顺应时代发展潮流的现实选择,是实现我省科学发展的必然要求。

全会提出,"十二五"时期,要在全面落实国家宏观调控政策的基础上,结合我省实际,大力推进工业新型化、农业现代化、市域城镇化、城乡生态化。一是优化生产力布局,构建转型跨越发展的战略基础。实施主体功能区规划,促进区域分工合理化、基本公共服务均等化和区际的良性互动;优化投资结构、加大投资力度,有效拉动经济增长,增强发展后劲;加强基础设施建设,为转型跨越发展提供有力支撑。二是加快推进工业新型化,发展现代产业体系。改造提升传统产业,促进传统优势产业产能大型化、生产集约化、利用清洁化、发展高端化;着力培育壮大现代装备制造业、现代煤化工、新型材料工业、特色食品工业等新兴产业,力争在新能源、节能环保、生物产业、新一代信息技术等战略性新兴产业发展上取得新突破;加快发展现代物流业和文化旅游等现代服务业,大力发展循环经济,促进信息化和工业化深度融合。三是加快推进农业现代化,建设社会主义新农村。加大对"三农"的投入和政策支持力度,积极发展现代农业,多渠道增加农民收入,加快贫困地区脱贫致富步伐,提高农村公共服务能力和农民综合素质,大力发展县域经济,深化农村改革。四是加快推进市域城镇化,统筹城乡发展。按照"一核一圈三群"的布局,加快发展太原都市圈,发挥区域中心城市和城镇群带动作用,大力实施"大县城"战略和百镇建设工程,加强城镇化管理。五是加快推进城乡生态化,建设资源节约型、环境友好型社会。以造林绿化为重点,全面实施各类生态建设和保护工程,建设"绿化山西";推进煤层气、焦炉煤气、煤制天然气和过境天然气"四气合一",建设"气化山西";推进节能减排,加强资源节约和管理,建设"净化山西";发展医疗卫生事业,倡导健康生活方式,建设"健康山西"。

全会提出,要以更大的决心和力度,加快社会事业发展,着力改善民生,逐步完善符合省情、比较完整、覆盖城乡、可持续的基本公共服务体系,推进基本公共服务均等化。要积极扩大就业,构建和谐劳动关系;合理调整收入分配关系,努力提高居民收入;加快建设覆盖城乡居民的社会保障体系,建立扩大消费的长效机制,加快保障性住房建设,加强和创新社会管理,加强安全生产工作,促进安全生产形势由明显好转向稳定好转转变。

全会提出,要深入实施文化强省战略,推动文化大发展大繁荣。深入推进文化体制改革和文化创新,大力发展文化事业,基本建成覆盖城乡、惠及人民的公共文化服务体系,加快发展文化产业,特别要大力发展文化旅游产业。加强社会主义精神文明建设。

全会强调,推动转型跨越发展,必须加快改革攻坚步伐,深入推进行政体制改革、国有企业改革、财税体制改革、金融改革、资源性产品价格和要素市场改革、社会事业体制改革,增强发展的活力和动力。大力发展民营经济。优化发展环境,加大招商引资力度。实施科教兴省和人才强省战略,提升科技创新能力。

全会指出,资源型经济转型综合配套改革试验区,是推动我省转型跨越发展的重大机遇和重要抓手,必须加强组织领导,确保试验区各项工作顺利推进、取得实效。重点是推进产业结构转型,大力发展接续替代产业,推动区域协调发展特别是加快资源型城市转型步伐。创新体制机制,强化政策支撑。

全会强调,党的领导是实现"十二五"时期经济社会发展目标的根本保证。要充分发挥党的领导核心作用,充分发挥广大党员干部的先锋模范作用,加强反腐倡廉建设,大力弘扬党的光荣传统和优良作风,形成推动转型跨越发展的强大力量。

全会指出,转型跨越实质是又好又快发展,是科学发展观在山西的具体体现,是贯穿省委"十二五"规划《建议》的一条红线。从国际国内发展趋势看,我省转型跨越发展的大环境总体有利;从发展规律看,我省正处于一个全面转型和跨越发展的阶段;从我省资源和基础条件看,转型跨越具有强劲的支撑;从发展态势看,全省谋转型、促跨越的局面令人鼓舞。转型跨越是发展大势所趋,经济规律使然,全省人民期盼,只要全省上下齐心协力,各部门各单位形成合力,转型跨越目标一定能够实现。

全会指出,要切实做好新形势下的群众工作,充分调动全省人民的积极性和创造性。要充分相信群众，坚持制定决策问计于群众，开展工作要依靠群众，推动发展要动员群众，把发展规划和政策措施交给群众，赢得群众的理解和支持，特别是要让广大群众认识到转型跨越代表了自己的根本利益，积极投身转型跨越发展，形成全民创业的热潮。要主动深入群众，深入下去体察民生民心、增长才干本领、加强党性锻炼，特别是要到最困难的地方去，到群众意见多的地方去，到工作推不开的地方去，与群众携手破解难题，不断增进与群众的感情。要热忱关心群众，从政策、工程、制度、感情等层面加大工作力度，着眼根本利益、关注切身利益、保障基本利益，坚决反对损害群众利益。要科学引导群众，工作中要做到主动而不推拖，服务而不强制，细致而不粗糙，依法而不随意，切实解决群众的实际困难和问题，促进社会和谐稳定。

全会指出，要从转型跨越发展全局出发，切实加强干部队伍建设。要形成良好的干部风气，特别是主要领导干部，既要用高尚的人格力量影响和带动广大干部，又要敢抓敢管，切实解决干部风气中的突出问题，形成创先争优、风清气正的干部氛围。要构建科学的选任机制，坚持德才兼备、以德为先，注重选拔政治坚定，在推动转型跨越发展上有思路、有激情、有能力、有贡献的干部；深化干部人事制度改革，加大竞争性选拔干部的力度，让干部用当其时、用当其为、用当其才，认真实施领导干部目标责任考核方案，有效防止干与不干一个样、干好干坏一个样。要树立正确的为政观念，正确处理做人与做官、做事与做官、个人与组织的关系，树立正确的世界观、权力观、事业观。要营造健康的从政环境，各级党组织对干部要关心，对工作要支持，对用权要监督，特别要给基层干部以更多的理解和支持。

全会要求，各级各部门要扎扎实实做好改革发展稳定各项工作，巩固和发展全省的良好局面。抓紧制定好“十二五”规划，把制定规划的过程变成统一思想、凝聚力量的过程。抓紧时间保重点、打硬仗，确保圆满完成年度和“十一五”各项任务。做好物价稳定工作，广泛开展访贫问苦送温暖活动，让所有群众都能过好冬、过好年。加强安全生产工作，巩固全省安全生产的良好形势。及时化解社会矛盾，做好维护社会和谐稳定的工作。及早谋划明年工作，确保“十二五”开好局。

全会号召，全省上下要紧密团结在以胡锦涛同志为总书记的党中央周围，深入贯彻落实科学发展观，进一步解放思想、开拓创新，埋头苦干、奋力进取，为完成国民经济和社会发展第十二个五年规划任务、实现再造一个新山西的宏伟目标而努力奋斗！

省委常委会研究部署学习型党组织建设 12月7日，省委常委会召开会议，传达学习全国学习型党组织建设工作座谈会和全国宣传部长座谈会精神、全国用群众工作统揽信访工作经验交流会精神，研究我省贯彻落实意见，对搞好年度目标责任考核提出要求。会议强调，要站在全局和战略高度，进一步加强学习型党组织建设，进一步加强新形势下宣传思想工作和信访工作，为转型跨越发展创造良好的舆论氛围和社会环境。省委书记袁纯清主持会议。

会议指出，建设学习型党组织是推进党的建设新的伟大工程、推动中国特色社会主义伟大事业的重大举措。全省学习型党组织建设起步扎实、全面推进，取得了阶段性成效。要按照中央的部署和要求，大力弘扬理论联系实际的优良作风，紧紧抓住领导干部这个重点，加大组织领导力度，使学习型党组织建设不断引向深入。要深化学习内容，创新学习形式，完善学习途径，发挥典型示范作用，增强学习的理论性、计划性和针对性，做到学用结合、学以致用，更好地指导实践。加强对学习的考核，形成重学习、抓学习的风气。要广泛深入开展形势政策宣传教育活动，集中宣讲党的十七届五中全会精神和省委九届十一次全会精神，把全省党员干部群众的思想统一到中央和省委的决策部署上来，营造加快转型跨越发展的浓厚氛围。要做好新形势下的互联网管理工作，加强网络宣传管理队伍建设，提高网络管理水平，净化网络环境。

会议指出，要认真贯彻落实胡锦涛总书记在党的十七届五中全会上的重要讲话精神，进一步做好新形势下的群众工作和信访工作。在新的形势下，群众工作和信访工作面临许多新情况新问题，任务更加重要。信访工作是最直接、最具体、最现实、最迫切的群众工作，要坚持用群众工作统揽信访工作，使信访工作成为各级党政领导班子的一项经常性工作，特别是各级党政一把手要负起第一责任，高度重视信访工作，亲自研究信访工作，直接做信访工作。从源头上减少信访量，转变作风是基础，做好信访工作，重点在基层。领导干部要转变工作作风，改进工作方法，坚持重心下移，既要带着感情做信访工作，又要依法依规处理信访问题，发现群众反映的困难和问题要及时帮助解决，确保信访量、群体性上访和信访积案明显下降。要建立适应新形势的信访工作体制机制，加强信访干部队伍建设，为搞好信访工作提供有力保障。

会议指出，要认真做好对各地各部门和省管干部的年度目标责任考核工作，加强组织领导，严格考核程序、标准和要求，严明组织纪律，兑现奖惩，总结经验，推动工作。通过考核，形成干事创业的导向，激励各级领导干部全身心投入转型跨越发展。

全省党史工作会议 12月8日，全省党史工作会议在太原召开，会议对深入贯彻落实中央《关于加强和改进新形势下党史工作的意见》和全国党史工作会议精神，进一步做好我省党史工作作出部署安排，并表彰我省各条战线涌现出来的党史工作先进集体和先进工作者。省委书记、省人大常委会主任袁纯清，中央党史研究室主任欧阳淞出席会议并讲话。省委常委、宣传部长胡苏平，省委常委、组织部长汤涛等出席会议。省委常委、副省长、省委秘书长高建民主持会议。

欧阳淞在讲话中指出，要认真学习领会中央精神，切实把思想认识统一到中央的决策部署上来。在十七届五中全会上，胡锦涛总书记高度评价党史工作，要求“加强和改进新形势下党史工作，坚持以史鉴今、资政育人的根本任务，努力提高党史工作科学化水平”。《中共中央关于加强和改进新形势下党史工作的意见》和习近平同志在全国党史工作会议上的重要讲话，提出了关于党史工作的一系列新观点、新论断、新举措、新要求，为当前和今后一个时期的党史工作指明了前进方向。以史鉴今、资政育人，重点一是要坚持实事求是研究和宣传党的历史，按照历史的本来面目，准确把握党的历史发展的主题和主线、主流和本质；二是要加强党的历史的学习和教育，以富有说服力的成果武装人们的头脑，占领党史舆论阵地。在全面推进党史工作的同时，要找准加强和改进新形势下党史工作的着力点，着力在“资政”上作文章，在“育人”上下功夫。提高党史工作科学化水平，就是要围绕中心、服务大局，促进党史工作揭示党的历史发展规律，为人们正确认识现实和改造现实提供历史根据和历史启示，使党史工作体现时代性、把握规律性、富于创造性。

欧阳淞高度评价了山西党史工作。他指出，山西有着丰富的党史资源。山西是一片具有光荣历史的革命热土，留下了许多无产阶级革命家、党和国家领导人的战斗足迹，发生了许多影响党的历史发展的重大事件，培育了伟大而珍贵的革命精神和优良传统。山西地方党史是中国共产党历史的重要组成部分，做好山西党史工作具有重要意义。多年来，在山西省委的正确领导下，山西省涉及党史的各级工作部门和广大党史工作者，积极围绕省委中心工作，适应新形势新任务的要求，开拓进取，奋发有为，做了大量工作，取得了显著成绩，为利用山西党史资源提升全省发展综合实力做出了积极贡献。党史工作是全党的工作，加强对党史工作的领导，是党要管党的重要内容，是各级党委的重要职责。党委和政府各有关部门要明确工作职责，搞好分工合作，充分调动各方面做好党史工作的积极性。党史部门要更加积极主动地争取党委对党史工作的重视；要更加主动地与各有关部门共同做好党史工作；要更加着力营造全社会关心和参与党史工作的氛围；要更加注重党史工作队伍的自身建设。

袁纯清在讲话中指出，全省党史工作者勤奋敬业，默默奉献，推进党史事业取得新进展，为经济社会又好又快发展和加强党的建设作出重要贡献。他向全省广大党史工作者致以诚挚问候。

袁纯清指出，党史工作是党的事业的重要组成部分，是一项具有全局意义和深远影响的工作。倍加珍惜党的历史，深入研究党的历史，全面宣传党的历史，既是我们党的一个优良传统，又是我们党的一个政治优势。党执政时间越长，面临的任务越繁重，越是需要用党的伟大成就激励人，用党的优良传统教育人，用党的成功经验启迪人，用党的历史教训警示人。山西党史资源丰厚，深入研究和宣传党领导山西人民奋斗的历史，是对我们党的历史的应有贡献，是对革命先烈的告慰，是对全省人民和子孙后代应尽的责任，有利于我们加快推进转型发展和跨越发展。建设社会主义核心价值体系，必须旗帜鲜明地研究和宣传党的历史，加强革命传统教育，帮助广大干部群众特别是青少年加深对党的认识，牢固树立坚持中国共产党的领导、坚持中国特色社会主义道路的信念，消除各种错误思想的影响，增强团结奋斗的思想基础。

袁纯清强调，要从党的事业的高度和党史的大格局出发，立足山西党史资源，把做好党史工作与建设学习型党组织结合起来，与建设社会主义核心价值体系结合起来，与推进科学发展、促进社会和谐结合起来，在多出研究成果上下功夫，在引深党史的宣传学习教育上下功夫，在完善党史工作的保障机制上下功夫，使党史工作科学化水平不断提高，发挥党史以史鉴今、资政育人的作用。要在党史资料征编上有新进展，做好已征集资料的整理编纂和出版工作，继续抢救新民主主义革命时期党史资料，集中征集社会主义革命和建设时期党史资料，全面征集改革开放和社会主义现代化建设新时期党史资料。要在党史研究上有新突破，抓好《中国共产党山西历史》的修订再版，启动实施市、县地方党史正本编撰工作，从理论和实践、历史与现实的结合上深入研究总结，推出有分量的研究成果，为党委和政府提供高质量的资政服务和决策依据。要在保护和开发革命遗址上有新作为，进一步做好做实革命遗址普查工作，把革命遗址保护利用和发展红色旅游结合起来，挖掘革命文化内涵，打造红色旅游精品，创作更多党史题材的文艺作品特别是影视作品。要在党史学习教育和宣传上有新成效，把全面了解和正确认识党的历史作为对党员领导干部的一项基本要求，把党的历史作为各级各类学校思想政治课的重要内容，深入宣传和学习党在山西带领人民走过的奋斗历程和取得的伟大成就，用党的历史教育党员、教育干部、教育群众尤其是青少年，培养热爱党、热爱社会主义的感情。

袁纯清强调，加强对党史工作的领导，是党要管党的重要内容，是党委必须履行的政治职责。要建立健全党委统一领导、有关部门密切配合的工作机制，整合党史研究资源，创新党史工作方式方法，形成开展党史工作的合力。要把党史工作干部的培养、选拔、使用、交流纳入干部队伍建设总体规划和布局，培养优秀党史人才特别是年轻人才，培养造就一批有影响的党史专家，建设一支政治坚定、业务精湛、作风过硬的可以信赖的党史工作队伍。要不断探索加强和改进新形势下党史工作的新途径、新举措、新办法，全面提升党史工作科学化水平，在推动转型跨越发展的伟大事业中作出新贡献。

会上，全省党史系统先进集体和先进个人代表、省直部门和有关单位的代表作了发言，表达了贯彻落实中央《意见》和全国会议精神，立足本职岗位，做好山西党史研究宣传工作的决心。参加会议的还有各市、县分管党史工作的负责同志和党史部门负责同志，省直有关部门主要负责同志及部分省管国有骨干企业和高等院校主要负责同志等。

会后，欧阳淞、高建民等赴省委党史办公室考察，观看“为了新中国——开国领袖将帅在山西大型展览”图片，了解近年来我省党史研究成果。

省委传达贯彻中央经济工作会议精神会议 12月14日，省委召开传达贯彻中央经济工作会议精神会议。省委书记、省人大常委会主任袁纯清主持会议，传达胡锦涛总书记重要讲话，并提出贯彻中央经济工作会议精神的意见。省委副书记、省长王君传达温家宝总理重要讲话。省领导薛延忠、申联彬、杜玉林、李小鹏、高建民、汤涛、陈川平、张少华、刘云海、杨安和、靳善忠、安焕晓、郭海亮、王雅安、刘维佳、张建欣、李雁红、李潭生、令政策及省高级人民法院院长左世忠，省人民检察院检察长王建明等出席会议。

袁纯清指出，胡锦涛总书记和温家宝总理的重要讲话，深刻总结了2010年及“十一五”时期经济工作，全面分析了当前国内国际经济形势，明确提出了2011年经济工作的总体要求、重要原则、政策措施和主要任务。学习讲话，使我们对面临的经济形势有了更清醒的认识，对中央的大政方针有了更深刻的领会，对明年经济工作的要求和部署有了更全面的把握，进一步增强了贯彻落实科学发展观的责任感和紧迫感，增强了推进经济社会又好又快发展的信心和决心。

袁纯清指出，2011年是中国共产党成立90周年，是“十二五”时期开局之年，是我省资源型经济转型综合配套改革试验区的起步之年，是全面推进转型跨越发展的关键一年。要把全省干部群众的思想和行动统一到中央的分析判断和决策部署上来，把科学发展这一主题和加快转变经济发展方式这一主线，把转型跨越发展和再造一个新山西的发展战略，把资源型经济转型综合配套改革试验区这一国家战略的实施，贯穿到各项工作中，做到在发展中促转型，在转型中谋跨越。要处理好保持经济平稳较快发展、调整经济结构、管理通胀预期的关系，把稳定价格总水平放在更加突出的位置，努力化解经济发展中遇到的矛盾和问题，保持经济平稳较快健康运行，努力使“十二五”主要经济指标翻番在第一年有一个良好的开局，提高发展的全面性、协调性、可持续性。要明确工作的抓手，在推进工业新型化、农业现代化、市域城镇化、城乡生态化的过程中，在建设绿化山西、气化山西、净化山西、健康山西的过程中，选准突破口和关键点，特别是要抓紧上一批优化经济结构的大项目好项目，力争在转型发展上迈出实质性步伐。具体要抓好四个方面的工作：一是以资源型经济转型综合配套改革试验区为统揽，加快转变经济发展方式。建设转型试验区不仅是推动我省又好又快发展的治本之举，而且对提升山西能源基地战略地位，保障国家能源安全，对在全国资源型经济转型中发挥典型示范作用，具有重大意义。要把转型试验区作为全省工作的重要统揽，举全省之力、集全民之智抓紧抓好。要解放思想、敢闯敢试，全面推进产业结构转型，统筹推动城乡协调发展，积极推动社会管理创新，深入推进节能减排和生态环境保护，大力加强区域创新体系建设。要深化各领域各环节改革，扩大对外开放，着力破解影响和制约转型跨越发展的突出矛盾和问题。要抓紧制定转型试验区的总体方案和专项方案，健全与国家有关部委的协调合作机制，确保试验区工作顺利进行，确保把难得的政策机遇转化为实实在在的发展成果。二是以产业优化升级为突破口，加大发展循环经济和培育新兴产业的力度。坚持抓高端、多联产、全循环，按照清洁、安全、绿色模式改造提升传统产业，推进传统产业的兼并重组整合，用资源换资本、换市场、换技术、换人才，加大优势资源和伴生资源就地转化和深加工力度，在焦炉煤气制甲醇到烯烃、煤矸石发电、粉煤灰深加工等方面取得突破性进展。加大资源和要素整合的力度，加大科技创新的力度，大力发展现代煤化工、装备制造、现代物流、文化旅游等新兴产业，推进支柱产业多元化。积极稳妥推进城镇化，使“一核一圈三群”各个方面都取得新进展。三是以发展现代农业为重点，提升农业效益、促进农民增收。坚持用现代物质条件装备农业，用现代科学技术改造农业，用现代产业体系提升农业，用现代经营形式推进农业。加大财政和政策支农惠民力度，落实各项补贴政策，稳定粮食播种面积。加快发展一村一品、一县一业，大力发展设施农业，强化科技服务保障，培育壮大农产品加工企业，打造具有山西特色的农产品产业链。加强市场流通体系建设，确保农产品有效供给。着力加强农村基础设施建设，扎实推进新农村建设。四是以保障改善民生为落脚点，健全政府公共服务体系。积极促进各级各类教育协调发展，努力扩大就业容量，完善覆盖城乡的社会保障体系，扎实推进医药卫生体制五项重点改革，加快推进住房保障体系建设。

袁纯清指出，做好明年经济工作，必须加强和改善党对经济工作的领导。要紧密结合创先争优活动，深入推进学习型党组织建设，优化干部知识结构，着力提高各级干部推动科学发展和加快转变经济发展方式的能力。要紧密结合“十二五”规划的制定和实施，重点围绕转型试验区的政策措施，深入开展调查研究，吃透矛盾和问题，摸清潜力和优势，增强工作的主动性、科学性和有效性。要紧密结合全省四级党委换届，坚持正确的政绩导向和用人导向，完善干部选拔任用机制，真正把那些在转型跨越发展上有思路、有能力、有实绩的德才兼备的优秀干部选拔到重要岗位上来。要紧密结合学习弘扬右玉精神，引导广大干部树立良好作风，集中精力干事创业，扑下身子为民服务。同时，要坚持厉行节约，严格控制一般性支出。要紧密结合大力宣传党的十七届五中全会精神和省委九届十一次全会精神，振奋全省人民精神，营造良好发展氛围，形成转型跨越发展的强大合力，以优异成绩迎接中国共产党成立90周年。

袁纯清指出，各级各部门要扎实做好岁末年初的各项工作。按照省委九届十一次全会的部署，编制好“十二五”规划。做好关心困难群众生产生活工作，广泛深入开展“送温暖”活动。加强安全生产工作，严防重特大事故发生。加强信访工作，有效化解矛盾和纠纷，做好“两节”“两会”期间的维稳工作。

省委常委会研究明年经济工作和市县乡领导班子换届等工作 12月21日，省委常委会召开会议，分析当前经济形势，研究明年经济工作，传达学习全国组织部长会议和全国人才工作座谈会精神，研究我省贯彻落实意见，讨论通过关于认真做好市县乡领导班子换届工作的意见，听取对口支援四川茂县灾后恢复重建工作汇报。省委书记袁纯清主持会议。

会议认为，2010年以来，在省委、省政府的坚强领导下，全省干部群众以科学发展观为指导，紧紧围绕转型跨越发展的总体要求，深入扎实地推进各项工作，取得了令人鼓舞的发展业绩。全省经济平稳较快发展，巩固和发展了持续回升向好的势头，总体上已恢复和超过国际金融危机前的水平，各项社会事业全面进步，年度计划和“十一五”规划主要指标全面完成或超额完成。

会议指出，2011年是中国共产党成立90周年，是“十二五”规划的开局之年，是我省全面推动转型跨越发展的关键之年，是资源型经济转型综合配套改革试验区的起步之年，做好2011年经济工作具有十分重要的意义。要认真贯彻落实党的十七届五中全会精神、中央经济工作会议精神及省委九届十一次全会精神，突出科学发展主题和加快转变经济发展方式主线，突出转型跨越发展的总体要求，以奋发有为、积极进取的状态，确保经济社会又好又快发展，确保“十二五”开好局、起好步。要进一步优化产业结构，改造提升传统产业，深入推进煤炭资源整合和企业兼并重组，加大机械化、信息化改造力度，大力发展非煤产业，大力发展新兴产业，加强节能减排工作，深化改革开放，扎实推进民生工程，着力提升人民群众的社会保障水平、收入水平、健康水平和科技文化水平，让全省人民共享改革发展成果。

会议指出，做好市县乡领导班子换届工作，要坚持以邓小平理论和“三个代表”重要思想为指导，深入贯彻落实科学发展观，按照党的十七大和十七届四中、五中全会精神及省委九届十一次全会的部署，遵循党章、相关法律以及中央有关部署，以推动科学发展、选好配强领导班子为重点，坚持干部队伍“四化”方针和德才兼备、以德为先用人标准，巩固完善领导班子配备改革成果，发扬民主、推进改革、严肃纪律，大力选拔政治上靠得住、工作上有本事、作风上过得硬、人民群众信得过的优秀干部，努力把市县乡领导班子建设成为坚定贯彻党的理论和路线方针政策，善于领导科学发展，坚强有力、奋发有为的领导集体，为全面推进转型跨越发展，努力实现“十二五”期间再造一个新山西的宏伟目标提供坚强组织保证。要选配好党政正职领导干部，优化领导班子结构，坚持领导班子年龄结构的合理配备，切实改善领导班子知识、专业和工作经历结构，注重选拔优秀年轻干部、妇女干部和非中共党员干部，积极推进干部交流。各级党委要高度重视、加强领导，把握全局、通盘考虑，及早谋划、精心组织，确保换届工作有序、健康、平稳开展。要严肃换届纪律，营造风清气正的换届环境。要坚持正确舆论导向，为换届创造良好氛围。在搞好党委换届工作的同时，要统筹兼顾、通盘考虑人大、政府、政协的换届工作，保证党委换届与人大、政府、政协换届的有序衔接。

会议指出，要认真贯彻落实全国组织部长会议和全国人才工作座谈会精神，突出科学发展导向，选好干部、配强班子，以关键岗位为重点从严管理干部，增强干部教育培训工作的统筹性、针对性、实效性，深入开展创先争优活动，深化干部人事制度改革，加强基层组织建设。要完善人才规划体系，建立人才工作目标责任制，加快步伐，增加投入，增加数量，加大引进、培养、管理、使用人才的力度，抓紧做好引进海外高层次人才工作，为转型跨越发展提供人才支撑。

会议指出，按照党中央、国务院的部署，在省委、省政府的领导下，我省举全省之力，扎实开展对口援建四川茂县的工作。援建工作开展以来，科学制定规划，健全援建机制，严格项目管理和资金管理，从人力、物力、财力、智力等方面全力援助茂县人民，各项援建工作有力、有序、快速推进，实现了三年援建任务、两年基本完成，促进了茂县经济发展、人心安定、社会稳定、民族团结。会议指出，下一步，要加强组织领导，带着对茂县人民的深厚感情，善始善终、保质保量地推进援建项目建设，加快项目竣工和审计决算工作，做好灾后恢复重建志编纂工作，建立对口援建长效机制，搞好总结表彰工作，圆满完成对口援建任务，向党中央、国务院交上一份满意的答卷。

全省组织部长会议 12月25日，全省组织部长会议在太原召开，会议回顾总结2010年的组织工作，研究部署2011年的组织工作。省委书记、省人大常委会主任袁纯清即席作了重要讲话。他强调，全省组织工作者要放眼识人、公道用人、严格管人、正派做人，协助党委建设一支优秀的干部队伍，为转型跨越发展、为“十二五”开好局起好步提供坚强的组织保证。省委副书记、省长王君出席会议，省委常委、组织部长汤涛主持会议并作工作报告。

袁纯清指出，做好组织工作、干部工作，是贯彻落实中央决策部署的需要，是加快转型跨越、推进“十二五”发展的需要，也是广大干部群众的期盼。为此，全省组织部门和组织工作者，要认真贯彻党的干部路线，培养选拔使用管理好干部，全面提升组织工作的整体水平。一要放眼识人。人是最宝贵的因素，山西要转型、要跨越，关键是要有一支优秀的干部队伍。要“广开人路”，放开眼界，把选人的目光既投向三晋大地，也投向五湖四海，既发现熟悉的人，也发现不熟悉的人。要既善于发现好人，也善于发现能人，更善于发现“好”和“能”两者兼备的人。要坚持按照德才兼备、以德为先的标准选人，更要解放思想，坚持看人看大节、看主流、看潜质、看基本面，以人无完人、金无足赤的理念不拘一格地用人。转型跨越是全新的事业，在选好一般性、常规性干部的同时，更要选好有新思路、新见解、新举措，能够开拓新局面的干部。要有眼界，有胸怀，有器量，更多地发现优秀干部和优秀人才。二要公道用人。公道是干部工作的一个根本性问题。用人不公道，好人、能人、优秀的干部用不上来，社会就会失去公平，组织部门就会失去权威，党组织就会失去干部群众的信任。用人不公道，优秀的人才、干部不能选用、凝聚到党的事业中来，党的先进性就失去了基础，党的事业就失去了基本的支撑。为此，选人用人一定要出以公心，事业为上，以优为先，首先想什么人更合适，关键看党性强不强，德行好不好，是不是用其所长，能不能胜任工作，决不能把选人用人变成捞取个人荣誉、关系、私利的手段。三要严格管人。我们党是由先进分子组成的先锋队，是一个有党章来规范，有严格组织程序、组织纪律和组织规则的政党，管是题中应有之义，而且应该严格管。在市场经济条件下，由于诱惑、陷阱较多，更应该严之又严。工作中，比较普遍地存在重选用、轻管理的问题，存在抬轿子、戴帽子的好人主义多，批评与自我批评少的问题，实质上都是私心作怪、党性不纯的表现。敢于管人，敢于用人，是一个问题的两个方面，严格管人，也是最大的关心人。为了党的事业，应该有党性，有正气，敢抓敢管，而且要管得着、管得严、管得好，这样才能够使干部队伍更加有党性、更加纯洁、更加充满生机和活力，才能保证各级领导班子更加富有战斗力。四要正派做人。组织工作者应该是干部和党员中最优秀的分子，正正派派，堂堂正正，规规矩矩，清清白白，是做人的基础和关键，也是最基本的要求。在形形色色的腐败中，吏治腐败是最大的腐败，最令老百姓深恶痛绝。因为用错一个人，危害的不是一事一时，而是整个地方的发展、长期的发展。组织工作者对党的事业和长治久安要有一份爱戴，有一份情怀，有一份敬畏，坚持以高度的政治责任感来对待工作。要讲党性、重品行、作表率，不能够讲人情、讲面子、讲关系。要恪尽职守，严格守纪，特别要从组织工作的实际出发，时时处处都把保密作为最基本的要求来落实，作为最严格的纪律来执行。在此基础上，按照加快转型跨越发展的要求，协助党委建设一支过硬的干部队伍，谱写干部工作最优秀的篇章。

汤涛在工作报告中提出，2011 年，全省各级组织部门要突出做好市县乡党委集中换届这一中心工作，重点抓好推进创先争优活动、深化干部人事制度改革、加强各级干部学习培训、落实人才发展规划四件大事，统筹做好其他各项工作，为“十二五”开好局、起好步提供坚强的组织保证。具体讲：一要集中精力做好市县乡党委换届工作，大力选拔政治上靠得住、工作上有本事、作风上过得硬、人民群众信得过的干部，为转型跨越发展选好干部、配强班子。坚持教育在先、预防在先、警示在先，严格执行中纪委、中组部有关纪律规定，制定实施干部选任工作全程记实办法，确保换届工作风清气正。二要扎实推进创先争优活动，为实现转型跨越发展提供强大政治动力和保证。深入开展“创先争优我承诺，转型跨越促发展”活动，在全省上下形成学先进、赶先进、创先进的良好风尚。三要全面落实我省干部人事制度改革《实施意见》，全面实施省委干部选任工作“六条意见”和“七项措施”，形成科学的选人用人机制。进一步完善年度目标责任考核评价体系，充分发挥考核工作的“指挥棒”“风向标”作用，形成良好的干部导向和考核导向。四要加强干部学习培训，提升引领各级干部转型跨越发展的本领和素质。以强化理论教育、党性教育、能力培养和群众观念教育为重点，抓好各类专题培训和延伸培训。在全省范围内推行干部自主选学，优化整合自主选学培训基地。五要强化干部日常监督管理，突出管理监督的重点对象、重点时期、重点领域，加大执法执纪审批、管人管钱管物等关键岗位干部交流轮岗力度和巡视力度，努力形成良好的干部风气。六要认真落实人才发展规划《纲要》，把人才优先发展的要求具体化、政策化、项目化，大力实施人才加速战略，为实现转型跨越发展提供人才支撑。七要切实加强基层党组织建设，按照“农村党建不放松、社区党建新进展、非公党建新起色”的总体思路，切实加强对基层党建工作领导，做好选聘高校毕业生到村任职工作，不断完善发展党员工作制度，完善党内激励关怀帮扶机制，着力夯实服务转型跨越发展的组织基础。八要认真做好纪念建党 90 周年有关工作，有计划地组织省市县乡四级党政群机关和事业单位干部开展下乡住村活动，进一步密切党群干群关系。

会议表彰了组织系统“讲党性、重品行、作表率”活动先进集体和优秀个人，为第二批“山西省海外高层次人才创新创业基地”授了匾，为第三批引进的海外高层次人才颁发了证书。

全省经济工作会议 12 月 27 日至 28 日，全省经济工作会议在太原召开。会议全面贯彻落实党的十七届五中全会精神和中央经济工作会议精神，总结 2010 年以及“十一五”时期经济工作，分析当前形势，安排部署 2011 年经济工作。省委书记袁纯清，省委副书记、省长王君作重要讲话。省政协主席薛延忠，省委副书记、省纪委书记金道铭，省领导申联彬、杜玉林、李小鹏、胡苏平、高建民、李政文、汤涛、陈川平、杨安和、靳善忠、安焕晓、郭海亮、王雅安、牛仁亮、张平、刘维佳、张建欣、郭良孝、韩儒英、周然、李雁红、李潭生、卫小春、刘滇生和省法检两长左世忠、王建明等出席会议。

会议认为，2010 年以来，面对复杂形势和繁重任务，省委、省政府团结带领全省人民，认真贯彻中央决策部署，创新发展思路，加大工作力度，着力推动转型发展和跨越发展，实现了经济平稳较快发展，主要指标达到或超过国际金融危机前的水平。继续加大投资力度，继续扩大消费，全面实施十大产业调整振兴规划，深入推进煤炭资源整合和煤炭企业兼并重组，加强节能减排和环保工作，生态环境有了新的改善，基础设施有了大的改观，转变经济发展方式迈出重要步伐；加强“三农”工作，农村实现“五个全覆盖”；重视发展社会事业，改善民生成效显著；安全生产形势明显好转的局面进一步巩固。随着 2010 年目标任务的完成，“十一五”完满收官，我省的发展基础更加稳固，发展动力更加强劲，发展环境更加优化，发展空间更加广阔。

会议指出，山西正处于加快发展、向好发展的黄金期，尽管有困难有挑战，但有利条件多于不利因素，机遇大于挑战。只要我们把握得当，一定能取得“十二五”开局之年的新发展、新成就。2011 年是中国共产党成立 90 周年，是实施“十二五”规划的开局之年，是全面推动转型跨越发展的关键之年，是国家资源型经济转型综合配套改革试验区起步之年，也是省市县乡四级党委换届之年，改革发展稳定的任务十分繁重。要把思想和行动统一到中央对经济形势的分析判断和决策部署上来，统一到深入贯彻落实科学发展观的要求上来，增强忧患意识、风险意识和责任意识，充分利用有利条件，积极应对各种挑战，抓住用好发展机遇。2011 年经济工作的总体要求是：全面贯彻落实党的十七届五中全会和中央经济工作会议精神，坚持以邓小平理论和“三个代表”重要思想为指导，深入贯彻落实科学发展观，以科学发展为主题，以加快转变经济发展方式为主线，以转型跨越发展为主旋律，以推进国家资源型经济转型综合配套改革试验区建设为统揽，大力推进工业新型化、农业现代化、市域城镇化、城乡生态化，促进全省经济平稳较快发展、社会全面进步和民生进一步改善，在建设国家新型能源和工业基地，全国重要的现代制造业基地、中西部现代物流中心和生产性服务业大省、中部地区经济强省和文化强省上迈出新的步伐。

袁纯清在讲话中指出，山西作为欠发达省份，在全面建设小康社会的整个进程中，发展始终是当务之急，是解决所有问题的关键。必须牢固树立硬道理和第一要务的观念，乘势而上，抓机而为，在"好"的基础上能发展多快就发展多快，确保明年经济工作有一个新开局、好成效。做好明年经济工作，要把握好以下重要问题。一要把建设资源型经济转型综合配套改革试验区作为推动全省发展的重大机遇。试验区是国家级的，也是我国第一个全省域、全方位、系统性的综合配套改革试验区，是一个大品牌、大载体、大平台，给山西发展带来了空间的机遇、项目的机遇、开放的机遇、政策的机遇。试验区的目标、政策、路径，与转型跨越发展的要求是完全一致的，建设试验区的过程就是转型跨越的过程，再造一个新山西的过程。要增强机遇感、责任感、紧迫感，举全省之力、集全民之智，在全国率先走出一条资源型经济转型发展的新路子。要以转型试验区建设统揽各方面工作，制定好总体方案和专项方案，加强组织领导，按照转型试验区的总体要求和原则，不等不靠，先易后难，先行先试，大胆探索，大胆实践，形成全省转型发展的积极态势，把全省人民的力量凝聚到转型试验区建设中来。二要把循环经济作为转型跨越发展的基本路径。循环经济的过程就是节能减排的过程，降低成本的过程，产业升级的过程，效益升值的过程，也是一个衍生新兴产业的过程。山西是能源矿产资源大省，发展循环经济具有战略性、全局性、根本性的意义。要把循环经济作为转型试验区推进的重点工程，贯穿转型跨越发展的全过程，实现能源原材料基地向循环经济大省的跨越。推动传统产业全面走循环发展的路子，加大循环技术研发和推广力度，加快推进清洁生产，提高资源综合利用水平。建设和改造循环工业园区，推动产业循环式组合，构筑纵向延伸、横向耦合、链接循环的产业体系，在焦炉煤气制甲醇制烯烃，煤矸石发电，粉煤灰提取氧化铝、白炭黑，氧化铝到电解铝，到铝材、铝制品等方面有新的突破、大的突破，推进资源、生产、加工、运输、销售、消费各个环节循环经济发展，推进资源、资产、资本的循环。深入推进煤炭资源整合和煤炭企业兼并重组，加快推进晋北、晋中、晋东煤炭基地和晋东南煤电基地建设，为国家建设提供安全、稳定、清洁的能源供应。三要把"一村一品""一县一业"作为农业现代化的重要切入点，作为发展农村经济的普遍模式加以推进。研究制定"一村一品""一县一业"发展规划，加快建设现代农业示范区，培育壮大农产品加工龙头企业，引导煤炭资本转产农业，打造具有山西特色的农产品产业链。认真落实强农惠农各项政策，扎实推进新农村建设，加大扶贫开发力度，增强县域经济实力和发展活力。四要把发展新兴产业作为转型跨越发展的主要增长点。加快发展以煤为基的现代煤化工，在煤制油、煤制气、煤制烯烃上取得突破性进展，形成现代煤化工产业框架。坚持高端化、系列化、成套化方向，实施自主创新和品牌战略，大力发展装备制造业，在汽车工业上要占有一席之地，在煤机制造上要大有作为，在重型机械上要走向世界，在铁路装备上要抢占先机，在节能环保装备上要打开局面，构建具有比较优势的装备制造业体系。以煤基新能源清洁利用为重点，形成规模较大、产业链完整、区域特色明显的新能源产业。加快发展化工新材料、高性能结构材料、新型功能材料和高精尖新材料，推动"材料加工"向"加工材料""加工制造"转变。以资源和市场为纽带实现旅游业和文化产业交融发展。五要把现代物流业作为生产性服务业的重中之重。健全政策体系，完善规划，整合人流、物流、信息流，推进物流中转无缝连接，提升物流业的组织化程度和社会化配置能力，实现从传统物流业向现代物流业的跨越。加快发展金融保险、信息技术等生产性服务业。六要把太原都市圈作为推进市域城镇化的战略突破口。支持太原率先发展，以更高的境界对太原作出新的定位，用先进理念和技术提升城市建设管理水平，把太原建成全省转型跨越发展的先行区和示范区，建成具有国际影响力的区域性现代化大都市。太原都市圈的核心区要一个规划统筹、一个标准建设，在规模扩张、完善功能、社区管理、统筹城乡等方面为全省提供新的范式，进而带动"一圈三群"的发展。同时要推进以区域性中心城市为核心的城镇群建设，实施大县城战略。七要把持续扩大投资作为转型跨越发展的重要着力点。加强与金融机构的战略合作，激发民间投资的活力，加大在资本市场直接融资的力度，切实发挥政府投资的引导作用，更多地利用外资。切实增强抓项目尤其是大项目的意识和本领，大力扶持"双千亿"和"双五百亿"企业的投资项目，培育壮大一批核心竞争力强、带动作用明显的大企业大集团。八要把招商引资作为我省较长时期的基本方针。紧跟产业梯度转移的新趋向，善于做融合、嫁接、合作的大文章，善于以资源换项目、换技术、换资金、换市场。充分发挥各类经济开发区、工业园区在招商引资中的示范带动作用和企业的主体作用。九要把不断提高群众生活质量作为保障改善民生的主攻方向。着力提高社会保障水平，加快构建覆盖城乡的社会保障体系，加快推进住房保障性体系建设，加快棚户区和沉陷区治理；着力提高收入水平，提高城乡低收入居民收入，扩大中等收入群体，逐步提高最低工资标准；着力提高健康水平，加强城乡环境整治，大力发展医疗卫生事业；着力提高科技教育水平，统筹推进各级各类教育发展，实施中等职业教育全覆盖，提高全民科技素质。

袁纯清指出，要加强和改善党委对经济工作的领导。一要增强领导经济工作的能力。要下功夫学习，提升发展的境界、气魄和能力，下功夫开展调查研究，下功夫解决经济社会发展中的重大问题。二要以换届为契机建设好各级领导班子。精心组织和扎实推进四级党委换届工作，真正把那些在转型跨越发展上有胆识、有魄力、有思路、有能力、有实绩的优秀干部选拔到重要岗位上来。配好配强大型企业和事业单位的领导班子。大力弘扬右玉精神，扎实开展创先争优活动，领导干部带头下乡住村，加强对作风纪律的整顿，发挥好年度目标责任考核的"风向标""指挥棒"作用。三要营造良好的发展环境。建设高效廉洁的政务环境，深入推进行政审批制度改革，加大党风廉政建设的力度，深入开展煤焦领域反腐败专项斗争。建设积极向上的舆论环境，让踏实干事的人得到尊重，让不计名利的人得到肯定，让敢于创新的人得到鼓励，让在转型跨越中业绩突出的人得到褒奖。建设持久稳固的安全环境，以本质安全为目标，有效预防和遏制重特大事故发生，实现安全生产形势由持续稳定好转向根本好转转变。建设和谐稳定的社会环境，加强和创新社会管理，以群众工作统揽信访工作，实行领导干部定期接访、包案等制度，理顺群众情绪，维护群众利益。四要以负责态度和超常力度狠抓工作落实。要集中注意力，始终把工作重心放在推动转型跨越、破解发展难题上，把主要精力放在为人民群众谋福祉上。要强化执行力，加强对重要决策部署的监督检查，切实做到有部署就有执行，有执行就有监督，有监督就有反馈。要提高创新力，以新的理念引领，以新的举措实干，在转型跨越这一创新性实践中创造无愧于时代的业绩。

王君在讲话中指出，做好明年的经济工作要具体抓好八个方面的工作：

一是牢牢把握经济工作的主动权，努力促进经济快速健康发展。要认真贯彻落实中央确定的积极的财政政策和稳健的货币政策等宏观调控政策，在优化投资结构、提高投资质量和效益的前提下，加大项目建设力度，进一步扩大投资规模，重点是加快基础设施建设投资，加大以结构优化升级为主的产业投资，加强社会事业和民生改善投资，强化薄弱环节投资，确保明年完成7700亿元投资任务；要在落实好已有的促进消费的各项政策措施的基础上，再研究出台一批新的政策措施，努力构建扩大消费的长效机制，促进消费快速增长；要大力实施市场多元化战略，加快转变外贸发展方式，不断优化出口商品结构，进一步提高经济的外向度。通过充分发挥投资、消费和出口“三驾马车”的作用，促进经济快速增长。

二是加快推进工业新型化，着力构建现代产业体系。坚持以煤为基、多元发展，做到依托煤而又不完全依赖煤，立足煤而又超越煤，兴于煤而不困于煤。既要做好煤炭这篇大文章，继续深入推进煤炭资源整合、煤矿兼并重组，把煤炭做大、做强、做精、做细，实现绿色、安全、高效发展；又要做好非煤产业这篇大文章，从各级、各个层面、各个行业、各个领域大力发展非煤产业，特别是煤炭企业要大力发展与煤炭密切相关的非煤产业，实现多元发展。既要改造提升传统产业，推进焦化、冶金、电力、建材等行业整合重组，进一步提高产业集中度、延长产业链；又要加快先进装备制造业、现代煤化工、新型材料工业、特色食品工业等新兴产业发展步伐。既要抓好第一、第二产业，又要加快发展第三产业，统筹发展各类服务业，重点推进现代物流业和文化旅游业发展。要按照“多联产、全循环、抓高端”的思路，以国家和省循环经济试点企业、园区建设为重点，全面推进各类产业特别是传统产业循环化发展。

三是大力推进农业现代化，加快建设社会主义新农村。明年，要在继续实施国家和我省已有的各项强农惠农政策的基础上，制定实施新的十项惠农政策、十大强农工程和农村新的“五个全覆盖”工程，进一步加大统筹城乡发展的力度，切实抓好“三农”工作。要加强农业基础设施建设，促进农业发展方式转变，大力发展现代农业，进一步夯实农业基础；全面落实“菜篮子”市长负责制，抓好“菜篮子”工程建设，增加农产品的有效供给。要采取切实有效措施，增加农民的工资性收入、生产经营性收入、政策性收入和财产性收入，促进农民持续增收。要加快推进新农村建设，在进一步完善提升“五个全覆盖”工程的基础上，谋划实施新的“五个全覆盖”工程，即再用两年时间实现农村街巷硬化全覆盖、农村便民连锁商店全覆盖、农村文化体育场所全覆盖、农村职业教育免费全覆盖、新型农村社会养老保险全覆盖。要大力发展县域经济，搞好规划布局，明确发展路径，强化政策保障，在全省形成县域经济竞相发展的新局面。

四是加快推进市域城镇化，不断拓展新的发展空间。要按照“一核一圈三群”的布局，构建具有我省特色的现代城镇体系。要全力支持太原率先发展，加快推进太原晋中同城化步伐，发挥太原都市圈的龙头带动作用。要加快发展晋北城镇群、晋南城镇群、晋东南城镇群，发挥其骨干支撑作用。要大力实施“大县城”战略和百镇建设工程，发挥其促进城乡一体化的桥梁作用。要高起点规划、高质量建设、高水平管理，不断创新和完善城镇化推进机制。

五是加快推进城乡生态化，不断增强可持续发展能力。要多方联动狠抓节能降耗，加快淘汰落后产能，开展能效对标活动，突出抓好工业领域节能；推进建筑、交通和全社会节能。要多管齐下狠抓污染减排，启动实施“蓝天碧水扩容提质工程”，有效控制主要污染物排放。要多措并举狠抓生态建设，大力推进造林绿化工程，继续深入推进“2+10”生态治理修复工程，促进区域生态环境明显改善。

六是加强以改善民生为重点的社会建设，让人民群众共享改革发展成果。要努力稳定和扩大就业，进一步夯实民生之本。以高校毕业生、农村转移劳动力和城镇就业困难人员为重点，全面做好各类人员就业工作。要加快健全社会保障体系，切实筑牢社会“安全网”。在完善养老、医疗、失业、工伤、生育等各项保险制度的基础上，重点加快新型农村养老保险制度建设，明年全省享受新农保人员的比例要超过80%，两年实现全覆盖。要加快保障性住房建设，努力满足人民群众基本住房需求。要加快社会事业发展，不断完善基本公共服务。统筹发展各级各类教育，切实解决幼儿上学难问题，推动义务教育均衡化发展，从2011年起用两年时间实现农村职业教育免费全覆盖，重点抓好高校新区建设，确保两年时间投入使用；继续深化医药卫生体制改革，推动医疗卫生事业改革发展；大力实施文化强省战略，深入推进文化体制改革。要加强和创新社会管理，确保社会和谐稳定。

七是切实抓好安全生产工作，促进安全生产形势由明显好转向稳定好转转变。要进一步强化安全发展的理念，深入开展安全生产专项整治，强化企业的安全生产主体责任和政府的安全监管主体责任，突出加强煤矿、尾矿库和危险化学品等高危行业的安全管理，严厉打击私挖滥采和非法生产经营活动。进一步完善和落实安全生产制度和规定，严肃对待事故，严格责任追究。进一步做好安全生产基层基础工作，突出抓好现场管理，杜绝重特大事故发生。

八是加快改革开放步伐、强化科技人才支撑，为转型跨越发展增添新的动力。要加大改革攻坚力度，按照中央的统一部署，抓好各项改革，力争在重点领域和关键环节有新的进展。要大力实施开放引进战略，创新方法，完善政策，优化环境，进一步加大招商引资力度，吸引更多的资金落户山西；坚持把招商引资和招才引智相结合，吸引更多的人才和先进技术为山西建设服务。要大力推进科技进步和创新，加快实施人才强省战略。要抓住用好国家资源型经济转型综合配套改革试验区重大政策机遇，统筹推进产业结构转型、资源型城市转型，推动经济社会、城乡、区域协调发展，推进节能减排和生态环境保护，加强区域创新体系建设；要先行先试，大胆探索，充分借鉴其他综合配套改革试验区的成功经验，博采众长，为我所用；要先易后难，循序渐进，突出重点和特色；同时要积极争取国家支持，确保试验区工作顺利推进、取得实效。

各市市委书记、市长以及综合经济部门主要负责同志，省直各部门和省人大、省政协各工作机构、专门委员会主要负责同志，部分企业主要负责同志参加了会议。

全省人口和计划生育工作会议 12月28日，全省人口和计划生育工作会议在太原召开。会议表彰了全省2010年度人口计生工作先进单位和先进个人，总结了"十一五"时期的全省人口计生工作，并对"十二五"时期和明年的人口计生工作进行了安排部署。省委书记、省人大常委会主任袁纯清出席会议，省委副书记、省长王君出席会议并讲话，省领导薛延忠、高建民、陈川平、安焕晓等出席会议。副省长张建欣作工作报告。

会议认为，"十一五"时期是我省人口计生工作取得显著成绩的五年。全省各级党委、政府和人口计生部门认真贯彻落实党中央、国务院关于人口计生工作的方针、政策，积极创新工作思路，不断改进工作方法，提高服务管理水平，全省人口计生工作得到全面加强。出生人口显著减少，人口增长速度稳步下降；出生缺陷发生率持续降低，人口素质明显提高；人口结构进一步优化，空间分布趋于合理；贫困人口持续下降，人口生存发展状况明显改善，有效地缓解了我省人口对资源、环境的压力，有力地促进了全省经济发展和社会进步。但同时也要清醒地看到影响我省统筹解决人口问题的一些深层次矛盾尚未根本解决，必须引起高度重视，并在今后的工作中认真加以解决。

会议强调，"十二五"时期，各级各有关部门要准确把握新形势、新任务对我省人口计生工作的新要求，坚持以邓小平理论和"三个代表"重要思想为指导，深入贯彻落实科学发展观，按照统筹解决人口问题、促进人的全面发展的要求，紧紧围绕稳定低生育水平、提高人口素质、改善人口结构、增强计生家庭发展能力等四大任务，切实抓好管理服务、宣传教育、优生促进、早期教育、利益导向、生殖健康、家庭发展、信息管理等八大工程，不断加强人口和计划生育基层基础工作，着力推进体制机制创新，促进人口长期均衡发展，努力开创我省人口与经济社会、资源环境协调发展的新局面。

会议要求，各级党委、政府要切实加强对人口计生工作的领导，确保人口计生工作的各项政策措施落到实处。一要提高思想认识，始终把稳定低生育水平、统筹解决人口问题、促进人的全面发展作为经济和社会发展的重要问题去谋划、去推动、去落实。二要强化责任落实，坚持党政"一把手"亲自抓、负总责，进一步完善齐抓共管、综合治理的工作机制，认真负责地做好人口计生工作。三要严格目标管理，实事求是、科学合理地确定目标任务，并层层分解落实，严格考核奖惩。四要不断完善推进人口计生工作的统筹协调机制、科学管理机制、优质服务机制、利益导向机制和群众自治机制，促进人口计生工作机制化、规范化。五要加强人口计生工作队伍建设，充分调动基层人口计生工作者的积极性，不断提高人口计生工作水平。

张建欣在工作报告中指出，"十一五"时期人口计生工作成绩显著，为服务全省改革发展大局作出了重要贡献；要准确把握当前和今后一个时期人口工作面临的形势，进一步明确奋斗目标；全面做好2011年的人口计生工作，为我省转型跨越发展创造良好的人口环境。

会上，王君与各市市长及省人口计生工作领导小组成员单位代表签订了2011年人口和计划生育工作目标管理责任书。

重要文献

在全省宣传部长会议上的讲话

（2010年1月21日）

张宝顺

省委决定召开这次会议，主要是认真学习贯彻李长春、刘云山同志在全国宣传部长会议上的重要讲话精神，总结工作，分析形势，明确任务，推动宣传思想文化工作迈上新台阶，为夺取应对国际金融危机冲击新胜利，扎实推进转型发展、安全发展、和谐发展，提供强大精神动力、思想保证和舆论支持。

过去的一年，山西走过了不平凡的发展历程。面对国际金融危机冲击和自身结构性矛盾双重制约，全省干部群众坚定信心、不畏困难，齐心协力、逆势而为，扭转了经济下滑局面，深化了经济结构调整，推进了发展方式转变，许多工作实现了新的突破，特别是在攻坚克难中锻炼了队伍、积累了经验，拓宽了思路、坚定了信心。全省宣传思想文化战线按照高举旗帜、围绕大局、服务人民、改革创新的总要求，始终保持昂扬向上的精神状态，对内凝聚力量，对外提升形象，牢牢把握正确的思想舆论导向，特别是以开展深入学习实践科学发展观活动为契机，扎实推进理论武装工作；围绕落实“三保”措施和推进“三个发展”，加大宣传力度，在关键时刻提振了士气、凝聚了力量；及时平稳适度引导热点问题和突发事件舆论，营造了良好氛围，维护了山西整体形象；精心组织庆祝新中国成立60周年系列活动，唱响时代主旋律，激发了全省人民的爱国热情；推动文化体制改革取得突破性进展，推出了一批文化精品，丰富了人民群众精神文化生活。宣传思想文化战线广大干部职工不断增强改革意识、发展意识、创新意识，在困难和挑战面前积极开拓进取，经受住了考验。实践证明，我省宣传思想文化工作队伍是政治坚定、战斗力强、能打硬仗的队伍，是勇于创新、无私奉献、作风优良的队伍。在此，我代表省委、省政府，向全省宣传思想文化战线的同志们表示衷心感谢，向今天受到表彰的先进单位和个人表示热烈祝贺！

关于今年的宣传思想文化工作，胡苏平同志还要进行全面部署，下面我强调几点意见：

一、深刻把握面临的新形势新挑战，进一步增强做好宣传思想文化工作的紧迫感、责任感和使命感

宣传思想文化工作事关党和国家工作全局，政治性、政策性、敏感性、时效性很强，时刻不能忽视发展大势，须臾不能忘记工作大局，必须增强世界眼光、战略思维和大局意识，清醒认识和准确把握面临的新情况新问题和新挑战新任务。当前尤其要从以下几个方面深化认识：一是要清醒认识到，夺取应对国际金融危机冲击新胜利、推进“三个发展”，需要营造良好氛围。应对危机、逆势发展，首先需要提振信心、超越自我；发展要转型、方式要转变、结构要调整，首先需要提升认识、更新观念；创新工作思路，推动事业发展，首先需要在解放思想中统一思想，把社会氛围营造好。国际经济的回升是一个复杂曲折的过程，我省经济虽然度过了最困难时期，但要由企稳回升真正转向又好又快发展，仍然面临很多困难。特别是中央经济工作会议强调把转变发展方式作为深入贯彻落实科学发展观的重要目标和战略举措，并要求取得实质性进展；低碳经济、绿色经济的日益兴起，引起全球广泛关注，经济社会生活正在发生深刻变化。山西的产业结构、生态环境、安全生产、资源利用等方面矛盾和问题相互交织，正处于转

型发展的关键时期，同时各方面对山西的发展表现出较高的关注度。这就要求宣传思想文化战线打好主动仗、唱响主旋律，把全省人民的思想和行动统一到中央要求和省委、省政府决策上来，增强战胜困难、科学发展的精神力量。二是要清醒认识到，在大发展大变革大调整时期，需要不断巩固共同团结奋斗的思想基础。在经济体制深刻变革、社会结构深刻变动、利益格局深刻调整、思想观念深刻变化的情况下，人们思想活动的独立性、选择性、多变性、差异性明显增强，社会思想多元多样多变的趋势更加明显，正确与错误、先进与落后的思想相互交织，拜金主义、享乐主义、极端个人主义的影响较为严重，利益调整、腐败现象等也容易造成人们情绪波动和思想困惑，引发偏激言论和非理性行为。这就要求宣传思想文化战线更好地用社会主义核心价值体系引领社会思潮，有效抵制各种错误和腐朽思想的影响。三是要清醒认识到，信息化快速发展，需要不断加强对新兴媒体的管理运用。高新技术和信息网络技术迅猛发展，特别是3G手机开始应用，传播途径更加便捷，传播环境更加开放，对社会生活和人们精神生活的影响日益深刻。如何开发、管理、运用和引导新兴媒体，是时代对宣传思想文化工作提出的极具挑战性的新任务，也是必须打赢的一场争夺战。这就要求宣传思想文化战线坚持积极利用、大力发展和科学管理有机结合，加快占领新兴媒体阵地，提高驾驭新兴媒体能力，形成网上正面舆论强势，努力掌握信息化条件下宣传思想文化工作主导权。四是要清醒认识到，实施文化强省战略，需要在深度开发中把人文资源优势转化为经济优势。近年来，我省文化产业已经成为经济增长的一个亮点，对经济发展的贡献率不断加大，特别是在应对国际金融危机冲击的过程中，文化旅游产业逆势上扬，显示出强劲势头和广阔前景。在转变发展方式要求日益突出、依靠内需拉动经济增长日益重要的形势下，大力发展文化旅游产业进而带动第三产业崛起，显得尤为重要。这就要求宣传思想文化战线加快文化体制改革步伐，大力发展文化产业，增强优秀文化产品供给能力，使文化旅游产业成为我省转变发展方式、优化经济结构的战略支点。五是要清醒认识到，在人民群众精神文化需求日益增长的形势下，需要进一步加快发展基层文化事业。相对而言，基层宣传思想文化阵地建设滞后，资金投入不足，工作方式和手段比较落后。这就要求宣传思想文化战线在思想上更加重视基层、工作上更加倾向基层，扎实推进基层文化阵地建设，不断夯实党执政的群众基础和民心基础。总之，我们要认真研究解决这些全局性、战略性的紧迫课题，从战略和全局的高度，以具有前瞻性的思路和举措，富有成效地推进宣传思想文化工作。

二、增强工作主动性和创新性，开创宣传思想文化工作新局面

第一，坚持围绕中心、服务大局，强化对经济社会又好又快发展的推动力。要着眼增强发展信心，广泛深入宣传全省贯彻落实科学发展观取得的突出成就，宣传全省上下应对国际金融危机冲击取得的重要进展，做好全省“两会”期间的宣传报道工作，进一步增强全省上下战胜各种困难挑战的信心和决心，激发广大干部群众干事创业的激情和热情。要着眼加快转型发展，从多个侧面宣传转变发展方式特别是实现转型发展的重要性和紧迫性，宣传山西转型发展面临的艰巨任务和有利条件，宣传低碳经济、绿色经济、循环经济等新的发展理念，使广大干部群众深化对我省加快发展方式转变重大意义、实现途径的理解和认识，推出一批提高自主创新能力、加强节能减排等方面的典型，把全社会的力量引导到科学发展轨道上来。要着眼保障改善民生，大力宣传党和政府在保障和改善民生上采取的一系列政策措施，宣传实施“五大惠民工程”和“五个全覆盖”的新举措、新进展、新成效，让广大群众尤其是困难群众从生活中感受到温暖、从政策中看到希望，进一步增强全省人民共创共享发展成果、共建共享和谐社会的自觉性和主动性。

第二，深化理论武装工作，增强全省干部群众团结奋进的凝聚力。把建设学习型党组织与理想信念教育结合起来，突出县处级领导干部这个重点，抓好各级党委(党组)中心组学习，紧密联系党员干部思想实际，紧密联系山西改革发展实际，加强对马克思主义中国化最新成果的学习和普及，广泛开展形势政策教育和爱国主义教育，坚定广大干部群众走中国特色社会主义道路的信念。把加强理论研究宣传与回应群众关切结合起来，找准理论研究与群众关切的结合点，把握群众的所需、所盼、所虑、所惑，用群众爱听的语言，讲群众听得懂的道理，围绕应对国际金融危机冲击、推进“三个发展”以及群众最关心最现实最直接的利益问题进行深入研究，推出一批鲜活生动的研究成果，真正让科学理论成为广大群众的精神食粮和思想武器。把提高思想道德素质与深化文明和谐创建活动结合起来，加强社会公德、职业道德、家庭美德、个人品德建设，加强大学生思想政治教育和未成年人思想道德建设，加强社会诚信教育，大力弘扬太行精神、纪兰精神、双良精神、右玉精神和晋商精神，广泛开展讲文明、树新风活动，推进文化环保工程，不断提高公民道德素质和社会文明程度。

第三，继续深化文化体制改革，进一步解放和发展文化生产力。要切实激活文化生产主体，按照中央和省委确定的“时间表”和“路线图”，进一步加大国有经营性文化单位转企改制力度，已经改制的要建立健全高效规范的运行机制，培育合格的有竞争力的文化市场主体，同时要激发市场机制和社会力量的作用，引导和鼓励民营文化项目建设，促进多种所有制文化企业共同发展。要大力提升文化产业总体实力，把文化产业作为全局性、战略性的朝阳产业来扶持和发展，实施好文化产业振兴规划和重大项目带动战略，建设文化产业基地和区域特色文化产业群，大力推动文化与现代科技的融合，不断催生新的文化业态。最近热播的美国电影《阿凡达》的成功，至少说明三点：

一是说明创意在经济文化发展中具有极其重要的地位，有着巨大的潜力，可谓资源有尽、创意无限；二是说明文化与科技的融合达到了令人难以置信的程度，文化必须走与其他产业相融合的路子，不断拓宽发展途径；三是说明文化产业的竞争是何等的激烈，竞争强者不仅收获了票房，而且传递了价值观念。这些都值得我们深思。我们要依托山西丰厚的历史文化资源，大力推动创意产业的发展，实现文化资源向文化产业的跨越。要不断推出更多精品力作，创新精神文化产品创作生产的体制机制，发挥精品工程示范作用，鼓励和引导广大文化工作者深入基层一线、熟悉群众生活，创作更多思想性、艺术性、观赏性相统一的精品佳作。山西有着深厚的历史文化底蕴，我们没有理由不出精品力作，不能愧对祖先，必须通过扎实的努力不断提升三晋文化的竞争力和影响力。

第四，落实党管媒体原则，提高对社会舆论的引导力。要提高驾驭媒体的能力，在抓好传统媒体建设和管理的同时，突出抓好互联网、手机等新兴媒体的建设和管理，推动主流媒体向互联网延伸，强化市场主体自律意识，提高源头管理水平，健全网络舆情预警机制，加大对有害信息的查处力度，加快拓展网络多媒体、移动多媒体、手机报、手机电视等新兴领域和新兴阵地。要提高掌握话语权的能力，把体现党的主张与反映人民心声统一起来，把坚持正确导向与通达社情民意统一起来，把正面宣传为主与发挥舆论监督作用统一起来，提高新闻报道的权威性、公信力、影响力，形成网上舆论强势，最大限度挤压负面信息传播空间，不断壮大积极向上的主流舆论。要提高快速反应能力，完善突发事件新闻报道应急工作机制，坚持及时准确、公开透明、有序开放、有效管理、正确引导的原则，在重大问题上不缺位，在关键时刻不失语。在突发事件的报道现场，要加强对媒体特别是省外媒体的服务，为他们有序采访和获取信息创造条件，在服务中加强引导，实施管理。要重视开发利用新兴媒体联系广泛、传输快捷的优势，针对群众的实际需要和接受能力，快速发布一些防灾、应急等方面的信息，更好地为群众的生产生活服务。

第五，加强基层文化建设，增强对人民群众文化权益的保障力。宣传思想文化工作的服务对象在基层、依靠力量和工作主体也在基层。要针对基层工作薄弱的状况，更多地把资源投放到基层，把工作延伸到基层，帮助基层建好阵地、管好阵地、用好阵地。要针对社会结构出现的新特点、人们思想出现的新变化，创新载体、丰富内容，切实抓好农村、企业、社区以及非公有制经济组织、新社会组织等方面的思想政治工作，使思想政治教育真正深入到基层群众之中。要针对群众多层次、多方面、多样化的精神文化需要，推进公众文化服务体系建设，在抓好大型公共文化设施建设的同时，抓好更加贴近群众的社区、农村文化设施建设，扶持重要文化遗产和优秀民间艺术保护工作，组织好多种形式的公益性文化活动。

第六，搞好对外宣传和文化交流，提升三晋文化影响力。让国内外更好地了解山西、认识山西，是省委、省政府交给宣传思想文化战线的重要任务。一是要维护山西发展的良好形象。整合宣传力量，组织宣传战役，大力宣传省委、省政府贯彻中央决策部署的思路举措，大力宣传各地各部门推进科学发展特别是“三个发展”所取得重大成果，大力宣传山西为全国建设作出的重要贡献，大力宣传我省的巨大发展潜力、难得发展机遇和美好发展前景。二是要展示山西自然人文的独特魅力。创新宣传手段和载体，探索与全国性媒体联手推介山西的途径和办法，深度挖掘、充分展示丰富的自然人文资源，使山西的独特魅力给更多的人留下难忘印象。三是要拓展对外文化交流的空间。大力实施文化“走出去”战略，创新对外文化交流载体，组织好文化精品在省外国外的展示和巡演活动，利用世博会、中博会、煤博会等平台加强宣传报道，开展合作交流，搞好招商引资。

三、切实加强组织领导，进一步提高宣传思想文化工作的科学化水平

胡锦涛总书记指出，经济工作搞不好要出大问题，意识形态工作搞不好也要出大问题。加强和改善党的领导，是做好宣传思想文化工作的根本保证，也是各级党委的政治责任。

一是要增强大局意识、责任意识、使命意识，落实意识形态工作一把手责任制。把宣传思想文化工作摆在重要位置，纳入经济社会发展全局，与经济、政治、社会领域的工作一同研究部署、一同检查落实，在方向上牢牢把握，在工作上及时指导，在政策上大力支持，在投入上切实保障，进一步健全党委统一领导、宣传部门组织协调、有关部门分工负责、社会力量积极参与的工作体制，形成推动宣传思想文化工作的强大合力。

二是要体现时代性、把握规律性、富于创造性，把宣传思想文化工作做得更加有效。不断加强学习，深入调查研究，把握社会思想意识多元多样多变情况下，有效引导社会思潮的规律；把握社会深刻变革、网络日益普及、舆论环境更加开放形势下，舆情生成演变和有效引导的规律；把握市场经济深入发展条件下，思想道德建设和文化产品创作生产的规律，贯彻落实“三贴近”原则的规律；把握科学技术日新月异情况下，运用高新技术手段加强管理的规律，等等，不断增强工作的预见性、针对性和实效性。

三是要善待媒体、善用媒体、善管媒体，提高与媒体打交道的能力。从科学执政、民主执政、依法执政的高度，正确认识媒体的地位、职能和作用，加强对媒体的建设、运用和管理，积极支持媒体履行职责，加强与媒体的沟通联系，主动运用媒体宣传决策部署、了解群众心声、正确引导舆论，加强对媒体的政治领导、思想领导、组织领导，严格落实好各项管理制度。

四是要通过抓班子、抓思想、抓机制，加强宣传思想文化战线队伍建设。加强宣传思想文化部门领导干部特别

是一把手的选拔任用和管理，确保宣传思想文化工作的领导权牢牢掌握在忠于马克思主义、忠于党、忠于人民的人手中。要不断提高广大宣传思想文化工作者的政治素质和业务素质，结合推进文化体制改革，完善人才培养、选拔、考核、激励机制，发挥“四个一批”人才培养工程的示范和带动作用，在队伍建设和人才培养上取得新进展。希望宣传思想文化战线的同志们增强政治责任意识，自觉从政治上观察、思考和处理问题，始终做到政治上的清醒和坚定；树立终身学习理念，不断学习新知识，掌握新技术，增强新本领；加大开拓创新力度，求真务实、真抓实干，始终保持事业发展的生机与活力；弘扬无私奉献精神，始终保持良好精神状态。

做好宣传思想文化工作责任重大，使命光荣。让我们紧密团结在以胡锦涛同志为总书记的党中央周围，深入贯彻落实科学发展观，团结奋进，扎实工作，进一步开创全省宣传思想文化工作新局面，为推进“三个发展”、加快新基地新山西建设作出新的更大贡献!

政府工作报告

（2010年1月26日在山西省第十一届人民代表大•会第三次会议上）

王　君

各位代表：

现在，我代表省人民政府向大会作报告，请予审议，并请省政协委员和其他列席会议的人员提出意见。

一、2009年工作回顾

2009年是我们经受严峻考验并取得显著成绩的一年，也是在山西历史上值得记忆和令人难忘的一年。面对国际金融危机的严重冲击，面对经济结构深层次矛盾的重重困扰，面对保增长保民生保稳定的繁重任务，我们坚持以邓小平理论和“三个代表”重要思想为指导，深入贯彻落实科学发展观，认真贯彻落实党的十七大和十七届三中、四中全会精神，紧紧围绕保持经济平稳较快发展这一首要任务，坚持扩内需、保增长与调结构、促转型相结合，与保民生、促和谐相结合，与抓安全、保稳定相结合，与抓改革、增活力相结合，努力推动转型发展、安全发展、和谐发展，经济社会发展和各项工作都取得了新的进展。

——经济在克服困难中实现较快发展。受国际金融危机的影响，去年我省经济下行压力较大，由于我们及时采取有力措施，迅速扭转了经济下滑的局面，预计全年生产总值同比增长6%左右(下同)；一般预算收入增长8%左右；全社会固定资产投资增长40%左右，增速创15年以来新高；社会消费品零售总额增长19%，明显高于全国平均水平；居民消费价格总水平下降0.4%。

——产业结构调整迈出新步伐。全面推进产业结构调整，制定实施十大产业调整振兴规划，特别是煤炭资源整合、煤矿兼并重组取得重大阶段性成果。节能减排和环境保护取得新的成效，万元生产总值综合能耗下降5.6%，化学需氧量、二氧化硫排放量分别下降3.6%、2.7%，全部完成年度任务，特别是二氧化硫指标提前实现“十一五”目标。

——重点工程建设取得历史性突破。纵贯南北的高速铁路大西客运专线、横跨东西的出海大通道山西中南部铁路项目启动实施；新开工建设27条高速公路，建设里程超过2000 公里；引黄北干工程全线开工，35项应急水源工程进展顺利；省城十大建筑全部开工。省级重点工程完成投资1500 亿元，是上年的3.9倍。

——安全生产形势明显好转。全省各类安全生产事故死亡人数同比减少1018人，下降27%。其中，一次死亡10人以上的重特大事故死亡人数下降72%；煤矿事故起数下降40%，原煤生产百万吨死亡率下降到0.328。

——社会事业全面发展，民生不断改善。在财力十分紧张的情况下，用于发展社会事业和改善民生的投入高达1013亿元，增长20%。“五大惠民工程”深入推进，农村“五个全覆盖工程”全面实施。城镇新增就业人数42.2万人(计划40万人)，城镇登记失业率控制在3.9%以内 (年度目标为4.6%以内)。城镇居民人均可支配收入和农民人均纯收入，在去年经济形势十分严峻的情况下，分别增长6.7%和3.6%。重点领域、关键环节改革实现新突破，社会保持和谐稳定。

一年来，我们主要做了以下工作：

（一）千方百计扩内需，经济在克服困难中实现较快发展。

加大以基础设施建设为重点的投资力度。围绕国家鼓励支持的六大领域，安排两年投资6500亿元，带动全社会投资1万亿元。这一投资规模相当于我省过去三个五年计划投资的总和。成立了由省主要领导和分管领导任组长、副组长的重点工程建设领导组，协调解决工程建设中的问题；确定了152项省级重点工程，对建设用地、环评、立项审批实行统一受理、集中办公，重点推进；争取国家资金98亿元，推进银企签约2365亿元，有效调动社会资金，带动固定资产投资大幅增长，全年突破5000亿元。其中，铁路、公路、机场、水利等基础设施建设完成投资1300亿元，增长70%；保障性住房、农村“五个全覆盖工程”等重大民生工程完成投资965亿元，增长45%；以技术改造为主的产业投资达到2370亿元，增长20%。大规模的投资，不仅有效地拉动了当年的经济增长，而且为长远发展打下了坚实的基础。

充分发挥消费对经济的带动作用。全面落实“家电下乡”、“农机下乡”等扩大消费政策措施，出台了搞活流通扩大消费的实施意见，提高部分农机具补贴标准、扩大补贴范围，销售各类家电、农机67万台（件），销售额达到26亿元。出台促进房地产健康发展的意见，商品房销售额增长39.7%。实施扩大旅游消费春季、金秋行动，旅游总收入达到893亿元，增长20.7%。完成30个大型农产品批发市场、7000个农家店（便民店）和1000个放心粮油店的建设改造任务，强化市场监管，城乡消费环境和市场秩序明显改善。

帮助企业解决生产经营中的困难和问题。制定促进工业经济平稳较快发展的意见，大幅度减轻企业负担，省属国有重点煤炭企业资源“两权”价款地方留成部分可缓缴或转增资本金、资金周转困难的企业可缓缴煤炭可持续发展基金，对焦化企业政府性基金和收费实行减免政策，实行社会保险“五缓四降三补”政策，共为3.8万户企业减负63亿元。健全中小企业贷款担保体系，帮助企业解决融资难问题。各类金融机构全年新增贷款1873亿元，是上年的2.5倍。制定实施促进对外贸易稳定发展的意见，帮助外贸企业稳定出口。出台促进民间资本进入鼓励类投资领域的9项优惠政策，民营企业不断发展壮大。

一年来，我们不断加强对经济运行的监测和分析，省政府每周召开一次省长碰头会；每月召开一次经济形势分析会，并通报各市经济运行情况和重点工程建设情况；每季度向省委常委会汇报一次经济工作，召开一次全省经济形势分析会，确保了中央和省委、省政府决策部署的贯彻落实，促进了全省经济发展。

（二）痛下决心调结构，煤炭资源整合煤矿兼并重组取得重大阶段性成果。

制定实施十大产业调整振兴规划及28个子行业实施方案，煤炭、焦化、冶金、电力四大传统支柱产业不断优化，淘汰落后产能步伐明显加快；装备制造、现代煤化工、新型材料、食品工业四大新兴产业逐步壮大，特别是装备制造业成效显著，太原长安重型汽车基地落成，大运重卡项目正式投产，首套国产千万吨级矿井综采装备试验成功，动车轮对总成国产化基地加速推进；文化、旅游产业快速发展。实施服务业“1+10”工程，服务业增速达到10%以上，在三次产业中的比重明显提高。加强生态建设和环境保护，深入推进“蓝天碧水工程”和造林绿化工程，实施生态环境修复治理“2+10”工程。11个重点城市空气质量优良率达到85%以上，10个重点城市和70个县（市）空气质量达到国家二级标准，完成营造林530万亩，全省生态环境质量进一步改善。全国造林绿化现场会在长治召开，我省被授予“全国生态建设突出贡献奖”。

针对我省煤矿“多小散乱”、安全事故频发、资源回收率低和生态环境破坏的严重状况，以壮士断腕的决心和勇气，重点推进煤炭资源整合、煤矿兼并重组工作。在深入调查研究、广泛征求意见的基础上，科学制定方案，注重政策配套，兼顾各方利益，坚持政府协调指导与发挥市场作用相结合，坚持煤矿整合重组与煤炭开采秩序治理整顿相结合，坚持上大、改中、关小与淘汰落后产能相结合，坚持发挥省内外国有大型煤炭企业的作用与发挥民营骨干企业的作用相结合，健康有序推进整合重组工作。全省矿井个数由2600座减少到1053座（国有、民营、混合所有制办矿比例为2：3：5），办矿主体由2200多个减少到130个，70%的矿井生产规模达到90万吨以上，30万吨以下煤矿全部淘汰，保留矿井全部实现机械化开采。目前，煤矿整合重组协议签订率已达到98.5%，兼并重组主体到位率达到96%，采矿许可证换证率达到90%，被整合重组煤矿符合条件的正陆续复工复产，保留矿井技术改造有序进行，部分资源枯竭、不具备安全生产条件的矿井正在实施关闭。全省煤炭产量已恢复到历史最好水平，去年11月以来月产量达到6100万吨以上。通过这一轮整合重组，我省煤炭工业进入了一个全新的发展阶段，产业水平显著提高，安全生产状况明显改善，能源基地的地位进一步巩固，在由煤炭大省向煤炭强省的跨越中迈出了重要的一步！

（三）毫不放松抓“三农”，农业稳定发展、农民持续增收、农村面貌发生明显变化。

各项强农惠农政策全面落实，“三农”投入大幅增加。在落实国家各类补贴政策的基础上，我省又出台一系列惠农政策，对玉米按每亩100斤、每斤0.75元的标准实行差价补贴；对年出栏生猪20万头以上的县奖励100万元；对新建奶站每个补助10万元；对农业灌溉水价由每立方米0.5元以上降低到0.25元。全年省级财政对“三农”的投入达到135亿元，增长29.8%。

农业基础设施建设不断加强，农业结构调整有效推进。改造中低产田200万亩，新增农田灌溉面积190万亩、保护性耕作面积104万亩，完成58座病险水库除险加固任务，新建淤地坝320座。运城、晋中、大同三个现代农业示范区和农产品加工龙头企业“513”工程全面启动，带动了农业产业化发展和农产品基地建设。农民专业合作社达到2.4万个。农业综合生产能力进一步提高，去年虽遇严重干旱，粮食总产量仍达到94.2亿公斤。

农村“五个全覆盖工程”启动实施，新农村建设取得明显成效。大力推进“五个全覆盖工程”，目前96%的建制村通了水泥（油）路；完成506万平方米中小学校舍安全改造任务；完成99%的卫生室空白村建设任务，并为全省2.8万个行政村配备了基本医疗设备；完成村通广播电视2586

个村；新解决272万农村人口安全饮水问题。新启动2000个新农村重点推进村建设。新增15万农村沼气用户。扶贫工作取得新的成绩。农村村容村貌和生产生活条件发生了明显变化，广大农民群众得到了实实在在的好处！

（四）多措并举抓安全，安全生产形势明显好转。

在全省范围内开展了为期一年多的以煤矿为重点、覆盖各行业各领域的安全生产专项整治，安全隐患得到有效治理，非法违法生产行为得到遏制。全面落实企业安全生产主体责任，督促煤矿配齐配强安全管理“六大员”，实行严格的矿工准入和持证上岗制度，强化现场管理和基层基础工作。严格落实政府安全监管主体责任，建立完善了十项安全生产制度，各级各部门领导责任进一步明确；为11个地级市和重点产煤县（非煤矿山县）配备了市县长安全助理，组建煤炭工业厅，安监局与煤监局分设，强化了安全管理职能。严肃对待事故，严格责任追究。通过这些强有力的措施，全省安全生产形势明显好转，事故起数、死亡人数大大下降，这是践行科学发展观的具体体现和重大成果！

与此同时，有效治理公路超载，治超成果进一步扩大。果断应对和处置各类突发性事件，成功救治感染高致病性禽流感患儿；迅速处置洪洞县猪蓝耳病疫情；及时化解壶口景区凌汛险情；有效应对强降雪灾害；全力防范甲型H1N1流感疫情。扎实做好新中国成立60周年大庆期间的安保工作，发挥了首都护城河的作用。

（五）高度重视保民生，社会事业发展取得显著成效。

民生得到保障和改善。采取多种措施，稳定现有就业岗位，增加新的就业岗位；多渠道促进返乡农民工再就业，有95%重新找到工作；采取招录公务员、招聘事业单位工作人员、实施农村教师特设岗位计划等措施，促进大学生就业，就业率达到81%;积极开展就业援助，全省就业形势保持稳定。进一步完善城镇职工养老、医疗、失业等社会保险制度，综合覆盖率达到84%。提高企业退休人员养老金待遇。在22个县（市、区）开展了新型农村社会养老保险试点工作，受益人数达到378万人。全面推行城镇居民医疗保险制度、新型农村合作医疗制度，参保率分别达到80%和91%。加大对困难群体的救助力度，救助资金增幅高达41%，确保了金融危机期间困难群体的基本生活。200万城乡低保对象和14万农村五保供养对象实现了应保尽保。大力推进保障性安居工程，开工建设各类保障性住房35.9万套、2119万平方米，完成年度目标任务的130%。全国城市和国有工矿棚户区改造工作现场会在大同召开，推广我省棚户区改造工作的经验。

各项社会事业全面发展。各级各类教育发展步伐加快，义务教育阶段教师绩效工资全面实行。科技工作和自主创新能力不断强化。医疗卫生、体育事业健康发展，我省体育健儿在全运会上再创佳绩。深入开展国防教育和双拥工作，军政军民团结进一步巩固。民族、宗教、外事、侨务、对台工作不断加强，政策咨询、参事、史志、人防、气象、地震、测绘、文物、档案工作继续推进，老龄、残疾人、慈善救助和红十字会等社会事业都取得了新的成绩。对口援建茂县工作取得显著成效。

（六）有力有序抓改革，体制机制进一步完善。

省级政府机构改革全面完成，市县政府机构改革有序推进。事业单位分类改革试点工作稳步推进，清理规范任务基本完成。医药卫生体制改革全面启动。集体林权制度改革扎实推进，1市17县试点任务全部完成。国有企业改革不断深化，股份制改造取得新进展。地方金融改革有效推进，晋商银行挂牌成立，全省首家外资银行——汇丰银行入驻省城。资本市场融资420亿元，带动投资1200亿元，是上年的2倍。燃油税改革基本完成，政府性收费还贷二级公路收费站全部撤销。对外开放进一步扩大，先后在北京、上海、深圳、厦门等地举行重点项目推介会，成功举办了首届中国（山西）特色农产品博览会，全年共引进各类资金1120亿元。

（七）依法治省进程扎实推进，精神文明建设不断加强。

自觉接受人大和政协的监督，积极支持各民主党派、无党派人士参政议政。全年共办理人大代表建议和政协提案1331件。“法治山西”建设全面启动，“五五”普法成效明显。群团组织作用得到充分发挥。基层民主制度不断完善。切实加强政府自身建设，廉政建设责任制全面落实，行政监察和审计工作进一步加强。煤焦领域反腐败专项斗争深入开展。社会治安综合治理取得明显成效。文化强省战略稳步实施，文化体制改革成效明显，文化事业和文化产业快速发展。五台山成功申遗。哲学社会科学、新闻出版、广播影视和文学艺术事业日益繁荣。

在这里，我向大会郑重报告，2009年全省主要经济社会发展指标实际完成情况比年初预想的要好，向全省人民承诺的十件实事已全部兑现！

各位代表，一年来，面对全省人民渴望发展、渴望安全的殷切期盼，我们始终坚持以科学发展观为统领，认真贯彻落实中央的决策部署，谋全局、抓大事，做到了保增长、保民生、保稳定与推动转型发展、安全发展、和谐发展的有机结合；始终坚持从我省实际出发，创造性地开展工作，抢抓机遇，狠抓落实，各项工作取得新进展，夯实了发展基础、增强了发展后劲；始终坚持紧紧依靠广大干部群众，凝聚各方力量和智慧，形成了和衷共济、共渡难关的强大合力；始终坚持迎难而上、砥砺奋进，求真务实、真抓实干，不断创新工作方法，及时研究新情况、解决新问题，有力地促进了经济社会又好又快发展。

各位代表，回顾一年来的工作，我们在极其困难的情况下，能取得这些成绩实属不易。这是党中央、国务院正确领导、亲切关怀的结果；是中共山西省委统揽全局、科学决策的结果；是省人大、省政协大力支持、有效监督的结果；是全省广大干部群众团结奋斗、辛勤劳动的结果；也是社会各界关心支持、无私奉献的结果。在此，我代表省人民政府，向全省人民，向驻晋部队广大指战员、武警官兵和中央驻晋单位，向各民主党派、人民团体和所有关心支持山西发展的海内外各界朋友，表示崇高的敬意和衷心的感谢！

在肯定成绩的同时，我们也清醒地认识到，我省经济社会发展中还存在一些困难和问题，主要是：经济企稳回升的基础还不牢固；长期积累的经济发展方式比较粗放、经济结构不够合理等深层次矛盾依然突出；统筹城乡和经济社会发展的任务十分艰巨；政府职能转变、作风建设与新形势新任务的要求还有不小差距，等等。对此，我们将积极采取措施，认真加以解决。

二、2010年主要任务

2010年，是努力克服国际金融危机影响，巩固经济企稳回升良好势头的关键一年；是全面完成“十一五”规划目标任务，谋划布局“十二五”经济社会发展的重要一年。做好今年的工作，意义重大。

综观国内外经济形势，尽管全球经济全面复苏还将有一个过程，但主要经济体的经济已明显出现好转，特别是新兴经济体和发展中国家经济增速明显加快；尽管国内经济全面好转的基础还不牢固，但回升向好的势头日趋明显。就我省而言，尽管经济社会发展中的短期问题与长期矛盾同时显现、相互交织，但综合判断，今年经济发展形势总体将好于去年。中央保持宏观政策的连续性和稳定性，继续实施积极的财政政策和适度宽松的货币政策；我省应对国际金融危机的一系列政策措施和重点工程作用逐步显现，经济增长的内在动力显著增强；特别是在应对危机的实践中，锤炼了队伍，积累了经验。我们既要清醒认识当前经济形势的复杂性和不确定性，强化忧患意识；更要看到经济发展的积极因素和有利条件，强化机遇意识和发展意识，坚定信心，扎实工作，推动科学发展，促进社会和谐。

做好今年的政府工作，要全面贯彻党的十七大和十七届三中、四中全会精神，以邓小平理论和“三个代表”重要思想为指导，深入贯彻落实科学发展观，紧紧围绕转型发展、安全发展、和谐发展，更加注重提高经济发展的质量和效益，大力推进经济发展方式转变和经济结构调整，加大统筹城乡发展力度、扎实做好“三农”工作，继续抓好安全生产，积极推进节能减排和生态建设，着力加强社会建设和民生改善，进一步深化改革开放、推进科技创新，切实维护社会和谐稳定，大力加强民主法制和精神文明建设，努力实现经济社会又好又快发展。

2010年全省经济社会发展的预期指标是：地区生产总值增长8%；全社会固定资产投资增长20%；社会消费品零售总额增长16%；外贸进出口总额增长5%；居民消费价格涨幅控制在3%左右；财政总收入和一般预算收入各增长7%；城镇居民人均可支配收入和农民人均纯收入各增长9%。这些目标是导向性的，也是可以根据形势发展变化进行调整的。

约束性指标是：万元生产总值综合能耗下降4.6%；化学需氧量、二氧化硫排放量分别下降3%和2%；城镇新增就业人数40万人，城镇登记失业率控制在4.3%以内。

完成好上述目标，要在全面做好各项工作的同时，重点抓好以下九个方面的工作：

（一）认真贯彻落实中央宏观经济政策，努力保持经济平稳较快发展。

进一步扩大投资规模。坚持基础设施投资与产业开发投资并重、国有投资与民间投资并举，在优化结构的前提下，加大投资力度，确保全年投资达到6000亿元。继续加快推进基础设施建设和民生工程。铁路建设，确保太中银铁路建成通车、太原铁路客运南站工程竣工，加快大西客运专线、山西中南部铁路通道等项目建设，开工建设运城至三门峡等项目。公路建设，继续抓好2000公里高速公路在建项目，再新开工1000公里高速公路，同时确保今年年底建成1000公里高速公路；完成国省干线公路改造1000公里；新（改）建农村公路1万公里。机场建设，完成太原、大同、运城机场改扩建工程，加快推进吕梁、五台山等机场建设。水利建设，抓好21项在建应急水源工程建设，确保12项工程竣工，加快引黄北干工程建设。省城十大建筑，确保中国（太原）煤炭交易中心、山西体育中心、省图书馆、省科技馆竣工。积极扩大以技术改造为重点的产业投资规模。在传统优势产业领域着力实施一批重大项目，重点推进太钢高强度精密带钢和不锈钢无缝钢管项目、平朔东露天煤矿年产2000万吨和同煤集团同忻煤矿年产1000万吨大型煤矿、古交电厂二期2×60万千瓦大型坑口电站以及一批热电联产等项目建设；在新兴产业和高新技术产业领域发展一批示范带动性强的项目，重点推进太重煤机千万吨级矿井综采成套设备、智奇动车轮对总成、大运重卡、淮海微汽等项目建设。

着力增加消费需求。深化收入分配制度改革，逐步提高居民收入在国民收入分配中的比重，提高劳动报酬在初次分配中的比重，完善社会保障制度，努力提高居民消费能力和消费意愿。加大对“家电下乡”等政策支持力度。鼓励文化旅游、家政养老等服务消费，发展社区商业、物业等便民消费，促进宽带网络等信息消费。加强商贸流通基础设施建设，加快完善城乡商业网络体系。加强市场监管，规范市场秩序，切实维护消费者合法权益，营造良好的消费环境。

努力稳定外需。大力推进市场多元化战略，千方百计稳定现有市场，积极开拓新的市场。加大政策扶持力度，支持有特色、有潜力、有基础的产品出口。加快转变外贸发展方式，不断增强外贸出口能力。

切实加大对企业的帮扶力度。继续执行已有的煤炭企业资源“两权”价款、煤炭可持续发展基金、焦化企业政府性基金(收费)和社会保险减免缓缴政策，切实减轻企业负担；要发挥好中小企业担保体系的作用，积极发展小额贷款公司、村镇银行等面向农村和中小企业的小型金融机构，努力解决企业融资难问题；大力实施品牌战略，推进诚信体系和社会化服务体系建设，促进大中小企业协调发展。

（二）坚定不移地推进经济发展方式转变和经济结构调整，着力提高经济发展质量和效益。

继续全力推进煤炭资源整合、煤矿兼并重组工作。巩固煤炭资源整合、煤矿兼并重组成果，重点抓好煤矿复工复产、技术改造、安全监管、小煤矿关闭和煤矿基层基础工作。市县政府、有关部门和企业兼并主体要切实负起责任，在严格程序、严格标准、确保安全的前提下，加大工作力度，确保符合条件的煤矿复工复产。加快对保留矿井的技术改造升级步伐，用先进装备、技术、工艺武装矿井，大力推进高标准现代化矿井建设，实现煤炭生产的规模化、集约化、机械化、信息化。严格安全监管，特别是要防止已关闭矿井的死灰复燃和私挖滥采现象的发生。切实加强煤炭企业基层基础工作，为建设煤炭强省奠定坚实的基础。

大力实施重点产业调整振兴规划。启动焦化、冶金、化工、建材等行业重组工作，加快落后产能淘汰步伐，加大技术改造力度，推动传统产业新型化。大力发展新兴产业，装备制造业重点发展煤机成套设备、铁路装备、重型载重汽车以及汽车零部件等产品；现代煤化工重点发展多元复合肥、乙炔精细化工、甲醇深加工、煤制油等拳头产品，推进煤层气、天然气、焦炉煤气、煤制气产业一体化；新型材料产业重点发展新型建材、铝镁合金、钕铁硼磁性材料等产品；特色食品工业重点做强酒类、食醋、乳品等传统优势产品，做精小杂粮、肉类、食用油等特色产品。积极发展新能源、电子信息、生物产业、节能环保等高新技术产业。推进“三网”融合。要充分发挥大型企业、工业园区和产业集群对工业经济的带动促进作用。

加快服务业发展。认真落实促进服务业发展规划，深入推进服务业“1+10”工程，重点抓好文化旅游产业发展。加强旅游基础设施建设，加大旅游场所环境整治力度，引进先进的管理模式，打造一流景点景区；构建区域旅游合作机制，发展精品旅游线路；培育旅游龙头企业，积极开发新型旅游项目和产品；推出一批地域特色鲜明、适合旅游观赏的演艺节目和文化产品，实现文化与旅游产业互动发展，充分发挥旅游业的整体效益。积极推进综合物流网建设，大力发展现代物流产业。

大力促进民营经济发展。全面落实促进民营经济发展的意见，进一步放宽民间资本的市场准入条件，鼓励和引导民间资本投资基础设施、新兴产业和社会公共事业，加大政策支持力度，加强政府服务，搭建民营企业转产转型服务平台，促进民营经济健康快速发展。

各位代表，我省是一个典型的资源型省份，转变发展方式、调整经济结构任务艰巨、任重道远。但无论困难有多大、任务有多重，为了山西的长远发展，我们要咬定目标、迎难而上，敢为人先、勇挑重担，坚定不移调结构、脚踏实地促转型，努力使我省真正走上科学发展的道路！

（三）加大统筹城乡发展力度，扎实做好“三农”工作。

进一步完善强农惠农政策。加大对“三农”的投入力度，逐步提高土地出让金、耕地占用税新增收入和煤炭可持续发展基金用于“三农”的比例。认真落实国家粮食直补、良种补贴、农机具购置补贴、农资综合补贴等政策，继续执行我省已经出台的玉米差价补贴、生猪大县奖补、新建奶站补助、部分农机具累加补贴、农业灌溉水价补贴、城乡用电同网同价等政策，并根据实际情况，再研究实施一批支持“三农”发展的政策措施。

加强农业基础设施建设。继续抓好农田水利基本建设和应急水源工程建设，启动西山地区黄河水灌溉工程，完成43座病险水库除险加固任务，实施十大灌区节水改造及六大泵站配套改造。新改造200万亩中低产田和10万亩盐碱地。启动实施农业机械化推进工程，提高农业机械化水平。实行最严格的耕地保护制度，稳定粮食播种面积；加快农业科技推广，提高单产水平，增强粮食综合生产能力。

大力发展特色现代农业。加快转变农业发展方式，继续推进雁门关生态畜牧经济区等“三大区域”建设，加快推进运城、晋中、大同三个现代农业示范区建设。大力实施农产品加工龙头企业“513”工程，提高农业产业化水平。推进菜篮子产品集约化、设施化、标准化生产。加快构建粮食现代物流体系，加强农产品质量安全体系、动植物疫病防控体系、农业科技创新体系、农业市场信息体系建设。继续实施科普惠农计划。深化农村改革，依法推进农村土地承包经营权有序流转，发展多种形式的适度规模经营。充分发挥农民专业合作社的作用，提高农业组织化程度。

扎实推进新农村建设。善始善终抓好“五个全覆盖工程”，确保今年全部完成任务。加强村级党员活动室和文化、体育活动场所建设。加快农村电网升级改造。继续做好机关、企业结对帮建新农村工作。新启动2000个新农村重点村建设。启动统筹城乡规划建设试点，开展村级公益事业“一事一议”财政奖补试点。加大扶贫开发力度，继续实施移民搬迁、整村推进、产业开发、劳动力转移和教育扶贫五大工程，启动贫困地区集中连片开发项目，确保今年再解决20万贫困人口的脱贫问题。

加快推进城镇化进程。要把加快城镇化进程作为扩大内需、推动经济增长的战略重点，作为统筹城乡发展、解决“三农”问题的重大举措，抓紧抓好、抓出成效。着力优化城镇布局。加快太原都市圈建设，使其成为区域经济发展的重要增长极；大力培育区域中心城市，加快发展城市群；积极发展县域经济，推进县城和小城镇快速、集约发展，在全省形成大中小城市和小城镇协调发展的格局。着力提高城镇承载能力。在优化产业结构、夯实产业基础的同时，加强市政公用设施建设，统筹旧城改造与新区开发，加快社会事业发展，提升公共服务水平。着力提升城市品位。突出文化内涵，体现现代文明，精心打造标志性建筑和城市亮点；深入挖掘历史文化底蕴，建设一批有特色、有影响、有魅力的历史文化名城、现代宜居城市和旅游商贸城市。着力增强城市活力。深化就业、社保、医疗等改革，逐步实现农民工在劳动报酬、子女上学、公共卫生、住房租购以及社会保障等方面与城镇居民享有同等待遇。重点推进户籍制度改革，放宽中小城市落户条件，使在城镇稳定就业和居住的农民有序转变为城镇居民。

各位代表，“三农”问题事关全省经济社会发展全局，事关全省广大农民群众的生计。我们要站在全局和战略的高度，带着感情抓“三农”，下更大的决心，花更大的气力，采取更加有力的措施，千方百计促进农业增产、农民增收、农村繁荣，推动“三农”工作再上新台阶！

（四）大力推进节能减排和生态建设，促进经济社会可持续发展。

进一步完善节能减排的政策措施。综合运用经济、技术、管理、法律以及必要的行政手段，打好节能减排攻坚战。加大技术改造力度，从源头上减少资源能源消耗和污染物排放。完善促进节能减排的政策措施和服务体系，继续运用差别电价、能源合同管理、“绿色贷款”、环境治理补偿奖励等机制和办法，推进节能减排工作。健全和完善节能减排标准体系、统计监测体系和考核评价制度，严格实行节能减排目标责任制，促进节能减排目标任务的落实。

大力实施节能减排和生态建设重点工程。狠抓节能工程，深入开展煤炭、焦化、冶金、电力、化工、建材等六大高耗能行业能效对标活动，加强对“双百家”、“省千家”重点能耗企业的节能监管；大力推动建筑节能示范工程建设；积极推进社会节能，确保完成“十一五”万元GDP综合能耗下降22%的目标。大力实施“蓝天碧水工程”，以太原市为重点，突出抓好重点城市的大气环境治理，加强燃煤电厂脱硫项目建设和运行监管；加快城中村燃煤锅炉改造；加大集中供热工程改造力度；加强企业废水达标治理、城镇污水处理和循环利用，加强饮用水源地的保护。深入推进造林绿化工程，落实山上治本、身边增绿计划，扩大造林绿化规模，提高经济林比重；组织实施好碳汇造林项目；强化森林资源保护，确保全年完成营造林400万亩的任务。继续推进生态环境治理修复“2+10”工程，加快推进汾河流域干流堤防加固、调蓄工程清淤、人工湿地和沿岸绿化等工程建设，确保完成一期工程任务，实现汾河干流常年全线复流、流域生态环境明显好转的目标；推进太原西山地区污染企业搬迁、关停，加强区内生态环境综合治理和基础设施建设；切实抓好其他地级市生态环境综合治理重点工程，力争在短期内取得成效。

大力发展循环经济、低碳经济、绿色经济。实施循环经济发展总体规划，加快循环经济重点项目建设，发展循环经济企业、园区、社区和城市，构建循环经济体系，促进能量和物质的循环高效利用。加大以循环经济模式改造传统产业的力度，重点要发挥好煤炭资源的优势，延长发展煤焦化、煤焦铁、煤电铝、煤机械、煤建材、煤安全等产业链；推进粉煤灰、煤矸石等大宗废弃物的资源综合利用；加大煤矿瓦斯和焦炉煤气以及其他工业余热余气的回收利用。积极应对气候变化，大力发展低碳经济，加快建设资源节约型、环境友好型社会，着力增强可持续发展能力。

各位代表，加强节能减排和环境保护是贯彻落实科学发展观的基本要求和重要内容。我们要进一步巩固已有的成绩，继续加大工作力度，坚决打赢这一攻坚战，让三晋大地天更蓝、地更绿、水更清、空气更清新，全省人民生活质量有一个新的提高！

（五）持之以恒地抓好安全生产，进一步提高安全发展水平。

强化安全生产意识。安全生产关系人民群众生命财产安全，关系全省发展大局，也关系山西的形象。要牢固确立“抓经济发展是政绩，抓安全生产也是政绩”的理念，充分认识做好安全生产工作的极端重要性。把实现安全发展、保障人民群众生命财产安全作为重大的政治责任，与地区发展、企业发展同步规划、同步实施、同步落实。全面贯彻“安全第一、预防为主、综合治理”的方针，持之以恒地抓好安全生产工作，巩固安全生产的好形势，实现全省安全生产形势由明显好转向稳定好转的转变。

严格落实安全责任。进一步强化企业的安全生产主体责任。特别是煤矿兼并主体企业(包括国有企业、民营企业，省内企业、省外企业)要在抓好原有企业各项安全生产工作的同时，切实抓好兼并重组矿井的安全生产工作，要给每个整合保留煤矿配齐配强“六大员”和安全生产管理人员，确保安全生产有人抓、有人管。强化政府安全监管主体责任，各级政府主要负责人、班子每一位成员、市县长安全助理和有关部门都要切实履行好安全监管职责。

创新安全监管机制。不折不扣地贯彻执行国家和省关于安全生产的法律法规和规章制度。认真总结安全监管经验，创新安全监管方法，确保各项安全措施落到实处。加强安全生产工作的考核奖惩，实行安全工作一票否决制；对发生重大安全生产事故的，严格事故追究和行政问责。继续深化安全生产专项整治，加强“三项建设”。在加强对煤矿安全监管的同时，进一步加强非煤矿山、尾矿库、危险化学品、易燃易爆物品、道路交通、建筑施工、消防、水库、学校等各行业各领域的安全工作。继续巩固治超成果，逐步建立治超工作的长效机制。

各位代表，安全生产人命关天，是做好各项工作的前提。过去一年的实践证明，山西的各级组织、山西的广大干部是完全有能力做好安全生产工作的！新的一年，要进一步增强做好安全生产工作的信心和决心，继续毫不放松地抓好这件大事，坚决遏制重特大事故，减少一般事故，保障人民群众的生命财产安全，为经济社会发展创造良好的安全环境！

（六）加快社会事业发展和民生改善，进一步提高和谐发展水平。

优先发展教育。加强对教育工作的领导，推进教育改革，健全教育投入保障机制，进一步提高师资质量，改善办学条件，统筹各级各类教育协调发展。义务教育，要巩固和扩大“普九”成果，加大农村教师配备及培养培训力度，推进教育信息化和优质教育资源共享，促进教育均衡发展，保障全体学生特别是家庭经济困难学生、进城务工人员子女、农村留守儿童、残疾儿童能够上得了学、上得起学。职业教育，要针对市场需求，加强实用人才的培养；强化学生岗位技能训练，全面提高学生的实践能力、就业创业能力；对符合政策和条件要求的学生逐步免除学费。与此同时，促进普通高中教育走内涵式发展道路，不断提高教育质量。高等教育，要在适度扩大规模、优化布局的同时，更加注重加强学科建设，力争在重点学科、重点实验室、工程研究中心和人文社科基地建设上有所突破，特别要下决心解决制约高等教育发展的突出问题，进一步提高高等教育水平，提升高等教育服务地方经济社会发展的水平。

进一步稳定和扩大就业。坚持把促进就业作为经济社会发展的优先目标，实施更加积极的就业政策，建立健全公共投资带动就业增长的机制。完善创业政策和服务体系，大力开展创业型城市创建活动，优化创业环境，让更多有创业意愿和创业能力的人成功创业、带动就业。千方百计促进农村劳动力转移就业。继续执行促进高校毕业生就业扶持政策，鼓励普通高校毕业生到基层、中小企业、非公有制企业就业或自主创业。积极开发公益性就业岗位，重点针对低保对象、残疾人、破产企业失业职工等就业困难群体开展就业援助，确保城市零就业家庭至少有一人实现就业。

大力发展医疗卫生事业。深化医药卫生体制改革，建立完善覆盖城乡居民的基本医疗保障制度；逐步扩大基本药物制度实施范围；促进基本公共卫生服务均等化；深入开展公立医院改革试点工作；健全基层医疗卫生服务体系，在实现行政村卫生室全覆盖的基础上，建设改造一批县医院、乡镇卫生院和县乡计生服务站、城市社区卫生服务中心，切实解决群众看病难、看病贵问题。健全疾病预防控制长效机制，提高应对突发公共卫生事件的能力。继续稳定低生育水平，实施“优生促进工程”，提高人口素质。加强食品药品监督管理，保障人民群众饮食和用药安全。认真做好甲型H1N1流感等重大疾病的防控治疗工作，保障群众生命健康和社会稳定。

进一步改善城乡居民居住条件。加快实施保障性安居工程，建设廉租住房和经济适用住房、改造棚户区和农村困难群众危房24万套、1370万平方米；继续支持居民自住和改善型住房消费，增加中低价位、中小套型普通商品房供应；大力整顿规范房地产市场秩序，促进房地产市场健康发展。

健全社会保障体系。建立完善城乡养老保险制度，继续提高企业退休人员基本养老金水平，搞好新型农村社会养老保险试点，研究解决未参保集体企业退休人员基本养老保障等遗留问题。积极稳妥推进事业单位养老保险制度改革。巩固新型农村合作医疗制度，提高筹资标准，推行门诊统筹；提高城镇居民基本医疗保险财政补助标准和筹资水平，加快解决关闭破产企业退休人员和困难企业职工的医疗保障问题。全面实施被征地农民社会保障制度。提高城乡低保、农村五保等保障水平，提高优抚对象的生活补助标准。大力发展社会福利和慈善事业。

加强社会管理。建立健全重大社会决策、重大工程社会稳定风险评估机制，健全群众权益维护机制。正确处理各类社会矛盾，坚决纠正损害群众利益的各种问题。完善信访工作机制，将不和谐因素化解在基层、解决在萌芽状态。充分利用现代媒体了解民情，并有效引导社会舆论。全面加强应急管理，完善应急机制，妥善处置群体性和敏感性事件。加强防灾减灾体系建设。加强对流动人口的服务管理，强化对特殊人群的帮教管理。加强对各类社会组织的服务和管理。认真做好法律援助工作。全面加强社会治安综合治理，严厉打击各类刑事犯罪活动。加强国家安全工作。落实好党的民族宗教政策，加强外事、侨务、对台等工作。继续支持军队建设，做好双拥工作，积极促进军民融合式发展。发展人民防空事业。

各位代表，加快社会事业发展、高度重视和改善民生，是各级政府应尽的责任。我们要尽最大的努力，投入足够的财力和精力，大力推进社会事业发展，努力改善民生，让广大人民群众享受到改革发展的成果！

（七）深化改革开放、推进科技创新，为经济发展注入新的动力和活力。

继续深化改革。扎实推进政府机构改革，进一步转变政府职能；积极稳妥地推进事业单位试点改革，完成今年确定的试点任务；深化国有和集体企业改革，完善法人治理结构；全面开展集体林权制度改革，确保完成3000万亩林地确权任务；继续推进投融资体制改革，充分发挥资本市场对经济的支撑作用；加快推进财税体制改革，加强财税收支管理。巩固煤炭工业可持续发展政策措施试点工作，深入开展资源型地区经济转型发展综合配套改革研究。积极做好“十二五”经济社会发展规划编制工作。

扩大对外开放。进一步增强对外开放意识，加大对外开放力度。优化投资环境，在全社会营造亲商、安商、富商的浓厚氛围。创新招商引资方法，提高招商引资的规模和质量，鼓励外商外资参与产业结构调整、基础设施建设、重大民生工程。完善对外开放政策，充分发挥开发区对经济发展的带动和辐射作用，积极承接国内外产业梯度转移。加强对外交流合作，做好上海世博会、南昌中博会等重要会展活动的参展工作，筹办好第三届能源博览会。

大力推进科技创新。科学确定科技创新的主攻方向。跟踪科技发展前沿，立足我省实际，在新能源、新材料、生物工程、生态环保等重要方面，在煤炭清洁生产加工、煤矿安全生产、铝镁合金及其深加工、节能减排等关键领域，集中攻关，力争取得重大突破。加快科技成果向现实生产力转化。大力推动高新技术产业化，充分利用高新技术和先进适用技术改造提升传统产业，促进产品升级换代，培育新的经济增长点。加快构建完善的科技创新体系。加快以市场为导向、企业为主体、产学研相结合的科技创新体系建设，建立面向企业的公共技术服务平台，引导创新要素向企业聚集，不断提升我省科技创新能力和水平。深化科技管理体制改革。大胆革除科技事业发展的体制机制障碍，增加科技投入，加强人才队伍建设，加大对创新型人才和领军人物的培养、引进和使用，支持科技人员潜心研究、多出成果，为经济社会发展作出更大的贡献。

（八）加强社会主义民主法制和精神文明建设，促进和保障经济社会又好又快发展。

加强民主法制建设，扎实推进依法治省进程。认真执行省人大及其常委会的决议决定，广泛听取各民主党派、工商联、无党派人士的意见和建议，认真办理人大代表的建议和政协提案。严格依照法定权限和程序履行职责，自觉接受人大、政协和社会各界的监督。加强基层民主建设，健全政务公开、厂务公开、村务公开等制度，保障人民群众的知情权、参与权、表达权、监督权。支持工会、共青团、妇联、科协等群团组织的工作，支持法院、检察院依法独立行使审判权、检察权。扎实推进“法治山西”建设。加强政府法制工作，深入开展“五五”普法工作，提高全民法制意识，在全社会形成自觉学法守法用法的浓厚氛围。

大力实施文化强省战略，努力推动文化大发展大繁荣。大力发展文化产业，深入推进文化体制改革，加快经营性文化单位转企改制，着力建设“五大特色文化产业区”，推进一批重大文化产业项目建设，培育一批骨干文化企业。加快发展文化事业，建立健全公共文化服务体系，加强乡镇综合文化站、农家书屋等基层文化设施建设。实施文化惠民工程、文化精品工程和文化遗产保护工程。繁荣哲学社会科学，发展新闻出版、广播影视、文学艺术事业。广泛开展全民健身活动，努力提高竞技体育水平。

加强精神文明建设，提高公民文明素质和社会文明程度。加强社会主义核心价值体系建设，加强社会公德、职业道德、家庭美德、个人品德建设。大力弘扬以改革创新为核心的时代精神、以爱国主义为核心的民族精神和太行精神、右玉精神等我省不同时期铸就的宝贵精神。深入开展文明和谐创建活动，培育文明新风，促进社会和谐。

（九）切实加强政府自身建设，进一步提高领导经济社会科学发展的能力和水平。

不断加强学习，努力建设学习型政府。广大公务员特别是领导干部，要着眼于提高思想政治水平和行政履职能力，加强中国特色社会主义理论特别是科学发展观的学习，认真学习党的路线方针政策和国家法律法规，学习经济、政治、文化、社会等各方面知识，学习履职必备的知识。坚持向书本学、向实践学、向群众学，坚持理论联系实际，学以致用、用以促学，不断提高谋划发展、统筹发展、优化发展、推动发展的本领，提高驾驭复杂局面和处理复杂问题的本领，提高做好群众工作、维护社会稳定的本领。

加快职能转变，努力建设服务型政府。以政府机构改革为契机，切实转变政府职能，加强对经济运行的监测和分析，提高对经济调节和市场监管的能力，提高社会管理和公共服务水平，为各类市场主体创造良好的发展环境。进一步清理规范行政审批事项，减少审批环节，缩短审批时限，改进文风会风，减少不必要的会议、庆典和论坛，提高行政效能。进一步健全部门协调配合机制，形成强大的工作合力。

推进依法行政，努力建设法治型政府。全面落实依法行政实施纲要，健全科学民主决策制度，完善重大事项公众参与、专家咨询论证和政府集体决策相结合的决策机制，提高决策科学化民主化水平。进一步加强行政监察和审计工作。落实行政执法责任制和行政问责制，进一步规范行政执法行为，坚决杜绝不作为、乱作为现象，严厉查处失职、渎职行为，提高政府公信力和执行力。

坚持为民务实清廉，努力建设廉洁型政府。认真贯彻落实中央反腐倡廉方针和工作部署，严格执行党风廉政建设责任制，继续推进惩治和预防腐败体系建设。加强对中央重大决策部署贯彻落实情况的监督检查，继续推进煤焦领域反腐败专项斗争，深入开展工程建设领域突出问题的专项治理工作。大力弘扬求真务实之风，真正把心思用在干事创业上。发扬艰苦奋斗的优良传统，坚持勤俭办一切事业，严格控制楼堂馆所建设，禁止高档装修办公楼。以良好的作风、扎实的工作取信于民。

今年，我们要在做好以上各项重点工作的同时，再为全省人民办好以下十件实事：一是全面完成中小学校舍安全改造加固任务，将学校建成最安全、学生家长最放心的地方。二是积极落实国家基本药物制度，率先在60%的政府举办的基层医疗卫生机构实行好这一政策。三是新农保试点扩大到27个县（市、区），覆盖人数达到400万人；对4万名就业困难人员实施就业援助。四是新建、改扩建农村敬老院120所；并为3000名贫困残疾儿童实施康复救助。五是新开工建设保障性住房24万套，并确保全面完成国有重点煤矿棚户区改造任务。六是解决好290万农村人口的安全饮水问题。七是为930个建制村新建水泥（油）路4600公里。八是全面完成村卫生室建设任务。九是新建2000家连锁农家店(便民店)，建设改造百家放心粮油配送中心、千家示范店和万家经销网点。十是新（改）建7200个村级组织活动场所。

各位代表，回顾2009年，面对严峻复杂的经济形势，全省上下坚定信心、知难而进、迎难而上、共克时艰，不仅较好地完成了全年经济社会发展各项任务，而且做了许多打基础利长远的大事。全省人民为之振奋、为之鼓舞。展望新的一年，我们豪情满怀、信心百倍。我们要紧密地团结在以胡锦涛同志为总书记的党中央周围，在省委的领导下，齐心协力，奋发有为，求真务实，真抓实干，不断谱写经济社会发展新篇章，努力创造更加美好的新生活！

在全省深入学习实践科学发展观活动总结电视电话会议上的讲话

（2010年2月24日）

张宝顺

同志们：

今天我们召开全省电视电话会议，对深入学习实践科学发展观活动进行回顾总结，动员全省上下在新的起点上，深入贯彻落实科学发展观，加快转变经济发展方式，努力开创“三个发展”新局面。

在全党开展深入学习实践科学发展观活动，是党中央从党和国家事业发展全局出发作出的重大战略决策。从2008年10月上旬开始，历时一年半，我省有5.85万个党组织、210.2万名共产党员参加了学习实践科学发展观活动。在党中央的坚强领导下，在中央督导组、巡回检查组的指导帮助下，各级党组织和广大党员着眼于“党员干部受教育、科学发展上水平、人民群众得实惠”的目标要求，紧紧围绕“转型发展、安全发展、和谐发展”这一主题和载体，扎实推进各个阶段各个环节的工作，取得了重要的认识成果、实践成果和制度成果，有效促进了全省经济、政治、文化、社会建设和生态文明建设，全面加强了党的建设，特别是为应对国际金融危机冲击提供了坚强保证，为加强和改进新形势下党的建设积累了宝贵经验，达到了中央提出的预期目标。一是组织领导做到了坚强有力、一以贯之。省委常委会切实加强领导，省委学习实践活动领导小组召开十次会议对活动进行研究部署，省委常委带头参加活动。各级党委把活动紧紧抓在手上，各级领导小组及办公室、巡回检查组和督导组加强指导、严格督查。各级领导干部主动学、主动抓，充分发挥了表率作用。二是学习教育做到了联系实际、逐步引深。把提高思想认识贯穿活动始终，把学习科学发展观与学习党的十七大和十七届三中、四中全会精神结合起来，与学习胡锦涛总书记一系列重要讲话和中央领导同志来晋考察重要讲话精神结合起来，采取集中共学、网络助学、结对帮学和举办专题论坛等方式开展学习教育，在全国率先开通学习实践活动在线学习网，组织编写适合农村党员需要的“乡土教材”，其中《与农村党员谈心》入选全国“第二届优秀通俗理论读物”。下拨省管党费1700余万元用于农村党员教育培训。三是注重实践做到了围绕中心、突出重点。始终突出实践特色，把学习实践活动作为应对国际金融危机冲击、推进“三个发展”的动力和契机，把学习教育的成效体现到具体工作中，做到学习在实践过程中深化，实践在理论引领下创新。四是依靠群众做到了途径多样、方法灵活。通过深入走访、网络问政等多种方式，察民情、访民意，解民难、化民忧，省委常委会分析检查报告进行了“千人评议”，省委社情民意通道在黄河网建立网上通道，征求群众意见和建议。县处级以上党员领导干部走访党员群众78万多人，收集意见建议39.2万多条。五是解决问题做到了一抓到底、注重实效。坚持边学边改、边查边改、边整边改，下功夫解决影响科学发展的突出问题、党性党风党纪方面存在的问题和群众反映强烈的问题，下功夫解决困难群众面临的生产生活问题。全省共解决各类突出问题19万多个，取得了看得见、摸得着、实打实的效果。六是分类指导做到了因地制宜、鼓励创新。既统一标准要求、坚持规定动作，又立足实际、积极探索，针对不同地区、不同行业、不同层面和不同批次分别提出要求，确保活动扎实深入、健康推进、不走过场。七是宣传引导做到了有声有色、氛围浓厚。加强舆论引导，广泛深入宣传学习实践活动的重大意义、进展情况、实际成效，树立和宣传一批先进典型，鼓励广大党员争先创优，为学习实践活动营造了良好氛围。八是统筹兼顾做到了科学安排、协调运作。坚持围绕中心、服务大局，统筹抓好学习教育、解决问题、完善机制等各项工作，注重三个批次有序衔接，促进城乡、条块和上下级单位之间协调推进。正确处理开展学习实践活动和做好各项工作的关系，实现了“两手抓、两不误、两促进”。

一年半的学习实践活动，使我们获得了多方面的重要成果和收获。

通过学习实践活动，提升了科学发展理念，凝聚了“三个发展”共识。理论的武装推动了行动的自觉，观念的创新推动了思路的完善。省委提出“三个发展”的主题和载体，为党员干部受教育提出了要求，为科学发展上水平指明了方向，为人民群众得实惠提供了保证。全省干部群众在学习实践中深刻认识到，“三个发展”是我省贯彻落实科学发展观的战略重点和重要抓手，是对走出“四条路子”、实现“三个跨越”总体思路的深化和拓展，转型发展是基础、安全发展是前提、和谐发展是根本。在形成共识的基础上，围绕推动、服务“三个发展”制定措施、开展工作、健全机制，推进科学发展的意识、信心和能力明显增强。

通过学习实践活动，增强了应对挑战、共克时艰的信心，促进了经济平稳较快发展。把应对国际金融危机冲击、促进经济平稳较快发展作为学习实践活动最大的实践、最重要的实际，迎难而上、顽强拼搏，努力做到保增长与调结构、促转型、惠民生有机统一。2009年固定资产投资完成5033.5亿元，力度之大前所未有。GDP增速由一季度的负8.1%转为全年的5.5%，实现V型反转，进入全面回升通道；财政总收入、一般预算收入保持增长；民生得到保障和改善，社会总体保持和谐稳定。可以说，广大党员干部在学习实践活动中形成的广泛共识、激发的创业热情，是战胜困难挑战的坚实基础和强大动力。

通过学习实践活动，破解了经济社会发展中面临的一些矛盾和难题。坚持立足当前与着眼长远相结合，着力破解制约全省科学发展的深层次矛盾和问题。一是抓住难得机遇，克服重重困难，坚定不移、积极稳妥地推进煤炭企业兼并重组整合。工作中注重完善政策措施，兼顾各方利益，加强舆论引导。矿井个数由2598座减少到1053座，企业主体由2200多个减少到130个，70%的矿井规模达到90万吨以上，产业素质和资源利用水平全面提升，在新的产业基础上煤炭产量恢复到历史最好水平，在由煤炭大省向煤炭强省的跨越中迈出重要一步，成为经济困难形势下逆势而为、化危为机的精彩篇章，为转型发展赢得了机遇、积累了经验，为安全发展、和谐发展提供了保证，为迎接新一轮发展奠定了基础。二是深化产业结构调整，出台实施10大产业调整振兴规划，传统产业素质得到提升，新兴产业加快发展，装备制造、文化旅游、现代服务等产业不断壮大，新兴产业和特色产品使山西产业形象开始改观。三是以坚强决心和过硬举措，全面加强安全生产工作，一举扭转安全生产被动局面。严格落实企业安全生产主体责任和政府安全监管主体责任，开展安全生产专项整治，建立健全安全生产十项制度，理顺安全生产管理体制，加强煤炭生产的全员、全过程管理，严肃查处安全生产事故。2009年各类安全生产事故死亡人数减少1018人，特别是煤矿事故起数下降40%，原煤生产百万吨死亡率下降到0.328，为历史最好水平。四是加快转变经济发展方式，节能减排和生态环境建设取得新成效，全国造林绿化现场会在我省召开。积极推动“资源型经济转型发展综合配套改革试验区”这项战略工程，煤炭产业可持续发展政策措施试点深入推进。

通过学习实践活动，密切了党群干群关系、促进了社会和谐稳定。把解决民生问题作为贯彻落实科学发展观的核心内容，扎实推进“五大惠民工程”和农村“五个全覆盖”，广泛开展“进万户门、解万家难、暖万人心”活动和“救灾、帮困、送温暖”活动。加快社会保障和救助体系建设，去年用于发展社会事业和改善民生的投入达到1013亿元，在经济困难的情况下使群众生活得到改善。各级各部门积极改进作风，为群众办实事好事39.4万件。建立健全干部下访、接访制度，及时排查调处矛盾纠纷，妥善处置突发事件和敏感事件，有效化解不稳定、不和谐因素，庆祝新中国成立60周年等重大活动期间，较好发挥了首都“护城河”作用。群众在学习实践活动中感受到了生产生活的新变化，看到了党群干群关系的新气象。

通过学习实践活动，推动了“三个发展”长效机制的建设。着眼于建立充满活力、富有效率、更加开放、有利于科学发展的体制机制，从活动一开始就注重体制机制建设，深入研究解决全省改革发展稳定面临的重大课题，深入推进重点领域和关键环节的改革，围绕“三个发展”建立了10个方面的体制机制，形成了经济社会发展、领导干部政绩、构建和谐社会、安全生产四位一体的综合考核评价体系，促进了发展导向、用人导向、作风导向的统一。各地各部门对现有的规章制度进行全面清理，共建立、完善和废止各项制度15万余项。

通过学习实践活动，全面加强了党的建设特别是基层组织建设。加强党性修养和理想信念教育，弘扬优良传统和时代精神，总结推广了右玉精神，制定了领导干部改进作风和规范从政行为的具体规定。加强各级领导班子建设，重视使用推动科学发展有思路、有能力、有成效的干部。在加强基层党组织建设上出台一系列过硬措施，加大基层组织建设保障力度，对重点村、难点村、矛盾突出村的集中整治取得明显成效，整顿软弱涣散基层党组织1784个，新建基层党组织1158个，积极推广“四议两公开”工作法。全省2.8万个村(社区)每个村配备一名大学生干部，在全国率先实现了大学生干部农村社区全覆盖。投资5.6亿元的村级组织活动场所建设工程进展顺利。加强反腐倡廉建设，深入开展煤焦领域反腐败专项斗争，进一步密切了党和人民群众的联系。

通过学习实践活动，形成了政通人和、团结奋进、人心思上的良好局面。我省作为资源型省份、老工业基地，产业结构不合理、增长方式粗放、环境污染和能耗过高等问题突出，开展学习实践活动具有特殊的重要性和紧迫性。尤其是在学习实践活动开展之前，我省发生襄汾“9·8”溃坝重特大事故，安全生产形势严峻；2008年下半年不断蔓延扩大的国际金融危机冲击，与我省自身结构性矛盾相互影响，全省经济大幅度下滑。在新世纪以来发展最为困难的时期，各方面压力较大的时候，通过扎实有效的学习实践活动，使我们进一步明确了科学发展的方向、完善了破解难题的思路，全省干部群众在严峻的考验面前，和衷共济、共克时艰，增强了信心，战胜了困难，走出了襄汾“9·8”事故的阴影，摆脱了安全事故频发的被动局面，推动经济步入较快增长区间，初步实现了经济发展、安全好转、社会和谐的良性循环，干部群众焕发出良好精神面貌，各项事业呈现出新的局面。可以说，学习实践活动在山西发展的关键时刻发挥了关键作用，在我们工作面临困难的时刻发挥了稳定大局的作用。

一年多的学习实践，使我们对科学发展观的认识水平、实践水平有了新的提升，得到一些重要启示：第一，科学发展观是我国经济社会发展的重要指导方针，是推动经济发展方式转变的强大思想武器，是我们战胜前进道路上各种困难和挑战的根本指针，无论是经济快速增长期还是下行压力较大的时期，无论是经济发展还是其他事业，都必须坚定不移地践行科学发展观，把科学发展观贯彻落实到经济社会发展的各个方面和各个环节。第二，贯彻落实科学发展观必须从省情特点和发展实际出发，提出具体的思路和抓手，在当前和今后一个时期，“三个发展”是山西走科学发展之路的具体途径，抓好“三个发展”就能够不断开创我省科学发展新局面。第三，践行科学发展观是改造客观世界与改造主观世界相统一的过程，必须努力掌握和运用贯穿于科学发展观之中的马克思主义立场、观点、方法，切实提高战略思维、创新思维、辩证思维能力，增强领导和推动科学发展的本领。第四，人民群众是贯彻落实科学发展观的主体，科学发展观的出发点和落脚点是造福人民群众，必须牢固树立以人为本的理念，把改善民生放在突出位置，使贯彻落实科学发展观的过程成为不断为民造福的过程，使推动科学发展成为广大群众的自觉行动。第五，干部作风决定科学发展的成效，必须坚持正确的政绩观，深入基层、深入群众，求真务实、狠抓落实，以科学的态度、务实的作风创造实实在在的业绩。第六，体制机制更带有根本性，必须立足当前着力解决影响和制约科学发展的突出问题，着眼长远健全完善体制机制，用制度保证科学发展观的贯彻落实。第七，党的建设是推动科学发展的根本保证，必须围绕科学发展抓党建、抓好党建促进科学发展，把推动科学发展与提高党的建设科学化水平有机结合起来，把领导班子、党组织和党员队伍建设成为贯彻落实科学发展观的领导集体、坚强堡垒和骨干力量。第八，用马克思主义中国化最新成果武装全党是一项战略任务，必须把学习和实践统一起来，把集中教育和经常性工作有机衔接起来，不断增强理论武装的针对性和实效性。

一年来的实践充分证明，中央关于在全党开展学习实践科学发展观活动的决策是完全正确的、非常适时的，学习实践活动是马克思主义中国化最新成果在全党的一次大普及，是新形势下按照科学发展观要求推进中国特色社会主义伟大事业和党的建设新的伟大工程的又一次成功实践，必将对加快推进全面建设小康社会进程产生重大而深远的影响。

学习实践科学发展观是一项长期任务。集中学习实践活动告一段落，学习实践科学发展观掀开了新的一页。要看到，我省经济虽然步入较快增长区间，但回升基础还不稳固、增长后劲有待增强，尤其今年是完成“十一五”、谋划“十二五”的承前启后之年，促进经济平稳较快发展任务艰巨，需要更好地践行科学发展观。要看到，在后金融危机时期的国际国内竞争中，我省既面临重大机遇、也面临严峻挑战，要在激烈的竞争中赢得主动，抢占制高点、争创新优势，需要更好地践行科学发展观。要看到，我省经济社会发展中的深层次矛盾和问题，特别是产业结构不合理的问题仍然较为突出，有的刚刚破题，有的尚未破题，影响安全、稳定、和谐的因素还有不少，要实现经济社会又好又快发展，需要更好地践行科学发展观。要看到，通过学习实践活动，全省党员干部队伍总体素质有了明显跃升，但与党的要求和人民群众的期待相比，与时代和事业的要求相比，还存在不少差距和不足，要建设高素质党员干部队伍，赶上日新月异的发展形势，需要更好地践行科学发展观。

2月3日至7日，在应对国际金融危机冲击取得重大胜利的时刻，中央举办了省部级主要领导干部专题研讨班，胡锦涛总书记、温家宝总理和习近平、李克强同志发表了重要讲话，向全党提出深入贯彻落实科学发展观、加快经济发展方式转变的战略任务。中央领导同志特别是胡锦涛总书记的重要讲话，全面总结了我国应对国际金融危机冲击的科学判断、总体思路、重大举措、主要成效和基本经验，全面分析了当前国际国内形势，深刻阐述了加快经济发展方式转变的重要性、紧迫性和战略布局、具体要求，思想深刻，举措有力，富于创新，体现了宽广敏锐的世界眼光、高瞻远瞩的战略思维和居安思危的忧患意识，是运用马克思主义立场、观点、方法分析发展大势、把握发展规律的重要文献，既是对科学发展观的贯彻和运用，又是对科学发展观的深化和拓展，丰富了马克思主义中国化的最新成果，为我们谋划发展、改进工作指明了方向。正如胡锦涛总书记指出的，加快经济发展方式转变，是适应全球需求结构重大变化、增强我国经济抵御国际市场风险能力的必然要求，是提高可持续发展能力的必然要求，是在后国际金融危机时期国际竞争中抢占制高点、争创新优势的必然要求，是实现国民收入分配合理化、促进社会和谐稳定的必然要求，是适应实现全面建设小康社会奋斗目标新要求、满足人民群众过上更好生活新期待的必然要求。我们要充分认识到，转变经济发展方式是一场深刻变革，对山西这样的资源型地区来说更可谓脱胎换骨、浴火重生，更具有艰巨性和挑战性，任务繁重，潜力巨大。省委提出的“三个发展”，来源于实践又经受了实践检验，是全省上下艰辛探索的结晶，符合山西省情和全省人民愿望，符合科学发展观要求，符合加快经济发展方式转变的内涵。我们要把加快经济发展方式转变作为深入贯彻落实科学发展观的重要目标和战略举措，在进一步推进“三个发展”上下功夫，不断赋予“三个发展”新的内涵和新的要求，在加快经济发展方式转变中开创“三个发展”新局面。

第一，更加坚定、更加富有成效地抓好理论武装，不断增强贯彻落实科学发展观的自觉性和坚定性

以建设学习型党组织为龙头，以加强党委中心组学习为抓手，加强理论武装工作，全面提升全省党员干部的思想政治水平。一要深化学习的内容和要求。系统掌握中国特色社会主义理论体系，特别要深刻理解科学发展观对各方面工作提出的新要求，加强对转变经济发展方式相关知识的学习和运用，把学习理论同研究解决人民最关心最直

接最现实的利益问题、本地区本部门改革发展稳定的重大问题、党的建设突出问题结合起来，以理论上的清醒保证政治上的坚定，增强工作的原则性、系统性、预见性、创造性。二要创新学习的方法和途径。运用集体研讨、专题培训、案例分析以及领导干部领题调研等方式，发挥好党校的主渠道作用和网络、手机等新兴媒体的作用，加强对学习的组织、指导和监督、服务，学习掌握现代化建设所必需的知识，优化知识结构。三要找准学习的致用之道。广泛开展以学习实践科学发展观为主题的争先创优活动，深化对发展规律和省情特点的认识，深刻总结应对国际金融危机冲击、保持经济平稳较快发展的宝贵经验。特别是要深入研究探索在经济欠发达和资源型产业主导的背景下如何实现科学发展，在新的历史条件下如何进一步更新思想观念、深化改革开放，在工业化、城镇化、市场化深入发展的形势下如何统筹城乡区域协调发展，在利益诉求多元、各种矛盾凸显情况下如何保持社会和谐稳定。领导干部要发挥示范带动作用，作真学、真懂、真信、真用的表率。

第二，更加坚定、更加富有成效地建设长效机制，为深入贯彻落实科学发展观提供有力保障

制度建设更带有长期性和根本性，科学的发展要靠科学的制度体系作保证。一是要建立健全深入学习实践机制。从理论学习教育、领导干部民主生活会、领导班子和领导干部考核评价办法、基层党建领导体制和工作机制、改进干部作风、营造学习实践科学发展观舆论环境等六个方面建立健全长效机制，把有效做法制度化、管用经验长效化，推动学习实践科学发展观向深度和广度发展。二是要建立健全推动科学发展机制。紧紧围绕服务、推进、保障“三个发展”，加大体制机制创新力度，建立健全相关的体制机制，不断破除束缚科学发展、阻碍经济发展方式转变的陈旧观念、思维定式和行为习惯，形成正确的利益导向，构建充满活力、富有效率、更加开放、有利于科学发展的体制机制。三是要建立健全考核评价机制。按照加快转变发展方式的要求，对我省“四位一体”的考核评价体系进行充实完善，科学评价工作和成绩、“显绩”和“潜绩”，增强考核评价内容的科学性、考核评价工作的客观性、考核评价结果的权威性。制定制度要广泛听取群众的意见，接受社会和群众监督。注重制度的衔接和配套，确保可行、管用，能够落到实处。

第三，更加坚定、更加富有成效地加快经济发展方式转变，努力使具有山西特点的科学发展之路越走越宽广

经济发展方式转变，要坚持观念先行、思想先转、思维先变，既要主动转变，又要转变得早、转变得快，转变得富有成效。尤其是要在“加快”上下功夫、见实效，以转变开辟发展新路径，以转型加快新基地新山西建设进程。一要夯实能源基地和支柱产业转型这个基础，积极探索高碳产业低碳发展的有效途径。按照信息化、生态化、集约化方向改造提升传统产业，扩大煤炭企业兼并重组整合的成果，启动焦炭、冶金、化工、建材等行业的整合，大力发展循环经济，大力淘汰落后产能，强化节能减排、环境保护目标责任制，扎实推进蓝天碧水、造林绿化和2+10生态治理等重点工程，实施生态兴省战略，建设低碳绿色新型能源基地。二要抓好优化产业结构这个关键，大力发展战略性新兴产业。全面落实产业调整振兴规划，着力培育一些千亿元以上产值的产业，特别是大力发展先进装备制造、现代煤化工、新型材料和环保节能等新兴产业，加快发展物流、金融等现代服务业，大力发展文化旅游产业，完善扶持公益性文化事业、发展文化产业、鼓励文化创新的政策，促进经济与文化深度相融，创新我省产业形态。三要强化自主创新这个根本，加快科技创新步伐。加快建立地区创新体系，促进科技支撑与产业振兴、企业创新相结合，大力发展低碳技术、清洁能源技术、精深加工技术，培育具有自主知识产权的创新品牌，建设创新型科技人才队伍，提高科技对经济增长的贡献率。四要把握特色城镇化和建设新农村这个重要抓手，进一步做好统筹城乡发展这篇大文章。加快太原经济圈建设，加快区域性中心城市建设，提高工矿型城镇和小城镇宜居指数，提升城市综合承载力。增加对“三农”投入，改善农村生产生活条件，推动农业发展方式转变，促进公共资源在城乡之间均衡配置、生产要素在城乡间自由流动，努力在破解城乡二元结构上迈出新的步伐。五要增强改革开放这个动力，增强市场经济主体活力、提升外向型经济水平。坚持用改革开放的办法解决经济社会发展中存在的体制性、结构性矛盾和问题，力求在转变政府职能、创优发展环境、提供优质公共服务、维护公平正义等重要领域和关键环节取得突破。加大招商引资、招才引智力度。要配合国家有关部门做好“资源型经济转型发展综合配套改革试验区”工作，按照绿色、循环、低碳经济理念，在深入调研的基础上，制定推动我省转变发展方式的指导思想、工作重点和政策措施。

第四，更加坚定、更加富有成效地发展社会事业和改善民生，不断取得和谐山西建设的新进步

发展社会事业和改善民生不仅是党的宗旨的体现，也是转变经济发展方式、扩大需求的重要途径，既要带着深厚感情去抓，又要有新思路新办法。一要坚持社会事业的公益性特征，全力保障人民群众基本公共服务需求。深入实施“五大惠民工程”和农村“五个全覆盖”，从人力、财力、物力各方面倾斜，解决好群众上学、就业、就医、住房、社保等方面的困难。特别要在增加政府投入的同时，利用社会资本加快社会事业发展；在调整经济结构过程中充分考虑吸纳就业能力，积极推进全民创业；在城市建设中，统筹考虑棚户区改造，加大保障性住房建设力度。二要坚持共建共享的原则，让人民群众共享改革发展成果。规范收入分配秩序，逐步提高居民收入在国民收入分配中的比重、劳动报酬在初次分配中的比重，探索建立职工工资合理增长机制，逐步提高最低工资标准和社会保障标准，深化垄断行业收入分配制度改革，加大开发式扶贫力度，保障城乡困难群众基本生活，逐步缩小资源型与非资源型

地区、城市与农村的收入差距。三要坚持安全发展的理念，严格安全责任落实，创新安全监管机制，有效防范和坚决遏制重特大安全生产事故，推动安全生产形势由明显好转向稳定好转和根本好转迈进。四要坚持稳定是硬任务、是第一责任，努力解决影响社会和谐稳定的源头性、根本性、基础性问题。以“法治山西”和“平安三晋”建设为抓手，全面推进依法治省进程，提高社会治安综合治理水平。加大信访工作的力度，加大矛盾纠纷排查化解力度，健全利益调节体制机制，有效预防和及时处置群体性事件、突发公共事件和敏感事件。特别要做好全国“两会”等敏感时段的信访工作，借鉴庆祝新中国成立60周年期间维稳工作的成功做法，确保把不稳定问题解决在萌芽状态、解决在基层、解决在本省，努力营造团结和谐的社会环境，继续发挥好首都“护城河”作用。

第五，更加坚定、更加富有成效地落实党要管党、从严治党方针，切实提高党的建设科学化水平

深入贯彻落实党的十七届四中全会精神和省委九届十次全会精神，把学习实践活动的成功经验体现到党的建设的各个方面。一是着眼于为贯彻落实科学发展观提供干部和人才保证，选好干部、配强班子、聚集人才、建设队伍。着力提高各级领导干部推动科学发展的能力和本领，坚持有利于科学发展的用人导向，在加快经济发展方式转变、推动“三个发展”的实践中识别、培养、选拔、使用干部。以高层次和高技能人才为重点，统筹开发和充分运用各类人才资源，加快实施引进海外高层次人才“百人计划”。二是着眼于为贯彻落实科学发展观夯实组织基础，抓好党的基层组织建设和党员队伍建设。完善基层党组织发挥战斗堡垒作用的长效机制，强化农村、社区党组织功能，建立健全大学生村(社区)干部工作长效机制，完成村级组织活动场所、农村党员干部现代远程教育网络一体化建设任务。抓好非公有制经济组织和新社会组织党建工作，增强基层党组织的覆盖面和影响力。通过抓基层、打基础，把基层党组织的组织资源转化为科学发展资源、组织优势转化为科学发展优势、组织活力转化为科学发展活力，进一步夯实科学发展的组织基础。三是着眼于为贯彻落实科学发展观营造团结向上、风清气正的发展环境，以求真务实、狠抓落实为切入点抓好党的作风建设。坚持民主集中制，充分发扬民主，健全决策机制，切实提高科学决策、民主决策和依法决策的水平。坚持工作重心下移，解决突出问题下移，做到察真情、察实情、察隐情，对关键部位、难点问题和薄弱环节要敢抓敢管、善抓善管，能够打开工作局面。建立健全抓落实责任制，各项工作都要做到责任到部门、到单位、到人，层层有压力，共同抓落实。要加强对中央和省委、省政府推动科学发展重大决策部署执行情况的监督检查，发现问题及时督促整改，坚决反对形式主义、表面文章，坚决反对“形象工程”和“政绩工程”。要认真落实党风廉政建设责任制，深入推进反腐倡廉建设，在治本上狠下功夫，在执纪上绝不手软，认真执行党员领导干部《廉政准则》，重视解决影响党和政府形象、干部群众反映强烈的突出问题，以坚强党性、务实作风和严格纪律为科学发展提供坚强保证。

同志们，历时一年半的深入学习实践科学发展观活动，使我们经受了锻炼，推动全省各项事业迈上了新的水平。面向未来，我们对建设新基地新山西充满信心和力量。让我们更加紧密地团结在以胡锦涛同志为总书记的党中央周围，统一思想、奋发进取、埋头苦干，进一步开创转型发展、安全发展、和谐发展新局面，在全面建设小康社会的征程中创造新的辉煌!

中共山西省委
关于贯彻实施《中国共产党党员领导干部廉洁从政若干准则》的通知

晋发〔2010〕7号

各市、县委，省委各部委，省直各委、办、厅、局党组(党委)，各人民团体党组：

为认真贯彻实施中共中央印发的《中国共产党党员领导干部廉洁从政若干准则》（中发〔2010〕3号，以下简称《廉政准则》)，进一步促进党员领导干部廉洁从政，深入推进全省反腐倡廉建设，特作如下通知。

一、充分认识党员领导干部廉洁从政的重要意义，增强贯彻实施《廉政准则》的自觉性

党员领导干部廉洁从政是坚持以邓小平理论和“三个代表”重要思想为指导，深入贯彻落实科学发展观，全面贯彻党的路线方针政策的重要保障；是新时期从严治党，不断加强党的执政能力建设和先进性建设的重要内容；是推进改革开放和社会主义现代化建设的基本要求；是正确

行使权力、履行职责的重要基础。《廉政准则》是规范党员领导干部从政行为的重要基础性党内法规，对于保证党员领导干部廉洁从政，形成用制度规范从政行为、按制度办事、靠制度管人的有效机制具有重要的促进作用；对于加强领导干部廉洁自律工作和干部队伍建设，进一步提高管党治党水平和深入推进反腐倡廉建设具有十分重要的意义。各级各部门要从加强和改进新形势下党的建设的高度，充分认识贯彻实施《廉政准则》的重要性，将其作为党风廉政建设和反腐败工作的一项重要任务抓紧抓好，为推进"三个发展"和新基地新山西建设提供坚强的纪律保证。

二、全面准确把握《廉政准则》精神实质，把各项要求落到实处

《廉政准则》从八个方面提出了党员领导干部从政行为的52个"不准"，具有很强的时代性、针对性和可操作性，体现了继承与创新的统一、治标与治本的统一。各级党组织和党员领导干部要全面理解和准确把握其主要内容和精神实质，结合实际，采取措施，把《廉政准则》学习好、贯彻好、落实好。

一是加强对《廉政准则》的学习和宣传。把学习贯彻《廉政准则》与贯彻落实党的十七届四中全会精神和胡锦涛总书记在十七届中央纪委五次全会上的重要讲话精神结合起来，与贯彻落实省委九届十次全会精神以及全省党风廉政建设干部大会和省纪委九届五次全会精神结合起来，与学习党章和《党内监督条例》等其他法规制度结合起来，将其纳入党委中心组学习内容，列入各级党校、行政学院和其他干部培训机构教学计划，采取举办专题培训班、研讨会、征文活动等多种形式，组织广大党员干部进行系统学习。使各级党员领导干部牢固树立廉洁从政观念，增强廉洁从政意识，使廉洁从政成为党员领导干部的自觉行动。要把《廉政准则》的宣传教育作为反腐倡廉宣传教育和廉政文化建设的重要内容，充分运用广播、电视、报刊、网络等媒体，宣传《廉政准则》的重要意义和相关内容，使广大人民群众正确认识当前的反腐倡廉形势以及我们党坚持从严治党、深入推进党风廉政建设和反腐败斗争的坚定决心，增强群众的监督意识和参与意识，为贯彻实施《廉政准则》营造良好社会环境。

二是完善《廉政准则》相关配套制度。《廉政准则》对党员领导干部廉洁从政行为规范作了总体性和原则性的规定，要确保贯彻实施好，必须在完善相关配套制度上下功夫。各级各部门各单位要结合工作实际，针对本地区本部门本单位党员领导干部廉洁从政方面存在的突出问题，制定贯彻实施《廉政准则》的有效制度和具体办法。通过深化体制机制改革和制度创新，切实提高制度执行力，增强制度实效，最大限度地减少腐败滋生蔓延的土壤和条件。

三是领导干部要作自觉执行《廉政准则》的表率。各级领导干部特别是党政主要领导干部要作认真学习的表率，全面了解和熟悉《廉政准则》的各项要求和规定，牢固树立法律面前人人平等、制度面前没有特权的意识；作严于律己的表率，要求一般党员干部做到的，领导干部必须首先做到，要求下级做到的，上级必须首先做到，要求别人做到的，自己必须首先做到；作自觉接受监督的表率，带头执行民主集中制，认真参加民主生活会和述职述廉述学，如实向党组织报告个人有关事项，强化被监督意识，真正使自己在监督下行使权力、开展工作；作敢于坚持原则的表率，坚决维护《廉政准则》的严肃性和权威性，敢于同一切违反《廉政准则》的现象作斗争。

四是结合实际，着力解决领导干部廉洁从政方面存在的突出问题。各级各部门各单位要对照《廉政准则》的各项规定，认真查找本地区本部门本单位领导干部廉洁从政方面存在的突出问题和薄弱环节，采取有效措施加以解决。特别要认真查找党员领导干部是否利用职权和职务上的影响为自己、亲属以及身边工作人员谋取不正当利益，是否私自从事营利性活动，是否违反规定干预和插手市场经济活动以谋取私利，是否违反规定选拔任用干部，是否存在作风方面的突出问题等等。各级领导干部要经常对照《廉政准则》进行检查，及时纠正自身与《廉政准则》要求不符的思想和倾向，不断提高廉洁从政意识，管好自己，管好下属，管好家人，切实做到预防为先、关口前移。

三、加强组织领导，为贯彻实施《廉政准则》提供保证

各级各部门要按照党风廉政建设责任制的要求，把贯彻实施《廉政准则》摆上重要议事日程，加强领导，精心组织，务求取得实效。党政一把手要切实承担起第一责任人的责任，对本地区本部门本单位的贯彻实施工作亲自部署，抓在手上。领导班子其他成员要按照分工，认真抓好分管范围内的贯彻实施工作。各级党委、政府和纪检监察机关要加强对《廉政准则》贯彻实施情况的监督检查，及时发现和解决存在的问题。加强日常监督，充分发挥民主生活会、重要情况通报、巡视、诫勉谈话、述职述廉述学、报告个人有关事项以及干部考察考核等党内监督制度的作用，全面掌握贯彻实施《廉政准则》以及党员领导干部廉洁从政的有关情况。拓宽监督渠道，注重发挥人大、政协和新闻媒体、人民群众等各个方面的监督作用，整合监督资源，形成监督合力。加大查处违反《廉政准则》行为的力度，坚持有纪必依、执纪必严、违纪必究，对有令不行、有禁不止以及随意变通、恶意规避《廉政准则》的党员领导干部，依照有关规定给予批评教育、组织处理或纪律处分，涉嫌违法犯罪的依法追究法律责任。对一些典型案例要公开曝光，形成对腐败分子的有效震慑。省纪委、省监察厅要适时对《廉政准则》贯彻实施情况开展督查，各地区各部门各单位也要组织开展相关检查，确保《廉政准则》落到实处。

中共山西省委

2010年2月26日

中共山西省委办公厅 山西省人民政府办公厅关于进一步加强全省定点扶贫工作的通知

晋办发〔2010〕4号

各市、县委，各市、县人民政府，省委各部委，省直各委、办、厅、局，各人民团体，各高等院校、大型企业：

为深入贯彻落实党的十七届三中全会精神，促进社会主义新农村建设，现就做好全省定点扶贫工作通知如下。

一、切实增强做好定点扶贫工作的责任感

我省开展定点扶贫工作以来，各级各部门和农村工作队按照省委、省政府的部署要求，坚持开发式扶贫方针，深入贫困乡村帮助建设基础设施、发展社会事业、改善生态环境、实施产业开发、组织科教培训、加强基层组织建设，为改善贫困群众生产生活条件，加快贫困地区经济社会发展步伐，激励广大干部群众自力更生、艰苦奋斗，推动全社会形成扶贫济困的良好风尚发挥了重要作用。同时，定点扶贫工作也面临一些问题：一是有些部门和单位重视程度不够，帮扶热情不足，工作力度不强，扶贫成效不明显；二是帮扶力量布局不均衡，部分经济发展缓慢的贫困县帮扶力量薄弱；三是没有最大程度地利用社会帮扶资源，扶贫开发的整体合力不强，等等。各级各部门要站在政治和全局的高度，充分认识扶贫工作的重要性，切实增强做好定点扶贫工作的责任感，进一步充实扶贫力量，强化工作措施，加大扶贫开发力度，促进全省农村经济社会又好又快发展。

二、基本原则

一是扩大覆盖面。调整布局，实现省委农村工作队帮扶国家扶贫开发工作重点县的全覆盖。同时，根据实际情况，兼顾部分省扶贫开发工作重点县。

二是科学搭配。党政机关与企业搭配、经济实力较强工作队与经济实力较弱工作队搭配共同帮扶一个县。

三是重点倾斜。省委农村工作队原则上重点向经济实力较弱的贫困县派驻。

四是增强力量。除原有参加定点扶贫工作的省直党政机关、事业单位和大专院校外，将部分省管国有骨干企业纳入定点帮扶单位，鼓励驻晋的中央企业和解放军、武警部队参与全省定点扶贫工作。

五是发挥优势。根据贫困县经济社会发展特点和帮扶单位的部门行业优势，调配派驻省委农村工作队。

三、定点扶贫工作队的主要任务

每个参与定点扶贫的帮扶单位分别组建一支工作队，每支工作队由3-5人组成，并由一名处级干部担任工作队队长。工作队的主要任务是：针对帮扶对象的实际情况，科学制定帮扶规划；围绕扶贫开发中心任务，立足部门行业优势，推进产业开发，帮助贫困群众增收致富；完善基础设施，加快社会事业建设，增强贫困乡村发展后劲；扎实抓好实用技术、技能培训工作，提高农民自我发展能力；加强农村基层组织建设，促进农村社会和谐稳定。

四、省委农村工作队的组建

派驻同一个县的各支工作队共同组成派驻该县的省委农村工作队，由省委组织部从牵头单位中选派一名副厅级以上干部担任大队长，列席县委常委有关农村工作的会议，统筹协调并组织领导该县定点扶贫工作。驻县省委农村工作队每五年调整一次，期间，担任大队长工作的单位原则上保持不变，工作队员原则上每年轮换一次。省委农村工作队要按照瞄准贫困乡村、集中连片开发原则，结合当地产业特点和贫困乡村分布情况，采取分片开发的方式开展帮扶工作。帮扶产业、片区划分和驻点帮扶乡村，由省委农村工作队与帮扶县协商确定。

五、加强组织领导

各级党委、政府要把定点扶贫工作列入重要议事日程，摆上重要位置。省四大班子负责同志每人联系一个贫困县，指导扶贫开发工作。各定点帮扶单位要实行一把手负责制，把定点扶贫工作和培养锻炼干部有机结合起来，按照“抽硬人、硬抽人”的原则，选拔思想作风好、政治素质高、工作能力强的优秀干部参加定点扶贫工作。市、县两级要积极支持配合省委农村工作队的工作，并参照省里的做法组建工作队，组织动员各方力量参与扶贫开发。省扶贫办、省委干部下乡办要加强对定点扶贫工作的组织协调，强化监督检查，完善考核激励机制，确保定点扶贫工作有效推进，为加快全面建设小康社会进程作出贡献。

中共山西省委办公厅
山西省人民政府办公厅
2010年3月12日

中共山西省委办公厅 山西省人民政府办公厅 印发《关于加快推进反腐倡廉制度建设的意见》的通知

晋办发〔2010〕11号

各市、县委，各市、县人民政府，省委各部委，省直各委、办、厅、局，各人民团体：

省委、省政府同意《关于加快推进反腐倡廉制度建设的意见》，现印发给你们，请认真贯彻落实。

中共山西省委办公厅
山西省人民政府办公厅
2010年4月27日

关于加快推进反腐倡廉制度建设的意见

为认真贯彻落实十七届中央纪委五次全会精神，加快推进反腐倡廉制度建设，提高全省党风廉政建设和反腐败工作水平，根据全省党风廉政建设干部大会的部署要求，结合实际，提出如下意见。

一、充分认识加快推进反腐倡廉制度建设的重要性和紧迫性

加强反腐倡廉制度建设是党的制度建设的重要内容,是推动惩防体系建设、从源头上防治腐败的根本途径，是反腐倡廉建设的重要保障。近年来，我省认真落实中央惩防体系建设《2008——2012年工作规划》及省委《实施办法》，以落实党风廉政建设责任制和建立健全惩防体系为重点，不断深化体制机制创新，着力构建具有山西特点的反腐倡廉制度体系，制定了一批实体性制度和程序性法规，保证了党风廉政建设和反腐败斗争的有力进行。同时也要看到，反腐倡廉制度还存在不少漏洞和缺陷，一些重要领域和关键环节甚至存在制度空白，一些制度缺乏针对性、系统性、配套性和可操作性，一些制度流于形式、没有得到很好贯彻执行，等等。许多违纪违法案件和消极腐败现象的发生，都程度不同地与制度建设不到位有关。各级各部门要充分认识加快推进反腐倡廉制度建设的重要性和紧迫性，切实增强责任感和使命感，不断完善反腐倡廉各项制度，切实提高制度执行力，推动反腐倡廉建设深入开展，为推进“三个发展”和建设新基地新山西提供可靠保证。

二、指导思想和基本原则

（一）指导思想。

全面贯彻党的十七大和十七届四中全会精神，以邓小平理论和“三个代表”重要思想为指导，深入贯彻落实科学发展观，紧紧围绕教育、制度、监督、改革、纠风、惩治等工作，以建立健全惩防体系各项制度为重点，以制约和监督权力为核心，以提高制度执行力为抓手，健全反腐倡廉长效机制，逐步形成内容科学、程序严密、配套完备、有效管用、具有山西特点的反腐倡廉制度体系，不断提高反腐倡廉科学化、制度化、规范化水平。

（二）基本原则。

1、围绕中心，服务大局。推进反腐倡廉制度建设要服从和服务于党委、政府的中心工作，统一于党的建设新的伟大工程总体部署，体现针对性、时效性和可操作性，为经济社会又好又快发展服务。

2、整体推进，重点突破。通盘考虑、统筹兼顾，突出重点、抓住关键，紧紧围绕解决反腐倡廉建设中的突出问题和人民群众反映强烈的问题加强制度建设。

3、立足实际，因地制宜。既认真落实中央和省委、省政府的战略部署，搞好整体规划，又紧密联系实际，形成符合本地区本部门特点的反腐倡廉制度体系。

4、与时俱进，改革创新。坚持解放思想、开拓创新，适应时代发展需要，以改革的精神、创新的思路、发展的办法，从根本上解决滋生腐败的深层次矛盾和问题。

三、构建具有山西特点的反腐倡廉制度体系

认真落实中央部署，紧密结合我省实际，以集中开展煤焦领域反腐败专项斗争为突破口，制定一批反腐倡廉制度，加快构建具有山西特点的反腐倡廉制度体系，最大限度地减少体制障碍和制度漏洞，形成有利于反腐倡廉建设的体制条件和制度保证。

（一）完成好反腐倡廉教育、监督、预防、惩治和提高执行力等五个方面的制度建设任务。按照中央纪委《关于贯彻落实胡锦涛同志重要讲话精神加快推进反腐倡廉制度建设的意见》（中纪发〔2010〕10号），完善党委（党组）

中心组学习制度、党政主要负责同志定期讲廉政党课制度、反腐倡廉专题民主生活会制度以及示范教育、警示教育、岗位廉政教育制度和反腐倡廉宣传教育联席会议、新闻发布、宣传工作制度等，建立基层党员轮训、流动党员教育等制度，构建充分发挥教育说服力和制度约束力整体功效的党性党风教育机制；健全对中央重大决策部署执行情况定期检查和专项督查制度、党内情况通报制度、基层党务公开制度、重大决策监督制度、党员定期评议领导班子成员制度等，建立健全决策权、执行权、监督权既相互制约又相互协调的权力结构和运行机制；建立从重点领域、重点部门、重点环节入手的廉政风险排查制度，完善行政审批各项制度，规范干部选拔任用提名制度，健全司法人员执法过错责任追究制度，完善公共资源配置、公共资产交易、公共产品生产市场运行制度，研究制定规范行业协会、市场中介组织等社会领域预防腐败制度等；建立腐败现象易发多发领域调查分析和专项治理制度，完善执纪执法部门案件线索通报移送制度，建立健全上级纪检监察机关对下级纪检监察机关办案工作指导制度，健全纠风工作制度，建立错案追究制度，健全网络举报和受理制度等；完善保障制度执行的程序性规定和违反制度的惩戒性规定，建立制度执行情况检查考核制度，建立反腐倡廉制度评估和反馈制度等。

（二）建立健全煤焦领域反腐倡廉制度体系。紧紧围绕解决以煤谋私、权力寻租、权钱交易等易发多发腐败问题，在煤焦领域建立健全教育、监督、预防、惩治、改革、纠风相配套的反腐倡廉制度体系。建立健全煤焦领域腐败问题定期、定向分析联席会议制度和专题民主生活会制度。建立健全煤焦领域决策权、执行权、监督权既相互制约又相互协调的权力结构和运行机制，推进涉煤领域权力运行程序化和透明化。完善涉煤岗位干部述职述廉、诫勉谈话、质询、撤换等制度。建立廉政风险排查制度，形成信息共享和腐败预警机制，推进煤焦领域廉政风险防控机制建设。强化对涉煤领域资源整合、项目审批、证照办理、资金收缴拨付使用、产权交易等工作的监督检查，完善领导问责和过错责任追究制度。完善煤炭运销票据管理、价款收缴、配额使用等制度，建立健全煤炭经营权、管理权、稽查权“三权分立”机制。加大对基层公路营业站、出省站点以煤谋私不正之风的查处力度，形成有效的风险防控体系。实行涉煤涉焦中介机构项目评估征信管理制度和“黑名单”制度，加强项目评估审计监督和社会监督。

（三）推进对中央重大决策部署落实情况监督检查和工程建设领域突出问题专项治理方面的制度建设。围绕转变经济发展方式、加强宏观调控、调整经济结构、改善民生、安全生产、环境保护等重大政策措施的贯彻落实，完善定期检查和专项督查制度，形成促进政策措施有效落实的纪律保障机制。健全政府投资项目决策、征询、评价和监督机制，完善重点项目督查和审计制度。建立健全家电下乡、农机具购置补贴等政策落实情况监督检查制度。完善土地审批出让、城乡规划方案实施、建设工程招标投标以及资金管理、质量安全等工程建设领域关键环节内控机制，形成以积极防范为核心，以强化管理为手段的科学防控机制，筑牢制度防线。

（四）完善领导机关和领导干部转变作风方面的制度建设。认真落实《中国共产党党员领导干部廉洁从政若干准则》，按照《廉政准则》的要求制定一批规范领导干部廉洁从政行为的制度。落实省委《关于加强领导干部党性修养大力树立和弘扬良好作风的意见》，围绕解决党员干部在思想作风、学风、工作作风、领导作风和生活作风方面存在的突出问题，完善领导干部深入实际联系群众制度、定期接待群众制度、整治文风会风制度、定期党性分析专题民主生活会制度以及工作绩效考评制度等。

（五）加强解决人民群众反映强烈的突出问题方面的制度建设。建立健全党员领导干部报告住房、投资、子女就业等个人有关事项制度。完善整治奢靡之风制度，巩固制止公款出国（境）旅游成果，加强公务用车管理，规范公务接待，控制楼堂馆所建设，解决各种庆典、研讨会、论坛过多过滥问题。完善党政机关和事业单位“小金库”治理工作长效机制。建立健全维护群众权益机制，健全网络举报和受理机制，制定拆迁补偿、保障性住房分配、社保、扶贫、绿化等专项资金使用监督管理办法，巩固农民减负、企业减负以及纠正教育乱收费、医药购销和医疗服务不正之风等工作成果。制定和完善安全生产、环境保护等方面的责任追究制度。强化对司法活动的监督，规范司法人员自由裁量权行使，健全执法过错、违纪违法责任追究等制度。

（六）加强基层党风廉政建设工作制度建设。根据农村党风廉政建设规划，不断健全乡、村两级农村党风廉政建设长效机制，重点建立健全农村党风廉政建设责任制考核制度，农村资金、资产、资源管理制度，城中村、矿产资源村、矛盾突出村党风廉政建设制度，尽快出台《关于农村党风廉政建设责任制考核的意见》和《关于加强农村集体资金、资产、资源管理工作的指导意见》，推进农村惩防体系建设。认真执行《国有企业领导人员廉洁从业若干规定》及我省贯彻落实意见，落实国有企业领导人员薪酬管理规定，规范职务消费；制定“三重一大”决策制度实施办法，完善国有企业权力运行制衡约束机制；围绕企业重要经营领域和关键环节，建立健全对企业改制、对外投资、资产评估、资产转让、建设项目招投标、大宗设备材料采购等重大事件的监督制度；积极探索建立国有企业主要领导岗位交流制度。针对高校反腐倡廉建设存在的突出问题，健全相关监督制约机制，并做好义务教育阶段相关制度的配套完善工作。加强公用事业单位、城市社区党风廉政建设方面的制度建设。积极探索非公有制经济组织和新社会组织反腐倡廉制度建设的有效途径和办法。

四、以提高制度质量为着眼点，抓紧清理和完善反腐倡廉制度

（一）深入开展反腐倡廉制度建设调研工作。各级党委、政府和纪检监察机关、政府职能部门要认真组织开展反腐倡廉制度建设调研，全面掌握反腐倡廉制度建设现状，摸清哪些重要领域和关键环节还存在制度空白，哪些制度缺乏针对性和可操作性，哪些制度需要制定配套政策，哪些制度流于形式、没有得到很好执行这四个方面的问题，澄清本级出台的制度底数，梳理归纳后，由本级纪委报上一级纪委统一汇总备案，为全面构建具有山西特点的反腐倡廉制度体系提供重要依据。

（二）认真做好反腐倡廉制度建设评估清理。在调查研究的基础上，要对本地区本部门本单位出台的反腐倡廉制度进行一次全面的梳理和评估，制度内容和要求已经过时、与上级或者现行政策制度存在冲突的要予以废止，有明显缺陷的要抓紧修订完善，需要细化的要尽快制定实施细则。

（三）科学推进反腐倡廉制度建设规划设计。在梳理评估制度的基础上，按照中央建立健全惩防体系制度规划和我省构建具有山西特点反腐倡廉制度体系的要求，对本地区本部门本单位反腐倡廉制度建设作出整体规划。规划要在保证中央和我省各项反腐倡廉制度贯彻落实的基础上，结合本地区本部门本单位实际有针对性地提出建立健全制度和保证制度落实的具体意见，形成配套完备的反腐倡廉制度体系。反腐倡廉制度建设规划要于今年6月底前完成，由本级纪委汇总后报上一级纪委备案。

五、以贯彻落实制度为着力点，切实提高制度的执行力

（一）加大对制度的学习宣传力度。把反腐倡廉制度纳入各级党委（党组）中心组学习内容，列入各级党校、行政学院和其他干部培训机构的教学计划，细化学习内容，量化学习次数，提高学习效果。把制度宣传教育作为反腐倡廉教育和廉政文化建设的重要内容，开展丰富多彩、形式多样的宣传活动，使广大党员干部深刻领会制度精神，熟知制度内容，增强制度意识，牢固树立按制度办事的观念，养成自觉执行制度的习惯。出台的反腐倡廉制度，要公开发布，向干部群众广泛宣传，引导群众参与和监督制度的落实。

（二）完善执行制度的工作机制。建立健全保障制度落实的工作机制，对重要领域和关键环节的制度落实任务进行责任分解，并结合实际制定各项落实措施。建立健全落实制度问责机制，把制度执行情况纳入党政领导干部问责范围，严格追究不执行制度的责任，减少执行制度的随意性，坚决同一切破坏制度的行为和现象作斗争。

（三）强化对执行制度的监督检查。把制度执行情况纳入领导干部年度考核范围和述职述廉主要内容。纪检监察机关和政府法制部门要坚持开展日常督查，及时发现和解决问题，确保各项制度得到有效执行。反腐倡廉制度建设领导组每年要有针对性地对反腐倡廉法规制度执行情况进行专项检查，对制度执行情况进行评估，发现解决问题，总结推广经验，推动反腐倡廉制度的贯彻落实。

六、加强组织领导，确保反腐倡廉制度建设取得实效

各地各部门要把加快推进反腐倡廉制度建设摆在重要位置，加强领导，精心部署，务求实效。要认真分析本地区本部门的权力运行关键点和廉政风险防范着力点，制定工作规划，明确任务分工，确定完成时限，落实责任领导、责任部门和责任人员，确保制度建设各项任务顺利完成。各级党委、政府是反腐倡廉制度建设的责任主体，要强化责任意识，推动工作落实。各级纪检监察机关要协助党委（党组）、政府搞好任务分解，制定好实施方案和落实措施。为加快推进反腐倡廉制度建设，省委、省政府把今年确定为“反腐倡廉制度建设年”,各地各部门要积极参与反腐倡廉制度建设，不断开创党风廉政建设和反腐败斗争新局面，为全省改革发展稳定提供坚强保证。

中共山西省委印发《关于在基层党组织和党员中深入开展创先争优活动的实施意见》的通知

晋发〔2010〕13号

各市、县委，省委各部委，省直各委、办、厅、局党组（党委），各人民团体党组：

省委同意《关于在基层党组织和党员中深入开展创先争优活动的实施意见》，现印发给你们，请结合实际认真贯彻落实。

中共山西省委

2010年5月14日

关于在基层党组织和党员中深入开展创先争优活动的实施意见

为认真贯彻落实中央办公厅转发的《中央组织部、中央宣传部关于在党的基层组织和党员中深入开展创先争优活动的意见》（中办发〔2010〕12号）精神，切实搞好我省基层党组织和党员的创先争优活动，结合实际，提出如下实施意见。

一、充分认识开展创先争优活动的重要意义

在党的基层组织和党员中深入开展创建先进基层党组织、争当优秀共产党员活动，是巩固和拓展全党深入学习实践科学发展观活动成果的重要举措，是加强基层党组织建设的迫切要求，是党的建设一项重要的经常性工作。开展创先争优活动，对于进一步抓好学习实践活动整改落实工作、完善长效机制、推动学习实践科学发展观向深度和广度发展，对于激发各级党组织和广大党员的生机活力、提高党的执政能力、保持和发展党的先进性，对于促进各级党组织和广大党员更好地联系和服务群众、始终保持党同人民群众血肉联系，对于推动党的建设更好地服务党和国家工作大局、服务本地区本部门本单位中心工作、加快转变经济发展方式、促进经济社会又好又快发展，都具有十分重要的意义。各级党委（党组）要以高度的政治责任感和使命感，把创先争优活动摆上重要议事日程，高度重视、精心组织，扎实推进创先争优活动健康有序开展，为实现“三个发展”和加快新基地新山西建设提供坚强组织保证。

二、指导思想、基本原则和总体要求

（一）指导思想。

认真贯彻落实党的十七大和十七届三中、四中全会以及省委九届十次全会精神，以邓小平理论和“三个代表”重要思想为指导，以深入学习实践科学发展观为主题，紧紧围绕全省转型发展、安全发展、和谐发展的实践，紧密结合全省基层党组织和党员队伍建设的实际，改革创新，务求实效，统筹推进党的建设其他经常性工作，充分发挥基层党组织的战斗堡垒作用和共产党员的先锋模范作用，为全面建设小康社会而努力奋斗。

（二）基本原则。

1、坚持围绕中心，服务发展大局。紧密结合本地区本部门本单位的中心工作谋划和推进创先争优活动，努力把党的政治优势转化为科学发展优势，把党的组织资源转化为科学发展资源，把党的建设成果转化为科学发展成果。

2、坚持分类指导，确立争创主题。区别农村、街道社区、国有企业、金融机构、机关、高校和科研、文化、卫生、体育、中等职业学校、中小学校等事业单位以及非公有制经济组织和社会组织，确立不同的争创主题，分类提出开展创先争优活动的具体要求。

3、坚持贴近基层，设计活动载体。根据不同领域和行业基层党组织的职责任务、不同群体党员的岗位特点，按照有利于党组织开展活动、有利于党员参加、有利于活动取得实效的原则，精心设计特色鲜明、务实管用的活动载体，确保活动有抓手、有实效。

4、坚持群众参与，营造良好氛围。把群众满意作为衡量创先争优活动成效的重要依据。活动方案要听取群众意见，向群众作出公开承诺；活动情况要向群众通报，请群众评判；评选先进要请群众参与推荐，向群众公示，接受群众监督。要坚持“党建带工建”、“党建带团建”、“党建带妇建”，以基层党组织和党员的创先争优活动，带动工会、共青团、妇联等群团组织广泛开展创建先进集体、争当先进个人活动，在全社会形成创先争优的浓厚氛围。

（三）总体要求。

1、推动科学发展。基层党组织要认真履行职责，切实贯彻落实党的路线方针政策，抓好本地区本部门本单位科学发展规划、思路、举措的落实；广大党员要以模范行动影响和带领广大群众努力完成各项工作任务。

2、促进社会和谐。基层党组织和党员要及时了解群众思想动态，有针对性地做好引导工作；积极践行社会主义核心价值体系，推动形成良好社会风气；主动排查矛盾纠纷，做好化解工作；在重大突发公共事件面前，立场坚定、旗帜鲜明，维护党的形象，捍卫国家和人民利益。

3、服务人民群众。基层党组织和党员要充分尊重群众，紧紧依靠群众，认真倾听群众呼声，及时反映群众意愿，主动关心群众疾苦，积极开展党员志愿服务活动，帮助群众解决生产生活中遇到的实际困难，多为群众办实事办好事。

4、加强基层组织。基层党组织要优化组织设置，扩大组织覆盖，创新活动方式，积极推进学习型党组织建设，增强党员队伍的生机活力，造就高素质的基层党组织带头人队伍，充分发挥基层党组织的战斗堡垒作用。通过基层党组织建设，带动其他各类基层组织建设。

三、主要内容、总体安排和方法步骤

（一）主要内容。

创先争优活动，以创建先进基层党组织、争当优秀共产党员为主要内容。先进基层党组织的基本要求是，学习型党组织建设成效明显，出色完成党章规定的基本任务，

努力做到“五个好”：一是领导班子好。领导班子能深入学习实践科学发展观，认真贯彻党的路线方针政策，团结协作，求真务实，勤政廉洁，有较强的凝聚力和战斗力。二是党员队伍好。党员素质优良，有较强的党员意识，能够充分发挥先锋模范作用。三是工作机制好。规章制度完善，管理措施到位，工作运行顺畅有序。四是工作业绩好。本地区本部门本单位各项工作成绩显著，围绕中心、服务大局事迹突出。五是群众反映好。基层党组织在群众中有较高威信，党员在群众中有良好形象，党群干群关系密切。优秀共产党员的基本要求是，模范履行党章规定的义务，努力做到“五带头”：一是带头学习提高。认真学习实践科学发展观，自觉坚定理想信念；认真学习科学文化知识，成为本职工作的行家里手。二是带头争创佳绩。具有强烈的事业心和责任感，埋头苦干、开拓创新、无私奉献，在本职岗位上做出显著成绩。三是带头服务群众。积极帮助群众解决实际困难，自觉维护群众正当权益。四是带头遵纪守法。自觉遵守党的纪律，模范遵守国家法律法规。五是带头弘扬正气。发扬社会主义新风尚，敢于同不良风气、违纪违法行为作斗争。

各地区各部门各单位在坚持以上基本要求的前提下，可结合自身实际，进一步明确先进基层党组织和优秀共产党员的具体条件。

（二）总体安排。

从2010年5月开始，着重围绕迎接中国共产党成立90周年开展创先争优活动。2011年“七一”前后，省委将专项表彰创先争优活动先进基层党组织、优秀共产党员以及开展创先争优活动成绩显著的先进县（市、区）党委。从2011年7月开始，着重围绕迎接党的十八大开展创先争优活动，引导基层党组织和广大党员以昂扬的精神风貌、一流的工作业绩向党的十八大献礼。

（三）方法步骤。

开展创先争优活动，要通过广泛深入的宣传和思想发动，教育广大党员充分认识开展活动的重要意义，增强参与的积极性和主动性；在搞好动员的基础上，坚持抓好学习实践活动整改落实后续工作，切实兑现向群众作出的承诺，建立健全学习实践活动长效机制；深入调查研究，听取意见和建议，掌握基层党组织领导班子和党员干部队伍的工作情况和思想状况，明确创先争优活动要解决的主要问题和达到的目标要求，制定切实可行的实施方案。各基层单位党组织要切实履行职责，从自身实际出发，围绕确立的主题，通过以下方式扎实推进创先争优活动。

1、公开承诺。基层党组织制定开展创先争优活动的实施方案，党员提出参加活动的具体打算，并采取适当方式向群众公布，作出承诺，接受群众监督。

2、领导点评。上级党组织负责人适时对基层党组织和党员开展创先争优活动情况进行点评，实事求是肯定取得的成绩，指出存在问题和努力方向。

3、群众评议。上级党组织对基层党组织、基层党组织对党员开展和参与创先争优活动的情况，适时组织党员、群众进行评议。

4、评选表彰。上级党组织对基层党组织、基层党组织对党员开展和参与创先争优活动情况进行考核。在此基础上，适时评选表彰创先争优活动中涌现出的先进基层党组织和优秀共产党员。评选表彰要注重工作实绩和社会公认度，广泛听取党员和群众意见。

四、加强组织领导

（一）落实领导责任。各级党委（党组）负责本地区本部门本单位创先争优活动的组织领导，结合实际制定开展创先争优活动的具体实施办法，构建党委统一领导、组织部门和宣传部门共同负责、相关部门参与指导的工作机制。全省创先争优活动由省委组织部、省委宣传部牵头成立省委创先争优活动领导小组。各地区各部门各单位都要成立相应的领导机构和工作机构。省直各部门要加强对相关领域（行业）创先争优活动的具体指导。垂直管理单位和条块共管单位的主管部门也要加强对本行业本系统创先争优活动的指导。县（市、区）党委要切实担负起本地开展创先争优活动的领导和指导责任。基层党组织要具体负责本地区本部门本单位创先争优活动的组织实施。要注重发挥党建工作指导员和大学生“村官”在创先争优活动中的作用。

（二）加强督促检查。各级党组织要按照党的隶属关系和干部管理权限，加强对所管辖范围内创先争优活动的督促检查。要采取分领域分行业召开座谈会、经常性督查、随机抽查等方式，了解活动进展，通报活动情况，总结交流经验，研究解决问题。对创先争优活动思想上不重视、工作上不得力的，及时提出批评，要求限期整改。

（三）运用典型引路。充分发挥报刊、广播、电视、互联网以及现代远程教育网络、党员电化教育、党建信息网和手机短信平台的作用，采取基层党员群众喜闻乐见的方式，大力宣传各行各业先进基层党组织和优秀共产党员的先进事迹，适时召开基层创先争优经验交流会，引导广大党员以先进典型为榜样，争做优秀共产党员，努力在全社会形成学习先进、崇尚先进、争当先进的良好风气。

（四）坚持两手抓、两不误、两促进。把开展创先争优活动与贯彻落实中央和省委的决策部署结合起来，与迎接建党90周年各项活动结合起来，与推进基层党组织建设结合起来，与完成本地区本部门本单位各项工作任务结合起来，把广大党员干部的政治热情转化为干事创业的激情，转化为加快推进新基地新山西建设的强大动力，以党建工作的新成效推动开创“三个发展”的新局面。

各市和省直部门要制定本地区本部门本系统开展创先争优活动的具体实施办法，并报省委创先争优活动领导小组。

中共山西省委印发《关于推进学习型党组织建设的实施意见》的通知

晋发〔2010〕14号

各市、县委，省委各部委，省直各委、办、厅、局党组（党委），各人民团体党组：

省委同意《关于推进学习型党组织建设的实施意见》，现印发给你们，请结合实际认真贯彻执行。

中共山西省委

2010年5月24日

关于推进学习型党组织建设的实施意见

为认真贯彻落实中央办公厅印发的《关于推进学习型党组织建设的意见》（中办发〔2009〕44号）精神，深入推进我省学习型党组织建设，结合实际，提出如下实施意见。

一、准确把握建设学习型党组织的总体要求和基本原则

（一）总体要求。高举中国特色社会主义伟大旗帜，坚持以邓小平理论和“三个代表”重要思想为指导，深入贯彻落实科学发展观，全面贯彻党的十七大和十七届三中、四中全会以及省委九届十次全会精神，紧紧围绕全党、全国和全省工作大局，按照科学理论武装、具有世界眼光、善于把握规律、富有创新精神的要求，以提高思想政治水平为基本目标，深入学习马克思主义理论，学习党的路线方针政策和国家法律法规，学习党的历史，学习现代化建设所需要的各方面知识，不断在武装头脑、指导实践、推动工作上取得新成效，使党员的学习能力不断提升、知识素养不断提高、先锋模范作用充分发挥，使党组织的创造力、凝聚力、战斗力不断增强。

（二）基本原则。坚持解放思想、实事求是、与时俱进，用发展着的马克思主义指导新的实践；坚持理论联系实际的马克思主义学风，切实推动实际问题的解决；坚持领导干部作表率，调动广大党员的积极性主动性；坚持改革创新，鼓励大胆探索。

二、科学确定建设学习型党组织的重点学习内容

（一）深入学习中国特色社会主义理论体系。深入学习马克思列宁主义、毛泽东思想、邓小平理论、“三个代表”重要思想和科学发展观，全面系统、完整准确地掌握中国特色社会主义理论体系的重大意义、时代背景、实践基础、科学内涵和历史地位，深刻领会贯穿其中的马克思主义立场、观点、方法。大力推动中国特色社会主义理论体系宣传普及活动，切实推进党的理论创新成果进教材、进课堂、进头脑，打牢全省人民团结奋斗的思想基础。

（二）深入学习实践科学发展观。认真总结和运用深入学习实践科学发展观活动的成功经验，引导党员干部准确掌握科学发展观的科学内涵和精神实质，深刻理解科学发展观对各方面工作提出的新要求，使全省各级党组织和广大党员干部在贯彻落实科学发展观、推进“三个发展”上形成广泛共识和高度自觉。着力转变不适应不符合科学发展要求的思想观念，着力解决影响和制约科学发展的突出问题，努力形成有利于学习研究和贯彻落实科学发展观的政策导向、舆论导向、用人导向和体制机制。

（三）学习践行社会主义核心价值体系。广泛开展社会主义核心价值体系学习教育，推动社会主义核心价值体系转化为广大党员干部的精神信仰和基本价值取向。引导广大党员干部增强政治敏锐性和政治鉴别力，自觉划清“四个重大界限”，始终保持立场坚定、头脑清醒。加强思想道德建设和党的优良传统、民族优秀文化传统教育，带头弘扬民族精神和时代精神，大力弘扬太行精神、纪兰精神、双良精神、右玉精神等具有山西特色的伟大精神，自觉践行社会主义荣辱观，始终保持昂扬向上、奋发有为的精神状态。

（四）学习现代化建设所必需的各方面知识。积极学习人类社会创造的一切文明成果，学习现代化建设所需要的经济、政治、文化、科技、社会和国际等各方面知识，学习反映当代世界发展趋势的现代市场经济、现代国际关系、现代社会管理和现代信息技术等方面知识。立足工作岗位，按照干什么、学什么，缺什么、补什么的原则，切实掌握做好本职工作、履行岗位职责必备的各种知识和技能，不断优化知识结构，开阔思路，把握规律，提高战略思维、

创新思维、辩证思维能力，努力成为本领域本行业的行家里手。

（五）学习中央和省委的新决策新部署新要求。认真学习中央和省委作出的重大决策部署，突出学好中央和省委关于深入贯彻落实科学发展观、转变经济发展方式、促进经济社会又好又快发展的一系列重大决策部署，深刻认识加快推进“三个发展”的重要性、必要性和紧迫性，全面把握“三个发展”的丰富内涵和实践要求，把全省党员干部的思想和行动统一到中央和省委的决策部署上来，统一到推进“三个发展”、建设新基地新山西的实践上来。

（六）及时学习总结新基地新山西建设的新鲜经验。紧密结合省情实际，深入开展调查研究，善于从新基地新山西建设的生动实践和进展成效中，探索好做法，总结新经验。同时广泛吸收借鉴其他省份推进科学发展、促进社会和谐的好经验，不断研究新情况、解决新问题，扎实有效地推进新基地新山西建设。

三、始终坚持理论联系实际的马克思主义学风

（一）紧密联系改革发展稳定实际，推动经济社会又好又快发展。紧密联系我省改革实际，着力研究和解决制约发展的体制机制障碍，解放和发展生产力，为推进“三个发展”提供强大动力；紧密联系我省发展实际，着力研究和解决经济发展方式转变、经济结构调整、资源型经济转型等面临的突出矛盾和问题，在攻坚克难中突破瓶颈，破解难题，推动发展；紧密联系我省稳定实际，着力研究和解决人民群众最关心最直接最现实的利益问题，重视群众诉求，保障群众权益，着力改善民生，理顺情绪，促进和谐，维护稳定。通过理论联系实际，不断提高各级领导班子和领导干部推动经济建设、政治建设、文化建设、社会建设、生态文明建设和党的建设的能力和水平，努力实现全省经济社会又好又快发展。

（二）紧密联系党员干部的思想实际，树立正确的世界观、人生观和价值观。着重加强理想信念教育，引导广大党员干部坚持做到“四个不动摇”，把学习成效转化为坚持共产主义远大理想和中国特色社会主义共同理想的坚定信念，转化为与人民群众同呼吸、共命运、心连心的真挚情感，增强走中国特色社会主义道路的自觉性和坚定性；着重加强党性锻炼和党性修养，引导广大党员干部牢记“两个务必”，常怀忧党之心，恪尽兴党之责，增强党的意识、宗旨意识、执政意识、大局意识、责任意识，讲党性、重品行、作表率，不断提升思想政治素养，牢固树立正确的世界观、人生观、价值观，为建设中国特色社会主义而努力奋斗。

（三）紧密联系党的建设实际，增强党组织的创造力、凝聚力和战斗力。认真查找和解决影响党委(党组)发挥领导核心作用、基层党组织发挥战斗堡垒作用、党员发挥先锋模范作用的突出问题，使各级党组织真正成为深入贯彻落实科学发展观的组织者、推动者和实践者；开展领导干部化解矛盾、破解难题活动，查找和解决影响党群干群关系的突出问题，特别是官僚主义、形式主义等群众反映强烈的问题，大兴密切联系群众之风、求真务实之风、艰苦奋斗之风、批评和自我批评之风，以优良党风促政风带民风；研究解决反腐倡廉建设方面存在的突出问题，加大教育、制度、监督、改革、纠风和惩治力度，坚决惩治腐败，不断取得反腐倡廉新成效。

四、探索建设学习型党组织的有效途径

（一）创新方法。加强和改进党委（党组）中心组学习、务虚研讨、专题调研、主题宣讲、形势政策教育、专题讲座、个人自学以及成人教育、函授教育、网络教育等学习方法，积极探索富有时代特点的新方法，努力增强学习的科学性、针对性和实效性，扩大学习的覆盖面和参与度，增强建设学习型党组织的吸引力和凝聚力。

（二）完善途径。围绕中央和省委重要会议的召开，及时开展形势政策教育；围绕全党、全国和全省的工作大局和重大战略部署，广泛开展主题学习教育；围绕重要节庆日以及重大历史事件纪念日，认真开展革命历史专题学习教育；围绕纪念革命领袖、革命先烈、杰出历史人物等活动，积极开展革命传统和民族精神专题学习教育；围绕传统节日和我省重要宣传文化活动，集中开展历史文化专题学习教育。继续办好“山西省领导干部历史文化讲座”。运用好学习讲坛、读书会、知识竞赛、参观考察等多种手段和形式，不断丰富和完善学习抓手。

（三）拓展阵地。充分利用已有的学习阵地，积极开拓富有时代特色的新阵地，建立各具特色、优势互补的学习阵地体系。充分发挥各级党校、行政学院、讲师团在教育培训中的主渠道、主阵地作用，发挥好高等学校、社科研究机构以及部门和行业培训机构的作用，努力改进培训方法，提高培训质量；充分利用爱国主义教育基地、农村文化中心、农家书屋、街道社区读报点等公共设施，形成覆盖广泛的学习服务平台；充分运用各级各类新闻媒体和互联网、手机等新兴媒体，为学习教育营造良好舆论环境；积极运用信息网络技术手段，加强远程教育、电化教育等学习教育网络建设，加强数字图书馆、数字出版物等网络学习教育平台建设，推进文化信息资源共享工程建设，不断提高党员干部学习教育的信息化水平。

（四）健全制度。建立健全党组织集体学习制度，领导班子集体学习每个季度不少于一次；建立健全培训制度，科学安排岗前培训、业务培训、晋职培训、理论培训等，县处级以上党政领导干部参加脱产培训每年一般不少于110学时；建立健全调查研究制度，省部级领导干部到基层调研每年不少于30天，市、县级领导干部不少于60天，领导干部每年要撰写1至2篇调研报告；认真落实《2009-2013年全国党员教育培训工作规划》及我省《实施意见》，建立基层党员轮训制度；建立健全党员个人自学制度，明确要求

制订学习计划和目标，强化党员干部的日常学习；建立健全主题教育制度，形成运用重大节庆日纪念日等组织党员干部学习的工作机制；建立健全学习成果转化制度，通过集体交流、媒体宣传、内参反映等多种形式，促进学习教育成果及时运用于党委和政府决策中。建立健全述学和学习考核制度，把学习情况作为民主评议党员、综合考核评价领导班子和领导干部的重要内容，把理论素养、学习态度和学习能力作为选拔任用领导干部的重要依据，形成注重学习的用人导向。

五、加强组织领导

（一）明确责任，齐抓共管。各级党委(党组)要把学习型党组织建设摆在突出位置，列入重要议事日程，作出专门部署，精心组织，狠抓落实。健全领导责任制，成立学习型党组织建设协调领导组，党委（党组）书记为第一责任人。领导组各成员单位要明确职责，密切协作，形成党委（党组）统一领导，宣传部门牵头协调，各单位积极配合、齐抓共管的领导体制和工作机制。宣传部门要切实发挥牵头负责作用，加强协调，扎实推进，牢牢把握正确导向，努力形成浓厚学习氛围。组织部门要把建设学习型党组织与干部教育培训结合起来，与加强领导班子和干部队伍建设结合起来，与加强基层党组织和党员队伍建设结合起来。工会、共青团、妇联等人民团体要充分发挥自身优势，开展各具特色的学习教育活动。

（二）领导带头，率先垂范。各级领导机关和领导干部要带头学习，发挥示范带头作用。加强和改进党委（党组）中心组学习，把领导班子建成学习型领导班子，推动下属部门和下级党组织的学习。党员领导干部要以身作则，以高度的政治责任感、强烈的求知欲和积极的进取精神，切实减少应酬，把更多的时间和精力放在学习上，学得更深一些，掌握的理论和知识更丰富一些，在全面系统掌握马克思主义理论特别是中国特色社会主义理论体系上走在前面，在学习掌握现代科学知识上走在前面，在弘扬理论联系实际的马克思主义学风上走在前面，努力成为建设学习型党组织和学习型领导班子的精心组织者、积极促进者、自觉实践者，带动广大党员形成良好学习风气。

（三）抓好基层，全面覆盖。切实把建设学习型党组织的任务落实到企业、农村、机关、学校、部队、社区等基层组织，采取切实有效的形式和措施，动员广大基层党员投身到学习型党组织建设中来。注意抓好离退休人员、偏远地区农村党员、非公有制经济组织和新社会组织中党员、下岗失业人员和流动人口中党员的学习。各级党委(党组)要加大投入，为基层党组织提供必要的学习设施设备等保障，为党员学习教育创造良好条件。

（四）舆论造势，营造氛围。各级党报、党刊、电台、电视台和主要新闻网站等，要开设专题专栏大力宣传推进学习型党组织建设的重大意义、主要内容、基本要求，大力宣传各地各部门建设学习型党组织的新做法、新进展、新成效，大力宣传广大党员干部学习实践上的新认识、新收获、新成绩，大力宣传推进学习型党组织建设中的先进事迹、先进典型、先进经验，形成舆论合力，营造良好氛围。

（五）分类指导，督促检查。各级党委（党组）要根据不同类别、不同层次、不同岗位党员干部的特点，把学习的普遍性要求与特殊需要相结合，分别提出相应的任务和要求；根据不同的学习对象，按照中央推荐的学习书目，确定必读书目和参考书目；经常了解下属部门和单位党组织的学习情况，根据不同特点和情况，有针对性地加强指导。学习型党组织建设协调领导组要定期对下级党组织学习情况进行督促检查，针对存在的问题和不足，提出加强和改进的具体要求。各级党组织应在每年1月底前向上级学习型党组织建设协调领导组专题报送上一年度学习情况总结和本年度学习计划。有关工委要加强对所属党组（党委）学习型党组织建设的组织指导和督促检查。重视做好经验交流工作，适时召开学习经验交流会，总结和推广成功经验。

中共山西省委
关于进一步加强新时期科协工作的意见

晋发〔2010〕15号

（2010年5月26日）

为深入贯彻落实胡锦涛总书记在纪念中国科协成立50周年大会上的重要讲话精神，充分发挥各级科协组织和广大科技工作者在推动科学发展、加快建设新基地新山西中的重要作用，现就进一步加强新时期科协工作提出如下意见。

一、充分认识加强新时期科协工作的重要意义

(1) 深刻认识科协的地位和作用。科协是党领导下的人民团体、科技工作者的群众组织，是党和政府联系科技工作者的桥梁和纽带，具有人才荟萃、智力密集、网络健全以及跨学科、跨领域、跨部门的独特优势，在推动科技创新和科技事业全面发展中具有不可替代的重要作用。近年来，我省各级科协紧紧围绕发展大局，充分发挥优势，认真履行职责，团结广大科技工作者，积极投身强省富民

大业，在加快科技进步、促进人才成长、繁荣学术交流、提高公众科学素质、服务新农村建设等方面发挥了重要作用，为全省经济社会又好又快发展作出了积极贡献。

(2) 加强新时期科协工作是新形势、新任务的必然要求。当今世界，科技进步日新月异，新科技革命迅猛发展，科技竞争在综合国力竞争中的地位更加突出。谁掌握了先进科技，谁就掌握了经济社会发展的主动权。我省正处于实现“三个发展”、建设新基地新山西的重要时期，正处于巩固经济企稳回升态势、促进经济平稳较快发展的关键阶段，既面临中部地区崛起、沿海产业梯度转移、中央实施扩内需促增长政策等重大机遇，也面临产业结构单一、增长方式粗放、生态环境脆弱等严峻挑战。科技创新仍然是制约我省发展的短板，科技带动创业和发展的能力还不够强，科技对经济社会发展的贡献率还不够高。山西比以往任何时候都更加需要坚实的科技支撑，更加需要广大科技工作者的艰苦探索和创新实践。各级各部门要牢固树立科学技术是第一生产力的思想，充分认识加强新时期科协工作的重要性，支持科协和广大科技工作者更好地开展科技创新、学术研讨、科学普及、科技服务、科技交流等工作，大力实施科技强省战略，努力建设创新型省份。

二、切实发挥科协在推动经济社会发展中的重要作用

(3) 发挥科协在加快经济发展方式转变中的重要作用。各级党委、政府要大力支持科协和广大科技工作者紧紧围绕我省经济社会发展的重点领域和产业调整振兴规划，深入开展基础研究、前沿技术研究和重大科技攻关，发展战略性新兴产业，推动产业结构优化升级，促进经济发展向依靠科技进步、劳动者素质提高和管理创新转变，提高科技对经济发展的贡献率。各级科协要积极参加科技创新体系建设，把开展学术交流、提高自主创新能力作为基本职责，搭建不同形式、不同层次的学术交流平台，举办各种科技论坛、学术座谈等活动，提高学术交流水平，推动不同学科交叉融合发展。广大科技工作者要深入企业一线服务，广泛开展以技术创新为主要内容的“讲理想、比贡献”竞赛活动，发展各种形式的院士专家企业工作站，引导创新要素向企业集聚，促进科技成果的转化推广。深入实施“山西省科普惠农计划”，普及推广先进适用技术，切实增强农民依靠科技增收致富的能力，为社会主义新农村建设提供科技保障。进一步加强国际民间科技交流合作，不断提高全省对外开放水平和自主创新能力。

(4) 发挥科协在提高全民科学素质中的重要作用。科协是开展科普工作、促进公民科学素质提高的重要社会力量。各级党委、政府要认真贯彻实施《科普法》、《全民科学素质行动计划纲要》，将公民科学素质建设纳入科学发展考核评价体系，支持科协牵头实施“全民科学素质行动计划”，推动社会科普资源整合，形成社会化科普工作新格局。全面实施科学教育与培训基础工程、科普资源开发与共享工程、大众传媒科技传播能力建设工程和科普基础设施工程，切实把各级科协建设成为科普资源开发中心、集散中心和服务中心。充分发挥科普报刊、网站、影视等科技传媒在普及科学知识、提高全民科学素质中的重要作用，支持、办好、用好科协主管的各类公益类服务性科普报刊和传媒，加快组建山西科技传媒集团步伐。以提高未成年人、农民、城镇劳动人口、领导干部和公务员的科学素质为重点，以重点人群科学素质提升来带动全民科学素质的整体提高。继续组织好“全国科普日暨科普三晋系列活动”、青少年科技创新大赛等大型科普活动，广泛开展科普进农村、进社区、进学校等群众性、社会性、经常性科普活动，加大科技知识在全社会的传播速度和覆盖广度。鼓励和支持科技工作者从事科普创作和科普理论研究，促进优秀科普作品不断涌现。建立健全激励机制，对在科普工作中作出突出贡献的组织和个人予以表彰和奖励。

(5) 发挥科协在发现、培养、推荐和凝聚科技创新人才中的重要作用。各级党委、政府要把培养造就科技人才特别是创新型科技人才工作放在突出位置，贯彻“尊重劳动、尊重知识、尊重人才、尊重创造”的方针，支持科协履行党和政府联系科技工作者的桥梁纽带职责，做好服务科技工作者等工作。科协要把竭诚为科技工作者服务作为根本任务，按照“提供服务、反映诉求、规范行为”的要求，在科技工作者与党委、政府之间建立起畅通和谐的沟通渠道。要及时准确反映科技工作者的意见和建议，开展科技工作者状况调查，探索建立科技人才评价体系，推动制定有利于科技人才脱颖而出的政策措施。完善继续教育功能，开展多层次、多学科、多形式的继续教育服务，满足各类专业技术人员终身学习的需求。大力宣传表彰优秀科技工作者，继续做好“山西省优秀科技工作者”、“山西省十佳中青年优秀科技工作者”、“山西省科技奉献奖”、“山西省优秀学术论文”等评选表彰工作，利用各种社会传媒广泛宣传优秀科技工作者的科学精神和先进业绩。引导和支持海外科技人才来我省创业，协助引进一批创新领军人才。大力加强科学道德和学风建设，坚决反对弄虚作假、急功近利等学术不正之风，引导广大科技工作者努力成为良好学术风气的维护者、严谨治学的力行者、优良学术道德的传承者，建设和谐学术环境。

(6) 发挥科协在参与决策咨询、社会管理和公共服务中的重要作用。各级科协要紧密联系广大科技工作者，努力把科技工作者的个体智慧凝聚上升为集体智慧，为治国理政、社会进步提供良策。各级党委、政府要支持科协依照法律和章程参与社会管理和公共服务，在制定经济、科技、社会发展中长期规划，确定重大工程项目建设时，吸收科协参与决策咨询论证工作。科协要充分发挥政协的科协界别组织作用，推动科技工作者积极参政议政；切实履行管理、发展和服务科技学术团体的职责，支持和鼓励学会承接政府职能转移，在专业资质认证、职业资格培训和科技成果评估等方面发挥积极作用；紧紧围绕山西科技创

新和经济社会发展的重大、热点、难点问题，特别是围绕发展绿色经济、低碳经济、循环经济等战略层面的课题，产业结构、现代农业、生态建设、环境保护等经济领域的课题，安全生产、食品药品质量安全、公共健康卫生等社会领域的课题，进行深入研究和决策咨询；探索多样化的决策咨询模式，打造一批有特色、有影响的科协决策咨询品牌，切实把科协建设成为自身特色鲜明、社会影响广泛、决策部门认同的科技思想库。

三、为科协履行职责提供可靠保障

(7) 支持科协依法办会和民主办会。各级党委、政府要支持科协依照法律和章程独立自主地开展工作。县级以上科协的领导机构要按照章程规定通过召开代表大会选举产生，科协主席、副主席的任免，应由同级党委提名，通过科协相应的民主程序办理。根据工作需要和干部自身条件，可安排县级以上科协专职负责人进入同级地方人大常委会或政协常委会。

(8) 保障科协事业经费。各级政府要把科协事业经费列入财政预算，并随着财政收入的增长逐步增加，为科协开展工作提供资金保障。严格执行《山西省实施〈中华人民共和国科学技术普及法〉办法》，确保省、市、县三级科普专项经费足额到位。已命名的全国科普示范县(市、区)和省级科普示范县(市、区)，科普经费必须按照创建标准足额投入。各级政府要从中央财政的财力性转移支付资金中安排一定的经费用于公民科学素质建设。加强经费管理监督，不断提高资金使用效益。

(9) 加强科普场馆建设。各级党委、政府要把科普场馆设施建设纳入国民经济和社会发展规划，纳入城乡建设和土地利用的总体规划，争取到2020年全省基本实现设区的市建有科技馆，县（市、区）建有适当规模的专门科普场馆。

四、加强和改善对科协工作的领导

(10) 加大对科协工作的领导力度。科协工作是党的群众工作和国家科技工作的重要组成部分。各级党委、政府要把科协工作列入重要议事日程，把科协承担的重点工作纳入整体工作部署。县级以上党委要明确一名常委分管科协工作，政府要明确一名领导联系科协工作。党委常委会每年至少听取一次科协工作汇报，研究解决科协事业发展的重大问题。要将科协纳入科教、人才、新农村建设、文明和谐单位创建等领导机构成员单位，在制定相关政策措施时，充分听取科协的意见。科协要自觉坚持党的领导，坚决贯彻执行党的路线方针政策，主动向党委、政府汇报工作，努力完成党委、政府交给的各项工作任务。

(11) 加强科协组织建设。切实加强科研院所、企业、社区、高校、乡镇、开发区科协等基层组织建设，并逐步在村（社区）建立科普组织，不断完善科协组织网络体系。支持、鼓励科协组织发展新兴学科、边缘学科、交叉学科的学会（协会、研究会），并扩大会员范围。加强科协干部的培养、交流、使用，配好配强科协领导班子，为科协选派优秀年轻干部，不断优化科协干部队伍结构。

在全省建设学习型党组织动员部署大会上的讲话

（2010年6月11日）

胡苏平

在我国改革开放和现代化建设的关键时期，党中央高瞻远瞩，着眼未来，从国家发展、民族振兴的战略全局出发，适时提出了建设马克思主义学习型政党的重大战略任务，明确要求把学习型党组织建设作为一项重要任务抓好抓实。

按照中央要求，结合山西实际，前不久，省委出台了我省《关于推进学习型党组织建设的实施意见》，进一步明确了我省推进学习型党组织建设的指导思想、总体目标、重点内容和基本要求。前几天，省委书记袁纯清同志在与省委宣传部座谈时，明确要求我们认真扎实地抓好学习型党组织建设，努力将学习制度化、规范化、经常化，增强学习的针对性、超前性、实效性，切实在全省上下营造浓厚的学习氛围，着力培养广大干部的世界眼光和战略思维，进一步提高各级领导干部工作的科学化水平。

下面，我代表省委学习型党组织建设领导组，就深入贯彻落实中央和省委精神，深入持久地在全省推进学习型党组织建设，讲三点意见。

一、提高认识，明确任务，切实增强建设学习型党组织的紧迫性和自觉性

中央明确指出：建设学习型党组织，是党始终走在时代前列、引领中国发展进步的重要基础，是党领导人民夺取全面建设小康社会新胜利、开创中国特色社会主义事业新局面的必然要求，是提高党的执政能力、保持和发扬党

的先进性的紧迫任务。我们必须紧密结合山西实际，深刻领会和把握建设学习型党组织的重要意义，进一步增强学习的责任感和使命感，增强学习的紧迫性和自觉性。

善于学习是我们党的优良传统和政治优势，每当革命、建设和改革处于重大关头，我们党总是把抓好学习当作解决矛盾和困难的重要途径和手段。应该说，改革开放以来，特别是十七大以来，全省各级党组织和广大党员干部，按照党中央和省委的要求，努力加强科学理论和各方面知识的学习，广大党员干部的思想政治素质和工作能力明显提高，有力地推动了我省的改革开放和现代化建设进程。但是，我们也必须清醒地看到，在一些党员干部中还不同程度地存在着不思进取、碌碌无为，不愿学；热衷应酬、忙于事务，不勤学；装点门面、走走形式，不真学；心浮气躁、浅尝辄止，不深学；食而不化、学用脱节，不善学的现象，我省各级党组织的学习状况和党员干部的思想政治素质，同建设新基地新山西的形势任务的要求，同党的执政能力和先进性的要求，还不完全适应。

当前，改革处于攻坚阶段，发展处于关键时刻，稳定面临新的考验。我省在长期的发展中，形成了典型的资源型经济，产业结构单一化、产品结构初级化、经济结构重型化，生态环境脆弱、科技创新不足，节能减排压力大、可持续发展能力差，调整经济结构、转变经济发展方式的任务非常艰巨。当前，我们正处于社会转型和矛盾凸显期，影响经济发展的不确定因素增多，新旧问题相互交织，维护社会稳定、促进社会和谐的任务异常繁重。新形势新任务对党员干部的适应能力提出了新的更高要求。要卓有成效地做好改革发展稳定的各项工作，就必须高度重视学习，努力加强学习，把学习真正当作政治责任、工作态度、生活追求和人生境界。

因此，我们必须按照科学理论武装、具有世界眼光、善于把握规律、富有创新精神的要求，深入学习中国特色社会主义理论体系、科学发展观、现代化建设所必需的各方面知识、中央和省委的新决策新要求，认真总结我省发展的新经验，以强烈的责任感和使命感，不断深化对我省科学发展的规律性认识。

二、联系实际，突出重点，着力破解山西改革发展稳定中的难题

建设学习型党组织，必须大力弘扬理论联系实际的马克思主义学风，紧紧围绕山西经济社会发展中的热点问题、难点问题和重点问题，出思路、出对策、出措施，着眼于解决制约山西发展中的突出矛盾和问题，着眼于推动山西又好又快地科学发展，着眼于实现山西转型跨越崛起的战略目标，不断创新发展理念、破解发展难题、转变发展方式，加大力度推进“三个发展”。

为此，在学习型党组织建设中，要突出破解以下几方面的难题：

第一，着力破解解放思想的难题。改革开放以来，我省党员干部紧跟时代步伐，思想观念发生了根本性的变化。但是，由于我省受自然环境、历史条件、产业结构等因素的制约，自然经济和计划经济的影响比较深，同沿海发达省市相比，我们在解放思想、更新观念方面还有较大的差距，传统的思想观念、思维定势、行为方式还严重阻碍着我省的发展。比如，市场意识、创新意识、竞争意识不强，思想保守、视野不宽、方法单一等，都需要通过学习，使党员干部开阔视野、更新知识，思想观念同改革开放的实践相适应，同时代发展的潮流同步伐，为加快山西科学发展奠定坚实的思想基础。

第二，着力破解经济转型的难题。作为典型的资源型经济省份，我省转变经济发展方式的任务显得更为艰巨，需要破解的难题很多，特别是经济结构不合理是制约我省经济转型的最大障碍。在学习中，我们一定要下功夫研究和解决这个问题。要认真研究和解决我省产业结构初级化的问题，着力改变传统产业比重大、新型产业规模小、支柱产业单一化的现状；要认真研究和解决我省三次产业比例不合理的问题，着力改变第三产业总量小、民营经济发展不快的现状；要认真研究和解决我省需求结构不合理的问题，着力改变过多地依赖投资拉动、过多地依靠资源型初级产品的贸易和出口、消费需求严重不足的现状；要认真研究和解决分配结构不协调的问题，着力改变城乡收入差距大、行业收入不平衡、劳动收入比重低的现状。特别要认真研究和解决优化投资环境、有效吸引民间资本投入、加快新兴产业发展的政策导向、政策优惠和体制机制等问题。通过解决这些问题，加快我省经济发展方式的转变，实现经济社会的可持续发展。

第三，着力破解改善民生的难题。解决民生问题，是我们学习的最终目的。近年来，我省在解决有关民生问题方面，取得了一定的成效，但是，制约民生改善的难题还很多，迫切需要我们用新的理念、新的思路、新的措施去解决。学习中，我们一定要怀着对人民群众的深厚感情，着力破解这些难题。当前，尤其要认真研究教育体制改革问题，促进教育资源的均衡分配和教育公平；认真研究卫生体制改革问题，促进医疗卫生资源的科学配置；认真研究房地产市场存在的问题，促进经济适用房和廉租房建设，遏制商品房价格过快上涨；认真研究和解决就业难的问题，促进农村剩余劳动力向城市流动，开辟大学生创业就业的新途径；认真研究和解决诉求难的问题，促进人民群众合法权益的保障，有效化解社会矛盾。通过民生问题的解决，为我省改革发展稳定奠定良好的群众基础。

第四，着力破解深化改革的难题。当前，我省的改革面临着许多深层次的矛盾和问题，只有用科学的方法、有力的措施，攻坚克难，才能将改革不断向广度和深度拓展。学习中，我们一定要针对改革中面临的突出矛盾和问题，认真思考和寻求解决的科学思路和方法。要认真研究和解决深化农村改革、国有企业改革、政府机构改革、收入分配制度改革、财税体制改革、投融资体制改革、文化体制

改革以及教育、卫生和社会保障体制改革等方面的难题，为解放和发展生产力开辟更加广阔的道路，为我省经济社会又好又快发展提供不竭的动力支持。

第五，着力破解干部作风建设的难题。党员干部的作风关系着党的生命。当前，党的思想作风、工作作风、学风、领导作风和干部生活作风方面，都存在着一些亟待解决的问题，比如，一些党员干部脱离群众，形式主义、官僚主义严重；一些党员干部好大喜功，搞劳民伤财的“政绩工程”、“形象工程”；一些党员干部违背客观规律，工作漂浮、推诿扯皮、不负责任；一些党员干部不守党纪国法，以权谋私、失职渎职、行贿受贿，等等，都需要我们通过学习，认真研究，着力解决。通过解决党员干部作风方面的难题，进一步加强党同人民群众的血肉联系，不断增强党组织的创造力、凝聚力和战斗力。

三、改革创新，狠抓落实，不断提高建设学习型党组织的科学化水平

省委的实施意见，对加强学习型党组织建设的组织领导提出了明确要求。各地各部门各有关单位的一把手，要切实负起领导责任，形成党委统一领导、宣传部门牵头协调、各有关部门积极配合、齐抓共管抓落实的领导体制和工作机制。各级党委要把建设学习型党组织摆在突出位置，以改革创新的精神，精心组织，认真实施，扎实推进，务求落实，不断提高建设学习型党组织的科学化水平。当前，重点要抓好以下几方面的工作。

一要树立先进的学习理念。先进的学习理念，是我们抓好学习的前提和基础。先进的学习理念，就是科学发展观所要求的学习理念。全省党员干部一定要认真学习马克思主义经典作家关于学习的论述，认真学习党的三代中央领导集体关于学习的论述，坚持以科学发展观统领学习型党组织建设的全局，时刻关注党的理论创新的最新成果，时刻关注人类社会创造的新思想、新观点、新知识、新技术，努力使我们的学习紧跟时代步伐、适应人民要求、反映客观真理，体现时代性、把握规律性、富于创造性。

二要抓好重点的学习对象。重点学习对象，就是各级党员领导干部，抓好他们的学习，就抓住了龙头和关键，提高他们工作的科学化水平，就能带动和提升全党工作的质量和水平。当前，要下大功夫解决党员领导干部的科学理念问题，让以人为本、实事求是、与时俱进、科学发展的理念，成为其做人做官、干事创业的根本理念；要下大功夫解决党员领导干部的理论素养问题，让马克思主义的立场观点方法，成为其观察问题、分析问题、处理问题的根本指导思想，着力提高其驾驭全局、应对复杂矛盾和风险的能力，不断增强工作的原则性、系统性、预见性和创造性；要下大功夫解决党员领导干部的知识结构问题，让自然科学知识和社会科学知识特别是最新的知识，成为其科学决策、推动工作的重要支撑；要下大功夫解决党员领导干部的综合素质问题，让书本知识、实践知识和历史经验，成为其提高综合素质和综合能力的不竭源泉，着力造就具有世界眼光、战略思维、创新意识，懂经营、会管理、善决策、能指挥、敢打硬仗的现代复合型领导干部。

三要形成有效的学习机制。有效的学习机制，是我们提高学习质量和效果的根本保证。为此，一方面要在形成制度保障机制上下功夫。进一步建立健全党委中心组学习制度、党员干部培训制度、领导干部调查研究制度、基层党员轮训制度、党员自学制度、主题教育制度、学习成果转化制度等，尤其是要建立健全述学和学习考核制度，把学习情况作为民主评议党员、综合考核评价领导班子和领导干部的重要内容，把理论素养、学习态度和学习能力作为选拔任用领导干部的重要依据，形成注重学习的用人导向，促进学习的科学化、制度化、规范化。特别要充分发挥领导干部和各级党委中心组的示范作用、带动作用和辐射作用。另一方面各级党组织要定期对下级党组织的学习情况进行督导检查，注重发现典型、总结经验、探索规律，对存在的问题和不足，要及时给予指导。要适时召开现场会，典型示范，交流经验，推动学习深入开展。

四要营造良好的学习氛围。良好的学习氛围，对促进学习至关重要。各级党委要切实抓好建设学习型党组织的宣传工作，要善于应用各种新兴媒体、音像制品，采取研讨、交流、参观等丰富多彩、生动活泼的形式，深化学习内容，强化学习效果。要充分发挥各类媒体在推动学习型党组织建设中的舆论引导作用。全省各级党报、党刊、电台、电视台和主要新闻网站等，都要开设专栏专题，大力宣传推进学习型党组织建设的重大意义、主要内容、基本要求，大力宣传全省各地各部门建设学习型党组织的新做法、新进展，大力宣传广大党员干部学习实践上的新认识、新成效，大力宣传推进学习型党组织建设中的先进事迹、典型经验，其他专业性媒体也要把学习型党组织建设作为宣传报道的重点，在全省上下形成倡导良好学风、加强党性修养、提高素质能力的良好氛围。

抓好学习型党组织建设，事关中国特色社会主义伟大事业的宏伟目标，事关我省经济社会科学发展、和谐发展的战略全局，各级党组织都要按照中央和省委的安排部署，以高度的责任感和使命感积极行动起来，周密部署，精心组织，狠抓落实，全面提升我省党员干部的理论素养和科学文化水平，以学习型党组织建设的实际成效，推动山西经济社会又好又快发展。

在全省创先争优活动动员部署大会上的讲话

（2010年6月11日）

汤 涛

前不久，省委已下发《关于在基层党组织和党员中深入开展创先争优活动的实施意见》。省委创先争优活动领导小组也召开了第一次会议，为谋划和部署好创先争优活动作了进一步的准备。下面，我根据中央和省委的有关精神，就我省深入开展创先争优活动，讲三点意见。

一、深刻认识开展创先争优活动的重大意义，切实增强开展创先争优活动的责任感和使命感

在党的基层组织和党员中深入开展创先争优活动，是党的十七大作出的一项重大战略部署，是学习实践科学发展观的延展和深入，是加强党的自身建设，推动基层党组织和党员立足本职发挥先锋模范作用的经常性工作。抓好这项活动，影响深远，意义重大。

第一，开展创先争优活动是推动学习实践科学发展观活动向深度和广度发展的必然要求。学习实践活动是集中性的主题教育活动，创先争优活动是推动基层党组织和党员发挥作用的经常性工作。这两种活动紧密衔接，相互促进。目前，学习实践活动虽然已经结束，但仍有许多整改落实任务没有完成，学习实践活动成果的巩固和发展仍需要在大量的经常性工作中实现。在基层党组织和党员中开展创先争优活动，就是学习实践活动的延展和深入，是进一步落实好整改措施的重要载体和平台，是深入学习实践科学发展观活动的巩固工程。

第二，开展创先争优活动是促进全省经济社会又好又快发展的现实需要。省委提出“转型发展、安全发展、和谐发展”的战略思路，是推动科学发展、促进社会和谐，实现全省经济社会又好又快发展的归纳和概括。全省要实现“三个发展”，关键要靠广大基层党组织充分发挥战斗堡垒作用，靠广大共产党员充分发挥先锋模范作用。在基层党组织和党员中开展创先争优活动，就是组织动员基层党组织和广大党员贯彻落实中央和省委的决策，更好地团结带领全省人民群众推动“三个发展”不断取得新成效，为实现省委经济社会发展战略目标而实施的一项保障工程。

第三，开展创先争优活动是加强基层组织建设、彰显共产党员先进性的重要举措。通过学习实践活动，全省基层党组织建设和党员队伍建设得到加强，党的组织和党的工作覆盖面进一步扩大，党员队伍整体素质进一步提升，激发了广大党员推动科学发展的积极性和创造性。要把这种积极性创造性进一步保护好、引导好，组织党员在日常工作中发挥先锋模范作用，更好地树立先进形象，进而发挥基层党组织推动发展、服务群众、凝聚人心、促进和谐的作用，必须有行之有效的实践载体和动力机制。开展创先争优活动，就是推动基层党的建设向科学化目标迈进的提升工程。

二、准确把握开展创先争优活动的四个重点，推动创先争优活动有序开展

深入开展创先争优活动，关键是要准确把握好以下四点：

第一，要准确把握创先争优活动的总体要求，保证创先争优活动的正确方向。全省深入开展创先争优活动的总体要求是：认真贯彻落实党的十七大和十七届三中、四中全会精神，以邓小平理论和“三个代表”重要思想为指导，以深入学习实践科学发展观为主题，围绕全省“转型发展、安全发展、和谐发展”的实践，结合全省基层党组织和党员队伍建设的实际，改革创新，务求实效，统筹推进党的建设，充分发挥基层党组织的战斗堡垒作用和共产党员的先锋模范作用，在推动科学发展、促进社会和谐、服务人民群众、加强基层组织的实践中建功立业。

贯彻落实这一总体要求，关键要注意突出活动的主题，准确把握活动的目标。与以往开展创先争优活动的主题不同，这次在党的基层组织和党员中深入开展的创先争优活动，是以深入学习实践科学发展观为主题。这是个大前提，全党的创先争优活动都要围绕这个主题。“推动科学发展、促进社会和谐、服务人民群众、加强基层组织”是这次创先争优活动的目标，这四句话各有侧重，互相补充，缺一不可。其中，推动科学发展，促进社会和谐，是创先争优活动的着力点；服务人民群众，是创先争优活动的落脚点；加强基层组织，是搞好创先争优活动的基础和保证。

第二，要准确把握创先争优活动的主要内容，坚持以创建“五个好”党组织和争做“五带头”党员为基本标准。同以往创先争优活动的内容相同，这次创先争优活动的主要内容是，创建先进基层党组织、争做优秀共产党员。创建先进基层党组织要努力做到“五个好”：领导班子好、党员队伍好、工作机制好、工作业绩好、群众反映好；争做

优秀共产党员要努力做到“五带头”：带头学习提高、带头争创佳绩、带头服务群众、带头遵纪守法、带头弘扬正气。这“五个好”、“五带头”是中央和省委对基层党组织和党员的普遍要求，是先进基层党组织和优秀共产党员的基本标准。各地各部门各单位尤其是基层党委，要结合实际，把普遍要求、基本标准具体化，明确各自评价先进基层党组织和优秀共产党员的具体条件，做到切合实际、简洁明了、好记易评。

第三，要准确把握创先争优活动的基本原则，把创先争优活动抓实抓好。一是坚持围绕中心，服务发展大局。围绕中心、服务大局是党内活动必须坚持的重要原则。创先争优活动要以学习实践科学发展观为主题，紧扣党和国家工作大局，紧密结合本地本单位的中心工作，统筹规划，积极推进，努力把党的政治优势转化为科学发展优势，把党的组织资源转化为科学发展资源，把党的建设成果转化为科学发展成果。二是坚持分类指导，确定创争主题。由于不同领域和行业基层党组织的职责任务不同，不同群体党员的特点不同，所以，开展创先争优活动的具体主题的侧重点有所不同，不能搞大呼隆、一刀切。要区别农村、街道社区、企业、机关、非公有制经济组织和社会组织，以及学校、医院等事业单位的不同，对开展创先争优活动确定鲜明、具体、实在的争创主题。各地、各部门、各单位要根据中央和省委提出的意见要求，结合实际进一步具体化，引导基层党组织尽职尽责创先进，鼓励广大党员立足岗位争优秀。三是坚持贴近基层，设计活动载体。创先争优活动的对象就是基层党组织和广大党员，必须坚持贴近基层、贴近党员、贴近实际，根据基层单位的实际情况和党员的岗位特点，精心设计特色鲜明、务实管用的载体。设计活动载体时要注意与学习实践活动的实践载体相衔接，针对群众最希望党组织和党员发挥作用的问题来设计。总的原则是有利于党组织开展活动，有利于党员参加，有利于活动取得实效。活动载体要相对保持稳定性和连续性，不宜时常变换；内容要与时俱进，不断创新，防止空泛无味。四是坚持群众参与，营造浓厚氛围。基层党组织和党员处在群众之中，直接面对群众、服务群众，开展创先争优活动邀请群众广泛参与。活动方案要听群众意见，活动情况要向群众通报，评选先进要请群众参与推荐，活动效果要以群众满意为标准。要坚持“党建带团建”、“党建带工建”、“党建带妇建”，以基层党组织和党员的创先争优活动，带动工会、青年团、妇联等群团组织开展创建先进集体、争当优秀个人活动，在全社会形成创先争优的浓厚氛围。

第四，要准确把握创先争优活动的方法步骤，认真完成各个阶段的工作任务。开展创先争优活动，要有科学的方式方法。就整个活动来说，由于它是基层党建的一项经常性工作形式，因此与学习实践活动等集中性主题教育有区别。创先争优活动要经常抓，有计划、有步骤、有节奏的推进，既不能搞一阵风，也不能抓抓停停、松松散散。要有一定力度，但不能超过基层党组织和党员的接受程度。就活动的具体方式来说，有四种方式，就是“公开承诺、领导点评、群众评议、评选表彰”。就活动的阶段步骤来说，按照中央和省委的安排部署，大体分为两个阶段。第一阶段，从现在开始到2011年“七一”前夕，着重围绕迎接建党90周年开展活动，兴起创先争优的热潮。2011年“七一”前后，省委将专项表彰创先争优活动先进基层党组织、优秀共产党员和优秀党务工作者，以及开展创先争优活动成绩显著的先进县(市、区)党委；第二阶段，从2011年7月开始到党的十八大前后，着重围绕迎接党的十八大开展创先争优，引导基层党组织和广大党员以昂扬向上的精神风貌，更加出色的工作业绩向党献礼。2012年“七一”前后，中组部还要对2010-2012年创先争优活动进行专项表彰。各基层党组织要结合中央和省委的统一安排部署，注重把两个阶段的创先争优活动统筹起来考虑，认真制定好每一阶段的活动计划和目标任务，一步一步推进各项工作，引导基层党组织切实履职尽责，党员立足岗位争创一流业绩，迅速掀起创先争优活动的高潮。

三、切实加强对创先争优活动的组织领导，确保创先争优活动取得实效

深入开展创先争优活动，是当前和今后较长时期全省各级党组织的一项重大政治任务，要求严、标准高、任务重。必须切实加强领导，周密安排部署，稳步有序推进，确保取得实效。

第一，建立健全机构，落实领导责任。省委创先争优活动领导小组及办公室，负责对全省创先争优活动的指导、协调和督查工作，主要任务是统领全局，把握方向，研究政策，制定措施，巩固成果。各级党委也要有相应的领导机构和工作机构，结合实际制定实施方案，对活动进行动员部署，有计划、有步骤地推进活动开展。省直各系统要加强对相关领域(行业)创先争优活动的具体指导。

第二，坚持统筹兼顾，推进工作创新。创先争优活动作为一项经常性的党建工作，不能单打一。要注重统筹兼顾，把开展创先争优活动与迎接建党90周年各项活动结合起来，与推进基层党组织和党员队伍建设结合起来，与完成本地区本部门本单位各项工作任务结合起来，与落实学习实践活动整改措施结合起来，与推动“三个发展”、维护社会稳定、以及建设学习型党组织和做好各项日常工作结合起来，切实做到各项工作和争创活动“两手抓、两不误、两促进”。要把开展创先争优活动作为促进工作创新、制度创新、实践创新的重要契机和强大动力，把中央和省委的普遍要求具体化，无论是活动内容和方式方法，还是活动载体和争创标准，都要大胆探索，勇于创新，自觉做到以创先争优活动的深入开展促进经济社会又好又快发展，以经济社会又好又快发展的业绩检验创先争优活动的实际成效。

第三，强化督促检查，推动工作落实。要采取听取汇报、专题调研督查、交流研讨经验和明查暗访等不同形式，了解活动进展情况，总结推广好的经验和做法，推动活动

顺利开展。要结合基层党建工作考核评价工作和党委书记党建工作专项述职制度，制定创先争优活动检查评价办法，定期开展考核评比，促进工作水平提升。党员领导干部要建立联系点，主动深入基层单位调研指导，对分管领域和部门的基层党组织、党员开展创先争优活动的情况及时进行指导，实事求是肯定成绩，指出存在的问题和努力方向，加强与基层党组织和党员的联系互动。各级创先争优活动领导小组要加强督促检查，及时了解活动进展情况，总结交流经验，研究解决问题。对创先争优活动思想上不重视、工作上不得力的，要帮助他们提高认识，及时改进。

第四，加强宣传引导，营造良好氛围。要高度重视和认真谋划创先争优活动的宣传工作，充分发挥舆论的引导作用，运用报刊、广播、电视、互联网以及手机短信平台等不同传播媒介，深入宣传开展创先争优活动的重要意义、主要内容、目标要求，以及各地、各单位的好做法、好经验。要制定宣传报道计划，及时宣传活动进展情况，反映活动工作成效，集中组织宣传一批推动科学发展、促进社会和谐、服务人民群众、加强基层组织建设的先进典型和新鲜经验。要特别注意在党员身边选树先进典型，使大家感觉到可亲可近、可学可比。要把党员熟悉的先进典型作为争创标杆，充分发挥典型的示范带动作用，引导基层党组织和党员找差距、抓提高。要适时组织到活动搞得好的县(市、区)或单位召开基层创先争优活动经验交流会，促进活动深入开展，努力在全社会形成学习先进、崇尚先进、争当先进的良好氛围。

第五，抓好关键层次，扎实开展活动。县一级是抓好创先争优活动的关键层次，县(市、区)党委及其组织、宣传部门要切实担负起领导和指导责任。中央对县一级抓创先争优活动高度重视，已经对县级开展活动情况进行了多次有针对性的调研。6月10日，中央创先争优活动领导小组召开了县市区深入开展创先争优活动座谈会，李源潮部长强调指出要抓住县市区这个关键，紧紧围绕中心和大局工作，贴近基层单位实际，明确具体的活动主题，从实际出发设计活动载体；要加强分类指导，解决突出问题，重在办实事；要加强对县市区的组织领导。下一步中央将很快出台《关于县市区深入开展创先争优活动的指导意见》。就我省来说，全省各县市区都要成立以书记为组长，组织部门和宣传部门共同负责，相关部门积极参与的创先争优活动领导小组。县市区委书记要带头建立联系点，亲自指导开展活动，把联系点建成示范点。要坚持书记抓、抓书记，形成一级抓一级、一级带一级、层层抓落实的工作格局，切实把创先争优活动抓实、抓具体、抓出成效。

中共山西省委　山西省人民政府
关于印发《“法治山西”建设实施纲要》的通知

晋发〔2010〕18号

各市、县委，各市、县人民政府，省委各部委，省直各委、办、厅、局，各人民团体：

省委、省政府同意《“法治山西”建设实施纲要》，现印发给你们，请结合实际认真贯彻实施。

中共山西省委
山西省人民政府
2010年6月29日

“法治山西”建设实施纲要

为加快推进依法治省进程，建设“法治山西”，制定如下实施纲要。

一、指导思想、基本原则和总体目标

（1）指导思想。以邓小平理论和“三个代表”重要思想为指导，深入贯彻落实科学发展观，牢固树立社会主义法治理念，把法治建设纳入全省经济、政治、文化和社会建设总体布局，不断提高党委、政府及其部门依法执政、依法行政、公正司法、依法办事的能力和水平，保障社会公平正义，维护社会和谐稳定，为经济社会又好又快发展提供坚强法制保障。

（2）基本原则。坚持党的领导、人民当家作主、依法治国有机统一；坚持围绕中心、服务大局，充分发挥“法治山西”建设在推进全省改革开放、维护社会和谐稳定方面的保障作用；坚持以人为本，始终把最广大人民群众的根本利益作为“法治山西”建设的出发点和落脚点，尊重和保障人权；坚持法治与德治相结合。在加强“法治山西”建设的同时，重视精神文明建设，促进共同发展。

（3）总体目标。“法治山西”建设从2010年开始实施，到2020年，与国家法律和行政法规相配套、与我省经济社

会发展相适应的地方性法规规章健全并得到有效贯彻实施；权责一致、分工合理、决策科学、执行顺畅、监督有力的行政管理体制和有法可依、有法必依、执法必严、违法必究的执法体制基本完善；人民代表大会制度、中国共产党领导的多党合作和政治协商制度、基层民主自治制度进一步完善，党的执政地位不断巩固；司法机关依法独立行使职权，公正司法、严格执法，权责明确、相互配合、相互制约、高效运转的司法体制进一步健全；社会主义法治理念深入人心，全民法治意识不断增强，自觉学法守法用法的社会氛围浓厚，人权得到尊重和保障；法律监督机制健全并有效发挥作用，法律服务体系完备，社会治安良好，社会信用制度基本健全，安全、诚信、规范的社会秩序和市场经济秩序全面建立。

二、完善政治制度，推进民主政治建设

（4）坚持党的领导。把坚持党的领导贯穿于“法治山西”建设全过程，充分发挥党委总揽全局、协调各方的领导核心作用。进一步理顺和规范党委与人大、政府、政协的关系，加强和改进党对政法工作以及工会、共青团、妇联等人民团体的领导。将党的主张和人民的意志及时通过法律法规形式固定下来，通过法律法规监督和规范执政行为，提高党科学执政、民主执政、依法执政水平。健全党的领导体制，改革和完善决策机制，提高决策水平。全面贯彻民主集中制，推进党的建设和党内生活制度化、规范化。

（5）坚持和完善人民代表大会制度。把人大监督工作放在与立法工作同等重要的位置，强化对关系人民群众切身利益问题等重大事项和“一府两院”的监督，加强司法监督和信访工作，保证法律法规有效实施。充分发挥人大常委会讨论、决定本行政区域重大事项的职能权力，对关系全省经济社会发展的根本性、全局性、长远性以及涉及人民群众根本利益的重大问题，及时作出决议、决定，促进经济发展和社会稳定。加强对各级人大换届选举工作的指导，充分发挥人大代表作用,保障代表行使权利，密切代表同人民群众的联系。加强人大常委会制度建设，优化组成人员知识结构和年龄结构。

（6）坚持和完善中国共产党领导的多党合作和政治协商制度。坚持“长期共存、互相监督、肝胆相照、荣辱与共”方针，把政治协商纳入决策程序，加强对重大问题的协商讨论，充分发挥人民政协政治协商、民主监督、参政议政的作用。建立健全相关规章制度，规范民主党派、无党派人士担任政府及司法机关领导职务工作。依法保障政协委员的各项民主权利，鼓励和支持政协委员议政建言，充分发挥政协委员在履行政协职能中的主体作用。完善民主监督机制，畅通民主监督渠道，加大民主监督力度。巩固统一战线，强化协调配合，促进各党派、各团体、各民族和各阶层人士团结合作。

（7）健全基层民主制度。坚持和完善职工代表大会制度、村民（社区居民）自治制度以及其他形式的基层民主管理制度，实现政府行政管理和基层群众组织民主自治的有效衔接和良性互动，保障人民群众在基层民主选举、民主管理、民主决策、民主监督中的权利。建立健全基层工会组织，充分发挥基层工会在民主管理、协调劳动关系、保障和维护职工合法权益等方面的作用，重视农民工依法参与企业民主管理的权利。完善村（社区）务公开和民主议事制度，积极探索高效、便捷和成本低廉的防范、化解社会矛盾机制，依法妥善处理农村和社区的各种社会矛盾，使城乡建设成为管理有序、服务完善、文明祥和的社会生活共同体。

三、加强地方立法，完善地方性法规体系

（8）制定和完善地方性法规、规章。省人大及其常委会要按照《宪法》等有关法律法规的规定和权限，结合我省实际，科学制定立法规划，合理确定年度立法计划，围绕中心，服务大局，在继续完善经济立法的同时，进一步关注民生，加强社会立法，为经济社会全面协调可持续发展提供法律支持。省政府要以贯彻落实国务院《全面推进依法行政实施纲要》为主线，加强政府法制工作，建立健全规范行政行为规章制度，为建设法治政府提供法律保障。

（9）坚持立法原则，维护国家法制统一。坚持“不抵触、有特色、可操作”的立法原则，坚持科学立法、民主立法，进一步提高立法质量。防止和克服部门利益倾向，避免地方性法规、规章与宪法、法律以及行政法规相抵触。坚持立、改、废并重，认真做好法规、规章清理工作，及时修改或废止不适应形势发展、不符合科学发展要求的地方性法规、规章，更好地发挥法规、规章的引导、规范和保障作用。

（10）加强党对立法工作的领导，完善立法工作机制。坚持党的领导、人民当家作主和依法治国有机统一，在立法工作中善于把实践证明行之有效的制度和措施以法规、规章形式加以规范。充分发扬民主，建立健全立法听证制度、专家咨询论证制度以及公开征求意见等制度，广泛听取人大代表和社会各方面利益群体的意见，使法规更好地体现人民的意志。健全备案审查制度，探索建立立法后评估制度，保证法律、法规和规章的正确实施。

四、推进依法行政，建设法治政府

（11）转变政府职能，建设服务型政府。按照“政企分开、政资分开、政事分开、政府与市场中介组织分开”的要求，深化行政管理体制改革，切实把政府职能转到经济调节、市场监管、社会管理和公共服务上来，提高政府运用经济手段、法律手段和必要的行政手段调节经济运行的素质和能力。合理划分和依法规范各级行政机关的职能和权限，改革行政管理方式。推行政务公开，建设阳光政府。深化行政审批制度改革，进一步推行行政许可统一、联合、集中办理，降低行政成本，提高行政效率。加强物权、知识产权保护，整顿和规范市场经济秩序，依法规范各类市

场主体行为。加强市场监管，查处不正当竞争和限制竞争等违法行为。加强晋商诚信文化体系建设，优化投资发展环境。

（12）规范政府行为，推进依法行政。认真贯彻国务院《全面推进依法行政实施纲要》、《关于加强市县政府依法行政的决定》等文件精神，落实各项行政法规，大力推进法治政府建设。严格按照法定权限和法定程序制定行政规范性文件，规范文件起草、审核、发布程序，建立健全公民、法人和其他组织对行政规范性文件提出异议的处理机制。建立政府法律顾问制度，建立健全公众参与、专家论证和政府决定相结合的行政决策机制，实现依法决策、科学决策、民主决策。加强行政复议工作，畅通行政复议渠道，积极受理行政复议案件，提高行政复议办案质量。

（13）加快行政体制改革，严格规范行政执法行为。继续开展相对集中行政处罚权工作，积极探索相对集中行政许可权，推进综合执法试点。依法界定行政职责，科学设定执法岗位，严格规范行政程序。加强行政执法责任配套制度建设，实行安全生产责任一票否决制，建立公开、公平、公正的评议考核和执法过错责任追究制度。积极探索行政绩效评估和奖惩办法，实行行政问责制，做到有权必有责、有权受监督、违法必追究、侵权须赔偿，有效防止公权滥用。建立健全处理突发公共事件预警和应急机制，提高应对突发公共事件能力。完善并严格执行行政赔偿和行政补偿制度。

（14）强化行政机关工作人员社会主义法治理念教育，不断提高其依法行政意识和能力。健全行政机关干部法律知识培训及年度考试考核制度，把学习和掌握法律知识情况作为干部年度考核和任用考察的重要内容。建立健全行政机关工作人员依法行政情况考核制度，加强行政执法人员职业道德教育和法律业务培训，实行执法人员资格管理和持证上岗制度，对徇私舞弊、贪赃枉法的执法人员依法严肃处理。

五、坚持公正司法，维护社会公平正义

（15）推进司法体制改革，优化司法职权配置。按照中央统一部署，推进司法体制和工作机制改革，健全权责明确、相互配合、相互制约、高效运转的司法体制。稳步推进法院改革，深化检察改革，保证审判机关、检察机关依法独立行使审判权、检察权，充分发挥司法维护公平正义的职能作用。完善诉讼、检察监督、刑罚执行、教育矫治、司法鉴定、刑事赔偿、司法考试等制度，建设公正、高效、权威的社会主义司法制度。落实宽严相济刑事政策，减少社会对抗、促进社会和谐。深化司法人事制度改革，建设高素质司法队伍。

（16）推进公正司法，维护司法权威。建立抵制行政干预司法活动的有效机制，严格将司法活动与经济利益相分离，支持和监督司法部门依法行使职权。坚持“党的事业至上，人民利益至上、宪法法律至上”的指导思想，完善工作机制，推进司法公开，加大生效裁判执行力度，维护司法尊严和权威。

（17）拓展和规范法律服务。完善包括律师、公证、基层法律服务、法律援助、司法鉴定在内的法律服务体系，拓展法律服务领域、方式及功能，规范法律服务主体、行为、秩序和管理，强化法律服务行业自律组织建设，提升法律服务质量，促进法律服务健康发展。

六、深化普法教育，提高全民法律素质

（18）深化社会主义法治理念教育。普及宪法知识，培养公民宪法至上观念，提高全民宪法意识，增强遵守宪法、维护宪法的自觉性。加大对各级领导干部和机关工作人员普法教育的力度，增强各级党委依法执政意识，增强各级政府依法行政能力，增强各级领导干部和机关工作人员依法治省的工作理念、依法办事的素质本领。

（19）加强对重点对象的法制教育。突出抓好领导干部和公务员学法用法工作，建立健全各级领导干部法律知识任职资格制度。积极开展法律进机关、进乡村、进社区、进学校、进企业、进单位“六进”活动，将普法教育纳入国民教育体系，纳入各级党校、行政学院教学内容，纳入各级党委（党组）中心组学习计划，做到与本职工作相结合。有针对性地开展以改善民生、诚实守信、维护稳定为重点的法律法规宣传，教育引导广大人民群众依法表达利益诉求，增强依法办事、依法维权的意识。

（20）创新法制宣传教育的载体和形式。充分发挥广播、电视、报纸、网络等媒体的作用，创新法制宣传教育载体，采取群众喜闻乐见的形式，多渠道、多角度、多层次开展全民普法教育，推广先进典型，弘扬法治精神，繁荣法治文化，切实增强法制宣传教育的实效。充分发挥居委会、村委会等基层组织的作用，广泛开展群众性法制宣传教育活动，把基层法制宣传教育落到实处。

七、推进依法治理，创优发展环境

（21）积极开展地方依法治理。各地要以创建法治城市、法治县区活动为载体，积极推进区域法治建设。紧密结合经济社会发展实际，制定创建法治城市、法治县区的实施意见，突出依法执政、依法行政、严格执法、公正司法和基层民主政治建设等内容，认真组织实施，努力提高地方法治化管理水平。

（22）深入推进行业依法治理。加大对生产安全、交通安全、环境保护等重点领域的专项治理力度，建立健全安全监管体系，严格安全执法。工商、质监、食品药品监督、教育、国土资源、住房和城乡建设等重点部门和行业要规范执法行为，抓住影响经济社会发展和民生的热点、难点问题，严肃查处违法违纪案件。

（23）广泛开展基层依法治理。深入推进基层民主法治建设，抓好农村、社区、企业、学校等基层单位的民主管理和依法管理，健全政务、村务、企务、校务公开和基层

民主选举制度，落实群众的知情权、参与权、决策权、表达权和监督权。推进“民主法治村（社区）”创建活动，引导基层组织建立健全充满活力的基层群众自治机制，提高村（居）民依法自治水平。

(24) 加快以改善民生为重点的社会建设，着力解决涉及群众切身利益的热点难点问题。围绕环保、食品安全、教育、医疗、住房等民生主题，依法为民办实事、做好事、解难事，千方百计保证广大群众特别是困难群众的生产生活水平，使改革发展的成果更多地普惠于民，促进社会和谐稳定。

(25) 加强社会治安综合治理。依法严厉打击各种违法犯罪活动，坚决扫除“黄赌毒”等社会丑恶现象。严密防范和严厉打击境内外敌对势力、敌对分子、“法轮功”等邪教组织的渗透破坏活动。加强社会治安防控体系建设，健全社会治安防控网络。建立健全基层矛盾纠纷调解机制，及时化解各类人民内部矛盾，严密防范和妥善处置群体性事件。

(26) 切实加强信访工作。坚持“属地管理、分级负责和谁主管谁负责”的原则，构建统一领导、部门协调，各负其责、齐抓共管的信访工作格局，建立统筹兼顾、标本兼治的信访工作长效机制，努力化解社会矛盾。加大对信访部门基础设施建设的投入，抓好农村、社区信访工作网络建设。进一步畅通信访渠道，依法规范信访秩序，完善科学规范的受理、交办、督办、回复群众信访事项工作规则和制度，确保信访事项得到及时妥善处理。依法严肃处理信访活动中违反法律法规，损坏国家、社会、集体利益和其他公民合法权益的行为。

(27) 通过省、市、县三级联创，扎实推进“依法治理示范单位”创建活动。加强组织领导，完善创建机制，扩大创建范围，引导创建单位不断加强法治建设，提高各行业的法治化管理水平。各地每年都要逐级申报、验收、表彰一批依法治理示范单位，逐步形成制度。

八、强化监督机制，确保各项工作健康运行

(28) 加强监督体系建设。以地方国家权力机关监督为重点，构建全方位监督网络，健全制度、完善机制、规范程序、创新形式、保障效果。进一步发挥党内监督、人大法律监督、政协民主监督、检察机关和审判机关司法监督以及社会舆论监督的作用，加强对行政行为、执法行为和司法工作的监督，确保公共权力正确行使。

(29) 强化人大、政府、司法的监督职能。各级人大及其常委会要认真贯彻落实监督法，加大监督力度，履行监督职能，增强监督实效。加强对各级政府制定的规范性文件的备案审查，开展执法监督检查，保证法律法规有效实施。加大对“一府两院”依法行政、公正司法的监督力度，加强对容易滋生腐败现象的热点领域和重点部门的监督，坚决纠正和查处各种执法不严和严重违法的行为。各级政府要进一步加强行政执法监督、行政复议监督等层级监督和审计、监察等专项监督，强化对重要部门、重大事项和重要岗位的监督，实行严格的决策责任追究和绩效评估制度，实现事先防范、事中监管、事后惩处的有机结合。强化司法监督，加强审判监督，确保裁判公正，加强对刑事、民事、行政诉讼活动、刑罚执行和监管活动的监督，健全司法救济制度，依法保障公民诉讼权利。

(30) 完善社会监督。加强人民政协及民主党派、工商联、无党派人士的民主监督和工会、共青团、妇联等群众团体的监督。健全举报制度和举报网络，畅通群众监督渠道，发挥好舆论监督作用。

(31) 加强和改进党风廉政建设。认真贯彻《中国共产党党内监督条例（试行）》和《中国共产党纪律处分条例》，以党的各级领导机关和领导干部特别是各级领导班子主要负责人为重点监督对象，坚持党内监督与党外监督相结合，坚决查处各种违纪违法案件，切实纠正损害群众利益的不正之风。坚持标本兼治、综合治理、惩防并举、注重预防的方针，扎实推进惩治和预防腐败体系建设，认真落实党风廉政建设责任制,树立清正廉洁的党员队伍形象。

九、加强组织领导，完善工作机制

(32) 切实加强对“法治山西”建设的领导。“法治山西”建设由省委统一领导，省委依法治省领导组围绕省委总体部署制定工作规划和年度实施要点，定期研究解决重大问题和突出问题，扎实有序推进“法治山西”建设。省委依法治省领导组办公室按照“规划指导、组织协调、督促检查、考核验收、总结评比”的职能要求，研究细化“法治山西”建设的各项目标任务，制定有关政策和措施，开展调查研究，加强督促检查，强化分类指导，以省市县三级依法治理示范单位创建、山西省构建和谐社会依法治省部分工作考评为抓手，以点带面，推进“法治山西”建设全面开展。各级党委也要成立相应的组织机构，提供必要的人财物保障，制定具体实施意见，认真组织落实，并及时报省委依法治省领导组办公室备案。

(33) 完善工作机制，理顺工作关系。“法治山西”建设是一项宏大的系统工程，需要全社会的共同参与和积极配合。各地各部门要高度重视“法治山西”建设，将其摆在突出位置，纳入重要议事日程，结合本地本部门实际，明确工作职责和任务，制定工作目标和实施计划，建立和完善工作责任制，上下联动，各司其职，相互配合，形成党委统一领导、部门齐抓共管、群众广泛参与的工作格局。坚持条块结合、以块为主和谁主管谁负责的原则，把“法治山西”建设工作延伸到各个领域和基层。加强信息沟通交流，及时总结上报工作中出现的新问题、好经验，促进“法治山西”建设整体向前推进。

(34) 充分调动各方面力量，营造“法治山西”建设良好社会氛围。坚持依靠群众，注重发挥人民团体和群众组织的重要作用，最大限度地调动社会各界和人民群众投身“法治山西”建设的积极性、主动性和创造性。坚持团结稳

定鼓劲、正面宣传为主的方针，充分发挥舆论的正面导向作用，运用各种宣传渠道和宣传方式，加大对“法治山西”建设重要意义、主要任务和工作重点的宣传力度，加强对先进典型的宣传推广，努力形成人人关心、人人支持、人人参与“法治山西”建设的良好社会环境。

中共山西省委办公厅 山西省人民政府办公厅 印发《关于坚决制止领导干部大办婚丧喜庆事宜和借机敛财行为的规定（试行）》的通知

晋办发〔2010〕18号

各市、县委，各市、县人民政府，省委各部委，省直各委、办、厅、局，各人民团体：

省委、省政府同意《关于坚决制止领导干部大办婚丧喜庆事宜和借机敛财行为的规定（试行）》，现印发给你们，请遵照执行。

中共山西省委办公厅

山西省人民政府办公厅

2010年7月9日

关于坚决制止领导干部大办婚丧喜庆事宜和借机敛财行为的规定（试行）

为坚决制止领导干部大办婚丧喜庆事宜和借机敛财行为，进一步改进领导作风，以良好党风促政风带民风，根据《中国共产党党员领导干部廉洁从政若干准则》、《中国共产党纪律处分条例》、《行政机关公务员处分条例》等，制定本规定。

第一条 领导干部办理婚丧喜庆事宜关系领导作风，关系党和政府形象，必须严格自律，带头移风易俗，做到节俭、廉洁、文明办事。

第二条 领导干部办理婚丧喜庆事宜，不准讲排场、比阔气、铺张浪费，不准通过分批宴请等方式变相大操大办，不准违反规定使用公车，不准借机敛财。

领导干部办理婚嫁、丧葬事宜，不得邀请管理和服务对象以及其他与行使职权有关系的人员参加。（管理和服务对象，是指行政机关的工作对象、司法机关和执纪机关的案件当事人、组织人事部门的工作对象以及领导干部所在部门、单位和系统法定职责范围内管理和服务的对象。）

领导干部办理生日、乔迁、升学等喜庆事宜，邀请人员严格限定在亲属范围以内。

第三条 领导干部办理婚嫁、丧葬事宜实行报告制度（报告表样附后）。办理婚嫁事宜须提前7天向所在单位党组织报告，由单位党组织备案和监督；宴请人数超过150人的，由单位党组织在本单位内进行公示。办理丧葬事宜须事后7天内向所在单位党组织报告，由单位党组织备案和监督。

第四条 领导干部办理婚丧喜庆事宜的时间、地点、规模、用车等情况，纳入其年度述职述廉内容。

第五条 各单位党组织和各级纪检监察机关要认真受理群众举报，凡领导干部违规办理婚丧喜庆事宜的，依照有关规定给予批评教育、组织处理或纪律处分；单位领导班子成员违规办理婚丧喜庆事宜或对本单位领导干部违规办理婚丧喜庆事宜问题不重视、治理不力的，依照有关规定取消该单位文明和谐单位称号和其他有关方面年度评比先进资格。

第六条 本规定适用于全省党的机关、人大机关、行政机关、政协机关、审判机关、检察机关县（处）级以上领导干部以及人民团体、事业单位相当于县（处）级以上领导干部。

省属国有和国有控股企业及其分支机构领导人员，县（市、区）直属机关、审判机关、检察机关科级负责人，乡（镇、街道）及基层站所负责人参照执行。

党组织关系在我省的中央驻晋单位参照执行。

第七条 各市、县（市、区）和省直工委、省高校工委、省国资委党委、省国防科技工业党委要依据本规定，结合实际制定具体实施办法。

第八条 本规定由省纪委、省监察厅负责解释。

第九条 本规定自发布之日起施行，1994年4月21日发布的《关于制止领导干部利用婚丧嫁娶等大操大办挥霍浪费和借机敛财的实施意见》（晋办发〔1994〕17号）同时废止。

以转型发展为主线 为实现山西经济社会跨越发展努力奋斗

——在全省领导干部大会上的讲话

（2010年7月29日）

袁纯清

这次会议，是省委常委会研究决定召开的。

省委认为，山西正处于改革发展的关键时期，必须着眼“十二五”发展，以科学发展观为指导，深刻把握国内外发展大势，从山西省情实际出发，进一步明确发展方向、完善发展思路、突出发展重点；必须扭住发展这个第一要务，以转型发展为主线，以赶超发展为战略，以跨越发展为目标，推动又好又快发展；必须进一步动员全省人民，解放思想，凝聚共识，增强信心，埋头苦干，为开创富民强省新局面而努力奋斗。

近年来，在党中央、国务院的正确领导下，全省干部群众团结奋进，务实创新，经济社会发展取得新的成就。省委、省政府提出走出“四条路子”、实现“三个跨越”，把转型发展、安全发展、和谐发展作为战略重点，符合科学发展观的要求，切合山西实际。经过全省上下共同努力，战胜了国际金融危机的严重冲击，经济回升稳步向好；抓住机遇，迎难而上，煤炭资源整合和煤矿兼并重组取得重要成果，煤炭产业的规模化、集约化水平明显提高；循环经济迈出坚实步伐，节能减排得到切实加强，造林绿化和生态建设取得重大进展，城乡环境质量明显改善；基础设施建设力度加大，交通、水利等方面的瓶颈制约得到缓解；城乡统筹取得新进展，“三农”工作不断加强，新农村建设扎实推进；以“五大惠民工程”和农村“五个全覆盖”为重点的民生关怀成效明显，人民群众得到更多实惠；以强有力措施加强安全生产工作，扭转了一度时期安全生产的被动局面，安全生产形势明显好转；深化社会治安综合治理和矛盾纠纷排查化解，社会保持和谐稳定，发挥了首都“护城河”作用；宣传思想文化工作得到加强，文化建设步伐加快，推出一批有影响的力作；干部人事制度改革深入推进，干部作风有了新的转变，基层党建进一步加强；深入开展煤焦领域反腐败专项斗争，党员干部廉洁自律意识进一步增强，反腐倡廉建设不断深化；人民代表大会制度不断完善，中国共产党领导的多党合作和政治协商制度不断健全，爱国统一战线进一步巩固，军民融合式发展取得新进展。今年上半年，大部分经济指标恢复或超过国际金融危机前的水平，步入稳定较快增长区间。经过努力，可以完成全年各项目标任务。

在肯定成绩的同时，要清醒地看到，山西欠发达的省情没有改变，山西转型发展的任务十分艰巨，山西发展的速度和质量面临巨大压力，与全省人民期盼相比还有不小差距。

我省面临的最大问题是发展不足。纵向比成绩明显，横向比差距不断拉大，一些经济总量长期排后于山西的省份这几年超越了我们。“十五”末的2005年，山西GDP在全国排第16位；2009年排全国第21位，先后被广西、内蒙古、陕西、江西、天津超过，四年后退五位。从人均看，我省2005年人均GDP相当于全国平均水平的89%，排全国第15位，2009年为85.5%，下降3.5个百分点，后退两位。从增速看，“十五”期间我省GDP年均增长13.3%，而“十一五”前四年年均增长10.5%，在中部和周边均排末位。从城乡居民收入看，2009年城乡居民收入分别排全国第23、22位，数量和增速在中部均排末位。毗邻的内蒙古，人口比我省少1005万，2002年到2009年GDP年均增长18.7%，连续8年保持全国第一，经济总量从2006年起超越我省，2009年比我省多出2360.1亿元，同时煤炭产量和发电量均超过我省。

我省面临的最突出问题是新产业发展和新项目储备不足。尽管在产业结构调整上下了很大决心，但由于各方面原因，产业结构单一化重型化的问题依然突出，支柱产业大多属于传统低端产业，新的增长点不多，新兴产业项目不足，而且产业链条短、规模小，高端产品少。由于产业结构不合理，财政收入增长呈放缓趋势。同时，固定资产投资增速在“十一五”前四年也落后于中部和周边省份，年均增长排最末一位。今年上半年，全社会固定资产投资增速比中部平均水平低2个百分点；全省新开工项目3684个，在建项目5915个，分别居全国第19、21位，在中部居末位。从“十一五”规划目标的落实情况看，新型工业化水平、第三产业比重、城镇化率、高新技术产业比重等指标离目标值还有较大差距，将对我省发展后劲形成制约。

我省面临的最紧要问题是干部队伍对大发展思想准备不足。全国各地千帆竞发，中部及周边竞相崛起。山西必须有大发展，这是形势所逼、群众期盼，也是中央的希望。但是干部队伍中，对大发展的思想认识、重视程度和行动措施还没有达到应有的深度、高度和力度。一些干部不去想大发展，对发展的深层次矛盾和严峻形势缺乏清醒认识，心思用不到发展上，更想不到大发展上，满足于资源优势下的小日子，沉醉于五千年文明看山西，习惯于按部就班，以文件贯彻文件，以开会落实开会，在得过且过中打发时光。一些干部不敢干大发展，由于我省近些年在全国排位连续下滑，加上几起突发事件的负面影响，导致缺乏大发展的胆气、魄力和信心，或者认为山西追赶已没有希望，或者认为山西只要不出乱子就可以了，稳重有余闯劲不足，不敢谋划大思路，不敢出手大举措，不敢跳起来摘桃子。一些干部不善谋大发展，有思想固化、观念保守的问题，有知识老化、本领不强的问题，有情绪畏难、精神疲软的问题，有作风不实、干劲不大的问题，特别是谋发展、抓推动、干实事的意识不强、能力不足，打不开发展的新局面。

党中央、国务院对山西的发展寄予殷切希望，胡锦涛总书记在山西视察时明确指出要在“三个方面下功夫”。山西有着厚重的历史文化底蕴，有着丰富的资源、壮美的山川，有着光荣革命传统并孕育了伟大的“太行精神”，有着明清时代就走出去敢为天下先的晋商文化，有着共和国重要能源基地的承载，更有着3400万勤劳智慧的三晋儿女。面对工业化、信息化、城镇化、市场化、国际化加快推进的历史趋势，面对工业化跃升期、城镇化加速期、节能环保攻坚期、新技术革命成长期、基础设施建设加大期的时代特征，全面转型是山西的必由之路，加快跨越是山西的必然选择。走遍三晋大地，所到之处，我们无不被广大干部群众盼发展的愿望和激情所感动，无不为这块黄土地的丰富资源、巨大潜力和美好前景所振奋。在7月23日召开的省委常委会上，大家一致表示，要团结带领全省人民，解放思想、开放创新，奋力进取、拼搏争先，在中部崛起和全国竞相发展格局中再造一个新山西。

下面，我讲三个方面的问题。

一、顺应转型发展的时代潮流，登高望远谋划未来发展

高度决定视野，角度改变观念。在转型发展、安全发展、和谐发展中，转型发展是基础，安全发展是保障，和谐发展是目标。只有转型发展，才能拓展更为广阔的发展空间，才能提高发展的价值链，才能实现发展的跨越。转型迫在今天，跨越时不我待，必须抓住今天，把握明天，否则我们就会犯历史性错误。

第一，转型发展是世界潮流。人类社会的每一次跨越进步，都伴随着经济社会的大转型。谁能及时转型、成功转型，谁就能掌握发展的主动权。英国依靠技术进步转向工业立国，成为跨越两个世纪的世界经济发展领头羊。上世纪80年代世界经济拐点时期，美国把信息技术转向民用领域，把高科技作为主攻方向，一举成为信息时代最大赢家。拉美国家在上世纪六七十年代就实现人均GDP3000美元，但由于未能及时转型，导致掉进“拉美陷阱”，发展长期徘徊。席卷全球的国际金融危机，既是对过度负债消费发展方式的冲击，又是对过度依赖资源消耗增长模式的冲击。每一次经济危机都是全球产业重新布局、科学技术实现突破和重振构建的过程。目前，世界经济增长格局孕育重大变革，发展模式面临重大转型，新一轮产业调整、升级和转移势不可挡。特别是联合国气候变化大会的召开，标志着一场以新能源革命和低碳经济为主题的绿色浪潮正在席卷全球，世界主要国家都在谋划新的转型突破口。美国总统奥巴马提出新能源战略，加大对生物、信息和航天等领域新兴产业的支持力度。欧盟首脑会议通过欧洲“2020”战略，提出要加快转变传统的经济增长方式，实现“灵巧增长”、“可持续增长”和“包容性增长”。在经济全球化的大势下，中国的发展离不开世界，不转则罔，不进则退，必须紧紧抓住这次世界经济转型的历史机遇。

第二，转型发展是我国实现可持续发展的战略之举。我国经济总量占世界的7%左右，但每年耗用煤炭接近世界的四成，石油对外依存度已超过50%，二氧化碳排放占全球总量的18%，是全球最大碳排放国之一。我国提出到2020年单位GDP二氧化碳排放比2005年降低40—45%，一次能源消费非化石能源比率达到15%，任务非常艰巨。发达国家则着力推动形成碳交易、碳关税等规则和准则，使我国面临巨大挑战和压力。胡锦涛总书记在省部级主要领导干部专题研讨班上强调指出，如果我们不能加快经济发展方式转变，我国今后发展代价就会越来越大、空间就会越来越小、道路就会越走越艰难，并围绕经济发展方式转变提出“八个加快”的要求，为我们转型发展、跨越发展指明了方向。转型发展已经成为我国经济社会的基本特征，并将在“十二五”规划中成为制定政策和布局项目的战略重点。各省区市都把加快转型，抢占新兴产业制高点作为面向未来的首选之举。广东首先提出“腾笼换鸟”，吉林最近提出转型“八大举措”，湖南提出弯道超车，一场新的发展赛跑，围绕转型全面展开。

第三，转型发展是山西的根本出路。新中国成立以来，我省累计产煤110亿吨，净调出80亿吨。山西在享受煤炭红利的同时，也付出了沉重代价。“因煤而兴、因煤而困”的格局令全省深思，为世所关注，转型发展亟待全面破题。

——我省产业结构不合理，还没有完全走出资源供应的老路。单一的产业结构，过度依赖煤炭产能扩张的增长方式，使山西经济脆弱性突出，大起大落成为难以摆脱的痼疾。亚洲金融危机和国际金融危机，使山西两次受到重创。究其原因，一是能源重、化工轻。虽然长期定位于能源重化工基地，但是化学工业占全省GDP的比重不仅很低而且不断下降，1998年为9.78%，2009年为5.8%。资源转化更多地停留在煤电等初级过程，进入到煤化工、精细化工层面的不多。2006年国家发改委核准山西1500万吨煤化

工指标，到去年煤化工实际产量为990万吨，其中尿素、PVC等传统化工产品为700万吨，甲醇仅52万吨，其他新型化工产品更少。近年来，发展新型煤化工成为一大潮流，河南、陕西、内蒙古、黑龙江等省区都筹划、建设了一批百万吨规模的大项目。鄂尔多斯提出“不当煤老大，要当煤化工老大”，着力构建世界级新型煤化工基地，正在编制5000万吨煤制油基地规划。在这一轮新型煤化工发展格局中，我省落地项目与独特的煤炭优势显得很不相称。二是采冶重、制造轻。装备制造业占全省工业增加值的5.1%，去年产值753.9亿元，居全国23位，在中部和周边都排末位。特别是高端制造业总量偏小，集中度低，缺乏整机配套和拳头产品。三是生产重、服务轻。服务业占三次产业的比重为39.2%，低于全国平均水平3.4个百分点，现代服务业发展滞后，生产性服务业有待提升，物流成本居高。四是材料重、加工轻。全省钢材、电解铝、氧化铝、金属镁产量分别居全国第8、第7、第4、第1位，但大多停留在原材料阶段，加工程度低，处于不经济状态。

——我省目前的发展模式难以持续。历史表明，在产业发展比较粗放的情况下，静态的自然的生产要素在经济发展中居于主导地位，随着科学技术的发展，动态的高级生产要素以及创新在经济发展中居于主导地位。我省“十五”时期的高增长，主要依靠煤炭产能的扩张和煤炭价格的提升，“十一五”以来增长放缓，也主要是煤炭产能扩张有限，价格难以大幅上涨，边际效应递减。目前全省煤炭产量为6亿多吨，“十二五”期间可望达到10亿吨左右，产能不可能无限扩张，而且煤炭市场价格已到高位，盈利空间呈减少趋势。加上其他地区煤炭产量大幅度增长，国家加大对新能源产业的支持力度，对高耗能行业严格控制，能源需求增长将逐步进入相对平稳期，降低传统能源份额是必然趋势。同时要清醒认识到，在现有增长模式下，经济增速越高，结构重型化、不协调、不安全的问题越突出，发展的成本、代价和难度都在增大。2009年我省GDP占全国的2.2%，而能源消耗却占到4.3%以上。尽管“十一五”我们能够完成节能减排指标，但只是低水平的，万元GDP二氧化硫、COD、烟尘、粉尘排放分别是全国平均值的2.61倍、1.23倍、3.47倍、3.72倍。

第四，转型发展是更好更快的发展。转型发展不是推倒重来，是对原有发展的扬弃，是一个整合、提升、深化、创新的过程，是发展的发展。具体到山西，就是要推动发展由主要依靠资源开采、初步加工向资源深度开发、深度加工转变，由外延扩张向内涵提升转变，由传统产业一枝独大向多元发展转变，由粗放、高耗、低效、单一线性发展向集约、低碳、高效、多元循环发展转变，最终实现绿色发展、清洁发展、安全发展。我省正站在一个新的历史起点上，正处于一个必须从整体上进行实质性提升的重大历史关头。我们要把转型发展作为全省工作的主题和主线，在发展中促转型，在转型中谋跨越，努力抢占未来发展制高点。

省委常委会认为，我省转型发展、跨越发展的定位是，以建设国家新型能源和工业基地为基础，努力建设全国重要的现代制造业基地、中西部现代物流中心和生产性服务业大省，早日建成中部地区经济强省和文化强省。“十二五”主要经济社会发展目标是：GDP年均增长13%，GDP总量力争达到1.7万亿元，努力实现翻番；财政收入年均增长15%，财政总收入达到3400亿元，一般预算收入达到1800亿元，实现翻番；全社会固定资产投资年均增长20%，投资总量力争超过5万亿元，年均投资达到1万亿元；工业增长年均超过15%；城乡居民收入实现翻番，城镇居民收入“十二五”末超过3万元，农民收入超过9000元。这是一个宏伟的设想，也是一个通过努力拼搏完全可以实现的理想。

二、以工业新型化、农业现代化、市域城镇化、城乡生态化为重点，加快推进转型发展和跨越发展

工业新型化、农业现代化、市域城镇化、城乡生态化，是转型发展的根本举措，是跨越发展的主要依托，也是统筹兼顾、互促互动、有机统一的发展战略。

——关于工业新型化。所谓工业新型化，从趋势上讲，是信息化与工业化融合、从粗放能耗型增长到集约节能型发展的工业化；从驱动上讲，是依靠科技进步、劳动者素质提高、管理创新的工业化；从产业上讲，是第一、第二、第三产业协调发展的工业化；从形态上讲，是资源消耗低、环境污染少、可持续的工业化；从经济学角度讲，是投入产出比高、经济效益好、增长速度快的工业化；从目标上讲，是落后生产力得到淘汰，先进生产力得到发展，绿色发展、清洁发展、安全发展的工业化。

我们仍然坚持这样的观点，山西的优势在煤，山西的潜力和希望也在煤。煤炭不仅是能源资源，也是碳材料资源，更是发展新兴产业的重要资本，山西的工业新型化在一定程度上讲要围绕煤来展开和推进。我们不仅要挖好煤，更要用好煤；不仅要做好煤炭本身的文章，更要做好煤炭延伸发展的文章；不仅要开发好地下资源，更要开发好地上资源。概括起来就是：以煤为基，以煤兴产，以煤兴业，多元发展。首先要提升煤炭产业的整体水平，提高煤炭开采的机械化、信息化、智能化水平，提高煤炭洗选率，推动煤炭安全生产状况根本好转，实现煤炭本身的高效绿色安全发展。在此基础上，加快提升焦炭、冶金、电力、建材等传统产业，加快壮大现代煤化工、装备制造、新型材料、文化旅游、物流会展、特色食品等优势产业，加快发展节能环保、生物医药、信息网络、研发设计、新能源等新兴产业，实现产业结构多元化、合理化、高级化拓展，实现由煤炭大省向以煤为基的现代产业大省的跨越，实现由单一煤电“基地”向立体能源“中心”的转变，做一篇面向全国、面向世界市场的大文章。具体讲，重点抓好七条路径：

路径之一是围绕传统产业实行循环化，实现高碳产业低碳发展。传统产业的潜力在循环、希望在循环、发展在循环。循环经济既是一个产业生态化的过程，也是一个随着新技术开发由低端产业链到高端产业链，获得更高比较效益的过程。结合山西产业特点，要强化两个理念：一是全循环。就是在政策上，把循环经济作为基本的市场准入标准、技术原则和生产方案，用已经认知的循环模式对传统产业进行循环改造，做到循环化生产，新上项目都要严把循环经济门槛；在内涵上，既包括从物理形态循环向化学形态循环转变，也包括资本、资源、技术、劳动力等生产要素的循环；在外延上，不仅产业内部要循环，关联产业之间也要循环，动脉产业的循环与静脉产业的循环要结合起来；在全局上，从企业的小循环入手，向行业中循环拓展，最终形成区域大循环，构建具有山西特色的循环经济发展模式。二是抓高端。首先是抓技术链条的高端，围绕重点发展的产业，不断引进和研发先进技术，向资源转化的技术前沿进军；第二是抓产业链条的高端，用信息化、自动化和高科技推动主导产业向产业链的高、精、尖延伸再延伸，开发具有国际先进水平的高端品牌产品并形成新业态和新模式；第三是抓利润链条的高端，通过对传统产业的创新发展，在不断加工转化过程中获得几何级数增长，实现发展效益最大化。山西是资源大省，也是“资源可循环大省”。这里，我们算几笔循环利用账：一是粉煤灰。2009年全省电厂粉煤灰排量3596万吨，用来制砖，利润只有1亿元，但如果对其中有工业利用价值的1720万吨进行加工，可生产白炭黑228万吨（售价4000元／吨）、氧化铝570万吨（售价2400元／吨）、轻质碳酸钙1026万吨（售价500元／吨），利润在90亿元以上，增值近100倍，如果氧化铝再向电解铝、铝材等延伸，增值空间更大。二是焦炉煤气。按现有100亿立方焦炉煤气发电测算，产值为20亿元，如果做煤化工，产值可达100亿元，增值5倍，进入精细化工增值更为可观。三是煤焦油。全省每年可产煤焦油320万吨（以焦炭产量8000万吨算），同时可产粗苯80万吨。煤焦油加工成沥青，产值达30多亿元，制成超高功率电极，产值可达2000亿元；粗苯加氢生产为苯、甲苯、二甲苯等产品后，产值达40多亿元，做成已二酸、己内酰胺等精细化工产品，可达140多亿元。南非索萨尔公司已生产出300多种煤化工产品。山西煤化工研发力量在全国是比较强的，要依托国家级研究机构，充分发挥大型煤炭企业集团的资源优势、资本优势、资信优势、技术优势和管理优势，把技术链、产品链、资本链、利益链统一起来，建立煤化工技术联盟，大力推进煤炭上下游产业的整合，以煤层气、焦炉煤气、劣质煤为重点，发展节水型煤化工，实现优势互补、优势嫁接、优势放大。要抓好潞安煤制油、晋煤甲醇制油等标志性项目的建设，发展一批百万吨级的新型煤化工项目和产业集群，使之成为新的支柱产业。

路径之二是围绕煤炭装备制造业高端化，实现由采掘文明向制造文明的转变。山西是煤炭大省，也是煤机大市场。特别是资源整合后，全省有584座矿井需进行机械化升级改造，煤矿装备需求预计达500至700亿元。我省煤炭装备制造业规模小、高端产品少。全国煤机领域2009年销售收入451亿元，我省约占1／10。装备制造业是一个地区工业化水平的重要体现，而煤机制造是我省装备制造业的优势所在。我们要依托太重煤机等龙头，集中力量突破0.5米以下薄煤层采煤机、新型安全生产装备等技术，形成集采煤、掘进、输煤、井下基础配件为一体的煤机设备产业链，建设以太原为中心的世界煤机产业基地，实现由煤炭装备买入省向制造省输出省的转变。

路径之三是围绕煤炭运销形成的巨大运力发展现代物流业，实现经济运行效率大幅提升。就是要把传统煤炭运输业提升为现代物流业，把主导产业的物流业拓展为全省范围的综合物流业。我省年外调煤炭5亿多吨，调进调出货物10亿吨，总物流量全国第一；全省道路货运车辆38.7万辆，而空驶率在40%以上，每年浪费货运能力400多亿吨公里。2009年全省物流总成本占GDP的比重高达28%，远远高于18.3%的全国平均水平。如果我省物流总成本降到全国水平，就相当于增加700亿的GDP。我省毗邻京津，出海便利，随着“三纵十一横十一环”高速公路网和大西、中南部出海通道等铁路大动脉以及一批支线机场的建成，一个立体化的综合交通体系正在加速形成。要瞄准建设环渤海、黄河中游地区现代物流中心的目标，依托煤炭优势策划一个整体物流产业链，整合提高物流业的组织化程度和社会化配置能力，将物联网等信息技术融入物流业，推进物流中转无缝连接，形成专业化、规模化、集约化的现代物流体系，在畅通人流、物流、信息流、资金流和商流中提升山西发展活力和竞争力。

路径之四是围绕煤焦冶电等高耗能产业的清洁生产发展节能环保产业，实现环境压力向发展动力的转化。煤炭及相关产业是节能减排的主战场，也是发展节能环保产业的大市场。低碳绿色发展的新要求，催生了节能减排的新产业、新工艺、新服务。预计未来五年全国节能环保产业总产值可达4万亿元，山西应该力争在这个大“蛋糕”中获得更多份额。我省一些地方和企业在这方面已经迈出重要步伐，对蓄电池和电子废弃物进行再资源化综合利用，用城乡生活垃圾生产生物有机复合肥，利用垃圾进行绿色发电，等等，已经进入产业化阶段。我们要顺应发展潮流，扶持节能环保企业做大做强，积极引进国内外先进技术和项目，大力发展清洁技术、节能技术和节能环保服务、环保装备、环保产品，形成新的竞争优势。

路径之五是围绕能源资源优势做大新能源新材料产业，把一个优势变成两个乃至多个优势。新能源新材料是高新技术的基础和先导产业，正处于爆发式增长的前夜。我省在新能源新材料领域特别是煤层气、太阳能、风能等新能源和铝镁合金、不锈钢、钕铁硼、纳米等新材料方面，有巨大发展潜力。在产业组合中形成竞争优势，是我省的战略突破口。如，利用坑口电厂电价优势，生产高载能的多晶硅，就形成了成本优势，优势叠加提升了市场竞争力。我省已经掌握LED、多晶硅铸锭炉等核心技术，要集中力量发展LED产业、太阳能光伏产业，力争到2015年成为新的支柱产业。在新材料产业上，要依托优势企业和产品，向材料制造和高端“智”造挺进，做大做强以不锈钢加工园区为代表的一批材料加工业园区。

路径之六是围绕煤炭及关联产业发展高新技术产业，力争在高科技领域占有一席之地。恩格斯说过，社会一旦有技术上的需要，则这种需要就会比十所大学更能把科学推向前进。工业新型化说到底要靠科技来引领。实践表明，一项核心技术，就会创造一个产业，开拓一片市场。发展高新技术产业，要坚持有所为有所不为，集中力量，联合攻关，重点突破。要集全省之力开展“科技创新跨越工程”，创新科技管理体制机制，加大经济运行系统和科技运行系统的融合，大幅提高全社会研发投入，发挥核心企业示范作用，鼓励资源型企业利用资本优势引进高端人才和技术，围绕转型发展中的共性技术和关键技术实施科技重大专项。当前，主要是围绕煤炭的清洁开采、煤炭传统产业的提升和循环、新型煤化工、新能源新材料、高端制造、电子信息、生物医药、生态环保引进高端人才，开展科技攻关，提升高新技术产业在经济总量中的比重。

路径之七是围绕发挥传统产业优势加快文化旅游产业转型发展步伐，培育新的经济支撑点。文化旅游业是天然的绿色产业，山西的文化产业和旅游产业共生共融。我省因煤而聚的资金巨大，形成特有的资本优势，要搭建政策、融资、项目等平台，吸引整合更多的资本，做大做强我省的文化旅游产业。一是大片大作大戏表现。抓住创意这个核心，推出一批影响大、叫得响、水平高的文化产品，打造大型演艺产品，做到思想性、艺术性、观赏性相统一，可视、可感、可消费，实现经济效益和社会效益双赢。二是大集团运作。在组建出版发行集团的基础上，尽快组建广电网络、电广传媒、影视、演艺、报业等五大文化产业集团，条件成熟时组建文化产业投资集团，通过市场化运作，提升我省文化产业竞争力。三是大景点支撑。重点抓一批体现山西文化符号和元素的景点和项目，集中进行包装、推介、扩散。四是大服务引领。要学习和借鉴深圳华侨城等服务新模式，改进服务方式，提高服务水准，引进文化旅游产业领军人才，全面提升文化旅游业服务层次。五是大会展集聚。国际上展览业的带动系数为1:9，利润为20%至25%。要加快建设区域性会展中心，引进和扶持综合实力强、专业水准高的会展企业，积极承接北京的会展转移及延伸，吸引承办国内外专业性商务会展，争取举办国内外大型文艺汇演、体育赛事、专业论坛，打造具有山西特色的会展品牌。

要走好以上路径，必须创新思想观念、思维方式和工作手段。一要打好“资源为王、成本优势”这张牌。资源稀缺性是经济活动的第一个命题，交易成本是市场竞争的重要砝码。我省地下地上资源都具有稀缺性，关键是去发现和用好这种稀缺性，在竞争中获取成本优势，更多地掌握市场交换的话语权、市场竞争的主动权、市场开发的优先权。二要坚持资源跟着高端产业走。对资源要高位谋划、高端开发、高效配置。今后原则上不再审批纯粹商品煤项目，要根据高端产业的需要予以配置，文化旅游资源也要在整合集聚中走向高端化，让资源在与高端产业的融合中实现最大值。三要实现“材料加工”向“加工材料”转变。前者以原材料为重点，后者以增值为中心，后者比前者技术要求高、产业链条长、产品附加值多，是从开采冶炼及初加工向集研发、生产、加工成套、服务于一体转变，对山西这样的原材料大省具有战略意义。四要突出创新引领、标准为上。创新是生命，标准是价值。既要适应市场又要敢于引领市场，敢于在优势领域创制技术路线、生产模式和技术标准，用创新增加供给，用供给创造需求，把无形资产转化成经济效益，实现资源驱动向创新驱动转变。五要板块化发展、园区化承载、集群化推进。以大企业为龙头，以各级各类开发区为承载，做到基础设施和生产要素共建共享，形成上下游紧密衔接的产业链，形成集群发展的突破态势。六要树立“资源有限、创造无限”理念。积极性和创造力是最大的生产力。既要“有中生有”，用资源换资本、换技术、换市场、换项目，又能“无中生有”，用胆气和才智把握大势，用发散思维激活要素，在创意中开创新的产业大天地。要大力引进高端人才，加大对科教的投入，努力使山西在以高新技术为特征的创造创新发展中拥有一席之地。

——关于农业现代化。山西不是粮食大省，农业之长在特色。农业现代化对我省而言，就是利用特有的农产品资源禀赋，切实加快农业产业化，着力推进县域工业化，做大做强县域经济，扎实推进新农村建设，走出具有特色的现代农业发展之路。

要坚持农业产业化这个主题。农业产业化的水平首先取决于规模化的程度。没有规模化，就没有标准化，就没有高效益。我省是“小杂粮王国”，还有干鲜果、牛羊养殖等特色农产品，但总体上仍是“提篮小卖”，有集约经营但规模不大，有特色品种但商品化、市场化程度低，有加工转化但龙头企业带动力弱。去年全省农产品加工转化率为36%（全国为40%，发达国家为80%以上），近4000户农产品加工企业销售收入416亿元，而河南的双汇集团已超过400亿元，内蒙古的蒙牛和伊利相加近500亿元。山东金乡县的大蒜种植面积超过70万亩，占耕地面积的70%，每年出口两亿多美元，世界大蒜价格很大程度上由它说了算。以全国三大核桃产出省为例，云南已达到2000万亩，陕西作出1000万亩发展规划。因此，要坚持市场导向、效益优先和科技支撑，全力推进运城、晋中、大同三大现代农业示范区建设，出台“一村一品”、“一县一业”推进规划，把各项政策和要素集聚到“一村一品”、“一县一业”上来，提高特色优势农产品聚集度，形成若干以10万亩、几十万亩和10万头（只）、几十万头（只）为片区的种植养殖基地。对核桃、红枣、苹果要制定专项发展规划，实现区域化布局、专业化生产、产业化经营。对重点农业产业化龙头企业要扶优扶强，到2013年，使全省农产品加工企业销售收入达800亿元以上，农产品加工转化率达50%以上，农产品加工业与农业产值比例达到全国平均水平，使农业产业化走上规模、质量、品牌、效益的良性循环。

要突出县域工业化这个核心。县域是城市与农村的结合点，壮大县域经济就是以工业化的思路和办法，加快传统农业向现代农业的转变，传统中小企业向现代企业的转变，传统农民向新型农民的转变，传统农村向新农村的转变。江苏省始终把县域经济作为经济社会发展的主战场，从乡镇起步，从工业抓起，有27个县进入全国百强县，全国十强县中江苏就有7个。山西县情差异较大，发展县域工业关键在因地制宜形成主导产业。比如，有煤炭资源的县，要以煤炭资源整合为契机，发展煤炭的配套工业和服务业，引导资源型企业兴办农产品加工企业；有旅游资源的县，要发展休闲农业、乡村旅游、森林旅游和农村服务业；农业基础好的，要发展特色高效农业，如汾阳市种植核桃43万亩，形成了核桃产业链，使农民人均增收2000元；工业基础好的，要以县级工业园区为承载，实现产业集聚发展，做到一县一区或多区。其他县区以规划为引领，至少有一个产业聚集区。

要夯实农业社会化服务体系这个基础。大力发展农民专业合作社，以扶持省市县级示范社为抓手，在提高质量、拓宽领域、完善机制上下功夫，让合作社覆盖更多农户。我省有2.4万个农业专业合作社，数量居全国第一，要引导和鼓励条件适宜的专业合作社，在产权清晰、自愿互利的基础上进行跨区域协作与重组，提升应对市场能力。允许农民以转包、出租等形式流转承包经营权，发展多种形式的适度规模经营。坚持农科联动，因地制宜组建农科公司，鼓励农业科技人员入股，与农民形成利益共享机制。加强农产品质量安全体系建设，健全农产品产地准出、市场准入、质量追溯制度。依托“村村通”工程，建设农村信息化平台，实现农民和市场有效对接。要加大对县域经济的支持和投入力度，引导以煤补农资金和社会资源投向县域经济发展，扩大县级调控经济的权限，允许以县为单位整合各类支农资金，开发适合农村需求的金融产品。

要抓住农民增收这个关键。农民增收是关系全局的一件大事。有两个情况需要关注。一是我省农民收入在全国一直处于中下游水平。2009年，农民人均纯收入为4244元，排在第22位，比全国平均水平少909元，在中部排末位。二是农民收入增速较慢，城乡收入差距逐步拉大。2000年城乡人均收入比率为2.5，绝对差2818元，2004年收入比率为3.1，绝对差5313元，去年收入比率为3.3，绝对差达到9753元。要加强农民技能培训，提高创业就业能力；加快服务业发展，扶持中小企业，扩大用工用人岗位；拓展农村非农就业空间，鼓励农民就近就地创业，增加农民劳务性收入。要落实各项惠农政策，不断出台农民期盼的新政策；引导资金、技术、人才等向农村聚集，促进土地收益更多地用于新农村建设。要按照“以片规划、突出产业、集中投入、分步实施、整体推进”的思路，推动扶贫开发由整村推进向片区开发转变。要加大企业扶持贫困村的力度，这种扶持不仅是一种善举，更要成为企业本身发展的组成部分，实现企业发展和扶贫开发双向互动。

——关于市域城镇化。工业化需要城镇化来承载，现代化需要城镇化来表现。首先，城镇化滞后于工业化的状况要加以改变。山西近年来工业化水平在55%左右，而城镇化率2009年为46%，主要是农村人口和劳动力转移速度较慢，城镇集聚效应不够强。一百多年前，马克思就深刻指出：“现代化的历史就是乡村城市化。”二战后的日本，用30年左右时间把城市化水平从30%提高到了70%，成为世界第二大经济体。我国改革开放以来，沿海地区不断加快城镇化进程，相继形成“长三角”、“珠三角”、“环渤海”三大城镇群，也是全国经济发展最快、现代化水平最高的三大经济圈。可见，城镇化和工业化的协调发展至关重要。第二，城镇化产生巨大投资和消费需求。城镇化水平每提高1个百分点，可拉动GDP增长1.5到2个百分点。每增加1个城镇人口，可带动10万元左右的投资，1个城镇人口相当于3个农村人口的消费。所以，中央把城镇化作为扩大内需、拓展持续发展空间的战略重点。第三，城镇化的过程实质上是经济结构优化升级的过程。城镇的集聚、辐射和带动效应，能够引导生产要素合理流动，优化生产力空间布局；随着农村人口向城镇集中，可以形成多样化消费需求，促进第三产业发展；城镇经济规模的扩大，会刺激民营经济、劳动密集型产业的发展，带动经济社会结构的调整。

从国际经验看，人均GDP超过3000美元，城镇化率在30—70%之间是城镇化的快速发展期，也是工业化与城镇化互动发展的关键期。从发展规律把握，我省已进入城镇化发展的加快期、关键期。“十二五”时期，我省城镇化率每年要提高1.8左右，五年力争有300多万农村人口进入城镇，形成3000多亿元投资需求，全省城镇化率达到55%左右。我们要准确把握城镇化演进规律，以发展规划、土地利用规划、产业布局规划“三规合一”引领城镇化建设，以工业园区、高新技术园区、科技创新园区支撑城镇化建设，以城中村改造、棚户区改造、旧城改造推动城镇化建设，走出具有山西特色的城镇化发展路子。

一要形成以“一核一圈三群”为主体的城镇空间布局，实现中心城市、城镇群、经济圈的互促互动。组群发展是城镇化发展中最有效率和效益的范式，也是后发地区推进城镇化的重要途径。“十五”以来，内蒙古大力度建设呼和浩特、包头、鄂尔多斯城镇群。该城镇群经济以20%以上的速度持续增长，2009年以11%的土地面积、27.3%的人口，创造了占全区54%的经济总量，人均生产总值超过1万美元，成为带动内蒙古经济社会发展的“火车头”，并带动内蒙古城镇化率在2007年就突破50%。考虑到自然环境、资源禀赋、产业基础、人文历史等条件，按照一个规划统筹、一个标准建设的要求，我省要以太原都市圈为核心、以区域性中心城市为节点、以大县城为重点构建城镇群，形成“一核一圈三群”的格局。“一核”即由太原市区、晋中市区、清徐县城、阳曲县城构成的太原都市区；“一圈”即太原大都市圈，是以太原都市区为核心，太原盆地城镇密集区为主体，辐射阳泉、忻定原、离柳中城镇组群的大都市圈；“三群”，一是以大同、朔州为核心的晋北中部城镇群，二是以长治、晋城为核心的晋东南中部城镇群，三是以临汾、运城为核心的晋南城镇群。这一布局从地图上看，恰似一个“人”形，太原都市圈是人的胸部，大同、朔州城镇群是“人”的头部，吕梁、阳泉是“人”的两臂，临汾、运城城镇群和长治、晋城城镇群分别是“人”的双脚。这是一个胸襟广博、头朝京津、脚跨中原、手牵东西的大踏步前进的“人”，预示着山西的赶超与跨越。

要特别强调的是，太原都市圈是全省城镇化战略的重中之重，要加大力度，全面提速，确保“十二五”期间城镇化率、经济增长速度明显高于全省和其他城镇群，经济总量占全省的比重明显提升，通过构建高速公路“一小时通达”城市圈，形成有机融合的交通圈、旅游圈、经济圈、生态圈，形成类似内蒙古呼包鄂“金三角”的增长极和带动力。其他城市和城镇群也要加快发展。比如，大同的建设标准要向北京、天津看齐，依托塞上古都、大佛名城的底蕴建设现代化城市；阳泉要以建设新区为突破口，建设区域性大城市，成为与太原、石家庄相互策应的中心城市；运城要放宽视野，提高标准，建设新型工贸旅游大市，形成与郑州、洛阳、西安联动发展的格局，成为山西向西向东开放的桥头堡和大通道；以长治为核心的上党城镇群，具有优越条件和良好基础，要建设成为全省一流的城镇群。

二要强化规划的引领力和建设的创新性，充分体现城镇的历史感、生态性、文化味。规划是城镇化的方向标。要按照城镇群发展、大中城市提质、历史文化名城保护开发、矿城转型、小城镇建设等不同层面，科学制定城镇规划，充分发挥规划的引领作用。城市规划建设要体现独特的灵魂灵气和人文情怀，做到环境艺术与特色建设兼收并蓄、历史传统与现代风貌相得益彰、自然风光与人工塑造珠联璧合，建设若干亮点片区和现代城镇，对内有宜居性，对外有吸引力。要加快工矿型城镇转型步伐，探索一些城市城区、郊区、矿区融合发展的有效途径。

三要加强基础设施建设，增强城镇的通达性、功能性、安全性。城市的效率和魅力在功能。要保持基础设施建设的投资强度，加快建设以高速公路、高铁、空港为主的立体交通网络，加快重点水利工程建设，为城镇群发展提供基础支撑。要建设智能化城市，提高交通、水网、管理等方面的智能化水平。要创新理念，把城镇化建设分解成若干项目，以新的融资形式搞好建设和经营。比如让大企业去做基础设施建设，把生地变成熟地开发，然后和当地政府分享升值收益；把政府和企业资金捆绑起来，做棚户区改造、城中村改造等项目，达到多赢目标。

四要创新加快城镇化进程的体制机制，让更多的人进得来、住得下、发展好。努力消除户籍、住房、社保等方面的“玻璃门”，让符合条件的农业人口有序变为市民、融入城镇。山西第一产业劳动生产率较低，大量农村劳动力亟待向非农产业转移。目前全省城镇农业户口常住人口为435万人，绝大部分是农民工及其家属，他们的身份置换要引起重视。要加速推进户籍制度改革，以多种途径放宽中小城市和城镇户籍限制。完善城乡就业和社会保障制度，实现城乡劳动力市场一体化、农民工与城镇产业工人劳动待遇平等化和社会保障全覆盖，农民工子女城市就学与城镇居民子女同等待遇。完善土地管理使用制度，探索推广节地发展、错位发展、集约发展的土地利用模式，促进城乡统筹。

五要着力改善民生，加快发展社会事业，让人民群众生活得更有质量、更有保障、更有尊严。民生为本是转型发展和跨越发展的出发点和落脚点。要不断增加公共财政用于改善民生和社会事业的投入，充分体现其“普善效能”。健全教育投入保障机制，抓好中小学校舍安全改造工程，落实家庭经济困难学生资助政策，促进教育公平。深化医药卫生体制改革，完善城镇居民基本医疗保险和新型农村合作医疗制度。加强廉租住房和经济适用房建设。健全公共服务体系，推进基本公共服务均等化。重视解决困难群众的生产生活问题，加大对低收入群众的帮扶救助力度。领导干部对群众要倾情，经常深入群众，带着感情做群众工作；要倾心，把群众安危冷暖挂在心上，成为群众的贴心人；要倾力，实实在在帮助群众排忧解难，反对一切损害群众利益的行为。

——关于城乡生态化。工业化、城镇化的加速推进，对生态化提出新的要求，加上我省资源型产业结构和脆弱的生态环境，生态建设显得更为重要和紧迫。必须处理好经济和生态的关系，真正把环境作为生产力，努力建设绿化山西、气化山西、净化山西、健康山西。

建设绿化山西。我省森林覆盖率比全国低2个百分点左右，全省尚有4000多万亩宜林面积。今后10年，要确保每年造林400万亩以上，到2020年使全省森林覆盖率达到26%以上，也就是国际通用的生态良好指标最低线。一要牢固树立栽树就是栽历史、就是栽人文、就是栽政绩的理念。造林绿化不仅具有生态功用和经济功用，而且具有增加森林碳汇、改善人居环境、提升地区形象的人文功用。同等条件下，如果一个地方树木稀疏、了无生机，另一个地方郁郁葱葱、生态宜人，那么人才云集、商机无限的一定属于后者。所以，无论是算生态账，还是算经济账，无论是着眼当前发展，还是为子孙造福，植树造林的步伐都必须进一步加大、加快。二要坚持“生态建设产业化、产业发展生态化”的有效做法。把实施生态兴省战略和推动富民强省结合起来，一方面加快干果经济林基地建设，发展森林旅游、生态疗养，发展林产品精深加工和种苗花卉、林下资源等产业；另一方面严格要求上项目、办企业、建园区，都要做到建设与绿化同步进行，经济与生态并驾齐驱。煤炭可持续发展资金要向林业建设倾斜，推广“一矿一企绿化一山一沟”等好做法。让产业发展过程成为建设生态文明的过程。三要充分发挥农民群众植树造林的积极性。抓住明晰产权这个核心，围绕生态受保护、农民得实惠两大目标，稳步推进集体林权制度改革。要加大扶持力度，强化激励问责，不断优化林业发展环境，为实现大地增绿、林业增效、环境增色、农民增收提供体制保证。

建设气化山西。气化山西，是一个产业工程，更是造福于民的生态工程。就是充分利用我省丰富的煤层气、焦炉煤气、煤制天然气和过境天然气等清洁能源，满足人民群众生产生活所需，同时可以大幅降低温室气体排放。要着力解决好两个关键问题：首先是利益衔接机制要活。以政府为主导，以股份制为主要形式，以资产为纽带，把各地各类资源和具备实力的企业连接起来，做到利益均沾、风险共担，合资合作、共赢发展，形成有利于“四气”合一进入千家万户的体制机制，形成可持续的气化运行机制。其次是管网覆盖面要广。努力实现气源管网对市县和建制镇全覆盖、重点工业用户全覆盖、重点旅游区全覆盖。在推进城镇人口使用清洁能源的同时，加大农村沼气建设力度，发展大中小型沼气集中供气工程，提高沼气综合利用水平。

建设净化山西。净化山西是节能减排和生态保护的系统工程，就是要让城乡群众有一个清洁的环境。一要在“节”字上下功夫。坚决防止“两高一资”企业盲目扩张，综合运用经济、技术、管理、法律以及必要的行政手段，强力推进重点行业和重点领域节能工作。加强节水、节地、节材，特别是提高水资源利用效率，科学配置黄河水，开发推广工农业节水技术。二要在“减”字上下功夫。抓好火电脱硫工程，所有新建和改扩建燃煤机组必须同步建设烟气脱硫设施；大力削减大气污染物排放量；坚决关闭淘汰落后产能。三要在“治”字上下功夫。持之以恒抓好京津风沙源治理工程。继续推进“蓝天碧水”工程和汾河流域、太原西山地区等重点地区环境综合整治。加强自然保护区建设和矿山生态修复，煤矿企业要加强矿区植被恢复，积极参与所在地绿化和沉陷区治理。运用市场化的理念和机制，发挥大型企业的优势，加快推进城市生活垃圾无害化处理和集中供热工程，加快县城污水集中处理设施建设。四要在“创”字上下功夫。深入开展环境保护模范城市、环境优美乡镇、生态文明村创建活动，对创建活动搞得好的，要从精神和物质两方面给予奖励。

建设健康山西。人是生产力中最活跃和最重要的要素，健康是人生最重要的幸福指数。我们建设绿化山西、气化山西、净化山西，目标就是为了山西人民身心健康。一些地方在富起来的同时，空气被污染了、水被污染了、食物不安全了，不是被垃圾封锁，就是被噪音包围。这种一手提钱袋子、一手拿药罐子的形态不是健康的生活，也不是科学的发展。城市管理、生态环境、水源地保护、卫生服务、医疗保健、社会保障等方面都要以人的健康为中心，保障人民群众健康地生活和工作。顺应群众想健身、盼健康的要求，广泛宣传健康生活理念，普及医疗保健知识，大力发展卫生医药事业，发展基层文化事业，发展健身健康产业，帮助群众提高生活质量和健康水平。

三、以解放思想和提升干部素质为先导，为转型发展跨越发展提供坚强保证

大型说唱剧《解放》深刻启示我们，解放思想具有先导性，思想上的裹脚布解不开，现实中的裹脚布更解不开。思想的大门打不开，发展的大门也打不开。思想有多远，发展就有多远。在山西转型发展、跨越发展的关键时期，我们必须再次吹响解放思想的冲锋号，冲破一切影响和制约我们发展的思想心结和体制障碍，在转型和跨越的大道上劲跑。

（一）解放思想是前提，要甩掉包袱、快步前进。

第一，从煤炭依赖中解放出来。煤是大自然给予山西人民最大的恩惠，但是由于长期挖煤、烧煤、卖煤、炼焦，不知不觉中形成了“推动经济增长依赖煤、提升区域地位依赖煤、干什么都不如挖煤”的思维定势。这种依赖的直接后果就是所谓“资源诅咒”：资源开发对其他产业产生挤出效应、可持续发展能力衰退、社会问题突出、人的观念封闭保守，最后资源富集地区反倒成为经济滞后地区。在煤上解放思想是山西最大的解放思想。要从新技术的视角看煤炭，既要认识到煤是燃料，更要认识到煤是原料和资本，重新认识煤、科学定位煤、深度利用煤。要从多元优势的视角看煤炭，山西煤炭不仅具有成本优势、品种优势、运距优势，更有转化优势、延伸优势，学会一生二、二生三，真正实现以煤为基、多元发展。要从立体的视角看煤炭，推进煤炭采掘、煤炭转化、煤炭装备制造、煤转化技术和安全生产设备研发、煤炭相关产品交易、煤炭资本运作和金融服务等产业相互融合、一体多元发展。

第二，从政府依赖中解放出来。一是下级政府对上级政府的依赖，二是企业对政府的依赖。往往是各自把主要精力放在向政府要项目、要资金上，把心思放到与政府博弈上。需要强调的是，上级政府要加大对下级政府的支持力度，同时，各级政府作为施政主体，更应发挥主动性、创造性，谋发展、作决策，成大事。要强化企业的主体地位，倡导“找市场而不是找市长”，按照产业政策、投融资政策、土地政策指出的方向，在市场中寻找发展机遇，在开拓进取中创造业绩，特别是要靠资本运作、科技创新、品牌战略和先进管理，提高核心竞争力，涌现出更多新晋商。政府要克服匈牙利经济学家科尔内概括的“父爱情结”，少点管制、多点服务，主动给企业松绑，为企业闯占市场搞好服务。

第三，从内陆经济思维定势中解放出来。内陆经济思维定势，主要出于对改革开放从沿海向内陆“梯度推进理

论”的简单理解，自觉不自觉地跟在沿海发达地区后面亦步亦趋。从一些兄弟省份快速发展来看，充分说明“内陆不是封闭落后的代名词”，只要解放思想、扩大开放，抢抓机遇、主动融合，同样能有大的作为。成都已建成一座人来了就不想离开的城市；“长株潭”正在成为新兴产业的聚集地；重庆仅引进惠普公司一个项目，通过垂直整合，建成后年可产出3000亿人民币的产值。随着交通网络和信息化的发展，世界变平了、变小了，所有地区发展新兴产业都几乎站在同一起跑线上，内陆地区同样可以弯道超车，表里河山的三晋大地同样能创造伟大奇迹。要破除小富即安、不富亦安的小农意识，破除肥水不流外人田的狭隘观念，懂得“零永远是零、负数可以变正数”的辩证法，做到敢“舍”善“得”，善于捕捉信息、开放思维，在共生共赢中把握发展先机。

第四，从计划经济模式中解放出来。我省计划经济的痕迹仍然较重，突出表现在国有企业普遍一股独大，现代企业制度不够健全，市场运作方式相对呆板。要建立现代企业制度，完善法人治理结构，提高闯市场的能力，特别是要学会运用金融手段谋求发展。现代金融是市场经济的核心和制高点。要通过企业上市、企业债券、短期融资券、中期票据等方式扩大融资规模，加强与银行业的战略合作，实现产业资本与金融资本、国有资本与民间资本的有机融合。

第五，从守成求稳的心态中解放出来。当今时代，“不进则退、慢进亦退”决不是危言耸听。昔日晋商就是成于“创业”、衰于“守成”。晋商最先进最积极最革命的因素就是敢于克服千难万险，走出山西到外面闯世界，走遍全国、走到欧洲，史称“足迹半天下”。可以说，正是晋商的开拓进取，有了遍布全国的山西会馆，有了包头城的兴盛，有了让后人赞叹的晋商精神。然而在国内外大势发生巨大变化和现代金融势力挤压的情况下，晋商秉持“求稳守成”、“持盈保泰”的治商方略，更多把资产变为房产而没有变成资本，错失了与现代企业融合发展的机会，最后被历史湮没。我们必须时刻保持逆水行舟、不进则退的忧患意识，对新的信息、新的观念、新的规则保持高度敏感，在发展理念、发展速度、发展模式上不停歇地解放思想，坚持与时俱进，勇于走在时代前列，强化直接入轨、后来居上、三步并作两步走的紧迫感，摒弃四平八稳、留有余地的思维方式，以人一之我十之、人十之我百之的精神，敢于背水一战、跨越发展。

（二）干部保证是关键，要下大力气加强作风和本领建设。

政治路线确定之后，干部就是决定因素。实现发展转型，关键是干部要转型；干部转型，首先是思想要转型。总的要求是：素质提升，就是树立正确的政绩观、名利观、权力观，做学习型、知识型、实干型的领导干部；作风转变，就是坚强有力、奋发有为，不松懈、不折腾、不观望，勤思勤为不懈怠、脚踏实地不飘浮、立说立行争朝夕；能力加强，就是谋发展、干发展、能发展，在困难和挑战面前有办法、有主意、有对策，说话有人听、有人跟、有人干；管理从严，就是对干部要以实绩和成效论英雄，严格要求、严格教育，严格管理、严格监督。具体讲，领导干部要做到以下六点：

一要有世界的眼光。干事业的舞台在山西，但发展的空间在山西之外。在信息化和“地球村”时代的今天，世界眼光已成为领导干部的基本素养。认识山西省情和发展阶段离不开世界眼光，科学定位山西的产业布局和发展路径离不开世界眼光，招商引资、招才引智同样离不开世界眼光。既要立足山西看世界的发展，也要放眼世界看山西的发展。西方国家把信息产业、生物技术等作为新的发展引擎，我国也提出大力发展七大类战略性新兴产业。在考虑我省转型发展时，必须充分考虑这样的大背景。比如，我们要发展煤化工，就必须掌握世界煤化工的最新技术，积极与世界煤化工企业和有煤化工投资背景的银行、财团合作。比如，在煤矿安全生产方面，南非、印度等发展中国家近年来百万吨死亡率控制在0.03左右，走在世界前列，很值得我们关注。总之，就是要用别人的眼光来开阔自己的视野，用别人的创新来丰富自己的路径，用别人的经验来提高自己的本领。

二要有战略的思维。境界决定格局，格局决定结局。诸葛亮在荆州游学时，就善于“观其大略”，后来才有“隆中对”。每个领导干部要做到走一步、看两步、想三步，时常关注政策的走向、世界的走向、经济的走向、科技的走向，善于在复杂局面中谋篇布局，在严峻挑战中抓到机遇，在激烈竞争中争取主动，在战略把握上高人一筹。当前特别需要我们立足省情市情，扬长避短，确定发展重点，实现弯道超车。

三要有“结合”的本领。领导工作难在“结合”，高在“结合”。要在用好政策与破解难题的结合上长本领。深刻理解国家宏观调控政策，完善我省产业和项目规划。尤其是，近年来中央出台一系列扶持我省转型发展的政策，如煤炭工业可持续发展政策措施试点，促进中部地区崛起的意见，支持煤炭化工产业发展的意见，50个县比照执行西部大开发政策，4个市比照执行振兴东北地区等老工业基地政策，循环经济发展方案，等等，含金量都很高。要用心学习政策、研究政策、用好政策，确实把这些政策吃透，用政策破解现实难题。要在项目策划、布局与项目推进的结合上长本领。在策划、布局项目的同时，要高度重视项目的推进和落地。如果说策划、布局项目体现了我们的想象力和决策力，那么推进和落实项目则主要考验我们的执行力。有一本有趣的书叫《把信送给加西亚》，在1899年出版，几年内销量即达4000万册，激起了无数人的热血和激情。该书讲的是一个真实的故事。罗文奉美国总统之命去给古巴丛林中的加西亚将军送信。罗文不认识加西亚将军，也不知道加西亚身在何处，但历尽艰辛，出生入死，终于把信送到加西亚手里。100多年来，“罗文精神”被许多管理者奉为圭臬，成为执行力的象征。我今天之所以讲这个故事，是提示我们的干部，要有点“罗文精神”，不怕困难，着力执行，决战决胜。要在改革发展与安全稳定的结合上长本领。作为煤炭大省，必须树立强烈的安全危机意识，始终绷紧安全生产这根弦，始终信守所有发展中安全发展是最硬的发展，始终秉持所有指标中安全指标是最硬的指标，始终以如履薄冰、如临深渊的心态把安全生产作为发展工程、生命工程、民生工程抓紧抓好，推动全省安全生产形势持续好转、稳定好转。在制定政策、布局项目的时候，都要进行风险评估，防止因工作不当造成被动。深入开展平安创建活动，加强社会治安综合治理，创新社会管理的理念和手段，完善维护群众利益机制，营造和谐稳定的氛围。

四要有敢闯的勇气。邓小平说，敢闯敢冒才能走出好路。能否转型、何时跨越，关键看领导干部是否敢闯敢冒。要在关键环节和重要领域大胆探索，比如在资源开发上闯，通过中南部铁路建立我们自己的出海大通道，在新兴产业发展上闯，打造山西经济新的支撑；要敢于和善于破解难题，越是面临严峻挑战，越要迎难而上、知难而进，越要有勇气、有担当；要勇于争先，市县工作要按照山西一流来定位，全省性工作要按照中部一流来考虑，一些地区、企业和领域要争取全国一流、世界一流。鼓励尝试风险是英特尔公司的六条基本原则之一，也是英特尔公司不断取得成功的重要原因。要在导向上和制度上激励干部大胆试、大胆闯，为大家创业、创新、创造提供宽松环境，允许在闯的过程中有失误，不能允许不去闯、不作为。

五要有学习的自觉。学习的本质是改变，改变你的观念，改变你的思维，改变你的境界。这就是学而知之的道理。所以，我们讲，学习者智，学习者强，学习者胜。现在我们的干部知识不够，本领不够，不如说是我们的学习不够。当前是一个知识化的时代，所以首先是一个学习的时代。热不热爱学习，善不善于学习，已经成为衡量干部的重要尺度；学习工作化、工作学习化，已经成为一种新的工作业态。所以，全省的党员干部特别是领导干部要掀起一场学习的新高潮，要用中国特色社会主义理论武装头脑，要学习经济、科技、历史、文学，要多了解一些物联网、循环经济、低碳经济、云计算等新知识。要建设学习型的党组织，进而实现全省干部队伍素质提升上的新跨越。

六要有高尚的操守。操守是领导干部的立身之本，关系事业的兴衰成败。要勤政为民、公道为政、廉洁为官，永葆政治本色，守住精神家园。要有公仆本色、赤子情怀、担当意识。坚持权为民所用、情为民所系、利为民所谋，把说实话办实事作为做人的基本品格，把职务当作事业来做，不说虚话、套话、官样话，不漂浮、不浮躁、不虚度，真正干出实绩来。要珍惜荣誉、珍惜职位、珍惜人生。始终保持清醒头脑、淡泊名利，做到洁身自好、慎独慎微，干干净净做人、清清白白做事、堂堂正正做官。要直面艰苦、忍耐清苦、乐于吃苦。大力弘扬太行精神、纪兰精神、双良精神、右玉精神等山西人民的宝贵精神财富，工作上要夙兴夜寐，生活上要朴素无华，肯奉献、能舍弃、耐寂寞，始终保持向上的精神状态。

（三）改革开放是突破口，要进一步激活全社会的创新活力。

转型发展出题目，改革开放做文章。转型是一场深刻变革，必须义无反顾地推进体制机制创新，全方位地实施开放引进战略，把“造船出海”与“借船出海”结合起来，让劳动、知识、资本、管理的活力竞相迸发，让创造社会财富的源泉充分涌流。

一是要大力实施开放引进战略。古有“开卷有益”，今有“出去有益”。山西发展得好不好、快不快，关键在于我们走出去的频率、走出去的远近、走出去的力度、走出去的效果。昔日无奈“走西口”，今天积极“走东口”。我们要用好“拿来主义”，树立“发现即发展、开放即发展、招商即发展”的观念，把招商引资作为抓住战略机遇期的重大举措长期坚持，对于环渤海要主动融入，对于长三角、珠三角要加强互动，对于中部地区尤其中原地区要积极联手，进一步拓展发展半径。要抓住世界及东部地区产业转移的机遇，在相当长一段时期要把招商引资作为考核一个地方一个班子的重要参数。未来五年，引进资金要达到年均增长20%以上。各类园区既是工业集群化的承载体，又是招商引资的最好平台，招商引资额年均增长要达到30%，经济增长速度要达到年均增长20—25%。各级政府要大力改善投资环境，形成外商进得来、留得住、发展得好的软硬环境。县以上政府既要亲自动手抓招商，更要推动企业以企招企、以商招商，进行定点式、跟进式、持续式的精细化招商引资，掀起策划、引进、建设项目的高潮。

二是要加快政府职能转变。政府是转型发展的谋划者、发动者和组织者。正像广东省提出的，转型首先是政府的转型。企业转型升级，前提是政府的服务要转型升级；企业提高自主创新能力，首先是政府服务企业创新的能力要提高。要建设阳光政府、法治政府、服务政府、责任政府，核心是站好位、不越位、不缺位、不错位，重点是简政放权、提升服务。为加快实施项目带动战略，少说不能办、多说怎么办，落实首办负责制和限期办结制，对转型发展的重大项目，要开辟审核绿色通道。要发挥政府资金的引导作用，建立和完善政府资金与社会资金的联动机制、政银企沟通交流机制，为发展新兴产业优化投融资环境。

三是要发挥好国有企业的骨干作用。这里要强调的是，国有企业要树立两个新的观念：一是煤炭等资源是国家赋予的，企业要增强责任感和使命感，实现资源开发利用最大化，为国家创造更多财富，而不能躺在丰富的资源上满足于自己过好日子；二是资源型企业要大举向新兴产业进军，特别是向高新技术产业、文化旅游产业进军，实现传统业态的精彩转身，把企业优势变为全省整体优势。国有企业要以资产资本化、资本股权化、股权多元化为重点，实施跨地域、跨行业、跨所有制的兼并重组，实现低成本扩张、高端化发展，发展几个行业龙头企业和全国全球500强企业。省属大企业要作转型发展的先锋队、跨越发展的排头兵。太钢要建设国内一流、世界著名的大型企业集团。十大企业要围绕转型发展和做大做强，实施“双千亿工程”(“十二五”期间新增投资和销售收入各1000亿元以上，翻一番以上)。对重点企业，要落实规划计划单列、适度放权等政策，并在资源、土地、投融资、科技、人才等方面予以倾斜，支持它们做大做强。

四是要激发民营经济的活力。民营经济究其实质是民本经济。民营经济越活跃，区域经济也越具活力。民营资本多是我们的一大优势。要建立和完善民营经济服务体系，真正对民营经济实行国民待遇，落实对民营经济的各类政策，凡是法律未禁止的领域和行业，都要允许民营经济进入。加强对民营经济的引导，帮助民营企业寻找项目，引资引智，鼓励民间资本投向转型发展项目。帮助民营企业拓宽融资渠道，解决中小企业融资难问题。要鼓励民营企业家解放思想，从家族经济、伙伴经济走向现代企业制度。

五是要深入推进综合配套改革。当前我国深化改革进入新阶段，最大特点是以区域为单元寻求突破。从国家支持天津滨海新区建设至今，已经批复十几个区域性综合配套改革方案，先行先试成为改革的抓手。在我省建立资源型经济转型综合配套改革试验区，具有战略意义，省委、省政府正在加大工作力度，争取尽快批准实施。要加快乡镇机构改革，激发基层政权活力。要加大扩权强县工作力度，扩大县域发展的自主权。对市和重点县及有关区域，省里视情赋予“试验区”、“示范区”、“先导区”等政策措施。

六是要深化干部人事制度改革。“用一贤人则贤人毕至，用一小人则小人齐趋”。用什么样的人、不用什么样的人，从来都是事业兴败的关键因素。这里强调三点。关于提高选人用人公信力。要把握好多元提名和民主推荐、集体研究的关系，从源头上防止少数人说了算。民主推荐、民主测评很重要，但绝不能简单以票取人，否则就是放弃领导集体责任。要不断完善公开选拔、竞争上岗和差额选拔的程序和办法，做到群众欢迎、干部服气。关于端正干部队伍风气。要在全省形成干事创业光荣、碌碌无为可耻的导向，领导干部要把精力用在谋事干事上。有的干部急功近利，心思不在工作上，不看别人干事，就看别人提拔，干了两三年就找人递简历，很浮躁，严重的跑官要官，影响很坏。要加大整治力度，改变这种不良风气。关于健全考核评价机制。要把经济社会发展和党建的若干指标量化成百分制，对领导干部进行年度目标责任考核，将考核结果和干部的奖惩、升降挂钩，做到能者用、好者上、庸者下，让吃苦的人吃香，让有为的人有位，形成良好的用人导向和风气。

推动转型发展、跨越发展，必须进一步加强党的领导。一是各级党委、政府要把抓转型、谋跨越作为主要任务。要建设奋发有为、坚强有力，在转型发展、跨越发展上有大作为、有大建树的领导班子。党政一把手要当好第一责任人，既要科学部署，又要有力实施，及时研究解决工作中遇到的重大问题。这里要特别强调的是，县一级班子既是上级部署的执行者，又是落实部署的决策者，在全局工作中居于承上启下的重要地位，要特别予以重视和加强。二是以基层组织建设为抓手促进各项任务有效落实。推动工作的力量在基层。要结合开展创先争优活动，发挥好基层党组织的战斗堡垒作用，切实把广大基层党员干部的积极性、创造力凝聚到转型、跨越的生动实践中来。三是要形成一级抓一级、层层抓落实的工作机制。工作贵在落实，转型必须苦干。各项任务要细化分解，落实到每一名领导干部头上，落实到每个工作环节和岗位上，人人有责任、有担子、有追求。四是上一级党委、政府要切实关心支持下一级工作。上下齐心，其利断金。对于下级要多关注、多支持，敢于放手，鼓励担当，撑腰作主。要深入基层、深入项目、深入一线，为基层和企业搞好服务，排忧解难。五是形成转型发展的强大合力。要积极支持人大工作和政协工作，充分调动各民主党派、工商联、无党派人士以及工会、共青团、妇联等人民团体的积极性，充分发挥国防后备力量的生力军作用，加强宣传鼓劲，张扬闪光面、光明面、积极面，在全社会形成齐心协力谋跨越、促转型的浓厚氛围。

山西转型发展正当其时，山西跨越发展前景灿烂。让我们更加紧密地团结在以胡锦涛同志为总书记的党中央周围，坚持以邓小平理论和“三个代表”重要思想为指导，深入贯彻落实科学发展观，抢抓机遇促转型，上下同心谋跨越，在全面建设小康社会征程上创造无愧于时代的新业绩!

在省第十一届人民代表大会第四次会议上的讲话

（2010年7月29日）

袁纯清

各位代表、同志们：

山西省第十一届人民代表大会第四次会议，选举我担任省人大常委会主任，这是各位代表和全省人民对我的信任，我深感责任重大。在此，我向各位代表表示衷心感谢和崇高敬意！向全省人民致以良好祝愿！

省十一届人大换届两年多来，山西改革开放和现代化建设取得新的成就，放眼三晋大地，社会和谐稳定，发展充满生机。省人大及其常委会坚持围绕中心、服务大局，积极开拓进取，依法履行职责，立法、监督、决定重大事项和代表工作等都取得突出成绩，人大自身建设切实加强，促进和保障了全省经济社会又好又快发展。张宝顺同志担任省人大常委会主任期间，为山西发展和人大工作及自身建设倾注了大量心血，作出了重要贡献。对此，省人大常委会和全体代表不会忘记，全省人民不会忘记！从今天起，我就是省人大常委会的一员了，我将以对党和人民事业高度负责的精神，在省委的领导下，与各位副主任一道，团结常委会组成人员，紧紧依靠广大代表，尽职尽责、尽心尽力，科学决策、民主决策、依法决策，为加快山西发展、造福山西人民不懈奋斗。我将坚守勤政为民、公道为政、廉洁为官的信念，牢记党的宗旨，永葆公仆本色，对工作立说立行、只争朝夕，对同志以诚相待、团结合作，对代表虚心学习、努力服务，奋力开创人大工作新局面，不辜负中央的重托，不辜负全省人民的期望。

各位代表，面向大局、放眼未来，山西正处于改革发展、转型跨越的重大历史关头。世界经济正经历大变革大调整大融合，我国把加快经济发展方式转变作为战略之举，各省区市都在谋划“十二五”时期大发展大跨越的思路和举措，科技进步日新月异，经济转型方兴未艾，产业转移加速推进。我们要着眼“十二五”乃至整个战略机遇期，把转型发展、跨越发展作为贯彻落实科学发展观的主线、主题和主调，登高望远，科学谋划，顽强拼搏，努力实现黑色资源到绿色发展、地下资源到地上资源同时利用、煤炭资源变为产业资本的转型跨越，推动经济社会又好又快发展，在全面建设小康社会征程上创造美好新生活。

一、以解放思想为先导，不断提升发展的胆气和魄力

实践永无止境，解放思想也永不停歇。当前新一轮思想解放大潮风起云涌，如果山西不能在解放思想上有新突破，就不可能在事业发展上有新突破。我们必须以无畏的胆略和务实的举措，从煤炭依赖、政府依赖、计划依赖中解放出来，从封闭守成、小农意识、畏难情绪中解放出来，焕发新的精神风貌，以思想的跨越推动发展的跨越。

要牢牢树立发展是第一要务的思想，以经济建设为中心布局各项工作，一心一意谋发展，聚精会神搞建设，让想干发展的人有舞台，让干好发展的人有回报，形成人人想发展、个个谋发展、处处干发展的浓厚氛围。要牢牢树立转型跨越是山西发展必由之路的思想，作为能源资源大省，山西不转型没有出路，不转型就没有发展、没有和谐，也没有民生的改善，必须加快形成集约、高效、低碳的发展模式，实现绿色发展、清洁发展、安全发展；作为欠发达省份，山西不跨越发展就会落伍，就会后退，必须强化逆水行舟、不进则退、慢进也退的忧患意识，实施追赶战略，发展新兴产业，创造一流业绩。要牢牢树立敢为天下先的思想，资源型地区转型是世界性课题，没有现成的模式可以沿用，没有一劳永逸的灵丹妙药，只有靠我们自己去闯、去奋斗。既能够“有中生有”，又敢于“无中生有”，冲破一切禁锢人的积极性和创造性的樊篱，破除一切不利于转型发展、跨越发展的桎梏，敢于在优势领域创制技术路线、生产模式、经营框架，把山西资源禀赋最大化，为资源型地区转型发展趟出新路。

二、以转型发展为主线，努力抢占未来发展制高点

转型发展是世界潮流、国家取向、山西主题。要把转型的思想、转型的理念、转型的方法，变为全省干部群众的自觉行动，贯穿到经济社会发展全过程，通过转型化压力为动力、化弱势为优势、化挑战为机遇，开创发展的新天地。要加快推进以煤为基、以煤兴产、以煤兴业、多元发展，全力做好煤炭资源转化这篇大文章，地下地上齐抓，煤与非煤并举，把资源优势转化为产业优势、资本优势、经济优势，延伸、拓展、提升产业链条，从材料加工向加工材料转变，建设以煤为基的现代产业大省。要加快推进传统产业的循环化，坚持多联产、全循环、抓高端，把循环经济作为基本的技术标准和准入门槛，大力发展新型煤化工、新能源新材料等战略性新兴产业，走资源消耗低、

环境污染少、发展可持续的路子，开发具有领先水平的高端业态、高端产品、高端品牌，实现由资源大省到“可循环资源大省”再到“循环经济大省”的跨越。要加快推进一、二、三产业的协调发展，大力发展现代服务业，以璀璨夺目的历史文化为魂、以创意创新为路径，推进旅游、会展、物流业一体化发展，以“一村一品”“一县一业”为抓手、以新农村建设为目标，推动农业产业化、规模化、标准化，大幅度提高农民收入。要加快推进由要素驱动型向创新驱动型转变，围绕主导产业推进科技创新，营造创业、创新、创造的环境和条件，把发展动力转到依靠科技进步、劳动者素质提高、管理创新上来，建设创新型省份。

三、以跨越发展为目标，努力建设中部强省

山西具有独特的比较优势和巨大的发展潜力，只要我们上下一心、方法对头、奋力拼搏，就可以实现未来五年经济总量翻一番的目标，使全省经济迈上一个大台阶。为此，一要大手笔谋划，用世界眼光和系统思维来谋划发展，走一步、看两步、想三步，不要小打小闹，敢于大作大为，借助国际一流的策划团队，对资源、资金、技术、人才、管理等要素进行新的整合和开发，对产业、项目、投资作出新的布局。二要大企业引领，省属大企业要作转型发展、跨越发展的先锋队、排头兵，走资产多元化和市场运作的路子，加快关联产业的整合重组和跨地区、跨行业、跨所有制的运作，用国家赋予的宝贵资源创造更多的财富，支持从煤炭产业积累的民间资本进入发展产业链，形成集群化、板块化、园区化推进态势。三要大项目支撑，项目是华、发展是实。着眼又好又快发展，在基础设施和新兴产业等方面策划引进一批大项目强项目，用足、用好、用活国家政策和资源要素，积极有效地破解审批、土地、环评等制约难题，千方百计把项目扎下去、建起来。坚持“谁发展得快就支持谁”的原则，对项目多、潜力大的地区加大政策倾斜力度，通过扶优扶强激发积极性。四要大城镇承载，完善规划，优化布局，促进城镇群、经济圈的协调互动，加快太原都市圈建设，加快区域中心城市和大县城、中心镇建设，全面提升城市的综合承载功能和辐射带动能力，使城镇化更好地带动经济发展，带给人民幸福。

四、以开放引进为突破口，为发展注入源泉活力和持久动力

当今时代是知识经济时代和“地球村”时代，转移交融的速度越来越快，可以说“发现即发展、开放即发展、招商即发展”，谁先发现项目谁就有了商机，谁先有了商机谁就把握了发展先机。要坚持干事业的舞台在山西，发展的空间在山西之外。立足比较优势延伸、拓展发展半径，全方位地融入环渤海经济圈，加强与长三角、珠三角经济圈的交流互动，借船出海，把山西发展融入全国乃至全球经济的大循环中。要用好“拿来主义”，以战略的眼光、开放的胸怀，走出娘子关，到东部沿海地区、到经济发达省份去寻找项目、发掘商机，围绕重点项目实施以企引企、以资引资、以商引商，让更多的战略投资者把产业转移的支点建在山西，把项目建设的目的地选在山西。要善于“把一个资源优势变成多个产业优势”，把资源优势作为招商引资的资本优势，根据高端产业需要予以配置，用资源换资本、换技术、换市场、换项目，大力引进有利于发挥我省比较优势的新能源新材料、高端制造等新兴产业。要以政府为主导、企业为主体实行定点式、跟进式、持续式的精细化招商引资，围绕主导产业进行大规模、全方位的招商引资，把招商引资的能力和成效作为衡量干部的重要标尺，加快建设服务型政府，营造良好的政务环境、法制环境和人文环境。

五、以改善民生为根本，让人民群众共享改革发展成果

转型发展、跨越发展的出发点是以人为本，落脚点是惠及民生。要围绕满足群众衣食住行等基本需求，扩大基本公共服务覆盖面，加大对低收入群众的帮扶救助，切实解决上学难、看病难、住房难、养老难等关系群众切身利益的问题。要围绕提高群众生活质量，进一步增加公共财政对民生关怀和科教文化等社会事业的投入，实施重点民生工程，抓好棚户区改造、采煤沉陷区治理，加快建立覆盖城乡的社会保障体系，提高劳动报酬占经济总量的比重，让劳动者有体面劳动和更高收入。要围绕提升群众健康水平，大力推进生态兴省战略，加强植树造林和生态环境治理，让人民群众喝上干净的水，呼吸上清洁的空气，吃上放心的食物，用健康的环境保障人民群众健康地工作生活。

各位代表、同志们，人民代表大会制度是我国的根本政治制度，是社会主义民主政治的重要实现形式。加快转型发展、实现跨越发展，为人大履行职能提供了广阔天地，提出了更高要求。要加快制定和完善结构调整、节能减排、城乡统筹、循环经济、社会事业等方面的地方性法规。要通过法定程序和方式，畅通群众诉求的表达，把民智集中起来，把民心凝聚起来，使各项工作最大限度地体现人民意志。要扩大代表对常委会活动的参与，进一步拓宽代表知情知政渠道。要正确处理监督与支持的关系，以有力有效的监督促进转型发展各项政策措施落到实处。同时，要依法行使重大事项决定权和人事任免权，及时作出决议或决定。

坚持党的领导、人民当家作主、依法治国有机统一，是做好人大工作的根本保证。要把党的领导贯穿于人大依法履职的整个过程、落实到人大工作的各个方面。各级党委要更加重视人大作用的发挥，为各级人大及其常委会依法行使职权、开展工作创造良好条件。要加强人大常委会自身建设，加强各专门委员会和基层人大组织建设，建设一支过硬的人大工作队伍，提高人大工作的制度化、规范化水平。

各位代表、同志们，党中央、国务院对山西发展寄予厚望，全省人民盼望发展得更好些更快些。让我们更加紧

密地团结在以胡锦涛同志为总书记的党中央周围，以邓小平理论和“三个代表”重要思想为指导，深入贯彻落实科学发展观，振奋精神、埋头苦干，坚定不移推进转型发展、跨越发展，以不懈奋斗和扎实努力开创富民强省新局面！

在转型发展跨越发展的主战场建功立业

——在全省兴起学习弘扬右玉精神新高潮大会上的讲话

（2010年8月28日）

袁纯清

省委决定召开这次会议，就是要在全省大力学习弘扬右玉精神，激励和动员广大党员干部，转变作风，顽强拼搏，创先争优，把全省领导干部大会的部署落到实处，加快转型发展、跨越发展步伐。刚才，六位同志作了很好的发言，希望大家认真学习借鉴。

新中国成立以来，右玉县历任党政领导班子团结带领全县党员干部群众真干大干实干苦干，坚持不懈植树造林、改善生态，使全县森林覆盖率由0.3%提升到52%，90%以上的沙化土地得到治理，把一个风沙肆虐的“不毛之地”变成生态良好的“塞上绿洲”，创造了令人惊叹的发展奇迹，孕育了弥足珍贵的右玉精神。不久前，刘云山同志专程到右玉考察，对右玉精神给予充分肯定。他强调指出，右玉书记们选择了种树，实际上是选择了“为官一任、造福一方”的理想，选择了“山河秀美、人民幸福”的信念，选择了“心忧天下、关爱百姓”的情怀。他们的政绩写在山川大地，印在老百姓心底，那一片片绿色是他们的一座座丰碑。刘云山同志对右玉精神的高度评价和深度阐发，进一步加深了我们对右玉精神的理解，也为我们进一步学习弘扬右玉精神指明了方向。

第一，右玉精神的核心理念是以人为本，为民利民，忠实践行党的宗旨。右玉地处毛乌素沙漠边缘的高寒干旱地区，消除恶劣生态环境对生存、发展的严重威胁，是人民群众面临的最大问题。无论是在缺衣少穿的困难年代，还是在有水快流、挖煤致富的改革开放初期，右玉各级领导班子坚持把群众利益作为最高利益，把群众期盼作为最大追求，把群众福祉作为最大政绩，率领广大干部群众致力植树造林，不仅有效改善了生态环境，而且为经济社会长远发展和可持续发展打下坚实基础，体现了极其宝贵的超前意识和战略眼光，体现了正确的工作观、事业观、政绩观，体现了坚强党性和为民情怀。

第二，右玉精神的本质内涵是艰苦奋斗，不怕困难，凭信念、凭精神、凭勤奋干事创业。右玉是国定贫困县，可用财力十分有限，常常是有心栽树，无钱买苗，干什么事情都要受到落后条件的制约。但是干部群众坚信：怕难没有出路，穷熬不如苦干。全县上下勤俭节约过日子，勒紧腰带干事业，一分钱掰成两半花。面对植树任务，没有人问钱在哪里，没有人讲条件要报酬，凭着苦干加巧干、觉悟加义务、镢头加窝头的拼搏精神，克服了世人难以想象的困难，打胜了一场经年累月、艰苦卓绝的造林绿化“人民战争”，展示了难行能行、难舍能舍、难为能为的气概。右玉精神告诉我们，艰苦奋斗是共产党人的传家宝和政治本色，在任何时候、任何情况下，艰苦奋斗的意志不能弱，本色不能忘，传统不能丢。

第三，右玉精神的基本要素是坚持不懈，百折不挠，不达目的誓不罢休。由于气候寒冷、干旱少雨、风沙侵袭，在右玉要想栽活一棵树，通常得用几年时间，需要比别的地方付出多得多的努力。一分耕耘一分收获，但在右玉是十分耕耘只有一分收获。尽管如此，右玉干部群众认准目标不观望，遭遇挫折不气馁，面对困难敢胜利，以人一之我十之、人十之我百之的精神，披荆斩棘、艰辛探索，矢志不移、百折不挠，持之以恒、久久为功，一年一年、一届一届地坚持下来，独木终成林，荒原变绿野。右玉18任县委书记“绿色接力”、“责任传递”，“换届不换方向，换人不换精神，一任接着一任干，一张蓝图绘到底”，树立了领导干部的良好形象，深刻诠释了正确政绩观的内在要求。

第四，右玉精神的珍贵本色是真抓实干，奋力拼搏，在干事创业中锤炼自己、改变山河面貌。他们坚持“领导在一线指挥，力量在一线凝聚；干部在一线工作，组织在一线考察；问题在一线解决，经验在一线总结”。靠一把铁锹两只手，“挖开黄沙找新土，刨开碎石换土层，捆住秸秆堵流沙”，一棵一棵地把树栽活；靠因地制宜，大胆实践，摸索出树草结合、乔灌混植、以草护林、以林固沙等有效方法；靠“资金不够义务补，物质不够精神补，白天不够晚上补”的精神，办成了常人不可能办到的事情。右玉精神说明，任何事情都是干出来的，成就事业必须干实事、重实效，不务虚功、不图虚名，紧而又紧，一抓到底。

右玉精神是落实科学发展观和践行正确政绩观的思想实践成果，是民族精神和党的政治优势、优良传统的集中体现，是太行精神、吕梁精神在新形势下的发扬光大，是建设社会主义核心价值体系的生动教材，是党的建设特别是作风建设的一面旗帜，是山西人民的宝贵精神财富和政治资源。全省领导干部大会提出要以转型发展、跨越发展为主题，建设中部地区经济强省和文化强省，再造一个新山西的宏伟目标，在全省上下形成广泛共识，激发出全省人民的创业热情和干劲。实现这一目标是一个艰苦拼搏的过程，也是一个长期奋斗的过程，既需要热情，又需要韧性，既要刻不容缓地干起来，又要持之以恒地抓下去。我们要在全省大力学习弘扬右玉精神，为战胜各种困难和挑战，实现转型跨越发展提供强大动力。

一、坚定信念，牢固树立强省富民的政绩观

有什么样的信念，就有什么样的政绩观，就会有什么样的事业成就。信念立，干劲增；信念坚，事业成。一个人没有信念就没有意志和勇气；一个政党没有信念就没有凝聚力；一个国家和地区没有信念就没有发展的希望。我们党成立89年来，从革命、建设到改革开放，抛洒热血而一往无前，艰苦奋斗而始终不渝，都因为有着坚定理想信念的支撑。山西人民在战争年代为抗战支前作出巨大奉献和牺牲，靠的是信念；在建设时期为国家提供100多亿吨煤炭，靠的是信念；今天我们要破解资源型经济转型这一难题，实现跨越发展，靠的也是信念。学习弘扬右玉精神，首先要在全省领导干部中强化强省富民的信念，并内化为我们的政绩观，藉以焕发出新的精神风貌和强烈责任心。当前，转型发展、跨越发展就是山西最大的强省富民。不全面转型，资源浪费、生态退化、环境污染的状况难以扭转，产业结构单一粗放的局面难以改变，经济发展的后劲和可持续能力难以增强；不加快跨越，经济实力就不会快速增强，与各地的发展差距就会进一步拉大，改革发展稳定中的许多问题就不能解决，人民生活水平就不可能有大的提高，保障和改善民生就成了无源之水、无本之木。转型、跨越是关乎山西发展全局和全省人民根本利益的大事，我们要围绕这件大事进一步坚定信念，把各种力量凝聚到这件大事上来，把各种资源集聚到这件大事上来，不观望、不犹豫、不动摇，动员全省人民认准目标，全力以赴，勇往直前；我们要围绕这件大事进一步增强发展信心，像右玉人那样敢于干常人不敢干的事，敢于走别人没走过的路，充分看到有利条件，十分珍惜面临的机遇，大力激发蕴藏在全省人民中的强大力量，以必胜信心实现奋斗目标；我们要围绕这件大事制定工作举措，细化目标、任务、项目，排出时间表，落实到人头上，只要是有利于转型发展、跨越发展的事情就下决心去做，千方百计地去做好。总之，要紧紧围绕转型发展、跨越发展，办好群众最需要解决的实事，办好涉及群众根本利益的大事，办好有利于改革发展的难事，办好打基础、利长远的好事，以倾心倾力、扎实有效的工作，把汗水洒在三晋大地、把政绩留在群众心底。

二、激浊扬清，旗帜鲜明地反对不良风气

干部作风关系发展全局，关系百姓祸福。全省干部队伍整体上是好的，但是在作风上还存在不少问题，特别是“闲话风、吃喝风、玩乐风”在一些干部中比较突出。有的把功夫用在嘴头上，坐而论道，热衷空谈，凡事不下真功夫；有的不仅自己不干，还评头品足，说三道四，拨弄是非；有的不求有功但求无过，既无激情，也无干劲，得过且过，对任务躲，对工作拖，对责任推；有的只作表面文章，搞花架子，好大喜功，急功近利，华而不实，沽名钓誉；有的喜欢吃喝应酬，拉拉扯扯，团团伙伙，沉湎于低级趣味；更有甚者，把工作职位作为捞取个人好处的手段，不给好处不办事，给了好处乱办事。最近，省纪委组织各地和有关部门对机关干部上班时间在茶社、洗浴场所、歌厅等休闲娱乐场所活动的情况进行了明查暗访，查出违规公务车131台，查实工作时间在休闲娱乐场所活动的国家工作人员67名，其中县处级干部3名，乡科级干部10名，已经和正在作出严肃处理，有的还要在媒体曝光。这些现象虽然发生在少数人身上，但是从一个侧面反映出干部作风问题的严重性，这些不良风气发展下去，既毁了我们的干部，也损害了党的事业，必须引起我们足够的警惕和重视，决不能听之任之，必须旗帜鲜明地予以反对。

狠刹不良风气，关键是主要领导要亲自抓、带头抓。“一把手”不抓队伍不抓作风，就是不称职，就是软弱无力，就是旗帜不鲜明。党政“一把手”要对本地区、本部门、本单位的作风建设负总责，既要以身作则、率先垂范，又要敢抓敢管、令行禁止。要结合实际出台加强作风建设的过硬措施，对作风好的要褒扬，对苗头性、倾向性问题要早提醒，对屡教不改的要执行纪律、采取组织措施。省委要求，近期各级党组织都要过一次学习弘扬右玉精神、加强作风建设专题组织生活会，每个党员干部特别是领导干部要把右玉精神当作一面镜子，进行深刻对照检查，开展批评和自我批评，把本地区、本部门、本单位在作风建设上存在的突出问题找出来、找准确，针对性地寻根源、作剖析，定措施、搞整改，以右玉精神升华思想，改进作风，推动工作。改进作风，首先从工作纪律和工作秩序的ABC抓起，可以先明确四条：一是严禁上班时间打牌、下棋、打麻将和玩电脑游戏等行为；二是严禁上班时间和用公款到茶社、洗浴场所、歌厅等休闲娱乐场所消费；三是杜绝上班时间迟到早退、串岗离岗、扎堆聊天；四是严禁利用工作之便吃拿卡要。作为党员干部和政府工作人员，要把上述四条作为起码的行为规范和工作纪律，认真遵守执行。纪检监察和组织部门要加大对不良行为的检查和查处力度，以整肃风气，形成良好的工作秩序。

三、求真务实，努力形成真抓实干的良好氛围

实干兴邦，空谈误国。树是一棵一棵栽出来的，房子是一砖一砖砌起来的，发展是一个项目一个项目干上来的，总之所有的事情都是一件一件做出来的。天上不会掉下馅饼，世界上没有免费的午餐。前一段我省党政代表团到津

冀蒙鲁考察，所到之处，都在上项目、建园区，吊塔林立，一派生机，从省区市领导到基层干部，说起发展非常兴奋，说起项目如数家珍，明显感到干事创业的劲头比我们大、氛围比我们浓。大家都感到，我们与发达地区相比，不仅有思想解放程度的差距，更有在干事的热情、激情、干劲、力度上的差距。主要是缺乏只争朝夕、立说立行的精神状态，不愿干、不敢干、不会干的问题突出。要认识到，实干还是虚干，真干还是假干，大干还是小干，反映的是一个干部的思想境界和党性观念。没有一种苦干实干的精神，没有一种争分夺秒的士气，没有一种志在必得的气魄，任何宏伟蓝图只能是空中楼阁，任何美好设想只能是纸上谈兵。一个行动胜过十打纲领，一份实干强过百份空谈。我省多数地方条件不比右玉差，右玉能够做到的，其他地方没有理由不做到。

真抓实干，关键在抓。对领导干部来说，抓不好落实是不称职，不抓落实就是失职。要注重抓关键。围绕推进工业新型化、农业现代化、市域城镇化、城乡生态化，明确重点任务，研究突出问题，制定落实措施，特别是要抓住牵一发而动全身的牛鼻子工程，认真解决事关本地区本部门科学发展、事关群众切身利益、事关社会稳定以及党的建设和干部队伍中的突出问题，一抓到底，务见实效，以重点突破打开工作局面。要善于抓项目。创新思路、拓宽视野，积极探索资源换项目、资源换产业的具体思路和办法，千方百计策划、创意、引进项目，走出去发现商机、寻求合作，以商招商、以企引企、以资引资，形成项目建设的热潮。要致力抓氛围。有干事创业的氛围，懒人可以动起来；没有干事创业的氛围，勤快人也会变懒惰。要把干部队伍的精力引导到发展上，大力倡导全民创业，使干事创业成为强劲的主旋律。要加强服务型机关、服务型政府建设，教育引导党员干部把群众的事情当作自己的事情，把岗位当成事业来做，少说不能办、多说怎么办，切实提高工作效率和服务质量。

真抓实干，核心在干。温州模式、浙江模式之所以成功，就在于“敢为人先，特别能创业”的精神。要鼓励大干，褒扬实干。每项工作都要做到目标明确、标准明确、要求明确，做到事事有目标、人人有专责。凡定下来的事情，当天的事当天办，当月的工作当月做，当年的任务当年毕，既要讲速度、讲进度、讲力度，又要求质量、求精细、求最佳，不能等待观望、听天由命、怨天尤人，更不能束手无策、推诿扯皮、贻误时机。

四、赏罚分明，建立严格的考核评价机制

考核是干工作、促发展、用干部的“指挥棒”和“风向标”。一些地方发展不快、活力不强，一些干部缺乏向上向好的动力，关键是缺乏科学的考核评价机制。如果不能做到责任明确、赏罚分明，踏实干事、成绩突出的干部得不到重用，无所事事、作风不正的人得不到惩戒，这对工作是最大的伤害，对干部积极性是最大的挫伤。要以实绩和成效论英雄，让用心谋事、踏实干事的人有舞台，让得过且过混日子的人没市场。要强化三条措施：一是加强对工作落实情况的督促检查。对全面工作和重点专项工作，由省委办公厅、省政府办公厅和有关职能部门进行定期不定期的检查、抽查和复查。实行建账、查账、交账制度，正在进行的查进度，已经完成的查效果，没有完成的查原因，盯住要落实的事，追究不落实的人，彻底改变重部署轻检查、有责任无追究的状况。二是实行年度目标责任考核。省委常委会已经研究审定了我省年度目标任务考核办法，近日即颁行。将主要目标任务量化成百分制，一年一考核，并打分排队公布，接受社会监督。考核结果与领导班子和领导干部的奖惩使用挂钩，引入末位淘汰制，考核得分排在最后1名或确定为较差等次的，对主要负责同志进行诫勉谈话，连续2年被确定为较差的，对主要负责人或负有责任的班子成员采取组织措施。三是对重点工作进行观摩检查。省委、省政府决定今年10月份对各市重点工作进行观摩检查，听取落实全省领导干部大会精神的实际举措，一个市一个市地看重大项目和重点民生工程，集中进行点评。这项活动要形成制度，今后每年组织一次，通过观摩检查，对好的给予鼓励，对差的施以帮促，促进互比互学、争先发展。

学习弘扬右玉精神，是思想洗礼，更是实践行动。这次会议后，各地要拿出实际举措，兴起学习弘扬右玉精神新高潮。各级领导干部要带头学习弘扬右玉精神，把学习弘扬右玉精神作为干部教育培训的重要内容，作为学习型党组织建设和创先争优活动的实际行动。要及时总结、大力宣传学习弘扬右玉精神，抓转型、谋跨越的先进典型，弘扬新风正气。要组织好参观学习，按照省里的安排，分期分批组织县处以上领导干部，到右玉实地参观学习，亲身感知，接受教育。我们要让右玉精神在三晋大地生根开花结果，让创先争优、创新务实成为每个党员干部的实际行动，以新作风、新作为取得转型发展、跨越发展的新成就！

中共山西省委　山西省人民政府关于印发《山西省中长期人才发展规划纲要（2010—2020)》的通知

晋发〔2010〕27号

各市、县委，各市、县人民政府，省委各部委，省直各委、办、厅、局，各人民团体，各高等院校、大型企业：

省委、省政府同意《山西省中长期人才发展规划纲要(2010—2020)》（以下简称《人才规划纲要》)，现印发给你们，请结合实际认真贯彻实施。

《人才发展纲要》是我省第一个中长期人才发展规划，是今后一个时期我省人才工作的指导性文件。制定实施人才规划纲要》是贯彻落实科学发展观、更好实施人才强省战略的重大举措，是在激烈的国际、国内竞争中赢得主动的战略选择，对于加快转型跨越发展、实现全面建设小康社会奋斗目标具有重大意义。

各级党委和政府要把人才作为经济社会发展的第一资源，把人才工作摆在突出位置，加强对《人才规划纲要》实施的组织领导。要组织广大干部群众特别是各级领导干部认真学习《人才规划纲要》，深刻理解《人才规划纲要》提出的新思路新理念，深刻理解我省人才发展的基本原则、总体目标、重点任务和重要举措，进一步增强做好人才工作的紧迫感和自觉性。要广泛深入开展宣传活动，在全社会形成有利于《人才规划纲要》实施的良好舆论氛围。要结合本地区本部门实际，采取有力措施，把《人才规划纲要》提出的各项任务落到实处。要抓紧编制市、行业系统以及重点领域人才发展规划，形成全省人才规划体系。

中共山西省委
山西省人民政府
2010年9月30日

山西省中长期人才发展规划纲要(2010—2020年)

为大力实施人才强省战略，为转型跨越发展和实现全面建设小康社会奋斗目标提供人才保证，根据中共中央、国务院印发的《国家中长期人才发展规划纲要（2010—2020年)》（中发〔2010〕6号)，结合山西省实际，制定本规划纲要。

一、人才在山西经济社会发展中的重要作用

2003年全国人才工作会议以来，山西省制定实施了《山西省2006—2010年人才开发工作规划》，着力推进人才强省战略，党管人才格局基本形成，人才工作机制初步建立，人才市场体系逐步健全，人才资源规模有所扩大，为“十一五”经济社会发展发挥了重要作用。同时必须清醒地看到，当前山西省人才发展还存在一些突出问题，主要表现为：人才队伍总量不足;高层次创新型科技人才、新兴产业创业型领军人才严重匮乏;人才结构和分布不够合理;人才环境不优，选用人才机制不够健全，人才流失现象仍然存在，引进人才方面仍需加强，等等。

人才是经济社会发展的决定性因素，人才资源是第一资源。当今世界，国家、地区、企业间的竞争实质上都是人才的竞争。未来5—10年，是山西转型发展、跨越发展的关键时期。加快工业新型化、农业现代化、市域城镇化、城乡生态化，在建设国家新型能源和工业基地的基础上，把山西建设成为全国重要的现代制造业基地、中西部现代物流中心和生产性服务业大省，建设成为中部地区经济强省和文化强省，特别需要各类人才去引领、去支撑、去奋斗。转型发展、跨越发展，是优秀人才发挥作用的主战场，是吸引凝聚人才的大舞台，要求我们必须在人才开发体制、机制上不断创新，在人才政策、环境上不断优化。各级党委、政府要把人才战略放在优先发展的突出位置，科学规划，深化改革，重点突破，整体推进，努力开创山西省人才事业新局面，尽快形成山西省人才竞争比较优势，为实现转型发展、跨越发展提供坚强的人才保证和广泛的智力支撑。

二、人才发展的总体要求

（一）指导思想。

以邓小平理论和“三个代表”重要思想为指导，深入贯彻落实科学发展观，按照“服务发展、人才优先、以用

为本、创新机制、高端引领、整体开发”的指导方针，坚持党管人才原则，大力实施人才强省战略，遵循社会主义市场经济规律、人才成长规律，以服务转型跨越发展为目标，以人才能力建设为核心，以体制机制创新为动力，以创新型、创业型高层次人才和高技能人才为重点，统筹推进各类人才队伍建设，促进全省经济社会又好又快发展。

（二）基本原则。

党管人才原则。加强和改善党对人才工作的领导，充分发挥各级党委统揽全局、协调各方的作用，调动各级、各部门和社会各界发现人才、培养人才、使用人才、保护人才的积极性和创造性，形成加快人才发展的整体合力。

优先发展原则。把服务发展作为人才工作的根本出发点和落脚点，确立人才优先发展的战略地位，在经济社会发展规划和各项工作的部署中，切实做到人才资源优先开发、人才结构优先调整、人才投资优先保证、人才制度优先创新。以人才优先发展促进经济社会又好又快发展和人的全面发展。

统筹协调原则。统筹各类人才队伍建设，统筹开发高、中、初级人才，统筹处理好人才培养和引进的关系，统筹人力资源配置中政府与市场的关系。

改革创新原则。以改革创新为动力，破除人才成长、人才发挥作用的体制、机制障碍，创新人才开发机制，完善人才开发政策措施，促进人才合理有序流动，最大限度地激发各类人才的创新活力、创造智慧和创业激情。

（三）总体目标。

到2020年，人才发展的总体目标是：培养和造就与山西省转型跨越发展要求相适应，数量充足、结构优化、布局合理、素质优良的人才队伍，努力形成山西人才竞争的比较优势。

——人才资源总量快速增长。人才资源总量增加到533万人，人才资源占人力资源总量的比重提高到18%，基本满足全省经济社会发展需要。

——人才素质明显提高。主要劳动年龄人口受过高等教育的比例达20%，每万劳动力中研发人员达43人年,高技能人才占技能劳动者比例达28%。

——人才结构和布局趋于合理。人才队伍的年龄、专业、层次等结构得到优化，人才在部门、行业、城乡、地区的分布基本合理，人才培养与社会需求基本协调，人才结构性矛盾得到有效解决。

——人才使用效能明显提高。人才对经济社会发展的支撑作用明显增强，人力资本投资占国内生产总值比例达到12%，人才资本对经济增长贡献率达到36%。

到2015年，在人才体制机制创新、人才政策环境优化、高层次人才引进和培养、重点发展领域紧缺急需人才的引进和培养等四个方面实现重大突破，为转型跨越发展提供有力的人才支撑。到2020年，全面落实各项任务，确保人才发展总体目标的实现。

三、人才队伍建设的主要任务

适应山西转型跨越发展要求，围绕工业新型化、农业现代化、市域城镇化、城乡生态化和十大产业振兴规划对人才的需求，统筹推进六支人才队伍建设，突出抓好三类重点人才的开发，把各类人才聚集到经济社会发展的各项事业中来。

山西省人才发展主要指标

项　　目	单位	2009 年	2015 年	2020年
人才资源总量	万人	282.2	400	533
主要劳动年龄人口受过高等教育的比例	%	7.95	15	20
每万劳动力中研发人员数	人年/万人	20.31	33	43
高技能人才占技能劳动者比例	%	21.8	27	28
人力资本投入占国内生产总值比例	%	8.28	10	12
人才资本对经济增长的贡献率	%	18.09	32	36

（一）统筹推进六支人才队伍建设。

1、党政人才队伍。按照加强党的执政能力建设和先进性建设的要求，以解放思想和提升素质为先导，以加强作风和本领建设为核心，以中高级领导干部为重点，构建理论教育、知识教育、党性教育和实践锻炼“四位一体”的自下而上的党政人才选拔培养教育体系。按照从严控制总量，调整优化结构的要求，坚持德才兼备、以德为先、以绩取人的用人导向，提高选人用人公信度，建设一支政治坚定、勇于创新、勤政廉洁、求真务实、奋发有为、善于推动科学发展的高素质党政人才队伍。到2020年，公务员平均受教育年限超过15年，具有大学本科及以上学历的干部占党政干部队伍的 85%，专业化水平明显提高。

2、企业经营管理人才队伍。适应经济全球化和日趋激烈的市场竞争需要，以提高现代经营管理水平为核心，以培养优秀企业经营管理人才为重点，采取自主培养与外部引进相结合的方式，推进企业经营管理人才职业化、市场化和国际化，打造一支高素质的企业经营管理人才队伍。到2015年，企业经营管理人才总量达到100万人。到2020年，企业经营管理人才总量达到113万人，培养造就一批能够引领山西省企业进入全国500强的优秀企业家;国际化人才总量达到1000人;国有及国有控股企业领导人员通过竞争性方式选聘的比例达到50%。

3、专业技术人才队伍。围绕经济社会发展的需要，以提高专业水平和创新能力为核心，以培养高层次创新型人才和紧缺人才为重点，建设一支数量充足、结构合理、创新力强、素质优良的专业技术人才队伍。到2015年，专业技术人才总量达到170万人。到2020年，专业技术人才总量达到207万人，高、中、初级专业技术人才比例为10：40：50。

4、高技能人才队伍。适应工业新型化要求，以提升职业技能为核心，以技师和高级技师为重点，完善高技能人才培养体系，建立技能人才梯次培养结构和绝技绝活代际传承机制，形成一支与山西省转型跨越发展相适应的数量充足、门类齐全、结构合理、技艺精湛的高技能人才队伍。到2015年，高技能人才总量达到70万人，占技能劳动者总量的27%。到2020年，高技能人才总量达到106万人，占技能劳动者总量的28%，其中技师、高级技师达到21万人。

5、农村实用人才队伍。围绕社会主义新农村建设和农业现代化需要，以提高科技素质、职业技能和经营能力为核心，以农村实用人才带头人和农村生产经营型人才为重点，培育一支服务农村经济社会发展、数量充足的农村实用人才队伍。到2015年，农村实用人才总量达到37万人，其中经营型、技能带动型、技术和社会服务型人才占到30%;到2020年，农村实用人才总量达到71万人，平均受教育年限达到10.2年，每个行政村至少有1-2名示范带动能力强的带头人。

6、社会工作人才队伍。按照构建社会主义和谐社会的需要，以人才培养和岗位开发为基础，以中高级社会工作人才为重点，建立各类学历教育、专业培训和知识普及有机结合的社会工作人才培养体系，培育和发展一批能够承载并促进社会工作发展的公益性民间组织。强化政府购买社会工作服务的措施，建立社会工作人才和志愿者队伍联动机制，培养造就一支职业化、专业化的社会工作人才队伍。到2015年，社会工作人才总量达到3万人。到2020年，社会工作人才总量达到6万人。

（二）突出抓好三类重点人才的开发。

1、高层次创新型科技人才。围绕支柱产业、优势产业、新兴产业的发展和重点学科专业建设，培养和引进一批在山西省国民经济重点领域能够突破关键技术、带动产业升级或实现成果转化的高层次创新型科技人才和优秀创新团队。到2015年，高层次创新型科技人才达到2000人，到2020年达到4000人。

2、新兴产业创业型领军人才。以提升产业竞争力为核心，以项目为载体，加快重点领域战略型新兴领军人才的培养和引进，加速壮大新兴产业规模。到2015年，现代煤化工、装备制造、新能源、新材料、文化旅游、物流等新兴产业领军人才达到300人。到2020年，新兴产业领军人才达到1000人。

3、重点领域急需紧缺人才。针对经济社会发展的重点领域急需紧缺人才，加大力度，引进和培养并举，政府引导和市场配置并重，着力调整人才资源的专业、层级、分布结构。到2015年，在现代煤化工、装备制造、新能源、新材料、文化旅游、交通物流等经济建设重点领域新开发急需紧缺专门人才28万人，到2020年新开发46万人。到2015年，在宣传教育、政法、医药卫生等社会建设重点领域新开发急需紧缺专门人才14万人，到2020年新开发23万人。

四、创新人才发展的体制机制

加快推进人才工作领导体制和工作机制创新，形成不拘一格选拔人才、鼓励人才脱颖而出、有利于干事创业的人才发展体制机制。

（一）完善党管人才的领导体制。

坚持党管人才原则。明确党委、政府“一把手”抓“第一资源”责任,建立各级党委常委会听取人才工作专项报告制度。健全和完善人才工作目标责任制，提高各级领导班子综合考核指标体系中人才发展专项考核的权重。完善党委组织部门牵头抓总职能，发挥各级政府人力资源和社会保障部门的综合管理作用，强化各职能部门人才工作职责，充分调动各人民团体、企事业单位、社会组织的积极性，动员和组织全社会力量，形成人才工作整体合力。建立健全政府宏观调控、市场有效配置、单位自主用人、人才自主择业的人才管理体制。围绕培养引进人才、用好用活人才和提高人才效能，推动政府人才管理职能向创造良好发展环境、提供优质公共服务转变;运行机制和管理方式向规范有序、公开透明、便捷高效转变。制定完善人才服务管理和人才资源开发的地方性法规、规章和政策，推进人才管理工作科学化、制度化、规范化，形成有利于人才发展的法制环境。

（二）创新人才发展的工作机制。

1、人才培养开发机制。建立健全以转型跨越发展需要为导向，以提高创新能力为核心，人才结构与产业结构调整相适应的人才培养机制。发挥教育在人才培养中的基础性作用。适应科学发展要求和干部成长规律，开展大规模干部教育培训，大幅度提高干部素质。完善在职在岗人员教育培训制度，分类制定在职人员定期培训办法。构建网络化、开放式、自主性终身教育体系。建立人才与产业互动机制，推动产学研结合。充分利用社会教育培训资源，建立多种形式的合作培养开发机制。

2、人才评价发现机制。建立健全以岗位职责为基础，以品德、能力、业绩为导向，科学化、社会化的人才评价发现机制。针对不同行业特点，不同职位和职业的要求，制定分类分层的考核评价指标体系。建立健全符合科学发展观和正确政绩观要求、体现群众认可的党政人才考核评价机制，市场、出资人和社会认可的企业经营管理人才考核评价机制，社会和业内认可的专业技术人才考核评价机制。探索高技能人才多元化评价机制。建立在转型跨越发展的实践中发现、识别人才的机制。

3、人才选拔任用机制。改革各类人才选拔使用方式，科学合理使用人才，促进人岗相适、用当其时、人尽其才，形成有利于各类人才脱颖而出、充分施展才能的选人用人机制。深化党政人才选拔任用制度改革。完善公务员录用制度，严把公务员队伍“入口”。坚持德才兼备、以德为先用人标准，完善党政领导干部公开选拔、竞争上岗制度，探索公推公选等竞争性选拔干部方式。推行和完善地方党委任用干部票决制。建立并完善领导干部职务任期制。建立组织选拔、市场配置和依法管理相结合的国有企业领导人员选拔任用制度，完善国有资产出资人代表派出制。深化事业单位人事制度改革，健全事业单位领导人员委任、聘任、选任等方式，全面推行事业单位公开招聘、竞争上岗和合同管理制度。建立企事业单位关键岗位和国家重大项目负责人招聘制度。

4、人才流动配置机制。建立健全以政府部门宏观调控、市场主体公平竞争、中介组织提供服务、人才自主择业的人才流动机制。完善党政人才、企业经营管理人才、专业技术人才交流和挂职锻炼制度，打破人才身份、单位、部门和所有制限制，畅通人才流动渠道。加大轮岗交流力度，通过多岗位培养锻炼人才。建立人才引进绿色通道，支持用人单位柔性引进人才。健全人才市场供求、价格、竞争机制。推进政府所属人力资源服务机构管理体制改革，实现政事分开、管办分离。鼓励发展专业性、行业性人力资源市场。完善劳动合同、人事争议仲裁、人才竞业避止等制度，维护各类人才的合法权益。

5、人才激励保障机制。建立健全与工作业绩紧密联系、充分体现人才价值、有利于激发人才活力、鼓励人才创新创业的分配激励机制。进一步深化机关事业单位收入分配制度改革。建立符合事业单位特点、体现岗位绩效的事业单位薪酬制度;探索高层次人才和高技能人才协议工资制和项目工资制等多种分配形式。建立产权激励制度。鼓励知识、技术、管理和技能等生产要素按贡献参与分配，建立符合市场经济法则的人才分配激励机制。完善科技人员分配激励政策，向科研关键岗位和优秀拔尖人才倾斜。完善以养老保险、医疗保险为重点的社会保障制度。加强机关、事业、企业之间流动人才的社会保险衔接工作。研究探索人才补充保险办法，支持用人单位为各类人才建立补充养老和医疗保险。加大对农村、非公有制经济组织和新社会组织的社会保障覆盖面。

五、营造人才充分发挥作用的政策环境

（一）实施人才投资优先保证政策。

建立政府、社会、用人单位和个人多元化人才发展投入机制，优先保证对人才发展的资金投入。设立人才发展专项资金，并不断加大投入力度，确保重大人才政策的实施和重大人才工程的推进。确保教育、科技支出增长幅度高于财政经常性收入增长幅度，卫生投入增长幅度高于财政经常性支出增长幅度。在新上重大建设项目和科研项目中，安排一定比例的经费用于人才培训。制定鼓励企业和社会组织建立人才发展专项资金的政策。

（二）实施产学研合作培养创新人才的互动政策。

建立政府指导下以企业为主体的产学研战略联盟。制定实施推动企业、高等院校和科研院所合作培养创新人才的激励政策，支持产学研合作。规模以上企业要建立工程技术中心。支持企业、科研院所与高等院校建立研发中心和联合实验室，加速科研成果转化。实施研究生教育创新计划，建立高等院校、科研院所和企业之间高层次人才的流动制度，推行产学研联合培养研究生的“双导师制”。建立“院士专家企业工作站”。加强博士后流动站、工作站建设，提高博士后培养质量。制定重点工程和重大项目人才配置政策，发挥工程和项目带动人才发展的作用。

（三）实施人才创业的扶持政策。

加强高新技术开发区、经济技术开发区、工业园区和大学科技园、留学生创业园及海外高层次人才创新创业基地等创业载体建设，提高创业载体的人才集聚能力。全面落实鼓励创业的税费优惠政策。制定科研机构、高等院校科技人员创办科技型企业的激励保障办法，促进知识产权质押融资、创业贷款业务的规范发展。扶持创业风险投资基金发展。完善知识产权、技术等作为资本参股的措施。促进科技成果转化和技术转移。加强创业技能培训和创业服务指导，创建创业服务网络，简化项目审批程序，激励各类科技人员积极创办科技企业。支持大中专毕业生及其他人员创办各类微型企业。

（四）实施高层次急需紧缺人才的引进政策。

重点引进支柱产业、优势产业、新兴产业以及重点学科、重大工程所急需紧缺的高层次人才。完善海内外高层次人才回省（来晋）创新创业政策。制定和实施紧缺急需人才引进计划，建立人才需求信息发布平台。制定“特聘专家”制度。进一步完善人才和智力引进政策，加大柔性引才力度，鼓励国内外高层次人才和留学人员以多种方式来晋工作和创业。完善引进人才长期居留、住房、保险、子女入学、配偶安置、承担重大科技项目等生活和工作政策。

（五）实施有利于优秀人才脱颖而出的选拔政策。

完善山西省公务员招录和事业单位工作人员公开招聘办法和具体政策。完善公开选拔、竞争性选拔的程序和办法，提高选人用人公信度。健全从基层及生产一线选拔党政人才的制度，形成自下而上的党政人才选拔培养链。完善以品德、能力和业绩为主的企业经营管理人才评价选拔政策，建立适应现代企业优秀人才的选拔制度。完善以品

德、能力和业绩为导向的专业技术人才评价选拔政策。建立健全省、市、县、乡四级党委选拔和联系高级专家、优秀人才的工作制度，加强对高端人才的对口服务和联系，实现选拔优秀人才的重大突破。

（六）实施有利于非公有制经济组织、新社会组织人才发展的鼓励政策。

对各种所有制组织中的人才一视同仁，平等对待。把非公有制经济组织、新社会组织人才开发纳入各级政府人才发展规划。制定加强非公有制经济组织、新社会组织人才队伍建设意见。政府在人才培养、吸引、评价、使用等方面的各项政策，非公有制经济组织、新社会组织人才平等享受。政府支持人才创新创业的资金、项目、信息等公共资源，向非公有制经济组织、新社会组织人才平等开放。政府开展人才宣传、表彰、奖励等方面活动，非公有制经济组织、新社会组织人才平等参与。

（七）实施有利于人才到农村和边远贫困地区工作的激励政策。

积极制定工资、职务、职称等方面的倾斜政策，提高艰苦边远地区津贴标准，改善基层一线、农村和边远贫困地区人才的工作和生活条件。制定高校毕业生到边远贫困地区创业就业扶持办法。采取政府购买公益性岗位安置、报考公职人员优先录用等措施，鼓励和引导高校毕业生到农村和边远贫困地区工作。提高党政机关从基层招录公务员的比例，实施公职人员到基层服务和锻炼的派遣和轮调办法，完善科技特派员服务农村和边远贫困地区的政策措施。注重发挥老龄人才协会的作用。

（八）实施人才合理流动的配置政策。

坚持市场导向，依法维护人才的合法权益，保证人才流动的规范性和有序性。完善人才交流和挂职锻炼制度，推进党政人才、企业经营管理人才、专业技术人才之间合理流动。拓宽党政人才来源渠道，完善从企事业单位和社会组织中选拔人才的制度。完善党政机关人才向企事业单位流动的激励政策。制定有效政策，促进城市医师、教师、科技人员、文化和社会工作者服务农村。健全人才向中小企业、非公有制经济组织流动的保障政策。

（九）实施有利于科研人员潜心研究的保障政策。

建立健全科研人员的考核、评价、选拔政策，鼓励和支持科技人员在创新实践中成就事业，保障享有相应的社会地位和经济待遇，创造支持创新、宽容失败的和谐工作环境。完善科研管理制度，扩大科研机构用人自主权和科研经费使用自主权，健全科研机构内部决策、管理和监督的各项制度。改进科技评价和奖励方式，完善以创新和质量为导向的科研评价办法。加大对前沿技术研究、社会公益类科研机构投入的力度，对高水平团队给予长期稳定支持。改善青年科技人才的生活条件，在国家保障性住房建设中优先解决其住房问题。

（十）实施对突出贡献人才的表彰奖励政策。

健全以政府奖励为导向、用人单位和社会力量奖励为主体的人才奖励体系，完善表彰奖励制度。研究制定优秀人才奖励办法，定期对作出重大贡献的优秀人才进行奖励。调整规范各类人才奖项设置，建立人才评选表彰奖励制度。对获得重大科技成果，对创造重大经济效益，对转型跨越发展作出突出贡献的个人和团队给予重奖和荣誉。

（十一）实施促进人才发展的公共服务政策。

调整和完善人才公共服务政策，充分整合各类人才服务机构，培育规范人才中介服务机构，改进服务功能，拓展服务领域，形成公共服务和市场服务相互补充的人才服务网络体系。健全人事代理、劳动保障事务代理、企业用工登记、劳动人事争议调解仲裁、人事档案管理、就业服务和知识产权保护等公共服务平台，满足人才多样化需求。支持人才服务功能和服务产品的开发，加强对人才公共服务产品的标准化管理，提高公共服务产品的效能。完善政府购买服务制度，提高公共服务产品的社会效益。

六、实施人才开发重大工程

今后5到10年，坚持引进和培养并举的方针，以“三晋英才”培养选拔为抓手，突出重点，统筹推进各类人才队伍建设。

（一）高端创新型人才引进和培养工程。

以培育对经济社会发展重要领域具有引领和支撑作用的高端人才为目标，设立专项资金，加大开发力度，到2015年，培养引进（含柔性引进）20名左右“两院”院士，重点选拔培养院士后备人选15名，选拔培养100名国家级学术技术带头人，培养1000名具有省内领先水平，在重点学科和重点产业有较高学术创新水平的专家学者。到2020年，高层次创新型科技人才有较大幅度增加。

（二）海外高层次人才引进工程（简称“百人计划”）。

用5年左右时间，重点引进200名左右能够突破关键技术、发展高新技术产业、引领新兴学科的海外高层次人才回省（来晋）创新创业。到2020年，引进500名海外高层次人才。建立30个海外高层次人才创新创业基地。启动“留学人员来晋（回省）支持计划”，选择500项留学人员创新创业和服务项目进行重点扶持。建立20个引智成果示范推广基地，引进先进科技和管理项目500个，集聚一批海外高层次创新创业人才和团队。

（三）新兴产业领军人才培养和引进工程。

围绕山西省新兴产业发展规划，制定并实施“新兴产业领军人才引进和培养计划”，“重点实验室、企业研发中心核心技术研发人才引进和培养计划”，“重大产业项目工程技术人才引进和培养计划”，大力培养和引进产业领军人才。到2015年，培养和引进300名引领新兴产业发展的领军人才，2020年达到1000名。

（四）优秀企业家培育工程。

遵循市场经济规律和企业家成长规律，完善优秀企业经营管理人才培训制度，拓宽省内外、海内外培训渠道，实施开放式培训，加快培养一批具有地方产业优势、熟悉国际国内两个市场、具有国际竞争力的优秀企业经营管理人才。到2015年，培育企业销售收入超1000亿元的企业家5名、超 300亿元的企业家10名、超100亿元的企业家20名。2020年，培育企业销售收入超100亿元的企业家达到200名。

（五）名师名家培育工程。

着眼于社会事业发展，推动宣传思想、教育文化、旅游和服务业发展，建设文化强省。实施“三晋学者”计划，在全省高等院校设立特聘教授岗位，选拔、招聘一批学术造诣深、发展潜力大、具有领导本学科保持或赶超国内外先进水平的全职学者。在全省哲学社会科学、新闻出版、广播影视、文学艺术、文物保护等领域，实施“四个一批”计划。到2015年，培育教学名师500名、文化名家500名，到2020 年，分别达到1000名。

（六）全民健康卫生人才保障工程。

适应深化医药卫生体制改革、保障全民健康需要，加大对卫生人才培养支持力度。到2015年，全省拥有执业医师10 万人，中医执业医师1.2万人，执业护士6.6万人，全科医师3200人；到2020年，全省拥有执业医师12万人，中医执业医师1.4万人，执业护士7.5万人，全科医师4100人；社区卫生服务人员、农村乡村医疗卫生机构人员素质大幅提升。在全省各级医疗卫生机构培养名医名师1000人。

（七）人才继续教育培训工程。

依托有关高校、科研院所、大型企业现有施教机构，建设一批继续教育基地。实施“党政人才素质提升计划”，大规模、多渠道培训在职在岗干部。实施“企业经营管理人才能力培养计划”，提升职业素养、创新精神和开拓能力。实施“专业技术人才知识更新工程”，提升专业水平和创新能力。到2015年，培训各级党政人才20万人次，培训企业经营管理人才60万人次，培训专业技术人员120万人次。

（八）高技能人才开发工程。

以提升职业技能和专业水平为核心，以技师和高级技师为重点，在山西省重点领域和新兴产业，培养造就一批具有精湛技术的高技能人才。到2015年，在全省建成5个高技能人才公共实训基地，20个示范性高技能人才培训基地，30个技能大师工作室，培养技师、高级技师10万名。到2020 年，在全省建成10个高技能人才公共实训基地，40个示范性高技能人才培训基地，60个技能大师工作室，培养技师、高级技师20万名。

（九）现代农业人才开发工程。

适应社会主义新农村建设、加快发展现代农业的需要，加大对现代农业的人才培养支持力度。到2015年和2020年，农业科研人才总数分别达到3000人和3500人;农业技术推广人才分别达到1.5万人和3万人。建立完善农村实用人才的技能资格认定制度。到2015年和2020年，经过培训和认定的农村经营管理人才(包括专业合作经济组织带头人、龙头企业负责人和农村经纪人）分别达到5000人和1万人，生产型人才分别达到 1.25万人和2.5万人，技能带动型人才分别达到2500人和5000人，服务型人才分别达到2500人和5000人。

（十）贫困地区、革命老区人才支持工程。

完善大学生“三支一扶”、全科医生、教师特岗计划和大学生村干部等到农村基层服务的管理办法。引导和支持城镇优秀教师、医生、科技人员、社会工作者、文化工作者、高校毕业生等到晋西北、太行山革命老区和贫困地区工作或提供服务，到2015年达到3万人次，到2020年达到4万人次。

七、组织实施

（一）加强对《人才规划纲要》实施工作的组织领导。

省委人才工作领导组负责本规划纲要的统筹协调、宏观指导和组织实施，制定规划纲要落实的实施细则和重大人才工程实施办法，分解细化规划纲要确定的目标任务，切实抓好规划纲要的贯彻落实。各地各部门要按照职责分工，制定具体的贯彻落实措施，确保规划纲要各项任务落到实处。

（二）建立健全人才发展规划体系。

各地各部门要根据经济社会发展目标，结合本规划纲要，编制本地本行业人才发展规划，注重与本规划纲要配套衔接，突出本地本行业人才发展重点，形成上下衔接、各方协调的全省人才发展规划体系。

（三）强化监督考核和监控评估。

制定规划纲要实施情况的监控指标体系，把人才投入、人才引进、人才培养、人才效能、人才环境作为考核各级党政班子人才工作的主要内容。组织开展中期评估，适时进行动态调整，建立规划纲要实施情况的定期报告制度和考核制度，确保规划纲要有效实施。

（四）加强人才工作基础建设。

创新人才工作部门的管理体制，加强人才学科和研究机构建设。建立健全人才资源统计制度和定期发布制度。推进人才工作信息化建设，建立海外、省外、省内高层次人才信息库，创建完备的人才信用档案。加强人才工作队伍建设，提高政治素质和业务水平。

（五）营造实施《人才规划纲要》的良好社会环境。

广泛宣传实施本规划纲要的重大意义、目标任务、重大政策和重点工程，宣传各地各行业培养、引进、使用人才的成功经验、典型案例，特别是加大对作出突出贡献人才的宣传力度，形成全社会关心、支持人才发展的良好环境。

中共山西省委办公厅　山西省人民政府办公厅关于进一步贯彻党政机关厉行节约要求从严控制一般性支出的通知

晋办发〔2010〕24号

各市、县委，各市、县人民政府，省委各部委，省直各委、办、厅、局，各人民团体：

为进一步弘扬艰苦奋斗优良作风，坚决制止铺张浪费行为，着力提高经济增长的质量和效益，推动转型发展、跨越发展，根据中央精神和省委、省政府要求，现就进一步贯彻党政机关厉行节约要求、从严控制一般性支出通知如下。

一、严格因公出国（境）管理。各地各部门要严格控制招商引资、文体交流等大型因公出国（境）团组中党政干部的比例，大力压缩因公出国（境）团组数和人数。严禁党政干部以各种名义利用公款出国（境）旅游，严禁接受或变相接受企事业单位的出国（境）费用资助，严禁向下属机关和单位摊派、转嫁出国（境）费用。严禁党政干部持普通护照、通行证出国（境）执行公务活动，除中央规定外，凡持普通护照、通行证出国（境）执行公务活动的，各级财务部门不得为其报销出访费用。严格控制因公出国（境）费用，严格执行因公出国（境）经费先行审核制度。2010年各地各部门因公出国（境）经费支出不得超过2009年按规定比例压缩后的经费支出规模。

二、加强和规范公务用车配备使用管理。严格执行公务用车编制管理规定和配备使用标准。2010年除新组建单位、汽车严重缺编单位、小汽车超过使用年限和行驶里程单位可按规定购置和更新车辆外，原则上暂停审批其他情况的车辆购置和更新。严禁豪华装饰公务用车，严禁利用职权向企事业单位、下属单位提出换车、借车和摊派款项买车要求。严格执行公务用车购置、保险、维修、加油政府集中采购制度，严格公务用车购置和运行经费预算管理。2010年各地各部门公务用车购置及运行费用支出不得超过2009年按规定比例压缩后的经费支出规模。

三、严格控制公务接待费用支出。国内公务接待严格按标准实行工作餐，提倡自助餐。建立健全并严格执行定点接待制度，按照务实、节俭、有利公务的原则，采用政府采购方式确定公务接待定点饭店，制定定点饭店目录。严格公务接待支出财务管理，不得以会议费名义列支招待费，不得以招待费名义报销同乡会、校友会、战友会等各种联谊活动费用。2010年各地各部门公务接待费用支出不得超过2009年按规定比例压缩后的经费支出规模。

四、严格控制楼堂馆所建设。健全控制党政机关办公楼等楼堂馆所建设长效机制。严格审批制度，从严控制办公楼维修项目，严禁超预算超标准装修办公用房；严格控制业务用房规模，严禁借建造业务用房之机违规建设办公用房。2010年底前，除已批准开工建设的项目外，各级党政机关一律不得新建、翻扩建、迁建、购置办公楼及培训中心、宾馆、招待所等楼堂馆所。办公用房确有困难的、新成立机构及各类临时性机构缺乏办公用房的，原则上由挂靠单位提供或有关部门统一调剂；确需租用办公用房的，须经财政部门审核批准后租用一般办公楼，并严格控制租用面积。

五、严格控制和规范各种庆典、节会、研讨会、论坛、评奖等活动。严格审批程序和经费审核，除法律、法规规定及国家和省委、省政府批准的重大活动，其他未经审批的庆典活动一律不得举办；除与省委、省政府重大决策部署有关和与当地重大经济活动有关的论坛外，其他形式的论坛一律停办；除以省委或省政府名义开展的表彰奖励活动外，财政部门一律不安排经费。经批准举办的各类活动，也要从严控制规模、人数和经费支出。社团、中介机构、企业等举办的此类活动，政府财政不出资，领导干部原则上不出席、不题词、不发贺信贺电。

六、进一步控制一般性支出。严格控制会议数量、规模和经费，严格履行会议报批手续，从严从紧控制会议规模，提倡少开会、开短会、开电视电话会；严格会议经费预算和经费报销，财政部门按照审批同意的会议方案和会议经费定额标准核定会议经费预算，实行总额控制，超支不补。严格控制文件规格、发文数量和范围，少发文、发短文，充分利用党委、政府网站发文；通过媒体公开发布的文件，一般不再下发纸质文件。压缩差旅费开支，从严控制出省考察活动，出省考察必须明确公务目的和实质内容，每个团组人数控制在10人以内；从严控制出差地点、人数、天数，从严控制乘坐飞机出差人数，任何人不得超标准开支差旅费。继续开展节电、节油、节水等节能活动，结合实际认真研究经费节约具体措施。严格预算支出管理，一般性专项支出实行“零增长”。年度部门预算确定后，除政策性增支及各级党委、政府确定的重大新增项目、新组建单位、编制内新增人员外，年度内原则上不追加部门预算。2010年，除按编制增人增支因素外，各地各部门一般公用经费支出不得超过2009年按规定比例压缩后的经费支出规模。

七、严禁党政机关以各种名义向企事业单位转嫁、摊派和报销费用。加大党政机关和事业单位“小金库”专项治理工作力度，完善防治“小金库”长效机制，切实从资金来源上堵塞漏洞。

各级各部门要高度重视厉行节约工作，强化勤俭行政意识，加强部门预算控制，坚持机构编制与经费预算相衔接，从严控制机构编制和财政供养人员，精简会议和文件，推广政府购买服务，压缩一般性开支，有效防止铺张浪费和行政成本不合理增长，实现经费保障和行政成本控制的有机统一。各级纪检监察机关要加强监督检查，严肃查处违纪违规行为，对顶风违纪、造成不良影响的从严处理。各级组织人事、发展改革、外事、财政、审计、机关事务管理等部门要按照管理权限，切实履行职责，细化责任分工，加强协作配合，形成工作合力。要认真总结工作经验，积极探索建立推进党政机关厉行节约工作的长效机制。

各级人大、政协、审判、检察、民主党派机关和经批准参照公务员管理的单位要严格执行上述规定，制定相关制度，认真抓好落实。其他单位参照执行。

中共山西省委办公厅
山西省人民政府办公厅
2010年10月29日

中共山西省委办公厅
关于在各市建立党委新闻发言人制度的通知

晋办发〔2010〕25号

各市委，省委各部委，省直各委、办、厅、局党组（党委），各人民团体党组：

为进一步推进党务信息发布，推动党的工作公开透明，根据中央办公厅印发的《关于建立党委新闻发言人制度的意见》（中办发〔2010〕26号）精神，现就建立市级党委新闻发言人制度通知如下。

一、充分认识建立党委新闻发言人制度的重要意义

建立党委新闻发言人制度，是党的十七届四中全会作出的一项重要部署，是推进党的建设新的伟大工程的客观需要，有利于推进党的建设科学化、制度化、规范化，提高党的执政能力和领导水平；有利于保持和发展党的先进性，确保党在建设中国特色社会主义事业伟大进程中始终走在时代前列，实现科学执政、民主执政、依法执政；有利于畅通党内信息上下互通渠道，保障党员对党内事务的知情权、参与权、表达权、监督权，发展党内民主；有利于加强社会公众对党的工作的了解、理解和支持，保持党同人民群众的血肉联系，实现群众对党内事务的切实监督，不断扩大党的群众基础；有利于提高各级领导干部同媒体打交道的能力，并通过主动发布信息，及时解疑释惑，树立和展示党和国家民主、进步、文明、开放的良好形象，在新的舆论传播形势和格局中把握话语权、赢得主导权，为党的建设和国家发展营造良好舆论环境。各市委要充分认识建立党委新闻发言人制度的重要意义，切实增强工作责任感和紧迫感，积极稳妥、扎实有效地推进党委新闻发言人制度建设，进一步推进党务公开，促进社会和谐稳定，努力维护和展示党的良好形象。

二、各市建立党委新闻发言人制度的有关要求

（一）党委新闻发言人的职责。

1、及时主动、准确全面地对外介绍市委重大决策部署和党的建设情况，介绍和说明市委作出的重要战略规划、重大决策、重点工作和重要事项以及工作进展等情况。

2、介绍市党代表大会情况、市委举办的重要会议活动特别是市委全委会和重要专题工作会议等情况。

3、及时就本地区涉及党的工作的重大事件和重要热点难点问题发布信息，表明立场和观点，介绍所采取的措施和工作进展等情况。

4、及时澄清涉及党的工作的各种误解和疑虑，批驳谣言，消除不实或歪曲报道的影响。

5、发布市委需要向社会公布的其他信息。

（二）党委新闻发言人应具备的基本条件。

1、熟悉党的路线、方针、政策，遵守党的政治纪律和宣传纪律，具有较高的理论素养和政策水平。

2、熟悉本地区全面情况，在信息和资料的掌握上具有权威性。

3、具有较强的组织协调能力和准确的文字口头表达能力，思维敏捷，沉着冷静，形象好，讲普通话。

4、具备一定的新闻宣传工作经验和新闻发布知识，善于同媒体打交道。

各市委新闻发言人一般应由市委副秘书长以上层级领导同志担任。

（三）加强各市委新闻发言人队伍建设。

通过多种形式加强对新闻发言人的培训，尽快实现培训工作制度化、规范化和常态化，切实增强新闻发言人的新闻素养和同媒体打交道的能力，不断提高新闻发布工作水平。新闻发言人要加强学习，努力学习新闻宣传和新闻发布专业知识，积极探索新闻发布工作规律，不断提升自身的政治素养和业务素质。新闻发言人要相对固定，因工作原因需要更换新闻发言人的，要及时向省委外宣办备案，搞好工作衔接，不得缺位。

（四）开展多种形式的新闻发布。

各市委要组织开展多种形式的新闻发布活动，包括召开新闻发布会、背景吹风会，组织集体采访、互联网访谈，接受媒体专访，答复电话问询，发布新闻稿等，及时准确发布权威党务信息。有条件的要定期开展例行新闻发布。省里将统一对外公布各市委新闻发言人或新闻发布机构联络电话，要保证工作时间有人接听电话，同时应开设门户网站或开办专题网页、开通电子信箱，认真受理各方问询。除特殊情况外，新闻发布会和其他新闻发布活动应面向所有具有采访资格的境内外新闻媒体记者。

三、加强组织领导

党委新闻发布工作政治性、政策性强，受关注度高，各市委主要领导同志要高度重视、认真抓好这项工作。要关心、支持新闻发言人开展工作，为新闻发言人开展工作提供必要条件，安排其参加与新闻发布内容有关的会议，阅读有关文件，及时了解掌握相关情况，保证发布信息的准确性和权威性。要进一步建立健全新闻发言人工作机制，密切关注舆情，准确分析研判，及时制定有关问题的应对口径，为新闻发言人开展工作提供有力支持。各市委外宣办作为本级党委新闻发布的具体工作部门，要在市委领导下认真履行职责，具体规划和组织市委新闻发布工作，及时向省委外宣办汇报工作进展情况。

各市委要加强与同级政府在新闻发布工作方面的沟通协调，处理好党务信息发布和政务信息发布的关系。党委新闻发言人负责发布党务和与党的工作密切相关的信息，政府新闻发言人负责发布政务和与政府工作密切相关的信息。要明确分工、理顺关系，相互配合、形成合力，既要防止出现发布工作缺位和错失新闻发布、舆论引导时机等问题，又要防止出现交叉重复特别是口径不一致等问题。

各市委务于11月中旬前确定新闻发言人，并逐步建立和完善新闻发言人制度。新闻发言人情况要按要求填写《党委新闻发言人登记表》，并于11月20日前连同党委新闻发言人制度建设情况报省委外宣办（电话：4019700、4032325）。

中共山西省委办公厅

2010年11月6日

关于制定国民经济和社会发展第十二个五年规划建议的说明

（2010年11月28日）

王　君

同志们：

《中共山西省委关于制定国民经济和社会发展第十二个五年规划的建议（草案）》，是在省委常委会直接领导下研究制定的。为了起草好“十二五”规划《建议》，省委、省政府早在今年6月就确定了19个带有全局性、战略性的重大课题，并由省领导领题进行深入调研、集中研讨，进一步深化了对省情的认识；连续召开7个“十二五”规划专题座谈会，广泛听取国家有关部委、专家学者的意见和建议，进一步开阔了视野、拓展了思路；党的十七届五中全会闭幕后，省委及时传达学习五中全会精神，并结合贯彻“7·29”全省领导干部大会精神，对起草工作又进行了专题研究部署。《建议》初稿形成之后，我们多方征求意见，反复进行修改，省委常委会专题进行了讨论。在提交这次全会审议前，省委又征求了各市、各部门党委（党组）和十七大代表的意见，听取了各民主党派、工商联负责人、无党派人士以及专家学者的意见。《建议》形成的过程，是科学决策、民主决策的过程，是统一思想、形成共识的过程，也是广泛动员、凝聚合力的过程。《建议》经这次全会审议通过后，省政府将据以编制“十二五”规划纲要（草案），提请省十一届人大五次会议审议批准，颁布实施。

现在，我受省委常委会委托，对《建议》作几点说明。

一、关于“十一五”时期国民经济和社会发展的主要情况

“十一五”时期是我省发展史上极不平凡的5年。5年来，在党中央、国务院的坚强领导下，我们深入贯彻落实科学发展观，迎难而上、砥砺奋进，经济社会发展和各项工作都取得新的成就。经济快速发展，经济总量迈上了一个新

台阶；经济发展方式转变和经济结构调整取得重要进展，经济增长质量和效益稳步提高；“三农”工作取得新的成效，粮食生产多年喜获丰收；重点工程建设实现历史性突破，基础设施明显改善；节能减排扎实推进，生态环境发生了明显变化；城乡居民收入大幅提高，人民得到了更多实惠；社会事业全面进步，经济发展与社会发展的协调性不断增强；改革开放取得新进展，社会主义民主法制建设和精神文明建设进一步加强，全省呈现出经济平稳较快发展、社会和谐稳定的良好局面，“十一五”规划确定的主要目标任务能够圆满完成。

特别是2008年下半年以来，面对国际金融危机的严重冲击，面对经济结构深层次矛盾的重重困扰，面对保增长保民生保稳定的繁重任务和安全生产的巨大压力，我们沉着应对、科学谋划、统筹兼顾、扎实工作，不仅保持了经济平稳较快发展，而且为长远发展打下了坚实的基础。

认真贯彻落实中央决策部署，全力保持经济平稳较快增长。制定并实施两年投资6500亿元、带动全社会投资1万亿元等一揽子计划，充分发挥投资对经济的拉动作用，加大以基础设施为主的各领域投资，全力推进铁路、公路、机场、水利等重点工程建设，投资增速创15年以来新高；充分发挥消费对经济的带动作用，在全面落实国家“家电下乡”、“农机下乡”等扩大消费政策的基础上，结合我省实际，制定实施了一系列刺激消费的政策措施，促进了消费快速增长；充分发挥企业对经济的支撑作用，出台了减免缓缴有关费用等帮扶企业的优惠政策，大幅度减轻企业负担，协调解决企业融资难问题，保持了企业的正常生产经营，有力地促进了经济增长。今年以来，全省经济回升向好的势头更加巩固，前三季度地区生产总值同比增长15.7%，居全国第4位。

抓住金融危机蕴涵的机遇，痛下决心调整经济结构。制定实施十大产业调整振兴规划，着力改造提升传统产业，培育壮大新兴产业，大力发展文化旅游等服务业，特别是以壮士断腕的决心和勇气，重点推进煤炭资源整合煤矿兼并重组，取得重大成果。全省煤炭工业产业水平显著提高，安全生产状况明显改善，资源开发、生产经营和销售管理秩序明显好转，能源基地的地位进一步巩固，在由煤炭大省向煤炭强省的跨越中迈出了重要的一步。

继续毫不放松地抓好“三农”工作，促进农业增产、农民增收、农村面貌改善。全面落实各项强农惠农政策，大幅度增加对“三农”的投入，加强农业基础设施建设，启动运城、晋中、大同三大现代农业示范区建设，实施农产品加工龙头企业“513”工程，大力发展现代农业，加快推进农业结构调整和农业发展方式转变，深化农村改革，强化科技支撑，扎实推进社会主义新农村建设，“三农”工作取得新的成效。

深刻汲取重特大事故血的教训，全面加强安全生产工作。强化安全发展的理念，深入开展以煤炭行业为重点、覆盖所有行业和领域的安全生产专项整治活动，建立健全安全生产制度和规定，全面落实企业安全生产主体责任和政府安全监管主体责任，创新安全生产管理体制和机制，严肃对待事故、严格责任追究，安全生产被动局面得以扭转，安全生产形势明显好转。今年1-10月，全省各类安全生产事故死亡人数在2009年比2008年减少1018人的基础上，又同比减少417人；原煤生产百万吨死亡率由5年前的0.905下降到0.219。

高度重视社会事业发展和民生改善，人民群众生活水平得到新的提高。在全面发展科技、教育、文化、卫生、体育等社会事业的同时，重点做好就业、住房、社会保障和困难群众救助工作，全面完成农村“五个全覆盖”工程，农村村容村貌发生了显著变化，广大农民群众得到了实实在在的好处。

事非经过不知难。过去的5年，是我省经济快速发展、综合实力显著增强的5年，是基础设施明显改善、城乡面貌发生较大变化的5年，是社会事业全面进步、人民生活水平不断提高的5年，是各项工作取得新成就、山西对外形象明显改善的5年。这是党中央、国务院正确领导、亲切关怀的结果，是全省广大干部群众团结奋斗、辛勤劳动的结果，也是社会各界关心支持、无私奉献的结果。成绩来之不易，经验弥足珍贵。这五年的发展也为“十二五”时期实现经济社会又好又快发展打下了良好的基础。

二、关于“十二五”规划的指导思想和发展目标

“十二五”时期，是全面建设小康社会的关键时期，是深化改革开放、加快转变经济发展方式的攻坚时期，也是实现转型跨越发展的重要时期。《建议》明确提出制定“十二五”规划的指导思想是，必须全面贯彻党的十七届五中全会精神，高举中国特色社会主义伟大旗帜，以邓小平理论和“三个代表”重要思想为指导，深入贯彻落实科学发展观，以科学发展为主题，以加快转变经济发展方式为主线，坚持把经济结构战略性调整作为加快转变经济发展方式的主攻方向，坚持把科技进步和创新作为加快转变经济发展方式的重要支撑，坚持把保障和改善民生作为加快转变经济发展方式的根本出发点和落脚点，坚持把建设资源节约型、环境友好型社会作为加快转变经济发展方式的重要着力点，坚持把改革开放作为加快转变经济发展方式的强大动力；以解放思想为先导，以转型跨越发展为目标，以推进国家资源型经济转型综合配套改革试验区建设为重要抓手，以安全生产为重要保障，大力推进工业新型化、农业现代化、市域城镇化、城乡生态化，在建设国家新型能源和工业基地的基础上，建设全国重要的现代制造业基地、中西部现代物流中心和生产性服务业大省、中部地区经济强省和文化强省，再造一个新山西。

根据上述指导思想，综合考虑“十二五”时期全省发展的基础和条件，提出了今后五年发展的主要目标，包括经济发展、结构调整、城乡居民收入、社会建设、改革开

放等方面指标。

这些目标的特点：一是体现了中央要求与山西实际的结合。既有中央要求的五个方面的目标，又提出了一些具有山西特点的目标，比如主要经济指标实现翻番、安全生产形势稳定好转、资源型经济转型的体制机制不断完善，等等。二是体现了长期目标与短期目标的衔接。主要是考虑到巩固和扩大应对国际金融危机冲击成果是“十二五”时期的重要任务，2020年要建成更高水平的全面小康社会。因此，在确定“十二五”规划目标任务时，既与应对国际金融危机冲击的重大阶段性目标相衔接，又与全面建设小康社会的奋斗目标相衔接。三是体现了转型发展与跨越发展的统一。在提出主要经济指标实现翻番、发展速度加快的同时，要高度重视发展的质量和效益问题，使经济结构更趋合理、各方面发展的协调性明显增强、自主创新能力不断提高。四是体现了经济发展与社会事业发展、民生改善的协调。在强调经济发展的同时，更加注重社会事业的发展，特别突出了扩大就业、提高居民收入、完善公共服务体系等方面的内容。五是体现了人与自然的和谐。不仅提出经济要快速健康发展、社会建设要明显加强，而且强调生态环境要显著改善、努力建设资源节约型和环境友好型社会。总之，《建议》提出的“十二五”目标具有很强的前瞻性、战略性、指导性和方向性，是一个鼓舞人心且经过努力可以实现的目标。

《建议》最鲜明的特点，就是在坚持科学发展这一主题和加快转变经济发展方式这一主线的前提下，突出了转型跨越发展、实现主要经济指标翻番、再造一个新山西的宏伟目标。之所以这样考虑，主要基于以下几点：

第一，推动转型跨越发展是顺应时代发展潮流的现实选择。纵观世界各国发展的历史，每一次经济的大跨越都伴随着经济的重大转型；每一次经济的转型都大大促进了经济的跨越发展。当今时代，科学技术日新月异，产业升级步伐不断加快，产业梯度转移方兴未艾，我国也进入了加快经济结构调整和经济发展方式转变的重要时期。加快转型跨越发展是摆在我们面前的一项重大课题和难得的历史机遇。我们应切实增强机遇意识和忧患意识，顺应时代发展潮流，准确判断形势变化，科学把握发展规律，着力破解发展难题，加快推动全省转型跨越发展。

第二，推动转型跨越发展是实现科学发展的必然要求。中央《建议》提出以科学发展为主题，就是要把科学发展观贯穿到改革开放和现代化建设的各个方面、各个领域，提高发展的全面性、协调性和可持续性。从我省的情况来看，一方面，作为资源大省和国家重要的能源基地，为全国现代化建设作出了重要贡献；另一方面，由于产业结构不合理，导致形成了一系列问题，比如经济社会、城乡、区域发展不协调，生态环境破坏严重，安全生产压力较大等，严重影响到可持续发展。另外，从千帆竞发、百舸争流、不进则退、慢进亦退的全国发展大格局、大背景来看，纵向比我们这几年虽然发展很快，但横向比与其他省份还有很大差距。我们必须只争朝夕、奋起直追，进一步加快发展速度，主动转型跨越，促进经济社会、城乡、区域的协调发展和人与自然的和谐发展，从而实现山西的科学发展。

第三，推动转型跨越发展面临着难得的历史机遇、具备诸多有利条件。“十二五”时期，我国将保持经济平稳较快发展和社会和谐稳定的大好形势，为我们加快转型跨越发展提供了非常有利的外部环境；我省进入了工业化、城镇化快速发展期，处在一个可以大有作为的重要时期；煤炭工业可持续发展试点、循环经济试点省和生态省试点特别是国家资源型经济转型综合配套改革试验区，为加快转型跨越发展提供了强有力的政策支撑；全省上下人心思进、人心思上，形成了聚精会神促转型、一心一意谋跨越的强大合力和浓厚氛围。我们要紧紧抓住这一千载难逢的历史机遇，凝聚全省人民的智慧和力量，调动一切可以调动的积极因素，扬长避短、奋力赶超，加快转型跨越步伐，实现再造一个新山西的宏伟目标。

三、关于“十二五”时期经济建设的主要任务

“十二五”时期，我省经济建设的任务十分繁重。要在全面落实国家宏观调控政策的基础上，结合我省实际，大力推进工业新型化、农业现代化、市域城镇化、城乡生态化。对此，《建议》从五个方面进行了部署。

（一）优化生产力布局，构建转型跨越发展的战略基础。实现转型跨越发展，要更加注重优化生产力布局，并在调整优化投资结构的基础上加大投资力度，加快基础设施建设，夯实发展基础。一是实施主体功能区规划。主体功能区规划是国家为优化空间开发结构和生产力布局作出的重大部署。要按照优化开发、重点开发、限制开发、禁止开发的不同功能定位和要求，进一步优化空间开发结构，提高国土资源利用效率，促进区域分工合理化、基本公共服务均等化和区际的良性互动。这里，需要特别强调的是，对大运骨干通道沿线等人口密集、开发强度偏高、资源环境负荷过重的地区，要优化开发，加快发展新兴产业和高新技术产业，从严控制一般性传统产业项目，不再布局煤炭、焦炭、冶金、化工、水泥等项目，对现有“两高一资”企业要逐步搬迁改造；严禁在各类自然文化资源保护区、重要水源地和其他需要特殊保护的区域进行开发。各地要严格按照主体功能定位编制规划、布局项目、谋划发展。二是优化投资结构、加大投资力度。未来五年，投资仍然是拉动我省经济增长的主导力量。要在优化结构、提高投资质量和效益的基础上，继续扩大投资规模，做到“三个统筹”，即统筹好基础设施建设投资与产业开发投资的关系，统筹好经济建设投资与社会建设、生态建设投资的关系，统筹好国有资本与民间资本投入的关系，通过扩大投资有效拉动经济增长，增强我省的发展后劲。三是加强基础设施建设。继续加大铁路、公路建设力度，优化全省机

场布局，推进综合运输枢纽建设，构建现代综合运输体系；加快大水网建设；全面加强城市基础设施建设，提升城市综合服务功能和承载能力，为转型跨越发展提供有力支撑。

（二）加快推进工业新型化，发展现代产业体系。大力推进工业新型化是“十二五”时期的重要任务。《建议》提出以煤为基、多元发展，按照“七条路径”加快推进工业新型化，构建现代产业体系，并从六个方面作出具体部署。这里，我重点说明四个问题：一是改造提升传统产业。要做好煤炭这篇大文章，继续深入推进煤炭资源整合、煤矿兼并重组，培育若干大型特大型煤炭企业集团，进一步提高煤炭生产规模化、集约化、机械化、信息化水平。煤炭企业要在做强煤炭主业的同时，大力推进产业结构调整、发展非煤产业，实现多元化经营。扎实推进焦化、冶金、电力、建材等行业整合重组，促进煤焦、煤电等上下游产业联合。要充分利用高新技术和先进适用技术改造提升传统产业，促进产业优化升级、产品更新换代，促进产能大型化、生产集约化、利用清洁化、发展高端化。二是培育壮大新兴产业。再造一个新山西，重在一个“新”字。“十二五”期间，要在发展新兴产业和高新技术产业上下大功夫，重点发展壮大现代装备制造业、现代煤化工、新型材料工业、特色食品工业等新兴产业，将其培育成重要的支柱产业。同时，要力争在新能源、节能环保、生物产业、新一代信息技术等战略性新兴产业发展上取得新突破。三是加快发展现代服务业。要优化发展环境，加大政策支持力度，统筹发展各类服务业，既要发展生产性服务业，又要发展生活性服务业，加快提高服务业在经济中的比重。重点是加快发展现代物流业和文化旅游业，建设中西部现代物流中心和生产性服务业大省。四是大力发展循环经济。按照“多联产、全循环、抓高端”的思路，全面推进各类产业特别是传统产业循环化发展，对传统产业和现有企业，要运用循环经济模式加以改造；对新上项目，要把循环经济模式作为准入标准。在推进工业新型化进程中，还要充分发挥大项目的带动作用、大企业的支撑作用和大园区的承载作用；要全面提高信息化水平，推动信息化和工业化深度融合。

（三）加快推进农业现代化，建设社会主义新农村。“三农”工作是各项工作的重中之重。《建议》从六个方面进行了安排：一是加大“三农”投入和政策支持力度。要继续加大对“三农”的投入，建立完善以工补农特别是以煤补农机制，全面落实好国家各项强农惠农政策，继续制定实施有利于农业、农村发展的政策措施，不断巩固、完善和强化支农政策体系。二是积极发展现代农业。要加强农田水利基本建设，加快中低产田和盐碱地改造，稳步提高农业综合生产能力，深入推进农业结构调整，加快建设运城、晋中、大同三大现代农业示范区，实施农产品加工龙头企业“513”工程，加强农业社会化服务体系建设，强化农业科技支撑，提高农业机械化程度和装备水平。三是多渠道增加农民收入。既要优化种养结构、推进农产品加工，增加农民生产经营性收入；又要加大对农民的培训转移力度，增加农民工资性收入；还要落实强农惠农政策，增加农民政策性收入；同时，要创造条件逐步增加农民的财产性等其他方面收入。四是加快推进新农村建设。加强基础设施建设，完善提升农村“五个全覆盖”工程，进一步改善村容村貌。加强农村社会事业发展，健全农村社会保障体系，提高农村公共服务能力。培养造就有文化、懂技术、会经营的新型农民，逐步提高农民综合素质。深入实施五大扶贫工程，以片区扶贫开发为重点，加快贫困地区脱贫致富步伐。五是大力发展县域经济。要加强规划引导，加大政策扶持力度，大力推进县域工业化；按照一县一业、一村一品的思路，发展特色产业及加工业，提升农业产业化水平；扩大县域发展自主权，优化发展环境，不断增强县域经济实力和发展活力。六是深化农村改革。要坚持和完善农村基本经营制度，按照依法自愿有偿的原则推进土地流转，发展多种形式的适度规模经营；深化农村金融改革，改善农村金融服务；深化农村综合改革，进一步完善促进“三农”发展的体制机制。

（四）加快推进市域城镇化，统筹城乡发展。目前，我省城镇化已进入快速发展期。为此，《建议》提出，要坚持统筹规划、合理布局、完善功能、以大带小的原则，按照“一核一圈三群”的布局，加快推进城镇化进程。加快发展太原都市圈，支持太原率先发展，加快太原晋中同城化步伐，带动阳泉、忻州、吕梁区域发展，增强太原都市圈的辐射功能。发挥区域中心城市和城镇群带动作用，加快建设以大同、朔州为核心的晋北城镇群，以临汾、侯马、运城为核心的晋南城镇群，以长治、晋城为核心的晋东南城镇群，促进区域协调发展。大力实施“大县城”战略和百镇建设工程，高度重视县级市和县城的发展，大力推进特色小城镇建设，发挥其承接大中城市、带动农村的桥梁纽带作用，促进城乡统筹发展。加强城镇化管理，积极推进户籍制度改革，提高城市管理水平，强化公共服务能力，提升城市的品位和形象。

（五）加快推进城乡生态化，建设资源节约型、环境友好型社会。良好的生态环境是经济社会可持续发展的重要条件。《建议》提出要处理好经济社会发展与生态环境保护的关系，努力建设绿化山西、气化山西、净化山西、健康山西。建设“绿化山西”，要以建设生态省为目标，以造林绿化为重点，全面实施十大林业生态建设工程、五大林业产业开发工程、六大森林资源保护工程，加快推进四大生态屏障建设，提高森林覆盖率，有效改善生态环境。建设“气化山西”，要推进煤层气、焦炉煤气、煤制天然气和过境天然气“四气合一”，形成稳定的气源；加快“三纵十一横”管网建设，提高管网覆盖率；优化用气布局和结构，逐步实现居民用气、重点工业园区和用户、旅游景区全覆盖。同时，继续加大农村沼气建设力度，提高沼气综合利用水平。建设“净化山西”，要严格“两高一资”行业准入门槛，加快淘汰落后产能；落实节能减排目标责任制，强化节能环境评价监测；大力推进结构、工程、技术和管理节能减排，大幅降低能源消耗强度和主要污染物排放。同时，要坚持节约优先的方针，全面加强资源节约和管理。建设“健康山西”，要大力发展医疗卫生事业，进一步完善疾病预防控制体系，强化食品药品质量监管；同时要加强城乡环境综合治理，着力解决损害群众健康的突出问题，倡导健康生活方式，增强人民体质。

四、关于“十二五”时期发展社会事业和改善民生的主要任务

发展社会事业和改善民生是贯彻落实科学发展观、推动转型跨越发展的重要内容。未来五年，必须在加快发展经济的同时，以更大的决心和力度，加快社会事业发展，着力改善民生，切实解决经济社会发展一条腿长、一条腿短的问题。《建议》对此作了重点部署。

（一）加强以改善民生为重点的社会建设，建立健全基本公共服务体系。保障和改善民生是一切工作的出发点和落脚点。总的要求是，逐步完善符合省情、比较完整、覆盖城乡、可持续的基本公共服务体系。一是积极扩大就业、构建和谐劳动关系。实施更加积极的就业政策，多渠道开发就业岗位，鼓励自主创业，促进充分就业。以高校毕业生、农村转移劳动力和城镇就业困难人员为重点，全面做好各类人员就业工作。建立完善企业和职工利益共享机制，构建和谐的劳动关系。二是合理调整收入分配关系。重点是处理好效率与公平的关系，努力提高居民收入在国民收入分配中的比重和劳动报酬在初次分配中的比重，让人民群众共享改革发展成果。三是健全社会保障体系。要坚持广覆盖、保基本、多层次、可持续的方针，加快推进覆盖城乡居民的社会保障体系建设，重点是建立健全农村社会保障体系，同时不断完善社会救助体系，大力发展社会福利和慈善事业，并根据我省财力状况，在国家确定范围标准的基础上，扩大保障范围、提高保障标准，使人民群众过上更有尊严的生活。四是持续扩大消费。扩大消费既是扩大内需、拉动经济增长的重要途径，也是改善民生的重要内容，与增加就业、调整收入分配关系、健全社会保障体系密切相关。要通过扩大就业、合理调整收入分配关系，逐步提高城乡中低收入者的收入，增强居民消费能力；通过扩大社会保障覆盖面，完善基本公共服务体系，改善居民消费预期；通过发展新型消费业态和新兴服务消费，促进消费结构升级。同时，要加强市场监管，规范市场秩序，营造良好的消费环境，不断扩大居民消费。五是加快医疗卫生事业改革发展。要按照中央的统一部署，在扎实抓好近期“五项改革”任务的基础上，把基本医疗卫生服务作为公共产品向人民提供，进一步深化医药卫生体制改革，健全覆盖城乡居民的基本医疗保障体系，建立完善以国家基本药物制度为基础的药品供应保障体系，加强城乡医疗卫生服务体系建设，积极稳妥地推进公立医院改革，优先满足群众的基本医疗卫生需求。同时，鼓励社会资本采取多种形式举办医疗机构，满足群众的多样化医疗卫生需求。六是加快保障性住房建设。全面完成国有工矿棚户区、城市棚户区、国有林区垦区棚户区改造任务和煤矿采煤沉陷区治理任务，加大各类保障性住房建设力度，包括经济适用住房、限价普通商品住房和公共租赁住房建设及农村危房改造，切实解决中低收入家庭等困难群体的住房困难问题。七是加强和创新社会管理。要加强社会管理法律、体制、能力建设，健全基层管理和服务体系；建立社会稳定风险评估机制，畅通和规范群众诉求表达、利益协调、权益保障渠道，加强和改进信访工作，努力把不稳定因素化解在基层和萌芽状态。同时，要加强防灾救灾体系建设，健全突发公共事件应急管理体制机制，搞好社会治安综合治理，维护社会和谐稳定。八是加强安全生产工作。要进一步强化安全发展理念，确立抓好安全生产就是政绩的观念；坚持“安全第一、预防为主、综合治理”的方针，加大安全生产投入力度，强化安全技术和装备设施保障，全面提高从业人员素质；以煤炭行业为重点，继续深入开展覆盖所有行业和领域的安全生产专项整治活动；建立健全安全生产制度，严格安全生产各项规定；全面落实企业安全生产主体责任和政府安全监管主体责任，不断创新安全生产管理体制和机制；严格现场管理，强化工作纪律；严肃对待事故，严格责任追究，杜绝重特大事故发生，促进安全生产形势由明显好转向稳定好转转变。

（二）深入实施文化强省战略，推动文化大发展大繁荣。实现再造一个新山西的目标，不仅要靠经济的快速发展，也要有文化的不断提升。我省文化资源丰富、文化底蕴深厚，近年来文化发展势头虽很好，但总体上与文化资源大省的地位还不相称。我省要实现由人文资源大省向文化强省的跨越，必须全面加强文化建设。为此，《建议》用较大篇幅对推动文化大发展大繁荣进行了阐述，提出了四个方面的任务：一是深入推进文化体制改革和文化创新，统筹抓好公益性文化事业单位改革和经营性文化单位转型改制，建立统一高效的文化管理体制，增强文化发展活力。二是大力发展文化事业，加强文化基础设施和基层文化队伍建设，实施文化惠民工程，基本建成覆盖城乡、惠及全民的公共文化服务体系。三是加快发展文化产业，要发挥重大项目的带动作用，培育发展骨干文化企业，加快文化产业基地、园区和产业集群建设，发展新型文化业态，特别要促进文化与旅游融合，大力发展文化旅游产业。四是加强社会主义精神文明建设，推进社会主义核心价值体系建设，强化理想信念教育，提高文明素质；不断拓展群众性精神文明创建活动，大力弘扬以改革创新为核心的时代精神和我省长期培育形成的太行精神、右玉精神等宝贵精神，以此引导社会、教育人民、推动发展。

五、关于“十二五”时期深化改革、扩大开放和科教兴省、人才强省的主要任务

改革开放、科技进步是加快社会主义现代化建设的强

大动力，人才是促进经济社会又好又快发展的第一资源，推动转型跨越发展必须全面加强这几方面的工作。对此，《建议》作了具体部署。

（一）加快改革攻坚步伐。改革是加快转变经济发展方式的动力源泉。要深入推进行政体制改革、国有企业改革、财税体制改革、金融改革、资源性产品价格和要素市场改革、社会事业体制改革，进一步增强发展的活力和动力。要大力发展民营经济，坚持“两个毫不动摇”的方针，进一步扩大民间资本市场准入范围、完善政策措施，引导民间资本进入基础产业、基础设施、市政公用事业、社会事业、金融服务业、文化产业等领域，鼓励民间资本发展新兴产业。加强对民营经济的服务和管理，营造有利于民营经济发展的体制环境和社会环境，促进民营经济健康快速发展。

（二）大力实施开放引进战略。开放是推动转型跨越发展的必然选择。一是加大招商引资力度。吸引各类企业重点是大企业、大集团和民营骨干企业来晋投资，充分发挥经济开发区、工业园区等各类园区的支撑作用和示范带动作用，积极承接产业转移。坚持招商引资和招才引智相结合，吸引更多的国内外人才、引进先进技术为山西建设服务。二是转变对外贸易发展方式。巩固传统出口市场，开拓新兴出口市场，高度重视高附加值、自主品牌商品出口，促进出口市场多元化，优化出口商品结构；同时，要加大对高新技术和关键设备的引进力度，积极发展对外服务贸易，进一步提高对外贸易水平。三是深化区域合作。要主动地融入环渤海经济圈，加强与长三角、珠三角等沿海地区的经济合作，深化中部六省的合作交流，落实好省际、省部、省企战略合作协议，通过合作促进我省经济快速发展。四是优化发展环境。重点是要全面加强政务环境建设、法治环境建设、信用环境建设、服务环境建设、人文环境建设，在全省上下形成亲商、安商、富商的浓厚氛围。

（三）大力实施科教兴省和人才强省战略。科教兴省、人才强省是我省经济社会发展的重要战略。《建议》强调要认真贯彻落实国家和我省科技、教育、人才规划纲要，全面做好科技、教育、人才工作，为转型跨越发展提供有力的人才保障和智力支撑。一是推进科技进步和创新。坚持自主创新、重点跨越、支撑发展、引领未来的方针，积极实施科技创新工程，力争在重点领域、关键环节实现新的突破。加快建设以企业为主体、以市场为导向、产学研相结合的技术创新体系，加强知识产权保护，加快科技成果向现实生产力转化，切实解决科技与经济两张皮的问题，发挥好科技对经济的支撑作用。二是加快教育改革发展。要把教育摆在优先发展的位置，统筹发展义务教育、职业教育、高中教育、高等教育以及学前教育、特殊教育，全面推进素质教育，加快教育教学改革，加强教师队伍建设，办好人民满意的教育。三是加强人才工作。要统筹推进各类人才队伍建设，加快培养和引进高层次创新型科技人才、新兴产业创新型领军人才、重点领域急需和紧缺人才等重点人才，创新人才工作体制机制，营造尊重人才的社会环境和平等公开、竞争择优的制度环境，促进优秀人才脱颖而出。

党的领导是实现“十二五”时期经济社会发展目标的根本保证。《建议》还在充分发挥党的领导核心作用、加强社会主义政治文明建设、充分发挥广大党员干部的先锋模范作用等方面提出了明确要求。

最后，还需要特别说明的是，在“十二五”期间，要加快推进国家资源型经济转型综合配套改革试验区建设。经过一年多的努力，国家已正式批复我省为资源型经济转型综合配套改革试验区。这对山西来说，既是一次难得的历史发展机遇，也是推动我省转型跨越发展的重要抓手，我们一定要抓住这一机遇，用足用好这一政策，把这项任务完成好。为此，《建议》把试验区建设作为一项重大任务，单独成章、集中阐述。重点是两个问题：一是明确了试验区建设的主要任务。主要包括：推进产业结构转型，大力发展接续替代产业，构建现代产业体系，实现支柱产业由单一向多元、产品由低端向高端的转变；推动区域协调发展特别是加快资源型城市转型步伐，促进区域的良性互动；统筹城乡发展，形成城乡一体化发展新格局；大力发展社会事业、创新社会管理，促进经济社会协调发展；建立健全生态建设和环境保护的补偿机制，建设资源节约型、环境友好型社会，促进人与自然和谐发展；提高自主创新能力，强化资源型经济转型的技术支撑。二是明确了保障试验区建设顺利推进的政策措施。坚持先行先试的原则，进一步完善煤炭工业可持续发展试点政策，加快财税体制改革，积极推进煤炭行业资源税从价征收试点工作，完善采矿权市场和资源有偿使用机制，深化金融改革，实行城乡建设用地增减挂钩政策，创新扩大开放的体制机制，为资源型经济转型提供有力的政策支撑和有效的制度保障。关于这项工作，省里还将专题部署，目的就是通过试验区建设来推动全省的转型跨越发展，早日实现再造一个新山西的目标。

同志们，做好“十二五”时期的各项工作，对于夺取全面建设小康社会新胜利、推动我省经济社会转型跨越发展，具有十分重要的意义。让我们紧密团结在以胡锦涛同志为总书记的党中央周围，高举中国特色社会主义伟大旗帜，深入贯彻落实科学发展观，解放思想、开拓创新，埋头苦干、奋力进取，为完成国民经济和社会发展第十二个五年规划任务、实现再造一个新山西的宏伟目标而努力奋斗！

中共山西省委办公厅关于在全省开展干部下乡住村活动的通知

晋办发〔2010〕27号

各市、县委，省委各部委，省直各委、办、厅、局党组(党委)，各人民团体党组：

为深入贯彻落实党的十七届五中全会精神和全省领导干部大会精神，大力弘扬右玉精神，进一步改进工作作风，形成心系群众、联系群众、服务群众的浓厚氛围，加快推进转型发展、跨越发展，省委决定在全省组织开展干部下乡住村活动。现通知如下。

一、重要意义

我们党的根基在人民、血脉在人民、力量在人民。全心全意为人民服务是我们党的根本宗旨，坚持群众路线是我们党的一贯工作方针。当前，全省广大党员干部作风总体上是好的，但也有一些党员干部存在群众观念不牢固、脱离群众的问题，有的宗旨意识不强，与群众感情淡薄；有的群众立场不坚定，对群众疾苦不关心；有的做群众工作方式方法简单，习惯于发号施令和做表面文章，缺乏亲和力和感召力，等等。这些不良作风损害党和政府的形象，影响转型发展、跨越发展的推进，必须切实加以改进。在全省组织开展干部下乡住村活动，是践行党的宗旨、坚持群众路线的具体体现，是落实党的十七届五中全会精神、做好新形势下群众工作的有效途径，是培养锻炼干部、改进工作作风的客观要求，对于加强党的执政能力建设和先进性建设，巩固党的执政基础，弘扬党的优良传统和作风，密切党群干群关系，顺利启动实施“十二五”规划，实现全面建设小康社会目标，都具有重要意义。各级各部门要高度重视这项活动的开展，周密部署，精心组织，扎实推进，务求实效。

二、总体要求

坚持以邓小平理论和“三个代表”重要思想为指导，深入贯彻落实科学发展观，以“组织创先进、党员争优秀、干部变作风、群众得实惠”为目标，组织广大党员干部深入基层、深入农村、深入群众，察民情、听民声、理民事、解民忧，坚持思想上尊重群众、感情上贴近群众、工作上依靠群众，坚持问政于民、问需于民、问计于民，在联系服务群众的实践中牢固树立人民是历史创造者的观点，全心全意为人民服务的观点，立党为公、执政为民的观点，向人民学习的观点，群众利益无小事的观点，对党负责与对人民负责相一致的观点，加深与人民群众的感情，激发党员干部始终保持昂扬向上、奋发有为的精神状态，树立良好的思想作风、工作作风和生活作风，促进党员干部思想转型、工作重心转型、主要工作精力转型，形成良好的干事创业氛围，为推动转型发展、跨越发展，促进社会和谐稳定提供坚强保证。

三、活动安排

全省各级党政群机关和事业单位要把开展干部下乡住村活动作为联系群众、锻炼干部、转变作风的一项经常性工作，有计划地组织干部下乡住村。省直单位的定点扶贫点原则上为本单位住村联系点，市直单位以新农村建设结对帮建村和定点扶贫村为住村联系点，省、市、县住村联系点一般不交叉。继续做好乡镇干部包村工作，确保每个村都有包村干部。

参加干部下乡住村活动的重点是各级领导干部。在时间安排上，省级领导班子成员每年下乡住村原则上不少于3天，市级领导班子成员每年下乡住村原则上不少于5天，县级领导班子成员每年下乡住村原则上不少于7天；省直部门主要领导每年下乡住村原则上不少于5天，市直、县直部门主要领导每年下乡住村原则上不少于7天。各级各部门下乡扶贫工作队员每年下乡住村时间按照有关规定执行。

四、工作重点

各地各部门要结合实际，制定工作计划，明确工作任务，重点完成“六个一”目标要求。

（一）创先争优，帮建一个坚强有力的基层党组织。以创先争优活动为有效载体和有力抓手，着力健全党的基层组织体系，着力加强基层党组织带头人队伍建设，着力强化基层党组织功能作用，着力抓好基层党组织活动场所阵地建设，使软弱涣散组织得到整顿，使党组织和党的工作覆盖面不断扩大。充分发挥基层党组织的战斗堡垒作用、基层干部的骨干带头作用、广大党员的先锋模范作用，把党的政治优势和组织优势转化为推动基层各项工作的强大力量。

（二）转变观念，开好一个解放思想、促进发展的讨论会。组织党员群众以科学发展为主题，以加快转变经济发展方式为主线，以转型发展、跨越发展为目标，以拓宽农民增收渠道、加强农村基础设施建设和公共服务等为主要内容开展大讨论。通过大讨论促进思想大解放、观念大转变、素质大提升，调动党员群众干事创业上项目的积极性。

（三）理清思路，帮助制定一个切合实际的发展规划。住村单位和干部要帮助所住村查找分析发展过程中存在的问题，理清发展思路，破解发展难题，科学制定发展规划，不断提升发展水平。

（四）突出重点，帮助上一个好的致富项目。围绕社会主义新农村建设，发挥部门和行业优势，帮助所住村立足本地实际、围绕主导产业找准项目、发展项目，积极为农民群众送技术、送人才、送信息、送生产资料，努力使集体经济蓬勃发展，农民收入不断提高。

（五）深入农户，解决一些群众关注的实际问题。认真做好联系群众、宣传群众、组织群众、服务群众、团结群众的工作，在增进信任上下功夫，在解决实际问题上下功夫，在做好示范引导上下功夫。住村干部要走访农户并记好"民情日记"，帮助所住村办一些看得见、摸得着的实事好事，切实以实际行动取信于民。

（六）认真总结，形成一个促进作风转变、推进项目建设的调研报告。通过下乡住村实践锻炼，促进干部思想作风、工作作风、生活作风进一步转变，结合转型发展、跨越发展的目标要求，在履行部门职能和岗位职责上定思路、定目标、定措施，认真总结下乡住村活动实践经验，形成一个好的调研报告。

五、组织领导

干部下乡住村活动由各级组织部门、党（工）委和干部下乡办负责组织领导。各地各部门要制定实施方案和干部下乡住村工作年度计划，根据实际情况分期分批安排干部下乡住村。要结合部门特点和行业优势，开展形式多样的深入基层、服务群众、改进作风主题活动，可将活动范围延伸至社区、学校、国有企业、科研院所、非公有制经济组织和新社会组织等基层单位。各级领导干部要率先垂范，带头下乡住村建立工作联系点，特别要注意在难点村、重点村、矛盾突出村等工作难度较大的村建立联系点，并经常深入联系点具体指导，充分发挥联系点的示范作用。住村干部要坚持与群众同吃同住同劳动，真下乡、真住村、真正解决问题，切实把活动成效体现在加强基层组织、推动科学发展、促进社会和谐上，坚决防止和克服形式主义。按照安全、务实、简朴的原则，减少车辆和随行人员，不搞层层陪同，尽量减轻基层负担。严格遵守各项规定和当地乡规民约，按规定交纳生活费，严禁参加封建迷信活动、参与赌博、吃请收礼和索要土特产品等。坚持干部下乡住村制度化，建立长效工作机制，完善干部下乡工作档案，加强督促检查和工作考核，对先进单位和个人进行表扬，对工作不力的单位和个人要通报批评。

中共山西省委办公厅
2010年11月29日

中共山西省委关于制定国民经济和社会发展第十二个五年规划的建议

（2010年11月30日中国共产党山西省第九届委员会第十一次全体会议通过）

"十二五"时期（2011年至2015年），是全面建设小康社会的关键时期，是深化改革开放、加快转变经济发展方式的攻坚时期，也是实现转型跨越发展的重要时期。科学制定"十二五"规划，对于夺取全面建设小康社会新胜利、推动我省经济社会转型跨越发展，实现再造一个新山西的宏伟目标，具有十分重要的意义。

一、加快转变经济发展方式，努力开创山西科学发展新局面

（1）"十一五"时期经济社会发展取得新成就。"十一五"时期是我省发展史上极不平凡的五年。面对国际金融危机的严重冲击，面对经济结构深层次矛盾的重重困扰，面对经济社会建设的繁重任务，全省上下在党中央、国务院的坚强领导下，深入贯彻落实科学发展观，迎难而上、砥砺奋进，保持了经济平稳较快发展、社会和谐稳定的良好局面，胜利完成了"十一五"规划确定的主要目标任务，社会主义经济建设、政治建设、文化建设、社会建设以及生态文明建设和党的建设取得重大进展，各项工作取得新成就。经济实力显著增强，质量效益明显提高；产业结构调整迈出新步伐，煤炭资源整合、煤矿兼并重组取得重大成果；重点工程建设实现历史性突破，基础设施显著改善；社会事业全面进步，农村"五个全覆盖"工程圆满完成；节能减排任务全部完成，生态环境质量明显改善；安全生产的被动局面得到扭转，安全生产形势明显好转；城乡居民收入较快增长，人民生活水平进一步提高；改革开放不断深化，发展动力和活力显著增强。

（2）"十二五"时期经济社会发展面临的形势。当前和今后一个时期，我国发展仍处于可以大有作为的重要战略机遇期，工业化、信息化、城镇化、市场化、国际化深入推进，国内外环境总体上有利于我省转型跨越发展。国家扩大内需和促进中部崛起战略深入实施，对能源、材料和装备的需求将持续增加；煤炭工业可持续发展试点、循环经济试点省和生态省试点特别是国家资源型经济转型综合配套改革试验区，将为我省提供有力的政策支撑；我省

进入工业化跃升期、城镇化加速期、节能环保攻坚期、基础设施建设加大期，将为转型跨越发展提供难得的历史机遇；“十一五”时期积累的雄厚物质基础和不断完善的软硬发展环境，为承接国际国内产业转移、加快转型跨越发展创造了良好条件；全省上下创先争优、奋力赶超，形成了转型跨越发展的强大合力和浓厚氛围。同时，必须清醒地看到，我省产业结构单一化、初级化、重型化问题仍然比较突出，经济发展方式比较粗放，城乡区域发展不协调，科技创新能力不强，节能减排和安全生产压力较大，城乡居民收入水平不高，社会事业发展和民生改善欠账较多，制约科学发展的体制机制障碍仍然较多，发展环境欠佳，对外开放程度较低，政府职能转变还不能适应转型跨越发展的要求，干部思想解放程度不够，少数干部形式主义、官僚主义比较突出。我们必须进一步解放思想，转变作风，切实增强机遇意识和忧患意识，准确判断形势变化，科学把握发展规律，抢抓机遇，破解难题，加快推动转型发展、跨越发展。

(3) 制定“十二五”规划的指导思想。制定“十二五”规划，必须全面贯彻党的十七届五中全会精神，高举中国特色社会主义伟大旗帜，以邓小平理论和“三个代表”重要思想为指导，深入贯彻落实科学发展观，以科学发展为主题，以加快转变经济发展方式为主线，坚持把经济结构战略性调整作为加快转变经济发展方式的主攻方向，坚持把科技进步和创新作为加快转变经济发展方式的重要支撑，坚持把保障和改善民生作为加快转变经济发展方式的根本出发点和落脚点，坚持把建设资源节约型、环境友好型社会作为加快转变经济发展方式的重要着力点，坚持把改革开放作为加快转变经济发展方式的强大动力。

从我省实际出发，要以解放思想为先导，以转型跨越发展为目标，以推进国家资源型经济转型综合配套改革试验区建设为重要抓手，以安全生产为重要保障，大力推进工业新型化、农业现代化、市域城镇化、城乡生态化，在建设国家新型能源和工业基地的基础上，建设全国重要的现代制造业基地、中西部现代物流中心和生产性服务业大省、中部地区经济强省和文化强省，再造一个新山西。

(4) “十二五”时期经济社会发展主要目标。综合考虑未来发展趋势和条件，今后五年我省经济社会发展的主要目标是：

——经济快速健康发展。主要经济指标翻番，就业持续增加，经济增长质量和效益明显提高，市场竞争力和抵御风险能力显著增强。

——经济结构调整取得重大进展。拉动经济增长的需求结构、带动经济增长的产业结构、驱动经济增长的要素投入结构更趋合理，城镇化水平显著提高，城乡区域发展协调性明显增强，自主创新能力不断提高，节能减排取得明显成效，生态环境显著改善，安全生产形势稳定好转。

——城乡居民收入普遍较快增加。努力实现居民收入增长和经济发展同步、劳动报酬增长和劳动生产率提高同步，农村居民收入增速高于城镇居民收入增速，低收入者收入明显增加，中等收入群体持续扩大，贫困人口大幅减少，人民生活质量和水平显著提高。

——社会建设明显加强。覆盖城乡居民的基本公共服务体系逐步完善，人民受教育程度稳步提升，人民群众思想道德素质、科学文化素质和健康素质不断提高。社会主义民主法制更加健全，人民权益得到切实保障。文化事业和文化产业加快发展。社会管理制度趋于完善，社会更加和谐稳定。

——改革开放不断深化。重要领域和关键环节改革取得明显进展，资源型经济转型的体制机制不断完善，政府职能进一步转变，发展环境明显优化，对外开放的广度和深度持续拓展，对外合作水平不断提升。

二、优化生产力布局，构建转型跨越发展的战略基础

实现转型跨越发展，必须全面贯彻落实国家宏观调控政策，更加注重优化生产力布局，在调整优化投资结构的基础上加大投资力度，加快基础设施建设，夯实发展基础，增强发展后劲。

(5) 实施主体功能区规划。按照优化开发、重点开发、限制开发、禁止开发的不同功能定位和要求，进一步优化空间开发结构，提高国土资源利用效率，促进区域分工合理化、基本公共服务均等化和区际良性互动。对人口密集、开发强度偏高、资源环境负荷过重的大运骨干通道沿线等地区，要优化开发，加快发展新兴产业和高新技术产业，从严控制一般性传统产业项目，不再布局煤炭、焦炭、冶金、化工、水泥等项目，对现有高耗能、高污染、资源型项目要逐步关停淘汰或搬迁改造。对资源环境承载能力较强、人口集聚度较高和经济条件较好的地区，要重点开发，加快推进工业化、城镇化，推动产业结构优化升级，特别是在煤、水和土地资源富集区，大力发展现代煤化工等资源深加工产业。对重点生态功能区和生态环境脆弱的地区，要限制大规模、高强度的工业化城镇化开发，鼓励发展以林果业为主导的特色农业、林业。对依法设立的各级各类自然文化资源保护区、重要水源地和其他需要特殊保护的区域，要禁止开发。按照国家生产力布局要求，建设晋北动力煤基地、晋中炼焦煤基地、晋东无烟煤基地及相应的电力基地，推动能源资源集中开发、集约生产和生态环境集中治理修复。加快建立完善适应主体功能区要求的政策法规体系、利益补偿机制和绩效考核办法，引导各地区严格按照主体功能定位编制规划、布局项目、谋划发展。

(6) 优化投资结构、加大投资力度。调整优化投资结构，提高投资质量和效益。严格执行投资项目用地、节能、环保、安全等准入标准，遏制盲目扩张和重复建设。在此前提下，进一步加大投资力度，充分发挥投资拉动经济增长的重要作用。

在确保在建续建重点项目顺利完成并发挥效益的基础

上，统筹基础设施投资与产业开发投资，继续加快基础设施建设，扩大以新兴产业发展为主导的产业投资规模；统筹经济建设与社会建设、生态建设，引导投资进一步向民生和社会事业、农业农村、科技创新、生态环保、资源节约等领域倾斜，向革命老区和贫困落后地区倾斜；统筹国有投资与民间投资，放宽市场准入，扩大民间投资规模。促进投资消费良性互动，把扩大投资和增加就业、改善民生有机结合起来，努力培育更多最终需求。

（7）加强基础设施建设。按照适度超前的原则，统筹发展各种运输方式，继续加大铁路、公路建设力度，进一步完善和优化机场布局，大力推进国家级、省级综合运输枢纽建设，构建布局合理、衔接顺畅、便捷高效的综合运输体系，实现省会到各地级市高速公路3小时通达、相邻地级市2小时通达、地级市到所属各县（市、区）1小时通达和省会到省内主要区域性中心城市航空1小时通达。加大出省通道和出海通道建设力度，构建连接环渤海、长三角、珠三角和欧亚大陆桥的对外开放大通道。加快构筑纵贯南北、横跨东西，多源互补、丰枯调剂，保障应急、促进发展的大水网，加强河流治理和农田水利基础设施建设，推进病险水库除险加固。加强城市基础设施建设，有条件的地区发展城际轻轨和地铁等轨道交通，推进交通、通信、供电、供排水、供气、供暖等基础设施一体化建设和网络化发展，全面提升城市综合服务功能和承载能力。

三、加快推进工业新型化，发展现代产业体系

按照以煤为基、多元发展的思路，通过“七条路径”改造提升传统产业，培育壮大新兴产业，加快发展现代服务业，发展现代产业体系。

（8）改造提升传统产业。深入推进煤炭资源整合、煤矿兼并重组，形成若干亿吨级和千万吨级大型煤炭企业集团，推进煤、电、路、港、航一体化经营；实现煤矿综合机械化开采，提高煤炭生产规模化、集约化、机械化、信息化水平；鼓励煤炭企业多元发展，着力提高非煤产业比重，进一步巩固能源基地的战略地位。坚持总量控制、产能置换、上大关小、扶优汰劣的原则，推进焦化、冶金、电力、建材等行业整合重组，促进煤焦、煤电等上下游产业联合，优化产业布局，提高产业集中度；充分利用高新技术和先进适用技术改造提升传统产业，发展深加工和制品加工，提高附加值，实现传统产业优化升级、产品更新换代，促进产能大型化、生产集约化、利用清洁化、发展高端化。实施品牌战略，培育发展具有自主知识产权和山西特色的自主品牌。

（9）培育壮大新兴产业。发展壮大现代装备制造业、现代煤化工、新型材料工业、特色食品工业等新兴产业，将其培育成重要的支柱产业。现代装备制造业要坚持高端化、系列化、成套化方向，大力发展煤机、汽车、铁路装备、重型机械等制造业；现代煤化工要围绕“气、醇、烯、苯、油”五条主线，重点发展煤制油、煤制烯烃、煤制天然气、精细化工等；新型材料工业要积极发展化工新材料、高性能结构材料、新型功能材料和高精尖新材料，努力实现“材料加工”向“加工材料”、加工制品转变；特色食品工业要做大做强酒、醋、乳品等优势产品，做精做细小杂粮、肉类加工、干鲜果蔬等特色产品。积极发展新能源、节能环保、生物、新一代信息技术等战略性新兴产业。

（10）加快发展现代服务业。以重点项目为牵引，完善服务业政策体系，落实对服务业用电、用水、用气、用热与工业企业同价政策，加大金融、税收和用地支持，引导服务业向规模化、专业化、现代化方向发展，加快提高服务业在经济中的比重。以建设中西部现代物流中心和生产性服务业大省为目标，重点推进现代物流业发展，加快物流基础设施建设，以煤炭、焦炭、钢铁、农副产品等大宗商品为重点，规划建设一批大型物流园区，建设涵盖保税、仓储、集运、商贸、金融服务在内的现代物流枢纽，支持大型物流企业整合重组存量物流资源，提高物流业组织化程度和社会化配置能力，鼓励发展专业物流、第三方物流。充分发挥我省文化底蕴深厚和旅游资源丰富的优势，加快构建旅游服务体系，打造精品线路，建设一流景点景区，培育旅游龙头企业，积极开发新型旅游项目和特色鲜明的文化旅游产品，促进旅游业快速发展。积极发展房地产、金融、会展、科技咨询、研发设计、信息服务、商贸、餐饮、养老、家政等其他服务业。

（11）大力发展循环经济。以循环经济试点省建设为契机，大力发展循环型农业、循环型工业、循环型服务业，建设循环型社会，使循环经济成为基本经济形态和产业发展模式。按照“多联产、全循环、抓高端”的思路，全面推进各类产业特别是传统产业循环化发展，延长煤焦化、煤电材、煤电铝等资源循环产业链，提高煤矸石、粉煤灰、工业废渣、矿井水、中水等废弃物综合利用水平。构建循环经济关键、共性技术研发体系，加快技术服务平台建设，引进、开发和应用源头减量、循环利用、再制造、零排放和产业链接技术。加强循环经济地方立法和执法工作，完善循环经济标准规范和政策体系，增强循环经济的科技支撑、政策激励和法律保障。

（12）着力实施大项目、大企业、大园区战略。发挥大项目带动作用，集中建设一批“双千亿”、“双百亿”的产业转型重大项目。发挥大企业支撑作用，集中培育一批以资产和股权为纽带，跨地域、跨行业、跨所有制以及军地融合的大企业。发挥大园区承载作用，重点打造一批空间集中开发、资源集约利用、产业集群发展、服务集聚配套的各类园区。完善和创新园区发展政策，提高园区规划、建设和管理水平，促进项目向园区集中，提高园区的产业层次、科技含量、经济规模和产出水平。

（13）全面提高信息化水平。加强信息基础设施建设。大力发展电子信息产业。推动电信网、广播电视网、互联网“三网融合”。推进物联网技术的研发与应用。培育发展

新型信息技术服务。积极发展电子商务。加快电子政务平台、网络建设，提升政府公共服务和管理能力。推动信息化和工业化深度融合，加快经济社会各领域信息化，重点推进城市管理、教育、医疗卫生、社会保障等方面的信息化应用和智能化水平。高度重视基础信息网络和重要信息系统安全。

四、加快推进农业现代化，建设社会主义新农村

坚持把“三农”工作作为重中之重，贯彻工业反哺农业、城市支持农村和多予少取放活的方针，进一步加大强农惠农力度，提高农业现代化水平和农民生活水平，加快建设社会主义新农村，开创“三农”工作新局面。

(14) 加大“三农”投入和政策支持力度。按照总量持续增加、比例稳步提高的要求，加大财政资金和煤炭可持续发展基金用于农业农村的份额，确保财政支出优先支持农业农村发展，预算内固定资产投资优先投向农业基础设施和农村民生工程，土地出让收益优先用于农业土地开发和农村基础设施建设。建立完善以工补农特别是以煤补农机制。全面落实国家各项强农惠农政策，继续制定实施有利于农业、农村发展的政策措施，不断完善支持“三农”工作的政策体系。

(15) 积极发展现代农业。实行最严格的耕地保护制度。全面加强农田水利基本建设，重点加快五大盆地灌区建设，实施西山地区黄河水利用工程，搞好抗旱水源工程建设，完善农村小微型水利设施，推进中低产田和盐碱地改造，稳步提高农业综合生产能力。坚持因地制宜原则，加快推进农业结构调整。按照“稳定粮食、做强畜牧、扩大果菜、发展加工”的思路，推进产业化发展、板块化布局、规模化生产、品牌化营销、社会化服务。加快建设运城、晋中、大同三大现代农业示范区，深入推进农产品加工龙头企业“513”工程，大力发展特色现代农业。加强基层农技推广、市场信息、动植物疫病防控、农产品质量安全等社会化服务体系建设，大力发展农村合作经济组织，提高农业经营组织化程度。强化农业科技支撑作用，提高农业机械化程度和装备水平。

(16) 多渠道增加农民收入。加大培训力度，提高农民职业技能和创收能力。坚持就地转移、返乡创业和异地输出并举，大力推动农村富余劳动力转移，增加农民工资性收入。挖掘农业内部增收潜力，完善农产品市场体系和价格形成机制，健全农业补贴等支持保护制度，增加农民生产经营收入。提高农民土地补偿收益，增加农民财产性收入。

(17) 加快推进新农村建设。按照新农村建设“20字方针”，继续搞好重点推进村建设，启动实施新农村连片建设提升工程，全面提高农村产业发展、基础设施建设、公共服务、社会保障和社会管理水平。完善提升农村“五个全覆盖”工程，确保工程长期稳定发挥作用。以县乡公路升级改造、农村公路连通工程和普及自来水为重点，进一步改善农村交通、供排水条件，继续推进农村电网改造。落实农村“一事一议”财政奖补政策，加快发展农村公益事业。以街巷硬化、垃圾处理、村庄绿化为重点，开展农村环境综合整治，进一步改善村容村貌。全面加快农村社会事业发展，完善农村社会保障体系，进一步提升农村公共服务能力和水平。加大对农民的教育培训力度，普及文化、科技和法制知识，培养造就有文化、懂技术、会经营的新型农民，逐步提高农民综合素质。继续实施整村推进、移民搬迁、产业开发、劳动力转移培训、教育扶贫五大扶贫工程，以片区扶贫开发为重点，加大政策支持、资金投入和帮扶力度，加快贫困地区脱贫致富步伐。

(18) 大力发展县域经济。加强规划引导，坚持民营主导、园区承载、集群推进、循环发展的思路，大力推进县域工业化。以县级工业园区为载体，打造特色产业集群。按照一县一业、一村一品的思路，推动农业规模化、标准化、专业化生产，提升农业产业化水平。大力发展劳动密集型服务业和休闲农业、乡村旅游等新型服务业。扩大县域发展自主权，建立完善支持县域经济发展的政策体系，优化县域发展环境，加大招商引资力度，引导人才、资本、技术等生产要素向县域流动，不断增强县域经济实力和发展活力。

(19) 深化农村改革。坚持和完善农村基本经营制度，保持现有农村土地承包关系稳定并长久不变。鼓励农民依法、自愿、有偿进行土地流转，发展多种形式的适度规模经营。按照节约用地、保障农民权益的要求，推进征地制度改革，完善征地利益补偿机制。深化农村信用社改革，加快发展农村小额贷款公司和资金互助合作社，扩大村镇银行试点，鼓励有条件的地区以县为单位建立社区银行。健全农业保险制度，扩大政策性农业保险覆盖面，改善和创新农村金融服务。深化农村综合改革，进一步完善促进“三农”发展的体制机制。

五、加快推进市域城镇化，统筹城乡发展

坚持统筹规划、合理布局、完善功能、以大带小的原则，紧扣提速、提质主题，按照“一核一圈三群”布局，以太原都市区为核心、区域中心城市为节点、大县城和中心镇为基础，加快推进市域城镇化，形成城镇化与工业化、城镇化与新农村建设良性互动的发展格局。

(20) 加快发展太原都市圈。支持太原率先发展，把太原建设成为具有国际影响力的区域性现代化大都市，增强省会城市的龙头带动力。以基础设施建设、项目产业发展、公共服务供给为突破口，以启动共建区建设为切入点，统筹规划、合理布局、加强协调，加快太原晋中同城化步伐，实现产业同构、交通同网、信息同享、生态同建、环境同治、旅游同线。积极发展以太原都市区为核心，太原盆地城镇密集区为主体，阳泉、忻定原、离柳中等城镇组群为支撑的太原都市圈，形成推动转型跨越发展的强大引擎。

（21）发挥区域中心城市和城镇群辐射带动作用。科学规划城市功能定位和产业布局，把除省会太原外的10个地级市发展成为经济实力强、综合承载能力高、辐射带动力大的区域中心城市。统筹区域城镇布局、基础设施建设、经济社会发展和资源环境保护，构筑跨市域的城镇群，重点建设以大同、朔州为核心的晋北城镇群，以临汾、侯马、运城为核心的晋南城镇群，以长治、晋城为核心的晋东南城镇群，促进区域协调发展。

（22）大力实施“大县城”战略和百镇建设工程。把县城和重点镇作为统筹城乡发展的突破口，引导生产要素、优势资源向其集中，推动基础设施向农村延伸、社会事业向农村辐射、公共服务和社会保障体系向农村覆盖，发挥县城和重点镇承接大中城市、带动农村的桥梁纽带作用，促进城乡协调发展。着力做大做强一批县级市和县城，培育县域经济集聚中心。选择一大批基础条件好、发展潜力大的重点镇予以扶持，进一步带动小城镇发展。整合开发区和产业聚集区，促进人口、产业集中集聚。

（23）加强城镇化管理。深化就业、社保、医疗等改革，实现农民工在劳动报酬、子女上学、公共卫生、住房租购以及社会保障等方面与城镇居民享有同等待遇。推进户籍制度改革，改进大城市落户政策，放宽中小城市落户条件，取消小城镇落户限制，使在城镇稳定就业和居住的农民有序转变为城镇居民。提高城市管理水平，创新城镇管理体制，加快推进城市数字化管理，强化公共服务能力，提升城市的品位和形象。

六、加快推进城乡生态化，建设资源节约型、环境友好型社会

实现经济社会可持续发展，必须坚持“绿色、低碳、洁净、健康”的发展理念，加快构建资源节约、环境友好的生产方式和生活方式，努力建设绿化山西、气化山西、净化山西、健康山西。

（24）建设“绿化山西”。以建设生态省为目标，以造林绿化为重点，按照生态建设产业化、产业发展生态化的思路，坚持增绿增收并重、造林造景并举、绿化美化并行，继续深入推进造林绿化工程，大幅度提高森林覆盖率。全面实施十大林业生态建设工程、五大林业产业开发工程和六大森林资源保护工程，加快推进晋北晋西北防风固沙、太行山土石山区水源涵养、吕梁山黄土高原水土保持和平川盆地防护经济林等四大生态屏障建设，巩固造林绿化和退耕还林还草成果，增加林木蓄积量，增强固碳能力和生态服务功能，保障区域生态安全。推进集体林权和国有林区林权制度改革，完善激励约束和生态补偿机制，引导鼓励企业和社会各界参与林业建设。

（25）建设“气化山西”。坚持政府主导、市场配置原则，建立利益均沾、风险共担、合资合作、共赢发展的体制机制，充分调动多元主体投资与建设的积极性，推进煤层气、焦炉煤气、煤制天然气和过境天然气“四气合一”，形成稳定气源。结合城镇化总体布局，加快“三纵十一横”骨干输气管网及支线管线建设，提高管网覆盖率。按照优先生活、兼顾生产的原则，优化用气布局和结构，逐步实现市、县、重点镇居民用气、工业园区、重点工业用户和重要旅游景区全覆盖。继续加大农村沼气建设力度，推进沼气集中供气工程建设，提高沼气综合利用水平。

（26）建设“净化山西”。实施环境容量总量控制，严格煤炭、焦炭、冶金、电力、化工、建材等“两高一资”产业准入门槛，加快淘汰落后产能，积极发展低碳、环保型产业。积极实施重点行业和重点领域节能减排工程、蓝天碧水扩容提质工程，大力推进以汾河为龙头的重点区域流域生态治理修复工程，大幅降低能源消耗强度和二氧化碳排放，有效控制二氧化硫、化学需氧量、氮氧化物、氨氮以及烟尘、粉尘等主要污染物排放。落实节能减排目标责任制，加快推行合同能源管理，加大环境保护和节能降耗地方立法力度，建立健全污染者付费、水电差别价格和排污权交易等制度。严格污染物排放标准和环境影响评价，强化对排污企业和重点耗能企业的监测监管，加强执法监督，健全重大环境事件和污染事故责任追究制度。强化应对气候变化意识，形成人人关心节能减排、全社会推进节能减排的强大合力和良好氛围。

落实节约优先战略，全面实行资源利用总量控制、供需双向调节、差别化管理，加强资源节约和管理。强化能源和矿产资源地质勘查、保护、合理开发，建立完善能源和矿产资源战略接续区；进一步完善土地管理制度，严格土地用途管理，完善节约土地标准；健全水资源配置体系，强化水资源管理和有偿使用，严格控制地下水开采，建设节水型社会。

（27）建设“健康山西”。以解决饮水不安全和空气、土壤污染等损害群众健康的突出问题为重点，加强城乡环境综合治理。大力发展医疗卫生事业。进一步完善疾病预防控制体系，加强重大疾病以及突发公共卫生事件预警和处置能力建设，健全精神卫生服务网络。加强妇幼保健、人口和计划生育工作，改善出生人口素质。维护妇女合法权益，加强未成年人保护，支持残疾人事业发展。广泛开展爱国卫生运动。加强农产品质量安全监管，完善食品安全责任追究制度。完善药品安全监管体制机制，确保药品质量和安全。加强城乡公共体育设施建设，开展全民健身运动，实施健康教育与促进工程，倡导健康生活方式，增强人民体质。

七、加强以改善民生为重点的社会建设，建立健全基本公共服务体系

保障和改善民生是一切工作的出发点和落脚点，必须逐步完善符合省情特点、比较完整、覆盖城乡、可持续的基本公共服务体系，推进基本公共服务均等化，大力发展社会事业，加强和创新社会管理，切实维护社会和谐稳定。

（28）积极扩大就业、构建和谐劳动关系。实施更加积

极的就业政策，大力发展劳动密集型产业、服务业和小型微型企业，多渠道开发就业岗位。鼓励自主创业，以创业带动就业，促进充分就业。建立健全促进就业机制，完善公共就业服务体系，健全城乡统一、规范灵活的人力资源市场。以高校毕业生、农村转移劳动力和城镇就业困难人员为重点，全面做好各类人员就业工作。加强择业观念教育和职业技能培训，提高劳动者就业能力。建立企业劳动关系内部协调机制，规范和改善企业劳动用工管理。强化劳动执法，完善劳动争议处理机制，保障劳动者权益。发挥政府、工会和企业作用，努力形成企业和职工利益共享机制，构建和谐劳动关系。

（29）合理调整收入分配关系。坚持和完善按劳分配为主体、多种分配方式并存的分配制度。初次分配和再分配都要处理好效率和公平的关系，再分配更加注重公平，努力提高居民收入在国民收入分配中的比重和劳动报酬在初次分配中的比重，创造条件增加居民财产性收入。完善公务员工资制度，深化事业单位收入分配制度改革，加强对企业工资分配的宏观调控和指导，持续提高职工最低工资标准，保障工资正常增长和支付。取缔各种非法收入，有效调节过高收入，努力扭转城乡、区域、行业和社会成员之间收入差距扩大趋势，让人民共享改革发展成果。

（30）健全社会保障体系。坚持广覆盖、保基本、多层次、可持续方针，加快推进覆盖城乡居民的社会保障体系建设。推动机关事业单位养老保险制度改革，实现新型农村社会养老保险制度全覆盖，完善实施城镇职工和居民养老保险制度。以城镇灵活就业人员和农民工为重点，进一步扩大社会保险覆盖面，逐步实现医疗、失业、工伤和生育等社会保险省级统筹。鼓励发展企业年金、职业年金，充分发挥商业保险的补充性作用。进一步完善社会救助体系，实现城乡社会救助全覆盖。加强城乡社会保障制度衔接，实现社会保障关系跨地区转移接续。推进社会保障信息网络建设，实现全省“社会保障一卡通”。加大社会福利服务网络建设力度，大力发展慈善事业。

（31）持续扩大消费。建立扩大消费需求的长效机制，着力提高城乡中低收入居民收入，增强居民消费能力。调整优化政府支出结构，加大对民生和社会事业发展的投入力度，扩大社会保障覆盖面，完善基本公共服务体系，改善居民消费预期。鼓励发展连锁经营、现代物流、电子商务等现代流通组织形式和大型购物中心、超市、专营店、便利店等新型消费业态，拓展文化旅游等新兴服务消费，促进消费结构升级。加强商贸流通基础设施建设，完善扩大消费的政策措施，加强市场监管，规范市场秩序，保护消费者合法权益，营造良好的消费环境。

（32）加快医疗卫生事业改革发展。按照保基本、强基层、建机制的要求，深化医药卫生体制改革，把基本医疗卫生制度作为公共产品向人民提供，优先满足群众基本医疗卫生需求，着力解决“看病难”、“看病贵”问题。健全覆盖城乡居民的基本医疗保障体系，逐步提高保障标准。加强城乡医疗卫生服务体系建设，强化和完善城市社区卫生服务功能，新增医疗卫生资源重点向农村和城市社区倾斜,加强全科医生等实用型医学人才培养。加强公共卫生服务体系建设，实施国家公共卫生服务项目，促进基本公共卫生服务均等化。建立完善以国家基本药物制度为基础的药品供应保障体系，确保药品质量和安全。积极稳妥推进公立医院改革，探索形成各类城市医院和基层医疗机构合理分工和协作格局。坚持中西医并重，实施中医药振兴工程。鼓励社会资本以多种形式举办医疗机构，促进有序竞争，满足群众多样化的医疗卫生需求。

（33）加快保障性住房建设。健全和完善住房保障体系，强化政府职责，动员社会参与，探索保障性住房建设新模式，全面完成国有工矿棚户区、城市棚户区、国有林区垦区棚户区改造任务和煤矿采煤沉陷区治理任务，实现城镇低收入住房困难家庭廉租住房全覆盖，加大公共租赁住房、经济适用住房、限价普通商品住房建设和农村危房改造力度，切实解决中低收入家庭等困难群体的住房困难问题，逐步改善居民基本居住条件。

（34）加强和创新社会管理。按照健全党委领导、政府负责、社会协同、公众参与的社会管理格局的要求，加强社会管理法律、体制、能力建设。健全基层管理和服务体系，加强和改进基层党组织工作，发挥群众组织和社会组织作用，提高城乡社区自治和服务功能，形成社会管理和服务合力。建立重大工程项目建设和重大政策制定的社会稳定风险评估机制，畅通和规范群众诉求表达、利益协调、权益保障渠道，建立健全人民调解、行政调解、司法调解相互衔接的工作机制，加强和改进信访工作，把各种不稳定因素化解在基层和萌芽状态。做好流动人口服务管理，加强特殊人群帮教管理和服务工作，加大社会管理薄弱环节整治力度。加强防灾减灾体系建设，健全突发公共事件应急管理体制机制，加强应急信息平台、物资储备、救援队伍等建设，提高危机管理和抗风险能力。加强社会治安综合治理，完善社会治安防控体系，搞好城乡社区警务、群防群治等基层基础建设，严密防范、依法打击各种违法犯罪活动，切实保障人民生命财产安全。做好国家安全工作。

（35）加强安全生产工作。进一步强化安全发展理念，牢固树立在山西抓好安全生产就是政绩的观念；坚持“安全第一、预防为主、综合治理”的方针，加大安全生产投入力度，强化安全技术和装备设施保障，全面提高从业人员素质；以煤炭行业为重点，深入开展覆盖所有行业和领域的安全生产专项整治活动，并使之制度化、常态化；建立健全安全生产制度，严格执行安全生产各项规定；全面落实企业安全生产主体责任和政府安全监管主体责任，不断创新安全生产管理体制和机制；严格现场管理，强化工作纪律；加强宣传教育，提高安全意识；严肃对待事故，严格责任追究，杜绝重特大事故发生，促进安全生产形势由明显好转向稳定好转转变。

八、大力建设国家资源型经济转型综合配套改革试验区，走出资源型经济全面转型的新路子

资源型经济转型综合配套改革试验区，是国家为推动全国资源型经济转型、实现区域协调发展，在我省实施的重大政策试点。这是我省推动转型跨越发展的重大机遇和重要抓手，必须加强组织领导，创新体制机制，先行先试，强化措施，确保试验区各项工作顺利推进、取得实效。

(36) 全面推进资源型经济转型。资源型经济转型是一项复杂的系统工程，涉及经济社会各个领域。重点推进产业结构转型，大力发展现代装备制造、现代煤化工、新能源、新材料、节能环保以及现代服务业等接续替代产业，实现支柱产业由单一向多元、产品由低端向高端转变。同时，要统筹推动区域良性互动，特别是加快资源型城市转型，增强发展的均衡性；统筹城乡发展，拓宽资源型产业反哺农业、城市支持农村的途径，形成城乡一体化发展新格局；大力发展社会事业，创新社会管理，提高社会管理和公共服务能力，促进经济社会协调发展；推进节能减排和生态环境保护，按照不欠新账、渐还旧账的原则，建立健全生态建设和环境保护的补偿机制，促进人与自然和谐相处，实现可持续发展；建设区域创新体系，提高自主创新能力，增强资源型经济转型的技术支撑。

(37) 强化政策支撑。着力推进体制机制创新，为资源型经济转型提供有效的支持平台和制度保障。继续实施和完善煤炭工业可持续发展试点政策，进一步促进煤矿安全生产、生态环境治理、煤炭企业改革和转型转产。加快财税体制改革，搭建支持资源型经济转型的投融资平台，引导社会资金参与资源型经济转型发展，积极推进煤炭行业资源税从价征收试点工作，按照国家统一部署开征环境保护税。进一步完善采矿权市场和资源有偿使用机制，推进其他矿产资源补偿费制度改革，建立与资源利用水平和生态环境治理挂钩的浮动费率机制。创新金融体制，加快推进区域金融综合配套改革，为加快资源型经济转型提供强大金融支撑。实行城乡建设用地增减挂钩政策，开发整合废弃工矿土地，集中用于转产转型项目建设，保障国有重点煤矿棚户区改造和沉陷区搬迁改造项目用地。创新扩大开放体制机制，开展资源型经济转型国际合作，增强对外开放能力。

九、深入实施文化强省战略，推动文化大发展大繁荣

文化发展是我省转型跨越发展的重要内容，必须坚持社会主义先进文化的前进方向，充分发挥我省文化资源丰富的优势，全面加强文化建设，满足人民群众日益增长的精神文化需求，增强全省人民的凝聚力和创造力。

(38) 深入推进文化体制改革和文化创新。坚持一手抓公益性文化事业、一手抓经营性文化产业，始终把社会效益放在首位，实现经济效益和社会效益有机统一。按照政企分开、政事分开、管办分离的原则，深化文化管理体制改革，建立统一高效的文化管理体制，创新文化生产和传播方式，增强文化发展活力。

(39) 大力发展文化事业。加强文化基础设施建设，大力实施“百县强基工程”和“万村千乡公益文化建设工程”，扎实推进文化惠民工程，基本建成覆盖城乡、惠及人民的公共文化服务体系。弘扬主旋律，提倡多样化，实施文化精品工程，推出一批思想深刻、艺术精湛、影响力大、群众喜闻乐见的文化精品。繁荣发展哲学社会科学。加强重要新闻媒体和互联网等新兴媒体建设和管理，把握正确舆论导向，提高传播能力。加强对外宣传和文化交流。加强基层文化队伍建设，广泛开展群众性文化活动。加大对文化遗产、历史文化名城（镇、村）和文物保护单位的保护和开发力度。

(40) 加快发展文化产业。实施“大作品、大集团、大景点、大会展、大服务”战略，推进优质文化产品创新，加快发展地域特色鲜明的文化产业。发挥重大项目带动作用，培育发展一批成长性好、竞争力强、特色鲜明的骨干文化企业，支持文化企业进行跨地区、跨行业、跨所有制的联合、兼并、重组，加快文化产业基地、园区和区域性特色文化产业集群建设。大力发展文化创意、动漫、数字出版等新型文化业态，发展网络文化、数字娱乐产品等新兴业务，拓宽文化产品服务范围和领域，增强文化产品服务的表现力、传播力和吸引力。深入挖掘文化内涵和文化底蕴，促进文化与旅游深度融合，大力发展文化旅游产业，使其成为我省的支柱产业，实现我省由人文资源大省向文化强省的跨越。

(41) 加强社会主义精神文明建设。建设社会主义核心价值体系，加强理想信念教育，倡导爱国守法和敬业诚信，构建传承中华传统美德、符合社会主义精神文明要求、适应社会主义市场经济的道德和行为规范，提高文明素质。深入推进社会公德、职业道德、家庭美德、个人品德建设，不断拓展群众性精神文明创建活动。大力弘扬以改革创新为核心的时代精神和我省长期培育形成的太行精神、右玉精神等宝贵精神。净化社会文化环境，保护青少年身心健康。综合运用教育、法律、行政、舆论手段，引导人们知荣辱、讲正气、尽义务，形成扶正祛邪、惩恶扬善的社会风气。

十、大力实施科教兴省和人才强省战略，为转型跨越发展提供有力支撑

全面贯彻国家和我省科技、教育、人才规划纲要，大力实施科教兴省和人才强省战略，努力提升科技创新能力，加快教育改革发展，发挥各类人才作用，为加快转变经济发展方式、实现转型跨越发展目标提供有力的人才保障和智力支撑。

(42) 推进科技进步和创新。坚持自主创新、重点跨

越、支撑发展、引领未来的方针，实施科技创新跨越工程，提升科技创新能力。围绕改造提升传统产业、培育壮大新兴产业等共性、核心技术，实施重大科技专项，力争在煤炭清洁生产利用、现代煤化工、装备制造、新能源、新材料、生物医药、节能减排、信息网络、新能源汽车等领域取得新突破。加快科技成果向现实生产力转化。深化科技体制改革，建设区域创新体系。重点引导和支持创新要素向企业集聚，加快形成以企业为主体、市场为导向、产学研相结合的技术创新体系。推进大学科技园区和工业技术研究院建设。加强知识产权保护。加大政府对基础研究的投入，不断提高研发投入占地区生产总值的比重，推进重大科技基础设施建设和开放共享。强化企业科技投入主体地位，综合运用财政贴息、融资担保、创业风险投资等多种方式，构建多元化的科技创新投融资体系，促进科技和经济双向融合、跨越发展。

(43) 加快教育改革发展。按照优先发展、育人为本、改革创新、促进公平、提高质量的要求，推动教育事业科学发展，办好人民满意的教育。增加公办幼儿园数量，积极发展学前教育；全面提高九年制义务教育质量和水平；普及高中阶段教育；推进职业教育全覆盖和免费进程；适度扩大高等教育规模，完成高校教育园区建设，加强重点学科建设，着力提高高等教育质量；加快发展继续教育，支持特殊教育发展，建设全民学习、终身学习的学习型社会。全面推进素质教育，促进学生德智体美全面发展。加快教育教学改革，提高教育质量。合理配置公共教育资源，重点向农村和基层倾斜，加快缩小教育差距，促进教育公平，实现义务教育均衡发展。健全资助制度，扶助家庭经济困难学生完成学业。全面加强教师队伍建设，不断提高教师思想素质和业务水平。增加教育投入，积极发展民办教育，鼓励和引导社会力量兴办教育。

(44) 加强人才工作。坚持党管人才原则，统筹推进党政人才、企业经营管理人才、专业技术人才、高技能人才、农村实用人才、社会工作人才等各类人才队伍建设。突出抓好高层次创新型科技人才、新兴产业创新型领军人才、重点领域急需和紧缺人才等重点人才的培养和引进。建立健全政府宏观管理、市场有效配置、单位自主用人、人才自主择业的体制机制，实施重大人才政策和重大人才工程，加大人力资本投入，加快人才资源开发，营造尊重人才的社会环境和平等公开、竞争择优的制度环境，促进优秀人才脱颖而出。

十一、加快改革攻坚步伐，创新完善体制机制

改革是加快转变经济发展方式的动力源泉，必须调动各方面的积极性，尊重群众首创精神，以更大的决心和勇气全面推进各领域改革，为转型跨越发展提供强大动力。

(45) 推进行政体制改革。按照政企分开、政事分开、政资分开、政府与市场中介组织分开的原则，进一步转变政府职能，强化服务意识，减少政府对微观经济活动的干预，增强经济调节和市场监管能力，提高社会管理和公共服务水平。深化行政审批制度改革，精简审批事项，简化审批程序，减少审批环节，规范审批行为，提高行政效率。健全科学决策、民主决策、依法决策机制，推进政务公开，完善重大事项公众参与、专家咨询论证和政府集体决策相结合的决策机制，提高决策科学化民主化水平。强化行政问责，改进行政复议和行政诉讼，完善政府绩效评估制度，提高政府公信力。

(46) 深化国有企业改革。深入推进国有企业股份制改造，引进战略合作者，鼓励省外资本和民间资本参与国有企业重组改造，实现投资主体和产权多元化。加快建立现代企业制度，健全公司法人治理结构，深化国有企业人事分配制度改革。依法加大对严重资不抵债、扭亏无望国有企业的改革破产力度。加快主辅业分离、分离企业办社会职能步伐，健全国有资本经营预算和收益分配使用制度，完善各类国有资产管理体制，改进国有资产监管方式，确保国有资产保值增值。

(47) 大力发展民营经济。坚持“两个毫不动摇”的方针，促进民营经济健康快速发展。进一步扩大民间资本市场准入范围，凡法律法规未明确禁止准入的行业和领域，对民间资本全部放开，重点鼓励和引导民间资本进入基础产业、基础设施、市政公用事业、社会事业、金融服务业、文化产业等领域，鼓励和支持煤焦、钢铁等资源型产业领域的民营企业转产转型，发展新兴产业。加大政策支持力度，搭建民营企业转产转型服务平台，建立健全社会化服务体系，加强对民营经济的服务，营造各种所有制经济依法平等使用生产要素、公平参与市场竞争、同等受到法律保护的体制环境和社会环境。

(48) 加快财税体制改革。在合理界定各级政府事权的基础上，按照财力与事权相匹配的原则，进一步理顺各级政府间财政分配关系。完善财政转移支付政策，增加一般性转移支付规模和比例，增强县级政府提供基本公共服务的财力保障。完善省直管县财政管理改革试点和“乡财县管”财政管理方式，加强乡镇财政管理。完善预算编制和执行管理制度，提高预算的完整性和透明度。优化财政支出结构，加快公共财政体系建设,提高财政保障能力。全面落实国家税收制度改革政策措施，逐步健全有利于加快转变经济发展方式的地方税收体系。

(49) 推进金融改革发展。积极创造与转型跨越发展相适应的金融格局。完善地方政府金融管理体制，提高各级政府管理、协调和服务金融业的能力。鼓励支持国有大型银行服务地方经济社会发展，特别是加大对中小企业、“三农”的服务力度。加快推进城市商业银行等地方金融机构改革发展，进一步理顺地方金融机构产权关系，完善地方金融机构治理机制。积极支持省外金融机构和外资银行来晋设立分支机构，加强与金融机构的战略合作。健全中小企业商业性信用担保体系。积极培育后备上市资源，鼓

励企业采取多种方式上市，发行债券、中期票据、短期融资券、中小企业集合票据，提高直接融资比重。加快发展股权投资、创业风险投资，开辟融资新途径。积极推进煤焦期货交易平台建设。创新保险产品和服务。严厉打击逃废金融机构债务、金融诈骗等违法犯罪行为，营造良好的金融生态环境。

(50) 推动资源性产品价格和要素市场改革。充分发挥市场在资源配置中的基础性作用，完善煤炭及其他重要矿产资源价格形成机制，理顺煤、电、气、水、矿产等资源类产品价格关系。健全土地、劳动力、技术、信息等要素市场，完善市场监管机制，规范市场秩序。

(51) 加快社会事业体制改革。积极稳妥推进科技、教育、文化、卫生、体育等事业单位分类改革。培育和支持各类社会组织参与社会管理和服务，改革公共服务提供方式，实现提供主体和提供方式多元化；推进非基本公共服务市场化改革，增强多层次供给能力，满足城乡群众多样化需求。

十二、大力实施开放引进战略，进一步提高对外开放水平

推动转型跨越发展，必须大力实施开放引进战略，充分利用国内外两个市场、两种资源，拓展新的开放领域和空间。

(52) 加大招商引资力度。完善招商引资政策，搭建招商引资平台，创新招商引资方式，面向国内外广泛招商。鼓励以企招企、以商招商、以项目招商，实行定点式、跟进式、持续式的精细化招商引资，扩大招商引资规模，提高利用外资质量。积极吸引国内外大型企业来晋投资，设立研发基地，重点发展新兴产业和高端产业。充分发挥经济开发区、工业园区等各类园区的支撑作用和示范带动作用，积极承接产业转移。坚持招商引资和招才引智相结合，按照不求所有、但求所用的原则，吸引更多的国内外人才、引进先进技术为山西建设服务。

(53) 转变对外贸易发展方式。巩固传统市场，开拓新兴市场，促进出口市场多元化；优化出口商品结构，在提高传统优势商品质量和档次的基础上，高度重视装备制造、新材料、特色食品、文化创意产品等高附加值、自主品牌的商品出口；积极发展服务贸易，培育服务外包市场；优化进口商品结构，加大对高新技术和关键设备的引进力度；加快推进内陆口岸和综合保税区建设，扶持发展具有仓储、报关、检验检疫、配送、加工贸易等复合功能的大型物流园区。

(54) 深化区域合作。加强与京津冀的协作发展，主动融入环渤海经济圈；加强与长三角、珠三角等沿海地区的经济合作，积极承接产业转移；深化中部六省的合作交流，落实好省际等战略合作协议，加强政府、企业和行业组织等各层次的经常性沟通和磋商。积极推进晋陕豫黄河金三角区域协调发展综合试验区建设。

(55) 优化发展软环境。在加强硬环境建设的同时，特别注重优化软环境。全面落实首问负责制、限时办结制、行政不作为和过错责任追究制，严格执行行政许可公开制度、收费公示制度、政府信息公开制度，切实提高行政效能，创造高效透明的政务环境；规范行政执法和司法行为，创造公平公正的法治环境；积极推进以政府信用为先导、企业信用为核心、个人信用为基础的信用体系建设，营造诚实守信的信用环境；建立重大项目跟踪服务制度，搭建手续全程代理等服务平台，形成良好的服务环境；破除封闭保守的狭隘观念，树立开放合作的全新理念，加强舆论宣传，提升对外形象，形成包容开放、海纳百川、互利互惠、共赢发展的人文环境。

十三、加强党的领导，团结带领全省人民为再造一个新山西而奋斗

(56) 充分发挥党的领导核心作用。党的领导是实现“十二五”时期经济社会发展目标的根本保证，必须加强党的执政能力建设和先进性建设，深入推进学习型党组织建设，提高各级党组织推动科学发展、促进社会和谐的素质和本领。加强各级领导班子建设，进一步提高科学判断形势的能力、驾驭社会主义市场经济的能力、依法执政的能力和总揽全局的能力，使之成为坚强有力、奋发有为、开拓创新的战斗集体。深化干部人事制度改革，坚持民主、公开、竞争、择优的原则，创新和完善干部选拔任用机制，坚持以实绩实效用人，提高选人用人公信力，建设一支干事创业、勇于奉献的干部队伍。建立科学完善、奖优罚劣的目标责任考核评价体系，在全省形成有利于科学发展的用人导向、推动转型跨越发展的生动局面。

(57) 加强社会主义政治文明建设。坚持党的领导、人民当家做主、依法治国有机统一，发展社会主义民主政治，保障人民的知情权、参与权、表达权、监督权。坚持和完善人民代表大会制度、中国共产党领导的多党合作和政治协商制度以及基层群众自治制度，巩固和壮大最广泛的爱国统一战线，充分发挥工会、共青团、妇联等人民团体的作用，切实做好民族、宗教、侨务工作，调动一切积极因素，有效凝聚各方力量。加快推进依法治省进程，坚持依法行政，促进司法公正，加强普法教育，维护法制权威。大力支持国防和军队建设，把国防动员和后备力量建设纳入全省国民经济和社会发展总体格局，走具有山西特色的军民融合式发展路子。

(58) 充分发挥广大党员干部的先锋模范作用。切实加强党的基层组织建设，深入开展创先争优活动，教育和引导广大党员干部用科学发展观武装头脑，树立正确的政绩观，积极落实加快转变经济发展方式的部署和要求，带头落实转型跨越发展的政策和措施，推动经济社会又好又快发展。严明党的政治纪律，加强对重大决策和重要工作部署的监督检查，确保政令畅通。加强反腐倡廉建设，严格执行党风廉政建设责任制。加快惩防体系建设，深入推进

煤焦领域反腐败专项斗争。着力解决人民群众反映强烈的突出问题。深化党性党风党纪教育，加强领导干部廉洁自律和严格管理，严格权力运行制约和监督，严肃查处违纪违法案件。强化宗旨意识，坚持群众路线，改进工作作风，始终保持同人民群众的血肉联系，大力弘扬党的光荣传统和优良作风，坚决反对形式主义、官僚主义，以优良党风凝聚党心民心，以优良党风促政风带民风。

美好蓝图催人奋进，转型跨越时不我待。全省上下要紧密团结在以胡锦涛同志为总书记的党中央周围，高举中国特色社会主义伟大旗帜，深入贯彻落实科学发展观，解放思想、开拓创新，埋头苦干、奋力进取，为完成国民经济和社会发展第十二个五年规划任务、实现再造一个新山西宏伟目标而奋斗！

中共山西省委办公厅转发《关于加强全省行业性专业性矛盾纠纷调解工作的意见》的通知

晋办发〔2010〕29号

各市、县委，省委各部委，省直各委、办、厅、局党组(党委)，各人民团体党组：

省矛盾纠纷排查调处工作领导组办公室拟定的《关于加强全省行业性专业性矛盾纠纷调解工作的意见》已经省委同意，现转发给你们，请结合实际认真贯彻落实。

中共山西省委办公厅

2010年12月3日

关于加强全省行业性专业性矛盾纠纷调解工作的意见

省矛盾纠纷排查调处工作领导组办公室

为认真贯彻落实全国政法工作会议、全国社会治安综合治理工作会议精神，深入推进社会矛盾化解、社会管理创新、公正廉洁执法三项重点工作，为全省转型发展、跨越发展创造良好社会环境，现就加强全省行业性专业性矛盾纠纷调解工作提出如下意见。

一、指导思想、基本原则和目标任务

(一) 指导思想。

以邓小平理论和“三个代表”重要思想为指导，深入贯彻落实科学发展观，以化解社会矛盾纠纷为目标，以创新调解机制为动力，以健全调解制度为保障，建立党委政府统一领导、综治机构组织协调、部门行业各司其职、社会各界广泛参与的矛盾纠纷调解工作体系，形成依靠专业调解组织、行业调解组织、群众自治组织共同及时有效化解矛盾纠纷的工作格局。

(二) 基本原则。

1、调解优先原则。各部门各行业要把调解作为解决矛盾纠纷的主渠道和首选方法，特别是劳动争议、医患纠纷、食品药品安全、安全生产、环境污染、知识产权、交通事故等矛盾纠纷多发的行业和领域，要着眼于预防、疏导，立足抓早抓小抓苗头，把调解工作做在裁决、诉讼之前，确保矛盾纠纷早发现、早控制、早化解。

2、谁主管、谁负责原则。按照“内部矛盾自己化解”的要求，严格实行部门、行业矛盾纠纷自查化解责任制，对部门、行业、单位内部的矛盾纠纷，由涉及矛盾纠纷的部门、行业、单位调解组织积极主动进行疏导、化解，严禁把矛盾推向社会。

3、平等、自愿原则。以平等的态度对待当事人，充分尊重当事人表达意愿和诉求的权利，尊重当事人对调解方式方法的选择，不得利用行政权力控制、影响调解结果，不得强迫当事人接受调解方式和调解结果，要通过释法说理、心理疏导等引导当事人互谅互让，解决争议。

4、依法、公正、高效原则。严格依照法律法规和相关政策公正、公平地处理矛盾纠纷，不得超越法律、法规、规章和政策规定，不得损害国家利益、社会公共利益和他人合法权益。注重法、理、情的有机统一，有效保护各方当事人的合法权益；注重调解效率，快捷、简便、有效地解决各种矛盾纠纷。

(三) 目标任务。

人民调解、行政调解、司法调解衔接互动、资源共享，专业性行业性调解工作整体效能充分发挥，调解成功率明显提高，实现“三提高、三下降、三防止”的工作目标，即人民调解成功率提高、行政投诉案件调解率提高、民事诉讼案件调解率提高，民转刑案件下降、民事诉讼案件下降、涉法涉诉信访案件下降，防止发生重大矛盾纠纷、防

止发生重大群体性事件、防止发生恶性民转刑案件。

二、建立专门机构，健全工作网络

省直各部门各行业系统要成立主要领导为组长，各有关单位负责人为成员的行业调解领导组，负责本部门、本行业矛盾纠纷调解工作的组织领导。规模大、矛盾纠纷集中的行业系统，要成立专门的行业性专业性调解组织，负责具体案件的调解工作；规模较小、条件一时不成熟的部门、行业，可依托相关处室成立调解办公室，增加或明确专人负责日常工作，并保证必要的工作条件。要选配或聘请文化素质高、具备一定法律专业知识、热心调解工作的同志担任调解员。今年年底前，卫生、教育、人力资源和社会保障、交通、矿产、煤炭、金融、工会、妇联等矛盾纠纷相对集中的省直部门、行业和领域要率先建立行业性专业性调解组织；明年上半年，省直其他有关部门也要把调解组织建立起来，并有效开展工作。

三、明确工作职责，发挥职能作用

建立健全专业性行业性调解组织，把司法调解、行政调解、人民调解等调解手段和方法有效衔接并充分运用起来，是推进“社会矛盾社会化解”的有效举措。各相关部门要明确自己的工作职责，主动发挥职能作用，引导中介组织、行业协会等社会力量积极参与调处工作，提高专业调解的权威性和公信力，促进矛盾纠纷和解，降低群众维护合法权益的成本。

人民法院要发挥司法调解的重要作用，重点推动一般民事案件、轻微刑事案件的调解工作，把司法调解工作范围由诉前向诉中、诉后、执行延伸，由一审向二审、再审延伸，由民商事案件向行政案件、刑事自诉案件、刑事附带民事案件以及执行案件延伸，由案件处理向立案、执行、信访等环节延伸。建立健全法院与职能部门在调解、仲裁、执行等工作环节的联动机制，重点强化劝导分流、诉前立案调解等职能，主动吸纳行政职能部门、人民调解组织、商事调解组织、行业调解组织以及其他具有调解职能的组织和人员参与司法调解，积极引导涉诉纠纷通过驻法院(庭)调解室进行分流，提高调解解决纠纷的比重。经行政机关、人民调解组织、商事调解组织、行业调解组织以及其他具有调解职能的组织调解达成的具有民事合同性质的调解协议，经调解组织和调解员签字盖章后，人民法院要依法确认其法律效力。

司法机关要加强与法院的密切配合，推动人民调解委员会规范化建设和人民调解工作网络化建设，推动建立区域性、行业性人民调解组织，扩大专业调解的覆盖面。要建立并逐步扩大专业调解员队伍，作好分类指导，完善调解员队伍培训管理机制，推动人民调解组织机构、人员配备、程序效力的组织化、法制化进程，确保专业调解的权威性和公信力。

人力资源和社会保障部门要加强劳动人事争议调解工作，探索建立人力资源社会保障部门主导，人民调解组织和工会、企业及主管部门共同参与的处置突发性、集体性劳动人事争议案件应急调解机制。通过大调解工作平台的联动作用，推动乡（镇、街道）劳动争议调解组织建设，将调解重心向企业相对集中的村和社区延伸。要在企事业单位和其主管部门中建立劳动人事争议调解组织，把调解贯穿于人力资源和社会保障部门处理行政争议、解决与行政管理职能相关的民事纠纷全过程，做好劳动人事纠纷仲裁与诉讼衔接工作，并形成长效工作机制。

卫生部门要建立健全医疗纠纷解决机制，鼓励医患双方协商解决纠纷，逐步建立覆盖全省的专业化、职业化调解队伍，通过设立第三方专业鉴定机构，明确鉴定程序和标准，消除医疗鉴定和司法鉴定的冲突。卫生、司法与保险监管等部门要加强协作配合，在进一步规范省医调会的同时，逐步在各市县建立医疗纠纷专业调解分支机构，强化对医疗纠纷的调解，从源头上减少医患纠纷。

教育部门要建立健全行业矛盾纠纷排查调解机制，认真排查调解涉及学校师生安全的隐患和矛盾纠纷，排查调解各类大中小学校和幼儿园的就学矛盾，排查调解学校教职员工工资待遇等矛盾纠纷，排查调解学校与周边各类单位及人群的矛盾纠纷，及时有效化解矛盾。

环保部门要建立环保矛盾纠纷排查调处机制，广泛开展涉及环境问题的矛盾纠纷排查调解工作，做到早发现、早调处、早解决，避免重大环保事故和因环保问题引发的矛盾纠纷发生或激化。要加大环保重点企业、重点行业、重点区域的矛盾纠纷调解工作，根据不同矛盾特点，有针对性地开展行业调解，化解行业内部矛盾，确保行业和谐稳定。

煤炭部门要在全系统大力推进行业调解组织建设，在煤炭的采、运、储、销等各个环节建立行业调解组织，认真排查重大安全生产事故隐患，及时调处因安全生产事故引发的矛盾纠纷。要重点排查调处因煤矿改制引发的各类矛盾纠纷，提前、快速、高效地化解矛盾，避免发生重大群体性事件。

国土资源部门要完善土地纠纷解决办法，积极做好因土地、矿产资源引发的矛盾纠纷排查调处工作。在人民调解员队伍中选拔培训乡村土地纠纷调解员，就近受理和解决涉及农民、各种农业协会等群体的土地纠纷，做好农村土地承包、流转等纠纷仲裁与诉讼衔接工作。

建设部门要健全行业调解机制，建立日常工作联系网络和联络员制度，加快制定和完善行政复议调解程序性规定，会同城管、公安、工会等相关部门，依法重点调处因损害农民工权益或住房拆迁、建筑施工等引发的矛盾纠纷。

公安交警部门要会同人民调解组织和人民法院共同建立健全交通事故调解机制，制定和完善受理登记、纠纷化解、司法确认、协议执行、结果反馈等制度体系，积极促成当事人自愿和解。要加强与保险部门的衔接,使蒙受损害的当事人能及时得到赔偿。加强与有关部门的密切配合，强化对涉及道路交通的各类矛盾的排查化解，重点做好因交通堵塞、上访堵路、道路修建等引发的矛盾纠纷排查化解工作。

银监部门要在金融系统建立矛盾纠纷排查调处工作机制，完善安全网络评估体系，加大对各金融机构与社会公众之间、各金融机构之间以及各金融机构内部的各种矛盾纠纷的排查化解力度，将风险控制前移，及时消除隐患，堵塞漏洞，化解风险。

工会组织要发挥自身优势，积极参与大调解工作。明确工会参与处理劳动争议的范围和应当遵循的原则，形成工会参与处理劳动争议的规范程序，使其依法参与劳动争议协商、调解、仲裁工作，充分发挥工会组织在维护劳动者合法权益、协调劳动关系方面的作用。

妇联组织要重点预防侵犯妇女儿童合法权益事件，及时化解因家庭暴力、夫妻关系不和、邻里关系不睦等引发的矛盾纠纷。通过帮助申请和提供法律援助、自行救助和调解、与其他部门联合救助和调解等，参与人民法院和行政管理部门有关劳资纠纷、权益保护争议的调解、仲裁等工作，维护好妇女和未成年人的合法权益。

四、完善工作机制，规范工作运行

按照“部门负责、归口办理、规范运作、公正调处”的要求，规范行业调解，提高调解质量，促进纠纷和解。

一是建立排查机制。组织本部门、本行业内的基层单位每月开展一次矛盾纠纷和不稳定因素排查，定期把排查情况上报省直各部门和行业矛盾纠纷排查调处领导组办公室。省直各部门、各行业每月对本部门、本行业矛盾纠纷排查工作开展情况进行一次通报。对排查出来的问题，按照行业调解的规则，及时将调处责任落实到相关单位和责任人，限时调解，力争把问题消除在内部、消除在基层、消除在萌芽状态。各部门、各系统要建立完善领导接待日制度，主要领导和班子成员轮流值班接待来访群众，面对面解决问题。

二是建立联席会议机制。各行业调解领导组定期召开行业调解工作例会，由相关部门、单位负责同志和行业调解办公室负责人参加，汇报工作情况，分析维稳形势，督办案件化解。对一些重大舆情、重要信息、疑难案件，由领导组及时召集相关部门负责同志和具体调解人员参加，进行分析研判和风险评估，提出解决办法，加大督促落实。

三是建立情况信息通报机制。对排查出来的情况信息，凡属本部门、本行业能够处理的，及时处置；需要其他行业调解部门和司法机关联合调处的，及时通报协调有关部门共同处置，直至问题解决。遇有重要信息、重大舆情，及时报告省矛盾纠纷排查调处工作领导组办公室。

四是建立衔接配合机制。各调解组织按照职责分工，认真做好矛盾纠纷调处工作。各专业性行业性调解组织之间，各专业性行业性调解组织与司法机关之间，要做到情况互通，资源共享，相互支持，密切配合。特别是对一些确需通过司法渠道解决的纠纷，要及时与司法机关沟通，提供相关资料，做好当事人情绪稳定工作。对法律关系复杂、人员众多、跨行业、跨部门、一时不能调解的复杂矛盾纠纷，要及时上报，提请省矛盾纠纷排查调处工作领导组办公室协调有关方面共同解决。

五、落实工作责任，确保取得实效

一要严格落实工作责任制。把行业调解工作纳入各部门、各行业工作全局，摆到重要位置，实行“一把手”负责制。对排查出的重大矛盾纠纷，主要领导要亲自动手包案解决，及时解决行业调解工作中遇到的困难和问题，在人员、经费、办公场所等方面给予必要的保障，确保行业调解组织有效开展工作。有条件的部门可适当给予调解员一定的工作补贴。

二要切实加大督促检查。各级综治委要加强对本辖区专业性行业性调解工作的组织指导和督促检查，省综治委将把行业调解工作纳入各部门、各系统社会治安综合治理工作考核范围，定期对各部门、各行业调解工作开展情况进行督促检查，年终进行总结评比。对行业调解工作开展较好的单位给予加分；对领导不重视、措施不落实、成效不明显的给予扣分；造成严重后果的，给予通报批评；影响特别恶劣、后果特别严重的，对其进行社会治安综合治理“一票否决”，取消其评选各种综合性先进的资格。

三要加大培训和舆论宣传力度。各部门、各行业要切实加强系统内部的动员和宣传工作，通过多种方式宣传行业调解的重要意义，积极推动专业性行业性调解工作深入开展。要积极与有关新闻单位联系，有计划地确定各个工作阶段的宣传重点，切实加大对专业性行业性调解工作的宣传力度，在全社会营造行业调解工作的良好氛围。

中共山西省委办公厅关于印发《2010—2020年干部教育培训改革实施意见》的通知

晋办发〔2010〕31号

各市、县委，省委各部委，省直各委、办、厅、局党组（党委），各人民团体党组：

省委同意《2010—2020年干部教育培训改革实施意见》，现印发给你们，请结合实际认真贯彻落实。

中共山西省委办公厅

2010年12月22日

2010—2020年干部教育培训改革实施意见

为认真贯彻落实中央办公厅印发的《2010—2020年干部教育培训改革纲要》（以下简称《纲要》），扎实推进全省干部教育培训改革工作，不断提高干部教育培训科学化水平，提出如下实施意见。

一、总体要求

认真贯彻党的十七大和十七届四中、五中全会精神，按照中央总体部署，紧密结合我省实际，以培训需求为导向，以整合资源为抓手，以提高质量效益为目标，深入推进干部教育培训改革，使办学体制更加开放，运行机制更为科学，内容方式更具特色，师资队伍更有质量，宏观管理更富成效，到2020年，基本建成适应我省转型跨越发展要求、适应干部队伍建设需要、适应干部人事制度改革实践的充满生机与活力的大教育、大培训格局，努力建设高素质干部队伍，为我省经济社会又好又快发展提供坚强思想政治保证、人才保证和智力支持。

二、主要任务

（一）以优化整合为重点推进办学体制改革。

1、深化市县两级党校（行政学院）办学体制改革。一是健全工作机制。各级党委、政府要按照“大规模培训干部、大幅度提高干部素质”的要求，指导党校（行政学院）制定好培训轮训规划。党委组织部门要按期调训党员领导干部，保证党校（行政学院）培训任务落实。二是抓好领导班子配备。各级党委要严格按照任职资格条件，配齐配强党校（行政学院）领导班子，特别要选拔有素质、有能力、有思路、有干劲的领导干部担任党校（行政学院）常务副校长（常务副院长），不能将此职位作为安排职务、提高待遇的渠道。三是统筹办学体制改革。通过整合本行政区域内同级各类干部教育培训机构等途径，建立党校（行政学院）为主体的“大党校”培训格局，增强办学实力，提高培训质量。县级党校（行政学院）可作为市级党校（行政学院）分校，由市级党校（行政学院）统一班次设置、统一教学计划、统一师资调配、统一教学考评，也可拓展培训职能，将培训范围和对象向基层延伸，努力适应基层干部和党员学习培训的需要。不具备办学条件的县级党校（行政学院）可作为市级党校（行政学院）的教学点。市属区级党校（行政学院）可采取“同城整合”办法，并入市级党校（行政学院），将培训任务交由市级党校（行政学院）承担。省、市党委组织部门要选择代表性强和辐射力大的市县，尽快启动并认真抓好办学体制改革试点工作。到2015年，基本完成全省市县两级党校（行政学院）办学体制改革任务。

2、优化整合部门、行业干部教育培训机构。省属有关部门、人民团体要在综合考虑培训任务总量、专业化程度和市场可替代性的基础上，按照少而精、突出特色的原则，优化整合本部门本单位所属干部教育培训机构。除特殊需要外，市县两级部门、行业干部教育培训机构要逐步撤销，其培训资源和职能可并入上级部门、行业干部教育培训机构或同级党校（行政学院）。对名为培训干校、培训中心等实为宾馆、度假村，主要靠非教育培训业务进行营利性活动的，坚决取消其办学资格。

3、构建优势互补、更加开放的干部教育培训新格局。一是充分发挥党校（行政学院）干部教育培训的主渠道主阵地作用，突出培训特点，增强培训实效。省委党校（省行政学院）要按照建设有特色高水平先进省级党校的目标要求，高标准规划，高质量办学，通过建立和完善教学考核评估体系，健全与强化学员考核考查制度，提高教学质量，提升教学影响。二是建立干部教育培训机构准入制度，科学制定准入标准，把高等学校、科研院所、社会培训机构以及境外培训机构等优质培训资源纳入干部教育培训体系，利用其开展新理论、新知识、新技能、新信息培训。要巩固拓展我省与中央党校、国家行政学院、中国浦东干部学院、中国井冈山干部学院、中国延安干部学院、中国大连高级经理学院、武汉大学、同济大学建立的“省校（院）干部培训资源共享机制”，发挥好山西大学、太原理工大学、山西财经大学、山西农业大学、太原科技大学、中北大学等全省首批干部教育培训高校基地的作用，积极利用德国不莱梅应用科技大学、新加坡南洋理工大学等境外培训基地，探索建立分工明确、布局合理、优势互补、相互促进的教育培训格局。三是适应现代信息技术迅猛发展的新形势，积极开展干部网络培训。2011年，省委组织部要开设山西干部在线学院，搭建网上学习平台，拓展干部学习空间，满足大规模培训干部需要。各地各部门要进一步加大资源整合力度，更好地满足广大干部多样化高质量学习培训需求。

（二）以干部自主选学为突破口推进运行机制改革。

把组织调训作为干部参训的主要方式，对政治理论、党性教育、政策法规、中央和我省重大决策部署等重点内容，坚持实行组织调训，并对主要领导干部、重点岗位干部进行点名调训。把自主选学作为组织调训的重要补充，开展新知识、新技能、新信息培训。要在全面总结2010年全省干部自主选学试点工作经验基础上，按照干部管理权限，在全省范围内积极推行干部自主选学，并以此为突破口，逐步建立规范有序、健全高效的干部教育培训运行机制。

1、完善以需求为导向的培训计划生成机制。各级党委（党组）要全面把握党的事业和党组织建设对不同地区、不同行业、不同单位、不同职位干部教育培训的不同要求，推动干部教育培训需求专题研究工作规范化、制度化。要组织专门力量深入开展分系统、分行业干部培训需求调查，准确把握不同系统、不同行业干部的培训需求，指导各培训机构统筹事业需要、组织需求和干部愿望等各方面因素，科学设置班次和内容。

2、完善干部学习培训考核评价机制。加大干部学习考核工作力度，结合干部年度考核，开展述学评学考学工作，全面考核干部的学习态度和表现、掌握运用理论和知识以及党性修养和作风养成等情况。按照干部管理权限，建立和完善干部学习档案，参照干部人事档案管理办法进行严格管理。将干部学习培训情况和考核结果如实记入干部信息库，纳入干部考核指标体系。

3、完善干部学习培训激励约束机制。把理论素养、学习能力作为选拔任用领导干部的重要依据。对干部进行任职考察和任前公示，要把学习培训情况作为重要内容。提拔担任县处级以上党政领导干部，要达到《干部教育培训工作条例（试行）》规定的培训时间要求，确因特殊情况在提任前未达到要求的，须在提任后1年内完成补训，仍未完成的要延长试用期。干部学习培训考核不合格的，年度考核不得确定为优秀等次。将开展干部教育培训工作情况作为各地各部门和干部所在单位领导班子年度考核的重要内容，实行主要领导负责制。

4、完善干部学习经费保障机制。加大干部教育培训经费投入，保证干部教育培训工作需要。各级政府要将干部教育培训经费列入年度财政预算，随着财政收入增长逐步提高。加强干部教育培训经费使用管理，专项培训经费由干部教育培训主管部门统筹使用，主要用于重点培训班次、境内外重要培训项目和干部培训机构基础建设；职工教育培训经费由各部门各单位按干部职工工资总额的1.5—2.5%列入公用经费预算，作为干部日常教育培训费用。乡（镇、街道）以下基层干部教育培训经费由当地财政统筹安排。按照我省关于在干部自主选学中实行经费“跟着干部走”与“跟着项目走”相结合的使用和管理暂行办法，结合强制性培训收费政策规定，省物价和财政部门要尽快核定干部自主选学收费标准。把干部教育培训经费的预算、使用和管理情况纳入领导班子和领导干部年度考核项目。

（三）以“学研实一体化”模式为载体推进内容方式改革。

积极探索党校、高校、现场教学点和实践教研基地共同参与，综合运用各种现代化教学方式，融教学科研与实践应用于一体的“学研实一体化”培训模式，完善培训内容，改进培训方式，提高培训实效。

1、制定全省干部分类培训大纲。根据干部管理权限，紧紧围绕全省转型跨越发展中心任务，重点围绕工业新型化、农业现代化、市域城镇化、城乡生态化，制定干部分类培训大纲，加强对不同类别、不同层次、不同岗位干部培训的指导和引导。省委组织部要按照工业、农业、财经金融、教科文卫、政法及社会管理、公共服务等分类标准，制定全省干部分类培训大纲，明确各类干部初任培训、任职培训、专门业务培训、岗位培训等的目标、内容和方式，提高干部教育培训针对性，努力实现各类干部教育培训全覆盖。

2、完善培训内容体系。以提高干部素质和能力为目标，不断完善理论教育、知识教育、党性教育和能力（技能）培训体系。围绕提高干部思想政治素质，在加强马克思列宁主义、毛泽东思想教育的同时，重点进行中国特色社会主义理论体系特别是科学发展观教育，进行党的路线方针政策、国家法律法规、党的历史、国情省情和形势教育；围绕提高干部知识素养和实践能力，广泛开展推进中国特色社会主义经济建设、政治建设、文化建设、社会建设以及生态文明建设和党的建设所需的各种知识教育培训，重点抓好提高推动科学发展、促进社会和谐能力和实现转型跨越发展所需知识技能的教育培训；围绕提高干部道德品行和精神境界，大力加强党性党风党纪教育和社会主义核心价值体系教育，重点开展忠于党和人民、尽职尽责工作、培养高尚道德情操、岗位廉政教育。干部教育培训管理部门要会同党校、行政学院和其他干部教育培训机构，加强培训学科、课程和教材体系建设，打造高质量、有特色的品牌培训项目、精品课程和精品教材，开发并逐步建立反映山西发展实际、益于干部能力提升的案例教学库。

3、开发建设一批现场教学点和实践教研基地。依托各级党校，以弘扬太行精神、纪兰精神、右玉精神等为主线，深入挖掘我省革命历史传统教育资源，提升思想内涵，进行理论概括和升华，开发建设一批干部教育培训现场教学点；依托各级政府、经济园区、大型国有企业，利用其他省份以及发达国家和地区的优质资源，以了解地方经济与企业运行机制、把握产业发展趋势、掌握经济发展规律、提升领导和推动经济发展本领为目的，建立一批干部教育培训实践教研基地，加强干部能力培养和党性锻炼，努力打造领导干部学习实践的生动课堂。

4、拓宽视野创新培训方式方法。改进培训班次设置方式，推广专题研究、短期培训、小班教学，突出按干部类别开展培训。优化专题设置，提升专题讲授水平，推广研究式、案例式、体验式、模拟式教学。鼓励高等学校发挥学科和专业优势，以煤化工、财政金融和农业现代化等为主题设置常规性专题班次。坚持“走出去”和“请进来”相结合，探索和丰富跨地区、跨部门、跨学校合作办学模式，积极开展境外培训、异地培训、分段式培训、延伸培训、个性化定制培训、专家讲座、送教上门等，更好地提高培训的针对性和实效性。

（四）以打造品牌师资为目标推进师资管理改革。

1、扩大师资选聘范围。探索建立符合干部教育培训特点的师资准入和退出机制，引导优秀师资积极参与干部教育培训。坚持专兼结合，面向社会公开选拔、择优聘用专职教师，大力选聘优秀党政领导干部、企业经营管理人员、知名专家学者和先进模范人物担任兼职教师，形成梯队结构合理、专业优势互补、专兼职比例适当的高素质师资队伍。市级以下干部教育培训机构师资构成要逐步过渡到以兼职教师为主。推动党政领导干部特别是主要领导干部到干部教育培训机构讲课制度化和优秀教师深入基层送教上门经常化。

2、加大师资培养力度。有计划地选派优秀教师特别是中青年骨干教师到境内外知名高校和上级干部教育培训机构学习进修。承担干部教育培训任务的教师，都应有挂职锻炼、实地调研、专业进修和跟班学习的经历。省、市两级党校每年要有计划地对下级党校骨干教师进行业务培训或组织跟班学习。各级党委组织部门要加强对党校师资的培养，为党校教师到基层、发达地区和重点工程中实践和挂职锻炼创造条件、提供支持，努力提高党校教师理论联系实际的能力和业务水平。

3、完善师资队伍评价考核。制定干部教育培训教师从业准则与职业道德规范，省委组织部要组织力量对党校、高等院校承担干部教育培训任务的师资进行评估，实行资质认证和准入制度。推行教师竞争竞聘上岗制度，并将岗位等级、工作业绩与薪酬挂钩。通过师资考核评估，推出一批在全国有影响力的教学名师，建立一支适应新形势新任务干部教育培训需要的骨干师资队伍。

4、建立全省干部教育培训师资库。结合省情特点与经济社会发展实际，在深入总结教学课程、专题评估的基础上，推进干部教育培训师资库建设与开发培训项目课程相配套，实现全省师资资源合理配置与资源共享，推动优质师资资源向基层一线延伸。

（五）以“抓大放小”为原则推进宏观管理改革。

1、转变管理职能。各级党委组织部门作为干部教育培训的主管部门，要坚持“抓大放小”，管规划、管指导、管服务、管督查、管制度，从具体事务和直接办班中解脱出来，把该管的管好，该放的放活。

2、理顺管理关系。干部教育培训主管部门要加强对干部教育培训机构的工作指导，严格执行干部教育培训管理有关规定，支持培训机构自主办学。按照“谁主管谁负责”原则，理顺地方与部门之间的关系，切实解决好各自为政、重复培训、多头运作等问题。

3、改进管理方式。加强干部教育培训法制建设，完善干部教育培训权益保障、竞争择优、考核评估和监督约束等方面配套制度，提高工作的规范化水平。加强干部教育培训工作理论和政策研究。推进干部教育培训管理信息化建设，省委组织部要建立山西省干部教育培训管理平台和干部自主选学管理信息系统，提高管理效率，增强服务水平。

4、加强和改进学风建设。贯彻落实中央和省委关于加强学风建设的要求，加强对干部学风、培训机构校风、教师师风的督促检查，坚决整治不良学风。干部教育培训机构要坚持理论联系实际，从严治校，勤俭办学。学员要加强党性锻炼，端正学习态度，严守校纪校规。教师要严守纪律、严谨治学、以德施教。组织人事部门要将干部学习态度、参与程度、互动效果、学习成果作为评价学风情况的重要内容。纪检监察机关要将干部学习培训期间的表现纳入干部日常监督管理范围，对培训期间违反有关规定和纪律的，视情节轻重，给予批评教育直至纪律处分。

三、组织领导

（一）明确职责分工。各级党委（党组）要把干部教育培训改革工作摆到重要位置，主要负责同志要加强调查研究，及时掌握情况，解决干部教育培训改革中的困难和问题。建立健全由党委组织部门牵头、相关部门参与的干部教育培训领导小组或联席会议制度。党委组织部门要履行好牵头抓总职能，加强与有关部门和培训机构的沟通协调，做好改革任务的细化和分解。有关部门要明确职责分工，各司其职、各负其责，密切配合、相互支持，形成工作合力，营造推进干部教育培训改革的良好舆论氛围。

（二）强化分类指导。干部教育培训改革涉及面广、差异性大，各级各有关部门要深入基层、深入实际，了解情况、把握规律，切实加强对不同地区、不同部门、不同机构改革的分类指导，围绕《纲要》提出的改革重点，立足我省工作实际，分年度分进度积极有序推进。

（三）鼓励探索创新。倡导想创新、敢创新、会创新的风气，充分尊重基层和群众的首创精神，鼓励基层大胆探索，切实解决干部教育培训工作的重点难点问题。认真总结推广各地各部门创造的成功经验，及时转化为改革的具体措施，努力走出一条各具特色、富有成效的干部教育培训改革新路子。

（四）严格督促检查。省委组织部要定期对各地各部门贯彻落实中央《纲要》和本实施意见的情况进行跟踪了解和督促检查，及时发现问题，有效解决困难，推动各项改革健康有序开展。各级组织人事部门也要及时对本地本部门干部教育培训改革情况进行督促检查，确保改革任务落到实处，取得实效。

2010年7月，山西省第十一届人民代表大会第四次会议在太原隆重召开。

省委工作部门工作概况

省委办公厅工作概况

省委秘书长　高建民

2010年是我省推进转型发展、跨越发展的起步之年，也是全厅干部职工团结奋进、务实创新，为再造一个新山西作出重要贡献的一年。一年来，在省委的坚强领导下，办公厅领导班子坚持以科学发展观为指导，认真贯彻落实中央和省委的一系列重要决策和部署，按照袁纯清书记对办公厅工作的要求以及高建民秘书长提出的“讲政治、顾大局，保本色、守规矩，搞服务、重细节，强素质、抓创新”的具体要求，始终围绕省委工作中心，服务全省发展大局，健全完善体制机制，积极履行职能作用，不断提升“三服务”的质量和水平，较好地完成了省委赋予的各项任务。

一、坚持深入阐述省委工作思路、认真细化省委部署要求，进一步提升了参谋服务的层次和水平

我们把服务省委领导深入调研、把握省情，完善思路、细化部署作为“三服务”工作的重中之重，积极适应省委班子特别是主要领导调整变动后的新形势，围绕省委确定的“推进转型跨越发展、再造一个新山西”的战略部署，努力把中央大政方针、省情具体实际和领导思路意图有机融为一体，在调查研究、文稿起草、信息报送等方面狠下功夫、力求实效，进一步提升了参谋服务的水平。

一是坚持把跟随领导调研和开展专题调研结合起来，加强调查研究。跟随省领导到省级四套班子、军分区和部分省直机关、11市及重点企业、重点工程进行走访调研，协助省领导开展重点课题专项调研，先后召开各类座谈会50多次，形成一批有深度、有影响的调研报告，为省委制定转型跨越发展战略、提出“十二五”规划建议提供了重要依据。

二是坚持把充分体现省委对省情的思考认识和深入阐述省委的决策部署结合起来，精心起草文稿。按照科学发展观的要求，紧扣省委推进转型跨越发展、再造一个新山西的思想脉搏，认真起草代拟稿、整理领导讲话、撰写新闻通稿，使领导的思考和认识更加系统深刻、省委的决策部署更加具体深入，特别是在省委领导的精心指导下，起草了全省领导干部大会讲话、兴起学习弘扬右玉精神新高潮电视电话会议讲话、省委九届十一次全会报告及讲话、全省经济工作会议讲话和多名中央领导来晋视察工作汇报等重要文稿，把省委对山西科学发展的新思考、新战略、新部署和新成效，充分体现出来，及时反映上去，较好地发挥了省委文稿凝聚人心、指导工作、推进发展的作用。全年共起草、修改、整理各类文稿430余篇、220余万字。

三是坚持把报送中央和省委领导关注的重点、难点问题与社会反映的焦点、热点问题结合起来，加强信息服务。围绕应对国际金融危机带来的冲击、落实转型跨越发展战略、学习弘扬右玉精神等重点工作，不断提高报送质量、完善工作网络，努力畅通信息渠道、健全处置机制，各级领导对信息的批示进一步增加，信息工作继续保持了在全国的先进位次。全年共编发《山西信息》3110期、9180篇，向中办报送信息2300余篇、被采用607篇，中央领导批示30多件（次），编撰印发《晋信之路——纪念山西省党委系统信息工作25周年文集》，进一步推动了信息工作经验的交流。

四是坚持把反映基层的新鲜经验和工作中存在的问题不足结合起来，认真编发内刊。坚持从不同侧面反映重点工作动态和社情民意、交流各地转型跨越实践成果，不断增强内刊编发的针对性和专题性、强化内刊对领导决策的辅助性和服务性，内刊质量进一步提高。全年编发《山西情况》3期、

《工作研究与交流》46 期、《值班情况通报》23 期、《山西值班要情》5 期、《社情民意动态》69 期、《社情民意快报》16 期、《每日要情》365 期。同时深入推进《中办通讯》征订和学用工作，全省征订总数和支部覆盖率连续两年位列全国第三，被中央办公厅评为先进单位，获得一等奖。

二、坚持不断完善流程、理顺机制，进一步保障了省委工作的高效运转

按照省委的要求，由分管秘书长牵头，围绕健全决策落实和文件、批示办理机制，对呈送、办理领导阅示件、批示件的流程和环节等进行了规范，制定了《呈送省委主要领导同志阅示件流程图》和《省委主要领导同志批示办理落实工作流程图》，进一步完善了办文、办事、办会等方面的工作流程，健全了反馈机制，强化了制度建设，促进了省委决策部署的深入落实，受到了袁纯清书记的肯定。

在会务工作方面，坚持树立精品意识，坚持在讲效率、抓细节、重统筹上下功夫，确保组织周密、安排周延、统筹周致、服务周全。全年累计组织召开省委九届十一次全会、省委常委会、省委中心组学习、全省经济工作会议、全省领导干部大会、学习弘扬“右玉精神”大会等省委大中小型会议 130 余次，其中，省委常委会议 27 次；组织安排省委常委活动 320 次；办理请示报告 184 件。

在政务接待方面，充分发挥接待工作在经济建设和对外联系工作中的桥梁纽带作用，认真履行组织协调和服务保障两大职能，全年共接待党和国家领导人以及中央和各省、市、区来宾 140 余批、4610 余人次，圆满完成了刘云山、王乐泉、孟建柱、杜青林、曹建明等党和国家领导人来晋视察的重大接待任务。

在督促检查方面，围绕中央和省委重大决策部署的落实，先后对全省保障和改善民生、落实农村“五个全覆盖”、省委袁书记在调研期间听取的意见和建议落实情况、省委政协工作情况、全省军转干部安置情况和太原市加强环境保护工作等进行了督查。承办中央、省委领导同志批示件 38 件，办结 34 件，其中胡锦涛、李长春、周永康等中央领导批示 16 件。配合中办督查调研组对我省清理规范评比达标表彰工作情况、地质灾害治理情况进行了督查调研。就一些社会反映强烈的重点问题进行直接查办，向省委提交了情况报告，省委主要领导作出重要批示。共办理政协提案 57 件，满意和基本满意率达 100%，采纳和基本采纳提案建议达 95%。

在值守应急方面，举办了 11 期值班系统干部培训班，完成了“山西党委系统值班管理平台”程序编制任务，特别是积极拓宽值班信息渠道，理顺报送关系，提高上报时效，完善应急机制，加强批示催办，确保了省委政令畅通，为维护全省和谐稳定的大局发挥了积极作用。全年处理各类重大突发事件 453 起，办理省委领导批示事项 115 件。

在发文审核方面，坚持努力完善办文制度，规范办文程序，提高发文质量，全年共审核处理省委和办公厅文件 379 件，初审省人大提请省委审定的地方性法规 19 件。

在公文运转方面，全年共处理文件、信息、资料等 150 余万份，其中拟办分发中央和中央办公厅文件 2 万余份，办理分发国务院、省政府来文 1.7 万余份，分发省委、省委办公厅文件、刊物、材料 20 余万份，确保了公文的高效运转。

在机要交通方面，围绕全力打造“两确保、零误差”的机要交通品牌，印发了《机要交通安全保障协作工作机制》，制订了太原武宿国际机场机要交通安全工作流程，全年共收投党政军核心密件 6814 件，加班传递省委、省政府专件、急件 9 次，没有发生任何业务差错和事故，圆满完成了各项机要密件的投递任务，实现了业务竞赛全优“十八连冠”的好成绩，并被命名表彰为省直机关公民道德建设“十佳文明窗口”。同时，圆满完成了中办在我省召开的全国《机要交通》刊物通讯员笔会。

三、坚持大力加强管理、提升服务，进一步树立和规范了省委机关的良好形象和秩序

围绕人、财、物等关键环节，积极推行科学化、精细化、人性化管理，强化工作管理、过程管理、目标管理，以严格管理确保机关各项工作正常开展和高效运转。

加强厅内政务建设，着力提高厅内政务运转效率，优化厅内政务环境，积极提升办公自动化程度，严格规范印鉴管理和来文办理制度，不断提升厅内会务接待和文印工作质量水平，全年接待中办及兄弟省市党委办公厅客人 26 批、191 人次。

加强档案管理，全年共收集整理文书档案 236 卷，完成了原中央政治局常委乔石、朱镕基同志考察山西有关重要资料的报送工作；制定并通过了《中共山西省委办公厅文件材料归档范围和文书档案保管期限规定》，进一步加强了档案规范化建设。

加强财务管理，坚持在保重点、保运转、保福利上下功夫，筹集资金近 1000 万元对省委办公大楼门厅、常委会议室、机关食堂、停车场等处所进行了维修改造；筹集资金 100 多万元对新进人员配备了办公设备。还对 23 项工程进行了审计，对 35 个大宗商品及工程项目办理了政府采购手续，对省委周边经营性资产及厅内建筑物进行了彻底清查。

加强机关保卫，狠抓安全防范工作，深入落实安全工作责任制，实现全年无火灾，创造了连续 20 年火灾事故零记录；强化治安管理工作，综合整治车辆停放秩序，加强重大节日安全保卫，进一步提高技防、人防、物防水平，在车辆分区停放、大楼安全保卫、机关治安工作等方面取得了新的突破。

加强机要和保密工作，省委机要局调整为部门管理机构，组建了密码管理局领导班子；落实信息化密码保障基础设施建设经费近 5000 万元，补助专项经费 173 万元和党委办公厅系统网络建设经费 150 万元；继续抓好全国信息化密码保障建设，党委系统信息化建设实现新的跨越。全面推进保密宣传教育、督促检查、技术发展和责任落实工作，涉密人员、载体和资质的保密管理切实加强，军工单位保密资格审查认证工作稳步推进，初步建成全省涉密计算机非法外联监

控平台，保密技术防护和检查能力进一步提高。

四、坚持努力解决好涉及干部职工切身利益的实际问题，进一步增强了干部职工的光荣感、自豪感

按照省委进一步关心干部生活的要求，我们坚持下功夫加强机关后勤保障工作，有力地提升了机关服务水平。

行政工作高效有序，坚持服务与管理并重，改进作风与提高效能并举，在大楼管理、会议和领导办公室服务、办公用品配置、固定资产管理、医疗保健等方面，进一步完善了措施，改进了服务，后勤保障水平进一步提升。

建设维修工作稳步推进，完成了23号楼建设和分配工作，对部分旧房进行了调整，解决了部分职工的住房困难，加紧地下车库建设工作，继续推进桥东宿舍区改造和职工团购住房工作；对大院东侧进行拆除整治，新建了停车场，增加停车位70多个；完成了办公大楼一层大厅和常委会议室改造装修，服务队全年出工4.53万人次，加班2500多个，确保了省委机关水、电、暖运行系统正常工作。

物业管理中心，全面推行工作责任制，不断加强成本核算精细化管理，引进信息化收费系统和智能电表等先进技术手段，进一步加强环卫、治安、绿化等工作，有力保障了省委机关工作的正常运转和各宿舍区居民生活的和谐稳定。

服务中心，饭菜品种和质量进一步提升，洗浴环境不断改善，房屋出租和加油业务管理加强、收益稳定，服务质量和经营水平进一步提高。文秘中心，注重科学经营、优质经营、安全经营，管理服务水平不断提升。招待所，坚持内强管理，外拓市场，全年营业收入再创新高，突破750万元；机关幼儿园，积极加强基础设施建设和队伍建设，办园质量和水平再上新台阶；机关车队，继续严格车辆管理、提高服务能力，全天候保障机关用车，全年安全出车5.5万台(次)，安全行驶190余万公里；文印中心，加强内部管理，严格保密制度，顺利通过了涉密载体清理和涉密场所检查以及邮政用品用具全国交叉检查，全年完成经营收入达850万元。

五、坚持切实听取民意、解决民忧，进一步增强了做好新形势下群众工作的针对性和实效性

努力做好社情民意工作，紧密联系省情实际，捕捉重大社情民意动态，全天候、全方位对互联网进行监控，认真听取群众意见，努力做好网上留言办理工作，省领导多次作出重要批示。共受理群众反映的意见建议1万余件，转办200余件，反馈500余件，评选“办的好”意见145件，解决了一大批关系群众切身利益的问题，群众满意度不断提高。

大力加强信访工作，以做好送上门来的群众工作为统揽，以社会工作部(办、站)和信访服务中心建设为抓手，不断加强信访队伍建设和制度建设，信访工作的整体水平得到大幅提升，全年共受理群众来信来访272656件(人)次，同比下降11.4%，连续3年保持了“四下降一好转”(信访总量、来省集体访、个体访、进京非正常上访下降，信访形势明显好转)的良好态势，确保了上海世博会、广州亚运会等重大活动和敏感时期的社会和谐稳定，受到了中央联席会议和国家信访局的充分肯定和多次表扬。

扎实做好防范和处理邪教工作，坚持积极防范应对、主动出招处置、大力夯实基础，防范控制能力明显增强，教育转化攻坚和巩固水平得到提升，集中教育整治大行动取得明显成效，长效机制不断健全，有效瓦解了“法轮功”等邪教的组织基础，提高了广大干部群众的反邪教意识和能力，为推进全省改革发展创造了和谐稳定的社会环境。

继续抓好对台工作，严格贯彻执行中央对台工作精神和省委、省政府工作部署，实现了太原—台北直航；协助引进了长治“LED外延芯片”合作项目、万荣镁都铝业有限公司等大型台资项目，吸引台资4147万美元；成功举办了“太原—高雄新闻交流论坛”、“海峡两岸教书育人研讨会”等大型晋台交流活动。

持续推进机关定点扶贫工作，积极发挥省委机关的政治优势，协调有关方面，报经国家财政部批准，将沁县列为国家级“农业综合开发县”，帮助当地确立了“平川村镇发展无公害蔬菜产业和边远山村发展核桃产业”的脱贫兴农思路，大力发展设施农业，落实项目资金240万元，争取贴息贷款150万元，连片推进，规模经营，新建蔬菜大棚2200余亩，栽种核桃6500余亩，修建5米宽林间路基7.8公里，打深井1眼，建蓄水池1座，铺设引水管线4000多米，得到省委领导和省下乡办的充分肯定，赢得了当地干部群众的普遍好评。此外，厅里还组织进行了到驻点乡小学的慰问和帮扶活动，捐赠了价值1万多元的教学用品和体育器材，组织志愿者结对资助了17名贫困学生。

六、坚持狠抓学习、锤炼作风，进一步增强了全厅党员干部的凝聚力和战斗力

以服务和保障办公厅中心工作、加强干部队伍建设为目标，以创先争优活动和推进学习型党组织建设为抓手，以深入学习弘扬“右玉精神”和推进作风效能建设为重点，进一步加强了机关党的思想、组织、作风、制度和反腐倡廉建设。

继续加强学习型党组织建设，健全党员培训机制，组织举办了全厅学习型党组织建设专题培训，围绕国情省情为全厅500余名党员举办了6场专题讲座。

积极促进干部队伍思想解放，由两位副秘书长带队，组织机关处室单位主要负责同志到宁、苏、粤、黑、辽等五省区学习，组织参观上海世博会，进一步开阔了眼界、激发了动力、促进了工作。

深入开展创先争优活动，围绕夯实基础，科学设计主题，严格活动程序，用“五个好”和“五带头”严格要求全厅各基层党组织和广大党员，全厅54个总支、支部和536名党员全部作出公开承诺，通过展板、征文、主题教育、编发简报等形式，营造了学先进、赶先进、作贡献、当表率的良好风气。

扎实推进全厅作风效能建设，集中一个月时间在全厅开展了作风效能建设，组织厅中心组成员和处室主要负责同志赴右玉参观学习，对全厅干部职工执行“四条禁令”、转变工作作风情况进行了部署和检查。

坚持做好文明和谐创建工作，组织春节团拜会、元宵节猜灯谜等活动，加强职工活动场所建设，参加省直机关第三届职工运动会，坚持做好对口帮扶和各类社会捐助活动，开展向玉树、舟曲灾区捐款、“博爱一日捐”、“送温暖、献爱心”等活动，全厅累计捐款约17万余元，认真做好“五五”普法总结验收工作。

继续深化干部队伍建设，公开招录9名公务员，全年任免干部15人，其中，提任处级干部6人，平级转任处级干部2人，提任科级干部2人，先后为20人办理了调配手续，其中，接收军转干部3人，复退战士1人，内部调整5人。继续加强干部培训教育和考核工作，自主选学培训78人，5名同志报名参加学历教育；对27名获得优秀等次的公务员进行申报嘉奖，对7名连续3年获得优秀等次的公务员，申报记三等功，积极选树省级劳动模范1名，评选推荐省直劳动模范3名；制订实施《2010年度目标责任考核指标分解意见》，形成了有办公厅特色的绩效考核评价体系。同时进一步做好事业单位改革、劳资福利、职称评聘、工人技术等级考核、计生、政审等各项工作。

大力做好老干部工作，认真落实老干部的政治和生活待遇，充分在政治上尊重、思想上关心、生活上照顾老同志，努力为老同志办实事、做好事、解难事，积极开展阅文通报、家访慰问、医疗保健、信件转送、文体娱乐等工作，使老同志老有所养、老有所学、老有所乐、老有所为。

不断加强党风廉政建设，深入贯彻落实党风廉政建设责任制，加强《廉政准则》学习，认真部署厅属各单位、部门组织召开专题民主生活会，建立党员领导干部办理婚嫁、丧葬事宜报告制度，建立省管领导干部廉政档案，反腐倡廉建设进一步深入加强。 （王成禹）

附：省委秘书长、常务副秘书长、副秘书长名单

省委常委、秘书长：高建民

省委副秘书长：李旺明

省委常务副秘书长：姜新文

省委副秘书长：王铁选　张克强　阎根生　张瑞鹏　黄进明（11月离职）　王进喜　李　理　吴保安（11月离职）

省委组织部工作概况

省委组织部部长　汤　涛

2010年，全省各级组织部门深入贯彻落实科学发展观，围绕中心、服务大局，突出重点、整体推进，团结拼搏、狠抓落实，推动组织工作在改革中发展、在创新中提高，努力为全省转型跨越发展提供坚强的组织保证。

一、紧紧围绕中心，学习实践科学发展观活动和创先争优活动深入扎实开展

按照中央的统一部署，全省的学习实践活动于2010年2月底基本结束。总计全省5.85万个基层党组织、210.2万名共产党员参加了学习实践活动。主要做了两方面的工作：一是认真抓好各单位整改措施落实，集中解决群众反映强烈、影响制约科学发展的突出问题；二是认真总结学习实践活动的成功经验，积极建立完善有利于贯彻落实科学发展观的长效机制。总体看，学习实践活动取得了重要的认识成果、实践成果和制度成果，成效显著。

我省创先争优活动从6月上旬全面启动，各级党组织高度重视，精心组织，形成了党群联动、整体推进创先争优的生动局面，为完成各单位中心任务、推进转型跨越发展注入了强劲动力。一是围绕转型跨越发展创先争优。在全省基层党组织和党员中开展“创先争优我承诺，转型跨越促发展”主题实践活动，全省95%以上的党员已立足本职岗位实际做出了具体承诺。二是围绕服务群众创先争优。在全省推广下乡住村“六个一”活动，各级党组织和党员深入基层45.6万人次，为群众办好事实事50.7万件。三是围绕加强基层组织创先争优。从组织体系、场所阵地、骨干队伍、工作制度等入手，不断加强基层党组织建设。四是围绕党群共建创先争优，形成党群联动、整体推进的生动局面。五是围绕营造浓厚氛围创先争优。突出典型引路，表彰宣传了张书堂、王元林、荆保山等一批先进典型。其中王元林、荆保山的事迹被新华社、《人民日报》等国内10余家主要媒体集中报道。

二、全面落实《规划纲要》，干部人事制度改革实现新的进展

一是对全省干部人事制度改革进行全面部署。省委制定了贯彻落实中央干部人事制度改革规划纲要《实施意见》，召开了全省深化干部人事制度改革视频会议，通过分别召开推进改革座谈会、举办市县组织部长专题研讨班、建立联席会议制度、实行干部制度改革分类试点等多种形式，推动全省各层次、各领域、各部门干部人事制度改革有序进行，干部人事制度改革形成强大声势。二是制定实施了“6+7”干部选任改革意见和具体措施。这是省委大力推进干部人事制度改革的一套“组合拳”，涵盖了树立导向、优化结构、“一把手”选拔管理、推进交流、竞争性选拔和干部宏观管理6方面的改革举措和近期施行的“7个一批”具体措施，包括面向省内外公开选拔一批副厅级领导干部，从省直部门(单位)选拔一批优秀年轻干部到市、县任职，有限性选拔一批县委书记担任副厅级领导职务，调整交流一批市(厅)、县级领导干部等。这些改革举措，导向鲜明，力度强劲，在全省干部群众中引起了较好的反响，激发了各级干部的竞争意识、创造活力和干事激情。三是重点推行两项比较成熟的改革措施。全面推行干部任用票决制，全省119个县(市、区)全部实行了常委会任免干部票决制；积极推进干部提名制度改革，在运城市进行了干部提名工作试点，总结推广了临汾市“两推两考两票决”选任县(市)长的做法。四是初步建立了“三位一体”(年度目标责任考核、领导班子和领导干部考核、党风廉政建设考核)的年度目标责任考核体系，对11个市和92个省直部门(单位)全面实行年度目标责任考核，有效发挥考核工作“指挥棒”、“风向标”的作用。

三、坚持从严管理、从严要求，领导班子和干部队伍建设取得新的成效

一是创新干部教育培训工作。制定出台了贯彻中央干部教育培训改革纲要《实施意见》。强力推进干部自主选学，确定13所省内外高校及培训机构为我省首批干部教育培训基地，公布了《2010年度山西省干部自主选学培训课程菜单》，制定下发了干部自主选学经费“跟着干部走”与“跟着项目走”相结合的使用和管理办法，召开了全省推进干部自主选学工作会议，全年举办65个专题、103期班次的培训，参学人数达8500余人。积极开展了领导干部城镇化建设专题培训、高校新任领导干部和新任县(市、区)长任职培训。完善“省校(院)干部培训资源共享机制”，深化拓展与中央一校五院及省外著名高校的培训合作关系。二是切实加强干部宏观管理。认真落实我省从严管理干部19条具体措施，制定非领导职务设置管理办法，建立与编制部门沟通协调机制，规范领导干部离职转任手续，修订了《省管干部职务名称表》和《省管领导班子领导干部排名次序意见》。全面加强对各级领导班子配备助理的清理规范。加强了领导班子和重要岗位领导干部队伍结构分析。从优秀村(社区)干部中考录乡镇(街道)公务员和县乡事业单位人员1226人，继续选拔优秀年轻干部到信访部门挂职锻炼，对161个省管单位后备干部进行集中调整，确定省管后备干部701名。扎实推进干部援疆和人才援疆工作，组织完成了首批74名援疆干部、人才选派任务。开展干部人事档案“千人大培训”，对干部人事档案工作先进集体和个人进行了表彰。三是进一步加强干部监督工作。制定了四项监督制度操作规程，开展了全省组织工作满意度民意调查，实现了“一报告两评议”工作除企业之外所有单位的全覆盖，组织开展了全省干部选拔任用工作集中检查和严厉整治干部选拔任用工作行贿受贿行为专项活动，开通了省市组织部门“12380”举报网站，与全省117名县(市、区)委书记开展了“深入整治用人上不正之风”专题谈心谈话活动，对30名县委书记进行了离任检查，在干部队伍中产生良好反响。

四、认真编制和落实人才发展规划，人才工作呈现良好态势

一是全面完成我省人才发展规划纲要编制工作。省委召开全省人才工作会议，向社会发布了《山西中长期人才发展规划纲要(2010—2020年)》，确立了人才强省奋斗目标和人才优先发展战略布局。认真做好任务分解和实施工作，整体推进市、县人才规划和6支人才队伍发展专项规划编制工作，加快推进人才强市、人才强企工作。二是大力实施人才加速战略。落实“百人计划”，积极引进海外高层次人才，累计引进海外高层次人才58名，其中6名入选了国家“千人计划”，确定了16个省级人才基地建设单位，举办了“海外学子实业家山西行”活动。三是积极推进各级党委联系专家工作。召开了县乡党委联系专家和优秀人才工作推进会，在总结“1市10县”试点经验基础上，在全省范围内全面铺开，形成省市县乡四级党委联系高级专家和优秀人才工作格局。

五、注重抓基层、打基础，基层党组织建设和党员队伍建设整体有力推进

一是农村基层党组织建设全面加强。按照“三个一批”(集中新建一批、改造扩建一批、转化利用一批)要求，全省共投资12.5亿元新建扩建9615个村级组织活动场所，全省村级组织活动场所建设基本实现了“全覆盖”。“四议两公开”工作法在全省农村全面推行，有力推进了村级重大事项公开透明，增强了村级党组织领导核心作用，密切了党群干群关系。农村党员干部现代远程教育站点基本普及，“12371”全省基层党建工作手机信息系统开通运行。二是各领域基层党组织建设统筹推进。依托省工商局成立了省非公有制经济组织党工委。召开全省街道社区党建工作座谈会，推进“三有一化”进一步落实。机关、学校、国有企业党建工作也结合创先争优活动得以扎实推进。基层党组织换届工作有力推进。三是党员教育培训管理工作扎实有效。出台了《关于进一步做好发展党员工作的意见》，实施全省党员教育培训工程，设立首批6个党员教育培训示范基地，加强流动党员服务管理，有效

激发了基层党组织和党员队伍的活力。四是大学生村干部管理工作有序开展。鼓励和支持大学生村干部领办、合办、参与农民专业合作社。开展多种形式的创业培训，制定创业金融扶持政策，首批确定了11个创业培训基地，建立了25个创业实践基地，全省市县两级设立创业资金2.28亿元，大学生村干部人均创业资金超过1万元。拓宽流动渠道，7006名大学生村干部实现了有序流动。建立了全省大学生村干部工作联席会议，开展了“五比五争”主题实践活动，举办了首届大学生村干部论坛，评选表彰了100名优秀大学生村干部，加强了大学生村干部心理健康教育和思想工作指导，组织编写并免费发放了《与大学生村干部谈心》一书，统一规范了大学生村干部合同文本。

六、带头创先争优，组织部门自身建设取得明显成效

省委组织部机关带头作表率，把创先争优活动和深化“讲党性、重品行、作表率”活动有机结合起来，形成了比学习、比工作、比奉献的良好氛围。积极建设学习型机关，通过邀请先进人物事迹报告团作报告等活动，加强组工干部党性作风教育；积极推进内部人事制度改革，竞争性选拔中层领导干部16人，遴选有基层经历组工干部6人，选调市县组工干部上挂锻炼11人；积极推进信息化建设，“大组工网”建设顺利完成，“三晋红e网”成功改版，开展“组织部长面对面”在线访谈活动5次；推动省市县三级组织部门全部建立了新闻发言人制度，举办了全省组织系统新闻和网络宣传专题培训班，对全省组织系统132名新闻发言人和有关人员进行了业务培训，全省各级组织部门全年召开新闻发布会34次，有力地促进了组织工作信息公开。

（荆 沛）

附：省委组织部部长、常务副部长、副部长、部务委员名单

省委常委、组织部部长： 汤 涛

常务副部长： 朱先奇

副 部 长： 张 健（11月任职） 张高宏 陈跃钢 张 葆

部务委员： 陈学东 赵建华

省委宣传部工作概况

省委宣传部部长 胡苏平

2010年，省委宣传部按照中央和省委的要求，坚持以科学发展观统领宣传思想文化工作全局，突出重点，狠抓落实，各方面工作都取得了显著成效，为我省转型跨越发展提供了强大的思想保证、精神动力、舆论支持和文化条件。

一、以学习型党组织建设为重要抓手，进一步打牢加快转型跨越发展的思想基础

大力推进学习型党组织建设，深入宣传贯彻党的十七届四中、五中全会精神，坚持用马克思主义理论创新的最新成果武装思想，教育人民，指导实践，推动工作。

一是扎实推进学习型党组织建设，科学发展观不断深入人心。省委高度重视学习型党组织建设工作，专题研究了学习型党组织建设的有关问题，下发了《关于推进学习型党组织建设的实施意见》，成立了由袁纯清书记任组长的学习型党组织建设领导组，召开了全省学习型党组织建设动员大会，对学习型党组织建设进行了全面部署。2010年年底召开了全省学习型党组织建设工作座谈会，交流了经验，起到了示范带动的作用。党的十七届五中全会和省委九届十一次全会后，我们组织省委宣讲团赴各市进行宣讲，收到了良好效果。同时，开展了“读一本好书征文”和“好书读讲”等活动，不断探索推进学习的途径和方法，袁纯清书记亲自推荐学习书籍，全省上下形成了浓厚的学习氛围，学习型党组织建设取得了积极成果。

二是突出抓好各级党委中心组学习，各级领导干部推进科学发展的能力进一步增强。大力推进各级党委中心组理论学习的经常化、制度化，充分发挥党委中心组的龙头带动作用。省委中心组围绕山西经济社会发展的重大问题，带头抓学习，特别是坚持学以致用，用以促学，省委常委、副省长，每人一个调研题目，把学习、实践、宣讲、检查紧密结合起来，为我省“十二五”规划的制定提供了科学依据。

三是深入研究改革发展稳定中的重大问题，为山西又好又快发展提供了理论支持。组织全省社科理论工作者深入研究事关全省发展大局的重大理论和实践问题，推出了一批有

影响、有价值的研究成果。组织编写了《袁纯清同志在全省领导干部大会上的讲话学习资料》、《山西市县长论转型发展》、《高层领导论转变经济发展方式论文集》等书籍，对山西省第六次社会科学研究优秀成果进行了表彰。

二、以战役性、引导性宣传为主要形式，进一步营造加快转型跨越发展的浓厚氛围

按照袁纯清书记关于新闻宣传工作要坚持思考在前、策划在先的要求，增强工作的超前性、引领性，牢牢掌握舆论的主导权，积极应对各种突发性事件，通过战役性、系列化宣传，为加快科学发展营造了浓厚的氛围，提供了强大的舆论支持。

一是各类媒体联合作战，在服务转型跨越发展上取得了新成效。紧紧围绕中央、省委的中心工作，进一步强化了“中心工作”的报道，强化了主题性宣传。对中央和省委的重大决策部署、重要实践活动，特别是围绕转型跨越发展的主题，超前谋划，精心组织，统筹安排，以各级主流媒体为主导，调动各种宣传舆论工具，集中时间、集中人力、集中版面和频道，开展战役性宣传、系列化报道，在全省上下形成了深入解放思想、共谋科学发展、勇于开拓创新、推动转型跨越的强大舆论氛围。一年来，我们策划组织了学习贯彻十七届五中全会精神和省委九届十一次全会精神的宣传战役、学习贯彻袁纯清书记重要讲话精神的宣传战役、学习型党组织建设和创先争优宣传战役等。《山西日报》、电台电视台等主流媒体充分发挥新闻宣传的主渠道、主阵地作用，《山西日报》在全省领导干部大会前后连续刊发了论山西转型跨越发展的十篇评论文章和八篇系列解读文章，在省委九届十一次全会后连续发表了八篇评论文章和六篇“十二五”规划《建议》解读文章，省委宣传部和省电视台组织拍摄的电视专题片《转型之路》播出后，产生了良好效果。省委中心组观摩检查、能源博览会、装备制造业博览会等重大活动的宣传报道有声有色、亮点频出、反响很好。

二是科学应对突发事件，在提高新闻应急能力上取得了新成效。2010 年，我省经历了王家岭在建煤矿透水事故等多起突发性公共事件。我们迅速启动省市县三级应对突发事件的联动工作机制，做到了第一时间深入现场，第一时间发布信息，有效掌控和引导了社会舆论。在王家岭煤矿透水事故处置中，我省主要新闻媒体及时介入，充分报道，全面、准确、快捷地发布出最权威、最真实的信息，成功地将负面事件转化为一次正面的宣传报道，弘扬了以人为本、团结协作、不放弃、不抛弃、坚持到底的崇高精神，提升了党和政府的亲民形象，舆论引导受到广泛赞誉。舆情、网络部门及网络媒体针对一系列网上舆论热点，深入研究舆情动态，及时报送舆情信息，积极组织正面宣传引导，全力调控网上负面舆论，成功预防和有效应对了一系列网上舆论热点。严格落实全省 24 小时网上舆情监看值班制度，加强了对网络媒体的管理和引导。

三是建立健全制度机制，在加强新闻队伍建设上取得了新成效。继续在新闻战线深入开展“三项学习教育”活动，强化了对新闻队伍的教育和管理。高度重视新闻发言人制度建设，形成了党委、政府两大系统，省、市、省直部门三个层次的新闻发言人队伍体系，在全国率先设立省直党委新闻发言人。制定了新闻发布工作制度，全年举办新闻发布会 160 余场。建立健全了网络发言人、网络媒体评论员、舆情信息员等三支队伍。加强新闻队伍培训，队伍的整体素质明显提高。

三、以群众性精神文明创建活动为载体，进一步形成加快转型跨越发展的价值导向

坚持把社会主义核心价值体系建设融入到人们的日常生活之中，融入到精神文明建设的全过程，使之转化为人民群众的自觉追求，进一步夯实了广大人民群众团结奋斗的共同思想基础。

一是大力弘扬右玉精神，凝聚起推进山西科学发展的强大力量。按照省委的要求，在全省范围内掀起学习宣传右玉精神的热潮。全省广大党员干部把学习右玉精神与贯彻落实科学发展观结合起来，与推动转型跨越发展的实际工作结合起来，有力推动了工作。特别是对照这一典型加强了对各级领导干部的政绩观教育，在全省上下营造了争发展、抓转型、促跨越的氛围。精心打造弘扬民族精神的有效载体，广泛组织开展以“我们的节日”为主题的民俗文化活动，具有山西特色的节庆文化品牌初步形成，受到中央文明办的充分肯定。

二是全面引深群众性文明和谐创建活动，社会文明程度不断提高。扎实推进创建文明和谐城市工作，组织省内主要媒体对太原、长治、晋城等 8 个省级文明和谐城市进行集中报道，用典型的力量推动了面上的工作。持续开展“文明和谐单位”和“社会主义新农村建设重点推进村”结对帮扶活动，积极引导城市的人才、资金、管理等要素向农村流动。深入开展“文明集市”、“百城万店无假货”等创建活动，推动了文明和谐创建活动向纵深发展。广泛开展道德模范评选活动，营造了崇德向善的良好风尚。认真贯彻落实全国未成年人思想道德建设视讯会议精神，积极推进未成年人思想道德建设工作的有效开展。

四、以文化体制改革为动力，进一步增强加快转型跨越发展的文化支撑

深入贯彻落实胡锦涛总书记关于文化改革发展的指示精神和省委的工作要求，继续加快文化改革发展，全省文化体制改革和文化发展呈现出新局面。文化产业增加值占 GDP 的比重达到了 3.1%，超过了全国的平均水平。

一是“五大战略”引领，形成了发展共识。袁纯清书记来山西后，明确提出了文化发展的“五大战略”。即实施大作品展现、大集团运作、大景点支撑、大服务引领、大会展集聚。全省宣传思想文化战线的同志普遍认为：“五大战略” 立意高远，思路明晰，操作性强，为山西文化体制改革和文化产业发展指明了正确方向和实践路径。我们按照“五大战略”的要求积极推进，并取得了阶段性成果。

在大作品展现方面，创作了一批具有鲜明山西地域特色、有较高质量和思想内涵的文艺作品。电影《高君宇与石评梅》,电视剧《红军东征》、《荣河镇的男人们》，舞剧《千手观音》,鼓乐剧《杨门女将》等一批文艺作品正在经过紧张制作陆续推出。电影《赵氏孤儿》、电视连续剧《西口长歌》、《天地民心》等相继播映，晋剧《傅山进京》、电视剧《走西口》等一批文艺作品荣获大奖，产生了良好的社会效应。组织了全省精神文明建设“五个一工程”奖的评选工作，推出了一批精品力作。在大集团运作方面，做大做强一批骨干文化企业。山西出版集团、《语文报》、《英语周报》等文化企业的市场竞争力日益增强，五大文化产业集团的筹建工作正在积极稳妥推进，态势良好。在大景点支撑方面，坚持推动文化与旅游的深度融合，重点打造十大文化旅游景区。在大服务引领方面，认真抓好山西大剧院、山西省图书馆以及各市文化基础设施建设，努力做好各大景区的文化设施配套和文化休闲娱乐服务。在大会展集聚方面，积极指导、支持，扩大了文化旅游节庆、会展节庆的影响。太原晋商文化节、大同云冈文化艺术节、右玉西口风情生态旅游节、五台山国际旅游文化节、平遥国际摄影大展、我们的节日·清明节、太行山红色文化艺术节、黄河壶口文化艺术节、晋国古都文化节、关公国际文化旅游节等十大节庆活动，突出展示了山西的文化底蕴和人文风情，为招商引资、文化交流搭建了重要平台。

二是“五个一工程”支撑，形成了发展亮点。2010 年初，我们提出了加快文化产业发展“一策一业一品一节一剧”的“五个一工程”建设目标。“五个一工程”的提出，充分调动了全省上下发展文化产业的积极性、主动性和创造性，全省各地积极整合文化资源，大力培育文化品牌，已初步形成省市县三级文化发展的新格局。据统计，全省 11 个市都已制定了发展规划和实施方案，提出重点发展的文化产业项目 123 个、文化产品 96 个。省直部门和市一级文化产业“五个一工程”预计投资近 170 亿元。此外，全省 11 市还设立文化产业专项资金近两亿元，各级财政全年对文化产业的投资达 4 亿元以上。在此基础上，经过反复论证、精心比较，进一步确立了我省的十大文化产业园区和十大重点文化产品。2010 年 12 月，在晋城召开了全省文化体制改革和文化产业发展现场会，交流了经验，树立了典型，推动了改革发展。

三是公共文化建设全面加强，文化事业日趋繁荣。加快推进省市县乡村五级公共文化服务设施建设，省市县三级大型文化建设工程整体提速。“三馆一站”建设积极推进，乡镇文化站、“两区”农村流动书库、乡村文化信息资源共享工程实现了“三个全覆盖”。省城大型标志性文化设施如山西省图书馆新馆、山西大剧院建设已接近完工，正在认真筹划运营服务工作。全年完成了 7100 个行政村农家书屋的建设任务。市县两级博物馆建设工程、大遗址保护展示园区建设工程、山西南部早期建筑保护工程进展顺利。免费开放博物馆、纪念馆 22 处。积极开展“优质放映、服务三农”公益放映活动，全年免费放映电影 33.9 万场，受益群众 1500 多万人次。

五、以提升山西对外形象为目标，进一步优化加快转型跨越发展的外部环境

紧紧抓住各种重大活动的契机，加大对外宣传力度，山西的对外形象进一步得到提升。

一是加强文化交流，扩大了山西在国内外的影响。我们宣传部门全程参与了上海世博会的筹备和展示工作，特别是世博会山西活动周上，我省的文艺节目受到了国内外观众的普遍好评，产生了良好的反响，扩大了山西的文化影响力。积极组团参加了深圳文博会、北京创意文化博览会和山东文博会，在展示我省文化产业丰硕成果的同时，达成了多个投资意向，实现了社会效益和经济效益双丰收。组织了“平遥国际摄影大展”在澳大利亚、新西兰的新闻发布会，宣传推介山西厚重的历史文化。启动了“魅力山西”国际电视展映年活动。以“走进山西、感知山西”为主题，举办了第五届全国网络媒体山西行活动。全年组织 16 个艺术团体到欧美和香港、台湾等国家和地区进行了交流演出，特别是话剧《立秋》、舞剧《一把酸枣》、说唱剧《解放》在全国的巡演，京剧《走西口》的赴台演出，《一把酸枣》在美国、韩国等地的成功上演，生动地宣传了山西，展现了山西的文化形象。

二是巩固外宣阵地，发挥了文化交流平台的作用。中国黄河电视台充分发挥优势，加大汉语教学节目自主开发力度，海外观众不断增长。山西国际卫视覆盖实现了新的拓展。依托北京国际图书博览会等平台，山西出版集团“走出去”实现了新突破。

六、以提高宣传干部队伍综合素质为重点，进一步壮大加快转型跨越发展的宣传力量

一年来，我们在深化文化体制改革过程中，高度重视优化宣传文化系统领导班子和人才队伍建设，进一步强化文化事业和文化产业人才培养和管理力度，为文化改革发展提供了有力的组织保证和人才保障。

一是干部队伍建设稳步推进，文化单位领导班子得到加强。根据中宣部统一部署，对我省“四个一批”人才工程实施情况进行了调研。选调部分同志参加了中宣部“四个一批”人才培训。配合组织部门，组建了省广播电视台领导班子，成立了省委前进总社。按照刘云山部长来晋视察的指示及中宣部 14 号文件精神，制定下发了《关于加强我省县级和城乡基层宣传文化队伍建设的实施意见》。

二是干部培训工作深入开展，宣传文化战线队伍素质明显提高。组织全省 60 余名市、县委宣传部长以及 60 余名业务部门的同志参加了中宣部组织的业务培训。组织举办了两期哲学社会科学教学科研骨干研修班和四期政工干部培训班。

（刘剑锋）

附：省委宣传部部长、常务副部长、副部长名单

省委常委、宣传部部长： 胡苏平（女）

常务副部长：杨　波
副　部　长：李福明　郭玉福　杜学文　尹天五
胡励耘

省委统战部工作概况

省委统战部部长　李政文

2010年，省委统战部坚持以邓小平理论和“三个代表”重要思想为指导，全面落实科学发展观，认真贯彻党的十七届四中、五中全会精神和统一战线方针政策，围绕全省转型跨越发展战略和全国统战部长会议部署要求，团结奋进，开拓创新，较好完成了全年工作任务。

一、积极开展树立和践行社会主义核心价值体系活动，统一战线共同思想政治基础得到进一步巩固

按照省委和中央统战部部署，制定下发《关于全省统一战线树立和践行社会主义核心价值体系的意见》，召开统一战线树立和践行社会主义核心价值体系座谈会，进行了安排部署。一年来，先后组织各民主党派省委、省工商联领导班子成员和无党派代表人士到右玉参观学习，组织80余名民主党派中青年干部和90余名无党派人士到中央社会主义学院集中培训，并到韶山、井冈山等地接受革命传统教育。特别是组织各民主党派、工商联、统一战线各团体单位负责人和无党派人士，围绕“核心价值贵在践行”主题，在省内新闻媒体和统一战线网发表学习心得和体会文章；树立一批先进典型，用身边人和事教育身边人，进一步增强了统一战线成员坚持中国共产党领导，走中国特色社会主义发展道路的自觉性和坚定性。我省各民主党派在服务转型跨越发展中努力践行社会主义核心价值体系的经验得到肯定，中央统战部《情况交流》和民主党派中央的《团结报》作了刊发报道。

二、充分发挥统一战线优势，为促进全省转型跨越发展做出新贡献

省委书记袁纯清在7·29全省领导干部大会上，提出实施转型跨越发展战略，在“十二五”时期“再造一个新山西”的宏伟目标。省委统战部及时下发通知并召开大会，迅速传达学习，并积极组织广大统战干部和统一战线成员，发挥人才智力优势，服务转型跨越发展。一是深入开展调查研究。组织民主党派、工商联和无党派人士就转变经济发展方式、实现转型跨越发展进行了8个课题的深入调研，形成了高质量、有深度、针对性强的意见建议。省委、省政府领导和有关部门负责人专门听取汇报，给予高度评价。省委书记袁纯清批示指出：“其调研成果应为省委、省政府的调研课题所采纳”。在各市和有关部门配合下，牵头完成《进一步发挥民间投资在经济社会发展中的作用》调研课题，提出的意见建议得到省委、省政府高度评价。二是组织召开全省民营经济转型跨越发展大会。受省委、省政府委托，精心筹备，组织召开全省民营经济转型跨越发展大会，举办了民营经济转型发展成果展览和招商引资项目签约仪式。大会表彰100个优秀民营企业，省四大班子主要领导出席大会。袁纯清书记发表重要讲话，王君省长出席民营企业转型发展成果展览开幕式，使广大非公有制经济人士深受鼓舞，进一步激发了在转型发展、循环经济、投资山西、经济翻番中发挥率先作用的热情，坚定了关心山西、热爱山西、投资山西、发展山西的信心。三是发挥优势为招商引资牵线搭桥。在太原、深圳分别举办大型招商引资项目推介活动，46个合作项目成功签约，项目总投资136.2亿元。会同全国工商联组织“全国知名民营企业山西行”活动，并促成了兴业银行、民生银行太原分行分别与23家民营企业签订战略合作协议。袁纯清书记批示指出：“这是统战部主动作为之举。”

三、深入贯彻落实中央5号文件精神，多党合作制度建设迈上新台阶

以中央5号文件的再学习、再宣传、再落实为契机，积极推动多党合作制度建设。一是进一步坚持和完善多党合作相关制度。根据中央要求，协助省委制定《关于进一步规范省、市党委同民主党派、无党派人士政治协商的实施意见》，进一步明确了政治协商的原则、内容、形式、程序和要求，我省多党合作和政治协商更加制度化、规范化。全年召开各种通报会、协商会、座谈会17次，特别是袁纯清书记亲自主持座谈会，就省委关于“十二五”规划的建议征求党外人士意见。各民主党派共提交集体议案143件，个人提案300余件，意见建议861条，调研报告24份，多数被省委、省政府和有关部门采纳，一些重要提案被列为省领导督办事项。二是支持民主党派加强自身建设。与各民主党派省委协商提出做好届中调整工作的意见，协助2个民主党派省级组织完成了届中调整工作，协助有关民主党派市级组织完成了主委的考察和调整工作，协助各民主党派省委和部分市级民主党派组织研究确定了领导班子后备人选。同各民主党派省委协商形成做好民主党派省级组织领导班子及成员述职评议工作座谈会纪要，并协助完成了届中述职评议工作。三是坚持照顾同盟者利益。省编委重新核定明确了各民主党派省委机关领导职数、待遇(主持工作的副主委享受正厅长级待遇，6个民主党派各1名；其他驻会副主委享受副厅长级待遇，民革、民盟各2名，其它4个党派各1名；秘书长享受副厅长级待遇，6个

民主党派各1名)。省民主党派办公楼和山西社会主义学院异地搬迁前期工作基本到位。

四、强力推进“凝聚力工程”九大活动，“新晋商万企联万户感恩行动”掀起新高潮

根据总体部署,各地结合实际,开展了主题突出、形式多样的活动,全省实施“凝聚力工程”取得新的成效。特别是在统一战线光彩事业“兴县行”、“武乡行”的基础上,省委统战部、省工商联2010年5月又组织了光彩事业“左权行”活动,推动“新晋商万企联万户感恩行动”。非公有制经济人士和民主党派成员260余人到左权县考察走访,接受革命传统教育,捐资500万元设立光彩助学基金,捐资333万元结对帮扶左权县185名“三老”人员,为麻田八路军纪念馆捐资30万元,为左权县盲人演出队捐资10万元,受到老区人民的热烈欢迎和社会各界的广泛好评。各市县也组织开展了以感恩“三老”为主题的“温馨工程”、“春雨工程”、“娄烦行”等百余次活动。目前,全省参加活动的非公有制企业达6524个,结对帮扶“三老”人员12538人,投入帮扶资金8053万元。“新晋商万企联万户感恩行动”得到中共中央、中共中央统战部和省委领导的充分肯定。中央政治局常委、全国政协主席贾庆林同志批示:“山西、河北、重庆等地开展的感恩行动,引导非公有制经济人士结对帮扶老革命、老党员、老模范,体现了社会主义荣辱观的本质要求,激发了非公有制经济人士的爱国情怀和社会责任感,对于在统一战线乃至全社会形成感恩党、感恩国家、感恩人民的良好风尚,具有重要意义,值得普遍推广。希望认真总结经验,加强具体指导,积极组织实施,努力使这一行动成为非公有制经济人士自觉践行社会主义核心价值体系的重要平台,加强非公有制经济人士思想政治工作的重要载体”。7月15日,中央统战部召开全国引导非公有制经济人士感恩回报社会电视电话会议,全国政协副主席、中央统战部部长杜青林作了重要讲话,总结推广山西等地经验。省委书记袁纯清同志批示:“感恩行动主题好、内容好、效果也好。要以此次会议为一个新的起点,在巩固已有成果的基础上,更加深入持久地开展下去。”省委统战部认真贯彻会议精神和省委要求,及时进行再研究、再动员、再部署,推动全省进一步掀起了学习、宣传、行动、评选的“四个新高潮”,得到中央统战部肯定,杜青林部长批示指出:“山西省委统战部深化感恩行动的做法很好,具有普遍指导意义,我部要认真总结,推广交流他们的经验,把感恩行动引向深入,力求取得更大的成效。”

五、全面贯彻民族宗教工作方针政策,统一战线在促进社会和谐稳定中体现新作为

立足我省实际,贯彻落实党中央、国务院和省委、省政府要求,把促进少数民族聚居地区经济社会发展、少数民族干部培养选拔使用、民族工作长效机制建设和城市民族工作作为重点,切实加强民族工作。深入开展民族团结进步创建活动,在国务院召开的第五次全国民族团结进步表彰大会上,我省7个模范集体和8名模范个人受到表彰;全省第五次民族团结进步表彰大会,有49个模范集体和100名模范个人受到表彰,进一步营造了各民族共同团结奋斗、共同繁荣发展的良好氛围。加强对少数民族流动人口管理与服务的调研,妥善处理了8起相关突发事件。

认真贯彻《宗教事务条例》和《山西省宗教事务条例》,积极引导宗教与社会主义社会相适应。一是深入开展“和谐寺观教堂”创建活动,调动和发挥宗教界人士参与改革建设的积极性。在全国创建“和谐寺观教堂”表彰大会上,我省13个宗教活动场所、5个宗教团体和10名先进个人受到表彰,在宗教界代表人士和广大信教群众中引起强烈反响,产生了良好导向作用。二是加强宗教团体建设,切实保证宗教领导权牢牢掌握在爱国爱教人士手中。完成太原、运城两地天主教自选自圣主教工作,并针对暴露出来的问题,举办了全省天主教教职人员培训班。召开省道教协会一届三次理事会,增补两名代表人士担任副会长。举办全省佛教界代表人士培训班,圆满完成了省佛教协会第八次代表大会换届工作。三是妥善处理突发事件,努力促进社会和谐稳定。积极推进伊斯兰教阿语学校、经文学校的治理整顿,抵御“达洼”宣教组织渗透,做好天主教板寺山朝圣、治理基督教“三乱”、打压“临汾家庭教会”、围堵“洛桑会议”参会人员等工作,有力维护了社会和谐与稳定。四是加强基础建设,改善工作条件。落实省委常委会议精神,协商有关部门设立了省级宗教工作特费,并推动有关市县进一步加强宗教工作力量。王君省长亲自批示,为省统战系统各宗教团体和有关单位解决10部工作用车。组织承办2010年华北五省(区、市)党委统战部宗教工作联席会议,进一步加强了同兄弟省区市间协调配合。全国政协副主席、中央统战部部长杜青林10月24日至26日在我省调研视察,对山西宗教工作予以肯定。

六、加强新社会阶层人士和党外知识分子统战工作,统一战线教育引导功能得到新加强

非公有制经济领域统战工作方面,一是积极指导全省非公有制经济组织开展创先争优活动。制定下发了我省指导意见,召开动员部署会议,推广先进典型,加强督促检查,确保了活动扎实有序进行。二是加强对非公有制经济人士的培训。在中央社会主义学院举办了150余人参加的非公有制经济人士培训班,这个培训班是近年来我省非公有制经济人士为主体的大规模、高层次的培训班,也是中央社会主义学院贯彻胡锦涛总书记要求举办的第一个以非公有制经济人士为主体的培训班。三是组织兼职工商联副主席的非公有制经济人士述职考评。8月25日,组织召开省工商联领导班子届中考评工作会议,由省工商联兼职副主席(副会长)进行述职交流,并对省工商联驻会领导干部进行工作满意度测评。双向考评在全国工商联系统尚属首创,增强了专兼职干部责任意识,提高了省工商联领导班子的凝聚力和战斗力。袁纯清书记对此予以批示肯定,认为这是加强工商联党的工作的一

种好形式，并接见了参加述职的李彦宏等非公有制经济人士，向广大非公有制经济人士提出了在转型发展、循环经济、投资山西、经济翻番中发挥率先作用的希望和要求。四是加强团体建设，发挥组织引导作用。召开省光彩事业促进会第四次会员代表大会，选举产生新一届会领导班子，表彰光彩事业先进组织和个人，扩大了光彩事业影响。按照国务院《关于加快行业协会商会发展的若干意见》，进一步加大组建商会的力度，规范商会工作，新指导成立了山西省湖北商会、钢材商会等6家商会，扩大了党的工作的覆盖面，较好发挥了商会作为党和政府联系非公经济人士的桥梁纽带作用。

党外知识分子统战工作方面，一是加强高校和国有企业统战工作。深入山西大学、太原科技大学和同煤集团、国投大同能源有限责任公司等10多个单位进行实地考察，开展党外知识分子工作专题调研。在掌握大量第一手资料的基础上，通过认真统计、梳理和分析汇总，进一步明确了党外知识分子队伍基本情况和相关数据，总结了党外知识分子代表人士队伍建设的有关经验。我省同煤集团建立党外人士信息化管理系统的做法，得到中央统战部调研组的充分肯定。二是做好自由择业知识分子工作。深入开展调查研究、摸底建档工作，积极探索建立自由择业知识分子代表人士综合评价体系，努力把新社会阶层代表人士队伍建设纳入规范化管理轨道。一批政治立场坚定、综合素质较高、代表性强的自由择业知识分子进入组织考察、培养视野，与统战部门建立了比较稳定的联系。三是加强欧美同学会·留学人员联谊会组织建设。年内发展新会员85人，进一步壮大了统一战线力量。积极参与我省引进海外高层次人才工作，推荐2名会员入选全国“千人计划”和我省“百人计划”，山西欧美同学会·山西留学人员联谊会的平台作用得到发挥利用。

七、着眼促进统一战线长远发展，党外代表人士队伍建设取得新成效

一是深入研究党外代表人士队伍建设规律。3月24日召开全省电视电话会议，专门就此项工作进行动员部署，并由各位副部长带队分赴各市调研，总结经验、研究问题、督促落实、推动工作。4月12日，中央统战部陈喜庆副部长一行到我省进行调研，对山西加强党外代表人士队伍建设的作法予以肯定。二是健全完善党外干部教育管理长效机制。以民主党派“四个一”、无党派人士“六个一”工作机制为抓手，进一步完善细化有关程序和责任分工，巩固党外干部教育管理成果。12月中旬，深入市厅级党外干部任职的市和部门(单位)进行走访，就党外厅级领导干部的政治表现、履职能力等，征求所在单位党组织意见。12月底，召开民主党派、无党派人士市厅级领导干部履职交流会，取得圆满成功。三是不断加强统一战线“三支队伍”培训。在中央社会主义学院和省内，先后举办非公经济人士、党外干部、无党派人士、宗教界代表人士、港澳台海外统战工作干部等为对象的培训班，推荐部分优秀党外干部和统战干部参加中央统战部、省委组织部、省委党校举办的专题培训班，“三支队伍”的素质得到普遍锻炼和提升。与此同时，协助聘任单位做好特约人员工作，协助统战团体做好换届和人事调整工作，协助有关部门做好海外高层次人才推荐引进工作，统一战线代表人士促进改革发展稳定的优势得到了较好发挥。

八、积极开展对外联谊交流，港澳台海外统战工作实现新突破

以三晋文化为纽带，密切同港澳台海外华人华侨及社团的联系与交流。一是凝聚人心，增强认同。先后邀请接待港澳台地区7个团组、近200人来山西参观访问，成功举办了2010年台胞青年千人夏令营山西分营、第13届台湾教师山西古文化之旅、香港资助小学校长会赴山西参访等活动，港澳台海外人士民族自豪感和文化认同感不断增强；二是招商引资，促进发展。紧紧围绕全省开放引进战略，主动加强与港澳台海外在经贸、科教、文化等领域的交流与合作，邀请港澳地区16个商会、18个知名社团、17家公司参加深圳“山西招商引资项目推介会”，反响大、效果好。联系促成了澳门名嘉集团在运城投资55亿元、在忻州投资42亿元分别建设大型购物广场的两个项目正式签约。精心实施香港李兆基基金捐赠150万元资助我省6个贫困县30所海联新农村卫生室建设项目，目前已有17个圆满竣工，13个完成主体工程。三是扩大联谊，提升影响。在对原有统战资源进行整合的基础上，一年来又与港台地区2个新的团体、95名新的代表人士建立了联系，支持帮助海外朋友成立了日本山西友好交流协会、澳大利亚山西人联谊会。

九、着力加强统战部门基础建设，调研宣传信息三项工作收获新成果

坚持把调研、宣传、信息扭在一起抓的工作思路，充分发挥三项工作对全省统战工作的整体推动作用。调研方面，围绕党外代表人士队伍建设、转变经济发展方式、进一步发挥民间投资在经济社会发展中的作用和宗教问题等课题，全省统一战线共完成论文440篇，其中被评为全省一、二、三等奖和优秀奖的论文45篇，荣获2010年度全国统战理论研究优秀论文二等奖1篇、三等奖2篇，优秀奖1篇。省委统战部被中央统战部授予调研工作组织奖。宣传方面，围绕全省统战工作大局，全方位加大统战工作宣传力度，先后在中央媒体和省内主流媒体发表宣传报道文章、信息260条。特别是在《中国统一战线》刊发文章53篇，名列全国第三名，刊登信息、简讯106条，名列全国第一。做好《山西统一战线》的编刊工作和网络宣传工作，全省统一战线社会影响力不断提升。信息方面，加强组织领导，创新体制机制，提高队伍素质，全省统战信息工作水平取得新成绩。全年共编发山西统战信息30期，上报山西统战专报300余条，被中央统战部采用201条，不少信息得到中央统战部领导的重视和批示。省委统战部获全国省级统战部统战信息工作二等奖，太原、长治同获全国直报点城市统战信息工作一等奖，分别排全国第一、第二名。

十、全面加强自身建设，在保障和服务统战工作中取得新进步

一是加强学习型机关建设。要求机关干部把学习作为一种生活态度、一种工作责任、一种精神追求，不断提高思想素质、理论水平。每周五下午举行集中学习，传达中央和省委重要文件精神，组织观看有关形势教育录像、电视转播，组织听取专家讲座，年终开展读书笔记展评。特别是全省领导干部大会、省委九届十一次全会之后，迅速组织机关全体人员进行学习讨论，及时把干部职工的思想统一到了全省转型跨越发展战略上来。二是加强思想政治建设。举办统战系统树立和践行社会主义核心价值体系座谈会，组织收看中央统战部“回报社会感恩行动”全国电视电话会议和“社会主义核心价值体系学与行”报告会等，促进机关干部形成正确的世界观、人生观、价值观。三是加强机关作风建设。响应省委号召，组织党员干部到“右玉”学习考察，进一步坚定理想信念，强化宗旨意识，切实做到“五严守、五禁止”。落实党风廉政建设责任制，深入开展反腐倡廉警示教育，切实加强日常管理，干部职工中无违法违纪和刑事治安案件发生，机关卫生、消防、保密、财务管理和后勤等保持运转良好，受到省委办公厅、省政府管理局等部门表彰。四是加强精神文明建设。把文明和谐创建活动同“树建”活动结合起来，开展形式多样、参与广泛、寓教于乐的文明和谐创建活动。坚持春节前举办迎春联欢会，组织女同志过“三八”节活动，组织党员“七一”前重温入党誓词活动，组织复转军人过“八一”建军节活动。建立和完善慰问看望制度，对有家庭困难的同志进行家访，对干部职工生病、家庭主要成员死亡、家庭财产发生重大损失的进行看望慰问。建立“职工生日慰问制度”，使大家感受“家”的温暖，进一步增强了机关凝聚力。做好联企帮困工作，为太化公司橡胶厂困难职工送去了价值1万余元的慰问品。做好中阳县柯枝镇扶贫工作，发挥“科普惠农”优势，争取160余万元资金、近30万元物资，帮助农民群众解决实际困难。积极响应省委、省政府号召，在“送温暖献爱心”捐助活动中，统一战线各部门共捐款50多万元。（隋欣哲）

附：省委统战部部长、常务副部长、副部长名单

省委常委、统战部部长： 李政文

常务副部长： 马天荣

副　部　长： 边根棠　郭海刚　王建新　李云平

省委政法委工作概况

省委政法委书记　杜玉林

2010年，省委政法委以邓小平理论和“三个代表”重要思想为指导，深入贯彻落实科学发展观、党的十七大和十七届四中、五中全会精神，服从服务于我省转型发展跨越发展的工作大局，紧紧围绕维护社会和谐稳定这条主线，深入推进社会矛盾化解、社会管理创新、公正廉洁执法三项重点工作，大力加强基层基础建设和政法队伍建设，推动政法工作全面发展进步，为我省转型发展、跨越发展创造了良好的社会环境。

一、狠抓重点，深入推进社会矛盾化解工作

一是抓源头。省委政法委、省维稳办起草了《关于建立重大社会决策、重大工程项目社会稳定风险评估机制的意见》，坚持“谁决策谁负责”、“谁审批谁负责”，在容易引发社会矛盾的重点领域全面推行社会稳定风险评估，初步形成了“党委政府总揽全局、主管部门牵头主抓、政法综治管理考核、事项属地组织实施、人民群众全程监督”的社会稳定风险评估体系，努力从源头上消除不稳定因素。

二是重调解。坚持抓早抓小抓基层，注重日常排查与集中排查相结合，建立了经常性、滚动性的矛盾纠纷排查机制。完善多元调解机制，构建人民调解、行政调解、司法调解“三位一体”的“大调解”工作体系，把调解优先的原则贯穿于执法办案的全过程，确保案结、事了、人和。加强人民调解组织建设，推进行业调解组织建设，建立矛盾纠纷化解奖励机制，积极为群众提供多元有序的诉求表达渠道。全省建立调委会38649个，发展调解员11万余人，覆盖率达99%。制定《关于加强全省行业性专业性矛盾纠纷调解工作的意见》，在劳动、建设、卫生、交通等矛盾纠纷高发领域普遍设立了调解组织，实行“一站式接访”、“全程式督办”，集中调解矛盾、化解纠纷，取得良好效果。

三是清积案。组织开展了涉法涉诉信访积案攻坚大会战和案件评查活动。省委政法委成立了“两项活动”领导组，出台实施意见，先后召开四次推进会，研究分析形势，安排部署工作。省政法机关坚持每周一次的领导接访日制度，市、县政法机关保证每个工作日有一名班子成员挂牌接访，各级政法机关“一把手”每月坚持接访一至两次，班子成员定期轮流接

访、定期带案下访，力争把案件化解在基层。省委政法委牵头成立4个高规格的巡查组，深入各地开展为期3个月的专项巡查，通过见案卷、见包案领导、见承办人、见上访人，逐案攻坚，下大力气解决信访问题。组成30人的驻京劝返工作组，加强对进京上访人员的劝返工作。引深“争做文明接待窗口，争做文明接待员，争做人民群众贴心人”活动，建立涉法涉诉信访联调窗口，设立专门候访室，公布信访专用电话，为信访群众提供优质、高效、文明的信访服务，推动了“两项活动”的顺利开展。

四是强基层。全省政法机关全面推进基层基础建设，深入开展“机关服务基层”活动，把警力、经费、装备更多地向基层倾斜。着力加强综治组织体系建设，市县乡三级综治委主任均由党委书记担任，全省1397个乡镇(街办)全部配备了综治办主任。在农村、社区加强治保会、调委会建设。在各企事业单位、“两新”组织、学校普遍设立了由主要领导负总责、分管领导具体负责的综治工作机构。加强乡镇(街道)综治工作中心建设，依托社会治安综合治理工作平台，整合吸纳各职能部门参与基层综治维稳工作，建立矛盾联调、治安联防、工作联管、问题联治、平安联创、突发事件联勤的“六联”工作机制，全省乡镇(街道)综治中心建成率达90%。省市县三级综治经费全部按标准列入了同级财政预算。建立省市县三级综治信息工作网络，加强信息员队伍建设，扩大信息工作覆盖面，确保维护社会稳定、维护社会治安的信息网络深入基层、深入群众。

二、强攻难点，深入推进社会管理创新工作

一是推进社会治安打防管控创新。积极推进打击犯罪新机制建设，坚持“命案必破、挂牌必破”，依法稳准狠地打击各类严重刑事犯罪、黑恶势力犯罪和多发性侵财犯罪。加强街道路面巡逻网、社区农村警务网、治安卡口堵控网、单位内部防范网、现代科技防控网建设，着力构建点线面结合、人防物防技防结合、打防管控结合、网上网下结合、专群结合的社会治安防控体系。扎实开展道路卡口、重点单位、公共复杂场所、社区农村等四项技防工程建设，新建治安视频监控系统3万余套，累计投资5.6亿元。“平安互助”工程继续稳步推进，覆盖率达80%。公安机关和基层综治组织切实加强学校、幼儿园及周边治安管理。强化学校、幼儿园内部管理，明确学校、幼儿园安全管理责任，配强保安力量，加强技防设施建设，强化教育培训，完善了警校对接联动制度；强化学校、幼儿园周边治安管理和防范工作，积极推进学校、幼儿园周边警务室和治安岗亭建设，严密巡逻防控，建立安全隐患经常性排查整治工作制度，广泛开展群防群治活动。在2010年“平安校园”创建行动中，全省共排查涉及学校、幼儿园及周边的安全隐患4万余处，集中整治周边各类市场、门店、网吧等治安复杂场所5000余处，化解各类重大矛盾纠纷3000余起。

二是推进流动人口服务管理创新。省综治办与省计生委、省公安厅联合出台了《关于创新乡镇(街道)流动人口服务管理工作的意见》，以乡镇(街道)综治工作中心为平台，发挥3000余名基层流动人口协管员的作用，建立“统一组织管理、统一信息采集、统一提供服务、统一考核评估”的服务管理体系，实行“一站式管理、一卡通普查、一条龙服务、一体化考核”的服务管理模式，确保各部门在管理主体不变、管理职能不变的前提下，实现协作配合、优势互补，提高了整体效能。加快推进户籍管理制度改革，进一步放宽中小城市和建制镇落户限制，探索建立居住证制度，推动流动人口基本公共服务均等化，切实解决其子女入学、就业、医疗卫生、住房、社会保障等问题，让流动人口共享城市化带来的成果。

三是推进特殊人群管控帮教创新。对可能造成社会治安压力和现实危害的重点人群，坚持分类分级管理，严格落实教育、帮教、衔接、管控责任，确保不漏管失控、不肇事肇祸。积极开展预防青少年违法犯罪活动，组织排查摸底专项行动，在全省社区建立专业化的青少年事务社工队伍，组建社区青少年志愿服务队，完善12355青少年综合服务台，深入推进“未成年人零犯罪社区”和“为了明天工程示范县市创建活动”，加强青少年法制宣传教育，开展创建青少年维权岗活动，努力营造有利于青少年健康成长的社会氛围。认真贯彻“青岛会议”精神，及时召开会议传达贯彻并出台了《关于进一步加强刑满释放解除劳教人员安置帮教工作的实施意见》，扎实开展刑释解教人员安置帮教工作，坚持重点访与普遍访相结合、组织接与家属接相结合、静态管与动态控相结合、思想教育与解决困难相结合、重点控制与防范打击相结合，建立了必接必送必帮必控机制，安置帮教工作不断完善发展。目前，已经建立过渡性安置基地146个，安置帮教人员3000余名。全面启动社区矫正工作，全省95个县区、194个街道、884个乡镇已累计接收社区服刑人员1万余人。

四是推进治安重点地区综治创新。在全省组织开展社会治安重点地区大排查、大整治活动。坚持将排查整治与健全完善治安防控体系紧密结合，与强化社会管理紧密结合，与保障和改善民生紧密结合，与基层基础建设紧密结合，与落实综治责任紧密结合，成立领导小组，出台指导意见，明确整治目标，强化重点整治，推动排查整治工作向纵深发展。通过新闻媒体广泛发动群众，检举揭发违法犯罪行为，举报治安混乱地区和突出治安问题；组织5个督查组，对69个县377个重点部位和基层单位进行了暗访督查；对公共复杂场所探索建立治安等级化管理制度，把旅馆业、印刷业、废旧金属收购业、机动车修理业、娱乐场所等行业场所，分为三个等级，采取不同的管理服务措施。

五是推进民爆物品安全管理创新。坚持多管齐下，综合施治，确保民爆物品“不流失、不炸响”。第一是明确责任主体，依靠基层组织进行治爆。把民爆物品的安全管理责任落实到涉爆企业和人员，落实到基层组织和干部，全过程控制、规范化管理。第二是完善协作机制，依靠相关部门进行治爆。进一步明确公安、国防工办、煤炭等部门的责任，各司其职，密切配合，形成严管严治的强大合力。第三是加大打击力度，依靠法律武器进行治爆。保持高压态势，坚持严查、严控、严堵、严打多管齐下，坚持不懈地开展专项排查整治行动，加强

对非法爆炸物品源头治理，坚决消除隐患。第四是着眼实战应用，依靠科技手段进行治爆。抓好民爆物品信息管理、民爆库房监控、涉爆重点人员监控三大信息系统建设，提高信息化管理水平。增加投入，配强搜爆、排爆设备，提高管控能力。第五是坚持举报重奖，依靠广大群众进行治爆。在广泛持久地宣传教育的基础上，省级每年拿出300万元奖励经费，市、县也拿出一定的奖励经费，重奖举报有功人员和破案有功人员，充分调动和发挥广大人民群众参与治爆的积极性。经过努力，这项工作取得了明显成效，全省爆炸案件和事故起数、死亡人数在多年大幅下降的基础上，2010年继续保持了比较平稳的态势。

三、筑牢基点，深入推进公正廉洁执法工作

一是着力加强思想政治建设。把加强思想政治建设作为做好执法工作的根本，坚持以党建带队建、抓班子带队伍，充分发挥党组织的战斗堡垒作用和党员干警的先锋模范作用。以《社会主义法治理念读本》为基本教材，以学习弘扬右玉精神为载体，以整治纪律作风为抓手，深入持久地开展理想信念、法治理念、职业道德、纪律作风教育活动，对政法干警进行反复教育、经常教育。注重阵地建设，以党校、警校、政法干部管理学院等为阵地，充分运用多种形式、多种途径开展思想政治教育。把握时代性、突出针对性、务求实效性，用最真、最美、最善的东西去教育青年干警正确对待理想与现实的矛盾，用他们认同的新概念、新内容、新方式充实思想教育工作，真正做到“内化于心，外践于行”。通过持久有效的教育，确保广大政法干警始终坚持党的事业至上、人民利益至上、宪法法律至上，切实做到党在心中、人民在心中、法律在心中、正义在心中。

二是着力规范执法司法行为。省人大常委会审议通过了《关于加强人民检察院对诉讼活动法律监督工作的决定》，立足山西实际，从地方立法的层面强化了对诉讼活动的全程法律监督。省政法机关细化执法标准，规范执法程序，落实宽严相济的刑事司法政策。下大力气抓好岗位培训，在组织好县市区政法各单位一把手轮训的基础上，从今年开始对基层庭科所队长进行集中培训，提高一线政法干警把握运用法律政策能力、群众工作能力、信息化实战应用能力、突发事件处置能力、舆论引导能力，引导他们既严格公正规范执法，又理性平和文明执法。建立执法信息网上录入、执法流程网上管理、执法活动网上监督、执法质量网上考核的执法办案新机制，实行讯问、拘押、庭审、监管场所全程录音录像，着力解决刑讯逼供、裁判不公等问题。各级政法机关大力推进“阳光执法”，除法律规定保密的情况外，要求执法依据、程序、流程、结果都要公之于众，自觉接受公众监督。严格执行“五条禁令”、“五个严禁”、“六条警规”等硬性规定，教育监督政法干警守牢“底线”、不踩“红线”、不越“警戒线”。严肃查处违法违纪行为，坚决清除害群之马，纯洁政法队伍。

三是着力提高群众工作能力。积极探索新时期群众工作的新思路新方法，在全体政法干警中开展群众观点再教育，要求政法干警都来做群众工作者，真正把群众当主人当亲人，把群众的事当自己的事来办，思想上尊重群众、感情上贴近群众、工作上依靠群众。把走访联系群众制度化、规范化，引深“大走访”爱民实践活动，推广忻州市公安机关“十进家”活动的做法，组织“进万家门、知万家情、解万家难、暖万家心”的“万家行”活动，使亲民、爱民、为民成为广大政法干警的自觉行动，把执法过程变成做群众工作、为人民服务的过程。

（史竹涛）

附：省委政法委书记、副书记、综治办主任、副主任名单

省委常委、政法委书记、省人大常委会副主任：杜玉林
省委政法委常务副书记、省综治办主任：高彦斌
省委政法委副书记：边晋南　杨有才
省委政法委秘书长：苗　伟
省综治办副主任：李曾贵

省委政策研究室工作概况

省委政研室主任　李旺明

2010年，省委政策研究室认真贯彻落实科学发展观，紧紧围绕省委的中心工作，积极主动地进行调查研究，创先争优，创建学习型机关，开展文明和谐创建活动，各项工作不断深入，连续六年被评为省直机关先进基层党组织和文明和谐单位标兵。

一、领导班子团结坚强，勤政廉洁

政研室领导班子党性强，作风硬，具有较强的政治意识、大局意识、责任意识和改革创新精神，在大是大非面前，立场坚定，旗帜鲜明，表现了较高的政治敏锐性和洞察力，思想上、政治上、行动上与党中央保持了高度一致。在认真学习，努力改造世界观的同时，把民主生活会看成是党性锻炼的好时机，认真过好民主生活会，开展积极的批评与自我批评，认真解决班子自身存在的问题，群众比较满意。始终坚持调查研究和文明和谐创建一起抓，做到了“两手都要硬”。领导班子成员能够贯彻落实中央和省委的决策，调查研究工作有年度目标，平时有检查，年终有落实，能够圆满完成任务，受到了省委领导的肯定和好评。班子成员坚持民主集中制原则，团结协作，紧密配合，重大问题集体讨论，决策后分工负责落实，形成了齐心合力抓工作、创和谐的良好势头。领导成员密切联系群众，公道正派，廉洁奉公，认真贯彻廉政法规，以身作则，无违法违纪现象，为政研

室营造了一个管理科学、秩序优良、团结向上、文明健康的工作、学习和生活环境。

二、抓好理论学习，建设学习型机关，不断提高干部职工综合素质

一年来，我室把政治理论学习作为加强领导班子和机关党的建设、创建“五型”(学习型、服务型、责任型、创新型、廉洁型)机关的一项重要工作来抓，制定了《省委政策研究室关于推进学习型党组织建设的实施意见》，同时采取多种形式，组织全体党员、干部特别是处以上领导干部，认真学习科学发展观，学习胡锦涛总书记讲话、学习十七大和十七届四中、五中全会精神，学习中央和省委的方针政策和重大工作部署，进一步提高了大家的思想理论水平。

室中心组全年7次集中学习。中心组的学习扩大到处级以上干部。为了提高学习质量，每次学习，事先都要列出若干专题，要求班子成员自学文件，查阅资料，深入思考，写出发言提纲，然后再集中学习，集中讨论。在此基础上，为了进一步拓宽知识领域，增加知识积累，更新知识结构，提高理论政策素养和文字表达水平，根据省委副秘书长、省委政策研究室主任李旺明同志要求，在学习和领会好中央和省委有关文件精神的同时，每个党员、干部每年要重点读好两本书，在2009年读好《社会主义核心价值体系学习读本》和《领导干部读经典——国史十六讲》的基础上，2010年重点读好《二十世纪中国史纲》和《金融风暴启示录》两本书。对此，机关党委及时进行安排，并根据情况提出学习计划。针对政研室党员干部文化水平较高、自学能力强的特点，要求大家按学习计划自学，按列出的思考题写出心得，然后适时组织讨论，把学习引向深入。

总结我室的理论学习，主要有以下几个特点：一是领导重视。室领导对机关的理论学习十分重视，抓得很紧，经常过问，亲自安排，带头学，带头发言。二是制度健全。我们制定了《中心组理论学习制度》和《机关干部职工理论学习制度》。党委对学习有计划、有安排、有检查。三是注重质量。平时学习以自学为主，集中学习以专题研讨为主，学前有准备，讨论有重点，不搞形式，务求实效。四是学以致用，把学到的思想、观点、政策，运用到分析和解决问题中来，运用到调查研究、起草文稿中来。

三、围绕中心工作，认真履行职能，把各项工作融入创先争优活动的工作实践中

根据中央和省委的部署，我室扎实开展以创建“五个好”、“五带头”为主要内容的创先争优活动，制定了《中共山西省委政策研究室深入开展创先争优活动的实施方案》、《省委政研室“深入开展创先争优活动”应知应会39条》等文件，按照活动安排搞好各环节的工作，努力建设一流机关、打造一流队伍、培养一流作风、创建一流业绩。一年来，我们紧紧围绕省委各个时期的中心工作和重大部署，认真履行职能，开展调查研究，共完成研究报告40多个。这些报告涉及经济建设、社会发展、改革开放、结构调整、生态环境建设、党的建设等各个方面。在报告中，我们既反映情况、揭示问题，又提出推动工作的政策性意见。省委、省政府领导对我们的研究报告高度重视，先后多次作出重要批示，为省委科学决策、指导全省转型跨越发展发挥了重要作用。同时，根据省委各个时期的工作安排，还起草了一批省委领导同志的重要讲话和重要文稿。此外，在对省委重大决策的宣传阐释方面，我们积极发挥政策研究优势，努力促进全省干部群众对省委重大决策部署的领会理解，做了大量工作。

四、明确党建责任，创新工作思路，使文明和谐创建工作与党的建设实现有机统一

首先，明确了党建和精神文明创建工作责任制。室主要领导既是党建领导组组长，同时也是文明和谐创建领导组组长，对党建和文明和谐创建负总责。领导班子其它成员抓好自己分管处室的党建和文明和谐创建工作。机关党委根据室领导和省直工委的安排部署，具体承办和抓好各项工作的落实。各党支部书记按照“一岗双责”的原则，抓好自己所在处室的党建和文明和谐创建工作。室里在年初安排工作、年终总结考核工作、中间重大活动中，都把加强机关党建和文明和谐创建工作作为一项重要的工作内容，与业务工作、各种活动一起安排、一起部署、一起总结。室里平时在学习或召开会议时，也要强调加强机关党的建设和文明和谐创建工作。与此同时，还建立了调查研究目标责任制度、机关党委责任制度、机关纪委工作职责制度、公务接待制度、人事管理制度、财务管理制度等，形成了一整套制度体系。

其次，以“三强党建”为抓手，创新党建工作。“三强党建”是“三争一创”强争先；“三创一树”强队伍；“三心一聚”强和谐的简称。开展“三强党建”活动的目的意义是：在机关全体党员中，形成“争先创优”、争做时代先锋模范的良好局面，以体现共产党人的精神面貌和时代风范，形成具有我室特色的政治文明、机关文明和精神文明。这项活动开展以来，受到了各方面的肯定和好评，对加强机关党建取得了良好效果。我室机关党委连续五年被评为省直机关优秀基层党组织。

再次，大力弘扬右玉精神，进一步推进机关作风建设。学习弘扬右玉精神是按照省委的安排部署与其他活动同时开展的重要活动。2010年9月上旬，我们根据省直工委的具体安排，厅、处两级领导干部专门赴右玉参观学习。参观结束后，我们对照右玉精神召开组织生活会，联系实际谈体会、找差距，进一步整顿机关纪律，改进机关作风。此外，制定了《中共山西省委政策研究室关于贯彻落实廉政准则引深廉政文化进机关活动的安排意见》，进一步加强了反腐倡廉教育，加强了机关作风建设。要求全室干部职工坚持顾全大局，令行禁止；坚持勤奋好学，学以致用；坚持党的宗旨，密切联系群众；坚持艰苦奋斗，廉洁从政；坚持团结共事，努力构建和谐机关。

五、加强机关内部建设，扎实做好基础工作，促进机关建设再上新台阶

首先，进一步改善工作环境。主要是粉刷装修办公室和办公环境、更换照明设备；对电脑、打印机等工作设备进行检查、维修和更新配套，保持了宽带网畅通；加强了资料室的管理和信息库建设。大力实施了优美环境建设工程，定期不定期对各处室的环境卫生、工作秩序进行检查评比，鼓励先进，鞭策后进，保证室内外卫生整洁。

其次，积极开展定点扶贫、联企帮困、助残济贫工作。这几年，扶贫工作队紧密联系扶贫点的实际，扎实有效地开展工作，每年都争取各类扶贫资金数十万元。同时，积极开展联企帮困、助残济贫活动，受到有关方面的好评。

第三，努力构建正派的人际关系、和谐的机关氛围。在坚持原则的基础上，经常教育干部和职工做人要大度、大气、大方，对人要宽厚、宽容、宽松，真正做到多沟通不猜疑、多谦让不争功，着力营造一种相互信任、相互谅解、相互帮助、诚实友爱、紧密团结的氛围，真正形成文明和谐的风尚。

（贺高明）

附：省委政策研究室主任、副主任名单

省委副秘书长、省委政策研究室主任：李旺明

副主任：霍甫安　王利波　马文革

省直机关工委工作概况

省直工委书记　刘传旺

2010年，省直工委和省直机关各级党组织、广大党员干部，围绕转型跨越发展，围绕全省工作大局和机关中心工作，开拓创新、突出重点、狠抓落实、整体推进，促进了省直机关各项工作任务的完成。

一、学习型党组织建设积极推进

省直工委把学习型党组织建设作为重要工作任务来抓，坚持把理论武装放在首位。在抓省直各单位思想建设时，以中心组学习为重要抓手，发挥领导干部表率作用，树立良好学风，健全学习制度，坚持用中国特色社会主义理论体系特别是科学发展观武装党员干部头脑；注重把学习、实践、宣讲、自主选学、党建课题调研紧密结合，努力把学习成果转化为谋划工作的思路、解决问题的本领、改进工作的措施、促进发展的动力。工委切实加强组织领导，召开动员会、推进会；邀请全国一流专家学者、文化名人，围绕党员干部关注的热点问题，搭建丰富多彩的学习平台。全年举办了6期领导干部思想讲坛和9期文源讲坛；依托上海静安区委党校举办了3期省直机关党务干部培训班，培训党务干部360人；发挥省直党校主阵地作用，培训省直机关处级干部3394人，不断增强学习的吸引力和感染力。召开“省直机关学习型党组织建设经验交流会”，推广了省委办公厅等8个单位的经验做法，在创新学习方式的同时推动机关党建工作方式的创新，引深和推进了省直机关学习型党组织建设工作。

二、创先争优活动深入开展

省直工委坚持把开展创先争优活动摆在突出位置，按照推动科学发展、促进社会和谐、服务人民群众、加强基层组织的总要求，加强对省直机关开展创先争优活动的部署安排和督查指导，精心组织，扎实推进，取得了阶段性成果。工委成立了省直机关创先争优领导组和办公室，制定了实施方案，建立了工作联系点；召开动员大会、划片区情况汇报会、现场观摩会、经验交流会；推广了省交通运输厅“六比六看”、省教育厅“推动教育科学发展”主题实践活动、省电力公司党员先锋岗等经验做法；指导省直机关深入扎实地完成党员承诺、领导点评阶段的工作任务；召开我省对口援建四川茂县灾后重建、省城十大重点工程和省重点公路建设先进基层党组织和优秀党员创先争优表彰会，有力地推进了活动的开展。

三、机关基层党组织建设重点突出

重点抓了换届工作。省直机关原57个未按期换届的单位，已有53个完成了换届，超期不换届的问题基本得到解决。认真学习贯彻《条例》，基层组织建设进一步加强。新《条例》下发后，工委在深入调研、广泛征求意见的基础上，起草了省直机关贯彻《条例》实施意见初稿。按照《条例》规定，进一步落实党建工作责任制。建立健全党员教育管理和党内激励、关怀、帮扶机制。省直机关共培训入党积极分子3800多人，发展新党员3780人；工委对省直63个厅局1736名特困党员进行慰问，发放慰问金52万多元。加强了对党员领导干部民主生活会的督促、检查和指导。工委领导参加了68个单位的民主生活会，陪同省委常委参加了13个单位的民主生活会，省直厅局党员领导干部民主生活会质量有了明显提高。开展了党务公开试点，省直机关开展党务公开的基层党组织达612个。

四、学习弘扬右玉精神高潮兴起

按照省委安排，工委及时下发了《关于学习弘扬右玉精神、加强机关作风建设的意见》。省直机关共有125个单位、12626名党员干部赴右玉参观学习。其中省级干部56人，厅级干部839人，处级干部5480人。在集中开展的“整肃工作纪律、狠刹不良风气”专项行动中，省直机关共有13名党员干部工作时间在娱乐场所娱乐受到严肃处理。对省直机关上

下班工作纪律进行了四次明察暗访，对59名拟任副厅级干部廉洁自律情况进行审核把关，对吃拿卡要典型案件进行了严肃查处，有效遏制了机关不良风气。省直各单位通过整肃工作作风，普遍健全完善了作风建设制度机制。

五、反腐倡廉建设惩防并举

开展了《廉政准则》学习教育活动。印发了《关于学习贯彻廉政准则的安排意见》，省直机关共有384名厅级干部、4024名处级干部参加了《廉政准则》学习培训；242名厅级干部、2600名处级干部参加了《廉政准则》专题知识测试。组织开展了反腐倡廉制度清理工作。省直机关共废止制度53项，修订196项，新制定制度164项。开展了廉政文化进机关活动。印发了《关于进一步加强廉政文化建设的实施意见》，开展了电子滚动屏播放廉政格言、手机发送廉政短信、收看警示教育片、参观廉政教育基地等形式多样的活动。加大了查办案件惩治腐败的力度。省直纪工委共受理群众举报103件，立案查处18案21人，处分违纪处级党员16人，为国家挽回经济损失1520万元。

六、文明和谐创建活动不断深化

进一步丰富了文明和谐单位创建的内涵，从整体上推进了创建工作制度化、规范化、科学化。强化了宗旨意识、公仆意识、公民道德意识教育，切实加强了政风建设、职业道德建设和队伍建设。强化了文明和谐单位常态化管理和动态化监管，严格执行文明和谐单位创建"三大指标"体系的规定，注重新建文明和谐单位档案管理制度建设，加大了明查暗访工作力度。强化了教育培训，培训文明办主任两期共300人。强化了对文明和谐单位创建的考核，严把申报关，对新申报的63个省直单位进行了严格考核。召开了省直机关文明和谐创建表彰大会，命名表彰省直文明和谐单位标兵246个、文明和谐单位264个；对在创建工作中出现问题的16个单位，给予了取消荣誉称号、降级、黄牌警告、通报批评等处分。

七、统战、工青妇群团工作各具特色

制定了《省直机关统一战线树立和践行社会主义核心价值体系的意见》，培训统战成员205人，建立了统战成员档案，完善了分类管理制度。召开了省直机关劳动模范表彰大会，举办了纪念"三八"妇女节100周年庆祝活动，开展了慰问困难劳模和职工大病救助活动。在省直院校团组织中深入开展创先争优、青年文明号、青年志愿者活动。同时，联企帮困、维稳防范、老龄工作也开展得有声有色；还成功举办了省直机关第三届职工运动会，省直100个单位、3152名运动员参加了19个项目的比赛，展示出省直机关党员干部队伍的良好精神风貌。

（单福光）

附：省直机关工委书记、副书记、委员名单

书　记：刘传旺（11月离职）　李仁和（11月任职）

副书记：贾明建　郭康峰　冯进成

委　员：卫建友　尹桂郁

省委党校工作概况

校　长　薛延忠

2010年是党和国家继续应对世界金融危机冲击取得重大成绩的一年，也是校院事业持续保持良好势头、科学发展和谐发展的一年。在省委省政府的正确领导、中央党校国家行政学院的有力指导和各地各部门的关心支持下，我们坚持以科学发展观为指导，认真贯彻落实党的十七届四中、五中全会和全省领导干部大会精神，贯彻落实《党校工作条例》、《行政学院工作条例》和《干部教育培训改革纲要》，解放思想，振奋精神，求真务实，努力工作，校院继续保持良好发展势头，各项工作取得新的成绩。

一、立足于争先进创一流谋划和开展工作，保持昂扬向上、和谐进取的精神状态和工作态势

按照全省党校工作会议精神和省委关于解放思想、放胆争先、转型跨越、再造一个新山西的重大部署，我们提出了建设有特色、高水平、先进省级校院的构想，一方面组织专人到省内外调查研究、制订规划，一方面发动教职工讨论研究，献计献策，统一思想，形成共识，明确目标，凝聚力量。为了使工作在继承中发展，我们继续坚持"三新一和谐"的发展思路，坚持教学抓改革、科研出精品、管理提效能、后勤上水平的工作重点，加强忠诚敬业、求是创新、团结和谐的校院文化建设。为了使工作在创新中前进，我们强化事在人为、以为求位的自强意识和理念，结合实际贯彻落实上级精神，认真开展了抓学习提高素质、抓工作创造业绩、抓管理从严治校活动，开展了创先争优和建设学习型校院活动。"三抓"工作坚持有部署、有检查、有任务、有办法，一月一汇报，半年一总结，促使各部门的同志学会了在做好业务工作的同时，也做好领导和管理工作；在做好工作的同时，也带好队伍。创先争优和建设学习型校院工作，坚持思想先行主动担当，力求走在省直机关的前面；干什么学什么，学习为工作服务；缺什么学什么，学习为干部成长服务；怎么有效怎么学，形式为效果服务；领导带头全员参加，健全机制保持常态。这方面的情况在省直机关和全省的会议上作了介绍推广。各部门和广大教职工高度认同和努力跟进校院委的工作思路，情绪饱满，士气

高昂，爱岗敬业，努力工作，团结和谐，维护大局，在广大学员中留下良好形象，校院在全省大局中的影响和形象进一步提升。

二、立足于为推动山西转型跨越发展培训干部，继续深化教学改革，努力发挥干部教育培训主渠道作用

（一）完善班次设置，加大培训力度。在省委组织部和省人社厅的支持下，常规班次调整规范为进修班、培训班、乡镇书记班和正处级公务员班，将省管领导干部进修班调整为学制一个月的专题研讨班，分别举办了转变发展方式、应急管理、能力提升、文化产业、五中全会精神专题班，举办了两期中青年干部培训班、三期正处级公务员培训班，还举办了两期援疆班。对外培训分别与省委组织部、省编办、团省委、省统计局、省公路局、省文物局、省安监局等部门，按专题或按系统举办了不同类型的培训班次。积极参与自主选学，在省内外13所培训机构参与竞争的情况下，全省8000多名选学干部有2300多名选报我校院，另有400人也在我校院接受培训。全年共举办各种班次57期，培训干部9300多人次。

（二）丰富教学内容，服务山西科学发展和干部成长。基本上形成了理论武装、山西省情与发展、领导能力、党性修养四大模块。在模块教学中，重点加强了山西转型跨越发展及依法行政、应急管理、公共管理、社会管理、面对媒体等新鲜内容，及时把省委书记袁纯清在全省领导干部大会上的讲话、党的十七届五中全会和省委九届十一次全会等精神列入教学内容，进课堂，进学员头脑。按照四大教学模块的布局，编写了4本成套公务员系列培训教材，由山西人民出版社出版。

（三）创新教学方式，推进开放办学。大力推行研究式教学，综合运用讲授式、案例式、现场体验式、情景模拟式等新的教学方法，把2+X课堂互动和案例教学作为重点，使研究式教学成为教学的基本方法和教学常态。常规班次1/3课程实行菜单式自主选学。开展项目教学和现场调研，组织小组讨论和学员论坛，使学员在调研交流中收到学用相长的效果。继续加大开放办学的力度，整合扩展培训资源，新聘请了50位兼职教授，每月两次以上邀请省领导和省内外专家学者作报告，组织学员去一些厅局、市县、企业和省外考察学习，赴中央党校、浦东干部学院、井冈山干部学院、北京石油管理干部学院进行延伸培训。

（四）加强教学管理，注重制度建设。一是加强学员管理。制定出台了《关于加强常规班次学员管理工作的若干规定》，严格进行入学教育，组织学员到八路军纪念馆、中共太原支部旧址进行理想信念教育，到劳教所、监狱进行警示教育。二是实行教学项目招投标。通过公示招标内容、提交竞标申请、公开招标、考核评估四个环节，确定了4个教学项目。三是加强制度建设。出台了《关于深化教学改革提高教学质量打造教学品牌的若干意见》，制定了关于教学项目招投标、常规班次教师优化配置、教师综合考评和优秀奖项评选等配套办法。继续坚持和改进教师集体备课制度，完善常规班次教学奖项的申报评审工作和教师日常管理与综合考评制度。

（五）加强教师队伍建设，创新教研活动。引进了2名博士生，支持2名教师分别赴美国和巴西学习进修，1名教师将去加拿大做访问学者，3名教师取得博士后学位。提高了教学奖励金额，为全体教师配备了笔记本电脑。组织教师到市县、企业学习考察，争取到组织部支持统一安排教师到基层挂职。组织教师集体备课、互相听课、跟班学习、参加学员论坛、开展硕博论坛、读经典学历史活动。举办了全省党校行政学院系统师资培训班和教师赛讲活动，数百名教师分别在县、市、省层面上参加了赛讲。通过开展这些活动，激发了教师开展教学研究、提高教学水平的热情。教师们在学习中形成共识：没有讲不好的课，只有讲不好课的老师；要想给人一碗水，自己要有一桶水；要把每一堂课当作第一堂课去讲；要讲出几句让学员记住的话；要靠水平吃饭，不能靠职称吃饭，“把每一堂课都讲成精品”成为教师的自觉追求。

国民教育和干部继续教育健康发展。国民教育本科部大学毕业生报考公务员入选率和研究生录取率都大大超过全省平均水平。2010年新生录取分数线也大大高于全省平均水平，在省内10所文科二本院校中排名第四。干部继续教育中的研究生、本科生教育按照“缩小规模、提高质量”的要求，加强管理，平稳过渡。

三、立足于为省委省政府重大决策和中心工作提供咨询服务，科研工作在转型中有了新的提高

以关注山西、研究山西、服务山西为重点，积极推动科研工作转型，出精品，进教学，进决策。

（一）以“三并重、三为主”为转型思路。即研究基础理论与应用理论并重以应用对策为主；研究长、中、短期问题并重以中短期问题为主；研究全国全省问题并重以省上问题为主，多出有用精品，为省委省政府决策咨询服务，为山西转型跨越发展服务，让省委省政府“信得过、靠得住、想得起、用得上”。

（二）以理论研究中心为科研平台，坚持集体攻关，团队作战。紧跟当前最新思想理论动态以及中央省委的重大决策部署，每月在省以上报刊发表1篇有份量的文章，扩大校院的影响。编辑出版《山西省情资料手册》作为领导干部的“口袋书”，成为校院的一个品牌。

（三）以《决策建议报告》为咨询平台，将学员和教研人员围绕山西经济社会发展问题的研究成果，不定期报送省委省政府及相关部门，服务领导决策，服务山西发展。省委常委、组织部部长汤涛对报送的《关于改革干部工作的几点建议》作了批示，省委办公厅、省委组织部印发，中组部《党建研究》内参、中央党校《理论动态》、《人民日报》内参刊用；《关于制订“十二五”规划的几点建议》引起省领导重视，应邀参加王

君省长召集的座谈会。

（四）积极参与国家和省部级重点课题研究工作。共获得二项国家课题、三项全国党校系统重点课题，一项国家课题结项成果鉴定为“优秀”。连续9年申报国家级课题立项成功。在全省社科领域重点课题研究中获得二项省政府重大决策咨询课题、13项省哲学社会科学规划课题、10项软科学课题以及八项省社科联重大课题。

（五）强化激励，完善机制，推动创新。制定出台了《关于科研工作更好地为山西转型跨越发展服务的若干意见》和《激励办法》。校报校刊按照既反映校院工作动态又是领导干部学习资料的要求调整了定位，《山西党校报》每期赠阅市、县委书记和常规班次学员，受到好评；《理论探索》被评为2010—2011年中文社会科学引文索引扩展版来源期刊，排在政治学类杂志第一名；《中共山西省委党校学报》连续6年被评为山西省一级刊物。加强学术交流，营造科研氛围，有2人分别参加了国家行政学院组织的赴德国培训团和省委组织部组织的赴新加坡培训团，16人赴台湾进行学术交流。多篇论文参加全国性学术会议并获奖。数字化图书馆建设得到加强，实现了图书馆网与校园网并网运行。开发使用了校院在线学习网站和办公内网。

四、立足于提高服务保障能力，行政后勤工作在关注细节、注重落实中提升水平

行政后勤工作坚持为教学科研服务、让学员教工满意的理念，关注细节狠抓落实，工作作风明显改进，服务和保障水平有了新的提高，为教学科研工作提供了有力保障。2010年共完成维修改造面积近2万平米，屋顶防水保温面积3000多平米，主要包括四合院、教学楼、崇学楼的维修改造工程等。晋昇苑一年来运行正常。崇学楼的改造新增96个房间供学员住宿。住宅区和办公区节能改造工程有序推进。绿化美化校园栽种花卉1万余株，绿篱1700余株，更换了部分标识牌。新建了垃圾中转站，提高了环境卫生管理水平。还维修扩建了坞城路宿舍区老干部活动室，抢修坞城路宿舍区锅炉，保证及时供暖，同时新购置一台锅炉。经过多方争取，省财政厅把我校院重新列为无收入的事业单位，缓解了经费紧张情况。加大安全保卫工作，加强对进出车辆和人员的管理，校园秩序明显改善。

五、立足于把校院建成风清气正的殿堂，从严管理，从严治校，加强校风学风建设

党校应该成为风清气正的殿堂，这是习近平同志提出的要求和希望。我们努力实践这一要求，坚持党校姓党忠诚于党，遵守党的政治纪律，在思想上政治上特别是教学培训工作上同党中央保持一致。坚持理论联系实际，学理论求管用，办事情求效果，讲课、讲话、写文章、发文件，说符合实际的话、有感而发的话、解决问题的话。坚持公道正派地处理重要问题，采用“推荐＋考试＋基本条件加分”的办法和公开平等竞争择优的办法选拔配备干部，采用量化考核办法评定专业技术职称，采用灵活务实办法调节由于宏观体制和工作节奏带来的内部利益关系。坚持规范管理、科学管理、人文管理，不断完善和补充各方面规章制度，使各项工作有章可循。工作问题严格要求，个人问题努力关照。共性问题讲规则、讲公平，个性问题讲灵活、讲宽容。注重思想沟通和情感联系，上下左右保持心灵默契、互敬共进。坚持激励约束奖惩分明，工作有创新、有精品、有突出贡献的表彰奖励，无故完不成任务和出现重大差错的通报批评、追究责任，严重违反纪律的严肃处理。坚持加强作风建设和廉政建设，组织校处级干部到右玉参观学习，以“弘扬右玉精神加强作风建设”为主题召开党员领导干部民主生活会和党支部组织生活会，继续克服“懒散僵空慢”不良作风，实行校务公开财务公开，加强对工程项目和政府采购的监督检查。坚持加强学员管理，要求学员强化党校意识和学员意识，尽快实现由工作到学习、由家庭到集体、由领导到学员的“三个转变”，服从学校管理，加强自我管理，主动学习，深入思考，学有所获，学用相长，争当好学员，体现高素质。

六、立足于建设和谐校院，文明和谐创建工作和校院文化建设取得新的成绩

践行社会主义核心价值体系，弘扬“忠诚敬业、求是创新、团结和谐”的校院文化理念。校园净化、绿化、亮化、美化水平提高。充分发挥群团组织作用，组织开展丰富多彩的文化体育活动。机关妇工委被省妇联授予“三八红旗集体”荣誉称号。积极参加校外精神文明建设活动，教研人员撰写的论文在全省反邪教研讨会上获一等奖并做交流发言。广大教职员工踊跃为玉树地震灾区捐款142024元，为“联企帮困”单位太原油漆厂困难职工捐款6000元。校院连续四年获得“省直文明和谐单位”称号。

七、立足于发挥全省党校行政学院系统整体功能和特色优势，加大业务指导工作力度

成立地方党校工作处。举行全省党校行政学院常务副校院长座谈会，传达学习中央《2010—2020年干部教育培训改革纲要》，总结交流贯彻落实《党校工作条例》和《行政学院工作条例》情况。举办全省党校行政学院系统教师赛讲活动。参加临汾、太原、晋城党校工作会议和同煤集团党校50周年校庆庆典活动，到部分市县党校和企业党校进行调研。对全省市县党校情况进行统计分析，向省委领导报送情况。配合省委组织部研究制定市县党校办学体制改革方案，向省发改委上报争取贫困县党校扶持资金的专项报告。通过扎实努力工作，促使全省党校行政学院系统增强了凝聚力，更好地发挥系统作用。

（张大庆）

附：省委党校领导成员名单

校　　长：薛延忠

常务副校长：李高山

巡　视　员：刘生义

副　校　长：高健生　王联辉　郭成文　王永翔
　　　　　　潘　峰

省委党史办公室工作概况

党史办公室主任　张铁锁

2010年，省委党史办公室坚持以邓小平理论和“三个代表”重要思想为指导，深入贯彻落实科学发展观，贯彻落实《中共中央关于加强和改进新形势下党史工作的意见》（即中央10号文件）和全国党史工作会议精神，按照《中共山西省委关于加强和改进新形势下党史工作的实施意见》（即省委29号文件）和全省党史工作会议部署要求，围绕全省工作大局和省委、省政府的重要决策部署，以服务大局、资政育人为根本任务，全面做好各项党史工作，努力推进党史事业新发展，取得明显的成绩，党史工作社会影响力得到新的提升。

一、认真贯彻落实中央10号文件和全国党史工作会议精神

2010年是全国和我省党史工作发展历史上十分重要的年份。中央颁发10号文件和召开全国党史工作会议之后，我省迅速贯彻落实。按照省委的要求，省委党史办公室认真做好贯彻落实文件和会议精神的有关工作。

2010年8月20日，省委召开常委会议，传达全国党史工作会议精神，研究山西省贯彻意见。会上，省委党史办公室作了贯彻落实中央10号文件和全国党史工作会议精神的意见汇报，会议原则同意省委党史办公室提出的贯彻落实意见汇报，并对有关党史工作事项提出解决落实的意见和举措。会议强调，要发挥山西党史资源大省优势，加强对党史工作的领导，搞好党史资料征编，保护好党史遗址，提升党史研究成果影响力，扩大党史宣传教育，为开展党史工作提供必要的条件。

根据省委要求，省委党史办公室起草《关于加强和改进新形势下党史工作的实施意见》文件代拟稿，召开各市党史研究室主任会议征求意见，向20个有关部委厅局、院校征求意见，形成送审稿，报省委审定。省委以晋发[2010]29号文件发出《关于加强和改进新形势下党史工作的实施意见》，文件体现了按照中央10号文件结合山西党史工作实际具体实施，提出了全省党史工作的主要任务和举措，对做好当前和今后一个时期全省党史工作有着重要的决策和指导意义。

2010年12月8日，省委召开了全省党史工作会议，袁纯清书记在会上作了重要讲话，中央党史研究室欧阳淞主任专程出席会议并作了重要指导性讲话。袁纯清书记的讲话，立足党和国家工作大局、全省工作大局的高度，提出要充分认识党史工作的重大意义，增强做好新形势下党史工作的责任感和使命感；围绕中心和大局，推动全省党史工作迈上新台阶；切实加强领导，为做好新形势下的党史工作提供有力保证。会议对做好当前和今后一个时期全省党史工作作出了重要部署，提出了党史工作的新任务新要求。会上以省人力资源和社会保障厅、省委党史办公室名义联合表彰了全省党史系统8个先进集体和8名先进工作者，并以省委党史办公室名义表彰了全省党史部门3个先进集体和12名先进工作者。这次会议对我省党史工作在新的历史起点上实现新发展、取得新成就，产生了巨大推动作用。省委党史办公室认真贯彻落实会议精神，推动党史工作进一步开创新局面。

省委党史办公室组织起草了两个文件代拟稿，分别是《全省党史资料征集管理办法》和《关于建立山西省党史工作联席会议制度的意见》，报请省委审批同意后，先后以省委办公厅名义下发。这是落实省委《实施意见》所采取的具体措施，也是使我省党史工作逐步走向制度化、规范化、科学化的保证。

二、全面推动党史工作上新水平

2010年，省委党史办公室按照中央10号文件和全国党史工作会议精神，按照省委29号文件和全省党史工作会议精神，统筹部署和开展各项党史工作，工作布局、工作任务有新拓展，职能作用发挥得到了新提升。

一是深化党史研究，组织编写山西地方党史基本著作。重点抓了续写充实、修订再版《中国共产党山西历史》3卷本，完成了第一卷（新民主主义革命时期）初改稿67万字，完成了第二卷（社会主义革命和建设时期）初改稿50万字，完成了第三卷（改革开放和社会主义现代化建设新时期）初改稿74万字。

2010年4月，召开了全省县级党史正本编撰工作阳泉现场会，部署和启动了全省市、县党史基本著作的编撰工作。到年底统计，全省共启动了20部市、县党史基本著作的编撰。

二是围绕纪念建党90周年精心准备各项纪念活动。重点项目是，修订再版《中国共产党山西历史》3卷本，争取使编修审定的卷及时出版发行。举办《为了新中国——中共山西历史（1921—1949）大型图片展》和《开国领袖将帅在山西大型图片展》。参与主办《足迹——山西90年》电视系列片的拍摄、参与主办“太行精神研讨会”和山西省纪念建党90周年理论研讨会等。省委党史办公室把做好纪念建党90周年的工作作为重中之重的任务，积极承担，精心准备，扎实推进。

三是进行党史重大事件和重要人物的专题史研究。由省、市党史部门通力合作，编撰了《为了祖国的安宁——山西

抗美援朝运动回顾》,完成了送审稿320余万字。《1949:山西干部南下实录》,完成了包括“湖南篇”、“福建篇”、“四川篇”约100万字的初稿。在纪念抗日战争胜利65周年之际,举办学术研讨会,编辑了《朱德与山西抗战论文集》,30余万字。形成了对山西地方党史进行专题研究的新成果。

四是抓紧资料征集和编纂。其中编辑出版了《当代山西重要文献选编》(第四卷)上、下册。完成了《赖若愚纪念文集》、《陶鲁笳文集》送审稿。推进中央有关部门交付的课题《彭真传》等资料征集和编撰工作。在省有关部门和市、县党史部门的配合下,一年内完成了《中共山西年鉴》2008版、2009版、2010版的编辑工作,并交付出版。

五是基本完成全省革命遗址普查工作。年初召开了全省革命遗址普查工作会议,对普查工作进行动员和部署。成立了山西省革命遗址普查工作领导组,以省委办公厅名义发出《关于做好全省革命遗址普查工作的通知》。各市、县党委和政府对革命遗址普查工作十分重视,层层召开会议进行部署落实。市、县党史部门具体承担有关普查任务,扎实推进普查工作,按要求逐级提交普查成果。截至年底,全省共普查革命遗址3108处,与革命历史相关的其他遗址382处,共3490处,比原来掌握的遗址总数翻了一番多。全省革命遗址普查成果,经汇总整理,上报中央党史研究室审查验收。通过普查工作,摸清了革命遗址“家底”,掌握了全省红色资源的基本分布情况。

同时,抗日战争时期山西省人口伤亡和财产损失调研课题,完成了上报中央党史研究室成果A卷60万字,并出版发行;出版了B卷中的省综合卷、专题卷和太原卷、阳泉卷,共280万字;完成了大同卷、晋中卷、晋城卷、临汾卷送审稿。

六是加强党史宣传教育,办好纪念活动。2010年,由省委党史办公室承办,以省委名义先后举办了4次党史重大事件和重要人物纪念活动,即举办了纪念姬鹏飞同志诞辰100周年座谈会、李林烈士牺牲70周年纪念大会、彭真生平暨中共太原支部旧址纪念馆揭牌仪式、纪念抗日战争胜利65周年座谈会暨朱德与山西抗战学术研讨会。根据省委安排,与中国第二次世界大战史研究会共同主办了大型文献电视纪录片《忠诚》座谈会。省委、省人大、省政府、省政协、省军区领导同志出席了这些活动,袁纯清书记出席了彭真生平暨中共太原支部旧址纪念馆揭牌仪式,出席了纪念抗战胜利65周年座谈会暨朱德与山西抗战学术研讨会并作了重要讲话。这几项纪念活动规格高,影响大,扩大了党史宣传,弘扬了党的光荣传统和优良作风。

《党史文汇》期刊进一步提高质量,增强党史宣传的辐射力和影响力,连续第12年被新闻出版局评为山西省一级期刊。省委党史办公室下属的彭真生平暨中共太原支部旧址纪念馆,充分发挥党史宣传教育阵地的作用,全年共接待社会各界参观学习人员6万余人次。纪念馆被省委组织部命名为山西省党员教育培训示范基地。省纪委在纪念馆进行了2010年新任省管干部集体廉政谈话。在2010年全国党史工作会议上,纪念馆受到人力资源和社会保障部、中央党史研究室联合表彰,被授予全国党史系统先进集体荣誉称号。

七是加强对市县党史工作的指导。2010年,围绕全省统一部署的党史重点课题和任务,省委党史办公室进一步强化了总体协调和具体业务指导工作,对市县党史基本著作的编撰、革命遗址普查和“抗损”课题的深入研究编撰、山西抗美援朝运动专题的研究编撰、《中共山西年鉴》稿件的组织等,进行具体指导并且取得了较明显的成效。2010年,朔州塞北革命纪念馆、隰县晋西革命纪念馆、吉县抗日战争第二战区历史陈列馆、阳泉百团大战纪念馆等相继新建、改建落成,省、市党史部门对陈列形式、布展内容都进行了及时指导和审查,并参加举行的落成典礼,对这些场馆的长远发展以及如何更好地发挥作用提出意见。初步形成了省、市、县党史部门同唱一台戏的格局,增强了为共同做好党史工作通力协作的凝聚力。

八是推动机关建设上了一个新水平。省委党史办公室大力加强机关党的思想、组织、作风、制度建设,深入开展创先争优活动,极大地调动了党员和干部履行使命、干事创业的主动性和积极性,促进了严谨求实、不怕吃苦、甘于奉献的作风养成。在工作环境建设方面,积极争取了专项经费大力改善办公条件和信息化建设,更新了电脑、文印设备,新建了档案室,装修了办公室,整个办公环境和条件大为改善,办公自动化、信息化水平大为提升。坚持抓好机关精神文明建设,推进了和谐机关建设和精神文明创建活动,连续第3年被评为省直文明和谐单位标兵。（杨玉堂）

附：省委党史办公室主任、副主任、副巡视员名单

主　　任：张铁锁

副 主 任：栗金凤(女)　卢海明(2月离职)　牛崇辉

副巡视员：杨玉堂(12月任职)

省委老干部局工作概况

省委老干部局局长　李仁和

2010年，省委老干部局在省委、省政府的领导下,深入贯彻落实科学发展观,围绕中心，服务大局，积极探索,开拓进取,各项工作取得了新进展。

一、突出重点，狠抓落实，推动全省老干部工作科学发展

认真抓好离休干部和退

休干部服务管理工作。促进离休干部“三个机制”巩固完善和规范运行，较好地保障了离休干部“两费”按时足额落实。积极争取省财政专项资金，落实省属驻并外困难企业离休干部医药费补助375.32万元，落实省属129户困难企事业单位1082名离休干部的生活补贴3316.44万元。协调省财政下发通知，及时安排了省属企业离休干部生活补贴指标发放工作。贯彻落实组通字[2010]24号文件精神，指导市县和省直单位开展“四就近”试点工作，召开帮扶工作经验交流会。9个市、76个县(市、区)建立了特殊困难离退休干部帮扶工作长效机制，年内对1860名困难离退休干部进行了帮扶。分5路慰问了易地安置在外省市的副厅级以上离休干部。成功举办了第四届中国·山西老年服务用品博览会。在局机关成立了退休干部管理处，负责对全省退休干部服务管理工作进行宏观指导。建立了全省市厅级退休干部信息库。

深入推进离退休干部思想政治建设和党组织建设。举办了全省和省直离退休干部党支部书记培训班、全省首期退休干部理论骨干读书班，405名老同志参加学习培训。先后组织部分省级老领导赴上海世博会参观，赴大同市、晋城市参观考察，还组织老领导参观了在太原举办的中国装备制造业博览会和中国(山西)国际能源新产业博览会；组织了4次省级老领导情况通报会和1次省直厅局级老同志情况通报会。袁纯清书记7·29重要讲话后，根据汤涛部长意见，局领导登门走访省级老领导，征求他们对推动转型跨越发展的意见和建议。在离退休干部党组织和党员中部署开展了以创建“五好党支部”、争当“四好党员”为主要内容的创先争优活动。指导市县老干部部门继续推进单建离退休干部党支部工作，协调成立离退休干部党工委(党总支)，进一步扩大了离退休干部党建工作覆盖面。

大力拓展离退休干部学习活动和发挥作用空间。继续引深老干部活动中心(室)“达标创优”活动和老年大学“示范校”创建活动。全省新命名45个“先进”、12个“达标”老干部活动中心(室)，评选7所老年大学“示范校”。协调省发改委分两期下拨了贫困县老干部活动中心建设补助资金1470万元，各地配套资金也逐步到位。召开了全省市县老干部活动中心建设吕梁现场会和省直老干部活动中心建设现场会。召开座谈会对老年大学公共科目教材统编工作进行了研究部署。指导各级老干部部门依托活动阵地，组织开展形式多样的文体活动。继续引深离退休干部为“三个发展”做贡献活动。召开了全省离退休干部发挥作用工作推进会。整理了6名离退休干部发挥作用先进事迹材料，在《山西老干部工作》上进行了集中宣传。

着力强化督查调研工作。年初对全省贯彻落实中组发[2008]10号和晋办发 [2009]6号文件精神情况进行了全面督查。先后召开5次专题督查会议，深入市县和省直单位就省属企业下放地方管理的遗留问题、退休干部活动经费落实、学习型部门创建和难点信访问题进行了31次专项督查。组织开展了5个重点课题调研。12月中旬，组成5个调研组，对各市县落实《2006—2010年山西省老干部工作规划》和年度工作完成情况进行了全面调研。

积极推动学习型、服务型老干部部门创建工作。制定下发《关于创建学习型老干部部门的意见》(晋老字[2010]2号)。先后举办2期全省老干部工作人员业务培训班和1期全省市县老干部局长培训班，344名同志参加了培训。组织全省近7000名老干部工作人员开展了政策业务知识竞赛，并于9月下旬举办了全省老干部工作政策业务知识竞赛决赛。我省知识竞赛组织工作成绩突出，被中组部老干部局评为一等奖。在晋城市召开了学习型老干部部门创建工作推进会。指导各级老干部部门开展以“服务”为实践特色的部门文化建设，完善工作人员日常服务规范，加强干部队伍作风建设，树立了服务型老干部部门的新形象。

二、创先争优，激发活力，着力提升机关整体工作水平

以建设学习型党组织和开展创先争优活动为抓手，进一步加强机关党建工作。年初印发《安排意见》，对建设学习型党组织进行了部署，成立了领导机构和工作机构，稳步推进创建工作。6月30日，对局系统开展创先争优活动进行了动员部署，制定了开展创先争优活动的《实施方案》。组织干部职工深入学习了十七届四中全会、五中全会和省委九届十一次全会、全省领导干部大会等重要会议精神，学习了袁纯清书记听取老干部工作汇报时的讲话精神。局、处两级中心组集中学习30余次，邀请专家为局系统干部职工举办了5场专题理论辅导讲座，开展了学习袁纯清书记7·29讲话精神大讨论，举办了局系统弘扬延安精神党课报告会，还为干部职工购买了12种政治理论和人文历史书籍。局系统33名同志参加了自主选学培训。创建学习型党组织和学习型机关的经验先后两次在省直机关相关会议上作了发言交流。着力强化基层党组织建设，局系统18个党支部按规定换届，年内吸收5名同志加入了党组织。初步完成了局系统党组织和党员信息库建设。开展了学习弘扬“右玉精神”活动，组织党员干部到右玉县进行了实地参观学习。局系统各级党组织和党员全部作出创先争优公开承诺。

切实抓好局系统反腐倡廉建设。年初下发了《2010年党风廉政建设和反腐败工作任务分解意见》，召开了局系统党风廉政建设大会，与机关各处室、局属各单位签订了《党风廉政建设责任书》。局领导班子成员坚持“一岗双责”，对职责范围和分管部门的党风廉政建设工作经常过问指导。班子成员认真自查，建立了廉政档案。组织党员干部学习了全省党风廉政建设干部大会精神和《廉政准则》，观看了《袁隆平》、《第一书记》等电影。机关党委对局属单位执行省委提出的“四条禁令”、“五个不准”情况进行了检查。认真落实《法治山西建设纲要》，扎实开展普法宣传教育。进一步规范了局系统财务管理工作，有效减少行政费用开支，积极创建节约型单位。

按规定做好干部选拔任用工作。选拔任用正处级干部12人、副处级干部10人。还选任了3名科级干部，考察接收了2名计划分配的军转干部。干部选拔严格执行选任程序，

坚持集体研究、会议讨论决定的制度，做到了公开、公平、公正。通过干部调整，一批政治上靠得住、作风上过得硬、工作上有水平的年轻干部走上了处级领导岗位。

进一步引深文明和谐单位创建工作。制定了《2010年文明和谐单位创建工作实施意见》，确立了更高标准的创建目标，进一步完善了党、政、工、青、妇以及各处室分工协作、全员参与、齐抓共建的工作机制，文明和谐单位创建工作常抓常新。局机关继续保持省直文明和谐单位标兵和省级文明和谐单位称号；4个局属单位连续多年被评为省直文明和谐单位标兵，1个单位被评为省直文明和谐单位。与太谷县任村乡内贾村结为共建对子，启动了共建活动。开展了“送温暖、献爱心”社会捐助活动和联企帮困工作，组织干部职工向玉树地震和舟曲泥石流灾区捐款50780元，对省水工局5户困难家庭、平顺县中五井乡14名困难老党员和局系统8户特困职工进行了慰问。组织机关干部职工分两批赴上海世博会进行了参观，组队参加了省直机关第三届职工运动会，举办了局系统第三届职工运动会。

局属单位业务建设取得新成效。劲松公寓管理处新建了医疗综合楼，进一步改善服务环境，细化服务措施。汾东公寓管理处多方争取资金，改善服务设施和公寓环境，开展人性化、亲情化、细致化的服务。省老干部活动中心健全管理制度，丰富活动内容，提升了整体服务水平。《山西老年》连续17年被评为省一级（优秀）期刊，订数突破了19万份。杂志社还成功承办了全国老年期刊协会第23届年会。省老年大学着力规范教学管理，办学水平有了新提高，新校区建设取得明显进展。省离退休人员咨询服务中心大力拓展业务领域，成功承办了第四届中国·山西老年服务用品博览会，举办了省城庆祝建党89周年文艺展演活动。局机关和局属单位上下“一盘棋”，圆满完成了全年工作任务。在省委、省政府2010年度目标责任考核中，省委老干部局获得“优秀”等次。

（孙俊宁）

附：省委老干部局局长、副局长名单

局　长：李仁和（11月离职）　陈跃钢（12月任职）

副局长：刘仰良　郭世卿　郑兰珍

省委省政府信访局工作概况

省委省政府信访局局长　阎根生

2010年，省委、省政府信访局坚持以邓小平理论和“三个代表”重要思想为指导，深入贯彻落实科学发展观，紧紧围绕中央和省委提出的“用群众工作统揽信访工作”主线，把社会工作部（办、站）和信访服务中心建设作为抓手。开拓创新，扎实工作，推进全省信访量在连续两年下降的基础上，继续保持信访总量下降、赴省集体访下降、个体访下降、进京非正常访下降，信访秩序好转的“四下降一好转”良好态势。为全省转型跨越发展创造了和谐稳定的社会环境。特别是为上海世博会、广州亚运会成功举办做出了积极努力。

一、积极响应改进群众工作的新要求，信访工作的组织领导得到进一步加强

省委、省政府着力从加强组织领导入手，通过省委常委会、政府常务会，听取信访工作汇报，研究工作措施，通过省委全委会、省经济工作会议等重要会议，对信访工作进行强调和部署。通过对信访工作亲自指示批示，亲自接待群众来访、阅批群众来信作出表率。省委书记、省人大常委会主任袁纯清来山西不久，就在《2010上半年全省信访工作研判报告》上作出重要批示，肯定了信访工作取得的成绩，要求按照既定目标抓好落实，巩固好和谐局面。12月6日，袁书记到省信访局看望慰问信访干部，调研指导工作，并做了重要讲话。省长王君及时对重要信访问题作出指示。省政协主席薛延忠把信访工作纳入政协工作的重要议程，省委副书记金道铭经常对全省信访工作作出具体部署。省委常委、常务副省长李小鹏，省委常委、副省长高建民，省委常委、秘书长李政文，多次主持召开信访工作会议，协调解决疑难复杂信访问题，其他省领导都主动解决分管领域的信访突出问题。在省委、省政府领导的示范带动下，全省各级各部门都把信访工作和党的群众工作、政府的社会管理工作有机结合，切实抓紧抓实，抓到手上，推进全省信访工作取得重大成效。

二、不断增强对当前信访态势的新思考，信访工作理念得到进一步更新

随着经济加速发展，利益格局快速调整，大量社会矛盾通过信访渠道表现出来，信访工作已从部门工作上升为全局

性工作。信访部门坚持“跳出信访看信访,跳出信访抓信访”理念,在工作实践中,具体把握了“五个明确”、树立“五个观念”、做到了“五个坚持”。把握“五个明确”即:明确做好信访工作的重要性;明确做好信访工作的必要性;明确新形势下信访问题产生的必然性;明确信访问题的复杂性;明确解决信访问题的艰巨性。树立“五个观念”即:牢固树立“关注信访就是关注民生、解决信访问题就是解决民生问题”的群众观;“发展依靠人民、发展成果归人民共享”的发展观;“发展经济是政绩,做好群众工作也是政绩”的政绩观;“推进社会建设、强化社会管理,让人民生活的更有尊严”的服务观;“清清白白做人、干干净净做事、一心一意为民”的廉洁观。做到“五个坚持”即:坚持“为民、惠民、安民”的方向,在办信接访中进一步增强宗旨意识;坚持把信访工作当成事业,在亲历亲为中进一步增强责任意识;坚持象关心自己的事情一样关心上访群众反映的合理诉求,在行动上服务群众;坚持象对待自己的亲人一样对待上访群众,在感情上贴近群众;坚持“求真务实,开拓创新”精神,在解决群众的合理诉求中,进一步赢得群众对党和政府的信任。

三、认真把握社会矛盾纠纷的新特点,信访源头预防作用得到进一步发挥

针对经济社会快速发展过程中,社会矛盾多发易发的特点,进一步抓好矛盾纠纷排查化解工作,坚持做到日常排查和集中排查相结合、普遍排查和重点排查相结合、系统排查和专项排查相结合。督促各级各部门各单位紧密结合各自实际,定期排查化解事关群众切身利益的矛盾纠纷,确保做到市级每月排查一次、县(市、区)每半月排查一次、乡镇(街办)每星期排查一次,村(社区)每天排查并零报告的工作制度。2010年,全年省、市、县三级共排查各类矛盾纠纷13128件,化解11936件,化解率达90.9%。实现矛盾纠纷“发现的早、控制的住、化解的好”目标,取得了良好维稳效果。大力推动《信访源头预防和评估工作办法》的贯彻落实,从根本上预防信访问题的发生。督促各级各部门在出台事关国计民生和涉及群众切身利益的重大决策前,让群众充分表达意愿,认真进行信访稳定风险评估,对于大多数群众不拥护的政策坚决不出台,大多数群众不支持的项目坚决不上马或缓上马。忻州市对37个新立项和14个拟开工的重大建设项目进行了信访风险评估,提前完善了相关环节,实现了顺利建设。运城市针对建筑领域集体上访问题较为突出的情况,市联席会议办公室牵头出台了《关于从源头上预防建筑领域群体性上访的意见》,规范了国土、人社、住建、规划等单位在建筑审批管理过程中的行政执法行为,遏制了建筑领域群体性事件多发高发的势头。

四、努力构建用群众工作统揽信访工作的新格局,信访体制机制得到进一步创新

根据中央和省委、省政府“用群众工作统揽信访工作”体制机制创新的要求,继续健全完善我省市、县、乡、村四级社会工作部(办、站)和信访服务中心建设。5月12日至13日,省委召开了全省信访服务中心建设吕梁流动现场会,会议进一步推进了信访服务中心建设步伐。截止2010年底,全省有6个市和80多个县设立了社会工作部,组建了信访服务中心,并按照新的运行机制开展了工作,实现了“四进中心,四个确保”。即,一是职能部门进中心,使信访诉求能够在第一时间由职能部门直接受理,确保“一站式”服务。二是信访业务进中心,使交办转办、调解仲裁、复查复核等工作程序在中心完成,确保“一条龙”办理。三是领导干部进中心,使党政领导、后备干部、业务骨干在中心接访办案,现场调处,确保合理诉求“一揽子”解决。四是视频接访进中心,使群众不出乡、村,甚至不出户,就能与相关领导沟通,确保矛盾纠纷在基层及时化解。同时,在乡镇(街道)设立社会工作办公室,在村级成立社会工作站。形成了横向到边、纵向到底的信访工作网络,促进了信访体制机制的创新。

五、着力拓宽反映问题诉求的新渠道,信访群众的合法权益得到进一步维护

适应群众信访新特点,全省信访系统继续健全完善网上信访系统、视频接访系统、电话传真诉求渠道。省信访局对信息系统进行了升级,为群众反映意见诉求提供了快捷便利的新方式。继续办好《县委书记谈信访》栏目,每周有一位县委书记走进电台直播室,畅谈各地开展信访工作的经验做法,现场解答听众打来的热线电话,全年有30位县委书记与听众朋友进行交流。按照《信访条例》要求,热情接待群众来访,认真负责办信,全力解决群众初信初访反映的问题。全年,省信访局受理群众来信来访39815件(人)次,办理率100%。省信访局办理中央和省领导批示要结果信访案件277件,办结率100%。继续推动特殊疑难信访案件的化解工作,建立健全化解特殊疑难信访问题专项资金运用和管理的长效机制,9月26日,中央联席会议办公室和国家信访局在我省召开了中南华东部分省(区)信访工作座谈会。我省介绍了管理使用信访专项资金方面取得的好经验好做法,受到国务院副秘书长、中央联席会议办公室主任、国家信访局局长王学军等领导的充分肯定。

六、着力创建规范有序的信访新秩序,全省信访形势进一步好转

一是大力加强干部下访督导,推动信访工作重心下移,关口前移。全年,省委先后三次派出由厅级干部带队的信访工作督查组,深入11个市的县、乡、村和省直骨干企业开展信访接待、带案下访和督促检查,解决群众反映强烈的民生问题,推进基层信访工作,把群众吸附在当地,把问题解决在基层。二是省信访局大力加强了驻京信访工作,在劝返接回、落实责任单位责任,确保群众诉求及时有效解决等环节上下功夫,实现进京非正常上访量大幅下降。三是加强了重要时段和特殊时期的信访工作。上海“世博会”和广州亚运会期间,省信访局派驻了专门的赴沪、赴粤信访工作组,负责开展

接待劝返我省上访群众，确保了重要时段和特殊时期没有发生影响我省形象的信访事件。取得了世博会期间信访工作在全国排名第七的好成绩，受到了世博会组委会的表彰。

七、不断担负时代赋予信访部门的新职能，信访工作链条得到进一步延伸

充分发挥信访部门善于做群众工作的优势，全省各级信访干部积极配合各级党委政府处置突发性、群体性公共事件。3月中旬，发生媒体报道炒作我省"疫苗事件"后，省信访局按照省委省政府安排，配合了"疫苗报道"应对工作，迅速在全省信访系统建立了接待反映疫苗问题来访群众的专门窗口，构建了关于疫苗方面的信访信息报送网络并实行零报告制度，为应对工作取得胜利发挥了重要作用。3月下旬，王家岭煤矿透水事故发生后，省信访局主要领导带领相关工作人员深入一线，在稳定矿工及其家属情绪、赔偿善后处理等过程中做了大量细致的群众思想工作，为妥善处置王家岭透水事故创造了良好的外部环境。还先后处置了古交矿区七座联营煤矿700余人围堵山西焦煤集团事件、清徐县信用社代办员300余人围堵省政府大门集体访、太重拆迁户100余人围堵省委大门集体访等群体突发集体访90余批次，充分发挥了信访部门维护社会稳定的积极作用。各级信访部门定期搞好信访形势分析研判，充分发挥"第二研究室"作用，为领导决策当好参谋助手。省信访局通过《信访形势分析报告》、《信访专报》、《山西信访信息》、《山西信访》、联席会议办公室《简报》、《信访基本数据统计》等方式，及时向省委、省政府报告全省信访形势，为领导科学决策提供及时服务。积极做好信访宣传引导工作，及时向中央联席会议办公室、国家信访局报告我省信访工作的新情况、新经验、新做法，全年国家信访局主办的《人民信访》登载我省提供的稿件12篇，平均每期一篇。

八、积极推进信访部门建设的新任务，信访干部队伍素质得到进一步提升

省委提出全省实现转型跨越发展的宏伟目标，特别指出民生为本是转型跨越发展的出发点和落脚点，要求各级干部对群众要倾情、倾心、倾力。为深入贯彻落实省委要求，省信访局全面加强局机关党的建设工作，制订了党建工作规划、制度和完善的工作措施。同时，坚持以"创先争优、能力建设活动"为抓手，以学习弘扬右玉精神为动力，通过选派信访干部参加中央和省举办的培训学习，聘请专业人士到信访部门讲解政策法规等方式。培养全省信访干部普遍提高五种能力，做到五新，即：一是提高学习力，增强做好信访工作的新本领。就是进一步改进学风，树立加压学习、能力学习、终身学习、效益学习的观念，适应新时期信访工作任务的需要。二是提高亲和力，展示信访干部队伍的新风貌。就是带着感情、带着责任，努力工作、当好公仆，鞠躬尽瘁、为民造福，真正成为群众的贴心人。三是提高落实力，确保信访工作取得新成效。充分发扬"把信送给加西亚"的精神，在抓落实上下功夫，努力做出经得起实践、人民、历史检验的新成绩。四是提高创新力，探索做好信访工作的新途径。就是在继承中创新，在改革中升华，不断探索做好新形势下群众工作的新途径、新措施、新办法。五是提高拒腐力，树立信访干部的新形象。就是树立高尚的人生追求，提升境界，保持淡定，做到思想上不松防线、纪律上不碰红线、做人上严守底线。从而真正打造了一支特别有激情、特别能吃苦，特别有思想、特别能战斗，特别有作为、特别能奉献的信访干部队伍，真正建设"工作一流、群众满意"的信访部门。

（杨卫兵）

附：省委省政府信访局局长、副局长名单

省委副秘书长、省委省政府信访局局长： 阎根生

副局长： 李月虎（12月离职） 梁雨润 张福祥 郭真喜（1月离职） 王进军（12月任职） 张建平（12月任职）

省人大常委会党组工作概况

党组书记　申联彬

2010年,在中共山西省委的领导下,省人大常委会党组坚持以邓小平理论和“三个代表”重要思想为指导,深入贯彻落实科学发展观,深入学习贯彻党的十七大和十七大以来中央历次全会和省党代会的精神,尤其是深入学习贯彻全省领导干部大会精神,紧紧围绕省委中心工作和省人大及其常委会总体工作部署,以加强党的思想组织建设为主题,以推动作风建设为重点,扎实推进新时期党的建设伟大工程,充分发挥机关各级党组织的政治核心、战斗堡垒作用和广大党员的先锋模范作用,为省人大及其常委会各项工作的顺利完成提供了坚实有力的政治保证和组织保证。

一、围绕中心,服务大局,圆满完成省人大常委会一年来各项工作

2010年是全面完成“十一五”目标任务、科学制定“十二五”规划、全省各项事业取得新成就的重要一年。一年来,常委会党组充分发挥作用,组织和领导省人大常委会制定、修改和废止地方性法规29件,审查批准太原、大同两市地方性法规42件,清理地方性法规167件,听取和审议省“一府两院”专项工作报告12件,对5部法律法规的实施情况进行检查,就9项重大事项作出决议、决定,任免地方国家机关工作人员105人(次),有效发挥了地方国家权力机关的职能作用,为促进全省改革发展和社会主义民主法制建设作出了积极贡献。尤其是常委会把推动转型跨越发展作为依法履职的重要着力点,坚持围绕中心、服务大局,着力推动省委重大决策的贯彻落实。围绕保障和促进经济平稳较快发展,听取和审议省政府9项有关经济工作的专项报告,督促和支持省政府进一步解决经济发展方式比较粗放、结构性矛盾比较突出、节能减排任务较重等突出问题,努力提高经济运行质量和效益。围绕加大投资力度、加快重点工程建设,听取和审议了全省重点工程建设情况报告,就进一步加强组织领导、明确目标责任、强化工程建设全过程监管等提出意见和建议。围绕推进山西煤炭工业可持续发展政策措施试点工作,听取和审议了煤矿企业兼并重组整合工作情况报告及煤炭可持续发展基金使用情况报告,就建设高标准现代化矿井、加强安全生产、推进煤矿企业循环多元发展等提出意见和建议。围绕推进城乡生态化、加快建设绿化山西,对造林绿化和林业建设开展视察调研,听取和审议了全省林业生态建设情况报告,作出大力推进林业生态建设的决定。围绕推进市域城镇化、加强环境资源保护,对城乡规划法和我省城乡规划条例实施情况开展执法检查,制定了减少污染物排放条例。围绕培育新的经济增长点、加快发展旅游产业,听取和审议了全省旅游工作情况报告,作出加快发展旅游业的决定。围绕科学制定“十二五”规划,选定21个课题开展了专题调研,形成了一批高质量的调研成果,推动了政府相关工作的更好开展。

二、分工协作,团结一致,高度重视班子自身建设

为保证新形势下党的路线、方针、政策和省委决策部署在人大工作中贯彻落实,高度重视常委会党组和领导班子的自身建设。一是坚持把思想政治建设放在首位,不断增强党的观念、政治观念和大局意识。我们始终不放松政治理论学习。党组和班子成员积极参加省委举办的读书班、学习班。一年来,常委会中心组共邀请全国人大法律专家、中央文献研究室专家、省委党校教授为中心组讲课9次,开展研讨交流2次。坚持用马列主义、毛泽东思想、邓小平理论、“三个代表”重要思想和科学发展观指导人大工作。坚持党组理论学习中心组制度,认真贯彻落实省委的决策部署,围绕党组中心工作,制定工作计划,调整工作思路,始终坚持了重大事项向省委请示报告等制度。二是认真贯彻民主集中制,充分发挥领导集体的作

用。常委会党组和领导班子把贯彻民主集中制原则作为加强自身建设、发挥集体领导作用的关键环节，坚持重大问题集体研究决定，既分工负责，又互相支持配合。严格落实党内民主生活制度，每年在广泛征求机关干部职工意见的基础上，围绕省委、省纪检委确定的主题，组织召开党组民主生活会，认真开展批评与自我批评，沟通思想，增进团结，提高认识，形成合力。三是注重调查研究，坚持求真务实的工作作风。围绕关系全省改革发展稳定大局和人民群众普遍关注的热点、难点问题，党组和班子成员带头到县、乡和企业调查研究，面向基层，面向群众，轻车简从，明察暗访，了解实情，掌握实况，提高工作实效。尤其是围绕科学制定“十二五”规划和转型跨越发展面临的实际困难和问题，党组成员领题开展了专题调研，形成了一批高质量的调研成果，提交省委省政府决策参考。

三、求真务实，开拓创新，着力抓好常委会及机关自身建设

常委会党组始终高度重视常委会及机关自身建设，注重从思想、组织、作风、制度等各个方面打牢基础、强化保证。一是始终坚持正确的政治方向，把思想政治建设摆在首位。以创建学习型机关为抓手，坚持常委会党组中心组学习、举办常委会组成人员和专委会组成人员专题讲座等集体学习制度，深入学习中国特色社会主义理论体系，学习宪法法律，学习党的十七届五中全会精神和省委九届十一次全会、全省领导干部大会精神，切实增强促进转型跨越发展的自觉性和主动性。二是始终严格依法按程序办事，把制度建设作为基础性工作来抓。以提高常委会议事质量和水平为目标，制定《省人大常委会会议审议意见的处理规程》、《省人大常委会会议专项报告满意度测评办法》等制度，进一步提高了常委会工作的科学化、规范化、制度化水平。三是始终加强与人民群众的联系，把作风建设的成效体现在以人为本、履职为民上。以开展创先争优活动为载体，深入学习弘扬右玉精神，全面落实省委改进作风、整肃纪律的规定，特别是抓住事关全局的重大问题，深入开展调查研究，努力发挥人大在体察民情、反映民意、集中民智方面的优势和作用，使常委会各项工作更加符合人民群众的意愿。四是始终保持团结奋进、共谋发展的工作氛围，把提高能力素质作为机关建设的重中之重。以更加有力的措施，努力建设一支忠诚党的事业、忠于宪法法律、忠实服务人民的高素质人大干部队伍，有效发挥机关集体参谋助手和服务保障作用，为做好常委会工作打下了坚实基础。常委会机关连续五年保持“省直机关文明和谐单位标兵”称号。

四、狠抓学习，提高认识，扎实推进学习型党组织建设

思想建设是党的建设的基础。一年来，常委会党组始终把加强思想政治建设放在党建各项工作的首要位置，按照武装头脑、指导实践、推动工作的要求，着重抓学习型党组织建设，不断提高党员的思想政治素质。中央和省委《关于推进学习型党组织建设的意见》下发后，及时召开了机关推进学习型党组织建设动员大会，按照科学理论武装、具有世界眼光、善于把握规律、富有创新精神的要求，制定了《关于省人大常委会机关推进学习型党组织建设的实施方案》。在学习活动中做到“五个坚持”、“三个突出”。“五个坚持”，即坚持科学理论指导，坚持理论联系实际，坚持领导表率示范，坚持以党员为主体，坚持积极探索创新。“三个突出”：一是突出党组中心组指导、示范、帮带作用。深入落实省委《关于进一步加强和改进党委（党组）中心组学习的实施意见》和《省人大常委会中心组学习制度》，坚持每年集体学习 12 次，并有针对性的进行专题调研。二是突出机关党委谋划、组织、推动作用。通过制订计划、搭建平台、树立典型推进学习活动开展。三是突出党支部落实、创新、实践作用。充分发挥党支部在落实制度、创新方法、理论联系实际方面的优势。各党支部在学习中突出实践特色，围绕本部门工作，深入调查研究，形成了 20 余篇调研报告，对围绕中心做好人大工作，具有较高的理论价值和实践意义。在具体形式上，重点结合学习领会和深入贯彻落实袁纯清同志在省十一届人大四次会议上的讲话、全省领导干部大会上的讲话和大力弘扬右玉精神大会上的讲话精神，特邀专家就山西转型发展等实际问题作了多次专题辅导报告，开展了主题教育活动；向全体党员干部推荐《五百年来谁著史》等书目，并利用机关内网平台，网上交流读书心得，开展了集中读书活动；通过观看《第一书记》、《复兴之路》等相关影片、图展，开展了声像教育活动；并发动各方力量，开展了以“转型跨越谋发展、爱岗敬业树形象”为主题的大规模演讲活动等。通过这些活动的开展，机关广大党员学习理念进一步树立，学习自觉性明显增强；思想理论素养进一步提高，政治意识明显增强；学风进一步转变，求真务实意识明显增强；工作能力进一步提高，创新能力明显增强；党组织作用进一步发挥，执行能力明显增强。

五、创先争优，改进作风，进一步增强党员干部职工向心力、凝聚力

根据省委《关于在基层党组织和党员中深入开展创先争优活动的实施意见》和省直工委《关于在省直机关党组织和党员中深入开展创先争优活动的实施方案》，制定了《关于在省人大常委会机关党组织和党员中深入开展创先争优活动的实施方案》，并认真组织各党支部和全体党员开展了公开承诺活动。立足人大工作实际，确定省人大常委会机关创先争优活动的主题是“改进干部作风、提高工作效率”，实践载体是创建“学习型、创新型、服务型、廉洁型、和谐型”机关。机关各级党组织、党员干部职工扎扎实实“学习右玉精神、加强作风建设”，尤其是深入基层、深入实际开展调查研究，工作作风有了极大改进。

我们还组织党员干部职工广泛开展了社会主义核心价值

体系学习教育，教育引导党员干部坚定理想信念、划清“四个重大是非界限”、带头弘扬以爱国主义为核心的民族精神和以改革创新为核心的时代精神，自觉践行社会主义荣辱观，培养高尚道德情操和健康生活情趣，保持昂扬奋发的精神状态。

充分发挥工青妇工作的积极作用，进一步增强干部职工的向心力、凝聚力，努力提高党建工作实效。机关工会、妇委会，充分利用自身优势，开展了一系列丰富多彩的文体活动。组织参加了纪念“三八妇女节”省直机关健排舞表演赛和省直机关第三届运动会，获优秀组织奖。组织开展了“送温暖、献爱心”、“联企帮困”、“慈善一日捐”、“向青海玉树灾区捐款”、“向甘肃舟曲灾区捐款”等活动，先后捐款20万余元。组织赴汾西矿务局等地参观学习，改进机关工会工作。机关扶贫队向扶贫点小学捐赠文具、图书、乐器等物品价值4万元。妇委会利用多途径、多形式维护妇女儿童的合法权益，为女职工进行健康检查，“六一”前夕为机关干部职工儿童送去节日慰问金。离退休干部发挥余热，积极参加机关各项活动，并制作“夕阳红”宣传栏。机关工会被授予“山西省直机关模范集体”。

六、完善机制，严肃纪律，不断推进党风廉政建设

认真学习贯彻胡锦涛总书记在中纪委十七届五次全会上的重要讲话精神、全省党风廉政建设干部暨省纪委五次全会精神，组织党员干部认真学习《中国共产党党员领导干部廉洁从政若干准则》，并组织了考试。继续推进惩防体系《实施纲要》和《工作规划》的贯彻落实。印发了《关于兴起学习弘扬右玉精神新高潮大力加强机关作风建设的意见》，常委会党组和各工作机构签定了党风廉政建设责任书，继续从设区的市和省人大代表中聘请了21名同志为省人大机关作风建设和反腐倡廉建设监督员，建立了领导干部廉政档案。扎实做好专项治理工作。认真落实省纪委“五个不准”，要求各支部管好自己的人，办好自己的事；认真贯彻落实省纪委、省委组织部关于全省严厉整治干部选拔任用工作中行贿受贿行为会议精神，根据机关实际制定了方案，安排部署了工作；认真做好制止领导干部大办婚丧喜庆事宜和借机敛财工作，对党政机关举办庆典、研讨会、论坛活动清理摸底工作，抓了小金库自查自纠工作、领导干部违反规定插手干预工程建设工作和公款出国旅游等工作。抓好廉政文化进机关活动，充分利用电子宣传屏宣传廉政信息，集中播发廉政短信，建立廉政教育基地，开展了丰富多彩的廉政教育活动，让廉政文化广泛深入占领机关阵地，营造机关良好的廉政氛围。

此外，常委会机关基层党组织和党员队伍建设也得到了发展，共培养发展预备党员2名，转正2名，为党组织输入了新鲜血液，党支部的战斗堡垒作用和党员的先锋模范作用得到进一步增强。

（张 健）

附：省人大常委会党组书记、副书记、成员名单

书　记： 张宝顺（1月离职）
申联彬（1月任职）

副书记： 杜玉林　杨安和　靳善忠

成　员： 安焕晓　郭海亮　王雅安　朱　明

2010年1月，山西省第十一届人民代表大会第三次会议在太原召开。

省政府党组工作概况

党组书记　王　君

2010年，在党中央、国务院和中共山西省委的正确领导下，省政府党组认真贯彻落实党的十七大和十七届三中、四中、五中全会精神，深入贯彻落实科学发展观，坚持以改革创新精神推进党的建设，以求真务实作风推动政府各项工作，紧紧围绕政府的中心工作开展党的建设，经济社会发展和党的建设都取得了新的成绩。

一、党建工作情况

2010年，省政府党组以创先争优暨建设学习型党组织活动为契机，围绕建设学习型、服务型、创新型、法治型、廉洁型政府，认真落实党建工作责任制和党风廉政建设责任制，自身建设进一步加强，领导和推动科学发展的能力和水平明显提高。

一是高度重视理论学习。坚持把思想理论建设放在首位，坚持用党的最新理论武装头脑，党组成员都能够自觉学习中国特色社会主义理论体系特别是科学发展观，学习中央的大政方针和决策部署，学习履行职责所需的知识，深化了对科学发展观的认识和理解，拓展了谋划发展的战略思维、创新思维、辩证思维，提高了运用科学理论解决实际问题的能力，进一步增强了工作的科学性、系统性和创造性。省政府主要领导带头开展调查研究，就一些全局性、战略性课题进行深入调研、集中研讨。坚持理论联系实际的学风，通过学习和调研，着力解决经济社会发展和人民群众关心的突出问题。

二是坚持科学民主决策。认真贯彻落实中央宏观调控政策和各项决策部署,在继续坚持和完善近两年行之有效的好做法、好经验的基础上,不断创新工作方法,进一步增强了工作的针对性和实效性。不断完善群众参与、专家咨询和会议决策相结合的决策机制，对关系全省经济社会发展和民生改善等重大问题，能够充分听取各方面的意见，重大投资、重大项目、建设用地和矿产资源的审批核准全部由政府常务会议集体研究决定。同时，自觉接受省委的领导，自觉接受人大、政协以及各方面的监督，科学民主决策、依法行政水平进一步提高。

三是坚持依法行政。坚持把制度建设作为政府自身建设的重要内容，认真贯彻党中央、国务院决策部署，严格执行国家相关法律法规，自觉接受人大法律监督、工作监督和政协民主监督，不断深化政府改革，进一步转变政府职能，切实加强行政效能建设，有效地保证了政令畅通、促进了各项工作的深入开展。

四是始终坚持群众路线。自觉坚持发展为了人民、发展依靠人民、发展成果由人民共享，把保障和改善民生作为出发点和落脚点，组织实施并完成了以农村“五个全覆盖”为重点的一大批民生工程；自觉坚持群众路线，及时了解群众呼声、诚恳听取群众意见，把解决好人民最关心最直接最现实的利益问题作为以人为本、执政为民的具体行动，赢得了人民群众的拥护和支持。

五是大力推进反腐倡廉建设。各级政府坚持把深化改革和制度创新作为政府系统反腐倡廉建设的重要任务，大力推进各项改革，健全完善管理机制，努力从制度层面防止利益冲突，堵塞公共资源交易中腐败滋生的漏洞。省政府党组成员始终坚持权为民所用、情为民所系、利为民所谋，带头执行“八个禁止、五十二个不准”等廉洁从政规定，严格要求自己的家属、子女和身边工作人员，始终保持廉洁自律的本色；大力提倡和忠实践行艰苦奋斗的优良传统，厉行节约，勤俭办事，维护了党和政府清正廉明的良好形象。

二、经济工作情况

2010年是经济形势极为复杂的一年，也是我省继续应对国际金融危机冲击取得显著成绩的一年。省政府党组把应对国际金融危机冲击、保持经济平稳较快发展作为首要任务，奋力进取，扎实工作，经济实现了平稳较快发展，各项工作都取得了新的成绩，圆满完成了“十一五”规划目标任务。

（一）认真贯彻落实中央决策部署，经济实现平稳较快增长。

继续加大投资力度，投资对经济的拉动作用进一步增强。全力实施两年投资6500亿元、带动全社会投资1万亿元计划，在优化结构的前提下，统筹推进各领域投资，进一步加大基础设施、民生工程和技术改造项目建设，取得了明显成效，投资增速分别达到35%、30%、20%。其中，铁路建设完成投资505亿元，太中银铁路即将建成通车，大西客运专线、山西中南部出海大通道等一批铁路项目加快建设。机场建设完成投资5.8亿元，五台山、吕梁、临汾机场开工建设，大同、运城机场改扩建进展顺利。水利建设完成投资135亿元，引黄北干工程加快推进，35项应急水源工程有27项完工。省城十大建筑完成投资42亿元，其中9项建成或完成主体工程。公路建设、保障性住房建设、生态环境治理分别完成投资600亿元、280亿元、270亿元。特别是在高速公路建设方面，不断创新建设体制和融资方式，全年完成投资500多亿元，开工建设41条高速公路，在建里程3093公里，新增通车里程1037公里，通车总里程超过3000公里。

继续扩大消费，消费促进经济增长的作用日益明显。在全面落实国家“家电下乡”、“农机下乡”等相关政策和我省2009年制定实施的一系列刺激消费政策措施的基础上，2010年又出台了12项扩大消费的政策措施，包括多渠道增加城乡居民收入，鼓励居民加大住房消费，实施季节性扩大旅游消费措施，全面推进“万村千乡市场工程”、“双三十”农产品市场工程、鲜活农产品“农超对接”工程，增强居民消费能力，培育消费热点，优化消费环境，促进了消费快速增长。

在扩大内需的同时，进一步稳定和拓展外需，外贸回升势头更加明显，进出口总额同比增长42%；继续对企业实行有关费用减免缓缴政策，大幅度减轻企业负担，协调帮助企业解决融资难问题，实施促进民营企业发展优惠政策，保持了企业的正常生产经营，全年工业企业利税超过1600亿元，增长50%以上，有力地推动了经济的快速发展。

通过这些切实有效的措施，保持了经济平稳较快发展。2010年，主要经济指标全部超过国际金融危机前的水平，全省生产总值达到9088亿元，增长13.9%；规模以上工业增加值达到4446亿元，增长23.2%；财政总收入完成1810亿元，增长17.8%；一般预算收入完成969.7亿元，增长20.3%；城镇居民人均可支配收入、农民人均纯收入分别达到15648 元、4736元，增长11.8%、11.6%。

（二）加快转变经济发展方式，结构调整迈出新的步伐。

全面实施十大产业调整振兴规划，主要行业呈现出速度质量效益同步提高的良好态势。加快改造提升传统产业，煤炭、焦炭、冶金、电力等行业在速度稳步增长的同时，质量效益明显改善，行业内部结构逐步优化，特别是煤炭行业非煤产业比重进一步提高，省属五大煤炭集团非煤收入突破1800亿元，占总收入的比重达到55.4%，比上年提高了6.1个百分点。加快发展先进装备制造业、现代煤化工、新型材料工业、特色食品工业等新兴产业，四大行业销售收入平均增长30%以上，特别是装备制造业增幅高达46%。大力发展以文化旅游业和现代物流业为重点的现代服务业，取得新的成效，其中旅游总收入突破1000亿元。

深入推进煤炭资源整合煤矿兼并重组，能源基地的地位进一步巩固。在2009年取得重大成果的基础上，2010年重点是关闭小煤矿、对保留矿井进行技术改造和建设高水平现代化矿井。到2010年年底，全省关闭矿井1212座，占到应关闭矿井的80%;保留矿井升级改造完成投资470多亿元，占应投资总额的30%以上；现代化矿井建设步伐加快，煤矿技术管理水平明显提高。全年原煤产量达到7.4亿吨，增长20.4%。经过这轮整合重组，我省煤炭工业发生了质的变化，产业水平显著提高，安全生产状况明显改善，采矿秩序明显好转，能源基地地位进一步巩固，为全省经济社会又好又快发展奠定了坚实的基础。

加强节能减排和环保工作，生态环境持续改善。大力淘汰落后产能，全年共关停小火电机组163万千瓦，淘汰落后钢铁产能1008万吨、水泥832万吨、焦炭532万吨、电石23万吨、电解铝4.2万吨；全面启动生态省建设，深入实施“蓝天碧水工程”、造林绿化工程、生态环境治理修复工程；严格实行节能减排目标责任制，重点加强对高能耗行业和企业的节能监管，综合实施结构、工程、技术和管理节能减排措施，取得了明显成效。所有县都建成了污水处理厂并投入运行，化学需氧量、二氧化硫排放量比2005年末分别削减13.93%、17.6%，万元GDP综合能耗下降22%多，全部完成或超额完成国家下达的“十一五”节能减排目标任务。全省11个重点城市空气质量优良天数平均达到347天，优良天数比例达到95.3%。全年完成营造林424万亩，森林覆盖率达到18%。

（三）毫不放松地抓好“三农”工作，农业稳定发展、农民持续增收、农村面貌明显改善。

全面落实各项强农惠农政策，在继续实施2009年出台的“五项农业补贴”的基础上，2010年又出台了设施蔬菜补贴等“八项惠农政策”，实施了盐碱地改造等“七大强农工程”。继续加大对“三农”的投入，仅省级财政投入就高达136 亿元。加强农业基础设施建设，完成中低产田改造200万亩，农田灌溉面积达到1700万亩，积极发展旱作农业和节水农业，农业综合生产能力稳步提高。加快推进运城、晋中、大同三大现代农业示范区建设，大力实施农产品加工龙头企业“513”工程，积极发展现代农业，促进了农业发展方式的转变。加强农村公共服务体系建设,进一步深化农村改革，扎实推进扶贫工作和新农村建设，全年粮食产量达到108.5亿公斤，创历史新高，又有20多万贫困人口实现脱贫，2000个新农村重点推进村建设任务全面完成，“三农”工作取得新的成效。

（四）坚持不懈地抓好安全生产工作，安全生产形势明显好转的局面进一步巩固。

进一步强化安全发展的理念，深入开展安全生产专项整治活动，完善落实十项大的安全生产制度，并结合我省安全实际，新出台12个行业118条安全生产规定，强化安全生产“两个主体责任”，严肃对待事故、严格责任追究，不断加强安全生产的组织保证、制度保证、技术保证、人才保证、管理保证、纪律保证和体制保证，使安全生产形势明显好转的局面进一步巩固。全省各类安全生产事故死亡人数在2009年比2008年减少1018人的基础上，2010年又比2009年减少505人，煤炭生产百万吨死亡率由2005年的0.905下降到0.187。安全生产形势的明显好转，不仅保护了人民群众的生命财产安全，保护了大批的干部，也大大地改变了山西的对外形象。

（五）高度重视发展社会事业和改善民生，广大人民群众得到了实实在在的好处。

制定科技、教育、人才3个中长期发展规划纲要，加快发展科技、教育、文化、卫生、体育等社会事业。尤其是在教育改革发展方面，全面落实义务教育阶段教师绩效工资，招聘2611名特岗教师到贫困地区和农村任教，对中等职业教育农村家庭贫困学生和涉农专业学生逐步免除学费；针对长期以来制约我省高等教育发展的突出问题，已启动占地近万亩的高校新区建设，为高校增加3000名教师编制，投资3亿多元对高校危房进行改造，通过政府贴息、银行展期等方式解决高校贷款负担问题，有力地促进了高等教育的健康发展。

在全面发展各项社会事业的同时，重点抓好保障和改善民生工作。千方百计扩大就业。开辟多种渠道，着力解决高校毕业生、农民工和城镇就业困难人员等重点群体就业问题。农民工转移就业超过38万人，大学生就业率达到80%以上。进一步加大保障性住房建设力度。在2009年完成30多万套各类保障性住房的基础上，2010年又开工建设35万套，超额完成国家下达的任务，其中国有重点煤矿棚户区改造任务全部开工。建立健全社会保障体系。城镇职工养老、医疗、失业等各项社会保险综合覆盖率已达到87%，新型农村合作医疗参保率达到94.3%，新型农村养老保险扩大到50%以上的农业县，219万城乡低保对象实现应保尽保，14.2万农村五保对象集中供养水平进一步提高。多措并举稳定物价。认真贯彻国家稳定物价政策措施，及时制定实施了我省稳定物价的12条具体措施，大力发展生产，增加市场供应，强化价格监管，畅通鲜活农产品运输“绿色通道”，建立救助保障标准和物价上涨挂钩联动机制，共投入资金5亿多元，对大中专院校学生、城乡低保对象发放临时价格补贴。这些措施有效地稳定了物价，保障了困难群众的基本生活。

全力推进农村“五个全覆盖”工程，圆满实现全覆盖目标。两年投资300多亿元，全面完成了具备条件的建制村通水泥（油）路全覆盖、中小学校舍安全改造全覆盖、县乡村三级卫生服务体系特别是村级卫生室全覆盖、村通广播电视全覆盖和农村安全饮水全覆盖。其中，新建通村水泥（油）路2万多公里；改造中小学校舍9729所；建成6971个村级卫生室，并配备了基本的医疗设备；完成9193个村通广播电视任务；建成各类饮水工程1.2万处。农村“五个全覆盖”工程是近年来我省影响范围最大、受益人数最多的民生工程，广大农民得到了实实在在的好处。

（六）继续深化改革、扩大开放，发展的动力和活力进一步增强。

按照中央的统一部署，扎实推进事业单位分类改革和内部人事、用工、分配制度改革；深化国有企业改革，启动实施阳煤集团与太化集团、潞安集团与天脊集团、能源交通投资公司与物产集团、汽运集团等省属国有企业的重组工作；全面推进集体林权制度改革，完成确权面积4831万亩，累计完成确权任务的71%；“省直管县”财政改革试点由35个县扩大到60个县；大力推进文化体制改革，省级广播电视局台分离，市县文化、广电、新闻出版三局合一，文艺院团改制逐步推进，山西出版集团等一批文化集团组建运行；扎实推进医药卫生体制改革，超额完成医改五项重点改革任务。进一步加大招商引资力度，成功举办央企、民企山西行活动、第三届中国（太原）国际能源产业博览会、中国(山西)装备制造业博览会，全年实际引进资金1462亿元。

（七）集中精力对事关全省经济社会发展的重大问题进行深入调查研究，发展的思路进一步完善。

在做好经济社会发展各项工作的同时，深入调查研究、认真谋划“十二五”工作。省委、省政府确定了19个带有全局性、战略性的重大课题，并由省领导领题进行深入调研、集中研讨，进一步深化了对省情的认识；连续召开7个“十二五”发展战略专题座谈会，广泛听取国家有关部委、专家学者的意见和建议，进一步开阔了视野、拓宽了思路。认真贯彻党的十七届五中全会精神，集中各方面智慧，编制了我省“十二五”规划建议和纲要。积极开展资源型经济转型综合配套改革试验区调研申请工作，已获得国家正式批复。这是国家继煤炭工业可持续发展政策措施试点之后，给予我省的又一重大政策，试验区也是目前全国唯一的覆盖全省域、全方位、系统性的综合配套改革试验区。

（李勇枝）

附：省政府党组书记、副书记、成员名单

书　记：王　君

副书记：申联彬（1月离职）　李小鹏（6月任职）

成　员：牛仁亮　陈川平（12月离职）
高建民（12月任职）　刘维佳　张建欣（女）
王清宪

省政协党组工作概况

党组书记　薛延忠

2010年以来，省政协党组认真学习贯彻落实科学发展观，以创先争优活动为载体，广泛开展创建“学习型、服务型、创新型、效能型、和谐型”政协机关活动，以弘扬右玉精神为主旨，以转变机关作风为重点，以建设勤政、务实、高效、和谐、廉洁的文明机关为目标，充分发挥了党组织的领导核心作用、党支部的战斗堡垒作用和党员的先锋模范作用，形成了以党建推动中心工作，以业务工作检验党建成效，党建与业务工作两不误、双促进、共发展的良好局面。

一、用科学的理论武装头脑，指导实践，加强学习型党组织建设

薛延忠主席多次强调学习的重要性，把创建学习型组织纳入年度目标责任制考核内容，从机关干部学习、中心组学习、专题讲座、委员培训、理论研讨等各方面，不断提高政协机关干部职工的政治素质、理论水平和科学文化素养。

一是加强学习活动的制度化。根据省政协常委会《2010年工作要点》，结合创先争优活动的开展，制定了《关于创建学习型党组织的意见》，要求深入学习实践科学发展观，践行社会主义核心价值体系，不断丰富和发展人民政协理论，并学习掌握现代化建设所必须的各方面知识。对于学习方法和形式，要求加强和改进党组中心组学习、党支部组织生活会，加强和改进专题辅导报告会、主题教育活动、完善学习制度等。对于厅级干部，要求到基层调研每年不少于30天，处级干部每年撰写2–3篇调研报告，学习心得体会及论文一律上网交流。

二是注重学习内容的针对性。出台了《关于认真学习贯彻全国“两会”精神的意见》、《关于认真学习贯彻胡锦涛总书记在全党深入学习实践科学发展观总结大会上的重要讲话的通知》根据政协工作的特点和要求，结合创先争优活动和学习右玉精神活动的开展，邀请中央和省内专家学者作了专题讲座，特别是传达贯彻省委书记、省人大常委会主任袁纯清在全省领导干部大会上的重要讲话精神。薛延忠主席强调，贯彻落实省委决策部署、推进山西转型跨越发展，必须要有创新的思维、开阔的视野、过硬的本领、优良的作风、扎实的工作作保证。并印发了袁书记讲话，组织理论学习中心组和各支部进行了广泛深入的学习讨论，进一步提高了大家对当前政治经济形势和任务以及政协知识的认知水平。

三是强调学习形式的多样性。结合在北戴河举行的市县政协主席培训班、新任政协委员培训班和省委党校、省直党校举办的各类培训班，对广大干部进行了全面轮训。认真贯彻《2009—2013年全国党员教育培训工作规划》，高度重视党员教育培训工作。2010年6月25日，省政协举行保密知识竞赛活动，并邀请了省保密局专家进行高技术窃密泄密现场演示。2010年7月5日至10日，山西省政协办公厅、学宣委在北戴河全国政协干部培训中心举办“山西省政协系统北戴河学习培训班”。选派干部参加了全国政协和省直党校举办的理论学习培训。组织党员干部集体学习15次，中心组学习7次。通过培训学习，加深了大家对政策理论和业务实践两个方面的认识，提高了把握和运用政策的水平和能力。

四是注重理论联系实际。阎沁生同志一再强调，要通过学习着力提高宏观思维能力、组织协调能力、处理复杂问题的能力、开拓创新能力、语言和文字表达能力。通过各种调研、会务以及其它具体事务，提高机关干部职工的办文、办会、办事能力，并对机关同志进行实践能力的培养和锻炼。举办人民政协理论研讨会，征集论文近300篇，系统地加强了人民政协理论的学习、研究、宣传。通过推进学习型党组织建设，提高了党员的理论水平和政治素质，改进党员干部工作作风，将学习和工作有机结合起来，有力地推动各项工作。

二、大力开展创先争优活动，推进创新型机关建设

为贯彻中央关于在党的基层组织和党员中深入开展“创

建先进基层党组织、争当优秀共产党员”的创先争优活动的统一部署和有关要求，按照省委《关于在基层党组织和党员中深入开展创先争优活动的实施意见》和省直工委《实施方案》，结合省政协机关实际，制定了实施方案，成立了创先争优活动领导小组和办公室，定期研究创先争优活动的有关工作，协调解决创先争优活动中出现的新情况、新问题，确保创先争优活动健康、顺利、卓有成效地开展下去。

一是按照“五个好”、“五带头”的目标要求，以建设“五型”机关为载体，重点实施“四大”工程：(一)能力素质提升工程。按照中央《2009～2013年党员教育培训工作规划》的要求，着力落实《省政协关于创建学习型党组织的实施意见》，深入开展“争创学习型机关，争做学习型干部”活动，推动党员干部向书本学习、向实践学习、向群众学习，不断提升思想政治素质和业务能力。(二)发展环境优化工程。进一步解放思想，转变观念，以改革的思想、创新的精神、求实的作风、有力的措施，推动各项工作质量和水平的不断提高。(三)岗位奉献先锋工程。深入开展讲党性、重品行、作表率活动，紧紧围绕我省转型跨越发展和本职工作，比学习，比工作，比奉献，在机关党员干部中营造学习先进、争当先进、赶超先进的良好氛围。(四)党建工作创新工程。通过机关党建工作创新项目管理等措施，推动工作内容、工作方法、工作载体、工作机制等创新，不断提升机关党组织的凝聚力、创造力和战斗力。

二是抓好三项推进措施，把握五个方法步骤。三项推进措施是：1、学习教育，明确标准。2、制定方案，公开承诺。3、搭建平台，开展活动。把握以下五个步骤：一是搞好动员部署。二是落实公开承诺。三是进行领导点评和群众评议。四是开展成果展示。五是严格评选表彰。据统计，2010年以来，由主席和各位副主席、秘书长亲自带队，依托各专委会、联合各民主党派省委、省工商联和界别小组以及市县政协，组织委员抓住我省发展中的深层矛盾和突出问题进行视察调研45次，组织和服务全省政协组织和政协委员履行政治协商、民主监督、参政议政等重要职能。

为纪念建党89周年，进一步激发和动员广大党员干部深入学习实践科学发展观和开展创先争优活动，6月30日，由省政协副秘书长程银锁带队，机关党员参观了刘胡兰纪念馆。在刘胡兰纪念馆，省政协机关党员参观了刘胡兰生平事迹展览，并在刘胡兰烈士纪念碑下举行了“缅怀革命先辈，重温入党誓词”活动。通过参观学习，省政协机关党员干部进一步坚定了理想信念，增强了党组织的凝聚力和战斗力。

三、创建文明和谐机关，加强和谐型机关建设

创建文明和谐机关是提高机关干部职工凝聚力和团队精神的重要途径。为增强机关的整体战斗力，通过加强机关组织建设、基本建设、文体活动、扶贫救助等各方面的工作，激发出干部职工的创造活力，营造和谐团结的机关氛围。省政协机关连续七年被评为省直“文明和谐单位标兵”。

一是注重开展文体活动。从4月到7月，省政协机关组织象棋、篮球、乒乓球等项目参加了由省直工委、省体育局主办的山西省直机关第三届“智奇杯”职工运动会，荣获“优秀组织奖”，机关排舞队获得一等奖，篮球队荣获“体育道德风尚奖”等。支持机关工会活动。成立了乒乓球协会，购买了有关运动器械。多次组织参加了干部乒乓球比赛。支持机关妇女活动。3月5日，为纪念“三八”国际妇女节一百周年，省直机关全健排舞表演赛省政协机关妇女代表队荣获团体一等奖。持久开展双拥活动。慰问驻省政协的武警官兵，赠送慰问金和慰问品。

二是注重扶贫救助工作。认真组织捐款救灾活动。3月23日，省政协机关举行“情系玉树、大爱无疆”捐款活动，共捐款3万余元。甘肃舟曲特大山洪泥石流发生后，全省广大干部群众立即行动起来，积极开展向灾区送温暖、献爱心捐助活动。6月底，由李潭生副主席带队，赴玉树捐赠了价值1500万元的药品。8月23日，机关党委举行捐款活动，向舟曲灾区奉献爱心。省政协主席薛延忠等带头捐款，省政协机关干部职工共捐款3万余元。积极为扶贫点偏关县新关镇争取扶贫资金15万元，并为扶贫点捐赠了价值1万元的生活用品和1250元的科技光盘。为山西涤龙厂争取帮困资金。联系省新闻出版局、省网通公司、省财监办等单位，赴联企帮困单位山西涤纶厂开展两节慰问活动，向该企业困难职工家庭发放了4万元的慰问金。慰问机关贫困人员。对机关10名因病、因子女上学、家属失业等导致相对贫困的同志进行了慰问。

四、树立六个方面的良好风气，推进服务型机关建设

薛延忠主席要求，树立正确的事业观、工作观、政绩观；大力弘扬公正之风、敬业之风、求实之风、创新之风、和谐之风、严格之风，进一步在服务全省大局上下功夫，更加充分地发挥协调关系、汇聚力量、建言献策、服务大局的作用，以良好的作风为常委会各项决策部署的贯彻、各项工作任务的完成保驾护航。机关党委认真贯彻薛延忠主席指示和党组要求，完成有关日常工作，并以右玉精神的学习弘扬为契机，继续创建文明和谐单位标兵。

9月21日，在郭良孝常务副主席带领下，组织省政协干部100人赴右玉参观学习，详细了解右玉县60年植树造林的艰苦历程和右玉精神的实质。郭良孝强调，省政协机关广大党员干部职工要以身作则、率先垂范，以“右玉精神”升华思想，改进作风。要营造干事创业、真抓实干、风清气正的良好氛围，不折不扣地完成好各项工作，为实现转型跨越发展贡献力量。大家很受启发，纷纷在报刊和内网上发表感言，有力促进了机关作风建设。以学习右玉精神为契机，以办公厅2010年22号文件的形式转发了山西省纪委《关于进一步整肃工作纪律狠刹不良风气的通知》，转发了《关于严厉整治干部选拔任用工作中行贿受贿行为的实施意见》，对机关作风建设起到了良好作用。在领导的重视和机关全体同志的共同努力下，不断探索新时期文明和谐单位标兵创建工作的新路

子，杜绝了十个“一票否决”问题，连续八年荣获“文明和谐单位标兵”。

在纪检方面，认真贯彻落实中央《建立健全惩治和预防腐败体系2008—2012年工作规划》及省委《实施办法》，按照《山西省政协建立健全惩治和预防腐败体系2008—2012年实施方案》，积极探索党风廉政建设和反腐倡廉工作的长效机制。认真贯彻落实中办、国办《关于党政机关厉行节约若干问题的通知》和《关于坚决禁止公款出国（境）旅游的通知》，以坚强党性和良好作风为各项事业发展提供保证。

五、强化组织建设，做好党费收缴工作

认真学习《干部任用条例》和中央出台的四项监督制度等有关文件精神，集中研讨交流学习体会，有效提高了执行党的干部政策水平。为了认真落实省纪委、省委组织部、省监察厅《关于严厉整治干部选拔任用工作中行贿受贿行为的实施意见》，匡正选人用人风气，提高选人用人公信度，营造风清气正的选人用人环境，转发了《严厉整治干部选拔任用工作中行贿受贿行为的实施意见》。根据晋纪办[2010]58号文件《关于建立省管干部廉政档案的通知》，组织填报《领导干部廉政档案表》纸质档和电子档交省纪委。在干部选拔任用工作中坚持把民主推荐和组织考察结合起来，通过公示制度认真落实群众对干部选拔任用的知情权、参与权、监督权。

按照“坚持标准、保证质量、改善结构、慎重发展”的16字方针，扎实做好党员发展工作，省政协机关三位预备党员按期转正，对3名入党积极分子进行了培养，机关全体党员能够按照党章的规定，按时按标准缴纳党费，并足额上缴省直工委，同时按照党章规定返还离退休支部1/2的党费。省政协机关将党建工作活动经费纳入年度预算，党务工作和党建活动经费能够得到保障。（张建忠）

附：省政协党组书记、副书记、成员名单

书　记：薛延忠

副书记：郭良孝

成　员：李雁红　李潭生　令政策　阎沁生

2010年3月，山西省传达贯彻全国人大、政协“两会”精神大会在太原召开。

省纪委（监察厅）工作概况

省纪委书记　金道铭

2010年，省纪委深入贯彻落实科学发展观，努力克服国际金融危机带来的冲击，全力推进转型跨越发展，着力保障和改善民生，切实加强党的建设，各项工作取得新进展新成效。全省各级纪检监察机关，在积极推进经济社会各项事业发展的同时，认真贯彻中央和省委关于反腐倡廉建设的部署要求，始终把反腐倡廉建设放在更加突出的位置，严格执行党风廉政建设责任制，加快推进具有山西特色的惩治和预防腐败体系建设，服务、保障和促进发展的能力不断增强，全省党风廉政建设和反腐败斗争取得新的阶段性明显成效。

一、加大监督检查力度，有效促进中央和省委重大决策部署的贯彻落实

全省各级纪检监察机关紧紧围绕省委、省政府的重要决策部署，认真履行职责，严肃执行党的纪律，及时跟进，强力监督，积极推动落实。开展了4轮关于扩大内需促进经济增长政策措施落实及重点工程推进情况的监督检查，共派出各种检查组186个，检查项目7213个，发现、整改问题3654个。全省前四批中央新增投资项目地方配套资金到位率99.8%，开工率100%；省重点工程完成投资2142亿元，同比增长39.7%。加强对“五个全覆盖”等重点民生工程的监督检查，确保民生工程真正惠及于民。加强对淘汰落后产能、节能减排、环境保护和植树造林工程等政策措施落实情况的监督检查。开展重点行业安全生产违纪问题的专项整治，查处安全生产责任事故122起，责任追究353人。切实加强了对口支援四川地震灾区重建情况监督检查，援建任务基本完成。对全省6346所中小学校舍安全工程项目实施专项监督检查。健全和完善了定期检查、专项督查制度，构建了覆盖各地区各领域的监督网络。

二、深入推进煤焦领域反腐败专项斗争，煤焦领域惩治和预防腐败体系建设取得积极进展

持续深入开展煤焦领域反腐败专项斗争，并以此为切入点，加快推进惩治和预防腐败体系建设。继续深化违法违规违纪资金清理工作，全年清缴资金176.64亿元，已累计达到322.46亿元。针对煤炭资源整合主体及关键环节、重点岗位负责人，组织5期岗位廉政教育培训班，增强他们的廉洁从政意识。制定实施“十严禁”、“十严格”两个规定，重点加强监督检查，促进煤矿兼并重组整合工作健康有序、依法依规进行。加强煤焦领域教育、监督、预防和惩治制度建设，全省新建立制度1808项。同时，集中开展了涉煤资金拨付使用、涉煤涉焦中介组织、煤焦运销票据管理使用和公路煤焦营业站点等三个突出问题的专项治理工作。特别是积极推进煤销站点权力制约监督和管理机制改革，在不到一年的时间里，省煤销集团系统公路运销主营收入增加357.59亿元，同比增长70%。加大查办案件工作力度，立查案件818件，处分违纪党员干部1135人。严厉打击私挖滥采及其背后的腐败问题。

三、有序推进工程建设领域突出问题专项治理工作

坚持集中治理整顿与建立长效机制并举，从排查入手，抓住突出问题开展专项治理。全省共排查投资额500万元以上项目9036个，发现各类问题12888个，整改问题11322个。认真开展违规招标投标、房地产开发中违规变更规划调整容积率、闲置土地清理的专项整治。清缴违纪违法资金75.9亿元。查办违纪违法案件926件，党政纪处分1087人，组织处理62人。积极推进工程建设项目信息公开和诚信体系建设试点工作。举办了3期工程建设领域领导干部廉政教育培训班，制定了974项相关制度，出台《关于严禁领导干部违反规定插手干预工程建设的若干纪律》。着力整治土地和矿业权交易市场，深化国土资源管理制度改革，国土资源领

域腐败问题治理工作有序推进。

四、农村党风廉政建设不断深入，基层党风廉政建设得到加强

加强监督检查，有效推动强农惠农政策措施落实。继续坚持以城中村、矿产资源型农村、矛盾突出村为重点，着力解决农民群众反映强烈的突出问题。对赴省进京集体访和重复信访问题严重的村进行重点督办，对矛盾突出村党支部书记及县乡包村责任领导进行了集中教育培训，一批突出问题得到有效解决，赴省进京集体访同比下降19%和16%。制定出台了《关于加强农村集体资金资产资源监督管理的指导意见》，普遍推行了“农村集体经济组织财务支出审批单”和村级会计委托代理制。严肃查处损害农民利益的典型案件2631件，党政纪处分2673人，移送司法机关58人，责任追究701人。加强农村监督组织建设，全省98.7%的村级党组织设立了纪检委员和纪检监督小组。全面推进“阳光农廉网”建设。认真落实国有企业领导人员廉洁从业以及“三重一大”决策制度的规定。积极探索加强高等学校反腐倡廉建设的有效途径。

五、坚决查办违纪违法案件，惩治腐败力度进一步加大

继续保持惩治腐败的高压态势，全省纪检监察系统共受理群众举报26952件(次)，立案8020件，结案8020件，处分违纪党员干部9211人，其中地厅级干部11人，县处级干部348人，为国家挽回经济损失4.5亿元。省纪委严肃查处了大同市市委原常委王雁峰和市公安局原局长申公元、省政协经济和人口资源委员会原主任巩安库、山西焦煤集团原总经理高玉斌、晋城无烟煤集团原副总经理李海明等一批重要案件。同时，严肃查处了运城市交通局运管处原副处长仝霄、阳泉市城区公安分局巡警大队原大队长关建军、保德县建设局原副局长李志强、太原市水务局原局长都洁等一批发生在基层的严重违纪违法典型案件。对61名利用审批权、执法权吃拿卡要、索贿受贿的党员干部进行了严肃处理。全省立查商业贿赂案件544件，涉案金额4.2亿元。坚持依纪依法安全文明办案，案件审理和监督管理工作得到加强。密切了与司法部门的协调配合，加强对基层办案的指导。注重案件剖析，查办案件的治本功能进一步显现。

六、大力弘扬右玉精神，切实加强领导干部作风建设

更加自觉地把加强领导干部作风建设融入转型跨越发展全局之中，一手抓正面典型学习，一手抓纪律作风整顿。省委召开兴起学习弘扬右玉精神新高潮大会，全省11个市、118个县、125个省直单位的24387名党员干部赴右玉县进行考察学习，各级党组织普遍召开专题民主生活会，对照“右玉精神”找差距、抓整改。及时出台“五个不准”，集中开展“整肃工作纪律，狠刹不良风气”专项行动，对工作时间在休闲娱乐场所活动的565名国家公职人员进行了严肃处理，对19起典型案件进行公开曝光。认真落实领导干部接待群众来访制度，进一步密切了党群干群关系。认真落实领导干部选拔任用四项监督制度，整治选人用人上的不正之风工作取得新成效。

七、全面贯彻《廉政准则》，加强对领导干部的教育和监督

认真学习宣传《廉政准则》，制定印发《关于进一步加强领导干部岗位廉政教育的意见》，深入开展廉洁从政教育、示范教育、警示教育和岗位廉政教育，全省共组织岗位廉政教育160期，培训党员干部近10万人次；省纪委分15批对4365名重点领域、重点岗位、重点环节的公职人员进行了岗位廉政教育。全省已建立170个廉政教育基地。八路军太行纪念馆、平顺县西沟展览馆成为全国第一批廉政教育基地。山西省党纪教育基地建成投入使用。制定出台了《山西省坚决制止领导干部大办婚丧喜庆事宜和借机敛财行为的规定(试行)》，及时制止了136起大操大办行为，严肃查处了19起顶风违纪的典型案件。“小金库”专项治理初见成效。各级纪委负责人同下级党政主要领导谈话、任前廉政谈话、诫勉谈话、述职述廉、领导干部报告个人有关事项、函询等党内监督制度得到较好落实。公务用车、公务接待等费用比上年同期减少4.48亿元；因公出国(境)团组数、人数和经费支出比2006—2008年三年平均基数下降了39%、82%和60%。巡视力量和巡视工作得到进一步加强，对8个市、12个县和7个省属国有企业、3个高校进行了巡视，发现、整改了一批问题，促进了改革发展稳定。派驻纪检监察机关进一步改进工作，提高了监督质量。

八、大力推进制度建设和改革创新，从源头上防治腐败工作取得新进展

省委制定印发了《关于着力推进反腐倡廉制度建设的意见》，在全省扎实开展“反腐倡廉制度建设年”活动。全省县级以上单位清理制度20241项，废止2577项，修订4003项，研究制定各类制度3745项。大力加强权力运行监督体系建设，34个廉政风险防控试点工作成效明显。县委权力公开透明运行试点工作进展顺利。行政审批制度改革继续推进，取消和调整审批项目工作取得明显进展。省行政审批电子监察系统已建成并投入使用，570个项目实行了网上审批。政务公开进一步深化，预算公开进一步推进，财税管理体制改革进一步深入。国有产权交易市场逐步规范，公共资源交易制度改革积极推进。对领导干部的经济责任审计进一步强化。召开全省反腐倡廉建设创新经验交流会，总结创新经验，形成了一批创新成果。反腐倡廉建设科学化水平有了新的提高。

九、坚持以人为本，纠正损害群众利益不正之风工作取得新成效

开展对涉农资金管理使用情况的专项检查，发现违纪违规资金2.3亿元。严肃纠正和查处损害农民土地权益、哄抬农资价格、制售假劣农资等坑农害农行为，对97人进行了责任追究。取消涉企行政事业性收费项目141个，涉及金额4410.4万元；查处涉企乱收费、乱罚款和各种摊派问题涉及金额3963.8万元，23人受到责任追究。全省二级以上医疗机构药品集中招标采购55.7亿元，占医院用药总量的96.3%，降价幅度31.4%；67%的政府举办的乡镇卫生院和社区卫生服务机构实现基本药物集中招标采购，降价幅度达40.7%。查处各级各类学校乱收费问题涉及金额3644.5万元，处分责任人员118人。严肃查处了“问题奶粉”案件，40人受到责任追究。查处公路“三乱”问题245件，631人受到严肃处理。对社保基金、住房公积金的监管力度进一步加大。民主评议政风行风工作进一步深化。

十、巩固学习实践和主题实践活动成果，纪检监察机关自身建设得到进一步加强

着眼于巩固学习实践和主题实践活动成果，全省各级纪检监察机关深入开展创先争优活动，学习弘扬“右玉精神”，扎实推进“学习型、责任型、廉洁型”机关建设。制定印发了《关于进一步加强全省纪检监察干部队伍建设的实施意见》，严格执行“五严守、五禁止”纪律规定，以反腐蚀、反诱惑为重点，切实加强干部的教育培训和管理监督。认真落实中央纪委9号、10号文件精神，深入推进县级纪检监察机关建设，全省共增加编制1120名。会同省财政厅制定了《山西省县级纪检监察机关经费保障标准》，为部分县级纪检监察机关补充办公办案装备。市级派驻机构统一管理工作全面推开。乡镇纪检监察组织建设进一步加强，全省69.5%的乡镇纪委已配置了专职副书记。

在推进全省反腐倡廉建设的实践中，省纪委常委会坚持全面履行党章赋予的职责，把维护党章、维护党的团结统一、维护党的政治纪律，作为纪检监察工作的首要任务；坚持围绕中心、服务大局，把纪检监察工作纳入党和政府工作大局中来思考、把握和推进，正确处理反腐倡廉与改革发展稳定的关系，正确处理严肃惩处腐败分子与维护党的形象、创造良好环境的关系；坚持全面贯彻中央反腐倡廉战略方针，把惩防体系建设六项要求贯穿于重点工作全过程中，加快构建具有山西特色的惩治和预防腐败体系；坚持实事求是、一切从实际出发，抓住主要矛盾，解决突出问题，以重点工作的成效带动全局工作的发展、以关键环节的突破带动整体建设的推进；坚持深入实际、深入群众，认真开展调查研究，使各项决策更加符合工作实际和群众愿望；坚持高度重视常委会自身建设，加强政治理论学习，注重提高履职能力，认真贯彻民主集中制，严格执行廉洁自律各项规定，自觉接受各方面监督。

（牛彦方）

附：一、省纪委书记、副书记、常委名单

书　记：金道铭

副书记：刘　巩　李正印　杨森林　张晓亚

常　委：邢顺喜　贾毓杰　荀志坚　张秀萍（女）　康建成（2月任职）　孟　萧（2月任职）

二、省监察厅厅长、副厅长名单

厅　长：杨森林

副厅长：邢顺喜（兼）　刘蓉华（女）　因新中（4月任职）　刘予强（4月任职）

2010年1月，中国共产党山西省第九届纪律检查委员会第五次全体会议在太原召开。

省高级人民法院党组工作概况

党组书记　左世忠

省高级人民法院现有党员453名，33个党支部。2010年，院党组紧紧围绕全省工作大局和“抓三案、促四化、求五新”工作目标，始终把加强党建工作与推动审判工作结合起来，团结带领广大党员积极发挥战斗堡垒作用和模范带头作用，党的思想、组织、作风建设、党风廉政建设和精神文明建设得到长足发展。院机关荣获“省直文明和谐单位标兵”称号，为全院各项工作任务的圆满完成提供了坚强的思想保证和组织保证。

一、不断加强理论学习，提高党员干警的政治理论素养

一年来，全省法院始终把强化党员干警的思想理论武装摆上重要位置，认真计划、科学安排、突出效果。一是认真落实学习制度。院机关坚持以落实中心组学习制度为重点，以中心组和处级干部学习为龙头，带动全院干警的理论学习，并把理论学习作为年度考核和述职述廉的重要内容，加强学习管理和督促检查。各党支部克服工学矛盾，自觉坚持周二、五下午理论学习日制度、学习计划制度，全体党员自觉坚持读书笔记制度、心得体会制度等，机关党委收回处级干部重点学习内容心得体会113篇，科级干部学习心得75篇，通过落实制度，把学习的“软指标”变成“硬任务”，收到很好效果；二是制定学习计划，明确学习内容。根据省直工委的理论学习安排，结合本院工作实际和干警的思想实际，制定明确具体、切实可行、操作性强的学习计划，明确14个重点学习内容，使学习活动有章可循，避免了随意性；三是丰富学习载体。根据学习内容的不同特点，灵活采取集体组织与个人自学相结合等方法，举办专题讲座2场，组织干警观看教育录像片4次6部，到党员教育基地接受教育320多人次，有效提高了效果。四是积极推进学习型党组织建设。按照建设马克思主义学习型政党的要求，认真落实中央办公厅印发的《关于推进学习型党组织建设的意见》，坚持用中国特色社会主义理论体系武装头脑，结合人民法官为人民主题实践活动，深入学习实践科学发展观，学习践行社会主义核心价值体系，学习掌握审判、执行及其他法院工作所必需的法律知识，广泛开展学习型党组织建设活动。

二、始终坚持组织建设，增强党支部的战斗堡垒作用

根据《中国共产党党和国家机关基层党组织工作条例》要求和我院干部调整情况，及时对11个党支部的班子进行了调整补充和换届，使党支部班子始终保持班子成员齐，领导力量强，核心作用好。为提高党组织的凝聚力和战斗力，我们按照省委《关于严格党的组织生活实施办法》和《关于进一步提高党员领导干部民主生活会质量的意见》等要求，在坚持抓好党支部“三会一课”制度的同时，有针对性地进一步健全落实了党的组织生活会、领导干部双重组织生活、民主生活会、民主评议党员、思想汇报等制度，认真开展批评与自我批评，增强了党组织的凝聚力、战斗力。同时，认真做好入党积极分子培养和新党员发展工作，按照“坚持标准、保证质量、改善结构、慎重发展”的方针，成熟一个发展一个，发展新党员5名；按照“五好五带头”的标准，积极开展创先争优活动，党员意识和党支部的核心领导作用不断增强；顺利完成了机关党委和机关纪委的换届工作，选举产生了由13名委员组成的新的机关党的委员会和由7名委员组成的机关纪律检查委员会，新一届机关党委和机关纪委人员结构合理，代表和覆盖面广，为开创机关党的工作新局面提供了组织保证。

三、努力搞好廉政建设，增强党员干警的廉洁自律意识

一是坚持教育为先，筑牢拒腐防变的思想道德防线。认真开展了以践行《党章》和社会主义核心价值体系为主线、以

理想信念为核心、以荣辱观为重点、以正反典型为代表、以弘扬廉政文化为内容等“五个系列教育”，充分发挥“党员廉政教育基地”、“革命传统教育基地”、“廉政警示教育基地”的作用，组织84名科级干部到晋中女子监狱听取现身说法，增强教育效果。二是开展专项活动，强化为民意识。大力开展了“人民法官为人民”主题实践活动、“党性党纪党风教育”活动、学习“右玉精神”活动等，狠抓了最高法院“五个严禁”、省纪委“五个不准”和《人民法院工作人员纪律处分条例》、《关于实行党风廉政建设责任制的规定》、《中国共产党党员领导干部廉洁从政若干准则》等规定的贯彻落实，积极开展“三好四廉”活动，使广大干警的廉洁意识、自律意识、为民意识、责任意识、服务意识明显增强。三是健全落实制度，强化对公权力的监督制约。着力强化廉政制度对公权力的监督制约作用，并充分发挥廉政监察员、社会监督员的作用，强化内外监督，实行“五卡”制度，加强了立案、审判、执行和案前、案中、案后全过程监督；四是坚持有的放矢，加强廉政风险防控。制定下发了《关于进一步加强全省法院岗位廉政教育的意见》，明确了法院岗位廉政教育的指导思想、教育对象、内容形式、方法步骤、考核评比，初步形成了全方位、立体式的岗位廉政教育模式。在岗位廉政教育中，上到院领导、下到普通法警都参与撰写了岗位教育心得体会，体现出了我们反腐倡廉教育的内容不仅具有相互呼应、相互增强的系列性，也具有了创新性。对重点岗位、关键部位的权力点、风险点进行了“权力搜索”，梳理出了不同部门不同岗位的69个权力点、风险点，有针对性地制定了76条防控措施，形成了岗位廉政风险防控监督体系。

四、积极开展文化建设，推动文明和谐单位创建活动

全省法院把“文明和谐创建活动”作为党建工作的重要内容，坚持开展丰富多彩的创建活动，不断强化制度文化、行为文化、物质文化建设，展现人民法院、人民法官的良好精神风貌。全国首届法院文化论坛会议在太原中院成功召开，我省有多篇论文获奖。全省各级法院通过建立法院文化长廊，成立各种业余爱好小组，举办各类文化活动，创办具有人文关怀的法院、法庭氛围，潜移默化了干警良好的思想道德情操，促进了大家工作的积极主动、精神的激情饱满，感染了诉讼当事人较为理性地面对诉讼的每个环节。各级法院还加大了对反腐倡廉方针政策、先进经验、先进事迹等正面宣传力度，及时披露重大案件信息和群众关注的反腐倡廉热点信息，积极探索利用各种媒体开展反腐倡廉宣传的新途径。省高院与《山西法制报》联办了《人民法院专刊》、与《生活晨报》合办了《法治周刊》，使法官教育、法院文化有了一个很好的载体和展示平台。太原中院与《太原日报》、电视台合办了相关版面和栏目，有的基层法院也积极参与了当地电视台的法制栏目，都取得了很好的效果。成功举办了全省法院廉政建设图片展览，认真开展并积极参与省直工委组织的乒乓球、羽毛球、拔河、全民健排舞等群众性比赛活动，连续多年在省直机关取得好成绩。院机关连续五年被省直文明委评为“文明和谐单位”，连续两年保持了“文明和谐单位标兵”称号。

（马云跃）

附：省高级人民法院党组书记、副书记、成员名单

书　记：左世忠

副书记：梁　权

成　员：刘冀民　李建忠（4月病故）　吴秋霞（女）　赵有珍　张学俊　冯　强

省人民检察院党组工作概况

党组书记　王建明

2010年，省检察院党组深入贯彻落实科学发展观，不断提高党组科学决策和领导检察工作科学发展的能力，积极围绕中心、服务大局，深入推进三项重点工作，全面实施山西检察工作科学发展五年规划，各项工作取得了新的发展和进步。

一、积极服务全省工作大局，确保检察工作的正确方向

省检察院党组紧紧围绕省委决策部署开展工作，及时制定、完善服务大局的措施，广泛开展"深入农村、深入企业、深入社区"实践活动，为促进我省经济社会又好又快发展作出了积极贡献。

一是着力服务企业发展。紧紧围绕发挥企业在经济发展中的主体作用，把服务企业发展作为服务转型跨越发展的切入点和着力点，省检察院党组出台《服务企业发展意见》，提出20条具体措施，全力保障企业正常经营发展。全省检察机关依法妥善处理涉及企业的案件，平等保护各类市场主体的合法权益，正确适用法律，严格区分罪与非罪界限，慎重使用强制措施，慎重扣押企业涉案款物，最大限度避免给企业正常生产经营带来影响。依法打击危害企业生产经营的犯罪活动，批准逮捕破坏企业生产经营、损害企业利益犯罪436件679人，查办侵害国有企业资产职务犯罪332件415人。

二是着力服务新农村建设。为维护农民合法权益，促进农业生产发展，保障农村和谐稳定，省检察院党组制定实施《派驻乡镇检察室管理办法》和《开展巡回检察服务农村工作办法》，积极推进检力下沉，向农村延伸法律监督触角，全省检察机关派驻乡镇检察室69个，成立巡回检察小组389个，在673个乡村开展巡回检察864次。深入查办涉农领域职务犯罪，查办发生在征地补偿、粮食直补、退耕还林和农村基础设施建设等环节的职务犯罪216件268人。会同公安机关在全省范围内深入开展打击制售假冒、伪劣农资产品犯罪专项行动，批准逮捕此类犯罪50件105人，提起公诉48件101人。

三是着力服务创优发展环境。围绕整顿和规范市场经济秩序，省检察院党组领导全省检察机关深入开展打击危害食品药品安全、侵犯知识产权、治理商业贿赂等专项行动，批准逮捕破坏市场经济秩序犯罪450件678人，提起公诉554件912人，查办商业贿赂犯罪173件200人。根据各级政府较大幅度增加公共支出、加大投资力度的情况，围绕保障政府投资安全，全省检察机关配合有关部门加强对民生工程等重大建设项目资金使用的监督，深入推进工程建设领域突出问题专项治理工作，查办该领域职务犯罪109件136人。围绕促进能源资源节约和生态文明建设，全省检察机关积极开展国土资源领域腐败问题专项治理，查办该领域职务犯罪57件63人；依法严厉打击破坏环境资源犯罪，批准逮捕重大环境污染事故、非法采矿、盗伐滥伐林木等犯罪133件225人，提起公诉189件334人。

二、坚决贯彻中央决策部署，扎实有效开展三项重点工作

省检察院党组认真贯彻中央和省委关于深入推进化解社会矛盾、社会管理创新、公正廉洁执法三项重点工作的部署要求，认真制定了具体实施意见；按照省委政法委分工方案，对13项涉及检察机关的主要工作进行细化分解，建立健全工作长效机制，积极延伸检察职能，深化工作内涵。

一是坚持把化解矛盾贯穿于执法办案始终。建立不逮捕、不起诉说理制度，公开案件审查程序，公开认定事实和法律依据。探索建立检调对接机制，促进形成"大调解"工作体系。改进执法办案方式，用群众听得懂的语言和易于接受的方式执法办案，努力实现法律效果、政治效果、社会效果的有

机统一。

二是积极参与特殊人群的帮教工作。积极开展办理未成年人刑事案件社会调查工作，加强对未成年犯罪嫌疑人的教育、感化和挽救。加强监外执行法律监督，在认真落实监外执行罪犯交付和监管措施的基础上，完善对监外执行和社区矫正的监督方式和措施，防止和纠正脱管漏管、重新犯罪等问题。

三是积极参与社会治安综合治理工作。针对社会高度关注的校园安全问题，采取法律宣传、专项检查等措施，主动配合做好校园安全防护工作。积极参与社会治安重点问题大排查、大整治活动，对排查出的违法犯罪活动，依法严厉打击；针对在执法办案中发现的社会管理部门存在的突出问题，及时发出检察建议397件，被社会管理部门采纳371件。

四是积极参与网络虚拟社会的建设管理。配合有关部门开展整治互联网和手机媒体淫秽色情及低俗信息等专项行动，净化网络环境。建立涉检网络舆情监测预警、分析研判、引导应对等机制，不断提高对涉检个案、突发事件网络舆论的应对能力。开通省检察院门户网站，加大检察工作网络宣传力度。

三、牢牢把握执法办案中心工作，全面履行法律监督职责

省检察院党组始终把执法办案摆在中心位置，研究部署加强和改进执法办案工作的措施，领导全省检察机关不断加大工作力度，强化法律监督职能。

一是严厉打击刑事犯罪。认真履行批捕起诉职责，批准逮捕各类刑事犯罪13602件21603人，提起公诉18833件29992人。深化打黑除恶专项斗争，批准逮捕黑社会性质组织犯罪嫌疑人19人，起诉38人，查处为黑社会性质组织提供保护的职务犯罪9件9人。全面贯彻宽严相济刑事政策，依法不逮捕3326人、不起诉1581人。扎实做好涉检信访工作，对中央政法委交办我省涉及检察机关的55件信访积案全部化解。

二是积极查办和预防职务犯罪。立查职务犯罪案件1248件1538人，同比分别上升1.8%和8.8%，追缴赃款赃物1.6亿元；查办县处级以上领导干部要案98人，同比上升44.1%，其中厅级干部4人。先后邀请1600多名人大代表、政协委员视察了反渎职侵权工作，听取意见建议，促进反渎职侵权工作深入开展。推动建立党委领导下的预防职务犯罪工作领导机制，省、市、县党委全部成立了预防职务犯罪工作领导机构，实现了由检察机关专门预防向全社会共同预防的转变。省检察院与省人大内司委共同开展了预防职务犯罪“五个一”宣传活动，积极营造预防职务犯罪的社会氛围。采取办案工作区准用制度、安全督察员制度、安全责任制、配备专用囚车等四条措施严防办案事故的发生。省检察院对全省检察院办案工作区进行了逐一检查，对达标的103个办案工作区准予使用，给市、县两级院配备了134辆办案专用囚车。

三是全面加强诉讼监督工作。推动省人大常委会作出《关于加强人民检察院对诉讼活动法律监督工作的决定》，并积极贯彻落实。纠正应当立案而不立案的案件968件、不应当立案而立案的案件284件，纠正漏捕651人、漏诉693人；对认为确有错误的刑事裁判提出抗诉270件，法院已审结135件，原审改变率为63.7%；对认为确有错误的民事行政裁判提出抗诉241件，法院已审结162件，综合改变率为83.3%；办理督促起诉、支持起诉案件1632件；纠正减刑、假释、暂予监外执行不当222人，清理纠正久押不决案件78案128人。会同省公安厅对全省公安派出所、刑警队、经侦队近年来所办案件进行专项检查，监督立案160件，监督撤案106件。

四、加强内外部监督制约，深入推进执法规范化建设

省检察院党组坚持强化自身监督与强化法律监督并重，以严格的内部监督促进法律监督水平的提高。

一是实施案件集中管理。针对执法办案监督存在的纵向强横向弱的状况，党组决定实施案件集中管理改革，加强对执法办案活动的监督制约和统筹管理。同时，在5个市级院、10个县级院进行试点。随后，出台了《实施案件集中管理的决定》，指导全省检察机关推进这一改革。各市分院和基层院已完成各项基础性工作，明年起全面实行案件集中管理。

二是强化对职务犯罪侦查活动的监督。认真落实逮捕职务犯罪嫌疑人报上一级检察院审查决定制度，逮捕职务犯罪嫌疑人458人，不捕47人，不捕率为9.3%。大力推行讯问职务犯罪嫌疑人全程同步录音录像制度，探索开展初查不立案职务犯罪案件送纪检监察部门备案审查制度，扎实开展扣押冻结款物专项检查，确保职务犯罪侦查权的规范行使。

三是深入开展案件评查活动。根据中央政法委部署开展的“百万案件大评查”活动，制定《案件评查实施方案》，要求全省检察机关对2004年以来诉讼程序终结的自侦案件等五类案件进行评查，查找薄弱环节和制度漏洞，完善执法办案规范和行为规范，已评查案件2597件，提出整改建议92件。

四是自觉接受外部监督。主动邀请人大代表、政协委员视察检察工作，认真执行各级人大及其常委会的决议和决定，对人大及其常委会转办交办的350件案件，及时办结反馈。积极开展“检察开放日”活动，省检察院邀请社会各界31名代表到省检察院参观、座谈，虚心听取建议和意见。

五、大力加强检察队伍和基层基础建设，夯实检察工作创新发展根基

省检察院党组坚持狠抓检察队伍建设，扎实推进基层基础建设，不断打牢检察工作科学发展根基。

一是大力加强思想政治建设。扎实开展“恪守检察职业道德、促进公正廉洁执法”主题实践活动，大力弘扬忠诚、公正、清廉、文明的检察职业道德。集中开展警示教育活动，重点查纠检察人员入股经商办企业问题。深入开展创先争优活动和“建设学习型党组织、创建学习型检察院”活动，以党的

建设带动队伍建设。全省检察机关共有5个先进集体、7名先进个人受到高检院和国家有关部门表彰，119个检察院被评为文明和谐单位，省检察院连续6年荣获省直机关文明和谐单位标兵称号。

二是大力加强专业化建设。制定实施《"351人才选拔培养工程"实施意见》，计划用3年时间在全省检察机关培养出30名业务专家、500名业务尖子和1000名办案能手，现已确定了1093名培养对象，展开了培养工作。开展大规模教育培训，省检察院举办各类培训班18期，培训2439人。选聘4名法学专家、教授到省检察院机关挂职，选派13名检察业务专家到高校担任兼职教师和实践导师，拓宽了检察人才培养渠道。

三是大力加强作风建设。扎实开展"反特权思想、反霸道作风"专项教育活动，重点进行执法办案评查和警车管理使用专项治理，认真纠正人民群众反映强烈的突出问题。积极贯彻省委兴起学习弘扬右玉精神新高潮活动的要求，以省检察院机关为重点，组织开展"治散、治懒、治松、治浮、治庸"的"五整治"活动，在全省检察机关大力弘扬真抓实干、热爱学习、亲民为民、清廉从检、艰苦奋斗、创先争优六种良好风气，努力营造立足本职、干事创业的浓厚氛围。

四是大力加强反腐倡廉建设。坚持领导干部述职述廉制度，组织12个市分院检察长进行了述职述廉；认真落实上级院派员参加下级院民主生活会制度，派员参加下级院党组民主生活会12次。不断完善各级院领导班子廉政档案，对各级院领导班子成员是否存在经商办企业情况进行了调查摸底。坚持从严治检，查处检察人员违法违纪案件17件22人，给予党政纪处分18人，其中追究刑事责任1人。

五是大力加强基层基础建设。对全省基层院检察长和领导班子进行了届中测评，加强了对基层院班子建设的指导。开展基层院建设调研工作，提出了解决对策和建议。以整合检察资源、优化职能配置为目标，在部分基层院开展了内设机构整合试点工作。加大基层院公用经费保障标准落实力度，全省有102个基层检察院年初预算落实了保障标准。积极争取财政支持，为基层院采购发放了一批现代科技装备。研究制定《信息化建设总体规划》，启动了检察专线网建设。

六、狠抓党组自身建设，充分发挥班子的坚强领导作用

省检察院党组坚持把建设民主、文明、和谐的领导班子，提高班子的凝聚力和战斗力作为目标，大力加强党组自身建设。

一是加强政治理论学习。制定党组中心组全年学习计划和学习制度，认真学习了十七届五中全会、省委九届十一次全会以及中央和省委领导同志的一系列重要讲话精神等内容。在学习过程中，党组一班人自觉发扬理论联系实际的学风，力求做到学以致用，把学习的过程变成改造思想、坚定信念、提高素养的过程。

二是坚持民主集中制原则。完善《党组议事规则》、《检察委员会议事规则》等制度，努力提高党组议事和决策的规范化、民主化和科学化水平。严格坚持民主集中制原则，凡是事关全省检察工作发展大局的重大工作部署、重大项目建设、干部任免奖惩等事项，都提交党组会议研究讨论，切实做到集体领导、民主集中、个别酝酿、会议决定。

三是加强自身廉政建设。成立惩治和预防腐败体系建设领导小组，制定《党风廉政建设责任制分解意见》，层层签订党风廉政目标责任书，形成了检察长亲自抓，分管领导具体抓，一级抓一级的领导体制和齐抓共管的工作局面。班子成员自觉接受干部群众的评议和监督，自觉落实廉洁自律的有关规定和要求，较好地发挥了表率作用。

四是认真贯彻执行党的干部政策和有关规定。省检察院党组经过认真调研分析，研究制定了《处级领导干部选拔任用工作办法》和《处级非领导职务晋升工作办法》，明确了看政治素质、真才实学、实干精神、工作业绩和公认程度的"五看"选人用人标准，健全了干部选拔任用长效机制。随后，在处级干部选拔任用工作中，省检察院党组研究制定了详细严密的竞争上岗工作方案，各环节严格接受纪检监察部门的监督，整个选拔工作平稳有序，31名同志通过竞争走上了处级岗位，得到全院人员的广泛认同。

（雷　力　刘克聪）

附：省人民检察院党组书记、副书记、成员名单

书　记：王建明

副书记：王满春

成　员：文晓平　荣　彰　李　勃　严奴国　谢鹏程（9月任职）　秦文峰　李喜春

省政府各厅局党组（委）工作概况

省政府办公厅党组工作概况

党组书记　王清宪

2010 年，省政府办公厅党组在省委、省政府党组的正确领导下，全面推进机关党的思想、组织、作风、制度和反腐倡廉建设，深入贯彻落实科学发展观，围绕中心，服务大局，充分发挥参谋助手、政务督查和综合协调作用，着力推进转型跨跃发展，圆满完成了省委、省政府赋予的各项工作任务。

一、以深入开展创先争优活动暨建设学习型党组织为契机，进一步加强党的建设

加强领导，精心组织，扎实推进“创先争优”。按照王君省长“结合办公厅实际，抓好创先争优活动，最终是提高基层党组织战斗力、提高党员队伍素质、促进工作”的重要批示精神，在厅党组的领导下，机关党委反复听取支部书记及相关人员意见，制定印发了《省政府办公厅关于在基层党组织和党员中深入开展创先争优活动暨建设学习型党组织实施方案》，并召开办公厅创先争优暨建设学习型党组织动员大会进行了全面部署。通过理论学习、解放思想大讨论、干部大会交流等一系列卓有成效的活动，办公厅机关工作效率明显提高，风气有效改善，工作作风不断加强，服务水平显著提高，对外形象明显改善，在推动科学发展、促进文明和谐、服务人民群众、加强基层组织的实践中取得良好效果。

着眼长远，强化学习，提升能力，着力推进学习型党组织建设。紧紧围绕全省发展大局和省政府的中心工作，不断推动决策水平和工作能力的提高，做到工作学习化、学习组织化、制度化，学习型党组织建设成效明显。以党组中心组学习为龙头带头学，加强和改进专题报告会、工作务虚研讨会、形势政策教育、主题宣讲、领导推书寄语等学习教育方式，充分运用专题讲座、知识竞赛、演讲比赛等广大党员喜闻乐见的手段营造浓厚的学习氛围。通过学习马列主义、毛泽东思想，特别是中国特色社会主义理论体系等基础性知识，进一步明确宗旨、坚定信念；通过对中央和省委、省政府的重大决策部署，国家的法律法规、《公务员法》等应用性业务知识的学习，加强了干部职工的自身业务建设，增强了服务能力，提高了行政效能；通过深入开展调查研究，加深了对加快转变经济发展方式、市场经济新趋势、国际关系新变化、新形势下社会管理的新特点、信息技术的新发展以及山西转型跨越发展等新课题的理解把握，提高了复杂局面的应对应变能力。

围绕中心，服务大局，进一步深化机关作风建设年活动。为进一步改进办公厅机关工作作风，经厅党组研究，把 2010 年定为作风建设年，把作风建设纳入各处室年终目标考核内容，并作为考察处室班子和干部的重要内容。扎实开展主题活动，注重实效，不走过场、不搞形式，使广大党员干部职工牢固树立了机遇意识、大局意识、学习意识、创新意识、为民意识等五种意识；增强了战略思维能力、学习调研能力、执行问责能力、综合协调能力、廉洁自律能力等五种能力，大大推动了办公厅行政效能的提高。

立足岗位，学践结合，掀起学习弘扬“右玉精神”新高潮。8 月 28 日，省委召开在全省兴起学习弘扬“右玉精神”新高潮动员大会之后，厅党组高度重视，专门召开了动员大会，对学习弘扬“右玉精神”进行了安排部署。先后组织各总支、支部进行“右玉精神”专题学习，召开了“学习弘扬右玉精神、加强作风建设”专题民主生活会，开展思想大讨论；制定了办公厅机关工作纪律检查方案，组织办公厅党员干部职工到右玉实地参观学习；开展了“学习弘扬右玉精神、立足本职建功立业”征文和演讲活动。在此次学习实践活动中，每个党员干部

特别是领导干部都能以“右玉精神”为镜,深刻对照检查,开展批评与自我批评,深挖作风建设上存在的突出问题,针对性地寻根源、作剖析,定措施、抓整改,升华了思想,改进了作风,营造了良好的工作氛围。

二、以加强惩治和预防腐败体系建设为重点,扎实推进反腐倡廉建设

一是继续巩固“廉政教育活动”成果,进一步抓好干部教育、监督和廉洁自律工作。认真学习贯彻胡锦涛同志在中纪委第七次全会上的讲话精神、中纪委向党的第十七次全国代表大会的工作报告和《关于加强领导干部廉洁自律若干规定》,在工作中大力倡导胡锦涛同志提出的八个方面的良好风气。制定印发了《省政府办公厅关于学习贯彻廉政准则的实施意见》、《省政府办公厅2010年党风廉政建设和反腐败工作任务分解意见》、《省政府办公厅2010年党风廉政建设工作要点》、《关于领导干部进一步改进工作作风、严肃工作纪律的规定》、《省政府办公厅“机关作风建设”整改方案》、《省政府办公厅贯彻执行<关于坚决制止领导干部大办婚丧喜庆事宜和借机敛财行为的规定(试行)>实施意见》、《省政府办公厅严厉整治干部选拔任用工作中行贿受贿行为实施方案》、《深入贯彻落实科学发展观,扎实推进以完善惩治和预防腐败体系为重点的反腐倡廉建设》、《关于加强领导干部党性修养大力树立和弘扬良好作风的意见》等文件,形成了系统的、完整的、符合办公厅特点的党风廉政建设和反腐败制度的框架,有力地推动了办公厅的惩防体系建设。二是从正反两面不断拓宽教育途径,警钟长鸣,时刻保持清醒的头脑,使广大党员干部自觉增强拒腐防变能力。三是以贯彻落实《建立健全惩治和预防腐败体系2008—2012年工作规划》为重点,扎实推进办公厅惩治和预防腐败体系建设。处级以上干部年底都以书面的形式写出述职述廉报告并分别在干部大会和各处室进行述职述廉。四是认真做好群众来信来访工作。五是加强监督,加大查办案件工作力度,严肃查处各类违纪案件。

三、大力推进精神文明创建工作,促进文明和谐机关建设

高度重视文明机关创建工作,将精神文明创建工作纳入单位工作目标责任制范围,与年度工作一起研究,一起部署,一起落实,一起检查,使创建活动与实际工作紧密地结合起来,取得了很好的效果。2010年再次被评为“省级文明和谐单位”。一是切实加强思想道德建设。加强社会主义核心价值体系建设,弘扬社会主义道德,大力倡导“爱国守法、明礼诚信、团结友善、勤俭自强、敬业奉献”的基本道德规范。二是深入开展以“创建五型机关(学习型、服务型、责任型、创新型、廉洁型)、服务转型跨越发展”为主题的群众性文明和谐创建活动,不断提升文明和谐单位创建水平。先后组织了“清雪除冰、安全出行”活动,种植“家庭纪念林”活动,节能减排周活动,“五五普法”活动。加强了硬件服务设施建设:配齐了荣誉室、活动室,改造了职工食堂,装修了职工澡堂,更换了办公室窗户及空调,改善了干部职工的办公生活条件。三是做好党的群众工作,充分发挥统一战线、工青妇组织联系群众的纽带作用。按照省委常委会专题研究工青妇工作时提出的“组织更加巩固、工作更加活跃、凝聚力进一步增强、作用更加突出”的要求,结合办公厅工作特点,创造性地开展工作。组织105人参加省直机关第三届“智奇杯”运动会,取得团体第9名的好成绩;组织机关干部职工50余人进行了登二龙山健身活动,诠释运动健康的理念;成立了省政府机关“山鹰自行车队”,由副秘书长带队赴周边城乡、农村、旅游景区进行调研,并沿途宣传低碳生活的理念;建立健全职工活动中心,使大家的业余生活更加丰富多彩;参加了纪念“三八”妇女节100周年全健排舞比赛,取得省直机关第四名的好成绩;认真开展扶贫济困送温暖等社会性捐助工作。发扬“一方有难、八方支援”的优良传统,为玉树灾区捐款53080元,为舟曲灾区捐款39000元,“博爱一日捐”捐款46030元,“送温暖、献爱心”捐款34300元。

四、紧紧围绕省政府的决策部署和工作重点,积极发挥综合协调作用,推动各项工作的有效落实

2010年以来,省政府办公厅在重点推进“十大惠民工程”、全面完成“十一五”规划各项目标任务等省政府中心工作中,承担了大量的综合协调任务。一是煤炭资源整合和煤矿企业兼并重组取得重大成果。为加快推进全省煤矿企业兼并重组整合工作步伐,省政府采取分批分期听取各市政府和国有重点煤炭企业重组整合工作推进情况汇报、建立建设改造煤矿项目审批情况周统计制度和重组整合煤矿手续办理协调例会制度、实施矿井关闭工作专项行动等一系列措施加以推进。煤矿企业名称预核准基本完成,采矿许可证变更率98.25%以上,全省重组整合煤矿企业正式协议签订率99.77%,主体到位接管率99.66%。二是全省安全生产工作持续稳步好转。2010年以来,办公厅多次组织省煤炭厅、安监局等相关部门,就进一步加强企业安全生产工作召开专题会议,安排部署安全生产专项整治、安全生产“三项行动”,加强安全生产“三项建设”,安全乡村(社区)创建等一系列活动,努力构建安全生产长效机制,为全省实现转型发展、跨越发展提供安全保障。全省各类安全生产事故死亡人数比2009年减少505人。三是重点工程项目建设成效显著。积极与相关厅局单位沟通协调,及时解决工程建设中存在的困难和问题,确保重点工程项目建设取得显著成效。全年省级重点工程累计完成投资2142.36亿元,175项省级重点工程建设项目中,形式建设171项,开工率97%。四是招商引资工作效果明显。组织商务等部门研究出台了一系列扩大消费、招商引资、创优环境的政策措施,促进了全省商务工作平稳发展。成功举办了第三届能源博览会、“央企山西行”、“知名民营企业山西行”等一系列活动。资本市场有新发展,市场融资超过300亿元,新增上市公司4家。五是农村“五个全覆盖”工程

建设取得了重大进展。办公厅多次组织工程建设协调会，周密部署工程建设情况。截至年底，村级卫生室、建制村通水泥(油)路、村通广播电视、农村饮水安全和中小学校舍安全改造等五个“全覆盖”工程已全部完成。六是积极争取政策和资金支持取得显著成效。办公厅多次组织相关厅局召开系列专题会议，进行大量的调研，并随同省领导多次向国务院、部委领导汇报申报情况，组织起草有关体制机制改革文件，促使申报工作积极推进，“国家资源型经济转型综合配套改革试验区”于12月13日正式获批。争取中央投资92.76亿元，实施了4000多个中央投资项目，创历史新高。七是医药卫生体制改革进展顺利。办公厅积极协调有关厅局，围绕五项重点改革任务的落实和推进，多次到基层、进医院开展实地调研，召开系列专题会议，研究解决实际问题，改革工作已取得了积极进展，县乡医疗卫生机构建设得到加强，新型农村合作医疗得到巩固发展，城市社区卫生服务快速推进。

五、围绕中心，服务大局，提高办公厅政务、服务工作水平和质量

(一)把握省政府工作重点，积极发挥参谋助手作用。一是紧密围绕中心工作，深入开展调查研究。办公厅紧密结合省政府中心工作，围绕省政府全局性、长期性、重大问题的决策，坚持统筹兼顾，突出重点，组织开展调查研究。如装备制造业发展调研、文化事业和文化产业发展调研等等。这些调研活动办公厅不但负责组织协调，还直接参与课题研究，调研的成果都集中体现在《2010年政府工作报告》、山西“十二五”规划的编制、省政府全体会议、全省经济工作会议等省政府重要会议的领导讲话以及政府的一系列重大决策文件中。二是精心组织文稿，做好文稿起草工作。在文字起草工作中，认真学习政治理论和业务知识，吃透上情，摸清下情，准确理解中央的大政方针和省委、省政府的重要决策部署精神，正确领会省政府领导的意图，文稿起草质量和水平有了进一步提高。全年仅起草省政府领导讲话和其他重要文字材料就达1000余件，约600万字。三是立足本职，努力提高会议效率和质量。从省政府常务会议议题的质量抓起，努力提高会议的议事质量和效率。从严控制会议数量、规格以及会议召开的范围。全年共组织省政府全体会议、省政府常务会议、省政府专题会议等100余次；各类外事活动80余次；组织了正部级以上领导来晋活动19次；配合国务院和中央部委在我省召开全国棚户区改造工作现场会、商务部夏季工作会、中国特色农产品交易博览会等全国性会议3次；组织了第三届中国(太原)国际能源博览会、制造业博览会、中部博览会等大型会展活动等；组织了省政府主要领导的各类调研和政务活动100余次。四是进一步做好政务信息工作。政务信息工作方面，始终坚持抓典型、抓选题、抓提炼，紧紧围绕全省重点工作和省领导关注的热点问题，及时搜集、整理、编辑全国各大报纸、电视、互联网等媒体报道评论，我省一些重大事件信息，每日1期供省领导参阅。截至12月底，《舆情摘要》共编报213期，发布《晋政信息》193期，编报《上报国办》信息45期，编报《省长专报》36期，发布《上网信息》近2000条，完成24期政报的编辑出版工作。

(二)着眼省政府工作大局，进一步强化政务督查。一是围绕省政府目标责任制落实，开创督查工作新局面。根据省政府的全年工作安排和阶段性工作部署，针对工作中每个阶段的不同特点，办公厅开展了卓有成效的督查工作，一年来，共编辑出刊《政府工作报告重点工作推进动态》6期；编辑出刊《督查落实工作月报》2期，编辑出刊《政务督查》6期。二是加大专项督查工作力度，解决重大难题取得新成效。一年来，共为困难企业解决了18个方面75个问题，解决了重点工程推进中5大类162个问题，为民办实事91件，指导协调11个市帮扶重点工程938项、困难企业541户，为民办实事514件，解决民生信访事项163件。三是围绕搞好服务，在提高满意度上下功夫，联系人大、政协工作有了新提高。做到了联络人大、政协及时畅通，服务代表、委员细致周到，督办建议、提案全面有力。全年共办理建议提案1402件，委员来信95件，全国“两会”建议提案9件，办理重点建议提案33件；协调服务7次省人大常委会，听取和审议政府相关工作报告14个，配合省人大组织全国人大代表、省人大代表视察、调研活动7次，重点建议提案督办12次，征集汇编了《为全国人大代表政协委员准备的建议提案参考资料》。

(三)周密部署，继续推进全省应急管理工作。一是全力完成各项综合协调应急工作，突发事件处置水平有了明显提高。2010年，成功处置“2·20”地震谣言事件、临汾“3·28”王家岭煤矿透水事故等突发事件和敏感事件346起。充分发挥了值守应急、信息汇总和综合协调作用，为省政府科学决策处置提供了有力保障。二是加强应急管理组织领导，应急管理体制建设得到加强。年初下发了《关于贯彻落实<关于进一步加强应急管理机构建设的意见>的通知》，通过组织各市人民政府秘书长和应急办专职副主任专题会议，确保《意见》落到实处。截至年底，全省11个市、119个县以及省国土资源厅、省环保厅等多个省直部门均成立了独立的应急管理办公室。三是狠抓落实，推进应急救援队伍建设。为落实《国务院办公厅关于加强基层应急队伍建设的意见的通知》要求，有序推进我省应急救援队伍建设，5月，组织完成了全省应急队伍基本情况统计工作。7月，组织举办了山西省地震灾害救援队专业理论培训和实兵演练。同时，会同省公安消防总队拟发了《山西省人民政府办公厅关于成立山西省应急救援总队的通知》，11月3日正式依托省公安消防总队组建成立了山西省应急救援总队，并为11个市应急综合救援支队授旗。四是着力推进平台建设，增强应急技术保障能力。2010年以来，应急平台体系建设工作以重点推进省级平台，加快推进市级平台，着力推进县级试点平台为目标，建设工作取得了重要进展。编制完成了《山西省应急平台体系建设技术要求》。成立了专门的省级平台建设工作领导组办公室，组织编制了《省级应急平台建设项目(一期工程)可行性研究报告》并组织评审和报批。发布了《关于加快推进市级应急平台建设的通知》，对市级应急平台建设(一期工程)的技术标

准、资金标准等作出了明确规定,为市级平台建设提供了立项和建设的依据。五是认真做好应急值守、信息汇总工作。值班室处置突发事件和群众来函360余件,其中编报《值班要情》346期,《值班要情专报》51期,《要情反馈》10期;上报国务院总值班室《山西值班信息》97期;编辑《昨日要情》235期,《值班月报》11期;接听联系工作、反映问题等电话3.2万余个。

(四)统一规划,整合资源,大力推进电子政务工作。2010年,全省政府系统电子政务工作在网络建设、应用系统建设、信息资源开发利用及信息安全保障等方面都取得了长足的发展。一是利用全省统一的电子政务网络平台,对政府系统网络资源进行了有效整合。根据国家电子政务总体框架的部署,办公厅组织制定了山西省电子政务内网二期项目建设和资源整合方案,组织实施了涉及我省58个单位的电子政务内网需求分析调研工作。完成了与国家电子政务网络中央级骨干传输网的对接,完成了省监察厅行政审批与电子监察系统、省测绘局地理信息共享服务平台、省委组织部干部考核监督系统、全国纪检监察专网等系统的接入工作。二是政府网站体系基本形成,已成为政务公开的重要渠道。2010年,山西省政府门户网站荣获中国政府网站绩效评估与第四届中国特色政府网站"品牌栏目奖"。在全国省级政府门户网站综合绩效考核中排名第15位。省政府网站群网站达203个。三是电视电话会议和常务会议系统高效稳定运行。全年召开电视电话会议58次,常务会议、省长办公会及其它会议156次,未出现责任事故和技术故障,确保各类会议安全高效,万无一失。

2010年,办公厅的各项工作得到了省委省政府、省直工委的充分肯定,被评为"2010年度省直机关先进党组织"、"2010年度党风廉政建设先进集体",继续保持了"山西省文明和谐单位"称号。 (黄祥树)

附:省政府办公厅党组书记、成员名单

书　记: 王清宪

成　员: 郭慧民　巨宪华　韩和平　崔国红　陈永奇　王　成　孙跃进　王　纯　余瑞卿

省发展和改革委员会党组工作概况

党组书记　李宝卿

2010年,省发改委党组始终坚持以邓小平理论和"三个代表"重要思想为指导,用科学发展观统揽全局,贯彻落实党的十七大和十七届五中全会精神,紧紧围绕转型跨越发展主线,按照"主抓六个方面,建设六型机关"的总体思路,锐意进取、开拓创新,发展和改革各项工作继续取得突破,为推动全省经济社会发展做出了积极贡献。

一、全面推进六型机关建设,提高服务转型跨越发展的能力水平

发改委党组紧紧围绕全省转型跨越发展这个中心,服务发展和改革的大局,全面推进六型机关建设,统筹领导班子建设、党风廉政建设、精神文明建设、依法行政和机关建设,进一步增强了我委领导班子的凝聚力和战斗力,提高了全委服务转型跨越发展的能力水平。一是抓素质提升,学习型机关建设深入推进。强化了党组成员和党员干部的理论学习、党员宗旨意识教育、实践能力和依法行政能力建设。注重发挥领导班子学习的表率作用,坚持每月一次的中心组理论学习制度。通过邀请老红军讲党史上党课,观看党课录相、电影,参观右玉、省军区军史馆等活动,丰富党员教育内容,增强党员教育实效。二是抓党建创新,创新型机关建设扎实开展。按照上级党委新要求,进一步完善党组工作机制,创造性加强领导班子建设和干部队伍建设,积极开展了创先争优活动,为开创发展和改革工作新局面提供了坚强的组织保证。按照一岗双责要求组织委机关基层党组织换届。加强干部队伍建设,提拔交流处级干部57名,提高了选用人的公信度;体现保证质量、注重一线原则发展了12名新党员。三是抓作风转变,服务型机关建设深受好评。党组开展了一系列以"弘扬右玉精神、加强作风建设"为主题的"整肃纪律、建章立制、深入基层、强化服务"集中行动,受到基层好评。集中开展了整顿机关作风专项行动。党组成员带头转变作风、主动服务基层。两次召开促进全省30户重点民营企业转型发展座谈会,帮助其解决实际问题,给予其资金和政策支持。四是抓廉

政教育，廉洁型机关建设常抓不懈。加强反腐倡廉教育，使大家打牢"不想贪"、"不能贪"、"不敢贪"的思想基础。认真落实党风廉政建设责任制。建立权力规范运行的机制，实行了重大工程和重点项目处室会议讨论制度、审批项目四级审签制会签制、分管主任严格把关和委党组集体决策机制。实施了核准项目效能跟踪管理、基本建设投资项目回访制度和核查出有问题项目"约谈"制度，切实加强了事前、事中、事后以及对整个权力运行过程的监管。五是抓依法行政，法治型机关建设卓有成效。全面落实行政执法责任制。坚持和完善了委党组中心组学法、法制讲座、法律培训和考试制度。涉及经济社会发展的重大决策，事先组织专业机构或专家进行必要性和可行性论证；与人民群众利益密切相关的决策事项，提前向社会公布，通过举行座谈会、听证会、论证会等形式广泛听取意见。建立健全决策跟踪反馈和责任追究制度。聘请法律顾问单位，为全委的立法、行政执法、行政复议和行政应诉提供咨询。加强规范性文件审查备案。建立了规范性文件审查工作登记制度。强化行政执法监督。严格执行招投标规定，联合政府有关部门多次开展对招投标活动的执法检查，不断规范招投标市场。建立健全行政处罚、行政许可、行政检查、行政强制等主要行政行为的程序性制度，减少执法的随意性，避免违规执法。六是抓精神文明建设，和谐文明型机关建设再创佳绩。将和谐文明创建任务分解、细化、责任到人，把文明和谐创建融入各项工作；深入开展"争创最佳公务员"活动；多次组织干部职工参加扶贫、济困、救灾、助残等捐赠活动；扎实开展联村共建活动和定点扶贫、联企帮困工作。

二、以转型跨越发展为主线，实现我省经济又好又快发展

（一）强化政策研究，发挥参谋助手作用。一是重点开展"转型综改试验区"研究和争取工作。将"转型综改试验区"的研究和争取获批作为全委的头等大事，抽调精兵强将，做了大量的前期调研、方案起草、赴京汇报、与相关部委充分的沟通对接工作。12月，国务院批准我省成为我国第9个综合配套改革试验区。二是深入开展煤炭工业可持续发展政策试点工作。煤炭行业资源整合取得重大进展，产业集中度和机械化、信息化程度、安全生产能力显著提高，重点煤炭企业分离办社会职能加快推进，三年试点任务已基本完成。三是按月开展宏观经济形势分析和政策研究。密切跟踪国内外经济形势，随时关注国家出台的宏观调控政策，认真开展经济形势分析和政策研究，及时提出对策和建议，为省委、省政府科学决策提供了可靠依据。四是及时开展各行业、领域专项政策研究。适应全省转型跨越发展形势需要，研究并报请省政府出台了关于推进投融资、煤炭行业循环发展、支持循环经济投融资、抑制产能过剩、节能减排等一系列政策性文件。

（二）强化规划编制，引领全省科学发展。一是高标准做好规划纲要的制定。邀请四家科研院校就"十二五"规划思路框架进行深入研究，确定了46项前期研究课题。结合省委确定的19项重大课题和省政府组织的专家座谈成果，多层次、多领域征求社会各界意见和建议，先后起草了规划思路文本、规划纲要文本。二是高质量编制主体功能区规划。于2010年10月基本完成了规划初稿，已向各有关厅局、各市征求意见和建议。三是积极开展专项规划编制工作。研究涉及政府履行公共职责和需要政府扶持、调控及引导的领域，布置了71个专项规划编制工作。四是及时组织编制各项专题规划。及时组织编制了"四气"产业一体化、新增粮食产能等一系列专题规划。

（三）强化投资管理，全力拉动经济增长。一是全力争取国家项目和资金支持。全年共争取中央投资93.9亿元。争取国家核准或授权我省核准煤炭项目5个，建设规模1130万吨/年；核准电源项目6个，建设规模337万千瓦；核准和批复了一批金太阳工程项目等基础设施项目。二是积极筹措建设资金。推动资本市场全年融资326.5亿元，拉动银行贷款1000亿元，引导和促进民间资本进入我省鼓励类投资领域。全年非国有投资预计达到2400亿元，占城镇固定资产投资的比重达到46%；强化招商引资，利用外资达到15亿美元，列入国家规划的利用国际金融组织或双边政府贷款规模6亿多美元。三是加快推进重点工程建设。会同或配合有关部门，开辟"绿色通道"，简化审批程序，推动工程建设。四是加大重大项目储备和落实力度。创造性开展重大项目储备工作，开发了项目储备库管理信息系统，做实、做细重大项目的前期工作。截至目前，全省"十二五"项目储备库中全部项目总投资已达10万亿元。

（四）强化宏观调控，全力推进结构调整。一是加快推进工业新型化。煤炭工业加快推进煤炭大基地大集团建设，目前已有7个矿区总体规划获得国家批复。电力工业积极发展大容量、高参数和低热值燃料大型坑口火力发电、煤矸石综合利用和城市热电联产项目，全省新增电力装机600万千瓦，总装机达到4700万千瓦。钢铁工业着力推进企业联合重组和优化布局，太钢与美锦、中钢与海威的重组正在积极推进。装备制造业积极推进太重煤机、大运重卡、太原长安重汽、智奇高速轮对等产品形成规模。新能源产业全年新投产机组20万千瓦；新核准风电规模115万千瓦。二是加快推进农业现代化。重点支持晋中、大同、运城等三大现代农业示范区建设，启动了全省新增粮食生产能力建设、"设施蔬菜百万棚行动计划"，扶持了79个"513"工程农业龙头企业和一批林业产业化、农业科技创新支撑服务体系项目，有效地增加了农民收入。三是加快推进市域城镇化。会同相关部门经过充分的调研考察，提出了以"一核一圈三群"为主体的全省市域城镇化总体格局；指导阳泉、侯马两个城乡发展一体化综合配套改革试验区开展工作；筛选确定了13个县(市、区)和1个省级经济区作为全省经济体制改革初选试点。四是加快推进城乡生态化。加快推进了跨区域生态环境综合治理"2+10"工程、林业生态四大屏障工程、五台山风景名胜区及清水河流域生态综合治理工程；进一步加大了森林管护工程建设力度、开展了身边增绿工程建设；启动实施了园林示范城镇工程建设。五是全力推进服务业发展。制定并出台现代

物流、文化、旅游等产业发展规划,在全省范围内认真选择带动性强的服务业项目及时补充到全省服务业“1+10”重点工程中并全力推进。2010年全省服务业投资增长35%,占到全省固定资产投资总额的55%。六是积极推进高新技术产业和战略性新兴产业发展。国家新认定我省高新技术企业54家,太重股份等3家企业跻身国家火炬计划重点高新技术企业。新增2家国家创新型试点企业,新培育了4家省级工程技术研究中心,太原市成为国家创新型试点城市。七是千方百计改善民生。实现了农村公共事业“五个全覆盖”。加强中等职业教育基础建设、高校教学、实验设施项目建设;扶持了一批县、乡、村(社区)医疗卫生机构和16个省直医院的建设项目;支持了一批基层社会保障服务机构、流浪未成年人救助站等建设,加快了全省社会保障和社会福利体系建设;保障性安居工程、国有重点煤矿采煤沉陷治理、以工代赈扶贫开发工程顺利推进。

(五)强化动力支撑,不断深化改革开放。一是重点领域经济体制改革取得新突破。连续出台省级政府投资管理办法、非公益性项目政府资金投入方式、重大投资项目跟踪服务办法等五项投资体制改革政策或规定。医药卫生体制五项重点改革取得重要进展,新型农村合作医疗参合率达到94.28%,基本药品平均降价幅度达40.7%,307种基本药物全部纳入医保报销范围。二是国际经贸和投资合作取得新进展。太原市城市交通等一批利用世行贷款项目已完成贷款谈判,即将启动实施;推动我省与美国西弗吉尼亚州签署了《两省州能源合作备忘录》;与德国北威州共同举办了两省州矿山与能源高效利用论坛及合作洽谈会,并签署了生态城市和城市可持续发展试点项目合作框架协议。

(六)强化责任落实,推进转型跨越发展。一是关于经济增长和投资增长。2010年,全省GDP预计实现8700亿元,比上年增长13%;全省全社会固定资产投资完成6300亿元,同比增长25%。二是关于发展循环经济、低碳经济、绿色经济,推进煤电重点项目建设。《山西省循环经济发展总体规划》确定的重点项目顺利实施,相关配套政策进一步完善;开展了我省温室气体排放量测算研究工作,已有105个清洁发展机制(CDM)项目通过国家清洁发展机制项目审核理事会的批准,位于全国第8位;绿色经济成效显著,大力实施“2+10”生态环境综合治理工程和天然林资源保护等国家重点生态工程。加大力度推进煤电重点项目,一批重点煤电项目陆续投入运行,全年我省煤炭产量预计可完成7.2亿吨以上,同比增加1亿多吨;全年新增电力装机611万千瓦,全省总装机达到4700万千瓦。三是关于“十二五”规划编制工作。“十二五”规划纲要及各专项规划已经“两会”审议通过。四是关于煤炭工业可持续发展政策措施试点和“转型综改试验区”争取工作。煤炭工业可持续发展政策措施三年试点任务已基本完成,“转型综改试验区”已获国务院正式批准。五是关于生态环境治理修复工程。生态环境治理修复“2+10”工程当年计划全面完成,生态环境明显改善。六是关于资本市场推进工作。全年资本市场融资326.5亿元,超年初计划26.5亿;新增上市公司5家;拟上市资源储备企业数量新增26家,全省达到120家。七是关于对口援茂援疆工作。我省累计拨付援茂资金19.21亿元,已完成投资19亿元;援茂的226个项目均已开工,其中有213个竣工并交付使用,实现了“三年任务两年基本完成”的目标。援疆工作全年任务圆满完成:74名援疆任职干部和专业技术人才已于去年12月全部进疆开展工作;4000万元试点项目资金足额到位,试点项目已全部建成并投入使用;援疆综合规划和7个专项规划已编制完成。八是关于加快服务业发展。从完善规划、行业发展、细化政策、项目策划、搞好试点、加大改革等多方面全力推进服务业重点工程建设。争取国家投资2.4亿元、省级政府投资9.95亿元支持了全省“1+10”重点工程,带动全省服务业投资增长35%,占到全社会总投资的55%;省级政府投资计划安排3.3亿元,重点支持了一批旅游和文化项目,全省旅游总收入比上年增长了20%。九是关于“四气”产业一体化。起草并报省政府出台了全省“四气”产业一体化发展规划和相关推进政策。目前已启动了山西燃气产业集团等三个焦炉煤气甲烷化项目。临汾—原平等煤层气长输管道项目均已开工,进展顺利。十是关于鼓励引导民间投资。认真贯彻国务院和省委省政府鼓励引导民间投资的意见,加大制度、政策和体制创新,民间资本已开始集中进入金融、医疗、文化、体育、商贸、国防科技工业等领域,开创了民间资本发展的新局面。重点联系的30家民营企业,省政府计划安排转型发展项目19项,扶持资金1.1亿元,有力地促进了全省重点民营企业的转型发展。十一是关于加快基础设施建设。在省级安排的175项重点工程中,公路、铁路、机场、水利等四项重大基础设施工程完成投资1246亿元,占到重点工程的60%,我省纳入国家《中长期铁路网规划》的山西铁路项目是全国唯一已全部批复的省份,大部分开工建设。太中银铁路已完工,正在进行电气化调试、线路试运营。运城至三门峡铁路和五台山机场国家已经立项,前期工作进展顺利。十二是关于深化医疗卫生体制改革。医药卫生体制5项改革取得重要进展。卫生体系建设共争取国债资金6.68亿元,已全部下达。十三是关于综合物流网建设。开展了全省现代服务业及物流产业发展的课题研究,出台了健全和完善大宗农产品市场调控体系和机制的方案。省级安排“1+10”物流项目8项,“三晋综合物流网项目”18个,扶持省供销社、省商务厅、省粮食局“新网工程”“双三十”、“万村千乡”、“放心粮油”等项目146个。十四是关于加快农村电网改造。全省农村电网升级改造工作走在全国前列。新建及改造110千伏输变电站27座、新建及改造35千伏变电站122座;临汾、运城产粮地区农村排灌台区电力设施改造工程省级政府投资计划已经下达。十五是关于建立重大工程社会稳定风险评估机制。制定印发了《山西省发展改革委关于对重大社会政策、重大工程项目开展社会稳定风险评估的实施意见》,进一步完善了全省重大工程社会稳定风险评估机制。

(粟　兵)

附:省发展和改革委员会党组书记、副书记、成员名单

书　记：李宝卿
副书记：王　赋
成　员：李永平　段进存(7月离职)　程泽业
王晓胜　刘　锋　徐安崇
邢文奇(9月任职)　胡景善　王野彬　牛镇跃

省经济和信息化委员会党组工作概况

党组书记　洪发科

2010年,省经济和信息化委员会党组坚持以科学发展观统领工作全局,紧紧围绕省委、省政府提出的"转型跨越发展、再造一个新山西"的决策部署,凝聚全系统的资源和力量,恪尽职守,履职尽责,积极开展工作,全面加强经济运行调节,积极推进工业结构调整、节能降耗、淘汰落后、技术创新等重点工作,全省工业经济实现了健康平稳发展,圆满地完成了全年各项工作任务。

(一)严格按照《党章》规定,积极组织换届选举。2010年上半年,集中组织推动基层党组织召开党员代表大会,制定了详细的工作方案,对各基层党组织的换届工作提出了明确的时间、程序等工作要求。目前,全委基层党组织已基本完成了换届选举工作,七个行办党委已有六个行办党委完成了换届选举。2010年3月23日,省经信委举行第一次党员代表大会,省直工委冯进成副书记到会指导工作。大会表决通过了原省经委二届党委的工作报告,并严格按照《党章》规定选举产生了中共山西省经信委第一届机关党委和机关纪委。会后,还及时召开了省经信委第一届机关党委、机关纪委会议,选举产生了新一届机关党委书记、专职副书记、副书记和纪委书记。

(二)加强政治业务学习,努力创建学习型机关。根据中央的精神和省委、省直工委的部署,出台了《中共山西省经济和信息化委员会党组关于推进学习型党组织建设的工作实施方案》,并及时召开动员会,安排部署学习型党组织创建工作。通过每周播放《百家讲坛》专题,邀请中华优秀传统文化讲师团来讲授《弟子规》等方式,提高广大干部职工的文化素养;举办依法行政讲座,进行了"五五"普法总结验收考试;组织多种形式开展《中国共产党党员领导干部廉洁从政若干准则》的学习并进行了考试;选派4名处级干部参加省直党校处级干部轮训班;选派了4名处级干部参加省直工委举办的省直机关处级干部学习十七届五中全会精神专题培训班。在党组中心组学习方面,中心组先后围绕学习型党组织建设、政府工作报告、廉政准则、全省7·29干部大会精神、中共十七届五中全会精神、省委九届十一次会议精神等核心内容进行了六次集中学习研讨,各位党组成员认真学习,踊跃发言,收到了良好的效果。

(三)积极响应中央号召,扎实推动创先争优活动引向深入。为了深入贯彻落实中央和省委关于在党的基层党组织和党员中深入开展创先争优活动的文件精神,出台了《中共山西省经济和信息化委员会党组关于在基层党组织和党员中深入开展创先争优活动的工作方案》,明确了创先争优活动的总体要求、主要内容和阶段安排。6月25日,召开了动员大会,就创建学习型党组织和创先争优活动进行了全面安排;8月30日组织全委召开干部大会,洪发科主任就党员干部立足岗位、创先争优提出了六大突破口。按照委党组的要求,全委系统广大干部职工立足岗位,努力创先争优,推动我省工业经济转型发展、跨越发展的系列活动扎实推进展开;全委系统党员对照"五带头"的基本要求进行自查,并做出书面承诺,并以适当方式进行公布,接受群众监督。

(四)加强基层组织日常工作,夯实党建工作基础。一是加强了党建工作目标管理。根据省委和省直工委确定的2010年党的工作要点,结合实际,研究制定了《2010年省经信委党的工作要点》,并下发各基层党组织,要求其认真贯彻落实,并严格考核,积极推进全委党建工作规范化和制度化;二是认真开展民主评议党员工作。在3月份组织安排了全委系统党员民主评议工作,认真组织召开民主生活会,指导各级基层党组织和全体党员认真过好组织生活,积极开展批评与自我批评,共同促进,共同提高;三是扎实做好发展新党员工作。进一步加强了入党积极分子培养工作,全年选送20名发展对象到省直党校参加了入党积极分子培训,并按照党员标准接收预备党员21人,预备党员转正20名。

(五)进一步加强对群团工作指导,促进机关精神文明建设。2010年5月,委机关工会对推选出的5个先进集体和23名先进工作者进行了表彰。其中,委机关纪检监察室邢子丽同志被省总工会和省直工会评为省劳动模范,经济运行局被评为省直劳动模范单位,闫林同志被评为省直劳动模范;根据机构改革人员调整情况,指导改选了妇委会工作班子,召开了"三八"妇女干部座谈会,安排妇女同志专项体检;组队参加了山西省直机关第三届职工运动会;组织了"六一"献爱心、军转干部座谈会等活动。

(六)积极应对挑战,全力调整结构,圆满完成"十一五"时期各项工作任务。"十一五"时期,全省经信系统在省委、省政府的正确领导下,以转型发展、跨越发展为目标,坚持走工业化新型道路,着力调整产业结构,优化产业布局,提升产业素质,工业在全省经济社会中的主导地位进一步提升。

一是规模总量不断扩大,生产能力显著增强。"十一五"期间,全省规模以上工业增加值从2005年的1757亿元增加到2010年的4446.3亿元,占全省GDP的比重由2005年的41.5%增加到2010年的48.9%;全省规模以上工业实现销售收入12692亿元，实现利润844.4亿元，实现利税1689亿元。随着工业规模的不断扩大,我省工业企业生产能力迅速增强。2010年,全省生产原煤7.4亿吨,电力装机容量达到4562.95万千瓦,发电量2150.56亿千瓦。

二是产业结构逐步优化，产业素质明显提升。“十一五”期间,全省工业固定资产投资累计达到9613.6亿元,是“十五”时期的2.9倍。其中,2010年的工业固定资产投资达到2509亿元,是2005年的2.2倍。优势产业和新兴产业投资速度明显加快,工业结构升级步伐加快,经济增长的活力和动力进一步增强。截至2010年底,全省70%的矿井生产规模达到90万吨以上,30万吨以下煤矿全部淘汰，保留矿井全部实现机械化开采；钢铁行业高炉容积1000立方米以上产能由“十五”末的9%提高到2010年底的21%;焦化行业炭化室高度4.3米及以上机焦产量比重由“十五”末的36.9%提高到2010年底的90.6%；电力行业单机容量在30万千瓦及以上的机组达到70%;水泥行业新型干法水泥比例达到77%。

三是企业组织结构明显提升，区域产业布局明显优化。以百强潜力企业为重点,着力培育大企业大集团,打造促进转型发展的新引擎。目前,全省大中型工业企业1003户,有9户工业企业入围2010年中国企业500强。强化对工业园区发展的指导,培育特色产业集聚区建设,太原装备制造(能源装备)、太原钢铁(不锈钢)、洪洞精细煤化工园区被列入国家新型工业化产业示范基地。

四是发展方式初步转变,可持续发展能力显著增强。节能降耗方面,“十一五”期间,我省单位GDP能耗累计下降22%以上,实现节能量4000万吨标准煤,全面完成了国家下达给我省的“十一五”节能任务。淘汰落后方面,全省钢铁行业淘汰落后产能5397万吨,焦化行业淘汰落后产能4791万吨,电力行业淘汰落后产能316.56万千瓦,水泥行业淘汰落后产能2586万吨。资源综合利用方面,“十一五”期间,累计认定253家资源综合利用企业,全省工业固废综合利用率达到61.1%,工业用水重复利用率达到95%,废水处理回用率达到60%以上,全省新型墙材占墙材总量的41%以上。工业循环经济方面,全面推进各类产业特别是传统产业循环化发展,延长煤焦化、煤电材、煤电铝等资源循环产业链,确定了20户省级工业循环经济试点企业、4户省级工业循环经济试点园区,其中,太钢、潞安、丰喜和安泰等四家企业被列入国家循环经济试点单位。

五是创新能力大幅提升,发展后劲显著增强。2010年,全省已拥有国家级企业技术中心18户，省级企业技术中心112户,省级行业技术中心9户,八大重点产业已全部建立起研究生教育创新中心;重型汽车、千万吨级大采高综采成套设备、7米顶装焦炉等一批重大技术装备实现自主制造。质量品牌建设扎实有效,全省拥有中国驰名商标49件。

六是两化融合成效明显,信息化水平大幅提升。运用高新技术改造提升传统产业,推动建设了太钢、潞安等一批信息化示范企业。全省拥有双软企业95家,其中国家规划布局内的重点软件企业1家;系统集成企业成长较快,全省一级资质企业5家,二级资质企业10家。全省固定电话普及率、移动电话普及率、互联网宽带接入普及率三项指标居中部六省首位。

(张占祥　闫　林)

附：省经济和信息化委员会党组书记、副书记、成员名单

书　记： 洪发科

副书记： 郭树峰(10月离职)

成　员： 刘致远　刘银才　王克建　陈官虎　温元伟　胡荣华

省教育厅党组工作概况

党组书记　李东福

2010年,省教育厅党组、省高校工委以科学发展观为指导,紧紧围绕省委、省政府转型跨越发展战略部署,统筹推进全省各级各类教育协调发展，全省教育事业改革发展取得了新成绩。

一、精心组织安排,深入开展创先争优活动和学习型党组织建设

按照中央和省委部署,省高校工委大力推进我省教育系统创先争优活动,指导全省67所普通高校、14所成人高校、17682所中小学、588所中等职业学校的基层党组织和共产党员开展创先争优活动。省高校工委成立了全省教育系统创先争优活动领导小组,制定印发了《关于在全省教育系统党的基层组织和党员中深入开展创先争优活动的实施意见》,全面部署全省教育系统创先争优活动。坚持分类指导、整体推进,成立了四个指导小组,分别对高校、中小学校、中职学校、成人学校和民办学校进行分类指导。针对各级各类学校和群体之间的差异性,对争创要求进行细化、量化、具体化。先后召开中小学、各市、各高校创先争优活动座谈会和推进会,督查推进创先争优活动。认真组织公开承诺,全省教育系统90%以上的党员作出了具体承诺。全省教育系统创先争优活动开局良好,进展顺利,成效显著。

学习型党组织建设活动有序开展。省高校工委全面加强

了领导，成立了山西省高等学校学习型党组织建设领导组，制订出台《关于全省高等学校推进学习型党组织建设的实施意见》，从推进高校学习型党组织建设的意义、总体要求、主要原则、主要学习内容、方法和途径、长效机制、组织领导等7个方面提出了意见，为全省高校推进学习型党组织建设提供了理论和政策指导。6月30日，召开了全省高校推进学习型党组织建设动员部署会议，李东福厅长作了讲话。9月20日，召开全省高校学习型党组织建设汇报会，各省属高校党委负责人就本校开展活动情况进行了汇报，并深入探讨进一步构建学习型党组织建设的长效机制问题。9月，在全省高校开展了学习型党组织建设征文活动，进一步提高了全省高校学习型党组织建设的能力和水平。全省高校学习型党组织建设工作有序推进，扎实开展，取得了良好效果。

二、认真贯彻落实第十八次全国高校党建工作会议精神，加强和改进我省高校党建工作

2月份，经省委批准，省委组织部、省委宣传部、省高校工委联合召开了全省高校党建工作会议，传达第十八次全国高校党建工作会议精神，部署我省高校党建的重点工作和任务。省委副书记、省政协主席薛延忠出席会议并做了重要讲话。各高校党委认真贯彻省委决策部署，全面落实高校党建工作任务，保持了高校的持续稳定，促进了高等教育事业的快速发展。

加强高校领导班子建设。组织选派12名新任的高校领导干部赴外省重点高校进行为期半年的挂职学习锻炼。4月中旬，协助省委组织部对2009年以来新调整的67名高校校级领导干部进行了为期5天的集中培训。协助省委组织部选派4名高校领导干部参加国家教育行政学院第37期高校领导干部进修班和第34期高校中青年干部培训班，选派16名高校干部参加省内培训班。根据省委组织部要求，组织指导24所高校圆满完成党委换届选举工作。

开展干部自主选学试点工作。我省11所高校被选定为山西省干部自主选学第一批试点单位，高校工委组织选派1921名高校处级以上干部三批次参加了省内外自主选学，并积极做好组织指导、协调服务、督促检查等工作，有效保证了高校干部的参训率。山西大学等6所山西省首批干部教育培训基地，共培训干部2846名，切实推进了干部自主选学工作有序开展。

三、扎实推进大学生思想政治教育工作和未成年人思想道德建设

总结全省高校思想政治理论课“05方案”实施以来的情况，进一步推动高校思想政治理论课改革，加强主渠道建设。推进高校辅导员队伍建设，研究起草了《山西省普通高等学校辅导员队伍建设实施办法》，积极选派优秀骨干教师参加中宣部、教育部等部门组织的骨干研修，组织开展全省首届“十佳辅导员”评选工作，在全省高校党建工作会议上表彰，并组织在部分高校进行巡回报告。加强高校精神文明建设和校园文化建设，组织全省大学生积极参与“2009中国大学生年度人物评选”，与省委宣传部等部门联合开展了“太行精神进高校”系列活动，弘扬爱国主义精神。在全省高校开展“身边的感动”事迹、第三届山西省道德模范、“我推荐我评议身边好人”、“第六届山西省十大女杰”、全省高校优秀校园文化建设成果等推荐、选拔活动。进一步拓展思想政治教育工作载体，在高校扶持建设了12个“大学生心理健康教育与咨询中心”和13个“高校思想政治教育主题网站”。

加强中小学校德育工作，下发《关于教育引导学生文明过12岁生日的通知》，积极引导学生形成良好的行为习惯。承办了全国区域整体推进习惯养成——素质教育高级研讨暨山西晋城现场会，在全国产生了积极的影响。组织开展山西省二期德育工程省级德育示范学校复查工作。

四、教育改革发展取得新成就

一是在全国率先完成中小学校舍安全改造加固任务，实现中小学校舍安全改造全覆盖。2010年共改造中小学6079所，改造面积1717.84万平米，比国家规定时限提前一年完成建设任务。我省工作得到国务院校舍安全工程领导组和国家领导人的高度肯定，定于2011年初在我省召开现场推进会。

二是认真制定教育改革发展规划纲要、科学谋划教育发展改革。经过深入调研、充分论证，提出了今后10年我省教育事业的发展战略、发展指标、目标任务和保障措施，起草了《山西省中长期教育改革和发展规划纲要（2010-2020）》（送审稿），并于12月31日经省政府常务会审议通过。

三是以义务教育均衡发展为重点，推进基础教育改革。将农村小学、初中生均公用经费补助标准分别从300元、500元提高到400元和600元。制定并提请省政府出台了《山西省进一步推进义务教育均衡发展的意见》，制定了《山西省义务教育均衡发展评估标准及办法》，建立了对各县（市、区）推进义务教育均衡发展评估检查机制。加强义务教育教师队伍建设。公开招聘国家特岗教师2113人，省特岗教师498人和78名农村教育硕士到贫困县农村中小学校任教。全面落实义务教育阶段学校绩效工资政策，稳步提高教师待遇。狠抓教师培训工作，脱产培训了6607名义务教育骨干教师，对2万名农村教师进行了教育技术与学科应用培训。提出义务教育学校教师交流工作指导性意见，积极推进区域内中小学教师、校长交流。促进普通高中走内涵式发展道路，平稳组织了新课程实验以来第一次普通高中学业水平考试工作，制定了《2011年山西省普通高等学校招生考试改革方案》，由省政府向社会公布。

四是以中等职业教育为重点，加快普及高中阶段教育。积极面向农村适龄青年、农民工、企业一线员工、退役军人和下岗失业人员开展中等职业教育，中职学校招生27.38万人，高中阶段教育毛入学率达到86.8%。职教基础能力建设进一步加强。争取各级资金5360万元支持职业院校实习实

训基地建设和设备配置。新建成8所国家级中职教育改革示范校、7所国家级重点中职学校、12所省级重点中职学校,又验收了9个县(市)级职教中心。围绕我省经济发展和产业调整需要,全面调整专业设置,组织职业院校技能大赛,进一步提高职业教育质量。创新人才培养模式,新组建了省级农业职业教育集团和晋中市职业教育集团,组织农业职业院校"送教下乡",继续推进"送教下矿"工作,分别对4.6万余名农民和27500余名煤矿生产关键人员实施职业教育培训。

五是高等教育质量稳步提高。新增吕梁学院等3所高校,全省高校在校生达到58.4万人,高等教育毛入学率达到28%。2010年占地9300亩的晋中高校新校区建设全面启动,为高校新增3000名教师编制,并投入3亿元用于高校危旧校舍改造,有力地解决了制约高校发展的瓶颈问题。实施高等教育强校工程成效显著,又遴选产生了一批优秀教学成果,高校教育教学质量稳步提高。有26个一级学科博士点、52个一级学科硕士点和32个专业硕士点通过国务院学位委员会学科组审议,总数分别达到原来的3倍和1.75倍。科研水平进一步提升,新增省部共建国家重点实验室培育基地2个,教育部重点实验室1个、省部共建教育部重点实验室1个,以及一批省级重点研究平台,成立了与9个企业共建的3个校企联合研究生创新中心。3项成果获得国家科学技术奖,其中技术发明二等奖2项、科技进步二等奖1项。繁荣发展哲学社会科学计划取得一批成果,并实现了重点项目零的突破。通过"百人计划"引进海外人才29人,高层次人才队伍建设水平进一步提高。高校参与制定有关行业和区域发展规划,为各级政府重大决策提供咨询,一批科研成果广泛用于社会生产,高校服务经济社会发展能力和水平进一步提高。

五、努力解决群众关心的热点难点问题,保证教育系统安全稳定

一是大力推进毕业生就业工作。2010年我省高校有毕业生16.8万人,是近年来人数最多的一年。省教育厅在2009年11月就及早部署,指导各高校对学生开展就业指导和就业技能培训。自3月起每周举办专场招聘会,各高校也积极举办各类校园招聘会,全省累计举办招聘会1700余场,提供岗位47300多个。落实高校毕业生学费补偿政策,引导和鼓励毕业生积极应征入伍或到基层、中小企业就业。2010届毕业生就业率达到80%以上,保持了就业形势的平稳。

二是大力维护学校安全稳定。进一步增强高校党委班子应对复杂局面、驾驭教育改革发展稳定的能力,引导广大学生保持了健康向上、爱党爱国的良好精神风貌,还建立健全安全稳定责任制,把各项工作做细、做实,保证了高校在敏感时段和敏感事件期间未发生问题。针对2010年物价上涨较快的问题,提请省委、省政府及时提高了高校家庭经济困难学生生活补助,对高校食堂进行补贴,有效稳定了学校食堂饭菜价格,维护了校园的稳定。集中开展安全整治工作。配合公安部门进一步加强了对学校安全工作的监督检查,组织专门人员对全省学校进行了一个多月的专项督查,发现并消除一大批安全隐患。全面加强学校安全教育工作。从2010年秋季开学起,指导各级各类学校将安全教育列入教学计划,开展多种形式的安全应急演练,做到"安全教育进课堂、应急演练全覆盖"。邀请有关校园安全管理方面的专家,对全省高校安全工作负责人进行了安全专题培训。扎实开展"平安校园"创建活动,验收省级"平安校园"86所,其中高校38所,中小学48所。

三是保障弱势群体学生平等接受教育的权利。实现了生源地信用助学贷款全覆盖。完善中等职业学校国家助学金制度,免除了中职学校涉农专业学生和家庭困难学生学费。启动了普通高中家庭困难学生资助工作,覆盖面达到20%。覆盖各类教育的家庭经济困难学生政策资助体系基本建立,保障每一位学生不因家庭经济困难而失学。建设一批标准化农村寄宿制学校,为农村家庭经济困难寄宿学生发放寄宿生活补贴,保证农村留守儿童顺利就学。加强特殊教育,新建成8所特殊教育学校,在一些普通学校开设了特殊教育班级或课程,保障了残疾学生的受教育权利。 (李宏卿)

附:省教育厅党组书记、成员名单

书　记:李东福

成　员:刘惠民　贾坚毅　畅日宝　张卓玉　王李金
赵庆华(9月任职)　马世豹
王　云(12月任职)　史富泉(7月离职)
赵　晶(12月离职)

省科技厅党组工作概况

党组书记　廉毅敏

2010年,省科技厅党组以科学发展观为指导,认真贯彻落实党的十七大、十七届三中、四中、五中全会和省委九届十次、十一次全会以及"7·29"全省领导干部大会精神,深入贯彻落实科学发展观,紧紧围绕"转型发展、跨越发展"的中心任务,以转变发展方式和经济结构调整为主线,着力攻克核心关键技术,着力加强科技成果转化,着力培养战略性新兴产业,着力推进科技创新体系建设,着力扩大改革开放,各项工作扎实开展、顺利推进,圆满完成年度目标任务。

一、科学确定科技创新的主攻方向

(一)开展了一系列科技创新调研工作,为科学决策打好

基础。先后组织完成了《强化科技对支柱产业支撑作用研究》、《山西省基层科技情况》、《山西食品产业发展》、《山西省农村科技服务体系发展状况》等调研报告，起草了山西煤化工产业发展等产业技术链报告，编制完成了《山西省“十二五”科技发展规划》(草案)。作为参与单位，省科技厅完成了《煤炭产业循环发展中的科技支撑体系建设》、《发挥城镇化建设中科技支撑作用》、《加强高层次人才培养和引进》调研工作。进一步摸清了我省各产业、各部门科技创新工作的现状及需求，明确了工作目标、任务、措施、方法，为科学决策提供了重要依据。

(二)围绕重点产业和关键领域技术发展需求，集中组织项目攻关。新能源、新材料、生物工程、生态环保等产业是我国确定的战略性新兴产业，在我省也具有一定发展优势。煤炭清洁生产加工、煤矿安全生产、铝镁合金及其深加工、节能减排等领域是我省技术较成熟、产业基础好，关系我省当前发展的关键领域。2010年，省科技厅把握相关产业和领域的技术进步和发展方向，全面启动了“高速铁路装备制造”、“新能源技术及关键设备”、“环境保护、节能减排专项”、“食品工程与安全”等科技专项，继续加强了对半导体照明产业、新能源产业中的风能、光伏产业、高速铁路装备技术产业、铝镁及镁合金产业、精细化工产业、煤化工产业、煤矿安全生产等产业和领域的科技创新支持，组织了一批面向省内行业、重点骨干企业和高新技术企业的重大需求，服务于我省转型发展的科技项目。一批重大关键共性技术实现持续突破。“煤基化工产品研究开发”专项中钴基催化剂的工程放大等重大关键技术取得突破，我国自主产权的钴基合成油技术具备了产业化能力；加压灰熔聚流化床煤气化技术已进入中试阶段，其产业化将为实现低成本、高效率、少污染的电力、石油替代燃料及焦炭与焦油联产奠定基础；矿井瓦斯抽放及瓦斯高效利用技术与注气抽放煤层气关键技术研究已有突破性进展，完成后可大幅提高矿区瓦斯综合治理与利用水平；55立方大型矿用机械挖掘机系列产品研发成功并投入市场，是我国目前自行研制开发、具有自主知识产权和自主品牌的最大规格的矿用挖掘机；矿用隔爆型动态无功补偿装置将煤矿井下供电低压系统的平均功率因数由0.6左右提高到了0.9以上；铸造—挤压镁合金轮箍成形关键技术取得突破，标志着我省镁合金产品结构质的飞跃；5.5m捣固焦炉成套设备成功应用，可显著提高炼焦过程中的自动化程度；千吨级顺酐制丁二酸酐联产丁二酸工艺包的开发已取得原创性重要突破，并与大型企业签定合作协议，市场前景非常广阔；“山西旱作节水高效农业综合配套技术研究与示范”项目建立了我省不同生态区的4个旱作节水研究示范基地，试验节水模式20余套，在全省推广26万亩，玉米增产幅度达到40%以上，杂豆增产46.3%。2010年全省新登记科技成果达到300余项。

(三)全力组织实施我省承担的国家科技支撑计划重点课题，各项目取得重大进展。如“年产千万吨级矿井大采高综采成套装备及关键技术”课题重点产品2009年9月成功下线后，于2010年2月开始在西山煤电集团示范矿井进行井下工业性试验，目前设备运行正常，最高日产已达到4万多吨，达到年产千万吨设计标准。课题开发的中厚煤层短壁机械化开采成套装备、国内首台EBH315巷岩重型悬臂式掘进机、轻型防爆胶轮车、中型多功能运输车、多功能铲运车、国产化防爆柴油机等样机，也已全部开始井下工业性试验，部分产品已进行科技成果鉴定。“煤矿全矿井安全生产数字化监测监控及重大灾害预警系统的研究”课题，已在晋城煤业集团示范矿井寺河二号井完成预警工程设备安装调试，开展了整体试运行。致力于煤炭清洁生产加工的“煤炭开发副产物利用关键技术开发”课题，经过近三年的努力，项目取得显著进展。“煤粉与煤泥扬尘抑制剂及型煤制备技术开发”子课题取得了型煤配方和生产工艺，建立了中试基地和10万吨洁净煤生产示范线，使用该课题技术改造的粉煤锅炉燃用高效防水固硫型煤后，经检测锅炉热效率可达76%以上，节能率在20%以上，烟尘排放可降低80%以上，二氧化硫排放可降低60%以上。“煤系高岭岩制备超细炭黑质填料技术开发”、“煤系高岭岩制备高性能保温与耐火材料技术开发”子课题均建立了中试生产线进行了工业试验。“煤焦油制备清洁燃料油及煤系针状焦技术开发”子课题完成了10万吨/年煤焦油加氢示范厂的设计和工艺方案，已进入前期建设。“焦化粗苯萃取精馏新技术开发”子课题研究出一种环保型焦化苯精制方法以及焦化苯氧化生产顺酐的方法，并建成了一套8万吨工业生产示范装置。国家重大科技支撑计划高质高效的完成，得到了科技部领导的高度肯定，我省承接国家项目的能力不断提高。2010年，我省争取到包括973研究计划在内的各类国家科技项目302项，获得资金资助20237万元，其中，仅基础类科技计划就争取到项目资金1亿多元，标志着经过多年建设，我省基础研究水平又上了一个新台阶，越来越多的研究队伍迈入了国家队。此外，我省4个光伏发电项目还获得了财政部、科技部1.9亿元“金太阳”示范工程补贴。

二、大力推动高新技术产业化，充分利用高新技术和先进适用技术改造提升传统产业，促进产品升级换代，培育新的经济增长点

(一)高新技术企业和太原高新区建设继续保持快速发展的势头。经过努力培育和推荐认定，又有53家企业获得高新技术企业认定，我省高新技术企业总数达到200家，全省高新技术企业预计全年可实现销售收入1500亿元以上，减免税收4.5亿元。从我省创业板储备企业来看，高新技术企业成为了新一轮上市公司的主体。2010年，我省获准上市的同德化工和振东药业2家企业均为2008年培育认定的高新技术企业。为加快太原高新区二次创业，我厅与太原市政府在太原高新区共建“山西省科技创新基地”，提出了10项工作要点，携手加快太原高新区创新能力建设。预计2010年区内科工贸总收入1060亿元，实现利税90亿元，出口创汇2.2亿美元。在全国55个国家级高新区中，太原高新区综合排名

第26位,创造与孕育创新能力排名第14位。

(二)以先进技术促传统产业改造提升。在我省煤、焦、冶、电及制造业等传统领域,根据产业基础,研究和推广了一批效应明显、适用性广的绿色生产技术和信息化技术。如在我省占全国50%以上产量的原镁冶炼领域,省科技厅重点研发和推广了"节能环保HTAC还原系统",推动大部分镁冶炼企业加大环保投入,部分解决了皮江法炼镁过程中环境污染和能耗高的问题,提高了矿产利用率。在推广示范企业闻喜宏富镁业公司实现了吨粗镁能耗降低52.6%,单罐产量提高42.6%,排烟温度降至135℃,烟(粉)尘与二氧化硫的排放大幅降低。技术创新使得企业的生产成本大幅下降,经济和社会效益显著提高。

(三)新培育山西焦煤集团有限责任公司、太原合创自动化有限公司2家国家级创新型试点企业,我省已有12家国家创新型试点企业,省级创新型企业70家,创新型企业主要分布在装备制造、煤化工、冶金、医药、电子、食品等产业,在研发投入、自主知识产权拥有、品牌知名度、国际竞争力等方面均具有较强实力,是真正依靠技术创新获取市场竞争优势和持续发展的企业,成效显著;太原市今年被国家科技部批准成为"国家创新型试点城市",太原市在创新投入、企业创新、成果转化、高新技术产业、科技惠民、创新环境6个一级指标和25个具体监测指标达到了试点城市的标准。9月6日,《太原市建设国家创新型城市试点工作方案》正式启动实施,12月26日,召开了太原市建设国家创新型城市动员大会。

(四)积极推进企业研发机构和创新基地建设。2010年建设了山西省深孔加工工程技术研究中心、山西省内燃机增压工程技术研究中心、山西省环境监测工程技术研究中心、山西省光伏材料与器件工程技术研究中心4家省级工程技术研究中心。同时,以创新型试点企业和高新技术企业为对象,加强了知识产权管理、自主创新政策、科技金融等专项培训,促进企业用好政策,提高创新管理水平。

(五)省科技基础条件六大平台进一步完善,全省科学基础数据资源得到进一步整合。2010年,科技网络环境服务平台新增2台应用服务器,新扩展6个节点,并对山西省科技资源共享服务网进行了第二次全新改版,平台服务能力进一步提高;科技文献与科学数据库共享服务平台完成了我省135个煤炭矿区数据的采集整理,完成了我省1990–2008年地震目录数据的整理,更新了中文期刊全文158万篇、中国会议论文30万篇、中国专利全文29万篇、政策法规全文4000篇,培训用户800人次,发放用户服务卡1550个,特色文献资源数据库已达159个,提供了我省科技统计、气象、空间地理等10类50个基础科学数据库;自然科技资源共享服务平台主系统新录入了各类自然科技资源新增资源8000余条,子系统新录入1973–2009年我省所有审定农作物品种资源973条;大型科学仪器共享服务平台整合的10万元入库仪器设备已达1100余台,大型仪器"600MHZ超导核磁共振波谱仪"建设完成,我省共享共用仪器的共享服务范围、频率、成果正在继续扩大。

三、深化科技管理体制改革

(一)科技部与我省部省工作会商制度成功建立。科技部与山西省人民政府部省工作会商制度议定书签字仪式暨第一次部省工作会商会议于9月15日在太原召开。会上,科技部与我省围绕"共同推动煤炭资源高效安全绿色开采及清洁高效循环利用,构建山西特色循环经济发展技术模式"、"培育壮大战略性新兴产业,共同推动山西的产业升级和转型"、"深入实施技术创新工程,着力完善山西特色的区域创新体系"等三个方面的合作重点进行了深入的沟通,并达成了一致的意见。根据会商制度议定书的协议,双方将成立部省合作委员会,围绕提高煤炭及相关产业、生态环境建设和保护、农业新兴支柱产业等领域的自主创新能力,以及建设山西区域科技创新体系等主题深入会商、广泛合作。协议签订后,我们已按照议定书和会商议题,积极与科技部进行了对接,逐项推动,抓好落实,多项推荐的重点项目已进入国家"十二五"科技项目备选库,我们将继续做好沟通协调工作,争取国家科技资源更多的支持。

(二)积极推进了工业技术研究院的构建工作。作为省委、省政府确定的"科技创新跨越工程"中一项重大举措的工研院建设也取得了重要的进展,经过认真调研,已完成了《山西省工研院构建方案(草案)》的编制。从深远意义上讲,组建工研院是深化我省科研体制改革的一项创举,它的成功组建相当于再造了一支我省科技创新的"领军"队伍,将有效聚集我省科技资源,解决科技创新、产业发展脱节的组织体制问题,对促进转型发展、跨越发展必将发挥重大的作用。

(三)全面推进科技计划管理体制改革。目前我省科技计划体系已形成了主要包括科技创新计划、科技研究发展计划(攻关计划)和科技产业化计划(火炬、星火和推广)三部分的合理结构。在项目申报中,自由申报改为自由申报与组织申报相结合,严格申报限额,提高申报质量,更加注重科技创新平台和基地建设,集中申报时间也应广大服务对象要求由1个月延长到2个月;在项目评审中,增加了来自企业的评委数量,并进一步加大了资金预算评估的力度,更加注重产业化项目的经济效益;在项目管理中,强化中期检查评估,更加注重过程管理;在项目结题验收中,重大项目增加了经费使用审计环节。同时,我们开发出的科技计划网络申报、管理系统,实现了项目的网上申报和评审等部分流程的信息化处理,大大提高了工作效率和管理水平。

(四)多管齐下支持科技人才的培养和引进。一是新起草修订的《山西省科技进步条例》中,对保障科技人员潜心研究和创新、宽容失败作出了明确规定,努力为科研人员创造创新氛围。二是加强了国际科技合作基地建设,将基地作为实施国际科技合作项目、引进先进技术、管理经验、资金和培养人才的重要平台,予以了持续支持。2010年,新培育认定了中国日用化学研究院等5家省级国际科技合作基地,全省已有6家国家级国际科技合作基地、14家省级国际科技合作基地。三是加强了海外高层次创新创业人才的引进。2010年,我厅推荐的8名海外高层次创新创业人才入选我省"百人计划"。我省国际科技合作计划项目中每年由海外归国人才承担的科研项目约占到了每年立项数的40%。

(五)强化基础研究,增强原始创新能力。一是重点实验室建设取得重大突破,新获科技部批准"煤科学与技术山西省重点实验室"和"冶金设备设计理论与技术山西省重点实验室"2个省部共建国家重点实验室培育基地。组织了对申报的省级重点实验室的考察论证,帮助申报单位对建设计划进行修改,建立了法医学和旱作农业机械关键技术与装备2个山西省重点实验室。二是2010年度山西省基础研究计划(省青年科技研究基金)资助了45岁以下青年科技研究人员111名。山西省基础研究计划(省自然科学基金)资助基础研究人才138名,其中青年科技研究人才占到了69%。

(六)做好科技奖励工作,激励科技人员创新。2010年度省科学技术奖共收到申报项目和人选368项,形式审查及受理项目公示工作已经完毕。预计全省将有10项成果获得国家科技奖励。

(七)继续加大了科技开放力度,积极开展重大国际科技合作。实施四年的"中日技术合作山西省雁门关地区生态恢复及扶贫项目"圆满完成项目目标,示范村人工草地面积增加到3080亩,增加53%,畜牧业人均收入增加84%,得到中日专家国际终期评估团的高度肯定,项目进入示范成果推广普及阶段。中美合作"二氧化碳地质封存"合作项目被列入"亚太清洁发展和伙伴关系计划",已开展了山西省二氧化碳主要排放源、排放量分布研究等4项研究。我省还承担了"非洲干旱预警机制及适应性技术示范"联合国环境规划署技术援外项目。

四、加强农业科技攻关,支持30项以上良种培育和推广项目

(一)以良种培育和推广为核心开展农业科技攻关。2010年度在我省具有产业资源和学科优势的领域支持作物育种项目22个,支持良种示范推广项目10个,合计项目32个:重点开展了小麦、玉米、杂粮等粮食作物,蓖麻、胡麻、油菜等大田经济作物,以及青椒、榛子等蔬菜林果的新品种选育与种质资源创新,预计项目成功实施后可选育农林植物新品种40余个。示范和推广了小麦长4738、玉米大丰26号、玉露香梨等新品种13个,有效扩大了新品种的种植面积。在寿阳等地进行的1200余亩连片旱作玉米示范田,经农业部专家组实测,玉米亩产突破900公斤,亩增产近300公斤,实现了我省偏旱冷凉区旱地玉米高产高效的新突破。玉米强盛62号新品种,亩产达1228公斤。

(二)"12396"科技服务热线启动,标志着我省农村信息化建设工作进入了新的阶段。为了保障热线的开通,我们成立了协调领导组,聘用了79名省级服务专家,省科技厅与中国联通山西分公司签订合作协议。"12396"科技服务热线利用语音点播、人工坐席、短信息、互联网、专家出诊等多种手段,通过加强涉农信息资源开发及农村科技信息的标准化和规范化建设,畅通了加快科技信息进村入户的渠道。通过拨打12396,农户就能得到农业生产的专业咨询服务,分布在全省各县的科技服务机构也可提供技术人员的上门服务,提供种子、农药等农资服务,承担农村技术承包项目的科技人员还以签订合同形式,提供集中连片主导产业的全程技术服务。

五、加快以市场为导向、企业为主体、产学研相结合的科技创新体系建设,建立面向企业的公共技术服务平台,引导创新要素向企业聚集,不断提升我省科技创新能力和水平

(一)动员引导企业积极参加创新建设。科技计划安排向企业倾斜,向重大项目倾斜,不断巩固企业的创新主体地位。省级科技计划超过55%的研发资金投入到企业,企业R&D经费投入占全省R&D经费投入总额比例近80%,R&D人员投入超过70%。通过加大各类科技计划中产学研合作项目的比重,产学研合作项目占到项目总数80%以上,突出了引导作用,并积极牵线搭桥,推动建立了一批以企业为主体的产学研技术联盟,合作层次上也由单一技术、单一项目、单一课题的低层次合作,向基于市场利益共享机制的整体性、长期性、战略性的高层次合作跨越。例如,山西大学和山西三维集团有限公司签订了长期战略合作协议。市场为导向、企业为主体、产学研相结合的科技创新体系的逐步建立,带动技术合同交易更加活跃,截止2010年11月底,全省技术输出合同成交总金额达10亿元,比上年同期增长53%。

(二)科技服务体系进一步完善。2010年,以科技部开展的生产力促进中心体系建设重点省行动试点评估为契机,进一步加强了全省生产力促进中心体系建设,制订下发了《关于加强生产力促进中心建设与管理的若干意见》,新批准认定50家生产力促进中心,成立了生产力促进中心联盟,2家生产力促进中心被科技部认定为国家级示范生产力促进中心。7月,我省通过国家生产力促进中心体系建设重点省行动试点验收。

(三)加快面向企业的公共技术服务平台建设。2010年,省中小企业数字化服务平台为全省150余户中小企业提供600余项次培训服务,提供咨询服务企业200余户,固定服务的企业100余户。同时,完成产业密集区中小企业数字化服务平台推广工作目标,开展了晋中、运城、大同、怀仁、阳泉、定襄、祁县等产业密集区的服务工作。

(四)实施知识产权战略。一是加强了知识产权宣传工作:4月20日至26日在全省范围内开展了"知识产权宣传周"活动;连续第6年举办了"知识产权三晋行"活动,深入基层开展了以"创造·保护·发展"为主题的宣讲活动;举办了企业知识产权专题培训。二是加强了知识产权保护和执法。贯彻国务院和省政府打击侵犯知识产权和制售假冒伪劣商品专项行动的重要部署,在全省范围开展了专利执法专项行

动;与公安部门联合开展了2010年度“雷雨”“天网”知识产权执法专项行动,共检查商品5000余件(种),登记专利60余项;与省高院知识产权庭多次召开工作协调会,就建立知识产权保护会商机制、重大案件通报制度、知识产权维权援助协作机制、共同推进知识产权专家咨询委员会建设等方面加强了交流协作;积极建立跨省市联合执法协作机制,长治市知识产权办与新乡市知识产权局成功合作办案。三是起草制定了《山西省知识产权战略纲要》。1至11月全省专利申请量6355件,同比增幅25.9%,专利授权量4353件,同比增幅59.3%。

六、发展科技资本市场,创新科技金融产品,努力形成多元化的科技投入机制

努力探索科技金融结合,形成多元化科技投入机制。我省与国开行共同发起的山西省创业风险投资引导基金与国内外十几家风险投资公司和资金管理公司进行了积极接触和洽谈,拟通过设立子基金,吸引我省社会资金和省外资金流向我省优质科技创新项目。目前已合作建立和即将建立的8支子基金,我方出资4.1亿元,吸引外来资金9.4亿元以上,基金主要投资于我省科技型企业和重点发展领域。省科技厅和引导基金与中信银行、交通银行、浦发银行及民生银行建立了合作关系。在双方合作基础上,4家银行2010年为我省科技型中小企业提供贷款17.35亿元,为高新技术企业授信达160亿元,有力的促进了我省科技型中小企业和高新技术产业的发展。浦发银行还专门设立了中小企业科技支行,对科技管理部门推荐的项目开辟绿色通道,简化信贷程序,优先发放贷款,对缺乏抵质押物的企业可通过知识产权质押贷款。

(余　旭)

附:省科技厅党组书记、成员名单

书　记:廉毅敏

成　员:王　宏　郭春林　常建忠

省公安厅党委工作概况

党委书记　杨　司

2010年,在省委、省政府和公安部党委的正确领导下,省公安厅党委团结带领全省公安民警,紧紧围绕转型跨越发展这个大局,紧紧围绕国务委员、公安部部长孟建柱同志视察我省时提出的“一个目标、五项要求”,认真贯彻袁纯清书记在全省领导干部大会上的重要讲话精神,狠抓党风廉政建设和反腐败工作,不断加强各级公安机关领导班子建设,组织开展全方位、大纵深、多侧面的学习、训练、竞赛和考核工作,广大民警的业务素质进一步提高,公安队伍的整体战斗力进一步增强。

一、把握重点,全面加强公安队伍建设

省公安厅党委结合我省公安队伍建设现状,以科学发展观为指导,以国务委员、公安部长孟建柱视察我省时提出的“一个目标,五项要求”为目标,以班子建设为重点,制定了《山西省公安队伍建设实现“一个目标五项要求”五年规划》(2011—2015年),明确了今后五年队伍建设的具体工作任务和措施要求。召开了改革开放以来第一次全省公安思想政治工作会议,制定出台了《山西省公安机关思想政治工作规范(试行)》,《规范》突出了各级公安机关党委对思想政治工作的领导,明确了政工部门和政工干部的职责,增强了公安思想政治工作的针对性和可操作性。10月14日,公安部宣传局主办的全国基层公安机关思想政治工作规范座谈会在太原召开,与会代表充分肯定了我省的工作。加大竞争性选拔用人制度的改革,在消防部队第一次试行了考试考核相结合选拔正团职干部的工作,收到良好效果。加强制度建设,相继制定下发了《关于进一步严格队伍管理严把进人关的通知》、《山西省公安机关文职人员管理暂行办法》、《山西省公安机关专家人才库管理办法》、《山西省公安厅机关干部培养锻炼工作暂行办法》等一批队伍管理规章制度。以厅党委名义印发《关于在全省公安机关开展“争做阳光警察、争创阳光警队、打造阳光警务”活动的决定》,在全省部署开展为期三年的“阳光行动”。会同省人社厅、省公务员局联合召开全省公安机关执法勤务机构警员职务套改工作会议,下发《山西省公安机关执法勤务机构人民警察警员职务套改实施方案》和有关配套文件。全省公安机关执法勤务机构警员职务套改工作进展顺利,总体工作走在了全国的前列,并被公安部政

治部推荐为警员职务套改工作先进典型。及时为基层公安机关补充警力。全年共为公安厅交管局高速公路管理处和太原、长治、运城、吕梁、晋城等地公安机关招录人民警察1000余名；认真做好2010年政法干警定向招录工作和部属院校应届毕业生的接收工作，完成招录、接收任务近500名。

二、迎难而上，狠抓党风廉政建设和反腐败工作

省公安厅党委高度重视反腐倡廉建设，坚持把公安队伍建设作为一项基础性工作紧紧抓在手上，认真学习贯彻胡锦涛总书记在中央纪委十七届五次全会上的重要讲话精神，认真学习贯彻全省党风廉政建设干部大会、省纪委五次全会精神，以开阔的工作视野、清晰的工作思路、务实的工作作风和一系列有力的工作举措，强力推进反腐倡廉建设。一是研究制定了《中共山西省公安厅委员会关于2010年全省公安机关党风廉政建设和反腐败工作任务的分解意见》。将今年反腐倡廉工作任务进行了细化分解，落实到每一位厅党委成员。二是对各级公安领导干部提出了“一个口号”(向我看齐)、“四个争做”(争做秉公用权的表率、争做廉洁自律的表率、争做执法为民的表率、争做艰苦创业的表率)和“四个底线”(作为一个社会人，道德底线不能突破；作为一个人民警察，法律底线不能突破；作为一个共产党员，原则底线不能突破；作为一个党员领导干部，责权底线不能突破)要求，为反腐倡廉工作注入了强大推动力。三是积极开展廉政文化建设。推广晋中市公安机关开展廉政文化建设的做法，于8月24日至25日召开了全省公安机关推进廉政文化建设现场会。全省120多名代表参观了廉政文化建设示范点，观摩了1500名民警参与互动的《史双生迟到的忏悔》警示教育视频大讨论和14个公安局代表队参加的《纪律条令》知识竞赛，观看了《清风正气铸警魂》专题汇报片和公安廉政清风文艺晚会。在全省公安机关推广了民警办公电脑安装廉政屏保、开设廉政文化长廊等举措，营造了“廉荣贪耻”的浓厚氛围。四是深入开展专项治理。公路“三乱”问题是2010年省纪委部署由公安厅牵头落实的一项任务，对此，厅党委明确要求，凡是不认真履行职责、随意拦车罚款的，对责任民警一律先停职，并根据核查事实，依据有关规定给予党纪、政纪处分；凡是发生下达罚款指标、罚款不开票、以罚代纠的，依据有关规定，对直接责任人员和负有领导责任的领导人员一律先免职，并依据有关规定给予其纪律处分；凡是乱收滥罚行为被媒体曝光的，一律从重处理。各级公安交警部门层层签订责任状，治理力度明显加大，共接待来访34人，群众举报98人次，督办案件22件，严肃查处了中央电视台曝光的阳高县交警“收黑钱”事件，对相关责任人给予党政纪处分，对主要领导、分管领导给予问责。警车和涉案车辆专项治理以来，全省各级公安机关共路查路检警车9700余辆，共查扣违规警车1858辆；收缴警灯、警报器497套；收缴假冒警车牌照345付；封存无牌无证、手续不全警车314辆；强制改喷不符合警车制式规定的车辆162辆；强制注销、报废不合格警车510辆；办理变更转户手续警车334辆。398辆外借、外挂警车，315副外借、外挂警车号牌全部收回；同时纠正涉案车辆违规问题1145起。查处涉及“两车”违法、违纪、违规人员196人。公安部9月10日在我省大同召开了现场推进会。刘金国副部长先后三次批示予以表扬。集中整治执法过程中涉案人员非正常死亡问题，全省各级公安机关共投入资金2816.26万元，新建“三室”220间，改建“三室”186间，增加探头、录音、防护设备共计3333套(个)，剖析执法过程中非正常死亡案例450起、执法安全培训431次22450人、督导检查233次、召开新闻发布会23次、发布新闻稿件102篇、出台执法安全制度规定171篇、预防非正常死亡31人、预防其他安全事故54起，出台执法安全制度规定431项。五是切实加大办案力度。共核查处理188起255人。各级公安纪检监察部门还处理人民群众信访举报464起。特别是对上级领导机关批办的“两要”案件，采取领导挂帅、亲自督办、专人负责、责任到人等措施，确保按时限高质量完成查办任务。中政委、公安部领导先后作出重要批示，省厅侦办的阳泉“5·6”专案，已移送检察机关并召开新闻发布会向社会各界通报情况，取得了政治效果、法律效果和社会效果的统一。根据中央《关于实行党政领导干部问责的暂行规定》和党风廉政建设责任追究规定，共对68名领导干部进行了责任追究，对60名领导干部进行了诫勉谈话。六是认真开展政风行风评议。为切实推动全省公安机关政风行风建设，公安厅党委向社会聘请了监督员，邀请人大、政协监督员代表和各界群众进行问卷调查和督导、座谈；厅长和厅党委成员先后三次参加《政风行风热线》节目，解决群众反映和关注的“热点”问题；加快公安行政审批制度改革，先后8批取消了72项审批项目，投资50多万元，改建了新的政务大厅，每年接待办事群众10万余人，极大地方便了群众。七是积极开展公安现役部队纪检监察工作。边防、消防、警卫三支公安现役部队拥有行政执法权和刑事司法权，依法履行政府相关职能，在广泛参与社会管理、承担执法执勤任务上有着不同于军队的开放性，特别是消防执法中存在的问题越来越受到社会的关注。为此，厅党委突出抓现役纪检队伍建设、机制完善和监督制约，加强对公安现役部队反腐倡廉建设的指导，编印下发了《山西公安现役部队党风廉政建设基础知识320题》，制作廉政警句、禁令条规、格言漫画等办公电脑廉政屏保并统一安装，出台《关于进一步加强和改进公安现役部队反腐倡廉工作的实施意见》、《山西省公安厅现役纪检监察机构受理信访举报工作暂行规定》、《关于在全省公安现役部队建立党员干部廉政档案的暂行规定》、《山西公安消防部队消防监督执法十个严禁》、《山西公安消防内部执法监督实施办法》等制度规定，严格领导干部选拔任用工作监督，严厉查办违纪案件。

三、着眼实战，大力加强教育训练工作

以强化民警“五个能力”为重点，制定下发指导我省公安机关当前和今后一个时期教育训练工作的纲领性文件《山西省公安机关2010—2012年“围绕三项建设、提升五个能力”

培训规划》,对省、市、县三级公安机关及各警种、部门三年内教育训练工作任务和职责进行了划分,对训练内容、训练形式、训练保障等方面提出了明确要求。6月至9月,历时三个月在省警官培训中心连续举办8期培训班,对全省公安机关1478名派出所长进行了集中培训。严格落实“三个必训”,全年共举办警衔晋升培训班12期,培训民警1549人;举办初任培训班2期,培训民警127人;举办各种业务培训21期,培训民警2269人。公安厅机关干部自主选学试点工作进展顺利,全厅共有241名民警参加了省内外6所院校29个教学专题的培训。在全省公安机关组织开展全警岗位业务技能和信息化应用技能以及警务实战技能比武竞赛活动,树立了一批警务技能标兵、能手。为推动全省公安机关信息化建设,检验全警信息化应用水平,连续第二年组织全省所有适龄民警进行信息化应用技能考核。加强民警心理健康保护工作,开展了以“提升心理品质、争做阳光警察”为主题的心理健康宣传月活动。

四、顺应潮流,不断强化公安宣传工作

围绕公安中心工作积极开展多种形式的公安宣传工作,巩固公安宣传阵地建设,加强舆论引导,推出了一批公安先进典型。组织新闻发布会6次,组织网络发布会16次,编发舆情42期,妥善处理重大舆情8起。全年在中央级媒体发稿500余篇(条)、省级媒体发稿2000余篇(条)。成功举办舆情引导培训班,邀请公安部新闻发言人武和平做了精彩讲授。制作了专题片《跨越》,全面回顾和反映了党的十七大以来我省公安工作取得的成绩。广泛开展“忠诚铸造警魂、责任诠释使命”系列主题教育和创先争优活动,组织了“坚持忠诚为民务实奉献精神,践行人民公安为人民崇高使命”主题短信征集活动,共征集短信300余条;举办了“唱红歌、唱警歌、迎七一”歌唱朗诵比赛,评选出的优秀选手组成公安文艺小分队深入基层一线、厂矿社区、革命老区进行慰问演出;成功举办第四届山西公安书画摄影集邮展览,共展出作品400余件;积极筹备2011年山西公安春节文艺晚会,公安文化建设硕果累累。2010年全省有53个单位荣记集体功、559名民警荣记个人功;各项中心工作和各警种共有313个先进集体、503名先进个人受到表彰。对全省60余个省级青年文明号单位进行了考核、验收及认定工作。左权县公安局、平定县公安局2个集体和太原市公安局张世平等6名个人推荐为全国爱民实践模范,受到了公安部的表彰并受到了胡锦涛总书记等党和国家领导人的接见。

(王瑞成)

附:省公安厅党委书记、副书记、委员名单

书　记: 杜玉林(4月离职)　杨　司(4月任职)

副书记: 李富林

委　员: 廉兴有　成振林　燕和平　苏　浩　任鸿太　李太平　段绪忠　贾继武

省民政厅党组工作概况

党组书记　周明定

2010年,省民政厅党组认真贯彻落实十七届四中、五中全会精神,坚持以科学发展观为统领,认真践行“以人为本、为民解困、为民服务”的工作宗旨,紧紧围绕我省转型跨越发展的战略部署,全面加强党的思想建设、组织建设、作风建设和制度建设,不断增强党的凝聚力和战斗力,注重发挥广大党员的先锋模范作用,努力开创党建工作新局面,有力地促进了年度各项目标任务的圆满完成。

一、围绕中心,服务大局,科学谋划民政工作发展思路

2010年初,厅党组紧紧围绕省委、省政府的中心工作,提出了2010年全省民政工作“四个六”的总体发展思路,即:突出抓好城乡低保规范化管理、救灾应急体系建设、优待抚恤政策落实、和谐社区建设、养老服务事业发展、社会组织管理服务六项重点工作;着力破解五保对象集中供养率偏低、救灾指挥协调能力差、城镇退役士兵安置难、城乡结合部及“城中村”社区管理难、社会福利机构基础设施落后、殡葬管理服务水平低六个方面的难题;努力提升城乡社会救助、救灾应急、优抚安置和双拥工作、基层群众自治组织自治、社会福利服务、公共服务六种能力;切实履行好保障困难群众基本生活、救灾减灾、服务军队和国防建设、加强基层政权和社区建设、维护特殊群体权益、有关社会行政事务管理六大职能。这个发展思路为年度民政工作确定了方向和目标,充分发挥了领导班子统缆全局、决策定向的领导核心作用。从一年来的工作实践看,这个发展思路完全符合我省民政工作的实际,为做好2010年的民政工作和加快推进民政事业发展奠定了基础。

二、开拓进取,狠抓落实,努力增强民政工作的生机和活力

(一)积极争取领导的重视和支持。厅党组注意借重党和政府把保障和改善民生摆上重要位置,各级党委、政府更加重视民政工作的有利时机,针对民政工作政策性、社会性强的实际,经常就民政工作中的一些重大问题及时向省委、省

政府领导汇报，积极争取领导的关注、重视和支持。袁纯清书记多次批阅了和民政工作有关的文件，对改善民生高度重视。王君省长多次听取民政工作汇报，对一些重要事项作出明确批示。金道铭副书记专程到厅机关调研党风廉政建设工作。省政府年初专门召开全省民政工作座谈会，李小鹏常务副省长认真听取民政部门和基层民政工作者的意见和建议，就解决长期以来制约民政事业发展的基层民政工作力量薄弱、经费短缺等突出问题，对参加会议的有关部门提出明确要求，并于7月份又专程到民政厅机关和民政服务单位调研。省委组织部汤涛部长先后两次来厅就“城中村”社区建设和社会工作人才队伍建设进行调研。省人大安焕晓副主任到厅就救灾减灾工作进行调研。省政协周然副主席也就加快我省养老服务业发展来厅调研。省领导对民政工作的高度重视和大力支持，为及时有效地解决民政工作面临的突出矛盾和问题，推进民政事业快速发展提供了有力的组织领导保证。

（二）加强与有关部门沟通协调。厅领导班子十分注重与各有关部门的沟通和协调，积极争取他们的理解和支持，不断凝聚和形成促进民政事业发展的合力。特别是在完成省政府“新建、改扩建农村敬老院120所”为民办实事任务、提高各项社会救助标准和优待抚恤标准、发放困难群众价格临时补贴、争取救灾资金、提请省政府出台有关政策法规等方面，从厅长到分管厅领导，主动到民政部和省有关部门登门协商，面对面沟通，赢得了民政部机关和省有关部门的充分理解和大力支持。2010年，中央和省级财政共投入民政专项资金49.27亿元，比2009年增长13.66％，中央和省级分别增长11.2%、21.8%。

（三）大力推进政策制度建设。积极提请省政府颁布实施《山西省农村五保供养办法》，制定出台了《山西省异地商会登记管理办法》，起草并向省政府报送了《山西省行政区域界线管理办法》、《关于进一步加强新时期民政工作的意见》和《关于进一步加快养老服务业发展的意见》。制定了《山西省民政厅工作规则》等12项行政工作制度，进一步提高了厅机关各项工作的制度化、规范化水平。

（四）切实加强督促检查力度。一是召开会议推动。先后召开转变作风狠抓落实干部大会、民政工作年中分析会、落实省政府2010年目标责任工作推进会等多个会议，统一思想认识，明确任务措施，动员和发动广大干部职工以饱满的精神状态投入到工作之中。二是检查督促推动。厅领导班子成员经常深入基层，了解掌握各项重点民政工作进展情况，积极帮助协调解决工作中的突出矛盾和问题。三是考核评比推动。在继续坚持对各市民政局进行目标责任制考核的基础上，2010年还建立了对各处室、厅直各单位目标责任考核制度。根据省考核办确定的目标责任以及年度整体工作安排，将任务细化分解到各个处室、单位，并明确了责任追究。

（五）积极推进合作共建。为充分发挥厅、市优势，加快推进民政工作改革创新，破解发展难题，与朔州市政府签订全省第一个合作共建民政事业综合改革发展示范区协议，通过十一个方面的合作共建，先行先试，促进朔州市民政事业加快发展，为全省民政事业的跨越发展发挥示范引领作用。

三、突出重点，全面推进，年度各项民政工作任务圆满完成

（一）“新建、改扩建农村敬老院120所”的任务圆满完成。“新建、改扩建农村敬老院120所”是省政府确定的2010年为民办的实事，省级财政共投入资金1.68亿元，“新建、改扩建农村敬老院120所”这件实事圆满完成，新增床位7320张，其中78所具备入住条件的已入住五保供养对象1490人。加上各地自建的敬老院，全省农村五保对象集中供养能力比2009年提高7个百分点。

（二）城乡社会救助水平进一步提高。以规范城乡低保工作为重点，进一步完善申请审批程序，加强检查督促，深入推进城乡低保规范化建设。组织开展了城乡医疗救助示范活动，指导各地推进“一站式”服务管理模式，促进城乡医疗救助工作深入开展。全年共下拨中央和省级财政社会救助资金34.17亿元，并及时为城乡困难群众发放价格临时补贴，有效保障了城乡困难群众的基本生活。截至2010年底，全省有城市低保对象91.5万人，人均月补助164元；有农村低保对象132.1万人，人均月补助75元；农村五保供养对象16.9万人，集中和分散供养标准分别达到每人每年2569元和1769元；累计对376.1万名困难群众进行了不同形式的医疗救助。

（三）救灾减灾工作扎实有效。2010年，我省先后发生了干旱、风雹和洪涝、低温冷冻、地震等灾害，民政部门认真查灾核灾，组织群众抗灾救灾。中央和省级财政共安排救灾资金2.21亿元，灾民生活得到有效保障。省、市、县、乡镇（街道）、村（社区）五级应急预案的修订和制定工作全部完成，基本实现有效衔接。认真组织社区防灾应急演练和防灾减灾宣传普及工作，城乡社区的综合减灾能力进一步提高，14个社区被评为全国减灾示范社区。救灾物资仓储设施建设稳步推进，目前共有省级救灾物资储备库1个、市级库11个、县级库94个，总面积达3万多平方米，各种救灾物资的品种和数量也有较大增加。

（四）优抚安置双拥工作不断深化。全年共下拨优待抚恤经费7.9亿元，全部按时足额发放到优抚对象手中。优抚对象医疗保障制度进一步完善，全省共落实优抚对象医疗保障配套资金5841.36万元，98%的1-6级残疾军人（未参保的2%仍然享受离休干部医疗待遇）、99%的城镇其他优抚对象（1%系所在县区尚未开通城镇居民医疗保障）和所有的农村其他优抚对象分别参加了城镇职工、城镇居民医疗保障和新型农村合作医疗，重点优抚对象“医疗难”问题得到有效解决。从2010年1月1日起，提高一至四级残疾军人护理费标准，提标幅度平均达到20%；从10月1日起，再次提高部分优抚对象抚恤和生活标准，烈士家属抚慰金标准也由5万元提高到10万元。认真做好退役士兵安置遗留问题，积极做好矛盾纠纷排查化解工作，全年未发生影响社会稳定的退役士兵群众性事件。协调省军地7部门下发《关于切实做好伤病

残退役军人安置工作的通知》，伤病残退役军人安置任务基本完成。军休人员接收安置工作进展顺利。军休干部住房制度改革积极推进。深入开展双拥模范城(县)创建活动，对申报的新一届省级双拥模范城(县)进行了考核验收。以建军83周年为契机，组织开展了"双拥活动月"活动，大力推进军民融合式发展。

(五)基层民主政治建设和城乡社区建设不断加强。一是"难点村"治理工作取得明显成效。通过加强组织领导、推广先进经验、部门联合行动、突出治理重点、注重分类施治等有效措施和艰苦扎实的工作，全省593个"难点村"中已有358个得到根本治理，216个初见成效，19个正在抓紧治理。我省"难点村"治理工作取得明显成效，得到中组部和民政部的肯定，在"全国村务公开民主管理难点村治理工作会议"上，作为三个省级发言单位之一，由李小鹏常务副省长代表我省作了大会经验交流。二是村务公开民主管理工作继续深化。积极配合组织部门全面推进"四议两公开"工作，总结推广垣曲、平陆等地的先进经验和做法，积极探索新形势下农民利益诉求、矛盾调处和权益维护的新机制。深入开展村务公开示范创建活动，村务公开民主管理工作深入推进，全省所有村全部建立了村务公开制度。三是城乡社区建设进一步推进。举办了5期社区建设工作培训班。社区志愿者注册和志愿服务工作快速推进，三年来已累计注册社区志愿者48.33万人，在全国率先实现社区志愿者注册率占居民人口10%以上的目标。召开全省农村社区建设实验工作平陆现场推进会，总结推进先进经验，农村社区试验工作稳步推进。

(六)社会福利和慈善事业快速发展。为有效应对人口老龄化，起草了《关于加快发展养老服务业的意见》，明确了土地保障、税费减免、资金补贴等多项优惠政策，已上报省政府审定。督促各地完成了14个县级社会福利服务中心项目建设投资，残疾人社区康复示范县培育活动深入开展。成功承办了中德慈善立法研讨会，持续开展了慈善助医、助学、助困等活动。全年销售福利彩票15.97亿元，筹集公益金5.59亿元，超额完成年度任务。积极组织为玉树地震灾区、舟曲泥石流灾区捐款和我省的"送温暖、献爱心"活动，共接收捐款11190多万元，全部按规定用于救灾济困事业。

(七)社会组织与专项社会事务管理更加规范。社会组织年检工作全面完成。全年省本级新登记社会组织44个，全部在规定时限内办结。社会组织评估工作全面展开。积极开展社会团体"小金库"专项治理工作。圆满完成全省社会组织学习实践科学发展观活动，有序推进社会组织创先争优活动。结合我省"市域城镇化"推进战略，积极开展行政区划调整调研，全面实施地名公共服务工程，22个城市地名规划工作全面完成，84个县政府驻地镇（乡）地名设标工作已经完成。"山西区划地名网" 开通试运行，11个地级市地名网站与省厅对接全部完成。积极协调陕西省完成了晋陕两省行政区域界线联检工作。积极推行火葬，改革土葬，深入开展殡葬改革示范单位创建活动。倡导文明祭扫新风尚，不断提高殡葬救助保障水平。婚姻登记规范化水平进一步提高，涉外儿童收养登记依法开展。2010年共救助城市生活无着的流浪乞讨人员5万人次。

四、改进作风，提升素质，厅机关和直属事业单位自身建设进一步加强

厅党组高度重视机关自身建设，提出了"以文明和谐单位创建为主线，努力带好干部和党员两支队伍，切实加强党风廉政、基层基础和信息化三项建设，大力弘扬任劳任怨、开拓进取、顾全大局、崇尚荣誉四种精神"的发展思路。一年来，厅机关率先垂范，把这个发展思路贯穿于全年的各项工作中，实现了业务工作和自身建设"双丰收"。一是"三定"方案全面落实。按照省政府"三定"规定，对厅机关内设机构和人员进行了调整，进一步理顺了厅内设机构和人员编制。二是文明和谐单位创建活动成效显著。厅机关被省文明委命名为省级文明和谐单位，17个厅直属单位中有1个单位连续被省文明委命名为省级文明和谐单位，8个单位被省直文明委命名为和谐单位标兵单位，4个单位被省直文明委命名为文明和谐单位。三是学习型机关建设深入开展。在厅党组、厅机关继续加强政治理论、业务知识学习的同时，从5月份开始，连续举办了七期"现代民政讲坛"，进一步拓展了视野，丰富了学识。四是党风廉政建设常抓不懈。认真落实省委、省政府关于开展"反腐倡廉制度建设年"的安排部署，从反腐倡廉教育、监督、预防和惩治四个方面制订、修改了28项具体制度，进一步健全完善了惩防体系。深入开展了千名民政干部深入基层"三问两送"、学习右玉精神转变工作作风等活动，在全体干部中大力弘扬求真务实的作风。五是政风行风建设不断加强。深入开展全省民政系统行风建设示范单位创建活动，评定命名了50个省级行风建设示范单位，向民政部推荐申报了16个全国行风示范单位。积极参加"政风行风热线"栏目，听取群众诉求，解答听众提出的问题。六是民政服务设施得到较大改善。省老年公寓二期工程、省荣军精神康宁医院康复楼、省荣军医院门诊综合楼、省特殊中专南校区、省假肢中心优抚对象康复理疗基地等一批重点建设项目相继建成，投入使用，极大地改善了民政服务单位的服务能力和服务质量。七是信息化建设积极推进。"山西民政省级应急指挥中心一期工程"、"山西省婚姻登记管理信息系统" 正按计划有序推进。

（王文广）

附：省民政厅党组书记、成员名单

书　记：周明定

成　员：王卫东　何耀光　何子义　游　炜　许富昌　王进龙(11月任职)

省司法厅党委工作概况

党委书记　王水成

2010年，司法厅党委以学习贯彻党的十七大、十七届五中全会精神为主线，以创建学习型机关为载体，认真落实科学发展观，以改革创新的精神推进机关党建的各项工作，为司法厅各项任务完成提供坚强有力的思想政治保证和组织保证。

一、思想建设和理论武装工作取得实效

执法大培训、岗位大练兵活动成效显著。按照司法部的统一部署，精心组织，加强督导，扎实开展警察大培训、大练兵活动。全系统共举办培训班806期，组织单项训练1327次，10800多名干警参加培训和训练，10789名干警参加考试。通过大培训、大练兵活动，广大干警业务素质、执法水平和实战能力进一步提高。

学习型机关建设深入推进。按照党中央《关于推进学习型党组织建设的意见》、省直工委《关于省直机关党组（党委）中心组和干部理论学习的安排意见》文件要求和厅党委的安排，对厅机关及直属单位全年学习任务做了部署。下发了《2010年党委中心组和干部理论学习安排》，详细部署了学习的内容和措施。全年组织党委中心组认真学习了《中国共产党党员领导干部廉洁从政若干准则》、《关于领导干部报告个人有关事项的规定》、《关于对配偶子女均已移居国（境）外的国家工作人员加强管理的暂行规定》、《关于在全省司法行政系统大力推进学习型领导班子学习型党组织建设的实施意见》等文件以及中央、省委一系列重要会议精神和领导讲话。特别是下发《关于学习贯彻袁纯清书记重要讲话精神的通知》和《关于学习贯彻中共中央十七届五中全会精神的通知》两文件，对机关及直属单位的政治理论学习做了具体的部署安排。

此外，组织厅机关副处以上干部赴右玉参观学习，全年向直属各级党组织发放《加强领导干部党性修养　树立和弘扬良好作风》、《党的十七届五中全会<建议>学习辅导百问》、《把信送给加西亚》等学习资料1500余册。

二、党建基础进一步夯实

按照把基层党组织建设成“三个代表”重要思想的组织者、推动者和实践者的要求，在基层党组织和党员队伍建设方面重点抓了五项工作。

一是狠抓了教育培训发展工作。全年共选送30名干部职工、125名学生参加了省直分校的入党积极分子培训，发展新党员14名，转正4名。组织厅直属单位党务工作者进行了业务培训，并参加了省直工委组织的党务干部培训班。对厅属院校党建情况进行调研，并整理形成《高等学校党的建设有关情况汇总表》报送省直工委。印发了《关于在全省司法行政系统大力推进学习型领导班子学习型党组织建设的实施意见》、《关于在全省司法行政系统基层党组织和党员中深入开展创先争优活动的实施方案》。

二是继续加强律师行业党建工作。完成了律师行业学习实践科学发展观活动，被省新社会组织学习实践活动指导组评为“省级指导工作先进单位”。组织推动律师行业创先争优活动。山西省佳镜律师事务所两次代表我省参加司法部会议并进行典型发言。在律师队伍中深入开展“中国特色社会主义法律工作者”主题教育实践活动和李庄案警示教育，律师队伍政治业务素质进一步提高。根据律师党员的工作特点，对律师事务所的党支部组建、换届进行了审批、考核，组织律师党支部书记召开了专门会议，研究部署了律师党建工作，律师党建工作走在全国司法行政系统前列。

三是开展了社会捐助活动。春节前夕，对厅机关及直属单位生活困难的党员进行了走访慰问，组织厅机关及驻厅单位干部职工向青海玉树地震灾区、甘肃舟曲泥石流灾区捐款。

四是积极开展工青妇工作。机关团支部先后组织全体年轻同志到牛驼寨烈士陵园开展缅怀祭奠革命先烈、到全国人大代表韩雅琴帮教基地参观学习等活动，努力提高机关年轻干部的责任感和使命感。组织机关军转干部赴晋中进行参观学习。组织直属单位工会认真开展了“铁人杯”全国职工工会知识竞赛活动。对直属单位工会组织及工会干部状况进行调查。

五是深入推进“领导班子建设年”活动，厅党委在“领导班子建设年”活动中，先后对监狱、劳教系统处级干部进行了5次大的调整交流，共选拔任用和调整交流处级干部98名。监狱局党委对监狱系统的副处级领导干部进行了调整和交流。这次干部调整是厅党委贯彻落实中央和省委关于加强领导班子建设一系列精神的具体行动，是厅党委牢固树立和切实坚持“三个意识”，特别是全系统一盘棋的政治意识，通盘使用干部的具体举措，也是拓宽选人用人视野，促进干部上下左右交流，全面培养锻炼干部的具体实践。

三、精神文明创建工作深入开展

在省直文明办的指导下，严格按照文明单位六条标准，深入开展了扎实有效的精神文明创建活动。同时，把创建精神文明单位与司法行政履行十六项职能紧密结合起来，用优异的工作成绩推动精神文明创建工作深入开展。年初对厅直9个单位的精神文明创建申报工作进行了检查、考核，并完

成了申报工作。组织厅直属单位参加第三届山西道德模范评选活动。下发《关于省司法厅创建省直文明和谐单位测评考核情况汇总的报告》文件，对机关及直属单位精神文明创建工作进行自查考核并上报省直文明委。

四、党风廉政建设工作继续加强

认真学习《廉政准则》，搞好领导干部廉政教育。中央颁布《中国共产党党员领导干部廉洁从政若干准则》后，厅机关召开电视电话会议对全系统学习贯彻《廉政准则》进行了专门安排部署。在全系统纪念建党89周年大会上，王水成书记代表厅党委在为全体干部讲党课中，专题强调了要围绕加强反腐倡廉建设，认真学习贯彻《廉政准则》，要求各级党组织和每个党员领导干部一定要从政治和全局的高度充分认识学习贯彻实施《廉政准则》的重要意义，切实抓好领导干部廉洁从政工作。

对全系统党风廉政建设工作进行全面安排部署和任务分解。在全省司法行政系统党风廉政建设电视电话会议上，王水成书记代表厅党委做了题为《强力推动反腐倡廉建设取得新进展，努力推进司法行政工作开创新局面》的讲话，将2010年全系统反腐倡廉建设的主要任务安排部署到各单位。按照党风廉政建设责任制要求，厅党委对全省司法行政系统党风廉政建设和反腐败工作任务进行了分解，根据班子成员的分工和各处室的职能，将2010年反腐倡廉各项工作任务分解到领导班子成员、厅机关14个职能处室、法律援助中心、后勤服务中心以及省监狱局、劳教局和两个院校等部门，做到分工明确，责任到位，确保反腐倡廉各项工作任务落到实处。

一年来，全系统各单位以转变工作作风、促进社会和谐为目标，不断加大查处违纪违法案件的力度，严格责任追究，认真维护党纪政纪的严肃性。对全省司法行政系统监狱、劳教单位81%的工程建设项目进行了重点督查。督查组采取听取汇报、查阅资料、查看现场等方式对工程建设的批文、招投标、审计决算以及付款等26个方面的情况进行了督查。通过加大查处违纪违法案件和责任追究力度、工程重点督查，严肃了纪律，改进了作风，教育了广大党员干部，促进了司法行政工作的和谐发展，维护了司法行政系统的社会形象。

（张　霏）

附：省司法厅党委书记、委员名单

书　记： 王水成

委　员： 王华善(12月离职)　郭殿生(12月离职)　李满胜　杨凤英(女，12月任职)　冯　征　周培斌　张玉良

省财政厅党组工作概况

党组书记　郑建国

2010年，省财政厅党组全面贯彻落实党的十七大和十七届四中、五中全会精神，以邓小平理论和“三个代表”重要思想为指导，深入贯彻落实科学发展观，大力弘扬我省“右玉精神”、财政系统“沈浩精神”，与时俱进，开拓进取，着力加强学习型党组织建设，全面开展创先争优活动，不断推进机关党的思想、组织、作风、制度和反腐倡廉建设，充分发挥党支部的战斗堡垒作用和党员的先锋模范作用，确保各项任务的顺利完成，为推动财政事业又好又快发展提供坚强的思想、政治和组织保证。

一、抓好理论武装，夯实思想基础

（一）加强领导，对全年的政治理论学习做出安排。年初，厅机关党委结合财政厅工作实际，下发了《关于我厅2010年党组中心组暨干部理论学习安排意见》，对全年的政治理论学习进行了安排部署，始终坚持把政治理论学习放在党建工作首位。

（二）重点突出，强化理论学习和培训工作。根据厅党组和上级党委的要求，一是抓好集中培训学习。全年组织3名处级干部参加了省直分校举办的处级干部轮训班。二是邀请省委党校教授进行经济政策与形势专题讲座。通过学习，引导全厅干部职工进一步把思想统一到中央对当前形势的正确判断上来，把行动统一到中央作出的决策部署上来，把会议精神转化为应对国际金融危机、促进全省经济平稳较快发展的精神力量。

（三）坚持学习制度，积极为党组中心组学习做好服务工作。抓好中心组学习制度落实，认真制定厅党组中心组年度学习计划。同时，为党组成员订阅《理论学习内参》和《党的生活》等刊物作为学习的基本读物，做好每次学习前的各项准备工作。全年共安排集体学习6次。中心组还多次将学习范围扩大到处级干部，有效地带动和辐射全厅的政治理论学习。

（四）认真组织实施“五五”普法规划，扎实开展法制宣传教育。及时制定下发了《山西省财政厅2010年法制宣传教育工作要点》，对全厅干部系统学习《干部法律知识读本》、《“五五”普法干部读本》等法律法规内容提出具体要求。7月8

日，顺利通过了省委依法治省领导组对财政厅“五五”普法工作的检查验收，11月18日，组织了“五五”普法总结验收考试。“12·4”全国普法宣传日，组织全厅涉法处室在厅机关门口宣传财政相关法律法规。

（五）利用多种媒体，加强党的宣传工作。充分发挥机关党建网站和门厅电子屏的作用，大力宣传党的路线、方针、政策及厅党建工作动态和好人好事，对党建和群团以及精神文明建设等方面的先进经验和工作情况进行宣传报道。

二、加强基层组织建设，发挥战斗堡垒作用

（一）做好基层党委（支部）换届选举工作。厅直属党总支、支部从2005年12月换届到2010年已经届满，按照《党章》规定和省直工委通知精神，于2月13日下发了《山西省财政厅关于认真做好基层党组织换届选举工作的通知》。截至5月4日，除厅培训中心党支部外的3个总支、52个支部全部换届完毕，调整充实了基层党组织和党务干部力量。

（二）召开山西省财政厅第五次党员代表大会。按照省直工委通知要求，于4月16日成功召开第五次党员代表大会，共有141名党员代表参加了会议，听取和审议了中国共产党山西省财政厅直属机关第七届委员会、第六届纪律检查委员会工作报告，选举产生了第八届机关党委、第七届机关纪委。

（三）认真做好党员发展工作。严格程序，认真落实发展党员公示制度，加强入口管理，确保党员质量。按照上级党委要求并结合实际，印发了《关于报送2010年度党员发展计划的通知》，同时，召开机关党委会议，研究确定了2010年度党员发展计划。截至11月底，共选派16名入党积极分子参加省直分校培训，对12名发展对象进行了公示，发展新党员10名，进一步严格了发展程序，增强了公开性和透明度。同时，还为17名预备党员办理了转正手续。清明节和“七一”，机关党委组织多名新党员到太原解放纪念馆进行集体入党宣誓，使新党员受到了革命传统和爱国主义教育。10月22日，省委组织部对我厅党员发展工作进行调研，给予了充分肯定，并对下一步的工作提出建设性的意见。

（四）深入开展创先争优暨建设学习型党组织活动。根据党中央、省委和省直工委通知要求，为确保各基层党组织和党员创建先进基层党组织，争当优秀共产党员活动做到全面开展、持续推进并取得实际效果，分别印发了《关于在山西省财政厅基层党组织和党员中深入开展创先争优活动的实施方案》和《山西省财政厅关于推进学习型党组织建设的实施意见》，并于6月29日召开了深入开展创先争优活动暨建设学习型党组织动员大会，目前两项活动已全面展开、有序推进，全厅上下形成了学习先进、争当先进、赶超先进的良好氛围。

三、加强制度建设，确保工作落实

（一）建立健全各项规章制度。严格执行《山西省财政厅关于加强和改进干部理论学习和考核的实施意见》、《山西省财政厅党组中心组学习制度》和《山西省财政厅关于党费收缴、使用和管理的具体规定》等党建工作制度，使机关党建工作向科学化、规范化和制度化迈出了新的步伐。

（二）实行目标管理，强化任务落实。厅机关党委贯彻落实山西省财政厅第五次党员代表大会精神，将有关工作纳入厅年度工作目标责任制考核内容。实行了党的工作与财政业务工作一起部署、一起检查、一起考核、一起奖惩，以党建促业务的工作定位。同时，充分调动党支部抓党建工作的积极性和主动性，厅办公室、预算处、法规税政处、国库处、国库支付中心等多个基层党支部都开展了各具特色的党日教育和党员学习活动。

四、厅工会充分发挥职能，各项工作有效开展

（一）加强组织建设，完成了工会换届选举工作。4月份按照将群团组织机构设置在基层党支部的工作方针，此次换届选举共设置了9个基层工会委员会和34个基层工会小组，并在此基础上组织召开了厅第四次会员代表大会，选举产生了新一届工会委员会。会议选举产生了山西省财政厅工会第五届委员会、第五届经费审查委员会和第五届女职工委员会。

（二）履行教育职能，提高工会会员素质。充分利用教育阵地，认真履行教育职能，切实加强对广大会员的形势和理论教育，努力提高他们的政治素质、理论素养、法制意识、道德水准和工作水平，

（三）履行竞赛职能，服务中心工作。认真完成了全省“五一”表彰评比选送工作，3月中旬向省劳动竞赛委员会和省直劳动竞赛委员会积极推荐上报了先进集体和优秀个人。省中小企业担保有限公司被省劳动竞赛委员会授予“五一劳动奖状”称号，厅办公室被省直机关劳动竞赛委员会授予“省直机关五一劳动奖状”称号；厅社会保障处赵银德被授予省直机关“五一劳动模范”，厅机关后勤服务中心郭银铎被省总财贸轻纺烟草工会授予“五一劳动奖章”；在省委省政府召开的劳模表彰大会上，赵银德和郭银铎被评为“山西省劳动模范”。在全厅上下形成了学习先进，激励后进的氛围。

（四）履行维护职能，建好“职工之家”。5月11日至7月1日组织57名干部职工参加了山西省直机关“智奇杯”第三届职工运动会，并取得了男子乒乓球团体第一的好成绩。6月8日组织了体质监测活动，共有108名厅机关干部职工参加此次体测，通过测试后的体质评定报告和锻炼指导报告，能够对我们今后的体育锻炼提出科学化的建议，为增强干部职工的身体素质，促进和谐健康的生活理念起到积极的作用。10月15日，厅工会组织了“山西省财政厅职工全健排舞比赛”，来自厅机关及直属单位的8个代表队参加了比赛。此外，厅工会继续坚持“三必访”制度，看望生病住院职工2人次；中秋国庆期间，为广大会员发放电影票，丰富职工业余文化生活。

（五）做好社会捐助工作。在玉树和舟曲发生自然灾害的第一时间，厅工会迅速组织全体干部职工为灾区进行了捐款。厅机关全体公务员、厅属单位干部职工以及厅离退休老干部纷纷踊跃参与，两次共收到捐款173465元。

五、厅团委积极开展建设学习型团组织活动

(一)加强组织建设,完成好团委换届选举工作。按照《中国共青团章程》有关规定,在厅机关及直属单位进行了自下而上的换届选举工作,共设置了1个团委和9个团支部。4月21日,厅团委胜利召开了第十二次团代会,会议选举产生了共青团山西省财政厅第十二届委员会并召开了十二届团委第一次会议。

(二)加强形势和理论教育,实施好素质教育工程。年初,厅团委及时召开工作会议,安排部署工作,要求各团委、团支部积极组织团员青年参加所在处室(单位)的政治理论学习和业务技能培训,全面提升自身综合素质。坚持为各团支部订阅《山西团讯》、《山西青年》、《中国青年报》和《山西青年报》等报刊杂志,作为团员青年了解国情团情、掌握形势任务、统一思想认识的基本读物。

(三)加强组织管理,实施好自身建设工程。全厅各级团组织严格执行团员证的管理、使用、年度注册制度和团费的收缴、管理、使用制度以及团支部生活会制度,进一步强化了团员的组织纪律观念和权利义务意识,使团的基础工作更加规范。为进一步让团员青年走进农村、了解农民、关注农业,11月4日—5日,厅团委组织厅机关及直属单位团员青年33人赴厅扶贫工作点和顺县李阳镇进行了考察调研活动。参观了河坝改造、黄牛养殖、蔬菜大棚等扶贫项目。团员青年还与当地大学生村官进行了座谈交流。

(四)做好团员推优工作。一年来,厅团委严格履行程序,经过基层团组织层层推荐,向厅机关党委推荐3名优秀青年作为2010年党员发展重点培养对象。按照省"青年文明号"活动组委会有关要求,经过各基层单位积极推荐上报,厅团委最终确定推荐忻州市财政国库支付中心徐鸿喜、太谷县会计核算中心牛育忠和吕梁市集中收费管理中心刘勇等三位优秀青年参加2010年度山西省青年岗位能手评选表彰。

(五)做好团组织和团员队伍的创先争优工作。年初,厅团委和省地税局联合组织了2010年度省级"青年文明号"争创集体负责人培训班。来自全省财政系统、地税系统、11个团市委、监狱管理局、金融系统和公安系统等22个行业的108名争创集体负责人参加了培训。通过组织听讲座、实地观摩、经验交流等为争创工作起到了重要的指导作用。

(六)做好"青年文明号"申报和验收工作。上半年,厅团委邀请省"青年文明号"活动组委会领导以及厅领导共同为财政系统10个获得2009年度省级"青年文明号"的集体和1个国家级"青年文明号"集体举行了隆重的揭牌仪式。11月,按照省"青年文明号"组委会要求,由厅团委牵头对省民政厅、中石油、省电力、省监狱管理局等4个行业2009年度省级以上"青年文明号"和2010年新申报集体进行了检查验收。

六、厅妇委会积极开展"巾帼建功"、"巾帼维权"和"巾帼文明"活动

(一)组织好"三八"国际妇女节的活动。3月5日,厅妇委会组队参加了由省直工委举办的"山西省直机关职工全健排舞表演赛",并获得了一等奖的优异成绩。

(二)加强组织建设,完成好妇委会换届选举工作。4月,按照将群团组织机构设置在基层党支部的工作方针,本次选举换届共设置基层妇女小组41个,并在此基础上于4月21日召开了第三次妇女代表大会,选举产生了山西省财政厅第三届妇委会并召开第三届妇委会第一次会议。

(三)积极开展创先争优活动。厅妇委会贯彻落实《关于在山西省财政厅基层党组织和党员中深入开展创先争优活动的实施方案》精神,在广大妇女中开展创先争优活动,形成学习、赶超、争当先进的氛围。

(四)实施好"巾帼建功"工程。在全国妇联开展的"双学双比"活动中,厅农业处被全国妇联"双学双比活动领导小组"评为"全国城乡妇女岗位建功先进集体"。

(王鹏程)

附:省财政厅党组书记、成员名单

书　记:郑建国

成　员:石常明　胡双明　潘贤掌　张五胜　张　韬　武　涛　高向新　黄　庙

省人力资源和社会保障厅党组工作概况

党组书记　张　健

2010年,省人力资源和社会保障厅党组紧紧围绕转型跨越发展大局,着力保障和改善民生,大力实施人才强省战略,锐意进取,奋力拼搏,各项工作取得了显著成效。年初省政府向全省人民承诺的"十件实事"中,省厅负责的"新农保试点扩大到27个县(市、区),覆盖人数达到400万人;对4万名就业困难人员实施就业援助"两件实事提前超额完成,省政府工作目标责任制任务分解中由省厅牵头承担的各项任务全部圆满完成。

一、大力实施创业就业工程,新增就业创历史新高

认真落实各项就业政策,多渠道扩大就业,全省城镇就业49.6万人,完成全年任务40万人的123.5%;失业人员再就业18.3万人,完成全年任务的118%;城镇登记失业率

3.58%，低于4.2%的年度控制目标。一是延长实施"五缓四降三补贴"政策。将帮扶重点向劳动密集型中小企业和服务业倾斜，减轻企业负担33.3亿元，有效稳定了就业岗位；二是坚持把促进高校毕业生就业放在城镇新增就业首位。启动"2010高校毕业生就业推进行动"，通过机关考录、事业单位招聘、就业见习、三支一扶、开发社区管理和公共服务岗位等措施，提供有效就业岗位近8万个，就业率达85%，同比提高4个百分点。三是建立就业援助长效机制。开展"一对一"帮扶，帮助5.28万名就业困难人员再就业，完成全年任务的122.1%。四是促进农民工转移就业。转移农村富余劳动力37.3万人，推动承接沿海地区产业转移，为富士康集团新项目专项招聘员工5万人。五是狠抓创业带动就业工作。深入开展创业型城市创建活动，组织实施创业引领"双百"计划，加大创业扶持力度，全省创业带动就业达到11.9万人，完成目标任务的119%。六是加强公共就业服务，组织实施特别职业培训计划，免费提供职业介绍、办理就业、失业登记等"一站式"服务，开展各类招聘活动2700余场次，提供岗位信息120万个，达成就业意向60万余人次。

二、全面推进社会保障工程，覆盖城乡的社保体系建设迈出重要步伐

城乡养老保险参保人数突破1000万，城乡医疗保险参保人数突破3000万(包括新农合)，覆盖城乡全体人民的基本养老保障、基本医疗保障政策框架体系基本建立。一是五项社会保险全部提前超额完成全年任务。全省城镇养老保险590.4万人，新型农村养老保险491.9万人，城镇医疗保险935.1万人，失业保险305.7万人，工伤保险325.3万人，生育保险220.8万人。二是社会保障待遇稳步提高。城镇企业职工基本养老保险实现省级统筹。连续第六年提高企业退休人员养老金，冬季取暖补贴由700元增加到1400元，121万企业退休人员月人均待遇达到1500元，高于全国平均水平。提高医疗保险最高支付限额，达到职工年平均工资和居民可支配收入的6倍左右，分别达到17.1万元和8.4万元。提高城镇职工和城镇居民参保人员住院费用报销比例，平均达到70%和60%以上，高于全国平均水平。提高工伤保险待遇水平，增幅高于全国平均水平，涉及3.4万人。提高失业保险金待遇标准，四类地区依次调整为600元、550元、500元和450元，平均增长了12.9%，涉及6万余人。三是历史遗留问题得到妥善解决。出台政策解决了33万因体制转轨断保人员、"五七家属工"、事业单位非正式人员参加养老保险问题。出台基本养老保险关系流转接续办法，有效解决了城乡间、区域间人员流动参保问题。出台流动就业人员医保关系转移接续和参保人员异地结算两个暂行办法，极大地方便了参保人员医保关系转移接续和异地就医。四是新型农村养老保险试点工作扎实推进。国家试点县30个，省试点县12个，太原、阳泉、晋城三市自筹资金实现新农保制度全覆盖，新农保试点县占全省农业县的43%以上，100万60岁以上老人领到每年不低于660元的基础养老金，占到2009年全省农民人均纯收入的15.6%。试点县平均参保率为85%，高于全国平均水平，新农保基金征缴9.2亿元。五是在全国率先启动了社会保障"一卡通"工程。成功开发了集成各项社会保险业务和就业、培训等公共服务为一体的"社会保障一卡通"管理与应用系统。在省直单位、太原、大同举行首发仪式，民生保障更加方便快捷，"记录一生、跟踪一生、服务一生、保障一生"将成为现实。

三、加强工资收入分配调控，各群体劳动报酬稳步提高

围绕省政府确定的2010年"城镇居民人均可支配收入和农民人均纯收入各增长10%"的预期目标，采取了一系列积极有效措施，千方百计促进各类劳动者增加收入，分享经济社会发展成果。一是提高了最低工资标准。四类地区的档次依次为850元、780元、710元、640元，最高增幅达18%，平均增幅为15.5%，使33.2万名低收入群体增加收入10%以上。二是引导企业合理增长职工工资。颁布2010年企业工资指导线和劳动力市场工资指导价位，涉及企业职工240万人，人均年工资增幅可达15%。三是保障职工工资分配话语权。组织召开了促进企业职工工资合理增长座谈会和全省区域性、行业性工资集体协商现场会，全面推行工资集体协商制度。四是加强对企业职工工资收入专项执法监督检查。检查用人单位5747户，涉及职工50.3万人，责令不达最低工资标准的217户企业进行了限期整改。五是推进事业单位绩效工资实施工作。全省义务教育学校绩效工资落实到位，涉及人员34.9万人，人均月增资460元，增长幅度为21.7%，收入水平与当地公务员持平。在公共卫生和基层医疗卫生事业单位推行绩效工资制度，分别增长25%和40%，涉及6.9万人。其他事业单位60万职工采取过渡性补贴办法，每人每月增资300元，工资增长10%左右。机关公务员增资4%左右。此外，机关事业单位冬季取暖补贴由平均900元增加到1800元，也增加了职工收入。全年全省城镇居民人均可支配收入达到15400元，同比增长10%以上。

四、加强"两高"人才队伍建设，转型跨越人才支撑不断加强

牢固树立人才优先的理念，以高层次人才和高技能人才为重点，加大人才培养选拔力度，形成了各类人才持续成长、协调发展的新局面。一是加强人才工作宏观指导。配合省委组织部研究编制了全省中长期人才发展规划纲要，科学设计符合山西省发展需要和人才队伍建设实际的系列重大人才工程和重大人才政策，在全省人才工作会议上作了安排部署。研究起草了《山西省专业技术人才中长期发展规划》、《山西省高技能人才中长期发展规划》。二是加大高层次人才选拔培养力度。新增享受政府特殊津贴专家64人，新世纪学术技术带头人省级人选61人。改进人才评价工作，7276人取得高级专业职务任职资格。新批准设立博士后工作站7个，博士后科研资助22项110万元。加大海外留学人才资助力

度，科研资助 41 项 300 万元。深入推进“5862”知识更新工程，举办和参加高层次人才研讨班 20 余期，参加各类培训 10 万余人次。三是加强高技能人才培养。健全技能人才培养体制，开展职业技能竞赛，完善职业资格证书制度，职业技能鉴定 16.8 万人，新增技师、高级技师 6243 人。召开全省高技能人才表彰大会，表彰享受省政府津贴高级技师 48 名，“三晋技术能手”185 名。四是积极开展人才智力引进工作。建立山西省海外高层次人才服务窗口，建立了急需紧缺人才和项目需求数据库。组团赴美国、加拿大招才引智，引进高层次创新创业团队 2 个，海外高层次人才 16 名，签订人才技术合作项目 6 个。举办“海外学子实业家山西行”活动，签订合作协议 11 个，协议利用资金 10.6 亿元。积极开展引进国外智力工作，组织实施外国专家项目 24 项，聘请外国专家 680 人次，一批国外优秀引智成果得到广泛应用和推广。

五、全面加强公职人员管理，人事制度改革不断深化

坚持以加强社会管理，促进公共服务和社会事业发展为目标，以完善制度和深化改革为抓手，扎实推进各项人事管理工作。一是完善公务员管理制度。加强公务员日常登记管理，实现公务员队伍进口的动态管理。开展了公安机关执法勤务机构警员职务套改工作，圆满完成了全省高速交警、基层公安、司法干警的招录工作和全省行政机关公务员统一考录，招录公务员 2218 名。深入实施公务员轮训培训工程，举办各类培训班 50 余期，培训公务员 7 万余人。推动做“人民满意的公务员”活动深入开展，组织了山西省第三届“模范公务员集体”、“模范公务员”评选工作。二是加强事业单位人事管理。事业单位新进人员公开招聘全面推开，全省各级事业单位招聘工作人员 15621 人。扎实推进全省事业单位岗位设置管理工作和全员聘用制度，岗位设置工作方案核准率达到 80%，聘用合同签订率达到 65%。三是扎实做好军转工作。改进军转安置办法，接收安置军转干部 613 名，其中计划分配 558 名，自主择业 55 名，安置在党政群机关的比例达到 85%，受到部队赞誉。毫不放松地做好企业军转干部解困维稳工作，按时上调了生活困难补助标准，出台就业帮扶政策，帮扶困难家庭 3595 户，落实包保责任制，坚持经常性的座谈会制度，思想工作扎实有效，全省企业军转干部总体稳定。

六、强化劳动保障执法监察，劳动者合法权益得到切实维护

坚持以劳动关系的和谐促进社会和谐，不断建章立制，严格监察执法，维护劳动者合法权益。一是企业劳动合同制度建设不断加强。认真贯彻实施《山西省劳动合同条例》，开展农民工签订劳动合同“春暖行动”，全面推进小企业劳动合同制度实施行动计划，劳动合同签订率达到 98%以上。二是劳动保障监察执法有力有效。组织开展了农民工工资支付、清理整顿人力资源市场秩序、劳动用工秩序、整治非法用工打击违法犯罪等专项行动，检查用人单位 5.9 万户，涉及职工 210 万人，责令补签劳动合同 28.2 万份，为 5.1 万名劳动者追讨工资等待遇 1.6 亿元。投诉举报结案率达 97.8%。三是劳动争议调解仲裁和信访维稳工作深入开展。各类劳动矛盾纠纷得到妥善化解。2010 年全系统共受理劳动人事仲裁立案 6504 件，上年末结转 714 件，合计 7218 件，结案 6651 件，结案率达 92.2%。接待来信来访 27431 件次，同比下降 35%，深化和谐劳动关系创建取得新进展。

（王俊杰）

附：省人力资源和社会保障厅党组书记、成员名单

书　记： 张　健

成　员： 杨培岳　李文慧　李建刚　王云龙　王建文

省国土资源厅党组工作概况

党组书记　李建功

2010 年，省国土资源厅党组深入贯彻落实科学发展观，围绕转型、跨越发展的战略目标，严格按照“积极主动服务、严格规范管理”的工作思路，坚持稳增长与保红线并重、解放思想与深化改革并举、重民生与保安全同步、强基础与建制度齐抓、整队伍与正风气结合，开拓创新、奋发进取，圆满完成了省委、省政府的各项部署任务，为推动全省经济社会平稳较快发展作出了积极贡献。

一、围绕中心，服务大局，全面完成各项工作任务

（一）以“双保工程”为平台，全面保障重点项目用地报批和资源配置。一是切实加强耕地保护工作。严格落实耕地目标保护责任制，省、市、县、乡各级政府逐级签订了耕地保护目标责任书，层层分解落实了保护责任；严格落实基本农田保护“五不准”制度，严禁各种非农建设擅自占用基本农田、擅自改变基本农田区位；加大土地开发整理力度，安排 2009 年度土地开发整理续建项目 42 个，下达项目资金 3.24 亿元，总建设规模 38.59 万亩，可新增耕地 6.05 万亩；安排 2010 年土地开发整理项目 9 个，下达项目资金 1.90 亿元，总建设规模 8.98 万亩，可新增耕地 0.92 万亩；坚持建设占用耕地“占一补一、先补后占”的审批制度，全省耕地总量连续十一年实

现了动态平衡。2010年,全省实有耕地6105.90万亩,其中基本农田为5103.54万亩,顺利完成了耕地保护目标任务。二是全力提高用地保障能力。按照"新增指标保重点,一般项目靠挖潜"的思路和"有保、有压、有控"的原则,对年度用地计划指标实行切块管理,60%预留省里,主要用于省级175项重点工程用地;40%分解下达到各市,由各市统筹安排民生工程、城镇村建设和其它重点项目用地。同时,合理留出一部分用地指标用于奖励土地管理工作较为突出的市,以提高其工作积极性。对重点工程建设项目,我厅实行提前介入、跟踪服务、开通绿色审批通道、简化办事流程等措施,进一步提高了行政审批效率和服务水平。2010年,国家给我省下达了14.96万亩年度用地计划,其中农用地10.45万亩(耕地8.05万亩),未利用地4.51万亩,农用地和耕地指标已全部执行完毕,未利用地略有剩余;全年报批各类建设用地232宗(批),报批面积14.75万亩;全年供应土地2403宗、10.65万亩,成交总价款264.42亿元。三是积极争取国家对我省用地方面的政策支持。在省委、省政府的大力支持下,通过我厅的沟通协调、努力争取,我省与国土资源部签订了创新矿业用地管理新机制合作协议;被国土资源部列为城乡建设用地增减挂钩试点省,争取到1万亩周转用地指标。这两方面的政策支持,将在很大程度上缓解我省用地紧张的矛盾。省委、省政府主要领导认为,省部创新矿业用地管理机制合作协议的签订,是国土资源厅继煤炭企业兼并重组整合换证后,为山西经济社会发展作出的又一贡献。四是强化地质找矿和矿产资源配置。深入开展"地质找矿大讨论",加大资金投入,突出煤、铁、铝等优势矿产和金、银、铜、铅、锌等战略性矿产勘查,为我省"资源换资本、换技术、换市场、换项目"提供充足的矿产资源储备,全年共安排68个地质找矿项目,落实资金4.07亿元;为解决好省属国有大集团资源接替问题,通过招标方式,为中铝山西分公司、太钢等重点企业配置了6宗矿产资源,收取价款4.85亿元。

(二)突出"促转型"主题,全力推进资源开发整合工作。一是扎实推进煤矿企业兼并重组整合后续工作。继续开展兼并重组整合煤矿换发采矿许可证工作,为1053个整合保留煤矿中的1039个换发了采矿许可证,换证率达到98.67%;以省政府名义下发了《关于进一步完善全省煤矿企业兼并重组整合采矿登记有关工作的通知》,积极推进由我厅承担的资源储量核查、矿产资源开发利用方案、矿山地质环境保护与恢复治理方案、采矿权价款处置、矿山土地复垦等后续工作,整体工作按照省政府的部署将于2011年年底完成。二是全面推开非煤资源进一步整合工作。根据有关规定,我厅会同有关部门开展了非煤资源进一步整合工作,确定了铁、铝土矿、耐火粘土等12个参与整合矿种,将全省非煤矿山数由整合前的4194座压减到2917座,压减比例为30%,我省非煤矿山产业集中度进一步提高,开发利用水平显著增强。

(三)实践"重民生"要求,切实加强地质灾害防治工作。以省政府名义下发了《山西省2010年度地质灾害防治方案》和《山西省突发性地质灾害应急预案》。按照"预防为主、防治结合"的原则,进一步建立健全地质灾害群测群防体系,加强汛期地质灾害气象预警预报、隐患排查和汛前督查,全省全年未因地质灾害发生重大人员伤亡事故,并成功避让了2起地质灾害,避免了37人的伤亡。针对我省2010年冬气温冷暖变化幅度较大的特点,制定下发了《关于做好降雪和强降温条件下地质灾害防范工作的通知》,对冬季地质灾害防治工作进行了重点安排部署。

(四)服务"保稳定"大局,加大国土资源执法检查力度。为巩固土地和矿产资源治理整顿成果,促进土地和矿产资源的合理开发利用,在加强日常巡查排查的同时,重点开展了打击非法采矿全省交叉大检查、铁腕打非专项行动、2009年度土地卫片执法检查和打击非法采矿百日行动等专项工作,联合公安厅开展了警用直升机打击私挖乱采航测工作。全省立案查处土地违法案件1613件、矿产资源违法案件252件,拆除构建物124.22万平方米,没收构建物164.07万平方米,收回土地980亩,收缴罚没款4054.58万元,给予党纪政纪处分82人,移送司法机关12人。

(五)实施"强基础"项目,整体提升国土资源管理水平。第二次土地调查预期任务已基本完成,按要求向国家上报了调查成果;省级土地规划已获批复,市、县、乡级规划修编正在同步进行中,2011年一季度可基本完成;矿产资源"三项核查"进展顺利,矿业权实地核查工作8月份已通过国家验收,储量利用现状调查、资源潜力评价工作全面完成,工作成果已上报国土资源部审查,为进一步摸清我省矿产资源家底打下了扎实基础。

(六)规范征收"两权"价款,切实减轻企业负担。根据《山西省煤炭资源整合和有偿使用办法》和《省人民政府办公厅转发省国土资源厅关于煤矿企业兼并重组所涉及资源采矿权价款处置办法的通知》规定,代省政府起草了《关于煤矿企业兼并重组中采矿权价款收取有关问题的通知》,经过多方征求意见后已报省政府审查。截至目前,我厅尚未收到国有重点煤矿企业有关探矿权、采矿权价款转增国家资本金或作价入股的申请。

二、改进作风,廉洁从政,全面加强班子队伍建设

厅领导班子按照"一岗双责"和"谁主管、谁负责"的原则,积极贯彻落实党风廉政建设责任制"五个一"的要求,坚持标本兼治,综合治理,惩防并举,预防为主的方针,切实抓好各项规章制度的落实,从严管理班子成员和干部职工,使全系统廉政建设与业务工作同部署、同推进、同考核,协调发展,为保障服务转型跨越发展提供了坚强的组织保证。

(一)发扬民主,科学决策,班子凝聚力进一步增强。一是抓好学习,大兴学习之风。二是转变作风,大兴实干之风。三是团结奋进,大兴和谐之风。四是勤勉奉献,大兴廉洁之风。五是坚持原则,端正用人之风。

(二)标本兼治,综合治理,干部队伍依法行政能力进一步提高。一是以教育为先导,建立健全"不想为"防范机制。二

是以制度为保证,建立健全"不能为"约束机制。三是以监督为手段,建立健全"不敢为"保障机制。

(三)加强领导,创先争优,机关文明创建水平进一步提升。一是建立健全党组织机构。机关党委对党务干部进行了改选工作,选拔了一批年轻干部充实到党小组党务工作岗位上,为机关党的建设增添了活力。二是持续开展精神文明创建活动和扶困救助行动。先后开展了春节团拜会、"廉政文化进机关"羽毛球比赛的文体活动,广泛开展了社会主义核心价值体系学习教育活动,组织开展了"联企帮困送温暖"、"扶贫助残献爱心"、"博爱一日捐"等救助活动,捐款总额达20余万元。三是积极开展创先争优活动。制定下发了《厅机关开展创先争优活动实施意见》,在厅内设网站上建立了"深入开展创先争优活动"专栏,组织厅机关和事业单位23个党支部和370名在职党员进行了公开承诺,承诺事项129件;在全省国土资源系统评选出了15个"先进国土所"和20名"国土卫士",并申请省总工会给予了记功嘉奖,形成了比、学、赶、超的良好工作氛围。 (李俊斌)

附:省国土资源厅党组书记、副书记、成员名单

书　记:李建功

副书记:康有全

成　员:高　博　岳盛林　牛来有　彭东晓　杨志强

省环保厅党组工作概况

党组书记　刘向东

2010年,省环保厅坚持以科学发展观为指导,认真贯彻落实党的十七届四中、五中全会、全省经济工作会议和全省领导干部大会精神,深入开展创先争优活动,扎实推进学习型党组织建设,不断加强党风廉政建设,全面推进环境保护工作,圆满完成了各项工作任务。

一、环境质量持续改善

(一)污染减排任务超额完成。2010年,我省二氧化硫排放量124.92万吨,较2009年削减1.92万吨(下降比例为1.51%),较2005年削减26.68万吨(下降比例为17.6%),超额3.6个百分点完成"十一五"削减目标;化学需氧量排放量33.31万吨,较2009年削减1.13万吨(下降比例为3.29%),较2005年削减5.39万吨(下降比例为13.93%),超额0.93个百分点完成"十一五"削减目标。

(二)蓝天碧水工程圆满实现。2010年,蓝天碧水工程在2009年完成32项指标基础上,化学需氧量、污水处理厂中水回用、水土流失治理和城市垃圾无害化处理等4项指标已全部完成,蓝天碧水工程36项指标全面完成。大运高速公路"绿色环保走廊"初步建成。

(三)环境质量明显改善。2010年,11个省辖市中有10个环境空气质量达国家二级标准,空气优良率达95.1%,84个县(市、区)环境空气质量达国家二级标准,空气优良率达到95.9%。全省地表水重污染断面首次下降到51.5%,汾河上游(东寨桥断面)水质20年来首次达到一类水质标准。国家考核的9个断面全部达标。

(四)生态创建与保护取得新进展。2010年,全省共创建1个国家级环境优美乡镇、2个国家级生态村。创建30个省级生态文明乡镇、355个省级生态文明村;实施"以奖代补"、"以奖促治",奖励1010万元;2010年,全国矿山生态恢复治理与修复现场会在我省召开,充分肯定了我省在矿山生态恢复治理和保护中的做法,也为全国矿山生态恢复治理提供了典型经验。

(五)创新环境管理机制。2010年,实施了地表水跨界水质考核生态补偿,依据省政府《关于实施地表水跨界断面水质考核生态补偿办法的通知》,全年全省共扣缴生态补偿金2.02亿元,奖励生态补偿金1.1亿元。2010年启动二氧化硫排污权交易,成立省级排污权交易中心,完成全国最大一笔二氧化硫排污交易,交易金额近9000万元、交易量1.4万吨。省环保厅和人民银行太原中心支行联合出台了《山西省绿色信贷政策效果评价办法(试行)》,建立银行绿色信贷绩效评价和企业环境行为信贷约束机制。

二、党的建设全面加强

(一)加强党的组织建设。2010年3月12日召开了环保厅党员大会,选举产生了新一届机关党委、纪委委员。2010年新建立党总支1个、党支部4个,目前共有党总支1个、党支部20个。根据党员发展计划,全年选送5名入党积极分子参加了省直机关工委组织的入党积极分子培训,对1名新入党人员和8名预备党员转正进行了审批。

(二)宣传教育工作形式多样。2010年,在宣传教育上注重创新工作方法,灵活工作机制,全力加强宣传工作力度。机关党委编印的《中共山西省环境保护厅直属机关委员会工作动态》,成为宣传党建工作和精神文明建设的窗口。七一、八一前夕,在办公楼大厅进行"党的知识和军队传统教育"展板宣传。充分利用新闻媒体、网络平台进行宣传教育,拓宽宣传阵地。注意加强干部的教育培训工作,全年选派6名新提拔的处级干部参加省直机关党校处级干部轮训和中青年干部培训。

(三)深入开展创先争优活动,扎实推进学习型党组织建设活动。开展创先争优活动以来,各级基层党组织坚持以科学发展观为指导,创新载体,细化措施,突出特色,扎实推进,呈现出党组织履职尽责创先进、党员立足岗位争优秀的生动局面，取得了明显的阶段性成效。为加强对创先争优活动和学习型党组织建设的领导，成立了省环保厅创先争优和学习型党组织建设领导组及办公室，制定了《山西省环境保护厅深入开展创先争优活动的实施方案》和《中共山西省环保厅党组关于推进学习型党组织建设的实施意见》，召开了动员大会，对创先争优活动和学习型党组织建设进行安排部署。确立了以“推进污染减排，打造蓝天碧水”为活动主题，把深化“学习右玉精神、学习沈浩、帮扶企业、公开承诺”等作为创先争优活动的载体，充分体现了岗位创先、服务争优的特色。各党支部根据本部门本单位的工作职能制定了争创先进基层党组织的目标，党员结合自己的工作岗位提出了争做优秀党员的目标，并作出公开承诺。

建立健全党组织集体学习制度，坚持中心组学习制度，建立健全培训制度，各相关处室科学安排岗前培训、业务培训、晋职培训、理论培训等。处级以上党员领导干部带头开展了调查研究，紧扣工作中的重点、难点和热点，深入基层一线倾听群众诉求，总结实践经验，落实改进措施，力求剖析问题准确、掌握情况全面、化解矛盾及时。丰富学习方式，坚持每月组织举办“党员干部知识讲座”，制定讲座计划，分别安排处长及邀请专家来厅讲课。

三、党风廉政建设成效明显

（一）加强制度建设。厅党组调整了党风廉政建设和惩防体系建设领导机构，成立了学习《廉政准则》专项领导小组，制定下发了2010年党风廉政建设和反腐败斗争工作实施意见，对主要工作任务进行了责任分解。进一步完善了以党组为核心，纪检监察部门协助，各部门参加的反腐倡廉工作联席会议制度，建立了党委中心组学习反腐倡廉理论制度、领导干部讲廉政课制度、新任干部廉政谈话制度、新录用人员廉政培训制度。

（二）加大廉政教育力度。厅党组在开展廉政文化教育方面，大力发扬改革创新精神，把环保业务与党员干部廉政教育相结合。组织党员干部认真学习了胡锦涛总书记在中央纪委十七届五次全会上的重要讲话精神、全省党风廉政建设干部大会精神和《中国共产党党员领导干部廉洁从政若干准则》，提高党员干部廉洁从政意识，坚决纠正有令不行、有禁不止的行为。为便于学习，翻印了《廉政准则》600册，下发全体干部职工，并请省委党校法学系教授进行解读，组织党员干部观看《膨胀的代价》、《溃坝》、《大地的伤痕》、《小官大贪警示录》等警示教育片，使党员干部的防腐思想防线进一步加强。

（三）推进机关效能建设，大力加强作风建设。认真贯彻落实省委省政府《关于推进省直机关效能建设的若干意见》，狠抓落实。厅党组5月上旬进一步完善并出台《山西省环境保护厅机关工作人员及直属事业单位班子成员考勤办法》（试行），考勤工作先后受到省“行风办”、省“效能办”以及省直纪工委等的好评，国家环保部于2010年10月26日向全国环保系统进行了转发。8月份组织处级干部赴右玉县参观学习。9月9日，厅党组召开以“学习右玉精神，切实加强领导干部作风建设”为主题的民主生活会，20个党支部（总支）先后均召开了以“学习右玉精神，切实加强领导干部作风建设”为主题的民主生活会。10月21日在朔州市召开的全省学习右玉精神经验交流会上环保厅做为“学习右玉精神”先进单位，在座谈会上进行典型发言。

四、精神文明建设深入开展

（一）积极开展各类活动。组织机关及直属单位参加了省直机关第三届职工运动会，并取得“优秀组织奖”和“体育道德风尚奖”两个单项奖牌。选派人员参加省直机关舞蹈培训班的学习，在飞扬健身俱乐部举办了舞蹈培训班。“七一”、“八一”前夕，组织机关及直属单位班子成员、社团单位领导在滨河体育中心开展了职工健身活动。在10月29日组织进行了全厅系统第八套广播体操表演赛。通过这些活动，加强了机关文化建设，激发了爱岗敬业、团结拼搏的团队精神，增强了系统的凝聚力和战斗力。

（二）积极组织职工参与社会公益活动。开展了“博爱一日捐”、“送温暖、献爱心”等社会捐助活动，共捐款55650元。对“联企帮困”对象太化橡胶三厂开展了持续的帮扶、节日慰问活动，厅党组派人多次到扶贫点宁武怀道乡进行帮扶慰问。重视对工青妇群体组织的指导和协调，通过群体组织密切联系群众，及时了解职工的意见和建议。厅工会对职工生病住院、直系亲属去世、生活困难的职工都要进行慰问，为大病职工向省红十字会申请了困难救助。

（三）群团组织作用发挥明显。2010年6月12日召开厅机关职工大会，选举产生了新一届机关工会委员、工会经费审查委员和工会女职工委员。指导各直属单位和社团建立健全了工会组织，成立了厅直属机关工会联合会，健全了工会组织机构。在五一前夕，厅直属事业单位裴永强被评为“山西省劳动模范”。成立了“山西省环境保护厅社会团体领导组”，制定下发了《关于加强省环保厅社会团体管理工作的通知》，对社团管理工作进行了明确，加强了对所属社会团体的管理。先后多次召开社团管理工作会议，逐步促进社团管理工作走上正规。

（葛仲虎）

附：省环保厅党组书记、成员名单

书　记：刘向东

成　员：阎安虹　刘四龙　张广勇　刘大山

省住房和城乡建设厅党组工作概况

党组书记　王国正

2010年,省住房和城乡建设厅党组认真贯彻执行省委、省政府决策部署,紧紧围绕全省经济社会发展大局,明确任务、突出重点、狠抓落实,圆满完成了各项目标任务,为促进全省经济社会平稳较快发展作出了积极贡献。

一、认真贯彻落实省委、省政府决策部署,圆满完成了各项重点任务

(一)重点工程建设完成投资大幅增长,成为拉动全省经济增长的"火车头"和"主力军"。认真贯彻落实省委、省政府2009—2010两年投资6500亿元,带动全省全社会固定资产投资1万亿元的决策部署,坚持把重点工程建设作为重中之重,举全力予以推进,采取了集中审批、强化督查、考核排名、工作约谈等措施,有力地推动了工程建设。2010年,省、市两级重点工程完成投资5067.35亿元,同比增长26.6%,占全社会固定资产投资6352.6亿元的79.7%;其中,省级重点工程完成投资2142.36亿元,同比增长39.7%,占全社会固定资产投资的33.7%。备受全省人民关注的省城十大建筑建设取得重要进展,太原国际机场新航站楼竣工投用,其他九大建筑主体全部建成。

(二)住房保障工作取得显著成就,为保障和改善民生作出了积极贡献。坚持将保障性住房建设这项民生工程作为首要任务紧紧抓在手上,一方面加大政策支持力度,报请省政府出台了《关于加快保障性住房建设的若干意见》等3个规范性文件,有效指导和推动了保障性住房建设;另一方面加大资金支持力度,争取到国家各类保障性住房和棚户区改造补助资金38.23亿元,省级补助资金3.745亿元,有力地支持了保障性住房建设。2010年,全省保障性住房新开工建设29.2万套,为年度计划21.93万套的133.1%;完成投资290.9亿元,为年度计划200.8亿元的144.9%;对符合廉租住房保障条件的申请家庭实现了应保尽保,完成了"十一五"规划提出的国有重点煤矿棚户区改造任务。利用住房公积金贷款支持保障性住房建设试点工作进展顺利。2010年,全省新增住房公积金归集额129.24亿元,有2.72万户职工家庭通过申请住房公积金贷款解决了住房困难;实现住房公积金增值收益4.08亿元,可提供廉租住房建设补充资金1.2亿元。

(三)房地产市场监管和调控力度进一步加大,房地产业保持了平稳健康发展态势。认真贯彻落实中央的调控政策,切实强化房地产市场监管,努力提升住房品质,全省房地产业呈现出平稳健康发展的良好势头。一是进一步强化了市场调控。深入贯彻国家房地产市场调控政策,房地产开发投资实现较快增长,商品住房供应结构日趋合理,销售价格保持基本稳定。2010年,全省完成房地产开发投资603亿元,同比增长26.3%。房地产开发投资占全省城镇固定资产投资的比重达到10.4%;占全国房地产开发投资的比重达到1.4%,比2009年提高了0.1个百分点。完成城镇住宅投资730亿元,同比增长19.4%。城镇人均住房建筑面积达到30.25平方米,同比增加0.52平方米。全省商品住房平均销售价格为3326元/平方米,比全国平均价格低1398元/平方米,在全国排第20位。二是进一步加强了市场监管。组织开展了房地产市场秩序整治、房地产开发企业经营行为大检查、商品房销(预)售检查和整治"楼霸"等一系列专项活动,对存在违规行为的企业和项目进行了检查,房地产市场秩序日趋规范。三是进一步提升了住房品质和物业服务水平。积极开展国家康居示范工程创建活动,全省国家康居示范工程项目总数达到15个,位居全国第4。组织开展了物业服务创优年系列活动,物业服务水平不断提升,2010年全省物业管理覆盖率达到46%,比2009年提高1个百分点。晋中田森佳苑住宅小区等4个项目被评为全国物业管理示范项目,太原新领地住宅小区等19个项目被评为全省物业管理示范项目。

(四)切实加大推进力度,城镇化建设呈加快发展态势。根据省委、省政府关于加快推进市域城镇化的决策部署,集中力量做了大量卓有成效的工作。一是明确了"一核一圈三群"的城镇空间体系,为加快推进城镇化指明了路径。完成了由省委书记袁纯清亲自领导和主持的"山西城镇化推进战略研究"课题,形成了"山西城镇化推进战略研究"主报告、综合报告和20个专题报告,提出的"一核一圈三群"城镇空间体系,得到了全省上上下下的认可,并被省委、省政府确定为我省城镇化发展的战略目标,纳入了"十二五"规划。二是加强规划编制工作,充分发挥规划对城镇化的引领作用。组织编制完成了《太原经济圈规划》、《介孝汾城镇组群规划纲要》,指导开展了长治上党1+6城镇群规划编制,指导太原、大同、晋城、临汾、运城等市开展了城市总体规划修编。到2010年底,全省22个设市城市和84个县城到2020年的总体规划全部完成,控规覆盖率达到70%以上;53个县编制完成了县域村镇体系规划,占应编总数的62%;646个小城镇编制完成了总体规划,占应编总数的54%;9098个村编制完成了村庄规划,占应编总数的32%,为城镇化健康快速推进提供了保障。三是加强城镇建设管理,为加快推进城镇化提供有力支撑。全省建成污水处理厂28座,城镇污水处理厂达到132

座;建成垃圾处理厂20座,垃圾无害化处理厂达到49座;太原、潞城、侯马、武乡、怀仁等5个城市(县城)获国家园林城市(县城)称号,大同市富乔焚烧发电和临汾市城市公厕项目获"中国人居环境范例奖",晋城市煤层气综合利用项目获得"迪拜国际改善居住环境最佳范例奖"全球百佳范例。30个村镇被命名为中国历史文化名镇名村,6个村镇被命名为国家特色景观旅游名镇名村。

(五)建筑节能和城镇减排工作扎实推进,圆满完成国家和省下达的指标任务。2010年,全省新建建筑50%节能标准设计阶段执行率达100%;施工阶段执行率达到96%。全省新建建筑可再生能源应用比例达到26%,太原市被列为国家可再生能源建筑应用示范市,临猗县、平定县、侯马市被评为国家可再生能源建筑应用示范县(市),9个项目被列为国家可再生能源应用示范工程,6个项目被列为国家太阳能光电建筑应用示范工程。截至2010年底,完成既有居住建筑节能改造467万平方米,超额完成国家下达我省"十一五"期间460万平方米的指标任务。2010年新增供热计量收费面积1833.323万平方米,全省供热计量收费面积达到1900.873万平方米。实际完成新增生活COD净减排量0.917万吨,超出国家下达的0.84万吨指标任务0.077万吨。太原、大同等32座城镇污水处理厂实现了中水回用,实际总回用能力达到28.2万吨/日。

(六)建筑市场和质量安全监管工作得到进一步加强,建筑业实现了持续健康发展。全省完成建筑业产值2083亿元,同比增长14.1%;实现增加值574.8亿元,同比增长22%,占全省GDP的6.3%。初步建立起了全省建筑市场监管信息系统,开展了建筑业、勘察设计、施工、监理企业和招标代理机构动态考核,依法注销了340家企业的资质、资格,清退率占到同类企业的10%以上。切实加大工程质量监管检查力度,全省建筑工程质量监督覆盖率达到100%,竣工验收合格率达到100%,有35项工程被评为省优良工程。

在着力完成上述重点工作的同时,统筹兼顾、协调推进建设法制、住房改革与发展、标准定额、建设信息、建设稽查、招标投标、劳保统筹、城建档案、风景名胜区管理等各项工作,均取得了新的成绩。

二、全面推进党的建设,为住房城乡建设事业健康发展提供有力保证

(一)认真落实党的工作责任制。坚持把贯彻落实党的工作责任制作为推进工作落实的重要抓手,进一步健全和完善了机关党建工作长效机制。一是加强党的组织建设。完成了厅机关党支部换届;召开了厅直属机关第六次党员代表大会,选举产生了厅直属机关第六届党委和第六届纪委;加强社团党建工作,在厅属社团建立了3个临时党支部;调整配齐了党务干部,党委班子的整体作用得到较好发挥。厅直系统党组织健全,厅直属机关共有89个党支部、10个党总支、7个党委、1561名党员。二是加强干部队伍建设。严格坚持任人唯贤的干部路线和德才兼备的原则,结合部门特点、形势任务需要和干部队伍现状,着眼于适应新的职责要求,适应新形势新任务要求,适应全局工作和长远发展要求,正确处理选拔年轻干部与充分发挥老同志作用的关系,正确处理从行业基层选调干部与从机关提拔干部的关系,正确处理军队转业干部安置与机关干部选拔任用的关系,正确处理调动公务员工作积极性与发挥基层一线人才作用的关系,进一步加大干部选拔任用力度,全厅干部的年龄和知识结构更趋合理。三是加强学习型党组织建设。建立健全学习制度,制定学习方案,规范学习管理。在厅机关大力营造崇尚学习、自觉学习、终身学习的氛围。厅党组作好学习表率,先后召开13次副处以上干部参加的学习扩大会议,组织学习了党的十七届五中全会、省委九届十一次全会、全省经济工作会议、"7·29"全省领导干部大会等重要会议精神,特别是对其中关系住房城乡建设行业的内容进行了重点学习,努力把所学的理论和知识转化为科学的思维方式和务实的工作举措,切实提高解决实际问题的能力。厅机关各支部、直属各单位党委按年初制定的学习计划,不断创新学习形式,认真落实"三会一课"制度,以党小组的形式,围绕中心工作、业务工作开展各种学习活动,形成了学以致用、用以促学、学用相长的良好氛围。四是加强干部作风建设。深入学习右玉精神,大兴调查研究之风,厅党组各位成员组织带领分管处室的同志多次赴兄弟省份和省内市、县进行调研,在充分吸收先进经验的基础上,起草了《关于加快保障性住房建设的若干意见》、《关于促进房地产市场平稳健康发展的通知》等40余件对工作开展和行业发展有长远指导意义的文件,有力地指导和推动了各项重点工作顺利开展。大兴狠抓落实之风,年初将各项工作任务一一细化分解,落实到每一位厅领导、每个处室和每一个人头上,做到了责任到人。进一步强化了督促检查,一年来,共组织开展了对重点工程建设、保障性住房建设、建筑节能等5次较大规模的督查活动,及时发现和解决了工作中存在的困难和问题,收到良好效果。五是深入开展创先争优活动。根据中央、省委关于深入开展创先争优活动的总体部署,成立了领导小组,制定了工作方案,召开了动员部署大会,建立了先进基层党组织和优秀共产党员、学习型党组织的具体考核指标和评分标准,深入开展创先争优活动。根据行业工作实际和党员的岗位特点,精心设计和组织开展了特色鲜明的主题活动,把开展创先争优活动与中心工作结合起来,教育引导全体党员立足本职岗位,干一流工作,创一流佳绩。统一设计并印发"承诺书",每个党组织和每个党员都结合自己的工作职责,作出参加活动的具体打算和书面承诺,并以适当方式向群众进行公布。加强督查考评,对厅属各级党组织和党员开展创先争优活动的情况进行经常性的督查,及时了解活动进展情况,通报活动情况,总结交流经验。

(二)着力推进反腐倡廉建设。以贯彻落实中央惩治和预防腐败体系《工作规划》和我省《实施办法》为主线,以解决保障性住房分配、城镇房屋征收与补偿等人民群众反映强烈的突出问题为抓手,带头执行党风廉政建设责任制,把教育、监督、改革、纠风、惩处和制度创新贯穿于住房城乡建设事业各

个环节，深入开展工程建设领域突出问题、商业贿赂、“小金库”等专项治理，有力地保障了住房城乡建设系统党风廉政建设和反腐败工作的深入开展，为推进全系统转型跨越发展奠定了坚实基础。

(三)充分发挥工青妇组织作用。充分发挥工会、妇女、青年等群团组织的作用，组织开展了纪念“三八”国际劳动妇女节100周年系列活动；召开了五四青年节表彰座谈会，开展了弘扬五四精神征文比赛活动；观看了《第一书记》、《复兴之路》等电影，为党员购买了《沈浩日记》等书籍；参加了省直机关第三届职工运动会，举办了厅直属单位篮球比赛，充分展示了厅机关和厅直单位广大干部职工奋发向上、锐意进取、求实创新的精神面貌，为建设文明和谐机关营造了良好的氛围。

(郭玉斌　赵志远)

附：省住房和城乡建设厅党组书记、成员名单

书　记：王国正

成　员：张立光　任在刚　闫晨曦　郝耀平　郝培亮　李锦生　赵建宏　赵友亭

省交通运输厅党组工作概况

党组书记　段建国

2010年，省交通运输厅各级党组织认真贯彻党的十七大和十七届五中全会精神，以加强党的执政能力和先进性建设为主线，紧紧围绕交通运输发展大局来谋划和推进厅直系统党的建设，扎实抓好“三基”工作，充分发挥党组织的政治核心、战斗堡垒作用和党员领导干部的表率作用、党员的先锋模范作用，为全省交通运输事业又好又快发展提供了思想、组织和作风保证。

(一)认真组织召开了中共山西省交通运输厅直属机关第一次党员代表大会。3月29日，中共山西省交通运输厅直属机关第一次党员代表大会召开，共207名代表参加会议。大会通过了《中共山西省交通运输厅直机关委员会工作报告》、《中共山西省交通运输厅直属机关纪律检查委员会工作报告》；选取产生了山西省交通运输厅第一届直属机关党委、纪委；全面总结了近几年厅直系统党的工作，提出今后一段时期党的工作的指导思想、总体要求和目标任务，为加强党的全面建设提供了组织保证。

(二)大力开展创先争优活动。以深入学习实践科学发展观、推动交通运输科学发展为主题，以广泛开展“六比六看”(即：比学习看能力素质、比创新看科学发展、比业绩看工作表现、比管理看安全生产、比服务看惠民实效、比形象看群众反映)活动为载体，在厅党组所属58个直属党委、27个党总支、448个基层党支部中深入开展了创先争优活动。活动以“坚持围绕中心、服务发展大局；坚持分类指导，确立争创主题；坚持贴近基层、设计活动载体；坚持群众参与、营造良好氛围”为基本原则，以“推动交通运输科学发展、促进行业和谐稳定、服务人民群众、加强基层组织”为总体要求，以“五个好”、“五带头”为争创先进基层党组织、争当优秀共产党员的主要内容，6月底到7月份为动员部署阶段；8月份至12月份为党员公开承诺阶段。活动开展期间，厅直机关党委三次召开专题会议，研究创先争优工作，三次发出通知，具体部署指导创先争优活动。在承诺阶段，学习省委袁书记和省委组织部汤部长讲话精神，提出立足岗位抓承诺，突出右玉精神在行业、单位和岗位中的作用发挥；服务群众抓承诺，突出正确的政绩观，把群众的参与、群众的评议、群众的监督、群众的实惠作为创先争优活动的评议标准，让群众得到实实在在的好处；突出作风抓承诺，突出党员密切联系群众、艰苦奋斗、不怕困难的思想作风，真抓实干、奋力拼搏的工作作风，清正廉洁、执政为民的纪律作风。活动开展以来，共出简报21期，在《党的生活》杂志上刊发经验作法四期，在三晋红e网上刊发典型经验二期。

(三)积极推进学习型党组织建设。认真贯彻中共中央办公厅要把“各级党组织建设成为学习型党组织是建设马克思主义学习型政党的基础工程”的精神，按照科学理论武装、具有世界眼光、善于把握规律、富有创新精神的要求，狠抓五个环节确保学习效果。一是严控时间。对所属党委、党总支、基层党支部的党员素质状况进行了调查分析，对党员所承担的任务进行了深入研究，对党员活动特点进行了细致分类。厅机关率先约法三章，制定“三个减少”，即：减少会议，能不开的会坚决不开，能开短会的不开长会；减少文电，能不发的文电坚决不发；减少应酬，单位应酬控制人数和次数，控制经费开支；个人应酬控制圈子、控制时间，把节余下的时间全部用到集体学习和个人自学上来。二是严控人员。各党委(支部)实行学习签到制度。对因请假外出、下基层不能按时参加集体学习的人员有专人负责补课、专人负责检查。保证人员一个不落，内容一个不少。为避免外界干扰，厅党组组织中心组学习时，全部人员深入到下属某一个单位进行封闭式集中学习。三是严格“规定动作”。在学习内容上规定：学好以科学发展观为主要内容的基础性理论，以贴近工作实际为主要内容的应用性理论和以交通运输发展为主要内容的前瞻性理论。厅直党委为党委中心组成员购买了《党委中心组学习理论读本》，编印了《交通运输厅领导干部民主生活会学习资料》，为厅直机关每名干部购买了《推进学习型党组织建设读本》、《在基层党组织和党员中深入开展创先争优活动读本》、《胡锦涛在全党学习实践科学发展观活动总结大会上的重要讲话精神学习问答》、《理论热点七个怎么看》、《中国共产党党员领导干部廉洁从政若干准则》学习读本、《十七届五中全会精神学习问答》等各类学习图书两千余本。党的十七届五中全会召开后，厅直机关党委做了专题安排。专门邀请省党校原经济学教研部主任宋建国作四中、五中全会精神专题辅导。厅领导、全体机关干部和各单位党委书记、纪委书记、党工部长参加了专题学习。通过学习，广大党员领导干部深刻领会了十七届四中、五中全会的重大意义；为贯彻落实好党的十七届四中全会精神，厅党组对厅直机关党委、纪委进行了换届选举，先后下发了《关于推进学习型党组织建设的意见》、《关于在基层党组织和党员中深入开展创先争优活动的意见》。6月30日，召开了动员部署大会进行了安排部署。11月16日，厅党组在省执法局进行封闭式学习，集中学习领会十七届五中全会精神。各部门、各处室根据各自职责，制定十二五交通运输规划。四是在实践中学习。厅机关七个党支部把学习内容延伸到基层，与雁门关道班等七个基层偏远、散、小单位组织开展了以党委帮困企、支部联班组、党员结穷亲为主要内容的学基层学业务联学共建活动，拉近了与基层一线职工的距离，增进了干群感情；五是制定学习制度。为确保学习内容的落实，厅党组出台了考核评价机制、述学评学机制、激励保障机制、舆论引导机制。厅直机关党委负责对学习全过程的检查与落实。通过强有力的组织领导，把学习这个“软任务”变成各级领导干部的“硬约束”。在全交通运输系统营造和形成了重视学习、崇尚学习、坚持学习的浓厚氛围，牢固确立了党组织全员学习、党员终身学习的理念，党员的学习能力得到不断提升，知识素养不断提高，先锋模范作风不断得到充分发挥，各级党组织的创先力、凝聚力、战斗力得到不断增强。

（四）大力学习弘扬右玉精神。厅党组通过采取四项有力措施狠抓右玉精神的学习贯彻。一是学习文件，领会精神实质。8月份，集中时间、集中人员，认真学习了省委袁纯清在全省兴起学习右玉精神新高潮大会上的讲话精神，统一了全体党员干部的思想；二是走进右玉，感悟右玉精神。11名厅领导、2000多名党员干部走出去到右玉实地参观学习。9月7日，邀请右玉县原宣传部长、政协主席王德功到厅机关进行右玉精神专题讲座，厅领导、机关全体干部、各单位负责同志听取了讲座；三是全面推进，掀起学习热潮。11月1日，召开“大力弘扬右玉精神，深入开展创先争优活动推进会”。各单位党委书记、纪委书记、党工部长和厅机关党支部书记参加了会议。通过大力宣传和深入的思想发动，广大党员干部更加认识到学习弘扬右玉精神新高潮的重要性和紧迫性。四是用右玉精神规范行为。各级党组织把右玉精神作为一面镜子，反复对照，纠正在作风建设上的偏差。让右玉精神成为党员干部作风建设的指南。党组、党委、党总支相继召开专题民主生活会，以学习右玉精神为主题，坦诚相见，对照右玉找差距，紧扣发展查不足，从思想深处挖根源，使许多群众关心的热点、难点问题得到解决；先后两次对党政机关工作人员玩乐享受歪风明查暗访。并对“吃喝风、玩乐风、闲话风”进行了集中整顿。之后，又出重拳把人民群众反映强烈的赌博风、奢侈风、吃拿卡要风、大操大办风等问题作为重点进行了专项整治；以一名同志上班时间在休闲娱乐场所打麻将被给予党内严重警告处分为反面典型，至上而下在全系统进行了严肃的警示教育。驻厅纪检组、监察室组织专门人员通过明查暗访、电话查询等方式，对每个单位干部职工在位工作状况进行督查，并对发现的问题进行了通报。在全省交通运输系统形成了良好的工作秩序，树立了讲真话、办实事、守规矩、干事业的风气。先后两次在全省掀起学习右玉精神新高潮大会上作典型发言。

（五）善于运用多种形式开展党建活动。一是运用手机短信平台，宣传党的三中、四中、五中全会精神，传递创先争优、争创文明和谐示范窗口，推进学习型党组织建设等方面的信息，对各单位好的经验做法进行交流；二是大力表彰重点工程中的先进基层党组织、优秀党员和先进党建工作者。先后两次对重点工程建设中涌现出党的先进集体和个人进行表彰奖励；三是组织召开了民主生活会，9至12月份，围绕贯彻落实《党员领导干部廉洁从政若干准则》和“深入学习右玉精神、切实加强领导干部作风建设主题以及群众所提意见，重点对照《廉政准则》规定的52个不准和作风建设上存在的问题，对厅直属党委、支部、总支的民主生活进行了部署和督导。四是积极发展党员。共举办党员培训班两期，发展党员410多名。

（六）不断加强精神文明建设。组织93支青年突击队参加全省重点公路工程建设青年突击队竞赛活动。5月份，厅直机关党委组织厅机关党员干部近30人赴高陵高速公路和晋城市陵川县锡崖沟等地进行了参观考察。组织参加省直机关第三届“智奇杯”职工运动会，取得可喜的成绩。获得健排舞第一名、篮球第二名、乒乓球团体第五名、羽毛球男子第六名，以及团体总分前8名，并被评为优秀组织奖。在全系统组织开展“节水捐款、抗旱救灾”活动，共为贵州省黔西南州普安县白沙乡铁厂村捐款295025元，支助修建应急饮水工程。积极组织开展向青海玉树地震灾区捐款活动。共捐款1581352.5元。组织了各项表彰推荐活动。组织了全国交通运输行业精神文明建设先进集体先进个人的推荐工作。推荐3名同志参加了山西省道德模范的评选。五四前夕，组织省交通职业技术学院、省公路局、省交通运输执法局、省运管局、省高管局等厅直有关单位团员青年50多人，为太阳高速公路一线建设者进行了慰问演出；组织厅直有关单位团委，与省高管局和太原高速公路公司共同开展了庆“五四”义务植树活动，进一步引导和激励广大团员青年继承和弘扬五四精神，培养绿色环保意识。

（梁锦华）

附：省交通运输厅党组书记、副书记、成员名单

书　记：段建国

副书记：张　润

成　员：王志民　韩日裕　张志川　郜玉兰（女）
张德仪　赵振田

省水利厅党组工作概况

党组书记 潘军峰

2010年,省水利厅党组以深入学习实践科学发展观活动为契机,认真学习贯彻党的十七届四中、五中全会精神,深刻领会省委九届十一次全会精神,积极响应"再造一个新山西"的号召,不断加强党的建设,学习弘扬"右玉精神",切实转变工作作风,全力推进决胜兴水战略,科学制定水利事业"十二五"规划,为我省转型跨越发展提供了有力的支撑和保障。

一、坚持以人为本,建设民生水利,决胜兴水战略,推进转型跨越发展

一是兴水战略目标基本完成。到2010年年底,兴水战略规划建设的35项应急水源工程将有30项完工和基本完工,初步形成了覆盖全省城乡的供水体系。列入全国病险水库除险加固专项规划的101座病险水库除险加固任务将全部完成。通过实施汾河清水复流,对汾河实施生态补水,保障了汾河全河段不断流,流域水生态环境开始改善。水源结构明显改善,地下水超采、水位下降的局面得到扭转。

二是实现农村饮水安全全覆盖。制定出"利用小泉小水提水工程和旱井集雨"等办法,全省1170万人告别饮水安全问题,农村饮水安全实现全覆盖。

三是在沿黄地区实行电价补贴政策。针对运城、临汾等沿黄地区和粮食主产区农民浇不起地的现象,在调研基础上,向省政府建议出台灌溉电价水价补贴政策,灌溉电价由0.269元降到0.06元,水价由每方0.507元降到0.25元,极大调动了农民群众的用水积极性。

四是大力推进各项工作机制体制创新。省里拿出1300万元抗旱资金专项用于农业灌溉电价补贴,使农业水价降到0.45元/立方米。在夹马口北扩、北赵引黄等大型灌溉工程中,积极推行"基建+农建"的建设新机制,夹马口灌区北扩的田间工程年底可实现新增40万亩的灌溉面积。建立了防汛抗旱"防、撤、抢"体系。创新了水利投融资体制,实行了水利工程建设"基建+农建"模式,建立了以水权和水务市场为中心的管理体制,实行水权有偿转让制度,促进全社会自觉节水。省柏叶口水库建管局在工程建设领域率先引进ISO9001质量认证体系,加强水利工程建设管理的科学化、规范化、制度化。

五是围绕转型跨越发展,制定了山西水利的"十二五"发展规划。针对目前存在的突出问题和主要障碍,成立水资源瓶颈制约调研组,聘请国内外著名水利专家为我省水资源瓶颈制约问题把脉,提出了"十二五"破解我省水资源制约的基本思路:即建成覆盖全省六大盆地和主要经济中心区的十大供水,形成"两纵十横、六河连通,纵贯南北、横跨东西,多源互补、保障应急,丰枯调剂、促进发展"的山西大水网。有效满足了我省工业新型化、农业现代化、市域城镇化、城乡生态化的用水需求。

二、围绕学习实践科学发展观,加强理论武装,强化领导班子建设

一是坚持以科学发展观为指导,加强理论武装。根据省直工委《进一步加强党组(党委)中心组理论学习的实施意见》,把社会主义核心价值体系建设、学习实践科学发展观和党的十七届四中、五中全会精神作为2010年厅直各级中心组和干部职工理论学习的重点,结合实际,下发《关于厅直各级中心组和干部理论学习的安排意见》,制定了详细的学习计划,规定了学习内容,印发了各种学习资料,采取多种形式深化理论学习效果。

二是召开各级基层组织党的民主生活会,加强班子团结。厅党组11月召开民主生活会,以学习弘扬"右玉精神"和学习贯彻《廉政准则》为主题,深入讨论和分析在决胜兴水战略,推进转型跨越发展中的难点和热点问题,通过开展批评与自我批评,充分发扬党内民主,改进工作作风,加强班子团结,促进党风廉政建设,增强凝聚力和战斗力。

三是加强法制教育,坚持依法行政。厅党组把法制教育纳入党组中心组和干部理论学习范畴,认真做好普法工作。在学习基本法律、法规的基础上,编订了《水利相关法律法规汇编》下发到每一位党员领导干部手中,鼓励大家结合业务工作在原文批注学习,增强了党员领导干部的法制观念,提高了政策法律水平和依法行政的能力。坚持政务公开,依法行政,照章办事,妥善解决发展中的突出问题,保持了厅机关和水利系统的和谐稳定。

四是加强民主集中制建设。在举办全厅处以上领导干部民主集中制培训班的基础上,对厅直各单位贯彻落实民主集中制情况进行了深入检查,及时总结经验,查找问题,督促整改,进一步促进党的民主集中制原则的贯彻落实。

三、进一步加强党风廉政建设及政风行风建设

一是学习和弘扬"右玉精神",转变干部作风。在传达学习弘扬"右玉精神"文件精神的基础上,厅领导和班子其他成员组织党员干部多次深入右玉县考察学习,通过实地参观考察,撰写心得体会,严格落实"六个严禁",切实转变了干部作风。

二是加强干部廉洁从政和党风党纪教育，筑牢拒腐防变的思想和道德防线。厅党组以中心组理论学习的方式组织了《廉政准则》学习讨论，对全厅学习贯彻活动作出了系统的安排部署。

三是严格规范公务行为，厉行节约，倡导艰苦奋斗的作风。按照中央和省委、省政府节约行政成本的相关要求，切实树立过紧日子的思想。印发了《关于严格控制行政支出大力推进节俭办事的通知》，对召开会议、定点公务接待、配备和使用车辆、定点修车等作了明确规定。采用视频会议，合并召开会议，有效地节约了行政开支，提高了工作效率，促进了干部作风的转变。

四是全面加强政风行风建设。有效运用山西水利网，加大宣传力度；全面推行"一个窗口对外、一站式服务、一站式办结"制度，力求为各用水户及各单位提供高效便捷的行政审批服务；积极参与政风行风热线活动，限期解决热线中群众提出的问题；聘请了19名由省人大代表、省政协委员、社区代表、用水户和农民代表参与的行风监督员，重点对全系统政风行风进行监督，我厅的所有重大决策、重要信息都能及时通过《山西日报》和山西水利网进行公布，广泛征求社会各界意见，接受群众监督。

五是认真落实人大代表建议。为高质量、高标准做好人大代表建议办理工作，水利厅召开专题会议，部署人大代表建议办理工作，形成了"主要领导亲自抓、负总责；分管领导直接抓、严格把关；处室领导具体抓、认真办理；办公室牵头抓、督促落实"的"四抓"工作格局。优质高效地完成了人大代表建议办理工作。2010年，我厅共承办人大代表建议32件，受到了省人大代表和社会各界的肯定和好评。

四、积极推进基层党组织建设和党建工作

（一）加强党的基层组织建设，努力建设一支高素质的党建工作队伍。根据省委下发的《省直机关党组（党委）抓党建工作责任制的通知》、《厅直单位抓党建工作责任制的通知》等文件，我们进一步规范了厅直单位抓基层党建工作责任制的主体、内容、责任、目标和考核内容。本着"围绕中心、服务大局、便于工作"，有利于加强厅直机关党的建设的原则，紧紧围绕决胜兴水战略的大局加强基层党建工作。一是2010年3月份召开了省水利厅第五次党代会，选举产生了新一届厅直机关党委班子和纪委班子，加强了厅直机关党委的力量。二是强化基层组织建设。结合厅直部分单位领导班子的轮换和调整，及时改选了班子成员，健全了基层组织。按照成熟一个发展一个的原则，两次召开党委会研究了2010年发展党员事宜，全年共发展和转正党员140名。三是加强政工队伍建设。继续组织了政工职称评审，不断提高政工人员专业技能和技术职称水平，培养和造就一批高素质的政工干部队伍。

（二）充分转变政府职能，竭诚服务群众。为进一步转变政府职能，建设民生水利，更好地服务群众，我厅编印了《水利行政审批办事指南》、《依申请公开信息办理表》、《山西省水利厅政府信息公开在线申请表》、《行政审批督办卡》、《行政职权树立调研表》，下发《关于调整山西省水利厅行政审批制度改革工作领导小组的通知》、《关于进一步规范山西省水利厅行政审批工作的通知》，建立一整套完备的行政审批和服务制度，同时设立厅长信箱，方便群众咨询和投诉。

（三）建立健全干部科学管理机制。为了加强对干部队伍的有效管理，从制度上对干部实行有效制约和监督，建立健全了一系列干部管理监督机制。一是完善干部选拔任用机制。厅党组在干部的选拔任用上始终坚持实事求是、注重实绩的基本原则。严格把握从水利建设一线选拔人才、任用干部的方向，真正把政治坚定、群众公认、有过硬技术、有实干精神、有突出业绩的干部选拔到领导岗位。确定了重业绩、重品行、重民意的干部选拔原则，坚决杜绝跑官要官和拉票现象，以严格的人事纪律保证选人用人风清气正，决不让老实人、正派人、实干家吃亏。制定了公开选聘的办法和实施细则，形成了开放、竞争、择优的引才、选才、用才机制。二是加强干部监管，进一步规范公权行为。建立了厅机关工作岗位责任制，对厅长、副厅长的权限进行了规范，对处长、副处长、厅直单位党政一把手和一般工作人员的办事权限及程序也进行了严格规范。特别是对严肃干部纪律、深入基层调研、加强学习教育和廉洁自律等方面都作了进一步明确和要求。强化干部审计制度，将审计指标作为干部任用的一项硬指标，实行离任审计、中期审计和内部审计。发生亏损或原亏损增加的，不再担任行政一把手职务。凡因重大失误或因经营不善导致亏损严重和产生较大债务的，行政一把手先免职，再按干部管理有关规定予以处理。三是全面实行干部轮岗。四是加强干部的培训教育。以建设学习型党组织为载体，通过各种途径不断加强干部的学习教育培训。组织了89名处级干部参加了贯彻落实民主集中制度的培训，150多名领导干部参加新任处级干部《廉政准则》培训、4名处级干部参加了省直工委举办的十七届五中全会精神培训、4名处级干部参加了省直工委举办的中青年干部培训，3名妇女干部参加了清华大学举办的妇女干部培训，80多名干部参加党务干部培训，200多名厅直干部参加了各类院校的自主选学学习。

（四）健全民主决策机制。厅党组明确规定，凡涉及全省水利发展战略、方向和政策等方面的重大决策、项目审批和资金安排，都必须经过厅党组会议或厅长办公会讨论后决定；厅直企事业单位的重大事项，必须经过局务会、院务会或职代会讨论通过。特别是在财政水利项目申报上，建立了"两上两下"制度，省级项目的确定，依据市县上报的计划，市县项目申报依据全省水利发展规划。初步形成了一套较为完整的综合管理体系，在系统内部也基本建立健全了职责明确、相互制约的管理机制。同时全面实施阳光工程，省级项目都要在《山西日报》和《山西水利网》上进行公布，接受社会各界群众监督。组织了领导干部民主集中制培训，并于2010年1月上旬分两个组对厅直单位民主集中制落实情况进行了检查，促进了民主集中制原则的贯彻执行，做到科学决策、民主决策、依法决策。

(五)建立健全各类监督管理机制。一是建立财务管理和国有资产管理机制。组建了厅核算中心,中、小型单位由核算中心统管财务;大单位实行独立核算审核,财务管理人员一律在财经处备案;厅直事业单位年度收支计划实行报批制。特别是对厅直企事业单位的房产、地产和贷款等方方面面的责任和权力进行了严格规范,对领导干部廉洁从政、按规章制度办事作了明确规定。二是加强项目监管和稽察制度。健全依据规划审批项目的机制,加强联审联批,强化对规划项目的指导作用,实现规划与项目的紧密衔接,凡不符合规划或未经过充分论证的项目不准审批。三是严格执行工程建设“三制”。理顺项目主管、财务、监察、审计、稽察等部门的监管职责和关系,防止职能交叉、监管缺位。加强对项目设计、招投标活动、资金监管等重点环节的监管,抓好竣工验收和项目后评价。对工程建设单位,每年安排两次专项稽察,其他单位一年一次专项稽察,对重大决策进行跟踪稽察。

(六)严格规范办公秩序。按照省纪委的“六个严禁”,加强办公秩序的维护,严格实行考勤制度,定期不定期组织办公室、人事处、党委、纪检等有关部门人员组成联合检查组,对厅机关上下班和日常工作秩序进行突击检查和明察暗访,及时发现和纠正存在的问题,使厅机关维护正常的办公秩序成为厅机关广大干部职工的共识,自觉遵守,主动维护。此外,我们还及时调整和加强厅综合治理办公室的组织领导和基层力量,协同驻地单位和社会组织加强社会综合治理,做到了在厅机关大院内无案件、无事故、无纠纷,有效地维护了厅机关的文明和谐和安全稳定。

五、扎实开展文明和谐创建工作

9月份,在省汾管局和省柏叶口水库建管局召开了“学习型党组织建设和创先争优活动推进会”。2010年,我们参加了省直文明委组织的文明办主任培训,组织厅直有关单位参加了省直机关文明和谐创建工作。厅机关继续申报了省直文明和谐标兵单位,并继续被水利部评为“全国水利系统文明和谐标兵单位”,厅直共23个单位参加了不同层级的创建活动。开展了“联企帮困送温暖”活动;组织全体机关干部开展“青海玉树地震灾区抗震救灾捐款”活动,共捐款411830.7元;开展“甘肃舟曲抗击泥石流救灾捐款”活动,共捐款278042元;开展“送温暖、献爱心”活动,共捐款94650元。清明节组织党团员在牛驼寨革命烈士陵园进行祭扫先烈活动。组织号召基层组织开展纪念抗日战争胜利65周年系列活动。组织了“李荣峰同志赴茂县抗震救灾先进事迹报告会”,开展向李荣峰同志学习活动。组织观看了《袁隆平》和《第一书记》等电影。

扎实开展移民信访接待工作,保证厅直系统的和谐稳定。认真贯彻落实国家信访条例,在解决移民信访方面做了大量艰苦、耐心、细致的工作。认真贯彻落实中央处理信访突出问题及群体性事件联席会议《关于领导干部定期接待群众来访的意见》等文件及省委、省政府相关配套文件精神,切实转变工作作风,始终坚持并严格执行领导干部信访接待日制度和领导干部信访领办包案制度,集体上访和越级上访情况明显减少,库区和移民安置区社会稳定得到有效维护。

组织了新春团拜会、元宵灯会、灯谜会和闹元宵活动,积极营造节日氛围,丰富干部职工业余文化生活。参加了省直机关举办的第三届“智奇杯”职工运动会,获优秀组织奖,省水利厅篮球代表队获第一名。组织召开厅直单位第五届职工运动会。参加了农林水工会举办的乒乓球运动会,组织参加了“首水杯”乒乓球比赛,获得女子组亚军,男子组第七名。参加了水利部全国水利系统象棋比赛。参加了全国水利系统羽毛球比赛,获体育道德风尚奖。组织人员参加了水利部文明委举办的水歌比赛,并获得男子组美声唱法三等奖。

六、大力加强群团工作

一是加强了工会组织自身建设和制度建设。2010年召开厅工会第二次工会会员代表大会,选举产生了新一届工会委员会和经费审查委员会。大力实施“送温暖”工程,大力开展社会主义劳动竞赛,组织健康向上的文化体育活动,在厅直工会中深入开展调研活动,各项工作受到了上级工会的表彰,厅工会连续六年被中国农林水利工会评为“全国水利系统工会工作先进单位”。厅工会和省总农林水工委启动了联合表彰全省移民工作先进集体和个人的活动,在全省移民系统表彰了20个先进集体、57名先进个人。

开展了以创建“工人先锋号”和开展劳动竞赛活动为载体,“服务兴水战略,投身六大工程”的群众性建功立业活动。开展了厅直系统“共同约定行动”,通过活动切实维护了职工权益。加强了困难职工帮扶工作力度,切实解决好困难职工的生活,特别是加大了因病致贫、因病返贫职工的生产、生活问题的帮扶力度。对厅直困难企业职工进行了送温暖活动,国庆节组织厅直单位及厅机关对困难企业开展了结对帮扶活动。开展“送清凉”活动,慰问了省水利重点工程,送去慰问金及消暑物品合100万余元。

二是厅团委紧紧围绕加强基层团组织建设、提高广大团员青年素质。对厅直各级团的组织和团员队伍进行调查摸底,建立团组织管理信息检索系统。先后对厅直18个团委、团支部的班子进行了换届和调整,进一步健全了基层团组织,并根据团员和青年的特点和优势,坚持在青年中开展学雷锋、树新风、争创“青年文明号”和“五四红旗团委”的活动。厅直团委在运城市水务局召开了全省水利系统争创省级青年文明号工作现场会,规范了创建工作的程序、内容,调动青年集体争创省级青年文明号的积极性。

厅团委围绕培养青年技术人才和团省委联合开展了水利系统青年职业技能大赛,调动广大青年职工立足本职岗位、钻研本职业务的自觉性和积极性。长治市水务局办公室、临汾市水资办、水文局古交水文站通过团省委的验收,被命名为省级青年文明号。积极开展争创省级青年文明号活动。对争创省级青年文明号集体进行了复核。目前,全行业省级青年文明号单位达到22个。2010年,厅各级团组织开展向西南五省干旱灾区“捐献一瓶水”活动,共捐款1955元。

三是充分发挥群团组织的合力,多方位深入开展寓教于乐的群众性文化体育活动。组织参加了"首水杯"乒乓球比赛。参加了水利部全国水利系统象棋比赛。参加了全国水利系统羽毛球比赛。参加了水利部文明委举办的水歌比赛。

四是厅妇联在工作中注重树立女职工自尊、自信、自爱、自强信念,注重选拔推荐妇女干部,积极落实计划生育的基本国策,圆满完成了计划生育的各项工作任务,加强了妇女儿童工作。

五是注重加强与民主党派的联系,建立了完整的统战人士档案,坚持推荐民主党派干部和召开民主党派座谈会制度,配合民主党派搞好换届选举,加强对统战人士中入党积极分子的培养教育,统战工作也收到了很好的效果。

(王秀芳)

附:省水利厅党组书记、成员名单

书　记:潘军峰

成　员:奥雨迎　裴　群　郭正义　张　健　李　力　张江汀

省农业厅党组工作概况

党组书记　孙连珠

2010年,农业农村经济总体向好。省委、省政府目标责任制分解安排我厅牵头落实的13大项业务工作指标全面完成,其中9项超额完成。粮食总产达到108.5亿公斤,增长15.2%,创历史新高。畜牧业生产平稳发展,肉、蛋、奶产量分别达到73万吨、70.8万吨和73.5万吨。全省农民人均纯收入为4736元,同比增长11.6%。

一、农业农村经济保持稳定发展势头

(一)强农惠农政策力度加大。在落实中央各项强农惠农政策的同时,省政府进一步加大了对"三农"的支持力度。在继续执行2009年出台的生猪大县补贴、新建奶站补贴、农业灌溉水价补贴等政策的基础上,2010年又启动了现代农业示范区建设、片区扶贫开发、大同盆地盐碱地改造、西山沿黄地区黄河水利用工程、封山禁牧发展规模健康养殖工程、新农村现代流通体系建设、农产品加工"513"工程等"七项工程",出台了设施蔬菜大县奖补和对新建日光温室农户贴息、农机大县奖补、农民专业合作示范社奖补、严重受冻小麦果树救灾补贴、薯类良种补贴、玉米小麦保险保费补贴等"八项政策",共整合和新增资金9亿多元。对调动农民生产积极性,促进农业发展起到了重要的导向和杠杆作用。

(二)现代农业示范区建设全面启动。按照高起点规划、高标准建设、大力度推进的思路,扎实推进大同、晋中、运城三大现代农业示范区建设,三大示范区重点规划建设了49个专业示范园和综合示范园。连同其它重点建设项目共366个,总投资15亿元。向农业部积极争取太谷县列为国家级现代农业示范县。在全省其余8个市选择了10个现代农业示范县,开展了前期申报评审工作。雁门关生态畜牧经济区和33个优势农产品示范基地县建设均取得了新的进展。

(三)四大产业提升工程扎实推进。一是全力推进农产品加工"513"工程。省、市、县共确定481户企业重点扶持,并出台了相应的扶持政策,呈现出强劲的发展势头。省市县落实政府扶持资金4.6亿元,通过组织银企对接,落实信贷资金60亿元。"513"工程企业新上技改和扩建项目378个,总投资157.7亿元,其中52家省级龙头企业新上项目85个,投资额74.3亿元。全省农产品加工龙头企业实现销售收入510亿元,比上年增长36%。二是扎实推进粮食高产创建工程。在65个县安排建设了103个万亩粮棉高产示范片,粮食增产效果显著。全省粮食总面积4821万亩,比上年增长2.15%。平均亩产223.3公斤,比上年增长11.9%。三是启动实施了设施蔬菜百万棚行动计划。省里召开了设施蔬菜现场会,制定出台了实施意见,落实了对设施蔬菜大县奖补和农户贷款贴息政策。各地也因地制宜落实扶持政策,加大投入力度。新发展设施蔬菜21.2万亩。四是狠抓了规模健康养殖工程。在长治召开了全省推进规模健康养殖现场会,启动实施了"千园万场规模健康养殖工程",整合各类资金建设规模养殖小区和养殖场630个。

(四)农业基础设施进一步加强。一是着力推进中低产田改造工程建设。积极与国土、财政等有关部门密切配合,全力推进中低产田改造工程建设。全省完成中低产田改造任务208.5万亩。同时,组织召开了大同盆地盐碱地改良现场会,完成盐碱地改造任务11.25万亩。二是加大农业资源保护和生态建设力度,继续实施了汾河流域治理、京津风沙源治理、退耕还林成果巩固等项目,加快沙化、碱化和退化草原治理。加强了农业面源污染综合治理。

(五)农业社会化服务体系逐步完善。重点加强了农业科技创新推广体系、动植物疫病防控体系、农产品质量安全体系、农产品市场营销体系、农业农村信息服务体系和农业综合执法体系建设,提升了服务能力和水平。有21个县列入中央基层农技推广体系改革和建设示范县。启动实施了玉米、小麦、蔬菜、水果、食用菌、生猪、牛7个现代农业产业技术体系。特别是开展了多种形式的农产品促销活动,与北京市政府成功组织了山西特色农产品北京展销周活动,促进了山西特色农产品与北京大市场的有效对接。

(六)农村劳动力培训转移成效明显。在千方百计挖掘农业内部增收潜力的同时,抓住经济回升向好、企业用工增加的契机,组织了阳光工程培训基地与“513”工程龙头企业用工签约、大学生村官创业培训、农民工就地就近培训等多种活动,进一步加大农村劳动力培训转移的力度。全省农民培训109万人,技能培训20万人,新转移农村劳动力38万人。全省农民人均工资性收入达到2108.6元,比上年增长17.8%。目前全省累计转移农村劳动力470万人,占全省农村劳动力总数的43%。

(七)新农村建设步伐加快。按照大县城、小城镇、中心村的总体布局,继续抓了2000个重点推进村建设。农村人居环境治理“四化四改”和社会事业“五个一工程”完成率达到95%以上。落实结对帮建企业1873个,帮建机关事业单位1256个,帮建项目6800多个,筹集帮建资金2.13亿元。全省形成了200多个新农村建设连片发展区。同时,狠抓了以沼气为主的农村可再生能源建设。新增沼气建设用户11.1万户,累计建成户用沼气70万户。特别是省政府强势推进农村“五个全覆盖”,使农村基础设施和社会事业得到了明显改善,大大加快了我省新农村建设步伐。

(八)农村改革不断深化。以土地流转为突破口积极发展多种形式的适度规模经营。省政府出台了农村土地承包经营权流转的意见,在新绛召开了全省农村土地流转工作会议,土地流转规模不断扩大。全省土地流转面积达到480万亩,新增30万亩,形成集中连片规模经营的182万亩,合同签订率达到了80%以上。大力开展“358”示范社建设行动(省级300个、市级500个、县级800个),积极推进农民专业合作社创新发展,在推进土地股份合作社、农村资金互助社和跨区域联合社等方面进行了积极探索,取得了较好效果。截止2010年底,在工商登记注册的农民专业合作社总数为31658个,新增7781个,居全国前列。在省纪委的支持帮助下,着眼加强农村资产、资金和资源管理,在全省普遍推行会计委托代理制度,普及率达到98%。

二、全面推进机关党的建设

2010年,以创建文明和谐单位为目标,以创先争优活动为载体,全面加强机关自身建设。全厅共有厅机关和7个下属单位被命名为省直文明和谐单位标兵,13个下属单位被命名为省直文明和谐单位。2010年,省委、省政府目标责任制分解安排我厅牵头落实的13大项业务工作指标全面完成,其中9项超额完成,被省委、省政府评为年度目标责任制考核优秀单位。

(一)加强学习培训和调查研究,努力提高干部职工的素质和能力。坚持中心组理论学习、“一课三会”、干部教育培训及理论学习考核等制度。邀请省内外知名专家、教授开展专题培训,组织全厅行政事业一把手参加省外培训。建立了调研联系点制度,厅领导每人联系一个市,每个处站联系一个县,让干部长时间沉下去研究解决实际问题。2010年全厅形成调研报告80多篇和近百篇理论文章。

(二)强化注重实绩、群众公认的用人导向,充分调动干部干事创业的积极性。坚持按照德才兼备、以德为先的用人标准和干部选拔任用程序办事,对机关内设机构及事业单位处级干部进行了充实和轮岗交流。近两年来共提拔使用处级干部42人,交流任职36人。通过干部调整,使一些年富力强、业务过硬、群众认可的干部走上了领导岗位,进一步强化了选贤任能、注重实绩的用人导向和工作导向。同时,着力推进事业单位改革,完成了事业单位分类和岗位设置,通过清理规范,厅属事业单位由49个减少到45个。

(三)深入开展创先争优活动,下大力转变机关作风。按照省委省政府安排,在全厅干部职工中广泛开展了学习“右玉精神”和张德喜先进事迹活动,并对照先进典型深入查找自身思想作风方面存在的问题,提出了整改措施和努力方向。进一步针对性地建立完善了一系列机关规章制度。严格机关工作纪律,规定“六不准”,成立了机关作风整顿督查组,采取明察暗访,强化了经常性的督促检查。

(四)严格落实党风廉政责任制,注重从源头上预防和治理腐败。实行“一岗双责”责任制,坚持廉政建设和业务工作一起布置、一起检查、一起考核奖惩,落实了党风廉政建设责任制。以学习贯彻《廉政准则》为重点,加强廉政教育特别是党性党风党纪教育,进一步增强干部职工遵纪守法、廉洁从政的自觉性。继续深入开展了项目监管年活动,建立健全资金项目管理制度,特别针对项目验收比例低的问题,召开了推进会,制定了奖惩措施。同时,还认真抓了厉行节约和“小金库”治理、政务公开、政风行风评议和案件查处等工作,从源头上预防和治理腐败问题。

(五)开展多种形式的文明和谐创建活动,着力营造文明和谐氛围。“元旦”、“五一”、“七一”、“国庆”前后组织开展多种形式的文体活动,丰富全厅职工精神文化生活。大力开展社会主义核心价值体系教育,大张旗鼓树立和学习先进典型,2010年有两名同志被评为省特级劳动模范,3个单位被省总工会表彰。同时,还特别抓了矛盾的排查处理和化解工作。健全了厅领导带班接待信访制度,提高了信访工作质量。

(韩晓堂)

附:省农业厅党组书记、成员名单

书　记:孙连珠

成　员:董希德　左义河　王高勇　关建勋　雷郭堂　陈国荣　贾明进　穆锦清　李　广(9月任职)

省林业厅党组工作概况

党组书记　耿怀英

2010年，在省委省政府的坚强领导下，林业厅党组认真贯彻落实中央和省里的各项重大决策部署，圆满完成了各项林业工作任务，为实施生态兴省战略、建设“绿化山西”、促进全省经济社会转型跨越发展做出了积极贡献。

在党建工作方面，林业厅紧紧围绕“推动科学发展、促进社会和谐、服务人民群众、加强基层组织”的总要求，把创先争优活动作为不断深化认识的过程、积极实践的过程、注重解决问题的过程，以此推动和促进各项工作的开展，并在五个方面取得了明显成效。

一、组织建设明显加强

在开展创先争优活动中，厅党组紧紧抓住提高基层党组织的战斗堡垒作用和先锋模范作用，提高领导班子推动林业科学发展的能力素质这一关键环节，做了大量的工作，取得了实效。一是厅直机关党委进行了换届，组建了年富力强、奋发有为的新一届党委班子，为做好厅直系统党的工作奠定了良好的基础。二是注重抓好厅直各单位党组织的补选改选，使一些能力强、素质高的年轻同志成为班子成员，使班子建设进一步得到加强。特别是各林局的森林公安分局局长、总工程师进入班子，对省直林局建设将起到积极的促进作用。三是狠抓中心组学习，落实中心组学习有计划、有制度、有学习档案的规定，做到每个中心组成员要有专用学习笔记本，每月集体学习一次，每次列出学习专题，切实提高学习质量。落实中心组成员每年在联系点讲党课、做宣讲辅导不少于1次，每年深入一线调查研究不少于两个月时间，每年撰写1至2篇调研报告的要求，使中心组成员能力进一步加强。四是各级党组织围绕推动科学发展、维护社会稳定、兴办实事好事、加强自身建设等方面向上级组织和党员群众作出公开承诺，并解决了一些干部群众关注、影响林业发展的难点热点，使党组织的凝聚力、战斗力进一步加强。如厅机关住宅楼开发，省直林场基础设施建设，场场要有图书室、站站都有图书的文化设施建设等。五是举办了“省直林区要在现代林业建设中做表率”论坛，70多名处级以上领导干部深入基层，开展了6大类15个课题的调研，最终选出质量较高的20篇论文编印成《优秀论文集》，其中9篇参加了论坛交流。这次论坛对于各林局党委班子明确林区发展方向，加快林区建设将起到积极的推动作用。

二、作风建设长足进步

厅党组提出在全省林业系统大兴学习思考、调查研究、真抓实干、开拓创新、廉洁自律“五种作风”，全厅上下积极响应。林业厅继续实行“厅领导包市、处级干部包县”的干部下乡包县制度，抽调200多名干部组成74个下乡包县工作组，赴全省115个县(市、区)，在造林绿化关键期、森林防火特险期和林权制度改革重要期，深入基层发动，督促检查，强化服务，有效地推动了全年任务的圆满完成。同时，下乡包县干部坚持深入基层搞服务，走进田间作指导，钻山沟、进山林、蹲现场、解难题，摸清了基层实情，发现了鲜活典型，抓住了问题倾向，提出了不少建议，为全省林业科学决策和指导提供了可靠依据。坚持厅整体扶贫，实行机关处室和单位包村的工作机制，为贫困村办了许多实事，深受当地老百姓赞扬。作风建设上的加强，对干部队伍建设，促进林业科学发展作用重大，影响深远。

三、党员素质显著提高

把创先争优活动同建设学习型党组织结合起来，努力在提高党员素质上下功夫。一是落实党员干部培训制度。以省直分校、厅直党校为主阵地，开展脱产学习、短期集中培训，科学安排岗前培训、业务培训、理论培训等，初步统计，全年党员干部参加各类培训2338人次，极大地提高了党员干部理论水平。二是建立了学习交流会制度。厅机关每月举办一次理论学习交流，由各处室负责人轮流讲课，这一活动的开展，不但促进领导干部先学一步，学深一些，起到表率作用的目的，也带动了厅机关和直属单位党组织和党员的学习。三是组织厅直系统认真学习党的十七大报告，十七届四中、五中全会精神，胡锦涛总书记的重要讲话和相关文件，统一思想认识，积极投入到创先争优活动中来。采取党支部集中学习和党员个人自学与结对帮学和领导干部参加支部集体学习相结合的方式，保证了学习效果，极大地提高党员全面素质。四是丰富和完善学习讲坛、读书交流、知识竞赛、演讲比赛、参观考察等广大党员干部喜闻乐见的手段，增强学习效果。坚持一年一次的演讲会，一季一次的报告会，一年一次的专题学习交流会，不断丰富完善工作抓手，开展主题教育活动。如吕梁林局举办“天保杯”知识竞赛，中条林局组织开展“入党为什么？党员图什么？为党做什么？”大讨论，太岳林局开展大调研活动，筛选93篇优秀论文汇编成《优秀论文集》等，提高了党员干部学习热情，促进了学习效果。

四、制度建设取得突破

林业厅坚持以加强制度建设为重点，引导干部职工认真履行职责、争创一流业绩，推进创先争优活动有效开展。一是各处室根据各自的职能制定了《廉政风险防范工作规程》。结合领导干部岗位廉政教育活动,厅机关各处室认真修订和完善了规章制度和工作规程,明确岗位的工作职责和行为规范,明晰权力边界,在此基础上形成了《山西省林业厅廉政风险防范工作规程汇编》。该汇编对促进林业厅全面建设将起到积极作用。二是根据林业行业特点和工程、资金、管理现状,以厅党组的文件印发了《中共山西省林业厅党组关于进一步加强领导干部岗位廉政教育的实施意见》。三是建立联系点制度。厅党组成员结合分管工作,建立创先争优活动厅领导联系点,切实帮助联系点理清工作思路,创新活动载体,解决实际问题。四是建立领导干部"五带头"制度。积极发挥党员干部的示范带动作用,深入开展党员干部带头学习、带头宣讲、带头撰文、带头调研、带头开展批评与自我批评的"五带头"制度。四是依据《党章》和《中国共产党纪律处分条例》,以培养党的队伍为目的,形成"三会一课"制度、民主生活会制度等党建工作制度。创先争优活动中坚持以民主集中制原则作为桥梁和纽带,坚持党务公开,鼓励党员干部敢于讲实话、勇于真承诺,不断激发党员干部参与创先争优活动的内在动力。

五、重点工作稳步推进

厅党组在创先争优活动中,不断把学习的成果转化为工作的效果。一是造林绿化步伐加快。2010 年我省气候反复多变,早春气温回升快,晚春遭遇低温逆转,入夏以来持续干旱。面对这一严峻形势,厅党组因时而动,积极应对,不断推进造林绿化。到 11 月份,全省已完成营造林近 500 万亩,超额完成了 400 万亩的任务。二是集体林权制度改革扎实推进。林权制度改革是我省林业的重点。年初制定了《山西省集体林权制度改革 2010 年实施方案》,8 月份在右玉召开了集体林权制度改革促进会,省厅先后 5 次召开阶段通报会,与省政府督查室开展了林权专项督查,有力地推进了林改进程。目前为止,已完成集体林地确权 4831 万亩,调处林权纠纷 2714 件,国家林业局对我省的林改工作给予了充分肯定。三是森林资源保护成效明显。全省 112 个市县组建了森林公安机构,新招录公安民警 489 名,森林管护队伍建设步伐加快。严肃查处了破坏森林和野生动植物资源案件,林业有害生物预测预报和防治得以加强,全年没有发生重、特大森林火灾。加强了重点林区、自然保护区建设,黑茶山自然保护区晋升为国家级自然保护区,使我省国家级自然保护区增加到 6 个。四是林业产业发展不断壮大。制定出台了"十二五"林业产业发展规划,组织开展了干果经济林、森林旅游、种苗花卉等专项规划的编制和修订工作,全年育苗面积达 65 万亩,新发展干果经济林 107 万亩,新建 20 个森林公园、9 个湿地公园。五是林业发展环境更加优化。2010 年,省委、省人大、省政府相继出台了一系列支持林业改革发展的政策措施,在宏观战略上,作出了实施生态兴省战略、建设绿色山西的重大决策;在工作指导上,出台了《关于实施生态兴省战略,加快推进林业改革发展的意见》;在推进措施上,下发了《山西省创建林业生态县实施方案》;在法制保障上,通过了《关于大力推进林业生态建设的决定》;在长远发展上,制定了《山西省林业生态建设总体规划纲要(2011—2020)》。这"五位一体"形成了全方位推进林业生态建设的大格局,为全省林业改革发展创造了更好的环境,提供了更坚强的保障。

(续河元)

附:省林业厅党组书记、成员名单

书　记:耿怀英(12 月离职)　李永林(12 月任职)

成　员:霍转业　周　洪　常光明　谢　璞　任建忠　李　更

省商务厅党组工作概况

党组书记　王淑珍

2010 年,省商务厅党组始终坚持以邓小平理论和"三个代表"重要思想为指导,深入贯彻落实科学发展观,扎实开展创先争优活动和学习型党组织建设,大力加强作风建设,以改革创新精神全面推进基层党的建设,不断提高基层党的建设科学化水平,推进基层党的建设科学发展,为全省商务事业转型跨越发展提供了坚强的政治保证。

一、推进学习型党组织建设,坚持用马克思主义中国化最新理论成果武装党员干部思想

厅党组十分重视推进学习型党组织建设工作,始终把建设学习型党组织当成基层党建工作中的头等大事来抓。

一是下功夫抓了中心组理论学习。厅党组把中心组理论学习,当作推进学习型党组织建设的重要形式。制定了党组中心组学习制度。做到了年有年计划,月有月计划。在学习的组织形式上主要采取个人自学、集体讨论学习和请专家讲座等方式进行。全年中心组和机关的集中理论学习时间累计达到 14 天。10 名厅领导班子成员全部结合自己工作实际撰写了调研报告和心得体会。党组书记、厅长王淑珍撰写的《关于金融危机下商务事业发展的思考》,党组成员、副厅长史贵章撰写的《学习"右玉精神",加强党性修养,树立和弘扬良好作风》,党组成员、厅总会计师马珩撰写的《加强廉政意识,厉行节约,进一步树立和弘扬良好作风》刊登在《山西省省直机关党组(党委)中心组理论学习成果汇编》。

二是下功夫抓了党员干部的培训。厅党组把对党员干部的培训,当成推进学习型党组织建设的重要环节。2010 年 3

月份在基层党组织换届选举完成后，厅党组及时对机关党委提出，要加大对基层党务干部的培训力度，并建立基层党务干部培训制度。此外，厅党组还要求各级党务干部要利用各种方式自学，自觉提高政治理论水平、丰富自己的知识面、增强工作能力。

二、以开展创先争优活动为契机，提高党员干部职工思想道德能力素质

把岗位建功作为创先争优活动实践载体，把提高党员素质作为核心任务，引导党员模范履行岗位职责、高标准做好本职工作。各级党组织把"五个好"、"五带头"落实到每个党员模范履行职责义务上，落实到高标准做好本职工作上。在活动开展过程中，注重四个着力点。一是把岗位建功作为党员公开承诺的重要内容。引导党员严格履行岗位职责，把胜任工作、岗位建功作为基本要求，做到"三个争当"，即争当学习上的标兵、争当业务上的模范、争当作风上的表率，成为组织放心、群众信任的岗位能手。二是把握好岗位建功重在过程、重在实践、重在平时。既要在重大工作和急难险重任务面前冲得上、拿得下，又要在日常工作中优质服务。三是树立典型、正面激励，弘扬工作正气。四是把建立岗位建功长效机制化。明确岗位建功是经常性党建工作的品牌项目，长期开展下去。

三、以基层党组织换届为契机，加强基层党组织和党员队伍素质建设

厅党组特别重视厅机关和直属单位基层党组织换届选举工作，把换届作为落实基层党建工作责任制的重中之重。并要求各级党组织要以基层党组织换届为契机，对基层党务工作者和党员进行一次党章的再学习，以此来增强党务工作者和党员的党的意识、组织意识、宗旨意识、党员的权力和义务意识，在换届选举健全组织的同时，注重基层党组织队伍的素质提高。

一是抓培训规范换届选举行为，提高党务工作者的能力和素质。为了保证换届选举工作规范顺利的进行，厅党组要求机关党委组织对直属单位的党组织书记、党办主任及负责党务工作的同志进行一次培训。专门邀请省直工委组织部长李潮亮授课，对换届选举组织实施的程序、内容、文件的格式、有关规定等进行了详细的讲解。还专门为基层党组织购买了《党的地方和基层组织选举工作流程》、《选举工作》等书籍，使参加培训的党务工作者掌握了换届选举的程序、内容、有关规定，为换届选举正常进行打下了坚实的基础。

二是抓换届选举形式的规范，增强党员的权力义务意识。厅党组非常重视换届选举工作形式和内容的统一，使每名党员从参加各种活动和选举会议感到作为党员很神圣，很受教育。通过参加选举活动特别是作为党代表行使自己的权力，是作为一名党员的光荣使命，以此来增强党员的权力义务意识。经过精心筹备和严格的组织，2010 年 2 月底前直属单位党组织换届选举完毕；于 2010 年成功召开了山西省商务厅直属机关第一次代表大会。选举产生了中共山西省商务厅第一届委员会和纪律检查委员会，标志着省商务厅机关党委及直属单位基层党组织全部按要求换届完毕。

四、弘扬右玉精神，落实廉政准则，转变作风、服务中心工作成效显著

厅党组要求机关党委把贯彻落实十七届四中、五中全会精神与我省商务事业转型跨越发展相结合，响应省委号召，用右玉精神激励广大干部党员，把右玉精神转化为推动我省商务事业科学发展的强大精神力量。要求各单位党组织都把学习右玉精神，作为学习型党组织建设和创先争优活动的重要内容，结合时代要求和本单位的实际，把右玉精神转化为坚韧不拔、脚踏实地推动工作的精神动力和丰富实践。各单位党组织都把学习弘扬右玉精神作为 2010 年民主生活会的重要内容，对照右玉找差距，紧扣发展找不足，从思想深处剖析根源，认真研究本单位存在的以及干部群众反映强烈的突出问题，针对性地制订措施和整改方案。厅机关和直属单位的党组织把学习弘扬右玉精神与学习贯彻《中国共产党党员领导干部廉洁从政若干准则》相结合，有力地提高了机关和直属单位干部党员的政治觉悟，转变了机关和直属单位干部党员的思想作风、学习作风、工作作风，使广大党员干部立足岗位建功立业的热情空前高涨。政务大厅连续 5 年被评为先进单位，2010 年又获省直机关十佳文明窗口，连续 11 年被评为省直文明和谐单位标兵，商务厅网站在全省绩效评估中排名第一，"厅长信箱"荣获全国"政民互动精品栏目"奖。

五、在围绕商务事业转型跨越发展做贡献上下功夫，各项经济指标全面完成

2010 年，圆满完成省政府工作目标任务。涉及我厅的有全社会消费品零售总额、实际利用外资和进出口三项任务。在国内贸易方面，全省社会消费品零售总额实现 3300 亿元，同比增长 18%。在对外贸易方面，全省进出口总值为 125.8 亿美元，同比增长 46.8%。在利用外资方面，实际到位 15.1 亿美元，同比增长 11.5%。在外经工作方面，全省对外承包工程和劳务合作完成合同额 3 亿美元，完成营业额 8 亿美元。在开发区发展方面，全省省级以上开发区区内生产总值 833.1 亿元，同比增长 22.7%。成功举办了第三届能源博览会，共有 439 家企业参展，其中境外有 18 个国家和地区的 87 家企业参展；国内 23 个省市区组团参展参会，共签约 12 个合作框架协议，签约各类项目 457 个，协议和合同总金额达 1.4 万亿元。

六、抓文明促和谐，机关文明和谐气氛浓厚

省商务厅党组始终把提高厅机关党员干部职工的思想道德素质、科学文化素质、创新工作能力和遵纪守法意识作为目标，紧紧围绕商务事业转型跨越科学发展实际，开展文明和谐创建工作。主要抓了如下活动：一是组织了春节团拜会，通过说单位的事，演身边的人，展示了广大党员干部群众

的精神风貌。二是元旦、春节期间积极开展送温暖活动,慰问了系统内18个困难企业的152户职工,慰问资金达4.77万元。三是在青年文明号创建活动中,开展青年文明号信用建设示范、青年文明号助万家、青年文明号节约公约示范等丰富多彩的创建活动,得到团省委的好评。四是积极参加了省直第三届运动会,并获得秧歌第二名,健排舞一等奖的好成绩。参加了省直工委妇委会举办的"庆三八"健身排舞大赛,荣获一等奖。5月份,代表省直单位参加了省总工会举办的"山西省女职工全健排舞大赛",荣获铜奖,展示了我厅女职工的靓丽风采。 (要宏锋)

附:省商务厅党组书记、成员名单

书　记:王淑珍(女)

成　员:李晋峰　张华龙　史贵章　乔亮生　孙兆岚　杨来栓　刘　进　马　珩

省文化厅党组工作概况

党组书记　张明亮

2010年,省文化厅党组认真落实省委、省政府关于文化工作的各项部署和要求,积极组织实施"七大工程",圆满完成了省政府交付的年度目标任务,全省文化工作呈现出健康、良好的发展态势,为推动山西经济社会转型跨越发展、推进文化强省建设、树立山西良好形象、宣传山西发展成就做出了积极贡献。

一、坚持理论武装,注重学以致用,不断提高推动文化科学发展的能力和水平

一年来,文化厅党组始终把坚持自觉的理论学习做为首要任务,系统学习党中央对文化建设提出的一系列战略思想,特别是中央领导同志关于文化建设的重要讲话精神,李长春同志关于文化建设的十大关系,从中国特色社会主义文化地位和作用、发展方向和目的、发展路径和动力、发展思路、主要功能、发展格局、遵循的方针和原则、发展的领导力量和依靠力量等方面,对中国特色社会主义文化发展道路的内涵和实质进行学习、梳理,用科学理论武装干部头脑、统一思想,坚持以科学的文化发展观统领文化工作全局,使大家在思想上保持清醒,在发展方向上保持坚定,忠实践行中国特色社会主义文化发展道路。

把专题学习与推动工作结合起来,努力在全系统营造学习工作化、工作学习化的良好氛围。一是认真学习袁纯清书记在全省领导干部大会的讲话精神,结合全省文化工作实际,提出了推动文化转型发展、跨越发展的目标任务和思路措施,并专门召开全省文化局长会进行具体贯彻落实,在全省文化系统营造了谋转型、促跨越的浓厚氛围。二是采取丰富多彩的形式,掀起深入学习右玉精神的新高潮。先后分期分批组织全系统党员干部赴右玉接受现场教育,共有9位厅级领导、62位处级干部、329名普通党员赴右玉参观学习,举办专题讲座、专题座谈会、专题党课十多次,党员干部撰写体会文章298篇,广大干部职工发挥自身优势,撰写诗歌、谱写歌曲、编创舞台小品,用文艺的形式为大力弘扬右玉精神做出贡献。三是把专题学习与整肃机关工作作风结合起来,与建设学习型党组织结合起来,与创先争优结合起来,与推动文化转型发展、跨越发展结合起来,努力做到学以致用、学有成效。先后举办各种形式的学习培训活动十余次,培训人数达640人次,发表专题文章25篇。

坚持抓好党组中心组学习制度,以学习的深入带动工作质量的提升。坚持每月一次党组学习制度雷打不动。一年中,党组紧紧围绕建设文化强省、推动文化转型跨越发展,围绕贯彻中央提出"三加快一加强"的总体要求,围绕当前文化工作面临的新形势、新问题、新任务,围绕如何建设学习型机关等专题,深入开展学习,进一步明确了文化工作的地位和作用、文化发展的基本方向、文化发展的基本思路、文化发展的目标任务、文化发展的工作重点,对如何破解文化工作中面临的难题有了新的认识。

二、认真履行岗位工作职责,圆满完成了省委省政府各项目标任务

(一)加快进度,加大力度,圆满完成文化体制改革任务,在改革的重点领域取得实质性进展。按照中央和省委、省政府的要求,到2010年底,全省文化体制改革出台了"两个方案",即:《山西省国有文艺演出院团体制改革总体实施意见》和《山西省演艺集团有限责任公司组建方案》,并报省文化体制改革领导组审批。实现了"两到位",即:省市县三级文化行政改革基本到位,市县两级文化市场综合执法改革基本到位;完成了"两铺开"即,省直文化事业单位分类改革全面铺开,省直文艺院团改革全面铺开,基本完成了年度改革任务。

(二)面向基层,面向群众,覆盖城乡的公共文化服务体系建设取得新成效。一是山西大剧院、山西省图书馆一批标志性文化工程建成,并陆续投入使用;二是市县"三馆"建设取得实质性进展,三年66个县建成135个项目,是"八五"以来的20倍;三是实现了3个全覆盖,全年完成新建乡镇文化站339个,新建文化信息资源共享工程县级标准化支中心47个、农村基层站点10973个,新建"两区"村级图书室4922个,实现了全省乡镇文化站(新建1390个)、"两区"村级文化活动室(新建15265个)和文化信息资源共享工程村级站点

(28199个)三个全覆盖。四是扎实开展文化惠民工程，为乡村图书室、文化信息资源共享站点配送图书2万册、文化信息资源共享设备7000套，有力地提升了基层文化单位服务水平。

(三)加快步伐，着力推进，文化产业进入新的发展阶段。围绕培育“三大支柱”、构建“八大方阵”的文化产业发展思路，落实文化产业项目200多个，与工商银行签订100亿支持文化产业发展的战略协议，有42个项目落实贷款30亿元，有效解决了中小型文化企业融资难的问题，从根本上改变了长期以来有项目、无资金的局面。下功夫推动文化旅游融合，在打造大项目、大集团、大会展上下功夫，提出了调整现有资源格局，启动“三线一区”文化旅游重大带动项目(东线打造“魅力太行”主题文化旅游线，西线打造“黄河风情”主题文化旅游线，北线打造“塞北神韵”主题文化旅游线，启动晋中生态文化保护实验区资源转型项目)。着力抓好文化产业示范项目，徐沟创意文化产业园、山西国家级非物质文化遗产园(晋园)、潇河文化生态产业园等三大文化产业园区建设取得重大突破。优化市场发展环境，下发《文化产业指导目录》，搭建平台，积极组织文化招商活动，通过深圳文博会、北京文博会两大平台，成功招商180亿元。推选和命名全省首批16家省级文化产业示范基地。

(四)一手抓繁荣，一手抓普及，文化艺术创作生产呈现出繁荣景象。一是召开全省艺术创作会议，编制了《2010—2015年艺术创作规划》，出台了《关于成立山西省艺术咨询委员会的方案》、《关于建立山西省文化艺术事业激励机制的若干意见》、《关于促进我省艺术事业传承与发展的若干办法》等政策文件，进一步加强对艺术创作、演出、评审引导和管理，积极引导文化创作导向，调动社会各方面推动舞台艺术精品创作生产的积极性，保持山西舞台艺术生产的旺盛势头。二是精心打造国家级舞台艺术精品。坚持推出一批、创作一批、创研一批原则，晋剧《傅山进京》荣获国家舞台艺术精品工程十大精品称号，说唱剧《解放》在全国巡演130余场，并进入国家舞台艺术精品工程扶持剧目，晋剧《大红灯笼》《麦田守望》《天地神灵》、京剧《五台圣境》《剑胆琴心》、话剧《塞上山曲》，舞剧《千手观音》《牛郎织女》《粉墨春秋》、民族音诗《关公》、笑剧《爱有多难》等一批优秀剧目相继推出，28集电视连续剧《荣河镇的男人们》完成前期拍摄，文化艺术创作生产进入了一个新的阶段。三是以平遥国际摄影节、山西广场文化艺术节等文化品牌活动为抓手，先后在省内成功组织开展各项群众文化活动近20项，参加全国性群众文艺展演、展示活动12次，参与人数达1500多人，获奖30多项，特别是参加全国第十五届“群星奖”评奖比赛，15个节目获奖，名列全国前茅，为历史最好成绩。组织参加了首届中国农民艺术节、首届中华红歌会、全国第二届新农村新文化新风貌小品展演、第七届全国“四进社区”文艺展演、第十届“和平杯”中国京剧票友邀请赛和全国第12届老年合唱节，均获得优异成绩。

(五)项目保护与整体保护并重，文化遗产保护迈上新的台阶。完成了全省非物质文化遗产的普查工作，对20万条有价值的文化遗产信息进行了系统清理；初步查清了全省非物质文化遗产线索底数，建起10万条信息的山西省非物质文化遗产数据库，初步建立起山西省非物质文化遗产普查资源名录清单；完成了第三批国家级和省级非物质文化遗产保护名录项目申报工作，全省非物质文化遗产保护项目达到2074项(国家级96项、省级300项、市级557项、县级1121项)；晋中文化生态保护试验区获得文化部正式批准，全省文化遗产保护工作进入大园区、大区域整体性保护的新阶段；积极申报国家申请联合国教科文组织优秀文化遗产名录工作，以省政府名义向文化部正式提交了关公信俗和晋剧申报世界非物质文化遗产申请，申报世界非物质文化遗产工作取得突破；坚持不懈抓好古籍保护工作，43部古籍和2个单位入选第三批国家级珍贵古籍名录和古籍重点保护单位，以省政府名义公布第二批省级古籍重点保护单位5个和省级珍贵古籍名录249部，古籍保护进展顺利。

(六)加强规范和促进发展并举，积极营造健康有序的文化市场环境；重点开展网络文化市场专项整治工作，全省各级文化行政管理部门会同公安、工商等部门，共检查网吧经营场所10875家次，出动人员33362人次，立案查处违规接纳未成年人案件446件次，责令整改347家次，取缔黑网吧156家，排除安全隐患710多起。通过整治行动，未成年人进入网吧和浏览低俗内容的问题得到有效遏制。

(七)组织实施人才培养工程，推动科技文化融合，文化教育科研工作充满活力和生机。一是积极实施“人才培养工程”，制定10年人才培养规划，开展“山西省十大文化品牌”和“山西省十大文化创新人物”评比表彰活动，与中央戏剧学院、上海戏剧学院开展联合办学，高级人才培养达到300人，戏剧专业人才培养初步显现成效。二是重点举办了全省文化系统人事干部、文化站长、文化局长、工艺美术高级人才、动漫产业管理与技术人才培训班，共培训1300多人。三是成立了山西省艺术规划领导小组，制定了《山西省艺术科学课题管理办法》，组织实施省部级科技攻关32项，狠抓乡镇文化辅导员和农村文化骨干建设，初步呈现人才复兴之势。

(八)积极参与国家文化“走出去”工程，山西文化形象得到进一步提升。一是加大整体“走出去”的工作力度。2010年，全年有18个团、380多人赴10多个国家和地区进行文化交流，接待文化来访团7个、170多人，山西对外文化交流内容不断扩大、范围不断拓展、质量不断提升。二是借势提升山西文化影响。三年抓住“三个机会”，我省以“一个主题、三大版块、38支队伍、3000余人”在上海世博会精彩亮相，文化战线全方位、全过程参与了上海世博会，进一步提升了三晋文化的影响力。三是实施国家级精品项目走出国门，进入西方主流社会。话剧《立秋》、舞剧《一把酸枣》、京剧《走西口》、说唱剧《解放》四大精品剧目在全国巡演计600余场，不仅创造了广泛的社会效益，也赢得了良好的经济效益，具有深厚文化底蕴的“三晋文化”品牌优势得到进一步展现。

(九)全面推进各项保障工作，为文化改革发展营造了良好的环境。一是按照建设法治政府和服务型政府的要求，组织起草、制定了《首办负责制》、《一次性告知制》、《限时办结制》、《服务承诺(超时默认)制》、《行政执法责任制》等一系列规章制度,进一步规范了厅机关工作行为,明确了文化行政部门职责义务、办事程序,完善了文化工作制度体系,不断加强机关科学化、规范化管理。二是开发并正式开通了山西省文化厅电子政务系统,实现了省委、省政府、省纪委、省委组织部、省发展改革委、省财政厅等多条专线接入,保证了政府信息报送、政务公开、行政审批、电子监察、政风行风监督等工作的有效开展。三是积极推进政务公开,文化系统政风行风显著改善。印发了《山西省文化厅2010年度政风行风评议工作实施方案》,向社会各界公布了《山西省文化厅2010年度政风行风公开承诺》,厅领导带领业务处室负责人在山西省人民广播电台"政风行风热线"直接与群众进行了对话交流,举行了2010年度政风行风民主听证对话会。

三、认真落实党风廉政建设责任制,努力推动文化系统政风行风和干部作风建设

(一)认真贯彻落实党风廉政建设责任制。厅党组始终把深入开展党风廉政建设和反腐败斗争作为加强党的建设的一项重要工作,自觉负起推进反腐倡廉建设的政治责任和领导责任;在日常政治生活中,党组成员坚持带头自觉履行党员领导干部的政治责任,维护民主集中制原则,维护党组的团结统一,维护党的纪律,促进本单位和本系统的和谐;在日常工作中,坚持"一岗双责",重要工作亲自部署、重点问题亲自过问、重点环节亲自协调、重要案件亲自督办;每年年初,厅党组成员带队到直属单位对上年度的工作、党风廉政建设和党的工作责任制进行考核,切实做到把党风廉政建设和反腐败工作与业务工作一起研究、一起部署、一起落实、一起考核。在全系统形成了"党组统一领导、党政齐抓共管、纪检监察组织协调、部门单位各负其责、群众积极参与支持"的领导体制和工作机制。

(二)认真贯彻落实《中国共产党党员领导干部廉洁从政若干准则》。厅党组下发了《关于认真学习贯彻 <廉政准则> 的通知》,采取了灵活多样的形式开展宣传教育,邀请省纪委党风室主任卫洪平同志进行了《廉政准则》专题讲座,组织了由厅机关全体公务员和厅系统副处以上领导干部参加的《廉政准则》学习座谈和考试,确保《廉政准则》入脑入心。党组带头执行《廉洁准则》,认真对照党员领导干部8个方面52个不准,分析、查找在廉洁从政方面存在的问题,努力做到勤政廉洁,严于律己,管好自己,带好队伍。

(三)认真落实中共中央惩治和预防腐败体系的《工作规划》和省委的《实施意见》。加大宣传教育力度,加强反腐倡廉建设,加强对"三重一大"事项的监督检查,重视群众来信来访,对反映涉及的干部进行诫勉谈话,认真开展"小金库"治理,取得了明显成效。

(四)以加强干部队伍建设为重点,认真贯彻执行民主集中制。一是认真对待"两级"民主生活会,充分发挥好民主生活会的作用。为防止民主生活会形式化、情绪化、简单化,会前广泛征求各支部、直属单位民主党派的意见和建议,多同班子成员沟通交流,掌握思想动态;会中注意把握方向,紧密围绕主题;会后认真抓好整改、抓好落实,在班子内部营造畅所欲言、合作共事的民主氛围。二是实行"公选"、"公推"制度,积极推进干部人事制度改革,提高选人用人的透明度和公信力。严格执行《领导干部选拔任用条例》,坚持实行空缺处级干部职位公开选拔、竞争上岗,先后两次通过公选任用了18名优秀年轻干部;大胆推行基层党支部公开推荐的方法,选拔任用了部分基层党组织班子主要成员,做到能者用、优者上、庸者下,让吃苦的人吃香,让有为的人有位,形成良好的用人导向和风气。三是建立科学的干部考核评价机制,坚持将干部在重要文化活动、重大文化工程、重大文化项目的现实表现纳入考核体系,纳入纪检监察监督范围,将年度考核;日常考评和任职考察相结合,建立符合不同层次、不同类型的领导班子和领导干部特点的考核评价体系,调动了全系统广大领导干部的积极性。

(五)发挥部门优势,推进廉政文化建设。组织廉政题材戏蒲剧《斩公槐》参加第十二届"杏花奖"评比演出受到好评,推荐太原话剧团新创话剧《饭局》参加全国廉政戏剧展演,邀请中国人民大学孟宪实教授,为全省厅级领导干部和省直纪检监察干部进行了廉政文化讲座,承担省级软科学课题《网络时代廉政文化体系研究》,征集7篇廉政文化论文参加由文化部等9部委组织的"中国廉政文化高峰论坛"。

(杨　渊)

附:省文化厅党组书记、成员名单

书　记:张明亮

成　员:赵晋蓉　张建军　李春荣　贾新田　郭　立　窦明生　贾茂盛　李　力　赵银邦

省卫生厅党组工作概况

党组书记　高国顺

2010年,省卫生厅党组认真贯彻落实省委、省政府的决策和部署,坚持以科学发展观为指导,紧紧围绕深化医药卫生体制改革这一主线,准确把握卫生事业改革发展方向,加强领导班子思想建设、作风建设、制度建设和党风廉政建设,为全面完成卫生改革发展任务,推进"健康山西"建设提供了坚强有力的政治保证和组织保证。

一、加强思想建设，提高班子政策理论水平

厅党组坚持党组中心组学习制度，制定出台了《关于推进学习型党组织建设的实施意见》，认真落实理论学习计划，每月开展专题学习，先后组织学习了胡锦涛总书记十七届四中、五中全会讲话精神、《中国共产党党员领导干部廉洁从政若干准则》、袁纯清书记在全省领导干部大会上的讲话等内容，对《中共中央、国务院关于深化医药卫生体制改革的意见》及一系列配套文件进行了深入研讨。

坚持用科学理论指导工作实践，先后确定了《遵循卫生事业发展规律，大力推进健康山西建设》、《统筹城乡发展，推进基本公共卫生服务逐步均等化》、《当前形势下加强医德医风建设的措施》、《加强农村医疗卫生服务体系建设，增强基本医疗卫生服务可及性》、《强化公立医院公益性，进一步完善惠民便民措施》、《推进实施基本药物制度，努力减轻群众医药费用负担》6项调研课题，领导班子成员领题调研，破解制约卫生事业发展的一些问题和难题。班子成员先后赴安徽、陕西、浙江等省市进行调研考察，学习兄弟省市先进经验。深入全省11市50多个县开展调查研究，为有力有效有序推进卫生改革发展奠定了基础。

二、加强作风建设，提高班子围绕中心开展工作的履职能力

坚持作风建设与落实中央和省委的规定有机结合。制定了《关于加强厅直系统领导干部作风建设的实施意见》，组织正处级以上领导干部赴右玉县参观学习，召开了“贯彻落实党员领导干部廉洁从政若干准则，弘扬‘右玉精神’，切实加强领导干部作风建设”专题民主生活会，在《健康生活报》开辟了学习宣传“右玉精神”专版。

坚持作风建设与创先争优活动有机结合。建立了厅领导班子成员工作联系点制度。班子成员先后31次深入联系点检查指导工作。卫生系统先后涌现出一批全心全意为人民服务的“优秀院长”、“优秀院党委书记”、“山西名医”“山西省医德楷模”、“山西省护理楷模”典型模范人物。“卫生防疫楷模”王元林同志被评为“感动山西”十大人物。卫生厅联合省纠风办选送的推广晋中市第一人民医院医德查房制度的做法，被评为全国医药卫生系统创先争优“金点子”二等奖。

坚持作风建设与提高行政效能有机结合。健全完善了首办负责制、限期办结制、行政执法过错追究制等40余个规范机关工作、作风纪律和效能建设的制度规定。制定了《关于加强机关作风建设、严肃工作纪律的规定》，明确了“八不准”规定，实行了工作日志制度和挂牌服务制度。

坚持作风建设与推动工作落实有机结合。坚持通过作风建设推动各项工作开展，用各项重点工作任务落实的成果检验作风建设实效。在应对突发公共事件上，圆满完成了玉树抗震救灾、“3·28”王家岭煤矿特大透水事故、“6·3”晋煤集团天安郊南煤矿事故、阳煤集团刘家沟煤业地面爆炸事故和榆社化工厂爆炸事故等22起突发事件的医疗卫生救援任务。在推动村卫生室全覆盖上，2010年在建设标准化、资质合法化、管理一体化、考核制度化、服务规范化方面抓了提高。我省在全国三个提出村卫生室全覆盖的省份中，率先实现了村卫生室全覆盖的目标。在实施国家基本药物制度上，实施基本药物制度的县（市、区）和医疗卫生机构数分别达到63%、67%，超过了省政府年初确定的60%的目标，药品平均降价幅度达到40.72%。在巩固完善新型农村合作医疗制度上，年度医改任务涉及的8项指标任务全部完成或超额完成，其中新农合参合率、最高支付限额、政策范围内住院费用报销比例等6项指标都超过了国家规定标准。在推动公共卫生工作上，在全国首家由省政府印发了《关于进一步加强疾病预防控制工作的意见》，受到卫生部的肯定。儿童麻疹疫苗强化免疫接种率达到98.6%，超过全国95%的平均水平。农村育龄妇女补服叶酸项目全国领先，卫生部在山西召开了专题现场会。城乡居民健康档案建档率均超额完成年度指标任务。在公立医院改革试点工作上，召开了全省公立医院改革试点推进会和医药卫生县域一体化综合改革高平座谈会。高平市和平鲁区公立医院改革试点在补偿机制和运行机制等方面取得积极进展。在山西大医院项目建设上，2010年7月10日，23万平方米的建筑主体封顶，比原计划提前半年。在省重点办一、二、三季度和11月份组织的综合考评中，均获省城十大重点工程第一名。

三、加强制度建设，提高班子科学民主决策能力

贯彻执行民主集中制，健全和完善领导班子内部议事和决策机制。组织修订了《山西省卫生厅党组会议制度》、《山西省卫生厅厅务会议制度》、《山西省卫生厅厅长办公会议制度》等，规范了重大行政决策行为，明确了议事规则和程序，在干部选拔任用、厅直事业单位人员公开招聘、中央专项资金使用、省政府扩大内需项目投资、山西大医院建设规划等“三重一大”事项中均坚持集体研究、集体决策。

严格干部选拔任用制度，坚持公平公正选人用人。在干部选拔任用工作中，严格按原则、按程序、按纪律办事，注重看干部的品德，看干部工作实绩，看真正的民意，全年共选拔任用处级干部17名，均严格按规定和程序进行。

建立科学规范的考核制度，客观公正评价干部。建立健全了党政领导班子任期目标责任制和领导干部岗位职责规范，积极构建以工作实绩为主要内容的考核指标体系，制定出台了《山西省卫生厅厅直医疗卫生机构2010年度目标责任制考核办法》，为客观公正地评价领导班子和领导干部提供了科学依据。

推行政务公开制度，提高依法行政依法办事能力。制定和落实了《政府信息公开指南》、《依申请公开管理规定》和《公开信息的保密审查制度》等相关制度，将35项行政审批项目全部纳入政务公开范畴，全年受理许可事项13103件次，全部按规定时限办结。卫生厅门户网站《厅长信箱》栏目被评为中国政府网站“政民互动”精品栏目。

四、加强廉政建设，营造班子风清气正、奋发有为的良好氛围

加强组织领导，认真落实党风廉政建设责任制。厅党组调整充实了惩防体系建设领导组、落实党风廉政建设责任制领导组、治理医药购销领域商业贿赂专项工作领导组、工程建设领域突出问题专项治理领导组等9个专项工作领导组及工作机构，制定了《2010年党风廉政建设和纠风工作主要任务责任分解》，把党风廉政建设和纠风工作任务落实到党组成员和具体处室。

加强权力运行监控，强化廉政风险防控和廉洁自律工作。根据党风廉政和纠风工作形势任务变化，制定了《加强领导干部党性修养　大力树立和弘扬良好作风的实施意见》、《山西省医疗卫生行业有奖举报办法（试行）》、《山西省卫生监督员"五条禁令"》、《山西省卫生厅加强政风行风建设"十条承诺"》、《山西大医院建设工程招标管理办法》等制度规定。开展行政权力运行监控机制建设，出台了《预防行政权力廉政风险实施办法(试行)》，下发了《关于实施廉政风险防控工作的意见》。对确认的154项行政职权进行风险等级划分，采取针对性的风险监控方式，有效提高了干部队伍依法行政、廉洁行政和廉政风险意识，强化了对行政执法行为的监督。

开展专项治理，着力纠正医疗服务不正之风。在治理"小金库"专项工作中，共查出"小金库"7个，涉及金额103.89万元，全部按规定处理。认真开展建设工程领域突出问题专项治理，特别是在山西大医院建设过程中，纪检部门全程监督，省委、省政府、卫生部领导多次视察，都给予了很高的评价。

完善医德医风考评，有效推进行风建设。在建立医德考评制度的基础上，2010年重点规范了医德考评流程、标准和考核频率，出台了医德查房、出院患者回访、有奖举报等制度。厅党组成员先后4次参加政风行风热线节目。2010年4月，在省政府组织的民主评议政风行风考核测评中，卫生厅名列社会管理部门第3名，被授予"政风行风评议先进部门"。

（刘　翔）

附：省卫生厅党组书记、副书记、成员名单

书　记： 高国顺

副书记： 李书凯

成　员： 李双才　王　峻　赵光国　刘　星

省人口和计划生育委员会党组工作概况

党组书记　杨增武

2010年，省人口和计划生育委员会深入贯彻落实科学发展观，按照统筹解决人口问题。促进人的全面发展的要求，紧紧围绕稳定低生育水平、提高人口素质、改善人口结构、增强计生家庭发展能力等任务，不断加强人口和计划生育基层基础工作，开创了全省人口与经济社会、资源环境协调发展的新局面。

（一）扎实开展创先争优活动。一是领导重视，组织健全。制定《关于深入开展创先争优活动的实施方案》，成立领导小组，形成了党组统一领导、机关党委协调组织、支部具体负责的工作格局。建立党员领导干部联系点制度，委领导深入基层到联系点督查指导创先争优活动，推进了活动深入开展。二是主题明确，载体丰富。以建设效率型、责任型、学习型、服务型、廉政型机关为目标，各支部结合中心工作，开展主题活动。把深化"五到家"服务品牌建设、学习右玉精神、公开承诺等作为创先争优活动的载体，充分体现了岗位创先、服务争优的特色，激发和调动了基层党组织和广大党员投身创先争优活动的积极性和主动性。三是公开承诺，效果明显。各级党组织在深入开展创先争优活动中，立足岗位，围绕中心工作，制定争创目标，支部、处室根据本部门本单位工作职能制定了争创先进党组织的目标，党员结合岗位工作提出争做优秀党员的目标，广大党员干部积极践诺，扎实工作，形成了"支部一面旗，党员一盏灯"的良好局面。

（二）加强机关建设。兴起"学习右玉精神，加强作风建设"的热潮，进一步加强班子成员和干部职工的思想、学习、工作作风及领导作风。领导班子成员带头深入基层调查研究，把上级精神和基层实际有机结合起来，带领全省人口计生系统创品牌、出成果。班子成员全部完成了年度规定的基层调研任务。机关党委、纪委进行了换届选举，党组织的活力进一步增强，党组织的战斗能力、服务能力和创新能力进一步提升。提高了党员发展质量，2010年有3名预备党员转正，4名培养对象发展为预备党员。积极推进文明和谐单位创建活动，2010年，省人口计生委机关和药具中心被评为文明和谐标兵单位，计生协等6个单位被评为文明和谐单位。

（三）开展建设学习型党组织活动。下发了《关于贯彻落

实中央 < 关于推进学习型党组织建设的意见 > 的实施意见》，确立了建设学习型党组织的总体要求、工作任务和重点。提出了创建学习型党组织的“三个基本要求”：一是建设学习型班子。把班子建设成为勤奋学习、善于思考的典范，成为一个具有前瞻性目光、开拓进取的决策层。二是带出学习型队伍。培养造就一支能够“不断学习、务实创新”的学习型干部队伍。三是创建学习型机制。逐步形成“齐抓共管、全员参与、互动学习、共同提高”的运行机制，营造良好的学习氛围，促进党员干部能力充分发挥，推动各项工作不断创新发展。

（四）加强党风廉政建设。按照“一岗双责”的要求，将党风廉政建设纳入整体工作中，党组书记与机关各处室、直属单位负责人签定党风廉政建设责任书，做到廉政建设与人口计生各项工作同部署、同检查、同落实、同考核。及时组织传达学习中央、省委和省纪委相关文件要求，典型案例通报，观看警示教育片，强化廉政教育，提高党员领导干部廉洁自律的意识。修改、制定《工作规则》、《山西省人口计生委部门采购管理办法》等十余项反腐倡廉工作制度，强化人、财、物及关键岗位、关键环节的监督管理。认真梳理在履行职责过程中一些关键环节容易发生的问题，开展廉政风险防范活动。深入基层开展明察暗访，积极参加电台电视台组织的政风行风热线节目，妥善解决群众来信来访和涉及群众切身利益的问题，全面推进“阳光计生行动”，开展四项评议活动，赢得了群众的满意与好评。省、市、县多数人口计生部门在政风行风民主评议中排名前列。省人口计生委连续四年被省政府评为政风行风建设先进单位，2010 年被省政府确定为政风行风评议免评单位。

（五）保持和稳定低生育水平。坚持把农村、人口大县和工作基础薄弱的地区作为计划生育管理的重点，加强工作督查，加大管理力度，推动工作落实。坚持把落实长效节育措施作为稳定低生育水平的重要手段，加强孕前管理和服务，开展利益引导和服务关怀，全年共落实长措 43.04 万例，比 2009 年的 35.27 万例有大幅增加。2010 年，全省总人口可控制在 3450 万左右，总和生育率保持在 1.8 左右，圆满完成了省政府年初确定的目标任务。

（六）全面实施“优生促进工程”。在全省 28 个县（市、区）开展孕前免费健康检查试点，建立规范标准实验室，提高孕前优生健康检查水平。自主研发了“山西省孕前优生咨询指导系统”并投入使用，为全省广大育龄群众提供专业的孕前风险评估、优生健康知识、预防出生缺陷方法等孕前优生咨询指导服务，走在全国前列，受到国家人口计生委的肯定。各级人口计生部门充分发挥网络覆盖面广的优势，进村入户，大力宣传普及优生优育、预防出生缺陷的科学知识，引导待孕、已孕夫妇改变不良生活方式，培养健康行为。继续推进“健苗”工程、免费增补叶酸以及接种风疹疫苗干预出生缺陷项目，取得明显成效，出生缺陷率明显下降。在全省 25 个县（市、区）开展儿童早期发展教育试点，探索提高人口素质的有效途径。

（七）促进人口计生工作的转型发展。进一步加强人口计生服务体系建设，规划的 39 个县乡服务中心（站）建设项目已经全部完工，并投入使用。继续开展优质服务先进单位创建活动，2010 年，全省共创建国优县 7 个，省优县 17 个。开展“优质服务年”活动，开展科技大练兵、“十旗百佳”创建、流动服务车下乡和免费普查服务活动，不断提高群众生殖健康水平。深入推进婚育新风到家、优质服务到家、奖励扶助到家、人文关怀到家和科技致富到家的“五到家”活动。一年来，累计为育龄妇女进行免费生殖健康检查 380 余万人次，开展咨询服务 401.4 万人次，为 20 万户计生家庭发放了《全家福》照片。

（八）推进人口计生信息化建设。建成了以全员人口个案数据库为基础，以省市县局域网、乡级广域网、村级手机直报网和公众互联网为架构的人口信息化体系。全省 3400 多万常住人口个案信息实现集中管理、动态更新和网络化运行，在全国领先。为全省 35000 个村级（社区）计生信息员配备了手机信息直报终端，将人口信息采集网络延伸到村级，全国首家基层人口信息直报系统在山西正式建成。

（九）建设专业化、职业化的人口计生队伍。制定下发全省年度职业化教育培训计划，组织市、县人口计生局长进行专门业务培训，完成全省基层计生人员职业化培训、生殖健康（助理）咨询员职业考试考前培训 6 期 1704 人次，574 名优秀基层工作人员获得国家首批生殖健康咨询师（助理）执业资格。组织各类行政管理人员参加公务员四类培训 210 余人次，专业技术人员参加培训、进修、学术交流等活动 1826 人次。注重村级（社区）人口计生队伍建设，全省已经建成一支 33885 名村计生服务员和 3685 名社区计生人员的基层专职队伍。

（十）推进流动人口“一盘棋”的形成。重点抓好非公有制经济组织、城市社区和城乡结合部的流动人口计生工作，开展环太原经济圈、晋南晋东南、晋北区域及环渤海区域的协作。加强部门协作和综合治理，协调综治委、公安等部门，在全省乡镇（街办）推行流动人口综合服务管理模式，实行“一站式”办公，建立“一卡通”信息调查制度，健全“一条龙”服务体系，实行“一体化”考核评估的“四个一”工作机制。坚持开展每季度第一个月流动人口集中服务月活动，免费为流动人口提供计划生育、优生优育、生殖健康方面的咨询和服务。

（十一）构建计生利益导向机制。落实“4+2”计划生育家庭奖励扶助政策，提高群众实行计划生育的自觉性。注重做好民生普惠政策与计生政策的衔接，在新农合、新农保、林权改革、城市低保、升学加分、集体收益分配、扶贫移民搬迁、义务教育寄宿生活补助等方面出台政策，优先优惠计划生育家庭。2010 年全省有 8469 名农村计生家庭子女享受到中考加分优待，20236 户农村计生家庭增加了 1 人份的林地承包面积。开展党员干部和国家工作人员计划生育情况专项检查，全省共查处 2003 年 5 月 1 日以来违法生育或收养人员 6286 人，有 1281 人受到党纪处分，2847 人受到政纪处分，征收社会抚养费 3769.374 万元。

(十二)推动人口计生工作改革创新。改革和完善目标管理责任制,精简指标,简化程序,分类考核。在全国首创了运用“人口计生系统考核评估上报平台”实行网上考核,实现了对基层经常性工作的日常监管和过程评估,提高了考核评估效能。积极开展综合改革示范市、县(市区)创建活动,全省28个县(市区)被确定为省级示范县,晋中、长治和朔州被国家确定为人口计生综合改革示范市。

(王天定)

附:省人口和计划生育委员会党组书记、成员名单

书　记:杨增武

成　员:梁明虎　王祥瑞　杨建勇　赵新民　李跃珍(女)

省审计厅党组工作概况

党组书记　郝志远

2010年,厅党组团结带领全厅各级党组织和广大党员干部,认真贯彻党的十七届四中、五中全会和省委九届十一次会议精神,围绕审计深入开展创先争优暨建设学习型机关、学习型党组织活动和创建文明和谐单位标兵活动,坚持围绕中心、建设队伍,全面完成党建责任制工作目标,为推动审计为全省转型跨越发展服务提供坚强的政治保证,取得了明显成效。省直文明委授予审计厅机关“文明和谐单位”,省红十字会授予审计厅机关“热心公益奖”;省妇联授予厅法规处“全省三八红旗集体”荣誉称号。

一、扎实推进学习型党组织建设,不断提高学习能力

一是围绕审计推动学。按照中央和省委的部署,结合实际制定了《关于推进学习型机关、学习型党组织建设的实施方案》,明确提出要以“争创学习型机关、学习型党组织,争当学习型审计干部,提高审计机关公务员队伍专业化建设水平,增强审计为‘三个发展’服务的能力”为载体,不断提升党员的学习能力、知识素养。7月26日,召开动员大会,对活动做出安排部署,成立了学习型党组织建设领导组。党组书记、厅长郝志远作《创先争优、建设学习型机关、打造一支高素质的审计队伍》的动员讲话,阐述了“为什么学、学什么和怎样学”3个方面、30个问题,提出了“10个结合”的措施与要求。

二是领导干部带头学。年初,结合实际制定了《2010年党组中心组和党员干部理论学习安排意见》,明确学习重点内容、必读书目和措施要求。中心组以学习贯彻党的十七届四中、五中全会、省委九届十一次全会精神、《中国共产党党员领导干部廉洁从政若干准则》和《审计法实施条例》等专题内容为重点,组织集体学习研讨12次,中心组成员带头学习,带头深入调研,带头联系实际促进审计工作创新,有3篇学习专题文章被省直机关中心组《理论学习动态》采用。开展领导干部学习培训工作,选派29名处级以上干部参加了审计署、省委党校和省直党校的脱产培训。

三是搭建平台创新学。针对审计工作特点,拓展载体,采取多种形式推进学习型党组织建设。以中心组学习带动机关整体学习,发挥示范和表率作用,不断加强学习型领导班子建设;以群众性普遍读书活动促进系统性学习,党组针对性地向全厅党员和干部职工推荐《科学发展观学习读本》、《社会主义核心价值体系学习读本》、《审计干部反腐倡廉教育警示录》、《把信送给加西亚》等必读书目;以开展课题研究提高党建科学化水平,共撰写了3篇专题研讨文章,在“全省机关党建科学化研讨会”上作了大会交流发言;以网络课件、视频培训、电化教学为平台,为审计干部因地制宜进行自学创造条件;以开展理论知识测试促进学习,组织进行了《廉政准则》、《政治理论》、《五五普法》、《审计法实施条例》和《工会法》5个方面的专题理论知识测试。

二、深入开展创先争优活动,不断提高服务中心、建设队伍的能力

(一)加强组织领导,深入宣传发动。厅党组成立领导小组,形成了主要领导亲自抓、分管领导具体抓、党群组织齐抓共建的责任落实机制。制定印发《关于在厅机关基层党组织和党员中深入开展创先争优活动的实施方案》,明确提出以深入学习实践科学发展观为主题,以“在党组织和党员中普遍开展讲党性、重品行、作表率,比学习、比工作、比贡献的‘三比’活动,不断增强为审计科学发展服务的能力”为载体,统筹推进党的建设和审计工作,充分发挥党支部的战斗堡垒作用和共产党员的先锋模范作用,为审计事业科学发展提供坚强的政治和组织保证。活动中加强学习引导和宣传工作,转发了《袁纯清同志在全省深入开展创先争优活动座谈会上的讲话》和《汤涛同志在全省创先争优活动行业指导组座谈会上的讲话》。积极开展活动宣传和舆论引导。充分利用理论学习、会议、厅机关网站、电子大屏幕、宣传栏、标语口号和信息简报等多种形式,在各种时机、场合,加强宣传报道和思想教育,形成活动开展的良好氛围。

(二)抓好重点环节,党支部和党员公开承诺。为确保公开承诺工作的质量和效果,明确提出公开承诺的内容、方法和要求。一是要求每个支部和党员,都要制定提出《具体打算》,在支部扩大会上做出公开承诺。二是对“党支部承诺书”和“共产党员承诺书”的格式予以规范,提出统一要求。三是规定对“承诺书”实行“三级审核”,即支部和党员的“承诺书”必须经过群众代表、支部书记、分管党员领导干部签字,然后

报机关党委备案。四是领导干部带头公开承诺，9名厅领导干部均作出公开承诺。五是各青妇等群团组织结合各自工作特点作出公开承诺，发挥自身优势开展创先争优。六是以点带面，抓好试点，做到承诺制度上墙，建立档案资料。

（三）紧紧围绕中心工作，立足本职岗位开展创先争优。在活动中，厅党组把贯彻落实科学发展观、推动审计工作，作为创先争优活动的第一要务和检验标准，通过开展审计工作创新，关注民生、审计工作服务人民群众的根本利益，加强审计教育培训和信息化建设，严格廉洁从审的规章纪律等措施，不断提升审计为转型跨越发展服务的能力和水平。在党员干部中开展立足岗位创先争优，建设一流队伍，争创一流业绩，培养一流作风的群众性创建活动，组织开展2010年度民主评议党员、进行党性分析、查找问题和不足、明确努力方向。组织开展学先进、当先进、树典型的推优工作，组织党员和审计干部观看电视剧《远山的红叶》、电影《第一书记》，在审计工作、党群组织建设、文明和谐创建、参加联合国审计委员会审计项目和山西援建茂县工作等方面涌现出一批先进典型。

（四）注重开展课题研究，着力提高党建科学化水平。围绕创先争优暨学习型党组织建设撰写专题研讨文章。其中，厅机关党建课题组撰写的《服务中心，建设队伍，努力发挥机关党组织的服务和保障作用》一文，在"全省机关党建科学化研讨会"上交流发言并收入材料汇编；《围绕中心工作推进学习型机关建设，不断提高审计为科学发展服务水平》一文，提交"省直机关学习型党组织建设经验交流会"作书面交流并收入材料汇编。

三、加强党风廉政建设，促进各项制度的落实

一是充分发挥廉政教育的基础性作用。深入学习贯彻《中国共产党党员领导干部廉洁从政若干准则》和执行省纪委"五不准"规定，开展形式多样的经常性专题廉政教育、警示教育和监督检查工作，筑牢审计干部思想道德防线，引导党员干部坚定理想信念，坚持依法、文明、廉洁、科学审计。开展贯彻《廉政准则》专题学习活动，组织116名处级以上领导干部参加《廉政准则》知识测试，撰写学习体会文章60余篇。厅领导带头参加测试。充分利用《审计人员廉洁从政手册》和《审计干部反腐倡廉教育警示录》等廉政教育基本教材和网络、编辑发送廉政短信等现代传媒手段，加强对审计人员的廉政教育，强化一线审计人员廉政风险防范意识。同时，采取领导干部讲党课、开展廉政主题教育、组织演讲比赛等活动，初步形成"以教促廉，以廉促审"的工作氛围和长效机制。

二是严格落实党风廉政建设责任制。按照"一岗双责"的要求，实行主要领导负总责，班子其他成员各负其责，形成一级抓一级、层层抓落实的党风廉政建设工作格局。细化分解省委、省政府《关于2010年全省党风廉政建设和反腐败工作任务的分解意见》涉及审计工作的34项任务，做到任务明确，责任到人。同时，在各项审计工作中全面贯彻落实党风廉政建设和反腐败工作任务和目标要求，注意及时发现问题反映情况，更好地发挥审计监督的作用。

三是不断完善监督制约和预防机制。在对审计项目廉政风险防控的重点环节和部位进行深入调查研究和分析的基础上，制定了《山西省审计厅审计项目廉政风险防控办法》。坚持实行一公告双举报制度，审计组每到一个被审单位，都要张贴一张廉政承诺的公告和设立两个举报箱。执行审计纪律"八不准"制度，切断和被审计单位的经济联系，保障审计执法的独立性、公正性、客观性。设立审计廉政监督员制度，实行审计组长廉政建设责任制。坚持分管厅领导每10天听取一次审计组廉政工作汇报。审计组在审计前和结束后要分别向审计组所在部门、分管厅领导、驻厅纪检组报告审计组廉政工作情况。坚持明察暗访和回访制度，厅纪检组（监察室）、督查处采取明察与暗访相结合的办法，不定期进行跟踪督查，了解审计人员执行审计工作纪律的情况，注意发现倾向性、苗头性问题，及时提醒纠正，增强审计干部廉政意识。

四是加强行政督查工作。我厅建立行政督查制度的做法，引起审计署领导同志的重视，2010年2月26日中纪委驻审计署纪检组《审计纪检监察信息》（第5期）向全国审计系统作了宣传和介绍。

五是积极推进政务信息公开。2010年，通过"山西审计"网站等平台向社会公告了省本级预算执行和其他财政收支的审计，对口支援四川省茂县灾后恢复重建、山西省中小学校舍安全工程跟踪审计等5期审计报告，公开审计政务信息158条，广泛接受社会和新闻媒体监督，增强审计服务社会的功能。

四、围绕省委、省政府中心工作，自觉把党的建设融入到审计为山西科学发展服务的工作实践

2010年，全省各级审计机关深入贯彻落实科学发展观，按照省委、省政府和审计署的工作部署，紧紧围绕全省转型跨越发展的战略目标，坚持审计为发展服务的方向，依法履行审计职责，大力推进审计组织方式和方法创新，各项工作取得明显成效。截至12月底，全省审计机关共审计和审计调查单位4900个，查出违规金额193.46亿元，损失浪费金额3.98亿元，损益不实金额43.81亿元，为各级财政增加收入60.28亿元。移交司法、纪检监察机关及主管部门查处案件363件，涉及185人，涉及金额3576万元。审计建议得到各级政府和有关部门采纳3885条，审计专题报告、综合报告和信息简报得到各级领导批示采用2495次，其中得到省委、省政府领导批示85次。

（一）深化财政审计，促进财政体制改革。一是深入开展省本级部门预算执行情况审计，推进各有关部门严格执行预算，规范管理，依法理财。开展了对省财政、国土、发改委等17个部门及所属预算单位的审计，共查出违规金额41.81亿元，发现了财政资金征收、管理、使用等17个方面的问题，移交司法、纪检监察机关及主管部门查处案件105件，涉及102人，涉及金额3359万元。二是扎实开展财政决算审计，规范地方政府财政收支行为，促进地方经济平稳健康运行。按

照"两年审一次,一次审两年"的组织方式,2010 年省厅直接对大同、朔州、忻州、长治、晋城、运城 6 个市和部分县(市、区)2008、2009 年财政决算进行了审计。审计查出未按规定征收、缴纳财政收入 34.65 亿元,隐瞒转移截留财政收入 20.04 亿元,财政核算不实 6.51 亿元,违规改变资金用途 10.5 亿元等问题,通过审计促缴财政收入 21.39 亿元。为规范财政收支行为,严格财经法纪,维护国家政令统一发挥了重要作用。

(二)加强对扩大内需投资建设项目和政府投资重点建设项目的跟踪审计,提高公共投资的质量和效益。省厅统一组织各级审计机关 330 多名审计人员对扩内需新增 321 个投资项目、2488 个中小学校舍安全工程审计和联合检查。开展了对山西大剧院、山西省科技馆等省城 8 大工程,对口援建四川省茂县灾后恢复重建项目,玉树、舟曲救灾和灾后重建资金物资进行了跟踪审计调查以及忻州至阜平高速公路等 3 条高速公路在建审计,省博物院等两个重点工程的竣工决算审计。审计及检查发现工程审批程序和建设管理方面存在问题涉及 762 个项目,违规金额 13.2 亿元,资金管理和投资控制方面存在的问题涉及 122 个项目,违规金额 10.84 亿元。针对发现问题从体制、机制上分析问题原因,提出严格履行各项建设程序,规范招投标制度,建立健全政府投资项目监督管理长效机制等六方面的建议,有效发挥了审计的建设性作用。组织全省各级审计机关对 11 个市 119 个县 9363 个行政村村级组织活动场所建设项目进行了跟踪审计,为保证村级组织活动场所工程建设顺利推进发挥了积极作用。

(三)加强对重点专项资金的审计,促进加快经济发展方式转变和各项惠民政策措施的落实。结合预算执行审计,开展对煤炭可持续发展基金、煤矿安全改造资金、全省节能和淘汰落后产能专项资金、土地开发整理专项资金、环保专项资金、全省应急水源工程专项资金、卫生专项资金、保障性住房建设资金、城市和农村最低生活保障资金、11 所高等学校建设情况等 15 项专项资金的审计和审计调查,跟踪检查资金的筹集、管理、使用和绩效状况,发现和查处省市两级欠缴保险基金、闲置或挤占挪用专项资金 1.43 亿元,水源工程、保障性住房、新农合建设项目省市县配套资金不到位、项目建设进度慢及侵占群众利益等问题,有针对性地提出了审计建议。开展了对全省 2008、2009 年度水资费征缴管理情况的审计,共审计省、市、县三级征收单位 131 个、水资源费缴费单位 1311 个,查出违纪金额 94325.45 万元,在审计期间督促征缴水资源费 6546.07 万元。提出完善水资源费征收管理法规、统一全省水资源费上缴渠道等建议,促进了水资源保护和可持续利用的建议。

(四)积极推进企业审计、金融审计,保障企业和地方金融机构健康发展。开展了对中央和省属国有企业自办学校和公安机构移交地方补助资金及山西煤炭运销集团公司等 4 家企业的审计和审计调查。发现违规经营、隐瞒转移收入等问题金额 11.23 亿元,督促上缴财政 2295 万元,挽回损失 3110 万元;为加强企业管理、深化企业改革、促进企业健康发展发挥了积极作用。组织全省审计机关开展了对省信用联社财务收支审计、全省 113 户农村信用联社 2008 年、2009 年资产负债损益审计。发现少计收入,损益不实,投资论证不够,投资决策程序不规范等问题,发挥了审计促进地方金融业发展,保障地方经济安全的作用。

(五)开展外资和政府债务审计,防范财政风险。根据审计署授权,开展了对 11 个国外贷援款项目公证审计和审计署统一安排的省级主权外债情况审计,通过审计,为评价外资利用绩效,促进利用外资项目加强管理,提高资金使用效益,扩大对外开放发挥了重要作用。省厅统一组织对 2009 年全省县级以上 136 个融资平台单位及财政、交通、城建等 8 个部门的政府性债务情况进行了审计调查。摸清了地方政府性债务余额的总体情况、债务构成、债务资金部门和领域使用分布情况。揭示和反映了政府性债务规模、管理监督方面应引起重视的一些问题,提出了加强政府债务管理、防范财政潜在风险等建议。

(六)稳步推进经济责任审计,促进和加强对领导干部的管理、监督。根据省经济责任审计领导组安排,省审计厅开展了对 31 名党政领导干部和企事业单位领导人员的任期经济责任审计,任中审计占到 87%。在审计工作安排上,省审计厅把 6 名市长经济责任审计与市级财政决算审计相结合,8 名省直部门领导干部经济责任审计与部门预算执行审计相结合,通过创新审计组织方式和方法,有效整合审计资源,实现了"一次进点,两个报告",增强了审计成果的时效性,促进加强干部监督管理和党风廉政建设。通过审计,全面了解了有关地方、部门和企事业单位主要领导干部在经济社会发展、执行国家有关法律和政策、作出经济决策和实施经济管理、实施重大建设项目等方面履行职责的基本情况和主要业绩,揭示了工作中存在的突出问题,对今后改进工作,实现科学发展提出了有针对性的建议。

(七)积极参与省委、省政府、审计署以及有关部门组织开展的相关工作。组织力量参加了全省煤焦领域反腐败专项工作、省纪委、省监察厅牵头组织的全省工程建设领域突出问题专项治理检查和中小学校舍安全改造工程专项检查,与财政、纪检监察等有关部门密切配合开展了清理"小金库"工作,参与了省财政厅牵头的强农惠农资金专项清查、省纪检委安排的全省农村基层党风廉政建设工作。根据安排,我厅选派审计人员参加了审计署对联合国维和行动、非盟驻索马里维和特派团支助项目、联合国日内瓦办事处、联合国西亚经济社会委员会项目的审计,按时圆满完成审计任务,为中国审计机关和审计人员树立了良好的形象。

五、以践行社会主义核心价值体系为载体,扎实开展文明和谐单位创建活动

(一)加强教育引导,开展群众性创建活动。一是调整加强领导组织机构。厅党组结合机关领导干部变动的实际,及时调整了厅机关精神文明建设指导委员会。二是加强领导,制定计划,狠抓落实。召开机关党委会,分析机关创建工作现

状，总结近年来经验教训，研究提出创建工作思路和目标，对近年来领导重视抓创建、融入中心工作推创建、开展活动促创建和落实整改再创建的做法与成绩进行总结，提出了加强教育、管理和落实检查的具体措施，在党员干部中进一步树立起创建工作的责任心和紧迫感。三是以社会主义核心价值体系学习教育为主线，在审计队伍中确立正确的思想和舆论导向。广泛开展坚定理想信念、我为审计作贡献的主题实践活动，牢固树立“依法文明，客观公正，廉洁自律，谨言慎行，爱岗敬业，精益求精，创先争优，勤学奋进”的良好风尚，建设政治坚强、业务精湛、作风过硬的审计队伍。着眼于围绕中心、建设队伍的两大核心任务，不断创新党建工作组织方式方法，通过组织骨干培训、厅领导讲党课、跟年轻干部座谈作辅导报告、专题演讲、征文、参观、树立表彰先进、重温入党誓词等学习教育活动，进一步弘扬主旋律，促进了审计队伍“人、法、技”建设。

（二）以加强审计文化建设为平台，大力开展群众性健康向上的文体活动。“审计之声”合唱团成立五周年之际，组织开展了宣传庆祝活动。坚持利用重大节日、传统纪念日组织开展群众性文体活动。举办厅机关2010年春节联欢会，合唱团、各处室单位、家属表演了自编自演、丰富多彩的文艺节目。举办“三八国际妇女节”100周年庆祝活动，组织干部职工“健康万里行”健步走活动，组织参加省直机关保龄球比赛获女子团体第三名。组织厅机关全健排舞普及培训，组织参加省直机关“全民健身日”全健排舞展示活动获优秀组织奖。加强职工活动基础设施建设。丰富职工业余文化生活，新建室内活动室三个。

（三）积极开展扶贫济困送温暖活动。春节前夕，郝志远厅长带领机关干部深入静乐县双鹿乡慰问困难群众，召开县、乡、村三级干部20多人参加的座谈会，了解各项强农惠农政策的落实情况，听取基层干部和群众对改进审计工作的要求。厅领导还分别带队，走访慰问厅机关离退休老同志，发放慰问金2.58万元，救助机关困难干部职工及党员15人、发放救助金1.65万元。开展联企帮困，组织向太化磷肥厂困难职工慰问活动，发放救助慰问金4000元。三是组织机关党员、干部职工、离退休人员向青海玉树地震灾区、甘肃舟曲泥石流灾区及我省受灾地区捐款献爱心活动，共捐款90910元。

（姚安政　李京生）

附：省审计厅党组书记、成员名单

书　记： 郝志远

成　员： 郝素珍（女）　高爱平　杨光照　任建平

省政府外事侨务办公室党组工作概况

党组书记　韩和平

2010年，省外侨办全面贯彻党的十七届四中、五中全会和省委九届十次全会精神，以科学发展观为统领，围绕“开放、创新、服务、安全”的主题，对外交往健康发展，外事侨务管理规范有序，涉外环境持续改善，为国家总体外交大局和我省转型发展、跨越发展作出了积极贡献。在世博会、五台山申遗、能博会等重大涉外活动中做出了突出的贡献，多次受到外交部等国家部委通报表扬。办机关被评为“省直机关文明和谐单位标兵”；出国管理处被评为“三八红旗集体”；礼宾工作得到外交部和亚美尼亚总统赞誉；友城工作荣获全国友协、中国国际友城联合会“国际友好城市特殊贡献奖”等四个奖项。

一、以创先争优活动为抓手，全面推进党的建设

省外侨办以学习贯彻党的十七届五中全会精神和贯彻科学发展观为主要内容，紧紧围绕服务转型跨越和外事侨务工作，认真开展创先争优活动，充分利用多种宣传手段，大力宣传开展创先争优活动的重大意义，迅速在全办形成浓厚的创先争优的舆论氛围。全办各级党组织和广大共产党员积极开展创先争优活动，以创建“五个好”基层党组织、争做“五带头”共产党员为主要内容，并结合重大外事活动或涉外活动开展岗位竞赛活动，不断丰富活动内容和载体，深化活动主题，推进创先争优活动向纵深开展。办党组成员主动深入到各支部指导创先争优活动，充分发挥基层党组织的战斗堡垒作用和党员的先锋模范作用，促进活动顺利展开。

以贯彻落实科学发展观，服务转型跨越发展为主线，大力加强思想、组织、作风建设。在全党学习实践科学发展观活动总结大会之后，省外侨办以贯彻落实科学发展观实现山西转型跨越发展为主线，把党组成员和党员干部的政治理论学习作为开展“创先争优”活动的重要内容，纳入办党组的议事日程，严格学习制度，保证学习任务落到实处。

一是紧紧围绕办党组理论中心组学习，认真贯彻落实科学发展观。中心组成员按照中心组理论学习计划，紧密结合

我省外事侨务工作的实践,紧密结合加强和改进党的建设的实践,把学习的重点放在学习科学发展观和党的十七届五中全会精神和袁纯清书记在全省领导干部大会上的讲话,按照武装头脑、指导实践、推动工作的要求,着力在解放思想、转型跨越发展上下功夫,在提高服务经济社会能力上下功夫,在联系实际解决问题上下功夫。制定了中心组年度学习计划,并在学习内容和方式方法上有突破,提前把学习内容告知中心组学习成员,确定学习发言人,使讨论研究的问题有深度。办党组大力弘扬马列主义学风,运用理论联系实际的方法,人人撰写了研讨文章,全年形成调研文章多篇。通过对以科学发展观和十七届五中全会精神为主要内容的政治理论学习,极大地提高了办党组成员的政治理论素质,深化了对执政规律的认识。通过对袁纯清书记在全省领导干部大会上的讲话、右玉精神和《山西日报》系列评论员文章的学习,进一步明确了我省经济社会发展的方向、道路,理清了我办扩大对外开放的工作思路。全年共进行理论中心组集中学习12次,涉及九个方面的内容,重点对转型跨越发展、创先争优和党的十七届五中全会精神和廉政建设反腐败工作精神进行了学习。

二是以学习右玉精神为契机,大力加强党员干部理论学习。办党组制定下发了《关于兴起学习弘扬右玉精神新高潮大力加强机关作风建设的意见》,先后四次组织干部职工赴右玉参观学习。由于工作的特殊性,学习方式主要采取各党支部自行组织和机关党委统一组织相结合。2010年7月3日,办党组成员、纪检组长、机关党委书记高玉厚同志首先带领机关第二支部党员干部赴右玉开展了"学习右玉精神,改进工作作风"主题党日活动。在右玉县,召开座谈会,听取了右玉县政府负责人的经验介绍,参观了李林烈士陵园、右玉绿化纪念馆、绿化纪念碑、苍头河湿地公园和李洪河流域生态治理工程。8月31日,省外侨办机关在22楼活动室召开兴起学习弘扬"右玉精神"新高潮处长座谈会,16名同志结合各自工作实际畅谈学习体会。与会同志纷纷表示,一定要站在加强和改进新形势下党的建设的高度,站在推动我省转型发展跨越发展的高度,把学习弘扬"右玉精神"作为一项重要的政治任务来抓,决心以实际行动为山西的转型跨越发展作出贡献。通过学习右玉精神,省外侨办全体人员对右玉精神有了更深层次的理解,进一步坚定信念。全年,共组织13名处级干部参加省直党校轮训,共落实了20多个政治理论学习日,分期分批参加人员达1200多人次。全年共组织一次外出学习培训,三次请专家、教授进行专题讲座,多次观看各类教学录像。

三是以加强和改进党的工作为牵引,推动创先争优活动深入开展。按照省纪委、省委组织部关于开好2010年度民主生活会的通知精神和省直工委《关于开好2010年度省直机关党员领导干部民主生活会的通知》。办党组成员认真学习上级关于民主生活会的文件精神,在会前广泛征求意见建议,相互之间开展谈心活动,紧紧围绕"贯彻落实《党员领导干部廉洁从政若干准则》,切实加强领导干部作风建设"和"深入学习右玉精神,切实加强领导干部作风建设"主题,深入查找存在的问题,剖析原因。党组广泛征求意见,共征集到组织建设、外事侨务工作、对外开放、福利待遇、制度建设等五方面共十九条意见。经上级批准于10月21日召开了办党组民主生活会。这次办党组民主生活会主题是:"贯彻落实《党员领导干部廉洁从政若干准则》"和"深入学习右玉精神,切实加强领导干部作风建设"。韩和平、张志仁、武绍忠、高玉厚、田亦军5名办党组成员参加了民主生活会,综合业务处副处长韩泰凡、机关党委副书记张兴业2名同志列席了会议。会上各位党组成员全面总结自己思想、工作、学习以及廉洁自律等方面的情况,围绕贯彻落实科学发展观、遵守《廉政准则》52个不准,落实党风廉政建设责任制等内容,重点检查在理想信念、宗旨观念、工作作风、廉洁自律等方面存在的问题,联系思想和工作实际,深入进行分析。会后召开了干部职工和下属单位负责人大会,办党组成员、纪检组长高玉厚同志代表办党组向与会人员通报了办党组2010年民主生活会召开情况,听取了干部职工对民主生活会的意见,并组织民主生活会质量测评。抓好党员队伍和基层党组织建设工作。2010年,各支部结合自身特点组织了形式多样的活动。机关第一党支部组织支部党员到太原解放纪念馆缅怀革命先烈的丰功伟绩,组织开展党的知识竞赛活动。第二党支部组织支部党员和积极分子到公园植树,到右玉学习。第五党支部组织到中共太原支部旧址参观学习。通过这些活动的开展,深刻教育了广大党员,增强了党支部的凝聚力,提高了党支部的号召力,锻炼了支部组织开展活动的能力。按照党员发展计划,认真做好入党积极分子的选拔和培养工作;坚持发展党员公示制度,坚持"坚持标准,保证质量,改善结构,慎重发展"的方针,全年有13名同志向党组织递交了入党申请书,7名入党积极分子参加了省直分校入党积极分子培训班,发展了2名党员。七一前,在三层会议中心举行纪念中国共产党成立89周年暨"创先争优"推进学习型党组织动员大会。

四是以推进惩防体系建设为主线,大力加强作风建设。按照工作计划,认真学习贯彻《中国共产党党内监督条例》和《中国共产党纪律处分条例》,进一步完善党员领导干部的监督机制,严格执行廉洁自律规定,机关党员干部特别是党员领导干部接受监督的意识不断增强。认真落实中央纪委、省纪委会议精神和全省党风廉政建设大会精神,以落实党风廉政建设责任制为目标,努力落实牵头单位职责,坚决制止公款出国(境)旅游;以学习贯彻廉政准则和学习右玉精神为重点,着力夯实反腐倡廉的组织基础;以惩防体系建设为牵引,将党风廉政建设责任制纳入领导班子、领导干部目标管理,全面推动省外侨办反腐倡廉各项任务的落实。认真执行有关因公出国(境)审批管理的政策规定,紧紧围绕服务我省转型跨越发展,加强对全省各级领导干部因公出国(境)的统筹协调和归口管理,有效遏制了公款出国(境)旅游的不正之风,保障了我省对外交流与合作健康开展。进一步深入贯彻中办发〔2008〕9号、〔2009〕12号文件精神,优先保证和安排确有实质内容、与我省对外工作密切相关,以及友城往来、出席重要双边、多边或区域合作机制性会议等团组的出访,坚决遏制公款出国旅游、干部持因私护照出国办理公务等违法违纪行为。按照保障工作、突出重点、务求实效、合理安排的原则,实行证照专人专管,限时跟踪,保持收缴率100%。

二、以服务转型跨越为主线,积极开展外事侨务工作

(一)精心开展政府外事与公共外交,提升外事统筹协调水平。

一是坚持服务国家外交大局与我省发展全局,成功组织开展外事礼宾接待。深入贯彻落实《关于进一步改进和规范我省礼宾工作的若干意见》,先后接待了亚美尼亚共和国总统等国宾、党宾,圆满完成了德国社民党等代表团接待任务,受到了来访外宾的赞誉和外交部、省委省政府的充分肯定,为国家总体外交作出了积极贡献。做好各国驻华使领馆官员访晋的接待工作,积极利用使领馆渠道为我省经贸、文化等领域的交流与合作牵线搭桥。促成日本政府利民工程援助武乡县教学项目。全省共接待来自亚美尼亚等国团组2000多人次。

二是加强全省涉外活动外事礼宾指导与服务。积极做好世博会山西馆外事礼宾接待工作;参与组织举办第三届能博会,重点抓好礼宾接待和重大活动组织,取得圆满成功;为首家入驻我省的外资银行汇丰银行提供外事服务。全省各级外事部门还指导服务相关部门完成了世界新兴产业合作会议、世界遗产中心亚太地区第二轮定期报告研讨会、第十届平遥国际摄影大展等10多个国际会议会展活动的外事礼宾工作。

三是加大国际友城工作力度,积极拓展我省公共外交广度和深度。按照中国国际友城联合会明确未来10年我国国际友城发展的总体目标,继续巩固加强与周边近邻国家的友城关系,进一步发展与西方先进国家的友城关系,积极发展与非洲、拉美国家等发展中国家的友城关系,形成全方位、多领域的对外交流合作态势。全省外事侨务部门通过中法市长圆桌会议、中韩地方政府交流研讨会、驻外使领馆,以及侨团侨领等各种渠道,加强联系,积极发展友城。朔州市与英国威克菲尔德市、斯洛伐克汉德洛瓦市、美国波莫纳市,晋城市与俄罗斯列宁格勒州维堡地区,长治市与日本山形市,运城市与日本水户市、墨西哥圣佩德罗密特佩克、法国安特尼市,潞城市与德国萨克森州宝琛县进行了不同程度的交流和联系。晋中市与越南会安市,晋城市与南非卡卡杜市缔结协议,正式结好,我省友好城市数量已达33对。

(二)加强国内外侨务工作,服务我省经济社会发展。

一是深入开展侨务法制建设和宣传活动,为侨务工作打下坚实基础。以《中华人民共和国归侨侨眷权益保护法》颁布20周年为契机,加大宣传力度,采取多种形式举办宣传日、宣传周,通过广播、电视、墙报、知识竞赛、问答等使全社会了解、掌握和运用侨法,维护侨胞合法权益。太原、朔州、晋中、阳泉等市举办了不同形式的大型法制宣传和纪念活动,发放《侨务政策汇编》等宣传资料和书籍6000余册。办理了省人大代表《关于归侨工龄连续计算问题》建议、省政协委员《关于落实归侨侨眷权益保护政策》提案,并针对建议、提案和省人大侨法执法检查中归侨侨眷反映较突出的问题,对全省归侨工龄和退休情况进行详细摸底核实,积极向有关部门反映,争取解决补贴问题。

二是涵养侨务资源,扩大并加深与海外华侨华人、侨团侨社的联系与交往。通过山西外事侨务网、中国侨网发出致海外广大侨胞、海外山西籍乡亲的新春贺词。举办了省直侨界迎新春联谊会、中秋、国庆联谊会。看望慰问了重点归侨侨眷、新移民眷属。通过归侨侨眷,把党的关怀和温暖传递到海外侨胞身边。全年,共接待了美国伊利诺州参议院议长办公室亚裔顾问委员会主席尚摩西等华侨华人社团侨领、专家学者和商界企业界人士300余人次。为阿根廷、西班牙、瑞典、澳大利亚等国的华侨华人社团成立或换届庆典发出贺信贺电多份。通过侨务工作,增进与世界各国的友好关系,提升了我省影响力。

三是加深联系,拓展渠道,为我省社会经济发展服务。组织召开了以"围绕转型跨越促进对外开放,着力引智引资引技合作共赢"为主题的山西省第二届海外华侨华人联谊会,来自美国、加拿大、巴西、德国、瑞典、奥地利、新西兰、日本、菲律宾等13个国家160多位华侨华人社团侨领侨商侨胞、专家学者、工商企业界人士及台湾同胞参加本次联谊大会。举办了海外华侨华人看山西论坛、招商合作洽谈会,分南北两线,在大同市、临汾市举办了合作洽谈及参观考察活动。参会的华侨华人社团和企业与我省相关市县、企业达成了十多项合作意向,涉及煤化工合作、农业技术培训、水果加工、果树培养、环境治理、合资办学、合办银行管理咨询公司、开发旅游项目、文化交流、推动山西文化品牌走出去等多个行业领域,共引进资金达5亿元人民币。以侨为桥,促进朔州市与美国加利福尼亚州波莫纳市签署建立友好城市意向,为今后两市建立友城关系奠定了基础。积极配合我省引进海外高层次人才和招商引资工作。

四是结合扶贫工作,做好海外侨胞捐赠工作。经过积极争取,美国欣欣教育基金会为该会资助建成并投入使用的学校又注入后续资金3.4万美元。香港惩教社教育基金会为该会助建完工的学校推荐学生发放助学金4200元,为榆社县西马乡新建学校捐助20万元。美国亚特兰大现代中文学校师生向西马乡学校捐赠价值2000多元的书籍。

五是加强侨务外宣工作,开展华文教育。组织美国山西同乡会的30位华裔青少年团队,参加北京"中国寻根之旅"夏令营以及山西营活动,使海外华裔青少年更多地认识了祖国和祖籍,认识了山西这个中华民族的重要发祥地,取得了可喜的成果。

六是坚持依法护侨,为侨服务,努力解决侨界关注的民生、维权问题。加强困难归侨侨眷帮扶工作。深入大同、朔州、忻州、吕梁、阳泉、晋中、太原等市慰问救济贫困归侨侨眷,送

去慰问救济金近20万。运城市筹备建立城市贫困归侨家政服务中心，忻州市筹备建立侨务扶贫培训基地，帮助困难归侨重新走上工作岗位。根据侨务政策为10多位参加中考、高考的归侨学生、华侨子女学生和归侨子女学生出具身份证明。

三、以构建和谐社会为目标，深入开展文明创建活动

省外侨办以省直文明和谐单位的六条标准为依据，以形式多样的创建活动为载体，按照"抓班子、强队伍，抓学习、强素质，抓思想、强作风，抓基础、上台阶"的工作思路，深入扎实地开展群众性的文明单位创建活动，全办干部职工政治理论、思想觉悟、文化素质显著提高，外事为民、团结奉献的精神得到充分发扬。2010年，共组织省外侨办机关干部职工英语培训27课次。安排业务精通、经验丰富的资深处长进行外事侨务业务知识系列讲座，聘请有关专家举办消防、保密等专题讲座，都取得了理想效果。组织34名干部职工组成参赛队参加省直机关第三届职工运动会6个项目的比赛，提升了全局观念，强化了大局意识。组织"情系玉树"为地震灾区捐款活动，为灾区捐赠善款6920元。调动老干部积极性，充分发挥余热，编纂《记忆山西外事侨务》丛书。办机关被评为和谐文明单位标兵，下属企事业单位中对外交流中心、国际文化交流中心、五洲公司连续多年被评为和谐文明单位。机关党委专职副书记张兴业同志被评为"文明创建先进个人"。加强对统战和工、青、妇等组织的领导，按照章程开展工作。统战工作中，一是加强联系，二是了解和掌握党外知识分子和无党派人士的基本情况。指导工、青、妇组织利用重大节日、纪念日加强对职工进行爱国主义、集体主义、社会主义和道德教育。开展形式多样、丰富多彩的文体活动，组队参加了省直机关第三届"智奇杯"职工运动会，参加了男子篮球、乒乓球、羽毛球、台球、围棋、中国象棋等六个项目的比赛。

认真贯彻执行《工会法》健全和完善工会工作的各项制度，加强工会的组织建设，按时进行工会换届工作。7月29日，举行了山西省人民政府外事侨务办公室工会第三届会员大会，进行换届选举。省直工会主任王兵同志出席大会并作讲话。选举产生了新一届机关工会委员会，张兴业同志当选为省外侨办机关工会主席。外侨办机关、对外交流咨询中心、国际文化交流中心对新调入本单位的同志履行了加入工会的手续，按规定缴纳工会会费。积极开展扶贫帮困、送温暖活动。全年，共组织各种捐赠五次。中秋节、春节前到联企帮困联系点太化有机化工厂慰问了6户特困户，给他们送去了慰问金和关怀。

(武志明)

附：省政府外事侨务办公室党组书记、成员名单

书　记： 韩和平

成　员： 张志仁　武绍忠　高玉厚　田亦军

省煤炭工业厅党组工作概况

党组书记　王守祯

2010年，在省委、省政府的坚强领导下，省煤炭工业厅党组深入贯彻落实党的十七届四中、五中全会精神，认真学习贯彻"7·29"全省领导干部大会精神，以邓小平理论和"三个代表"重要思想为指导，全面推进厅机关、直属单位党的思想、组织、作风建设和反腐倡廉建设，为推动全省煤炭工业健康可持续发展提供了有力保证。

一、大力加强领导班子建设

厅党组大力加强自身建设，重点在学习型班子建设、加强党员领导干部党性修养、推动转型跨越发展能力、落实民主集中制原则等方面下功夫。一是学习型领导班子建设扎实推进。全年组织中心组集中学习7次、安全生产例会业务条例学习9次，理论学习与业务学习相结合，人员、时间、内容、效果"四落实"，坚持理论联系实际，正确处理煤矿重组整合与"保增长、保民生、保安全"的关系，在创新发展思路、破解发展难题上大做文章，在推动发展方式转变上下真功夫，不断增强加快行业发展方式转变的能力。二是努力提高推动转型跨越发展、促进社会和谐的能力。抢抓机遇，迎难而上，以壮士断腕的决心狠抓煤炭资源整合、煤矿兼并重组，全省矿井个数由重组前的2598处减少到1053处，30万吨/年以下的矿井全部淘汰，保留矿井全部实现机械化开采，产业水平明显提升，产业集中度明显提高，办矿体制明显优化，安全保障水平明显增强，可持续发展能力明显增强，行业贡献率继续提高，得到了全社会的高度赞誉；加强煤矿安全生产制度建设，强化"两个主体责任"的落实和考核，深入开展煤矿安全专项整治，全省煤矿安全生产形势稳定向好，煤炭百万吨死亡率下降到0.1876，比全国的0.749低0.5614，改变了我省的对外形象；狠抓结构调整促转型，加大煤炭循环经济园区建设力度，2010年实现非煤销售收入2139亿元，比上年增长66.98%；煤炭经济快速增长，对全省经济贡献率显著提高，2010年煤炭产量7.41亿吨，比上年增长20.37%；煤炭出省销量5.13亿吨，比上年增长15.23%；实现煤炭销售收入5441亿元，比上年增长44.48%；实现利税1136亿元，比上年增长35.24%；上缴税费816亿元，比上年增长37.84%。煤炭企业职工收入大幅提高，省属国有重点煤炭企业在岗职工人

均收入突破6万元，比2005年增加3.3万元，增长1.8倍。三是严格遵守民主集中制原则，不断提高科学决策水平。进一步完善了党组议事规则和决策程序，坚持“三重一大”事项党组决策制，在重组整合、关闭淘汰、改造建设、证件办理及干部任免等重大、敏感问题上，坚持集体决策、民主决策、科学决策。四是认真开好民主生活会。厅主要领导代表党组领导班子全面梳理了在贯彻《廉政准则》、加强作风建设方面存在的问题，对照“八条禁止性规定”和“52个不准”逐条检查的要求，联系学习、思想和工作实际，分析问题，明确努力方向。党组成员认真开展批评与自我批评，思想剖析深刻，问题查找准确，意见建议中肯，落实措施可行有力。省委副书记、省纪委书记金道铭参加了厅民主生活会，给予充分肯定和高度评价：“煤炭厅领导班子在履行职责、推进工作中高度重视班子建设、机关建设、队伍自身建设，坚持两手抓，取得了积极的成绩。煤炭工业的发展思路、视野越来越宽阔，科学发展理念进一步增强，为省委省政府担当参谋助手的作用越来越强，在全行业的工作推进上工作很有力。煤炭资源整合成绩显著，来之不易，功劳巨大，取得的成绩可以载入山西以及全国煤炭工业发展的史册”。

二、进一步加强机关党建工作

一是扎实开展创先争优活动。建立了领导干部联系点制度，厅领导深入基层督查指导创先争优活动，推进了活动深入开展。把学习沈浩、帮扶企业、公开承诺、文明服务等作为活动的载体，强调务实管用，体现岗位创先、服务争优的特色。把创先争优融入工作中，激发广大党员在各自岗位上，认真履职，发挥先锋模范作用，在实施“转型跨越发展”战略中充分发挥战斗堡垒作用。认真组织学习《山西省委关于大力学习弘扬“右玉精神”的决定》和袁纯清书记的重要讲话，组织厅机关全体人员到右玉学习，大力弘扬“右玉精神”。在山西煤炭信息网上开辟了“深入开展创先争优活动”专栏，加强宣传，营造了创先争优、比学竞赛、争当先进的浓厚氛围。二是注重学习型党组织建设。制定了学习型党组织实施意见，坚持每月一次领导干部集中学习制度，邀请行业、党建、行政等方面的专家为全体领导干部讲课，共组织开展了5期专题知识讲座，全体公务员和直属单位副处以上领导干部1000多人参加了学习。认真贯彻《2009—2013年全国党员教育培训工作规划》，圆满完成各项培训任务。三是加强党的基层组织建设，完成厅机关和所属单位基层党组织换届工作。2010年3月份对直属机关党委和直属机关纪委进行了换届，指导3个任期届满基层党组织进行换届改选，对2个直属机关、单位党支部进行增补和调整，新组建了中煤财产保险公司党委，促进了直属单位和厅机关的党建工作和创建活动。2010年共培养入党积极分子1984名，发展党员303名，预备党员转正297名。

三、认真落实党风廉政建设责任制，推进惩治和预防腐败体系建设

一是加强党风党纪教育，认真落实党风廉政建设责任制。把学习、贯彻执行《廉政准则》纳入党组重要议事日程，切实加强领导干部的教育、监督和自律工作，严肃整顿工作纪律，狠刹不良风气，树立良好工作作风。坚持“一把手负总责”和“谁主管、谁负责”的原则，制定了党风廉政建设和反腐败工作任务分解的意见，将党风廉政建设责任落到实处。二是扎实推进反腐倡廉制度建设。以惩防体系建设为主线整体推进反腐倡廉建设，把煤焦领域惩治和预防腐败制度建设工作作为重点，出台了《山西省煤炭工业厅集中整治阶段改革推进工作的主要任务和责任分解方案》，建立健全了反腐倡廉制度保障体系。围绕“六项清理”整治重点和关键环节，制定出台了32项反腐倡廉专项监督约束制度。三是把开展反腐倡廉建设贯穿于煤矿重组整合全过程。注重预防、关口前移，对重组整合工作资源价款政策、储量认定、资产评估、转让方式和程序、证照变更办理等方面开展重点监督，对难点问题开展现场督查。坚持原则政策、目标任务、条件程序、审批结果“四公开”。坚持联合集中、快审快批、简化程序、高效办理。为重组整合工作提供了强有力的纪律保证，创造了良好的外部环境，保障和促进了煤矿重组整合健康推进。四是扎实推进廉政风险排查防控工作，着力构建具有煤炭厅特色的惩治和预防腐败体系。厅机关处室及附属单位共清理确定权力158项，排查出风险点266个，制定防控措施266个。建立健全了结构合理、配置科学、程序严密、制约有效的权力运行机制，形成了以权为点、以工作程序为线、以制度为面、环环相扣的煤炭厅廉政风险防控机制。五是加强政风行风建设和行政效能建设，进一步优化煤炭工业发展环境。开展目标明晰、形式多样的调查暨明察暗访活动，力求行风评议工作取得实效。邀请省政府行风监督员、省行评办有关负责人，会同《政风行风热线》节目组记者，组成“全省煤炭系统政风行风督查调研组”，开展了《进煤企、谈整合、看变化》活动，努力营造全省煤炭发展的良好环境。

四、积极开展精神文明创建活动

一是积极开展思想道德建设。贯彻落实《公民道德建设实施纲要》，深入开展廉政文化进机关活动，厅主要领导定期给全体党员干部上廉政党课；举办了《预防职务犯罪》讲座，开辟了“廉政文化专栏”、“创先争优”、“推进学习型党组织建设”等专栏，增强了廉政文化进机关活动的吸引力、感染力和凝聚力；加强理想信念教育、党纪国法教育、权力观教育和道德情操教育，广泛开展了荐书、读书、品书、用书活动，爱读书、善读书、读好书的学风正在形成。二是开展好“送温暖、献爱心”捐助活动，完成好结对帮扶工作。厅机关和直属单位10878人为青海玉树和甘肃舟曲灾区捐款973180元；为扶贫点壶关县百尺镇两项扶贫工程项目投资120万元，定点扶贫工作取得显著成绩；落实结对帮扶工作，为山西金阳器材厂31位困难职工送去慰问金1.5万元；设立了直属企业困难职工救助基金。三是开展丰富多彩的精神文明创建活动。组织参加了省直机关第三届职工运动会并荣获团体第五名；组织参加妇女健身运动会并获优秀组织奖；组织厅机关职工

27人在学雷锋纪念日期间进行无偿献血活动。经过省直文明委考核验收，厅机关及直属单位中，5个单位荣获省直文明标兵单位称号，5个单位荣获省直文明单位称号。

（杨震宇）

附：省煤炭工业厅党组书记、成员名单

书　记：王守祯

成　员：杨茂林(7月任职)　牛建明　武建森　胡万升　王学军　何　青(7月任职)　李成先　贺天才　戴子平(7月任职)

省国资委党委工作概况

党委书记　朱晓明

2010年，省国资委党委以科学发展观为指导，贯彻落实省委、省政府的一系列战略部署，围绕中心任务，进一步加强党的建设，深化改革创新，促进转型跨越，推动国有经济平稳快速发展。截至2010年底，省属企业资产总额达到8968亿元，同比增长22%；所有者权益2916亿元，同比增长19%。全年完成增加值1752亿元，同比增长36%，对全省经济增长的贡献率约为40%；实现营业收入7408亿元，同比增长42%；实现利润306亿元，同比增长34%；实现利税829亿元，同比增长15%。各项指标均超额完成省委、省政府下达的年度考核任务，在全国31个省区市中位居前列，排名第3至第5位。

一、创先争优活动取得了初步成效

根据省委的统一部署，省国资委机关和省属企业全面深入开展了创先争优活动。省国资委党委高度重视这项活动，多次进行专题研究，制定了紧贴我省国有企业实际、指导思想鲜明、活动载体丰富、总体要求明确的活动实施方案，出台了《省监管企业创先争优活动考核细则》。6月21日，与省委组织部联合下发了《关于在全省国有企业开展争创"四强"党组织争做"四优"共产党员活动的实施意见》。7月5日省监管企业创先争优活动领导小组及办公室成立。7月13日召开了动员大会，对创先争优活动进行了广泛动员和全面部署。活动领导小组先后印发了34份相关规定和具体办法，有效地指导了省属企业创先争优活动的健康开展。领导小组办公室派出了6个检查指导组，了解掌握各单位在动员部署、公开承诺、培养和树立典型、加强宣传营造氛围等方面取得的经验和成效。11月18日，召开省属企业创先争优活动推进会，总结交流经验，研究部署工作。

省属企业各级党组织以先进典型为榜样，广泛开展"向先进看齐、向劳模致敬、向典型学习"的主题活动，营造了"学习先进、崇尚先进、争当先进"的良好风气。各级创先争优活动领导小组确立了4300个党员攻关项目，建立了835个党员品牌工程；领导干部建立了1761个联系点，领导干部下基层5510次，点评86次；领导干部确立了613个调研课题；共有7889个基层党组织和131733名共产党员做出了公开承诺；建立了2846个党员服务站（点）；党员帮扶共捐款11383537.4元；党员提出17263条合理化建议；建立了9791个党员责任区(示范岗、先锋岗)。潞安集团被确定为省委创先争优活动领导小组成员的联系点，潞安集团漳村矿被确定为中组部创先争优活动的直接联系点。通过创先争优，省属企业党员干部素质有了新提高，基层党组织建设有了新加强，党群干群关系有了新改善，党建工作有了新推进。

二、扎实推进省属企业创建学习型党组织活动

按照省委要求，7月份成立了省国资委创建学习型党组织活动领导组，召开了动员大会，对省属企业开展创建学习型党组织活动进行了动员部署。领导组下设办公室，对省属企业开展创建学习型党组织活动进行指导。9月8日至17日，领导组办公室组织人员对省属企业开展创建学习型党组织活动进行了督导检查，并对检查过程中发现的先进典型的经验进行了认真的总结，以简报的形式下发省属企业进行交流，促进了活动质量的全面提升。11月份召开省属企业学习型党组织建设推进会，潞安集团等企业进行了现场交流。

三、加强领导班子建设和党风廉政建设

省国资委党委积极探索符合国有企业特点和现代企业制度要求的企业领导人员管理办法，不断完善企业法人治理结构，切实加强对企业班子的年度考核和日常管理，及时调整充实企业领导班子，努力探索市场化选聘的新路子，开展4户监管企业领导副职的公开考录，开辟了高级人才引进和领导干部选任的新渠道。大力实施"人才强企"战略，配合省委组织部召开全省企业人才工作座谈会，制定企业经营管理人才发展规划。

深入推进煤焦领域反腐败专项斗争和工程领域专项治理，加强对中介机构和工程招投标的监管，全年开展效能监察1793项，为企业增加效益、节约金额约20亿元，共查结案件356件，给予党纪政纪处分1022人，其中县处级以上158人，刑事处理21人。加强监事会监督检查和审计工作，全年完成11份监督检查报告和6份专项报告，下发10份整改意见书、警示函和关注函。

四、扎实推进基层党组织建设

省国资委始终把基层党组织建设作为企业党建工作的

核心内容，不断增强基层党组织的生机和活力。

一是抓好党委换届工作，指导企业开好民主生活会。两次召开主管副书记和组织部部长换届工作推进会，重点对换届选举工作中存在的难点问题和需要采取的对策措施，进行了研究讨论，并针对组织关系不顺、企业破产改制等问题，逐个研究解决办法。严格把好代表名额的分配关、代表构成的比例关、代表推荐的程序关、代表候选人预备人选的审批关，严格按党委换届的相关规定设置领导职数，科学设定党委班子、董事会、经理层交叉任职或兼职，更好发挥党委会总揽全局、协调各方的作用。19户企业顺利进行了换届选举。认真落实党员领导干部廉洁从政若干准则，切实加强领导干部作风建设，制定了国资委党委联系点制度，指导20户企业开好民主生活会。

二是抓好组织建设，落实党务公开。批准成立了中共山西能源交通投资有限公司党委、中共山西省国新能源发展集团有限公司机关委员会、中共山西压缩天然气集团有限公司党委、中共山西煤层气(天然气)集输有限公司党总支。针对煤炭企业整合矿井中存在的组织关系不顺、党员队伍层次不齐等新情况、新问题，开展调查研究，及时提出指导意见。开展组工干部培训，全面提高了组工干部的政治业务素质。严把党员的入口关，认真执行公示制、票决制、预审制等基本工作制度，确保党员队伍的高质量和高素质，全年发展党员3100名。扎实做好党员民主评议工作，全年省属企业参加民主评议的党组织为4482个，党员91389名。不断提高入党积极分子培训工作的针对性和实效性，全年583名入党积极分子参加了培训。春节、“七一”开展对老党员、困难党员的关爱行动，发放补助金10万元。认真贯彻中组部关于基层组织实行党务公开的基本要求，组织了对23户省监管企业和3户中央企业党费的收缴、使用和管理进行检查调研，针对发现的问题提出了改进意见。

五、大力提升省属企业精神文明创建水平

按照《省属企业文明单位管理办法》，指导企业深入推进精神文明创建活动，不断提升企业整体素质和文化竞争力。潞安、晋煤、阳煤、太重精神文明创建成果丰硕，同煤被评为“全国企业文化建设示范基地”。各企业大力开展“讲文明树新风”活动，不断引深群众性文化活动。省属企业积极参加了中央文明办开展的“我推荐、我评议身边好人活动”，各级党委以第三届山西道德模范评选推荐活动为契机，面向基层组织，吸引群众参与，使评选、推荐的过程成为开展道德实践、促进道德养成的过程。同煤集团韩忠获“山西助人为乐模范”荣誉称号、孟利平获“山西敬业奉献模范提名奖”。按照省文明委要求，20户省属企业的省级文明单位和“社会主义新农村建设重点推进村”进行结对帮扶工作。积极开展特色企业文化建设工作，晋城煤业集团被授予“中国企业文化建设50强”称号，晋煤集团“不怕榜上无名，坚信脚下有路”的企业精神，被授予“新中国成立60年企业精神60佳”称号。组织开展“太重一日”采风比赛活动，省属企业近100名摄影家及爱好者参加了比赛活动。举办了第五届“挑战杯”省属企业乒乓球大赛，机关和24家企业的38支男女代表队、200余名选手参加了比赛。

六、围绕“转型跨越”战略做好宣传工作

8月，与省委宣传部联合发起“转型跨越看国企”主题网媒行宣传活动，对晋煤集团等4户企业转型发展、跨越发展的新实践、新成效进行了深入广泛报道。在《山西日报》开辟“再造一个新山西·企业老总访谈”专栏，在《国有资产管理》杂志推出山西国企“转型跨越发展”专刊，展示了省属企业解放思想、开拓创新、锐意进取、务实稳健的精神风貌。举办“法治山西在国企”主题宣传活动，在省电台制作了“政风行风评议”节目，接受群众咨询、建议和投诉。切实加强网络宣传，全年在“山西国资网”刊发和转发全国国资监管、国企改革等相关新闻信息2500余条，刊发工作新闻70余条。配合创先争优活动和创建学习型党组织活动开展宣传活动，编发《简报》29期。充分发挥《国企党建通讯》、《国企党建信息》和党建网站在鼓动宣传、理论研讨、传递信息、交流经验、展示成果、指导工作方面的重要作用，全年出版《国企党建通讯》3期、《国企党建信息》8期。

七、构建省属企业改革发展、和谐稳定的大好局面

积极做好企业统战工作，深入开展加强民族团结进步工作，太钢集团党委统战部获山西省民族团结进步先进集体、晋煤集团党委统战部统战科长梅爱新获山西省民族团结进步先进个人。以“企业安全、青年先行”为重点，团结广大团员青年在转型跨越发展中发挥生力军和突击队作用。“五四”运动91周年之际，表彰奖励了在王家岭透水事故救援工作中做出突出贡献的先进集体和先进个人。省属企业青联召开“气化山西”战略研讨会，为实施“气化山西”战略贡献智慧和力量。扎实做好信访稳定工作，建立了信访形势分析例会制度，全年接待群众来访209批1105人次，转办国家信访局重点信访案件10件并全部结案，及时处置8起影响较大的群体性事件，有效遏制了进京非正常上访。重点企业及时化解矛盾，保持职工队伍稳定。2010年，省属企业人均工资4.92万元，同比增长18%。全年新增就业岗位2.4万个，安置职工子女1万余人。棚户区改造、采煤沉陷区治理和保障性安居工程建设步伐加快，8万余户职工家庭喜迁新居。2010年，省属企业呈现出前所未有的改革发展稳定的大好局面。

（刘忠兵）

附：省国资委党委书记、副书记、委员名单

书　记：张崇慧(5月离职)　朱晓明(5月任职)

副书记：李天太　王靖凯　渠性轩

委　员：王晓勇　李宝文　朱成基　崔联会　李东洪

省地税局党组工作概况

党组书记 卢晓中

2010年，省地税局党组全面贯彻党的十七大和十七届三中、四中、五中全会精神，以科学发展观为统领，认真践行"大税收、大服务"理念，坚决落实"保收入、强管理、重服务、优作风、促发展"的总体要求，充分发挥税收职能作用，开拓创新，扎实工作，地税收入快速增长，各项工作取得了较好的成绩，为我省转型跨越发展做出了积极贡献。

一、千方百计抓收入，促进我省转型跨越发展

在经济税收形势极为复杂的情况下，省地税局坚决贯彻中央、省委、省政府和国家税务总局的决策部署，坚持把完成收入任务作为压倒一切的政治任务、中心工作和头等大事，认真落实"五个更加注重"的组织收入要求，全力抓好重点税源、重点行业、重点税种和零散税源等薄弱环节税收征管，圆满完成了地税收入任务。2010年，全省地税系统累计完成各项收入825.22亿元，比上年增长16.7%，增加118.03亿元。其中，各项税收完成597.17亿元，为年计划的113.42%，比上年增长21.38%，增加105.17亿元。其他收入完成228.06亿元，其中煤炭可持续发展基金完成163.36亿元，为年度计划的102.1%，同比增长1.75%，增收2.8亿元。全省地税一般预算收入完成472.62亿元，占全省财政一般预算收入的比重达到48.74%，比2009年提高1.04个百分点，有力地服务了我省转型跨越发展。

二、有力有序强管理，科学管理水平持续提升

全面推进"信息管税"，在征收、管理、考核等方面进行了全方位探索创新，层层开展征管状况监控分析和税收管理员考核，扎实推进纳税评估试点；运用信息化手段提升科学管理水平，在11个市、省局3个直属分局全面运行财税库银横向联网电子缴税系统，在太原、长治、晋城、直属一分局等四个单位开展网上申报试点，在太原市开展房地产交易环节计税价格核定试点，我省开展房地产评估技术、加强存量房交易税收征管工作经验在全国财产行为税工作视频会议上作了大会发言；积极争取并落实金税三期试点建设资金，完成省级数据处理中心的选址工作，编制金税三期工程第一阶段山西地税实施方案；加强发票管理，严厉打击制售假发票和违法代开发票行为；积极开展"依法治税示范单位"创建活动，推进省市两级地税部门法律顾问工作机构的组建工作；推进依法行政，开展政府规章规范性文件清理工作，省局获得省委授予的"依法治理标兵单位"和省政府授予的"依法行政示范单位"荣誉称号。

三、多措并举优服务，纳税服务开启新局面

省局党组将2010年确定为"纳税(费)服务年"，出台纳税服务工作规范，推进了纳税服务工作机制、服务标准、服务手段的改革创新。广泛开展税收宣传；采取委托统计部门面访调查、办税服务厅问卷调查、省局门户网站在线调查三种方式，在全省范围内同步进行"纳税服务满意度调查"；各市局全部开通地税网站，全省选择62个办税服务厅采取省市县三级共同投资的办法进行建设，2010年省局2000万元补助已拨付到位，建设工作全面启动。2010年共为各类企业和纳税人审批减免各项税收18.6亿元。

四、以人为本带队伍，干部活力素质明显提升

认真落实学习型党组织建设要求，引深大教育和"读书年"活动。省局举办了业务师资培训班，建立健全了法律人才库，邀请中央党校李俊伟教授、复旦大学钱文忠教授、清华大学刘书林教授和崔国文教授、省委党校高建生教授等专家学者，分别作党的理论、政治思想工作、国学系列等专题讲座，全系统干部职工通过视频聆听了讲座。与高校联合组织在职MPA学位教育，目前共有134名干部在读。各级地税部门积极开展业务培训和岗位练兵，在清华、北大、复旦等高等学府举办了高端培训，截止2010年底，全系统举办各类培训班908期，培训干部3.71万人次。组织省级兼职师资选拔，目前全系统共有省级兼职师资人员117名。在长治召开了全员读书活动经验交流座谈会，推动大教育和全员读书活动深入开展。严格干部选任工作，优化领导干部队伍结构，2月份、7月份两次调整交流充实了省局处室和各市局处级领导干部，对年龄55岁以下、任现职5年以上的分局局长进行了交流轮岗，涉及干部99人，其中提拔39人，交流轮岗60人。去年12月初，在省局机关开展竞争性选拔任用处级领导干部，涉及干部48人，其中提拔38人，交流轮岗10人。干部调整充实后，全系统处级领导干部平均年龄下降2岁，本科以上学历的比重提高到83.7%，提高了10个百分点。同时，开展了干部挂职锻炼，并且对运城、晋城、长治和阳泉市局进行巡视。

五、认真抓好地税部门党风廉政建设，全面推进反腐倡廉工作

省局党组高度重视反腐倡廉工作，认真规划、周密部署全系统党风廉政建设工作，紧紧围绕税收中心工作，坚持标本兼治、综合治理、惩防并举、注重预防的工作方针，在注重教育实效上下功夫，在完善制度机制上下功夫，在强化监督检查上下功夫，全面推进反腐倡廉建设。省局党组一班人认

真履行“一岗两责”，落实党风廉政建设责任制的各项要求，认真抓好分管范围内的廉政工作，推动党风廉政建设和反腐倡廉工作取得了新的进展。

一是加强廉政学习教育。在运城市组建首个地税廉政教育基地，组织新任职的66名处级干部进行廉政岗位教育和廉政宣誓。组织88名专兼职纪检监察干部和“两权”监督检查人才库成员赴中纪委杭州培训中心学习培训。组织全系统副科级以上领导干部进行《廉政准则》知识统考，推选富有山西特色的锣鼓说唱节目《廉政准则结硕果》参加了全国税务系统汇报演出。

二是推进内控机制建设。对税收“两权”的权力事项进行排查，初步梳理出7大类、389个廉政风险点，提出831条防控措施，不断完善税收权力运行监管工作流程。在全省廉政风险排查防控试点工作部署现场会上省地税局作了经验介绍。

三是组织“两权”监督检查。从全系统抽调40名干部组成5个检查组，对全系统的11个市局、13个分局、22个县局和65个税务所的权力运行情况进行监督检查。

四是开展重点领域专项整治。深入推进煤焦领域反腐败专项斗争和工程建设领域突出问题专项治理工作，制定了一系列煤焦领域税费基金征管重点环节的监管制度并抓好落实。2010年追缴税费9.39亿元，其中税款2.74亿元，煤炭基金6.02亿元。同时完成了全系统“小金库”治理回头看工作，有效防范财务管理中存在的漏洞。

五是加强政风行风建设。积极参加行风热线，召开政风行风听证对话会，全系统参加政风行风热线节目110余次，为纳税人答疑解惑368次。建立局长接待日制度和投诉举报制度，设立投诉信箱，公布投诉电话，积极解决纳税人的投诉事宜，2010年，省局直接受理来信来访86件次，全部办结，办结率100%。

六、完善党组抓党建工作格局，进一步加强和改进地税系统党建工作

积极推进学习型党组织建设。出台《关于推进地税系统学习型党组织建设的实施意见》，成立了由党组书记为组长的“建设学习型党组织活动领导组”，健全干部职工学习制度，坚持领导带头学，开展“支部书记讲党课”活动，全系统共组织不同形式的党课教育1000余次，进一步提高了党员的思想政治素质，省局机关党委“提高学习型党组织建设的科学化水平”经验材料在省直机关学习型党组织建设经验交流会上进行了书面交流。进一步巩固创新党组抓党建工作格局，认真落实党组抓党建工作责任制和“一岗两责”制度，推进党务工作信息化；做好换届选举工作，选举产生了新一届直属机关党委和直属机关纪委；继续巩固“支部建在所上”工作格局，开展了创建标准化党支部、创建党员先锋岗、推行党员民主议事等工作，着力提高党建工作的科学化水平，基层党组织建设不断得到新的加强。

认真开展了创先争优活动。研究制定了《关于在全省地税系统基层党组织和广大党员中开展创先争优活动的实施意见》，并于7月26日组织全省地税系统干部职工召开动员视频会议，对全省地税系统开展创先争优活动进行了全面安排部署，以开展公开承诺为重点，将创先争优活动与当前工作中心紧密结合；以弘扬右玉精神为动力，将创先争优活动与加强作风建设紧密结合；以开展主题党日活动为契机，将创先争优活动与加强党风廉政建设紧密结合；以开展业务比武活动为载体、将创先争优活动与税收业务管理紧密结合，2010年9月份组成5个督查组深入11个市局、25个县（市、区）局、61个税务所和办税厅开展为期一周的督促检查，省局党组会就督促检查情况听取汇报并专题研究，出台了进一步引深创先争优活动及作风建设的意见。2010年11月初，由省局领导带队组成9个调研组，深入全省29个联系点开展专题调研与督查指导。在全系统形成了“抓机关带系统、抓领导带党员、抓党员带群众”的良好局面，推进了创先争优扎实开展。

积极开展精神文明创建活动。出台山西地税系统精神文明创建工作计划，组织开展健康向上、丰富多彩的群众性文体活动，增强了地税干部的归属感和凝聚力。加强税务文化建设，山西地税合唱团在第四届世界汉语合唱大会上荣获银奖，同时被省文化厅授予“合唱事业特别贡献奖”。深入开展争做“人民满意的公务员”活动，全系统4个集体和2名个人获人力资源和社会保障部与国家税务总局联合表彰，6个单位荣获“山西省模范单位”称号、2名同志荣获“山西省特级劳动模范”称号、18名同志荣获“山西省劳动模范”称号。

（徐　鸿）

附：省地税局党组书记、成员名单

书　记：卢晓中

成　员：张跃建　郭英杰　刘建光　张澎涌　马爱锋　薛延孝

省工商局党组工作概况

党组书记　王虎胜

2010年，根据省委和省直工委部署要求，省工商局党组坚持“高举旗帜、围绕大局、服务人民、改革创新”的总要求，以邓小平理论和“三个代表”重要思想为指导，以建设学习型领导班子、学习型党组织、学习型机关、学习型干部为目标，以创先争优活动为抓手，以中国特色社会主义理论体系为基本学习内容，以掌握和运用科学理论指导实践为根

本目的，努力把学习成果转化为服务转型、促进跨越的实际能力，全面推进工商行政管理工作再创新局面。

一、完善制度，重抓落实，在学习中求提高

(一)注重学习制度的落实，努力加强学习的规范性。局党组对学习进行了较为全面的规范，在学习计划的科学性与系统性、学习内容的前瞻性与针对性、学习制度的严肃性与灵活性上进行了深入研讨，并在学习中建立和完善了理论学习讨论发言、撰写理论文章、做好自学理论笔记等学习制度。一年来，局党组成员脚踏实地抓了学习制度的落实。一是严把学习制度落实关。为了抓好理论学习，由党组书记、局长王虎胜同志任组长，切实加强了对党组中心组的领导。学习中还专门配备了由机关党委专职副书记担任的学习秘书，做好学习记录，并对学习记录进行整理和保管。在具体的学习过程中，确定7个学习重点，每个学习内容在8个小时左右的中心组理论学习，成了雷打不动的惯例。在工作之余各党组成员还各自制定自学计划，切实保证学习质量。二是严把知识巩固关。为了让所学的知识真正入脑、入骨，转化为能力，为大家所用，党组成员注重理论与实际结合，使学有所用，以提高学习积极性。三是严把学习责任关。制定了《党组中心组学习意见》，从考勤、请假、笔记、档案、考核等几个方面，进行了严格要求，从而保证了党组中心组理论学习的有效开展。

(二)注重学习内容的落实，不断增强学习的针对性。在学习过程中，为了远离理论学习中“空对空”，不着边际地泛泛而谈，杜绝“照搬照读”宣言式地说教。按照“学习要精、实用、管用”的要求，以解决实际问题，以着力实现建设高素质的队伍，运用高科技的手段，实现高效能的监管，达到高质量的服务，为促进全省转型跨越发展做出新的更大的贡献为目的，围绕社会关心的热点、难点、焦点问题，确定学习主题，狠抓了学习内容的落实。同时，注重突出了“四个结合”。一是注重学习与贯彻党的重大方针、政策相结合。党组成员认真学习党的十七届四中全会提出的建设马克思主义学习型政党的重大战略任务和中央关于推进学习型党组织建设的意见，学习社会主义核心价值体系建设，学习《中国共产党纪律处分条例》、《中国共产党党和国家机关基层组织工作条例》、《中国共产党党员领导干部廉洁从政的若干准则》、胡锦涛总书记在十七届中纪委五次全会上的讲话，学习党的十七大关于“全面落实依法治国基本方略，加快建设社会主义法治国家”精神，牢固树立社会主义法治理念，学习中央和省委经济工作会议精神等内容，做到与时俱进，在学习中统一思想，协调大家的步伐。二是注重学习与调研相结合。平时，要求党组成员每年要有30个工作日的时间深入基层进行调研，届时收集干部职工和服务对象、监管对象反映强烈的热点、难点问题，在调研中探问题，在调研中找课题。一年来，共收集各方面意见和建议七个方面13条，具体采取了五个方面25条解决措施。在深入调研的基础上，结合全局的各项重点工作实际，确立了“提高党建科学化水平的内涵、依据和意义。建设学习型党组织的重要性和紧迫性；推进社会主义核心价值体系建设的现实意义；加强领导班子和党员、干部队伍建设的重要性和必要性；加强思想道德修养和党性修养的必要性和重要性；推进党内民主政治建设的意义；加强干部队伍作风建设的有效途径；工商行政管理系统全面推进依法行政，提高依法行政和依法管理能力的有效途径；提高居民消费能力，扩大消费需求；增强自主创新能力；加快发展现代服务业；坚持把扩大农村需求作为拉动内需的重要举措；健全文化市场体系等重点学习内容，进行探讨，以推进各项工作开展。三是注重学习与解决实际问题相结合。在深入学习的基础上，解决基层和服务对象反映强烈的热点、难点问题6项，真正做到了心为民所想，情为民所系，权为民所用，利为民所谋。全省工商系统引深“万名工商干部进十万家企业”帮扶大行动，截止2010年12月底，全系统共出动46835人次，走访企业1.63万余户，帮助企业解决实际困难118件。全省新登记内资企业1623户，总数达到70602户；新登记私营企业11012户，总数达到146211户，与去年同期相比增长8.4%；新登记个体工商户55169户，总数达到793417户，与去年同期相比增长7.7%；新登记外资企业16户，总数685户。办理动产抵押登记816件，共帮助企业融资188.1亿元。帮扶大行动的实践，市场主体欢迎，地方政府满意，收到积极效果，促进了工商干部作风转变。四是注重政治理论学习和法律学习相结合。党组成员在深入学习贯彻中国特色社会主义理论体系，用马克思主义中国化最新成果武装头脑的同时，认真学习党的依法治国基本方略、国务院《全面推进依法行政实施纲要》及工商行政管理法律法规，不断完善知识结构、提高综合素质，提升法律素养，提高领导干部依法行政能力，强化依法行政进程，树立行政机关形象，培育社会法律意识，推进民主法制建设。

(三)注重学习时间的落实，确保理论学习的规范化。2010年，局党组成员共集中学习八次，学习时间18天，共完成了七个重点的学习任务，开展了理论学习及交流7次，组织全局党员干部理论学习培训15天，组织处级干部培训66人次，组织国学等专题教育讲座12次。组织观看《复兴之路》、《唐山大地震》、《黑梦》、《袁隆平》、《第一书记》等影片和警示教育片。在各种学习活动中，充分发挥了党组成员学习的表率作用、辐射作用，促进了全局理论学习的浓厚氛围。党组成员完成学习心得体会和调研文章26篇。其中党组书记、局长王虎胜撰写的《活跃市场经济、推进转型跨越，增强法治意识、推进依法行政、全面提升工商行政管理执法效能》《“品牌兴省”是推进转型发展的大战略》等文章，在《人民论坛》、《中国工商报》、《依法治省》等媒体刊发。副巡视员王拴成撰写的《立足工商职能，服务发展大局》、《全面履行工商职能，努力服务发展大局》，在《中国工商报》、《山西市场导报》、《太原工作》等媒体刊登。此外，在学习中，党组坚持学习预告制，每次集中学习先由机关党委提早发出学习通知和学习资料，预先布置半天的自学任务，明确学习具体内容和任务，以便党组成员尽早安排好工作，准时出席学习。

二、积极探索，力求突破，在创新中促发展

积极探索，在“两个改变”上求创新，努力改变传统学习方式，进一步提升大家对理论学习的兴趣。一是改变“关起门来学”为“走向社会学”。在理论学习中，开辟了“走出去学”、“向社会学”的创新机制，采用实地考察、实地调研、外出学习交流等方法和途径，推动我们在学习中的理性思考。2010年，党组成员先后9人次100余天走出去参加国家局组织的专业培训和省委党校培训。二是改变“按部就班学”为“紧跟形势学”。注重学习的灵活性，以顺应发展的潮流。注意抓住社会“敏感点”学。如抓住揭露党内及社会上存在的腐败现象等敏感问题学，在学习中辨真伪，去糟粕，洗心灵，明志向；注意抓住“闪光点”学。先后组织学习了袁纯清书记在全省干部大会上的重要讲话，学习了右玉精神，学习国家工商总局周伯华局长关于市场监管的论述，对大家进行熏陶教育；注意抓住“关心点”学。如在深入开展的作风整顿月活动和建设学习型党组织活动中，紧紧围绕“整顿作风、解决问题、提升形象、服务发展”的活动主题，实现各级领导班子树立起“政治坚定、勤政廉政、团结进取、务实为民”的新形象；使各级领导干部树立起“政治清醒、勇于负责、清正廉洁、率先垂范”的新形象；使工商干部队伍树立起“执法公正、办事高效、业务精通、纪律严明”的新形象的目标，进一步解放思想、改革创新，着力转变不适应不符合科学发展要求的思想观念；在开展的创先争优活动中，以在科学监管、服务发展中创先进，在立党为公、执法为民中争优秀为主题，以“三强化、三提升”（强化学习意识、提升党性素养，强化服务意识、提升监管水平，强化创新意识、提升工作效能）为载体，充分发挥党组织的战斗堡垒作用和共产党员的先锋模范作用，建一流基层组织，带一流党员队伍，树一流的机关形象，创一流工作业绩，进而引导大家、带动大家深入贯彻落实科学发展观，为服务转型、促进跨越提供有力保障。

三、真抓实学，注重转化，在实践中显效果

各党组成员充分发挥理论联系实际的优良学风，在“真学、真信、真用”上狠下功夫，收到了明显的学习效果。

（一）更加自觉地服务经济发展，充分发挥了服务转型跨越发展的职能作用。在主动服务上，自觉地把工商工作放到当地党委、政府的工作全局中去思考，主动为当地经济发展搞好服务，在市场布局、产业调整、创业就业、品牌战略等方面提出建议、制订措施、推进落实、务求实效；主动为各类市场主体实施商标战略、解决贷款融资、维护合法权益等给予行政指导、提供优质服务。在高效服务上，深入推进行政审批制度改革，在依法行政的原则下，减少审批环节，简化审批程序，规范审批行为，提高审批效率。认真落实首办责任制和限时办结制，开辟绿色通道，不说不能办、只说怎么办、全力尽快办。在创新服务上，为我省转型跨越发展，为国家级、全省域、全方位、系统性的资源型经济转型综合配套改革试验区建设，提供高水平、高质量、创造性的服务，在法律法规和职责范围内，只要有利于经济发展的方法方式就大胆“创”，只要市场主体欢迎的政策措施就大胆“试”。

（二）更加高效地加强市场监管，为转型跨越发展营造了规范有序的市场环境。在提升监管效能上，牢固树立执法是手段、规范是目的的理念，在严格执法中更加注重抓治本、抓规范、抓信用建设，继续深入开展“信息化建设推广应用年”活动，扎实推进“网上审批，网上年检，网上办案，网上办公”。在完善监管机制上，坚持实体市场与虚拟市场监管并重、低端市场与高端市场监管并重，拓展对新型业态、新兴行业、新兴领域、新型市场的监管，健全监管制度，细化监管标准，优化监管流程，规范监管程序，建立依法、科学、高效的长效监管机制，切实担负起监管社会主义大市场的重任。在防范监管风险上，充分认识维护市场安全稳定的极端重要性，不懈怠、不放松、不麻痹，牢记监管责任，履行监管职责，排查市场隐患，提高应急处置能力，维护良好市场秩序，推动我省安全生产形势持续好转、稳定好转。

（三）更加有为地强化消费维权，切实维护了社会的和谐与安全稳定。在更新维权理念上，把消费维权“关口”前移到消费引导、消费警示和消费知识普及上来，帮助消费者树立科学消费观念，防范消费风险，提高自我维权能力。在扩展维权网络上，扩大“一会两站”城乡覆盖面，注重解决农民群众关心关注的农资、食品等热点问题，使城乡消费者同等享受到工商部门的维权公共服务。在提升维权水平上，提升消费维权的能力，切实解决人民群众关注的热点、难点问题。特别是敏感发现、深入研究消费纠纷的新热点、新形式和新领域，将个体维权与群体维权结合起来，将消费维权与行业规范结合起来，指导市场主体建立消费纠纷内部调解制度，着力提升维权工作效能。

（四）更加努力地推进依法行政，加快了工商行政管理部门的法治化建设。在规范执法行为上，树立了行政要依法、有权必有责、用权受监督、侵权要赔偿、违法受追究的理念，严格依照法定权限和程序行使权力、履行职责。平等对待行政相对人，同样情形同等处理。尊重行政相对人，坚决杜绝以管理者自居、粗暴执法、野蛮执法。在严格办案程序上，严格规范行政处罚程序，严格规范行政处罚自由裁量权，杜绝重实体、轻程序和处罚畸轻畸重问题的发生。在强化执法监督上，建设阳光工商，使公开透明成为一项基本制度。认真落实执法责任制和责任追究制，充分发挥了大要案件评审委员会、企业登记疑难问题集体会审制度和工商所法制员的作用，强化法制机构对案件的核审把关、听证和行政复议的保障作用。

（五）更加严格地锻炼干部队伍，把队伍凝聚到服务转型跨越主战场上来。在强化班子建设上，以增强服务大局的能力、谋划工作的能力、团结群众的能力、廉洁从政的能力为重点，各级领导班子建设成为服务转型跨越发展的坚强领导集体。在夯实基层基础上，认真落实王岐山副总理重要指示，按照“数字准、情况明、责任清、作风正”的要求，抓好基层，夯实

基础,切实把工商所建设成为服务发展、监管执法、消费维权的坚强前沿阵地。在提升队伍素质上,以提升监管服务能力为重点,开展干部培训,打造一支政治过硬、业务过硬、作风过硬的工商干部队伍。使"勤政促发展,廉政保平安"成为每一名工商干部的自觉行动。

(郭明生　曹廷殿)

附:省工商局党组书记、副书记、成员名单

书　记: 王虎胜

副书记: 李秀英(女)

成　员: 涂国强　马联社　薛维栋

省质量技术监督局党组工作概况

党组书记　王正喜

2010年,省质量技术监督局党组以邓小平理论和"三个代表"重要思想为指导,深入贯彻落实科学发展观,以服务全省经济社会又好又快发展为中心,以党建工作为龙头,紧紧围绕学习型党组织建设和"以质取胜、创先争优"活动,大力开展"质量提升"工作,不断加强产品质量宏观管理、质量安全监管、技术基础工作和各项自身建设,较好地完成了年初确立的工作目标任务,各项工作成效得到进一步提升。

一、围绕"以质取胜、创先争优"活动,大力加强基层党组织建设

一是扎实推进学习型党组织建设。把推进学习型党组织建设与中心组理论学习结合起来,充分发挥中心组理论学习的示范带动作用。各级领导干部率先垂范,带头学习,带头撰写心得体会,带头宣传辅导,收到良好的学习效果。积极完善学习制度,改进学习方法,创新学习载体,采取视频教育、专家讲座、网络学习等形式,先后集中学习12次,对党员干部进行集中理论培训。一些基层党组织还利用学习专栏刊发党员干部的学习体会,开辟周五讲座,让学有所长的党员干部上台宣讲学习体会,不断增强学习的针对性和实践性,有效提高了学习的效果。

二是进一步加强领导班子建设。把创先争优活动作为推动领导班子建设的重要抓手,大力提高干部队伍的思想理论水平和各级领导班子的凝聚力、战斗力。着力建立健全处级领导班子和领导干部考核机制,制定完善了《省质监系统处级领导班子和处级领导干部年度考核办法》,认真组织对所属处级领导班子及其成员和省局机关各处(室)进行年度考核。严格落实《党政领导干部选拔任用条例》和省委"四个规定"等要求,坚持德才兼备和公开、公正、公平原则,选拔任用了一批年富力强、德才兼备的优秀干部。不断加大队伍教育培训力度,与省人事厅联合在清华大学举办了两期处级干部和业务骨干培训班,有效提高了干部队伍的整体素质。

三是切实加强基层党组织建设。按照建设高标准基层党组织、高素质党员队伍和高效率党建工作运行机制的要求,全力加强党的基层组织建设。始终坚持将党建工作作为质监工作的重要内容,纳入党组工作议程,以落实党建工作责任制为抓手,认真落实各项考核内容,严格"三会一课"制度,坚持一把手上党课制度,做到年初有安排、年中有检查、年末有考核。为切实加强党组织自身建设,根据《党章》和《党和国家机关基层组织工作条例》有关规定,按照省直工委的部署,在机关各支部换届的基础上,于2010年初召开了中共山西省质量技术监督局直属机关第二届党员代表大会,选举产生了第二届直属机关党委和直属机关纪委,为深入开展党建和思想政治工作奠定了坚实的组织基础。

二、全面加强自身建设,不断提高质监事业服务转型跨越发展的能力

一是下功夫加强领导班子和党风政风行风建设。严格落实《党政领导干部选拔任用条例》和省委"四个规定"等要求,坚持德才兼备和公开、公正、公平原则,对部分市局、省局直属单位和机关干部进行了调整,选拔任用了一批年富力强、德才兼备的优秀干部。召开了党风廉政建设会议,研究制定了《2010年度全系统党风廉政建设和反腐败工作要点》及《目标责任分解》,与各市局和省局直属事业单位签订了目标责任书。在全系统组织开展了"作风整顿月"活动。为弘扬右玉精神、改进工作作风,按照省纪委关于"进一步整肃工作纪律,狠刹不良风气"的要求,多次派出督查组对全系统工作作风和工作纪律情况进行了明查暗访,有效促进了全系统作风建设。

二是坚持加强党的建设和精神文明建设。围绕"以质取胜、创先争优"的主题,深入开展创先争优活动,在全系统组织开展了"质检文化建设有奖征文活动",共征集论文120余篇,评选出各类获奖论文63篇,编辑出版了《山西省质量技术监督系统质检文化建设征文汇编》;积极参加省直工委组织的省直机关职工运动会,获得健排舞项目表演一等奖,并被省直工委授予"优秀组织奖";积极组织开展了博爱一日捐、向玉树地震灾区捐款、慰问忻保高速公路一线建设者、在农村幼儿园建立"少儿书屋"等活动,充分展示了全系统干部职工良好的精神风貌。

三是扎实推进法制建设和依法行政工作。组织开展了"五五"普法总结验收考试,顺利通过了省政府和国家质检总局的"五五"普法工作验收。根据全国依法行政工作会议精神和省政府、国家质检总局的要求,召开了全系统依法行政工

作会议，安排部署了建设法治质监的各项目标任务要求。组织开展了行政执法案卷评查工作，对全系统2009年行政处罚和行政许可案卷中存在的问题进行了点评，进一步促进了全系统行政执法能力的提升。全面检查总结全系统政务公开和行政审批制度改革工作，省政务公开领导组在检查中，对我局的政务公开和行政审批制度改革工作给予了高度评价。根据国家质检总局的部署要求，从7月份开始，在全系统自上而下层层组织开展了行政执法大比武活动，全系统执法人员参与率达100%，实现了以比武促学习、以比武强能力、以比武夯基础的目标。

四是深入实施科技兴检战略。不断加快科技创新步伐，积极申报“2010年山西省科学技术奖”2项，国家质检总局科技计划项目6项。积极争取实验仪器设备投入，成功申报省科技厅“2010年山西省大型科学仪器设备专项资金项目”2项，获得省财政资金支持30万元；申报国家质检总局“2010年质量技术监督技术改造与技术装备项目”11项，申请资金300万元。大力推进技术机构的改革、发展与建设，配合事业单位改革，在大量调研论证的基础上，提出了技术机构以整合资源、做大做强为主线的改革方案，并得到省编办的批准，目前，正在制定具体实施方案。大力加强国家级专业产品质检中心建设，国家煤矿安全计量器具质检中心项目已完成实验大楼主体封顶，设备采购计划已编制完成；国家醋产品质检中心已经省政府和清徐县政府批准，将于近期开工建设；国家不锈钢、铝镁合金、耐火材料、煤层气、纺织机械5个质检中心已完成资料申报工作，并列入总局考察计划。省大容量计量站经总局批准，正在积极筹建国家大容量计量器具型式评价实验室。

五是不断加强财务管理和基本建设。先后制定出台了《关于进一步加强全省质监系统财务管理的实施意见》、《关于进一步加强系统内部审计工作的实施意见》等一系列财务管理规章制度，严格执行“收支两条线”制度，初步形成了事前有章可循、事中有效控制、事后监督检查的财务管理运行体系，有力保障了财务工作的准确性和规范性，有效避免了各种违规行为的发生。扎实开展“小金库”专项治理，接受了省治理“小金库”工作领导组对全系统所有行政机关、事业单位和所属企业、协会的重点检查，去年，又接受了省审计厅进行的财务审计，审计组对全系统的财务管理运行体制机制建设给予了充分肯定。充分发挥主观能动性，多渠道争取工作经费，“十一五”期间共争取各类经费近3亿元，全系统总收入由2005年的3.18亿元增加到2010年的7.51亿元，增幅达136.16%；人均可支配财力由2005年的4万元增加到2010年的9.04万元，增幅达125.97%；固定资产总值由2005年的3.22亿元增加到2010年的5.88亿元，增幅为82.65%。

三、积极履职尽责，服务全省经济转型跨越发展成绩显著

（一）不断加强宏观质量管理，大力推进以质取胜。质量立省战略全面推进。实施质量立省战略是我们提出的一项推动全省经济社会又好又快发展的战略举措，得到省委、省政府和国家质检总局的高度重视和大力支持。2007年初，省政府召开了全省质量立省动员大会，并与国家质检总局签定了合作备忘录，印发了《关于贯彻落实科学发展观大力实施质量立省的意见》，成立了质量立省领导组，对实施质量立省战略进行了全面动员部署。省局充分发挥质量立省领导组办公室的组织协调作用，先后代省政府起草了《山西省质量立省实施方案》和《山西省质量立省工作目标责任制考评办法》，明确了推进质量立省的目标任务、指标考评体系和职责分工。国家质检总局对我省实施质量立省战略的做法给予了高度评价，向全国质检系统转发推广了我省的《质量立省实施方案》。

名牌兴晋战略稳步发展。为了充分发挥名牌战略的示范引领作用，2006年，省政府办公厅转发了省局制定的《关于“十一五”期间加强中国名牌产品培育工作的意见》。全系统按照《意见》部署，积极宣传发动，大力扶优扶强，培育形成了由16个中国名牌产品、11个国家地理标志保护产品和360个山西名牌产品组成的名优企业和产品队伍。努力探索名牌战略在促进产业结构调整、服务经济社会又好又快发展方面的新思路和新途径，“十一五”期间，全省各级政府出台了扶持奖励政策，用于奖励名优企业的资金近亿元。

质量兴市（县）、质量兴企活动扎实开展。全省各地和广大企业积极开展质量兴市（县）、质量兴企和质量兴业活动，质量振兴工作迈上新的台阶。到2010年底，全省共有116个市、县（区）开展了质量兴市（县）活动，太原、晋城等地出台了《质量立市实施方案（意见）》，晋中市政府出台了《质量立市工作考核办法》和《晋中市市长质量奖评定管理办法》。以普查质量状况、建立质量档案为基础，深入推进质量兴企活动，大力加强企业质量诚信建设，1167家企业获得A级以上质量信誉。

宏观质量状况分析全面启动。全系统把开展宏观质量状况分析作为全面履行职能、服务经济社会发展的重要途径，在认真学习、广泛调研的基础上，起草了《山西省宏观质量状况分析报告实施办法》，并于2009年10月由省政府办公厅印发实施。2010年，质量立省各成员单位和全省各地认真落实《山西省宏观质量状况分析报告实施办法》要求，紧密结合行业特点和地区实际，以涉及人身健康、生命财产安全和关系国计民生的行业和领域为重点，深入开展宏观质量状况分析工作，长治、吕梁市政府办公厅印发了《关于开展宏观质量状况分析工作的通知》，省通信管理局、太原电监办和长治、太原、晋中、阳泉等市形成了本行业和本地区的《质量状况分析报告》，为政府宏观决策提供了有价值、高质量的依据。

（二）不断加强质量安全监管，积极维护人民群众切身利益。食品质量安全监管进一步加强。严格生产许可制度，积极稳妥地推进食品生产许可证管理，全省大中型食品生产企业全部实现持证生产，到2010年底，累计发放生产许可证3583张，注销464张，吊销4张。认真贯彻落实《食品安全法》，全面实施食品分类、企业分等、监管分级工作机制和区

域监管责任制,严格督促企业落实食品安全第一责任人的法定责任,获证企业基本构建并完善了质量管理链条和出厂检验制度,质量保证能力明显增强。扎实开展食品安全风险监测,研究制定了《山西省食品生产加工环节风险监测工作规范》,针对我省26大类2225个企业生产的安全风险大、社会关注度高和曾发生质量安全问题的产品,开展了风险监测,项目和产品覆盖率达70%以上,其中白酒、乳制品等重点食品覆盖率达100%。

特种设备安全监察不断巩固。全面建立健全动态监察体系,不断完善安全协管员制度,加强重大危险源监控,强化薄弱环节治理,严格落实特种设备企业主体责任、技术机构检验把关责任和监察机构依法监管责任。大力开展气瓶、起重机械、压力容器、压力管道等8个专项整治,并按照省政府的安排部署,于2009年和2010年组织开展了两次大规模全省特种设备安全专项整治,共检查生产使用单位8808家。2010年还开展了以落实企业特种设备安全承诺制为重点的全省特种设备安全大检查,全省606家生产企业和6639家使用单位的法定代表签订了《特种设备安全承诺书》,得到国家质检总局的高度评价。

产品质量监督检查扎实有效。坚持不懈地开展打假治劣活动,积极建立完善源头打假、标本兼治的打假长效机制,加强打假责任制和责任追究制的落实。充分发挥打假办公室的组织协调和12365、96315质量申诉举报中心作用,打假合力明显增强,打假效能明显提高。从2005年到2010年,全系统共出动执法人员72.92万人次,查处各类制假售假违法案件36945起,查获假劣产品货值4.01亿元,捣毁制假售假黑窝点5406个;对全省49560个企业生产销售的52874个批次的产(商)品进行了定期监督检查,合格率为95.10%;对38类涉及安全和重大基础设施建设等领域的7450批次产品进行了监督抽查,合格率为86.30%。有效发挥了质量监督检查扶优治劣、引导消费、服务企业、服务社会的作用。

(三)不断加强技术基础工作,努力促进经济发展方式转变。标准化战略全面实施。为充分发挥标准化在提高产品质量、促进产业发展、推动经济社会又好又快发展中的重要基础性作用,制定完善了《山西省重点领域标准化建设项目支持与管理办法》,建立实施了重点地方标准立项审查制度,从2005年到2010年,共组织制定发布各类地方标准535项,其中,农业342项,节能减排64项,服务业33项。长治市被国标委确定为首批两个全国农业标准化综合示范市之一,全省累计建设国家级和省级农业标准化示范区208个;太原、长治、晋城、运城被国家发改委和国家标准委一次性批准为国家循环经济标准化试点城市,这在全国是唯一一个省份;晋中市旅游、长治市始祖百草堂旅游、晋城市煤层气贮运物流和太原物流园区被国家标准委确定为国家服务标准试点项目,为推动全省经济社会又好又快发展提供了强有力的标准支撑。

计量基础不断强化。以建立完善的计量技术法规体系、计量监督管理体系、计量技术保障体系和计量服务体系为目标,狠抓计量基础工作,计量事业实现了跨越式发展。计量标准建标数量从2005年的1125项增长到2010年的1488项,增加363项,资金投入、建标总数和新增标准均处于全国领先水平。其中投入500余万元建立的200毫米大口径热能表检定装置填补了国内空白,有力支持了全国供热体制改革;全省25吨以上大型检衡车由11台增加到50台,检定砝码由506吨增加到2534吨,大衡器受检率达到95%以上,我省大衡器检定工作走上了规范化发展轨道,为服务全省治超和高速公路计重收费发挥了重要作用。大力加强民生计量,组织开展了以"诚信计量进市场、健康计量进医院、光明计量进镜店、服务计量进社区"为主题的"关注民生、计量惠民"专项行动,依法对集贸市场、医疗卫生单位和眼镜店等进行监督检查,在用计量器具受检率达到95%以上。

认证认可有效性不断提高。大力推广各类认证体系,截至2010年底,全省共有3119家单位通过了质量管理体系认证,542家单位通过了环境管理体系认证,410家单位通过了职业健康安全管理体系认证,420余家企业通过了强制性产品认证,500余家实验室获得了资质认定。大力强化实验室资质认定监管,坚持开展全省获得资质认定实验室专项检查和以涉及人身健康产品项目为重点的全省实验室能力验证活动,有效提升了检测机构管理水平和技术能力。

(崔爱斌)

附:省质量技术监督局党组书记、成员名单

书　记:王正喜

成　员:刘　军　盛佃清　张岐云　邢文奇

省广播电影电视局党组工作概况

党组书记　梁志祥

省广播电影电视局共设有6个党委、3个总支、1个支部,101个基层党支部,目前共有党员1548名。2010年度发展新党员17名。

2010年,省广播电影电视局以邓小平理论和"三个代表"重要思想为指导,全面贯彻党的十七大、十七届四中、五中全会精神,以建设学习型党组织为抓手、以深入开展创先争优活动为载体,以学习弘扬右玉精神、促进机关作风转变为主线,紧紧围绕服务全省广电中心工作,全面推进党的思想建设、组织建设、作风建设、制度建设和反腐倡廉建设,为推动广播影视又好又快发展提供了坚强有力的组织保障。

一、以中心组学习为龙头，以学习型领导班子建设带动学习型党组织建设

（一）抓“龙头”，发挥领导班子带头作用。中心组学习是加强领导班子思想政治建设，提高领导水平和执政能力的重要途径。局党组中心组坚持每月最少集中一次的学习制度，制订了具体的学习计划，规定了具体的学习内容。围绕中央、省委重大决策部署，围绕国家广电重大的政策方针确定学习主题，狠抓了学习内容的落实。2010年，局党组中心组共进行了16次集中学习讨论。

（二）抓方法，增强理论学习的实效性。一是学习领导讲话。在学习当中，围绕中央、省委重大决策部署，联系山西广播影视工作实际，讨论研究工作重点，传达学习李长春在全国宣传部长会议上的讲话精神，刘云山在全国宣传部长会议上的讲话精神、王太华在全国广播影视工作会议上的讲话精神，省委书记袁纯清在全省领导干部大会及在全省兴起学习弘扬右玉精神新高潮大会上的讲话精神，切实把全局干部职工的思想统一到中央和省委的决策部署上来，确立转型发展的新思想。二是学习政策法规。针对山西广播影视改革现状，中心组制定计划，组织五次关于广播电影行政管理的专题学习，由相关职能处室及分管领导作专题辅导，对宣传管理、安全播出管理、电影管理、传媒机构等方面的行政职能进行了认真细致的梳理和学习，探索全省广播影视改革新形势下管理新方法、新途径，为建立“学习型管理、建设型管理、规范型管理”打下良好基础。三是学习新理念。邀请中国有线网络公司总经理沈向军就“三网融合与广电产业发展”举行报告会，信息量大、内容新、权威高、针对性强，为省广播电视局开展三网融合工作提供了很好的思路。四是学习党风廉政新知识。就学习贯彻中共中央颁发的《中国共产党党员领导干部廉洁从政若干准则》进行了两次中心组学习，分别由驻局监察室负责人及邀请省纪委党风室副厅级主任卫洪平进行主讲，围绕《规范党员领导干部从政行为的重要基础性法规》的八个“禁止”、52个“不准”，结合典型的违纪案例，对应相应的法规条文，进行了重点突出、通俗易懂的明释。与会人员结合广播影视反腐倡廉实际、存在的突出问题和薄弱环节、应对措施以及下步工作重点进行了具有针对性的讨论，认识上得到很大提高。五是学习十七届五中全会精神。2010年11月1日和2日，连续组织了党组中心组学习和中心组扩大学习活动。局党组全体成员、机关全体公务员、局直各单位部分中层以上干部共计120余人参加了学习活动，通过认真研读《建议》原文及观看录像报告，与会人员学习了国务院发展研究中心宏观部部长余斌关于“十二五”规划的解读，掀起了全局干部职工学习“十二五”规划的高潮，对于贯彻落实十七届五中全会精神，加快广电事业产业发展具有很大的推动作用。

（三）抓培训，增强理论学习的实效性。一是参加各类培训。地厅级党政干部14人、县处级党政干部56人、科级及以下党政干部19人、企业经营管理人员9人、专业技术人员35人，共计133人参加了培训；二是2010年5月举办党务干部革命传统教育学习培训班，组织局机关及局直单位党务干部到井冈山、韶山进行理论与实践相结合的革命传统教育学习，从追思先烈的丰功伟绩中，激励党员学习革命前辈的光荣传统，勇于担当时代赋予的使命和责任。三是探索推进学习型党组织建设的学习方法，增强学习活动的吸引力和凝聚力。组织局机关处室、局直各单位党员干部观看了电影《第一书记》。把学习沈浩同志先进事迹与创先争优活动结合起来，以学习沈浩精神为契机，寻找差距，加强改进，不断提高工作能力和水平。四是配合机关人事处、科技处、法规处完成在北京举办的“局机关部分处长、各市和部分县广电行政部门负责人培训班”任务，完成安全播出责任单位深入开展广播电视安全播出知识学习考核活动，完成全局机关处室、直属单位“五五”普法考试，努力提高党员干部思想和业务素质，促进工作有实效。

二、相辅相承、相互促进，学习型党组织暨创先争优两项活动共同推进

（一）全面动员，积极部署，使两项活动深入人心。2010年6月30日，召开了全局深入开展创先争优活动暨学习型党组织建设动员大会，对省广电局深入开展创先争优活动和学习型党组织建设活动进行深入动员和全面部署。局党组成员、局机关全体公务员、局直各单位和国家广电总局七二五台班子成员以及部分支部书记，共120余人参加了会议。会议结束后，局直各单位陆续制定出台了本单位的创先争优暨学习型党组织建设活动方案，并于7月10日前全部召开了动员大会。至此，两项活动在省广电局已达到全员覆盖，为深入推进双活动打下了良好的思想和组织基础。

（二）明确责任，加强领导，工作推进有“抓手”。省广电局创先争优暨学习型党组织建设活动领导小组办公室采取了一系列行之有效的措施，加强组织领导，完善信息联络员队伍，编发“活动”简报，展现活动动态，推广先进作法，进行经验交流，巩固活动成果，全面及时反映全局各单位在深入开展创先争优暨学习型党组织建设活动中所取得的成绩和活动进展情况。

（三）建立联系点制度，发挥领导干部的示范作用。根据省委、省直工委关于在基层党组织和党员中开展创先争优活动实施方案及有关工作部署，结合省广电局实际情况，建立联系点制度，确定局党组成员联系点8个，要求各联系点负责人深入到联系点，摸清联系单位基本情况、创先争优活动工作进展情况，以及急需解决的主要问题，指导联系点开展创先争优活动，检查督促各联系点对照创先争优标准，在推动科学发展、促进社会和谐、服务人民群众、加强基层组织等方面的实际成效，确保创先争优活动各项任务落到实处。

（四）公开承诺、践行承诺，履职尽责创先进。根据中央和《中共山西省委印发 < 关于在基层党组织和党员中深入开展创先争优活动的实施意见 > 的通知》精神，今年8月局机关各支部完成了公开承诺工作，10月初，又专门制定下发了

《关于以公开承诺为载体，推动创先争优活动深入开展的通知》并召开会议传达上级有关公开承诺的文件精神，大力宣传推行公开承诺的重要意义，广泛进行思想发动，提高广大党员对开展承诺制的认识，增强自觉性和积极性，扩大覆盖面和影响力。领导干部通过深入联系点与党员个人谈话、召开座谈会等形式，广泛征求党员群众对党支部和党员个人的意见，把群众的意愿和需求作为承诺的重要内容和依据，明确争创目标和努力方向。党员个人采取向组织汇报、与同事交流、与群众谈心等方式，查找存在的不足，确立具体承诺事项。共性承诺主要是《中国共产党章程》所规定的党员必须严格履行的义务；岗位承诺是全体党员根据所在单位的工作特点以及各自岗位的职责和技能、年龄等情况，从加强自身建设、实现工作目标、提供优质高效服务等方面作出承诺；实事承诺是要基层党组织围绕党员群众最关心、最急需办的实事作出承诺。每个党员则根据自身能力和特长等情况，要向群众承诺做几件实事。

三、以创建学习型党组织为抓手推进精神文明建设

（一）注重活动载体，发挥创建特色。在年初的创建工作部署会上，省广电局就要求各单位在创建活动中要紧紧围绕构建社会主义核心价值体系这一创建活动的主线，结合本单位的实际，确立创建活动的主题和载体，真正将创建活动引向深入。局机关创建活动的主题是"加强学习，强化素质，改进作风，提高效能，服务基层"并有机结合"讲党性、重品行、做表率"活动，深入创建活动。局直各单位也都明确了自己的创建主题，比如：后勤中心以"爱岗、敬业、诚信、奉献"为主题。山西广播电视台以"立足岗位，教书育人，快乐成才"为主题。国家广电总局七二五台以抓住活动"三个特点"，即：普遍性、普通型、普及性，做到"三个体现"，即：将党委的核心作用、党组织的战斗堡垒作用、党员的先锋模范作用体现出来；将党组织和党员在建设学习型党组织、学习型台站的作用体现出来；将保持先进性教育活动和学习实践科学发展观活动的成效体现出来。

在文明创建中，省广播电视局也采取分类指导的原则，督促原文明和谐单位的创建再上新台阶，重点指导新创建的单位，使工作更有针对性和目的性。2010年侯马电视台广告中心等3家单位申报了省级"青年文明号"。

（二）学习创建结合，带动群众广泛参与。创建学习型党组织与精神文明建设的内涵基本一致。在这两个活动中，通过活动的开展增强创建活动的认同感，提高创建活动的参与度，扩大创建活动的覆盖面和影响力。春节前党组书记、局长梁志祥、副局长董晓林带领机关党委、办公室等有关处(室)的同志，对局机关5位因病致贫的老党员进行走访慰问。在甘肃舟曲特大山洪泥石流发生后，局党组成员带头捐款，广大干部职工积极响应，共计捐款8万余元，支援灾区救灾和恢复重建工作。为进一步贯彻落实十七届四中全会审议通过的《中共中央关于加强和改进新形势下党的建设若干重大问题的决定》精神，推动全局党建工作再上新台阶，2010年2月初，在解放路数码影城召开了2010年新春电影团拜会。会上，与会人员回顾了2009年党建工作取得的成绩和存在的不足，展望了2010年党的建设和建设学习型党组织工作，为推动2010年省广电局党建工作再上一个新台阶，打下了良好的基础。开展了中秋、国庆联企帮困送温暖活动，为太化集团公司有机化工厂的职工送去了关怀和温暖。

四、健全基层党组织，认真做好培养和发展新党员工作

（一）加强党员党性修养，定期培训，强化意识。2010年上半年，根据省直工委组织部下发的《2010年省直机关发展党员工作计划》，严格遵循新时期发展党员的"坚持标准、保证质量、改善结构、慎重发展"十六字方针总要求和十七届四中全会上提出的"注重质量，优化结构，改进发展党员工作，加强思想上入党教育"，专门召开会议，分析研究近年来发展党员情况，明确要求局直各单位要加大对入党积极分子培养教育的力度，确保新党员的质量。省广电局2010年分6批组织入党积极分子20人参加省委党校省直分校组织的入党积极分子培训班。

（二）健全完善基层党组织建设。省广电局成立了中广传播山西分公司，为了及时加强该单位的党建工作，根据《党章》和《基层党组织工作条例》相关规定和要求，按照程序，经机关党委研究，成立了中广传播山西分公司党支部。另外，完成了机关有关处室基层支部改选工作。

五、强化措施，落实责任，党风廉政建设成效显著

（一）学习右玉精神，转变工作作风，促进广电发展。在省委召开兴起学习弘扬右玉精神新高潮大会之后，省广电局党组高度重视，认真安排部署，以实际行动学习右玉精神。为学好右玉精神，根据省委的安排部署，2010年9月3日至4日，局党组书记、局长梁志祥，副局长董晓林亲自带领省广电局机关各处(室)负责人一行20余人赴右玉实地考察学习，亲身感知，接受教育。出台《省广播影视系统关于开展学习弘扬右玉精神 加强机关作风建设 促进广播影视发展的意见》，深入贯彻省委书记袁纯清在全省兴起学习弘扬"右玉精神"新高潮大会上的讲话精神，激励和动员全系统广大党员干部转变作风，顽强拼搏，创先争优，大力提升新闻宣传引导力、广播影视影响力和可持续发展能力，推动广播影视又好又快发展。

（二）整肃工作纪律，狠刹不良风气。9月14日下午，召开"整肃工作纪律狠刹不良风气"工作会议，传达了省纪委《关于进一步整肃工作纪律狠刹不良风气》的有关精神。局党组书记、局长梁志祥对"五个不准"提出了进一步的要求。国庆前在全局开展了整肃干部职工工作纪律，狠刹不良风气活动，并于9月下旬在全局范围内进行了抽查暗访，有力的促

进了机关工作纪律的落实和工作作风的转变。根据省直工委《关于开好2010年度省直机关党员领导干部民主生活会的通知》精神，省广电局党组于11月24日召开了局党组民主生活会。党组成员围绕"贯彻落实《党员领导干部廉洁从政若干准则》，切实加强领导干部作风建设"和"深入学习右玉精神，切实加强领导干部作风建设"这两个主题，结合机关处室、局直各单位、各部门提出的意见和建议，联系各自分工，认真查找了问题和不足，并提出了相应的整改意见，同时强调了三项重点：第一是作风建设和队伍管理不能放松。第二是党风廉政建设不能放松。第三是要确保安全播出、队伍稳定不出问题。局直各单位各党委、总支、支部都在11月召开了组织生活会。 （王　珽）

附：省广播电影电视局党组书记、成员名单

书　记：梁志祥

成　员：董育中　梁丽山　李光明　王建中　刘英魁　董晓林　梁如成（3月离职）　张敬民

省新闻出版局党组工作概况

党组书记　林玉平

省新闻出版局设有机关党委1个，党支部8个，共有党员114名。

2010年，省新闻出版局党组以科学发展观统领全局，带领全省新闻出版战线紧紧围绕"加速发展"工作主线，积极服务党委政府工作大局，深入贯彻落实党的十七届四中、五中全会和全省领导干部大会、省委九届十一次全会精神，改革创新、开拓进取，不断引深新闻出版改革、发展、服务、监管各项工作，实现了"十一五"时期的完美收官。

一、明晰工作思路，领导班子决策与部署更加科学

省新闻出版局党组积极建设科学合理、公开透明、统筹兼顾、高效务实的决策集体，科学判断工作形势，在建设新闻出版强国和全省转型跨越发展的宏大背景下，准确定位新闻出版工作，开创了全省新闻出版业加速发展的新局面。

一是确立"加速发展"的工作主线。2010年年初，经认真调研，省新闻出版局党组做出了我省新闻出版业最大的问题是"发展不足"的判断，在此基础上有针对性地提出了"加速发展"的工作主线，并具体化为"五年争三、十年争五"的奋斗目标，得到了省委省政府领导的肯定，在全省新闻出版战线引起了共鸣；在8月份召开的全省新闻出版局长座谈会上，基于全省上下在"7·29干部大会"后形成的争相转型发展、跨越发展的热潮，审时度势，提出了山西新闻出版业要"勇做山西转型发展、跨越发展的生力军"的行业定位，使得"加速发展"的主线更加突出，在与会者中引起强烈反响，得到全行业的普遍认同。"加速发展"主线的提出，"生力军"定位的确定，有力推动了全省新闻出版各项工作，也高度契合省委、省政府关于转型发展、跨越发展的战略部署，成为全行业的最大共识，为推进"十二五"时期乃至更为长远时期全省新闻出版业的发展奠定了坚实的思想和理论基础。

二是布局行业科学发展。立足于新闻出版公共服务实际，提出了"加大力度，加快进度，加速推进农家书屋全覆盖"的工作重点，有力提升了新闻出版公共服务水平；立足于充分发挥政府对于导向把握和文化建设的引导作用，适时推动设立"山西出版奖"和"省级政府出版基金（专项资金）"，新闻出版导向引领机制更为完善；立足于为文化产业发展提供基础保障，圆满完成首次新闻出版产业调查工作，经省政府批准，正式发布《2009年山西省新闻出版产业调查统计公报》，创省级新闻出版部门行业统计工作先河。

二、加强自身建设，新闻出版队伍保障能力不断提升

一是完善惩防体系建设，提升拒腐防变意识。围绕建立和完善惩治和预防腐败体系，建立完善了包括学习教育制度、监督制度、风险防范制度、廉洁自律长效机制和投诉查究长效机制的46项制度，编印了《山西省新闻出版局反腐倡廉及依法行政制度汇编》。分层次签订党风廉政建设责任书，将党风廉政建设与各项业务工作紧密结合，同部署，同检查，廉政建设的政治责任更为明确。推进民主评议政风行风工作，聘请了292名政风行风监督员，以优良的党风促政风、带行风的工作格局正在形成。

二是开展创先争优活动，提升机关作风。把创先争优活动作为年度工作重要内容，进行深度动员和部署，取得明显阶段性成效。签订党员承诺书等规定性动作稳步推进；编印理论学习参阅资料，深入实施"五好一达标"、"五带头一坚定"的创优标准，自选性动作卓有成效。全年开展党组中心组理论学习11次，先后组织局机关干部职工到大寨、右玉、沁水等地参观学习，参加"农家书屋"图书配送义务劳动，深化对大寨精神、右玉精神、赵树理精神的理解，形成了干事创业的浓厚氛围。

三是强化教育培训，提升行业队伍素质。以职业资格准入和岗位资格准入为抓手，积极做好教育培训、职业考试、技能鉴定、职称评审、职业资格登记注册等工作，行业队伍素质全面提升。

四是争创文明单位，提升全行业文明和谐风尚。以争创省直机关"文明和谐单位标兵"为目标，围绕"加速发展"这一主线，深入开展创建学习型党组织活动，积极营造浓厚的学习氛围。不断创新丰富精神文明建设工作形式，在"五四"、

“七一”、“八一”等重大纪念日,组织丰富多彩的纪念活动,凝聚了人心。省局机关连续四年荣获省直和谐文明单位称号,局属单位扫黄打非稽查队新列入省直和谐文明单位的行列,山西教育出版社、山西晚报社被评为全国新闻行业精神文明单位。

三、服务中心工作,新闻出版导向把握更加正确

一是坚持正确导向,营造良好的舆论宣传氛围。图书报刊网络等多种媒体围绕上海世博会、广州亚运会等中心工作和我省转型跨越发展的战略思路,开展了形式多样的主题宣传和出版发行工作。在王家岭透水事故救援结束不到10天就推出了《王家岭大救援》图书,有力配合突发事件应对处置。

二是提升山西出版形象,努力打造晋版精品。《中国著名儿童文学作家评传丛书》、《中国话剧艺术通史》、《与农村党员谈心》等6项出版物(文章)荣获“第三届中华优秀出版物奖”,《学生探索动物百科》、《中国古代工程技术史大系》(18卷)等入选向全国青少年推荐的百种优秀图书、国家古籍出版资助项目和经典中国国际出版工程项目。最具代表性的是山西教育出版社和央视合作推出的《公司的力量》一书,连续数月蝉联国内图书畅销榜榜首,4个月销售近30万册,三省书记具名推荐,百家媒体深入报导。省委书记袁纯清高度评价并向全省推荐研读,实现了社会效益和经济效益的双丰收。

四、关注民生需求,新闻出版公共服务日益完善

一是农家书屋工程建设稳步推进。一是认真组织实施书屋选址、书目论证、资金落实、招标采购和图书配送等工作,保证了书屋建设的进度和质量,完成了2009年度5000家书屋的建设任务。集中检查2009年度农家书屋建设情况,所抽验的222个农家书屋全部达标。2010年度7000余家书屋的选点、申报、配套计划等也按期完成。二是充分发挥农家书屋的文化阵地作用。开展了“我的书屋,我的家”等丰富多彩、各具特色的书屋活动,农家书屋在丰富基层群众生活、提升农民科学文化素质、改变村容村貌村风的基层阵地作用凸显。三是积极推进农家书屋建设全覆盖。10月份,在晋城召开了全省农家书屋工程建设现场推进会,全面总结了各地行之有效的工作经验和方法,展示了建设成果,明确了全省在2012年28339个行政村实现农家书屋全覆盖的目标,有力地推动了下一阶段的农家书屋工作。

二是全民阅读工程广泛实施。依托农家书屋、新华书店网点等阅读平台,积极开展全民助读工程、全民阅读报刊行、青少年爱国主义读书教育等主题阅读活动,有效激发了阅读兴趣和读书热情,“书香三晋”的浓厚氛围正在形成。在全国“我的书屋我的家”阅读征文和阅读讲演比赛,我省有4篇作品获奖。晋城、大同等地市也依托春节、元宵等传统节庆举办书市活动,通过开展名家签售、赛诗会、阅读改变生活等主题活动,将图书交易和全民阅读活动有机结合,拓展节日文化内涵,营造良好的全民阅读氛围。

五、深化改革开放,新闻出版产业发展持续加速

一是体制改革取得新成果。全省经营性图书、音像电子出版单位转企工作全面完成,8家图书出版社、3家音像电子出版社顺利通过上级验收,6项指标全部完成。时政类和非时政类报刊分类改革工作有序推进,太原日报社、大同日报社、长治日报社、朔州日报社积极推进采编与经营“两分开”,引领带动了全省市级党报党刊出版发行改革;语文报社、英语周报社等15家报刊顺利完成转企改制试点任务,为全面推开报刊改革积累了经验。

二是产业项目建设取得新突破。组织申报全国文化产业发展资金等项目57项次,已到位资金支持近3000万元,山西新华物流中心(一期)、《山西日报》印报基地、《太原日报》报业园区建成并投入使用,大同报业园区、临汾印刷园区等工程建设进展顺利,重大新闻出版项目的示范带动作用正逐步显现。

三是山西出版“走出去”取得新进展。依托第二十届全国图书交易博览会、第十七届北京国际图书博览会、2010年越南印尼中国图书展销会、第三届海峡两岸图书交易会等展会平台,进一步开拓了晋版出版物的海外市场,向国内外出版商及广大读者展示了山西特色出版物。在第十七届北京国际图书博览会上达成的版贸意向,现已完成输出43种,引进16种,版权贸易连续四年实现顺差。

六、坚持依法行政,新闻出版行业管理规范有力

一是加强新闻出版法制建设。开展我省新闻出版行政执法证年度执法登记、核验、注册以及新闻出版系统的法制宣传和“五五”普法教育总结验收工作。规范行政审批程序,统一审批流程,下放、取消、合并、划归七项审批权项,重新确定了审批项目,对梳理出来的34个行政许可项目进行规范化操作,确保了行政审批工作的规范、透明、高效运转,已搭建形成“服务窗口统一受理、各业务处室分别审批、服务窗口统一送达”的“一站式”服务平台。

二是强化出版市场日常管理。继续巩固和发展年检、质检等行之有效的监管手段,严把出版准入关、内容关、质量关,新闻出版行政管理日趋科学化、规范化、程序化。《山西省图书效益突出奖评奖办法》、《优秀晋版新书发布制度》、《山西省报刊审读实施细则》等制度相继建立。全年审批图书选题3649种,重点审读报纸44种、期刊24种,编纂出版了我国首部地域性期刊专门史《山西期刊史》。积极开展行业检查,在全国率先开展了养生类图书专项检查,组织了第十五轮编校质量检查工作;与22家报刊社签订《山西省报刊广告发布自律公约》,规范报刊广告秩序;及时查处了歪歪书吧刊

登淫秽色情网络小说等网络新型违规案件；开展"五项制度严格管理年活动"、"3·15质检活动"，提升出版物质量。

三是深入开展"扫黄打非"斗争。以查缴政治性非法出版物为重点，以打击淫秽色情出版物为核心，以查办大案要案为突破口，持续加大市场监管力度，出版物市场环境和社会文化环境得到有效净化，各类非法出版活动和非法出版物得到有效遏制。全年共收缴非法出版物总数为101万余件，其中，违禁类出版物14577件，淫秽色情出版物47195件，侵权盗版出版物近92万件，非法报刊近33790件；没收记者证、假媒体工作证276件。妥善地处理了忻州"假记者村"事件、《火花》增刊"大迁徙"事件，得到了总署、全国"扫黄办"等有关上级部门的高度肯定，并获得了全国"扫黄打非"先进集体的殊荣。

四是不断加强版权工作力度。加大对侵权盗版的清查力度，全年共出动执法人员2193人次，取缔非法窝点14个，收缴盗版音像制品76843张，组织调查《语文报》被盗版案件。"剑网行动"以及目前正在进行中的打击侵犯知识产权和制售假冒伪劣商品专项行动，也都开展得有声有色。实施版权宣传"五进"活动，大力开展版权法律法规宣传教育，积极提供版权服务。企业软件正版化正在全省285家大中型煤矿、冶金、文化新闻出版企业全面推进，全省版权保护环境进一步优化。（潘　焱）

附：省新闻出版局党组书记、成员名单

书　记：林玉平

成　员：张明旺　梁宝印　王吉敏　田奇越　吴体刚

省体育局党组工作概况

党组书记　苏亚君

2010年，省体育局党组认真贯彻落实党的十七届四中、五中全会和"7·29"全省领导干部大会精神，深入学习实践科学发展观，紧紧围绕省委、省政府的中心工作，努力加强党的建设和党风廉政建设，全省体育工作取得明显进步。

一、牢固树立科学发展观，加强领导班子和惩防体系建设

结合省运会和学习右玉精神，积极创新创先争优活动形式。提请省人大重新制定《山西省体育设施条例》，对《山西省全民健身促进条例》进行修正；对体育类规范性文件进行清理，荣获"全国体育系统'五五'普法先进单位"、"全国体育政策法规工作先进单位"荣誉称号，局机关连续6年获得省直文明和谐单位标兵称号。局系统为玉树、舟曲灾区等共捐款168241元，投入30余万元为扶贫点大宁县太德乡乌落村做了十件实事。局党组研究制定了《2010年党风廉政建设和反腐败工作要点》、《党风廉政建设责任制考核办法》、《山西省体育局工作规则》等，选派28名赛风赛纪督察员对第十三届省运会34个项目的比赛进行了赛事督察。

二、抢抓机遇，加快发展，全力推进体育工作在全省转型发展、跨越发展中发挥积极作用

（一）群众体育工作。群众健身场地条件不断改善。在2006—2009年完成农民体育健身工程19030个的基础上，2010年新建农民体育健身工程3805个，新建农村乡镇型全民健身活动广场128个、全民健身路径工程95条；创建"全民健身活动中心"2个、"雪炭工程"3个、"全民健身户外活动基地"1个。

全民健身活动蓬勃开展。全省各地群众体育活动高潮迭起，仅省、市级健身活动就超过400项。第十三届省运会特别增设了职工组、老年组和大学生组3个群众体育组别、17个大项、52个小项，全省249支参赛队、3100名群众体育爱好者参加了比赛。省运会期间，对2006—2009年度全省群众体育先进单位和先进个人进行了表彰，省四大班子、省军区、省武警总队领导亲切接见了受表彰的先进代表。山西参加第四届全国体育大会共获得5个一等奖、27个二等奖、34个三等奖、4个参与奖和体育道德风尚奖。省体育局与省直工委共同举办了第三届省直机关运动会。

群众体育组织建设得到加强。继续推进先进体育乡镇、先进体育社区创建工作，强化体育传统项目学校动态管理，命名省级体育传统项目学校50所，加大社区、农村全民健身指导站（点）建设力度，培训审批各级社会体育指导员1万余名，使全省各级社会体育指导员总人数达到2.6万人。组建国民体质监测队伍13支，启动第三次国民体质监测工作。

（二）竞技体育工作。参加第十六届亚运会取得历史突破。山西9个项目的15名运动员参加了第十六届亚运会，夺得金牌3枚、银牌6枚、铜牌1枚，参赛项目数、参赛人数、单项金牌总数均实现历史性突破，圆满完成了"两个突破"任务目标。

成功举办第十三届省运会。第十三届省运会于2010年5月至8月举行，除群众体育项目外，青少年组共设15个大项、18个单项，近3000名运动员参加了比赛，创造了一批好的运动成绩，5名运动员打破3个大项6个小项的全省最高纪录。

参加国际比赛取得优异成绩。山西运动员赵瑾在2010年世界游泳锦标赛上获得女子4×100米混合接力赛冠军，为山西夺得首枚世界级游泳比赛金牌，并打破亚洲纪录。张

兰、董栋分获2010年女子摔跤世界杯赛团体第一名和蹦床世界锦标赛男子个人第一名。

承办了一系列高水平赛事。成功举办了2010太原国际马拉松赛这一山西历史上规模最大、参赛人数最多的国际性体育赛事,参赛人数上万。大同云冈·金地矿业队获全国乒乓球超级联赛女团亚军的历史最好成绩。

(三)体育产业工作。省级体育设施建设进展顺利,山西体育中心主体育场钢结构如期合龙,四馆钢结构全部完成安装;山西体育训练基地列入省重点工程;太原航校迁建工程开工建设;省体育场改建为全民健身中心工作取得新进展。全省体育彩票销售8.23亿元。省体育局航空学校完成全省人工增雨、航空摄影等大量飞行任务。

(李俊温　王宏德)

附:省体育局党组书记、成员名单

书　记:苏亚君

成　员:杨凤楼　李振生　郝晓峰　李世杰　王　荣

省统计局党组工作概况

党组书记　杨文章

2010年,省统计局党组始终坚持以科学发展观为统领,认真贯彻十七大和十七届四中、五中全会精神,认真落实省委、省政府的重大决策和部署,按照省直工委的安排,紧扣服务中心、建设队伍的核心任务,扎实推动机关党建的转型创新,由单向管理向有效服务转变、由日常党务向重点引领转变,在推动统计科学发展和统计更好地服务全省经济社会又好又快发展中,机关党组织和党员队伍充分发挥了作表率、走前头的作用。

一、牢固树立"围绕中心抓党建,抓好党建促发展"的理念

统计部门作为政府综合经济部门,就是要"围绕中心抓党建,抓好党建促发展",务必把这一指导思想牢固树立起来。第一,在思想认识上,坚持把加强基层党组织建设放在统计发展战略目标和又好又快发展的大背景下去思考和把握,使基层党组织建设工作的出发点和每一个环节都着眼于发展,有利于发展。把增强党的意识和增强中心意识高度统一起来,把加强基层党组织的自身建设与完成统计的各项工作任务高度统一起来,坚持中心不动摇,围绕中心抓党建,更好地服务、推动全局中心工作。第二,在领导职能上,坚持把完成工作中心任务,作为党建工作的出发点和落脚点,作为衡量机关党建成效的基本标准。主要体现在"五个机制"上:一是完善落实党组负总责、一把手亲自抓、分管领导具体抓的领导机制;二是强化"一岗双责"机制,党支部书记既是统计业务、行政"一把手",又是党务"一把手",所有处室、单位的"一把手"都是党支部书记或副书记或委员,切实做到"两手抓、两促进";三是总揽全局、调动各方、按职尽责的协调机制;四是凭实绩考核班子、选贤任能、奖优罚劣的评价机制;五是对统计发展常议常抓、把关定向、抓要解难的议事机制。局党组真正做到谋中心、抓中心、保中心,在促进统计科学发展中切实发挥核心领导作用。第三,在工作思路上,始终坚持着眼提高统计数据质量和统计服务水平这个中心,思考和谋划机关党建。始终坚持一手抓机关党建工作,一手抓统计业务工作,把机关党建工作与统计业务、中心任务一同规划部署,一同组织实施,一同检查落实,一同总结考评。特别是善于把解决机关党建的突出问题与解决统计业务、中心工作的突出矛盾结合起来,善于把提高抓机关党建的能力与提高抓中心工作的能力统一起来,以党建工作推动中心任务,以中心任务促进党的建设,拧成"一股绳",合成"一股劲",形成"一盘棋"。

二、坚持民主集中制原则,切实加强领导班子建设

局党组认真执行党内民主生活制度,按照"集体领导、民主集中、个别酝酿、会议决定"的十六字方针,进一步完善党组内部的议事和决策机制,形成系统的局党组会、局长办公会、局长碰头会、专题工作会等会议规则,重大决策、重大事项坚持事前通气、会前商量、个别酝酿、集体决定的决策程序。特别是在涉及评比表彰、干部任用、重大支出等重大事项时,认真按照民主集中制的组织程序,既让群众充分表达意见,又充分听取班子成员的意见,在此基础上,形成统一的意见,作出统一决定,达到民主与集中的高度统一;按照省纪委、省委组织部和省直工委的要求,严格规定程序,每年召开局领导班子民主生活会和党支部民主生活会。2010年11月召开了以"大力学习和弘扬右玉精神,切实加强领导干部作风建设,为山西转型跨越发展提供有力统计保障"为主题的民主生活会,通报了民主生活会情况和上年度局领导班子民主生活会整改措施落实情况。通过召开民主生活会,达到了找准问题、解决问题与形成共识、增进了解、促进团结的效果,进一步增强了各级党组织的战斗力。

三、以增强党性、提升能力为重点,加强干部培训学习

加强学习型机关的创新性建设,致力提升干部职工统计能力。一是在坚持集体组织学习与个人自学相结合,每星期二、五下午常规集中学习的基础上,创设了处级以上干部集中学习制度,成为党员领导干部学习的常态,成为加强干部

学习的品牌项目；二是连续四年在北大、复旦、中山、中央党校等知名高校举办经济管理高级培训班，在省委党校举办省、市、县三级统计局长培训研究班，这是对省、市、县统计人员素质、素能、素养的最高提升；三是采取上挂下派的方式培养干部，先后分两批选派12名优秀青年干部到国家统计局学习提高，分两批选派27名优秀青年赴27个县统计局实地锻炼，开阔了视野，提高了能力。

四、以提速、提质、提效为目的，致力改进党员干部作风

2010年，重点围绕整肃工作纪律，按照省委和省纪委的部署安排，以落实省委提出的“五不准”规定为契机，开展了整肃工作纪律活动，采取明察暗访的方式，加大对工作秩序、工作纪律、考勤的力度，收到了明显效果；积极响应省委号召，组织处级干部赴右玉实地学习感悟了右玉精神，增强了干部弘扬右玉精神的自觉性和为统计事业创新奉献的坚定性。

在党风廉政建设方面，坚持以建立健全突出统计工作特点的惩治和预防腐败体系为重点，围绕统计工作中心、服务统计发展大局，积极推进各项工作。一是以统计科学发展为主线，大力推进具有统计特色的惩防体系建设。按照惩防体系建设要求，结合统计工作实际，制定工作要点，进行工作任务分解，将反腐倡廉工作任务列入机关工作目标责任制，局领导和各处室签订了责任制，把党风廉政建设与机关党建、文明和谐建设、统计建设和业务工作同部署、同落实、同检查、同考核，从而明确了责任，确保了党风廉政建设各项工作的落实。与此同时，围绕学习《廉政准则》，狠抓干部的反腐倡廉教育，筑牢了拒腐防变的思想防线；围绕规范从政行为，完善了廉政档案，建立了行政审批电子监察系统，进一步完善了服务承诺制、首办责任制、政务公开、行政执法、岗位责任制、首长问责制、行政过错追究制、招投标制度、统计巡查等一系列规章制度，规范了各项工作流程，明确了职责和任务，加强了对党员干部的有效监督，强化了制度的约束力。

在制度建设上，立足于架构长效机制，从建章立制入手，2010年分两个层次对现有制度作了比较系统的修订、完善和创新。一是对现有制度进行梳理，通过梳理继续使用27个制度，修订再使用3个制度，废止了5个制度；二是体现特色，创新制度。新创设了7个制度，基本形成了一套科学管用系统有效的规章制度体系，使干部职工做到了有章可循、有据可依，规范了统计行政行为，进一步建立起按制度办事、按纪律管人、按程序做事的良性机制，有效地保证了机关工作的高效、和谐和有序运转。特别是出台了关于贯彻省纪委《关于进一步整肃工作纪律　狠刹不良风气的通知》精神的实施意见，对工作纪律、请假程序、考勤考核管理、奖惩等在制度层面上作了完善和强调。

五、创新干部培养和人才成长机制，构建目标承诺、专家评选、创先争优三大机制

始终把“造就大批高端人才，是实现统计新作为的根本选择”新理念，贯穿于统计科学发展的全过程。一是目标承诺。通过局党组各处室（单位）签订年度工作目标责任制书，各处室（单位）对工作任务和目标进行承诺，用责任制的方式和手段督促各处室（单位）践诺，检查各处室（单位）落实工作任务和目标，并将机关党建列入各处室（单位）工作目标责任制中。二是进一步引深“统计专家”评选表彰机制。在推进2007年—2009年年度评选统计专家的基础上，2010年继续进行了年度统计专家的评选。经过几年的努力，一批专家型统计骨干脱颖而出，成为统计发展的中坚和脊梁，成为统计服务经济发展的主力军，成为引领统计发展的排头兵。三是创先争优。按照省委和省直工委的部署，扎实开展了创先争优活动。利用简报、统计内外网加大舆论宣传引导，全年编写简报23期。着力推进了公开承诺工作，局党组以及各党支部、党小组和党员普遍做了公开承诺，每个党员的公开承诺书作了公开展示；开展“亮牌”活动，制作了党员先锋岗牌子，强化了党员的责任意识；以公开承诺为载体，推动了全局创先争优活动的深入开展，推动了机关党的建设；响亮地提出了“争创全国一流”的目标，出台了《山西省统计局鼓励争创一流处室管理办法》，倡导有标必夺、有旗必扛，通过量化考核使组织管理有了抓手、推动发展有了目标，形成了奋发向上、创先争优的局面。

与此同时，局、处两级领导干部注重了解和掌握每个人的特点和渴望成才的需求，努力做到合理设置岗位，把干部放在最适宜发挥作用的岗位，为肯干事、能干事、能干成事的人搭建发展平台。严把进人关、用人关，坚持德才兼备、以德为先、任人唯贤的原则，大力加强干部的考核、选拔、使用，努力让德才兼备的人选拔充实到适合的岗位上，2006年以来，定职、调整和提拔了68名处级干部，赢得了全局干部职工的认可，形成了更加科学公正、导向鲜明的干部选任机制；2010年，抽调精兵强将，组建了6个攻关组对发展中存在的问题进行集中攻关研究，一批制约统计科学发展的“瓶颈”问题得到初步解决，彰显了统计顶尖人才破解统计发展难题的攻坚力；局党组召开新任职干部座谈会，组织新任职干部岗前廉政教育，重温入党誓词，强化了责任意识；开展了四届山西省优秀统计信息评选活动，举办了“人普杯”山西统计好信息、好新闻颁奖典礼，调动了干部职工编写信息的积极性；开展了县级“模范（标兵）局长”评选活动，30名政治业务素质高，领导能力强，在基层基础建设做出突出贡献的县区局长荣获殊荣。

六、突出质量优先原则，确保党员的先进性和管理的规范化

一是切实做好党员发展工作。严格发展程序，加强培养考察，注重发展质量，严把入口关，在发展党员中充分体现了党组织和党员的先进性。积极培养重点对象，认真发展了4名预备党员，有3名转为正式党员。严格标准收缴党费，严格要求支出党费，确保收支有据；二是扎实开展了党员民主评议工作。坚持自我评价与集体评议相结合的原则，认真组织党员民主评议工作。依此为依据，评选优秀党员。在此基础

上,以量化考核的方式评选出先进党支部、党小组。并利用“七一”表彰大会进行表彰,为全局党组织和党员树立了标杆,确立了榜样。

七、坚持把团建纳入党建,建立党团共建的一体化工作格局

局党组始终把加强青年工作作为加强干部队伍建设、推动统计发展的有力举措,着力整合工作资源,把团建纳入党建的整体格局,建立并完善党团共建的一体化工作格局,努力探索青年工作的创新发展之路。

一是领导高度重视,形成青年工作创新发展长效机制。成立了以杨文章局长为组长的全省统计青年工作领导小组,并下设办公室,为了使青年工作有抓手,又成立了6个青年小组,形成了局党组、领导小组领着抓,青年工作领导小组办公室、机关党委带着抓,机关团委、青年小组具体抓的崭新格局,为开展青年工作提供了有力的组织保障。与此同时,一方面加强对青年工作领导小组办公室、机关团委的组织领导,坚持以党建带团建的思路,坚持机关党的建设、团的建设与统计发展互动并进的方针;另一方面充分发挥青年工作办公室和机关团委的主动性、创造性、积极性,支持其开展形式多样、丰富多彩的活动,以凝聚青年力量,激发创新活力和工作热情,提高工作效率,促进统计的创新发展。

二是搭建舞台,用事业凝聚造就青年人才。在全国率先建立了青年统计业务能手大赛制度,2010年举办了首届青年统计业务能手大赛,40名青年统计业务能手受到表彰。建立了青年统计专家评选机制,对连续三年获得业务能手的青年,授予全省青年统计专家称号,引导青年向专家型的方向发展。在全国率先召开了全省统计青年代表大会,期间还举办了“青春飞扬、魅力统计”青年代表联欢会。举办了创先争优比作为演讲比赛和全省“统计发展与青年使命”主题演讲大赛,展示了青年统计人的风采,体现了青年人的作为和能力。积极响应国家局号召,开展了青年宣誓活动等。实行领导引领、自我提升、多元培养,努力把青年队伍打造成学习型团队。坚持岗前培训,进统计门先过培训关,每个进入统计局的青年都必须进行岗前培训,由局领导、处级干部亲自授课作报告。积极选派优秀青年到复旦、北大、中央党校等名校培训提高。组织全系统青年积极参加全国“青春的使命:我为统计科学发展献一言”征文活动,有2名青年分获一、二等奖。加大对青年意志品质训练的力度。积极组织青年举行登山活动,成为青年人活动的品牌项目。组织青年开展了“深入基层、拓展能力”调研考察活动,并进行素质拓展训练,历练了意志品质。组织青年实地到右玉学习考察,感悟右玉精神,并举行了弘扬右玉精神宣誓仪式等,使青年明确了努力方向,坚定了为统计事业献身的信心和决心。

八、坚持机关党建与统计发展相结合,进一步强化统计服务全省转型跨越发展的能力

扎实开展了“双基”达标验收活动,102个县(区)通过了验收,全省基层基础建设达标率达85%以上,在源头上优化了统计发展环境。坚持在全国人口普查上做大文章。着力在宣传上使大劲、做到了全覆盖;着力在经费上出巧招,基本做到了足额到位;着力在督查上出勤招,做到了层层联动抓落实;着力在方法上出新招,做到了高效率、可操作;在措施上出硬招,做到了务本务实。从而确保了人普数据质量,上报国家一次性通过审核,受到国家统计局的充分肯定。坚持以数据质量立基。认真落实统计数据质量控制办法,进一步强化以GDP为龙头的数据联审、联管、联控,使统计数据把握住了趋势,做到了真实可信。坚持以考核评价树威。地区经济社会发展考核评价扎实推进、圆满成功,在全省引起强烈反响,有效发挥了统计对全省经济社会发展的引导作用和对树立正确的政绩观、发展观的导向作用,“软部门”在服务全省经济社会大发展中彰显了“硬实力”。

坚持以统计服务兴业。秉承“急山西发展所急,想省委省政府所想”的工作理念和“省委省政府有决策,统计服务有行动”的发展理念,坚持围绕中心、服务发展,紧紧围绕转型跨越发展和再造一个新山西,致力为科学发展提供有力统计保障,创新发展方式,为省委、省政府宏观管理和科学决策提供了准确的信息、科学的判断和可行的政策建议,统计服务做到了优质高效。全年编写统计报告、中部崛起专报、省长专报、统计快报等分析材料430篇,创历史之最;“两办”信息采用分别取得省直第一名、第三名的好成绩;20多篇分析材料得到袁纯清书记、王君省长等省领导的充分肯定和重要批示;贴近发展提升宣传,统计外网日均访问量达到4000余次,年访问量突破110万次;视频·访谈栏目被国家工信部授予“2010年政府网站政民互动精品栏目”,在全省唯一获此殊荣。

2010年,省委、省政府和国家统计局对省统计局工作给予充分肯定和高度评价。国务院第二次全国经济普查领导小组授予省级先进集体称号;在目标责任制考核中,被省委、省政府评为优秀单位;省文明委授予2008年—2009年度山西省文明和谐单位称号等。统计业务坚持争创一流取得新突破,整体工作走在全国前列,12个领域荣获国家统计局2010年度综合一等奖。

(程建平)

附:省统计局党组书记、副书记、成员名单

书　记:杨文章

副书记:翟振新

成　员:卢建明　赵占明　荆红社　张建华

省安全生产监督管理局党组工作概况

党组书记　张根虎

2010年，省安监局党组紧紧围绕省委、省政府转型跨越发展的大局，牢固树立安全发展理念，认真贯彻落实党中央、国务院和省委、省政府关于安全生产工作的一系列决策部署，通过不懈努力和扎实工作，较好地完成了各项目标任务，全省安全生产实现“两个双下降”和“一个良好”的态势：一是事故起数和死亡人数同比呈现双下降。全年共发生各类安全生产事故11326起，死亡2635人，同比事故起数减少1173起，死亡人数减少505人，分别下降9.38%和16.08%。二是较大以上事故起数和死亡人数同比呈现双下降。全年共发生一次死亡3人以上事故70起，死亡314人，同比分别下降9.09%和17.59%。三是安全生产指标控制情况良好。全年各类安全生产事故死亡人数是国家下达年度控制指标(3061人)的86.08%，比控制指标少426人。

一、加强领导班子和机关作风建设

一是加强理论学习。以科学发展观为指导，着力建立“学习型、服务型、创新型”领导班子。进一步健全完善了学习制度，坚持把科学发展观，十七大和十七届四中、五中全会精神，《党员干部廉政准则》、全省干部大会和省委九届十一次会议精神等作为政治理论学习的主要内容，不断用党的最新理论成果武装头脑，努力提高理论素养、知识水平、业务本领和领导能力。全年中心组集体学习14次，编发了《理论学习资料》23期。二是加强作风建设，构建高效、务实的工作机制。深入开展创先争优活动和“争做安全发展忠诚卫士，创建为民务实清廉安监机构”主题活动，大力弘扬求真务实的精神和作风。加强基层党组织建设，成立了机关8个党支部，并对直属单位党支部进行换届，组织全局139名党员进行了公开承诺。三是加强民主集中制，实现决策科学化、民主化。进一步完善局党组、行政议事规则，建立健全了符合程序、论证充分、领导与群众、专家相结合的科学决策机制，对事关全省安全生产发展的长远规划、年度计划、制度创新、大额财务支出等重大问题，坚持做到由局党组、局务会议讨论决定。严格遵守干部任用工作条例，认真地执行了干部任用的有关规定。坚持领导干部民主生活会制度，广泛开展批评与自我批评。四是加强机关精神文明建设，转变机关作风。制定了《省安监局工作作风建设考核(试行)办法》；成立局精神文明委员会，把文明和谐单位创建活动贯穿全年各项工作的始终；组织开展了迎新春、纪念建党89周年、建军83周年、庆祝建国61周年等活动；组织开展了“送温暖、献爱心”捐款活动；组织观看了《第一书记》、《袁隆平》等电影，提升了机关的凝聚力；组织广大党员赴右玉参观学习，开展了学习右玉精神知识竞答活动；严格执行省纪委“五不准”规定。局安全生产教育培训中心率先被省直文明委评为省直机关文明和谐单位。

二、严格执行干部选拔任用制度

一是做到“两个坚持”，形成良好的干部选任机制。坚持正确的用人导向，如终坚持注重品行、崇尚实干、群众公认的用人导向，注重工作实绩和群众公认，通过树立正确的用人导向匡正干部价值取向；坚持正确的用人标准，坚持德才兼备、以德为先的用人标准，确实把政治靠得住、工作有本事、作风过得硬、群众信得过的干部选用到重要岗位上。二是严把“四个关口”，提高干部选任工作质量。严把民主推荐关、组织考察关、征求意见关、决定任用关，在讨论干部任免时，坚决做到考察不充分不上会，没有考察结论不上会，没有征求纪委等相关部门意见不上会，酝酿不充分不上会；局党组参加会议人员不达规定人数不讨论。坚持做到党组成员个个发言、都有明确意见，让权力在阳光下运行。三是落实“四项权利”，提高干部选任公信度。落实群众知情权、参与权、选择权、监督权，推进党管干部和群众参与的有机统一，让干部、职工充分参与干部的选拔任用，提高了干部工作的透明度。四是强化“五项措施”，加强干部队伍建设。定期分析干部队伍状况，全面了解处室领导和直属单位班子履职能力，及时补充、调整空缺职位；完善干部综合考核评价制度，强化目标责任制考核制度，将目标责任制完成情况列入干部考核的重要内容和依据；多渠道培养锻炼干部。在全系统实行干部上挂下派制度，从市县安监部门优选6名同志到省安监局挂职，选派1名同志到市县安监部门挂职，通过上挂下派，双向交流的方式提高干部素质；注重军转干部的安置和使用，严格执行军转干部安置政策，安置了2008年及往年的15名团职军转干部，将8名营职干部选拔到处级岗位；加大干部培训的力度，选派干部168人次参加省委党校、国家总局和全省安监干部专题培训，组织了两期安监系统领导干部专题提高班，举办了两期全省安监系统青年业务骨干培训班。2010年共调整选拔任用处级干部23名，其中：提拔干部10名，调整干部4名，免职5名，安置军转干部4名。通过调整和选任，局机关和直属单位领导班子、干部队伍结构进一步优化，干部队伍的生机与活力进一步激发。

三、多措并举抓好安全生产工作

一是完善目标责任体系，严格实施考核。建立健全了安全生产目标考核体系，代省政府起草《关于下达2010年全省安全生产考核指标和考核办法的通知》，把国务院下达的安全生产控制指标和我省工作目标分解到11个市政府和23个省有关部门，各级各部门也层层签订安全目标责任书，严格组织责任考核并兑现奖惩，2010年省政府安排专项资金2985万元，对安全生产先进单位和先进个人给予了重奖，对未完成目标责任的单位实行“一票否决”。二是加强国发23号文件的学习宣贯，进一步细化安全生产制度措施。及时组织全省学习宣传国发〔2010〕23号文件，在十项制度的基础上，我省出台了贯彻实施意见和12个行业领域118条安全生产规定，并对全省贯彻落实国发23号文件重点工作进行了分工。三是以推行法定代表人承诺制为载体，着力落实企业主体责任。在重点行业企业推行“法定代表人安全生产承诺制”，全省11万余家企业法定代表人签订了安全生产承诺书，并在媒体进行了公示。全省煤矿配齐了“六大员”，金属非金属地下矿山配齐了“五大员”，其它行业企业也按照规定配齐了相应的安全管理人员和专业技术人员；积极推进企业安全生产标准化工作，省局直接监管的27家非煤矿山企业、237家危险化学品企业、52家烟花爆竹经营企业、37家冶金机械企业通过国家三级以上标准化验收评定。四是强化安全监管，认真履职严格执法。把全省34万余家企业的监管责任落实到监管部门、分管领导、具体监管责任人，强化安全监管检查包保责任制，全省建立安全监管检查小组1194个。全年共查处各类非法违法安全生产行为25万多起，安全生产秩序得到了进一步规范。同时，提高准入门槛，严把了安全生产许可关。五是突出治理效果，继续深化安全生产专项整治。对2009年未开展安全生产专项整治的行业进行了三级联动检查和整治，对2009年已开展专项整治的行业和领域，按照深化、巩固、提高的要求，进行了深化整治；对全年排查出的78523条一般隐患和212条重大隐患，按照隐患治理“五到位”的要求进行了治理，对存在重大隐患未能整改的企业一律停产整顿，对49个存在重大隐患的企业由各市政府进行了挂牌督办。同时，在煤矿、非煤矿山、危险化学品、冶金机械等重点行业扎实开展了打非治违专项行动，全年共查处非法违法行为159284条，停产整顿3549家，关闭取缔2380家，经济处罚5696万元，追究行政责任336人，追究刑事责任278人。六是加强安全生产宣传教育，努力营造良好的安全舆论氛围。组织开展了形式多样的宣传活动，特别是“安全生产月”期间，组织了咨询日活动、职工文艺汇演、“三晋安全行”、播发安全生产公益短片等活动，营造了良好的社会氛围。同时，加强安全生产培训，全年培训高危行业企业负责人、安全管理人员、特种作业人员5万余人，培训“六大员”5千余人。七是加强基层基础工作，进一步提高安全保障能力。加强基层安全监管机构建设(全省有86.8%的乡镇组建安全监管机构)；组织1400余名基层安监人员参加了执法和业务培训；加大安全投入，全年投入安全生产资金230亿元，较上年增长35%；健全完善安全生产技术支撑体系，组建了省危险化学品登记中心、省安全生产技术支撑中心和省矿山安全实验室。八是加强应急救援管理，严肃查处生产安全事故。组建了省安全生产应急指挥中心，组织开展演练300余次，普查登记重大危险源7954个；严格事故事前、事中和事后责任追究，全年共查处各类事故177起，查处各类责任人员220人，追究刑事责任40人，行政处罚15305万元；建立和实行了事故查处挂牌督办制度，省安委办对59起较大生产安全事故进行了挂牌督办。

四、加强党风廉政建设

一是全面落实党风廉政建设责任制。局党组多次专题研究党风廉政建设工作，组织机关全体人员学习中纪委和国务院第三次廉政工作会议精神，与直属单位党政主要领导和机关各处室负责人签订了2010年度党风廉政建设责任状。二是扎实开展廉政教育活动月活动。组织开展了以“廉洁修身，安全发展”为主题的“六个一”廉政教育月系列活动：组织一次《廉政准则》讲座、举办一次预防职务犯罪培训、组织一次集体廉政谈话、听取一次服刑人员“现身说法”、开展一次勤政廉政大讨论、开辟一块宣传专栏。三是进一步充实完善党风廉政建设和反腐败制度体系。以惩防体系建设为主线，修改完善了集体研究制度、领导干部廉洁从政制度、安全监管执法人员廉洁自律制度、廉政反馈卡制度等；以煤焦领域反腐败专项斗争为切入点，针对非煤矿山和尾矿库实际，起草了11份相关规范性制度文件。同时，对首办负责制、限时办结制、服务承诺制等工作制度进行了修改完善。四是加强廉政监督。纪检部门对干部选任实施全过程监督，保证了干部选任程序的公开、公平、公正；为保证执法人员廉洁执法，制定了《关于开展2010年安全生产监管执法廉洁情况专项检查实施方案》，对执法人员所检查过的单位进行回访调查；对新任命、调整的处级干部进行任前谈话36人次，对举报反映涉及的人员进行诫免谈话4人次。五是稳步推进工程建设领域突出问题专项治理。成立了工程建设领域专项治理领导组及办公室，制定了《工程建设领域突出问题专项治理工作实施方案》，会同有关部门开展了对建筑、公路、铁路、水利水电开发、民爆通信、电力设施等建设领域安全生产突出问题的专项治理，提出了整改落实的具体措施。

(刘英池)

附：省安全生产监督管理局党组书记、副书记、成员名单

书　记：张根虎

副书记：刘晋英(女，7月离职)

成　员：王玉成　唐　晋　刘德政　霍红义

省旅游局党组工作概况

党组书记 籍振芳

2010年，省旅游局党组认真贯彻落实科学发展观、《国务院关于加快发展旅游业的意见》和省委转型发展、跨越发展的战略要求，狠抓领导班子建设、党风廉政建设和干部队伍建设，围绕中心，服务全局，积极应对金融危机余波对旅游产业造成的冲击和影响，深入推进区域旅游合作，继续实施一系列扩大旅游消费的措施；充分利用上海世博会的契机，积极开拓国内外市场；高度重视旅游安全工作，旅游经济实现了平稳较快增长，旅游整体形象显著提升，产业地位进一步提高。2010年，全省旅游总收入达1083.46亿元人民币，同比增长21.39％，完成了年初确定的工作目标的102.79%。其中，海外旅游接待1302856人次，同比增长22.01%；海外旅游创汇46459.91万美元，同比增长22.93%；国内旅游接待12496.84万人次，同比增长17.78%；国内旅游收入1052.26亿元人民币，同比增长21.53%。省旅游局被省直机关精神文明建设委员会评为文明和谐单位标兵，连续8年被省政府评为安全生产先进单位。

一、狠抓党的建设，为旅游产业发展提供坚强的组织保证

2010年，局党组认真学习贯彻十七届三中、四中、五中全会精神、省委九届十一次全会精神和袁纯清书记在全省领导干部大会上的重要讲话精神，始终坚持用科学发展观和省委转型发展、跨越发展的战略决策武装头脑、指导实践、推动工作，在产业发展、政风行风建设、干部任免、重大奖惩等重要工作中，始终做到局党组负总责，党组成员具体分工、分类指导。机关党委有安排、有检查、有落实。2010年，局党组中心组集体学习6次，先后学习了《国务院关于加快发展旅游业的意见》、国家旅游局“十二五”旅游发展规划纲要（征求意见稿）和山西省“十二五”国民经济发展规划总体原则、《党章》、《中国共产党党员领导干部廉洁从政若干准则》、《胡锦涛同志在中共中央政治局第二十一次集体学习时重要讲话》等文件和讲话精神。局属各级党组织在理论学习中，有计划、有步骤、有安排、有检查。紧紧围绕旅游产业发展，深入开展了“创先争优暨建设学习型党组织”活动，结合开展创先争优和纪念中国共产党成立89周年活动，表彰了3个先进党组织、26名优秀共产党员、5名优秀党务工作者、2名党风廉政建设先进工作者。深入学习弘扬右玉精神，组织局机关全体干部、直属企事业单位党组织负责人赴右玉参观学习。积极响应党中央“众志成城、抗震救灾”的号召，为玉树、舟曲捐款7万余元；为太化新元分公司生活特困职工捐款1.3万元；为扶贫点壶关县桥上乡、东井岭乡的老党员、老干部、生活贫困户送去米、面、油和慰问款约4万余元，为桥上乡中心小学配置了价值2万元的新课桌、椅，向东井岭乡希望小学赠送了价值9000元的校服和书包文具。为东井岭乡人畜饮水难问题解决资金15万元。

二、狠抓反腐倡廉工作，为旅游产业发展优化环境

一年来，局党组全面贯彻全省党风廉政建设干部大会、省纪委九届五次全会、全国旅游纪检监察暨行风建设工作会议和全省纠风工作暨政风行风总结表彰电视电话会议精神，及时组织召开了全省旅游纪检监察暨政风行风建设工作会议，局机关各处室、各直属单位主要负责人代表副处级以上党员干部签署了《廉政承诺书》。局党组班子成员以身作则，率先垂范，认真贯彻落实省委《关于加强领导干部党性修养，大力树立和弘扬良好作风的意见》，坚持把大兴“四种风气”与学习弘扬太行精神、吕梁精神、右玉精神、纪兰精神结合起来，把作风建设与思想、组织和制度建设有机结合起来，严格执行干部廉洁自律的有关规定和党内监督的各项制度。扎实推进省委省政府《关于加快推进反腐倡廉制度建设的意见》的贯彻落实，结合旅游行业实际，认真开展反腐倡廉制度建设年活动，针对重点领域、关键环节和权力运行的敏感点、各个岗位行政权的权力点进行专题研究，建立健全决策权、执行权、监督权既相互制约又相互协调的权力机构和运行机制。局纪检监察部门全过程参与、全方位监督星级饭店和导游员服务技能大赛、导游人员资格考试、旅行社业务年检等重大业务活动。2010年8月份，局主要领导和纪检监察及相关业务处室的同志先后两次参加“政风行风热线”，与听众直接对话，进行了现场解答；2010年9月份，省旅游局又在五台山召开了省、市、县三级联动民主评议旅游政风行风听证对话会，真正与人民群众架起了一座相互沟通的桥梁。

三、严格选拔任用干部，为旅游产业发展提供人才支撑

2010年，局党组认真贯彻落实“一法、一例、四规定”（《中华人民共和国公务员法》、《党政领导干部选拔任用工作条例》、《山西省酝酿领导干部工作规定》、《山西省推荐领导干部工作规定》、《山西省考察领导干部工作规定》、《山西省讨论决定领导干部工作规定》），坚持以确定干部调整任用方案为基础、以民主推荐为决策依据、以组织考察为主要内容、以民主集中制为原则、以培养优秀年轻干部为重点、以监督管理为保证，按照科学化、民主化、制度化的要求选拔任用干部，在局机关形成了风清气正的选人用人环境，提高了局党组选人用人的公信度。一年来，共调整干部2次，组织民主推

荐会议 2 次,参加人员 121 人次;个别谈话 145 人次;选拔任用干部 9 人,其中提任正处级领导职务 4 人,提任副处级领导职务 5 人,平调 1 人,免职 2 人,为 6 名新录用公务员和 2 名军转干部定职定岗;对提拔的 9 名处级干部都按要求进行了为期 7 个工作日的公示。通过优化干部队伍结构,增强了干部队伍活力,调动了干部队伍干事创业的积极性。

四、凝聚力量,顽强拼搏,确保年度经济目标的实现

2010 年,按照省委、省政府的部署,省旅游局党组带领全省旅游行业,认真贯彻落实《国务院关于加快发展旅游业的意见》和省委转型发展、跨越发展的战略,紧紧围绕把旅游业培育成全省国民经济的战略性支柱产业和人民群众更加满意的现代服务业的目标,凝聚力量,顽强拼搏,圆满完成了年初确定的各项经济目标。

一是局党组进一步加强了对全省旅游工作的领导与指导。《国务院关于加快发展旅游业的意见》提出要把旅游业培育成为国民经济战略性支柱产业和人民群众更加满意的现代服务业;省委书记袁纯清在全省领导干部大会上提出:要围绕发挥传统产业优势,加快文化旅游产业转型发展步伐,培育新的经济支撑点,通过大作品展现、大集团运作、大景点支撑、大服务引领、大会展集聚,打造体现山西深厚文化底蕴的知名品牌;省长王君在省政府工作报告中提出:重点抓好文化旅游产业的发展,加强旅游基础设施建设,加大旅游场所环境整治力度,引进先进的管理模式,打造一流景点景区;构建区域旅游合作机制,打造精品旅游线路;培育旅游龙头企业,积极开发新型旅游项目和产品。对于国务院和省委省政府领导关于旅游业发展的一系列意见,局党组班子高度重视,思想统一,深入细致地进行了贯彻落实。局党组成员经常深入旅游产业第一线指导工作,特别是反复与各市、县党委政府主要领导交流思想,统一认识;多次向省人大、省政协汇报旅游工作,积极与各相关厅局、社会各界协调,争取他们对旅游业的支持,做了大量卓有成效的工作。省十一届人大常委会第十九次会议听取了省旅游局代表省政府所做的全省旅游工作情况报告,对 2004 年以来的全省旅游产业发展情况给予了充分肯定,并出台了《山西省人民代表大会常务委员会关于加快发展旅游业的决定》。到目前为止,全省 11 个市和重点旅游县(市)党政主要领导都十分重视旅游产业发展,多次召开会议研究或作出批示。在各级各部门、社会各界的支持与关怀下,旅游业发展速度加快,带动了全省交通、铁路、民航、建设、餐饮、农业等行业的增长。旅游业成为山西转型发展的重要接替产业之一,发展旅游业已经成为全省各级政府、各相关部门和全社会的共识。

二是借助"上海世博会"契机,精心筹划组织,大力进行市场推广。根据全省世博旅游宣传工作方案,设计制作了《精彩山西》、《山西旅游指南》等世博旅游宣传资料和纪念品;举办了以太原为主会场、其它各市为分会场的"全省世博旅游宣传推广周山西活动",推出了 7 条具有山西特色的"世博之旅"线路;在上海举办了山西旅游推介会,并在上海火车站电视墙、南京路 LED 屏幕、上海世博线路公交车、上海浦东机场 T1、T2 航站楼旅游咨询台等公众媒体播放山西旅游形象广告;建立了上海—山西两地旅游信息共享体系,在世博馆建立山西旅游网站终端,实现相关网站的链接。促成了太原—台北直航航线的开通,加大了台湾市场的宣传力度;在 2010 年的"两会"期间,制作了 300 个灯箱广告在北京市二环、三环内的主要街道公交车站上宣传山西旅游;参展全国国内旅交会、港澳世博旅游宣传周、义乌国际旅游商品博览会、华中旅游博览会、北京国际旅游展览会暨中国北方旅游交易会、海峡两岸台北旅展等,特别是在北京国际旅游展览会暨中国北方旅游交易会上,中共中央政治局委员、北京市委书记刘淇视察了山西旅游产品展台,了解了晋京旅游合作的情况,对两省市提出了加强合作、共同发展的要求。通过强有力的宣传推广与市场开拓,山西旅游在国内外的吸引力不断加大。

三是深入推进区域旅游合作,继续采取扩大旅游消费的各项措施推动旅游业发展。为进一步促进环渤海及北京周边 9 省、区、市区域旅游一体化及国内旅游热点城市共同发展与繁荣,实现旅游资源、产品、市场、信息、客源和利益共享的战略目标,国家旅游局、山西省政府和北京市政府在太原共同举办了第三届"9+10"区域旅游合作会议,会议有全国 10 位省区市领导、40 位地厅级领导参加;省委书记、省人大常委会主任袁纯清,省委常委、宣传部长胡苏平,省委常委、副省长、省委秘书长高建民会见了与会代表;省委常委、常务副省长李小鹏出席会议并代表省委省政府致词,省委常委、副省长、省委秘书长高建民全程参加会议;大会受到了与会代表的高度赞扬,获得了圆满成功。本次会议签署了《区域旅游合作太原宣言》、《环渤海及北京周边九省(区、市)联合开发推广专项旅游产品战略协议》、《世界旅游城市联合会(筹备)国内旅游城市合作意向书》,标志着继长三角、珠三角之后的第三大旅游经济合作圈的形成;经大力协调,太原和大同进入了全国主要旅游热点城市行列。省旅游局与河北、陕西、河南省级旅游部门联合推出了四省八市百家景区旅游"一证游"活动,晋、冀、陕、豫 8 个城市的居民凭借有效证件就可在上百家景区享受半价门票优惠,惠及百姓 3000 余万人;与省财政厅、物价局、交通运输厅经过协调并报省政府批准推出了"暂缓收取省外旅行社组团入晋旅游客运车辆高速公路通行费"的优惠政策;与人民银行太原中心支行、山西银监局、中国银联山西公司推出了"晋旅卡"。既促成了扩大旅游消费举措的实现,又办成了旅游发展成果惠及百姓的实事。

四是加强监管,强化安全,保证旅游产业平稳健康发展。2010 年,省旅游局在全省旅游行业深入开展了"旅游服务质量提升年"、"安全生产年"活动,多次召开全省旅游行业管理和旅游安全工作会议,全面部署旅游服务质量提升年各项活动,与 11 个市旅游局签订了旅游安全目标责任书,全省 100 多个县级旅游管理部门与 1000 多家旅游企业签订了旅游安全目标责任书。根据省政府领导的指示,省旅游局组织专家

学者,研究全国旅游发展趋势,参考应急预案制定先进省份的经验,经过半年多时间完成了《山西省旅游突发事件应急预案》,旅游突发事件应急预案由部门预案上升为省级专项预案。省旅游局申请省编委批准成立了安全监管处,配备了旅游安全工作专用车辆,全省各旅游企业也都配备了"安全员"。举办了山西省第五届旅游星级饭店服务技能大赛和第四届导游员大赛,极大地提高了旅游从业人员的素质。积极开展旅游"安全生产月"活动,接受安全培训的导游达到1.1万余人次;把安全内容作为340余家旅游星级饭店年度复核的重点予以检查。加大了对旅游市场的监督检查力度,对黑导、黑车、黑社、虚假广告、零负团费、购物欺诈等各种违法违规行为进行了严厉打击。全省各级旅游部门对旅游企业的安全检查达1700余次,下达整改通知420余份,增强了全省旅游行业的安全责任感,提高了全省旅游安全监管水平,受到了来晋检查指导工作的国家旅游局杜江副局长的充分肯定,被省政府评为2010年安全生产先进单位。

五是加强规划和景区管理,旅游规划体系进一步完善。完成了《山西省"十二五"旅游产业发展规划》(初稿)和《旅游援疆规划》的编制工作;《山西省旅游规划评估办法》通过专家评审,填补了旅游规划实施评估管理的空白;出台了《关于规范全省旅游景区标准化建设的意见》;与省统计局联合完成了《山西旅游产业发展统计监测报表制度》(试行)的编制工作,并得到了国家统计局批准(国统制2010〔78〕号)。对各市和重点旅游区进行督查,促使一批旅游景区完善了停车场、旅游厕所、游客中心、标识系统等旅游配套设施;成功创建8家4A级景区;皇城相府5A级景区创建通过国家旅游局的验收,于2011年正式颁牌公布。评审了《朔州市旅游发展总体规划》、《太行山大峡谷总体规划》等20多家市级和景区规划,随着多个地方和景区旅游发展总体规划的完成并通过评审,全省旅游规划体系不断完善,并逐步走向系统化、专业化、规范化。

六是旅游产品进一步丰富,生态旅游形成新的业态。随着省、市、县各级和社会资金对旅游业投入和旅游产品结构调整的力度不断加大,我省旅游产品进一步丰富,民俗游、古建游、宗教游、乡村游和红色旅游相互促进,协调发展。家庭游、自助游和自驾游规模逐步壮大。帮助右玉县制定了县域旅游总体规划和重点景区规划,基本形成了完备的旅游规划体系,指导其创建4A级景区,成为全国第一个以县名命名的4A级景区。右玉生态旅游的持续升温,带动了周边县的其它景区。全省生态旅游新的业态已经形成。

(袁　莉)

附:省旅游局党组书记、成员名单

书　记: 籍振芳

成　员: 李太阳　王炳武　赵庆华(9月离职)　王文保　姚十保(12月任职)

省宗教事务局党组工作概况

党组书记　边根棠

2010年,在省委、省政府的正确领导下,省宗教局(省民委)认真贯彻落实党的十七大和十七届四中、五中全会和省委九届十一次全会精神,深入学习实践科学发展观,紧紧围绕省委、省政府中心工作,坚持构建和谐社会的总要求,深入贯彻党中央关于民族宗教工作的一系列重要指示精神,牢牢把握"共同团结进步,共同繁荣发展"的民族工作主题,全面贯彻党的宗教工作基本方针,各项工作取得明显成效,进一步巩固了平等、团结、互助、和谐的社会主义新型民族关系,有效发挥了宗教在构建社会主义和谐社会中的积极作用,为我省转型发展、跨越发展做出了积极贡献。

一、民族宗教调研工作进一步细化,基础性工作有了较大提高

2010年是我局(委)确立的民族宗教工作调研年,我们紧紧围绕民族关系出现的新情况新问题和宗教领域热点难点问题,就条例贯彻落实、创建活动及民族宗教界基本情况进行调研。这是继2008年全省大调研之后的细化调研,尤其是全面掌握了纳入省一级后备培养的教职人员情况。10月份开展了农村宗教工作的调研,就农村宗教基本情况、农村宗教工作依法管理方面的做法和存在的问题进行了分析。此外,在全省范围内开展少数民族基本情况调查,重点开展对少数民族流动人口服务管理情况摸底,提出了加强对在我省的新疆籍维族人员服务管理工作的建议,形成信息报省委办公厅后,被采纳报了中办,为做好流动人口管理工作奠定了基础。

二、民族团结进步创建活动进一步开展,"共同团结奋斗、共同繁荣发展"的主题得到了深化

全面贯彻落实国家民委、中央宣传部和中央统战部《推进民族团结进步创建活动电视会议》精神,大力推进我省民族团结进步创建活动。8月,省委统战部、省民委联合下发了《山西省民族团结进步创建活动实施方案》,成立了创建活动领导组,明确了创建活动的指导思想、行动目标和基本原则,扩大了开展民族团结进步创建活动的社会面。与国资委和教

育厅联合下发文件，对全省33家国有大型企业和最具基础性的全省各级各类学校，提出了宣传教育和创建活动要求，受到国家民委的充分肯定；在全省确定了首批民族团结教育试点学校，进一步推动全省中小学校开展民族团结进步创建活动；积极引导企业为民族团结做贡献，为山大附中西藏班建立民族团结图书馆，建造“民族团结进步林”。10月27日，省委、省政府召开山西省第五次民族团结进步表彰大会。省委书记、省人大常委会主任袁纯清作了重要讲话，国家民委党组书记、副主任杨传堂出席。会议表彰了49个民族团结进步模范集体和100个模范个人，进一步在全社会营造了民族团结进步的浓厚氛围，开创了民族工作的新局面。

三、少数民族经济和社会事业进一步发展，民委委员单位的协调工作和少数民族发展资金得到了加强

根据我省民委委员制变动情况，经省政府同意，对民委兼职委员单位进行了调整，9月份召开了民委委员单位专题会议，初步形成了由省民委主抓、相关部门配合、全社会参与的民族工作格局。积极与省财政厅沟通，在国家下拨少数民族发展资金的基础上设立了我省少数民族发展资金。深入全省少数民族聚居村实地调研，确定少数民族发展资金扶持项目。积极向财政部争取民族特需商品生产补助资金和技改贷款贴息资金。召开了全省清真食品监督管理工作座谈会，培养扶持了全省清真食品发展的龙头企业。对教育援藏单位山大附中西藏班给予关心支持，为有效改善办学条件做出积极努力。与省文化厅联合选送京剧《五台圣境》荣获戏剧会演银奖。对我省参加第九届全国少数民族传统体育运动会项目调研确定。还调动全省民族宗教系统为对口支援单位新疆昌吉州民委筹集资金20余万元，扎实有效地迈出了对口援疆工作的第一步。

四、民族宗教政策和法律法规的宣传力度进一步加大，民族宗教工作法制化进程得到了有效推进

在每年3月的学习宣传活动月中，大力开展《宗教事务条例》、《山西省宗教事务条例》和《山西省清真食品监督管理条例》的宣传。10月份，举办宗教工作干部培训班，邀请国家宗教局、省社会科学院等领导学者专题授课。11月中旬，组织参加山西省“五五”普法总结验收考试。在工作中进一步完善民族宗教《行政执法责任制》、《行政执法公示制度》、《行政审批服务窗口管理制度》等配套制度，建立了一整套权责相统一、事前审批与事后监管相统一的民族宗教行政许可制度体系。为深入贯彻《宗教事务条例》，我省全面启动宗教教职人员认定备案和宗教活动场所财务监督管理工作，确定5个市为宗教教职人员备案工作试点市，55个宗教活动场所为财务监督管理工作试点场所。目前，我省五大宗教基本推开教职人员认定备案工作，财务监督管理工作也在稳步推进。

五、各宗教领域重点难点问题进一步得到解决，民族宗教领域的维稳工作取得了较大成效

按照省委、省政府的部署，在工作中把维护民族宗教领域的稳定作为重要工作来抓，多次召开专题会议进行工作部署，指导太原市和阳曲县加强对板寺山“三大瞻礼”朝圣活动的依法管理，做好上海世博会期间等敏感节点的民族宗教领域的稳定工作。一年来，全省依法稳妥处置民族宗教领域突发情况和复杂事件约40余起。在工作中，我们继续稳固推进宗教难点问题的解决。一是依法治理基督教私设聚会点取得新成果。针对境内外基督教非法组织向高校和企业渗透的现状，起草了《关于新形势下加强高等院校和企业宗教工作的意见》，由省委办公厅、省政府办公厅向全省转发。全省各地以治理基督教私设聚会点为突破口，抓抵御渗透、抓治乱治热，抓固本强基，取得明显成效。二是天主教自选自圣工作取得新进展。按照中央统战部、国家宗教局统一部署，召开全省天主教专题会议对祝圣工作进行安排。在祝圣准备工作中，排除境内外敌对势力干扰，积极做好教职人员思想工作，顺利完成太原、运城教区主教祝圣工作，保证领导权牢牢掌握在爱国爱教宗教界人士手中。12月初，为确保中国天主教第八次代表大会顺利举行，采取得力措施，按省委要求确保了参会代表能够如期出席，遵规守纪，受到中央统战部和国家宗教局的肯定，圆满完成了中央赋予我省的一项重要政治任务。

六、宗教团体自身建设进一步加强，宗教界人士培养力度加大

重视加强宗教团体自身建设，呈现出了爱国宗教团体团结务实、和谐奋进的新局面。指导省佛协召开常务理事会议，推选了出席中国佛协第八次大会代表人选，妙江、如瑞法师当选为中国佛教协会副会长；指导省道协召开理事会，对领导班子进行了调整增补，推选出了参加中国道教协会代表人选；指导省佛教协会召开第八次代表大会，选举产生了释妙江为会长的新一届省佛协领导班子，实现领导班子平稳交替。会议期间，省委常委、统战部长李政文，副省长刘维佳接见与会代表并讲话。还举办了全省佛教教职人员培训班，举办全省天主教中青年骨干培训班，选拔15名天主教骨干参加国宗局培训，进一步提高了宗教界中青年教职人员的综合素质。

七、创建和谐寺观教堂活动进一步开展，宗教界自我管理能力全面增强

按照国宗局统一安排，自2009年开展了创建和谐寺观教堂活动。在各方共同努力下，全省宗教界积极响应、主动参与，积极为经济社会发展做贡献的自觉性进一步提高。12月29日，中央统战部、国家宗教局在北京人民大会堂隆重召开首届全国创建和谐寺观教堂先进集体和个人表彰大会，中央政治局常委、全国政协主席贾庆林，中央政治局委员、国务院

副总理回良玉，全国政协副主席、中央统战部部长杜青林接见了与会代表，回良玉副总理发表重要讲话。全省天主教太原教区总堂等13个宗教活动场所，省伊协等5个宗教团体以及省佛协副会长、五台山黛螺顶住持昌善法师等10名个人受到表彰。在创建活动中，还引导宗教界参加社会公益事业，省佛协、五台山佛教功德慈善总会每年捐赠50万元援助贫困老区，全省宗教界向青海玉树和甘肃舟曲灾区捐款达1000余万元，受到了社会各界好评。

八、少数民族流动人口的服务管理工作进一步扎实推进，帮助宗教界办实事办好事的积极性有很大提高

针对我省新疆籍少数民族流动人口不断增多的情况，按照中央和省里的有关精神，坚持教育引导、服务在先、强化管理的原则，始终把帮助他们改善生产生活条件，维护他们的合法权益作为主要工作职责，促进了民族团结和社会稳定。各市也创新工作方法，如忻州市建立了与在忻州维族人员联系制度、晋中市为当地新疆籍少数民族群众划定专门的集中经营场所、临汾市建立外来少数民族联谊制度等做法，取得很好效果。忻州市的做法被中央电视台、《人民日报》等主流媒体宣传报道，受到国家民委领导的充分肯定。帮助宗教界办实事办好事。按照国家五部委下发的《关于妥善解决宗教教职人员社会保障问题的意见》，积极协调人社、财政、卫生、民政部门联合下发《关于妥善解决我省宗教教职人员社会保障的实施意见》，就教职人员的适用范围、组织实施和保障办法等提出了明确要求，有序地推动了解决教职人员社会保障问题。

九、局(委)机关效能建设和反腐倡廉建设进一步强化，创建文明和谐单位的标准逐步提升

以深入开展创先争优活动为载体，以创建文明和谐单位标兵活动为抓手，以树立和践行社会主义核心价值体系为目标，促进全局(委)机关效能建设、作风建设和党的建设，初步形成了“内有动力、外有压力”的学习机制和创先争优活动的热潮。在工作中，注重加强班子建设和队伍建设，使局班子成为思想政治坚定、工作思路清晰、作风有效扎实、团结配合有力的坚强领导集体。年初完成了机关内设机构职责调整和干部轮岗，为完成全年目标工作任务提供了组织保障。3月份召开机关党委换届党员大会，局(委)机关党委、机关纪委顺利实现换届。5月召开机关工会会员大会，选举产生了第一届机关工会委员会、机关工会经审委员会、机关工会女职工委员会，开创了党建工作的新局面。积极参加省直工委组织的纪念建国60周年文明和谐单位巡礼活动，参加联企帮困送温暖活动，开展关爱女职工、慰问老干部活动。积极向青海玉树、甘肃舟曲灾区捐款计2万余元，体现了干部职工良好的道德风尚。2010年继续被评为“省直文明和谐标兵单位”。

（王泽武）

附：省宗教事务局党组书记、成员名单

书　记：边根棠

成　员：郝中树（7月离职）　卫望军　李广禄　侯文禄（12月任职）

省文物局党组工作概况

党组书记　施联秀

2010年，省文物局党组坚持以邓小平理论和“三个代表”重要思想为指导，深入学习实践科学发展观，紧紧围绕省委、省政府转型跨越发展的战略决策，学习弘扬右玉精神，解放思想，开拓创新，转变作风，狠抓落实，全省文物工作的各个方面都取得了可喜的进展。

一、狠抓理论学习，努力提高广大党员的思想政治素质

按照“武装头脑、指导实践、推动工作”的要求，我们在加强理论学习上重点抓了五个方面的工作。第一，制定学习计划，坚持领导带头。为了进一步抓好领导干部的学习教育工作，我们制定了党委中心组和局系统各党支部理论学习安排，在全局范围内有计划、有步骤地开展了一系列学习活动。组织广大党员认真学习党的十七大、十七届四中全会精神，重点领会《中共中央关于加强和改进新形势下党的建设若干问题重大决定》主要内涵，增强推动科学发展、促进社会和谐、加强党的执政能力建设和党的先进性建设的紧迫感和自觉性。坚持学以致用、用以促学，努力营造解放思想、实事求是、与时俱进的良好氛围，营造心无旁骛抓落实、齐心协力谋发展的良好氛围。各级党组织的思想、作风和组织建设明显加强，为全力推进我省文物事业与经济社会和谐发展、圆满完成工作任务提供坚强的思想政治保证。第二，积极购买资料，创造学习条件。投资2万余元，为机关干部购买了理论学习笔记，购买了《社会主义核心价值体系学习读本》、《推进学习型党组织建设学习辅导百问》、《党的十七届五中全会（建议）学习辅导百问》、《党委中心组学习参考》等书籍，积极创造学习条件，帮助党员干部准确理解政治理论的内涵，提高广大党员的学习积极性。第三，落实学习制度，加强监督检查。为了把学习制度落到实处，采取定期与随机检查相结合的方式，对局直属单位各支部和机关各支部的学习情况

进行了不定期检查，了解情况，指出问题，推动理论学习责任制的落实。第四，利用党校基地，大力加强培训。先后安排4名处以上的现任领导干部和直属单位的班子成员参加了省直工委举办的干部轮训，安排2名中青年干部参加了省直分校组织的理论培训，较好地按计划要求把干部理论培训纳入了科学、规范的轨道，有效地提高了参加培训的党员干部的政治素质。第五，突出开展主题活动。积极开展各类主题活动，组织干部职工观看了电影《袁隆平》、《第一书记》，组织局机关全体公务员和局属单位领导班子成员赴右玉参观学习“右玉精神”等等，通过主题活动，深化了学习效果。

二、狠抓基层党建工作，着力提高党组织的战斗力

第一，健全组织，不断增强班子凝聚力。根据《党章》和《中国共产党和国家机关基层组织工作条例》的规定，在局党组的大力支持下，经过精心筹备，召开了省文物局第一届党代会，选举产生了新一届局直机关党委和机关纪委；批复成立了省文物勘测中心党支部；指导13个基层党组织严格按照程序按时进行了换届选举。同时，及时督促基层党组织对缺位的支部成员进行调整充实，既保持了党建工作的完整性、连续性、稳定性，又增强了班子的凝聚力、战斗力。第二，完善制度，促进党建工作规范化。根据保持共产党员先进性四个长效机制的要求，结合我局党建工作的实际，在完善《省文物局机关党的工作目标责任制》、《省文物局机关党的工作目标责任制考核细则》等制度的同时，局机关党委召开会议，进一步细化了党员目标管理、党员思想政治工作、党内监督、发展党员、“三会一课”、领导干部双重组织生活会等制度，健全了党员管理、党员学习、党员教育、党员考核评估、党员激励和监督等党内生活制度，促进了基层党建工作的规范化，增强了党组织的活力。第三，严格按照程序做好党员发展工作。按照“坚持标准、保证质量、改善结构、慎重发展”的发展党员工作方针，加强了对入党积极分子和发展对象的培养、教育和考察，从源头上把好党员的“进口关”。有效地改善了党员队伍的结构，而且加强了基层支部的凝聚力、创造力和战斗力。

三、开展创先争优活动，大力推进精神文明建设

一是组织局机关并指导直属单位开展创建文明单位的活动。从精神文明创建的组织机构、创建内容、目标要求、责任落实等方面，继续完善基础性工作。完成了申报文明和谐单位的一系列工作，同时，还深入局直属单位，指导帮助省考古所、山西博物院、省勘测中心等单位指导申报工作，从广度和深度上继续创建文明和谐单位，使单位的凝聚力和战斗力明显增强，达到了树立新形象、推动新发展的目的。二是积极开展创先争优活动。在基层党组织和党员队伍中开展了声势浩大的创先争优活动。局党组成立了创先争优活动领导组，在认真调研的基础上，制定了《关于在局直机关基层党组织和党员中深入开展创先争优活动的实施方案》，明确了我局开展创先争优活动的指导思想、基本原则、主要内容、方法步骤和组织领导与要求。局机关党委为机关党员干部购买了《深入开展创先争优活动党员干部读本》，为各支部购买了《深入开展创先争优活动学习读本》、《创先争优典型实例经验与启示》、《深入开展创先争优活动规程方法与案例启示》等书籍，为活动健康有序开展打下了良好基础。局创先争优领导组为指导活动开展，先后下发《关于在深入开展创先争优活动中实行公开承诺的指导意见》、《关于认真做好信息报送工作的通知》等6份文件，编发简报3期。2010年，我局被省委宣传部授予“文化宣传工作突出贡献奖”，被省政府表彰为“2008—2009 全省消防工作先进单位”、“支持重点公路建设优秀单位”，局机关党委获得“博爱一日捐”优秀组织奖，局机关再次被省委下乡办评为定点扶贫先进单位，山西博物院被省直文明委评为第五批公民道德建设“十佳文明窗口”。三是组织并指导开展丰富多彩的文体活动。注重发挥工会的作用，组织单位职工参加了《“铁人杯”全国职工工会知识竞赛百题问答》，使广大职工更加了解工会、认识工会、信任工会。利用业余时间开展各项文体活动，极大地丰富了广大职工的文化生活。特别是组队积极参加省直工委举办的第三届“智奇杯”职工运动会，在乒乓球、篮球等项目上取得了较好的成绩，充分展示了我局广大党员干部职工开展全民健身活动的优异成果，塑造了我局团结向上、拼搏进取、创先争优、服务转型发展、跨越发展的良好形象，推动了工作任务的完成。四是积极开展献爱心大型公益活动。到帮困结对子企业山西建筑机械厂进行“联企帮困送温暖”活动，走访慰问结对子企业特困职工家庭7户，送去慰问金2800元，解决部分困难群众最迫切需要解决的实际问题。青海玉树、甘肃舟曲发生了特大地震和泥石流后，局机关及局属单位干部职工分别捐款7.5万元和4.26万元，为灾区困难群众提供关怀和援助。开展“博爱一日捐”活动，捐款17910元。通过开展这些社会性的公益活动，进一步推进局机关精神文明创建工作，产生了积极的社会影响。

四、认真贯彻全省领导干部大会精神

7月29日，省委书记袁纯清在全省领导干部大会上发表重要讲话，提出了全省转型跨越发展、再造一个新山西的的战略构想后，我局于8月2日举办了贯彻全省领导干部大会精神学习班，要求文博系统干部职工认真学习、深入领会、准确把握省委书记袁纯清重要讲话的深刻内涵、主要精神和基本要求，自觉把思想和行动统一到袁纯清书记重要讲话精神和省委的决策部署上来，联系干部职工的思想、工作和作风实际，重点查找工作程序、工作质量等方面的差距，查找知识不够、本领不强等方面的不足，查找精神

不振、作风漂浮等方面的问题，以全新思维和定位，制定新的工作目标，落实具体的改进措施，特别是要在提升能力素质、服务服从大局等方面下工夫，努力适应省委快节奏、高效率、大力度运转的需要，不断开拓文物工作的新局面，为山西转型跨越发展做出新的更大的贡献。

五、组织编制全省文博事业“十二五”规划纲要

在广泛深入调查研究的基础上，组织制定了全省文博事业“十二五”发展规划纲要草案。重点规划了重大遗产地保护、大遗址保护、历史文化名城（镇、村）保护、山西南部早期建筑保护、抢救性文物保护设施建设、近现代不可移动文物保护、濒危文物抢救、博物馆建设、科技保护基地建设等十个方面的重大项目。提出了创新发展的“三个转变”，即保护理念的转变、保护体制的转变、工作机制的转变；提出了工作目标的“三个提升”，即公共文化服务水平的提升、文博相关产业发展水平的提升、保护方式方法的提升。“十二五”发展规划纲要的制定，为我省未来五年文博事业的发展，描绘了蓝图，指明了方向，做出了部署。

六、圆满完成第三次全国文物普查实地调查阶段工作

按照国务院的统一部署，4月份，我省在全国率先完成了第三次全国文物普查实地调查阶段省级验收工作，比国家要求的时间提前了一个月。据统计，全省共登记不可移动文物54780处;其中新发现37050处，复查17730处。从分类上看，共登记古遗址13501处，古墓葬4296处，古建筑28172处，石窟寺及石刻1545处，近现代重要史迹及代表性建筑6892处，其他374处。按统计排名，我省的调查登记总量位居全国第五。省政府“三普”领导小组召开了全省第三次全国文物普查实地调查阶段总结表彰大会。6月，国家文物局组织对我省实地调查阶段工作进行了整体验收，认为我省普查质量全国领先。6月22日，在国务院召开的全国文物普查领导小组第三次（扩大）会议上，张平副省长代表我省作了典型发言，受到国务委员刘延东的肯定和表扬。

与此同时，明代长城资源调查报告编制完成，明长城重点地段保护范围和建设控制地带划定工作正在进行，雁门关段、平型关段明长城修缮设计方案已经国家文物局批复，平型关段明长城修缮工程已经国家文物局批准立项。8个市36个县、区境内的明代以前早期长城资源田野调查任务全部完成，初步确认天镇、应县等21个县、区境内明代以前早期长城总长度为525.692公里。

七、高效推进重点基本建设工程的文物保护工作

按照“全力以赴、服务大局、低限取费、确保工期”的要求，密切配合、全力支持全省重点基本工程建设。省政府确定的175项重点工程项目中，已报我局和国家文物局的85 个重点项目的行政许可和考古调查工作已全部完成。需要实施考古勘探和发掘工作的22个项目已全部完成，勘探总面积138.43万平方米，发掘总面积34050平方米，发掘清理古遗址51处、古墓葬178座、其他遗迹现象100余处，出土各类文物3586件（套），做到了文物保护工作与工程建设同步协调、进展顺利。

八、顺利推进我省南部早期建筑保护工程

列入国家文物局“十一五”时期文物保护重点工程的我省南部早期建筑保护工程进展顺利，完成了平顺夏禹神祠等13个维修项目修缮方案的编制审批和晋城玉皇庙等15个项目保护规划的编制报审工作，比年初部署的20处项目超额完成8处；组织完成了12个新开工项目的招投标工作；安排部署了万荣东岳庙等38个项目的开工准备工作。这些工作的开展，为“十二五”期间继续推进南部工程奠定了良好基础，为进一步做好环境整治、基础设施建设提供了科学依据。

九、稳步推进重点文物保护工程

一是世界文化遗产地的保护管理。云冈石窟周边环境治理工程稳步推进。国家文物局批复了《云冈石窟保护总体规划》，云冈石窟防水保护工程前期工作已全面展开，窟顶大面积勘探工作正在进行，西部窟顶试验区3000多平方米考古发掘已完成，并召开了发掘成果论证会。11-13窟崖壁抢险加固治理工程勘察方案已经国家文物局立项。洞窟内泥塑及壁画抢救性保护修复方案已委托中国文化遗产研究院着手编制。云冈石窟周边环境综合治理工程，即景区主入口广场建筑群、景区游客餐饮及纪念品服务商业街、石窟保护史陈列馆、石窟遗产价值展示馆、景区游客服务中心等，已按国家文物局批复意见完成了整改。平遥古城抢险维修工程全面展开。完成了南城墙、西城墙等抢险维修工程，北城墙抢险维修工程正在进行。镇国寺技防工程已完成前期招标工作，工程方案正在进一步修改完善。古城内范家街历史文化街区保护项目已进入实施阶段。文庙区云路片改造复原设计方案已经编制完成。吉祥寺（含文昌庙）抢险维修前期准备工作已完成。五台山核心区和缓冲区环境整治和景观管理取得新进展。核心景区保护规划通过审批并公布实施，保护范围内不协调建筑的第一期拆迁整治工程已经完成，第二期不协调建筑整治工程已经启动。

二是其他重点文物保护工程。应县木塔保护工程。组织应县人民政府、中国文化遗产研究院、省古建筑保护工程有限公司召开了应县木塔保护工程协调会，安排了台明、月台加固方案编制工作。木塔五层全面养护工程已经完成。木塔Ⅱ期监测工作正在顺利推进，申报世界文化遗产工作正式启动。佛光寺东大殿保护工程。完成了佛光寺东大殿

等建筑勘察及方案深化设计，佛光寺小南院维修改造工程正在进行中。

十、积极推进博物馆建设工作和文物安全工作

2010年，全省市级博物馆建设进入了前所未有的高潮期。全省11个市中，除长治、晋城、吕梁三市已有博物馆外，有6个市正在建造新博物馆。

不断推进文物安全工作。一是全面开展文物消防安全大检查。根据国家文物局和公安部的统一部署，我局会同省公安消防总队在全省范围内集中三个月时间联合组织开展了文物单位消防安全大检查。共检查文物单位3500余家，有效地提升了文物单位消防安全整体水平。二是开展打击文物犯罪专项行动。省公安厅和我局相关人员组成了专项行动领导组，各市也成立了相应机构，组织开展专项打击行动。截止2010年6月底，全省共破获各类文物案件78件，打掉文物犯罪团伙8个，抓获违法犯罪人员80名，追缴各类文物81件。三是加大行政执法力度。10月下旬开始，省人大常委会副主任安焕晓带领部分省人大常委，利用两周时间，先后深入朔州、运城、晋城3市及朔城区等9个县（市、区），就我省贯彻落实《中华人民共和国文物保护法》和《山西省实施〈中华人民共和国文物保护法〉办法》情况进行了执法检查，并向省政府反馈了检查情况，推动了依法行政的深入进行。四是探索建立文物安全长效机制。我局以建立和完善安全档案作为全面提升安全管理水平的突破口，狠抓落实，成效明显。安全档案将文物保护单位的机构、人员、安全现状、安全设施、安全检查情况、执法巡查情况、存在隐患情况、整改情况等记录在案，进一步充实了安全管理的长效机制。

十一、继续夯实文物保护基础工作

加强全省文物保护工程勘察设计、施工资质队伍建设，山西省文物技术中心等5个单位获勘察设计甲级资质、太原市文物考古研究所等4个单位被批准为施工一级资质。进一步加强全省干部队伍培训，与中国古迹遗址理事会举办了文物保护规划理论与实践培训班；与国家文物局联合举办了全省文物局长培训班、全省文物保护机构负责人培训班，邀请全国知名的文物学、博物馆学、行政执法、行政管理等方面的专家学者授课，全省400余名市县文物局长、文物科长和重点文物保护单位保护机构负责人参加了培训，进一步提高了全省文博行业管理干部的自身素质和管理水平。组织编制了430处文物保护单位文本申报第七批全国重点文物保护单位。组织完成了我省第五批省级重点文物保护单位的申报工作。

2010年文化遗产日活动，全省以第三次全国文物普查和重点工程建设文物保护为重点，组织了一系列宣传活动。召开了全省第三次全国文物普查实地调查阶段总结表彰大会，表彰了“三普”先进集体和个人。副省长张平在世界文化遗产地平遥古城进行了视察调研。局领导走进山西晚报“新闻会客厅”，与全省社会公众就文物保护进行了广泛的电话交流互动。在山西大学举办了“文化遗产进校园”大型宣传活动，展出了《厚重山西——山西省第三次全国文物普查重要新发现》图片展，受到广大师生的热烈欢迎和充分肯定。

十二、加强党风廉政建设

一是切实加强反腐倡廉学习教育。年初，我局专门召开了全省文博系统反腐倡廉工作会议，对全省文博系统的党风廉政建设和反腐败工作进行了安排部署。4月上旬，召开了党组中心组廉政建设专题学习会，集中组织学习了《中国共产党党员领导干部廉洁从政若干准则》，并组织观看了反腐倡廉专题片《小官大贪警示录》和《溃坝》等，通过典型案例进行警示教育。

二是切实做好干部选拔任用工作。我局召开了全局干部大会，传达学习了中纪委、中组部、监察部联合印发的《关于严厉整治干部选拔任用工作中行贿受贿行为的通知》和省纪委、省委组织部、省监察厅《关于严厉整治干部选拔任用工作中行贿受贿行为的实施意见》，安排部署了我局系统开展严厉整治干部选拔任用中行贿受贿行为工作，并制订下发了《省文物局选人用人监督制度》、《省文物局专业技术职务评聘监督制度》、《省文物局人事教育处廉政运行和风险防范守则》等，在选拔任用干部中做到了坚持原则、坚持标准、坚持程序，防止和杜绝“带病上岗”、“带病提拔”等问题的发生。

三是切实加强权力运行监督。局党组十分注重发挥省纪委、省监察厅驻局纪检监察机构的监督职能，凡重大工作事项、尤其是权力运行关键岗位、关键环节，都请他们参与，进行有效监督。3月份，我局召开了落实党风廉政建设责任制《责任书》签定大会，局党组与处于权力运行关口的局机关处室的处长和局直属单位的主要负责人，签定了2010 年度党风廉政建设责任制责任书。为建立和完善关键岗位、重点环节的监督制度，不断加强工程建设领域突出问题等专项治理工作，制订了《山西省文物局政务督察工作实施细则》、《山西省文物保护工程勘察设计资质管理办法》、《山西省文物保护工程施工资质管理办法》、《山西省文物保护工程从业人员资格管理办法》等，对我局所辖范围内工程项目情况进行了全面摸底排查。

四是不断加强机关作风建设。省委发出在全省兴起学习右玉精神新高潮号召后，局党组及时召开全局大会传达学习，并组织全局系统干部到右玉实地考察，深入学习和切身感受右玉精神，以此对照抓好作风建设、改变精神面貌。同时结合省委提出的“五个不准”，把作风建设贯穿于领导干部的培养、选拔、管理、使用等环节，有效解决了个别领导干部存在的不敏锐、不干事、不踏实、不负责的问题。

（谢宾顺）

附：省文物局党组书记、副书记、成员名单

书　记：施联秀

副书记：高　可(1月离职)

成　员：刘正辉　宋文斌

省粮食局党组工作概况

党组书记　姚高宽

2010年，省粮食局党组坚持以党的十七届四中、五中全会精神为指导，以党的执政能力建设和创先争优活动为主线，紧紧围绕粮食工作任务，强责任、抓落实，强基础、建机制，强特色、求创新，不断推进党建各项工作的开展。领导班子执政能力进一步提高，廉政建设得到了加强，党员队伍素质得到了增强，全局干部职工精神面貌发生了新变化。省直文明委督察组对粮食局"文明和谐单位"创建活动给予了充分肯定；党建工作在国家粮食局召开的全系统党建工作会议上做了交流；省政府确定的建设100家"配送中心"和1万家"放心粮油店"任务提前超额完成。

(一)加强组织领导，强化责任意识。局党组始终把党建工作摆到重要位置，加强组织领导，把党的工作与粮食业务工作一起安排、一起部署、一起签订责任书、一起督促检查和一起总结考核。在全省粮食工作会议上，对党建工作和创建文明和谐单位等工作专门进行了安排部署。在党组会议、局务会议上经常研究党建工作，对党建工作中遇到的难点问题能认真给予解决。班子成员也能按照各自分工，经常深入联系点听取汇报、督促检查。

(二)加强班子建设，提高执政能力。局党组重视加强对各级党委和支部班子能力建设，着力在提高班子成员共大事、谋大事的能力上下功夫。先后对2个党委、13个党支部进行了换届选举，选出了新一届党委和党支部领导班子。10月19日，根据粮食工作任务和基层换届选举后的实际情况，组织了一次由所属各单位党委书记、总支书记、支部书记、党委委员和党办人员共计26人参加的培训班，通过培训，使党务工作人员党的基本知识得到提升，支部班子的战斗堡垒作用得到进一步加强。

(三)加强理论武装，提高干部素质。印发了《党组中心组理论学习计划》和《机关干部理论学习计划》。先后邀请山西财经大学老师讲授期货知识、证券知识；观看了《七个怎么看》，对处级以上党员干部学习《中国共产党党员领导干部廉洁从政若干准则》情况进行了考核。全年共安排22名副处级以上干部参加省直分校培训班的学习。

8月3日，局党组召开全体干部大会，学习传达贯彻省委袁纯清书记7月29日在全省干部大会上的讲话，会上，姚高宽局长做了《开拓创新加快粮食流通大转型，奋力赶超实现粮食经济新跨越》的重要讲话，提出从五个方面贯彻落实袁书记的重要讲话精神：一是要深刻认识袁书记讲话的重要意义，掀起深入学习贯彻讲话精神的高潮；二是要切实推动思想解放和观念转变，增强转型跨越发展的紧迫感和自觉性；三是要坚持以转型发展为主线，精心谋划和全力推进我省粮食流通产业跨越发展；四是要以袁书记重要讲话精神统领各项粮食工作，确保全年粮食工作任务圆满完成；五是要切实转变作风，提升素质，建设一支谋发展、善发展、能干事、干成事的高素质的粮食干部队伍，通过学习，大家一致认为袁书记的讲话为粮食工作转型跨越发展指明了方向。

10月21日，召开全体机关干部会议，对学习贯彻十七届五中全会精神进行安排部署。要求各单位要利用学习日组织党员干部职工认真学习十七届五中全会精神，增强贯彻十七届五中全会精神的自觉性；加强党的建设，进一步开展好学习型党组织建设和创先争优活动，弘扬右玉精神，尤其要搞好党员承诺制活动；扎扎实实完成全年粮食工作目标任务；按照十七届五中全会精神，积极参与山西经济社会发展"十二五"规划纲要的讨论修改，并对全省粮食工作"十二五"规划进行认真修改和谋划，为实现全省粮食工作的转型跨越发展提供坚实的基础。

12月2日，召开局务扩大会议，传达贯彻省委九届十一次全会精神，党组就贯彻落实全会精神作出安排部署：一是认真学习，深刻理解，吃透全会精神。二是完善规划，谋划长远，为实现"十二五"时期粮食经济发展打好基础。三是努力工作，狠抓落实，全面完成今年粮食工作任务。四是关心群众，排忧解难，把群众工作做好。五是选好主题，突出特色，扎实开展创先争优活动。六是建好班子，带好队伍，为粮食经济转型跨越发展提供组织保证。

把理论学习与调研有机结合起来，提高科学决策水平。党组成员和处室领导人人撰写调研报告。其中，姚高宽局长等局领导的调研报告和论文，被《中国粮食经济》等刊物刊用。把理论学习与解决实际问题结合起来，破解发展难题。年初确定了对干部体检、机关信息化建设、理顺与集团公司的关系、增加老干部活动经费、完善工作制度、加强学习型机关建设等10件实事，经过一年来的努力基本得到了落实。

(四)加强组织建设，增强党组织凝聚力。一是加强支部班子建设。按照选优配强的思路，及时选配有威信、有能力、有经验的同志担任支部领导职务；对软弱涣散的支部进行调整和整顿；对组织尚未健全的支部尽快安排组建和配备。建议和指导成立省粮油集团公司党的组织，对离退休老干部四个支部进行了改选，通过改选充实了一批支部领导和成员，加强了基层党组织建设。二是严格执行党内生活各项制度。坚持"三会一课"等党内组织生活制度。在省局纪念建党89

周年暨党建工作会议上，纪检组长姚允民同志结合新颁布的《廉政准则》给大家上了一堂廉洁自律课。会上，姚高宽局长就加强党的建设、加强学习和爱读书、读好书、善读书对各级党组织和党员干部提出了明确要求，为广大干部职工荐书20本。如《七个怎么看》、《以转型发展为主线，再造一个新山西》、《细节决定成败》、《马克思主义发展史》、《近代中国政治与外交》、《利益论》、《粮食决策与思考》、《中国大战略》、《促进粮食流通事业科学发展》、《迈向新世纪》等书籍。

（五）加强作风建设，提高工作效能。制定了《关于加强党性修养，弘扬优良作风的实施意见》等制度，就思想作风、工作作风、生活作风、文风、会风提出了明确要求。2010年局党组成员和各处室领导平均下乡40多天，深入到各市县检查放心粮油工程建设情况和组织验收，检查清仓查库工作，检查夏粮收购等工作，受到各方面的好评。

9月17日，根据省纪委和省纪工委的通知精神，为了落实省委大力弘扬右玉精神，严肃工作纪律，改进工作作风，召开了由局机关全体、局直单位班子成员和山西粮油集团公司主要领导同志参加的严肃工作纪律，改进工作作风干部大会。会上，传达了中共山西省纪委《关于进一步整肃工作纪律，狠刹不良风气的通知》，并在省纪委“五个不准”的基础上，制定了省粮食局严肃工作纪律，改进工作作风“十个严禁”，反复在办公楼电子屏幕上重复回放，从而给广大干部职工在思想上敲了警钟，提了醒。加强廉政建设，及时传达贯彻了中纪委和省纪委会议精神，总结部署了全年反腐倡廉工作，下发了党风廉政建设和反腐败实施意见以及责任制分解意见，与15个单位签订了党风廉政建设责任制，做到分工明确，责任清楚。为了进一步提高领导机关和领导干部廉洁自律、廉洁从政的自觉性，11月8日，召开了廉政建设大会，局机关全体、省粮油集团班子成员及所属企业党政负责人、局直单位班子成员约90多人参加了会议。会议邀请省纪委宣教室副主任赵炜作了《廉政准则》的辅导，局党组书记、局长姚高宽就贯彻《廉政准则》、吸取系统近几年发生的几起案件教训、加强廉政建设提出三点要求：一是吸取教训，反腐倡廉警钟长鸣；二是提升自身素质，加强廉洁自律；三是强化廉政建设，筑牢防腐之堤。

2010年，积极组织向青海玉树、甘肃舟曲和长治粮机厂等受灾和困难群众捐款，全年共捐款10.3万元；局扶贫工作队筹集35万资金为永和县修建了从沿黄公路到属步里村4.7公里的通村公路，受到群众的欢迎。每逢重大节日都由局领导带队深入基层、深入困难群众开展送温暖活动，切实解决群众最关心、最直接、最现实的利益问题，受到了干部职工的好评。

（六）开展创先争优活动，提升素质，解决难题。局党组高度重视创先争优活动的开展，成立了创先争优活动领导小组，先后3次布置、研究活动的开展和遇到的问题，下发了《关于认真贯彻党的十七届五中全会精神，推进创先争优活动的通知》和《关于在创先争优活动中实行公开承诺制的实施意见》，提出了各级党组织要在创先争优活动中走在前作表率的要求。通过活动的开展，激发了各级党组织的活力，解决了基层党组织和党员队伍中存在的突出问题，提高了各级党组织的建设水平。自活动开展以来，共有2个党委、13个支部和928名党员公开进行了承诺。

（七）加强文明和谐创建，树立良好部门形象。为了推进全系统文明和谐单位创建工作，5月底召开了局机关文明和谐单位授牌暨巩固创建成果、提升文明水平动员大会，会上认真总结了三年来我局机关及直属单位开展文明和谐单位创建工作，并对2010年和今后三年的创建工作进行了安排部署。省直工委刘传旺书记到会并作了重要讲话，对省粮食局文明和谐创建工作给予了充分肯定：一是党组高度重视，把文明和谐创建摆到重要位置，把精神文明建设与粮食工作任务一起部署，坚持两手抓；二是在学习型党组织建设和创先争优活动中有许多亮点。比如开展荐书活动、举办各类知识讲座、开展文明和谐处室和文明和谐个人评比、开展放心粮油工程建设劳动竞赛活动等；三是积极营造文明和谐创建的氛围。不仅在机关、而且在全系统开展创建活动，开展丰富多彩的一系列活动；四是把文明和谐创建与粮食工作任务有机结合起来，促进了各项粮食工作任务的完成。

（李瑞平）

附：省粮食局党组书记、成员名单

书　记：姚高宽（12月离职）　杨随亭（12月任职）

成　员：牛银虎　张　文　吕苛青　梁　政
姚允民（7月离职）　薛愿兵（12月任职）

省人民防空办公室党组工作概况

党组书记　常高才

2010年，省人防办党组坚持以邓小平理论和“三个代表”重要思想为指导，以科学发展观为指针，以国家战略方针为统揽，紧紧围绕新时期军事斗争人防应急准备这一主线，按照全省转型跨越发展的总体部署要求，全力推进人防办党的组织、思想、作风、纪律建设和制度建设，为人防事业各项任务的完成提供了坚强的思想政治和组织保证。

一、坚决执行中央和省委、省政府的决策部署，着力加强领导班子的思想政治建设

一年来，办党组始终同党中央保持高度一致，将举好旗

帜，把好方向作为首要的任务来抓，把广大干部职工的思想和行动统一到党的路线方针政策上来，保证党的路线方针政策得到全面的贯彻落实，坚持把搞好领导班子的自身建设、提高班子的整体素质摆到重要位置。

（一）强化学习教育。推进学习型党组织建设，是加强党的建设的一项重大战略任务，是保持党的先进性和增强党组织活力的重要工作内容。按照中央和省委的要求，办党组高度重视此项工作，在年初就召开专题会议对建设学习型党组织工作进行研究部署，研究制定了《推进学习型党组织建设实施方案》和集中学习培训计划，建立了党组统一领导、机关党委具体负责、各党支部与相关部门参与配合的工作机制，切实加强了对此项工作的指导和管理。做到了精心组织、统筹规划、合理安排、整体推进。我们严格执行中心组学习制度，把抓好党组中心组学习工作放在重要位置，一年来，办党组坚持每月进行一次党组中心组学习，紧紧围绕党的路线、方针、政策和山西省委、省政府转型发展、跨越发展的战略部署，结合山西人防工作实际，认真组织了科学发展观、廉政准则、弘扬右玉精神以及全省领导干部大会精神等多次集中理论学习，撰写了学习体会和调研材料，充分发挥了中心组理论学习的引领作用。平时，每周一的工作例会，也都安排学习和传达内容。围绕建设学习型党组织的总体要求，为干部职工学习提供便利条件，先后购置了《党的十七届五中全会〈建议〉学习辅导百问》、《创先争优活动学习读本》、《七个怎么看》、《五百年来谁著史》、《把信交给加西亚》等书籍。同时注意将读书学习、个人自学、集中学习、调查研究、专题研讨和工作实践紧密结合。组织了办公自动化软件应用培训、全省人防法制干部行政执法培训、全省人防网上演练培训；安排机关干部参加国家人防系统和省直有关部门组织的各种业务培训、知识讲座；积极支持公务员参加研究生学历教育、进行业务技能学习；还赴内蒙参观学习人防建设经验，组织了山西人防实现转型发展跨越发展的讨论和全省人防建设理论研讨活动；组织机关全体和直属单位领导去右玉参观学习，并进行了“弘扬学习右玉精神、加强作风建设”为主题的专题讨论，交流了学习体会。灵活多样的学习方式既调动了大家学习的积极性，也极大地促进了人防业务工作的开展。

（二）狠抓作风建设。一年来，办党组始终注重强化全办干部的作风意识，注意将履行职责的自觉性、主动性和制度规章的约束力紧密结合起来，特别是不断引深省委开展的学习弘扬“右玉精神”活动。党组带头学，带头实践，以实际行动诠释和体现右玉精神，将右玉精神贯穿于人防事业发展的全过程、落实到人防工作发展的各个环节，激发了广大干部积极进取、干事创业的热情，干部职工的创新意识进一步增强，工作作风得到根本转变，有力地促进了各项重点工作的顺利进行。

（三）重视能力提高。在带领和组织全办干部职工深入学习中央十七届五中全会、全省干部大会、学习弘扬右玉精神大会以及省委九届十一次全会等一系列重大会议精神的基础上，办党组紧密结合人防工作实际，紧紧围绕省委、省政府的重大决策和全省人防中心工作，把解决认识问题与解决实际问题结合起来，把提高理论水平与提高工作能力结合起来，把开展业务工作与创先争优、文明和谐机关创建活动结合起来。在全办形成了学以致用、用以促学、学用相长的良性循环，有效提高了工作人员服务全省转型跨越发展大局的能力和素质。广大干部的学习自觉性普遍增强，素质能力得到提升，工作作风进一步改善，工作效率明显提高，为促进山西人防事业的持续快速发展奠定了坚实的思想基础。

二、坚持科学发展观，求真务实、奋发有为，促进人防工作又好又快发展

2010年是“十一五”的收官之年，全省人防建设任务异常繁重，我办党组坚持以科学发展观为统揽，精心谋划，自加压力，突出重点工作，主攻难点项目，强化目标管理，规范激励机制，加强工作协调，圆满完成和超额完成了各项工作任务。

（一）人防工程建设再上新台阶。人防工程建设规划编制取得突破，太原、长治、晋城相继完成了人防工程建设规划草案的编制和评审工作，其他市也开始编制准备，为进一步推进人防建设与城市建设相结合奠定了基础。全省按照新战术技术要求设计的人防指挥工程体系初步形成。结合民用建筑同步修建防空地下室，在2009年翻番基础上再翻一番，防护工程面积实现持续高速增长。

（二）通信警报建设不断推进。截至2010年底，全省县级以上城市防空警报基本全覆盖。成功组织了全省警报统一试鸣，各地固定警报器、车载警报器、电视机、无线广播、有限广播等终端同步鸣响防空警报，警报传输和覆盖能力得到检验。全省短波电台网组建顺利。

（三）人防宣传教育掀起高潮。按照国家统一部署，全省人防系统大张旗鼓地组织了纪念新中国人民防空创立60周年宣传系列活动。省办组织了网上有奖征文活动，全国各地群众踊跃投稿参加。制作了人防专题片和纪念邮册，在社会上引起强烈反响。在山西电视台成功举行了全省人防知识竞赛，并向社会播出，影响和效果前所未有。邀请多位省级领导同志和党政军有关部门，老同志共同进行纪念新中国人民防空创立60周年座谈，共同回顾人防发展历程，为人防未来发展献计献策。组织各市党政领导在报刊杂志上发表了一批文章，对普及人防知识、增强全民人防意识起到了积极作用。结合纪念新中国人民防空创立60周年宣传活动，大力推进人防教育进学校、进机关、进企业、进社区、进网络，印制发放教育宣传资料10万余份，增强了民众的国防观念和人防意识，提高了社会防空防灾能力。

（四）人防法制建设取得新进展。结合我省工程领域突出问题专项治理，全省人防系统开展了工程领域人防行政执法规范化建设活动，着手建立省、市、县三级联动的人防行政执法体系，开展全省工程项目信息库和行政执法信息库建设，掌握了在建的各类工程建设项目，查处了逃建、逃缴等大量违法行为，人防政策法规执行力度和社会影响显著增强。对

人防规章、规范性文件集中进行了清理,新出台《山西省人民防空警报试鸣规定》、《防护防化设备管理暂行办法》等规范性文件,举办了全省人防法制干部培训,进一步加强了人防政策法规执行力度。经省编委批准,省办增设了法规宣传处,依法行政工作进一步加强。

(五)督促检查及时到位。根据"十一五"人防规划要求和各地工作实际,区别确定了各市人民防空重点工作任务和责任制目标,年中召开了全省人防重点工作推进会,年底进行目标责任考核,促进了重点工作和有关任务的落实。针对夏天全省雨水偏多,早期工程隐患显现等情况,及时召开全省人防工程"除隐患、保安全"电视电话会议,对全省人防工程安全工作进行部署,提出要求,并派出工作组对全省人防工程安全工作进行检查,督促各市将安全工作落到实处。

三、强化组织意识,提高凝聚力,严格遵守民主集中制原则

人防办领导班子是一个团结奋斗的集体,始终注意从讲政治、讲正气、维护党性原则出发,搞好班子成员之间的团结。一是加强学习教育。办党组充分利用中心组学习、民主生活会等时机,交流思想,开展批评与自我批评,努力提高班子成员的思想理论素养和执行民主集中制的自觉性,增强政治观念、组织观念和纪律观念,提高科学决策、民主决策的能力。二是不断完善工作机制。以建立健全相关的制度为保障,规范完善贯彻执行民主集中制的工作机制,明确重大事项的议事规则、决策程序和纪律要求,不断提高执行民主集中制的自觉性和约束力。三是严格遵守民主集中制原则。在涉及大型项目、人事调配等重大决策时一律按照集体领导、民主集中、个别酝酿、会议决定的原则进行。为了能够实施科学决策,坚持把事关人防事业发展的大事,拿到办公例会上研究,提到全体职工大会上进行表决。在决定涉及职工切身利益的事项时,如分配住房、宿舍供暖、用电、用水等,办公室都能积极同群众协商,采纳大家的意见。既密切了党群干群关系,又增加了党和群众的血肉联系。四是群策群力,和谐共进。认真执行集体领导下的个人分工负责制,在党组集体领导下,班子成员各司其职、各负其责,自觉承担起自己分管的工作任务,都能够正确处理好集体领导和分工负责的关系;班子成员之间坦城相见、共谋发展,讲大局、讲团结,在工作上互相通气、互相补台、互相协作,努力营造讲实话、办实事、求实效的工作环境,形成了团结奋进、勇于争先、开拓创新、求真务实、勤政廉洁的战斗集体,带领全办干部职工不断破解发展难题、展现新作为,为服务山西转型跨越发展提供了强有力的支撑和保障。

四、贯彻执行党的干部政策和有关规定,坚持正确用人导向,不断提高选人用人满意度

人防办党组紧紧围绕建设高素质干部队伍的目标,严格遵守《国家公务员法》和《干部任用条例》的有关规定,不断创新干部选拔任用工作理念,牢固树立正确用人导向,充分发扬民主,坚持选任标准,规范选任程序,完善选任机制,拓宽监督渠道,选人用人公信度得到了明显提升。

在干部选拔任用过程中,办党组始终做到正确处理三大关系(即:扩大民主与党管干部的关系、群众公认与组织评价的关系、过程民主与决策集中的关系),切实把握三项原则(即:正确的用人导向原则、程序的规范严谨原则、制度管理原则),坚持做到三个到位(即:执行干部选拔任用政策法规到位、规范和落实处级干部竞争上岗到位、健全和完善干部选拔任用监督长效机制到位),努力使干部选拔任用工作走上制度化、规范化轨道。一年来,办党组始终严格按照干部选拔任用工作政策法规规定的原则、条件、程序和纪律选拔干部。一是把好用人导向关。办党组在选人用人中注重德才兼备、以德为先,注重工作实绩,注重群众公认,坚持用政治坚定、原则性强、清正廉洁、品德高尚、情趣健康的干部,大力选拔政治上靠得住、工作上有本事、作风上过得硬、群众信得过的优秀干部,特别是对在重要岗位工作、业绩突出、能独挡一面的干部,予以重点培养使用,真正做到了让想干事的有机会,让能干成事的有舞台。二是把好推荐提名关。在选拔任用干部工作中我们坚持走群众路线,落实群众对干部选拔任用的知情权、参与权、选择权、监督权。三是把好考察识别关。全面实行考察预告制度,切实加强干部考察工作。每次都组织由人事部门、监察室和机关党委人员组成的考察组对考察对象进行德、能、勤、绩、廉的全面考察,考察结束后要提交高质量的干部考察报告,并在办党组讨论决定干部会议上进行汇报,使办党组全面准确地掌握相关人员的工作实绩和群众反映,为选拔任用干部奠定良好基础。四是把好酝酿决定关。办党组对选拔调整干部十分慎重,在干部调整的时机、条件比较成熟后,根据干部队伍建设和工作实际需要,通盘考虑,综合分析,反复酝酿,集体决定,保证了选拔调整干部的科学化、民主化、制度化和规范化。在全办树立了正确的用人导向,形成了风清气正的用人环境。2009 年 12 月以来我单位共集中选拔任用干部 3 次,提任正处级干部 5 人(其中事业单位 1 人),副处级干部 10 人(其中事业单位 3 人);平调处级干部 4 人。所调整和提拔的人员政治可靠,业务精通,群众基础好,工作成绩比较突出,任职后个人的素质能力也得到了更充分的发挥,普遍得到了干部群众的认可,为推动全省转型跨越发展做出了积极贡献。 (景　涛)

附:省人民防空办公室党组书记、成员名单

书　记:常高才

成　员:裴洪涛(12 月离职)　孙　群　刘　涛　张　铭

省政府法制办公室党组工作概况

党组书记　崔国红

2010年，省政府法制办全面贯彻落实党的十七大和十七届四中、五中全会精神和省委、省政府的重要战略部署，以邓小平理论和“三个代表”重要思想为指导，继续深入贯彻落实科学发展观，以加强党的执政能力建设和先进性建设为主线，以深入开展创先争优活动和推进建设学习型党组织活动为重点，围绕转型跨越发展，以改革创新精神全面推进机关党的思想、组织、作风、制度和反腐倡廉建设，进一步加大了机关创建文明和谐单位标兵活动，为各项工作任务的顺利完成，提供了坚强的思想政治保证和精神支撑。

一、认真开展创先争优和建设学习型党组织活动，不断加强基层党组织建设

以加强党的先进性建设为主线，以创先争优活动为载体，全面推进机关党建各项工作，为加快推进依法行政、建设法治政府进程提供了坚强的思想、政治和组织保证。认真研究制定了工作规划、计划，制订印发了《省政府法制办党组关于深入开展创先争优活动实施方案》和《省政府法制办党组关于推进学习型党组织建设实施方案》，成立了活动领导小组，召开了创先争优暨建设学习型党组织活动动员大会，确立了“法制工作当行家，开拓创新做先锋”的活动主题，激发和调动了党支部和党员投身于活动的积极性和主动性，保证了活动的顺利开展和扎实推进。认真贯彻落实《2009-2013年全国党员教育培训工作规划》，安排机关党员干部参加了省直机关学习十七届五中全会精神专题培训班和省直工委在上海组织的党务干部培训学习。认真组织党员学习讨论了省委书记袁纯清发表的文章《在转型发展跨越发展中建功立业创先争优》。认真贯彻《中国共产党和国家机关基层组织工作条例》，完成了机关党委和11个党支部换届选举工作，配齐配强了党务干部，按计划、按程序培养入党积极分子，发展新党员。坚持把党建工作活动经费纳入预算，保证重大活动有专项经费，党建经费实行专款专用。按规定收缴、管理和使用党费。进一步增强了全体党员的凝聚力，强化了基层党组织建设。

二、重视抓好理论学习，不断强化政治思想建设

坚持理论武装头脑，深刻领会和把握党中央、国务院和省委、省政府的各项方针政策，积极指导实践，有力推动工作。2010年，以深入开展创先争优活动和推进建设学习型党组织活动为契机，紧密结合政府法制工作实际，进一步健全完善了以党组中心组理论学习为主的领导干部集体学法制度。按照《办党组中心组2010年学习计划和季度学习安排意见》，全年组织集体学习20余次。坚持“走出去”与“请进来”相结合。先后邀请中国政法大学副校长马怀德、北京大学法学院教授姜明安分别作了《法治政府面临的新挑战》、《建设服务型政府的有关问题》等的专题讲座。坚持理论学习与研究解决实际问题相结合。班子成员结合分管工作，抓住重点、热点和难点问题开展专题调研，撰写了《创新政府法制工作　加快推进依法行政　为实现转型跨越发展做出更大贡献》、《树立科学民主立法理念　提高地方政府立法质量》、《推进市县政府依法行政的调查与思考》等文章，均在有关刊物发表或参加专题研讨等活动。通过结合工作深入学习和思考，加强了知识更新和储备，强化了宗旨意识和服务观念，提高了理论修养和政策水平，增强了促进转型跨越发展的责任感、使命感和紧迫感，提升了用科学发展战略思维分析问题和处理问题的能力，为准确把握政策方向，立足大局谋划推动政府法制和依法行政工作，科学、民主决策奠定了坚实基础。

三、加强机关作风建设，不断弘扬优良作风

扎实有效地开展学习“右玉精神”活动。认真贯彻落实“全省兴起学习右玉精神新高潮大会”精神，结合我办实际，明确工作目标任务，从转变工作作风入手，制定过硬的工作措施，让创先争优、创新务实成为每个党员干部的实际行动，为我省转型发展、跨越发展作出应有的贡献。组织机关党员干部赴右玉参观学习。通过参观学习，使每一位党员干部切实增强执政为民的宗旨意识，牢固树立尊重科学的发展理念，继续发扬艰苦奋斗的优良作风，把右玉精神贯彻到实际工作中。各党支部认真开展学习弘扬“右玉精神”为主题的专题组织生活会。每个党员结合政府法制工作实际，并根据自己的岗位职责，对照右玉精神找差距，特别是结合省委提出的“四条禁令”，找问题撰写了剖析材料，制定了整改措施。办党组召开了“学习弘扬右玉精神”为主题的专题民主生活会，对照右玉精神实质，进行深刻检查，以兴起学习弘扬“右玉精神”新高潮为契机，卸下包袱，消除顾虑，畅所欲言，认真开展批评与自我批评，制定整改措施达到了预期效果。

开展学习沈浩同志活动。把开展向沈浩同志学习活动与推进各项工作紧密结合起来，组织机关党员干部观看影片《第一书记》，营造学沈浩、见行动的氛围。

加强机关党风廉政建设。年初及时组织召开了全办党风廉政建设干部大会，学习传达中纪委、省纪委全会精神，安排

部署全办反腐倡廉工作。制定下发了《省政府法制办党风廉政建设和反腐败工作要点》和《省政府法制办2010年党风廉政建设和反腐败工作任务责任分解意见》。高度重视贯彻执行省纪委《关于进一步整肃工作纪律狠刹不良风气的通知》,把落实"五个不准"作为重要工作来抓,及时召开专题会议,强化学习宣传,下发了《关于转发省纪委〈关于进一步整肃工作纪律狠刹不良风气的通知〉的通知》,制定了《山西省人民政府法制办公室工作纪律(试行)》。发挥法制办制度建设优势,积极配合省纪委、省监察厅做好全省反腐倡廉制度建设工作。坚持把党风廉政建设责任制落实到政府法制各项工作、各个环节。

四、积极推进精神文明创建活动

由办机关党委具体负责组织、指导和推动,充分发挥各党支部和群团组织的积极作用,做到创建活动有计划、有部署、有保障,目标任务明确,组织推进扎实有力。2010年,组织开展了以社会主义核心价值体系为重点的系列活动,培养了干部职工健康向上的生活情趣,增进了团结和友谊,激发了工作的热情,促进了精神文明建设的加强和机关良好作风的形成。全年向玉树、舟曲灾区人民群众积极捐款2万元,赴平陆县常乐镇北留村进行结队扶贫,"七一"期间慰问了村里的老党员。"五一"劳动节召开表彰大会,对工作中涌现出的先进工作者给予表彰奖励。"七一"召开全办干部大会表彰了先进党支部和优秀共产党员,并组织党员干部观看了影片《复兴之路》。组织30多名干部进行了义务献血。开展了干部职工乒乓球比赛,参加了全国行政复议杯乒乓球比赛和省直机关第三届职工运动会乒乓球比赛。至2010年,连续5年被命名表彰为省直机关文明和谐单位标兵。

五、坚持在全省大局中统筹谋划政府法制工作,积极推进依法行政,建设法治政府不断取得新成效

(一)以贯彻落实《纲要》为主线,积极谋划加快推进依法行政、建设法治政府新载体、新举措,牵头组织推进全省工作不断取得新进展。精心组织开展了省级依法行政示范县示范单位创建活动,研究制定印发了《考核验收标准》,建立健全了考核验收指标体系,经按程序和规定严格考核,好中选优,提出了命名17个依法行政示范县、56个示范单位的建议。通过树立典型,发挥示范作用,以点带面,整体加快推进全省依法行政进程,成效明显。经省政府同意,及时安排部署各级政府和部门认真组织学习贯彻"8·27"全国依法行政工作会议精神,总结了全省学习贯彻温家宝总理在全国依法行政工作电视电话会议上重要讲话精神的情况,以省政府名义书面报告国务院。组织起草了王君省长《在贯彻落实全国依法行政工作电视电话会议精神会议上的讲话》,制定印发了全省学习宣传会议精神的方案。

(二)坚持突出重点,着力理顺体制机制,加强沟通协调,严把合法性审查关,政府立法和制度建设质量有了新提高。紧紧围绕全省中心工作,深入调研论证,根据轻重缓急和成熟程度,认真筛选立法项目,慎重提出立法计划建议,突出抓好结构调整、节能减排、改善民生、社会安全等立法重点。坚持"开门立法",加强立法协调工作,实行网上征询意见制度,广泛听取和收集社会公众、专家学者等意见。坚持依法、科学、民主立法,充分肯定改革发展取得的宝贵经验,注重体制机制创新,努力为转型跨越发展提供有力制度支撑。2010年,按计划全面完成了11件地方性法规草案的审查、制订工作。组织起草、审查省政府规章草案3件。共书面征求各市、省直各部门意见14次,召开座谈会14次,网上公开征求意见11次,召开专家论证会14次,召开各部门之间的协调会20次,实地考察、调研18次。通过科学、民主立法,大大提高了立法的质量。这些法规规章草案均顺利通过省政府常务会议审议。

严格规范性文件审查,确保政令合法、统一、有效。全年对省政府批办及省直部门报送的165件规范性文件草案进行了前置审查,对各市报备的62件、省直部门报备的31件规范性文件进行了备案审查,并采取了规范性文件审查季度通报措施,进一步增强了各市、省直部门依法报送规范性文件前置审查和备案审查的自觉性和责任感,有效促进了规范性文件质量的提高。

(三)坚持以推行行政执法责任制为举措,以行政执法案卷评查为抓手,加大对共性和热点问题的层级监督力度,着力优化政务环境,规范执法、文明执法取得新进展。2010年,围绕促进煤炭资源整合和加强煤矿安全生产监管,牵头对全省5市10县煤炭部门推行行政执法责任制情况进行了抽查检查。总结成绩经验,重点查找问题和不足,提出整改意见和建议并实行跟踪督促整改,得到煤炭管理部门的赞成。积极研究探讨并指导省直部门规范行政执法裁量权工作,制订了《山西省规范行政处罚裁量权办法》,指导监督省交通运输厅起草制订了《山西省交通运输行政处罚裁量基准制度》,交通执法行为进一步规范。加强对重大行政处罚决定备案工作督促、指导,严格审查了省直部门报送的26件重大行政处罚决定备案件。根据王君省长批示,就"人民群众建议征集工作"的机构设置及整合建议征集渠道问题进行了调查研究,写出了专题研究报告。

(四)强化组织领导,坚持完善配套制度,积极尝试办案新办法,着力提升行政复议工作能力,行政复议化解纠纷促进和谐的重要作用显著发挥。2010年,组织起草制订了《山西省重大行政复议案件备案制度》、《山西省行政机关行政应诉办法》等5项制度,加大了对全省复议工作的指导。在依法大力推行听证、调解、和解等行政复议办案方式基础上,积极探索实行了走出去办案、网上办案等新方法,进一步提高了复议工作效率和能力。正确引导人民群众依法合理反映诉求,热情周到服务申请人,认真组织研究办理案件,依法积极参加各类应诉。全年办理各类行政复议案件240件,办理行政应诉案件5件,努力把社会矛盾化解在基层、化解在初发阶段、化解在行政系

统。行政复议的社会影响力和公信度有了较大提升。

（五）认真组织开展规章和规范性文件清理工作，取得阶段性成效。提请省政府成立了规章和规范性文件清理工作领导组，并承担了组织指导和审查清理情况的具体工作；积极策划以省政府名义召开了全省清理工作电视电话会议，研究制订印发了《清理工作通知》和《清理实施方案》。严格坚持标准，细致开展审查，凡已有制度不适应我省经济社会发展要求的，与上位法规定有抵触的，以及规章之间、规范性文件之间规定不一致的，坚决提出修改或废止建议。清理结果经省政府常务会议研究审定，在现行有效的140件省政府规章中，决定废止27件，集中修改49件，列入立法计划适时修改23件，保留41件。

在抓好重点工作、圆满完成各项年度重点目标任务的同时，积极组织省政府法律顾问就我省煤矿企业兼并重组、“问题疫苗”事件等35件涉法事务的法律问题进行了研究咨询和论证，为省政府领导决策和处理疑难问题发挥了积极的参谋和顾问作用。组织召开了2010年度政府法制理论研讨会。参与了省委研究课题《关于进一步改善投资环境扩大对外开放政策对策研究》，按要求提交了子课题。参加了在北京举办的环渤海区域政府法制工作研讨会等。全年全办撰写论文40余篇，专著2本。理论研究向纵深发展，为加强政府法制和依法行政工作发挥了积极的指导和推动作用。加强政府法制培训工作，努力提高政府法制工作者和行政执法人员法律素质和工作能力。先后组织举办了立法和行政复议培训班，对全省200多名从事立法和行政复议人员进行了专题培训。积极指导市县政府法制机构组织开展执法人员轮训和上岗前培训，先后培训3000余人。积极发挥《政府法制》、政府法制网站和《政府法制工作简报》的宣传阵地作用，进一步加大政府法制宣传工作力度。出版《政府法制》杂志36期，新开辟了《市县长谈法制》专栏，发表理论研究、工作调研、经验交流文章50余篇，选送新闻作品参加山西省优秀政法新闻评比活动并荣获二等奖。政府法制网发布各类信息367篇，荣获国务院法制办组织评选的政府法制信息工作优秀奖。全年编印《政府法制工作简报》22期，及时交流各地各部门推进政府法制和依法行政工作的好经验好做法。在“12·4”全国法制宣传日举办了主题为“加快推进依法行政，服务转型跨越发展”的法制宣传活动。政府法制宣传工作进一步发挥了弘扬社会主义法制精神主旋律作用，收到了积极的社会效应。

（史宇建　秦莺莺）

附：省政府法制办公室党组书记、成员名单

书　记：崔国红

成　员：王卫星　吕连连（女）　刘钢柱　傅　平

省政府机关事务管理局党委工作概况

党委书记　任云峰

2010年，在省委、省政府的正确领导下，按照推进转型发展、跨越发展、再造一个新山西的战略部署，局党委带领全局广大干部职工，始终坚持“管理事务、服务政务、经营市场、创新发展”的职能定位，不断完善和发展机关事务工作的机制、体制和职能，不断增强和提升全局经济工作的经济活力和经济效益，不断提高广大干部职工的工作生活待遇，不断加强机关自身建设和廉政建设，积极发挥窗口、形象、保障作用，团结一心，拼博进取，自身建设和全局经济工作取得新的发展成就，为我省的转型跨越发展作出积极贡献。

一、紧紧围绕省委、省政府中心工作，职能建设和职能履行有了新的进展

2010年，我局紧紧围绕省委、省政府中心工作，坚持“围绕中心、服务大局”，坚持“后勤靠前、主动服务”，积极发挥窗口、形象、保障作用，积极应对复杂形势和繁重任务，创新发展思路，加大工作力度，圆满完成了省委、省政府下达给我局的五项目标考核任务。

严格控制楼堂馆所建设，禁止高档装修办公楼工作扎实开展。按照《关于印发2010年省人民政府工作目标责任分解的通知》要求，2010年，省政府将严格控制楼堂馆所建设、禁止高档装修办公楼交由我局牵头负责。我局将此项工作列为全局工作的重中之重，制定了《严格控制楼堂馆所建设，禁止高档装修办公楼目标责任制工作方案》，明确分工，责任到人。向各市、省直各部门下发了摸底和自查、督查通知，已收回全省95%以上单位自查情况。抽调37名工作人员，组成7个检查小组，于11月上旬对11个地市、139个省直单位、15个驻外办事处进行了专项检查。通过检查，我们较为全面地了解了各地市、省直各单位及驻外办事处的工作情况。截止目前，全省共有建设、购买、维修等项目221个，涉及面积约87.5万平方米。目前，尚未发现瞒报、漏报及严重违规建设和高档装修的情况。

全省公共机构节能工作稳步推进。一是按照国管局和省政府有关公共机构节能工作的要求，下发了《关于印发2010

年全省公共机构节能重点工作的通知》,对各市和省直各部门下达了工作指标,并对任务进行了分解。完成了全省2009年度公共机构能源资源消耗统计工作,并按时进行了上报。下发了《关于开展2009年度公共机构节能考核和监察的通知》,会同省直工委、发改、经信、住建、统计部门开展了全省公共机构2009年度公共机构节能工作专项考核,并对检查结果进行了通报。二是积极推进公共机构既有建筑节能改造工作。2010年全省共完成35.63万平方米的改造任务,完成目标任务的118.77%。其中:省直完成11.44万平方米,完成目标责任考核任务10万平方米的114.4%;11个市完成24.19万平方米,完成目标责任考核任务20万平方米的120.95%。三是积极推广使用高效照明产品。会同省发改委、省财政厅联合下发了《关于做好全省公共机构财政补贴高效照明产品推广工作的通知》,全省各级公共机构共完成83.39万支的节能灯改造,完成年初下达总任务50万支的166.7%。据估算,每年可节约近500万度的照明用电。四是完成了省直150栋机关办公建筑和5栋大型公共建筑的能耗统计。

政务接待工作进一步规范。近年来,我局接待服务基础设施的建设力度不断加大,所属的晋祠宾馆、丽华大酒店、迎泽宾馆先后跨入了中国五星级酒店的行列,在太原市5个五星级酒店中,占了五分之三,从而形成了以迎泽、晋祠、丽华3个五星级酒店为龙头,以山西饭店、汽车中心国宾车队为支撑,集吃、住、行于一体的高档次的接待服务团队,确保了省四大班子政务活动的开展。一是圆满完成重大政治接待任务。2010年共接待党和国家领导人27批次来晋考察(其中二级任务12批、三级任务15批)。二是圆满完成了首届中国太原装备制造业博览会、第三届中国太原能源产业博览会、全国机关事务工作协会四届一次常务理事会等全国性会议的接待任务;圆满完成了省十一届三次人代会和十届三次政协会、省煤炭资源整合会议、全省安全生产工作会议等全省重要会议的接待服务任务;圆满完成了王家岭矿难抢险救援、省党政代表团赴内蒙古、天津、山东、河北学习考察、省党政代表团参加中博会、赴新疆考察援疆工作等重大任务的保障服务工作。在接待过程中,努力做到热情服务,充分体现地方特色,各项工作周密细致,安排到位,确保万无一失,没有发生纰漏和差错,得到了省委、省政府领导的肯定和好评。

省直机关房地产管理工作不断完善。按照省政府赋予我局的职能,目前,纳入省直机关房地产集中统一管理的有92个厅局和部门,省直属和厅局所属901个事业单位及15个省政府驻外办事处。共管理土地1.5万亩、办公用房365万平方米。一是为避免房地产流失,继续规范房地产产权产籍的统一管理。2010年,收回省直单位土地证48本,自2008年房地产权属集中管理以来,已累计收回322本;收回房屋所有权证451本,已累计收回1176本;办理省直单位土地房产初始、变更登记33宗,面积116万平方米;目前,省直机关《房屋所有权证书》和《国有土地使用证书》的收缴和办证率已达到97%以上。二是加大了与省直单位签订《省直机关办公用房使用管理协议》的力度,目前,省直厅局的签订率达到98%。三是88个省直单位的公有住房出售进行了认真审核。全年完成剩余公有住房出售、调购和补差3133套,总面积26万平方米。四是按时拨付已售公有住房维修基金402万元,受理了省直21个单位申报的公有住房维修申请,对涉及的112个维修项目进行了严格审核、现场调查、核实预算。五是住房补贴资金归集4313万元,完成目标责任考核任务4200万元的103%;已为56个省直厅局办理了住房补贴,住房补贴单位覆盖率达到68%,超额3%完成了年初省政府下达的目标任务。

省政府交办的重点工程有序推进。一是为安置原63集团军移交企业职工和住户的大吴村保障性安置住房建设工程,在省领导的高度重视下,经过多方协调,办理了国有土地使用证、环评报告,规划选址意见书、立项等手续已报太原市相关部门。省财政2亿元预付周转金全部到位。目前,地质勘查、规划设计、桩基工程已经全部完工,主体工程已全面开工,进展到正负零工程阶段。二是人民大会堂山西厅移位改建装修工程,在省委、省政府领导和工程建设领导组的关心支持下,前期筹备工作进展顺利。原山西厅的保护性拆除工作已完成,经省政府批准,新山西厅装修改建工程施工委托人民大会堂管理局组织实施,我局负责工程立项、方案审核、主材选供、工程监管、资金审拨、工程验收等。规划设计工作委托清华大学王炜钰教授,目前方案设计已出第一稿提交审核。

在做好重点工作和职能工作的同时,我局还开展了明清巡抚衙门督军府(旧址)恢复修缮的前期调研工作,抽调专人成立调研小组,取得了许多珍贵的第一手资料,目前资料收集、整理、汇编工作已经完成。省行政办公中心管理保障服务水平不断提高。目前,已有省直13个厅局和部门、31个单位的1000多名工作人员在省行政办公中心院内办公,我局在加大对省行政办公中心大院园林绿化、美化的基础上,做好水暖电维修、保洁、保卫等物业管理及会议、洗浴、洗衣、健身、食堂等生活服务工作,服务项目从无到有、由少到多、不断完善,为大院机关单位干部职工提供了较好的办公、生活条件。与此同时,我局一名副局长兼任省政府办公厅行政处处长,7个月来,以稳定为基础,以解放思想、革新旧规为先导,采取一系列措施,做了大量卓有成效的工作,使这支近800人的后勤队伍,统一了思想,统一了行动,省政府大院后勤保障工作逐步规范有序。

二、坚持改革创新,科学谋划布局,推进全局经济工作健康、可持续发展

我局下属有11个单位、近8000名职工,求生存、谋发展是有别于其他厅局的一项重要任务。一年来,我局坚持用发展的思路破解难题,用创新的机制克服困难,按照局党委确定的“一年打基础、两年上台阶,三年见效益,四年翻一番,五年做大做强”的五年发展规划目标,自我加压,谋求发展,二次创业,做大做强,全力推进重点工程建设,在提升经济发展

速度的同时，更加注重经济效益和经济运行质量，经济总量大幅增长，资产质量整体提高，干部群众普遍从发展中得到实惠，全局经济工作呈现出快速、平稳发展的态势。

经济增长速度加快，经济总量再创历史新高。一是经济总收入快速增长。2010年全局经济总收入达5.52亿元，增幅为30.1%，加上工程产值3.2亿元，经济总量达8.72亿元，再创历史新高，在2009年比2006年实现翻一番的基础上，全局经济总量2010年比2009年又实现了翻一番。二是各局属经营单位可持续发展能力进一步增强。全年提取固定资产折旧1.26亿元，比去年增加了49.1%；三是固定资产规模持续快速增长。局属11个单位固定资产总值15.6亿(不含土地评估价格)，比2009年增加3.16亿，增幅达24.8%，是2006年固定资产总值3亿元的5.2倍；四是干部员工收入进一步提高，享受到改革发展的成果，2010年局属单位人均年收入增加2880元。五是偿还债务能力进一步增强。偿还旧债8126.5万元(包括银行贷款、货款及工程款等)，销售回款率平均达到97.8%，各单位均未产生新的经营性债务。六是从根本上改变了局属单位经营亏损的局面。“十一五”期间，累计折旧提取和实现利润2.32亿元。截止2010年末，银行帐面流动资金余额2.36亿元。全局经营单位可持续发展能力进一步增强，核心竞争能力不断提升。

2010年度局属各单位的经营指标全部超额完成目标任务；“七项工程”和重点工作任务取得了新的突破和进展；职工生活不断改善，“十件实事”全面落实；领导班子和队伍建设进一步增强，局属各单位领导班子能够团结一致，认真履职，带领员工干事创业；党的建设和精神文明创建工作取得新成效，党风廉政建设和反腐败工作取得新的进展。经考核组全面考核并综合评价，局属11个单位综合得分都在90分以上，完成了局下达的2010年度目标任务。

以“重点工程”为抓手，全局“二次创业”工作迈出新步伐。2010年以来，集全局之智，举全局之力，积极推进了重点工程建设。一是大吴村保障性安置住房建设工程；二是认养代管龙山区域，扩大晋祠宾馆休闲疗养区工程；三是省一招原址重建两栋42层高端酒店、写字楼工程；四是将山西饭店改造成为具有浓郁山西地方文化特色的五星级酒店工程；五是青年路九号院丽华海景苑危旧房改造工程；六是桃园三巷农口院宿舍楼建设工程。目前，晋祠宾馆龙山认养代管工程，已得到产权单位晋祠博物馆和太原市政府同意，正式进入了审批、备案程序。山西饭店改造装修的方案设计工作已完成，资金筹集工作正在进行中。省一招恢复重建项目规划设计工作和配套项目基建工作已完成，拆迁工作已基本完成，开工在即。丽华海景苑危旧房改造项目桩基工程已完成。桃园三巷农口院宿舍楼主体工程已提前实现封顶。

目标责任制考核进一步深化，经营管理机制不断完善。近年来，我局对局属单位的管理实施了大刀阔斧的改革，全面推行“挣了票子奖票子，赔了票子摘帽子”的奖惩激励机制，对局属单位领导班子实施“经营管理目标责任制”、“发展目标责任制”、“绩效工资制”、“任职风险抵押制”、“领导干部问责制”，把各单位领导班子的权力、责任、待遇、风险都捆绑在一起，不断加大对局属单位领导班子目标责任考核的力度。经营工作出现亏损的，单位班子成员一律不发绩效工资，并按照任职风险抵押制，拍卖所抵押个人房产，用于补偿单位和职工的损失，同时进行组织调整免职，不得“异地做官”。对干部员工的薪酬待遇与个人业绩、工作成效及单位工作效益密切挂钩，上不封顶、下不保底，副职收入可以超过正职，员工收入可以超过总经理，打破“干好干坏一个样”的“大锅饭”，在不改变经营资产所有制的前提下，走出了一条调动干部职工干事创业的新路子。2010年以来，按照省委、省政府要求，我局制定了《局属单位年度目标责任考核实施办法》。在考核结果运用上，坚持考核结果与干部任用、干部问责、绩效收入、任职风险抵押相挂钩。年度目标责任考核结果作为人事部门考察、评价干部的重要依据。不思进取、业绩平平、执行力不强、群众意见大的领导班子和领导干部受到及时调整，干部队伍的思想作风、精神面貌、工作效率有了显著的提高。

继续做好“十件实事”，民生问题不断改善。我局始终把保障和改善民生作为全局工作的重中之重。从2006年底开始，我局就下发了《关心群众生活，为群众办好十件实事的通知》，帮贫济困，着力解决老百姓最关心、最直接、最现实的利益问题，并列入每年的责任考核。2010年以来，已投入4505.4万元，集中精力办了一大批顺民意、解民忧、惠民生的实事好事。一是投入2621余万元为干部职工增加工资，局属单位人均年收入增长约2880元。二是为局属单位干部职工足额缴纳了年度“五险一金”1720.7万元；三是投入39.5万元为干部职工进行健康体检；四是投入101.2万元为在职职工80岁以上的父母及退休职工发放赡养费和补助金；五是投入14.9万元关心帮助困难家庭和弱势群体，千方百计地为他们排忧解难；六是投入8.1万元的教育奖励资金，安排职工子女就业19人。通过不断改善民生，在全局形成了扶贫济困、促进公平、各得其所的和谐局面。

安全稳定工作取得新进展。一是安全稳定工作的组织机构健全，局成立社会治安综合治理工作领导组，下设8个小组，涉及安全稳定的各个方面。局机关和局属单位常年坚持24小时值班制度，确保安全稳定应急渠道的畅通。二是科学制定综合治理目标责任制，明确了安全稳定责任目标，层层签订安全稳定目标责任书，落实安全稳定的各项制度措施。三是全年开展了集中安全大检查7次。尤其是在元旦、春节、清明、国庆等节假日期间，都组织由局领导带队，邀请消防专业人员及局属单位分管安全的领导进行消防安全交叉检查，对局属11个单位的重点部位和重点区域，对用电、用火、用气、消防等安全进行排查、整改。一年来，无论是消防安全、餐饮安全，还是交通安全、卫生安全都能从严从细掌握，全年没有发生消防、餐饮、食品和交通安全事故，国宾车队全年安全运行115万公里。四是增强忧患意识和责任意识，以压倒一切的态势做好稳定工作。积极化解各种矛盾纠纷，处理好各类敏感事件，下功夫做好重点对象、重点人群的稳定工作，把不和谐因素处理在萌芽状态，全年未出现赴省进京上访事件。

三、切实加强自身建设，努力提升领导科学发展的能力，为全局工作的转型跨越发展提供有力保障

坚持以科学发展观和创先争优活动为主线，以改革创新精神切实加强和改进全局的思想、组织、作风制度建设和反腐倡廉建设，为全局改革发展稳定提供了坚强保证。

加强领导班子和干部队伍建设。在推进全局快速发展、做大做强的工作实践中，局党委认真贯彻落实中央和省委、省政府的决策部署，在思想上、政治上、行动上与党中央和省委、省政府保持高度一致。特别是"7·29"全省领导干部大会召开后，局党委及时组织广大干部职工认真学习、深入贯彻，极大地解放了全局上下的思想，开阔发展思路，坚定发展信心，凝聚发展合力，形成了"干事创业、艰苦奋斗、立足服务、甘于奉献"的浓厚氛围。在班子建设上，局党委始终坚持把贯彻民主集中制原则，作为加强班子建设的重要措施，努力建设团结战斗、创业发展、和衷共济的领导班子。一是积极推行民主科学决策。重大事项都能坚持集体领导，集体决策，广泛征求意见。二是班子成员之间团结协作，相互支持，相互配合，心往一处想，劲往一处使，用凝聚力、号召力、亲和力，把全局各单位和广大干部职工引领到"求生存、谋发展、做大做强"的道路上来，在全局上下营造出风清气正、团结和谐的良好氛围。在干部队伍建设上，坚持围绕转型跨越发展选干部、配班子、聚人才。一是以"发展面前讲是非，效益面前论英雄"为核心价值取向，坚持每年通过目标责任考核评价干部，真正把"想干事、能干事、干成事、不出事"的干部选拔到领导岗位上，树立和坚持了正确的用人导向。二是严格执行《干部选拔任用条例》和四项监督制度，坚持"一报告两评议"制度，坚持德才兼备、以德为先原则，坚持"管理好、使用好、保护好、监督好"的干部选用原则，全年共调整提拔处级干部32人。三是加大了年轻干部培养选拔工作的力度，新提拔任用的29名处级干部中，40岁以下的有19人，占新提拔干部的65.52%。四是加大了年轻干部下基层锻炼工作的力度，局机关选派10名青年干部参与局属单位重点工程建设，进行为期2年的挂职锻炼。通过干部人事制度改革，打造了一支人心齐、风气正、干劲足、凝聚力强的机关后勤干部队伍。

扎实推进创先争优活动，不断加强基层党组织建设、文明和谐机关建设。一是坚持科学发展观，创新载体，细化措施，突出特色，扎实推进，创先争优活动取得了阶段性成效。全局708名在职党员做出公开承诺，体现了岗位创先、服务争优的特色。共发展新党员30人，转正30人，为党组织增添了新鲜血液。在2010年的"五一"、"七一"表彰中，我局1名同志被评为省劳动模范，5名同志被评为省直机关劳动模范，较好地发挥了基层党组织推动发展、服务群众、凝聚人心、促进和谐的作用。二是大力加强学习型党组织建设。党委中心组开展专题学习9次，促进了全局各级中心组理论学习的经常化和制度化。采取机关干部自主讲学、集中培训等形式，进一步加大了干部教育培训工作。局机关开展自主选修讲课，每周一课，已经有50多人登台讲课。针对高星级酒店管理人才严重匮乏和青黄不接的严峻形势，先后邀请天津、北京、深圳等地的专家教授，组织开展了历时2个月、96个课时、12个专题的高星级酒店管理知识培训，全局共有3800余人次参加了培训。三是深入开展各种形式的文明和谐创建活动，组织了省行政办公中心元宵节文艺晚会、元宵节灯展、重阳节文艺演出等群众联欢活动，丰富了干部职工的文化生活。迎泽宾馆、住宅中心、局幼儿园连续10年被评为省直文明标兵单位，局机关、晋祠宾馆、局资金中心、省一招连续多年被评为省直文明单位。

加强制度建设，形成长效机制，积极推进党风廉政建设和反腐败工作。严格落实中央和省委、省政府关于领导干部廉洁自律的各项规定，扎实开展"反腐倡廉制度建设年"活动，着力推进惩防体系建设。全面落实党风廉政建设责任制，自觉把党风廉政建设与全局工作结合起来，通盘考虑，统一部署，同步落实。全年公务接待费用支出同比减少了10%，车辆购置及运行费在近3年基础上又降低20%，因公出国(境)经费做到了零支出，局机关和局属各单位没有发生任何违反党风党纪事件。一是着力为"七大工程"的顺利推进创优环境。2010年是我局全面启动和快速推进"七大工程"建设之年，为保证"七大工程"顺利进行，确保资金安全、项目安全、干部安全，制定下发了《山西省人民政府机关事务管理局工程建设项目招标投标规定》，成立了由省纪委、省直纪工委、省监察厅和省纪委驻我局纪检组组成的工程建设监督领导组，每项工程的招投标都要请监督组对招投标全过程进行监督，对大宗物品采购全部进行招标，对投资规模较小的，也要求通过邀请招标、民主评议等形式进行公开选择和决定，坚决杜绝个人行为，坚决杜绝暗箱操作，所有工程建设项目实行责任追究终身制。全年共进行招标投标活动15次，有力保证了"七大工程"成为规范运作的"阳光工程"。二是着力为人才发展保驾护航。在人事任免、干部调配工作中，局监察室按要求对32名新提任的处级干部任命过程进行了全程监督，均严格按照组织程序，先后进行了公布职位、公开报名、资格审查、竞职演讲、民主测评、组织考察、任前公示、正式聘任等程序，真正做到了公正、公开、公平。三是着力强化资金管理使用监督。在认真落实"收支两条线"管理规定的基础上，严格资金使用和管理，凡大额资金支出和固定资产购置，均严格执行领导班子集体研究讨论之后联审、联签制度，进一步规范了审批程序，完善了财务收支公示制度以及内部审计制度，做到事前有预算，事中有审核，事后有决算。6月份进行了"小金库"专项治理的自查工作，12月份结合年终考核对局属单位财务进行了内部审计，进一步强化了对资金使用的监督和管理。四是着力完善公开机制。进一步完善了党务公开、政务公开、重大事项集体决策和公开制度，在"山西机关后勤网"上公开了各科室及监督举报电子邮箱，及时收集汇总舆情，并对我局各类

重大信息及时进行网上公布、更新，提高了管理事务工作的透明度和公信力。

（范丁忠）

附：省政府机关事务管理局党委书记、委员名单

书　记：任云峰

委　员：逯哲峰　王东春　孙富忠　牛柱珍

省物价局党组工作概况

党组书记　李福龙

2010年，省物价局党组坚持以邓小平理论和“三个代表”重要思想为指导，全面贯彻落实科学发展观，认真落实党的十七届四中全会通过的《中共中央关于加强和改进新形势下党的建设若干重大问题的决定》和省委九届十次全会通过的《中共山西省委贯彻落实〈中共中央关于加强和改进新形势下党的建设若干重大问题的决定〉的意见》，紧紧围绕全省价格工作大局，努力加强政治建设、组织建设、反腐倡廉建设、文明和谐建设、作风建设，为价格工作任务圆满完成和服务全省经济社会转型发展、跨越发展提供了坚强的思想保证和组织保证，在山西省第三届模范公务员集体评选表彰工作中被表彰为集体一等功。

一、加强班子建设，不断增强局党组的决策水平和领导水平

（一）狠抓学习教育，提高班子素质。学习是提高执政能力的重要前提，更是加强领导班子自身建设的客观要求。局党组中心组认真学习贯彻中央和省委的决策部署，以学习研究如何通过充分发挥价格管理职能为经济结构调整、构建资源节约型和环境友好型社会、服务山西经济社会转型发展、跨越发展为主要内容，以解决价格领域存在的问题、提高价格工作的质量和水平、促进服务科学发展为重点，按照规定的时间、人员、方法、程序和要求，认真组织了七个专题的学习教育。并认真组织了中国特色社会主义理论、社会主义核心价值体系、右玉精神等学习教育，深入学习袁纯清书记、王君省长的重要讲话精神，结合物价工作的实际，深入思考研究物价工作如何服务转型发展、跨越发展，把学习的成果转化为工作的动力和能力。同时，每个班子成员能够结合自身分管的工作，有针对性地开展业务学习，班子成员的法律素质和领导水平得到了明显提高，为做好各项价格工作奠定了坚实的素质基础。

（二）坚持民主集中制，发挥班子整体优势。严格按照集体领导、民主集中、个别酝酿、会议决定的原则，认真落实各项民主制度，始终站在全局的角度分析和决策问题，注重发挥班子整体优势。对于人事安排、大额度资金使用和重要价费调定等，都能做到事先征求每位班子成员、相关业务处室意见，然后由党组会研究决定，确保做到科学决策、民主决策和依法决策，使局党组提高了决策水平，增强了凝聚力和号召力。按照省委及省直工委的要求，局党组于11月25日召开了以贯彻落实《党员领导干部廉洁从政若干准则》、深入学习“右玉精神”、切实加强领导干部作风建设为主题的民主生活会，全体党组成员结合部门和各自工作实际，认真查找思想观念、能力素质、党性修养、作风建设等方面的问题，在深刻剖析原因，开展批评与自我批评的基础上，围绕进一步提高工作的质量和效能，在增强工作的主动性、创造性，优化发展环境，推进物价工作发展等方面提出了具体整改措施和意见建议。

（三）认真贯彻执行《党政领导干部选拔任用工作条例》，切实抓好干部的选拔任用工作。近年来，局党组把学习贯彻《党政领导干部选拔任用工作条例》和省委关于干部推荐、考察、讨论决定等规定作为重要工作，纳入议事日程，并结合实际，制定措施，狠抓落实。在干部选拔任用上，局党组严格遵守《条例》，全面正确地执行党的干部路线和干部政策，坚持“注重品行、科学发展、崇尚实干、重视基层、鼓励创新、群众公认”的六个导向，坚持按条件、标准、原则使用优秀干部。2010年1月，局党组对各处室负责人全部进行了交流调整，这次调整局党组酝酿充分、决策科学，大大激发了全体干部职工的工作热情和活力。

二、加强机关建设，不断提高全体干部职工的思想政治素质

（一）党组高度重视，狠抓党建责任制落实。局党组高度重视机关党建工作，始终把它作为一项政治任务来对待，把加强机关党建工作作为局党组总体工作的重要组成部分，纳入机关整体规划，统筹安排，与行政业务工作同步部署、检查、奖惩和考核。根据《山西省物价局机关党建目标管理责任制》，制定了《2010年机关党建工作要点及其责任分解》，并督促抓好落实。党组书记李福龙高度重视机关党建工作，亲自组织指导机关党委围绕中心任务，开展机关党的各项工作，并提出指导性的意见；其他党组成员按工作分管范围，负责指导挂钩联系单位党组织的党建工作，定期听取各级党组织的工作汇报，认真研究党员干部队伍的思想、组织、作风建设等重要问题。

（二）深入开展创先争优活动和推进学习型党组织建设，努力加强思想政治建设。按照中央和省委的统一部署，局党组研究制定了《关于在全局党组织和党员中深入开展创先争

优活动的实施方案》,召开全局干部职工大会进行了深入的动员部署,明确提出了“认真履行价格职能创先进、激发活力爱岗敬业争优秀”这一活动主题。为了加强对活动的领导,局党组成立了活动领导小组,组长由局党组书记、局长李福龙亲自担任,各支部也成立了相应的工作机构,初步形成了一把手负总责、一级抓一级、层层抓落实的工作格局。并在全局范围内开展了创建“五个好”先进基层党组织、争当“五带头”优秀共产党员活动,所有党组织和全体党员作出了公开承诺。在“七一”期间,组织了创先争优表彰活动,对推荐评选出的优秀共产党员、优秀党务工作者、先进党组织、党风廉政建设先进集体、党风廉政建设先进工作者、文明和谐集体和文明和谐个人予以通报表彰,有效地调动了全体物价干部职工的积极性和创造性。为深入贯彻落实党的十七届四中全会精神和省委九届十次全会精神,全面提高新形势下机关党的各项能力建设水平,在全局大力开展了推进学习型党组织建设活动。

(三)认真贯彻《中国共产党和国家机关基层组织工作条例》,加强机关组织建设。2010 年 3 月 18 日,经省直工委批准,召开了全体党员大会,进行了机关党委、机关纪委换届选举,产生了新一届机关党委、机关纪委。新一届机关党委认真研究制定了《机关党建工作要点及其责任分解》。为加强管理,修订完善了各项机关党建的工作制度,在工作中,严格按照制度逐条逐项落实。党组、机关党委、党支部三级党组织能够切实履行好各自的职责,认真组织党员落实会议制度、党员汇报思想制度、民主评议党员制度、报告工作制度、党课制度、民主生活会制度等。机关党委严格遵循“坚持标准、保证质量、改善结构、慎重发展”的 16 字方针,做好组织发展工作,共培养发展 4 名党员,为党组织增添了新鲜血液、注入了活力。加强对党员进行有关缴纳党费的学习教育,根据省委组织部和省直工委的要求,及时对党费收缴的标准进行核定,使党费收缴标准完全符合上级党组织的要求。

(四)深入开展作风纪律整顿,努力加强机关作风建设。认真贯彻落实省委《关于加强领导干部党性修养,大力树立和弘扬良好作风的意见》和省纪委、省委组织部《关于领导干部进一步改进工作作风严肃工作纪律的若干意见》,以领导干部为重点,着力解决党员干部在思想作风、工作作风和生活作风方面存在的突出问题,通过加强教育筑牢思想基础,通过完善制度形成制度保障,通过强化监督营造良好氛围,促进各级领导干部作风明显改进。坚持把大兴“四种风气”与学习弘扬太行精神、吕梁精神、右玉精神、纪兰精神结合起来,坚决反对和纠正各种不良风气。大力发扬艰苦奋斗精神,牢固树立过紧日子的思想,厉行节约,反对铺张浪费,大力精简会议和文件,对公务购车、会议经费、公务接待费用及出国经费支出实现零增长。为进一步规范工作秩序、提高工作效能,在全局范围内开展了作风纪律整顿。各单位对照有关纪律规定,深入进行了自查自纠,对发现的各种违反工作纪律的问题积极进行了整改。在此基础上,局党组研究制定了《关于进一步严肃工作纪律的通知》,进一步细划并明确了工作纪律及各项制度规定,由局党组与各处室、单位领导,各单位领导与工作人员层层签定了工作纪律承诺书;明确了督查组的职责,由正处级干部轮流带班,每天进行巡查,人事处和监察室不定期进行明查暗访。通过完善工作制度、进行明查暗访等手段,有效杜绝了在位不在岗、在岗不尽责等问题,使物价系统的工作秩序进一步正规、工作作风进一步转变。

三、加强党风廉政建设,不断推进惩防体系建设

(一)加强廉政教育,营造反腐倡廉的良好氛围。为了搞好党风廉政建设工作,狠抓了反腐倡廉教育,年初,制定了《山西省物价局廉政教育制度》和《山西省物价局廉政教育计划》,把反腐倡廉教育作为党组中心组和党员干部理论学习的重要内容,坚持每季一个专题,每月一个内容,每周两小时的学习;组织广大党员干部认真学习了中纪委十七届五次全会和省纪委九届五次全会精神,使全体党员干部深刻认识到在新的历史条件下加强反腐倡廉建设的极端重要性和紧迫性,同时也明确了加强反腐倡廉建设的主要任务;组织全局干部职工认真学习贯彻《廉政准则》,并加强对《廉政准则》贯彻执行情况的监督检查,促进党员领导干部以身作则,严于律己、忠于职守,积极筑牢思想道德防线,奠定了反腐倡廉建设的思想基础。

(二)周密安排部署,认真落实党风廉政建设责任。一是及时召开了局党组会议,传达了中纪委十七届五次全会、省纪委九届五次会议精神,研究制定了 2010 年省物价局党风廉政建设和反腐败工作任务及其责任分解,明确了全年党风廉政建设的工作重点及要求。二是召开了省物价局党风廉政建设大会,传达学习了中纪委、省纪委会议精神,对上年的工作进行总结回顾,对当年的工作进行了安排部署,局党组与所属各处室负责人逐一签订了党风廉政建设目标分解责任书,共列六个方面 28 项具体任务,把党风廉政建设责任细化、分解到每个党组成员和各个处室,对全局每个单位、每位领导、每名工作人员继续实施了“一岗双责”。三是在全省物价工作会议上,对全系统党风廉政建设重点工作进行了安排,要求各级物价部门要着力抓好以惩防体系建设、煤焦领域反腐败专项斗争、领导干部作风建设、加强对各项政策措施落实情况的监督等为重点的党风廉政建设任务。

(三)加强制度建设,筑牢反腐倡廉建设的基础。认真组织开展“反腐倡廉制度建设年”活动,切实加强反腐倡廉的教育制度建设、监督制度建设、预防制度建设和惩治制度建设。突出抓了以下几个方面的工作:一是成立省物价局反腐倡廉制度建设年活动领导小组,明确了制度建设的目标任务、实施步骤,做到有计划、按步骤推进制度建设工作。二是建立反腐倡廉制度建设工作责任制,并将各项工作具体落实到人,按照推进年活动工作方案的时间要求,做好各项工作。切实有效完成本部门、本单位的制度建设任务。三是严格按照《关于做好反腐倡廉制度清理工作的通知》,对以前制定的反腐倡廉各项制度进行了清查摸底,对现行反腐倡廉法规制度进行审核,并进行了深入调研。四是在认真梳理调研的基础上,

对反腐倡廉的各项制度进行重新修订。制定下发了《山西省物价局调定食盐零售、两碱外工业用盐价格工作程序规定》等29项制度和《山西省物价局工作规则》等61项制度。

（四）围绕全省党风廉政建设工作重点，抓好各项任务的落实。2010年，在省委省政府制定的《关于2010年全省党风廉政建设和反腐败工作任务的分解意见》中，明确需要物价部门牵头和参与配合的有6项任务。一年来，我们紧紧围绕这6项工作，积极协助牵头单位，切实抓好各项党风廉政建设责任制任务的落实。一是治理规范经营服务性收费。从6月份至年底对经营服务性收费进行全面治理规范，累计取消经营服务性收费9项，降低收费标准的6项。二是扎实推进煤焦领域反腐败专项斗争。根据省委省政府《关于集中开展煤焦领域反腐败专项斗争的意见》，重点在抓涉煤焦收费审批和治理煤焦领域乱收费、收缴煤炭企业应缴未缴水资源管理费方面做了大量工作。5月份，制定了《2010年全省煤炭稽查工作计划》，从7月份到9月底，由省局煤稽队统一组织实施，从各市县煤稽部门抽调68人，分两个大组11个稽查小组进行了稽查，共收缴全省煤焦生产和经销企业应缴未缴的水资源补偿费2829万元、煤炭稽查管理费2067万元。三是加强涉农价费监管，促进农村党风廉政建设。认真贯彻落实各项减负和惠农政策，会同有关部门转发了农业部、国家发改委等七部委《关于做好2010年减轻农民负担工作的意见》，进一步坚持和完善涉农价格和收费"公示制"，在全面公示涉农收费、价格的同时，增加了支农惠农的公示内容。组织开展了全省涉农收费政策落实情况专项检查，全省共查处涉农价格违法案件45件，违规金额18万元。有效制止了农村中小学教育、农民建房、农村殡葬、计划生育、村委会等领域的乱收费，促进了化肥等农资市场价格的稳定。减轻了农民不合理负担，维护了农民的切身利益，为促进农村社会稳定和经济发展创造了良好环境。四是加强医疗价格管理，切实减轻群众负担。开展部分药品成本价格和出厂价格调查，核定公布了我省2010年度基本药物招标采购价格和中标价格，同时，继续执行医药价格公示制度，对列入定价药品目录的800余家制药企业近万个品规进行了药品价格公示，提高了药品价格的透明度。规范了医药价格和收费行为，减轻了群众负担。五是规范各类教育收费，切实减轻学生家长负担。深入推进农村义务教育经费保障机制改革，认真落实城市义务教育免学杂费政策；严格普通高中择校费标准；实施高校招生"阳光工程"，严禁与招生录取挂钩的乱收费行为；加强学校服务性收费和代收费管理；保持各级各类学校学费和住宿费标准的稳定，切实减轻了学生家长负担。于10月份在全省开展了治理教育乱收费专项检查，遏制了教育乱收费蔓延势头，规范了各类学校的收费行为。六是治理公路三乱，合理减轻运输户负担。会同交通厅、财政厅进一步规范了收费公路收费公示工作。对全省收费公路的站点名称、审批机关、收费单位、收费公路性质、收费标准、收费起止年限、监督电话等内容进行了公示；增加车辆轴限判别标准，规范收费公路货车计重收费行为；为促进交通运输节能减排，改善通行条件，有效推进省内高速公路不停车收费联网，实行京津冀区域高速公路不停车收费网络对接，会同有关部门制定了《山西省高速公路ECT缴费卡发行及电子标签销售方案》。

四、做好各项价格管控工作，服务山西经济社会转型跨越发展

（一）全力做好保持消费价格总水平基本稳定工作，得到了国务院督查组的高度肯定。全省物价部门把管理好通胀预期放在重要位置，全力做好各项工作，为保障市场稳定供应和价格平稳运行发挥了应有的作用。1—11月CPI累计上涨为2.9%，低于全国0.3个百分点，在全国各省（自治区、直辖市）中与辽宁并列第24位。

（二）降低农业灌溉用水水价、促进农民减负增收做法得到社会各界好评。制定了大幅度降低黄河水价的方案，报省政府常务会议讨论通过。在报国家发改委同意后将我省农业排灌电价由每千瓦时0.269元降低到0.06元，水价由每立方米0.507元降低到0.25元。此举大幅增加了提黄用水量，按照总体目标，实现规划用水目标20亿立方米后，每年可为农民减负增收约20亿元。

（三）围绕改善民生和和谐发展，积极实施惠民价格政策。一是降低了太原市公共交通票价，减轻居民负担。通过协调太原市政府等有关部门，从6月1日起，降低太原市公共交通票价，平均乘车费用由原来的1.26元/人·次降为0.72元/人·次，平均降幅43%，年减轻居民负担2.56亿元。二是加强住房价格及相关服务收费管理，规范住房市场价格行为。认真贯彻落实经济适用住房和廉租住房建设、城市和国有工矿（林区、垦区）棚户区改造项目，免征城市基础设施配套费等各种行政事业性收费和政府性基金的收费减免政策，使每平方米住房成本降低200元左右。进一步完善商品住房明码标价规定，全面推广和实施"一房一标价"制度。降低了部分涉房建设经营服务性收费标准。三是大力开展清费治乱工作，促进经济平稳较快发展。会同财政厅对我省制定的行政事业收费进行了清理整顿，取消和停止34项省定项目，将五项行政事业性收费转为经营服务性收费，减轻企业负担约3300万元。取消经营服务性收费九项，降低收费标准的六项，通过治理规范，预计每年共减轻企业负担14767.6万元。

（四）积极推进资源价格改革，促进节能减排和产业结构调整。一是积极贯彻落实差别电价政策。根据国家发展改革委、财政部、国家电监会下发《关于进一步贯彻落实差别电价政策有关问题的通知》精神，各市对未列入差别电价政策执行范围的17户高耗能企业和通过环保验收的部分高耗能企业进行了甄别核实。二是认真贯彻落实惩罚性电价政策。印发了《关于对超能耗产品实行惩罚性电价的通知》。通知要求自2010年7月1日起，对能源消耗超过国家和山西省规定的单位产品能耗(电耗)限额标准的企业和产品生产用电实行惩罚性电价。三是实施电厂脱硫电价政策，促进环境治理。对200万千瓦机组实施了脱硫电价。累计执行脱硫电价的装机容量达到2548.6万千瓦。四是积极争取国家政策支持，实施

对燃煤电厂脱硝加价,减少污染排放,保护环境。五是积极疏导供热价格矛盾,推进"两部制"热价工作。太原、临汾、阳泉、晋中、忻州、运城、朔州、吕梁、晋城、长治市 10 个市出台了"两部制"供热计量价格。六是继续深化水价改革,基本理顺我省各类用水比价关系。初步实现了地下水价格高于地表水,地表水价格高于中水价格,中水价格高于污水处理费征收标准,为科学利用水资源提供了正确的价格导向。

(崔海兵)

附:省物价局党组书记、成员名单

书　记: 李福龙

成　员: 张存登　王克信　庞金龙

省国防科学技术工业办公室党委工作概况

党委书记　刘银才

2010 年,省国防科技工业党委坚持以邓小平理论和"三个代表"重要思想为指导,深入贯彻落实科学发展观,紧紧围绕推进军工转型跨越发展、构建和谐军工,以建设高效的党建工作运行机制、高标准的基层党组织和高素质的党员队伍为目标,全力推进党的思想建设、组织建设、作风建设和制度建设,党组织的创造力、凝聚力和战斗力得到进一步提高,为推动全省国防科技工业的平稳较快发展提供了坚强政治保证。

一、以创先争优活动为载体,党的基层组织建设进一步加强

按照中央和省委的要求,组织全系统 41 个企事业单位 4 万多名共产党员,大力开展创先争优活动。一是加强领导,深入发动。认真制定了《活动实施意见》,召开了全系统创先争优动员部署大会,建立了材料报送、信息简报报送、重点活动报送等制度,基层各单位利用单位局域网、内部报纸、闭路电视、橱窗板报等开办专栏 266 个,使创先争优活动深入基层,覆盖面达到 100%。二是突出主题,创新载体。着眼我省国防科技工业的转型跨越发展,突出"打造百亿企业,建设军工强省"这个主题,高起点、高标准规划"十二五"的同时,各企事业单位分别突出各自特点,围绕武器装备的科研生产、经营管理、急难险重任务、提高服务质量等内容创新实践平台,建立了党员责任区、党员示范岗、党员先锋岗、党员质量放心岗、安全放心岗等,夯实了跨越发展的基础。三是坚持领导带头,充分发挥表率作用。在全系统领导干部中开展了走进生产一线、走进基层班组、走进职工群众的"三走进、心连心"活动。省国防科技工业党委领导成员与基层党委建立 7 个联系点,走访慰问抗战老军工、老战士、老党员,深入生产一线党支部,了解创先争优活动进展情况,与基层干部一起分析制约山西军工科学发展的瓶颈所在,共同谋划山西军工跨越发展的路径。四是抓好承诺和点评,推进创先争优活动。广大党员立足岗位、结合实际,做出承诺,并将承诺向群众公示,接受监督,各单位建立了"跟踪记实"登记制度,以此督促兑现承诺。在此基础上,通过组织生活会、领导点评、党员互评、群众评议等多种形式开展点评。五是分类指导,确保创先争优活动扎实有效。针对全系统各单位发展的基础不同、面临的问题和任务不同,提出在创先争优活动中进行分类指导、区别推动的不同要求。各基层党组织活动各具特色,实践主题突出,创新载体新颖,掀起了学先进、比先进、争当先进的热潮。各企事业党委着力在解放思想、更新观念、创新发展思路上下功夫,着力解决发展中的突出问题和关系职工的重大民生问题。坚持党建工作责任制,积极探索加强和改进党建工作的长效机制,开展党委书记抓党建工作专项述职和责任制百分考核。以提高领导干部素质为目标,创新干部教育培训方式。年内分四期对公司党委领导、党支部书记、优秀科技人才、中层党员领导干部和组织部长等 380 余人进行了集中培训。按照省委要求,积极组织企业党委换届,年内有 12 个基层党委完成换届。各基层党(总支)支部按期换届率达到 90%以上。按照《山西省国防科技工业 2009—2013 年党员教育培训工作规划》,采取工办党委和基层党委两级培训党员工作机制,把深入学习实践科学发展观活动和党的路线方针政策教育、党风党纪、形势任务等党员教育贯穿到创先争优活动中,强化了党员的党性观念和争优意识,真正进入思想、进入工作。认真落实省委组织部严格发展党员程序,加强离退休党组织建设,继续抓组织、制度、经费、活动场地、重要活动"五落实"。

二、以思想作风建设为重点,领导班子和干部队伍素质进一步提升

坚持以科学发展观为统领,围绕全力推动我省转型发展、跨越发展,科学判断和紧紧抓住难得的发展机遇,不断完善发展思路,创新发展理念,突出发展重点,为发展注入新的动力和活力。通过打开思想大门,进而打开发展的大门,奋勇争先,努力实现我省国防科技工业转型跨越发展。坚持把提高本领、转变作风,坚强有力、奋发有为作为领导班子和干部队伍建设的重点。在深入钻研理论、解放思想、更新知识上下功夫,着眼于马克思主义理论的运用,着眼于对实际问题的思考,着眼于新的实践和新的发展。坚持"中心组理论学习制度"和"中心组个人学习检查制度",认真学习贯彻中央、省委《关于推进学习型党组织建设的意见》,把开展建设学习型党

组织工作与创先争优活动紧密结合，把深入学习贯彻科学发展观和党的十七届三中、四中、五中全会精神作为重点，把转变经济发展方式与学习胡锦涛关于“建设先进的国防科技工业”重要指示相结合、与省委转型发展、跨越发展的战略部署结合，充分发挥党委中心学习组学理论、议大事、建班子、促发展的作用，要求坚持集中与分散学习相结合，采取分段学习、中心发言等多种形式，增强学习的针对性和实效性。年内先后集中组织学习了《中国共产党党员领导干部廉洁从政若干准则》、《中共中央纪委关于严格禁止利用职务上的便利谋取不当利益的若干规定》、党的十七届五中全会精神、省委常委会精神、省九届十一次全体会议精神和《袁纯清同志在省委九届十一次全体会议上的讲话》等内容，发挥了党委中心组在建设学习型党组织中的示范带头作用。

坚持以提高发展能力和领导水平为重点，继续开展创建“四好”领导班子活动。一年来，由于两级班子围绕“四好”要求，努力开展创建活动，讲政治素质、谋经营业绩、求团结协作、树作风形象已成为各级班子和全体领导干部的共识与行动。积极构建科学的选人用人机制，坚持德才兼备、以德为先，注重选拔政治上坚定，在推动转型跨越发展、促进工作上有思路、有激情、有能力、有贡献的干部，不断提高选人用人的公信力，做到群众欢迎、干部服气，形成了良好的用人导向和风气。

三、以落实《廉政准则》为抓手，党风廉政建设不断推进

2010年，以落实《廉政准则》为抓手，以作风建设为切入点，以惩治和预防腐败体系建设为重点，扎实推进国有企业领导人员廉洁从业、工程建设领域突出问题专项治理和案件查处等工作，为全省国防科技工业转型发展、跨越发展提供了坚强保证。

学习弘扬“右玉精神”，加强干部作风建设。把求真务实作为加强作风建设的重点，贯穿到学习弘扬“右玉精神”的实践中。一是提高认识，精心组织。在正确理解和把握“右玉精神”实质和内涵上下功夫，以“四个一”为抓手，深化弘扬“右玉精神”活动。二是营造氛围，抓班子带队伍。7月份，在全系统开展了“加强干部作风建设，促进领导干部廉洁从业”宣传月活动。各单位把“执政为民、尊重科学、百折不挠、艰苦奋斗”分成若干专题，深入宣传“右玉精神”，学精髓、学灵魂，将学习“右玉精神”转化为广大党员干部干事创业的自觉行动。

狠抓分解、考核、奖惩，党风廉政建设责任制得到进一步落实。全系统坚持把落实党风廉政建设责任制摆在重要位置，做到了“三个强化”：一是强化分解。按照“谁主管谁负责”的原则，及时制定下发了《2010年反腐倡廉建设工作任务分解意见》，把18项任务分解到有关领导和有关职能部门。二是强化责任。按照“一级抓一级”的原则，建立了分级负责制。在年初召开的全系统党风廉政建设干部大会上，省国防科技工业党委与各企事业党政“一把手”签订了《党风廉政建设责任书》。三是强化考核。年内由党委委员带队对各单位落实党风廉政建设责任制情况进行考核，加大责任追究力度，对有关责任人给予相应处分。

狠抓制度创新，完善惩防体系。年初，依据《党内监督条例》，在广泛调研的基础上起草印发了《加强对企事业单位领导班子及成员廉洁从业监督的规定（试行）》；为了转变工作作风，省国防科工办制定下发了《政务公开承诺制度》等11项规定，规范了办事程序，推进了机关行政效能建设。各企事业单位也都根据制度建设年的要求，结合实际，认真分析重点部门的权力点和权力运行的关键点，科学界定哪些岗位是本单位的风险点和易发多发点。按照决策权、执行权、监督权既相互制约又相互协调的要求，科学配置权力，规范权力运行程序，创新了一批监督制度和预防制度。

狠抓重点问题，认真查处案件。全系统坚持以中层以上领导干部为重点，以查处严重损害群众切身利益的案件为切入点，加大了工作力度。一是审计先行。全系统开展了中层正职离任审计、经济责任审计和重点问题专项审计工作，对从中发现的问题分别提出了审计建议或进行了核查。二是高度重视信访举报工作。对重要信访，党政主要领导做到全阅全批。三是直接查处大案要案。省国防科技工业党委、纪委高度重视查办案件工作，对滥用权力、贪污受贿等典型案件，组织力量直查快办，保持了查办案件的惩治态势。

2010年，全系统共受理群众信访举报106件，省国防科技工业纪委直接受理55件，其中“两要”信访案件12件，立案6件，结案6件，处分6人。其中开除党籍1人，严重警告3人，警告2人。受处分党员中，中层干部1人，其他5人，挽回经济损失27.56万元。

四、以科学发展观为指导，和谐军工建设取得新成效

2010年，深入学习贯彻科学发展观和党的十七届三中、四中、五中全会精神，把转变经济发展方式与学习胡锦涛关于“建设先进的国防科技工业”重要指示相结合、与山西省委转型发展、跨越发展的战略部署结合，带头学习践行社会主义核心价值体系，以身作则、率先垂范，用自己的模范行为和高尚人格感召群众、引领社会风尚。自觉用社会主义核心价值体系指导主观世界的改造，加强个人思想品德修养，带头弘扬以爱国主义为核心的民族精神和以改革创新为核心的时代精神，树立正确的世界观、人生观、价值观。

把加强精神文明建设作为党委的一项重要工作抓紧抓好，与经济工作相互促进，为推进工作落实，制定了《山西省国防科技工业创建文明和谐单位考评指标体系》，在工作中严格贯彻落实，进一步促进“创建文明和谐单位”的工作规范化、制度化。确保创建活动成果，提高创建活动水平，为建设和谐军工企业创造了良好的环境。

大力推动社会主义核心价值体系的宣传普及，不断提升社会主义核心价值体系的践行能力。全系统宣传思想战线紧紧抓住群众性文明和谐创建活动这一载体，坚持把社会主义

核心价值体系融入文明和谐创建的全过程,广泛开展形式多样的主题实践活动,使社会主义核心价值体系成为职工群众普遍认同、共同遵守奉行的自觉行动。坚持把社会主义核心价值体系融入"争做文明职工,创建文明单位"活动之中,深入推进文明创建工作规范化、制度化建设,提高文明单位、文明车间、文明处室、文明班组、文明职工创建水平,为建设和谐军工企业创造良好的文明环境。坚持把社会主义核心价值体系融入到"以勤俭节约为荣,以奢侈浪费为耻",节约资源活动之中,增强社会主义核心价值观的导向作用。以开展"迎世博、迎亚运、讲文明、树新风"活动为契机,大力倡导文明礼仪之风,深入开展了践行文明礼仪活动,引导广大职工从身边小事做起,倡导绿色环保生活方式,建设节约型、低碳型军工企业。坚持把社会主义核心价值体系融入开展"道德模范评选"等主题活动之中。认真开展道德模范的推荐评选活动。在省委宣传部、省文明办、省总工会等六单位共同举办的"第三届山西道德模范"评选活动中,北方发动机研究所杨震寰被评为"敬业奉献模范"。认真落实省级文明单位与新农村建设重点村结对子共建工作,我省军工8个省级文明单位按照省文明办的安排,积极与新农村建设重点村联系,结合实际定规划、建大棚、搞培训、帮就业、修戏台、赠图书、送温暖等帮扶共建工作取得了新成效。与此同时,各级工会组织深入推进帮扶救助机制建设,形成了送温暖、金秋助学、职工医疗互助保障"三位一体"的帮扶体系,在提高帮扶实效上取得了新的成效。

五、以党建促发展,全省军工经济再上新台阶

2010年,紧紧围绕推动我省转型发展、跨越发展,以保军品、强能力、调结构、上水平、促转型为重心,着力加大科技创新,着力抓好核心能力建设,着力推进军民融合发展,努力保持军工经济平稳较快发展,各项工作取得了较好成绩。

一是军工经济保持平稳增长。全系统以高度的责任感积极应对国际金融危机的冲击,以保军品、强能力、调结构、上水平为重心,努力推动军工转型发展。全年完成总产出242亿元,同比增长17.26%;完成增加值52.46亿元,同比增长21.88%;实现利润5.73亿元,同比增长58.16%;完成出口交货值17.36亿元,同比增长12%;职工年平均工资增长16.26%,达到31330元。

二是武器装备科研生产取得新突破。全系统承担的军品科研生产项目全部按计划完成。大力推进科技进步。坚持自主创新,有两项武器装备科研成果获国家科学技术奖国防专项奖,有29项荣获年度国防科学技术奖。

三是军民结合产业取得新进展。坚持军民结合的方针,全力推进大项目建设。坚持以提升装备制造业为重点,引导企业不断加快产业和产品结构调整,努力提高产品研发和制造水平,着力提升核心竞争力。继续协调推进省政府与中船重工集团公司战略合作框架协议和全省煤矿机械供需协议的落实和执行,加大协调和促进力度,促使高端液压支架、风力发电机、核电高压阀门、气垫船等项目能够按照所签订的战略合作框架协议所明确的责任扎实推进。为加快军工深度融入地方经济建设的步伐,壮大产业规模,积极推进省政府与中国电子科技集团公司、中国兵器工业集团公司等中央集团公司签订战略合作协议的前期工作,并在8月份省装备制造业博览会上签署了《山西省人民政府 中国兵器工业集团公司战略合作框架协议》,战略合作协议的签署将对加大双方支持驻晋军工企事业的发展,以及带动山西经济上台阶,实现互利双赢,共同发展起到积极作用。山西北方风雷工业集团公司新建石油钻铤生产线和晋西春雷铜材公司新建5万吨高精度铜带铂生产线项目进展顺利。8月份,组织全系统19个军工单位的200多个产品参加了2010中国(山西)装备制造业博览会,为促进装备制造行业交流合作、推动我省装备制造业做强做大起到了积极的促进作用。7户参展单位获得了"优秀布展奖",11个产品获得"优秀展品奖",充分展示和宣传了山西军工装备制造业的实力,对促进军工开放发展、军民融合发展起到了积极的作用。

四是质量管理、安全生产和安全保密工作全面加强。坚持军工产品质量第一,强化计量考核认证,企业质量管理进一步规范化、法制化,全行业未发生重大质量问题。安全生产继续保持平稳势头。全系统共发生死亡事故4起,死亡4人,杜绝了一次死亡3人以上事故和重大爆炸事故,全年重伤率控制在0.03%以下,圆满完成了省目标考核安全指标。认真落实反奸防谍和保密责任制,以保密资格认证为抓手,加大安全保密工作监督检查力度,全员保密意识不断增强,全行业未发生重大失泄密案件。五是民爆行业保持平稳发展。2010年全省民爆行业实现生产总值18.03亿元,同比增长22.04%;工业炸药生产29.07万吨,同比增长22.54%;工业雷管生产1.14亿发,同比增长7.97%;实现利税1.49亿元,同比增长118.2%。2010年3月,山西同德化工股份有限公司在深圳发行A股股票,成为北方唯一上市的民爆企业,为我省民爆企业做强做大、实现跨越发展奠定了基础。

(赵登斌)

附:省国防科学技术工业办公室党委书记、副书记、委员名单

书　记:刘银才

副书记:冯鲁生　田国仁　安雅文

委　员:张继庆　温国贵

省中小企业局党组工作概况

党组书记 王克建

2010年，省中小企业局党组认真贯彻落实科学发展观，求真务实，开拓创新，团结拼博，勤奋工作，努力推动全省中小企业、民营经济的转型跨越发展，较好地完成了各项工作任务。

一、强化思想政治建设，增强了班子的党性观念

局党组从全局和战略的高度，把思想政治建设作为领导班子建设的重中之重。系统学习了中共十七届四中、五中全会精神、省委九届十一次全会精神，学习了中央和全省经济工作会议精神，学习了袁纯清书记在全省干部大会上的讲话、在晋城全省民营企业家座谈会上的讲话、在全省民营经济转型跨越发展大会上的讲话精神等。积极响应省委关于学习弘扬"右玉精神"的号召，始终做到政治上坚定、思想上清醒、行动上一致。局党组坚持把中心组学习作为加强思想政治建设的重要形式，作为强化班子理论素养、增强班子党性观念、提高科学决策水平的有效途径。一是树立学习理念。班子成员树立了学习是一种政治责任、是一种执政理念、是一种工作生活之必需的学习理念。把学习融入工作、融入生活，成为自觉的行为。二是丰富学习内容。在学习内容安排上既体现当前形势任务的要求，又兼顾经济发展特点，把规定动作与自选动作相结合，做到把握方向，突出重点，分出层次。把中央的大政方针作为学习的中心内容，把省委、省政府的决策要求作为学习的主要内容，把促进中小企业、民营经济转型跨越发展需要的专业知识作为重要内容。三是完善学习制度。建立、完善集中学习制度、个人自学制度、调查研究制度、学习考勤制度、学习交流制度等学习制度，从制度建设上对中心组学习进行强化约束，使制度体系成为自律与他律、自觉与强制相统一的促进中心组学习的长效机制。四是优化学习机制。确立了学习目标机制，把"学理论、议大事、转观念、出思路、谋发展"作为理论学习的终极目标。把好思想认识关、学习理念关、制度建设关、机制确立关，不断用先进理论和先进知识武装头脑，进一步树立和落实科学发展观，进一步增强党性观念，提高领导班子的整体思想政治素质和领导水平。

二、落实民主集中制，增强了班子的凝聚力

重视民主集中制建设，注重发挥班子成员的集体智慧。按照"抓住大事确定议题、调查研究拿出预案、个别酝酿寻求共识、民主集中做出决断、分工负责抓好落实"的步骤，认真落实民主集中制。修改完善了《局党组会议制度》，对影响全局性的重要工作、重大事项等都提交党组会讨论决定，民主决策、科学决策的氛围比较浓厚。认真组织召开民主生活会，积极开展批评与自我批评，增进理解，维护团结。无论是党组会还是局务会，班子成员踊跃发言，各抒己见，直言不讳。通过加强民主集中制建设，班子内形成相互尊重、相互信任、相互支持的良好氛围，既增强了班子的凝聚力，也提高了决策效率和决策水平。

三、树立正确的用人导向，增强了班子的公信力

局党组立足"以人为本、从严带队"的理念，理解人、关心人、激励人、培养人，坚持以事业为基凝聚干部，调动大家干事业的积极性。同时，创新干部选拔任用机制，做好干部交流、轮岗、调整等工作。对局机关15名正处级干部进行了轮岗交流。对局直属企业进行了改制重组整合，将原来的11个直属企业整合重组到1个集团公司，充实了集团公司领导班子，并按照现代企业制度的要求，完善了公司法人治理结构，使局属企业走上了自我发展、良性发展、正规发展的轨道。结合全省事业单位清理规范工作，将事业单位由原来的10个整合为现在的6个，调整了部分事业单位的领导岗位。把能力强、素质高、愿干事、能干事的干部放到合适的岗位上，调动了广大干部工作的积极性，激发了大家奋发进取、干事创业的热情。

四、扎实推进工作落实，增强了班子的执行力

班子建设的最终成效，不仅要体现在方方面面的工作中，更要体现到推动全省中小企业、民营经济转型跨越发展的重大行动上。2010年，局党组紧紧围绕加快全省中小企业、民营经济转型跨越发展这个中心工作，优化发展环境，创新工作思路，加快转型发展，强化服务支持，使全省中小企业、民营经济得到了较好较快发展。

（一）积极创优发展环境。一是进一步创优政策发展环境。认真贯彻落实《国务院关于进一步促进中小企业发展的若干意见》，牵头代省政府起草了我省《关于贯彻落实国务院〈关于进一步促进中小企业发展的若干意见〉的实施意见》；参与起草了《关于进一步加快发展县域经济的若干意见》；制定下发了《山西省中小企业缴费登记手册》，建立了中小企业缴费登记制度，有力保护了中小企业合法权益。二是努力营造加快发展氛围。召开了系统工作总结表彰大会，对全省服务中小企业的先进单位，优秀中小企业及企业家进行了通报表彰；召开了全省民营经济转型跨越发展大会，对100家优秀民营企业进行了表彰，在全省上下引起很大反响。三是提

出创优发展环境的合理化建议。组织了全省中小企业发展情况大调研活动;组织人员赴陕西就县域工业园区建设等内容学习考察;组织人员赴浙江、上海、江苏、福建等省市就民营经济“十二五”发展规划进行专题考察调研;参与省委、省政府“进一步发挥民间投资在经济社会发展中的作用”等多个重要课题的考察调研。通过调研,看到了我们在发展环境方面存在的不足和问题,向省政府提出了我省在进一步创优发展环境上的多项合理化建议。四是大力营造良好的社会舆论环境。充分利用电视、广播、报刊、网络、信息等媒体,对优秀民营企业及企业家进行了广泛的宣传,组织开展了民营经济转型发展成果展览及民营经济宣传月活动,使民营经济发展的社会舆论环境得到了进一步改善。

(二)加强经济运行监测。在调查摸底的基础上,分不同地区、不同行业、不同类型确定了300户重点监测企业,初步建立了重点企业生产经营运行监测平台。重点企业主要经济指标等经济信息数据直报国家工信部中小企业司和市局、省局。通过信息数据直报,进一步加强了中小企业经济运行监测和预警分析,较好地把握了中小企业经济运行发展的态势,了解并掌握了中小企业在发展中遇到的问题和困难,有的放矢地强化了对企业的指导和服务。同时,也为各级政府决策提供了参考和依据。

(三)推进产业转型发展。一是强化支持引导。引导支持煤、焦、铁等传统产业向新兴产业领域转产转型发展;引导支持钢铁、制造、建材等重点行业加快兼并重组步伐,进行技术改造升级;引导支持中小企业体制机制转型,进行规范的股份制改造。二是提供项目支持。积极组织项目合作与对接,对转型发展好的企业,给予优先扶持、重点支持。2010年选择长治市进行重点帮扶指导,组织新兴产业领域的80余个项目进行对接,12家企业与中科院国家技术转移中心等项目单位签订了合作协议,为全省中小企业的转型发展起到了示范带头作用。三是推进科技创新。引导支持企业与科研院所联合,走产学研相结合创新发展的路子。2010年仅长治市就有30多家中小企业与全国各地科研院所建立了合作关系,在嫁接、引进先进技术方面取得积极成果。目前,全省规模以上企业与科研院所实行产学研合作比例达到10%以上。全省中小企业技术研发中心达到500多个,技术研发人员达7000多人;全省科技型中小企业达到1500多家。

(四)积极争取资金扶持。2010年,会同相关部门积极争取国家资金、协调落实省本级资金,累计扶持各类企业项目、公共服务平台项目317个,下达扶持资金2.709亿元。其中扶持各类企业项目254个,下达扶持资金2.284亿元,带动社会投资达65.49亿元,有力支持了中小企业发展。另外,向国家推荐了中小企业公共服务示范平台项目6个,被认定的示范平台也将获得国家重点扶持。

(五)加快园区、基地建设。从政策、资金、服务三方面实施重点倾斜,着力优化空间布局,鼓励引导企业入园发展。以项目建设带动园区发展,对入园发展的重点产业、重点项目给予资金扶持。充分发挥中小企业服务体系的作用,在资金、技术、人才、信息等方面提供服务,靠前帮扶。编制完成了山西中小企业创业基地规划建设方案,支持市、县加快完善中小企业创业基地建设。2010年重点帮扶了晋城市“十百千万”创业工程、运城市“5161”骨干中小企业推进工程、长治市中小企业创业辅导中心、朔州市、汾阳市创业基地建设。对长治县创业示范园、朔州市、汾阳市创业基地、清徐醋产业发展园区进行了重点资金扶持。

(六)大力实施成长工程。进一步加强了对中小企业的孵化,对成长性企业的扶持,对骨干企业的培育。千方百计地抓项目建设,抓创业就业。截止目前,全省民营经济单位总户数73.2万户,其中企业个数7.5万户,新增1.1万户;从业人员464.2万人,新增从业人员32.2万人。

(七)强化服务支持力度。一方面,围绕难点搞服务,努力缓解中小企业融资困难。一是建立企业客户推介机制。积极与金融部门合作,搭建银企沟通、合作平台,2次召开政、银、企、保参加的全省中小企业融资工作座谈会。建立目标企业库,与有关银行建立了企业客户推介机制。省委袁纯清书记对此作出重要批示:“省中小企业局与有关银行建立企业客户推介机制,这个办法好,应加大推进力度,解决中小企业融资难题。”深入市县开展银企对接,目前已选定运城市化工、医药等10个产业集群和运城市空港、盐湖两个开发区作为批量开发的目标客户。与工商银行、兴业银行、民生银行、浦发银行、晋商银行等签订了战略合作框架协议,积极筛选优质企业向银行推荐。截至2010年11月,全省银行业对中小企业贷款余额2830亿元,占全部贷款的29%,比年初增加598亿元,占同期全部新增贷款总量的35%,比年初增长26.7%,高出全部贷款平均增幅5个百分点。预计全年中小企业贷款增量突破600亿元,增长27%以上。2010年5月份以来,中小企业贷款增幅持续快于全省贷款总量增幅,全省银行业对中小企业信贷投放的增量和增幅均创历史新高。二是加强信用担保体系建设。积极争取国家支持,为省内10家重点担保公司注入风险补偿金1510万元,正在为5家担保公司上报免征营业税手续,提升了担保机构的担保能力和抗风险能力;协助部分市县成立了小额贷款公司,目前有1/3的县(市)已投入运营。三是积极探索开展新型融资方式。太原市侨友石化等11家企业进入第一期中小企业集合票据发行候选范围;忻州同德化工、晋城富基新材料股份公司在天交所上市;太原乾达瑞农机公司等5家企业在滨海国际股权交易所挂牌;运城颐源阳光集团在国家区域性(河南)中小企业产权交易市场挂牌上市。局属基金集团与英国洛克利中国基金合资成立山西中盈洛克利创业投资有限公司,积极寻找投资项目。

另一方面,围绕发展搞服务,加快中小企业服务体系建设。中国中小企业信息网山西分网扩容增量,中小企业信息化公共服务平台建成开通,走在全国上游,搭建了我省第一家“远程网络培训平台——中小企业直通车网络商务学院”。组建了山西省非公有制企业工会工作委员会,积极为非公企业培育组建企业工会组织,推动了我省非公企业和谐劳动关系的发展。开展中小企业负担监督专项治理工作，对首批2000多家治乱减负监测联系企业发放了《缴费监督手册》和《中小企业权益保护手册》。在省中小企业法律维权服务网络开通专家工作室，开展“法律服务三晋行”活动。设立法律维权“绿色通道”，为1500余家企业提供了法律咨询及援助服务。组织建设了“山西中小企业技术创新服务专家数据库”，累计为创业者提供创业咨询服务1500余人次。举办了第一届全省中小企业职业技能大赛。组织开展了山西省2009年度最具社会责任中小企业评价排序活动，63家企业入选。组织开展了“银河培训”工程，培训企业中高层管理人员1500余人。组织开展了乡镇企业高级专业（职业）技术培训，培训人数累计达到500人。省、市、县三级累计开展“蓝色证书”培训1万多人，累计组织中小企业“金桥行动”、开展企业诊断和管理咨询服务近百场次，为近千家企业提供了管理培训及企划设计。同时，与省知识产权局联合，实施了中小企业知识产权战略推进工程。还组织企业参加了中国（苏州）国际中小企业交易会、第六届APEC（福州）技展会和第七届（广州）中博会等大型展会，共签订项目103个，引资43.97亿元。全省民营经济转型跨越发展大会期间，组织了深圳、太原民营经济转型跨越发展招商引资项目签约活动，46个项目成功签约，引资119.2亿元。

2010年，全省民营经济完成增加值4237.7亿元，同比增长18.87%，占全省GDP的48.7%；上交税金679亿元，同比增长16.7%，占全省财政收入的38.36%。

五、坚持清正廉洁，增强了班子的免疫力

以严格落实党风廉政建设责任制为龙头，坚持标本兼治，预防在前，教育在先，构筑拒腐防变思想道德防线。年初，制定了党风廉政建设工作目标任务，层层分解班子成员党风廉政建设责任，定期召开党组会议和廉政建设工作会议，切实做到有部署、有检查、有监督。班子成员始终严格要求自己，自觉增强廉洁自律意识，在用车、住房、公务接待等方面都严格按规定执行。始终坚持勤俭节约，严把经费开支、降低行政运行成本，做到廉洁、勤政、务实、高效。对全局原有规章制度进行了梳理，进一步建立健全领导干部个人重大事项报告、谈话诫勉、任前廉政谈话等制度，形成以制度规范行为、按制度办事、靠制度管人的有效机制。加强了对权力运行的制约和监督，切实提高工作透明度，从源头上预防和治理腐败，重点规范了项目审批、干部选拔任用、财务资金管理、重大项目运作等环节，真正让权力在阳光下运行，增加工作透明度。

六、加强队伍建设，增强了系统的战斗力

一是狠抓了机关的作风建设、制度建设。在加强机关干部队伍建设的同时，强化了机关干部的学习意识、服务意识、责任意识、大局意识和廉政意识。建立并完善了《局党组会议制度》、《局务会议制度》、《局长办公会议制度》、《局机关办公经费管理制度》、《机关日常招待制度》、《车辆使用管理办法》、《办公用品管理办法》、《局机关工作人员出勤及请销假规定》、《专项资金管理办法》等各项规章制度，机关作风有了明显好转。二是加强了直属单位建设。局属企事业单位调整后，在配齐配强班子成员的同时，建立健全了各种组织。各直属单位还开展了作风纪律整顿活动。直属单位的精神面貌有了明显改观，自我发展、加快发展的意识明显增强。三是在局系统认真开展了创先争优活动。进行了公开承诺，落实了领导联系点制度及组织点评制度，进行了党员互评和群众评议。对先进基层党组织和优秀党员进行了表彰，培育树立了先进典型，举办了创先争优活动图片展览，全局系统的精神风貌有了明显的改观，初步形成了创先争优的良好氛围。

七、注重精神文明建设，增强了局系统的影响力

2010年，进一步创新思路、丰富内涵、提升水平，精神文明创建工作取得了明显成效。结合工作实际，把精神文明创建活动寓于各项具体工作中，做到六个结合。一是把文明创建与领导班子和干部队伍建设结合起来，二是把文明创建同党建工作相结合，三是把文明创建同业务工作结合，四是把文明创建同创先争优活动相结合，五是把文明创建同提高干部职工全面素质相结合，六是把文明创建与解决实际问题相结合。目前，全局上下，形成了“文明、团结、进取、和谐”的良好风貌，精神文明创建活动的效果进一步显现。

（杜红伟）

附：省中小企业局党组书记、成员名单

书　记：王克建

成　员：陈晓东（11月离职）　赵志杰

闫龙江（5月任职）　武晨阳（女，12月任职）

省食品药品监督管理局党组工作概况

党组书记　赵光国

2010年是山西省食品药品监管系统进一步完善体制改革、全面履行新职能的关键一年，省食品药品监管局以邓小平理论和“三个代表”重要思想为指导，深入贯彻落实科学发展观，按照省委、省政府和国家食品药品监管局总体部署，坚持一手抓改革，一手抓监管，不断适应新形势，建立新机制，落实新要求，通过

全面加强队伍建设和党风廉政建设,为顺利完成全年目标任务,推进监管事业改革发展提供了强大思想动力和组织保证。

一、加强领导班子建设,不断提高驾驭全局推动发展的能力

(一)牢固树立全局观念和大局意识,始终把食品药品监管融入全省转型跨越发展大局之中。确立了"四个一"的工作指导思想,具体内容是:坚持一个理念,即科学监管理念;围绕一个中心,即保障公众饮食用药安全;突出一个主题,即推动食品药品产业健康发展;形成一个机制,即新体制下食品药品监管工作运行机制。全年工作紧紧围绕这一中心任务,通过稳步推进机构改革,探索建立新体制下监管工作运行机制,全面展开餐饮服务食品、保健食品、化妆品监管工作,以基本药物和高风险品种为重点强化药品安全专项整治,解决突出问题,有力保障了全省人民饮食用药安全。为贯彻落实省委、省政府转型跨越发展要求,积极促进把医药产业纳入全省经济转型跨越的重要支持方向,结合"十二五"规划编制工作,科学规划医药产业发展目标与布局,通过发挥监管调控作用,推动医药企业整合资源、兼并重组,优化产业结构,提高核心竞争力。同时,主动搭建服务平台,适时举办"加快实施晋药战略,促进山西医药产业转型跨越发展"高峰论坛,制定实施促进医药产业健康发展的政策措施,促使一批医药企业走上创新发展、转型发展、优势发展之路,医药经济呈现又好又快发展势头。

(二)着力建立"学习型"党组织。党组中心组把加强理论学习列入重要议事日程,作为一项根本性任务来抓,按照"缺什么、补什么"的原则,先后组织理论学习12次,人均学习时间累计不少于6天。党组成员始终以邓小平理论和"三个代表"重要思想武装头脑,树立正确的政绩观、价值观,把理论学习与食品药品监管工作实际紧密联系起来,与领导班子自身建设的实际紧密联系起来,与研究解决带有全局性的问题结合起来,使理论学习的成果转化为思想方法、工作思路和目标,不断提高领导能力和决策水平,政治核心作用得到有力彰显。

(三)认真贯彻执行党内民主集中制。健全行政决策机制,按照"集体领导、民主集中、个别酝酿、会议决定"的原则,推行重大决策、重要干部任免和管理、重大项目安排、大额度资金使用集体研究决定。对新申办药品生产、批发企业审批,药品生产、批发企业重大事项变更审批,申请高危品种药品和医疗器械的注册申报,吊销许可证照和证明文件行政处罚,5万元以上罚款行政处罚等涉及公共利益的、影响全局的重大行政许可事项和行政处罚事项由局领导班子集体研究决定;对3万元以上单项修缮、改造工程,5万元以上大宗物品采购项目,10万元以上大额资金使用和国有资产出租出借等,由局领导班子集体研究决定,提高了决策的公开性和科学性。班子成员之间形成了集体领导、分工负责、相互理解、密切配合的良好机制和工作氛围。

(四)积极推进干部任用制度改革。树立正确用人导向,严格执行干部选任工作程序,坚持德才兼备的用人标准,坚持"群众公认,注重实绩"的原则,加强组织监督和群众监督,防止用人上的不正之风。严格执行考察预告制和任前公示制,纪检监察部门全程参与干部选任工作,达到了公开、公正、公平的目的,提高了选人用人公信度,营造了风清气正的选人用人环境,推进了干部工作的科学化、民主化、制度化。

二、全面加强食品药品安全监管,保障人民饮食用药安全

(一)积极推动食品药品监管机构改革。按照全省一盘棋的思路,在完成省局机构改革的基础上,积极谋划新的食品药品监管体制框架,加强沟通协调,赢得共识和支持,指导和推动市县机构改革进程,取得了重大进展和明显成效。太原、晋城、晋中、长治、忻州等8个市新增了餐、保、化监督机构和药品不良反应监测机构。

(二)深入开展药品安全专项整治。一是加强基本药物质量监管。制定了《基本药物质量监督管理办法》和《基层医疗卫生机构基本药物使用管理办法》,实施了对基本药物全过程监管和全覆盖抽检。保证了基本药物质量安全可控。二是加强高风险品种监管。与省卫生厅制定出台了《山西省第二类疫苗监督管理办法》,组织开展了疫苗专项检查,共检查疫苗批发企业9家、疾控机构129家、接种单位5765家。对1000余家药品生产经营企业进行了蛋白同化制剂和肽类激素、含麻黄碱类复方制剂专项检查。三是加强重点环节监管。在药品注册环节,加强对再注册品种的安全性审查,完成6817个品种的药品再注册工作,建立了全省药品批准文号数据库,实现了药品数据共享。在药品生产环节,完成药品GMP现场检查33家,跟踪检查药品生产企业17家,进一步促进药品生产企业规范生产。在药品流通环节,以药品经营企业换证为契机,加强药品经营质量监管,提高市场准入门槛,建立健全进出有序的动态监管机制,依法注销、吊销药品经营许可证960件。在医疗器械监管方面,开展了医用分子筛制氧设备、医疗器械生产企业质量管理体系、高风险产品及体验类治疗器械专项检查。全年收集上报药品不良反应监测病例报告26797份,医疗器械不良事件报告1191例,药物滥用监测报告4689例,监测报告数量和质量受到国家局表扬。共完成药品检验任务4372批次,完成医疗器械监督抽验356批次,我省药品评价性抽样工作和药典标准提高工作完成率都名列全国第一。专项整治中,全年全省共出动执法人员11868人次,检查药品生产、经营、使用单位5295家,查处各类药品违法案件3583起,其中查处5万元以上大案10起,罚没款1070.8万元。度动态例药物国务院药品安全专项整治行动督查组检查后高度评价省局:"布置周密,措施有力,整顿扎实,成效显著,许多做法值得推广。"

(三)认真履行餐、保、化监管新职能。组织开展了对非法添加非食用物质和滥用食品添加剂、"地沟油"和不合格一次性筷子等专项检查,分别与省教育厅、建设厅联合开展了学

校食堂、建筑工地食堂专项检查,共查处违法违规案件279起,规范了市场,锻炼了队伍。首次对全省餐饮服务单位高风险食品、餐饮具、原料等21个品种进行专项监督抽验,增强了监管针对性。省局餐饮监管的做法在全国餐饮监管工作会议上作了经验交流。保健食品和化妆品监管方面,针对群众反映的非法添加、保健食品冒充药品等违法行为,组织开展专项检查,共查处违法保健食品317批次。

(四)大力提升监管效能和水平。一是启动诚信体系和信息化建设。把诚信体系建设作为落实企业第一责任的抓手,组织制定了《山西省食品药品企业质量诚信体系建设工作指导意见》。目前,省局管理平台、信息发布平台已经建立并试运行,企业管理平台试点工作正在深入推进,力争两年内形成覆盖全省的诚信体系和信息平台。二是实施点对点、面对面培训。将内部培训与对企业的培训同步规划、同步实施,使双方掌握的法律法规、监管政策、业务知识和信息资源相对称、相一致,全年共完成15项培训,培训人数达2000余人,在系统内外受到一致好评,达到了良性互动的效果。三是建立了"监检结合"工作机制。制定出台了《加强行政监督与技术监督衔接管理制度》,建立行政监督与技术监督协同机制,提高了监管的针对性和有效性。把药品广告品种列为重点抽样品种,共抽验17个品种,撤销了1个批准文号;对基本药物抽验中发现的复方利血平片处方标准问题,责令5家生产企业停产整顿,及时消除了安全隐患。

(五)着力推动医药产业转型跨越发展。充分发挥职能作用,积极鼓励引导企业重组、联合、兼并,推动医药企业整合资源,提高产业集中度。成功举办了"加快实施'晋药战略',促进山西医药产业转型跨越发展"高峰论坛,邀请国内知名专家和我省业界精英共商医药产业转型跨越发展大计,对实施"晋药战略"的总体思路、发展方向、产业布局和发展目标形成了共识,呈现出医药产业转型跨越发展的良好势头。全省已有16家骨干企业兼并重组,取得重大进展。亚宝药业继兼并四川光泰药业后,又收购了中国中医药大学实验药厂,已经发展成为集科研、生产、销售为一体的大型上市公司;振东制药集团先后兼并了大同泰盛制药、长治开元药业、太原晨东药业,并成功上市,年销售额超过10亿元;大同威奇达与国药集团联合,引入资金20亿元,组建国药集团威奇达药业,核心竞争力明显提升。

三、加强机关党的建设,为监管工作提供有力政治组织保障

(一)大力开展创先争优活动。以加强基层党组织建设、推动食药监管事业发展、促进社会和谐、确保群众饮食用药安全为主题,制定了《关于在基层党组织和党员中深入开展创先争优活动的实施意见》,召开创先争优活动动员大会,在全局上下营造"岗位争先进、业务争一流、个人争优秀"的良好局面,教育、引导、激励党员干部立足本职、勤奋工作、善于学习、创先争优。为使基层党支部学有方向,党员赶有目标,适时组织开展了"立足岗位做贡献,创先争优当先锋"为主题的岗位争先活动,号召广大党员干部学习系统先进史俊琴,并注重培养发现身边的优秀典型,全力调动党员干部立足本职、爱岗敬业、无私奉献,把学先进成效体现在党员干部真抓实干的具体行动上,使学先进、比先进、赶先进蔚然成风。

(二)认真贯彻落实基层党组织工作条例。9月1日,召开省局直属机关第二次党员代表大会,选举产生了新一届机关党委和纪委委员。机关党委坚持把机关党建工作真正围绕中心、融入中心、服务大局,不断创新机关党建活动载体,自觉地把机关党建工作放到全局中去谋划,更好地为食品药品监督管理事业服务。强化基层党支部建设,按照"重品行、做表率、甘奉献"的要求,坚持一级抓一级,增强党组织书记和委员及党小组长做好党务工作的使命感和责任感,进一步提高党务工作能力和水平,努力使各基层党组织发挥战斗堡垒作用。积极探索做好党员思想政治工作的有效办法,做到"三个结合",即教育党员与管理党员相结合、抓党员学习教育管理与做群众思想工作相结合、解决党员群众思想认识问题与解决党员群众实际问题相结合。充分发挥各级党组织的作用,深入开展谈心活动,掌握党员群众的思想问题和实际困难,并依靠组织的力量为党员群众解决一些实际困难,增强了机关党组织的凝聚力。

(三)不断强化机关党组织自身建设。以机关党组织"三会一课"制度为载体,坚持召开机关党委、支委会议,结合党员思想和工作实际,采取"局领导带头讲、中层干部轮流讲、聘请专家重点讲",组织观看教育影视片、主题演讲和组织外出考察学习等多种形式,增强全局党员学理论、学党章、学业务、学法规、学典型的实效。各级党组织对党员严格要求、严格管理,做到管思想、管学习、管工作、管作风、管廉洁、管生活,使全局党员在推进和完成年度工作任务中切实当好"四个表率",即勤学善谋的表率、改进作风的表率、攻坚克难的表率、创业创新的表率。

(四)认真落实党风廉政建设责任制。坚持管队伍必须管作风,抓业务必须抓廉政,切实推进反腐倡廉惩防体系建设,把党风廉政建设的要求贯穿到队伍建设和监管工作的全过程,不断提高队伍凝聚力、创造力和执行力。按照省纪委"五不准"要求,制定出台了《关于加强机关作风建设严肃工作纪律的规定》和《关于实行行政受理、审评、审批工作分开办理的决定》,严肃了工作纪律,提高了工作效率,规范了行政许可,为推动食品药品监管事业改革发展提供了有力保障。2010年,省局政风建设再次受到省行评考核组的高度评价,省局机关连续第四年被评为省直文明和谐单位标兵,5个直属事业单位进入文明单位行列。(冯子刚)

附:省食品药品监督管理局党组书记、成员名单

书　记: 赵光国

成　员: 杨恩建　任晋斌　刘广德　贠亚明

省监狱管理局党委工作概况

党委书记 冯 征

2010年,省监狱管理局党委坚持以邓小平理论和“三个代表”重要思想为指导,深入贯彻落实科学发展观,团结带领全省监狱系统民警职工,振奋精神,埋头苦干,全力确保监狱安全稳定,有力推进监狱改革发展各项事业,狠抓班子队伍建设和党风廉政建设,各项工作取得新进展、新成效,圆满完成“十一五”期间监狱管理工作各项任务。

一、认真履行第一责任,全力做好安全稳定工作

认真履行维稳第一责任,主动服务发展第一要务,全力维护了监狱安全稳定。一是以贯彻司法部《关于加强监狱安全管理工作的若干规定》为抓手,全面加强监狱内部管理和安全防范。积极推进“四防一体化”建设,集中开展监狱内部治理专项活动,开展两次监狱管理整治专项行动,召开监狱长会议专门部署安全稳定工作。二是突出强调安全生产目标管理,加大安全生产管理力度,全年安全生产保持总体平稳。三是进一步规范和加强信访工作,在信访接待、责任分解、重点疑难信访案件办理等方面取得成效。2010年,全省监狱系统连续第四年实现司法部下达的无在押罪犯脱逃、无重大狱内案件、无重大疫情、无重特大安全生产事故的“四无”工作目标,圆满完成“两会”、上海世博会、广州亚运会、亚残运会期间安全保卫工作任务,监狱场所实现持续安全稳定。

二、围绕落实监管工作“首要标准”,罪犯教育改造质量进一步提升

把降低刑释人员重新犯罪率作为衡量监管工作的首要标准,是党中央从构建和谐社会的高度做出的一项重要决策。全省监狱系统认真开展罪犯政治、文化、技术教育和丰富多彩的监区文化活动,扎实推行罪犯职业技能培训与鉴定,普及心理健康教育,进一步发挥了教育改造的治本功能。全年为4691名取得职业技能资格的罪犯颁发证书,预计罪犯职业技能培训和鉴定将达5372人。累计培训罪犯达1.6万多人。我局职业技能培训鉴定工作在全国监狱劳教教育改造工作会议上做了经验介绍。新增加198名民警心理咨询师,民警心理咨询师总数达到484人,超过司法部按押犯1%配备的要求,其中取得心理咨询师二级资格的占到83%以上。同时,开展了以做人守法为主题的思想政治教育和国学教育、罪犯数据库建设和刑释人员信息库建设,为预防重新犯罪创造了条件,全省罪犯改好率保持在95%以上。2010年11月20日,中央政治局委员、政法委副书记王乐泉,省委书记袁纯清,省委副书记、省长王君,省委副书记金道铭,省委常委、政法委书记杜玉林视察太原一监,对我局创新教育改造模式、开展监内文化教育的做法给予了高度评价和充分肯定。

三、扎实推进布局调整、体制改革和信息化建设,综合保障能力不断增强

监狱布局调整和监狱体制改革是党中央做出的事关监狱长远发展的两项重大决策,信息化建设是做好新时期监狱工作的重要载体。2010年,继续下大力气推进这三项工作。监狱布局调整在抓好项目已完工监狱的管理、运行工作的同时,进一步有序推进工程建设。5家监狱通过竣工验收,其他建设项目按计划推进,完成了省政府下达的目标任务。监狱体制改革工作方面,充实了集团公司领导层,明确了集团公司内设机构兼职人选,初步拟制公司制度48项。稳步推进基层单位改革进程,完成了清产核资、资产评估、公司名称预核准,子公司全部组建完毕,监企分开工作迈出重要步伐,为下一步全面实施创造了良好条件。我省监狱信息化一期工程可行性研究报告已获司法部批复,现在已经开始着手编制一期工程初步设计方案。

四、适时开展干部选拔任用工作,班子和队伍建设力度进一步加大

树立正确的用人导向,提高选人用人公信度,是贯彻落实党的干部工作政策的现实需要,也是激发干部队伍活力,促进工作发展的迫切要求。2010年,按照中央和省委干部选拔任用及干部交流调整的制度规定和监狱系统实际,开展了处级领导干部调整交流、公开选拔工作。对11名55周岁以上的处级领导实行离岗,转任非领导职务;对25名在岗处级领导进行交流调整;提拔和公开选拔处级干部66名。调整后处级领导干部平均年龄由原来的49.66岁下降到现在的47.89岁,平均年龄下降1.77岁,大学本科以上学历达到138人,占总人数的77%,使处级领导干部的年龄和学历结构更趋合理。干部选拔任用工作程序规范、组织严密,把一批政治可靠、能力突出,敢于担当、作风顽强,年轻有为、群众公认的同志选拔到了领导岗位上来,为监狱工作注入了新的活力,提供了坚实的人才保障。

五、坚持公正廉洁执法,确保监狱刑罚正确执行

开展了“规范执法行为、提高执法水平”专题教育活动。九次开展警务督察和执法检查工作,积极建立和完善民警执

法规范化长效机制，有效提高了民警的公正执法意识。改进和完善对罪犯提请减刑假释备案审核制度，建立完善了纠正违规制度。采取切实措施，落实宽严相济刑事政策，认真解决在押老病残罪犯的问题，积极推进罪犯假释工作。特别是2010年9月30日，张建欣副省长和王建明检察长到太原三监指导工作，就我省罪犯假释提率扩面工作进行调研，并给予大力支持。

六、生产经营平稳较快发展，监狱劳动改造功能进一步加强

监狱经济是监狱工作的重要组成部分，为罪犯提供必要的劳动岗位是教育改造罪犯的重要手段。2010年，继续抓住监狱煤矿这个监狱经济重要支撑，突出抓好生产与销售环节，积极推进"两型三化"矿井建设。继续深化产业产品结构调整，突出抓好优势项目、潜力产品引进和标准化管理环节，狱内加工业得到较快发展，加大监狱农场招商引资力度，用足用好各项优惠待遇和扶持政策，积极想办法承租土地，进一步盘活监狱农场经营。大同监狱、忻州监狱两个农场单位土地治理项目通过省局预验收。

七、加强班子和队伍建设，为全省监狱事业又好又快发展提供坚强保证

局党委始终高度重视班子和队伍思想、组织、作风、制度建设和反腐倡廉建设，特别是在一些重点工作上下功夫、求实效。

一是坚决贯彻执行省委、省政府、司法部工作部署，推进监狱工作科学发展。一年来，局党委领导班子紧紧围绕科学发展这一中心，以创建学习型党委为载体，不断提高决策能力水平。先后召开会议41次，就传达贯彻上级会议精神、研究安排贯彻落实意见、监狱安全稳定工作、队伍建设及监狱体制改革等重大问题及时进行了部署。积极贯彻"首要标准"，充分发挥职能作用，制定了监狱"四防一体化"工作实施方案、罪犯教育改造实施纲要、监狱体制改革工作方案，全面推进了监狱工作的改革发展，有力提高了罪犯的教育改造质量，杜绝了各种监管改造事故的发生，确保了监所持续安全稳定，确保了中央和省委、省政府决策部署的贯彻落实，有力服务和保障我省转型跨越发展。

二是积极开展创先争优活动，不断弘扬正气、推动工作。在全系统开展了先进领导班子评选活动和立功创模活动。10个先进领导班子受到表彰，64个单位(集体)分别荣记集体二等功、三等功，607名个人分别受到记功嘉奖。局领导班子成员有1人被评为省级劳动模范，1人获"五一"劳动奖状，1人荣立个人一等功。

三是以贯彻执行民主集中制为核心，大力开展"领导班子建设年"活动。明确班子成员分工，建立规范的运行机制。按照"谁主管，谁负责"的原则，对班子成员进行合理分工，明确工作责权和分管处室，建立了党委统一领导、局领导分工负责、相互制约、规范运行的工作机制。严格执行党委议事决策规则、相互协商通气制度和成员间谈心谈话制度。重大问题按照"集体领导、民主集中、个别酝酿、会议决定"的原则，沟通在前、决策在后，特别是在涉及人、财、物的重大问题上，坚持做到会前通报沟通，会上广泛讨论，党委拍板决策，分工负责落实，使民主集中制落到了实处。积极开展批评和自我批评，解决班子中存在的问题和不足。两次组织召开民主生活会，对照群众提出的意见和建议，展开思想交锋，畅所欲言地谈认识、谈体会、谈措施，不断增强班子的凝聚力、战斗力。

四是加强反腐倡廉建设。加强对中央和省委、省政府重大决策部署落实情况的监督检查，对布局调整重点建设项目进行了检查，全程参加建设项目验收。进一步引深煤焦领域反腐败专项斗争，开展自查自纠和督查工作，杜绝了重大工程建设质量安全生产事故的发生，为全省监狱建设的发展提供了有力保障。推进权力运行风险控制和监督体系建设，全年梳理修订反腐倡廉制度，现行有效制度共479个。加强领导干部廉洁自律，在全系统开展学习《廉政准则》和"右玉精神"专题活动，进一步规范党员领导干部从政行为。加大查办案件力度，全年共立案查处违纪违法案件23件、涉及50人，结案率为100%。

八、按照司法部部署启动对口援疆工作

按照司法部援疆工作意见精神，承担新疆生产建设兵团监狱局农六师三所监狱的对口支援任务。2010年12月初，我局与新疆兵团监狱管理局代表举行了对口援疆工作座谈会，研究制订了对口援疆工作实施方案。2010年12月下旬，派出代表赴新疆兵团监狱管理局进行实地调研，并带去第一批100万元援助资金。

此外，精神文明创建、改善民生、对口扶贫等各项工作也得到进一步加强。 （李青林）

附：省监狱管理局党委书记、副书记、委员名单

书　记： 冯　征

副书记： 句轶旺

委　员： 李扁顿(1月离职)　王　伟　高　奇　石玉泉　吴峻山

省扶贫开发办公室党组工作概况

党组书记　刘昆明

山西省扶贫开发办公室是在省委、省政府领导下,组织开展全省扶贫工作的职能部门。下设行政、事业11个正处级单位,共有正式在编干部职工98人。党支部11个,党员89名。主要职能包括:承担省扶贫开发领导组日常工作,负责全省扶贫开发工作;研究拟定全省扶贫开发的政策、规划并组织实施,起草扶贫开发工作的地方性法规、规章、规范性文件的草案;协调社会各界的扶贫工作及组织全省机关干部定点扶贫工作;组织对扶贫开发情况进行统计和动态监测,指导扶贫系统统计信息工作;协调拟定全省扶贫资金分配方案,指导、检查、监督扶贫资金的使用,负责引进外资扶贫项目并组织实施;组织开展扶贫开发宣传工作;负责有关扶贫的对外交流与合作;承办全省贫困地区干部的扶贫开发综合性教育、培训工作。

2010年,在省委、省政府的坚强领导下,省扶贫办全体干部职工紧紧抓住促进全省经济社会转型跨越发展和对农村低收入人口全面实施扶贫政策的重大机遇,落实责任、扎实工作,扶贫开发、机关建设都取得了显著成绩。

一、全面加强党的建设,机关建设不断迈上新的台阶

省扶贫办围绕中心,服务大局,不断开拓创新,全面加强机关党的建设,取得了显著成效,连续五年获得山西省直机关文明和谐单位标兵称号。

一是加强领导班子建设。严格执行民主集中制原则,不断完善领导班子议事日程,不断拓展党内民主监督渠道。凡涉及人事调整、项目资金安排及其他重大事项,始终坚持"集体领导、民主集中、会议决定",全面贯彻民主集中制。领导班子团结协作、互相支持,在各项工作中发挥了核心作用。二是加强基层组织建设。高度重视基层党组织建设,结合单位实际,不断健全组织机构,选好配强支部班子并认真落实党的组织生活。深入开展创先争优活动和学习型党组织建设,不断增强基层党组织的凝聚力和战斗力,党支部的战斗堡垒作用和党员先锋模范作用得到有效发挥。三是加强思想政治建设。结合工作实际,不断创新思想政治工作方法,加强党员干部队伍思想政治建设。以党的理论和社会主义核心价值体系为主要内容,以政治教育和理论学习为重要途径,以创先争优和文明创建为重要平台,全面加强党员干部思想政治建设,努力夯实思想基础。四是加强党风廉政建设。经常性地开展革命传统和优良作风教育,努力提高党员干部的思想境界;结合扶贫工作深入开展廉政教育和警示教育,不断增强党员干部的自律意识。以扶贫项目资金和领导干部监管为重点,不断完善制度,加强监督,促进党员干部廉政自律,推动机关党风廉政建设。

二、扶贫开发工作目标任务全面完成

按照全省扶贫开发目标责任制要求,组织各级扶贫部门加大力度、完善政策、创新机制、强化举措,圆满完成年初确定的各项目标任务。57个贫困县农民人均纯收入达到3125.4元,比上年增加412.4元,增长15.2%;其中35个国家扶贫开发工作重点县农民人均纯收入达到2594元,比上年增加356元,增长16%;两项增幅均为"十一五"以来最大增幅,分别高出全省平均水平3.6和4.4个百分点。共有20.53万贫困人口实现脱贫。

一是片区开发。片区扶贫开发是我省2010年出台的一项重大扶贫举措,也是省政府组织实施的"七大强农工程"之一。全年共在15个县启动实施15个片区扶贫开发项目。这15个项目规划总投资7.03亿元,其中省级计划安排财政扶贫资金2.9亿元,共覆盖682个行政村、近24万人,其中贫困村516个、受益贫困人口17万。二是整村推进。继续把整村推进"三个确保"作为全年扶贫开发的突出重点,努力加大资金投入,省级安排财政扶贫资金4.3亿元,村均投入26万元,比上年有较大幅度增加。加上县级财政配套、整合行业部门资金和群众自筹,全年整村推进"三个确保"投入达到9.89亿元,村均59.8万元。按照国家的安排部署,如期实现了对整村推进"三个确保"贫困村全部扶持一遍的目标。三是移民扶贫。全年安排4万人的移民扶贫任务,新建住房主体完工和实现分散搬迁的有34096人,同时上年移民工程已经入住和实现分散搬迁的有33477人。按照"一年建成、两年入住、三年扫尾"的要求,当年主体工程完工率和第二年入住率分别达到85.2%和83.7%,两项指标均超出80%的年度目标任务要求。移民扶贫年度目标任务顺利实现。四是劳动力转移和科教扶贫。瞄准57个贫困县农村贫困家庭"两后生",扎实开展劳动力转移培训工作,全年完成转移培训60471人,实现转移就业4.89万人,转移就业率达到80.9%,以扶贫系统干部和定点扶贫干部、整村推进乡镇干部、贫困村的大学生村官和干部群众为重点,组织开展扶贫政策理论和产业开发技术培训、农业科技示范推广和送科技下乡活动,全年完成科技培训7万人次。五是产业扶贫。对22个国家扶贫龙头企业的4.16亿元贷款下达财政贴息资金1184万元;对35个国家扶贫开发工作重点县的4.6亿元到户贷款下达贴息资金1600万元;建立扶贫龙头企业考核机制,完成对32个国家扶贫龙头企业的考核评价;完成省级扶贫龙头企业申报工作。六是教育扶贫。全年安排专项资金1000万元。新资助贫

困大学生300名、贫困中专技校生1715名、贫困高中生1500名，使3515名学生成为教育扶贫的受益者，资助贫困生累计达到6396名。七是社会力量扶贫。新组织29家省管大中型国有骨干企业和15家中央驻晋单位，以及省军区、武警部队参与定点扶贫，省直定点扶贫工作队达到170支，驻点帮扶县从21个扩大到39个，实现了省直定点扶贫工作队帮扶国家扶贫开发工作重点县的全覆盖。全年各级工作队共投入帮扶资金8.71亿元，帮助贫困村新上项目846个。启动总投资15.6亿元实施亚行贷款山西河川流域农业综合开发项目，其中利用亚行贷款1亿美元，覆盖5市、26县，受益人口184万，其中贫困县12个，受益人口90万。争取新加坡慈援组织360万元援助资金，在阳高等4个县实施人畜饮水等4项社会扶贫工程。此外，积极争取中国扶贫开发协会捐赠价值1600万元的医疗设备和价值100万元的奶粉，分别在贫困地区实施癌症普查健康工程，帮助500个贫困家庭解决婴幼儿奶粉问题；与中国扶贫基金会合作开展捐赠爱心包裹活动，为岚县等4个县的两万余名贫困学生捐赠价值200万元的爱心包裹。八是扶贫开发和农村低保"两项制度"有效衔接试点工作。在国家统计局山西调查总队支持配合下，对全省农业人口人均收入分布情况进行详细测算并报经省政府批准，将全省扶贫标准提高到1550元，确定全省低于该标准的农村低收入贫困人口规模为276万人；与民政等有关部门合作，在57个贫困县开展扶贫开发和农村低保"两项制度"有效衔接试点工作，完成了605个乡镇、10862个贫困村、246.74万1550元以下贫困人口的识别确认和建档立卡工作。

2010年，全体干部职工在省扶贫办党组的带领下锐意进取，开拓创新，机关建设扎实推进，扶贫开发成效显著，年度工作目标任务全面完成，为我省贫困地区转型跨越发展做出了突出贡献！

（石哲锋　马军侠）

附：省扶贫开发办公室党组书记、成员名单

书　记：刘昆明

成　员：吕占川　郎作仕　王汉有　张晓红

省公安厅交通管理局党委工作概况

党委书记　边智慧

2010年，省公安厅交通管理局各级公安交警在省委、省政府、公安部和省公安厅以及地方各级党委、政府和公安机关的正确领导下，创新管理，扎实工作，有力保障了全省道路交通安全畅通。王君省长对全省公安交通管理工作作出重要批示："2010年，在你们的辛勤工作和努力下，我省道路交通安全工作取得了事故起数和死亡人数双下降的良好成绩。"省公安厅交管局被评为"山西省模范单位"，受到省委、省政府隆重表彰。年底，又被省直文明委评为"省直文明和谐单位标兵"。

（一）广泛开展创先争优活动，努力实现公安部部长孟建柱"一个目标、五项要求"。2010年5月，孟建柱部长到我省视察时提出了"一个目标、五项要求"，要求山西公安工作在中西部地区当排头兵，部分工作走在全国前列。为实现这个目标，省公安厅交管局率先在全省公安交警系统部署开展创先争优工作，成立了专门的领导和办事机构，制定工作方案和贯彻落实"一个目标、五项要求"《五年规划》，有力带动了各项重点工作的落实。

（二）积极采取各种措施预防道路交通事故，确保全省道路交通安全形势持续稳定好转。省公安厅交管局提请省政府出台了《关于进一步加强道路交通事故预防工作的若干规定》，进一步完善道路交通事故综合预防机制，将省事故预防工作领导组成员单位增至23个，多次下发文件、召开会议部署工作，特别是坚持不懈地组织开展全省酒后驾驶、超速行驶、涉牌涉证、交通安全集中整治，共查处各类交通违法477.5万余起，重点交通违法行为明显减少，由此引发的交通事故明显下降。此外，省公安厅交管局还会同有关部门，切实加强机动车及驾驶人源头管理，深入开展危险路段、事故多发路段排查整治。有力保障了全省交通安全形势的持续稳定好转，为完成我省安全生产死亡控制指标做出了突出贡献。

（三）切实加强道路通行秩序管控，努力缓解城市和主要干线公路交通拥堵。全省公安交警超前谋划，精心组织，严防死守，有效确保了春运、"两节"、"两会"及其他节假日的道路交通安全，中央电视台对高速交警在冰雪恶劣天气下全警动员有力保障群众节日安全出行的事迹进行了宣传报道。为有力保障全省交通安全畅通,全省交警先后组织开展了公路客货运、机动车涉牌涉证、预防重特大道路交通事故、校园及幼儿园周边交通秩序整治、高速公路青银线货车不按规定车道行驶等一系列交通安全集中整治,同时,积极创建交通秩序示范公路,实施“畅通工程”,强化应急事件处置,特别是圆满完成王家岭煤矿透水事故抢险救援以及全省重点项目观摩检查团的交通安全保障任务,受到袁纯清书记、王君省长的充分肯定。

(四)大力开展“三项重点工作”、“三项建设”,努力提升执法素质、管理水平和服务能力。一是全省公安交警通过召开推进会、开展执法大检查、举办执法培训班、创建示范岗和示范中队等措施,大力加强执法规范化建设。二是大力推进信息化建设,全面启动三级交通管理指挥体系建设、交通管理移动警务平台建设、省级350兆集群通讯系统建设、交通治安卡口建设、环太原高速公路监控系统等重点工程。三是大力推进社会管理创新,积极推动车管业务下放,推行交通违法省内异地缴纳罚款,极大地方便了群众。特别是会同司法、保监等部门,大力推进道路交通事故民事损害赔偿人民调解工作,取得显著成效,全省所有县(市、区)全部成立机构并开展工作,成功调解交通事故纠纷1123起,走在了全国前列,公安部、司法部在我省吕梁召开现场会推广交流我省的经验。公安部交管局认为我省社会管理创新“工作目标明确,部署推动力度大,保障措施有力”。四是大力推进和谐警民关系建设,全省交警深入开展大走访和“警营开放日”活动,密切与社会各界的沟通与联系,认真排查整改执法问题,大力开展警车和涉案车辆整顿,警民关系进一步融洽。

(五)大力实施“文明交通行动计划”,着力提升交通参与者的文明交通素质。按照中央文明办和公安部部署,省公安厅交管局联合八部门认真组织实施“文明交通行动计划”,通过召开工作会,对全省7个省级文明和谐城市进行约谈,创建培养文明交通模范农村、社区、学校,培养优秀驾驶人、安全标兵等活动,进一步提升了全社会文明交通意识。

(六)全面加强公安交警队伍建设,保障各项交通管理工作有效开展。省公安厅交管局大力加强教育培训,先后举办3期培训班,对全省所有交警支队、大队领导和机关处室领导进行了轮训。广泛开展“学身边榜样、树队伍正气”创先争优活动、“争做阳光交警、争创阳光警队、打造阳光警务”活动,培养宣传了一批先进典型。切实加强党风廉政建设和反腐倡廉工作,严肃查处违法违纪,全年全省共有57名交警受到党纪政纪处分,12名交通协管员被辞退。省公安厅交管局始终坚持从优待警,拿出280余万元为全省公安交警集体购买了人身意外伤害保险。大力加强基层基础建设,为基层下拨各类补助经费10883万元,高速交警新招录了269名新民警,解决了24个新建大队9600万元营房建设经费。全省公安交警系统涌现出一大批模范集体和先进个人,其中1名同志被评为全国先进工作者,11个集体、39名个人受到省委、省政府、公安部表彰。

(张利荣)

附:省公安厅交通管理局党委书记、副书记、委员名单

书　记:边智慧

副书记:马玉川

委　员:李新生　刘　敏　李文全(3月离职)

省农村信用社联合社党委工作概况

党委书记　王　亚

山西省农村信用社联合社于2005年8月正式成立,是省政府直接领导下的地方性金融机构。截至2010年末,全省农村信用社共有省级机构1个,市级机构11个,县级机构110个,乡镇级机构1685个,分社715个,储蓄所410个,共有员工36654人;共有基层党组织1288个,其中省联社党委1个,省联社机关直属党委1个,党组11个,县级联社(农合行)党委110个,党支部1165个,党员11885名;全省农村信用社各项存款余额3088.18亿元,比年初净增579.61亿元,为近五年来增长最高;各项贷款余额1799.41亿元,比年初净增314.95亿元,存款总额、贷款总额、农业贷款市场份额均居全省银行业金融机构之首;不良贷款余额、占比持续实现“双降”目标;收入水平和经营利润不断提升。

2010年,全省农村信用社坚持以创先争优活动和“比学习、比作风、比技能、创优业绩”主题竞赛活动为抓手,以全面打赢山西信合乘势发展攻坚战为目标,以实现全系统转型跨越发展为主线,改革发展喜获新突破,业务发展实现新跨越,内部管理迈出新步伐,支农服务取得新成效,在全省经济社会建设中发挥了重要的金融保障作用。一是各项存款余额在2010年9月末突破3000亿元,跃居全省金融机构之首;二是实现了近3000个营业网点综合业务系统的全面上线,在电子化、科技化、信息化道路上迈出了坚实的步伐;三是开通了全国个人账户通存通兑业务,与全国8万个农村信用社网点实现通存通兑;四是发行了统一品牌的“信合通”银联卡,有效解决了全省农户结算渠道不畅、手段单一的难题;五是实现了全年“零发案率”。

一、稳步推进,体制机制改革取得新突破

根据全国农村中小金融机构监管工作会议精神,进一步引深体制机制改革,加快向区域性现代金融企业迈进,取得

了显著成效。2010年8月繁峙农村合作银行顺利完成筹建并开业，12月21日全省第一家农村商业银行——尧都农村商业银行挂牌开业，另有24家县级联社经省联社批复组建农村商业银行。全省农村信用社按照“形神兼备”和“机构扁平化、管理垂直化”的目标，积极构建“结构简捷、形式灵活、运行科学、治理有效”的分类法人治理模式和法人治理运作机制，加快向区域性现代金融企业迈进。

二、突出重点，支持“三农”发展赢得新业绩

根据中央经济工作、农村工作会议精神，围绕省委、省政府确定的“工业新型化、农业现代化、市域城镇化、城乡生态化”工作重点，全省农村信用社以引深推进“农信社支农惠民行动计划”为载体，在发展思路上主动融入，在工作重心上主动倾斜，在服务水平上主动提高，大力支持县域经济发展，全力推进农业产业化和现代化，有效解决空白乡镇金融服务问题，充分发挥了农村金融主力军作用。截止2010年末，累放支农贷款1027.3亿元，为443万农户提供了金融服务。

加大对“513”龙头企业的支持力度。全省农村信用社共支持“513”工程龙头企业244个，包括29个省级梯次企业、56个市级梯次企业和159个县级梯次企业，贷款余额为18.3亿元。

支持全省设施蔬菜产业发展。采取“信用社＋龙头企业＋农户”、“信用社＋农民专业合作社＋农户”等多种模式，大力支持农户、农民专业合作社、农业产业化龙头企业等主体发展设施蔬菜种植、流通，贷款余额达到20多亿元，全力保障了省政府“百万棚设施蔬菜行动计划”的顺利实施。

大力扶持农村青年和大学生“村官”创业。发放贷款13亿元，支持2.4万余名农村青年创业。其中累计发放贷款1279万元，支持了250个大学生村官发挥自身优势，带动农村经济发展。

积极服务县域经济发展。净投放245亿元贷款，优先支持符合国家产业政策、符合节能环保低碳要求、符合我省产业结构调整和转型发展要求的县域中小企业，有效解决了中小企业技改、流资等方面的燃眉之急，促进了县域经济的快速发展。

全面实现农村金融服务全覆盖。通过设立简易营业网点、开展定时定点服务、布设物理机具等灵活多样的方式，积极推进机构网点、金融服务产品、客户对象、信用环境建设领域的全覆盖，全省农村信用社共设立金融服务便利网点27家，有效解决了金融机构网点空白问题，全方位实现基础金融服务全覆盖。

三、转变方式，业务管理全面实现新跨越

省联社党委在广泛调查、深入研究的基础上，结合全省农村信用社业务发展实际，提出了业务发展要实现“三个转变”（即由抓时点向抓经常转变，由单项抓向综合抓转变，由领导抓向全员抓转变）的工作思路，并以此为统领，加强业务指导，确保规范运行，积极推动工作，实现了各项业务的稳健、快速发展。

在信贷管理方面，认真贯彻落实银行业“三个办法、一个指引”贷款新规，编写了《山西省农村信用社固定资产贷款管理办法》、《山西省农村信用社法人客户评级管理办法》等7个信贷管理制度，在由山西银监局、山西省银行业协会联合举办的全省“三新杯”贷款新规知识大奖赛中勇夺桂冠；积极开展信贷达标活动，编印了《信贷管理手册》和《规范化操作流程文本表单》，在介休市召开了全省农村信用社信贷管理工作达标现场会，为实现信贷业务操作流程化、标准化和规范化奠定了坚实的基础；全面推行法人客户内部评级授信，评定法人客户信用等级2.93万户，评级率达100％；加强大额贷款咨询管理，充实了省联社信贷咨询委员会队伍，制定了信贷业务初审流程和审查标准，建立了大额贷款风险监测机制。

在清降不良贷款方面，由省委、省政府牵头开展国家公职人员逾期拖欠农村信用社贷款集中清理；开展清收内部员工不良贷款，对员工不良贷款逐笔登记造册建立台账，全面进行清收；成立了省联社风险资产管理委员会，出台了《山西省农村信用社联合社风险资产管理委员会议事规则》，详细制定了风险信贷资产处置咨询流程，不良贷款保持了余额、占比“双降”的良好势头。

在财务管理方面，全面启动“流程再造”工程，完成了34项会计操作规程的修订工作，编写完成了《会计业务操作培训手册（上册）》，对全省380余名财会人员进行了培训；重点组织了异地存款业务、现金管理、财会管理等多次规模较大的检查和督查，及时发现问题，积极督导落实；不断提高经营风险控制水平，制定了《山西省农村合作金融机构2010—2012年主要风险控制指标规划》，提高了全省农村信用社风险控制水平；扩大收入渠道，严控费用开支，有效提高了盈利水平和经营效益。

四、标本兼治，内控管理水平得到新提升

科技手段到位。以全省农村信用社综合业务系统上线为平台，积极开发电子化操作、服务、监督的相关系统和流程，确保各业务条线、部门岗位的全覆盖、全控制，不断加大技防的强度和力度，从源头上遏制违规违纪苗头。

制度办法到位。坚持及时制定、完善制度，加强制度执行力建设。截至2010年末，累计出台实施了288项规范性文件，基本涵盖了农村信用社经营管理的各个层面，为实现各项工作的规范化、制度化、程序化奠定了坚实的基础。

人力资源管理到位。积极探索、建立科学的干部选拔、任用、交流机制，坚持把想干事、能干事、干成事、不出事的干部充实到领导岗位，坚决执行“四项制度”，大力排查处置“九种人”，广泛推行“五人联保”、“风险保证金”制度，加强员工之间的相互监督和相互管理。

内控组织体系建设到位。按照“统一领导、分级管理、上挂下查、精干高效、规范运行、权责分明”的原则，组建了省、市、县三级稽核队伍；110家县级联社全部成立了风险合规

部门、风险资产管理部门、纪检监察部门,强化内控管理、积极防范风险。

安全保卫工作到位。以强化安全管理和安防设施建设为重点,抓住重点环节和关键部门,采取人防、物防和技防相结合的方式,坚决防范"四类案件";组织开展了全省农村信用社安全专业培训,提升了保卫人员素质;修订完善了安全保卫九项制度,促进了安全保卫制度建设的进一步规范;组织全省260余名安全保卫人员参加的安全专业培训,提高了安保人员的整体素质;先后组织八次安全检查,有效遏制了各类治安案件和消防及自然灾害事故的发生。

稽核检查和责任追究到位,借助"案防攻坚年"活动,全省农村信用社累计出动23071人次,采取按月开展合规性稽核、按季开展真实性检查、存款风险滚动式检查、随机突击检查、有针对性地"接管式"稽核等多种方式,加大检查频次和强度,加大责任追究和案件惩处力度,实现了2010年以来"零发案率",得到了中国银监会的充分肯定。

五、深化改革,员工队伍激发新活力

一是在全面完成省、县两级联社"三定"工作的基础上,按照"科学合理、精简高效,因事设岗、以岗定人,以人为本、稳步推进"的原则,明确了办事处(市联社)的职能、内设机构、编制、档案及费用管理等事项,全面完成了办事处、市联社"三定"工作。通过深化劳动用工制度改革,进一步凝聚了合力、激发了活力、催生了动力,真正达到了减员增效、优胜劣汰、推动发展的目的。

二是按照"发展与质量"、"客户与市场"、"组织与管理"、"学习与成长"等四个模块,对市、县两级机构和领导班子进行考评,调动了各级机构和班子成员的工作积极性。

三是再次面向社会招聘高学历、高素质员工1437名,为信合队伍补充了"新鲜血液"。

四是成立了专门的教育培训中心,全方位推进教育培训工作,组织各业务条线、各层次员工进行培训。全年累计举办信贷管理制度、非现场监管报表、银行卡业务知识、客户经理等各业务条线培训33期次,达4600余人次;组织4个市46家县级联社下乡式客户经理属地培训,人员达3000余人次;各办事处(市联社)组织培训人员达2.9万余人次,县级联社组织培训人员5.2万余人次,有效提高了员工队伍的整体素质。同时,全面启动养老保险移交地方工作,全系统养老保险已纳入省级统筹,解决了员工的后顾之忧。

六、破解难题,科技信息化建设迈出新步伐

针对长期以来制约农村信用社经营与发展的瓶颈问题,省联社采取强力举措,加大工作力度,积极予以推进,取得了显著成效。

在信息化建设方面,省联社自加压力,克难攻坚,加快进度,强力推进综合业务网络系统建设,改进金融服务手段,提升综合服务水平,于2010年3月21日实现与人民银行支付系统的成功对接,7月3日全面完成与农信银支付清算系统的成功对接,8月末全省农村信用社11个市、110个县、2832个营业网点综合业务系统全面上线,在科技化、信息化、电子化建设方面迈出了坚实的步伐。

在银行卡发行方面,省联社多次召开会议,进行专题研究,快速推进实施,于2010年8月21日面向社会全面发行"信合通"银联卡,2010年累计发卡131.6万张,卡存款余额89.7亿元,一举填补了山西信合金融电子化产品的空白,有效解决了全省广大农户结算渠道不畅、手段单一的难题。

在金融产品创新方面,全面开通了"农民工银行卡特色服务"受理方、发卡方业务;全面代理保险业务、代理全省大中型水库移民直补资金、代理全省"新农保"业务、代收交警罚没收入、社保"一卡通"等业务;因地制宜创新担保方式,根据县域经济特点,推出了中小企业"融资通"、仓单质押贷款、应收账款质押贷款等不同类型的信贷新产品;积极参与银行间债券市场和拆借市场,扩大资金运用渠道,拓展效益增长空间,促进了各项业务的又好又快发展。

七、广泛宣传,树立山西信合新形象

围绕树立全省一体的新形象、百姓银行的新形象、与时俱进的新形象,省联社创办了内部"一报一刊一网站",不断加大形象宣传的强度和力度;印发了《山西省农村信用社企业文化大纲》,制定了《山西省农村信用社员工守则》,完成了《山西省农村信用社VI视觉形象识别系统》的设计工作,进一步明确了山西省农村信用社的企业使命、企业愿景、企业精神、企业理念、核心价值观等;2010年10月16日,系统上下举办了声势浩大的存款突破3000亿元暨发展成就集中宣传活动,通过全方位、多层次、立体式宣传,进一步提高了山西信合的社会认知度,扩大了山西信合的社会影响,树立了山西信合的良好形象。

八、主题突出,党建工作开创新局面

省联社党委牢固树立"围绕发展抓党建、抓好党建促发展"的指导思想,不断加强全系统党的思想建设、组织建设、作风建设、制度建设和反腐倡廉建设。2010年以来,省联社党委先后组织开展了创先争优、学习型党组织建设等专题活动,并结合系统实际,扎实开展"比学习、比作风、比技能、创优业绩"主题竞赛活动,通过加强自身学习,提高综合素质;通过加强作风转变,提高工作效率;通过加强岗位练兵,提高工作技能。实现了全年各项工作的高起点谋划、高标准要求、高效率推进,为圆满完成山西信合乘势发展任务目标提供了强大的思想保证和精神动力。

(聂宏伟　雷鹏锋)

附:省农村信用社联合社党委书记、副书记、委员名单

书　记:王　亚

副书记:王再升

委　员:邢亮喜　张转芳(女)　蒋桂荣(女)　高之岩　王忠泽　王俊飚

省直属事业单位党组（委）工作概况

山西日报报业集团党委工作概况

党委书记　袁升德

2010 年，山西日报报业集团党委认真贯彻党的十七大和十七届四中、五中全会精神，以深入开展创先争优活动为契机，以创建学习型党组织为抓手，认真落实党的工作责任制，扎实开展党的建设工作，有力推动了集团的各项工作，为全省转型发展、跨越发展提供了良好的舆论氛围。

一、认真贯彻落实袁纯清书记、王君省长来集团考察调研时的讲话精神，努力做全省舆论宣传战线的排头兵

2010 年 7 月 22 日，省委书记袁纯清来到山西日报报业集团进行调研。袁纯清书记在听取了集团领导的汇报后，对山西日报报业集团取得的成绩给予充分肯定，对新闻工作者作出的贡献表示感谢。

在与集团中层干部谈话时，袁纯清书记深情地说，《山西日报》是具有优良革命传统、与共和国一同成长的报纸。长期以来围绕山西发展，在加强正面宣传、正确引导舆论、鼓舞干部群众、加强舆论监督等方面作出了重要贡献。目前，山西正处于转型发展、跨越发展的关键期、攻坚期，《山西日报》在转型发展、跨越发展中肩负着重要职责，要坚持政治家办报的原则，增强使命感和责任感，当好先行官。要发挥好言论的旗帜和导向作用，体现好、宣传好中央精神和省委决策。要及时发现、挖掘具有苗头性、典型性、倾向性的新闻素材，特别是对具有方向性、影响力的鲜活新闻，要广泛宣传、大力张扬。要发挥通讯报道感染人、引领人的作用，要多出在全国有影响的通讯佳作，把报纸办出特色，办成全国省级一流党报。

袁纯清书记勉励广大新闻工作者要增强使命感和责任感，深入基层一线、深入群众生活，进一步提高宣传报道的质量和水平，张扬闪光面、光明面、积极面，努力营造良好舆论环境。

袁纯清书记强调说，新闻是崇高的事业，也是一门学问，大家不但要学政治、学政策、学新闻，更要到生活中、到群众中去，汲取源头活水，不断激发干事创业的责任、激情和智慧。

集团党委认真贯彻落实袁纯清书记的讲话精神，下发文件将袁纯清书记的讲话印发集团各单位、各部门，要求将袁纯清书记的讲话精神传达到集团每一位职工，同时提出三点要求：第一，集团党委中心组组织专题学习，贯彻落实袁纯清书记的讲话精神。把专题学习作为努力提高舆论引导能力、建设学习型党组织、学习型领导班子的一项重要内容。第二，各单位、各部门要认真传达、学习、贯彻袁纯清书记的重要讲话，以高昂饱满的热情、改革创新的精神、求真务实的作风，进一步提高新闻宣传的质量和水平，切实做好新闻舆论引导的先行官，为全省转型跨越发展提供强有力的舆论支持。第三，集团各基层党组织要组织广大党员干部学习袁纯清书记的讲话精神，结合正在开展的"创先争优活动"、"创建学习型党组织活动"，充分发挥党员的模范带头作用，努力争当"党员名编辑"、"党员名记者"。

2010 年 5 月 6 日，省委副书记、省长王君专程来到报业集团调研，与集团领导、编辑记者共商山西文化产业发展繁荣大计。

王君省长指出："《山西日报》去年以来刊发了应对国际金融危机、庆祝新中国成立 60 周年和我省煤炭资源整合等一系列深度报道，我都认真看了，很鼓舞人心，振奋士气，为

全省应对国际金融危机、走出困境做出了积极的贡献。”

王君省长满怀深情地说：“作为党报，《山西日报》办出了自己的特色：一是在宣传党的路线、方针、政策上发挥了积极的作用，与党中央保持了高度一致；二是配合省委、省政府不同时期的中心工作，全面反映了我省改革发展稳定的各个方面，报道真实全面，贴近性强，特色鲜明；三是既准确地传递了党中央和省委的声音，又兼顾了大众性和可读性，办出了影响力。”

王君省长对提高宣传工作水平提出了殷切希望：推动山西经济发展，实现三晋富裕和人民生活幸福，任重道远，希望包括《山西日报》在内的所有媒体能够继续为山西的改革发展鼓与呼，营造良好的舆论氛围。

二、努力提高舆论引导能力，为山西转型发展、跨越发展提供有力的舆论支持

山西日报报业集团党委以高度的政治责任感和使命感努力搞好新闻宣传工作，始终坚持《山西日报》的正确舆论导向，“在大事上发了力，重事上费了劲，急事上尽了责，喜事上争了光，难事上破了题”，为推动全省转型跨越发展、再造一个新山西营造了良好舆论氛围，全年多次受到省委书记袁纯清的表扬和肯定，多次受到省委副书记、省长王君以及省委常委、宣传部部长胡苏平的批示表扬，多次受到中宣部《新闻阅评》的通报表扬。其中重大的宣传报道有：

为转型跨越发展鼓与呼。袁纯清同志担任山西省委书记后，连续深入基层、深入实际调查研究，并站在全局和战略高度，紧密联系山西实际，作了一系列对全省经济社会发展有重要指导意义的讲话。《山西日报》在组织编采人员认真学习、深刻领会袁书记重要讲话精神的基础上，认真研究策划，抽调精兵强将，紧紧围绕转型跨越发展这一主题，连续推出了一批高质量的社论、系列评论和解读文章。

从7月21日至7月31日，《山西日报》连续推出10篇“论山西转型跨越发展”系列评论。7月29日，省委召开全省干部大会，袁纯清书记代表省委作了《以转型发展为主线，为实现山西经济社会跨越发展努力奋斗》的纲领性讲话。《山西日报》于8月2日推出社论《再造一个新山西》；随后，《山西日报》围绕袁书记在全省干部大会上的讲话精神，又连续推出8篇系列解读文章。这些系列评论、社论和解读文章立意深远，高屋建瓴，联系实际，有的放矢，说理透彻，解读到位，充分发挥了党报统一思想、凝聚力量的旗帜和方向作用，在社会上引起了强烈反响，受到了上上下下的广泛好评。省委宣传部、省学习型党组织建设领导组办公室将袁纯清书记的讲话和《山西日报》刊发的一系列评论和解读文章编印成《学习资料》，下发全省广大党员干部学习。

2010年8月19日，中宣部新闻局第508期《新闻阅评》刊文《山西日报十论山西转型跨越发展》，对《山西日报》连续发表的10篇本报评论员文章给予肯定。文章指出，这10篇评论，贯彻省委决策部署精神，配合中心工作，系统论述山西转型跨越发展问题。每篇评论突出一个重点，有的放矢，很有针对性。这些评论论点明确有新意，论证清晰又扎实，系列评论有气势，有影响，效果好。

“五个重点”报道亮点频出。煤炭资源整合、重点工程建设、“五个全覆盖”、安全生产、文化体制改革，这五项工作是省委、省政府全年突出抓的工作重点，也是《山西日报》着力运用新闻报道手段，进行舆论配合、舆论推动、舆论造势的“五个重点”。

围绕我省煤炭资源整合，《山西日报》全年组织了三次大的集中报道。推出了“煤炭资源整合新亮点”，推出了述评“五个为什么”、推出了重大典型报道“整与合的交响乐”等等。

围绕全省重点工程建设，《山西日报》组织了三次集中报道。推出了“决战千里高速路”和“大建设、大发展、大跨越”专栏，还着重推出了“聚焦重点工程摄影画刊”。

围绕“五个全覆盖”，《山西日报》进行了三次大规模的集中报道。其中，推出了评论员文章《站在推动转型跨越发展的高度办好民生工程》，推出5个系列的“五个全覆盖”大家谈，连续推出5篇《一鼓作气完成“五个全覆盖”》专栏文章等等。《山西日报》围绕“五个全覆盖”共刊发各类新闻稿件97篇。

围绕安全生产，《山西日报》的报道始终不断，特别是我省出台了《十二个重点行业安全生产的若干规定》，对这“十二个规定”《山西日报》逐一作了有消息、有对话、有解读的组合报道。

围绕文化体制改革，《山西日报》连续推出4篇系列评论和7篇典型报道。与此相呼应，《山西日报》还刊登了《大家名作》和《名家名作》两个系列的书画专版。全年共推出34期。如此规模展示山西书画实力，在《山西日报》历史上还属首次。

大力宣传弘扬右玉精神。8月28日，省委召开全省兴起学习右玉精神新高潮动员大会，集团党委立即向广大党员干部传达了大会精神，同时立即布署在《山西日报》和集团所属各媒体中掀起宣传弘扬右玉精神的新高潮，为全省党员干部学习弘扬右玉精神提供舆论支持和舆论环境。

8月29日，《山西日报》在一版突出位置刊发了《省委召开兴起学习弘扬右玉精神新高潮大会》的消息，同时配发《践行正确政绩观，坚定信念创事业》的本报评论员文章。此后，《山西日报》连续在头版位置推出7篇“右玉精神谈”专栏文章，围绕省委书记袁纯清同志所作的题为《在转型发展跨越发展的主战场建功立业》的重要讲话精神，详细精辟地论述了右玉精神的核心理念、本质内涵、基本要素和珍贵本色，有力地指导和推动了全省党员干部深入学习领会右玉精神。

积极应对突发事件，正确引导社会舆论。2010年我省经历了王家岭在建煤矿透水事故和“问题疫苗”等突发事件。面对这些突发事件，《山西日报》以高度的政治责任感和新闻敏感，及时响应，及早介入，充分报道，正确、高效、有力地引导了社会舆论。5月20日，省委副书记、省长王君作出批示：“山西日报工作做得很好，关键是有一个好班子，有一支过硬的队伍，要总结经验，创新方法，完善机制，为山西改革发展稳定作出新的成绩”；5月26日，省委常委、宣传部部长胡苏

平作出批示："《山西日报》在王家岭抢险救援的整个报道中，表现出很强的政治意识、大局意识和责任意识，充分发挥了党报的独特优势，为抢险救援和弘扬大救援精神营造了正确的舆论氛围"。

三、落实党的工作责任制，开好民主生活会，抓好党委中心组和党员干部理论学习

按照晋直发〔2010〕20号文件的要求，集团党委召开了领导干部民主生活会。民主生活会上，大家认真学习了《中国共产党党员领导干部廉洁从政若干准则》，大家在发言中表示：《廉政准则》是规范党员领导干部从政行为的重要基础性党内法规，对于加强领导干部廉洁自律工作和干部队伍建设，提高管党治党水平和深入推进反腐倡廉建设具有十分重要的意义。民主生活会上，党委成员认真回顾了自身在思想作风、工作作风、领导作风、生活作风方面的情况，认真检查对照《廉政准则》八个方面52个"不准"，查找自身存在的不足。大家表示，党员领导干部要经受住各方面的考验，要以《廉政准则》为约束，把《廉政准则》熟记于心，全面、透彻、深入地领会其精神实质，筑牢拒腐防变的思想防线。在工作、生活和社会交往中，自觉践行，廉洁从政。真正做为民、务实、清廉的党员领导干部。

集团党委对加强中心组学习和党员干部教育工作十分重视，根据省直工委的部署，结合集团实际，年初对集团党委中心组及党员干部理论学习作出具体安排。要求中心组成员和广大党员干部以集中学习和自学相结合的方式，重点学习《中共中央关于加强和改进新形势下党的建设若干重大问题的决定》辅导读本、《建设学习型政党学习读本》、《党员领导干部廉洁从政若干准则学习读本》、《理论热点18讲》等篇目。积极创新中心组学习的方式方法，实行个人深入研读与集体集中研讨相结合、学习科学理论与实地调查研究相结合、汲取专家智慧与开动脑筋思考相结合，形成积极探索、民主讨论、畅所欲言的学习风气，在相互交流、相互启发中加深理解、升华认识。

党的十七届五中全会通过的《"十二五"规划建议》，集中了全党智慧，体现了全球视野，突出了科学发展的主题和加快转变经济发展方式的主线，明确了"十二五"发展的指导思想、目标任务和重大举措。集团党委认真学习、深刻领会全会精神，牢牢把握"十二五"发展的主题和主线，结合制定报业集团"十二五"规划，进行了认真的学习，提出集团发展的新思路和新举措。

四、加强基层党建工作，深入开展创先争优活动，推动学习型党组织建设

经集团党委同意，集团机关党委于2010年4月部署各基层党支部换届选举工作。历时一个月，各党支部选举产生了新一届支部委员会，基层党支部换届选举工作圆满完成。换届后基层党组织支部委员中，40岁以下的占到支委总数的23%，支部委员中年轻化的比例逐步提升。各部门由党员部门负责人（正职）担任党支部书记的占总数的65%。

2010年机关党委组织了30名入党积极分子参加省直党校的培训，积极指导各党支部做好发展新党员的工作。基本做到了认真培训，热心帮助，积极培养，慎重发展，使入党积极分子在政治素质和思想觉悟上尽快成长为一名合格的共产党员。12月各党支部召开支部大会，发展30名入党积极分子为中共预备党员。

机关党委认真做好党员管理服务工作，落实党内激励、关怀、帮扶机制，2010年对身患疾病、生活困难的9名党员进行了帮扶慰问，发放慰问金7200元。

深入开展创先争优活动。7月1日，根据集团党委的安排，机关党委召开扩大会议，就集团开展创先争优活动作动员部署。以创建"五个好"先进基层党组织、争当"五带头"优秀共产党员为内容开展创先争优活动。会议要求，各基层党组织要根据本部门的实际情况和党员的工作岗位，把抓好创先争优活动与促进业务工作紧密结合起来，增强活动开展的针对性和有效性。山西日报编辑部和子报子刊的基层党组织，要把开展创先争优活动与努力提高舆论引导能力结合起来，要在广大党员中开展争当"党员名编辑"、"党员名记者"的活动。经营单位基层党组织要把开展创先争优活动同加强经营管理、确保经营收入稳定增长结合起来。要在广大党员中开展争创"党员先锋岗"、"党员示范服务窗口"等活动。机关部门基层党组织要把开展创先争优活动与开展讲党性、重品行、作表率活动结合起来，通过争创"党员先锋岗"、"党员示范服务窗口"等活动发挥党员作用，切实改进机关作风，提高机关效能。

各基层党组织积极开展创先争优活动。机关行政一支部结合工作实际，创新活动载体，精心开展"党员示范岗"创建活动。支部统一制作"党员示范岗"标牌，每一名党员都把标牌放在自己工作岗位的显著位置，标牌上标明了党员的姓名、部门、岗位等信息，勉励党员积极履行职责，提高办事效率，热情服务基层。行政二支部根据支部由4个机关职能部门组成的特点，推出"微笑服务"、"文明用语"和"党员服务窗口"等形式。并向支部所在的4个职能部门的办公室悬挂了"党员示范窗口"的牌匾，向9名党员颁发了"党员示范岗"的标牌，通过承诺活动使每一位党员受到教育、接受监督、得到提高。在党支部全体党员都作出了书面承诺的基础上，结合年终总结，党支部组织开展了点评党员的活动，对在开展创先争优活动中作出成绩的党员，给予热情的点评和鼓励。编辑中心党支部在开展创先争优活动中开展了一系列主题活动，党支部举办健身运动会加强党员与群众的团结合作、紧密联系，体现了"党员作用常发挥、党组织凝聚力常保持"的承诺，切实为群众办好事、办实事。

努力推进学习型党组织建设。集团开展创建学习型党组织活动，重点抓好党委中心组学习、机关党委组织活动、各党支部掀起学习热潮等几个层次：一是以抓好集团党委中心组学习为龙头，带动基层党组织和广大党员深入学习；二是集团机关党委适时开展知识竞赛、演讲比赛、参观学习等广大

党员喜闻乐见的形式和手段,组织开展各种形式的主题学习教育活动;三是各党支部认真组织广大党员开展学习活动,把集体学习和个人自学结合起来。

为更好的指导基层党组织深入开展创先争优活动和学习型党组织创建活动,集团机关党委选购了《七个怎么看》、《理论热点18讲》、《学习型党支部建设》、《加强领导干部党性修养学习读本》、《沈浩日记》等学习资料,下发各党支部组织广大党员认真学习研讨。

2010年“七一”前夕,集团党委组织换届选举新当选的基层党支部书记共40余人赴西柏坡参观学习,接受革命传统和教育,增强责任意识和奉献精神。在西柏坡中共七届二中全会会址前,参加学习的支部书记们怀着无比崇敬的心情在党旗下举起右手,重温入党誓词。随后,大家参观了毛泽东等老一辈革命家旧居、解放军总部旧址和西柏坡纪念馆。丰富的文献、图片和实物生动地展示了老一辈革命家在西柏坡的伟大革命实践,让大家真切体会到中国共产党人的崇高理想、历史使命,更加深入理解了西柏坡精神的深刻内涵。

8月9日,集团结合新闻界开展的“三项学习教育”活动,贯彻落实省委书记袁纯清在集团调研时要求编辑记者学政治、学政策、学新闻,深入实际、深入生活的讲话精神,由集团领导带队,组织部分党员干部和编辑记者到集团扶贫点静乐县段家寨乡进行学习参观和采访活动。集团所属各媒体的40余名党员干部和编辑记者先后参观了蔬菜大棚、家庭獭兔养殖、庭院蔬菜种植、大田多种作物套种以及移民新村、学校和养老院等基础设施建设,大家对环保、生态农业进行了深入了解,获得了充分的感性认识,朝气蓬勃的新农村建设让大家感慨不已。

集团机关党委安排观看电影、录相片等形式,加强对广大党员干部的教育。积极组织广大党员干部观看了省委组织部、省委宣传部、省直工委等部门推荐观看的影片《袁隆平》、《第一书记》以及中心组学习录像资料等,使广大党员干部受到了教育。

五、弘扬右玉精神,加强机关作风建设,落实党风廉政建设责任制

集团党委认真研究部署党风廉政建设,健全反腐倡廉领导机构。按照省纪委的要求,集团成立了惩治和预防腐败体系建设领导组和办公室。集团党委书记、社长袁升德担任领导组组长,集团党委委员、纪检组长杜天威兼任领导组办公室主任。领导组成员由集团办公室、纪检监察、机关党委、人事处、经管办、财务处、总编办等部门的负责同志组成。

集团党委专题研究落实党风廉政建设责任制,下发了《关于2010年集团党风廉政建设责任制实施意见》。按照2010全省党风廉政建设干部大会和省纪委九届五次全会总体部署,结合报业集团的实际对全年落实党风廉政建设责任制进行了安排部署,向每一位集团领导班子成员分解了党风廉政建设的责任和要求,同时强调在抓好自己所负责工作的同时,相互支持配合,形成齐抓共管的良好局面。

2010年9月15日,集团党委组织30余名正处级以上党员领导干部赴右玉县学习右玉精神。大家深切体会到:右玉历任领导班子的政绩观,其本质是一种求真务实的作风,是一种倾心为民的情怀。大家深刻认识到右玉精神已成为加快山西转型跨越发展的助推剂,广大党员干部要以此为契机,将右玉精神当做一面镜子,确立正确的政绩观,藉以焕发出新的精神面貌和强烈责任心,脚踏实地,认真实干,久久为功,树立起一座座经得起历史、群众和实践检验的政绩丰碑。集团有10位厅级领导干部、65位处级干部先后赴右玉县参观学习,提交参观学习右玉精神的心得体会50篇。

集团机关党委及时转发省直工委《关于弘扬右玉精神,加强机关作风建设的意见》,分别召开基层党支部书记和各部门、各单位主要负责人参加的会议,以弘扬右玉精神,转变机关作风,狠刹不良风气为内容进行了教育和动员。会议传达了省纪检委对机关干部上班时间在休闲娱乐场所活动情况明查暗访的通报,把省纪检委重申和提出党员干部及公职人员“五不准”的要求,传达到全体党员干部职工。要求全体党员干部要严格执行党规党纪,确保“五不准”的贯彻落实。

六、深入开展文明和谐单位创建工作,推动和谐集团建设

集团党委坚持民主集中制,认真听取来自一线职工的意见建议,畅通职工表达社情民意的渠道。年初召开五届三次职工代表大会。大会审议并通过了社长袁升德作的《集团工作报告》、副社长张宁作的《关于集团2009年度经营及预算执行情况和2010年度预算草案的报告》。与会代表认为,社务工作报告从新闻宣传、媒体建设、经营管理、文化体制改革、和谐集团建设等五个方面,提出了全年工作的任务要求和安排部署,有很强的针对性、指导性和前瞻性。大家纷纷表示,要努力完成各项任务目标,把建设文明和谐集团的工作落到实处。

积极参加社会公益活动,踊跃为受灾地区捐款捐物。在省红十字会表彰积极参加“博爱一日捐”社会公益募捐活动先进集体和先进个人大会上,山西日报报业集团被授予“热心公益奖”荣誉称号。2010年4月,集团职工踊跃向青海玉树地震灾区捐款,共捐款113863元;8月,甘肃省舟曲县因强降雨突发特大泥石流灾害,造成重大人员伤亡和财产损失。集团领导指示全集团立即开展向灾区群众捐助献爱心活动,在短短两天时间内,共收到捐款70151元。

7月15日,集团工会、团委、妇委会带领集团的文艺骨干,为奋战在生产、搬迁一线的印务公司的职工送上了一场精彩的慰问演出。在机器轰鸣的厂房里,集团副社长、集团工会主席李蜀昌问候在场的职工,他代表集团全体人员向一线职工学习、致敬。集团工会还为坚守在工作一线的职工们送来了毛巾、饮料等慰问品。

9月1日,集团举办纪念抗战胜利65周年暨老干部传统教育座谈会,集团8位参加过抗日战争的老同志参加了座谈。陈墨章、赵宪斌、胡青光等老同志根据亲身经历,讲述了

那段可歌可泣的抗战历史。房秉玉通过一幅幅珍贵的图片、历史资料，向大家展示了在那烽火连天岁月中，新闻界老前辈不畏艰险，出生入死的英勇事迹。来自三好学校的少先队员们向老同志们献上鲜花，并致以崇高的敬礼。老同志、在职职工、小学生三代人齐聚在一起，共同纪念抗日战争胜利65周年，共同缅怀革命先烈，意义非凡：希望年轻的一代继承和发扬中华民族英勇不屈的抗战精神，好好学习，为建设文明富裕的现代化强国贡献力量。

参加由省直工委、省体育局联合举办的第三届省直机关职工运动会，山西日报报业集团代表队在10个项目中5个大项的比赛，取得了团体总分第四名的好成绩，获得1项冠军、1项亚军、3项季军、1项第六名，并被组委会授予体育道德风尚奖。在省第十三届运动会群众体育先进单位表彰大会上，集团获得"山西省群众体育先进单位"称号。在"太钢杯"山西新闻界第五届运动会上，山西日报报业集团参加了所有项目的比赛，成为最大赢家：取得4项冠军、5项亚军、7项季军。

七、各项工作作出突出成绩，受到上级领导部门的表彰

2010年10月，在第二十届中国新闻奖、第十一届长江韬奋奖评选活动中，集团所属的《人民摄影报》编辑王华获中国新闻奖二等奖；《山西日报》高级编辑席殿晋获韬奋奖；这是全国优秀新闻作品年度最高奖和全国优秀新闻工作者最高奖。

在全省宣传部长会议上，对我省在文化体制改革中和在宣传文化工作中作出突出贡献的单位进行了表彰，山西日报报业集团被授予"全省宣传文化工作突出贡献奖"，山西闻兴印务有限责任公司被授予"全省文化体制改革先进单位"荣誉称号。

4月28日，省直机关劳动模范表彰大会在太原召开。山西日报社、山西闻兴印务有限责任公司、良友周报社被授予"省直机关模范单位"荣誉称号；丁伟跃、侯忠泉被授予"省直机关劳动模范"荣誉称号。4月29日，省劳动模范表彰大会隆重举行，集团广告总公司总经理李伟被授予"省特级劳动模范"荣誉称号。

6月17日，省政府隆重表彰在新一轮公路建设高潮中作出突出贡献的单位和个人。山西日报报业集团被省政府授予"支持重点公路建设优秀单位"。《山西日报》记者辛义生、《山西晚报》记者张勇、《三晋都市报》记者杜文毅被授予"支持重点公路建设先进个人"。

（于彦军）

附：山西日报报业集团党委书记、副书记、委员名单

书　记： 袁升德

副书记： 王建武

委　员： 杜天威　李蜀昌　张　宁　冯爱民　兰炎平　胡　果　杨小宁　李志刚

省政府发展研究中心党组工作概况

党组书记　孟原生

2010年，省政府发展研究中心按照省委、省政府的总体部署，在牛仁亮副省长的直接领导和具体指导下，以服务转型跨越发展为主线，组织了多项有声势、有影响的决策咨询论证活动，完成了一批有份量、有价值的决策咨询研究成果，为推进决策科学化作出了积极贡献；坚持以人为本，以文明和谐为目标，积极推进机关自身建设，强化服务保障，为研究工作提供了坚实基础和渊源动力，被省委、省政府评为2010年度目标责任考核"优秀单位"。

一、研究工作取得重要进展

（一）紧密围绕省委省政府的战略部署，开展重大调研活动，完成多份有影响、有份量、有价值的调研报告，得到省委省政府领导的高度肯定。按照省委省政府安排，组织开展或深度参与重大调研活动25项，撰写调研报告33份，其中有影响、有份量、有价值的调研报告13份。

一是围绕国家转型综改试验区开展重大调研四项。"中心"主要领导带队分两次赴长株潭城市群、武汉都市圈、成都和重庆专题调研；我省综改试验区申请报告的"体制机制改革建议"专项调研；与财政厅一起带队开展上海浦东综改区综合情况专题调研。二是深度参与省委常委会确定的转型跨越重大课题调研活动六项。根据省领导的指示，"中心"积极组织人力，深度参与了民营经济、生态环保、物流业发展、煤炭产业循环发展、县域经济、科技创新等六项重大课题的调研活动。三是省领导直接安排开展或深度参与的重大调研活动十项。按照省政府主要领导的安排，开展了"加快我省城镇化发展"专题调研活动，参加了"全省各地市观摩检查活动"、"河北、山东学习考察活动"，开展了山西蓝天集团煤粉锅炉项目、我省农村养老保险情况、"江苏、浙江城镇化发展情况"、"四川、广西职教攻坚发展情况"、山西战略性新兴产业发展情况、山西省煤焦办创新经验等专题调研活动，深度参与了山西省全国人大代表组织的"我省煤炭循环经济园区发展情况"专题调研活动。四是进行其他重大调研活动五项。深度参与了煤炭工业可持续发展试点经验总结、战略性新兴

产业发展情况、山西装备制造业专题调研活动。应邀开展了晋中市“十二五”发展思路、朔州市城镇化发展思路等专题调研活动。五是围绕国家转型综改试验区完成调研报告8份。《关于推进我省转型综改试验区的建议》、《综合配套改革试验区改革探索动态》、《长株潭‘两型社会’试验区的实践与启示》等5篇调研报告省政府主要领导均作了大段批示，省政府分管领导也对其中的2篇作出了批示。此外完成了《国家综合配套改革试验区有关情况汇总》、《成渝统筹城乡综改试验的经验与启示》、《上海浦东综合配套改革试验区经验与启示》等3篇调研报告。六是执笔完成省委确定的重大课题报告6份。主笔完成《进一步发挥民间投资在经济社会发展中的作用调研报告》、《山西省生态建设与环境保护调研报告》、《推进山西煤炭产业循环发展调研报告》等，在课题汇报会上受到了省委省政府主要领导的充分肯定。特别在民间投资课题的基础上，召开了全省民营经济转型跨越发展大会，撰写了省委主要领导的大会讲话。此外，还参与执笔完成了《以“三农”为重点的县域经济研究》、《关于山西省科技创新对支柱产业发展支撑能力的调研报告》。七是完成省领导直接安排的调研报告15份。完成《加快我省城镇化发展的对策建议》、《2011年山西省经济运行趋势分析》、《山西蓝天集团煤粉锅炉项目调研报告》等3篇报告，省委、省政府主要领导作出重要批示。《关于山西省煤炭循环经济园区建设情况调研报告》，省人大领导作出肯定性批示。此外，还完成了《关于我省2011年实现新型农村社会养老保险全覆盖的建议》、《2010年省政府亮点工作建议》、《煤炭工业可持续发展试点经验总结》、《关于战略性新兴产业发展情况的调研报告——对我省新能源、新材料和先进制造业的考察》、《省煤焦办创新经验调研报告》、《浙江省推进城镇化的调研报告》、《浙江和江苏推进城镇化的调研报告》、《四川、广西‘职教攻坚’的经验与启示》、《河北、内蒙、陕西、江苏四省与山西近十年经济社会发展综合对比分析》等报告。八是完成其他调研报告4份。主要包括《资源型城市转型的困惑与出路》、《山西省煤矿兼并重组的情况及启示和建议》、《做大做强旗舰企业集团是山西加快振兴装备制造业的现实抓手》、《赴德资源型地区转型发展的经验调研考察报告》。

(二)针对省政府领导的决策急需，高质量完成了《省长专阅》的编辑工作，初步成为“中心”决策建议的独特品牌。

全年《省长专阅》出刊15期，其中《全国综改区改革探索》、《长株潭城市群综改经验及启示》、《关于推进我省资源型综改区的建议》、《提升科技支撑转型发展能力的借鉴与建议》等4篇分别受到了省政府主要领导的肯定性批示，省政府其他领导也分别作出批示，相关建议为省政府领导工作决策起到了重要的支撑作用。此外，还进一步加强与主要厅局的联系，拓展了稿源。

(三)积极开展学术研究，高质量完成了一批课题研究成果、学术文章和专著，学术地位不断提高。一是承担国家级课题研究2项，“资源型区域破解经济发展与环境约束难题对策研究”获得立项，并被批准为2010年度国家社科基金重点项目；在完成国家发改委“十二五”重大问题前期研究课题的基础上，出版了《矿业开发的资源生态环境补偿机制研究》专著，主要内容被国家发展改革委员会规划司“‘十二五’规划研究”收录。二是举办国际学术会议1次。与国务院发展研究中心共同邀请26位德国专家，近百位国内专家学者到会，举办了“第二届中德资源型经济转型国际研讨会”，会议综述得到省政府主要领导批示，并在《中国社会科学报》和《山西日报》刊发。三是承担省级委托研究课题14项，结题十项。主要有“山西省科技创新与经济增长研究”、“山西省人口发展分析研究”、“山西煤炭工业可持续发展系列研究”、“山西新能源产业发展战略研究”、“山西高新技术产业发展报告(2010)”、“‘十二五’山西循环经济发展思路研究”、“山西省治理非法超限超载长效机制研究”、“山西城乡建设用地管理创新研究”、“山西‘两区’开发现状与区域经济发展的调查研究”、“山西省‘十二五’科技发展总体思路研究”等。

全年“中心”研究人员在《经济学动态》、《城市发展研究》、《中国经济时报》、《山西日报》等刊物和报纸发表《矿业寻租的租金源及其治理研究》、《中国矿产开发中资源生态环境补偿的制度体系研究》、《山西经济快速回升理性转型》、《美国的‘茶党运动’及其背后的智库》等学术论文20多篇，其中《新华文摘》全文转载了《矿产开发负效应与资源生态环境补偿机制研究》。

(四)积极开展自主研究，研究的广度和深度不断增强，学术思想和研究成果影响力不断拓展。为充分发挥学术思想和研究成果对转型发展的促进作用，进一步凝聚全省干部群众对转型发展的共识，为转型发展实践提供借鉴，根据省委宣传部的指示，作为总撰稿和总策划(执行)单位，与山西电视台合作，编撰和摄制完成了六集大型电视专题片《转型之路》，并在山西卫视两次播出。袁纯清书记和王君省长分别作出重要批示，对专题片给予充分肯定和高度赞扬。

牵头负责“资源型经济转型发展试验区体制改革组”的有关工作，组织起草了《转型发展试验区体制机制改革建议》，王君省长与牛仁亮副省长作出重要批示。参与起草了《国家资源型经济转型发展综合配套改革试验区框架方案》和省政府主要领导向国家发改委的专题汇报材料，为争取获批国家资源型经济转型综合配套改革试验区做出了积极贡献。积极参与了煤炭工业可持续发展试点工作总结报告的起草工作，报告得到政府主要领导的肯定，已上报国家相关部门。与朔州市政府签订了战略合作协议，开展了研究合作，为“中心”拓展业务开辟了新的路径。

此外，“中心”各处室根据领导安排，结合自身研究领域，完成了《对1—2月经济运行态势的几点看法》、《2010年全省亮点工作产业部分及综述》、《2011年政府经济工作建议》、《2011年山西省经济运行趋势预判与政策建议》、《2010年中央出台的各项调控政策汇集》、《山西省“十一五”转型发展数据》、《山西农业保险发展现状、困难及对策》、《山西省农民专业合作社发展现状及对策》、《山西城乡一体化的探索与实践》、《产业融合是城乡一体化的关节点》、《对安全发展的几点思考》、《内蒙古现象及其对山西经济发展的启示》、《建立山西碳排放交易的建议》、《加快推进太榆同城化的思考与建议》、《提高山西农村居民财产性收入的建议》等报告和文章。

（五）组织起草多份重要文件和领导讲话文稿，受到了省委省政府领导的高度肯定，较好地发挥了决策参谋助手作用。全年组织起草了十多份省委省政府领导的讲话文稿。起草了省委主要领导在全省民营经济转型跨越动员大会上的讲话、在推进县域经济发展大会上的讲话；整理和起草了时任省委主要领导参加中央党校专题学习的六个专题的背景材料。起草了省政府主要领导在中央党校省部级干部加快转变经济发展方式培训班上的发言、在全省高校校长座谈会上的讲话、在中国国际能源产业博览会上的讲演、在资源型城市转型发展论坛上的讲演、在十七届五中全会上的发言材料、给国家发展改革委员会关于“资源型经济转型发展综合配套改革试验区”的汇报、在中美清洁能源伙伴关系战略论坛上的讲话、在亚洲博鳌论坛上的讲话。起草了省政府分管领导在国家发展改革委员会中部和东北片“十二五”规划座谈会上的讲话。此外，还起草了《关于建立健全煤焦领域惩治和预防腐败体系制度的意见》、《关于加快发展县域经济的若干意见》、《山西省中长期人才发展规划》等文件和规划。

（六）重大决策专家咨询论证工作有序进行，决策咨询平台进一步完善，决策支撑能力不断提高。三次组织咨询委委员专家及“中心”骨干“《2010年政府工作报告》意见征询座谈会”，向省政府提交了相关材料。围绕我省“十二五”时期经济社会发展的重大问题，与省发改委共同承办了“山西‘十二五’时期发展战略专家座谈会”，省政府领导全程出席会议，会后组织起草的9份专家观点综述，省领导批示，刊登于省政府《内部情况通报》。组织实施了“山西省政府重大决策咨询课题计划”，已完成第一批课题中期成果评估工作。

在全国“两会”期间，根据省政府主要领导的指示，起草相关文案并组织有关厅局、地市和企业负责人，接受了人民网“山西煤炭资源整合专题访谈”，产生了良好社会反响。

（七）科研工作不断规范，探索建立了与地市共享数据库资料的机制。科研管理逐步规范，科研档案库内容不断丰富，编辑成册了《山西省人民政府发展研究中心1983～2009科研成果档案》；编辑印刷《山西发展研究报告》9期；组织科学技术奖励推荐工作；组织召开了“全省发展研究中心系统数据库建设座谈会”，初步探索建立了与地市共享数据库资料的机制；加强与新闻媒体、职能部门、兄弟单位的业务联系；办理协会的年检并参与了山西企业家协会的换届工作；维护确保了“中心”网站正常运转，并开设了“重大社会决策公众意见栏”，为畅通重大社会决策的民意调研开辟了新的路径。

二、机关建设持续巩固提高

（一）领导班子建设得到进一步加强。“中心”党政领导班子坚持民主集中制，坚决贯彻中央和省委、省政府的决策部署，服务全省工作大局，全力推动转型跨越发展的政策咨询工作不断前进，受到省委组织部、统战部和牛仁亮副省长的肯定。注重思想建设，通过学习理论、学习中央和省委重要文件精神和重大部署，提高认识；加强作风建设，通过组织赴右玉学习考察活动，召开专题民主生活会查找问题组织整改，整顿机关作风，以积极的精神状态投入到工作中；通过推荐省管后备干部，推动组织建设。

（二）党建工作进一步加强。“中心”党组把机关党的工作作为党组工作的一个重要组成部分，多次召开会议，进行研究部署，明确党组是机关党建和党风廉政建设工作的责任主体，党组书记为党建和党风廉政建设的第一责任人，研究下发了机关党建工作计划，明确了机关各支部的责任和任务，把党建、党风廉政建设和业务建设一起部署，一起考核，建立互动互促工作机制。以建设学习型机关为重点，围绕科学发展观，以中心组学习为重点执行学习制度，推进理论武装工程，深入学习领会党中央、省委省政府方针政策及战略部署精神，认真学习《中国共产党党员领导干部廉洁从政若干准则》和法制知识，组织听取讲座，观看录像资料。按照省直工委安排和要求，及时召开全体党员大会，顺利完成换届工作，对“中心”加强党的建设起到重要的组织保障作用。积极落实机关党委工作经费，为机关党建工作上台阶提供了必要的物质保障；切实做好对入党积极分子的培养和预审、考察、公示等工作，发展预备党员3名。此外，认真贯彻落实党员关怀、帮扶、激励机制，对离退休老干部、老党员和困难企业进行了慰问。

在党风廉政建设方面，建立责任制，深入警示教育，采取多种形式，组织党员干部深入学习《廉政准则》、省委“五个不准，六条禁令”，教育全体党员干部职工要牢记党的宗旨，树立勤政廉洁、克己奉公、敬畏纪律的思想信念，不断提高自觉性，做到“警钟长鸣”；中央和省委有关廉洁自律规定得到有效执行，领导公务用车均为财政厅分配，没有收受礼品、礼金、有价证券的情况，无驾驶公车、公费旅游、参与赌博的行为，无大吃大喝、铺张浪费现象，没有用公款请客送礼，调查清理了对领导干部配偶子女从业情况、领导干部在企业兼职情况，没有发现违规违纪问题。可以说领导班子能够做到遵章守纪、廉洁自律。

（三）干部队伍建设和文明和谐机关建设得到进一步加强。为加强干部队伍建设，进一步完善考核工作实施方案，做到述职考核分层次、有程序，突出交流评比，激发了干部职工争先进创一流的工作积极性。坚持正确的用人导向，不断提高选人用人的满意度，加强了骨干领导力量。积极开展创先争优活动，以创建“五个好”先进基层党组织和争当“五带头”优秀共产党员为主要内容，以各支部为单位，组织党员公开承诺，进行民主评议党员活动，开展领导点评，充分发挥机关党组织战斗堡垒作用和广大党员先锋模范作用。

围绕建设文明和谐单位，完善年度精神文明建设工作计划、任务和创建目标，并下发相关文件作出安排。以节约型机关建设为重点，深入开展文明和谐机关建设，获得了“山西省建设节约型机关先进单位”，巩固了文明和谐单位荣誉。积极开展社会主义核心价值体系教育活动，组织参加“博爱一日捐”、为灾区捐款和“送温暖献爱心”活动，积极开展丰富多彩的系列精神文化体育活动，组织党员干部赴刘胡兰纪念馆开展缅怀祭奠革命先烈活动，赴农业示范县参观考察活动，“三八节”、“建军节”纪念活动，迎春联欢活动以及参加省直机关第三届运动会等等。

（四）行政后勤工作得到进一步加强。认真落实《法制山西建设纲要》，建立健全了依法治理组织机构，完善了领导干部集体学法制度，组织全体党员干部开展了“五五普法”活动，增强了法律意识，提高了依法行政的能力。认真组织开展了清理“小金库”专项治理活动，进一步规范了财务管理。高度重视扶贫工作，及时组建派送扶贫工作队，认真制定工作计划，为基本农田建设及河道治理工程落实资金30万元，较好地完成了扶贫任务。认真做好离退休干部管理服务工作，加强离退休支部建设，适时慰问离退休同志，及时安排保健干部体检。

（王展波）

附：省政府发展研究中心党组书记、成员名单

书　记：孟原生

成　员：董宇明　李劲民　王亦兵

省地方志办公室党组工作概况

党组书记　李茂盛

2010年是全省上下紧紧围绕转型跨越发展，形成共识、凝聚力量、推进发展的一年，也是山西省地方志办公室恢复建制独立办公的第一年。一年来，山西省地方志办公室党组在山西省委、省政府的领导下，坚持以邓小平理论和“三个代表”重要思想为指导，全面贯彻落实科学发展观，紧紧围绕全省转型跨越发展大局，结合本部门的工作实际，有序部署，强力推进，创造性地完成了一系列关系事业兴旺发达的基础性工作。

一、贯彻全省地方志工作会议精神

2009年12月3日召开的全省地方志工作会议是山西省地方志办公室恢复独立建制后召开的第一次全省会议，规模大，有实效，反响好，是一次鼓舞士气、振奋人心的会议，标志着我省地方志工作步入了新的阶段。一年来，全省上下认真贯彻会议精神，狠抓落实，各市工作有动作、有起色、有成效。一是各市普遍召开了贯彻落实会议。运城市、晋中市行动迅速，很快召开会议，其他各市也相继召开了工作会议，有力地推动了方志工作。吕梁市和忻州市召开了启动动员会，与所属各县(市、区)签订了修志责任书。二是一些市党委、政府更加重视地方志工作，加大了对方志工作的支持力度。比如，吕梁市召开100多人参加的地方志工作会议，张九萍市长亲自到会签责任书，常务副市长亲自作报告，并在财力偏紧的情况下，下拨专项经费400多万元，启动编修《吕梁市志》。再比如，晋中市书记、市长亲自批示，要求对各县修志进展进行督查。

二、全力抓志书编纂

第一，省志编纂工作有了新突破。我办将省志编纂工作作为重中之重，通过会议发动、签订责任书、组织协调、深度指导等多方面努力，长期徘徊不前的《山西省志》编纂出版工作有了突破性进展，大部分承修单位发动起来。全年编纂出版了《山西省志·交通志》，完成了《山西省志·人事志》《山西省志·社会科学志》《山西省志·供销合作社志》三部初稿；启动了《山西省志·民主党派和工商联志》《山西省志·发展改革志》等数十部志书的编纂工作。

第二，在围绕中心、服务大局方面作了探索。紧紧围绕省委、省政府中心工作，充分发挥方志在经济社会中的作用，筹划启动了一系列有重大影响和存史价值的资政课题，组织完成了《山西省煤炭资源整合志》初稿，并根据王君省长的批示，组织启动了《山西省安全生产大事志》《山西省“五个全覆盖”工程建设志》，编纂出版了省旅游景区丛书《雁门关志》。

第三，陆续完成了部分市县志书。《晋中市志》已经正式出版发行，《晋城市志》付印在即，《长治市志》基本完稿，《阳泉市志》编纂进度明显加快，太原市在完成八卷市志的基础上出版了《太原图志》。全省县志出版了《临猗县志》，审核完成了《平陆县志》《襄汾县志》，评审完成了《乡宁县志》《稷山县志》《闻喜县志》《夏县志》，还有10部县志完成初稿撰写。

第四，旧志整理不断推进。完成清康熙版《山西通志》的点校整理工作和明万历版《山西通志》的排版及初校工作。

第五，加强年鉴期刊工作。《山西年鉴》是我省唯一的省级地方综合年鉴，2009年版已正式出版发行。《沧桑》编辑出版6期，既巩固了学术地位，又充分发挥了对全省地方志工作的指导作用。

第六，地方志资源开发利用取得初步成效。加大对地方志资源的开发力度，编纂出版了《2009山西重点工程大事志》。

第七，着力推进《山西省地方志工作条例》立法工作。一是组建了地方志立法工作指导小组，加强对此项工作的领导。二是积极推动省人大法工委、教科文委和省政府法制办组成考察团，前往兄弟省份进行调研考察。三是积极推动省政府法制办组织专家论证。我们已经协助法制办召开了与相关厅局的协调会，完成了需要向省政府常务会议提供的各种文件材料。《山西省地方志工作条例》(草案)预计在明年3月经省政府常务会议讨论后正式提交省人大审议。

第八,有力地推动了方志馆筹建工作。省方志馆筹建工作,在充分调研论证的基础上,3月16日,我们向省政府上报了《关于将建设山西省方志馆列入“十二五”规划的报告》,在9月召开的全省新方志开展30周年座谈会期间,王君省长、李小鹏常务副省长都表态同意。目前,省方志馆已列入“十二五”规划纲要。

第九,重资筹建山西地方志门户网站。地方志工作要求得长足发展,必须关注网络,拥有网站,把浩如烟海的纸质载体推向容量宏大的电子载体、网络载体。鉴此,我们对筹建省地方志网站非常重视,已经投入40多万资金,组成了精干队伍,初步搭起了门户网站的框架。

第十,在关注民生、提高职工福利方面有了新进展。我们摒弃了过去星星点点的办法,力争通过一些制度性安排,提升大家的幸福指数和体面生活度。在建立职工食堂、解决职工午饭问题的基础上,我们又通过大量调研,为职工优选了楼盘,通过团购形式解决了全体职工住房问题。

第十一,成功举办了山西新方志工作开展30周年大型系列纪念活动。山西是社会主义新方志的发祥地,9月,我们以30周年纪念活动为契机,隆重举办了包括座谈会、理论与实践学术研讨会、书画名家笔会、《山西日报》开辟纪念专版在内的纪念活动。这不仅是对30年修志实践的一次大回顾、大检阅,更是继全省地方志工作会议后地方志工作的一次大推动、大宣传。王君省长对座谈会作了重要批示。在纪念座谈会上,分管领导、省委常委、常务副省长李小鹏同志出席并发表重要讲话;省级老领导卢功勋、郭裕怀、李玉明和中指组秘书长田嘉出席并讲话,全省11个市的分管领导悉数参加。这一系列活动,极大地鼓舞了广大地方志工作者的士气,扩大了地方志的社会影响,取得了良好成效。

三、推进干部队伍建设

我们以加强干部队伍建设和管理为切入点,不断提高干部队伍的整体能力。

第一,调整和配备中层干部。在省委、省政府领导的重点支持下,在组建地方志党组的基础上,顺利完成了中层干部调整和配备工作。省编办给了我们10个处的编制,另外还有1个处级方志发展中心。3月份,我们严格按照党政干部任用条例,通过民主推荐等两考两评的程序,提拔调整了24位中层干部,留任7位处级干部。这是我们地方志事业全面发展的中坚、和谐发展的基础和科学发展的关键。

第二,加强党风廉政建设。2月23日,中共中央修订颁布了《中国共产党党员领导干部廉洁从政若干准则》。2月25日,我们即召开中心组(扩大)会议,学习《廉政准则》,要求广大党员领导干部以准则为准绳,清正廉洁。同时,根据党风廉政建设责任制的规定,把党风廉政建设纳入领导班子、领导干部目标管理,认真落实反腐倡廉各项任务和党风监督各项制度。

第三,改进工作作风。为了开阔视野、提升素质,我们还组织处级干部及业务骨干集体赴上海参观世博会,赴右玉参观学习右玉精神,赴晋城等地参观高速公路建设。通过学习右玉精神和创先争优活动,全室上下形成了和谐奋进的良好氛围。

四、加强机关内部建设

第一,积极筹建成立了机关党委、机关工会。机关党委和机关工会的成立,为机关内部建设提供了一个组织平台,也为创建精神文明单位和争先创优活动提供了一个展现风姿的舞台。

第二,顺利完成全员参照公务员过渡工作。室党组把公务员过渡工作作为关乎职工定性定向的大问题,年终全部完成审批,工资待遇都已兑现,过渡之前的工资也已补发,整体过渡胜利实现。

第三,加强制度建设。依据工作职能,研究制定了各处岗位职责,把任务具体量化落实到每一位员工,并先后出台了《党组会议规则》《理论学习中心组学习制度》等17项制度,编辑成《山西省地方志办公室制度汇编》,使机关管理逐步走上制度化、规范化、科学化的道路。

第四,着力推进精神文明和谐创建工作。我室把精神文明建设作为重要抓手,根据省直文明委的要求,创新活动载体和形式,努力营造良好氛围。坚持把社会主义核心价值体系教育和社会主义荣辱观教育列为职工教育内容。甘肃舟曲发生泥石流灾害后,广大职工心系灾区,踊跃捐献,共捐款10350元。在着力改善软环境的同时,根据实际财力,不断加大硬件建设的力度,对办公楼院内进行硬化、美化,对临街办公楼一层进行了装修,进一步改善了办公环境。通过全办一年的不懈努力,文明创建工作取得了明显的成效,我办被省直文明委命名为2010年度省直文明和谐单位标兵。

此外,对于多年来一直处于冬眠状态的省地方志学会和省年鉴研究会,我们也按照民政部门和省社科联的要求,履行了法定程序,完成解冻工作。

总之,在这一年里,全省地方志事业发生了历史性的转折,长期以来困扰我省地方志工作的体制机制已基本激活,颓势得到强力遏制。包括领导支持力、社会赞誉度在内的外部环境得到明显改善;包括修志编鉴、建馆立法等在内的内部活力得到明显增强。特别是全省广大修志工作者不断探索方志工作科学发展的新思路、新举措,使得全面振兴我省地方志事业呈现出了整体推进、稳步发展的良好态势。

(杨建中)

附:省地方志办公室党组书记、成员名单

书　记:李茂盛

成　员:赵群虎　刘益龄　郑小豹　张晓光

省农科院党委工作概况

党委副书记　刘惠民

2010年,省农科院党委围绕建设"全国先进、中西部一流"农科院的奋斗目标,坚持以邓小平理论和"三个代表"重要思想为指导,认真贯彻党的十七届四中、五中全会精神,认真贯彻落实中央和省委、省政府一系列决策、部署,以改革创新精神全面推进全院党的思想、组织、作风、制度建设,深入开展创先争优和建设学习型党组织活动,着力提高党建工作水平,促进全院工作的全面快速发展。

一、加强理论学习,努力提高全院干部职工的政治素养

院党委坚持用马克思主义创新理论武装广大干部、职工的头脑,努力提高他们的理论水平和政治素养。坚持中心组学习制度,推进党委中心组的经常化、制度化学习,制定下发了《2010年党委(总支、支部)中心组和干部理论学习安排意见》,做到了学习有安排,中期有检查,年终有总结。通过理论学习,全院各级党组织和党员领导干部进一步加深了对落实科学发展观、实现转型跨越发展和进一步构建和谐社会重要性的认识,增强了做好工作的责任感和紧迫感;进一步统一了思想,明确了目标,理清了思路,增强了团结,提高了党的创造力、凝聚力和战斗力,进一步坚定了理想信念,树立了"立党为公、执政为民"的人生观、权力观,提高了廉洁自律的自觉性。

二、坚持党要管党、从严治党的方针,全面加强基层党组织建设

积极开展创先争优和创建学习型党组织活动。根据中央和省委安排,在全院深入开展了创先争优和创建学习型党组织活动。召开了动员大会,对创先争优和学习型党组织活动进行了安排部署,提出了明确要求,制定了全院开展创先争优活动实施意见,确立以"科研创新争一流,服务三农做贡献"为主要内容的争创主题,并组织全院所、处级领导干部学习右玉精神,通过参观学习激发了广大干部"扑下身子干事业、扎扎实实做事情"的热情。全院各级党组织和广大党员都公开做出承诺,要把党员的模范带头作用表现在工作中,落实到行动上。通过创先争优和创建学习型党组织活动,激发了各级基层党组织和广大党员"创先进、争优秀的"的热情,推动了全院党员、干部的理论学习,增强了领导干部的宗旨意识、服务意识和顾全大局意识。

加强对入党积极分子的培养,做好党员发展工作。重点在科研、生产、管理一线的青年同志中发展党员,全年有18名同志加入中国共产党。

加强院所、处级班子建设。院党委以提高素质、改进作风、增强团结为重点,以提高领导水平和执政能力为核心内容,重点开展了五方面的工作:一是进一步加强理论培训工作,选派处级领导干部参加了省委和省直工委组织的各种培训和轮训学习。二是调整充实所、处级领导班子,及时对果树所的领导班子进行了充实和调整,新上正处级领导干部2人。在干部选拔任用中,院党委不折不扣地贯彻执行《干部任用条例》、中央的"四项监督制度"和省委的"四个规定",切实做到坚持原则不动摇,执行标准不走样,履行程序不变通,遵守纪律不放松。重点把好民主推荐、组织考察、讨论决定三个关键环节,做到了民主推荐不在前的不考察,组织考察群众公信度低的不上会,党委事先没有研究过的不讨论。三是加强对民主生活会的指导。院所两级领导班子都以"贯彻落实《廉政准则》,切实改进党员领导干部作风建设"和"学习弘扬右玉精神,切实改进领导干部作风建设"两个主题召开了专题民主生活会。四是加强党的民主集中制建设。坚持重大决策、重要干部任用要经过院党政联系会议集体研究决定,对专业性、技术性较强和关系职工利益的重要议题,都要充分听取专家和职工的意见。通过落实民主集中制,进一步增强了党的活力与团结,也从根本上防止了决策失误。五是切实加强对领导干部的管理监督,院所两级领导都能坚持述职述廉制度和年度考核制度。通过考核,领导干部的责任意识、自律意识和职工群众参与监督意识进一步增强。

三、全面落实党风廉政建设和反腐败工作责任制

2010年,院党委坚持标本兼治、综合治理、惩防并举、注重预防的方针,着力解决党员特别是领导干部在思想、作风以及工作方面存在的突出问题。

一是以明确责任为前提,全面落实党风廉政建设责任制。院属各单位健全了机构,明确了领导责任,实行"一把手"总负责,班子其他成员实行"一岗双责",将党风廉政建设责任制具体任务分解到人,党风廉政建设与业务工作一起部署、一起落实、一起检查、一起考核,做到了层层负责、责任明确,使全院党风廉政建设各项任务都得到了落实。

二是以学习贯彻《廉政准则》为重点,着力强化党员领导干部廉洁从政意识。院党委年初召开了全院纪检监察会议,将贯彻落实《廉政准则》作了安排部署,并提出了具体要求。下发了《关于认真学习贯彻的<廉政准则>的通知》。购买了学习资料,并请专家辅导讲座,把学习、宣传、贯彻《廉政准则》与科研工作结合起来落实到行动中。

三是加强警示教育,不断强化党员领导干部的廉洁自律

意识。院党委把警示教育作为反腐倡廉的重要措施，采用多种形式，深入开展党风廉政教育，以典型案例为镜子，对广大党员干部进行警示教育，做到防患于未然。

四是以专项重点整治为核心，进一步加大监督、检查力度。针对我院近年来工程项目多、大项目多的实际情况，大力加强重点项目的监督检查，制定了《拆迁重建项目组织管理方案》、《拆迁重建项目管理办法》、《拆迁重建项目财务管理办法》，规范项目管理和资金使用行为。全面落实工程项目招投标制、监理制、合同制和公示制，切实做到关口前移，防范在先。对基建项目招标采购、重要工程验收进行监督，确保各项建设资金的规范使用；对年度优秀论文评审、省级和国家级科研课题申报工作进行监督，确保科研立项和奖励的公平、公正、公开；对公开招聘录用人员的笔试面试进行督查，确保与群众利益密切相关的事项公正、公开、透明。

五是开展专项重点整治。认真贯彻落实省委、省政府《关于坚决制止领导干部大办婚丧喜庆事宜和借机敛财行为的规定》，建立健全了“报告、备案、公示”制度，到目前为止没有出现大操大办行为。扎实开展国有及国有控股企业“小金库”专项治理工作，在各单位自查自纠的基础上，组织检查小组进行重点检查。

四、重视精神文明建设创建活动，促进院所和谐发展

一是开展了形式多样、丰富多彩的文体活动。积极营造文明、和谐、进取的良好氛围，以推动科研文化建设，促进院所发展。积极开展群众性文化活动，以培养集体主义和团队精神为目标，组织开展了职工群众喜闻乐见、丰富多彩的群众性文化体育活动。通过这些丰富多彩的文化活动，丰富了职工的文化生活，陶冶了职工情操，振奋了职工的精神，增强了全院职工的凝聚力。

二是最广泛地调动各方面的积极因素，坚持搞好统战工作。院党委坚持党的统战方针政策，把聚人心、暖人心、稳人心作为我院统一战线工作的根本出发点，充分调动统一战线成员的积极性和创造性，积极开展党外知识分子、民主党派、无党派人士和归国留学人员的工作。按照省直工委统战部的安排，在全院统战成员中开展了社会主义核心价值体系教育。积极做好归国留学人员的工作，采取倾斜政策，支持和鼓励他们开展科研创新工作，努力发挥他们的作用。

三是加强党对群团工作的领导，支持他们独立自主开展工作。继续在全院深入开展以“建功‘十一五’科技大比拼”为主要内容的劳动竞赛活动，有2名同志荣获山西省劳动模范称号；1个单位被省总工会农林水工委命名为“劳动关系和谐单位”，4个单位被命名为“工人先锋号”。组织参加了“省直机关第三届智奇杯职工运动会”，我院代表队取得了象棋团体第三名，乒乓球女子单打第八名的好成绩。注重发挥女科技人员在科研创新中的作用，激励和支持她们在各自的岗位上展示才华。有3名女职工获“省三八红旗手”称号、1个研究室获“省巾帼文明岗”称号，2名女科技人员获“山西省百名优秀女知识分子”称号。

四是加强科研创新文化建设，大力倡导实事求是、淡泊名利的科学精神，宽容大度、合作攻关的团队精神，勇于探索、敢为人先的创新精神，百家争鸣、相互尊重的民主精神，努力为科技创新提供良好的社会环境和文化氛围。

五是积极开展“送温暖、献爱心”活动。组织开展了“送温暖、献爱心”社会捐助活动，继续开展“联企帮困”活动，积极开展扶贫济困活动，院所两级救济困难党员和职工63人。

六是加强综合治理工作。全面落实治安综合治理责任制，继续开展创建平安小区活动，加大全院范围内特别是北营宿舍区的治安、消防和安全保卫工作，坚持机关24小时值班和住宅小区夜间巡逻制度，认真做好各类矛盾的疏导、化解工作，积极帮助职工解决实际困难和问题，全年无重大治安消防事故发生。

五、进一步深化科研改革，着力推进体制和机制创新

一是调整科研结构。在进一步突出科研工作的基础战略地位的同时大力加强示范推广和服务工作，将示范推广项目列为省财政预算项目，努力构建科研创新和推广服务相互结合、相互促进的一体化发展体系。结合机构编制清理规范工作，对各研究所的科研方向和主要任务进行调整，有9个研究所更名，调整人员编制112名。

二是改革机构人事制度。初步完成了事业单位清理规范工作。核定财政拨款事业单位30个，自收自支企业化管理单位2个，3个试验站建制升格，现有的3139名事业编制全部保留。

三是改革示范推广项目管理方式。出台了《山西省农业示范推广行动项目管理办法》，建立了“发布项目指南，推广首席专家负责制，与地方协作共建，实行动态管理”的管理制度，初步实现了示范推广项目管理的科学化和规范化。

四是清理规范科技企业和经营实体。按照省政府事业机构改革的要求，对院属科技企业和经营实体进行了清理规范。按照“产权明晰、权责明确”的原则，对进入企业的国有资产进行清产核资，初步建立了企业经营性国有资产和事业编制人员管理制度、审计监督制度，进一步规范了企业的管理。

五是建立现代科研院所制度。结合学习实践科学发展观整改活动，制定出台了《研究所综合管理条例》、《研究所职工代表大会条例》等一系列规章制度，全力推进管理工作的制度化和规范化，着力构建目标清晰、操作规范、利益协调、和谐发展的科学运行机制。

六、切实关心群众，努力改善职工生活

深入贯彻以人为本的科学发展观，解决了关系职工群众切身利益的重大问题。一是积极改革水暖电服务运行机制，改进服务态度，建立服务规范，提高服务质量，对坞城、桃园两个小区的雨水管进行更换，屋顶防水处理4550平方米。二是全面贯彻落实信访工作条例，认真倾听职工群众呼声，热

情接待来信来访,努力为职工群众排忧解难。三是切实关心北营住宅区的拆迁安置,成立了拆迁领导组和办事机构,采取各种形式,征求职工意见,积极向省政府反映存在问题,努力为职工群众争取合法权益和优惠政策。

七、党的建设与科研工作同抓共管、齐头并进

坚持党的建设和科研工作同抓共管、齐头并进,着力提高科研创新能力和支撑服务能力,各方面都做出了新的成绩。

一是科技创新能力稳步提升。全院共承担各级各类研究课题 1038 个,鉴定科研成果 37 项,申报山西省科技进步奖 30 项;全院审定农作物新品种 65 个,其中 12 个新品种通过国家级审定;全院 8 个农作物新品种获国家植物新品种权,9 项专项获国家授权;在省级以上刊物发表论文 500 篇,出版科技著作 24 部。科研项目、科技成果总的数量和质量都较往年有新的增长。

二是科技示范成绩显著。继续以农业技术推广示范行动为主线,积极拓展专家热线、网络咨询、科技自助餐、农民科技日等四大科技服务平台,在全省 80 个县(市)实施 40 个示范项目,示范推广农作物畜禽新品种 186 个,配套技术 105 项,总示范面积 6.5 万亩,辐射推广 200 余万亩。大力开展“高产创建”活动,在水地小麦、旱地玉米、旱地谷子、酿造高粱、旱地甘蓝等多个作物上刷新我省的高产纪录。推广活动有声有色,社会影响日益扩大,多次受到省政府表扬。

三是科研基础建设稳步推进。东阳试验示范基地动工兴建,海南南繁基地的 2500 平米办公和生活设施即将竣工,太原地区以外各研究所的试验地普遍进行了扩建和改造。这些都为今后科研发展奠定了坚实的基础。

(赵玉莲)

附:省农科院党委书记、副书记、委员名单

书　记:(空缺)

副书记:刘惠民(主持工作)　戴文斌　邢亚静(女)

委　员:陈明昌

省社会科学院党组工作概况

党组书记　李中元

2010 年,省社会科学院党组认真贯彻党的十七大和十七届四中、五中全会精神,根据中央和省委关于繁荣发展哲学社会科学的方针和任务,按照高举旗帜、围绕中心、服务大局、改革创新的总要求,确立“建设省内一流、国内知名,具有山西特色的社会主义新智库”的发展目标,提出要“艰苦奋斗,二次创业,负重奋进,再铸辉煌”,坚持“和谐建院、民主治院、开门办院、改革强院、科研兴院”的办院方针,贯彻十个“以”要求的发展思路,推进学科建设、人才培育、精品打造、科技强院、阵地基地建设、基础设施等十大工程,重视解决长期积累下来的深层次的矛盾和基础性的问题,努力形成一种智慧涌流、成果迸发、人才脱颖而出的全新发展局面,努力使科研事业稳步走上健康、协调、可持续发展的轨道,努力走出一条符合时代要求,符合国情省情,符合科研发展规律,具有山西特色的现代智库建设的新路子。经过全院上下的努力,以科研为中心的各项工作出现了一系列新突破、新变化和新进展。

一、高举旗帜,巩固阵地,全面加强政治建设,党的主流意识形态“一元化”引领能力得到新提高

院党组以科学发展观为指导,按照党和国家对哲学社会科学研究工作的新定位、新要求,深刻把握新形势下哲学社会科学研究的新内涵、新意义,坚定不移地把社科院建设成为坚强的马克思主义思想理论阵地,确保党在意识形态领域的领导地位和马克思主义的主导地位。一是及时学习传达贯彻中央和省委重要会议精神,全面把握精神实质,把思想认识统一到中央和省委对当前国际国内形势的判断上来,统一到中央和省委确定的工作指导思想、大政方针上来,统一到中央和省委对全年工作的决策部署上来,统一到深入贯彻落实科学发展观的要求上来。二是研究绿色发展、清洁发展、转型发展,为全省科学发展提供理论支撑。将促进我省转型跨越发展的理论研究与我院马克思主义思想阵地建设相结合,坚持正确的科研导向,组织专家学者在促进全省经济社会又好又快发展中建言献策,为我省科学发展提供智力支持。三是端正思想观念,强化组织发动,学习型智库建设有了一定保障。结合我院工作实际,院领导从转变思想观念入手,及时

组织干部职工把思想认识进一步统一到中央、省委的要求上来,统一到谋发展、求发展的目标、思路、方针上来,夯实科学发展、做强做大社科事业的思想基础,在建设学习型智库上取得了一定进展。切实加强对马克思主义中国化最新理论成果的研究和宣传。推荐学者参加省委中心组学习,选派优秀专家参加省委解放思想专家论坛,深入全省各市地,开展调查研究和宣讲活动。在院办《咨政览要》上开辟专栏,积极推进马克思主义中国化、时代化、大众化进程,思想理论阵地作用进一步增强。四是加强舆情信息工作。根据省委的要求,相继成立了舆情信息中心和中宣部舆情信息直报点。全年舆情信息工作紧紧围绕如何从提高党的执政水平和宣传思想文化工作主动性的高度,突出政治意识、大局意识、责任意识,舆情信息工作坚持围绕大局、关注大事、把握大势,进一步增强关系全局的社会舆情的反映速度,增强重大舆情的分析深度,增强有关对策建议的实用程度,舆情信息工作的主动性、针对性、实效性有了明显增强,为领导科学决策、指导全局工作提供了有效服务;加强制度建设和队伍建设,为进一步提高舆情信息工作质量打下了坚实基础。

二、围绕中心,服务大局,科研工作实现重大突破,智库建设有了新起色

紧紧围绕全省经济社会发展的热点、难点和重点问题进行选题立项,充分把握世情、国情、省情,立足山西,从全国乃至更宽的视野审视全省的科学发展问题,不断地提升研究水平。同时,以科学的方法,整合科研资源,推进科研方法创新,提高研究效率,为省委、省政府科学决策提供了有价值的咨询服务。在省委宣传部的支持下,经省委、省政府主要领导批示和圈阅,选定了10项课题,组织开展了"山西经济社会发展重大课题研究",院级课题也都紧扣山西经济社会发展,确定了12项重点、14项一般、14项青年课题,在绿色转型、低碳经济、特色城镇化、新农村建设、资源型城市转型等方面开展前瞻性、战略性研究。其中抓了《山西经济中长期发展战略研究》、《山西特色城镇化发展战略》、《高碳产业地区发展低碳经济的途径与机制》、《山西省城乡一体化发展战略研究》、《欠发达地区构建社会主义和谐社会路径与对策》、《以改革创新精神推进惩防体系建设》等一系列重大、重点课题。我省获批成为国家资源型经济转型综合配套改革试验区后,我院及时跟进,服务综改区建设,迅速组织开展决策咨询研究,取得了明显成效。

历史文化研究服务文化强省建设,在山西历史文化、晋商研究、文化产业、山西文化走向世界等方面持续深入开展研究,全力打造精品力作,完成了150余万字《山西通志·社科志》的编写任务。正在抓紧进行《山西推进文化产业发展的路径选择与对策》、《山西文明史研究》等重点项目。对传统优势学科,如农村经济和区域经济学、能源经济学、语汇学研究和《语海》编纂、儒家学说和孔子研究、人口社会学、马克思主义中国化等方面形成了新的亮点。党建案例研究完成了《社区建设典型案例研究》。谱牒学、旅游经济学等注重夯实学科基础,突出学科特点,逐步形成新的学术生长点。重视基础理论研究,下大力抓了国家社科基金项目的申报,全院共申报37项,实现了新的突破,获得一项重点课题,一项一般课题。

开展合作研究,提升我院在经济社会发展规划方面和对外开放领域、国土资源管理、安全文化等领域的理论和对策研究能力。主持或参与制定了省"十二五"规划和运城、阳泉、朔州3个市以及和顺、灵石、长治郊区、代县、永和等5个县的"十二五"规划。承担了世行项目"山西经济增长财政支农减贫政策效应研究",完成了中加政府选择项目"山西和内蒙古采掘业对矿区居民的生态权益影响和保护政策研究"。与省政府有关厅局合作成立了"对外开放战略研究中心"、"山西国土资源研究中心",正在筹备成立"安全文化研究中心"、"廉政建设研究中心"、"山西物流经济研究中心"。

据统计,已出版专著19部,500余万字;发表论文190多篇,180余万字,其中发表在CSSCI来源期刊的论文19篇;完成研究报告30项,100余万字。

三、上引下联,打造品牌,发展空间和对外影响实现新拓展

坚持开门办院,多层次、多领域、多角度服务党委、政府中心工作,拓展发展空间。一是加强与中国社会科学院的全面合作,努力实现我国顶级智库与能源大省的合作双赢,我院将列入中国社会科学院国情调研基地。二是积极组建两家省社科院地市分院。经与地方人民政府协商,我院首先在运城设立省社科院运城分院并与长治、晋城、阳泉、朔州、吕梁、忻州、临汾等市达成协议,相机挂牌成立。通过市建分院,指导并会同地市哲学社会科学研究机构,针对区域经济社会发展特点,开展具有市地特色的应用对策研究,协助地方党委、政府更好地落实省委作出的各项重大部署,推进当地社会生产的发展。三是进一步深化和密切了与决策、咨询部门和高校、科研单位的横向联系。巩固和发展与省内外高校、科研单位的传统合作,进一步密切与省委政研室、省政府研究室、省发改委等党委、政府决策和咨询部门的联系,参与重大项目论证。四是着力打造和培育学术品牌,即:着力打造有影响、有规模的大型品牌高峰论坛;着力打造在学界有较高影响的品牌学术期刊;着力打造汇集天下智慧、服务领导决策的内参文稿。2010年,我院先后举办了《社科关注时代知识改变人生——乡村孩子看世博》大型公益活动及重大研究课题阶段性成果报告会等大型学术会议;《新华语典》学术研讨会、《山西经济社会重大研究课题》立项新闻发布会、《山西经济社会发展蓝皮书》新闻发布会等活动,受到领导和外界的一致好评,对外影响进一步扩大。

四、改革创新,强基突破,院务治理和创业环境得到新优化

在开展全面调研,大力解放思想的基础上,坚持深化改革,创新发展,下大力气解决与建设一流地方社科院不相适应的体制机制问题。一是积极推进科研管理改革。在课题的

选题、立项、中期管理、结项等全过程加强管理,特别是主动围绕省委、省政府中心工作提供对策研究服务。首次实施课题招标,得到了广大科研人员的积极响应。二是大力推进制度管院。首先对过去已有的制度进行了清理,在废、改、立的基础上,进一步清理了现行规章制度,对各部门、各单位提出的建章立制目录进行分类研究,及时修订完善,对涉及全院的重大制度的设立广泛听取了各方面意见和建议,经反复讨论修改,已经形成和制定了《党组议事规则》、《人事管理制度》、《科研管理制度》等制度,达到有章可循、规范管理、制度管理的目的。这些规章制度建立之后,认真抓了执行,院有关部门定期不定期地进行检查,有时院主要领导亲自检查,并将检查结果通报。通过制度建设,在全院形成风清气正、和谐通畅、凝神聚力谋发展、同心同德创新业的良好局面。三是积极推进事业单位人事制度改革。认真贯彻落实中央、省委关于事业单位改革的安排部署,严格按照省编办和省人社厅的要求,坚持效率优先、兼顾公平的原则,认真制定方案,积极、稳妥地推进我院干部人事制度改革,逐步改变干与不干一个样、干多干少一个样的状况。四是在积极争取新院址土地的同时,现院址整体改造顺利开工,目前正抓紧进行"四"、"五"号楼的基础工程。五是窗口基地建设有了新变化,七刊一报发行量和办刊办报质量连续保持上升的态势。

五、注重培养,提升能力,建设高素质科研和管理队伍有了新亮点

首先重视发挥广大科研人员的作用,建设叫得响、过得硬、拉得出、能打赢的科研队伍。积极为具有高级职称科研人员提供舞台,搭建平台,让他们在各自的研究领域和研究课题上唱主角,使他们真正成为科研工作中坚和骨干。同时下大力气培养年轻科研人员,通过"讲述评"、"争创树"活动,实行鼓励读研读博的政策,采取传、帮、带等方式,拓宽继续培养、外出深造途径,提高他们的科研能力和科研水平,充实发展后劲,壮大科研力量。重视吸收和引进高素质研究人才,公开招聘5名博士到我院工作,这在过去是没有的。其次重视发挥管理人员和科辅人员的作用,建设一支遵循科研规律、掌握管理方法、能全心全意为科研服务的管理队伍。在干部人事管理中按照党管干部原则和党的知识分子政策,管好人、用好人。坚持德才兼备、以德为先,在完成各项工作任务的实践中考验干部。实行层级管理,进一步明确岗位职责,加强考勤和考核,坚决纠正不负责任、不认真履行职责的行为。同时加强图书馆、信息管理和网络建设,及时收集、整理最新研究动态和研究信息,为全院重大项目和重点课题提供丰富的资料保障。组织科研人员和行政管理人员不断学习管理知识特别是科研机构管理知识,提高管理水平,创优管理环境,改进管理方式,为全院科研提供更加优良的服务保障。

六、团结合作,共谋发展,领导班子和基层党的建设出现新气象

坚持高标准加强班子建设,凝聚力、向心力有了较大幅度的提高。学习弘扬右玉精神,加强作风建设,党组成员和党员干部在努力提高贯彻落实科学发展观的本领的同时,把党组建设成贯彻落实省委、省政府决策部署的坚强指挥部,把党员领导干部培养成贯彻落实科学发展观的骨干力量,努力使领导成员做科学发展观的坚定信仰者、模范实践者和贯彻落实的有力推动者。

一是加强政治思想建设。重视理论学习,提高政治素养和理论水平,提高开拓创新能力。深刻领会和准确把握科学发展观,用科学发展观指导全院工作。坚持党组中心组学习制度,定期开展理论学习和业务知识学习,撰写学习心得,交流学习体会,采取个人学习和集中学习,理论学习和实践调研相结合的方式,加强领导班子的思想建设,始终保持积极向上、不断进取的工作热情。

二是认真贯彻民主集中制。进一步增强决策的民主性和科学性,进一步建立健全院党组会、院长办公会、院务会等领导工作制,明确各项会议的职权范围和议事规则,规范议事程序和决策程序,搞好分工协作,提高领导班子的凝聚力和战斗力。把"尊重人、理解人、关心人、激励人"作为建立内部人际关系的准则,班子成员相互尊重、相互信任、相互配合、沟通合作,坚持重大问题事前协商,日常工作及时交流,形成团结协作的良好工作氛围。建立意见交换制度,充分重视班子成员的意见。坚持民主生活会制度,开展批评与自我批评,达到互相了解、增强团结,促进工作的目的。

三是加强作风建设,做到廉洁奉公。全面加强领导班子成员的思想作风、工作作风和生活作风建设,严于律己,拒腐防变,做党风廉政建设的模范。带头抓好自身的廉政建设,严格遵守党纪国法,带头执行廉洁自律各项规章制度,不断加强自身修养,巩固思想防线,认真落实党风廉政建设责任制,进一步完善党内监督机制,以高度的政治觉悟,严明工作纪律,维护领导班子的整体形象。院整体改造工程坚持民主公开透明,明确要求建成阳光工程。

四是坚持原则,做好表率。做到令行禁止,率先垂范,领导班子成员带头遵守院财务、人事、资产等方面管理规定和制度,自觉接受群众监督,认真对待群众意见,及时妥善做好各方面工作。设立意见箱,及时接受群众意见,建立群众意见反馈制度。

五是明确办院理念,推进科学发展。年初,我们明确提出"和谐建院、民主治院、开门办院、改革强院、科研兴院"五句话二十字的办院方针,在党组的集中统一领导下,充分发挥基层党组织的作用,团结带领全院职工,依靠专家学者和广大科研人员,提升科研水平,加强科研管理,围绕中心、服务大局,努力成为省委省政府和全省经济社会发展的思想库、智囊团、参谋部,进一步促进了我院又好又快发展。

(罗惊澜)

附:省社会科学院党组书记、成员名单

书　记:李中元

成　员:贾桂梓　潘　云　孙丽萍(女)

孟艾芳(4月任职) 景世民(4月任职)
杨茂林(4月任职)

山西社会主义学院党委工作概况

党委副书记 王宝生

2010年,山西社会主义学院党委以邓小平理论和“三个代表”重要思想为指导,深入贯彻落实科学发展观,认真贯彻落实十七届四中、五中全会精神,贯彻落实全省领导干部大会精神,按照围绕中心、服务大局的要求,以加强党的执政能力建设为主线,以建设学习型党组织,开展创先争优活动,开展讲党性、重品行、作表率活动为内涵,以学习贯彻《2010—2020年党外代表人士教育培训改革和发展纲要》为重要抓手,以发挥社会主义学院在党外人士教育培训中的主阵地作用和推进正规化建设为目标,牢牢把握统一战线教育培训工作的主题和重点,圆满完成了各项工作任务,为学院整体工作的提升提供了坚强的政治和组织保证。

一、联系实际,突出重点,全面加强和推进学习型党组织建设,坚持用中国特色社会主义理论体系武装头脑

2010年,山西社会主义学院紧紧围绕全省转型跨越发展大局和统一战线中心工作,把服务中心、建设队伍贯穿始终,高标准、高起点地抓好学习型党组织建设。根据统一战线政治培训院校的职能特点,山西社会主义学院党委把优化知识结构、提高综合素质和增加创新能力作为党员干部队伍建设的重中之重,把党的要求、岗位职责和个人需求有机结合起来,着眼于统一战线教育培训工作的新的实践和新的发展,努力做到工作学习化、学习组织化、学习制度化,不断在武装头脑、指导实践、推动工作上取得新成效。先后组织党委中心组和广大干部重点学习了以下内容:一是学习党的十七届五中全会精神,充分认识五中全会的重大意义,深刻把握“十二五”规划的主题、主线和基本要求,准确把握社会主义学院工作的发展趋势,科学谋划社会主义学院的发展蓝图。对在统一战线教育培训工作中如何践行科学发展观、如何运用科学发展观指导社会主义学院工作进行了深入研讨和积极实践,进行了卓有成效的工作。二是认真学习贯彻胡锦涛总书记在全党深入学习实践科学发展观活动总结大会上的重要讲话精神,深刻领会讲话的精神实质,把学习贯彻讲话精神落实到扎实做好今年的工作上来,落实到做好新形势下党的建设上来,落实到做好我院学习实践活动的后续工作上来,进一步巩固学院学习实践的成果。三是认真学习贯彻中央办公厅印发的《2010—2020年党外代表人士教育培训改革和发展纲要》,充分认识《纲要》在党外代表人士队伍建设中的里程碑意义,深刻领会把握《纲要》的主要内容和精神实质,进一步明确社会主义学院的定位、作用和突出问题,清晰把握社会主义学院正规化建设亟待加强的基本要求,坚持特色立院、质量强院、发展兴院,统一思想,坚定信心,扎实工作,更加富有成效地推进社会主义学院的各项工作。四是学习中央印发的《中国共产党党员领导干部廉洁从政若干准则》,充分认识贯彻实施《廉政准则》的重大意义,紧密结合学院工作的实际,把学习贯彻《廉政准则》和加强学院作风建设结合起来,与廉政文化进机关活动结合起来,与创建学习型院校、学习型处室结合起来,推动我院领导干部廉洁自律工作和干部队伍建设迈上新台阶。五是学习省委书记袁纯清同志在全省领导干部大会上讲话精神,进一步明确我省转型跨越发展的主攻方向,明确社会主义学院在转型发展跨越发展中的作用。党委中心组和各党支部、各处室在理论学习过程中,注重弘扬理论联系实际的马克思主义学风,自觉地把理论学习同社会主义学院的教育培训工作结合起来,同自己的岗位工作结合起来,努力从理论学习中汲取营养,提高认识水平,运用科学理论分析和解决统一战线教育培训工作中的问题。加强学习型党组织建设为学院营造了良好的学习氛围,学院党委在培训办班过程中,利用报告会、研讨会、专题辅导等灵活多样的载体,不断提高党员干部的学习能力和学习质量。在学习中,大家注重学用结合,特别是对社会主义学院改革发展问题的理性思考,切实做到了学与用、知与行的统一。全年中,院党委中心组成员和教职工撰写各类理论文章10余篇。为学院党员干部提高素质、改进工作、创新思路、破解难题、谋划发展提供了强大思想武器,党员干部特别是处级以上干部的政治意识、大局意识、忧患意识、责任意识进一步增强,运用科学理论分析和解决统一战线教育培训工作中的问题的能力进一步提高。特别是对社会主义学院在新形势下如何适应工作任务和培训对象的需求等方面,思路更加明确,真正把学习与工作紧紧结合在一起。

二、把握主题,精心组织,深入开展创先争优活动,努力形成主题突出、载体多样、富有成效的生动局面

2010年下半年创先争优活动开展以来,院党委按照省直机关的统一部署,认真贯彻中央和省委关于创先争优活动的总体要求和目标,本着有利于党组织开展活动、有利于党员参加、有利于活动取得实效的原则,组织广大党员认真学习中央和省委搞好创先争优活动的有关精神,把开展创先争优活动与建设学习型党组织紧密结合起来,与开展“讲党性、重品行、作表率”活动结合起来,与贯彻中央办公厅印发的《2010—2020年党外代表人士教育培训改革和发展纲要》结合起来,与促进学院教学培训工作结合起来。在党支部和党

员进行公开承诺阶段,院党委提出,一要围绕社会主义学院党外代表人士教育培训的中心工作搞承诺,这是各党支部和每一位共产党员承诺的共性要求;二要立足各党支部所在处室、党员所在岗位搞承诺,要紧密联系党支部工作范围的特点,紧密联系党员个人工作职位的特点,这是对党支部和党员承诺的个性要求;三要围绕为学员搞好服务搞承诺,要把创先争优活动作为搞好教学培训工作的一次重大机遇,把为学员服务的水平作为创先争优活动的评价标准。在领导点评阶段,院党委按照中央、省委和省直工委的通知精神,强化点评责任,明确点评内容,注重点评方式,确保点评质量,在深入调查研究、广泛征求意见、详细掌握情况的基础上,由院领导对各党支部、党支部书记和处级党员干部,党支部书记对本支部党员分别进行点评,实事求是地肯定取得成绩,指出存在问题和努力方向,并与年度考核、群众评议相结合,使我院的创先争优活动扎扎实实,富有成效。全年中,我院在思想教育方面,还突出了以下内容:一是开展社会主义核心价值体系学习教育,弘扬以爱国主义为核心的民族精神和以改革开放为核心的时代精神,自觉践行社会主义荣辱观,培养高尚道德情操和健康生活情趣。二是开展"学习右玉精神,加强作风建设"学习教育活动,院领导和部分处级干部赴右玉实地参观学习,深受教育。加强反腐倡廉教育,结合学院党风廉政建设责任制的落实,党委班子成员对照右玉精神在民主生活会上认真查找作风建设方面的问题,思想认识进一步深化。严格遵守省委提出的四条要求,严格行为规范和工作纪律,工作作风发生了很大变化。三是开展"切实发挥党外代表人士教育培训主阵地作用,提高社会主义学院正规化办学水平"主题教育活动,在全院上下兴起学习《纲要》、明确定位,转变观念、共谋发展的热潮,牢固树立特色立院、质量强院、发展兴院的理念,增强教职工加压奋进、负重赶超、加快社院建设发展的紧迫感和责任感。四是组织全院教职工赴上海世博园参观学习,亲睹全球经济、科技和文化盛会,身临其境,深感气势之恢宏、构思之精巧、内涵之丰富,受到了一次深刻的爱国主义教育。五是从学院职能特点出发,继续开展创建文明和谐单位活动,创新工作思路,创新活动载体,拓展活动内容,2010年,我院继续被省直工委授予"省直机关文明和谐单位"。六是组织教职工积极参加"送温暖、献爱心"社会捐助活动,为青海玉树、甘肃舟曲灾区和我省灾区捐款共计1.2万余元。七是认真开展扶贫济困、联企帮困活动,在元旦春节、中秋国庆期间,赴山西永明无线电厂和神池县扶贫点慰问贫困职工和贫困村民,把党的关怀和温暖送到他们家中。八是组织教职工积极参加省直工委、省体育局组织的省直机关第三届职工运动会,奋力拼搏,取得了较好成绩,被授予"体育道德风尚奖"。

三、抓住机遇,乘势而上,认真学习贯彻《纲要》精神,积极推进社会主义学院的正规化建设

2010年,按照省委和省委统战部关于全省统一战线教育培训工作的部署要求,我院的教学培训工作,以坚定走中国特色社会主义道路为主题,以不断增强政治共识教育为核心,以全面提高培训质量为重点,努力贴近山西转型跨越发展的实际,贴近党外代表人士的思想实际和工作实际,拓宽渠道,提高质量,先后举办培训班8期,培训学员近600人次。在培训过程中,不断增强教育培训的针对性和实效性,突出了党外干部加强思想建设、树立和践行社会主义核心价值体系的内容,提高了新一代党外人士的政治把握能力、组织协调能力、参政议政能力和合作共事能力。针对新一代基层党外干部的工作特点,联合阳泉市委统战部、交城县政协共同办班,派出教师分赴长治、朔州授课,并初步探索了互动式、开放式等新型教学模式。2010年培训工作的主要特点是:培训内容充实,培训效果明显。在构建党外人士培训教学框架时,突出"务实管用",紧密围绕党和政府的中心工作,不断充实新内容,开设新专题,以满足培训对象的需求。一是设置当前政治理论热点内容,开设了学习贯彻中共十七届五中全会精神、树立和践行社会主义核心价值体系、构建社会主义和谐社会理论与实践、加强民主党派自身建设、提高党外代表人士队伍素质、坚持和完善中国共产党领导的多党合作和政治协商制度等方面的课程;二是立足山西正处于转型发展、跨越发展的关键时期,结合山西地方经济、社会发展的需要,开设了推动山西转型跨越发展、当前宏观经济形势和山西省情、提案工作及其创新、信息工作等方面的课程。通过短暂而系统的学习,学员们了解了当前全国、全省经济社会发展形势,更加深刻地理解了新时期统一战线理论的最新成果,提高了认识,开阔了视野,拓展了思维,增强了不断提升服务科学发展的能力和水平。科研工作也在稳步发展,呈现出良好发展势头,科研管理进一步规范,科研质量进一步提高。中央社院招标课题"中华文化传统伦理与社会主义核心价值体系"首次申报成功中标;参加杜青林部长山西宗教调研会做汇报发言;学院教学科研人员有10余篇理论文章见诸报刊杂志;学报立足我省统一战线工作实际,质量又有新的提高。中华文化学院工作内容进一步拓展,参与儒学交流、举行专题讲座,影响力和知名度进一步扩大。全国党外代表人士教育培训工作会议暨全国社会主义学院工作会议以后,我院征求省级民主党派、工商联和无党派人士的意见建议,代起草我省贯彻《纲要》实施意见,并提出我院贯彻实施《纲要》的具体意见。针对我院目前院址及其内部功能与中央《纲要》对社会主义学院要求不相适应的现状,我院加大了异地建设的工作力度。在省委省政府领导的关心支持下,目前我院异地建设的选址基本确定,相关审批手续正在办理之中。与此同时,我院现址的一些陈旧设施得到了修缮和改造,学院硬件建设进一步改善。

(冯进军)

附:山西社会主义学院党委副书记、委员名单

副书记: 王宝生

委　员: 李祥熙　王解峰　王绍青

省档案局(馆)党组工作概况

党组书记　阎默彧

2010年,省档案局党组团结带领全省档案工作者,结合山西档案事业发展的实际,从加强领导班子建设、机关党的建设、廉政建设等方面着手,以档案基础设施建设、资源建设和信息化建设为重点,将各项工作不断推向新的台阶。

一、以贯彻科学发展观为统领,努力建设善谋发展、真抓实干的领导班子

加强领导班子建设,教育和督促领导干部带头讲党性、重品行、做表率,是省档案局党组一以贯之的作风准则。局领导班子坚持学理论、议大事、谋发展、出成效的思路,采取集中辅导、专题讨论、学习交流等形式,紧密联系工作实际,不断深化理论学习,突出学习重点。全年完成集中学习共7次14天,参加学习出勤率为100%,做到了人员、时间、内容、效果四落实。

领导班子成员在工作中坚持求真务实,尊重并运用档案事业发展客观规律,把握档案事业发展的总体趋势,实现各项决策的科学化、系统化。坚持把团结协作作为增强整体凝聚力和战斗力的重要保障,努力维护团结和谐的发展局面。在日常工作和党内生活中,班子成员自觉遵守党的组织原则,把自己置于党委集体领导之下,坚持大事讲原则,小事讲风格,思想上相互学习,政治上相互帮助,工作上相互支持,自觉维护领导班子在干部职工中团结进取的形象,实现了工作效率、人际融洽和班子整体效能的最优化。

二、加强机关党的建设,以机关党的建设引领档案业务建设

2010年3月10日,省档案局印发《山西省档案局2010年局机关党的工作要点》,对全年党的工作提出了总体要求,以贯彻《中国共产党党和国家机关党组织工作条例》、建设学习型党组织和开展共产党员先进性活动为抓手,把服务中心、建设队伍两大任务贯穿机关党组织活动的始终。

6月29日,省档案局第四次党员代表大会召开,选举产生了新一届机关党委、纪律检查委员会,使本局党建工作进入一个新阶段。全局党员围绕"坚守平凡,无私奉献谋发展;创造非凡,服务大局创佳绩"的主题,深入开展创先争优活动,党组织建设不断加强。活动成立了领导小组,制定了具体的实施方案,主要内容为创建"五个好"先进基层党组织、争当"五带头"优秀共产党员。创先争优活动扎实推进了机关党建工作。

11月份,省档案局在全省档案系统开展了冬季读书活动,为局机关全体党员和各市档案局长购买了《公司的力量》一书,并以晋档字(2010)112号发文,要求认真学习。在学习中每个党员都记了读书笔记,撰写了学习心得。11月10日,召开了山西省档案局领导干部民主生活会,围绕"贯彻落实《党员领导干部廉洁从政若干准则》,切实加强领导干部作风建设"和"深入开展学习右玉精神,切实加强领导干部作风建设"两个主题,结合本局实际,开展批评与自我批评,收到良好效果。

为了提高党员素质,改进干部作风,局机关党委先后选派11名处级干部,参加了省直党校十七届五中全会精神、公务员培训班的学习;局党组响应省委书记袁纯清的号召,组织全体党员和职工到右玉县实地参观,学习右玉县委和右玉人民艰苦奋斗、持之以恒的创业事迹。

党风廉政建设是机关党的建设的重要方面。省档案局全面贯彻中央、省委关于加强党风廉政建设重大部署和要求,落实党风廉政建设责任制的各项规定。3月2日,局党组以晋档党字(2010)6号文件印发了《山西省档案局2010年党风廉政建设和反腐败工作实施意见》,明确局领导和各职能部门党风廉政建设的责任,形成了党组书记、局长负总责,班子成员在分管职责范围内负领导责任,纪检总监督,处室抓贯彻,任务到个人,层层抓落实的责任体系。3月31日的全局干部职工大会上,局领导班子全体成员带头签署了《山西省档案局党员领导干部廉政承诺书》,之后,各处室负责人也庄重做出自己的廉政承诺。年底,局党组成员在民主生活会上,分别就执行领导干部廉洁自律规定,执行党风廉政建设责任制情况,结合机关党委收集的群众意见和建议,认真进行了对照检查。健全的制度保障和严格的组织监督,确保省档案局形成了风清气正的干事业氛围,全年没有发生过一起违法违纪问题。

三、围绕中心,服务大局,档案事业为全省转型发展、跨越发展做出了突出贡献

档案事业是党和国家的重要事业,一方面起到记录和保存国家、民族、社会发展历史记忆的重要职能,另一方面也和广大人民群众的生活密切关联,对于政治改革、经济发展、文化繁荣、社会进步都有着巨大的服务和促进作用。2010年,省档案局发挥档案工作"四位一体"的服务功能,紧紧围绕新基地新山西建设与促进山西转型发展、跨越发展、和谐发展的中心任务,创新思路,锐意进取,在服务全省大局和中心工作的同时,也取得了档案事业的长足进步。

一是加强档案馆库建设,丰富国家档案资源,夯实山西

档案事业基础。由于经济条件限制,我省一些县市档案保管设施和条件严重落后,极大地影响了全省档案事业的发展。2010年,省档案局借国家档案局和财政部资助中西部地区建设档案馆库的东风,积极开展山西省县级综合档案馆建设规划。10月份,国家发改委下达了2010年我省11个县级综合档案馆建设项目中央预算内投资计划,省档案局审查了其中5家县级档案馆的设计平面图,并对晋城市档案馆的建筑设计提出具体指导意见。为保证档案馆馆舍建设能够体现新时期国家综合档案馆文化事业机构的特点,省档案局依据《档案馆建设标准》和《档案馆建筑设计规范》,与省发改委联合拟定了《关于县级国家综合档案馆馆舍建设的指导意见》。全省各级档案部门积极开展档案资源建设,丰富各级国家档案馆的馆藏内容。省档案馆积极参与有关重大活动,接收了平遥国际摄影节、中国(山西)制造业博览会、中国(山西)能源博览会形成的有关档案资料,还收集到名人书画和省级领导题词30余幅。尤其是接受我省老领导赵雨亭夫人捐赠,将赵雨亭工作笔记、手稿及其他资料1853册(件)入藏山西省档案馆,永久保留,为山西革命和建设史留下宝贵记录。

二是做好档案业务指导工作,为全省经济建设和民生工作服务。2010年,省档案局加强了经济领域档案工作。一方面,依法加强对重大建设项目档案工作的管理,积极开展监督检查和业务指导,按照要求对全省在建的33个煤矿建设项目档案工作进行专项检查,有力地促进了建设项目档案管理工作依法有序开展;另一方面,加强档案规章、制度的修订完善工作,从法规和制度上促进有关部门档案管理工作。如经过调研,对政府规章《山西省重大建设项目档案管理办法》进行了修订;与省煤炭厅共同下发了《关于做好煤炭资源整合文件材料归档和接收工作的通知》,等等。省档案局还与省林业厅联合印发了《关于进一步做好集体林权制度改革档案管理工作的通知》、《山西省集体林权制度改革档案检查验收方案》,促进了我省林权制度改革工作的顺利推进。与此同时,省档案局特别重视民生档案工作,协助指导山西企业养老管理中心、机关事业单位养老保险管理中心出台了《山西省企业养老保险档案管理办法》和《山西省机关事业单位养老保险档案管理办法》;与省民政厅联合转发了《关于印发伤残抚恤人员档案管理办法的通知》,并对有关市民政部门宣传贯彻《收养登记档案管理暂行办法》和《婚姻登记档案管理办法》的情况进行了专项检查;与省卫生厅联合出台了《山西省新型农村合作医疗档案管理办法(试行)》。这些办法、制度的出台,实实在在地为全社会谋了福祉,保障了广大人民群众的合法利益。

三是开发档案信息资源,为建设文化强省服务,为广大人民群众文化生活服务。2010年,省档案局利用丰富的馆藏资源,开展了形式多样的档案信息资源的开发和利用。省档案馆与有关单位合作,分别编辑、出版了《阎锡山日记》(影印本)、《当代山西重要文献选编》(第四卷)、《为了共和国的安宁——山西省抗美援朝运动回顾》的档案资料汇编;独立编辑出版了《兰台耕耘集》、《档案鉴证历史》的著作文集。为纪念抗日战争胜利65周年,省档案馆与山西电视台《一方水土》栏目组合作,利用档案历史文献研究成果,制作并播出了揭露侵华日军残害山西人民历史的纪实片。尤其是在山西省档案馆成立50周年纪念活动前后,开展了一系列档案文化宣传活动,召开了建馆50周年座谈会,举办了"山西档案珍品展",与《山西日报》社在全省11个地级城市举办了《"礼赞山西"——档案珍品巡展》的大型宣传活动。既宣传了档案工作和档案文化,又满足了广大人民群众的精神文化需求。

(赵永强)

附:省档案局(馆)党组书记、成员名单

书　记:阎默彧

成　员:张彦杰(女)　王保国　胡谷平(女)　邢利民

省万家寨引黄工程管理局党委工作概况

党委书记　菅二拴

2010年,省引黄局党委以高度的政治责任感、强烈的使命感与紧迫感,团结带领广大干部职工聚精会神抓党建,一心一意谋发展,全力推进北干建设,努力提升南干效益,经过奋力进取,扎实工作,圆满完成了年度目标任务。

一、加强党的领导,努力提高党建工作科学化水平

认真贯彻新修订的《中国共产党党和国家机关基层组织工作条例》,通过强化领导、严明奖惩、层层落实等措施,推动了党建日常工作的有序有效开展。一是根据工作需要,将党支部由27个调整为29个,实现了党的组织和党的工作全覆盖。二是结合机构及人员调整实际,对7个调整支部,2个增设支部的书记、副书记进行了改选,选齐配强了支部领导班子。三是按照发展党员16字方针,加强入党积极分子的培养和教育,全年发展党员20名,党员队伍不断壮大和优化。四是通过填写《党员信息登记表》,建立了党员管理信息数据库。五是加强党费的收缴与管理,按规定及时上交党费。

年初,把党建、廉政建设、文明和谐建设列入年度目标责任书中。年终,对各处室、单位进行严格考核,真正做到党的工作和中心工作同部署、同要求、同奖惩。制订了落实《党的工作责任制实施办法》,进一步明确了局党委班子成员落实党的工作责任制的职责分工,细化了党委办、纪检监察室、各党支部在落实党的责任制中的职责和任务。

二、党委率先垂范，不断加强领导班子自身建设

一是坚持民主集中制原则。局党委通过健全完善党委会、办公会、民主生活会等制度，坚持按照集体领导、民主集中、个别酝酿、会议决定的原则，不断完善党委议事规则和决策程序，致力于公开透明。凡涉及全局的重大问题，如年度工程计划、运营预算、物资采购、合同变更、重大项目安排、大额资金使用等，均实行党委会、办公会集体研究决定。同时，利用局域网、《快报》、《引黄工程报》、电子显示屏等各种传媒，及时将全局的重大决策、重要事项向群众公布，充分做到了党务、政务公开。

二是抓好干部队伍建设。2010年，局党委高度重视干部的培养培训，积极深化干部人事制度改革，把"论德才、讲实绩、重基层、凭公认"的理念贯穿于干部选用工作的全过程。根据工作需要，提拔正处级干部4名，副处级干部1名，轮岗交流处级干部15名。干部的每一次选拔任用，选拔任用的每一个环节，均严格按照条例及相关规定，执行标准不走样，履行程序不变通。在全省提高选人用人公信度工作会议上，我局作了《慎选严管干部　让群众满意认可》的经验交流，干部选任工作得到了省委组织部的肯定与认可。2010年底，从提高干部队伍整体素质的需要出发，我们又出台了《局机关干部基层锻炼办法》，必将有力地推动工程建设又好又快发展。

三是保持务实清廉作风。局党委成员带头遵守党员领导干部廉洁从政各项规定，高举旗帜，坚定信念，严于律己，率先垂范。在11月17日召开的党员领导干部民主生活会上，党委成员以"贯彻落实《党员领导干部廉洁从政若干准则》，深入学习右玉精神，切实加强领导干部作风建设"为主题，结合自己分管的工作，对照支部和党员群众提出的建议，就思想、工作、存在的不足以及整改措施作了开诚布公的发言；针对党员、群众提出的意见和建议，制定了整改措施，明确了努力方向。一年来，党委成员深入工程建设和生产运行一线，倾听职工群众呼声，协调解决现场问题，一心一意为职工办实事、解难事，得到了广大干部职工的拥护和信赖。2010年8月28日，局首次党代会胜利召开，大会审议通过了党委工作报告和纪委工作报告，选举产生了新一届党委和纪委领导班子，明确提出了今后一个时期党的建设的目标、任务和工作重点，党委的凝聚力和战斗力得到加强。

三、强化干部监督，全力推进党风廉政建设和反腐倡廉工作

坚持从严教育、从严要求、从严管理、从严监督的方针，充分发挥纪检、审计、质监、安监等职能处室的作用，加强对处级以上领导干部和重要岗位权力运行的监管。将28项反腐倡廉年度工作任务分解到各有关处室（单位），由主要负责人负总责，加强监管。以学习弘扬右玉精神为契机，狠抓作风建设。组织机关支部书记和副处级以上党员领导干部赴右玉县考察学习，邀请右玉县第12任县委书记袁浩基作学习"右玉精神"的辅导报告。根据省委加强干部队伍作风建设的"五个不准"规定，及时制定并下发了加强和改进作风建设的"八条禁令"。围绕北干建设，重点对招投标、工程建设、工程质量安全、物资采购和资金安排使用情况进行督查。按照引黄工程《招标采购管理办法》有关规定，对60个工程项目招标及评标，33个项目的招标文件，42个项目的合同谈判等招标采购工作进行了全程监督，有效防止了违规违纪和违反程序问题的发生。

四、强化责任意识，圆满完成各项年度目标任务

一是北干年度建设任务超额完成。北干线工程是我省转型跨越发展的重点建设项目。2010年春节一过即组织召开攻坚动员大会，接着又联合省总工会开展劳动竞赛。进入施工黄金期，定期组织现场督查、适时组织百日会战，国庆前后，整个北干掀起了你追我赶，奋力争先，争分夺秒，大干快干的热潮。所有参建人员放弃节假日，全身心地投入工程建设。经过全体建设者奋力拼搏，超额完成了年度任务。其中：总长43.67公里的控制性工程一号隧洞于11月11日全线贯通；PCCP管道埋设完成90.14公里，超额29%；大梁、耿庄、金沙滩、墙框堡四座调节水库土石方开挖完成563.79万立方米，超额82%；土石方回填完成632.58万立方米，超额40%；土工膜铺设完成195.67万平方米，超额30%；平鲁地下泵站洞室石方开挖按期完工，地面变电站综合设备楼和控制楼主体工程已经完成，主要设备安装就位；北干机电招标采购的大部分设备已陆续交货。与此同时，呼延调蓄水库经过各方共同努力，扭转了因多种因素制约多年举步维艰的被动局面，工程建设步入正常轨道并取得实质性进展。

二是安全与质量管理水平进一步提升。在全力推进工程建设过程中，认真贯彻"质量第一，安全至上"的方针，以如履薄冰、如临深渊的态度抓质量、抓安全，在组织领导、制度落实、监督检查、宣传教育、考核奖惩等方面采取措施，加大监管控制力度。局质委会、安委会坚持每季度召开例会，及时研究解决工程建设中遇到的问题。质监处、安监处定期组织专项检查，不定期进行抽查。进入工程建设高峰期即适时开展"质量管理提升年"活动，继续引深"安全生产年"活动，坚持多措并举，以确保工程质量和安全生产。当年北干线共评定单元工程7855个，工程质量全部合格，其中优良6984个，优良率达89%，全年未发生任何安全事故。2010年8月，省引黄入晋工程领导组邀请省内外16位资深专家对在建项目质量进行的阶段性检查评估认为："北干线工程质量控制及保证措施有力，工程质量处于全面受控状态，满足合同及国家有关规程、规范、标准的要求，资料整编规范、齐全，施工质量良好，总体评价达到优良标准"。

三是南干运营效益稳中有升。在全力推进北干建设的同时，局党委始终坚持经济效益、社会效益、生态效益并重的原则，通过精心组织，狠抓管理，深化改革，强基固本，不断提高南干供水运营的质量和效益。2010年，总干、南干双机运行

为主、单机运行为辅,稳定运行 115 天,供水总量 1.73 亿方(达到一期工程已形成供水能力的 55%)。其中:向太原输送工业和城市生活用水 9125 万方,收回水费 1.605 亿元;向汾河中下游补充生态用水 8212 万方,收益 1.19 亿元。实现了稳定供水和安全生产无重大责任事故的目标,取得了供水运营效益稳中有升的好成绩。

五、提升能力素质,扎实推进学习型党组织建设

制定了《推进学习型党组织建设的实施意见》,局党委根据《党委中心组理论学习计划》,采取外请主讲、中心组扩大会议和党委书记讲党课等学习方式,组织了《廉政准则》、《省委书记袁纯清 7·29 讲话》以及"右玉精神"等 8 个专题学习。并为每个支部发放了《沈浩日记》、《创先争优活动学习读本》等理论学习资料,各支部除组织党员干部集中学习外,党员干部还利用业余时间自主选学,干部理论学习呈现良好态势。

干部培训方面,分两批组织 71 名以处级为主体的干部前往复旦大学、浙江大学参加了为期半个月的"公共管理"脱产学习。政治理论方面,安排 30 名处级干部参加省直机关处级干部轮训,安排 4 名处级干部参加省直机关中共十七届五中全会精神专题培训,组织 5 名党外干部和党外知识分子参加省直机关统一战线成员树立和践行社会主义核心价值体系培训。业务知识方面,组织了防雷知识、标准化建设管理以及消防知识等生产岗位技能培训;开展了土工膜技术培训、水利工程项目质量管理、水利工程施工质量检验与评定等工程建设专题辅导。全局上下学习热情高涨,全员学习、终身学习的理念不断强化。

六、开展创先争优,巩固文明和谐创建成果

在创先争优活动中,制定了《创先争优活动实施方案》,成立了组织机构,深入开展创先争优活动。在广泛思想发动的基础上,局属 29 个党支部做出承诺 139 条,325 名党员作出个人承诺,平均每人 5 条,并以适当的方式向群众公布。按照规定的点评内容和方法,8 位局领导分别对 29 个党支部及支部书记作了点评,29 名支部书记分别对 288 名党员进行了点评。

创先争优活动与我局正在开展的"当好主力军、建功北干线、和谐促发展"为主题的北干劳动竞赛活动结合起来,与加强党的建设,充分发挥党支部的战斗堡垒作用和共产党员的先锋模范作用结合起来,激发了党支部和广大党员在工程建设和生产运营中奋勇争先、争创一流的热情。形成了支部班子带头创先,党员干部带头争优,各项工作稳步推进的良好局面。

通过创先争优,促进了文明和谐建设,取得了新成效。组织省内外新闻媒体百名摄影记者聚焦引黄工程,以独特的视角宣传引黄工程对"再造新山西"的支撑保障作用,展现引黄建设者为转型跨越拼搏奉献的精神风貌。局机关大院实施了绿化美化、路面修复、住宅楼外墙节能保温改造、调度大楼室内外装修等工程,新的职工活动中心、老干部活动中心、食堂投入使用,职工工作和生活环境得到改善。工会、妇委会、共青团从各自角度凝心聚力,鼓劲加油。公安工作主动融入工程建设,自觉维护社会治安。全系统人心思进,和谐稳定。12 月 15 日,我局再次被授予"省直文明和谐单位标兵"称号,连续九年获此殊荣。 (温 捷 曾军顺)

附:省万家寨引黄工程管理局党委书记、副书记、委员名单

书 记:管二拴

副书记:朱春耀

委 员:崔富春 张俊杰 樊安顺 贾伟智 苏连元 雷天才 呼运平

省地质勘查局党委工作概况

党委书记 安俊生

山西省地质勘查局原为地矿部驻晋单位,其前身是原山西省地质矿产局,至今已有 52 年的建局历史。1999 年由国土资源部划归地方管理,成为省政府直属的正厅级事业单位。目前,全局共有职工 1.3 万人,县级事业单位 18 个,分布于省内各地。建局以来,通过几代地质人艰苦卓绝的奋斗,勘查评价了山西的 62 个主要矿种,发现煤、铝、铜、金、铁、锰等 140 余处大中型矿产地。全局现有基层党组织 141 个(包括 13 个直属党委、3 个直属党总支和支部、125 个党支部)。党员 2400 余人,在职党员 1250 人。

2010 年,山西省地勘局党委在省委、省政府的正确领导下,全局上下认真贯彻落实党的十七大和十七届四中、五中全会精神,以科学发展观为指导,全面贯彻全省经济工作会议以及 7·29 全省领导干部大会精神,紧紧围绕全省转型跨越发展,扎实推进各项工作,地勘经济实现平稳较快发展,全局职工收入稳步提高,党建工作和精神文明建设蓬勃开展,年度工作和"十一五"规划主要目标全面完成。

一、以地质主业为中心,促进地勘经济稳步发展

找矿成果显著,为我省经济发展做出了新贡献。2010

年，全局提交煤炭资源量23.87亿吨，铝土矿7595万吨，铁矿28735万吨，铜矿26999吨，石墨矿192万吨，白云岩3.6亿吨，水泥灰岩3.12亿吨。其中省地勘院实施地天镇马圈痒地下热水资源勘查省价款项目，首次打出了高温地下水，水温达107℃的地热，为山西省温度最高的地下热水。局积极落实国土资源部“全面推进地质找矿新机制座谈会”精神，认真编制上报了全省铁、铝地质找矿整装勘查实施方案，“山西省霍西——河东地区铝土矿整装勘查”和“山西省五台——恒山铁矿整装勘查”两个项目列为全国“358”地质找矿行动计划重点勘查区。坚持大地质理念，不断扩大服务领域，承揽完成了一大批社会性矿产资源勘查评价、地下水资源勘查施工、地质灾害勘查治理以及铁路、公路勘察、市政工程建设等较大的市场项目。圆满完成了四川茂县灾后重建、云南抗旱打井、王家岭煤矿抢险等工作，发挥了地勘队伍应有的作用，有力支持了山西经济社会的发展。地勘经济实现平稳发展，全年实现总收入19.42亿元，同比增长11.23%，其中对外经营收入完成15.5亿元，同比增长12.4%。

2010年是“十一五”的收官之年，五年来，全局经济保持了持续较快发展。累计实现总收入58.3亿元，年均增长17.5%。地质勘查工作取得显著成果。共承担国家及地方财政出资的地质勘查项目792项，实施各类地质市场勘查项目4178项，发现矿产地50处，累计提交资源储量煤炭471亿吨、铝土矿11.5亿吨、铁矿5.3亿吨、金矿1864公斤、银2.27万公斤、铜4万吨、铅锌矿6.82万吨、冶镁白云岩10亿吨、金红石139万吨、石墨401万吨等等，为全省经济社会发展提供了后备资源保障。

二、以服务大局为基点，加强领导班子和干部队伍建设

坚决贯彻执行中央和省委、省政府的决策部署，牢固树立服务全省工作大局的观念。一年来，局党委认真贯彻执行党中央的大政方针政策，紧紧围绕省委、省政府的工作主题谋划和推进各项工作。特别是袁纯清书记7·29重要讲话之后，局党委一班人立即组织认真学习，要求局属单位和部门，一切工作部署都要紧密联系山西实际，自觉适应转型跨越发展的需要，牢固树立服务发展、服务社会的理念，同时要求全局干部和职工，立足本职岗位，强化大局观念，进一步增强地质工作对经济社会发展的保障能力和服务功能，更好地发挥地勘队伍主力军作用。

完善领导决策和民主管理，不断强化民主集中制原则。局党委坚持分工负责，权责明确，集体讨论，会议决策，协作紧密。不断完善局各级党委的议事规则和决策程序，充分发挥党委在重大问题上的决策作用，提高科学决策、民主决策、依法决策水平。凡涉及任免干部问题，严格按照选拔任用程序，经党委会议集体研究决定。同时要求基层党委在重大决策、大额度资金使用、大型工程招投标等问题上提交党委集体决定。

不断健全和完善干部制度，在干部工作选拔任用中始终坚持正确的导向。认真贯彻执行中央的《条例》，以及省委干部工作的有关规定，坚持德才兼备、以德为先用人标准。2010年，我局从队伍长远发展需要出发，对全局基层领导班子和成员及后备干部进行了大规模综合性考察。为了扩大选人用人渠道，考察对象涉及10个基层单位领导班子成员和13个机关处室主要负责人。1596名职工参加民主测评和推荐，970名职工参加个别谈话。经过考察全局确定89名队处级后备干部。新提拔任用干部19名，平级调整交流干部25名，退出领导岗位14名。

三、从工作创新着手，夯实基层和机关党的建设

围绕第一要务抓好党建工作，形成党建工作与经济工作同步实施的责任制体系。随着生产经营建制的变化，局属各单位党委对基层党的组织做出相应调整，做到哪里有队伍，哪里就有党组织。即使是野外流动作业的项目部，也要及时成立临时支部，使党员参与组织活动，实现基层党组织的全面覆盖。年初，局党委制定了《基层党组织换届选举实施方案》，于4月2日召开机关党员大会，选举产生了新一届机关党委。

深入开展创先争优活动，增强基层党的工作活力。一是创先争优活动在全局有序推开。局党委制定下发《关于开展创先争优活动的实施意见》，各单位党委及时成立了领导和工作机构，先后在六七月份进行动员并展开活动。二是各种主题活动亮点纷呈。各单位结合自身实际，选择了多种活动载体。通过组织党员观看电影、交心谈话、专题讲座、征文，提高党员先进性的认识；通过到武乡八路军纪念馆参观，到右玉、平顺西沟、海尔集团实地考察学习，让党员接受光荣传统和先进理念教育。三是党支部、党员公开承诺。党员通过大会公开承诺，领导点评、群众评议，明确和强化了党员责任。四是贯穿活动搞好宣传教育。许多单位配发了学习书籍；利用宣传橱窗、电子屏幕、简报和期刊编发专题信息，局域网开设专栏报道活动动态；217队将身边的突出事迹挖掘提炼为“腰站精神”在全队大力提倡，形成了比学赶超先进的浓厚氛围。

推进学习型党组织建设，在提高思想理论水平和指导实践上下功夫。认真制定了《实施意见》，并坚持运用过去的有效做法，积极落实了这项工作。一是以中心组学习促进带动党员干部的学习。局、队两级班子，建立健全了学习、考核制度，认真落实全年六次12天的学习时间和任务。结合学习搞好调研，提交调研报告和学习体会，在提高认识、指导实践上收到实效。二是抓好党员干部的政治理论学习和业务培训。认真落实《全国党员教育培训工作规划》，每月安排1个下午强化党员干部集体学习，圆满完成省级部门和党校安排的培训任务。三是根据学习主题精心选择学习内容。紧密结合国内重大时事形势，认真组织学习十七届五中全会精神、“十二五”规划建议、廉政准则以及袁纯清同志7.29讲话精神、右玉精神等内容。四是因地制宜，不断创新学习形式。通过报告

会、座谈会、研讨会、组织生活等方式,扩大职工参与度。把课堂搬到野外生产一线,保证了学习的实用性,增强了学习效果。

在党员管理方面,针对党员构成特点,实行分类管理。建立党员关怀、帮扶机制,对于困难党员、老党员、老模范,进行认真摸底调查,并在节日期间走访探望,平时给以帮扶资助。按照规划和程序要求做好发展党员工作。2010 年共发展党员 55 名,基本做到有计划、有重点发展,党员队伍结构有所改善,质量得到保证。认真做好党费收缴、管理和使用,党建工作活动经费能够得到充分保证。有的单位从管理经费中给支部书记每月发放津贴。

四、以文明创建为重点,全面加强地勘职工队伍建设

创建工作有长远规划和制度保障,实现了全部纳入省直文明单位的创建目标。以创建"文明单位"、"文明机台"、"文明职工"、"文明家庭"、"青年文明号"为载体,积极推进群众性精神文明建设,局机关连续 15 年保持省直文明和谐单位标兵称号,局属 11 个基层单位全部被评为文明和谐单位。积极开展以社会主义核心价值体系为重点的公民道德思想教育,部分单位制定了职工文明公约,成立了红白理事会,参与帮助职工和家属节俭办事,为职工分忧解难,提供服务。积极参加社会公益活动。2010 年先后为青海玉树、甘肃舟曲和我省灾区组织 3 次捐款,共计 40 多万元。

高度关注改善民生,努力建设和谐稳定地勘队伍。在经济发展的基础上,统筹协调各种利益关系,努力从总体上提高职工收入水平,使万余职工共享改革发展成果。关心野外一线职工,在生产生活条件、职工收入和装备配置上采取倾斜措施。尤其对艰险地区施工的职工,特别配备先进仪器设备,努力减轻职工劳动强度。特别重视 6000 余名离退休人员的管理工作。经常向老同志通报工作情况,认真落实政治和生活待遇,抓好日常活动和场所建设,关心慰问外地退休职工。加大地勘单位基础设施改造和配套工程建设。

抓好普法教育和宣传,努力提高职工法律意识。指导和督促局属各单位的普法宣传和普法教育,开展了一系列的法制教育和法制宣传活动。认真开展"五五"普法教育,做好普法总结验收工作,全局统一组织 1000 余名干部职工进行了法律知识考试,平均成绩优秀,7 名局领导参加了统一考试,圆满结束"五五"普法工作。

开展丰富多彩的文体活动,积极营造和谐地勘人文环境。我局继承和发扬优良的传统,不断倡导形成健康文明、积极向上的企业内部文化。一是贴近群众生活和实际,加强宣传工作。通过报刊、电视、网络等各种媒体,内鼓士气,外树形象,营造良好环境和舆论氛围,不断提高我局的知名度和社会影响力。全年累计在各种媒体上宣传 950 篇 / 次。二是在开展国庆 60 周年征文活动的基础上,编辑出版了《我和我的祖国》地勘职工作品集。三是党工团协同组织喜闻乐见的活动,丰富职工精神文化生活。在活动组织上,有中老年合唱团、舞蹈队、门球队、健身队,以及书法、太极拳、钓鱼和摄影爱好者协会。在活动内容上,利用重大节日和队庆纪念日组织歌咏比赛、书画摄影展览,举办各种球赛、棋牌比赛和趣味运动会。四是重视工作生活环境治理建设。加强社会治安综合治理,抓好工作生活环境的绿化、美化,创造了让职工满意的和谐氛围和温馨家园。

加强群众团体组织建设,充分发挥工会、共青团组织的作用。认真筹备召开了省地质工会二届六次会议,选举产生了新一届地质工会委员会。认真执行职工代表大会工作制度,10 个基层单位定期召开职代会。深入开展"送温暖活动"。2010 年元旦春节期间,将局筹措的 50 万元慰问金送到 346 户贫、特困职工手中。积极开展"金秋助学"活动,为 17 名职工子女发放了助学金 3.7 万元。积极开展共青团工作。广泛开展"五四"青年节活动和青年劳动竞赛活动。进行山西省青年岗位能手评比、省级"青年文明号"培训和年度考核。全局现有 25 个省级"青年文明号",今年又有 2 个申报验收通过。

五、加强领导干部党性修养,切实抓好党风廉政建设

以党风廉政建设责任制为抓手狠抓落实,印发《全局党风廉政建设责任制分解意见》,把责任任务分解落实到人。各地勘单位与二级实体签订了《廉政建设责任书》,党支部聘任廉政建设监督员,做到工作有人抓、有人管。开展了以整肃工作纪律为主要内容的作风教育。根据省纪委、省委组织部关于领导干部进一步改进工作作风、严肃工作纪律、狠刹不良风气的通知精神,印发了《山西省地勘局关于整肃机关工作纪律的通知》,成立了局整肃工作纪律领导组,重申了请销假制度,开展不定期抽查。加强制度建设,强化监督检查。坚持领导干部述职述廉制度,坚持队务公开和民主评议制度,加强职工群众监督,认真开展督促检查工作。

(李耿为)

附:省地质勘查局党委书记、副书记、委员名单

书　记:安俊生

副书记:靳援军(女)

委　员:翁金明　李日彪　韩晋生　武　胜　赵得权

省公路局党委工作概况

党委书记　赵振田

2010年，省公路局党委紧密围绕中心工作，结合公路实际，以党的十七届四中、五中全会精神为指针，以深入开展创先争优和建设学习型党组织活动为契机，以加强党的基层组织建设和党员教育为重点，严格执行党的工作责任制，充分发挥基层党组织的战斗堡垒作用和党员的先锋模范作用，深入扎实地开展了各项工作，取得了良好的成效。

一、抓好思想建设，进一步增强党员队伍的凝聚力和战斗力

以提高广大党员的理论素养、学习能力和解决实际问题的能力为重点，积极开展创建学习型党组织活动，坚持不懈抓好党员思想教育和业务学习。

一是坚持完善领导班子中心组学习制度。学习时间上坚持每周一的中心组学习制度；学习安排上坚持年初有计划，季度有安排，重大事件及时学；学习方式上改进为每周一由一名局领导或处室负责人自选题目授课；学习要求上，做到集体学习和自学相结合，把握原理和解决问题相结合，理论武装和指导实践相结合；学习目的上，不断提高运用马克思主义的观点、立场和方法分析问题、解决问题的能力，积极把学习成果转化为工作指南，在转变观念中破解难题，在解放思想中开拓进取。2010年班子成员每人读书笔记在1万字以上，写学习心得3篇以上，每人撰写调研报告一篇。

二是抓好基层党组织负责人学习。对局直单位、局监管路桥企业、局管高速公路建管处20名党组织负责人进行了培训。这次培训内容丰富，采取了党务知识讲解、参观学习和模拟测试的方式，用半天时间实地参观太原解放战争纪念馆，学习革命先烈不怕流血牺牲、艰苦奋斗的创业精神。用半天时间进行业务培训，采取模拟考试与现场讲解的方式，重点提高党务干部的思想认识和业务能力，充分发挥基层党务工作者"五带头"的模范作用。

三是抓好普通党员学习。坚持"三会一课"制度，加强党员经常性教育，因地制宜地开展好"三个半小时"（即：每天听半小时广播新闻，看半小时书刊、报纸，看半小时电视新闻）学习活动，通过悬挂标语、出板报、电子屏滚动等形式，利用网页等通讯工具，广泛深入地开展教育活动，坚持用中国特色社会主义理论武装党员，坚持用民族精神和爱国主义精神激励党员。

二、抓好组织建设，进一步发挥好基层党组织的战斗堡垒作用

以创先争优活动为载体，切实发挥各级党组织的战斗堡垒作用和党员的先锋模范作用。

一是充分发挥先进典型的示范引领作用。在纪念建党89周年之际，通过推荐、考察、公示等程序，表彰了11个"先进基层党组织"、104名"优秀共产党员"、27名"优秀党务工作者"。同时有6个"先进基层党组织"、46名"优秀共产党员"、10名"优秀党务工作者"受到厅党组的表彰。

二是着力抓好基层党组织建设。完善基层党组织建设，充分发挥基层党组织的战斗堡垒作用。为确保基层党组织生活的顺利开展，先后成立了晋路公司党委、平朔建管处党委，规范了基层各单位的党组织关系，进一步加强了对基层党组织的指导力度。

三是认真做好党员发展工作。严格按照"坚持标准，保证质量，改善结构，慎重发展"的方针，制订发展规划，有计划、有重点地发展党员。在党员发展上，严格遵循先培训后发展的原则。

四是严格党费收缴管理制度，按照党章的要求及时足额收缴党费。

三、抓好作风建设，进一步提升党员干部的党性修养

一是开好民主生活会。我局2010年度党委班子民主生活会于11月24日在省局机关召开。大家围绕"贯彻落实《党员领导干部廉洁从政若干准则》，切实加强领导干部作风建设"和"深入学习右玉精神，切实加强领导干部作风建设"这两个主题和群众所提意见，重点对照检查《廉政准则》规定的52个"不准"和作风建设方面存在的突出问题，回顾检查2009年度民主生活会整改措施落实情况，深刻剖析思想根源，提出了切实可行的整改措施。班子成员在发言中一致认为：加强领导干部党性修养，大力树立和弘扬良好作风，必须紧紧围绕中央提出的"保发展、保民生、保稳定"和省委提出的"转型发展、安全发展、和谐发展"以及省厅提出的"科学发展、快速发展、安全发展、协调发展"的总体要求来进行，坚持把干部的作风建设与巩固深化学习实践科学发展观活动成果结合起来，与扎实解决公路发展中实际问题结合起来，与有效推动山西经济社会各项事业的健康发展结合起来，把作风建设作为当前党风廉政建设的重中之重，抓紧抓好，抓出新成效。会议既民主团结又严肃认真，达到了上级要求和预期目的。

二是开展好创先争优活动。局党委高度重视，把创先争优活动做为加强作风建设，发挥党员先锋模范作用的最有效载体。一为确保活动顺利开展，成立了创先争优活动领导小

组,召开专题会议对创先争优活动进行了安排部署,于7月21日召开了创先争优动员会,下发学创活动实施方案,建立创先争优活动联系点,确保创争活动顺利开展。二为确保创先争优活动取得实效,对局直单位、局监管路桥企业、局管高速公路建设管理处30名党组织负责人进行了培训。三是加强督导检查,推动全面落实。局创先争优办公室成员对长治分局、晋城分局创先争优活动开展情况进行了实地调查,具体指导基层一线创先争优活动。四是召开创争活动再动员会,于11月9日,为进一步弘扬右玉精神,不断引深创先争优活动,省局创先争优领导组召开了深入开展创先争优活动再动员会,明确下一步工作重点是抓好创争活动各个环节规定动作的完成,尤其是要抓好十七届五中全会的学习,做好"十一五"的总结工作,规划部署好"十二五"的工作安排。

三是认真开展民主评议党员。坚持在述职述廉的基础上开展评议,把评议工作作为规范党员管理、加强作风建设的一个重要手段,把评议过程作为一个对党员进行教育的过程,把评议工作同干部考核相结合,评议结果和干部任免相结合。

四、抓好精神文明建设,进一步提高行业发展软实力

一是抓好公路文化建设。2010年是公路文化建设发展年,以"更畅通安全、更便捷舒适、更人文环保"为活动主题,以文化公路建设为重点,以全国干线公路养护管理检查为契机,以活动内容、形式的全面升级,推进公路文化建设活动向纵深发展。于10月23日至24日在晋城分局召开了公路文化建设推进会暨党工部部长工作会,通过对晋城分局山区公路文化建设的实地查看,使大家进一步认识到开展文化公路建设要因地制宜,与当地的人文地理相结合,让文化建设成为公路建设的一部分,真正做到更畅通安全、更便捷舒适、更人文环保。

二是不断提升七大载体建设活动质量。坚持不懈对七项创建活动抓落实,抓巩固,抓提高,抓创新。深入开展"文明路"、"文化公路"建设,着力改善路域环境,继续在干线公路大力实施以"GBM工程"为主要内容的文明路建设和"文化公路"建设,累计建成文明路5052公里,每个分局至少建成一条"文化公路";深化"文明和谐示范窗口"创建,修定了《山西省公路局文明和谐示范窗口管理办法》,同时适应我省公路系统新形势,对局级文明和谐示范窗口全面进行了重新申报、验收,确保了文明和谐示范窗口的创建质量,丰富了创建内容;深入开展"文明处室"创建,重点以开展"五型"机关创建为抓手,使机关办事程序进一步规范,工作效率、服务质量进一步提高,工作作风进一步改进;深入开展争当"文明职工"活动,以干部职工文明程度、服务水平和综合素质的提高,营造出高效廉洁务实的工作环境、公正公平公开的竞争环境、鼓励创新支持发展的人文环境;开展"文明项目部"创建,硬件方面做到硬化、美化、绿化、亮化和功能划分,软件方面全面推行公路企业文化建设,着力改善职工的工作环境和生活条件和提高广大干部职工的凝聚力、创造力;引深"青年文明号"创建,加强青工思想教育和职业技能培训,强化服务意识,提升服务质量,开展内外和谐建设,对内团结协作,对外扶危济困。11月7日,举行了大同分局阳高段沙河台机械化养护中心国家级"青年文明号"揭牌仪式;开展"路地共建"活动,发挥行业优势,积极支援地市、县道路建设,加强与地方有关部门的合作,在突发事件处置上形成相互支援的机制,与地方公安机关形成了协同办案的机制。

2010年,省局机关荣获了交通运输部授予的"全国交通运输文明行业"。截止目前,全系统共创建国家级文明单位4个,省级文明和谐单位标兵7个,省级文明和谐单位36个,国家级"青年文明号"5个,省级"青年文明号"46个。

(段晓燕)

附:省公路局党委书记、副书记、委员名单

书　记: 赵振田

副书记: 戴　飞　李铁山

委　员: 蒋　品　陈运生　胡志勇　惠高峰　周文全

省农机局党组工作概况

党组书记　王立伟

省农机局共有基层党组织49个,其中党委4个,党总支部5个,党支部40个。共有党员600名。

2010年,按照中央和省委的部署要求,省农机局坚持"凝聚力量、营造环境、改进作风、提升素质"的指导思想,紧紧围绕省委提出的转型跨越发展战略,以全省农机改革发展为中心,认真学习实践科学发展观,深入推进学习型机关建设和创先争优活动,不断加强思想、组织、作风、制度和党风廉政建设,积极营造良好氛围,确保了各项工作任务的顺利完成,促进了全省农机事业的健康发展。

一、全省农机化发展和农机化工作概况

2010年,全省各级农机部门紧紧围绕发展现代农业和建设社会主义新农村,以农机购置补贴为工作总抓手,"抓补贴促发展、强服务助增收、严监管保安全、夯基础增后劲",开拓进取,真抓实干,全省农机化呈现出了全面推进、跨越式发展的良好态势。主要表现在:全省农机装备总量快速增长。到

2010年底,全省农机总动力达到2787.2万千瓦,比“十五”末增长21.8%。其中,大中型拖拉机保有量达到7.32万台,比“十五”末翻了一番;玉米收获机达到3896台,马铃薯收获机达到2509台,分别是“十五”末的40.6倍和10.8倍。全省农机化作业水平稳步提升。2010年,全省主要作物机械化综合水平达到51.1%,比“十五”末提高了13个百分点。其中,全省机耕、机播、机收水平分别达到67.5%、56.3%、24%。全省农机服务组织蓬勃发展,农机化经营效益实现大幅增长。2010年,全省各类农机服务组织达到83.2万个,比“十五”末增加2.22万个。其中农机专业合作社发展到875个,入社人数达到9311人。全省农机化经营总收入达到97.6亿元,比“十五”末增加28.1亿元,增幅40.5%。其中农机户经营纯收入达到48.7亿元,比“十五”末增加18.5亿元,增幅61.3%。农机安全生产形势持续向好。2010年全省仅发生1起农机轻伤事故。连续多年全省农机安全生产事故起数、伤亡人数均低于省政府对农机安全生产的总体控制考核指标,农机安全生产形势继续保持稳定。

一年来,全省各级农机部门重点抓了以下八项农机化工作:

一是严格补贴制度,认真落实农机购置补贴政策。2010年,全省共落实农机购置补贴资金5.95亿元,比上年增加1.5亿元,增长33.7%。共补贴9.9万户农民购买各类农业机械11.8万台套,引导农民投入13亿元,带动全省农机经销企业销售额达到20余亿元,比上年增加了27%,取得了“农民得实惠、企业得效益、政府得民心”的良好效果。

二是精心组织重要农时季节机械化生产,玉米、薯类机收等农业生产关键环节机械化取得阶段性突破。全年共组织100余万台各类农业机械投入农业生产,分别完成机耕、机播、机收面积3839万亩、3272万亩、1397万亩。“三夏”作业时间比上年缩短了7天。玉米机收面积达到373万亩,机收水平达到17%;完成马铃薯机收面积76.6万亩,机收率达到24%。

三是机械化农业重点工程建设加快推进,有效提高了耕地质量和粮食综合生产能力。2010年我们把保护性耕作与农机深松整地有机结合,高起点建设、高规格补贴、高标准实施,全年完成农机深松整地面积151.8万亩;新增保护性耕作实施面积107.8万亩,累计达到966.5万亩,覆盖全省11个市100个县,受益农民近1100万人,为全省增产粮食6.5亿公斤,节约生产成本3.3亿元,总节本增效16.2亿元。

四是农机化公共服务体系建设步伐加快,农机社会化服务水平明显提高。在全省选择培育了16个农机推广旗帜县,并在每个县建设了3至5个区域性农机推广示范基地,初步形成了省、市、县、区域四级联动农机技术推广网络的基本框架。投入450万元为55个县配备移动检测线55条、14个市县配备红外线桩考仪14套、25个县补助购置25台监理专用车。在《山西日报》等省级媒体刊登农机化宣传报道100余篇,省电视台播放农机化新闻28次;与气象、通信部门联合建立了机收作业信息发布平台,发布跨区作业信息2万余条。首次安排了农机手培训资金,完成阳光工程农机培训和农机操作手培训3.8万人;实施农机“送教下乡”,10980名农民走进了中等职业教育课堂。投入省级资金1700万元,新发展农机大户1120个、农机专业合作社268个,创建农机服务“S”店31个,培育“星级”农机维修网点22个,改扩建农机维修网点189个。

五是加大了农机科研和农机化技术推广力度,机械化对现代农业的科技支撑作用显著增强。全省共举办各类现场演示会213次,推广各类机具6.5万台,开展技术培训280次,累计推广示范作业面积达到6800余万亩次。全年投入农机科研项目资金280万元,完成11项科技开发项目。其中“小麦玉米一年两作保护性耕作技术”首次获得了山西省农村技术承包一等奖,飞象集团“玉米收获机”被列入2010山西省科技创新计划项目,柠条饲料产业化技术示范项目列入科技部“十二五”项目库。我们还紧紧围绕省委省政府现代农业示范区建设部署,在全省建成5个现代农业机械化示范区,小麦、玉米和薯类三大作物基本实现了全过程机械化生产。

六是农机作业领域进一步拓展,机械化服务功能逐步增强。在全省三大现代农业示范区25个县实施了大棚骨架补贴试点,投入补贴资金5000余万元,补贴农民购买大棚骨架7492套,带动农民发展卷帘机等设备3万余台。在全省实施了低温冷榨油加工、小麦小杂粮加工等25个农产品处理初加工技术示范项目,建立示范点296个,推动农机服务延伸到了我省农村农产品加工的主要领域。

七是狠抓农机安全监理,农机化发展秩序持续向好。全省共新注册登记各类机车20265台,新训新考驾驶员13070名,检验各类机车61596台。在全省开展了“档案规范年”活动,整理规范监理文书档案30多万份;深入开展了农机安全生产专项整治行动,组织执法检查10万余台次,排查一般隐患2072项,纠正各类违章21869次;建成“平安农机”示范县11个,示范乡123个,示范村1000个,示范户1万个,原平等4县被评为全国“平安农机”示范县。

八是依法强化农机质量监管,有效净化了农机产品、作业和服务市场。在全省组织了“3·15”农机“质量与服务”宣传咨询活动;联合工商、质监部门,查处无证、假冒劣质农机及零配件1980台;对162台玉米收获机进行了质量调查;对31个播种机生产企业质量保障能力、140个定点销售企业服务质量进行了督导;抽查、定期检验农机产品239项;组织开展了农机维修网点大检查、大整顿;受理农机质量投诉案件24起,为农民挽回经济损失近12万元;完成农机产品定型鉴定119项、推广鉴定217项;增补147个企业14类512个品种进入山西省政府支持推广的农机产品目录,推荐我省7个企业10种农机产品列入国家支持的农机产品目录;制定实施了《塑料薄膜日光温室建造规范》地方标准。

二、党建和党风廉政建设工作

按照省委提出的“转型发展、跨越发展”战略部署,认真实践科学发展观,全面贯彻落实党的工作责任制和党风廉政建设责任制,深入学习贯彻袁纯清书记在全省领导干部大会上的讲话精神,积极开展创先争优活动和推进学习型党组织建设,不断加强班子成员和广大党员干部思想、组织、作风和制度建设,推进党风廉政建设和反腐败工作深入开展,确保年度各项工作任务顺利完成,为全省农业和农村经济发展做出了积极贡献。

一是认真落实了党建和党风廉政建设责任制。进一步建立和完善了"党组书记负总责、分管领导具体抓、机关党委抓落实"的工作机制,制定下发了《山西省农机局2010年党风廉政建设和反腐败工作任务责任分解意见》,按照"一岗双责"和"谁主管谁负责"的原则,把全年29项党风廉政建设和反腐败工作任务具体分解到各党组成员和职能部门,进一步明确了党组成员和职能部门的责任。

二是突出抓了理论学习和宣传教育。印发了中心组及党员干部理论学习计划和严格执行了《关于加强和改进中心组理论学习的实施办法》,全年局党组集中学习13次,特别是"7·29"全省领导干部大会精神,一个月内就集中学习了三次;组织机关和局直单位部分处级干部参加了人社厅组织的专题培训,4名处级干部参加了省直工委组织的短期轮训。认真开展了党风廉政宣传教育活动,重点组织学习了胡锦涛总书记、温家宝总理、袁纯清书记和王君省长的重要讲话及有关会议精神,组织党组全体成员、副处以上领导干部70多人到右玉进行了参观学习,对局机关和直属单位新提拔的处级干部进行了廉政戒勉谈话。

三是狠抓了基层组织建设。召开了局直机关第六次党员代表大会,选举产生了新一届机关党委和纪委;指导省农机质监站党总支、省农业机械化学校各支部进行了换届改选,组织改选了局机关共青团和妇女委员会,指导局直单位完成了工、青、妇等组织换届改选工作。"七一"隆重召开了纪念建党89周年大会,表彰了在党建工作中做出显著成绩的集体和个人。全年在局直系统职工中新发展党员6名。

四是积极开展了主题教育活动和关爱行动。"三八"妇女节,邀请省妇幼保健院的专家为机关女职工进行了保健知识的讲座;"五四"青年节,组织团员青年召开了纪念大会;"七一"在武乡八路军纪念馆组织开展了"缅怀先烈业绩,重温入党誓词"活动;"九九"重阳节,开展了争做好老伴、好子女、好儿媳活动;邀请省政府机关联队和农业部鉴定总站代表队举行了农机杯篮球邀请赛;组织了局直机关篮球友谊赛;组队参加了省直机关第三届职工运动会和省农林水工会组织举办的首届乒乓球比赛。对老干部、困难职工、退伍军人和帮扶企业进行了慰问,全年发放慰问金4万余元;组织职工参加为青海玉树和甘肃舟曲灾区捐款活动和"送温暖、献爱心"活动,累计捐款13.2万元。我局被省直文明委评为"2010年度文明和谐单位标兵",被省公共节能办公室评为"公共节能先进集体"。

五是扎实开展了政风行风评议活动。成立了政风行风评议领导组和办公室,制定了《山西省农机局2010年民主评议政风行风的实施意见》,组织召开了全省农机系统民主评议政风行风动员大会,向社会公开了政风行风评议的承诺内容,并公布了举报电话和网站;聘请了申纪兰等24人为全省农机系统政风行风监督员;召开了监督员座谈会和民主听证对话会,组织全省农机系统干部职工参与了《政风行风热线》节目,广泛征求社会各界的意见和建议,并制定了《整改方案》进行整改。

(赵忠伟)

附:省农机局党组书记、副书记、成员名单

书　记:王立伟

副书记:戴建功(11月离职)

成　员:姚建忠　许继光　郭廷荣　张培增　张乃晨(11月任职)

中国煤炭博物馆党委工作概况

党委书记　康明章

2010年,中国煤炭博物馆党委坚持以邓小平理论和"三个代表"重要思想为指导,深入贯彻落实科学发展观,扎实开展创先争优活动暨建设学习型党组织,带领全馆广大职工,解放思想、振奋精神、埋头苦干、努力克服各种困难,不断推进党的建设及精神文明创建工作,为文博主业、经济工作向前迈进提供了坚强的政治、思想和组织保证。

一、积极开展创先争优活动,扎实推进学习型党组织建设

在党的基层组织和党员中开展创建先进基层党组织、争当优秀共产党员活动,是继学习实践科学发展观活动后,党中央部署的又一项重要政治任务。开展学习型党组织创建活动,既是深入学习实践科学发展观活动的有效延伸,也是党的十七届四中全会提出的明确要求。围绕这"两项"活动,馆党委组织开展了一系列活动,取得了阶段性成果。

一是高度重视,精心组织,周密部署。在省直工委及省煤炭厅召开"两项"活动动员大会后,馆党委立即就开展"两项"活动进行了周密的部署。迅速召开动员大会,启动"两项"活动。成立"两项"活动领导组,制定活动方案、确定活动主题。

二是丰富载体,加大宣传,营造氛围。为营造活动氛围,使广大职工群众主动参与进来,"两项"活动办公室加大宣传力度,积极营造良好的舆论氛围。及时编发《政工简报》,对活动进行追踪报道。在煤博网站上开辟"两项"活动专栏,畅通

交流渠道。在局域网上发布信息,方便随时随地点击。制作喷绘版面,将"两项"活动的指导思想、总体要求、先进基层党组织的"五个好"、优秀共产党员的"五带头"的内容放在版面上,时刻提醒广大党员、干部,检查自己的言行是否和板面上的要求相一致。

三是加强督导,促进落实,扎实推进。由于"两项"活动周期长、范围广、任务重,为防止"雨过地皮湿",确保活动扎实有效开展,从一开始,馆党委就要求"两项"活动领导组要紧密结合各支部、各部门、各自岗位实际来开展活动。7位馆(总公司)领导分工明确,责任清晰,分别对12个支部的活动开展情况进行指导和督导。指导各支部制定活动主题。动员大会召开后,"两项"活动领导组及时督促、指导各支部密切联系本公司、本部门的岗位特点和实际,制定出观点鲜明、内容具体的活动主题。发放学习资料。为每一位支部书记、各处处长、各公司经理购置了《五百年谁著史》一书,意在使广大中层干部开阔视野,清醒认识1500年来的世界与中国,山西与中国,以史为鉴,理清思路。撰写心得笔记。为每一位在岗党员发放笔记本,要求他们在学习过程中紧密结合实际工作,进行深入思考,除做好学习笔记外,还要撰写心得体会,不断提高思想认识。广泛吸纳群众参与。要求各支部在传达精神、确立主题、制定各自的方案时,主动要求群众参与,充分征求群众意见,倾听群众心声,使活动扎根在实处而非飘在空中。完成党员承诺工作。做好党员承诺工作,是这次创先争优活动的一个重要环节,为此,在馆党委的领导下,专门组织召开各党支部书记会议,将此项工作进行详细的说明与指导。馆(总公司)领导班子及在岗党员都做出公开承诺,许多党员除了承诺立足岗位做贡献外,还对参加义务献血、扶贫帮困、义务服务弱势群体、资助困难家庭等体现先进性要求的举动作出了承诺。2010年11月22日,在馆党委的统一部署下,各党支部将党员公开承诺书向群众公布,接受群众监督。组织各支部书记赴右玉参观学习。为深刻领会、准确把握右玉精神的时代内涵,2010年9月18日至19日,组织各党支部书记一行10余人赴右玉参观学习。评选先进标兵。为进一步弘扬正气,树立良好馆风,积极营造创先争优的良好氛围,在馆党委的大力支持下,馆(总公司)进行了第四次先进标兵的评选工作。有十位职工获得"先进标兵"的光荣称号,并组织相关人员编写了《煤博风采录》第四辑。组织开展了"学先进、赶先进"活动。在纪念中国共产党成立89周年之际,馆党委组织开展了先进基层党组织、优秀党务工作者和优秀共产党员的评比表彰活动,并组织先进党员赴延安参观学习。

二、紧紧围绕中心工作,全面加强思想建设

2010年,思想建设工作紧紧围绕"稳定、提高、发展"这一主线,按照年初思想政治工作会议确定的"1122"的总体思路(即:贯穿一条主线,紧扣一个主题,开展两项活动,确保二个稳定),开展了一系列工作。

一是安排部署全年理论学习计划。年初,馆党委从深入学习科学发展观、深入学习中国特色社会主义理论、学习践行社会主义核心价值体系、加强反腐倡廉和法律法规的学习教育、学习掌握现代化建设所必需的各方面知识等五个方面详细制定了党委中心组和各基层党支部理论学习计划,并就理论学习时间、学习要求及学习方法进行了安排部署,下发了《关于2010年中国煤炭博物馆党委中心组和党员干部职工理论学习安排的通知》。

二是加强领导班子的理论学习。馆(总公司)领导班子坚持一月一次中心组学习,从未间断。一年来,先后学习了《中共中央关于加强和改进新形势下党的建设若干重大问题的决定》、胡锦涛总书记在全党深入学习实践科学发展观活动总结大会上的讲话以及干部选拔任用工作四项监督制度、袁纯清书记在山西省领导干部大会上的讲话、中共十七届五中全会精神和山西省委九届十一次全会精神等内容。

三是加强中层干部的理论学习。中层干部的理论学习,除按照年初的计划安排进行外,馆党委还采取用身边的行家里手讲授身边的事例,用身边的先进讲授身边的经验来增强学习效果,全年组织了四期学习讲座。

三、立足提高队伍战斗力,不断深化组织建设

一是认真组织召开党委专题民主生活会。2010年度的民主生活会,是在馆党委的高度重视下召开的。会议召开前,广泛征求、认真梳理意见和建议。会上,班子成员均站在加快煤博发展、维护广大群众利益的高度,实事求是查找问题,开展批评与自我批评。

二是指导基层支部召开组织生活会。馆党委在开好领导班子专题民主生活会的同时,12个基层党支部也召开了支部组织生活会。各支部联系本单位、本部门实际,深入查找突出问题,进一步明确了支部的努力方向

三是认真做好入党积极分子的培养和党员发展工作。馆党委通过支部推荐、考评、举行座谈会等程序,严格按照"坚持标准,保证质量,改善结构,慎重发展"的16字方针发展党员,并严格执行发展党员公示制度。2010年培养和发展了一批在生产第一线、肯吃苦、勇于奉献的同志加入了党组织,为党组织输送了新鲜血液,发展和壮大了党的队伍。

四、加大宣传工作力度,营造和谐发展环境

一是对内宣传。全年编发《政工简报》42期,对馆(总公司)重大决策与部署、创先争优活动开展情况、文博主业、经营工作取得的成果、身边的好人好事、重大工程的总结表彰、上级领导的关怀、出访交流、文明创建的点点滴滴等60多个事件进行了宣传报道。通过宣传,使广大党员干部职工充分了解馆党委的意图,了解馆(总公司)的运行情况,不仅对馆(总公司)各项事业的发展给予充分的理解与信任,还起到了提振信心、鼓足干劲的目的。

二是对外宣传。向有关书籍、专业杂志积极提供稿件和图片,大力宣传文博主业。不断丰富自办刊物《煤炭博览》的内容。通过《煤炭博览》使广大社会人士对我馆有更多的了解。

五、加强廉政建设，以廉促建设，以廉谋发展

一是加强党风廉政宣传教育。2010年，馆党委主要围绕第十七届中央纪委第四次全会精神、《廉政准则》、《关于领导干部报告个人事项的规定》等方面开展宣传教育，进一步抓好领导干部廉洁自律工作。

二是切实加强效能监察。年初，与各公司、各处室签订党风廉政建设责任制，切实形成把党风廉政建设与文博主业、经济工作、精神文明建设一起布置、一起安排、一起落实、一起考核的机制。馆党委安排馆纪委参与了馆（总公司）办公楼及学术报告厅装修改造工程招标、议标会10余次，依法依纪进行监督，从制度上保证了工程各项工作的公开、公平、公正、透明。

三是加大法律诉讼案件的处理力度。在馆（总公司）及所属公司文博主业和经营工作中的重要问题、重大举措以及各种经济合同、经营协议签订前，馆党委要求馆纪委、监察室严格依照有关法律法规、党纪党规进行认真研究、审核把关。2010年，共审核各类合同协议30余件次，研究相关经营项目的法律问题11件次，提出建议90余条。

四是努力做好信访举报工作。本着对组织负责，对本人负责的态度，对群众反映的问题和上级部门转发的信访案件，积极配合省纪委、省厅纪检组等上级纪检监察部门，实事求是地予以调查核实，妥善解决安置。

六、加强精神文明建设工作，不断提升文明和谐程度

一是完善机构，明确责任，形成层层落实的创建机制。我馆建立了“党委统一领导、文明委组织协调、部门各负其责”的精神文明建设领导体制。从机构设置、职责划分到工作落实，形成了层次清晰、责任明确、上下通畅、协调有力、运作规范的管理体系，充分调动了各方面的积极性、主动性。

二是合理安排，确保落实，形成科学规范的考核机制。每年年初与各公司、各处室签订《经济目标责任书》时，都要融入精神文明建设的具体目标。年底考核时，依据《中国煤炭博物馆（总公司）精神文明奖惩条例》严格考核，把精神文明建设的成绩直接计入总分，从制度上形成了把精神文明建设与文博主业、经济工作、党风廉政建设一起布置、一起安排、一起落实、一起考核，相互促进，相互依托的良好机制。

三是以人为本，创新载体，开展丰富多彩的创建活动。举办元宵节职工联欢会。组织职工齐往蒙山踏青。举办健排舞培训班。组织钓鱼活动。推广广播体操。选派职工参加省直机关第三届职工运动会。组织离退休人员前往青岛疗养和健康体检。组织副处级以上领导干部及先进标兵30余人，分两批赴上海世博会参观学习。组织职工参加美术书法摄影作品展。

四是履行社会责任，真诚奉献爱心。面对玉树地震、舟曲泥石流等自然灾害，我馆职工都慷慨解囊。2010年4月份开展了“我们与玉树心连心”捐款活动，8月份开展了“我们与舟曲在一起”捐款活动，共有553人次累计捐款3.28万元。

五是切实解决职工困难。每年春节馆（总公司）领导都要分头对困难职工家庭进行慰问，解决一些实际问题。馆党委克服重重困难，安排了部分职工子女就业，解决了职工的后顾之忧。尽力为大病职工办理大病医疗保险，帮助他们解决看病难的问题。

六是把综合治理工作贯穿文明创建的全过程。认真做好矛盾纠纷排查工作。及时发现隐患，迅速解决问题，保障稳定发展是2010年贯穿始终的一条主线。进一步美化工作、生活环境。馆党委在改善工作环境、增加绿化面积等方面投入了大量的资金，使职工、家属在工作中、闲余时能有一个舒适的空间。大力宣传、认真贯彻和严格执行计划生育基本国策。积极倡导科学、文明、健康的生活方式。

七是及时做好对获奖单位和个人的奖励工作。为了更好激励各处室、各公司、每个职工对我馆精神文明创建工作的积极性，馆党委根据《中国煤炭博物馆（总公司）精神文明奖惩办法》，对离退处、经营计划处、中煤公司、张俊杰等获得省市级荣誉的单位和个人发放了数额不等的奖金，以激发广大职工参与文明创建的积极性。

七、加强对工会、共青团的领导，为馆（总公司）改革发展创造和谐环境，培养后备力量

2010年，工会在组织职工开展各种文体活动、协调化解矛盾、为困难职工排忧解难等方面做了大量工作。共青团以开展各种社会实践活动为载体，增强了团组织的凝聚力，充分发挥着团结教育青年和党的助手作用。

（张晓玲）

附：中国煤炭博物馆党委书记、委员名单

书　记：康明章

委　员：张奎元　陈胜军　王　晋

省城镇集体工业联合社党组工作概况

党组书记　李荣钢

山西省城镇集体工业联合社(简称“省城联社”)为省政府管理的事业单位。省城联社共有基层党组织 21 个,其中:4 个党委、4 个党总支、13 个党支部;党员总数 478 名。

2010 年,省城联社党组在省委、省政府的正确领导下,坚持以邓小平理论和“三个代表”重要思想为指导,深入贯彻落实科学发展观,认真学习贯彻党的十七大、十七届四中、五中全会精神,全面贯彻落实省委九届十次全会精神,坚持以人为本,围绕中心,服务大局,以求真务实和改革创新的精神,全面推进机关和直属单位思想建设、组织建设、作风建设、制度建设和反腐倡廉建设,努力营造求真务实、锐意进取、奋发有为的工作氛围和发展环境,各项工作取得了积极的进展,为城联社的转型跨越发展提供坚强的政治保证和组织保障。

2010 年,全省城联系统成员单位 1021 户,工业总产值 109.77 亿元,同比增长 17.92%;工业增加值 49.56 亿元,同比增长 14.8%;上缴利税 28.42 亿元,同比增长 21.16%;出口交货值达到 3.49 亿元;同比增长 21.04%;资产总额 178 亿元。

一、高度重视党建工作,认真贯彻党要管党、从严治党的方针

认真贯彻落实省委九届十次全会通过的《贯彻落实〈中共中央关于加强和改进新形势下党的建设若干重大问题的决定〉的意见》,结合省城联社的实际,提出了实施意见,以晋城联党组 [2010]1 号文件下发到机关各处室和各直属单位,对新时期省城联社党的建设作了全面的安排部署。一是根据省委《关于推进学习型党组织建设的实施意见》和省直工委的安排部署,制定了《山西省城联社党组关于推进学习型党组织建设的实施方案》,并召开了动员大会。明确了建设学习型党组织的总体要求和基本原则,确定了主要任务和学习内容。各直属党组织按照《实施方案》的具体要求,把学习型党组织建设作为重要工作任务来抓,把科学理论武装放在了第一位。二是加强党组中心组学习,在理论联系实际上下功夫。12 月上旬,全体中心组成员深入到各直属企事业单位进行集体调研活动。调研结束后,每位中心组成员分别撰写了感想、体会和调研报告,从而引深理论学习和培养了理论联系实际的良好学风。三是各级领导干部以身作则,把建设学习型党组织活动作为党组织建设的有效抓手,把学习作为一种政治责任和精神追求,带头营造学习氛围,做学习的表率。四是建立党员干部学习成果考评机制,将党员干部理论素养、学习能力和用理论指导实际工作情况作为干部考核和选拔任用的重要内容和依据,激发了党员干部的学习动力。五是加强对建设学习型党组织活动的领导、指导和服务。在城联社集体经济网、工美协会网、山西城联信息等开设学习活动专栏,报道学习活动信息,开展专题讨论,交流学习体会。同时要求各级领导干部积极参加省委“学习实践网”和省直工委“党建网”的学习实践活动,推动了省城联社学习活动的深入开展。

认真贯彻落实《中国共产党党和国家机关基层组织工作条例》的规定。多年来,党组坚持安排机关党委专职副书记列席党组会议,尤其是在研究经济业务工作、讨论干部任免奖惩等重要事项时都要听取机关党委的意见,并参与推荐、考察干部等重要环节的具体工作。机关党委的活动经费能够给予足额保障。2010 年,机关党委列支各种活动经费为党费支出 5.53 万元,行政经费支出 4.85 万元。

党组书记切实履行党建工作第一责任人职责。一是党组书记和党组成员自觉参加双重组织生活会。二是党组两次听取机关党建工作情况汇报,研究分析、安排部署直属机关党的建设。三是每年都将党的工作与经济业务工作同安排、同落实、同考核。四是党组书记于 3 月和 9 月为党员干部讲党课,进行警示教育。五是党组成员对分管部门和单位党建工作进行督查、指导,建立了党员干部党建工作联系点,并经常深入联系点进行调研指导工作。

二、以党组中心组的学习带动党员干部的学习,不断提高思想理论水平

省城联社党组坚持用马克思主义中国化最新理论成果武装头脑、指导实践。一是坚持党组中心组学习制度。按照年初拟定的《2010 年省城联社党组中心组理论学习计划》,中心组学习内容提前布置,坚持考勤制度。2010 年中心组集体学习 8 次 13 天。通过中心组学习的表率作用,带动省城联社机关和直属单位党员干部的学习,坚定了广大党员干部的理想信念。二是组织处级干部参加省直机关处级干部学习十七届五中全会精神专题培训班,深刻领会全会精神,牢牢把握“十二五”发展主线,明确奋斗目标和主要任务,切实把思想和行动统一到中央和省委的部署上来。三是按照省直工委的部署对党组中心组和干部理论学习进行安排,明确学习内容、学习方法、学习制度、学习要求,并组织实施。四是开展社会主义核心价值体系学习教育,引导广大党员干部始终保持立场坚定,头脑清醒,自觉践行社会主义荣辱观。五是按照学习型党组织建设的要求,引导党员干部树立新的学习理念,改进学习方法,坚持学以致用,用以促学,不断更新知识。

三、加强党的思想建设和组织建设，积极推动省城联社党建工作

一年来，根据省直工委的安排和要求，将抓好基层党组织建设作为党建工作的重点。一是及时部署创先争优活动。为巩固深入学习实践科学发展观活动成果，确保创先争优活动取得实效，按照省直工委的统一部署，结合省城联社实际，制定了《省城联社机关党委关于在直属党组织和党员中深入开展创先争优活动的实施方案》，明确了总体要求、主要内容、活动步骤。同时，按照活动步骤要求，下发了《关于做好基层党组织、党员公开承诺的通知》，各直属党组织和党员围绕中心工作，立足本职岗位，以服务群众为目的，作出了公开承诺。二是健全党的基层组织。根据工作需要成立了省工艺美术协会秘书处党支部和山西太行海鸥锯业公司党委，机关党委指导文教中心等12个基层党组织进行了换届选举；按照党组安排，配备了物流公司党委书记。三是严把党员入口关。坚持把发展党员工作的着力点放在了对入党积极分子的培养教育上，按照党章规定和《发展党员工作细则》的要求，坚持党员标准，严格履行入党手续；坚持实行发展党员公示制和团组织"推优"工作制。全年培训入党积极分子5名，发展新党员5名，批准6名预备党员按期转为中国共产党正式党员。四是认真贯彻落实中组部新颁布的《党费收缴、使用和管理的规定》，认真执行收缴党费标准，严格执行使用党费分级审批、财务支出的规定，并对党费收缴使用情况进行公示。

四、加强反腐倡廉教育，树立和弘扬良好风气

2010年，紧紧围绕省城联社的中心工作，开展反腐倡廉教育。以学习弘扬右玉精神，加强机关作风建设为主题；以树立正确的权力观为重点，不断加强领导班子和干部队伍作风建设。一是按照省委的要求，于10月10日至13日组织机关、直属单位和市县城联社党员干部130余人到右玉参观考察学习，坚定了大家联系实际抓转型、不屈不挠谋跨越的决心和信心。二是深入学习，广泛宣传，进一步规范领导干部廉洁自律。把学习贯彻十七届五中全会精神和胡锦涛同志在十七届中央纪委六次全会上的重要讲话作为重要的政治任务，认真学习，加深理解，把党员干部的思想和行动统一到中央的精神上来，统一到省委和省直工委的部署上来，促进省城联社反腐倡廉工作的开展。三是制作了《中国共产党党员领导干部廉洁从政若干准则》展板，并组织了《廉政准则》知识测试。使广大党员干部全面掌握《廉政准则》，树立廉洁意识、法律意识和制度意识。四是组织党员干部观看了电影《第一书记》，使大家充分学习沈浩同志扎根基层、鞠躬尽瘁、诚心诚意为群众谋利益的典型事迹。五是组织机关党员干部参加了形式多样的反腐倡廉宣传教育活动，提高了广大党员干部对反腐败斗争的复杂性、长期性、艰巨性的认识和拒腐防变，抵御风险的能力。一年来未收到有关领导干部违法违纪的举报信件。

五、创新工作载体，文明和谐单位创建工作取得成效

2010年文明和谐单位创建工作稳步推进，省二轻文教事业发展中心和省城联社机关继续保持了省直标兵和省直文明和谐单位称号。一是根据省直文明委对精神文明创建工作的要求，结合省城联社精神文明创建工作的实际，拟定了《省城联社直属机关2010年精神文明建设和文明和谐单位创建工作计划》。二是根据省城联社领导班子成员调整的实际情况，调整了领导机构的组成人员及办公室成员。三是坚持开展社会主义核心价值体系教育，把社会主义核心价值体系体现到党员干部教育管理全过程，融入到党员干部日常工作学习生活中。机关党委给党员干部订阅了《社会主义核心价值体系学习读本》，使党员干部增强政治敏锐性和政治鉴别力，始终保持立场坚定，头脑清醒。四是组织开展了"关爱弱势群体"为主题的扶贫济困活动。首先组织机关和直属单位干部职工"送温暖、献爱心"捐助活动，共计捐款8530元。其次响应省委省政府支援舟曲受灾地区的号召，组织直属机关和单位广大干部职工向灾区群众捐款，共计捐款3.35万元。再次，开展关怀老党员和困难党员活动，2010年底，为直属单位困难党员发放慰问金9600元。五是以传统节日为契机，开展纪念活动，加强爱国主义等优良传统教育。清明节前夕，组织机关全体、直属单位班子成员到牛驼寨太原解放纪念馆开展"缅怀革命先烈、坚定理想信念"教育活动，在革命先烈碑前重温了入党誓词，以良好的精神风貌告慰革命先烈。六是组织参加了省直机关第三届"智奇杯"职工运动会。为展示广大干部职工昂扬向上的精神风貌，共享体育活动带来的健康和快乐，组织30名在职职工参加了羽毛球、乒乓球、台球、全健排舞等项目的比赛，并取得了运动会体育道德风尚奖、羽毛球比赛优秀组织奖、全健排舞团体一等奖、羽毛球双打第八名的优异成绩。8月份，组织参加了省直处级干部羽毛球比赛，取得了女子双打第一名、混合双打第二名的好成绩。七是组织机关和直属单位70余人，参加了省依法治省办公室组织的全省"五五"普法总结验收考试，通过认真学习与本职工作相关的法律法规和参加考试，进一步提高了领导干部的法制意识，为依法行政奠定了良好的基础。

六、加强对群团工作领导，充分发挥群团组织的积极作用

注重发挥群团组织的作用，把做好工青妇工作与开展特色活动紧密结合起来。

(一)共青团工作。一是机关团委在"五四"前夕，组织直属企事业单位的团员青年和中青年干部进行了主题为"低碳生活，从我做起"系列庆祝活动。二是与山西省青年联合会联合评定表彰了首届山西城联系统"十大杰出青年"和"十佳青年"。三是完成了省二轻文教中心团支部"省级青年文明号"的审核与上报工作。四是参加了省直团工委组织的"团员年报软件培训"及对所属团委、团支部进行的相关培训，完成了本年

度团委的年报工作和团费的上缴工作。五是指导宏艺团委的换届工作和工艺美术协会、工美馆成立团支部的筹备工作。

（二）妇女工作和计生工作。一是为了纪念“三八”国际劳动妇女节100周年，组织召开了以“回顾妇运百年，促进和谐发展”为主题的专题座谈会，二是为机关在职和离退休的女同志进行了体检。三是落实计划生育政策，开展宣传教育活动，与老军营街道办事处签订了“人口与计划生育工作目标责任书”，完成了各项指标，被评为合格单位。

（三）工会工作。一是抓好工会组织自身建设，指导宏艺首饰股份有限公司工会进行了换届和交易大厦工作进行换届选举的筹备工作。二是反映职工心声，维护职工合法权益。配合中华全国手工业合作总社、中国财贸轻纺烟草工会对我省城联社集体企业职工医疗、养老保险情况进行专题调研，为维护集体企业职工的合法权益、争取政府和各部门的支持提供了依据。三是真心实意为困难职工办实事。建立、健全了困难职工档案。在送温暖活动中，将救助资金及时发放到困难职工和劳模手中。为困难职工申请金秋助学金。四是组织向省劳动竞赛委员会推荐了劳动模范，在“五一”前受到了表彰。五是在职工中开展了普法活动，被省总工会授予工会系统普法工作先进单位荣誉称号。组织开展铁人杯工会知识竞赛。

（四）统战工作。一是按照省直工委统战部的安排，选派一名民主党派成员参加省委统战部组织的民主党派基层主委在北京的培训。二是按照《关于全省统一战线树立和践行社会主义核心价值体系的意见》的安排，组织二名民主党派成员参加了省直工委统战部树立和践行社会主义核心价值体系培训班。三是上报民主党派人员的基本情况。

（贾爱珍）

附：省城镇集体工业联合社党组书记、成员名单

书　记：李荣钢

成　员：杨晋才

省供销合作社联合社党组工作概况

党组书记　王俊辰

2010年，在省委、省政府和全国供销总社的坚强领导下，省供销合作社党组带领全系统干部职工共同努力，不仅全面完成了当年的工作任务，而且圆满实现了“十一五”期间所确定的各项工作目标。

一、以参与新农村建设统领全局，我省供销合作社工作在扩大社会影响力上取得重大进展

2006年党中央发出了建设社会主义新农村的伟大号召，为供销社实现新的发展提供了千载难逢的历史机遇。省供销社及时将工作中心转移到参与社会主义新农村建设上来，得到省委、省政府的高度重视和大力支持，省政府连续两次召开全省供销社参与新农村建设工作会议，统一思想，强化措施，凝聚合力，全面推进。从2006年下半年开始，全系统乘势而上，主动作为，严格按照“五统一”原则对新农村便民店进行大面积、全方位、科学化整合，使供销社网络终端面貌焕然一新，网络优势更加明显，服务功能进一步增强，重新构建了我省供销社新的经营服务体系。5年来，全系统累计建设新农村便民店14793个，超额7742个完成了省政府下达的建设任务，覆盖面占到全省行政村的一半以上。

二、加快推进“新网工程”建设由量到质的提升，全系统经营网络在农村流通中重新占据主导地位

“新网工程”是供销合作社在“十一五”期间强势推进农村流通现代化、彻底转变经营发展方式的历史性工程，也是遵循市场经济规律、适应新时期服务“三农”特点的惠农工程。全系统把提高“新网工程”建设水平、全面转变经营方式作为加快供销合作社改革发展的重中之重来抓，举系统之力，聚创新之源，走开放办社之路，初步打造出日用品销售、农资供应、农副产品购销、再生资源回收利用和电子信息服务“五大网络”这一新型的农村现代流通网络主体框架。截至“十一五”末，全系统新农村便民店等各类经营网点达15883个，营业面积达129.5万平方米，其中县及县以下15661个。五年来，共建设配送中心300个，连锁企业252家，连锁网点达到18099个，日用消费品配送中心配送面达45%以上，商品配送率达30%以上；县级农资配送中心配送面达到90%以上。已建在建各类农副产品批发交易市场104个，五年来共帮助农民销售农副产品达100多亿元。共建设再生资源回收利用集散市场59个，回收网点达到1454个。在省社建立了电子信息网络省级平台，在11个市、114个县社分别建立了市县级平台，共免费为农民发布各类信息30余万条，助农增产增收作用明显增强，现代流通经营业态从根本上开始发生改变。

三、全力推进基层社转型改造和农民合作经济组织的稳定健康发展，供销社为农服务功能开始恢复和增强

“十一五”期间，全省供销社把加强基层社的转型改造作为推进小城镇建设、参与农业产业化经营、改善和巩固为农

服务阵地、努力满足农民生产生活需要的重要工作来抓。针对部分县社服务网络薄弱,不能有效发挥农村流通主导作用的实际,省社制定出台了《薄弱与空白县经营服务网络振兴工作实施方案》,重点支持网络薄弱与空白县的日用品、农资、农产品配送中心和综合超市的恢复与重建,促进县域经营服务网络协调发展。到2010年底,共扶持县级以下建设项目135个,中央和省级各类扶持资金共计4744.14万元,使基层供销社的网络改造重建步伐进一步加快,服务设施得到优化,面貌得以改变。广大基层社在努力做好传统经营业务的基础上,积极拓展延伸服务领域,开展图书、医药、农机、电器维修以及保险、邮政、移动代办业务,创办社区综合服务社,为城乡居民提供多形式、全方位服务,涌现出太原市供销社青创田园社区服务中心、河津市小梁供销社综合服务社、潞城市史回供销社综合服务社、左权县麻田供销社综合服务社等一批先进典型,使"农超对接"、"超市+基地"等新型经营模式开始在为农服务第一线生根开花。与此同时,各级供销社采取领办、合办、参办等多种形式,组织引导农民特别是产销大户和农民经纪人建立农民专业合作社及各类新型农民合作经济组织,加快农业统一经营方式的转变,实现规模化种植、集约化经营、标准化生产,促进农产品加工转化增值。到"十一五"末,全系统累计领办、参办和创办各类专业合作社1050个,比2005年增加了750个;组建农民经纪人协会及各类专业协会163个,比2005年增加了123个,吸纳农民经纪人7万多名,五年共为农民销售农副产品112.5亿元,帮农增收7亿多元。

四、建立适应市场经济的体制机制,积极推进社有企业改革,放手培育龙头企业,供销社的综合实力大幅提高,带动作用开始显现

"十一五"期间,从省社直属各单位到各市县供销社,按照市场经济的发展要求,不断深化社有企业改革,坚持市场化运作,做大做强龙头企业。全省供销社按照抓大放小的思路,分别采取改组、联合、兼并、资源整合和股份合作制等多种形式,大力推进以产权制度为重点的企业改革。同时集中优势资产,吸引社会资源,造就了一批体制全新、机制灵活、管理先进、竞争有力的龙头企业,在为"三农"服务中发挥了核心带动作用。全省县级以上1104个社有企业中,已有60%的企业进行了不同形式的改革。同时,按照"加强联合合作、统筹社会资源、共建现代流通网络"的思路,在政策、资金上重点向龙头企业倾斜,扶持企业做大做强。2009年,省社对省农资公司进行了改制,组建成立了山西农资集团有限公司,一个体制新、机制活、实力雄厚、市场扩张力强、紧贴"三农"、省内最大的农资流通企业以崭新的面貌进入市场,2010年集团公司汇总实现利润1207万元,比改制前2009年的582万元翻了一倍还多。省盐业公司切实加强市场营销和企业管理,开源节流,连年取得好的效益。省棉麻公司认真调研,积极稳妥推进改革,努力盘活资产,扭亏减亏力度大、效果好,开始向好的方面转变。五年来,我省社有企业的实力和活力不断增强,资产负债率下降,企业包袱有所减轻,广大干部职工的收入有所增加,老干部各项待遇有效落实,"两险"覆盖面逐年扩大,特困企业和职工人数逐年下降,全系统总体上已经度过了最艰难的时期,开始了二次创业的新阶段。

五、大力实施"两个提升"战略,全系统经济运行质量得到持续提高

"十一五"期间,全系统主要经济指标持续递增。在找准位置、创新网络、完善功能、强化龙头的基础上,省社不失时机地提出要努力提升供销社在新农村建设中的参与度、努力提升供销社现代流通业在拉动农村经济和提高农民消费水平中的贡献度"两个提升"的战略要求,全省供销社积极开拓经营服务领域,大胆创新经营方式,努力培育新的经济增长点,稳步扩大主营业务,拉动了内需,促进了农村消费,使全系统经济运行实现了逆势而上、持续增长。五年来,全省供销社系统累计完成购进总额614.5亿元,比上个五年增加208.8亿元;其中农副产品购进89.5亿元,增加9亿元;销售总额完成692.8亿元,增加251.5亿元;其中消费品零售330.9亿元,增加146.5亿元;农业生产资料销售145.9亿元,增加72亿元;实现利润2.52亿元,较上五年的1.19亿元翻了一番多。"十一五"末所有者权益19.16亿元,比"十五"末增加6.17亿元;固定资产净值22亿元,增加3亿元。经营活力逐步增强,经济实力明显提高,资产质量和运营效益显著增长。

2010年底,刘维佳副省长到省社调研时,充分肯定了全省供销社"十一五"时期的工作,并对2010年的工作用"四个全面"进行了概括:

一是供销社的主要经济指标全面超同期。2010年全系统购进总额、农副产品收购、销售总额、消费品零售、农业生产资料、实现利润六项指标分别较上年增长19.1%、24.8%、20.2%、20.5%、17.7%和19%。

二是省政府考核的指标全面完成或超额完成。2010年省政府下达的四项指标,即发展完善农村日用消费品连锁经营网络、农资商品配送服务网络、农副产品购销服务网络、再生资源回收利用网络情况,其中便民店建设任务是600个,实际完成1500个,翻了一番还多,其它三项任务也100%完成了考核指标。

三是以"新网工程"为载体的整个农村流通服务体系建设由量到质全面提升。前几年"新网工程"是起步试点,在一些经济条件发展好的、范围较小的地方开展,去年以来"新网工程"从量到质转变幅度明显加大,参与新农村建设水平全面提升。特别是去年全系统建设改造配送中心75个,连锁配送网点1980个,有效降低了运营成本,提高了配送效率和服务水平。

四是基层社的转型改造全面启动。各市、县供销社都把基层社转型改造列入重点工作内容,特别是薄弱空白县供销社网络振兴是2010年一项重点工作,任务指标以全国总社确定的6个薄弱空白县为准,2010年按照项目计划工期,原

平、阳城、河津、榆社、平遥、山阴等6县都已如期完成了任务。

六、各项工作和精神文明建设取得长足发展

2010年，全省供销社党的工作在围绕中心、服务大局、促进和谐、推动发展方面取得了明显成效，全系统反腐倡廉建设为加快供销社改革发展提供了坚强的保证，全系统不断深化了干部人事制度改革，加强了人才队伍建设，监事会、审计、老干部、群团等组织和机构都充分发挥了职能作用。

（张　明）

附：省供销合作社联合社党组书记、成员名单

书　记：王俊辰

成　员：齐玉梅（女）　齐润阁　李亚明　李俊德　王义升

2010年12月，全省经济工作会议在太原召开。